JN452329

법인세 해설과 조정실무

공인회계사 노승현

회계기준별 회계처리와 세무조정을
계정과목별로 실무사례 실습과 함께
비교하여 해설함으로써 체계적으로 설명한
법인세의 실무 지침서

법인세법과
회계기준을
실무사례 중심으로
"비교설명"

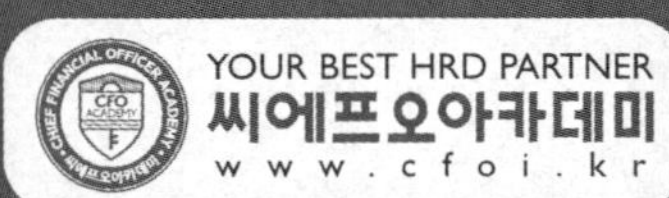

머리말

처음 회계학에 입문하면서 회계가 환경에서 생성되고 발전하며 환경에 지배를 받는다고 배웠다. 정치적, 경제적, 문화적, 법률적 여건에 의해 제약되기도 하고 한편으로 이를 수용하기도 한다는 뜻이었다. 회계학에 입문한지 20여년이 지난 지금 그 의미를 조금은 알 것 같다.

우리나라가 글로벌경제로 진입하면서 도입된 새로운 규정과 제도는 여름철 집중호우처럼 회계환경에 쏟아졌다. 새로운 국제회계기준의 도입, 일반기업회계기준의 개정, 개정세법, 그리고 개정상법 등 기업환경을 둘러싼 많은 부분이 연일 변화하고 있다. 개정이란 보통은 문서의 내용을 고쳐 바르게 한다는 뜻이다. 반대로 해석하면 개정 전에는 그 내용이 바르지 못하다는 의미도 된다. 결국, 연일 발표되는 개정기준이나 법규를 보면 우리는 매일매일 바르지 못한 규정을 지키고 있다는 느낌도 가진다.

보(洑)는 농경지에 물을 대기 위하여 소규모의 둑을 쌓고 흐르는 냇물을 막아 두는 저수시설로 전통 농업에서는 매우 중요한 역할을 하였다. 필자는 폭우처럼 쏟아지는 새로운 회계와 법규에 대하여 기업실무를 담당하는 실무진에게 본서가 거창한 댐보다는 보(洑)가 되길 바라는 마음으로 집필하였다. 본서가 보다 쉽고 정확한 실무지침서가 되어 바르지 못한 규정을 바르게 고쳐나가는 데 작은 도움이 되기를 소망한다.

본서의 특징은 다음과 같다.

첫째, 필자의 수년간 강의와 실무경험을 바탕으로 복잡한 세법을 체계적으로 정리하여 재경실무자들의 업무에 도움이 되도록 구성하였다.

둘째, 2025년 4월 현재 공표된 세법, K-IFRS, 일반기업회계기준 및 중소기업회계기준의 개정내용을 모두 반영하였다.

셋째, K-IFRS, 일반기업회계기준, 중소기업회계기준에 의한 각각의 회계처리와 세무조정을 계정과목별로 비교하여 해설함으로써 체계적으로 설명하였다.

넷째, 동일한 예제로 K-IFRS, 일반기업회계기준, 중소기업회계기준에 의한 회계처리와 세무조정을 해설하여 각각의 회계처리에 따른 세무조정의 차이를 명확히 하였다.

다섯째, 세법의 내용을 재무상태표와 손익계산서의 흐름에 따라 배열하여 재무제표의 체계와 세법체계를 비교·정리할 수 있도록 하였다.

여섯째, 복잡한 내용은 요약표를 작성하여 쉽게 정리할 수 있도록 하였으며 각 세법간의 유사한 항목들은 비교하여 전체 내용을 조감할 수 있도록 하였다.

본서를 출간하기까지 많은 분들의 도움이 있었다. 본서의 출판을 도와주신 CFO아카데미 전병문 사장님과 김기홍 상무님, 조미진 본부장님 그리고 책의 완성도를 높여준 박선영 실장님에게도 심심한 사의를 드리며 CFO아카데미 모든 분들에게도 감사의 뜻을 표한다.

2025년 4월

저 자

목 차

Part 1 세무회계 총론

Chapter 1_ 세무회계 총론 • 22

Chapter 9_ 기타의 자산 • 446

Chapter 11_ 기타 수익과 비용 • 654

본서에서 사용한 관계법의 표시는 다음과 같이 약어로 표시하였습니다.

법법 : 법인세법
법령 : 법인세법시행령
법칙 : 법인세법시행규칙
법기통 : 법인세법기본통칙

조특법 : 조세특례제한법
조특령 : 조세특례제한법시행령
조특칙 : 조세특례제한법시행규칙
조특통 : 조세특례제한법기본통칙

소법 : 소득세법
소령 : 소득세법시행령
소칙 : 소득세법시행규칙
소기통 : 소득세법기본통칙

부법 : 부가가치세법
부령 : 부가가치세법시행령

국기법 : 국세기본법
국기령 : 국세기본법시행령
국기통 : 국세기본법기본통칙

지기법: 지방세기본법
지법 : 지방세법
지특법: 지방세특례제한법
지령 : 지방세법시행령
지세칙 : 지방세법운용세칙

농특법 : 농어촌특별세법
농특령 : 농어촌특별세법시행령

일기회 : 일반기업회계기준
K-IFRS : 한국채택국제회계기준
질의회신 : 종전 한국회계기준원 질의회신
회제일, 회계제 : 종전 금융감독원 질의회신
기회기 해석 : 종전 기업회계기준 등에 관한 해석
중기회 : 중소기업회계기준
실무의견서 : 종전 재무보고에 관한 실무의견서
인수합병준칙 : 종전 기업인수·합병 등에 관한 회계처리준칙

중기법 : 중소기업기본법
중기령 : 중소기업기본법시행령

국조법 : 국제조세조정에 관한 법률
국조령 : 국제조세조정에 관한 법률 시행령
국조칙 : 국제조세조정에 관한 법률 시행규칙
국조기통 : 국제조세조정에 관한 법률 기본통

조범법 : 조세범 처벌법
조사규 : 사사무처리규정
조처법 : 조세범 처벌절차법
조처령 : 조세법 처벌절차법 시행령

Part 1

세무회계 총론

Chapter 1

세무회계 총론

01 법인세의 의의

조세란 국가 또는 지방자치단체가 재정수입을 조달할 목적으로 법에서 규정하는 과세요건을 충족하는 모든 국민에게 반대급부 없이 징수하는 금전급부를 말한다. 일반적으로 소득에 과세하는 조세인 소득세는 인격에 따라 개인소득세와 법인소득세로 구분하며 우리나라에서는 개인소득세를 소득세, 법인소득세를 법인세라고 부른다. 따라서 법인세는 법인의 소득에 대하여 과세하는 조세이다. 조세의 정의에 따른 법인세의 구분은 다음과 같다.

(1) 국세와 지방세

국가가 재정수입을 목적으로 부과하는 것을 국세, 지방자치단체가 부과하는 것을 지방세라고 한다. 법인세는 국가가 부과하는 국세이며 지방자치단체가 법인에 대하여 부과하는 취득세, 등록면허세 등은 지방세이다.

(2) 조세법률주의

조세법률주의란 국가는 법률의 근거 없이는 조세를 부과하고나 징수할 수 없으며 국민도 법률의 근거 없이는 조세의 납부를 강요받지 않는다는 원칙을 의미한다. 우리나라는 1세법에 1세목을 규정하고 있으며(1세목 1세법 원칙), 예외적으로 상속세와 증여세는 상속세및증여세법이라는 1세법 2세목이 있다. 따라서 법인세는 법인세법에 근거하여 부과하고 있다.

(3) 과세요건

1) 납세의무의 성립

국가는 조세법률주의에 따른 과세권을 행사하기 위하여 필요한 요소를 규정하고 있으며 이를 과세요건이라 한다. 이러한 과세요건에 해당하는 내용은 반드시 법률에서 규정한다. 따라서

과세요건은 납세의무의 성립에 필요한 법률상의 요건을 말하며 구성요소는 다음과 같다.

① 납세의무자 : 법인세의 납세의무자는 법인이다. 법인은 영리법인, 비영리법인, 내국법인, 외국법인 등 4개의 종류로 구분되며 각각의 과세범위가 다르다.

② 과세물건 : 조세부담을 지우는 대상을 과세물건이라 하며 법인세의 과세물건은 법인의 소득을 대상으로 한다. 소득에 대한 과세범위는 다음과 같은 특징을 가진다.

㉠ 소득의 정의를 법인의 순자산증가로 규정(순자산증가설)하고 있다.

㉡ 법인의 이론적인 법인세는 설립시부터 해산시까지의 모든 소득에 대하여 한번 과세하는 것이나 이는 현실적으로 불가능하므로 과세편의상 기간단위로 과세하는 방식을 채택한다. 이렇게 법인의 과세소득을 계산하는 일정한 단위를 사업연도라고 하며 그 기간은 1년을 초과하지 못한다.

㉢ 법인의 소득은 각 사업연도 소득, 토지 등 양도소득, 청산소득으로 구분되며 각각의 소득에 대한 과세범위가 다르다.

③ 과세표준 : 과세물건의 수량 또는 가액을 의미하며 법인의 소득은 가액으로 한다.

④ 세율 : 세율의 종류는 다음과 같다. 법인세는 초과누진세율을 적용한다. 조세는 금전급부를 원칙으로 하기 때문에 과세물건이 금액인 경우(종가세)에는 세율을 일정(%)로 규정하고, 과세물건이 수량인(예 개별소비세, 주세 등) 경우에는 세율을 일정수량에 대한 금액으로 규정한다.

㉠ 비례세율 : 과세표준의 크기와 관계없이 일정한 세율(예 개별소비세, 주세 등)

㉡ 누진세율 : 과세표준이 증가함에 따라 점차 높아지는 세율(예 법인세, 소득세 등)

㉢ 역진세율 : 과세표준이 증가함에 따라 점차 낮아지는 세율(현재 적용세목 없음)

2) 납세의무의 확정

납세의무를 확정하는 방법은 신고납세제도와 부과과세제도가 있다. 신고납세제도는 납세의무의 확정을 납세의무자에게 맡기는 제도이며 법인세, 소득세, 부가가치세 등 대부분의 세목이 여기에 해당한다. 부과과세제도는 과세관청의 결정에 의하여 납세의무를 확정하는 제도로서 상속세 및 증여세가 여기에 해당한다.

(4) 법인세의 특징

법인세는 국가·지방자치단체 이외의 내국법인과 국내 원천소득이 있는 외국법인의 소득을 과세대상으로 하여 부과하는 조세이다. 법인세의 특징은 다음과 같다.

① 법인의 소득에 대한 조세이다. 법인세는 법인 및 법인으로 보는 단체의 소득을 과세대상으로 한다.

② 법인세의 부과 및 징수권자가 국가인 국세이고 법인이 납세의무자이며 담세자인 직접세다.
③ 신고납세제도로서 법인이 납세의무자이며 법인의 신고에 의하여 납세의무가 확정된다.
④ 순자산증가설에 의한 종합과세조세이다. 법인세는 일정기간(사업연도)의 순자산증가액을 과세물건으로 하여 그 내용을 구별하지 아니하고 종합하여 과세한다.
⑤ 법인세율은 과세표준의 크기에 따라 초과누진세율구조를 지닌다.

1.1 법인과 법인으로 보는 단체

자연인이 아니면서 법에 따라 권리능력이 부여된 사단, 재단, 그 밖의 단체를 법인이라 한다. 법에 따라 법인으로 설립등기를 한 경우에는 법인이며 미등기 단체는 법인이 아니다. 다만, 국세기본법에 따라 법인설립에 필요한 실질적 절차가 완료되어 실질과세원칙에 따라 법인으로 의제하는 경우는 법인으로 본다. 법인으로 보는 법인격 없는 단체는 다음과 같으며 세법의 적용에 있어 법인세법과 상속세 및 증여세법상 비영리내국법인으로 의제하여 적용한다(법법 1, 상증법 4).

① 법인설립등기를 하지 아니하였으나 법인으로 의제하는 경우(국기법 13 ①)
㉠ 주무관청의 허가 또는 인가를 받아 설립하거나 법령에 따라 주무관청에 등록한 사단, 재단, 그 밖의 단체로서 등기되지 아니한 것
㉡ 공익사업을 목적으로 재산의 출연이 이루어진 재단으로서 등기되지 아니한 것

② 신청과 승인에 의한 법인의제(국기법 13 ②)
법인격 없는 단체가 다음의 요건을 모두 갖추고 단체의 대표자나 단체의 관리인이 법인세법의 적용을 신청하여 세무서장으로부터 승인을 얻은 경우에는 그 단체를 법인으로 보아 법인세법을 적용한다(국기법 13 ②).
㉠ 단체의 조직과 운영에 관한 규정을 두고 대표자 또는 관리인을 두고 있을 것
㉡ 단체 자신의 계산과 명의로 수익과 재산을 독립적으로 소유, 관리할 것
㉢ 단체의 수익을 구성원에게 분배하지 아니할 것

법인세법의 적용을 신청하여 관할세무서장으로부터 승인을 받은 날이 속하는 과세기간과 그 과세기간이 끝난 날부터 3년이 되는 날이 속하는 과세기간까지는 거주자로 변경할 수 없다. 다만, 승인요건을 갖추지 못하게 되어 승인취소되는 경우에는 그러하지 아니하다(국기법 13 ③).

법인과 법인의제 단체의 법인세법 적용

구 분		법인세법의 적용
법인으로 설립등기	법인	영리법인, 비영리법인
법인 아닌 단체	법인의제	비영리내국법인
	신청과 승인에 의한 법인의제	비영리내국법인

법인격 없는 단체가 법인으로 의제되지 않는 경우에는 소득세법을 적용한다. 이 경우 대표자 또는 관리인을 선임하고 있고 이익의 분배방법 및 비율이 정해져 있지 않은 경우에는 1거주자로 의제하고, 그 외의 경우에는 공동사업으로 의제한다.

1.2 법인세의 종류

법인세는 과세대상인 법인의 소득에 따라 각 사업연도 소득에 대한 법인세, 청산소득에 대한 법인세, 토지 등 양도소득에 대한 법인세, 미환류소득에 대한 법인세로 분류된다.

(1) 각 사업연도 소득에 대한 법인세

법인이 사업연도마다 얻은 소득을 각 사업연도 소득이라고 한다. 각 사업연도 소득의 계산은 사업연도의 익금합계에서 손금합계를 차감한 금액으로 기업회계의 당기순이익과 유사하다. 각 사업연도 소득에 대한 법인세는 사업연도 종료일이 속하는 달의 말일부터 3개월 이내에 신고하여야 한다.

각 사업연도 소득 = 각사업연도의 익금합계 – 각사업연도의 손금합계

(2) 청산소득에 대한 법인세

법인이 해산한 경우 잔여재산에 대하여 재산의 처분, 채권의 추심, 채무의 변제, 잔여재산 분배를 청산이라고 한다. 이러한 청산절차에서 발생된 소득을 청산소득이라고 하며 잔여재산가액에서 자기자본을 차감하여 계산한다. 청산소득에 대하여는 법인의 소멸에 대한 과세정산의 관점에서 별도의 법인세가 과세된다(법법 79, 법령 121, 법칙 61).

청산소득은 자산 보유기간 동안의 미실현이익이 청산절차에 따라 실현된 소득으로 법인이 해산등기 전에 자산을 처분하였다면 각 사업연도 소득으로 과세되었을 것이므로 청산소득

에는 각 사업연도 소득과 같은 세율을 적용한다. 청산소득에 대한 법인세는 잔여재산가액 확정일이 속하는 달의 말일부터 3개월 이내에 신고하여야 한다.

청산소득 = 잔여재산가액 – 자기자본총액

1) 잔여재산가액

잔여재산가액은 자산총액에서 부채총액을 공제한 금액으로 한다. 자산총액이라 함은 해산등기일 현재의 자산의 합계액으로 하되, 추심할 채권과 환가처분할 자산에 대하여는 다음에 의한다.

① 추심할 채권과 환가처분할 자산은 추심 또는 환가처분한 날 현재의 금액
② 추심 또는 환가처분전에 분배한 경우에는 그 분배한 날 현재의 시가에 의하여 평가한 금액

2) 자기자본총액

자기자본총액이란 해산등기일 현재의 자본금 또는 출자금과 잉여금의 합계액으로서 세무상 유보를 가감하고 발생연도의 제한이 없는 세무상 이월결손금을 잉여금의 범위내에서 차감한 금액이다. 청산기간 중에 국세기본법에 따라 환급되는 법인세액은 그 법인의 해산등기일 현재의 자기자본총액에 가산한다. 해산등기일 전 2년 이내에 잉여금을 자본금에 전입한 경우에는 해당 금액을 자본금에 전입하지 않은 것으로 보아 자기자본을 계산한다.

3) 중간신고

내국법인[법인세법 제51조의 2 제1항 각 호(유동화전문회사 등) 또는 조세특례제한법 제104조의 31 제1항의 법인(프로젝트금융투자회사)은 제외한다]이 다음의 어느 하나에 해당하면 그 각 호에서 정한 날이 속하는 달의 말일부터 1개월 이내에 대통령령으로 정하는 바에 따라 이를 납세지 관할 세무서장에게 신고하여야 한다. 다만, 국유재산법 제80조에 규정된 청산절차에 따라 청산하는 법인의 경우에는 ②는 적용하지 아니한다(법법 85 ①).

① 해산에 의한 잔여재산가액이 확정되기 전에 그 일부를 주주등에게 분배한 경우 : 그 분배한 날
② 해산등기일부터 1년이 되는 날까지 잔여재산가액이 확정되지 아니한 경우 : 그 1년이 되는 날

중간신고를 할 때에는 그 신고서에 해산등기일 및 그 분배한 날 또는 해산등기일부터 1년이 되는 날 현재의 재무상태표와 그 밖에 대통령령으로 정하는 서류를 각각 첨부하여야 한다(법법 85 ②).

(3) 토지 등 양도소득에 대한 법인세

법인이 주택, 별장, 비사업용토지, 분양권 등을 양도한 경우에는 토지 등 양도소득에 대한 법인세를 각 사업연도 소득에 대한 법인세에 합하여 신고, 납부하여야 한다(법법 55의2 ①). 토지 등을 양도하는 경우 양도가액과 양도당시 장부가액의 차액은 자산처분이익으로서 각 사업연도 소득에 포함되어 법인세가 과세되며 당해 토지 등의 양도차익에 대하여 추가로 법인세를 과세한다는 의미이다.

토지 등 양도소득 = 양도금액 - 양도당시 장부가액

(4) 미환류소득에 대한 법인세(투자·상생협력 촉진을 위한 과세특례)

우리나라 경제의 저성장 고착화 및 기업과 가계의 소득격차 확대화 문제가 발생됨에 따라 기업의 소득이 투자, 임금 또는 배당 등을 통하여 가계의 소득으로 유입되도록 선순환 구조의 필요성이 제기되었다. 기업 소득과 가계 소득의 선순환 유도를 위하여 기업의 미환류소득에 대한 법인세 과세제도가 도입되었으며 2023.1.1. 이후 개시하는 사업연도부터 각 사업연도 종료일 현재 독점규제 및 공정거래에 관한 법률 제31조 제1항에 따른 상호출자제한 기업집단에 속하는 내국법인이 미환류소득에 20%를 곱하여 산출한 세액을 미환류소득에 대한 법인세로 납부하여야 한다(조특법 100의32).

	미환류소득에 대한 법인세 계산구조		
	미 환 류 소 득	…	투자액 포함여부 선택
(-)	차 기 환 류 적 립 금	…	당기 미환류소득의 전부 또는 일부를 적립
(-)	전기(전전기) 초과환류액		전기(전전기) 초과환류액의 차기 이월분
	과 세 표 준		
(×)	세 율	…	20%
	미환류소득에 대한 법인세		

법인세의 종류

구 분	각 사업연도 소득에 대한 법인세	청산소득에 대한 법인세	토지 등 양도소득에 대한 법인세	미환류소득에 대한 법인세
의 의	매년 발생하는 각 사업연도 소득에 과세하는 법인세	해산에 의하여 소멸시 발생하는 청산소득에 과세하는 법인세	부동산투기를 억제하기 위하여 법인세에 추가하여 과세하는 법인세	기업 소득과 가계 소득의 선순환 유도를 위하여 기업의 미환류소득에 과세하는 법인세
과세대상	각 사업연도 소득	청산소득	주택·별장·비사업용 토지, 분양권의 양도소득	상호출자제한기업집단에 속하는 내국법인
세 율	4단계 누진세율	좌 동	10%~40%	20%
신고기한	사업연도 종료일이 속하는 달의 말일부터 3개월 이내	잔여재산가액확정일이 속하는 달의 말일부터 3개월 이내	각 사업연도 소득에 대한 법인세와 합산하여 신고	각 사업연도 소득에 대한 법인세와 합산하여 신고

02 법인세의 납세의무자

법인세의 납세의무자는 법인이며 법인세법은 법인의 유형별로 과세대상소득의 범위 등에 차이를 두고 있다. 법인의 유형은 주소지에 따라 내국법인과 외국법인, 영리목적의 유무에 따라 영리법인과 비영리법인으로 구분한다. 상법은 설립준거법주의에 따라 우리나라법에 의해 설립된 법인을 내국법인으로 규정하고 있으나 법인세법은 주소지설(본점소재지설)에 따라 국내에 본점 또는 주사무소, 사업의 실질적 관리장소를 둔 법인을 내국법인으로 본다.

2.1 내국법인과 외국법인

(1) 판단기준

내국법인(內國法人)은 등기상 국내에 본점이나 주사무소를 두거나 또는 사업의 실질적 관리장소를 둔 법인을 말한다. 이 경우 본점은 영리법인의 본거지이며 주사무소는 비영리법인의 본거지를 의미한다. 외국법인(外國法人)이란 외국에 본점 또는 주사무소를 둔 단체(국내에 사업의 실질적 관리장소가 소재하지 아니하는 경우만 해당한다)로서 다음에 해당하는 법인을 말한다. 이 경우 국세청장은 외국법인의 유형별 목록을 고시할 수 있으며 외국법인 기준의 적용은 조세조약 적용대상의 판정에 영향을 미치지 아니한다(법법 1, 법령 1).

① 설립된 국가의 법에 따라 법인격이 부여된 단체
② 구성원이 유한책임사원으로만 구성된 단체
③ 구성원과 독립하여 자산을 소유하거나 소송의 당사자가 되는 등 직접 권리·의무의 주체가 되는 단체
④ 그 밖에 해당 외국단체와 동종 또는 유사한 국내의 단체가 상법 등 국내의 법률에 따른 법인인 경우의 그 외국단체

(2) 납세의무의 범위

1) 각 사업연도 소득에 대한 법인세

내국법인은 소득의 발생지에 관계없이 국내와 국외소득 모두에 대하여 납세의무를 부담하며 외국법인은 법인세법에 열거된 국내원천소득에 대하여 법인세 납세의무를 진다(법법 3). 따라서 내국법인은 무제한납세의무자, 외국법인은 제한납세의무자라고 한다.

2) 청산소득에 대한 법인세

내국법인은 청산소득에 대한 법인세의 납세의무가 있으나 외국법인은 본점소재지인 외국에서 청산하므로 국내에서는 청산소득에 대한 법인세의 납세의무가 없다.

3) 토지 등 양도소득에 대한 법인세

토지 등 양도소득에 대한 법인세는 부동산투기를 억제하기 위한 법인세이므로 내국법인과 외국법인 모두 납세의무를 부담한다.

2.2 영리법인과 비영리법인

(1) 판단기준

영리법인과 비영리법인은 영리를 목적으로 구분하며 영리목적이란 법인이 출자자에게 이익을 분배한다는 것을 의미한다. 영리법인(營利法人)은 영리를 목적으로 설립된 법인으로서 합명회사, 합자회사, 주식회사, 유한회사, 특별법에 의하여 설립된 영리법인(한국산업은행, 중소기업은행, 영농조합법인, 농업회사법인) 등이 있다. 비영리법인(非營利法人)은 비영리를 목적으로 설립된 법인으로서 학술·종교·자선·기예·사교·기타 영리 아닌 사업을 목적으로 설립된 법인, 법인으로 보는 단체 및 신청에 의해 법인으로 보는 단체(국기법 13) 등 다양하다.

(2) 납세의무의 범위

1) 각 사업연도 소득에 대한 법인세

영리법인은 소득의 성격에 관계없이 모든 소득에 대하여 법인세 납세의무를 부담한다. 비영리법인은 영리법인과 경쟁이 되는 수익사업에 대하여 과세를 하지 않는 경우 공정한 경쟁을 유도하지 못하므로 법인세법에 열거된 수익사업소득에 대하여 법인세의 납세의무를 진다.

2) 청산소득에 대한 법인세

영리법인은 청산소득에 대한 법인세의 납세의무가 있으나 비영리법인은 잔여재산의 분배가 없고 민법에 따라 청산시 유사한 목적을 가진 다른 비영리법인이나 국가에 잔여재산을 인도하기 때문에 청산소득에 대한 법인세 납세의무가 없다.

3) 토지 등 양도소득에 대한 법인세

토지 등 양도소득에 대한 법인세는 부동산투기를 억제하기 위한 법인세이므로 영리법인과 비영리법인 모두 납세의무를 부담한다.

2.3 비과세법인

우리나라 정부에 해당하는 국가, 지방자치단체 또는 지방자치단체조합은 비과세법인으로 법인세 납세의무가 없다(법법 3). 그러나 외국정부는 비영리법인으로서 납세의무를 부담한다(법법 1). 예를 들어 서울시가 주택을 매매하는 경우 비과세법인에 해당하므로 토지 등 양도소득에 대한 법인세를 부담하지 아니하나 외국대사관이 주택을 매매하는 경우 비영리법인에 해당하므로 토지 등 양도소득에 대한 법인세를 부담한다.

2.4 연결납세제도

우리나라에서는 개별납세방식에 따라 법인단위로 법인세를 과세하는 것이 원칙이다. 다만, 2010년부터 도입된 연결납세방식에 따라 모법인과 자법인을 하나의 법인으로 보아 법인세를 납부할 수 있다. 이 경우 연결법인은 각 사업연도소득에 대한 법인세와 토지 등 양도소득에 대한 법인세를 연대하여 납부할 의무가 있다. 연결납세방식을 적용받으려면 관할 지방국세청장의 승인을 받아야 하며 연결납세방식을 적용한 경우에는 그 사업연도부터 5년간은 연결납세방식을 포기할 수 없다(법법 76의10).

법인의 분류별 법인세 납세의무

<table>
<tr><th colspan="2">구 분</th><th>각 사업연도 소득에 대한 법인세</th><th>청산소득에 대한 법인세</th><th>토지 등 양도소득에 대한 법인세</th></tr>
<tr><td rowspan="2">내국법인</td><td>영리법인</td><td>국내외 모든 소득</td><td>과 세</td><td rowspan="4">과 세</td></tr>
<tr><td>비영리법인</td><td>국내외 수익사업소득</td><td rowspan="3">과세하지 아니함</td></tr>
<tr><td rowspan="2">외국법인</td><td>영리법인</td><td>국내원천소득</td></tr>
<tr><td>비영리법인</td><td>국내원천 수익사업소득</td></tr>
<tr><td>비과세법인</td><td>국가 등</td><td>비과세</td><td>비과세</td><td>비과세</td></tr>
</table>

* 영리내국법인 중 법에서 정하는 특정법인은 미환류소득에 대한 법인세 납세의무가 있다(조특법 100의32).

03 사업연도

사업연도란 법인의 과세소득을 계산하는 일정 기간단위를 말한다. 이론적인 법인세 사업연도는 설립시부터 해산시까지의 모든 소득에 대하여 일시에 과세하는 것이 타당하나 현실적으로는 적시과세를 위하여 법인의 존속기간을 일정한 기간으로 나누어 기간단위과세를 하고 있다.

3.1 사업연도의 선택

(1) 일반 사업연도

사업연도는 법령이나 법인의 정관(定款) 등에서 정하는 1회계기간으로 한다. 다만, 그 기간은 1년을 초과하지 못한다. 1년을 초과할 수 없는 이유는 사업연도를 길게 정하여 법인세의 이연가능성을 배제하기 위해서다. 법령이나 정관 등에 사업연도에 관한 규정이 없는 법인은 따로 사업연도를 정하여 법인 설립신고 또는 사업자등록과 함께 납세지 관할 세무서장에게 사업연도를 신고하여야 한다. 신고를 하여야 할 법인이 그 신고를 하지 아니하는 경우에는 매년 1월 1일부터 12월 31일까지를 그 법인의 사업연도로 한다(법법 6).

(2) 최초사업연도

법인의 최초사업연도의 개시일은 다음의 날로 한다(법령 4 ①).

① 내국법인의 경우에는 설립등기일

② 법인으로 보는 단체의 경우에는 다음의 날

㉠ 법령에 의하여 설립된 단체에 있어서 당해 법령에 설립일이 정하여진 경우에는 그 설립일

㉡ 설립에 관하여 주무관청의 허가 또는 인가를 요하는 단체와 법령에 의하여 주무관청에 등록한 단체의 경우에는 그 허가일·인가일 또는 등록일

㉢ 공익을 목적으로 출연된 기본재산이 있는 재단으로서 등기되지 아니한 단체에 있어서는 그 기본재산의 출연을 받은 날

㉣ 국세기본법에 의하여 납세지 관할세무서장의 승인을 얻은 단체의 경우에는 그 승인일

③ 외국법인의 경우에는 국내사업장을 가지게 된 날(국내사업장이 없는 경우에는 부동산소득 또는 양도소득이 최초로 발생한 날)

최초사업연도 개시일전에 생긴 손익을 사실상 그 법인에 귀속시킨 것이 있는 경우 조세포탈의 우려가 없을 때에는 최초사업연도의 기간이 1년을 초과하지 아니하는 범위내에서 이를 당해 법인의 최초사업연도의 손익에 산입할 수 있다. 이 경우 최초사업연도의 개시일은 당해 법인에 귀속시킨 손익이 최초로 발생한 날로 한다.

(3) 국내사업장이 있는 외국법인

국내사업장이 있는 외국법인으로서 법령이나 정관 등에 사업연도에 관한 규정이 없는 법인은 따로 사업연도를 정하여 국내사업장 설치신고 또는 사업자등록과 함께 납세지 관할 세무서장에게 사업연도를 신고하여야 한다. 국내사업장이 없는 외국법인으로서 부동산소득 또는 양도소득이 있는 법인은 따로 사업연도를 정하여 그 소득이 최초로 발생하게 된 날부터 1개월 이내에 납세지 관할 세무서장에게 사업연도를 신고하여야 한다.

3.2 사업연도의 변경

사업연도를 변경하려는 법인은 그 법인의 직전 사업연도 종료일부터 3개월 이내에 납세지 관할 세무서장에게 이를 신고하여야 하며 신고기한까지 신고하지 아니한 경우에는 사업연도가 변경되지 아니한 것으로 본다. 다만, 신설법인은 최초사업연도가 경과되기 전에는 사업연도를 변경할 수 없다(법법 7). 법령에 따라 사업연도가 정하여지는 법인의 경우 관련 법령의 개정에 따라 사업연도가 변경된 경우에는 신고를 하지 아니한 경우에도 그 법령의 개정 내용과 같이 사업연도가 변경된 것으로 본다. 사업연도가 변경된 경우에는 종전의 사업연도 개시일부터 변경된 사업연도 개시일 전날까지의 기간을 1사업연도로 한다. 다만, 그 기간이 1개월 미만인 경우에는 변경된 사업연도에 그 기간을 포함한다.

3.3 사업연도의 의제

사업연도 의제란 해산, 합병 등 일정한 사유가 있는 경우에 정관 등에서 정한 회계연도에 관계없이 법에서 규정한 일정한 기간을 사업연도로 간주하여 법인세를 계산하는 제도를 말한다(법법 8).

(1) 해산 및 청산

법인이 사업연도 중에 해산(합병, 분할 또는 분할합병에 따른 해산은 제외)한 경우에는 그 사업연도 개시일부터 해산등기일(파산으로 인하여 해산한 경우에는 파산등기일을 말하며 법인으로 보는 단체의 경우에는 해산일)까지의 기간과 해산등기일 다음 날부터 그 사업연도 종료일까지의 기간을 각각 1사업연도로 본다. 청산 중에 있는 내국법인의 잔여재산의 가액이 사업연도 중에 확정된 경우에는 그 사업연도 개시일부터 잔여재산의 가액이 확정된 날까지의 기간을 1사업연도로 본다.

(2) 청산중인법인의 사업계속

청산 중에 있는 법인이 사업을 계속하는 경우에는 그 사업연도 개시일부터 계속등기일(계속등기를 하지 아니한 경우에는 사실상의 사업 계속일)까지의 기간과 계속등기일 다음 날부터 그 사업연도 종료일까지의 기간을 각각 1사업연도로 본다.

(3) 합병, 분할에 따른 해산

내국법인이 사업연도 중에 합병이나 분할(분할합병 포함)에 따라 해산한 경우에는 그 사업연도 개시일부터 합병등기일 또는 분할등기일까지의 기간을 그 해산한 법인의 1사업연도로 본다.

(4) 연결납세방식의 적용

내국법인이 사업연도 중에 연결납세방식을 적용받는 경우에는 그 사업연도 개시일부터 연결사업연도 개시일의 전날까지의 기간을 1사업연도로 본다.

(5) 외국법인

국내사업장이 있는 외국법인이 사업연도 중에 그 국내사업장을 가지지 아니하게 된 경우에는 그 사업연도 개시일부터 그 사업장을 가지지 아니하게 된 날까지의 기간을 그 법인의 1사업연도로 본다. 다만, 국내에 다른 사업장을 계속하여 가지고 있는 경우에는 그러하지

아니하다. 국내사업장이 없는 외국법인이 부동산소득 또는 양도소득이 발생하지 아니하게 되어 납세지 관할 세무서장에게 이를 신고한 경우에는 사업연도 개시일부터 그 신고일까지의 기간을 1사업연도로 본다.

(6) 설립무효 또는 설립취소 판결을 받은 법인

법인이 사업연도 기간중에 설립무효 또는 설립취소의 판결을 받은 경우에는 당해 사업연도 개시일로부터 확정판결일까지를 1사업연도로 본다(법기통 8-0…2).

(7) 조직변경

법인의 조직변경이란 법인의 법률상의 조직을 변경하여 다른 종류의 회사로 변경하는 것을 말한다. 상법 기타 법령의 규정에 의하여 조직을 변경한 경우 당해 법률상 회사의 인격이 달라지는 것은 아니므로 법인세를 구분계산할 이유가 없다. 따라서 해당 법인의 사업연도는 조직변경 전 사업연도가 계속되는 것으로 한다(법기통 6-0…2).

04 납세지

납세지란 법인세 납세의무의 이행장소를 결정하는 장소적 기준으로서 법인세는 납세지를 관할하는 세무서장 또는 지방국세청장이 과세한다. 결국 납세지는 납세자가 신고, 신청, 청구 및 납부 등의 행위를 하는 경우에 행위의 상대방인 과세관청을 결정하는 기준이 되는 장소이다.

4.1 법인세의 납세지

(1) 내국법인

내국법인의 법인세 납세지는 그 법인의 등기부에 따른 본점이나 주사무소의 소재지(국내에 본점 또는 주사무소가 있지 아니하는 경우에는 사업을 실질적으로 관리하는 장소의 소재지)로 한다(법법 9 ①).

(2) 법인으로 보는 단체

당해 단체의 사업장소재지를 말하되, 주된 소득이 부동산임대소득인 단체의 경우에는 그 부동산의 소재지를 말한다. 이 경우 2 이상의 사업장 또는 부동산을 가지고 있는 단체의 경우에는 주된 사업장 또는 주된 부동산의 소재지를 말하며 사업장이 없는 단체의 경우에

는 당해 단체의 정관 등에 기재된 주사무소의 소재지(정관 등에 주사무소에 관한 규정이 없는 단체의 경우에는 그 대표자 또는 관리인의 주소)를 말한다(법령 6 ①). 주된 사업장 또는 주된 부동산의 소재지는 직전 사업연도의 사업수입금액이 가장 많은 사업장 또는 부동산의 소재지를 말한다.

(3) 외국법인

외국법인의 법인세 납세지는 국내사업장의 소재지로 한다. 다만, 국내사업장이 없는 외국법인으로서 부동산소득 또는 양도소득이 있는 외국법인의 경우에는 각각 그 자산의 소재지로 한다(법법 9 ②). 2 이상의 국내사업장이 있는 외국법인에 대하여는 주된 사업장의 소재지를 납세지로 하고, 2 이상의 자산이 있는 외국법인에 대하여는 국내원천소득이 발생하는 장소 중 해당 외국법인이 납세지로 신고하는 장소를 납세지로 한다(법령 6 ③,④,⑤).

4.2 원천징수한 법인세의 납세지

법인세법 제73조(내국법인의 이자소득 등에 대한 원천징수), 제73조의 2(내국법인의 채권등의 보유기간 이자상당액에 대한 원천징수), 제98조(외국법인에 대한 원천징수 또는 징수의 특례), 제98조의 3(외국법인의 원천징수대상채권등에 대한 원천징수의 특례), 제98조의 5(특정지역 외국법인에 대한 원천징수절차 특례), 제98조의 6(외국법인에 대한 조세조약상 제한세율 적용을 위한 원천징수 절차 특례) 또는 제98조의 8(외국인 통합계좌를 통하여 지급받는 국내원천소득에 대한 원천징수 특례)에 따라 원천징수한 법인세의 납세지는 대통령령으로 정하는 해당 원천징수의무자의 소재지로 한다. 다만, 제98조 및 제98조의 3에 따른 원천징수의무자가 국내에 그 소재지를 가지지 아니하는 경우에는 대통령령으로 정하는 장소로 한다(법법 9 ④).

(1) 원천징수의무자의 소재지

“대통령령으로 정하는 해당 원천징수의무자의 소재지”란 다음 각 호의 구분에 따른 장소를 말한다(법령 7 ⑥).

① 원천징수의무자가 개인인 경우 : 소득세법 제7조 제1항 제1호 및 제2호에 따른 소재지
② 원천징수의무자가 법인인 경우 : 다음 각 목의 장소
  가. 해당 법인의 본점·주사무소 또는 국내에 본점이나 주사무소가 소재하지 않는 경우에는 사업의 실질적 관리장소(이하 “본점등”)의 소재지(법인으로 보는 단체의 경우에는 법인세법 시행령 제7조 제1항에 따른 소재지로, 외국법인의 경우에는 해당 법인의 주된 국내사업장의 소재지로 한다)

나. 가목에도 불구하고 법인의 지점·영업소 또는 그 밖의 사업장이 독립채산제에 의해 독자적으로 회계사무를 처리하는 경우에는 그 사업장의 소재지(그 사업장의 소재지가 국외에 있는 경우는 제외한다). 다만, 법인이 지점·영업소 또는 그 밖의 사업장에서 지급하는 소득에 대한 원천징수세액을 본점등에서 전자계산조직 등에 의해 일괄계산하는 경우로서 본점등의 관할 세무서장에게 신고하거나 부가가치세법 제8조 제3항 및 제4항에 따라 사업자단위로 관할 세무서장에게 등록한 경우에는 해당 법인의 본점등의 소재지로 한다. 법인의 본점등에서의 원천징수세액의 일괄납부 신고를 하려는 법인은 원천징수세액을 일괄납부하려는 달의 말일부터 1개월 전까지 원천징수세액 본점일괄납부신고서를 본점 관할세무서장에게 제출하여야 한다(법칙 2의3).

(2) 원천징수의무자가 국재 소재지를 가지지 않은 경우

법인세법 제98조 및 제98조의 3에 따른 원천징수의무자가 국내에 그 소재지를 가지지 아니하는 경우에는 대통령령으로 정하는 장소로 한다(법법 9 ④ 단서). 대통령령으로 정하는 장소란 다음 각 호의 구분에 따른 장소를 말한다(법령 7 ⑦).

① 법인세법 제93조 제7호 나목에 따른 국내원천 부동산등양도소득 및 법인세법 시행령 제132조 제8항 각 호의 어느 하나에 해당하는 소득이 있는 경우 : 해당 유가증권을 발행한 내국법인 또는 외국법인의 국내사업장의 소재지
② 제1호 외의 경우 : 국세청장이 지정하는 장소

4.3 납세지 지정

관할지방국세청장이나 국세청장은 납세지가 그 법인의 납세지로 적당하지 아니하다고 인정되는 경우 납세지를 지정할 수 있으며 납세지를 지정한 경우에는 해당 법인에 이를 알려야 한다. 법인의 납세지로 적당하지 아니하다고 인정되는 경우는 다음과 같다(법법 10 ①, 법령 8).

① 내국법인의 본점 등의 소재지가 등기된 주소와 동일하지 아니한 경우
② 내국법인의 본점 등의 소재지가 자산 또는 사업장과 분리되어 있어 조세포탈의 우려가 있다고 인정되는 경우
③ 2 이상의 국내사업장을 가지고 있는 외국법인의 경우로서 주된 사업장의 소재지를 판정할 수 없는 경우
④ 부동산소득 또는 양도소득이 있는 외국법인으로서 국내사업장이 없는 경우 2 이상의 자산이 있는 경우에 별도의 납세지 신고를 하지 아니한 경우

4.4 납세지 변경

법인은 납세지가 변경된 경우에는 그 변경된 날부터 15일 이내에 변경 후의 납세지 관할 세무서장에게 이를 신고하여야 한다. 이 경우 납세지가 변경된 법인이 부가가치세법에 따라 사업자등록 정정신고를 한 경우에는 납세지 변경신고를 한 것으로 본다. 변경신고를 하지 아니한 경우에는 종전의 납세지를 그 법인의 납세지로 한다(법법 11). 납세지 변경신고 기한이 경과한 후에 변경신고를 한 경우에는 신고한 날로부터 변경된 등기부상의 본점 또는 주사무소의 소재지를 법인의 납세지로 한다(법기통 11-9…1). 외국법인이 납세지를 국내에 가지지 아니하게 된 경우에는 그 사실을 납세지 관할 세무서장에게 신고하여야 한다(법법 11).

05 신고와 납부

5.1 신고기한

(1) 일반원칙

납세의무가 있는 내국법인은 각사업연도의 소득에 대한 과세표준과 세액을 당해 사업연도 종료일이 속하는 달의 말일부터 3월 이내에 납세지관할세무서장에게 신고하고 납부하여야 한다(법법 60 ①). 지방소득세 법인세분은 사업연도 종료일로부터 4월이내에 관할 시장, 군수에게 신고하고 납부하여야 한다(지법 103의23 ①).

<table>
<tr><th>구 분</th><th>법 령</th><th>법인세 신고기한</th><th>지방세 신고기한</th></tr>
<tr><td>일반원칙</td><td>법법 60 ①</td><td>사업연도 종료일이 속하는 달의 말일부터 3월 이내</td><td rowspan="5">사업연도 종료일로부터 4월이내(연결납세 5월이내)에 관할 시장, 군수에게 신고(지법 103의23 ①, 지법 103의37 ①)

* 동업기업 제외</td></tr>
<tr><td>동업기업</td><td>조특법 100의23 ①</td><td>과세연도 종료일이 속하는 달의 말일부터 3개월이 되는 날이 속하는 달의 15일 이내</td></tr>
<tr><td>성실신고</td><td>법법 60 ①</td><td>사업연도 종료일이 속하는 달의 말일부터 4월 이내</td></tr>
<tr><td>연결납세</td><td>법법 76의17 ①</td><td>연결사업연도 종료일이 속하는 달의 말일부터 4개월 이내 모법인이 신고</td></tr>
<tr><td>외부감사</td><td>법법 60 ⑥</td><td>법정감사(연결납세 포함) 미종결로 인한 결산 미확정시 신고기한 1개월 범위내 연장신청 가능</td></tr>
</table>

관할 세무서장은 천재지변이나 그 밖에 다음에서 정하는 사유로 세법에서 규정하는 신고, 신청, 청구, 그 밖에 서류의 제출 또는 통지를 정하여진 기한까지 할 수 없다고 인정하는 경우

나 납세자가 기한 연장을 신청한 경우에는 신고기한을 연장할 수 있다(국기법 6, 국기령 2).

① 납세자가 화재, 전화(戰禍), 그 밖의 재해를 입거나 도난을 당한 경우
② 납세자 또는 그 동거가족이 질병이나 중상해로 6개월 이상의 치료가 필요하거나 사망하여 상중(喪中)인 경우
③ 정전, 프로그램의 오류나 그 밖의 부득이한 사유로 한국은행(그 대리점을 포함한다) 및 체신관서의 정보통신망의 정상적인 가동이 불가능한 경우
④ 금융회사 등(한국은행 국고대리점 및 국고수납대리점인 금융회사 등만 해당한다) 또는 체신관서의 휴무나 그 밖의 부득이한 사유로 정상적인 세금납부가 곤란하다고 국세청장이 인정하는 경우
⑤ 권한 있는 기관에 장부나 서류가 압수 또는 영치된 경우
⑥ 세무사법 제2조 제3호에 따라 납세자의 장부 작성을 대행하는 세무사(같은 법 제16조의 4에 따라 등록한 세무법인을 포함한다) 또는 같은 법 제20조의 2에 따른 공인회계사(공인회계사법 제24조에 따라 등록한 회계법인을 포함한다)가 화재, 전화, 그 밖의 재해를 입거나 도난을 당한 경우
⑦ 그 밖에 상기 ①, ② 또는 ⑤에 준하는 사유가 있는 경우

기한연장은 3개월 이내로 하되, 해당 기한연장의 사유가 소멸되지 않는 경우 관할 세무서장은 1개월의 범위에서 그 기한을 다시 연장할 수 있다(국기령 2의2 ①). 신고와 관련된 기한연장은 9개월을 넘지 않는 범위에서 관할 세무서장이 할 수 있다(국기령 2의2 ②).

장부 및 증빙서류가 소실된 경우에도 필수적인 부속서류를 첨부하지 아니하고 법인세과세표준 및 세액신고서만을 제출한 경우에는 적법한 신고로 보지 아니한다. 다만, 이 경우에도 국세기본법 규정에 의하여 가산세의 감면을 받을 수 있다(법기통 60-0…2). 기한연장의 승인이 있는 때에는 그 승인된 기한까지는 가산세를 부과하지 아니한다(국기통 48-0…1).

(2) 외부감사대상법인의 기한연장

주식회사 등의 외부감사에 관한 법률에 따라 감사인에 의한 감사를 받아야 하는 내국법인이 해당 사업연도의 감사가 종결되지 아니하여 결산이 확정되지 아니하였다는 사유로 신고기한의 연장을 신청한 경우에는 그 신고기한을 1개월의 범위에서 연장할 수 있다(법법 60 ⑥).

① 내국법인은 신고기한의 종료일 3일 전까지 신고기한연장신청서를 납세지 관할세무서장에게 제출하여야 한다(법령 97 ⑫, 법령 120의24 ②).

② 신고기한이 연장된 내국법인이 세액을 납부할 때에는 기한 연장일수에 국세환급가산금 이자율을 적용하여 계산한 금액을 가산하여 납부하여야 한다(법법 60 ⑦, 법령 97 ⑬).

5.2 신고시 제출할 서류

납세의무가 있는 내국법인(결손금이 있는 법인을 포함)은 법인세과세표준및세액신고서에 다음의 서류를 첨부하여 납세지관할세무서장에게 신고하여야 한다(법법 60 ①, ②).

(1) 필수적 첨부서류

납세의무가 있는 내국법인은 각 사업연도의 종료일이 속하는 달의 말일부터 3개월 이내에 그 사업연도의 소득에 대한 법인세의 과세표준과 세액을 납세지 관할 세무서장에게 신고하여야 한다. 각 사업연도의 소득에 대한 법인세의 과세표준과 세액 신고시 다음의 서류를 제출하여야 하며 ①과 ②의 서류를 첨부하지 아니한 경우에는 무신고로 보아 무신고가산세를 적용한다(법법 60).

① 기업회계를 준용하여 작성한 재무상태표, 포괄손익계산서, 이익잉여금처분계산서(또는 결손금처리계산서)

② 세무조정계산서(법인세 과세표준 및 세액조정계산서 : 별지 제3호 서식)

③ 다음에서 정하는 서류. 다만, 국세기본법에 따른 전자신고로 과세표준 등의 신고를 한 법인의 경우에는 부속서류 중 기획재정부령으로 정하는 서류를 제출하지 아니할 수 있다.

㉠ 세무조정계산서 부속서류 및 기업회계기준에 따라 작성한 현금흐름표(주식회사 등의 외부감사에 관한 법률 제4조에 따라 외부감사의 대상이 되는 법인만 해당)

㉡ 기업회계기준에 따라 원화 외의 통화를 기능통화로 채택한 경우 원화를 표시통화로 하여 기업회계기준에 따라 기능통화재무제표를 환산한 재무제표(표시통화재무제표)

㉢ 기업회계기준에 따라 원화 외의 통화를 기능통화로 채택한 법인이 법 제53조의2제1항제1호의 과세표준계산방법을 적용하는 경우 원화 외의 기능통화를 채택하지 아니하고 계속하여 기업회계기준을 준용하여 원화로 재무제표를 작성할 경우에 작성하여야 할 재무제표(원화재무제표)

㉣ 합병 또는 분할한 경우 다음의 서류(합병법인 등만 해당)

가. 합병등기일 또는 분할등기일 현재의 피합병법인등의 재무상태표와 합병법인등이 그 합병 또는 분할로 승계한 자산 및 부채의 명세서

나. 합병법인등의 본점 등의 소재지, 대표자의 성명, 피합병법인등의 명칭, 합병등기일 또는 분할등기일, 그 밖에 필요한 사항이 기재된 서류

(2) 기타의 부속서류

첨부하는 기타의 부속서류가 누락된 경우에도 신고의 효력에는 영향을 미치지 아니한다(법기통 60-97…2). 세무조정계산서의 부속서류는 법인세과세표준및세액신고서 등의 별지서식을 말한다(법칙 82). 주식회사의외부감사에관한법률에 의한 외부감사의 대상법인은 기업회계기준에 의하여 작성된 현금흐름표(법령 97 ④)를 제출하며 특수관계인간 거래명세서, 경비 등의 송금명세서 등을 작성하여 제출한다(법법 60 ②).

(3) 국제거래에 대한 자료 제출의무

1) 통합기업보고서 등의 제출

다음 각 호에 해당하는 납세의무자는 그 구분에 따라 사업활동 및 거래내용 등에 관한 대통령령으로 정하는 통합기업보고서, 개별기업보고서 및 국가별보고서(이하 "국제거래정보통합보고서"라 한다)를 법인세법 제6조에 따른 사업연도 종료일이 속하는 달의 말일부터 12개월 이내에 납세지 관할 세무서장에게 제출하여야 한다(국조법 16 ①).

① 매출액 및 국외특수관계인과의 국제거래 규모 등이 대통령령으로 정하는 요건을 갖춘 납세의무자 : 통합기업보고서 및 개별기업보고서

② 매출액 등이 대통령령으로 정하는 요건을 갖춘 납세의무자 : 국가별보고서

2) 국제거래명세서등의 제출

국외특수관계인과 국제거래를 하는 납세의무자는 다음의 서류를 법인세법 제6조에 따른 사업연도 종료일이 속하는 달의 말일부터 6개월 이내에 납세지 관할 세무서장에게 제출하여야 한다. 다만, 대통령령으로 정하는 요건에 해당하는 경우에는 ①부터 ③까지의 규정에 따른 서류의 제출의무를 면제한다(국조법 16 ②, 2024.1.1.전에 개시한 과세기간 또는 사업연도에 대한 국제거래명세서, 요약손익계산서 및 정상가격 산출방법 신고서를 제출하여야 하는 납세의무자의 범위에 관하여는 국제조세조정에 관한 법률 16조 2항 각 호 외의 부분 본문의 개정규정에도 불구하고 종전의 규정에 따름. 법 부칙 2023.12.31.).

① 기획재정부령으로 정하는 국제거래명세서

② 기획재정부령으로 정하는 국외특수관계인의 요약손익계산서

③ 기획재정부령으로 정하는 정상가격 산출방법 신고서

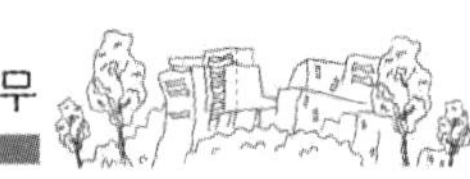

상기 ①부터 ③까지의 규정에 따른 서류의 제출의무를 면제하는 요건은 다음 구분과 같다 (국조령 36, 개정규정은 2023.1.1. 이후 개시하는 과세연도에 국제거래를 하는 경우부터 적용함. 영 부칙 2023.2.28.).

① 국제거래명세서의 제출의무를 면제하는 경우 : 해당 사업연도의 국외특수관계인과의 국제거래 유형별 거래금액의 합계가 다음의 요건을 모두 충족할 것
  가. 재화거래 금액의 합계 : 5억원 이하
  나. 용역거래 금액의 합계 : 1억원 이하
  다. 무형자산거래 금액의 합계 : 1억원 이하

② 요약손익계산서의 제출의무를 면제하는 경우 : 다음의 어느 하나에 해당할 것
  가. 해당 사업연도의 국외특수관계인과의 국제거래 유형별 거래금액의 합계가 다음의 요건을 모두 충족할 것
    1) 재화거래 금액의 합계 : 10억원 이하
    2) 용역거래 금액의 합계 : 2억원 이하
    3) 무형자산거래 금액의 합계 : 2억원 이하
  나. 조세특례제한법 시행령 제98조 제1항에 따른 해외현지법인 명세서와 해외현지법인 재무상황표를 제출할 것

③ 정상가격 산출방법 신고서의 제출의무를 면제하는 경우 : 다음의 어느 하나에 해당할 것
  가. 해당 사업연도의 국제거래 유형별 거래금액의 합계가 다음의 요건을 모두 충족할 것
    1) 재화거래 금액의 합계 : 50억원 이하
    2) 용역거래 금액의 합계 : 10억원 이하
    3) 무형자산거래 금액의 합계 : 10억원 이하
  나. 해당 사업연도의 국외특수관계인과의 국제거래 유형별 거래금액의 합계가 국외특수관계인별로 다음의 요건을 모두 충족할 것
    1) 재화거래 금액의 합계 : 10억원 이하
    2) 용역거래 금액의 합계 : 2억원 이하
    3) 무형자산거래 금액의 합계 : 2억원 이하

3) 해외금융계좌의 신고

해외금융계좌를 보유한 거주자 및 내국법인 중에서 해당 연도의 매월 말일 중 어느 하루의 해외금융계좌 잔액(해외금융계좌가 여러 개인 경우에는 각 해외금융계좌 잔액을 합산한 금액을 말한다)이 대통령령으로 정하는 금액(국제조세조정에 관한 법률 시행령 제93조에 따라 환산한 잔액 5억

원, 국조령 92 ③)을 초과하는 자(이하 "계좌신고의무자"라 한다)는 해외금융계좌정보를 다음 연도 6월 1일부터 30일까지 납세지 관할 세무서장에게 신고하여야 한다(국조법 53 ①). 다음 각 호의 구분에 따른 자(이하 "해외금융계좌 관련자"라 한다)는 해당 해외금융계좌를 각각 보유한 것으로 본다(국조법 53 ②).

1. 해외금융계좌 중 실지명의에 의하지 아니한 계좌 등 그 계좌의 명의자와 실질적 소유자가 다른 경우 : 그 명의자와 실질적 소유자
2. 해외금융계좌가 공동명의계좌인 경우 : 각 공동명의자

(4) 해외현지법인 등에 대한 자료 제출의무

1) 해외직접투자명세 제출

외국환거래법 제3조 제1항 제18호에 따른 해외직접투자를 한 내국법인은 법인세법에 따른 사업연도 종료일이 속하는 달의 말일부터 6개월 이내에 다음의 자료(해외직접투자명세등)를 대통령령으로 정하는 바에 따라 납세지 관할 세무서장에게 제출하여야 한다. 법인세법에 따른 사업연도 중 해외직접투자를 받은 외국법인의 주식 또는 출자지분을 양도하거나 해외직접투자를 받은 외국법인이 청산하여 해외직접투자에 해당하지 아니하게 되는 경우에도 또한 같다(국조법 58 ①).

① 해외직접투자의 명세
② 해외직접투자를 받은 외국법인의 재무 상황(해외직접투자를 받은 외국법인이 투자한 외국법인의 재무 상황을 포함한다)
③ 해외직접투자를 한 거주자 또는 내국법인의 손실거래(해외직접투자를 받은 외국법인과의 거래에서 발생한 손실거래로 한정한다)
④ 해외직접투자를 받은 외국법인의 손실거래(해외직접투자를 한 내국법인과의 거래에서 발생한 손실거래는 제외한다)
⑤ 해외 영업소의 설치 현황
⑥ 그 밖에 해외직접투자와 관련하여 대통령령으로 정하는 자료

국제조세조정에 관한 법률 제58조 제1항 각 호 외의 부분 전단에 따른 해외직접투자명세등은 다음의 구분에 따른 자료로 한다(국조령 98 ①).

1. 외국환거래법 제3조 제1항 제18호 가목에 따른 해외직접투자를 한 거주자 또는 내국법인 : 기획재정부령으로 정하는 해외현지법인 명세서

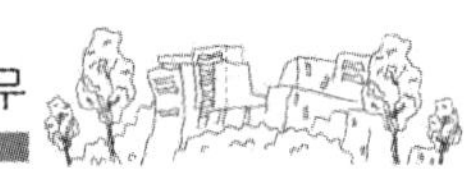

2. 제1호에 해당하는 거주자 또는 내국법인 중 다음의 어느 하나에 해당하는 거주자 또는 내국법인 : 기획재정부령으로 정하는 해외현지법인 명세서와 해외현지법인 재무상황표
   가. 외국환거래법 제3조 제1항 제18호 가목에 따른 해외직접투자를 받은 법인(피투자법인)의 발행주식 총수 또는 출자총액의 10% 이상을 소유하고 그 투자금액이 1억원 이상인 거주자 또는 내국법인
   나. 피투자법인의 발행주식 총수 또는 출자총액의 10% 이상을 직접 또는 간접으로 소유하고 있고, 피투자법인과 국제조세조정에 관한 법률 제2조 제1항 제3호에 따른 특수관계에 있는 거주자 또는 내국법인
3. 제2호 나목에 해당하는 거주자 또는 내국법인 중 국제조세조정에 관한 법률 제58조 제1항 제3호 또는 제4호에 해당하는 거래의 건별 손실금액(이하 손실거래금액)이 다음의 구분에 따른 요건을 갖춘 거주자 또는 내국법인 : 기획재정부령으로 정하는 해외현지법인 명세서, 해외현지법인 재무상황표와 손실거래명세서
   가. 거주자 : 손실거래금액이 단일 과세기간에 10억원 이상이거나 최초 손실이 발생한 과세기간부터 5년이 되는 날이 속하는 과세기간까지의 누적 손실금액이 20억원 이상일 것
   나. 내국법인 : 손실거래금액이 단일 사업연도에 50억원 이상이거나 최초 손실이 발생한 사업연도부터 5년이 되는 날이 속하는 사업연도까지의 누적 손실금액이 100억원 이상일 것
4. 외국환거래법 제3조 제1항 제18호 나목에 따른 해외직접투자를 한 거주자 또는 내국법인 : 기획재정부령으로 정하는 해외영업소 설치현황표

2) 해외부동산등명세 제출

외국환거래법 제3조 제1항 제19호에 따른 자본거래 중 외국에 있는 부동산 또는 이에 관한 권리(해외부동산등)를 취득하여 보유하고 있거나 처분한 내국법인이 다음의 어느 하나에 해당하는 경우에는 법인세법에 따른 사업연도 종료일이 속하는 달의 말일부터 6개월 이내에 다음의 구분에 따른 자료(해외부동산등명세)를 대통령령으로 정하는 바에 따라 납세지 관할 세무서장에게 제출하여야 한다(국조법 58 ②).

1. 해외부동산등의 취득가액이 2억원 이상인 경우 : 해외부동산등의 취득·투자운용(임대를 포함한다)·처분 명세 및 과세기간 또는 사업연도 종료일 현재 보유현황[(1호의 개정규정은 2022.1.1. 전에 해외부동산등을 취득(취득 당시 취득가액이 2억원 이상인 경우로 한정함)하여 2022.1.1. 당시 보유하고 있는 경우로서 2022.1.1. 전에 개시한 과세기간·사업연도에 대하여 2022.1.1. 이후 자료제출 기한이 도래하는 경우부터 적용함. 법 부칙 2021.12.21.)]

2. 해외부동산등의 취득가액이 2억원 미만으로서 처분가액이 2억원 이상인 경우 : 해외부동산등의 처분 명세

취득가액 및 처분가액은 다음에 따라 계산한다. 이 경우 외화의 원화 환산은 외화를 수령하거나 지급한 날의 외국환거래법에 따른 기준환율 또는 재정환율을 적용하여 계산한다(국조법 58 ⑦).

① 취득가액 : 법인세법 제41조에 따른 취득가액
② 처분가액 : 소득세법 제118조의 3에 따른 양도가액

외국환거래법에 따른 자본거래로서 해당 과세연도에 외국에 있는 부동산이나 이에 관한 권리(해외부동산등)를 취득하여 보유하고 있거나 처분한 거주자 또는 내국법인은 국제조세조정에 관한 법률 제58조 제2항에 따라 기획재정부령으로 정하는 해외부동산등의 취득· 보유·투자운용(임대) 및 처분 명세서를 납세지 관할 세무서장에게 제출해야 한다(국조령 98 ②).

3) 과세당국의 자료제출요구

과세당국은 거주자 또는 내국법인이 해외직접투자명세등· 해외부동산등명세· 해외신탁명세(이하 "해외현지법인명세서등"이라 한다)를 제출하지 아니하거나 거짓된 해외현지법인명세서등을 제출한 경우에는 해외현지법인명세서등의 제출이나 보완을 요구할 수 있다(국조법 58 ⑤, 단서 삭제 개정은 2025.1.1. 전에 법 58조 1항 각 호 외의 부분 또는 같은 조 2항 각 호 외의 부분에 따른 기한이 도래한 경우로서 2025.1.1. 당시 그 기한의 다음 날부터 2년이 지나지 아니한 경우에 대해서도 적용함. 법 부칙 2024.12.31.). 자료 제출 또는 보완을 요구받은 자는 그 요구를 받은 날부터 60일 이내에 해당 자료를 제출하여야 한다(국조법 58 ⑥).

4) 해외현지법인 등의 자료 제출의무 불이행 등에 대한 과태료

국제조세조정에 관한 법률 제58조 제1항에 따라 해외직접투자명세등의 자료 제출의무가 있는 거주자 또는 내국법인(같은 항 제1호부터 제4호까지의 규정에 따른 자료는 외국환거래법 제3조 제1항 제18호에 따른 해외직접투자를 한 거주자 또는 내국법인이 해외직접투자를 받은 법인의 발행주식 총수 또는 출자총액의 10% 이상을 직접 또는 간접으로 소유한 경우만 해당한다)이 다음의 어느 하나에 해당하는 경우 그 거주자 또는 그 내국법인에는 5천만원 이하의 과태료를 부과한다. 다만, 국제조세조정에 관한 법률 제58조 제1항 또는 제6항에 따른 기한까지 자료 제출이 불가능하다고 인정되는 경우 등 대통령령으로 정하는 부득이한 사유가 있는 경우에는 과태료를 부과하지 아니한다(국조법 91 ①).

① 국제조세조정에 관한 법률 제58조 제1항에 따른 기한까지 해외직접투자명세등을 제출하지 아니하거나 거짓된 해외직접투자명세등을 제출하는 경우
② 국제조세조정에 관한 법률 제58조 제3항에 따라 자료 제출 또는 보완을 요구받고 같은 조 제4항에 따른 기한까지 해당 자료를 제출하지 아니하거나 거짓된 자료를 제출하는 경우

국제조세조정에 관한 법률 제58조 제2항에 따라 해외부동산등명세를 제출할 의무가 있는 거주자 또는 내국법인이 다음의 어느 하나에 해당하는 경우 그 거주자 또는 내국법인에는 대통령령으로 정하는 해외부동산등의 취득가액, 처분가액 및 투자운용 소득의 10% 이하의 과태료(1억원을 한도로 한다)를 부과한다. 다만, 국제조세조정에 관한 법률 제58조 제2항 또는 제6항에 따른 기한까지 자료 제출이 불가능하다고 인정되는 경우 등 대통령령으로 정하는 부득이한 사유가 있는 경우에는 과태료를 부과하지 아니한다(국조법 91 ②).

① 국제조세조정에 관한 법률 제58조 제2항 각 호 외의 부분에 따른 기한까지 해외부동산등명세를 제출하지 아니하거나 거짓된 해외부동산등명세를 제출하는 경우
② 국제조세조정에 관한 법률 제58조 제3항에 따라 자료 제출 또는 보완을 요구받고 같은 조 제4항에 따른 기한까지 해당 자료를 제출하지 아니하거나 거짓된 자료를 제출하는 경우

(5) 외부세무조정

1) 외부세무조정

기업회계와 세무회계의 정확한 조정 또는 성실한 납세를 위하여 필요하다고 인정되는 거주자 또는 법인에 대하여 세무사(세무사인 공인회계사 및 변호사 포함)에게 작성하게 한 세무조정계산서를 외부조정계산서라 한다. 내국법인의 경우 세무조정계산서는 다음의 어느 하나에 해당하는 자로서 조정반에 소속된 자가 작성하여야 한다(법법 60 ⑨).

① 세무사법에 따른 세무사등록부에 등록한 세무사
② 세무사법에 따른 세무사등록부 또는 공인회계사 세무대리업무등록부에 등록한 공인회계사
③ 세무사법에 따른 세무사등록부 또는 변호사 세무대리업무등록부에 등록한 변호사

2) 적용대상

기업회계와 세무회계의 정확한 조정 또는 성실한 납세를 위하여 필요하다고 인정되어 외부조정계산서를 작성해야 하는 법인(조세특례제한법 제72조에 따른 당기순이익과세를 적용받는 법

인은 제외)은 다음과 같다(법령 97의2 ①). 외부조정계산서의 첨부대상법인이 세무사 등이 작성하지 아니하고 당해 법인이 작성한 세무조정계산서를 첨부한 경우에는 적법한 신고로 보지 아니한다.

① 직전 사업연도의 수입금액이 70억원 이상인 법인 및 주식회사 등의 외부감사에 관한 법률 제4조에 따라 외부의 감사인에게 회계감사를 받아야 하는 법인
② 직전 사업연도의 수입금액이 3억원 이상인 법인으로서 법인세법 제29조부터 제31조까지(비영리내국법인의 고유목적사업준비금의 손금산입, 책임준비금의 손금산입, 비상위험준비금의 손금산입), 제45조(합병 시 이월결손금 등 공제 제한) 또는 조세특례제한법에 따른 조세특례(같은 법 제104조의8 전자신고에 대한 세액공제는 제외)를 적용받는 법인
③ 직전 사업연도의 수입금액이 3억원 이상인 법인으로서 해당 사업연도 종료일 현재 법 및 조세특례제한법에 따른 준비금 잔액이 3억원 이상인 법인
④ 해당 사업연도 종료일부터 2년 이내에 설립된 법인으로서 해당 사업연도 수입금액이 3억원 이상인 법인
⑤ 직전 사업연도의 법인세 과세표준과 세액에 대하여 법인세법 제66조제3항 단서에 따라 결정 또는 경정받은 법인
⑥ 해당 사업연도 종료일부터 소급하여 3년 이내에 합병 또는 분할한 합병법인, 분할법인, 분할신설법인 및 분할합병의 상대방 법인
⑦ 국외에 사업장을 가지고 있거나 법인세법 제57조제5항에 따른 외국자회사를 가지고 있는 법인

해당 사업연도에 설립된 법인인 경우에는 해당 사업연도의 수입금액을 1년으로 환산한 금액을 직전 사업연도의 수입금액으로 본다(법령 97의2 ③). 외부세무조정 대상법인 외의 법인은 과세표준 등을 신고할 때 상기 1)의 어느 하나에 해당하는 자(세무사등)가 정확한 세무조정을 위하여 작성한 세무조정계산서를 첨부할 수 있다(법령 97의2 ②).

3) 조정반

조정반이란 대표자를 선임하여 지방국세청장의 지정을 받은 다음의 자를 말한다. 이 경우 세무사등은 하나의 조정반에만 소속되어야 한다(법령 97의3 ①).

① 2명 이상의 세무사등
② 세무법인
③ 회계법인

④ 변호사법에 따라 설립된 법무법인, 법무법인(유한) 또는 법무조합

조정반 지정을 받으려는 자는 별지 제63호의 13서식에 따른 조정반 지정 신청서를 작성하여 매년 11월 30일까지 대표자의 사무소 소재지 관할 지방국세청장에게 조정반 지정 신청을 하여야 한다. 다만, 법인세법 제60조 제9항 각 호의 어느 하나에 해당하는 자(이하 세무사등)로서 매년 12월 1일 이후 개업한 자 또는 매년 12월 1일 이후 설립된 세무법인, 회계법인, 법무법인, 법무법인(유한) 또는 법무조합(이하 세무법인등)은 각각 세무사등의 개업신고일(구성원이 2명 이상인 경우에는 최근 개업한 조정반 구성원의 개업신고일을 말한다) 또는 법인설립등기일(법무조합의 경우에는 변호사법 제58조의 19 제2항에 따른 관보 고시일을 말한다)부터 1개월 이내에 신청할 수 있다[(법칙 50의3 ①, 2022.3.18. 전에 설립된 법무법인, 법무법인(유한) 또는 법무조합은 규칙 50조의 3 제1항의 개정규정에도 불구하고 2022.3.18.부터 1개월 이내에 대표자의 사무소 소재지 관할 지방국세청장에게 조정반 지정 신청을 할 수 있음(규칙 부칙 2022.3.18.)]. 조정반 지정의 유효기간은 1년으로 한다(법칙 50의3 ④).

5.3 성실신고확인서 제출

(1) 성실신고확인대상법인

성실신고확인이란 수입금액이 일정 규모 이상인 개인사업자 또는 소규모 부동산임대업 주업법인 등이 소득에 대한 세무신고 시 세무대리인에게 확인받은 후 신고하게 하는 제도이다. 2018.1.1. 이후 개시하는 사업연도부터 다음의 어느 하나에 해당하는 내국법인은 성실한 납세를 위하여 법인세의 과세표준과 세액을 신고할 때 과세표준 등의 신고에 첨부하는 서류에 더하여 비치·기록된 장부와 증명서류에 의하여 계산한 과세표준금액의 적정성을 세무사(세무사법 제20조의 2에 따라 등록한 공인회계사, 세무법인 또는 회계법인 포함)가 확인하고 작성한 확인서(성실신고확인서)를 납세지 관할 세무서장에게 제출하여야 한다. 다만, 주식회사 등의 외부감사에 관한 법률 제4조에 따라 감사인(監査人)에 의한 감사를 받은 내국법인은 이를 제출하지 아니할 수 있다(법법 60의2 ①, 법령 97의4 ①). 납세지 관할 세무서장은 제출된 성실신고확인서에 미비한 사항 또는 오류가 있을 때에는 보정할 것을 요구할 수 있다(법법 60의2 ③).

① 부동산임대업을 주된 사업으로 하는 등 법령으로 정하는 요건에 해당하는 내국법인
② 소득세법 제70조의 2 제1항에 따른 성실신고확인대상사업자가 사업용자산의 현물출자 및 사업의 양도·양수 등의 방법에 따라 내국법인으로 전환한 경우 그 내국법인(사업연도 종료일 현재 법인으로 전환한 후 3년 이내의 내국법인으로 한정한다)(법령 97의4 ③).

③ 위 ②에 따라 전환한 내국법인이 그 전환에 따라 경영하던 사업을 ②에서 정하는 방법으로 인수한 다른 내국법인(②에 따른 전환일부터 3년 이내인 경우로서 그 다른 내국법인의 사업연도 종료일 현재 인수한 사업을 계속 경영하고 있는 경우로 한정한다. 이 개정은 2022.1.1. 이후 사업을 인수하는 경우부터 적용함. 법 부칙 2021.12.21.)

④ 내국법인이 법인세법 제60조의2 제1항의 단서규정에 따라 주식회사의 외부감사에 관한 법률 제4조에 따라 감사인에 의한 감사를 받는 경우 성실신고확인서를 제출하지 아니할 수 있으나, 같은 법 제4조에 따른 외부감사 대상 내국법인이 회계감사 시 재무제표 등을 제출하지 않아 선임된 감사인이 회계감사기준에서 요구하는 감사절차를 수행할 수 없어 '의견거절'로 감사의견을 표명한 경우(서면-2019-법인-3528, 2020.03.20.)

1) 부동산임대업을 주된 사업으로 하는 특정 내국법인

부동산임대업을 주된 사업으로 하는 등 법령으로 정하는 요건에 해당하는 내국법인이란 다음의 요건을 모두 갖춘 내국법인[법인세법 제51조의 2 제1항 각 호의 어느 하나에 해당하는 내국법인(유동화전문회사 등) 및 조세특례제한법 제104조의 31 제1항(프로젝트금융투자회사)에 따른 내국법인은 제외한다]을 말한다(법령 97의4 ②, 법령 42 ②).

① 해당 사업연도 종료일 현재 지배주주 등(법인의 발행주식총수 또는 출자총액의 1% 이상의 주식 또는 출자지분을 소유한 주주 등으로서 그와 특수관계에 있는 자와의 소유 주식 또는 출자지분의 합계가 해당 법인의 주주 등 중 가장 많은 경우의 해당 주주 등)이 보유한 주식 등의 합계가 해당 내국법인의 발행주식총수 또는 출자총액의 50%를 초과할 것

② 해당 사업연도에 부동산 임대업을 주된 사업으로 하거나 다음의 금액 합계가 기업회계기준에 따라 계산한 매출액(㉠부터 ㉢까지에서 정하는 금액이 포함되지 않은 경우에는 이를 포함하여 계산)의 50%(2022.1.1. 이후 개시하는 사업연도부터 적용하며 종전은 70%적용, 영 부칙 2022.2.15.) 이상일 것. 둘 이상의 서로 다른 사업을 영위하는 경우에는 사업별 사업수입금액이 큰 사업을 주된 사업으로 본다.

㉠ 부동산 또는 부동산상의 권리의 대여로 인하여 발생하는 수입금액[조세특례제한법 제138조제1항(간주임대료)에 따라 익금에 가산할 금액을 포함]

㉡ 소득세법에 따른 이자소득의 금액

㉢ 소득세법에 따른 배당소득의 금액

③ 해당 사업연도의 상시근로자 수가 5명 미만일 것. 상시근로자는 근로기준법에 따라 근로계약을 체결한 내국인 근로자로 한다. 다만, 다음의 어느 하나에 해당하는 근로자는 제외한다.

㉠ 해당 법인의 최대주주 또는 최대출자자와 그와 국세기본법 시행령 제1조의2제1항에 따른 친족관계인 근로자

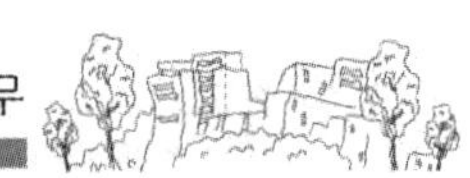

㉡ 소득세법 시행령 제196조제1항에 따른 근로소득원천징수부에 의하여 근로소득세를 원천징수한 사실이 확인되지 아니하는 근로자

㉢ 근로계약기간이 1년 미만인 근로자. 다만, 근로계약의 연속된 갱신으로 인하여 그 근로계약의 총기간이 1년 이상인 근로자는 제외한다.

㉣ 근로기준법 제2조제1항제8호에 따른 단시간근로자

$$\text{상시근로자 수} = \frac{\text{해당 과세연도의 매월 말 현재 상시근로자 수의 합}}{\text{해당 과세연도의 개월 수}}$$

* 상시근로자 수 계산시 100분의 1 미만의 부분은 없는 것으로 한다(법령 42 ②, 조특령 26의4 ③).

2) 소득세법상 성실신고확인대상사업자가 법인으로 전환한 경우 그 내국법인

해당 내국법인의 설립일이 속하는 연도 또는 직전 연도에 소득세법 제70조의 2에 따른 성실신고확인대상사업자가 사업용자산의 현물출자 및 사업의 양도·양수 등의 방법에 따라 내국법인으로 전환한 경우 그 내국법인(사업연도 종료일 현재 법인으로 전환한 후 3년 이내의 내국법인으로 한정)은 성실신고확인서를 납세지 관할 세무서장에게 제출하여야 한다(법법 60의2 ①, 법령 97의4 ③,④). 법인전환은 2018.2.13. 이후 법인으로 전환하는 분부터 적용한다(법령 부칙 2018.2. 13. 14조).

3) 법인전환후 3년 이내 포괄양수 내국법인

상기 2)에 따라 전환한 내국법인이 그 전환에 따라 경영하던 사업을 2)에서 정하는 방법으로 인수한 다른 내국법인(상기 2)에 따른 전환일부터 3년 이내인 경우로서 그 다른 내국법인의 사업연도 종료일 현재 인수한 사업을 계속 경영하고 있는 경우로 한정한다. 2022.1.1. 이후 사업을 인수하는 경우부터 적용함. 법 부칙 2021.12.21.)은 성실한 납세를 위하여 법인세법 제60조에 따라 법인세의 과세표준과 세액을 신고할 때 같은 조 제2항 각 호의 서류에 더하여 제112조 및 제116조에 따라 비치·기록된 장부와 증명서류에 의하여 계산한 과세표준금액의 적정성을 세무사 등 대통령령으로 정하는 자가 대통령령으로 정하는 바에 따라 확인하고 작성한 성실신고확인서를 납세지 관할 세무서장에게 제출하여야 한다. 다만, 주식회사 등의 외부감사에 관한 법률 제4조에 따라 감사인에 의한 감사를 받은 내국법인은 이를 제출하지 아니할 수 있다(법법 60의2 ①).

주식회사의 외부감사에 관한 법률에 따라 감사인에 의한 감사를 받지 않는 내국법인이 소득세법에 따른 성실신고확인대상사업자로부터 사업을 포괄적으로 양수한 이후 다른 내국법인에게 양수한 사업을 양도하는 경우로서 사업연도 종료일 현재 법인으로 전환한 후 3년

이내의 내국법인은 성실신고확인서 제출대상에 해당한다(법인, 서면-2020-법인-0271, 2020. 03.27.).

(2) 성실신고

1) 신고기한

성실신고 확인대상인 내국법인이 각 사업연도의 종료일이 속하는 달의 말일부터 4개월 이내에 성실신고확인서를 납세지 관할 세무서장에게 제출하여야 한다(법법 75 ①). 성실신고 확인대상인 내국법인이 성실신고확인서를 제출하는 경우에는 4개월 이내에 그 사업연도의 소득에 대한 법인세의 과세표준과 세액을 납세지 관할 세무서장에게 신고하여야 한다(법법 60 ①, 2020.12.31.이 속하는 사업연도에 대한 성실신고확인자 선임 신고에 관하여는 개정규정에도 불구하고 종전의 규정에 따라 성실신고확인대상 내국법인은 성실신고를 확인하는 세무사등을 선임하여 각 사업연도의 종료일이 속하는 달의 말일부터 2개월 이내에 성실신고확인자 선임 신고서를 납세지 관할 세무서장에게 신고하여야 한다. 법령 97의4, 영 부칙 2022.2.15.).

2) 성실신고 확인비용에 대한 세액공제

성실신고확인대상 내국법인(성실신고확인대상자)이 성실신고확인서를 제출하는 경우에는 성실신고 확인에 직접 사용한 비용의 60%에 해당하는 금액을 해당 과세연도의 법인세에서 공제한다. 다만, 공제세액의 한도는 150만원(소득세 120만원)의 범위에서 정한다(조특법 126의6 ①, 조특령 121의6 ①). 세액공제를 적용 받으려는 자는 법인세법 제60조의2제1항에 따른 성실신고확인서를 제출할 때 성실신고 확인비용세액공제신청서를 납세지 관할 세무서장에게 제출하여야 한다(조특령 121의6 ②).

$$\text{성실신고확인비용 세액공제} = \min \begin{bmatrix} \text{성실신고 확인에 직접 사용한 비용} \times 60\% \\ \text{150만원} \end{bmatrix}$$

성실신고확인대상자가 해당 과세연도의 과세표준을 과소 신고한 경우로서 그 과소 신고한 과세표준이 경정[1](수정신고로 인한 경우를 포함)된 과세표준의 10% 이상인 경우에는 공제받은 금액에 상당하는 세액을 전액 추징한다(조특법 126의6 ②). 과세표준이 경정된 성실신고 확인대상자에 대해서는 경정일이 속하는 과세연도의 다음 과세연도부터 3개 과세연도 동안 성실신고 확인비용에 대한 세액공제를 하지 아니한다(조특법 126의6 ③).

---

1) 경정(更正)이란 납세의무자가 신고납부를 이행하지 아니하거나 신고한 내용 또는 과세관청이 결정한 내용에 오류가 있는 경우 세무서장 또는 지방국세청장이 이를 시정하기 위한 행정처분을 말한다. 국세의 과세표준과 세액의 결정 또는 경정 결정은 그 처분 당시 그 국세의 납세지를 관할하는 세무서장이 한다(국기법 44).

(3) 성실신고확인서 미제출 가산세와 세무조사

법인세법 제60조의 2 제1항에 따른 성실신고 확인대상인 내국법인이 각 사업연도의 종료일이 속하는 달의 말일부터 4개월 이내에 성실신고확인서를 납세지 관할 세무서장에게 제출하지 아니한 경우에는 다음의 금액 중 큰 금액을 가산세로 해당 사업연도의 법인세액에 더하여 납부하여야 한다(법법 75 ①, 2022.1.1. 전에 개시한 사업연도에 대하여 2022.1.1. 이후에 납부하는 성실신고확인서 제출 불성실 가산세에 관하여는 개정규정에도 불구하고 종전의 규정에 따름. 법 부칙 2021.12.21.). 경정으로 산출세액이 0보다 크게 된 경우에는 경정된 산출세액을 기준으로 가산세를 계산한다(법법 75 ②).

① 법인세 산출세액(법인세법 제55조의 2에 따른 토지등 양도소득에 대한 법인세액 및 조세특례제한법 제100조의 32에 따른 투자·상생협력 촉진을 위한 과세특례를 적용하여 계산한 법인세액은 제외한다. 이하 이 조, 제75조의 2부터 제75조의 9까지의 가산세 규정에서 같다)의 5%
② 수입금액의 0.02%

상기 가산세를 적용할 때 법인세법 제66조에 따른 경정으로 산출세액이 0보다 크게 된 경우에는 경정된 산출세액을 기준으로 가산세를 계산한다(법법 75 ②). 가산세는 산출세액이 없는 경우에도 적용한다(법법 75 ③, 2022.1.1. 전에 개시한 사업연도에 대하여 2022.1.1. 이후에 납부하는 성실신고확인서 제출 불성실 가산세에 관하여는 법인세법 75조 3항의 개정규정에도 불구하고 종전의 규정에 따름. 법 부칙 2021.12.21.).

납세지 관할 세무서장 또는 지방국세청장은 성실신고확인서를 제출하지 아니한 경우에는 정기선정에 의한 세무조사 외에 별도의 세무조사를 할 수 있다(국기법 81의6 ①,③).

5.4 전자신고

납세자 또는 세무대리인이 법인세법 등에서 규정하는 신고관련 서류를 전자적으로 작성한 후 인터넷을 통하여 신고하는 것을 말하며 전자신고를 하고자 하는 모든 법인은 전자신고를 할 수 있다. 전자신고 대상자는 세법에서 정한 납세자, 세무대리인, 기타 규정에 의하여 신고대행이 가능한 자로 한다.

(1) 전자신고시 제출에 갈음하는 서류

국세정보통신망을 이용하여 표준대차대조표, 표준손익계산서 및 표준손익계산서부속명세서를 제출한 경우에는 다음을 제출에 갈음한 것으로 할 수 있다(법령 97 ⑨). 다만, 한국채택

국제회계기준을 적용하는 법인은 표준재무제표를 제출하여야 한다(법령 97 ⑪).

① 재무상태표
② 포괄손익계산서
③ 이익잉여금처분계산서
④ 현금흐름표

(2) 법인세 전자신고시 제출기한 연장서류(국세청고시 제2012-70호, 2012.9.28)

국세기본법의 규정에 의하여 전자신고 하는 법인세 과세표준 및 세액신고와 관련한 서류 중 전자적으로 제출할 수 없는 부속서류 등의 제출기한을 10일 연장하는 서류를 다음과 같이 고시한다(국기법 45).

① 해당법인 : 전자신고한 법인 중 다음의 법인
　㉠ 주식회사의외부감사에관한법률에 의하여 외부회계감사를 받아야 하는 법인
　㉡ 주식회사 이외의 법인으로서 직전사업연도의 자산총액(비영리법인은 수익사업부문의 자산총액에 한함)이 100억원 이상인 법인
　㉢ 상기 이외의 법인으로서 해당사업연도 수입금액이 30억원 이상인 법인
② 연장제출대상 서류 : 재무제표의 부속서류(결산보고서 및 부속명세서)
③ 연장제출 기간 : 법인세과세표준신고기한 경과후 10일의 범위이내
④ 제출기한의 연장신청 : 법인세전자신고에 따른 제출기한연장서류 제출

5.5 수정신고와 경정청구

(1) 수정신고

수정신고는 제출한 과세표준신고서의 기재사항에 누락이나 오류가 있는 경우 납세자 스스로 당초 신고서의 신고액보다 증액하여 신고하는 것을 말한다(국기법 45). 과세표준신고서를 법정신고기한까지 제출한 자(소득세법 제73조 제1항 제1호부터 제7호까지의 어느 하나에 해당하는 자를 포함한다) 및 기한후과세표준신고서를 제출한 자는 다음의 어느 하나에 해당할 때에는 관할 세무서장이 각 세법에 따라 해당 국세의 과세표준과 세액을 결정 또는 경정하여 통지하기 전으로서 국세기본법 제26조의 2 제1항부터 제4항까지의 규정에 따른 기간(국세의 부과제척기간)이 끝나기 전까지 과세표준수정신고서를 제출할 수 있다(2020.1.1. 전에 기한후과세표준신고서를 제출하고 2020.1.1. 이후 과세표준수정신고서를 제출하거나 국세의 과세표준 및 세액의 결정 또는 경정을 청구하는 경우에도 적용한다. 법 부칙 2019.12.31. 국기법 45 ①).

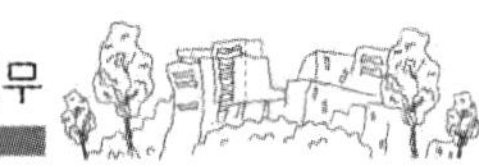

① 과세표준신고서 또는 기한후과세표준신고서에 기재된 과세표준 및 세액이 세법에 따라 신고하여야 할 과세표준 및 세액에 미치지 못할 때
② 과세표준신고서 또는 기한후과세표준신고서에 기재된 결손금액 또는 환급세액이 세법에 따라 신고하여야 할 결손금액이나 환급세액을 초과할 때
③ 상기 ① 및 ②외에 원천징수의무자의 정산 과정에서의 누락, 세무조정 과정에서의 누락 등 대통령령으로 정하는 사유로 불완전한 신고를 하였을 때(국세기본법 제45조의 2에 따라 경정 등의 청구를 할 수 있는 경우는 제외한다)

국세의 수정신고(과세표준신고서를 법정신고기한까지 제출한 자의 수정신고로 한정한다)는 당초의 신고에 따라 확정된 과세표준과 세액을 증액하여 확정하는 효력을 가진다(국기법 22의2 ①). 국세의 수정신고는 당초 신고에 따라 확정된 세액에 관한 국세기본법 또는 세법에서 규정하는 권리·의무관계에 영향을 미치지 아니한다(국기법 22의2 ②).

과세표준신고서를 법정신고기한까지 제출한 자가 법정신고기한이 지난 후 수정신고시(과세표준과 세액을 경정할 것을 미리 알고 과세표준수정신고서를 제출한 경우는 제외한다) 과소신고·초과환급신고가산세는 다음에서 정하는 금액을 감면한다(국기법 48 ② 1호, 2020.1.1.시행 전에 법정신고기한이 만료된 경우로서 이 법 시행 이후 최초로 수정신고하거나 기한 후 신고하는 분에 대해서도 적용한다. 법 부칙 2019.12.31.).

구 분	감면액
가. 법정신고기한이 지난 후 1개월 이내에 수정신고한 경우	가산세액의 90%
나. 법정신고기한이 지난 후 1개월 초과 3개월 이내에 수정신고한 경우	가산세액의 75%
다. 법정신고기한이 지난 후 3개월 초과 6개월 이내에 수정신고한 경우	가산세액의 50%
라. 법정신고기한이 지난 후 6개월 초과 1년 이내에 수정신고한 경우	가산세액의 30%
마. 법정신고기한이 지난 후 1년 초과 1년 6개월 이내에 수정신고한 경우	가산세액의 20%
바. 법정신고기한이 지난 후 1년 6개월 초과 2년 이내에 수정신고한 경우	가산세액의 10%

당초 신고한 과세표준과 세액의 과소신고로 인하여 부과되는 가산세가 아니고 과세표준신고에 있어서 필수적인 첨부서류 등을 제출하지 아니하여 신고된 것으로 보지 않음으로써 부과되는 가산세는 수정신고서를 제출하더라도 감면되지 아니한다(국기통 48-0…5).

(2) 경정청구

1) 청구기한

경정청구는 제출한 과세표준신고서의 기재사항에 누락이나 오류가 있는 경우 납세자 스스로 당초 신고시의 신고액보다 감액하여 국세의 과세표준 및 세액 등의 결정 또는 경정을 청구하는 것을 말한다. 과세표준신고서를 법정신고기한까지 제출한 자 및 국세기본법 제45조의 3 제1항에 따른 기한후과세표준신고서를 제출한 자는 다음의 어느 하나에 해당할 때에는 최초신고 및 수정신고한 국세의 과세표준 및 세액의 결정 또는 경정을 법정신고기한이 지난 후 5년 이내(2014.12.31. 이전 : 3년)에 관할 세무서장에게 청구할 수 있다. 다만, 결정 또는 경정으로 인하여 증가된 과세표준 및 세액에 대하여는 해당 처분이 있음을 안 날(처분의 통지를 받은 때에는 그 받은 날)부터 3개월 이내(법정신고기한이 지난 후 5년 이내로 한정한다)에 경정을 청구할 수 있다(국기법 45의2 ①, 단서의 개정규정은 2025.1.1. 당시 처분이 있음을 안 날부터 3개월이 지나지 아니한 경우에도 적용함. 법 부칙 2024.12.31.).

① 과세표준신고서 또는 기한후과세표준신고서에 기재된 과세표준 및 세액(각 세법에 따라 결정 또는 경정이 있는 경우에는 해당 결정 또는 경정 후의 과세표준 및 세액을 말한다)이 세법에 따라 신고하여야 할 과세표준 및 세액을 초과할 때

② 과세표준신고서 또는 기한후과세표준신고서에 기재된 결손금액, 세액공제액 또는 환급세액(각 세법에 따라 결정 또는 경정이 있는 경우에는 해당 결정 또는 경정 후의 결손금액, 세액공제액 또는 환급세액을 말한다)이 세법에 따라 신고하여야 할 결손금액, 세액공제액 또는 환급세액에 미치지 못할 때(개정규정은 2025.1.1. 이후 결정 또는 경정을 청구하는 경우부터 적용함. 조세특례제한법 144조 1항, 법인세법 57조 2항 본문에 따라 이월하여 공제받는 세액공제액이 국세기본법 45조의 2 제1항 2호의 개정규정에 해당하여 결정 또는 경정을 청구하는 경우에는 같은 항 각 호 외의 부분 본문에 따른 청구기간이 지난 경우에도 2025.12.31.까지 관할 세무서장에게 결정 또는 경정을 청구할 수 있음. 법 부칙 2024.12.31.).

2) 후발적 사유의 청구기한

과세표준신고서를 법정신고기한까지 제출한 자 또는 국세의 과세표준 및 세액의 결정을 받은 자는 다음의 어느 하나에 해당하는 사유가 발생하였을 때에는 상기 1)에서 규정하는 기간에도 불구하고 그 사유가 발생한 것을 안 날부터 3개월 이내에 결정 또는 경정을 청구할 수 있다(국기법 45의2 ②).

① 최초의 신고·결정 또는 경정에서 과세표준 및 세액의 계산 근거가 된 거래 또는 행위 등이 그에 관한 심사청구, 심판청구, 감사원법에 따른 심사청구에 대한 결정이나 소송에 대한 판결(판결과 같은 효력을 가지는 화해나 그 밖의 행위를 포함한다)에 의하여 다른 것으

로 확정되었을 때[개정규정(국세기본법 제45조의2 제5항의 규정 및 제6항의 개정규정에 따라 준용되는 경우를 포함함)은 2023.1.1. 이후 심사청구, 심판청구, 감사원법에 따른 심사청구에 대한 결정이 확정되는 경우부터 적용함. 법 부칙 2022.12.31.]

② 소득이나 그 밖의 과세물건의 귀속을 제3자에게로 변경시키는 결정 또는 경정이 있을 때

③ 조세조약에 따른 상호합의가 최초의 신고·결정 또는 경정의 내용과 다르게 이루어졌을 때

④ 결정 또는 경정으로 인하여 그 결정 또는 경정의 대상이 된 과세표준 및 세액과 연동된 다른 세목(같은 과세기간으로 한정한다)이나 연동된 다른 과세기간(같은 세목으로 한정한다)의 과세표준 또는 세액이 세법에 따라 신고하여야 할 과세표준 또는 세액을 초과할 때 [개정규정(국세기본법 제45조의2 제5항의 규정 및 제6항의 개정규정에 따라 준용되는 경우를 포함함)은 2023.1.1. 이후 심사청구, 심판청구, 감사원법에 따른 심사청구에 대한 결정이 확정되는 경우부터 적용함. 법 부칙 2022.12.31.]

⑤ 상기 ①부터 ④까지와 유사한 사유로서 다음에서 정하는 사유가 해당 국세의 법정신고기한이 지난 후에 발생하였을 때(국기령 25의2).

㉠ 최초의 신고·결정 또는 경정을 할 때 과세표준 및 세액의 계산 근거가 된 거래 또는 행위 등의 효력과 관계되는 관청의 허가나 그 밖의 처분이 취소된 경우

㉡ 최초의 신고·결정 또는 경정을 할 때 과세표준 및 세액의 계산 근거가 된 거래 또는 행위 등의 효력과 관계되는 계약이 해제권의 행사에 의하여 해제되거나 해당 계약의 성립 후 발생한 부득이한 사유로 해제되거나 취소된 경우

㉢ 최초의 신고·결정 또는 경정을 할 때 장부 및 증거서류의 압수, 그 밖의 부득이한 사유로 과세표준 및 세액을 계산할 수 없었으나 그 후 해당 사유가 소멸한 경우

㉣ 그 밖에 위의 규정에 준하는 사유가 있는 경우

3) 원천징수대상자의 청구

소득세법 제73조 제1항 각 호에 해당하는 소득이 있는 자, 소득세법 제119조 제1호·제2호, 제4호부터 제8호까지, 제8호의 2 및 제10호부터 제12호까지의 규정에 해당하는 소득이 있는 자 또는 법인세법 제93조 제1호·제2호, 제4호부터 제6호까지 및 제8호부터 제10호까지의 규정에 해당하는 국내 원천소득이 있는 자(이하 원천징수대상자)의 경우에는 국세기본법 제45조의2 제1항부터 제4항까지의 규정을 준용한다. 이 경우 제1항 각 호 외의 부분 본문 중 "과세표준신고서를 법정신고기한까지 제출한 자 및 제45조의 3 제1항에 따른 기한후과세표준신고서를 제출한 자" 및 제2항 각 호 외의 부분 중 "과세표준신고서를 법정신고기한까지 제출한 자 또는 국세의 과세표준 및 세액의 결정을 받은 자"는 "연말정산 또는 원천징수하여 소득세 또는 법인세를 납부하고 소득세법 제164조, 제164조의 2 및 법인세법 제120

조, 제120조의 2에 따라 지급명세서를 제출기한까지 제출한 원천징수의무자 또는 원천징수대상자(소득세법 제1조의 2 제1항 제2호에 따른 비거주자 및 법인세법 제2조 제3호에 따른 외국법인은 제외한다. 다만, 원천징수의무자의 폐업 등 대통령령으로 정하는 사유가 발생하여 원천징수의무자가 경정을 청구하기 어렵다고 인정되는 경우에는 그러하지 아니하다)"로, 제1항 각 호 외의 부분 본문·단서 및 제2항 제5호 중 "법정신고기한이 지난 후"는 "연말정산세액 또는 원천징수세액의 납부기한이 지난 후"로, 제1항 제1호 중 "과세표준신고서 또는 기한후과세표준신고서에 기재된 과세표준 및 세액"은 "원천징수영수증에 기재된 과세표준 및 세액"으로, 제1항 제2호 중 "과세표준신고서 또는 기한후과세표준신고서에 기재된 결손금액 또는 환급세액"은 "원천징수영수증에 기재된 환급세액"으로 본다(국기법 45의2 ⑤).

(3) 특례사항

다음의 어느 하나에 해당하는 경우에는 해당 가산세액의 50%에 상당하는 금액을 감면한다(국기법 48 ② 3호).

① 과세전적부심사 결정·통지기간에 그 결과를 통지하지 아니한 경우(결정·통지가 지연됨으로써 해당 기간에 부과되는 제47조의 4에 따른 가산세만 해당한다)

② 세법에 따른 제출, 신고, 가입, 등록, 개설의 기한이 지난 후 1개월 이내에 해당 세법에 따른 제출등의 의무를 이행하는 경우(제출등의 의무위반에 대하여 세법에 따라 부과되는 가산세만 해당한다)

③ 2018.1.1. 이후 도래하는 확정신고기한까지 신고하거나 수정하여 신고하는 분부터 상기 (1)의 라목부터 바목까지의 규정에도 불구하고 세법에 따른 예정신고기한 및 중간신고기한까지 예정신고 및 중간신고를 하였으나 과소신고하거나 초과신고한 경우로서 확정신고기한까지 과세표준을 수정하여 신고한 경우(해당 기간에 부과되는 국세기본법 제47조의 3에 따른 과소신고·초과환급신고가산세만 해당하며, 과세표준과 세액을 경정할 것을 미리 알고 과세표준신고를 하는 경우는 제외한다)

④ 2018.1.1. 이후 도래하는 확정신고기한까지 신고하거나 수정하여 신고하는 분부터 국세기본법 제48조 제2항 제2호(기한후신고 가산세 감면)에도 불구하고 세법에 따른 예정신고기한 및 중간신고기한까지 예정신고 및 중간신고를 하지 아니하였으나 확정신고기한까지 과세표준신고를 한 경우(해당 기간에 부과되는 무신고가산세만 해당하며, 과세표준과 세액을 경정할 것을 미리 알고 과세표준신고를 하는 경우는 제외한다)

5.6 기한후 신고

(1) 의의

기한 후 신고란 법정신고기한까지 과세표준신고서를 제출하지 아니한 자가 관할관청이 해당 국세의 과세표준과 세액을 결정·통지하기 전까지 과세표준신고서를 법정신고기한 이후에 제출하는 것을 말한다. 즉, 법정신고기한까지 과세표준신고서를 제출하지 아니한 자는 관할 세무서장이 세법에 따라 해당 국세의 과세표준과 세액(세법에 따른 가산세를 포함한다)을 결정하여 통지하기 전까지 기한후과세표준신고서를 제출할 수 있다(국기법 45의3 ①). 기한후과세표준신고서를 제출한 자로서 세법에 따라 납부하여야 할 세액이 있는 자는 그 세액을 납부하여야 한다(국기법 45의3 ②). 기한후과세표준신고서를 제출하거나 기한후과세표준신고서를 제출한 자가 과세표준수정신고서를 제출한 경우 관할 세무서장은 세법에 따라 신고일부터 3개월 이내에 해당 국세의 과세표준과 세액을 결정 또는 경정하여 신고인에게 통지하여야 한다. 다만, 그 과세표준과 세액을 조사할 때 조사 등에 장기간이 걸리는 등 부득이한 사유로 신고일부터 3개월 이내에 결정 또는 경정할 수 없는 경우에는 그 사유를 신고인에게 통지하여야 한다(국기법 45의3 ③).

(2) 감면배제

법인세법 제66조 제1항에 따라 결정을 하는 경우와 국세기본법 제45조의 3에 따라 기한 후 신고를 하는 경우에는 조세특례제한법 제6조, 제7조, 제12조 제1항·제3항, 제12조의 2, 제31조 제4항·제5항, 제32조 제4항, 제33조의 2, 제62조 제4항, 제63조, 제63조의 2 제2항, 제64조, 제66조부터 제68조까지, 제85조의 6 제1항·제2항, 제96조, 제96조의 2, 제96조의 3, 제99조의 9 제2항, 제99조의 11 제1항, 제102조, 제104조의 24 제1항, 제121조의 8, 제121조의 9 제2항, 제121조의 17 제2항, 제121조의 20 제2항, 제121조의 21 제2항, 제121조의 22 제2항을 적용하지 아니한다(조특법 128 ②). 그 외 세액감면 등은 조세특례제한법 제127조의 중복지원의 배제 및 제128조 제1항의 추계과세시 세액공제 배제사항을 적용받지 않는다면 공제가 가능하다.

조세특례제한법	감면배제
제6조	창업중소기업 등에 대한 세액감면
제7조	중소기업에 대한 특별세액감면
제12조 ①,③	기술이전 및 기술취득 등에 대한 과세특례
제12조의2	연구개발특구에 입주하는 첨단기술기업 등에 대한 법인세 등의 감면
제31조 ④,⑤	중소기업 간의 통합에 대한 양도소득세의 이월과세 등
제32조 ④	법인전환에 대한 양도소득세의 이월과세
제62조 ④	공공기관이 혁신도시 등으로 이전하는 경우 법인세 등 감면
제63조 ①	수도권 밖으로 공장을 이전하는 기업에 대한 세액감면 등
제63조의2 ①	수도권 밖으로 본사를 이전하는 법인에 대한 세액감면 등
제64조	농공단지 입주기업 등에 대한 세액감면
제66조	영농조합법인 등에 대한 법인세의 면제 등
제67조	영어조합법인 등에 대한 법인세의 면제 등
제68조	농업회사법인에 대한 법인세의 면제 등
제85조의6 ①,②	사회적기업 및 장애인 표준사업장에 대한 법인세 등의 감면
제96조	소형주택 임대사업자에 대한 세액감면
제96조의2	상가건물 장기 임대사업자에 대한 세액감면
제96조의3	상가임대료를 인하한 임대사업자에 대한 세액공제
제99조의9 ②	위기지역 창업기업에 대한 법인세 등의 감면
제99조의11 ①	감염병 피해에 따른 특별재난지역의 중소기업에 대한 법인세 등의 감면
제99조의12	선결제 금액에 대한 세액공제
제102조	산림개발소득에 대한 세액감면
제104조의24 ①	해외진출기업의 국내복귀에 대한 세액감면
제121조의8	제주첨단과학기술단지 입주기업에 대한 법인세 등의 감면
제121조의9 ②	제주투자진흥지구 또는 제주자유무역지역 입주기업에 대한 법인세 등의 감면
제121조의17 ②	기업도시개발구역 등의 창업기업 등에 대한 법인세 등의 감면
제121조의20 ②	아시아문화중심도시 투자진흥지구 입주기업 등에 대한 법인세 등의 감면 등
제121조의21 ②	금융중심지 창업기업 등에 대한 법인세 등의 감면 등
제121조의22 ②	첨단의료복합단지 및 국가식품클러스터 입주기업에 대한 법인세 등의 감면

(3) 가산세

과세표준신고서를 법정신고기한까지 제출하지 아니한 자가 법정신고기한이 지난 후 국세기본법 제45조의 3에 따라 기한 후 신고를 한 경우(국세기본법 제47조의 2에 따른 무신고가산세만 해당하며, 과세표준과 세액을 결정할 것을 미리 알고 기한후과세표준신고서를 제출한 경우는 제외한다) 무신고가산세는 다음에서 정하는 금액을 감면한다(국기법 48 ② 2호, 2020.1.1.시행 전에 법정신고기한이 만료된 경우로서 이 법 시행 이후 최초로 수정신고하거나 기한 후 신고하는 분에 대해서도 적용한다. 법 부칙 2019.12.31.).

구 분	감면액
가. 법정신고기한이 지난 후 1개월 이내에 기한 후 신고를 한 경우	가산세액의 50%
나. 법정신고기한이 지난 후 1개월 초과 3개월 이내에 기한 후 신고를 한 경우	가산세액의 30%
다. 법정신고기한이 지난 후 3개월 초과 6개월 이내에 기한 후 신고를 한 경우	가산세액의 20%

2018.1.1. 이후 도래하는 확정신고기한까지 신고하거나 수정하여 신고하는 분부터 국세기본법 제48조 제2항 제2호(기한후신고 가산세 감면)에도 불구하고 세법에 따른 예정신고기한 및 중간신고기한까지 예정신고 및 중간신고를 하지 아니하였으나 확정신고기한까지 과세표준신고를 한 경우(해당 기간에 부과되는 무신고가산세만 해당하며, 과세표준과 세액을 경정할 것을 미리 알고 과세표준신고를 하는 경우는 제외한다)에는 해당 가산세액의 50%에 상당하는 금액을 감면한다(국기법 48 ② 3호).

5.7 납 부

법인세는 각사업연도의 종료일이 속하는 달의 말일부터 3월 이내에 납부하여야 한다. 당해 법인세과세표준의 신고기한이 법인세의 납부기한이다.

(1) 납부기한연장

관할 세무서장은 납세자가 다음의 어느 하나에 해당하는 사유로 국세를 납부기한 또는 독촉장에서 정하는 기한("납부기한등")까지 납부할 수 없다고 인정되는 경우 납부기한등을 연장(세액을 분할하여 납부하도록 하는 것을 포함)할 수 있다(국징법 13 ①).

① 납세자가 재난 또는 도난으로 재산에 심한 손실을 입은 경우

② 납세자가 경영하는 사업에 현저한 손실이 발생하거나 부도 또는 도산의 우려가 있는 경우

③ 납세자 또는 그 동거가족이 질병이나 중상해로 6개월 이상의 치료가 필요한 경우 또는 사망하여 상중(喪中)인 경우

④ 그 밖에 납세자가 국세를 납부기한등까지 납부하기 어렵다고 인정되는 경우로서 다음에서 정하는 경우(국징령 11).

㉠ 권한 있는 기관에 장부나 서류 또는 그 밖의 물건이 압수 또는 영치된 경우 및 이에 준하는 경우

㉡ 정전, 프로그램의 오류, 그 밖의 부득이한 사유로 다음 각 목의 어느 하나에 해당하는 정보처리장치나 시스템을 정상적으로 가동시킬 수 없는 경우

가. 한국은행법에 따른 한국은행(그 대리점을 포함한다)

나. 우체국예금·보험에 관한 법률에 따른 체신관서

㉢ 금융회사등·체신관서의 휴무, 그 밖에 부득이한 사유로 정상적인 국세 납부가 곤란하다고 국세청장이 인정하는 경우

㉣ 세무사법 제2조제3호에 따라 납세자의 장부 작성을 대행하는 세무사(같은 법 제16조의4에 따라 등록한 세무법인을 포함한다) 또는 같은 법 제20조의2제1항에 따라 세무대리업무등록부에 등록한 공인회계사(공인회계사법 제24조에 따라 등록한 회계법인을 포함한다)가 화재, 전화(戰禍), 그 밖의 재해를 입거나 해당 납세자의 장부(장부 작성에 필요한 자료를 포함한다)를 도난당한 경우

㉤ 국세징수법 제13조제1항제1호부터 제3호까지의 규정에 준하는 사유가 있는 경우

관할 세무서장은 국세징수법 제13조 제1항에 따른 납부기한등의 연장 또는 국세징수법 제14조 제1항에 따른 납부고지의 유예를 하는 경우 그 연장 또는 유예 기간을 연장 또는 유예한 날의 다음 날부터 9개월 이내로 정하며, 연장 또는 유예 기간 중의 분납기한 및 분납금액을 정할 수 있다. 이 경우 관할 세무서장은 연장 또는 유예 기간이 6개월을 초과하는 경우에는 가능한 한 연장 또는 유예 기간 시작 후 6개월이 지난 날부터 3개월 이내에 균등액을 분납할 수 있도록 정해야 한다(국징령 12 ①).

(2) 법인세의 분납

내국법인이 납부할 세액이 1,000만원을 초과하는 경우에는 1개월(중소기업은 2개월) 이내에 분납할 수 있다(법법 64).

① 분납세액

- 납부세액이 1,000만원 초과 2,000만원 이하 : 1,000만원 초과금액
- 납부세액이 2,000만원 초과시 : 50%이하

② 분납기간

• 납부기한이 경과한 날부터 1개월(중소기업은 2개월)

실제로 중소기업에 해당하는 경우에는 중소기업기준검토표를 제출하지 아니한 경우에도 중소기업으로 보아 2개월 이내에 분납할 수 있다(심사 94-628, 1994.9.16.). 가산세 및 감면분추가납부세액은 분납대상세액에 해당하지 아니한다(법기통 64-0…3). 법인세의 납부기한을 연장받은 경우 분납기한도 연장된다(법인 22601-3023, 1987.11.12.). 신고서상에 분납내역을 기재하지 아니하고 신고서를 제출한 경우에도 분납이 가능하다(서이 46012-10741, 2002.4.8.).

예 제 **법인세의 분납**

20X1.12.31.로 종료되는 내국중소기업법인 ㈜이손의 법인세 납부세액이 다음과 같은 경우에 분납할 세액과 분납세액의 납부기간을 계산하시오. 단, 법인은 가능한 한 법인세의 납부시기를 연장하려 한다.

(1) 납부할 세액이 900만원인 경우
(2) 납부할 세액이 1,600만원인 경우(가산세 100만원 포함)
(3) 납부할 세액이 2,400만원인 경우(추가납부세액 200만원 포함)

풀 이

납부할 세액	20X2.3.31 납부세액	20X2.5.31 납부세액
(1) 900만원	900만원	–
(2) 1,600만원	1,100만원	500만원
(3) 2,400만원	1,300만원	1,100만원

(1) 납부할 세액이 1,000만원 이하이므로 분납세액은 없다.
(2) 납부할 세액이 1,600만원이지만 가산세는 분납할 수 없다. 따라서 1,500만원 중 1,000만원 초과 금액인 500만원이 분납할 금액이다.
(3) 납부할 세액이 2,400만원이지만 추가납부세액은 분납할 수 없다. 따라서 2,200만원의 50%인 1,100만원이 분납할 금액이다.

5.8 결정과 경정

결정은 최초로 납세의무를 확정하는 행위로서 법인세법은 신고납세제도에 해당하므로 당해 법인세 신고시 세액이 결정된다. 다만, 과세관청은 법인이 신고기한까지 법인세를 신고하지 아니한 경우에 세액을 결정한다. 법인이 신고한 과세표준 및 세액에 오류나 탈루가 있는 경우에는 당초 결정된 세액을 수정하며 이를 경정이라고 한다(법법 66).

(1) 결정 및 경정 사유

1) 결정사유

납세지 관할 세무서장 또는 관할지방국세청장은 내국법인이 신고를 하지 아니한 경우에는 그 법인의 각 사업연도의 소득에 대한 법인세의 과세표준과 세액을 결정한다.

2) 경정사유

납세지 관할 세무서장 또는 관할지방국세청장은 신고를 한 내국법인이 다음의 어느 하나에 해당하는 경우에는 그 법인의 각 사업연도의 소득에 대한 법인세의 과세표준과 세액을 경정한다(법법 66 ②).

① 신고 내용에 오류 또는 누락이 있는 경우
② 지급명세서, 매출·매입처별 계산서합계표의 전부 또는 일부를 제출하지 아니한 경우
③ 다음의 어느 하나에 해당하는 경우로서 시설 규모나 영업 현황으로 보아 신고내용이 불성실하다고 판단되는 경우
  ㉠ 법인세법 제117조제1항에 따른 신용카드가맹점 가입 요건에 해당하는 법인이 정당한 사유 없이 여신전문금융업법에 따른 신용카드가맹점(법인만 해당한다. 이하 "신용카드가맹점"이라 한다)으로 가입하지 아니한 경우
  ㉡ 신용카드가맹점이 정당한 사유 없이 제117조제2항을 위반하여 신용카드에 의한 거래를 거부하거나 신용카드 매출전표를 사실 과 다르게 발급한 경우
  ㉢ 법인세법 제117조의2제1항에 따라 현금영수증가맹점으로 가입하여야 하는 법인 및 부가가치세법 제32조의2에 따라 현금영수증가맹점 가입 대상자로 지정받은 법인이 정당한 사유 없이 조세특례제한법 제126조의3에 따른 현금영수증가맹점(이하 "현금영수증가맹점"이라 한다)으로 가입하지 아니한 경우
  ㉣ 현금영수증가맹점이 정당한 사유 없이 현금영수증 발급을 거부하거나 사실과 다르게 발급한 경우

(2) 결정 및 경정

납세지 관할 세무서장 또는 관할지방국세청장은 법인세의 과세표준과 세액을 결정 또는 경정하는 경우에는 장부나 그 밖의 증명서류를 근거로 하여야 한다. 다만, 장부나 그 밖의 증명서류에 의하여 소득금액을 계산할 수 없는 경우에는 추계(推計)할 수 있다(법법 66). 다음에 해당하는 경우에는 추계조사할 수 있다(법령 104 ①).

① 소득금액을 계산할 때 필요한 장부 또는 증명서류가 없거나 그 중요한 부분이 미비 또는 허위인 경우

② 기장의 내용이 시설규모, 종업원수, 원자재·상품·제품 또는 각종 요금의 시가 등에 비추어 허위임이 명백한 경우

③ 기장의 내용이 원자재사용량·전력사용량 기타 조업상황에 비추어 허위임이 명백한 경우

5.9 국세의 부과제척기간과 국세징수권 소멸시효

(1) 국세의 부과제척기간

국세를 부과할 수 있는 기간(부과제척기간)은 국세를 부과할 수 있는 날부터 5년으로 한다. 다만, 역외거래[국제조세조정에 관한 법률 제2조 제1항 제1호에 따른 국제거래 및 거래 당사자 양쪽이 거주자(내국법인과 외국법인의 국내사업장을 포함한다)인 거래로서 국외에 있는 자산의 매매·임대차, 국외에서 제공하는 용역과 관련된 거래를 말한다]의 경우에는 국세를 부과할 수 있는 날부터 7년으로 한다(국기법 26의2 ①). 다음의 어느 하나에 해당하는 경우에는 다음 각 구분에 따른 기간을 부과제척기간으로 한다(국기법 26의2 ②).

① 납세자가 법정신고기한까지 과세표준신고서를 제출하지 아니한 경우 : 해당 국세를 부과할 수 있는 날부터 7년(역외거래의 경우 10년)

② 납세자가 대통령령으로 정하는 사기나 그 밖의 부정한 행위(조세범 처벌법 제3조 제6항에 해당하는 행위, 국기령 12의2 ①)로 국세를 포탈(逋脫)하거나 환급·공제를 받은 경우 : 그 국세를 부과할 수 있는 날부터 10년(역외거래에서 발생한 부정행위로 국세를 포탈하거나 환급·공제받은 경우에는 15년). 이 경우 부정행위로 포탈하거나 환급·공제받은 국세가 법인세이면 이와 관련하여 법인세법 제67조에 따라 처분된 금액에 대한 소득세 또는 법인세에 대해서도 또한 같다.

③ 납세자가 부정행위를 하여 다음에 따른 가산세 부과대상이 되는 경우 : 해당 가산세를 부과할 수 있는 날부터 10년

㉠ 소득세법 제81조의 10 제1항 제4호(계산서불성실가산세 등)

㉡ 법인세법 제75조의 8 제1항 제4호(계산서불성실가산세 등)

㉢ 부가가치세법 제60조 제2항 제2호, 같은 조 제3항 및 제4항(세금계산서불성실가산세 등)

구 분	역외거래 제척기간
무 신 고	7년 → 10년 (2019.1.1.이후 납세의무 성립분부터 적용, 법 부칙 2018.12.31.)
과소신고	5년 → 7년 (2019.1.1.이후 납세의무 성립분부터 적용, 법 부칙 2018.12.31.)
부정행위	10년 → 15년 (2015.1.1.이후 국세를 부과할 수 있는 날이 개시하는 분부터 적용) * 부칙 2014.12.23. 법률 제12848호에 따라 2015.1.1.부터 시행하며 개정규정은 이 법 시행 이후 국세를 부과할 수 있는 날이 개시하는 분부터 적용한다. * 국세기본법 제26조의2 제1항의 개정규정은 제척기간이 진행 중에 있거나 제척기간이 경과한 것에는 적용되지 않는다(2011헌바132, 2012.12.27.).

상기 일반적 제척기간 5년(역외거래 7년) 기간이 끝난 날이 속하는 과세기간 이후의 과세기간에 다음의 금액을 공제하는 경우 해당 이월결손금등이 발생한 과세기간의 법인세의 부과제척기간은 상기의 규정에도 불구하고 이월결손금등을 공제한 과세기간의 법정신고기한으로부터 1년으로 한다(국기법 26의2 ③, 세액공제 신설규정은 2025.1.1. 이후 개시하는 과세기간에 세액공제액이 발생하는 경우부터 적용함. 법 부칙 2024.12.31.).

① 법인세법 제13조 제1항 제1호, 제76조의 13 제1항 제1호 또는 제91조 제1항 제1호에 따른 이월결손금

② 조세특례제한법 제144조 제1항에 따라 이월된 세액공제액

(2) 국세의 부과제척기간 특례

상기 (1)의 규정에 불구하고 지방국세청장 또는 세무서장은 다음의 구분에 따른 기간이 지나기 전까지 경정이나 그 밖에 필요한 처분을 할 수 있다(국기법 26의2 ⑥).

① 이의신청, 심사청구, 심판청구, 감사원법에 따른 심사청구 또는 행정소송법에 따른 소송에 대한 결정이나 판결이 확정된 경우 : **결정 또는 판결이 확정된 날부터 1년**[2)]

2) 국세부과의 제척기간은 소멸시효와는 달리 중단이나 정지가 없어 납세고지등으로 그 기간이 중단, 갱신되지 않으며 국세를 부과할 수 있는 날로부터 법정기간이 경과하여 제척기간 만료되면 그 후에는 과세관청이 결정·증액경정·감액경정 등을 할 수 없다. 그러나 국세에 관한 부과처분이 있은 후에 그 처분에 납세자가 불복하여 이의신청·심사청구·심판청구·감사원심사청구 또는 행정소송을 제기하여 그 결정 또는 판결이 확정되기 전에 국세부과의 제척기간이 만료되는 경우 납세자가 자신에게 유리한 취소 내지 일부 취소의 결정 또는 판결을 받았음에도 처분청이 부과권이 없어 결정이나 판결에 따른 경정결정 및 환급처리를 하지 못할 경우가 발생하게 되므로 이를 방지하기 위하여 이의신청·심사청구·심판청구

② 위 ①의 결정이나 판결이 확정됨에 따라 그 결정 또는 판결의 대상이 된 과세표준 또는 세액과 연동된 다른 세목(같은 과세기간으로 한정한다)이나 연동된 다른 과세기간(같은 세목으로 한정한다)의 과세표준 또는 세액의 조정이 필요한 경우 : ①의 결정 또는 판결이 확정된 날부터 1년(개정규정은 2022.1.1. 이후 이의신청, 심사청구, 심판청구, 감사원법에 따른 심사청구 또는 행정소송법에 따른 소송에 대한 결정이나 판결이 확정되는 경우(2022.1.1. 전에 종전의 국세기본법 26조의 2에 따라 부과제척기간이 만료된 경우는 제외함)부터 적용함. 법 부칙 2021.12.21.)

③ 형사소송법에 따른 소송에 대한 판결이 확정되어 소득세법 제21조 제1항 제23호(뇌물) 또는 제24호(알선수재 및 배임수재에 의하여 받는 금품)의 소득이 발생한 것으로 확인된 경우 : 판결이 확정된 날부터 1년(국세기본법 26조의 2 제6항 1호의 3의 개정규정은 2022.1.1. 이후 형사소송법에 따른 소송에 대한 판결이 확정되는 경우(2022.1.1. 전에 종전의 국세기본법 26조의 2에 따라 부과제척기간이 만료된 경우는 제외함)부터 적용함. 법 부칙 2021.12.21.)

④ 조세조약에 부합하지 아니하는 과세의 원인이 되는 조치가 있는 경우 그 조치가 있음을 안 날부터 3년 이내(조세조약에서 따로 규정하는 경우에는 그에 따른다)에 그 조세조약의 규정에 따른 상호합의가 신청된 것으로서 그에 대하여 상호합의가 이루어진 경우 : 상호합의 절차의 종료일부터 1년

⑤ 국세기본법 제45조의 2 제45조의2제1항·제2항·제5항 및 제6항 또는 국제조세조정에 관한 법률 제10조의 2 제1항 및 제20조 제2항에 따른 경정청구 또는 같은 법 제10조의 3 제1항에 따른 조정권고가 있는 경우 : 경정청구일 또는 조정권고일부터 2개월

⑥ 상기 ⑤에 따른 경정청구 또는 조정권고가 있는 경우 그 경정청구 또는 조정권고의 대상이 된 과세표준 또는 세액과 연동된 다른 과세기간의 과세표준 또는 세액의 조정이 필요한 경우 : ⑤에 따른 경정청구일 또는 조정권고일부터 2개월(2018.1.1. 이후 경정청구 또는 조정권고가 있거나 판결이 확정되는 경우부터 적용, 부칙 2017.12.19.)

⑦ 최초의 신고·결정 또는 경정에서 과세표준 및 세액의 계산 근거가 된 거래 또는 행위 등이 그 거래·행위 등과 관련된 소송에 대한 판결(판결과 같은 효력을 가지는 화해나 그 밖의 행위를 포함한다)에 의하여 다른 것으로 확정된 경우 : 판결이 확정된 날부터 1년

⑧ 역외거래와 관련하여 부과제척기간이 지나기 전에 국제조세조정에 관한 법률 제36조 제1항 및 제2항에 따라 조세의 부과와 징수에 필요한 조세정보를 외국의 권한 있는 당국에 요청하여 조세정보를 요청한 날부터 2년이 지나기 전까지 조세정보를 받은 경우 : 조세정보를 받은 날부터 1년

· 감사원법에 의한 심사청구 또는 행정소송법에 의한 소송에 대한 결정 또는 판결이 있는 경우에는 당초 부과제척기간의 만료 여부에 불구하고 결정 또는 판결이 있는 날로부터 1년 이내에는 그 판결등에 따라 경정 결정 및 기타 필요한 처분을 할 수 있도록 하였다.

⑨ 국제조세조정에 관한 법률 제69조 제2항에 따른 국가별 실효세율이 변경된 경우 : 국가별 실효세율의 변경이 있음을 안 날부터 1년

상기의 규정에도 불구하고 ①의 결정 또는 판결에 의하여 다음의 어느 하나에 해당하게 된 경우에는 당초의 부과처분을 취소하고 그 결정 또는 판결이 확정된 날부터 1년 이내에 다음의 구분에 따른 자에게 경정이나 그 밖에 필요한 처분을 할 수 있다(국기법 26의2 ⑦).

① 명의대여 사실이 확인된 경우 : 실제로 사업을 경영한 자
② 과세의 대상이 되는 재산의 귀속이 명의일 뿐이고 사실상 귀속되는 자가 따로 있다는 사실이 확인된 경우 : 재산의 사실상 귀속자[개정규정은 2023.1.1. 이후 이의신청, 심사청구, 심판청구, 감사원법에 따른 심사청구 또는 행정소송법에 따른 소송에 대한 결정이나 판결이 확정되어 재산의 사실상 귀속자가 따로 있다는 사실이 확인되는 경우(2023.1.1. 전에 종전의 국세기본법 제26조의 2에 따라 부과제척기간이 만료된 경우는 제외함)부터 적용함. 법 부칙 2022.12.31.]
③ 소득세법 제119조 및 법인세법 제93조에 따른 국내원천소득의 실질귀속자가 확인된 경우 : 국내원천소득의 실질귀속자 또는 소득세법 제156조 및 법인세법 제98조에 따른 원천징수의무자

상기의 규정에도 불구하고 국세의 부과제척기간에 관하여 조세의 이중과세를 방지하기 위하여 체결한 조약(조세조약)에 따라 상호합의 절차가 진행 중인 경우에는 국제조세조정에 관한 법률 제25조에서 정하는 바에 따른다(국기법 26의2 ⑧).

(3) 국세징수권의 소멸시효

1) 소멸시효

국세징수권이란 국가가 이미 확정된 국세의 납세의무에 관하여 납세고지, 독촉, 강제징수 등에 의하여 그 이행을 청구하고 강제할 수 있는 권리를 말한다. 국가가 이미 확정된 국세의 납세의무에 관하여 일정기간 동안 국세징수권을 행사하지 않을 경우 그 권리가 소멸되며 이를 국세징수권의 소멸시효라고 한다. 이 제도는 법적안정성을 보장하고자 하는데 그 취지가 있다. 국세의 징수를 목적으로 하는 국가의 권리(국세징수권)는 이를 행사할 수 있는 때부터 다음의 구분에 따른 기간 동안 행사하지 아니하면 소멸시효가 완성된다. 이 경우 다음의 국세의 금액은 가산세를 제외한 금액[3]으로 한다(국기법 27 ①, 국세기본법 27조 1항의 개정규정은 2020.1.1. 이후 신고 또는 고지하는 분부터 적용한다. 법 부칙 2019.12.31.). 소멸시효에

3) 가산세를 포함하여 5억원 이상 여부 판단시 가산세에 따라 소멸시효가 달라지는 문제점이 있어 본세만으로 판단한다.

관하여는 국세기본법 또는 세법에 특별한 규정이 있는 것을 제외하고는 민법에 따른다(국기법 27 ②).

① 5억원 이상의 국세 : 10년
② 그 외의 국세 : 5년

2) 국세징수권을 행사할 수 있는 때

국세의 징수를 목적으로 하는 국가의 권리(국세징수권)는 이를 행사할 수 있는 때부터 일정기간 동안 행사하지 아니하면 소멸시효가 완성된다. 국세징수권을 행사할 수 있는 때는 다음의 날을 말한다(국기법 27 ③).

① 과세표준과 세액의 신고에 의하여 납세의무가 확정되는 국세의 경우 신고한 세액에 대해서는 그 법정 신고납부기한의 다음 날
② 과세표준과 세액을 정부가 결정, 경정 또는 수시부과결정하는 경우 납세고지한 세액에 대해서는 그 고지에 따른 납부기한의 다음 날

다음의 날은 상기의 규정에도 불구하고 국세징수권을 행사할 수 있는 때로 본다(국기법 27 ④).

① 원천징수의무자 또는 납세조합으로부터 징수하는 국세의 경우 납세고지한 원천징수세액 또는 납세조합징수세액에 대해서는 그 고지에 따른 납부기한의 다음 날
② 인지세의 경우 납세고지한 인지세액에 대해서는 그 고지에 따른 납부기한의 다음 날
③ 상기 ①의 법정 신고납부기한이 연장되는 경우 그 연장된 기한의 다음 날

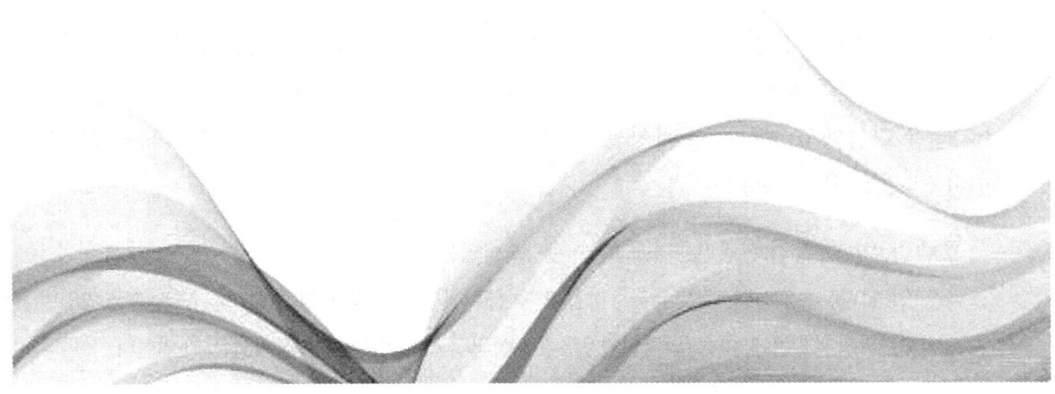

06 중소기업과 중견기업

6.1 중소기업의 요건

중소기업이란 다음의 요건을 모두 갖춘 기업을 말한다. 다만, 자산총액이 5천억원 이상인 경우에는 중소기업으로 보지 아니한다(조특령 2 ①). 자산총액은 과세연도 종료일 현재 기업회계기준에 따라 작성한 재무상태표상의 자산총액으로 한다(조특칙 2 ⑤).

① 매출액이 업종별로 중소기업기본법 시행령 별표 1에 따른 규모기준(평균매출액 등은 매출액으로 본다) 이내일 것
② 실질적인 독립성기준에 적합할 것
③ 소비성서비스업을 주된 사업으로 영위하지 아니할 것

조세특례제한법상 중소기업의 요건

구 분	내 용
업종기준	2017.1.1. 이후 개시하는 사업연도 : 소비성서비스업이 주된 사업이 아닐 것
	2016.12.31. 이전 개시하는 사업연도 : 업종기준 적용
중소기업기준	당기 매출액이 일정기준 이내
독립성기준	소유 및 경영의 실질적인 독립성기준 구비
졸업기준	자산총액 5,000억원 이상인 경우 중소기업에서 제외

(1) 업종기준(2017.1.1. 이후 개시하는 사업연도)

조세특례제한법에서 사용되는 업종의 분류는 이 법에 특별한 규정이 있는 경우를 제외하고는 통계법 제22조에 따라 통계청장이 고시하는 한국표준산업분류에 따른다. 다만, 한국표준산업분류가 변경되어 이 법에 따른 조세특례를 적용받지 못하게 되는 업종에 대해서는 한국표준산업분류가 변경된 과세연도와 그 다음 과세연도까지는 변경 전의 한국표준산업분류에 따른 업종에 따라 조세특례를 적용한다(조특법 2 ③). 조세특례제한법에서 정하는 중소기업은 다음에서 정하는 소비성서비스업을 주된 사업으로 영위하지 아니하는 경우를 말한다(조특령 2 ①, 조특령 29 ③).

① 호텔업 및 여관업(관광진흥법에 따른 관광숙박업은 제외한다)
② 주점업(일반유흥주점업, 무도유흥주점업 및 식품위생법 시행령 제21조에 따른 단란주점 영업만 해당하되, 관광진흥법에 따른 외국인전용유흥음식점업 및 관광유흥음식점업은 제외한다)

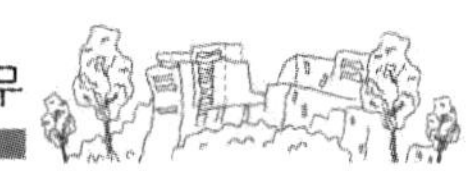

③ 그 밖에 오락·유흥 등을 목적으로 하는 사업으로서 기획재정부령으로 정하는 사업. 기획재정부령이 정하는 사업이란 다음에 해당하는 사업을 말한다(조특칙 17, 2024.3.22. 이후 개시하는 과세연도부터 적용함. 규칙 부칙 2024.3.22.).

1. 무도장 운영업
2. 기타 사행시설 관리 및 운영업(관광진흥법 제5조 또는 폐광지역 개발 지원에 관한 특별법 제11조에 따라 허가를 받은 카지노업은 제외한다)
3. 유사 의료업 중 안마를 시술하는 업
4. 마사지업

중소기업의 주된 사업을 판단함에 있어서 2 이상의 서로 다른 사업을 영위하는 경우에는 사업별 사업수입금액이 큰 사업을 주된 사업으로 본다(조특령 2 ③). 사업수입금액이란 과세연도 종료일 현재 기업회계기준에 따라 작성한 해당 과세연도 손익계산서상의 매출액으로 한다. 다만, 창업·분할·합병의 경우 그 등기일의 다음 날(창업의 경우에는 창업일)이 속하는 과세연도의 매출액을 연간 매출액으로 환산한 금액을 말한다(조특칙 2 ④). 법인이 2 이상의 서로 다른 사업을 영위하는 경우 주된 사업을 기준으로 중소기업 해당여부를 판정함에 있어서 적용 요건은 당해법인이 영위하는 사업 전체의 매출액을 기준으로 하여 판정한다(조특통 4-2…1). 따라서 내국법인의 지점, 사업소, 출장소, 해외 지사가 있는 경우에는 합산하여 판단한다.

(2) 중소기업기준(업종별 매출액 기준)

조세특례제한법에서 매출액이 업종별로 중소기업기본법 시행령 별표 1에 따른 규모기준(평균매출액 등은 매출액으로 본다) 이내일 때 중소기업으로 본다. 매출액은 과세연도 종료일 현재 기업회계기준에 따라 작성한 해당 과세연도 손익계산서상의 매출액으로 한다. 다만, 창업·분할·합병의 경우 그 등기일의 다음 날(창업의 경우에는 창업일)이 속하는 과세연도의 매출액을 연간 매출액으로 환산한 금액을 말한다(조특칙 2 ④). 중소기업기본법시행령 [별표 1]의 업종별 규모기준은 다음과 같다. 이 경우 평균매출액 등은 매출액으로 본다(조특령 2 ①).

■ 중소기업기본법 시행령 [별표 1] 〈개정 2017.10.17.〉

주된 업종별 평균매출액등의 중소기업 규모 기준

해당 기업의 주된 업종	분류기호	규모 기준
1. 의복, 의복액세서리 및 모피제품 제조업	C14	평균매출액등 1,500억원 이하
2. 가죽, 가방 및 신발 제조업	C15	
3. 펄프, 종이 및 종이제품 제조업	C17	
4. 1차 금속 제조업	C24	
5. 전기장비 제조업	C28	
6. 가구 제조업	C32	
7. 농업, 임업 및 어업	A	평균매출액등 1,000억원 이하
8. 광업	B	
9. 식료품 제조업	C10	
10. 담배 제조업	C12	
11. 섬유제품 제조업(의복 제조업은 제외한다)	C13	
12. 목재 및 나무제품 제조업(가구 제조업은 제외한다)	C16	
13. 코크스, 연탄 및 석유정제품 제조업	C19	
14. 화학물질 및 화학제품 제조업(의약품 제조업은 제외한다)	C20	
15. 고무제품 및 플라스틱제품 제조업	C22	
16. 금속가공제품 제조업(기계 및 가구 제조업은 제외한다)	C25	
17. 전자부품, 컴퓨터, 영상, 음향 및 통신장비 제조업	C26	
18. 그 밖의 기계 및 장비 제조업	C29	
19. 자동차 및 트레일러 제조업	C30	
20. 그 밖의 운송장비 제조업	C31	
21. 전기, 가스, 증기 및 공기조절 공급업	D	
22. 수도업	E36	
23. 건설업	F	
24. 도매 및 소매업	G	
25. 음료 제조업	C11	평균매출액등 800억원 이하
26. 인쇄 및 기록매체 복제업	C18	
27. 의료용 물질 및 의약품 제조업	C21	
28. 비금속 광물제품 제조업	C23	
29. 의료, 정밀, 광학기기 및 시계 제조업	C27	
30. 그 밖의 제품 제조업	C33	
31. 수도, 하수 및 폐기물 처리, 원료재생업(수도업은 제외한다)	E (E36 제외)	
32. 운수 및 창고업	H	
33. 정보통신업	J	

해당 기업의 주된 업종	분류기호	규모 기준
34. 산업용 기계 및 장비 수리업	C34	평균매출액등 600억원 이하
35. 전문, 과학 및 기술 서비스업	M	
36. 사업시설관리, 사업지원 및 임대 서비스업(임대업은 제외한다)	N (N76 제외)	
37. 보건업 및 사회복지 서비스업	Q	
38. 예술, 스포츠 및 여가 관련 서비스업	R	
39. 수리(修理) 및 기타 개인 서비스업	S	
40. 숙박 및 음식점업	I	평균매출액등 400억원 이하
41. 금융 및 보험업	K	
42. 부동산업	L	
43. 임대업	N76	
44. 교육 서비스업	P	

비고
1. 해당 기업의 주된 업종의 분류 및 분류기호는 통계법 제22조에 따라 통계청장이 고시한 한국표준산업분류에 따른다.
2. 위 표 제19호 및 제20호에도 불구하고 자동차용 신품 의자 제조업(C30393), 철도 차량 부품 및 관련 장치물 제조업(C31202) 중 철도 차량용 의자 제조업, 항공기용 부품 제조업(C31322) 중 항공기용 의자 제조업의 규모 기준은 평균매출액등 1,500억원 이하로 한다.

※ 한국표준산업분류가 변경되어 조세특례를 적용받지 못하게 되는 업종은 분류가 변경된 과세연도와 그 다음 과세연도까지는 변경 전의 한국표준산업분류에 따른 업종에 따라 조세특례를 적용한다(조특법 2 ②).

(3) 독립성기준

중소기업이 되기 위해서는 독점규제 및 공정거래에 관한 법률 제31조 제1항에 따른 공시대상기업집단에 속하는 회사 또는 같은 법 제33조에 따라 공시대상기업집단의 국내 계열회사로 편입·통지된 것으로 보는 회사에 해당하지 않으며, 실질적인 독립성이 중소기업기본법 시행령 제3조 제1항 제2호에 적합해야 한다. 이 경우 중소기업기본법 시행령 제3조 제1항 제2호 나목의 주식등의 간접소유 비율을 계산할 때 자본시장과 금융투자업에 관한 법률에 따른 집합투자기구를 통하여 간접소유한 경우는 제외하며, 중소기업기본법 시행령 제3조 제1항 제2호 다목을 적용할 때 "평균매출액등이 별표 1의 기준에 맞지 아니하는 기업"은 "매출액이 조세특례제한법 시행령 제2조 제1항 제1호에 따른 중소기업기준에 맞지 않는 기업"으로 본다(조특령 2 ① 3호).

1) 공시대상기업집단에 해당하지 않을 것

중소기업이 되기 위해서는 독점규제 및 공정거래에 관한 법률 제31조 제1항에 따른 공시대상기업집단에 속하는 회사 또는 같은 법 제33조에 따라 공시대상기업집단의 국내 계열회사로 편입·통지된 것으로 보는 회사에 해당하지 않아야 한다.

2) 중소기업기본법 시행령 제3조 제1항 제2호의 "나"의 요건에 적합할 것

> ◇ 중소기업기본법 시행령 제3조 제1항 제2호의 나
> 자산총액이 5천억원 이상인 법인[외국법인을 포함하되, 비영리법인 및 제3조의2제3항 각 호의 어느 하나에 해당하는 자(중소기업창업투자회사 등)는 제외한다]이 주식등의 30% 이상을 직접적 또는 간접적으로 소유한 경우로서 최다출자자인 기업. 이 경우 최다출자자는 해당 기업의 주식등을 소유한 법인 또는 개인으로서 단독으로 또는 다음의 어느 하나에 해당하는 자와 합산하여 해당 기업의 주식등을 가장 많이 소유한 자를 말하며, 주식등의 간접소유 비율에 관하여는 국제조세조정에 관한 법률 시행령 제2조제3항을 준용한다(중기령 3①2호나).
>
> 1) 주식등을 소유한 자가 법인인 경우 : 그 법인의 임원
> 2) 주식등을 소유한 자가 1)에 해당하지 아니하는 개인인 경우 : 그 개인의 친족

① 중소기업에 해당하는지를 판단하기 위해 해당 기업의 최다출자자인 외국법인의 자산총액이 5천억원 이상인지 여부를 판단할 때에는 해당 과세연도 종료일 현재 재무상태표상 외화로 표시된 자산총액을 해당 과세연도 종료일 현재의 매매기준율 등으로 환산하여 계산한다(조특, 법인세과-2448, 2020.07.10.).

② 중소기업기본법 시행령 제3조 제1항 제2호 나목의 "자산총액"은 연결재무제표가 아닌 개별재무제표를 기준으로 판단한다(조특, 법인세과-2448, 2020.07.10.).

③ 주식등의 간접소유 비율을 계산할 때 자본시장과 금융투자업에 관한 법률에 따른 집합투자기구를 통하여 간접소유한 경우는 제외한다(조특령 2 ① 3호).

④ 발행주식의 간접소유비율의 계산에 관하여는 국제조세조정에 관한 법률 시행령 제2조 제3항을 준용한다(조특칙 2 ⑦).

⑤ 중소기업기본법 시행령 제3조 제1항 제2호 나목에 따른 외국법인의 자산총액은 해당 과세연도 종료일 현재 기업회계기준에 따라 작성한 재무상태표상 외화로 표시된 자산총액을 해당 과세연도 종료일 현재의 매매기준율(기획재정부장관이 정하여 고시하는 외국환거래에 관한 규정에 따른 매매기준율을 말한다)로 환산한 금액으로 한다(조특칙 2 ⑨).

3) 중소기업기본법 시행령 제3조 제1항 제2호의 "다"의 요건에 적합할 것

> ◇ 중소기업기본법 시행령 제3조 제1항 제2호의 다
> 관계기업에 속하는 기업의 경우에는 중소기업기본법 시행령 제7조의 4에 따라 산정한 평균매출액등이 별표 1의 기준에 맞지 아니하는 기업
>
> ◇ 중소기업기본법 시행령 제7조의 4
> ① 관계기업에 속하는 지배기업과 종속기업의 평균매출액등의 산정은 별표 2에 따른다. 이 경우 평균매출액등은 제7조에 따라 산정한 지배기업과 종속기업 각각의 평균매출액등을 말한다.

> ② 제1항에 따른 지배기업과 종속기업이 상호간 의결권 있는 주식등을 소유하고 있는 경우에는 그 소유비율 중 많은 비율을 해당 지배기업의 소유 비율로 본다.

① 관계기업에 속하는 기업인지의 판단은 과세연도 종료일 현재를 기준으로 한다(조특칙 2 ⑧).

② 중소기업기본법 시행령 제3조 제1항 제2호 다목의 "평균매출액"은 조세특례제한법 시행령 제2조에 따른 당기 매출액을 의미하며 연결재무제표가 아닌 개별재무제표를 기준으로 판단한다(조특, 법인세과-2448, 2020.07.10.).

4) 국제조세조정에 관한 법률 시행령 제2조 제3항 간접소유비율

어느 한쪽(거주자, 내국법인, 비거주자 또는 외국법인)의 다른 쪽(내국법인 또는 외국법인)에 대한 주식의 간접소유비율은 다음의 구분에 따른 방법으로 계산한 비율로 한다(국조령 2 ③).

① 다른 쪽의 주주인 법인의 의결권 있는 주식의 50% 이상을 어느 한쪽이 소유하고 있는 경우 : 주주법인이 소유하고 있는 다른 쪽의 의결권 있는 주식이 그 다른 쪽의 의결권 있는 주식에서 차지하는 비율(주주법인의 주식소유비율)

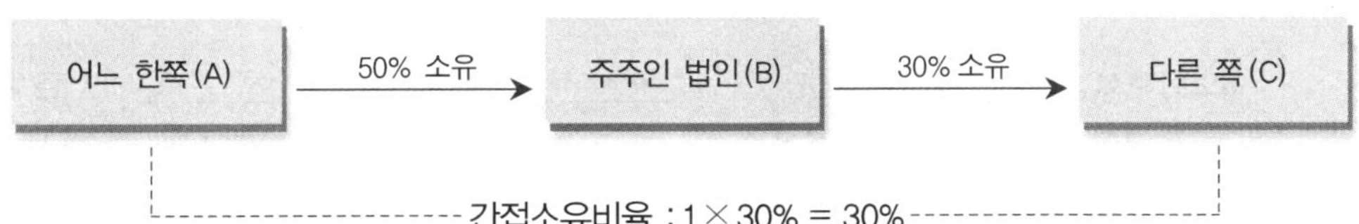

② 주주법인의 의결권 있는 주식의 50% 미만을 어느 한쪽이 소유하고 있는 경우 : 그 소유비율에 주주법인의 주식소유비율을 곱한 비율

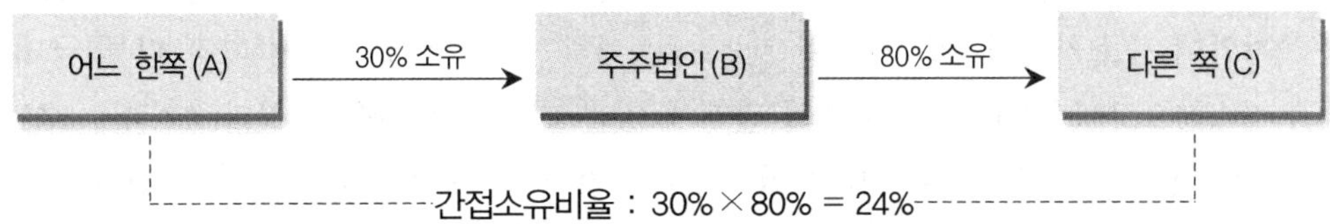

③ 위 ① 및 ②를 적용할 때 주주법인이 둘 이상인 경우 : 주주법인별로 ① 및 ②에 따라 계산한 비율을 더한 비율

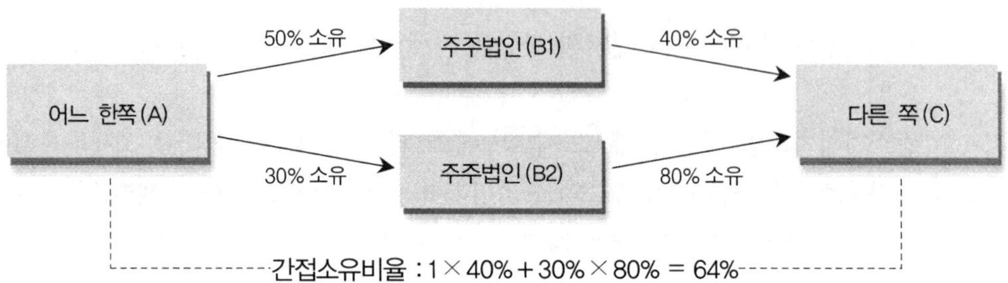

④ 어느 한쪽과 주주법인, 그리고 이들 사이의 하나 이상의 법인이 주식소유관계를 통하여 연결되어 있는 경우 : 위 ①부터 ③까지의 계산방법을 준용하여 계산한 비율

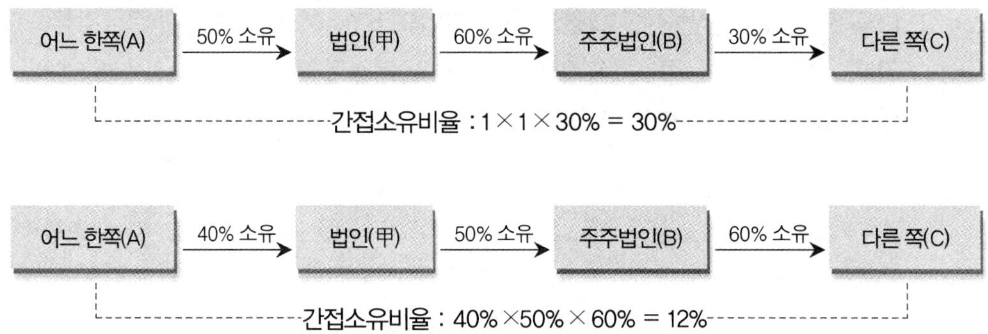

(4) 독립성기준 판단사례

1) 중소기업기본법 시행령 제2조 제3호에 따른 관계기업의 판단

관계기업이란 주식회사 등의 외부감사에 관한 법률 제4조에 따라 외부감사의 대상이 되는 기업이 중소기업기본법 시행령 제3조의2(지배 또는 종속의 관계)에 따라 다른 국내기업을 지배함으로써 지배 또는 종속의 관계에 있는 기업의 집단을 말한다(중기령 2 3호). 지배·종속 관계의 단순구조는 지배기업이 종속기업의 주식등을 30% 이상 소유하면서 최다출자자인 경우이다. 이 때 지배기업이 종속기업에 대한 직접적인 주식등 소유비율이 30% 미만이거나 최다출자자가 아니더라도, 지배기업의 특수관계자 또는 자회사를 거쳐 주식등을 우회적으로 소유하고 있는 경우에는 이를 합산하여 30% 이상이면서 최다출자자인지를 판단한다.[4)]

4) 2022년(개정판) 알기쉽게 풀어쓴 중소기업범위해설, 중소벤처기업부

사례 1

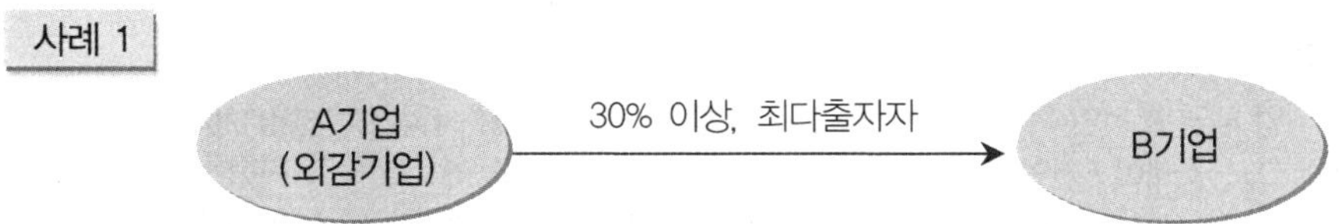

A기업이 B기업의 주식등을 30% 이상 소유하면서 최다출자자이므로 지배·종속의 관계가 성립하며, A기업이 외부감사대상기업이므로 관계기업이 성립

☞ A기업(지배기업), B기업(종속기업)

사례 2

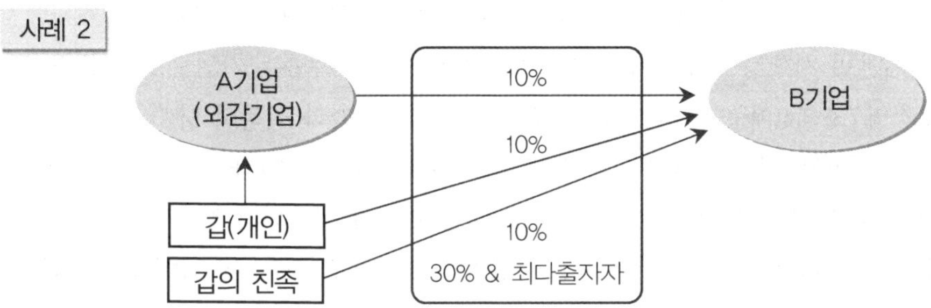

※ 갑(개인) : 친족과 합하여 지배기업의 지분을 30% 이상 소유하면서 최대출자자

A기업이 특수관계자(갑 및 갑의 친족)와 합산하여 B기업의 주식등을 30% 이상 소유하면서 최다출자자이므로 지배·종속의 관계가 성립하여, A기업이 외부감사대상기업이므로 관계기업이 성립

☞ A기업(지배기업), B기업(종속기업)

2) 중소기업기본법 시행령 제3조 제1항 제2호의 "나"의 요건에 적합할 것

예 제 **중소기업기본법 시행령 제3조 제1항 제2호의 나**

출자관계에 있는 법인별 자산총액은 A법인 7,000억원, B법인 600억원, C법인 2,000억원인 경우로서 A법인은 B법인의 최대주주에 해당한다. 이 경우 B법인이 조세특례제한법 시행령 제2조 제1항 3호의 규정에 의한 독립성 기준 적용시 중소기업에 해당하는지 여부를 판단하시오.

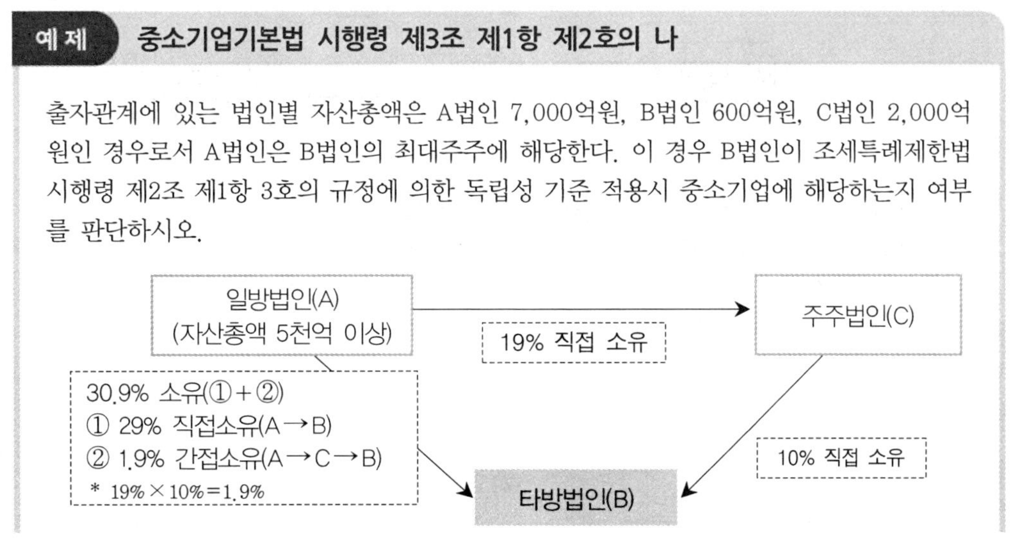

풀 이

중소기업 해당 요건인 독립성 기준 적합 여부를 판정시에 직전 사업연도 말일 현재 재무상태표에 표시된 자산총액이 5천억원 이상인 A법인이 발행주식 총수의 30% 이상을 직접적 또는 간접적으로 소유하고 최대주주에 해당하는 경우 주식을 발행한 B법인(지배를 받는 법인)은 조세특례제한법 시행령 제2조 제1항 제3호 및 중소기업기본법 시행령 제3조 제2호 나목의 규정에 따라 실질적 독립성 기준에 의한 중소기업의 범위에 해당하지 않는다(조특, 법인세과-296, 2011.04.25.).

3) 중소기업기본법 시행령 제3조 제1항 제2호의 "다"의 요건에 적합할 것

중소기업기본법 시행령 제2조 제3호에 따른 관계기업에 속하는 기업으로서 중소기업기본법 시행령 제7조의4(매출액등의 산정은 별표 2에 따른다)에 따라 산정한 당기 매출액이 업종별로 중소기업기본법 시행령 별표 1에 따른 규모기준 이내여야 한다(조특령 2 ① 3호). 중소기업기본법 시행령 제3조의2에 의한 지배 또는 종속관계가 성립되지 않으면 관계기업에 해당하지 않고, 관계기업의 매출액등은 중소기업기본법 시행령 별표2에 의해 산정한다(조특, 법인세과-1104, 2016.05.03). 별표1의 기준이 되는 업종은 중소기업기본법 시행령 제4조 제2항(지배기업과 종속기업 중 평균매출액등이 큰 기업의 주된 업종을 지배기업과 종속기업의 주된 업종으로 본다)에 따른 평균매출액(중소기업기본법 시행령 제7조에 따라 산정한 직전 3년 평균매출액) 등이 큰 기업의 주된 업종으로 판단한다(조특, 법인세과-1473, 2020.04.24). 아래의 사례[5]를 예로 들면 다음과 같다.

유형 1 지배기업이 자회사를 실질적 지배로서 직접 지배하는 경우(제3호)

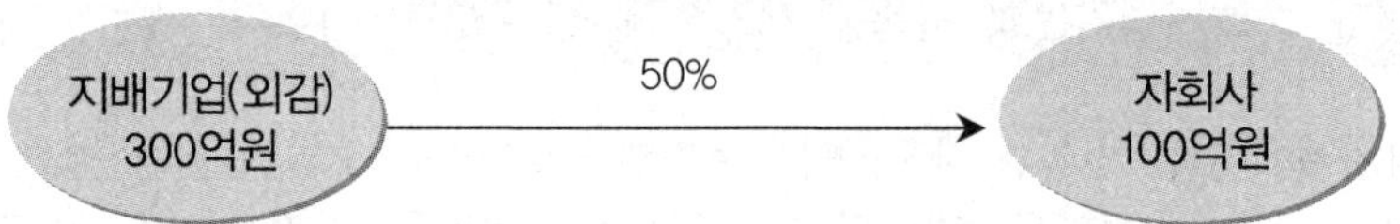

- 지배기업 : 지배기업(300억원)+자회사(300억원)=400억원
- 자회사 : 자회사(100억원)+지배기업(300억원)=400억원

5) 2022년(개정판) 알기쉽게 풀어쓴 중소기업범위해설, 중소벤처기업부

유형 2 지배기업이 자회사를 형식적 지배로서 직접 지배하는 경우(제2호)

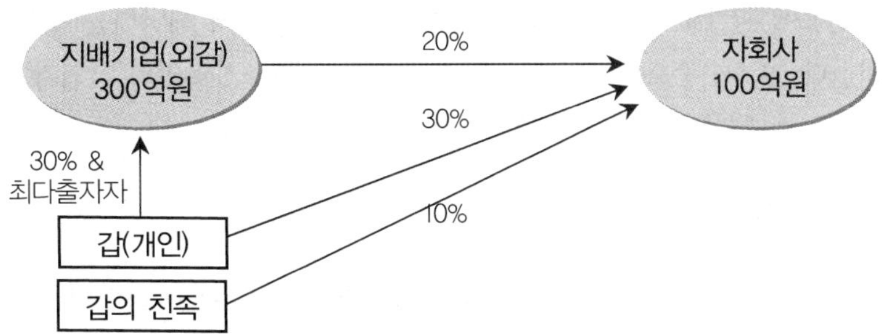

- 지배기업 : 지배기업(300억원) + 자회사(100억원 × 20%) = 320억원
- 자회사 : 자회사(100억원) + 지배기업(300억원 × 20%) = 160억원

유형 3 지배기업이 자회사를 실질적 지배, 손자기업을 간접 지배하는 경우(제2호~제5호)

- 지배기업 : 지배기업(300억원) + 자회사(200억원) + 손자기업(100 × 40%) = 540억원
  * 지배기업과 손자기업 간 간접 소유비율 : 100% × 40% = 40%
- 자회사 : 자회사(200억원) + 지배기업(300억원) + 손자기업(100 × 40%) = 540억원
- 손자기업 : 손자기업(100억원) + 자회사(200억원 × 40%) + 지배기업(300 × 40%) = 300억원
  ※ 자회사가 외부감사대상기업이므로, 자회사 손자기업 간 지배·종속관계 성립

구 분		중소기업기본법 시행령 제7조의4(별표2)에 따라 산정한 당기 매출액	중소기업기본법 시행령 별표 1 업종별 매출액 규모기준(가정)	규모기준 이내 충족여부
유형 1	지배기업	400	1,000	충족
	자회사	400	1,000	충족
유형 2	지배기업	320	800	충족
	자회사	160	800	충족
유형 3	지배기업	540	400	미충족
	자회사	540	400	미충족
	손자기업	300	400	충족

* 별표1의 기준이 되는 업종은 중소기업기본법 시행령 제7조에 따라 산정한 직전 3년 평균매출액 등이 큰 기업의 주된 업종으로 판단한다(조특, 법인세과-1473, 2020.04.24).

6.2 중소기업 졸업기준

법인이 업종에 관계없이 자산총액이 중소기업 졸업기준에 해당하는 경우에는 중소기업에서 제외한다. 또한, 중소기업기본법의 규정에 의한 중소기업외의 기업과 합병하는 경우 등 특정사유에 해당하는 경우에는 중소기업에서 제외한다.

(1) 졸업기준

자산총액이 5천억원 이상인 경우에는 중소기업으로 보지 아니한다(조특령 2 ①). 자산총액이란 사업연도종료일 현재 재무상태표상의 자산총액을 말한다(조특칙 2 ⑤). 주권상장·코스닥상장법인은 2003.1.1. 이후 최초로 개시하는 사업연도부터 적용하며 기타법인은 2007.1.1. 이후 사업연도부터 적용한다.

(2) 중소기업 적용유예

중소기업이 그 규모의 확대 등으로 자산총액이 5천억원 이상인 경우 등 다음의 요건으로 중소기업에 해당하지 아니하게 된 때에는 최초로 그 사유가 발생한 날이 속하는 과세연도와 그 다음 5개 과세연도(최초로 그 사유가 발생한 날이 속하는 과세연도의 종료일부터 5년이 되는 날이 속하는 과세연도의 종료일 현재 해당 기업이 자본시장과 금융투자업에 관한 법률에 따른 유가증권시장 또는 코스닥시장에 상장되어 있는 경우에는 7개 과세연도)까지는 이를 중소기업으로 보고, 해당 기간(유예기간)이 경과한 후에는 과세연도별로 중소기업 해당여부를 판정한다(조특령 2 ② 본문, 개정규정은 2024.11.12.이 속하는 과세연도에 최초로 중소기업에 해당하지 않게 된 사유가 발생하는 경우부터 적용함. 영 부칙 2024.11.12.).

① 당해 사업연도종료일 현재 자산총액이 중소기업 졸업기준인 5천억원 이상인 경우
② 중소기업기본법시행령 [별표 1]의 중소기업 규모기준을 충족하지 못하여 중소기업에 해당하지 아니하게 된 경우
③ 관계기업에 속하는 기업의 경우로서 중소기업기본법시행령 제7조의4에 따라 산정한 매출액이 별표 1의 기준에 맞지 아니하는 경우(2015.1.1. 이후 개시하는 사업연도에 졸업하는 분부터 적용)

(3) 중소기업 적용유예 미적용

중소기업이 다음의 어느 하나의 사유로 중소기업에 해당하지 아니하게 된 경우에는 유예기간을 적용하지 아니하고, 유예기간 중에 있는 기업에 대해서는 해당 사유가 발생한 날(유예기간 중에 있는 기업이 중소기업과 합병하는 경우에는 합병일로 한다)이 속하는 과세연도부터 유예기간을 적용하지 아니한다(조특령 2 ② 단서).

① 중소기업기본법의 규정에 의한 중소기업외의 기업과 합병하는 경우
② 중소기업이 유예기간중에 있는 기업과 합병하는 경우(유예기간 중에 있는 기업에 대해서는 합병일이 속하는 과세연도부터 유예기간을 적용하지 아니한다)
③ 실질적인 독립성 기준을 충족하지 못하는 경우(관계기업에 속하는 기업의 경우로서 중소기업기본법시행령 제7조의4에 따라 산정한 매출액이 별표 1의 기준에 맞지 아니하는 경우 제외)
④ 창업일이 속하는 과세연도 종료일부터 2년 이내의 과세연도 종료일 현재 중소기업기준을 초과하는 경우

6.3 중소기업기본법 시행령 개정에 따른 적용특례

중소기업기본법 시행령 제3조제1항제2호, 별표 1 및 별표 2의 개정으로 새로이 중소기업에 해당하게 되는 때에는 그 사유가 발생한 날이 속하는 과세연도부터 중소기업으로 보고, 중소기업에 해당하지 아니하게 되는 때에는 그 사유가 발생한 날이 속하는 과세연도와 그 다음 3개 과세연도까지 중소기업으로 본다(조특령 2 ⑤).

조세특례제한법과 중소기업기본법의 비교

구 분	조세특례제한법 시행령 제2조	중소기업기본법 시행령 제3조
1. 업종기준	주된 사업이 소비성서비스업 제외	업종 제한 없음
2. 매출액 기준	• 매출액이 중소기업기본법시행령 [별표 1]의 요건을 충족할 것 • 매출액은 당기 사업연도 기준적용	• 평균매출액이 중소기업기본법시행령 [별표1]의 요건을 충족할 것 • 매출액은 해당 연도의 직전 3년 평균액
3. 독립성 기준	• 중소기업기본법을 준용하여 적용	• 독립성기준 적용
4. 자산기준 (졸업기준)	• 당기 사업연도 종료일 자산총액 5,000억원 이상	• 전기 사업연도 종료일 자산총액 5,000억원 이상
5. 유예기간 (최초1회)	• 사유 발생연도와 그 다음 5년(상장 7년)이 되는 사업연도(2024.11.12.이 속하는 과세연도부터 시행)까지 중소기업(최초 1회에 한하여 적용) • 합병 등 유예기간 제외 적용	• 사유 발생연도의 다음연도부터 5년간 (2024.8.21.부터 시행) 중소기업(최초 1회에 한하여 적용) • 합병 등 유예기간 제외 적용
6. 적용시기	• 당기 사업연도 종료일 기준으로 판단 (20X1.12.31. 중소기업기준에 해당하는 경우 20X1.1.1부터 20X1.12.31. 사업연도 중소기업 적용)	• 직전 사업연도 말일에서 3개월이 경과한 날부터 1년간 중소기업 적용 (20X1.12.31. 중소기업기준에 해당하는 경우 20X2.4.1.부터 20X3.3.31.까지 중소기업 적용)

6.4 소기업

소기업이란 중소기업 중 매출액이 업종별로 중소기업기본법 시행령 별표 3을 준용하여 산정한 규모 기준 이내인 기업을 말한다. 이 경우 "평균매출액등"은 "매출액"으로 본다(조특령 6 ⑤).

■ 중소기업기본법 시행령 [별표 3] 〈개정 2017.10.17.〉

주된 업종별 평균매출액등의 소기업 규모 기준(제8조제1항 관련)

<table>
<tr><th>해당 기업의 주된 업종</th><th>분류기호</th><th>규모 기준</th></tr>
<tr><td>1. 식료품 제조업</td><td>C10</td><td rowspan="17">평균매출액등
120억원 이하</td></tr>
<tr><td>2. 음료 제조업</td><td>C11</td></tr>
<tr><td>3. 의복, 의복액세서리 및 모피제품 제조업</td><td>C14</td></tr>
<tr><td>4. 가죽, 가방 및 신발 제조업</td><td>C15</td></tr>
<tr><td>5. 코크스, 연탄 및 석유정제품 제조업</td><td>C19</td></tr>
<tr><td>6. 화학물질 및 화학제품 제조업(의약품 제조업은 제외한다)</td><td>C20</td></tr>
<tr><td>7. 의료용 물질 및 의약품 제조업</td><td>C21</td></tr>
<tr><td>8. 비금속 광물제품 제조업</td><td>C23</td></tr>
<tr><td>9. 1차 금속 제조업</td><td>C24</td></tr>
<tr><td>10. 금속가공제품 제조업(기계 및 가구 제조업은 제외한다)</td><td>C25</td></tr>
<tr><td>11. 전자부품, 컴퓨터, 영상, 음향 및 통신장비 제조업</td><td>C26</td></tr>
<tr><td>12. 전기장비 제조업</td><td>C28</td></tr>
<tr><td>13. 그 밖의 기계 및 장비 제조업</td><td>C29</td></tr>
<tr><td>14. 자동차 및 트레일러 제조업</td><td>C30</td></tr>
<tr><td>15. 가구 제조업</td><td>C32</td></tr>
<tr><td>16. 전기, 가스, 증기 및 공기조절 공급업</td><td>D</td></tr>
<tr><td>17. 수도업</td><td>E36</td></tr>
<tr><td>18. 농업, 임업 및 어업</td><td>A</td><td rowspan="3">평균매출액등
80억원 이하</td></tr>
<tr><td>19. 광업</td><td>B</td></tr>
<tr><td>20. 담배 제조업</td><td>C12</td></tr>
</table>

해당 기업의 주된 업종	분류기호	규모 기준
21. 섬유제품 제조업(의복 제조업은 제외한다)	C13	평균매출액등 80억원 이하
22. 목재 및 나무제품 제조업(가구 제조업은 제외한다)	C16	
23. 펄프, 종이 및 종이제품 제조업	C17	
24. 인쇄 및 기록매체 복제업	C18	
25. 고무제품, 및 플라스틱제품 제조업	C22	
26. 의료, 정밀, 광학기기 및 시계 제조업	C27	
27. 그 밖의 운송장비 제조업	C31	
28. 그 밖의 제품 제조업	C33	
29. 건설업	F	
30. 운수 및 창고업	H	
31. 금융 및 보험업	K	
32. 도매 및 소매업	G	평균매출액등 50억원 이하
33. 정보통신업	J	
34. 수도, 하수 및 폐기물 처리, 원료재생업(수도업은 제외한다)	E (E36 제외)	평균매출액등 30억원 이하
35. 부동산업	L	
36. 전문·과학 및 기술 서비스업	M	
37. 사업시설관리, 사업지원 및 임대 서비스업	N	
38. 예술, 스포츠 및 여가 관련 서비스업	R	
39. 산업용 기계 및 장비 수리업	C34	평균매출액등 10억원 이하
40. 숙박 및 음식점업	I	
41. 교육 서비스업	P	
42. 보건업 및 사회복지 서비스업	Q	
43. 수리(修理) 및 기타 개인 서비스업	S	

비고
1. 해당 기업의 주된 업종의 분류 및 분류기호는 「통계법」 제22조에 따라 통계청장이 고시한 한국표준산업분류에 따른다.
2. 위 표 제27호에도 불구하고 철도 차량 부품 및 관련 장치물 제조업(C31202) 중 철도 차량용 의자 제조업, 항공기용 부품 제조업(C31322) 중 항공기용 의자 제조업의 규모 기준은 평균매출액등 120억원 이하로 한다.

6.5 중견기업

중견기업이란 다음의 요건을 모두 갖춘 기업(조세특례제한법 시행령 제9조 연구 및 인력개발비에 대한 세액공제는 제외)을 말한다(조특령 6의4 ①).

① 중소기업이 아닐 것
② 중견기업 성장촉진 및 경쟁력 강화에 관한 특별법 시행령 제2조 제1항 제1호 또는 제2호에 해당하는 기관이 아닐 것(조특령 6의4 ①).
③ 다음의 어느 하나에 해당하는 업종을 주된 사업으로 경영하지 않을 것. 이 경우 둘 이상의 서로 다른 사업을 경영하는 경우에는 사업별 사업수입금액이 큰 사업을 주된 사업으로 본다.

㉠ 조세특례제한법 시행령 제29조 제3항에 따른 소비성서비스업

> 조세특례제한법 시행령 제29조 제3항에 따른 소비성서비스업(조특령 29 ③)
> ① 호텔업 및 여관업(관광진흥법에 따른 관광숙박업은 제외한다)
> ② 주점업(일반유흥주점업, 무도유흥주점업 및 식품위생법 시행령 제21조에 따른 단란주점 영업만 해당하되, 관광진흥법에 따른 외국인전용유흥음식점업 및 관광유흥음식점업은 제외한다)
> ③ 그 밖에 오락·유흥 등을 목적으로 하는 사업으로서 기획재정부령으로 정하는 사업. 기획재정부령이 정하는 사업이란 다음에 해당하는 사업을 말한다(조특칙 17, 2024.3.22. 이후 개시하는 과세연도부터 적용함. 규칙 부칙 2024.3.22.).
> 1. 무도장 운영업
> 2. 기타 사행시설 관리 및 운영업(관광진흥법 제5조 또는 폐광지역 개발 지원에 관한 특별법 제11조에 따라 허가를 받은 카지노업은 제외한다)
> 3. 유사 의료업 중 안마를 시술하는 업
> 4. 마사지업

㉡ 중견기업 성장촉진 및 경쟁력 강화에 관한 특별법 시행령 제2조 제2항 제2호 각 목의 업종

> 중견기업 성장촉진 및 경쟁력 강화에 관한 특별법 시행령 제2조 제2항 제2호 각 목
> 가. 금융업
> 나. 보험 및 연금업
> 다. 금융 및 보험 관련 서비스업

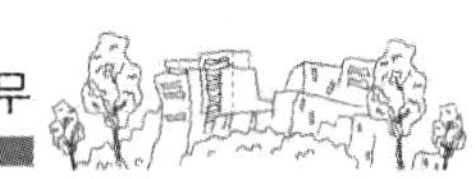

④ 소유와 경영의 실질적인 독립성이 중견기업 성장촉진 및 경쟁력 강화에 관한 특별법 시행령 제2조 제2항 제1호에 적합할 것

> 중견기업 성장촉진 및 경쟁력 강화에 관한 특별법 시행령 제2조 제2항 제1호
> 1. 소유와 경영의 실질적인 독립성이 다음 각 목의 어느 하나에 해당하지 아니하는 기업일 것
>   가. 독점규제 및 공정거래에 관한 법률 제14조 제1항에 따른 상호출자제한기업집단에 속하는 기업
>   나. 독점규제 및 공정거래에 관한 법률 시행령 217조 제2항에 따른 상호출자제한기업집단 지정기준인 자산총액 이상인 기업 또는 법인(외국법인을 포함한다)이 해당 기업의 주식(상법 제344조의 3에 따른 의결권 없는 주식은 제외한다) 또는 출자지분(이하 "주식등")의 30% 이상을 직접적 또는 간접적으로 소유하면서 최다출자자인 기업. 이 경우 최다출자자는 해당 기업의 주식등을 소유한 법인 또는 개인으로서 단독으로 또는 다음의 어느 하나에 해당하는 자와 합산하여 해당 기업의 주식등을 가장 많이 소유한 자로 하며, 주식등의 간접소유비율에 관하여는 국제조세조정에 관한 법률 시행령 제2조 제3항을 준용한다.
>   1) 주식등을 소유한 자가 법인인 경우 : 그 법인의 임원
>   2) 주식등을 소유한 자가 개인인 경우 : 그 개인의 친족

⑤ 직전 3개 과세연도의 매출액[매출액은 조세특례제한법 시행령 제2조 제4항(중소기업의 범위)에 따른 계산방법으로 산출하며, 과세연도가 1년 미만인 과세연도의 매출액은 1년으로 환산한 매출액을 말한다]의 평균금액이 다음의 금액 미만인 기업일 것

구 분	매출액 요건
연구·인력개발비에 대한 세액공제(조특법 10 ①)	5,000억원 미만
중소기업 등 투자세액공제 신규상장 중견기업(구 조특법 5 ①)	1,500억원 미만
기타 중견기업	3,000억원 미만

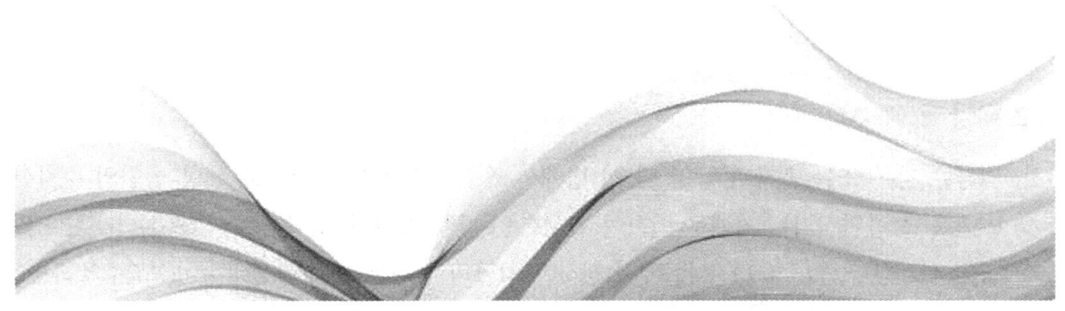

Chapter 2

법인세 계산구조

01 과세소득

1.1 과세소득의 개념과 규정방법

과세소득의 범위에 대하여는 소득원천설과 순자산증가설이 있으며, 과세소득을 규정하는 방법에는 열거주의와 포괄주의가 있다.

1) 소득원천설

소득원천설은 일정한 소득원천에서 계속적, 반복적으로 발생하는 소득만을 과세소득의 범위에 포함시킨다. 따라서 일시적, 우발적인 소득은 과세하지 않는다. 소득세법이 소득원천설에 근거하고 있으며, 과세소득을 열거주의(이자소득, 배당소득에 대해서는 유형별 포괄주의)에 의하여 규정하고 있다. 열거주의란 구체적으로 법에 열거된 것만 과세하는 방식을 말한다.

2) 순자산증가설

순자산증가설은 일정기간 순자산증가액을 과세소득으로 보는 방식으로 법인세법이 순자산증가설을 채택하고 있으며, 포괄주의에 따라 과세소득을 규정하고 있다. 포괄주의란 법인세법상 특별히 열거된 소득을 제외하고는 순자산이 증가된 모든 거래를 과세하는 방식이다.

1.2 익금

익금은 자본 또는 출자의 납입 및 이 법에서 규정하는 것은 제외하고 해당 법인의 순자산(純資産)을 증가시키는 거래로 인하여 발생하는 이익 또는 수입[이하 "수익"(收益)이라 한다]의 금액으로 한다(법법 15 ①). 세법에서 정하는 익금의 범위는 예시에 불과하며(포괄주의 과세방

식) 순자산을 증가시키는 것은 원칙적으로 익금에 해당한다. 수익(收益)은 법인세법 및 이 법인세법 시행령에서 달리 정하는 것을 제외하고는 다음의 것을 포함한다(법령 11).

1. 통계법 제22조에 따라 통계청장이 작성·고시하는 한국표준산업분류(이하 "한국표준산업분류"라 한다)에 따른 각 사업에서 생기는 사업수입금액[기업회계기준(법인세법 시행령 제79조 각 호의 어느 하나에 해당하는 회계기준을 말한다. 이하 같다)에 따른 매출에누리금액 및 매출할인금액은 제외하고, 내국법인이 생산·공급하는 재화 또는 용역을 해당 내국법인의 임원 또는 직원에게 시가보다 낮은 가액으로 판매 또는 제공하는 경우에는 그 판매 또는 제공가액과 시가와의 차액은 사업수입금액에 포함한다. 이하 같다]. 다만, 법인세법 제66조 제3항 단서에 따라 추계하는 경우 부동산임대에 의한 전세금 또는 임대보증금에 대한 사업수입금액은 금융회사 등의 정기예금이자율을 고려하여 기획재정부령으로 정하는 이자율(이하 "정기예금이자율")을 적용하여 계산한 금액으로 한다(본문의 개정규정은 2025.1.1. 이후 재화를 판매하거나 용역을 제공하는 경우부터 적용함. 영 부칙 2025.2.28.).

> 소득세법 제20조 제1항 제6호(소법 20 ①)
> 사업자나 법인이 생산·공급하는 재화 또는 용역을 그 사업자나 법인(독점규제 및 공정거래에 관한 법률에 따른 계열회사를 포함한다)의 사업장에 종사하는 임원등에게 대통령령으로 정하는 바에 따라 시가보다 낮은 가격으로 제공하거나 구입할 수 있도록 지원함으로써 해당 임원등이 얻는 이익은 근로소득으로 본다.

2. 자산의 양도금액

2의 2. 자기주식(합병법인이 합병에 따라 피합병법인이 보유하던 합병법인의 주식을 취득하게 된 경우를 포함한다)의 양도금액. 이 경우 법인세법 제19조 제19호의 2 각 목 외의 부분 본문에 따른 주식매수선택권의 행사에 따라 주식을 양도하는 경우에는 주식매수선택권 행사 당시의 시가로 계산한 금액으로 한다(영 11조 2호의 2 후단의 개정규정은 2023.2.28. 이후 주식을 양도하는 경우부터 적용함. 영 부칙 2023.2.28.).

3. 자산의 임대료
4. 자산의 평가차익
5. 무상으로 받은 자산의 가액
6. 채무의 면제 또는 소멸로 인하여 생기는 부채의 감소액(법인세법 제17조 제1항 제1호 단서의 규정에 따른 금액을 포함한다)
7. 손금에 산입한 금액 중 환입된 금액
8. 법인세법 시행령 제88조 제1항 제8호 각 목의 어느 하나 및 같은 항 제8호의 2에 따른 자본거래로 인하여 특수관계인으로부터 분여받은 이익

9. 법인세법 제28조 제1항 제4호 나목에 따른 가지급금 및 그 이자(이하 "가지급금등")로서 다음 각 목의 어느 하나에 해당하는 금액. 다만, 채권·채무에 대한 쟁송으로 회수가 불가능한 경우 등 기획재정부령으로 정하는 정당한 사유가 있는 경우는 제외한다[영 11조 9호의 개정규정(종전 제2조 제5항에서 제2조 제8항 호번 개정)은 2024.1.1.부터 시행함. 영 부칙 2023.2.28.].
   ㉠ 법인세법 시행령 제2조 제8항의 특수관계가 소멸되는 날까지 회수하지 아니한 가지급금등(나목에 따라 익금에 산입한 이자는 제외한다)
   ㉡ 법인세법 시행령 제2조 제8항의 특수관계가 소멸되지 아니한 경우로서 법인세법 제28조 제1항 제4호 나목에 따른 가지급금의 이자를 이자발생일이 속하는 사업연도 종료일부터 1년이 되는 날까지 회수하지 아니한 경우 그 이자
10. 보험업법에 따른 보험회사가 같은 법 제120조에 따라 적립한 책임준비금의 감소액(할인율의 변동에 따른 책임준비금 평가액의 감소분은 제외한다)으로서 같은 조 제3항의 회계처리기준(이하 "보험감독회계기준")에 따라 수익으로 계상된 금액(영 11조 10호의 개정규정은 2023.1.1. 이후 개시하는 사업연도부터 적용함. 다만, 2022.12.31.이 속하는 사업연도에 법인세법 42조의 3 제1항에 따른 보험계약국제회계기준을 적용하고 법인세법 32조의 해약환급금준비금을 적립한 보험회사에 대해서는 2023.1.1. 이후 과세표준을 신고하는 경우부터 적용함. 영 부칙 2023.2.28.)
10의2. 주택도시기금법에 따른 주택도시보증공사가 같은 법 시행령 제24조에 따라 적립한 책임준비금의 감소액(할인율의 변동에 따른 책임준비금 평가액의 감소분은 제외한다)으로서 보험감독회계기준에 따라 수익으로 계상된 금액(개정규정은 2024.2.29. 이후 과세표준을 신고하는 경우부터 적용함. 영 부칙 2024.2.29.)
11. 그 밖의 수익으로서 그 법인에 귀속되었거나 귀속될 금액

1.3 손금

손금이란 법인의 순자산을 감소시키는 거래로 인하여 발생하는 손비의 금액이다. 다만, 다음의 것은 제외한다(법법 19).

① 자본 또는 출자의 환급
② 잉여금의 처분
③ 법인세법에서 손금불산입항목으로 규정하는 것

법인세법에서 손금불산입항목으로 규정된 것을 제외한 손금은 법인의 사업과 관련하여 발생하거나 지출된 손실 또는 비용으로서 일반적으로 인정되는 통상적인 것이거나 수익과 직

접 관련된 것이다. 이러한 손금은 거래증빙 등에 의하여 입증되어야 한다.

손비는 법인세법에서 달리 정하는 것을 제외하고는 다음에 규정하는 것으로 한다(법령 19).

1. 판매한 상품 또는 제품에 대한 원료의 매입가액(기업회계기준에 따른 매입에누리금액 및 매입할인금액을 제외한다)과 그 부대비용

1의2. 판매한 상품 또는 제품의 보관료, 포장비, 운반비, 판매장려금 및 판매수당 등 판매와 관련된 부대비용(판매장려금 및 판매수당의 경우 사전약정 없이 지급하는 경우를 포함한다)

2. 양도한 자산의 양도당시의 장부가액

3. 인건비[내국법인이 발행주식총수 또는 출자지분의 100%를 직접 또는 간접 출자한 해외현지법인에 파견된 임원 또는 직원의 인건비로서 소득세법 제127조 제1항에 따라 근로소득세가 원천징수된 인건비(해당 내국법인이 지급한 인건비가 해당 내국법인 및 해외출자법인이 지급한 인건비 합계의 50% 미만인 경우로 한정한다)를 포함한다](개정규정은 2024.2.29.이 속하는 사업연도부터 적용함. 영 부칙 2024.2.29.)

3의2. 임원 또는 직원의 출산 또는 양육 지원을 위해 해당 임원 또는 직원에게 공통적으로 적용되는 지급기준에 따라 지급하는 금액

3의3. 소득세법 제20조 제1항 제6호 및 같은 법 시행령 제38조 제3항 각 호에 따른 지원(종업원할인)을 함으로써 해당 임원 또는 직원이 얻는 이익에 상당하는 금액(개정규정은 2025.1.1. 이후 재화를 판매하거나 용역을 제공하는 경우부터 적용함, 영 부칙 2025.2.28.)

4. 유형자산의 수선비

5. 유형자산 및 무형자산에 대한 감가상각비

5의2. 특수관계인으로부터 자산 양수를 하면서 기업회계기준에 따라 장부에 계상한 자산가액이 시가에 미달하는 경우 다음의 금액에 대하여 계산한 감가상각비 상당액
   ㉠ 실제 취득가액이 시가를 초과하는 경우에는 시가와 장부에 계상한 가액과의 차이
   ㉡ 실제 취득가액이 시가에 미달하는 경우에는 실제 취득가액과 장부에 계상한 가액과의 차이

6. 자산의 임차료

7. 차입금이자

8. 회수할 수 없는 부가가치세 매출세액미수금(부가가치세법 제17조의2에 따라 대손세액공제를 받지 아니한 것에 한정한다)

9. 자산의 평가차손

10. 제세공과금(법인세법 제18조의 4에 따른 익금불산입과 법인세법 제57조 제1항에 따른 세액공제를 모두 적용하지 않는 경우의 외국법인세액을 포함한다)

11. 영업자가 조직한 단체로서 법인이거나 주무관청에 등록된 조합 또는 협회에 지급한 회비(조합 또는 협회에 지급한 회비는 조합 또는 협회가 법령 또는 정관이 정하는 바에 따른 정상적인 회비징수 방식에 의하여 경상경비 충당 등을 목적으로 조합원 또는 회원에게 부과하는 회비로 하며 2018.3.21. 이후 지출하는 분부터 적용한다. 법칙 10 ②).
12. 광업의 탐광비(탐광을 위한 개발비를 포함한다)
13. 보건복지부장관이 정하는 무료진료권 또는 새마을진료권에 의하여 행한 무료진료의 가액

13의2. 식품등 기부 활성화에 관한 법률 제2조 제1호 및 제1호의 2에 따른 식품 및 생활용품(이하 "식품등")의 제조업·도매업 또는 소매업을 영위하는 내국법인이 해당 사업에서 발생한 잉여 식품등을 같은 법 제2조 제4호에 따른 제공자 또는 제공자가 지정하는 자에게 무상으로 기증하는 경우 기증한 잉여 식품등의 장부가액(이 경우 그 금액은 법인세법 제24조 제1항에 따른 기부금에 포함하지 아니한다)

14. 업무와 관련있는 해외시찰·훈련비
15. 다음 각 목의 어느 하나에 해당하는 운영비 또는 수당
    ㉠ 초·중등교육법에 설치된 근로청소년을 위한 특별학급 또는 산업체부설중·고등학교의 운영비
    ㉡ 산업교육진흥 및 산학연협력촉진에 관한 법률 제8조의 규정에 따라 교육기관이 당해 법인과의 계약에 의하여 채용을 조건으로 설치·운영하는 직업교육훈련과정·학과 등의 운영비
    ㉢ 직업교육훈련 촉진법 제7조의 규정에 따른 현장실습에 참여하는 학생들에게 지급하는 수당
    ㉣ 고등교육법 제22조의 규정에 따른 현장실습수업에 참여하는 학생들에게 지급하는 수당
16. 우리사주조합에 출연하는 자사주의 장부가액 또는 금품[개정규정(종전 근로복지기본법에 따른 우리사주조합에서 우리사주조합으로 개정)은 2024.1.1.부터 시행함. 영 부칙 2023.2.28.]
17. 장식·환경미화 등의 목적으로 사무실·복도 등 여러 사람이 볼 수 있는 공간에 항상 전시하는 미술품의 취득가액을 그 취득한 날이 속하는 사업연도의 손금으로 계상한 경우에는 그 취득가액(2019.2.12. 이후 미술품을 취득하는 분부터 취득가액이 거래단위별로 1,000만원 이하인 것으로 한정한다. 이전 취득가액은 500만원, 영 부칙2019.2.12.)
18. 광고선전 목적으로 기증한 물품의 구입비용[특정인에게 기증한 물품(개당 3만원 이하의 물품은 제외한다)의 경우에는 연간 5만원 이내의 금액에 한정한다](2021.1.1.이후 개시하는 사업연도 분부터 적용, 영 부칙 2021.2.17. 종전은 개당 1만원이하, 연간 3만원 이내를 적용한다)

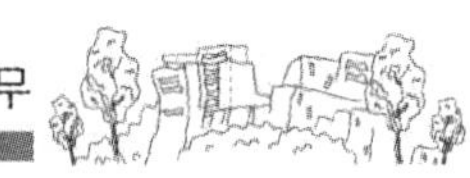

19. 임직원이 다음의 어느 하나에 해당하는 주식매수선택권 또는 주식이나 주식가치에 상당하는 금전으로 지급받는 상여금으로서 기획재정부령으로 정하는 것(주식기준보상)을 행사하거나 지급받는 경우 해당 주식매수선택권 또는 주식기준보상(주식매수선택권등)을 부여하거나 지급한 법인에 그 행사 또는 지급비용으로서 보전하는 금액
   ㉠ 금융지주회사법에 따른 금융지주회사로부터 부여받거나 지급받은 주식매수선택권등(주식매수선택권은 상법 제542조의3에 따라 부여받은 경우만 해당한다)
   ㉡ 기획재정부령으로 정하는 해외모법인으로부터 부여받거나 지급받은 주식매수선택권등으로서 기획재정부령으로 정하는 것

19의2. 상법 제340조의 2·제542조의 3, 벤처기업육성에 관한 특별법 제16조의 3 또는 소재·부품·장비산업 경쟁력 강화 및 공급망 안정화를 위한 특별조치법 제56조에 따른 주식매수선택권, 근로복지기본법 제39조에 따른 우리사주매수선택권(상법 제542조의 3에 따른 주식매수선택권은 해당 법인의 임직원에게 부여하는 것으로 한정)이나 금전을 부여받거나 지급받은 자에 대한 다음 각 목의 금액. 다만, 해당 법인의 발행주식총수의 10% 범위에서 부여하거나 지급한 경우로 한정한다(개정규정은 2025.2.28. 이후 주식매수선택권을 행사하는 경우부터 적용함. 영 부칙 2025.2.28.).
   ① 주식매수선택권 또는 우리사주매수선택권을 부여받은 경우로서 다음의 어느 하나에 해당하는 경우 해당 금액
      ㉠ 약정된 주식매수시기에 약정된 주식의 매수가액과 시가의 차액을 금전 또는 해당 법인의 주식으로 지급하는 경우의 해당 금액
      ㉡ 약정된 주식매수시기에 주식매수선택권 또는 우리사주매수선택권 행사에 따라 주식을 시가보다 낮게 발행하는 경우 그 주식의 실제 매수가액과 시가의 차액
   ② 주식기준보상으로 금전을 지급하는 경우 해당 금액

20. 중소기업기본법 제2조 제1항에 따른 중소기업 및 조세특례제한법 시행령 제6조의 4 제1항에 따른 중견기업이 중소기업 인력지원 특별법 제35조의 3 제1항 제1호에 따라 부담하는 기여금(중견기업은 2019.2.12. 이후 기여금을 납입하는 분부터 적용, 영 부칙 2019.2.12.)

21. 임원 또는 직원(법인세법 시행령 제43조제7항에 따른 지배주주등인 자는 제외)의 사망 이후 유족에게 학자금 등으로 일시적으로 지급하는 금액으로서 기획재정부령으로 정하는 요건(임원 또는 직원의 사망 전에 정관이나, 주주총회·사원총회 또는 이사회의 결의에 의하여 결정되어 임원 또는 직원에게 공통적으로 적용되는 지급기준에 따라 지급되는 것)을 충족하는 것(법칙 10의3)

22. 다음의 기금에 출연하는 금품(2021.1.1.이후 지출하는 분부터 적용, 영 부칙 2021.2.17.)

① 해당 내국법인이 설립한 근로복지기본법 제50조에 따른 사내근로복지기금
② 해당 내국법인과 다른 내국법인 간에 공동으로 설립한 근로복지기본법 제86조의 2에 따른 공동근로복지기금
③ 해당 내국법인의 조세특례제한법 제8조의 3 제1항 제1호에 따른 협력중소기업이 설립한 근로복지기본법 제50조에 따른 사내근로복지기금
④ 해당 내국법인의 조세특례제한법 제8조의 3 제1항 제1호에 따른 협력중소기업 간에 공동으로 설립한 근로복지기본법 제86조의 2에 따른 공동근로복지기금

23. 보험회사가 보험업법 제120조에 따라 적립한 책임준비금의 증가액(할인율의 변동에 따른 책임준비금 평가액의 증가분은 제외한다)으로서 보험감독회계기준에 따라 비용으로 계상된 금액(영 19조 23호의 개정규정은 2023.1.1. 이후 개시하는 사업연도부터 적용함. 다만, 2022.12.31.이 속하는 사업연도에 법인세법 42조의 3 제1항에 따른 보험계약국제회계기준을 적용하고 법인세법 32조의 해약환급금준비금을 적립한 보험회사에 대해서는 2023.1.1. 이후 과세표준을 신고하는 경우부터 적용함. 영 부칙 2023.2.28.)

23의2. 주택도시기금법에 따른 주택도시보증공사가 같은 법 시행령 제24조에 따라 적립한 책임준비금의 증가액(할인율의 변동에 따른 책임준비금 평가액의 증가분은 제외한다)으로서 보험감독회계기준에 따라 비용으로 계상된 금액(2024.2.29. 이후 과세표준을 신고하는 경우부터 적용함. 영 부칙 2024.2.29.)

24. 그 밖의 손비로서 그 법인에 귀속되었거나 귀속될 금액

1.4 기업회계기준과 관행의 적용

내국법인의 각 사업연도의 소득금액을 계산할 때 그 법인이 익금과 손금의 귀속사업연도와 자산·부채의 취득 및 평가에 관하여 일반적으로 공정·타당하다고 인정되는 기업회계기준을 적용하거나 관행(慣行)을 계속 적용하여 온 경우에는 법인세법 및 조세특례제한법에서 달리 규정하고 있는 경우를 제외하고는 그 기업회계기준 또는 관행에 따른다(법법 43). 기업회계의 기준 또는 관행은 다음의 어느 하나에 해당하는 회계기준(해당 회계기준에 배치되지 아니하는 것으로서 일반적으로 공정·타당하다고 인정되는 관행을 포함한다)으로 한다(법령 79).

① 한국채택국제회계기준
② 주식회사 등의 외부감사에 관한 법률 제5조 제1항 제2호 및 같은 조 제4항에 따라 한국회계기준원이 정한 회계처리기준
③ 증권선물위원회가 정한 업종별회계처리준칙
④ 공공기관의 운영에 관한 법률에 따라 제정된 공기업·준정부기관 회계규칙

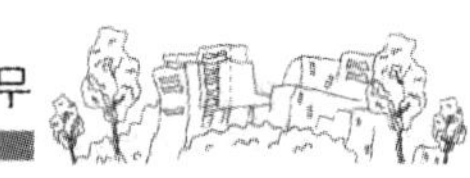

⑤ 상법 시행령 제15조 제3호에 따른 회계기준

⑥ 그 밖에 법령에 따라 제정된 회계처리기준으로서 기획재정부장관의 승인을 받은 것

02 세무조정

2.1 법인세 계산구조와 세무조정

각 사업연도 소득에 대한 법인세의 계산구조는 다음과 같다.

	법인세 계산구조		비 고
	당기순이익	…	회계상 소득금액
(+)	익금산입 및 손금불산입	…	세무상 차이조정
(−)	손금산입 및 익금불산입		
	차가감소득금액		
(+)	기부금한도초과액		
(−)	기부금한도초과이월액공제		
	각 사업연도 소득금액	…	법인세법상 소득금액
(−)	이월결손금	…	15년이내 발생한 세무상 이월결손금
(−)	비과세소득		
(−)	소득공제		
	과세표준		
(×)	세율	…	4단계 누진세율
	산출세액	…	토지 등 양도소득, 미환류소득에 대한 법인세 가산
(−)	감면·공제세액	…	법인세법, 조세특례제한법의 감면·공제세액
(+)	가산세		
(+)	감면분추가납부세액	…	투자세액공제 등의 사후관리
	총부담세액		
(−)	기납부세액	…	중간예납세액·원천납부세액·수시부과세액
	차감납부세액		

법인의 각 사업연도 소득은 익금총액에서 손금총액을 차감(직접법)하여 계산한다. 이는 기업회계상 수익에서 비용을 차감한 당기순손익 계산구조와 동일하다. 그러나 실무적으로는

기업회계와 세법상의 차이를 조정하여 각 사업연도의 소득금액을 계산하는 방법(간편법)이 사용된다. 이와 같이 당기순손익을 기초로 하여 간접적으로 각 사업연도 소득금액을 계산하는 것을 세무조정이라고 한다. 세무조정은 조정내용을 언제 반영하는지에 따라 결산조정과 신고조정으로 구분하며 결산조정은 손익계산서에 반영하고 신고조정은 소득금액조정합계표에 반영한다. 세법상 결산조정항목으로 규정한 것을 제외하고는 신고조정으로 세무조정하며 세무조정의 유형은 별도로 설명한다.

결 산	세무조정				소득금액
수 익	(+) 익금산입		(−) 익금불산입	=	익 금
(−) 비 용	(+) 손금산입		(−) 손금불산입	=	(−) 손 금
당기순손익	(+) 익금산입	및	손금불산입	=	각 사업연도
	(−) 손금산입	및	익금불산입		소 득 금 액
〈결산조정〉	〈신고조정〉				

- 익금산입 및 손금불산입 : 당기순손익에 가산하여 과세소득을 증가시킴
- 손금산입 및 익금불산입 : 당기순손익에 차감하여 과세소득을 감소시킴

2.2 세무조정계산서와 소득금액

세무조정의 내용은 세무조정계산서에 기재하며 관련 서식은 다음과 같다.

(1) 소득금액조정합계표

소득금액조정합계표는 세무조정사항을 집계하는 서식으로 모든 세무조정사항을 과목, 금액, 소득처분으로 구분하여 기재한다. 이 경우 기부금한도초과액과 전기기부금한도초과이월액의 손금산입액에 대한 세무조정은 소득금액조정합계표에 기재하지 않고 법인세과세표준 및 세액조정계산서에 기재한다.

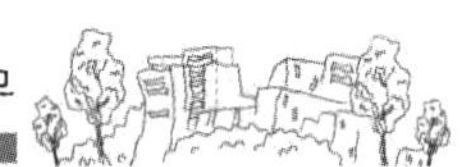

■ 법인세법 시행규칙 [별지 제15호서식]

(앞쪽)

<table>
<tr><td>사 업
연 도</td><td>. . .
~
. . .</td><td colspan="6">**소득금액조정합계표**</td><td>법 인 명</td><td></td></tr>
<tr><td></td><td></td><td colspan="6"></td><td>사업자등록번호</td><td></td></tr>
</table>

익금산입 및 손금불산입				손금산입 및 익금불산입			
①과목	②금액	③소득처분		④과목	⑤금액	⑥소득처분	
		처분	코드			처분	코드
합계				합계			

(2) 법인세과세표준 및 세액조정계산서

법인세과세표준 및 세액조정계산서는 소득금액, 과세표준 및 세액의 계산내역을 기재하는 서식이며 토지 등 양도소득에 대한 법인세도 이 서식에 기재한다.

■ 법인세법 시행규칙[별지 제3호서식] (2024. 3. 22. 개정) (앞쪽)

사업연도	. . . ~ . . .	법인세 과세표준 및 세액조정계산서	법 인 명	
			사업자등록번호	

구분			항목	코드	금액
① 각 사업연도 소득계산			(101) 결산서상 당기순손익	01	
	소득조정 금액		(102) 익금산입	02	
			(103) 손금산입	03	
			(104) 차가감소득금액((101)+(102)−(103))	04	
			(105) 기부금한도초과액	05	
			(106) 기부금한도초과이월액 손금산입	54	
			(107) 각 사업연도소득금액((104)+(105)−(106))	06	
② 과세표준 계산			(108) 각사업연도소득금액((108)=(107))		
			(109) 이월결손금	07	
			(110) 비과세소득	08	
			(111) 소득공제	09	
			(112) 과세표준((108)−(109)−(110)−(111))	10	
			(159) 선박표준이익	55	
③ 산출세액 계산			(113) 과세표준((112)+(159))	56	
			(114) 세율	11	
			(115) 산출세액	12	
			(116) 지점유보소득(법인세법 제96조)	13	
			(117) 세율	14	
			(118) 산출세액	15	
			(119) 합계((115)+(118))	16	
④ 납부할 세액 계산			(120) 산출세액((120)=(119))		
			(121) 최저한세 적용대상 공제감면세액	17	
			(122) 차감세액	18	
			(123) 최저한세 적용제외 공제감면세액	19	
			(124) 가산세액	20	
			(125) 가감계((122)−(123)+(124))	21	
	기납부세액	기한내 납부세액	(126) 중간예납세액	22	
			(127) 수시부과세액	23	
			(128) 원천납부세액	24	
			(129) 간접투자회사등의 외국납부세액	25	
			(130) 소계((126)+(127)+(128)+(129))	26	
			(131) 신고납부전가산세액	27	
			(132) 합계((130)+(131))	28	

구분		항목	코드	금액
		(133) 감면분추가납부세액	29	
		(134) 차감납부할세액((125)−(132)+(133))	30	
⑤ 토지등 양도소득에 대한 법인세 계산	양도차익	(135) 등기자산	31	
		(136) 미등기자산	32	
		(137) 비과세소득	33	
		(138) 과세표준((135)+(136)−(137))	34	
		(139) 세율	35	
		(140) 산출세액	36	
		(141) 감면세액	37	
		(142) 차감세액((140)−(141))	38	
		(143) 공제세액	39	
		(144) 동업기업 법인세 배분액(가산세제외)	58	
		(145) 가산세액(동업기업 배분액 포함)	40	
		(146) 가감계((142)−(143)+(144)+(145))	41	
	기납부세액	(147) 수시부과세액	42	
		(148) ( )세액	43	
		(149) 계((147)+(148))	44	
		(150) 차감납부할세액((146)−(149))	45	
⑥ 미환류소득법인세		(161) 과세대상 미환류소득	59	
		(162) 세율	60	
		(163) 산출세액	61	
		(164) 가산세액	62	
		(165) 이자상당액	63	
		(166) 납부할세액((163)+(164)+(165))	64	
⑦ 세액계		(151) 차감납부할 세액계((134)+(150)+(166))	46	
		(152) 사실과 다른 회계처리 경정 세액공제	57	
		(153) 분납세액계산범위액((151)−(124)−(133)−(145)−(152)+(131))	47	
		(154) 분납할세액	48	
		(155) 차감납부세액((151)−(152)−(154))	49	

210mm×297mm[백상지 80g/㎡ 또는 중질지 80g/㎡]

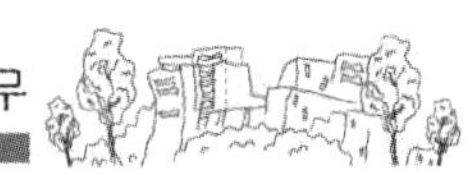

(3) 자본금과 적립금조정명세서(을)

소득처분 중 유보는 기업회계상 자산, 부채와 세무상 자산, 부채의 일시적 차이를 말한다. 일시적 차이는 미래에 반대 세무조정으로 소멸하기 때문에 별도로 사후관리한다. 유보로 소득처분된 금액을 별도로 사후관리하는 서식이 자본금과 적립금조정명세서(을)이다.

[별지 제50호서식(을)] (1999. 5. 24개정) (앞쪽)

사업연도	. . . ~ . . .	자본금과 적립금조정명세서(을)	법인명	

※ 관리번호 [ ][ ] - [ ][ ]　　사업자등록번호 [ ][ ][ ] - [ ][ ] - [ ][ ][ ][ ][ ]

※—3 표시란은 기입하지 마십시오.

세무조정유보소득 계산

①과목 또는 사항	②기초잔액	당기중증감		⑤기말잔액 (익기초현재)	비고
		③감소	④증가		
합 계					

(4) 자본금과 적립금조정명세서(갑)

자본금과 적립금조정명세서(갑)은 세무상 자본을 계산하는 서식으로 기업회계상 자본에 유보잔액을 가산하고 손익 미계상 법인세비용을 차감하여 계산한다. 세무상 자본은 청산소득 계산 등에 사용된다.

> 세무상 자기자본 = 결산상 자기자본 ± 유보잔액 ± 손익 미계상 법인세비용

■ 법인세법 시행규칙 [별지 제50호서식(갑)] (2025. 3. 21. 개정) (앞 쪽)

사업연도	. . . ~ . . .	자본금과 적립금 조정명세서(갑)	법 인 명	
			사업자등록번호	

Ⅰ. 자본금과 적립금 계산서

①과목 또는 사항		코드	②기초잔액	당기 중 증감 ③감 소	당기 중 증감 ④증 가	⑤기 말 잔 액	비 고
자본금 및 잉여금 등의 계산	1. 자 본 금	01					
	2. 자 본 잉 여 금	02					
	3. 자 본 조 정	15					
	4. 기타포괄손익누계액	18					
	5. 이 익 잉 여 금	14					
		17					
	6. 계	20					
7. 자본금과 적립금명세서(을) 계		21					
손익 미계상 법인세 등	8. 법 인 세	22					
	9. 지 방 소 득 세	23					
	10. 계 (8+9)	30					
11. 차 가 감 계(6+7−10)		31					

Ⅱ. 결손금(이월결손금 및 당기 결손금) 계산서

1. 결손금 발생 및 증감내역

⑥사업연도	이월결손금 발생액 ⑦계	⑧일반 결손금	⑨배분한도초과 결손금(⑨=㉕)	⑩소급공제	⑪차감계	감소내역 ⑫기공제액	⑬당기 공제액	⑭보전	⑮계	잔액 ⑯기한 내	⑰기한 경과	⑱계
계												

2. 법인세 신고 사업연도의 결손금에 동업기업으로부터 배분한도를 초과하여 배분받은 결손금(배분한도 초과결손금)이 포함되어 있는 경우 사업연도별 이월결손금 구분내역

⑲법인세 신 고 사업연도	⑳동업기업 과세연도 종 료 일	㉑손금산입한 배분한도 초 과 결 손 금	㉒법인세 신 고 사업연도 결 손 금	배분한도 초과결손금이 포함된 이월결손금 사업연도별 구분: ㉓합 계 (㉓=㉕+㉖)	배분한도 초과결손금 해당액: ㉔이월결손금 발생 사업연도	㉕이월결손금(㉕=⑨) ㉑과㉒ 중 작은 것에 상당하는 금액	㉖법인세 신고 사업연도 발생 이월결손금 해당액 (⑧일반결손금으로 계상) (㉑≥㉒의 경우는 "0", ㉑<㉒의 경우는 ㉒−㉑)

Ⅲ. 회계기준 변경에 따른 자본금과 적립금 기초잔액 수정

㉗과목 또는 사항	㉘코드	㉙전기말 잔액	기초잔액 수정 ㉚증가	기초잔액 수정 ㉛감소	㉜수정후 기초잔액 (㉙+㉚−㉛)	㉝비 고

(5) 각 사업연도 소득금액

내국법인의 각 사업연도의 소득은 그 사업연도에 속하는 익금(益金)의 총액에서 그 사업연도에 속하는 손금(損金)의 총액을 공제한 금액으로 한다. 그러나 익금과 손금 총액을 각각 계산하여 소득금액을 계산하는 총액법은 시간과 비용면에서 매우 비효율적이다. 따라서 실무적으로는 기업회계상의 재무제표에서 세법상 익금과 손금과의 차이를 익금산입·손금불산입, 손금산입·익금불산입 등의 세무조정을 통하여 간접법으로 계산하고 추가적으로 기부금에 대한 세무조정을 하여 계산한다.

각 사업연도 소득금액 산정과 관련하여 유의할 사항은 다음과 같다.

① 각 사업연도 소득계산 원칙

내국법인의 각 사업연도의 소득금액을 산정함에 있어 익금과 손금은 각각 총액에 의하여 계산한다(법기통 14-0…1).

② 기간손익계산원칙

각 사업연도소득을 계산함에 있어서 기간손익은 법에서 정하고 있는 경우를 제외하고는 일반적으로 공정·타당하다고 인정되는 기업회계의 기준 또는 관행에 따라 계산한다. 다만, 법인이 계속적인 회계관행에 따라 판매비와 일반관리비에 속하는 소모품을 매입하는 시점에 손금으로 경리하는 경우에도 기업회계기준 중 중요성의 원칙과 신뢰성의 원칙에 위배되지 아니하는 때에는 이를 당해 사업연도의 손금으로 할 수 있다(법기통 14-0…2).

③ 면제사업의 결손금이 과세소득을 초과하는 경우의 과세표준계산

면제사업과 과세사업을 겸영하는 법인에 있어서 면제사업에서 생긴 결손금이 과세소득을 초과하는 경우에는 그 초과하는 금액을 당해 법인의 각 사업연도의 결손금으로 한다. 이와 반대의 경우에도 또한 같다(법기통 14-0…3).

2.3 결산조정과 신고조정

세무조정은 원칙적으로 강제조정사항이다. 법인세법상의 차이가 결산상 반영되지 아니한 경우 소득금액조정합계표에서 조정하여야 하며 이를 신고조정이라 한다. 그러나 손금산입 세무조정은 결산조정사항, 임의 신고조정사항, 강제 신고조정사항으로 구분된다.

(1) 결산조정

결산조정이란 외부에 공표하는 재무제표에 당해 손비로 계상하여 손금으로 인정받는 것을 말한다. 결산조정으로만 손금인정을 받을 수 있는 항목을 결산조정항목이라 부르며 법인세법에서는 충당금, 준비금, 감가상각비, 대손금, 자산의 평가손실 등으로 규정하고 있다. 이러한 항목의 주요 특성은 외부와의 거래와는 무관하게 내부적인 의사결정에 따라 그 항목의 손금산입여부를 법인이 임의로 선택할 수 있다. 이러한 의미에서 결산조정이란 실제로는 회사가 결산서에 반영하는 것 자체를 의미한다.

결산조정항목을 결산서에 반영하지 않고 결산을 완료하여 법인세과세표준과 세액을 신고, 납부한 이후에는 재무제표의 수정을 통한 경정청구가 불가능하다. 이는 법인이 당해 비용을 결산서에 계상하면 계상한 사업연도의 손금으로 인정받을 수 있기 때문이다. 법인세법에서 결산조정사항으로 규정하고 있는 내용은 다음과 같다.

① 유형·무형자산에 대한 감가상각비 계상(법법 23)

일반원칙(결산조정)	예외(신고조정)
유형·무형자산에 대한 감가상각비	• 조세특례제한법상 특례 감가상각비 신고조정 가능 • 법인세 감면기업의 감면기간 감가상각비 과소상각 강제조정(신고조정) • 2016.1.1. 이후 개시한 사업연도 취득 업무용승용차 감가상각비 강제조정(신고조정)

② 퇴직급여충당금의 설정(법법 33)
- 퇴직연금충당금은 신고조정사항

③ 대손충당금의 설정(법법 34), 대손금 중 일부항목(법령 19의2 ③)
- 소멸시효완성 등 특정한 경우의 대손금은 신고조정사항

④ 고유목적사업준비금의 손금산입(법법 29)
- 외부회계감사대상법인은 신고조정 가능(법법 61 ①)

⑤ 소액자산, 소액수선비 등 즉시상각(법령 31 ③, ④, ⑥, ⑦)

⑥ 다음 자산의 평가차손(감액사유가 발생한 사업연도 비용처리시 인정)(법법 22, 42 ③)
- 파손, 부패로 인한 재고자산의 평가차손
- 천재·지변, 화재, 법령에 의한 수용, 채굴예정량의 채진으로 인한 폐광 등의 자산 평가차손(파손 또는 멸실이 확정된 사업연도에 평가액으로 감액한 경우도 인정)
- 시설개체 등 생산설비의 폐기손실(1,000원 제외)

- 주권상장법인, 비특수관계 비상장법인의 부도, 회생계획인가 등의 부실징후로 인한 주식평가손실(1,000원 제외)
- 발행법인이 파산한 주식의 평가손실(1,000원 제외)

⑦ 기타

- 법인세법상 준비금(법법 30~32) : 이익처분에 의한 임의신고조정 가능
- 구상채권상각충당금(법법 35) : 한국채택국제회계기준 적용법인에 한하여 이익처분에 의한 임의신고조정 가능

(2) 임의신고조정

임의신고조정은 과세이연제도에 해당되는 항목들로서 손금산입여부의 선택권이 법인에게 부여되어 있으므로 원칙적으로 결산조정사항에 해당한다. 그러나 이러한 비용항목들은 기업회계기준에서 인정하지 않고 있으므로 법인세법간의 차이를 조정하고자 예외적으로 신고조정에 의하여 손금에 산입할 수 있다. 임의신고조정사항은 다음과 같으며 ④~⑦의 항목은 잉여금처분에 의하여 충당금, 준비금 등을 적립한 경우에 한하여 신고조정에 의한 손금산입을 허용한다.

① 조세특례제한법상 특례감가상각비(2003.7.1. ~ 2004.6.30.까지 취득한 유형자산의 감가상각비)

② 한국채택국제회계기준 적용법인의 유형자산과 비한정 내용연수 무형자산에 대한 감가상각비

③ 일시상각충당금(비상각자산은 압축기장충당금)

④ 외부회계감사대상 비영리법인의 고유목적사업준비금

⑤ 한국채택국제회계기준 적용법인의 비상위험준비금

⑥ 한국채택국제회계기준 적용법인의 구상채권상각충당금

⑦ 조세특례제한법상 준비금

(3) 신고조정

결산조정사항과 임의신고조정사항을 제외한 나머지 사항들은 전부 강제신고조정 대상이다. 예를 들어 매출액, 인건비 등과 같은 항목은 외부와의 거래에 의하여 확정되므로 결산서에 계상해야 한다. 이러한 항목들을 결산서에 계상하지 않은 경우 세법과의 차이에 대하여 반드시 신고조정으로 세무조정을 해야 한다.

결산조정사항과 신고조정사항의 비교

구 분	결산조정사항	신고조정사항
성 격	결산상 회계처리한 경우에만 손금으로 인정	결산상 회계처리한 경우와 회계처리하지 않은 경우에도 모두 손금으로 인정
귀속시기	결산상 회계처리한 사업연도(자산의 평가차손은 감액사유가 발생한 사업연도)	요건을 구비한 사업연도
경정청구	세무조정 및 경정청구 불가	세무조정 및 경정청구 가능

◎ 법인세 계산구조와 세무조정의 형태

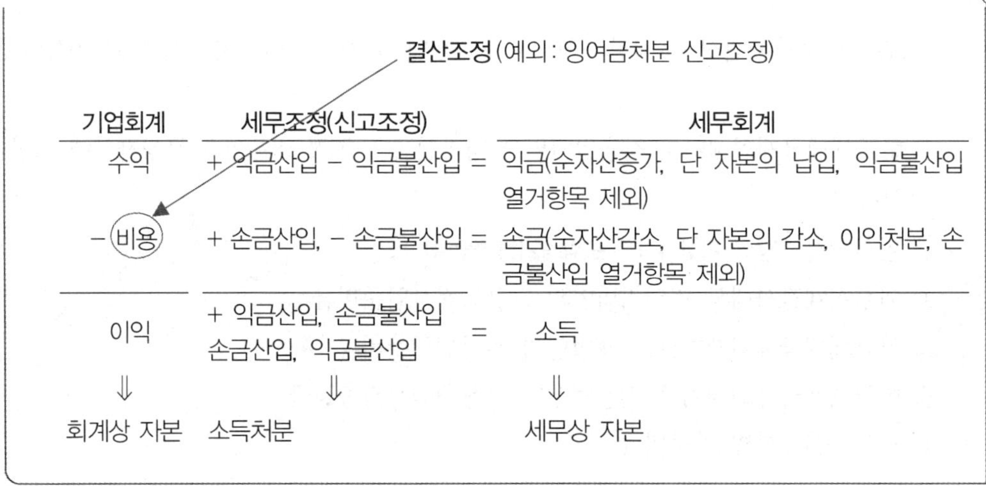

2.4 유형별 세무조정

(1) 순자산, 소득금액차이 없이 손익계정만 차이나는 경우

결산상 재무제표와 법인세법상 순자산, 소득금액의 차이 없이 결산상 당기순손익의 손익계정만 법인세법과 차이나는 경우에는 별도의 세무조정이 없다.

① 각사업연도소득계산			코드	금액
	⑩ 결산서상 당기순손익		01	
	소득조정금액	⑩ 익금산입	02	
		⑩ 손금산입	03	
	⑩ 차가감소득금액(⑩+⑩-⑩)		04	
	⑩ 기부금한도초과액		05	
	⑩ 기부금한도초과이월액손금산입		54	
	⑩ 각사업연도소득금액(⑩+⑩-⑩)		06	

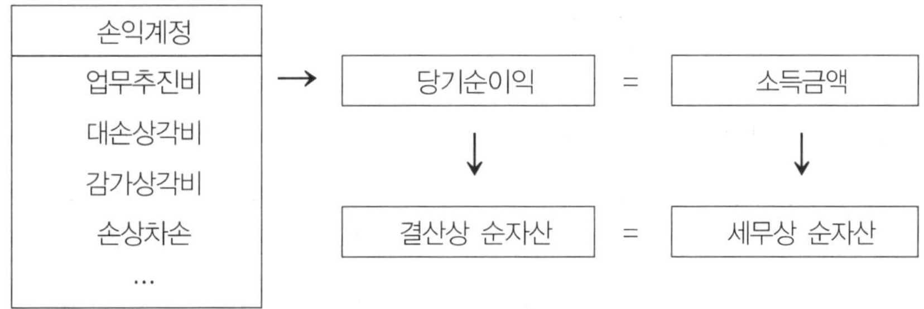

1) 임의채권포기

약정에 의하여 채권의 전부 또는 일부를 포기하는 경우 이를 대손금으로 보지 아니하며 기부금 또는 기업업무추진비로 본다(법기통 19의 2-19의 2…5).

BOOK	(차) 대손상각비	2,000,000	(대) 외상매출금	2,000,000
TAX	(차) 기업업무추진비	2,000,000	(대) 외상매출금	2,000,000

소득금액차이

(101) 결산서상 당기순손익		(2,000,000)
소득조정금액	(102) 익 금 산 입	
	(103) 손 금 산 입	
(107) 각 사업연도 소득금액		(2,000,000)

순자산차이

재무상태표	–
(+)유보	
(–)유보	
법인세법	–

자본금과 적립금 조정명세서(을)

계정과목	기초잔액	당기중증감 감소	당기중증감 증가	기말잔액 (익기초현재)
–	–	–	–	–

2) 즉시상각의제, 손금계상한 감가상각비

법인이 감가상각자산의 취득가액과 자본적 지출 등을 비용으로 처리한 경우 그 금액을 자산으로 계상한 후 즉시 감가상각한 것으로 본다(법법 23 ④). 손금계상한 감가상각비란 유형자산 및 무형자산의 장부가액이 감소된 금액을 말한다.

BOOK	(차) 소모품비	1,000,000	(대) 보통예금	1,000,000
	(차) 전기오류수정손실	2,000,000	(대) 감가상각누계액	2,000,000
	(차) 유형자산손상차손	3,000,000	(대) 손상차손누계액	3,000,000
TAX	(차) 비품	1,000,000	(대) 보통예금	1,000,000
	(차) 감가상각비	1,000,000	(대) 비품	1,000,000
	(차) 감가상각비	2,000,000	(대) 감가상각누계액	2,000,000
	(차) 감가상각비	3,000,000	(대) 감가상각누계액	3,000,000

소득금액차이		
(101) 결산서상 당기순손익		(6,000,000)
소득조정금액	(102) 익 금 산 입	
	(103) 손 금 산 입	
(107) 각 사업연도 소득금액		(6,000,000)

순자산차이	
재무상태표	(5,000,000)
(+)유보	
(−)유보	
법인세법	(5,000,000)

자본금과 적립금 조정명세서(을)

계정과목	기초잔액	당기중증감		기말잔액 (익기초현재)
		감소	증가	
−	−	−	−	−

(2) 소득금액이 차이나는 경우

법인의 각 사업연도 소득은 익금총액에서 손금총액을 차감한 금액이다. 기업회계기준에 따른 결산상 당기순손익이 법인세법상 익금, 손금과 차이나는 경우 소득의 차이를 조정하여 각 사업연도의 소득금액을 계산한다.

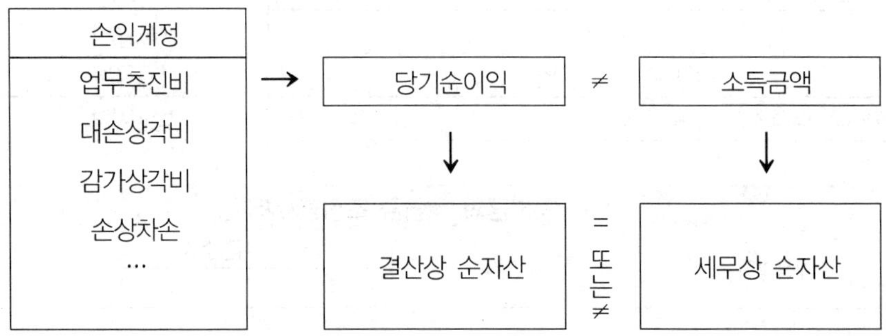

1) 당기손익인식공정가치측정금융자산

유가증권은 원가법으로 평가하는 것을 원칙으로 한다. 원가법을 적용하는 경우 주식은 총평균법, 이동평균법으로 평가하고 채권은 총평균법, 이동평균법, 개별법 중에서 선택한다(법령 75 ①).

BOOK	(차) FVPL금융자산	1,000,000	(대)	보통예금	1,000,000
	(차) FVPL금융자산	100,000	(대)	FVPL금융자산평가이익	100,000
TAX	(차) FVPL금융자산	1,000,000	(대)	보통예금	1,000,000

소득금액차이

(101) 결산서상 당기순손익		100,000
소득조정금액	(102) 익 금 산 입	
	(103) 손 금 산 입	100,000
(107) 각 사업연도 소득금액		–

순자산차이

재무상태표	1,100,000
(+)유보	
(–)유보	(100,000)
법인세법	1,000,000

자본금과 적립금 조정명세서(을)

계정과목	기초잔액	당기중증감		기말잔액
		감소	증가	(익기초현재)
FVPL금융자산	–	–	△100,000	△100,000

2) 자기주식처분손익

자기주식을 취득하여 소각함으로써 생긴 손익은 각 사업연도 소득계산상 익금 또는 손금에 산입하지 아니하는 것이나, 매각함으로써 생긴 매각차손익은 익금 또는 손금으로 한다(법기통 15-11…7).

BOOK	(차) 보통예금	15,000,000	(대)	자기주식	10,000,000
				자기주식처분이익	5,000,000
TAX	(차) 보통예금	15,000,000	(대)	자기주식	10,000,000
				유가증권처분이익	5,000,000

소득금액차이

(101) 결산서상 당기순손익		–
소득조정금액	(102) 익 금 산 입	5,000,000
	(103) 손 금 산 입	
(107) 각 사업연도 소득금액		5,000,000

순자산차이

재무상태표	–
(+)유보	
(–)유보	
법인세법	–

자본금과 적립금 조정명세서(을)

계정과목	기초잔액	당기중증감		기말잔액
		감소	증가	(익기초현재)
–	–	–	–	–

3) 제품보증충당부채

법인세법은 권리의무확정주의에 따라 손익을 인식한다. 일시상각충당금 등 법에서 별도로 규정한 충당금을 제외한 미확정부채의 성격을 갖는 충당부채는 손금으로 인정하지 아니한다. 충당부채와 관련하여 지출한 비용은 지출이 확정된 사업연도의 손금으로 하며, 예상되는 금액을 충당부채로 계상한 금액은 법인의 각 사업연도 소득금액 계산에 있어서 이를 손금에 산입하지 않는다(법인, 법인46012-505, 2001.03.08.).

BOOK	전기말 B/S 제품보증충당부채 1,000,000				
	(차) 제품보증충당부채	100,000	(대)	보통예금	100,000
	(차) 제품보증비	200,000	(대)	제품보증충당부채	200,000
TAX	(차) 제품보증비	100,000	(대)	보통예금	100,000

소득금액차이

(101) 결산서상 당기순손익		(200,000)
소득조정금액	(102) 익 금 산 입	100,000
	(103) 손 금 산 입	
(107) 각 사업연도 소득금액		(100,000)

순자산차이

재무상태표	(1,100,000)
(+)유보	1,100,000
(−)유보	
법인세법	−

자본금과 적립금 조정명세서(을)

계정과목	기초잔액	당기중증감		기말잔액 (익기초현재)
		감소	증가	
제품보증충당부채	1,000,000	−	100,000	1,100,000

(3) 소득금액의 차이 없이 순자산만 차이나는 경우

법인의 각 사업연도 소득과 결산상 당기순손익이 차이나는 경우에는 별도의 세무조정은 없는 것이 원칙이다. 다만, 결산상 자본(순자산)이 세무상 자본(순자산)과 차이가 발생하는 경우에는 유보로 조정하며, 반대의 세무조정으로 소득효과(익금산입과 손금산입의 합계)를 0이 되도록 조정한다.

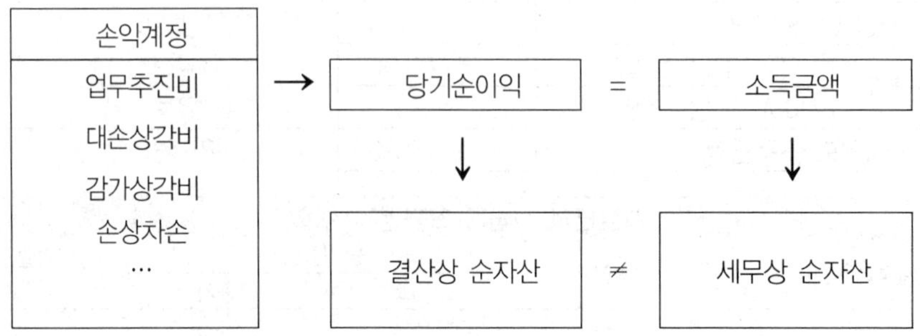

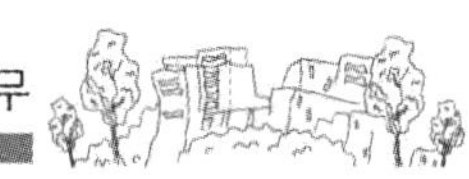

1) 기타포괄손익 공정가치측정 금융자산평가손익

유가증권은 원가법으로 평가하는 것을 원칙으로 한다. 원가법을 적용하는 경우 주식은 총평균법, 이동평균법으로 평가하고 채권은 총평균법, 이동평균법, 개별법 중에서 선택한다(법령 75 ①).

BOOK	(차) FVOCI금융자산	1,000,000	(대) 보통예금	1,000,000
	(차) FVOCI금융자산	100,000	(대) FVOCI금융자산평가이익	100,000
TAX	(차) FVPL금융자산	1,000,000	(대) 보통예금	1,000,000

소득금액차이

(101) 결산서상 당기순손익		–
소득조정금액	(102) 익 금 산 입	100,000
	(103) 손 금 산 입	100,000
(107) 각 사업연도 소득금액		–

순자산차이

재무상태표	1,100,000
(+)유보	
(–)유보	(100,000)
법인세법	1,000,000

자본금과 적립금 조정명세서(을)

계정과목	기초잔액	당기중증감		기말잔액 (익기초현재)
		감소	증가	
FVOCI금융자산	–	–	△100,000	△100,000

2) 고가매입

대금지불이 완료되고 시가와 거래가액의 차액이 3억원 이상이거나 시가의 5%에 상당하는 금액 이상인 경우 시가와 매입가격과의 차액에 대하여 자산을 감액하고 부당행위계산부인의 세무조정을 한다(법기통 67-106…9).

BOOK	(차) 토지(시가 100억원)	150억원	(대) 보통예금	150억원
TAX	(차) 토지(시가 100억원)	100억원	(대) 보통예금	150억원
	부당행위 지출액	50억원		

소득금액차이

(101) 결산서상 당기순손익		–
소득조정금액	(102) 익 금 산 입	50억원
	(103) 손 금 산 입	50억원
(107) 각 사업연도 소득금액		–

순자산차이

재무상태표	150억원
(+)유보	
(–)유보	(50억원)
법인세법	100억원

자본금과 적립금 조정명세서(을)

계정과목	기초잔액	당기중증감		기말잔액 (익기초현재)
		감소	증가	
토지	–	–	△50억원	△50억원

03 소득처분

소득처분이란 결산서상 당기순이익과 법인세법상 각 사업연도 소득금액의 차액에 대한 세무조정액에 대하여 귀속자를 결정하는 절차를 말한다. 세무조정사항이 사내에 남아서 회계상 자산·부채와 세무상 자산·부채의 차이를 유발하면 유보로 처분하며 사외로 유출되어 특정인에게 귀속된 경우에는 귀속자에 따라 배당, 상여, 기타사외유출, 기타소득으로 처분한다. 그 이외의 경우에는 기타로 처분한다. 세무조정사항에 대한 소득처분은 익금산입 및 손금불산입, 손금산입 및 익금불산입으로 구분하여 설명하기로 한다.

3.1 익금산입 및 손금불산입

(1) 사외유출

사외유출이란 신고조정에 의하여 익금산입 또는 손금불산입한 금액이 사외로 유출된 것이 명백한 경우 그 소득의 귀속자를 파악하여 귀속자에 관련된 소득세를 징수하기 위한 소득처분이다. 귀속자에 따라 구분하면 다음과 같다.

1) 귀속자가 분명한 경우

① 배당

소득이 사외로 유출되어 귀속자가 개인주주인 경우에는 배당으로 간주(인정배당)하여 배당소득으로 처분한다. 따라서 법인은 당해 주주로부터 배당소득세를 원천징수해야 하며 귀속자는 소득세법에 따라 인정배당을 신고해야 한다.

② 상여

소득이 사외로 유출되어 귀속자가 임원, 직원인 경우에는 상여로 간주(인정상여)하여 상여처분한다. 따라서 법인은 당해 임직원으로부터 근로소득세를 원천징수해야 하며 귀속자는 소득세법에 따라 인정상여를 신고해야 한다.

③ 기타사외유출

소득이 사외로 유출되어 귀속자가 국가, 법인, 개인사업자의 소득을 구성하는 경우에는 기타사외유출로 처분한다. 사외로 유출된 소득은 해당 귀속자에 따라 법인세나 소득세가 과세되므로 이중과세문제를 방지하기 위하여 과세조치를 취하지 않도록 하는 것이다. 따라서 기타사외유출에 대해서는 원천징수가 없다.

④ 기타소득

소득이 사외로 유출되어 귀속자가 기타의 자(출자자, 임원 또는 직원 및 법인 또는 사업을

영위하는 개인이 아닌 자)인 경우에는 그 귀속자에 대한 기타소득으로 처분한다. 따라서 법인은 당해 귀속자로부터 기타소득세를 원천징수해야 하며 귀속자는 소득세법에 따라 신고해야 한다.

2) 귀속자가 불분명한 경우

① 원칙(대표자 상여)

귀속이 불분명한 경우에는 원칙적으로 등기상의 대표자(소액주주등이 아닌 주주등인 임원 및 그와 법인세법 시행령 제43조 제8항에 따른 특수관계에 있는 자가 소유하는 주식등을 합하여 해당 법인의 발행주식총수 또는 출자총액의 30% 이상을 소유하고 있는 경우의 그 임원이 법인의 경영을 사실상 지배하고 있는 경우에는 그 자를 대표자로 하고, 대표자가 2명 이상인 경우에는 사실상의 대표자로 한다)에게 귀속된 것으로 본다(법령 106 ①). 사실상의 대표자란 대외적으로 회사를 대표할 뿐만 아니라 업무집행에 있어서 이사회의 일원으로 의사결정에 참여하고 집행 및 대표권을 가지며 회사에 대하여 책임을 지는 자를 말한다(법집기 67-106-3). 사업연도 중에 대표자가 변경된 경우 귀속이 분명한 금액은 이를 대표자 각인에게 구분하여 처분하고 귀속이 분명하지 아니한 경우에는 재직기간의 일수에 따라 안분하여 각각 소득처분한다(법칙 54).

② 예외(유보)

국세기본법상 수정신고기한 내에 매출누락, 가공경비 등 부당하게 사외유출된 금액을 회수하고 세무조정으로 익금에 산입하여 신고하는 경우의 소득처분은 유보로 한다. 예를 들어 법인이 제10기에 귀속이 불분명한 지출에 대하여 손금불산입(대표자 상여)한 이후 세무조사전 제11기에 당해 사외유출된 금액을 회수하고 회수액에 대하여 익금불산입(△유보)으로 처리한다. 추가적으로 법인은 제10기에 불분명한 지출에 대한 수정신고를 해야 하며 이 경우 당해 손금불산입(대표자상여)을 유보로 소득처분한다. 다만, 다음의 어느 하나에 해당되는 경우로서 경정이 있을 것을 미리 알고 사외유출된 금액을 익금산입하는 경우에는 그러하지 아니하다.

㉠ 세무조사의 통지를 받은 경우
㉡ 세무조사가 착수된 것을 알게 된 경우
㉢ 세무공무원이 과세자료의 수집 또는 민원 등을 처리하기 위하여 현지출장이나 확인업무에 착수한 경우
㉣ 납세지 관할세무서장으로부터 과세자료 해명안내 통지를 받은 경우
㉤ 수사기관의 수사 또는 재판 과정에서 사외유출 사실이 확인된 경우
㉥ 그 밖에 위와 유사한 경우로서 경정이 있을 것을 미리 안 것으로 인정되는 경우

3) 기타사외유출로 소득처분해야 하는 경우

익금에 산입한 금액이 사외에 유출된 것이 분명한 경우에는 그 귀속자에 따라 배당, 이익처분에 의한 상여, 기타소득, 기타사외유출로 하며 귀속이 불분명한 경우에는 대표자(소액주주등이 아닌 주주 등인 임원 및 그와 제43조제8항에 따른 특수관계에 있는 자가 소유하는 주식 등을 합하여 해당 법인의 발행주식총수 또는 출자총액의 30% 이상을 소유하고 있는 경우의 그 임원이 법인의 경영을 사실상 지배하고 있는 경우에는 그 자를 대표자로 하고, 대표자가 2명 이상인 경우에는 사실상의 대표자로 한다)에게 귀속된 것으로 본다. 다만, 다음의 금액은 기타사외유출로 한다(법령 106 ①).

① 법인세법 제24조에 따라 법인세법 제24조 제2항 제1호에 따른 기부금(특례기부금) 또는 같은 조 제3항 제1호에 따른 기부금(일반기부금)의 손금산입한도액을 초과하여 익금에 산입한 금액

② 법인세법 제25조 및 조세특례제한법 제136조에 따라 익금에 산입한 금액(기업업무추진비의 손금불산입)

③ 법인세법 제27조의 2 제3항(같은 항 제2호에 따른 금액에 한정한다) 및 제4항에 따라 익금에 산입한 금액(업무용승용차별 임차료 중 감가상각비 상당액의 업무사용금액이 해당 사업연도 800만원을 초과하는 경우 그 초과하는 금액과 업무용승용차를 처분하여 발생하는 손실로서 업무용승용차별로 800만원을 초과하는 금액)

④ 법인세법 제28조 제1항 제1호 및 제2호의 규정에 의하여 익금에 산입한 이자·할인액 또는 차익에 대한 원천징수세액에 상당하는 금액(채권자가 불분명한 사채이자 및 지급받은 자가 불분명한 이자 중 원천징수세액)

⑤ 법인세법 제28조 제1항 제4호의 규정에 의하여 익금에 산입한 금액(업무무관자산 등에 대한 지급이자 손금불산입)

⑥ 조세특례제한법 제138조의 규정에 의하여 익금에 산입한 금액(임대보증금 등의 간주임대료)

⑦ 익금에 산입한 금액이 대표자에게 귀속된 것으로 보아 처분한 경우 당해 법인이 그 처분에 따른 소득세 등을 대납하고 이를 손비로 계상하거나 그 대표자와의 특수관계가 소멸될 때까지 회수하지 아니함에 따라 익금에 산입한 금액

⑧ 법인세법 시행령 제104조 제2항(추계결정 및 경정)의 규정에 의하여 결정된 과세표준과 법인의 대차대조표상의 당기순이익과의 차액(법인세 상당액을 공제하지 아니한 금액을 말한다)은 대표자에 대한 이익처분에 의한 상여로 한다. 다만, 법인세법 제68조 단서의 규정에 해당하는 경우에는 이를 기타 사외유출로 한다(천재지변 등으로 장부나 그 밖의 증명서류가 멸실되어 추계하는 경우, 법령 106 ① 3호, 법령 ②).

⑨ 법인세법 시행령 제88조 제1항 제8호·제8호의 2 및 제9호(같은 호 제8호 및 제8호의 2에 준하는 행위 또는 계산에 한정한다)에 따라 익금에 산입한 금액으로서 귀속자에게 상속세 및 증여세법에 의하여 증여세가 과세되는 금액(자본거래로 인한 부당행위계산의 부인에 의해 익금산입한 것 중 귀속자에게 증여세가 과세되는 금액)

⑩ 외국법인의 국내사업장의 각 사업연도의 소득에 대한 법인세의 과세표준을 신고하거나 결정 또는 경정함에 있어서 익금에 산입한 금액이 그 외국법인 등에 귀속되는 소득과 국제조세조정에 관한 법률 제6조, 제7조, 제9조, 제12조 및 제15조에 따라 익금에 산입된 금액이 국외특수관계인으로부터 반환되지 않은 소득(외국법인의 국내사업장의 소득에 대한 법인세의 과세표준을 신고하거나 결정 또는 경정함에 있어서 익금에 산입한 금액이 동 외국법인 본점 등에 귀속되는 소득)

예 제 **사외유출**

㈜이손의 10기 사업연도(20X1.1.1.~20X1.12.31.) 세무조정 자료가 다음과 같은 경우 세무조정을 하시오.

(1) 손익계산서상 당기순이익은 ₩100,000,000이며 법인세비용은 ₩21,000,000이다.
(2) 잡비 중 손금불산입해야 할 금액과 소득귀속자는 다음과 같다.
① 주주 : ₩1,000,000
② 출자임원 : ₩2,000,000
③ 주주의 개인사업장 : ₩3,000,000
④ 출자임원의 형제(주주는 아님) : ₩4,000,000
⑤ 증빙이 없는 경비지출액 : ₩1,000,000
(3) 기업업무추진비 한도초과액은 ₩3,000,000이다.

풀 이

사업연도	소득금액조정합계표		법인명
사업자등록번호		법인등록번호	

익금산입 및 손금불산입				손금산입 및 익금불산입			
①과목	②금액	③소득처분		④과목	⑤금액	⑥소득처분	
		처분	코드			처분	코드
법인세비용	21 000 000	기타사외유출					
잡비	1 000 000	배당					
잡비	2 000 000	상여					
잡비	3 000 000	기타사외유출					
잡비	4 000 000	기타소득					
증빙불비경비	1 000 000	상여					
기업업무추진비	3 000 000	기타사외유출					

4) 소득처분에 대한 원천징수

신고조정에 의하여 익금산입 또는 손금불산입한 금액이 사외로 유출된 것이 명백한 경우 그 소득의 귀속자를 파악하여 귀속자에 관련된 소득세를 징수한다. 세무조정사항이 배당, 상여, 기타사외유출 중에서 둘 이상의 소득처분이 동시에 해당하는 경우에는 기타사외유출, 상여, 배당 등의 순서로 적용한다(법령 106 ① 1호). 예를 들어 출자임원이면 상여, 임원 개인사업장의 소득을 구성하는 경우에는 기타사외유출로 처분한다.

소득금액변동통지서를 받기 전에 소득의 귀속자가 사망한 경우에는 이에 대한 소득세를 과세하지 아니한다(소기통 2의 2-0…1). 따라서 법인소득금액 결정에 따라 인정상여처분소득 등의 처분된 소득의 귀속자가 당해법인이 소득금액변동통지서를 받기 전에 사망한 경우에는 원천징수하지 아니한다(법인, 서면인터넷방문상담2팀-1144, 2006.06.19).

사외유출 요약

귀 속 자	소득처분	귀속자의 조세부담	귀속시기	원천징수	지급시기의제일
주주	배 당	배당소득	결산확정일	○	법인세 신고일 또는 수정신고일 (경정시에는 소득금액변동통지서 수령일)
임원·직원	상 여	근로소득	근로제공일	○	
타법인·개인사업자·국가 등	기타사외유출	-	-	-	
위 외의 자	기타소득	기타소득	결산확정일	○	

■ 법인세법 시행규칙 [별지 제55호서식] <개정 2011.2.28>

사업연도	. . . ~ . . .	소득자료 [인정상여] [인정배당] [기타소득] 명세서				법 인 명		
						사업자등록번호		
①소득구분	②소득귀속연도	③배당·상여 및 기타소득금액	④원천징수할 소득세액	⑤원천징수일	⑥신고여부	소득자		⑨비고
						⑦성명	⑧주민등록번호	
계								

작 성 방 법

1. "소득금액조정합계표(별지 제15호서식)"의 ③소득처분란 중 배당·상여 및 기타소득을 소득자별로 구분하여 원천징수할 세액을 산출하여 적습니다.
2. ①소득구분란의 경우 인정상여는 1, 인정배당은 2, 기타소득은 3으로 적습니다.
3. ②소득귀속연도란은 인정상여·인정배당·기타소득의 귀속사업연도를 적습니다.
4. ⑤원천징수일란은 당해 소득에 대한 원천징수일을 적습니다.
5. ⑥신고여부란은 당해 소득에 대해 원천징수이행상황신고서를 통해 신고한 경우에는 "여", 신고하지 않은 경우에는 "부"를 적습니다. 다만, 연말정산을 통하여 원천징수한 경우에는 ④원천징수할 소득세액란에 세액을 "0", ⑥신고여부란은 "여", ⑨비고란에는 "연말정산 원천징수필"로 적습니다.

210mm×297mm[일반용지 70g/㎡(재활용품)]

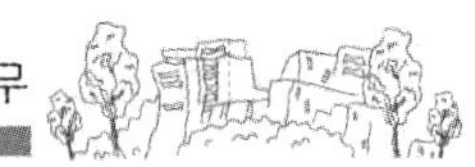

5) 추계결정인 경우

추계결정된 과세표준과 법인의 당기순이익과의 차액(법인세상당액을 공제하지 아니한 금액)은 대표자에 대한 이익처분에 의한 상여로 한다. 다만, 천재지변 기타 불가항력으로 추계결정하는 경우에는 이를 기타사외유출로 한다(법령 106 ②).

(2) 유 보

유보는 소득금액이 사내에 유보되어 그대로 세무상 잉여금으로 남아 있는 경우의 처분을 말하며 세무조정으로 인하여 회계상 자본과 세법상 자본의 차이를 유발한다. 이는 일시적 차이에 불과하여 미래 반드시 반대의 세무조정으로 그 차이가 소멸된다. 따라서 유보는 미래 소멸되기까지 자본금과적립금조정명세서(을)에 기입하고 관리하며 세무조정으로 인하여 발생한 회계상 자본과 세법상 자본의 차이는 자본금과적립금조정명세서(갑)에서 조정한다.

예를 들어 법인의 자산과 부채가 각각 ₩10,000, ₩4,000인 경우로서 세무상 차이는 없다고 가정한다. 당해 사업연도에 유가증권을 ₩1,000에 취득하여 평가이익 ₩200을 인식하고 차기 사업연도에 해당 유가증권을 ₩1,500에 처분한 경우 유보의 세무조정과 자본에 미치는 영향은 다음과 같다.

① 20X1년

	기업회계	세무회계
자산	10,000	10,000
부채	(4,000)	(4,000)
자본	6,000	6,000

	기업회계	세무회계
유가증권 취득 :	유가증권 1,000 /보통예금 1,000	유가증권 1,000 /보통예금 1,000
유가증권 평가 :	유가증권 200 /유가증권평가이익 200	–

* 법인세법은 원가법이므로 유가증권의 평가손익을 인정하지 아니한다.
세무조정 : 〈익금불산입〉 유가증권평가이익 200(△유보)

회계상 유가증권은 ₩1,200이나 세무상 유가증권은 ₩1,000이므로 순자산(자본)의 차이가 발생하며 당해 차이를 유보라고 한다. 세무상 자본을 계산하기 위해서는 회계상 자본에서 유보를 조정하여 결정한다.

	기업회계		세무회계
자산	10,200		10,000
부채	(4,000)		(4,000)
자본	6,200	+ [↑ △200] =	6,000

50호 서식 : 자본금과 적립금 조정명세서(을)

계정과목	기초금액	감소	증가	기말금액
유가증권	–	–	△200	△200

50호 서식: 자본금과 적립금 조정명세서(갑)

회계상 자본	6,200
유보합계	△200 ←
세무상 자본	6,000

② 20X2년

	기업회계	세무회계
유가증권 처분 :	보통예금 1,500 /유가증권 1,200	보통예금 1,500 /유가증권 1,000
	유가증권처분이익 300	유가증권처분이익 500

* 법인세법은 원가법이므로 처분이익은 500이다.
세무조정 :
〈익금산입〉 유가증권처분이익 200(유보)

	기업회계		세무회계
자산	10,500		10,500
부채	(4,000)		(4,000)
자기자본	6,500	+ [↑ 0]	6,500

유가증권을 처분하였으므로 회계와 세무상 자본의 차이는 없어진다. 따라서 전기에서 이월된 유보는 없어지며 이를 추인이라고 한다. 따라서 유보는 회계와 세무상의 기간귀속에 대한 일시적 차이로서 미래 반대의 세무조정으로 소멸한다.

50호 서식 : 자본금과 적립금 조정명세서(을)

계정과목	기초금액	감소	증가	기말금액
유가증권	△200	△200	–	–

50호 서식 : 자본금과 적립금 조정명세서(갑)

회계상 자본	6,500
유보합계	– ←
세무상 자본	6,500

유보와 순자산변화

기업회계상(B/S상)		소득처분	소득처분의 효과	
자산의 과소계상 부채의 과대계상	자본의 과소계상	유보	자산의 증가 부채의 감소	자본의 증가 → 과세소득 증가
자산의 과대계상 부채의 과소계상	자본의 과대계상	△유보	자산의 감소 부채의 증가	자본의 감소 → 과세소득 감소

(3) 기 타

익금산입 및 손금불산입에서 발생한 소득처분 중 앞에서 열거한 소득처분 이외의 처분은 기타로 처분하고 사후관리없이 종결한다. 기타(또는 잉여금)처분이란 세무조정금액이 사외로 유출되지 않고 법인 내부에 남아 있지만 기업회계상 자산, 부채와 세법상 자산, 부채와의 차이가 없어서 유보(또는 △유보)에 해당하지 아니하는 경우에 행하는 소득처분이다. 유보(△유보)와는 달리 차기 이후에 반대의 세무조정이 발생되지 아니하므로 별도의 사후관리가 필요 없다.

◎ 가산조정의 소득처분과 원천징수

15호서식 : 소득금액조정합계표

익금산입 및 손금불산입			손금산입 및 익금불산입		
과목	금액	소득처분	과목	금액	소득처분

- 사외유출 ←
  - 배당 → 주주(**배당소득 원천징수**)
  - 상여 → 임직원, 귀속불분명 대표자상여(**근로소득 원천징수**)
  - 기타사외유출 → 사업자, 국가 등, 무조건 기타사외유출(**원천징수 없음**)
  - 기타소득 → 위 이외의 사외유출(**기타소득 원천징수**)
- 유보 → 세무상 순자산의 차이
- 기타 → 세무상 순자산의 차이가 없는 경우

(4) 외국법인과 비거주자의 소득처분

법인의 경제적 이익이 외국법인 또는 비거주자에게 유출되었으나 세무상 익금산입 및 손금불산입으로 부인하여 각 사업연도의 소득이 증가한 경우 소득처분은 다음과 같다.

1) 국내사업장의 소득을 구성하는 경우

법인의 소득이 사외로 유출되어 외국법인 또는 비거주자의 국내사업장에 귀속된 경우에는 우리나라 과세관청이 과세권을 행사할 수 있으므로 당해 소득의 귀속자에게 세금을 징수한다. 따라서 이중과세를 방지하기 위하여 법인은 별도의 원천징수가 없다. 외국법인의 국내사업장의 각 사업연도의 소득에 대한 법인세의 과세표준을 신고하거나 결정 또는 경정함에 있어서 익금에 산입한 금액이 그 외국법인 등에 귀속되는 소득과 국제조세조정에 관한 법률 제6조, 제7조, 제9조, 제12조 및 제15조에 따라 익금에 산입된 금액이 국외특수관계인으로부터 반환되지 않은 소득은 기타사외유출로 처분한다(법령 106 ①).

2) 국내사업장의 소득을 구성하지 않는 경우

법인의 소득이 유출되어 외국법인 또는 비거주자의 국외사업장에 귀속된 경우에는 우리나라 과세관청이 과세권을 행사할 수 없으므로 당해 소득의 귀속자에게 세금을 징수할 수 없다. 따라서 법인은 당해 소득의 귀속자가 주주이면 배당, 주주가 아닌 경우에는 기타소득으로 소득처분하고 원천징수를 해야 한다(법령 106 ①).

3) 국제조세조정에 관한 법률을 적용하는 경우

국제조세조정에 관한 법률 제6조, 제7조, 제9조, 제12조 및 제15조에 따라 내국법인의 익금(益金)에 산입(算入)된 금액이 대통령령으로 정하는 바에 따라 국외특수관계인으로부터 내국법인에 반환된 것임이 확인되지 아니하는 경우에는 그 금액은 법인세법 제67조에도 불구하고 대통령령으로 정하는 바에 따라 국외특수관계인에 대한 배당으로 처분하거나 출자로 조정한다(국조법 13 ①). 국제조세조정에 관한 법률 제6조, 제7조, 제9조, 제12조 및 제15조에 따라 감액 조정된 거주자의 소득금액 중 국외특수관계인에게 반환되지 아니한 금액은 법인세법 제18조 제2호에 따라 익금에 산입하지 아니하는 소득으로 보아 내국법인의 익금에 산입하지 아니하거나 거주자(내국법인이 아닌 거주자를 말한다)의 소득금액으로 보지 아니한다(국조법 13 ②).

3.2 손금산입 및 익금불산입

(1) 유보(△유보)

기업회계상 순자산이 감소하지 않았으나 세무상 잉여금이 감소된 부(負)의 유보인 경우로서 흔히 소극적 유보 또는 △유보로 표현하며 그 외의 내용은 익금산입 및 손금불산입의 유보내용과 동일하다.

(2) 기 타

손금산입 및 익금불산입항목 중 유보가 아닌 것은 모두 기타로 처분하며 영구적 차이에 해당된다. 이러한 기타의 소득처분은 사후관리 없이 종결된다.

소득처분 기타의 사례

① 자본항목의 자기주식처분이익을 익금에 산입하는 경우
② 기업회계상 전기오류수정손익(잉여금)을 익금산입 또는 손금산입하는 경우
③ 익금불산입항목 중 △유보 처분의 경우가 아닌 경우(수입배당금액에 대한 익금불산입, 국세, 지방세의 과오납금 환급금이자 등)

◎ 차감조정의 소득처분

15호서식 : 소득금액조정합계표

익금산입 및 손금불산입			손금산입 및 익금불산입		
과목	금액	소득처분	과목	금액	소득처분
			세무상 순자산의 차이 ←		유보
			세무상 순자산의 차이가 없는 경우 ←		기타

3.3 자본요소의 세무조정과 소득처분

일반적으로 이익잉여금, 기타포괄손익 등 자본요소의 변동은 기타로 소득처분한다. 자본요소의 변동과 관련한 소득처분의 과정은 다음과 같다.

구 분	세무조정
차변계상시	순자산 감소(자본의 감소)에 해당하므로 손금산입(기타)하고 당해 손금산입이 세법상의 손금인지 여부를 판단하여 추가조정한다.
대변계상시	순자산 증가(자본의 증가)에 해당하므로 익금산입(기타)하고 당해 익금산입이 세법상의 익금인지 여부를 판단하여 추가조정한다.

자본항목의 세무조정과 관련하여 자산의 평가손익이 자본항목에 해당하는 경우처럼 세무상 자본의 조정을 위한 유보와 자본항목의 동시 조정이 발생한다. 예를 들어 법인이 토지를 재평가하기 전에 자산, 부채, 수익, 비용은 다음과 같이 동일하며 세무상 차이는 없다고 가정한다. 당기(20X1년)에 취득원가 ₩1,000인 토지를 공정가치 ₩1,500으로 재평가하였으며 다음 사업연도(20X2년)에 당해 토지를 ₩2,000에 처분한 경우 회계와 세무상 순자산의 차이를 발생시키는 유보의 세무조정과 자본항목의 세무조정은 다음과 같다.

1) 20X1년

① 토지재평가전 소득과 자본

구분	기업회계	세무조정		세무회계	
수익	4,000	–	=	익금	4,000
비용	(2,000)	–	=	손금	(2,000)
이익	2,000	–	=	소득	2,000

구분	기업회계	유보		세무회계
자산	10,000	–		10,000
부채	(6,000)	–		(6,000)
자본	4,000	± 0	=	4,000

② 토지재평가

	기업회계	세무회계
토지재평가 : (취득원가 1,000)	토지 500 / 재평가잉여금 500	–

* 유형자산의 임의평가를 인정하지 아니한다.
〈익금불산입〉 토지 500(△유보)
〈익금산입〉 재평가잉여금 500(기타)

③ 토지재평가후 자본

	기업회계			세무회계
자산	10,500			10,000
부채	(6,000)			(6,000)
자본	4,500	+ [↑] △500	=	4,000

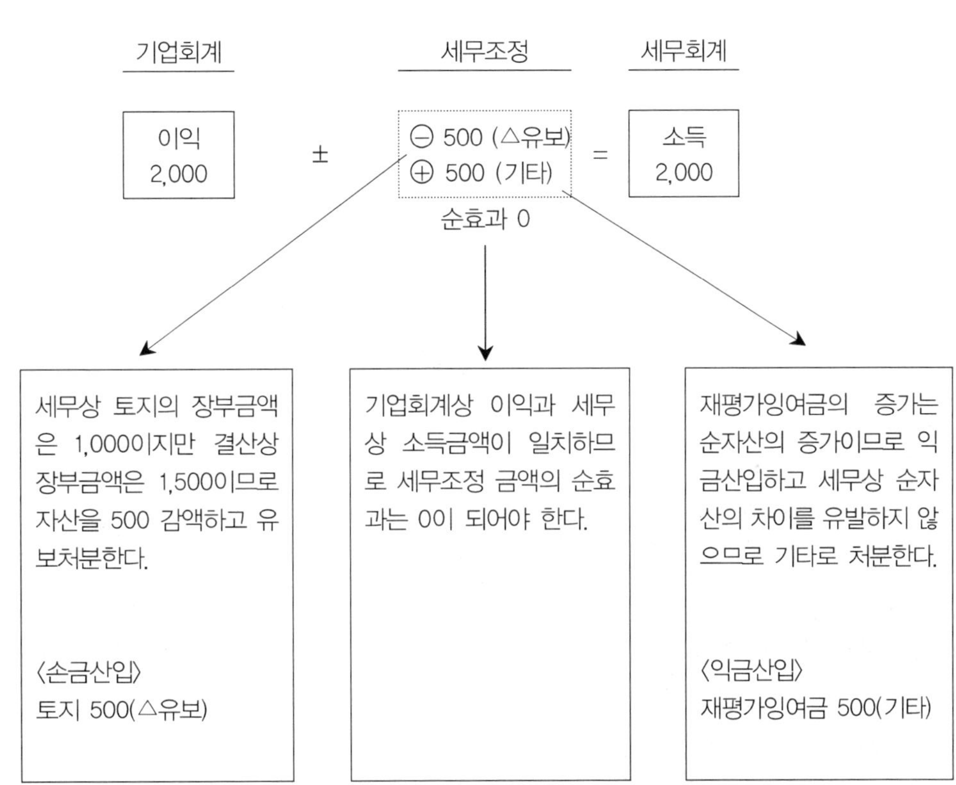

2) 20X2년

① 일반기업회계기준

	기업회계				세무회계			
토지처분:	보통예금	2,000	/ 토지	1,500	보통예금	2,000	/ 토지	1,000
	재평가잉여금	500	/ 유형자산처분이익	1,000			/ 유형자산처분이익	1,000

	기업회계		세무회계
자산	11,000		11,000
부채	(6,000)		(6,000)
자본	5,000	+ [0] =	5,000

기업회계		세무조정		세무회계
이익 1,000	±	⊕ 500 (유보) ⊖ 500 (기타) 순효과 0	=	소득 1,000

세무상 자산의 감소는 1,000이나 결산상 자산의 감소는 1,500이므로 자산의 과대감소 500을 익금산입하고 소득처분은 유보로 한다. 이러한 조정은 결국 자산의 매각으로 인해 더 이상 세무상 순자산의 차이가 없어졌으므로 유보잔액을 소멸(추인)시키는 의미이다.

〈익금산입〉
토지 500(유보)

기업회계상 이익과 세무회계상 소득금액이 일치하므로 세무조정 금액은 0이 되어야 한다.

재평가잉여금의 감소는 순자산의 감소이므로 손금산입하고 세무상 순자산의 차이를 유발하지 않으므로 기타로 처분한다.

〈손금산입〉
재평가잉여금 500(기타)

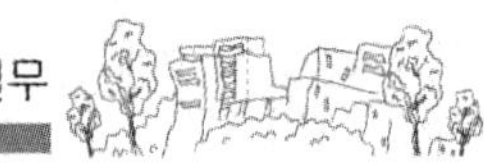

② K-IFRS

	기업회계				세무회계			
토지처분 :	보통예금	2,000	/ 토지	1,500	보통예금	2,000	/ 토지	1,000
			/ 유형자산처분이익	500			/ 유형자산처분이익	1,000
	재평가잉여금	500	/ 이익잉여금	500				

	기업회계			세무회계
자산	11,000			11,000
부채	(6,000)			(6,000)
자본	5,000	+ [0]	=	5,000

기업회계		세무조정		세무회계
이익 500	+	⊕ 500 (유보) ⊖ –	=	소득 1,000

순효과 500

세무상 자산의 감소는 1,000이나 결산상 자산의 감소는 1,500이므로 자산의 과대감소 500을 익금산입하고 소득처분은 유보로 한다. 이러한 조정은 결국 자산의 매각으로 인해 더 이상 세무상 순자산의 차이가 없어졌으므로 유보잔액을 소멸(추인)시키는 의미이다.

〈익금산입〉토지 500(유보)

기업회계상 이익은 500이나 과세소득은 1,000이므로 세무조정금액은 500이 증가되어야 한다.

재평가잉여금의 감소는 손금산입하고 이익잉여금의 증가는 익금산입한다.

〈익금산입〉
이익잉여금 500(기타)
〈손금산입〉
재평가잉여금 500(기타)
* 실무적으로는 동일한 금액의 익금과 손금조정없이 세무조정을 생략한다.

소득처분과 사후관리

소득처분	사후관리
배당, 상여, 기타소득	원천징수(소득자료명세서 작성)
기타사외유출, 기타	사후관리 없음
유보, △유보	자본금과적립금조정명세서에서 관리

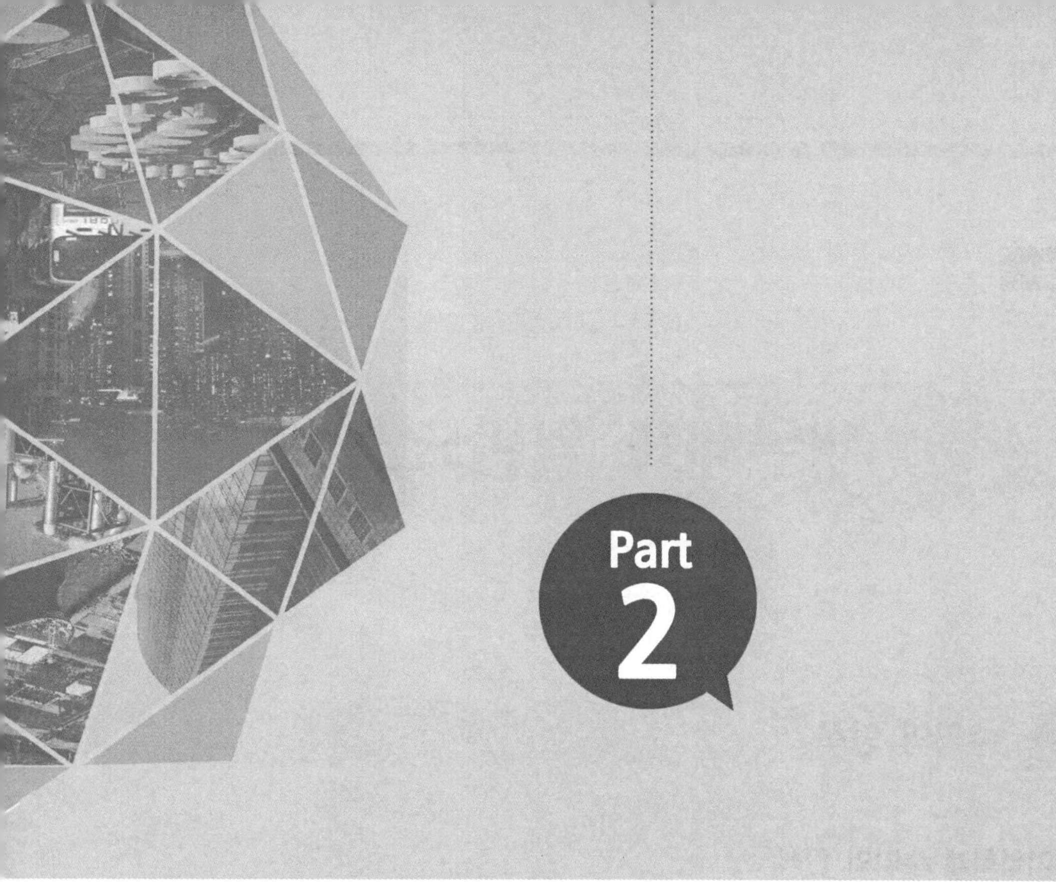

Part 2

재무제표 요소별 세무조정

Chapter 3

재무제표 일반요소

제1절 수익의 인식

01 기업회계 수익의 인식

1.1 수익의 정의

수익(revenues, income)은 회계기간의 정상적인 활동에서 발생하는 경제적효익의 총유입으로서 주주의 출자를 제외한 자본의 증가를 의미한다. 수익은 자산의 유입이나 증가 또는 부채의 감소에 따라 순자산의 증가를 초래하는 특정 회계기간 동안에 발생한 경제적효익의 증가이며 지분참여자에 의한 출연과 관련된 것은 제외한다.

재무제표의 작성과 표시를 위한 개념체계에서는 수익을 회계기간 동안 자산의 유입이나 성능향상 또는 부채감소의 형태로 나타나는 경제적효익의 증가로 정의하고 있다. 이러한 경제적효익의 증가로 자본이 증가하게 되지만 자본참여자로부터의 출자와 관련된 자본의 증가는 수익에 포함되지 아니한다. 광의의 수익은 수익과 차익을 포괄하는 개념이다. 수익은 기업의 정상적인 활동에서 발생하는 것으로 매출액, 수수료수익, 이자수익, 배당수익, 로열티수익 등 여러 가지 종류가 있다. 수익의 유형을 구분하면 다음과 같다.

① 재화의 판매

재화는 판매할 목적으로 생산한 제품과 재판매하기 위하여 매입한 상품(예 소매상이 매입한 상품, 재판매하기 위해 매입한 토지와 기타 자산) 등을 포함한다.

② 용역의 제공

용역의 제공은 일반적으로 계약상 합의된 과업을 합의한 기간에 수행하는 것을 말한다. 용역은 하나의 회계기간내에 제공될 수도 있으며, 둘 이상의 회계기간에 걸쳐 제공될 수도 있다.

③ 자산의 타인제공

자산을 타인에게 사용하게 함으로써 발생하는 수익의 유형은 다음과 같다.

㉠ 이자수익 : 현금이나 현금성자산 또는 수취할 금액의 사용대가

㉡ 로열티수익 : 특허권, 상표권, 저작권 및 컴퓨터 소프트웨어와 같은 장기성 자산의 사용대가

㉢ 배당수익 : 지분상품의 보유자가 특정 종류의 자본의 보유비율에 비례하여 받는 이익의 분배금

수익은 기업이 받았거나 받을 경제적효익의 총유입만을 포함한다. 판매세, 특정재화나 용역과 관련된 세금, 부가가치세와 같이 제3자를 대신하여 받는 금액은 기업에 유입되어 자본의 증가를 수반하는 경제적효익이 아니다. 그러므로 수익에서 제외한다. 이와 마찬가지로 대리관계에서 본인을 대신하여 대리인인 기업이 받는 금액은 경제적효익의 총유입에 해당하지만 대리인인 기업의 자본을 증가시키지 않으므로 수익이 아니다. 대신에 이 경우 수익은 수수료 금액이다.

수익에 관한 회계처리에서 가장 중요한 문제는 수익을 인식하는 시점을 결정하는 것이다. 수익은 미래경제적효익의 유입가능성이 높고, 그 효익을 신뢰성 있게 측정할 수 있을 때 인식한다.

1.2 수익의 인식과 측정

수익이란 자본참여자의 출자관련 증가분을 제외한 자본의 증가를 수반하는 것으로서 회계기간의 정상적인 활동에서 발생하는 경제적효익의 총유입을 말한다. 수익의 인식은 수익의 정의에 부합하고 수익의 인식기준을 충족하는 항목을 포괄손익계산서에 반영하는 과정을 말한다. 이 과정은 해당 항목을 서술하는 계정명칭과 화폐금액으로 기술하고, 그 금액을 포괄손익계산서 총계에 산입하는 것을 포함한다. 수익의 금액을 결정하는 것이 수익의 측정이며, 측정의 목적이 인식에 있기 때문에 통상적으로 이들을 합하여 수익의 인식과 측정이라고 말한다.

(1) 인식기준

이론적으로 수익과 비용을 인식하는 방법은 발생주의와 현금주의가 있다. 발생주의란 거래나 그 밖의 사건의 영향을 현금이나 현금성자산의 수취나 지급시점이 아닌 당해 거래 또는 사건이 발생한 기간에 인식하며 해당기간의 장부에 기록하고 재무제표에 표시하는 것을 말한다. 발생기준을 적용하여 작성한 재무제표는 현금의 수지를 수반한 과거의 거래뿐만 아니라 미래에 현금을 지급해야 하는 의무와 현금의 수취가 기대되는 자원에 대한 정보를 이용자에게 제공한다. 따라서 재무제표는 과거의 거래와 그 밖의 사건에 대해 이용자의 경제적 의사결정에 가장 유용한 형태의 정보를 제공한다. 현금주의란 현금을 수취하거나 지급한 시점에서 그 금액을 수익이나 비용으로 인식하는 방법으로 현행회계에서는 원칙적으로 인정하지 않는다.

수익은 경영활동의 전 과정을 통해 가치가 증가하므로 발생주의에 따라 그 크기를 측정하기가 어렵다. 따라서 수익의 인식과 측정을 위해 다음의 요건을 충족한 시점에서 수익을 인식한다.

① 실현요건 : 수익은 실현되었거나 실현가능해야 한다. 이는 수익을 신뢰성 있게 측정할 수 있고 경제적효익의 유입가능성이 높아야 함을 의미한다.

② 가득요건 : 수익획득을 위한 가득과정(earned)이 완료되어야 한다. 이는 수익획득과정과 관련한 경제적 의무의 이행이 완료되어야 함을 의미한다.

수익인식을 위해서는 경제적 의무의 이행이 필요하고 가득과정에서 비용이 발생한다. 따라서 수익인식을 위해서는 수익에 대응하는 관련 원가도 측정 가능해야 한다.

(2) 인식과 측정

수익은 제공한 재화나 용역, 기타의 자산 등에 대하여 받았거나 받을 대가의 공정가치로 측정한다. 공정가치는 합리적인 판단력과 거래의사가 있는 독립된 당사자 사이의 거래에서 자산이 교환되거나 부채가 결제될 수 있는 금액이다. 대부분의 경우 판매대가는 현금이나 현금성자산의 형태가 된다. 따라서 수익금액은 받았거나 받을 현금이나 현금성자산의 금액이 된다. 수익의 측정과 관련한 구체적인 내용은 다음과 같다.

① 수익금액은 일반적으로 판매자와 구매자 또는 자산의 사용자 간의 합의에 따라 결정되며, 판매자에 의해 제공된 매매할인 및 수량리베이트를 고려하여 받았거나 받을 대가의 공정가치로 측정한다.

② 판매대가인 현금이나 현금성자산의 유입이 이연되는 경우에는 미래 총수취액을 내재이자율로 할인하여 결정하고 명목금액과 현재가치와의 차액은 유효이자율법에 의해 이자수익으로 인식한다. 이때 내재이자율은 다음 중 더 명확히 결정할 수 있는 것으로 한다.

㉠ 신용도가 비슷한 기업이 발행한 유사 금융상품의 일반적인 이자율

㉡ 명목금액의 현재가치를 제공하는 재화나 용역의 현금판매금액과 일치시키는 할인율

③ 성격과 가치가 유사한 재화나 용역의 교환이나 스왑거래는 수익이 발생하는 거래로 보지 아니한다. 예를 들어 원유나 우유와 같은 일반 상품의 경우 공급기업들이 특정지역의 수요를 적시에 충족시키기 위하여 여러 지역에 있는 재고자산을 서로 교환하거나 스왑거래를 하는 경우는 수익거래로 보지 아니한다.

④ 성격이나 가치가 상이한 재화나 용역의 교환은 수익이 발생하는 거래로 본다. 이때 수익은 교환으로 수취한 재화나 용역의 공정가치로 측정하되 현금이나 현금성자산이 이전되면 이를 반영하여 조정한다. 만일 수취한 재화나 용역의 공정가치를 신뢰성 있게 측정할 수 없는 경우에는 수익은 제공한 재화나 용역의 공정가치로 측정하되 현금이나 현금성자산이 이전되면 이를 반영하여 조정한다.

⑤ 수익인식기준은 일반적으로 각 거래별로 적용한다. 그러나 거래의 실질을 반영하기 위해서 하나의 거래를 개별적으로 식별할 수 있는 부분으로 나누어 수익인식기준을 각각 적용할 수도 있다. 예를 들어 제품판매가격에 제품판매 후 제공할 용역에 대한 식별가능한 대가가 포함되어 있는 경우에는 그 금액을 이연하여 용역수행기간에 걸쳐 수익으로 인식한다.

⑥ 둘 이상의 거래가 서로 연계되어 있어 경제적 효과가 일련의 거래 전체를 통해서만 파악되는 경우에는 그 거래 전체에 대하여 수익인식기준을 적용한다. 예를 들어 재화를 판매하고 동시에 당해 재화를 나중에 재구매하기로 하는 별도의 약정을 체결함으로써 판매거래의 실질적 효과가 상쇄되는 경우에는 두 개의 거래를 하나의 거래로 보아 회계처리한다.

1.3 재화의 판매 수익인식기준

재화의 판매란 상품이나 제품이 인도되어 수익이 가득되기 위한 결정적인 사건이 충족되고 대금청구권이 확정되어 수익금액을 신뢰성 있게 측정가능한 경우를 의미한다. 이를 판매기준이라고 하며 대부분의 수익인식은 판매기준이 적용된다. 재화의 판매로 인한 수익은 다음 조건이 모두 충족될 때 인식한다.

> ① 재화의 소유에 따른 유의적인 위험과 보상이 구매자에게 이전된다.
> ② 판매자는 판매된 재화의 소유권과 결부된 통상적 수준의 지속적인 관리상 관여를 하지 않을 뿐만 아니라 효과적인 통제를 하지도 아니한다.
> ③ 수익금액을 신뢰성 있게 측정할 수 있다.
> ④ 거래와 관련된 경제적효익의 유입가능성이 높다.
> ⑤ 거래와 관련하여 발생했거나 발생할 원가를 신뢰성 있게 측정할 수 있다.

판매기준에 의한 수익인식요건 중 ①, ②는 가득요건에 해당하고 ③, ④, ⑤는 실현요건에 해당한다.

1.4 용역의 수익인식기준

용역의 제공이란 계약상 합의된 과업을 합의한 기간에 수행하는 것을 말한다. 용역은 하나의 회계기간 내에 제공될 수도 있으며 둘 이상의 회계기간에 걸쳐 제공될 수도 있다. 용역의 제공은 재화의 판매와 달리 용역을 제공함과 동시에 청구권이 발생하는 특성을 가진다. 따라서 수익창출활동의 결정적인 사건이 용역의 제공이므로 진행정도에 따라 수익을 인식하게 된다.

용역의 제공으로 인한 수익은 용역제공거래의 결과를 신뢰성 있게 추정할 수 있을 때 보고기간말에 그 거래의 진행률에 따라 인식한다. 다음 조건이 모두 충족되는 경우 용역제공거래의 결과를 신뢰성 있게 추정할 수 있다고 보아 진행기준을 적용한다.

> ① 수익금액을 신뢰성 있게 측정할 수 있다.
> ② 거래와 관련된 경제적효익의 유입가능성이 높다.
> ③ 보고기간말에 그 거래의 진행률을 신뢰성 있게 측정할 수 있다.
> ④ 이미 발생한 원가 및 거래의 완료를 위한 원가를 신뢰성 있게 측정할 수 있다.

수익인식기준과 관련하여 용역의 제공은 그 자체가 수익획득의 과정이므로 가득요건에 해당하며 상기의 4가지 요건은 실현요건에 해당한다. 재화의 판매와 관련하여 수익인식기준을 비교하면 다음과 같다.

구 분	재화의 판매	용역의 제공
수익을 인식하기 위한 재화와 용역의 고유특성	재화의 소유에 따른 유의적인 위험과 보상이 구매자에게 이전된다.	보고기간 말에 그 거래의 진행률을 신뢰성 있게 측정할 수 있다.
	판매자는 판매된 재화의 소유권과 결부된 통상적 수준의 지속적인 관리상 관여를 하지 않을 뿐만 아니라 효과적인 통제를 하지도 아니한다.	
수익과 비용의 재무제표 인식요건	수익금액을 신뢰성 있게 측정할 수 있다.	수익금액을 신뢰성 있게 측정할 수 있다.
	거래와 관련된 경제적효익의 유입가능성이 높다.	거래와 관련된 경제적효익의 유입가능성이 높다.
	거래와 관련하여 발생했거나 발생할 원가를 신뢰성 있게 측정할 수 있다.	이미 발생한 원가 및 거래의 완료를 위한 원가를 신뢰성 있게 측정할 수 있다.

1.5 진행기준

거래의 진행률에 따라 수익을 인식하는 방법을 진행기준이라 한다. 진행기준에 따르면 수익은 용역이 제공되는 회계기간에 인식한다. 진행기준으로 인식한 수익은 특정 회계기간의 용역활동과 성과의 정도에 대한 유용한 정보를 제공하기 때문이다. 용역의 제공과 관련한 구체적인 내용은 다음과 같다.

① 수익은 거래와 관련된 경제적효익의 유입가능성이 높은 경우에만 인식한다. 그러나 이미 수익으로 인식한 금액에 대해서는 추후에 회수가능성이 불확실해지는 경우에도 이미 인식한 수익금액을 조정하지 아니하고 회수불가능한 금액이나 더 이상 회수가능성이 높다고 볼 수 없는 금액을 비용(대손)으로 인식한다.

② 거래의 진행률은 다양한 방법으로 결정할 수 있다. 기업은 수행된 용역을 신뢰성 있게 측정할 수 있는 방법을 사용하여야 한다. 거래의 성격에 따라 다음과 같은 방법 등으로 진행률을 결정할 수 있다. 이 경우 고객으로부터 받은 중도금이나 선수금은 용역수행정도를 반영하지 못하는 경우가 많으므로 대금회수비율에 따라 진행률을 산정하는 것은 적절하지 않다.

㉠ 작업수행정도의 조사

㉡ 총예상용역량 대비 현재까지 수행한 누적용역량의 비율

㉢ 총추정원가 대비 현재까지 발생한 누적원가의 비율6)

③ 용역제공이 특정 기간 내에 불특정 다수의 활동에 의하여 수행되는 경우 그 진행률을 더 잘 나타낼 수 있는 다른 방법이 없다면 실무적 편의를 위하여 정액기준으로 특정기간에 걸쳐 수익을 인식할 수 있다.

④ 용역제공거래의 성과를 신뢰성 있게 추정할 수 없는 경우에는 인식된 비용의 회수가능한 범위 내에서의 금액만을 수익으로 인식한다. 거래의 초기단계에서는 용역제공거래의 성과를 신뢰성 있게 추정할 수 없는 경우가 자주 있다. 그러한 경우에도 발생한 원가의 회수가능성은 높을 수 있다. 따라서 발생원가의 회수가능한 범위 내에서의 금액만을 수익으로 인식한다. 즉 용역제공거래의 성과를 신뢰성 있게 추정할 수 없기 때문에 이익은 인식하지 아니한다.

⑤ 용역제공거래의 성과를 신뢰성 있게 추정할 수 없고 발생한 원가의 회수가능성이 높지 않은 경우에는 수익은 인식하지 아니하고 발생한 원가를 비용으로 인식한다. 거래의 성과를 신뢰성 있게 추정하는 것을 어렵게 하였던 불확실성이 해소된 경우에는 진행기준에 따라 수익을 인식한다.

1.6 기타의 수인인식기준

자산을 타인에게 사용하게 함으로써 창출되는 이자수익, 로열티수익 및 배당수익은 다음 조건을 모두 충족하는 경우에 인식한다.

① 거래와 관련된 경제적효익의 유입가능성이 높다.

② 수익금액을 신뢰성 있게 측정할 수 있다.

이자수익 등은 시간의 경과 또는 자산의 사용에 따라 가치가 증가하여 가득과정이 충족된다. 따라서 수익의 실현요건이 충족되어 객관적인 측정이 가능한 경우에 수익을 인식하게 된다. 수익의 실현요건이 충족되는 시기에 따라 다음과 같이 인식한다.

① 이자수익 : 유효이자율법으로 수익을 인식한다.

② 로열티수익 : 관련된 약정의 실질을 반영하여 발생기준에 따라 인식한다.

③ 배당수익 : 주주로서 배당을 받을 권리가 확정되는 시점에 인식한다.

6) 현재까지 발생한 누적원가는 현재까지 수행한 용역에 대한 원가만을 포함하며, 총추정원가는 현재까지의 누적원가와 향후 수행하여야 할 용역의 추정원가만을 포함한다.

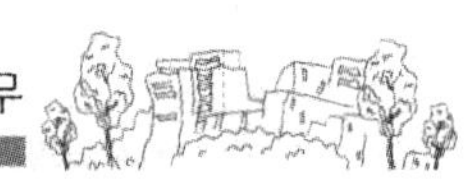

이자수익은 원칙적으로 유효이자율법으로 수익을 인식한다. 이자부 투자자산을 취득하기 전에 지급받지 아니한 이자가 발생한 경우 취득 후 처음 받은 이자에 대해서는 취득 이전 기간과 취득 이후 기간으로 배분하여 취득 이후 기간에 해당하는 이자만을 수익으로 인식한다. 배당수익은 주주로서 배당을 받을 권리가 확정되는 시점에 인식한다.

1.7 K-IFRS 제1115호 '고객과의 계약에서 생기는 수익'

(1) 개정기준의 대체

K-IFRS 제1115호 '고객과의 계약에서 생기는 수익'에서는 고객과의 계약에서 생기는 수익 및 현금흐름의 특성, 금액, 시기, 불확실성에 대한 유용한 정보를 재무제표이용자들에게 보고하기 위한 기준을 정하며 2018.1.1. 이후 최초로 시작되는 회계연도부터 적용하되 조기 적용할 수도 있다. K-IFRS 제1115호는 계약 상대방이 고객인 경우에만 그 계약에 적용한다. 고객이란 기업의 통상적인 활동의 산출물인 재화나 용역을 대가와 교환하여 획득하기로 그 기업과 계약한 당사자를 말한다. 이 기준서는 다음의 기준서와 해석서를 대체한다.

종 전	개 정
(1) K-IFRS 제1011호 '건설계약' (2) K-IFRS 제1018호 '수익' (3) K-IFRS 제2113호 '고객충성제도' (4) K-IFRS 제2115호 '부동산건설약정' (5) K-IFRS 제2118호 '고객으로부터의 자산 이전' (6) K-IFRS 제2031호 '수익: 광고용역의 교환거래'	K-IFRS 제1115호 '고객과의 계약에서 생기는 수익'

IFRS의 종전 수익인식 기준은 지침이 제한적이었고 복잡한 거래에 적용하기가 어려웠다. 이와 반대로 미국 회계기준(US GAAP)은 폭넓은 수익인식 개념과 특정 산업 또는 거래에 적용되는 여러 가지 수익 규정들로 구성되어 있으며, 경우에 따라서는 경제적으로 비슷한 거래에 다른 회계처리를 적용한다. 이에 따라 IASB와 미국의 회계기준 제정기구인 FASB는 수익인식 원칙을 명확하게 하고, IFRS와 US GAAP의 합치된 수익인식 기준을 제정하는 공동 프로젝트를 진행하여 K-IFRS 제1115호 '고객과의 계약에서 생기는 수익'을 제정하게 되었다.

K-IFRS 제1115호 '고객과의 계약에서 생기는 수익'은 다음을 제외한 고객과의 모든 계약에 적용한다.

① K-IFRS 제1017호 '리스'의 적용범위에 포함되는 리스계약
② K-IFRS 제1104호 '보험계약'의 적용범위에 포함되는 보험계약
③ K-IFRS 제1109호 '금융상품', 제1110호 '연결재무제표', 제1111호 '공동약정', 제1027호 '별도재무제표', 제1028호 '관계기업과 공동기업에 대한 투자'의 적용범위에 포함되는 금융상품과 그 밖의 계약상 권리 또는 의무
④ 고객이나 잠재적 고객에게 판매를 쉽게 하기 위해 행하는 같은 사업 영역에 있는 기업 사이의 비화폐성 교환. 예를 들면 두 정유사가 서로 다른 특정 지역에 있는 고객의 수요를 적시에 충족하기 위해, 두 정유사끼리 유류를 교환하기로 합의한 계약에는 이 기준서를 적용하지 않는다.

(2) 수익인식 5단계

K-IFRS 제1115호 '고객과의 계약에서 생기는 수익'의 핵심 원칙은 기업이 고객에게 약속한 재화나 용역의 이전을 나타내도록 해당 재화나 용역의 대가로 받을 권리를 갖게 될 것으로 예상하는 대가를 반영한 금액으로 수익을 인식해야 한다는 것이다. 핵심 원칙에 따라 수익을 인식하기 위해서는 다음의 단계를 적용해야 한다.

단 계	구 분	내 용
1단계	고객과의 계약을 식별	계약은 둘 이상의 당사자 사이에 집행 가능한 권리와 의무가 생기게 하는 합의이다. 정해진 조건을 충족하는 고객과 체결한 계약에만 적용한다.
2단계	수행의무를 식별	하나의 계약은 고객에게 재화나 용역을 이전하는 여러 약속을 포함한다. 그 재화나 용역들이 구별된다면 약속은 수행의무이고 별도로 회계처리한다.
3단계	거래가격을 산정	거래가격은 고객에게 약속한 재화나 용역을 이전하고 그 대가로 기업이 받을 권리를 갖게 될 것으로 예상하는 금액이다.
4단계	거래가격을 계약 내 수행의무에 배분	거래가격은 일반적으로 계약에서 약속한 각 구별되는 재화나 용역의 상대적 개별 판매가격을 기준으로 배분한다.
5단계	수행의무를 이행할 때(또는 기간에 걸쳐 이행하는 대로) 수익을 인식	기업이 약속한 재화나 용역을 고객에게 이전하여 수행의무를 이행할 때(이행하는 대로)(고객이 재화나 용역을 통제하게 되는 때) 수익을 인식한다. 인식하는 수익 금액은 이행한 수행의무에 배분된 금액이다.

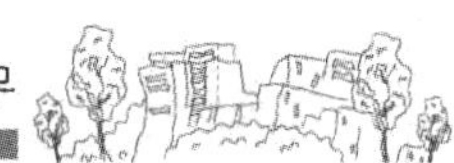

(3) 수행의무의 이행(수익의 인식)

기업이 약속한 재화나 용역을 고객에게 이전하여 수행의무를 이행할 때 또는 이행하는 대로(고객이 재화나 용역을 통제하게 되는 때) 수익을 인식한다. 인식하는 수익 금액은 이행한 수행의무에 배분된 금액이다. 수행의무는 한 시점에 이행하거나(일반적으로 고객에게 재화를 이전하는 약속의 경우), 기간에 걸쳐 이행한다(일반적으로 고객에게 용역을 이전하는 약속의 경우). 기간에 걸쳐 이행하는 수행의무의 수익은 그 수행의무의 진행률을 적절하게 측정하는 방법을 선택하여 기간에 걸쳐 인식한다. 수익의 인식과 관련하여 유의할 사항은 다음과 같다.

① 고객에게 약속한 재화나 용역, 즉 자산을 이전하여 수행의무를 이행할 때 또는 기간에 걸쳐 이행하는 대로 수익을 인식한다. 자산은 고객이 그 자산을 통제할 때 또는 기간에 걸쳐 통제하게 되는 대로 이전된다.

② 자산에 대한 통제란 자산을 사용하도록 지시하고 자산의 나머지 효익의 대부분을 획득할 수 있는 능력을 말한다. 통제에는 다른 기업이 자산의 사용을 지시하고 그 자산에서 효익을 획득하지 못하게 하는 능력이 포함된다. 자산의 효익은 다음과 같은 다양한 방법으로 직접적으로나 간접적으로 획득할 수 있는 잠재적인 현금흐름이다.

㉠ 재화를 생산하거나 용역(공공용역 포함)을 제공하기 위한 자산의 사용

㉡ 다른 자산의 가치를 높이기 위한 자산의 사용

㉢ 부채를 결제하거나 비용을 줄이기 위한 자산의 사용

㉣ 자산의 매각 또는 교환

㉤ 차입금을 보증하기 위한 자산의 담보 제공

㉥ 자산의 보유

③ 식별한 각 수행의무를 기간에 걸쳐 이행하는지 또는 한 시점에 이행하는지를 계약 개시 시점에 판단한다. 수행의무가 기간에 걸쳐 이행되지 않는다면, 그 수행의무는 한 시점에 이행되는 것이다.

(4) 기간에 걸쳐 이행하는 수행의무

다음 기준 중 어느 하나를 충족하면 기업은 재화나 용역에 대한 통제를 기간에 걸쳐 이전하므로 기간에 걸쳐 수행의무를 이행하는 것이고 기간에 걸쳐 수익을 인식한다.

내 용	사 례
① 고객은 기업이 수행하는 대로 기업의 수행에서 제공하는 효익을 동시에 얻고 소비한다.	청소용역의 제공
② 기업이 수행하여 만들어지거나 가치가 높아지는 대로 고객이 통제하는 자산(예 재공품)을 기업이 만들거나 그 자산 가치를 높인다.	고객소유자산의 임가공용역
③ 기업이 수행하여 만든 자산이 기업 자체에는 대체 용도가 없고 지금까지 수행을 완료한 부분에 대해 집행 가능한 지급청구권이 기업에 있다.	선박, 가구 등의 주문제작 용역

(5) 수행의무의 진행률 측정

기간에 걸쳐 이행하는 수행의무 각각에 대해 그 수행의무 완료까지의 진행률을 측정하여 기간에 걸쳐 수익을 인식한다. 진행률을 측정하는 목적은 고객에게 약속한 재화나 용역에 대한 통제를 이전(기업의 수행의무 이행)하는 과정에서 기업의 수행 정도를 나타내기 위한 것이다. 기간에 걸쳐 이행하는 각 수행의무에는 하나의 진행률 측정방법을 적용하며 비슷한 상황에서의 비슷한 수행의무에는 그 방법을 일관되게 적용한다. 기간에 걸쳐 이행하는 수행의무의 진행률은 보고기간 말마다 다시 측정한다.

적절한 진행률 측정방법에는 산출법과 투입법이 포함된다. 적절한 진행률 측정방법을 결정할 때 고객에게 이전하기로 약속한 재화나 용역의 특성을 고려한다. 진행률 측정방법을 적용할 때 유의할 사항은 다음과 같다.

① 진행률 측정방법을 적용할 때 고객에게 통제를 이전하지 않은 재화나 용역은 진행률 측정에서 제외한다. 이와 반대로 수행의무를 이행할 때 고객에게 통제를 이전하는 재화나 용역은 모두 진행률 측정에 포함한다.

② 시간이 흐르면서 상황이 바뀜에 따라 수행의무의 산출물 변동을 반영하기 위해 진행률을 새로 수정한다. 이러한 진행률의 변동은 회계추정의 변경으로 회계처리한다.

③ 수행의무의 진행률을 합리적으로 측정할 수 있는 경우에만 기간에 걸쳐 이행하는 수행의무에 대한 수익을 인식한다. 적절한 진행률 측정방법을 적용하는 데 필요한 신뢰할 수 있는 정보가 부족하다면 수행의무의 진행률을 합리적으로 측정할 수 없을 것이다.

④ 어떤 상황(예 계약 초기 단계)에서는 수행의무의 산출물을 합리적으로 측정할 수 없으나 수행의무를 이행할 때 드는 원가는 회수될 것으로 예상한다. 그 상황에서는 수행의무의 산출물을 합리적으로 측정할 수 있을 때까지 발생원가의 범위에서만 수익을 인식한다.

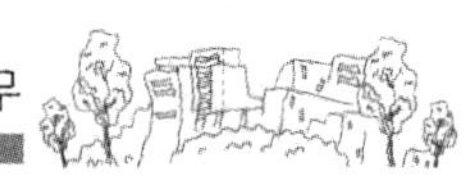

1) 산출법

산출법은 계약에서 약속한 재화나 용역의 나머지 부분의 가치와 비교하여 지금까지 이전한 재화나 용역이 고객에 주는 가치의 직접 측정에 기초하여 수익을 인식하는 방법이다. 구체적인 내용은 다음과 같다.

① 산출법은 지금까지 수행을 완료한 정도를 조사, 달성한 결과에 대한 평가, 도달한 단계, 경과한 시간, 생산한 단위나 인도한 단위와 같은 방법이 포함된다.
② 진행률을 측정하기 위해 산출법을 적용할지를 판단할 때 선택한 산출물이 수행의무의 완료 대비 기업의 수행 정도를 충실하게 나타내는지를 고려한다.
③ 선택한 산출물이 고객에게 통제가 이전되는 재화나 용역의 일부를 측정하지 못한다면 해당 산출법은 기업의 수행 정도를 충실하게 나타낼 수 없을 것이다. 예를 들면 보고기간 말에 기업이 고객이 통제하는 재공품이나 완성품을 생산하였으나 산출물의 측정에는 포함하지 않았다면 생산한 단위나 인도한 단위에 기초한 산출법은 수행의무를 이행할 때 기업의 수행 정도를 충실하게 나타내지 못할 것이다.
④ 기업이 지금까지 수행을 완료한 정도가 고객에게 주는 가치에 직접 상응하는 금액을 고객에게서 받을 권리가 있다면(예 기업이 제공한 용역 시간당 고정금액을 청구할 수 있는 용역계약), 기업은 청구권이 있는 금액으로 수익을 인식하는 실무적 간편법을 쓸 수 있다.
⑤ 산출법의 단점은 진행률을 측정하는 데에 사용하는 산출물을 직접 관측하지 못할 수 있고, 과도한 원가를 들이지 않고는 산출법을 적용하기 위해 필요한 정보를 구하지 못할 수도 있다는 점이다. 이러한 경우에는 투입법이 필요할 수 있다.

2) 투입법

투입법은 해당 수행의무의 이행에 예상되는 총 투입물 대비 수행의무를 이행하기 위한 기업의 노력이나 투입물(예 소비한 자원, 사용한 노동시간, 발생원가, 경과한 시간, 사용한 기계시간)에 기초하여 수익을 인식하는 방법이다. 기업의 노력이나 투입물을 수행기간에 걸쳐 균등하게 소비한다면 정액법으로 수익을 인식하는 것이 적절할 수 있다.

투입법의 단점은 기업의 투입물과 고객에게 재화나 용역에 대한 통제를 이전하는 것 사이에 직접적인 관계가 없을 수 있다는 것이다. 고객에게 재화나 용역에 대한 통제를 이전하는 과정에서 기업의 수행 정도를 나타내지 못하는 투입물의 영향은 투입법에서 제외한다. 예를 들면 원가기준 투입법을 사용할 때 다음 상황에서는 진행률 측정에 조정이 필요할 수 있다.

① 발생원가가 기업이 수행의무를 이행할 때 그 진척도에 이바지하지 않는 경우

예를 들면 계약가격에 반영되지 않았고 기업의 수행상 유의적인 비효율 때문에 든 원가(예 수행의무를 이행하기 위해 들였으나 예상 밖으로 낭비된 재료원가, 노무원가, 그 밖의 자원의 원가)에 기초하여 수익을 인식하지 않는다.

② 발생원가가 기업이 수행의무를 이행할 때 그 진척도에 비례하지 않는 경우

이 상황에서 기업의 수행 정도를 나타내는 최선의 방법은 발생원가의 범위까지만 수익을 인식하도록 투입법을 조정하는 것일 수 있다. 예를 들면 계약 개시시점에 다음 조건을 모두 충족할 것이라고 예상한다면 수행의무를 이행하기 위해 사용한 재화의 원가와 동일한 금액을 수익으로 인식하는 방법이 기업의 수행 정도를 충실하게 나타낼 수 있다.

㉠ 재화가 구별되지 않는다.

㉡ 고객이 재화와 관련된 용역을 제공받기 전에 그 재화를 유의적으로 통제하게 될 것으로 예상된다.

㉢ 이전되는 재화의 원가가 수행의무를 완전히 이행하기 위해 예상되는 총원가와 비교하여 유의적이다.

㉣ 기업이 제3자에게서 재화를 조달하고 그 재화의 설계와 생산에 유의적으로 관여하지 않는다.

(6) 한 시점에 이행하는 수행의무

수행의무가 기간에 걸쳐 이행되지 않는다면 그 수행의무는 한 시점에 이행되는 것이다. 고객이 약속된 자산을 통제하고 기업이 수행의무를 이행하는 시점에 수익을 인식한다. 자산에 대한 통제란 자산을 사용하도록 지시하고 자산의 나머지 효익의 대부분을 획득할 수 있는 능력을 말한다. 통제에는 다른 기업이 자산의 사용을 지시하고 그 자산에서 효익을 획득하지 못하게 하는 능력이 포함된다. 통제 이전의 지표로서 한 시점에 수익을 인식하는 사례는 다음과 같으나 이에 한정되지는 않는다.

한 시점에 통제 이전으로 수익을 인식하는 사례	
① 기업이 자산에 대해 현재 지급청구권이 있다.	고객이 자산에 대해 지급할 현재 의무가 있다면 이는 고객이 교환되는 자산의 사용을 지시하고 자산의 나머지 효익의 대부분을 획득할 능력을 갖게 되었음을 나타낼 수 있다.
② 고객에게 자산의 법적 소유권이 있다.	법적 소유권은 계약 당사자 중 누가 '자산의 사용을 지시하고 자산의 나머지 효익의 대부분을 획득할 능력이 있는지' 또는 '그 효익에 다른 기업이 접근하지 못하게 하는 능력이 있는지'를 나타낼 수 있다. 그러므로 자산의 법적 소유권의 이전은 자산을 고객이 통제하게 되었음을 나타낼 수 있다. 고객의 지급불이행에 대비한 안전장치로서만 기업이 법적 소유권을 보유한다면 그러한 기업의 권리가 고객이 자산을 통제하게 되는 것을 막지는 못할 것이다.
③ 기업이 자산의 물리적 점유를 이전하였다.	자산에 대한 고객의 물리적 점유는 고객이 '자산의 사용을 지시하고 자산의 나머지 효익의 대부분을 획득할 능력'이 있거나 '그 효익에 다른 기업이 접근하지 못하게 하는 능력'이 있음을 나타낼 수 있다. 그러나 물리적 점유는 자산에 대한 통제와 일치하지 않을 수 있다. 예를 들면 일부 재매입약정이나 위탁약정에서는 고객이나 수탁자가 기업이 통제하는 자산을 물리적으로 점유할 수 있다. 이와 반대로 일부 미인도청구약정에서는 고객이 통제하는 자산을 기업이 물리적으로 점유할 수 있다.
④ 자산의 소유에 따른 유의적인 위험과 보상이 고객에게 있다.	자산의 소유에 따른 유의적인 위험과 보상이 고객에게 이전되었다는 것은 자산의 사용을 지시하고 자산의 나머지 효익의 대부분을 획득할 능력이 고객에게 있음을 나타낼 수 있다. 그러나 약속된 자산의 소유에 따른 위험과 보상을 평가할 때에는, 그 자산을 이전해야 하는 수행의무에 더하여 별도의 수행의무를 생기게 할 위험은 고려하지 않는다. 예를 들면 기업이 고객에게 자산에 대한 통제를 이전하였으나 이전한 자산과 관련된 유지용역을 제공해야 하는 추가되는 수행의무는 아직 이행하지 못하였을 수 있다.
⑤ 고객이 자산을 인수하였다.	고객이 자산을 인수한 것은 '자산의 사용을 지시하고 자산의 나머지 효익의 대부분을 획득할 능력'이 고객에게 있음을 나타낼 수 있다.

02 세무상 손익의 귀속사업연도

기업회계에서는 사업연도별 수익과 비용을 발생주의에 따라 인식한다. 수익은 발생주의에 따라 수익의 가득과정이 완료되고 금액을 신뢰성 있게 측정가능 한 경우 인식하며 이를 실현주의라고 한다. 비용은 발생주의에 따라 해당 수익에 대응하여 인식하며 이를 수익비용 대응의 원칙이라고 한다. 기업회계에서는 손익을 발생주의에 따라 인식해야하기 때문에 손익인식과 관련한 많은 추정이 이루어진다.

법인세법도 사업연도별 익금과 손금을 인식하여 소득금액을 계산한다. 다만, 법인세법은 법인이 손익의 귀속시기를 임의적으로 결정하지 못하도록 하기 위하여 권리의무확정주의에 따라 인식한다. 즉, 법인의 각 사업연도의 익금과 손금의 귀속사업연도는 그 익금과 손금이 확정된 날이 속하는 사업연도로 하며, 구체적인 손익의 귀속시기를 거래형태별로 구분하여 규정한다(법법 40, 법령 68-71).

2.1 사업수입금액

사업수익금액이란 기업회계기준에 의한 매출액을 말하며 총매출액에서 매출에누리와 매출할인을 차감하여 계산한다.

사업수입금액 = 총매출액 - 매출에누리 - 매출할인

(1) 매출에누리

매출한 상품 또는 제품에 대한 부분적인 감량, 변질, 파손 등으로 매출가액에서 직접 공제하는 금액(일정기간의 거래수량이나 거래금액에 따라 지급하는 판매장려금 포함)을 말한다. 일반적인 매출에누리는 매출에누리를 승인한 시점에 매출수익에서 차감하며 판매장려금은 상대방과의 약정에 의한 지급기일(그 지급기일이 정하여 있지 아니한 경우에는 지급한 날)이 속하는 사업연도의 매출액에서 차감한다.

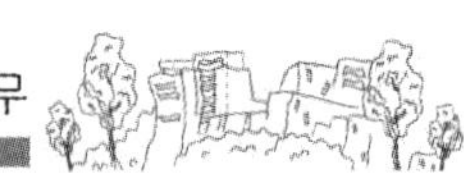

(2) 매출할인

매출채권을 조기에 회수하기 위하여 약정기일 전에 영수하는 경우 일정액을 할인하는 금액을 말한다. 매출할인은 상대방과의 약정에 의한 지급기일(그 지급기일이 정하여 있지 아니한 경우에는 지급한 날)이 속하는 사업연도의 매출액에서 차감한다(법령 68 ⑤).

2.2 자산의 판매·양도

(1) 일반원칙

자산의 양도 등으로 인한 익금 및 손금의 귀속사업연도는 다음 각각의 날이 속하는 사업연도로 한다.

① 상품(부동산 제외)·제품 또는 기타의 생산품(이하 상품 등)의 판매 : 그 상품 등을 인도한 날. 상품 등을 인도한 날의 판정은 다음의 날로 한다(법칙 33).

㉠ 납품계약 또는 수탁가공계약에 의하여 물품을 납품하거나 가공하는 경우에는 당해 물품을 계약상 인도하여야 할 장소에 보관한 날. 다만, 계약에 따라 검사를 거쳐 인수 및 인도가 확정되는 물품의 경우에는 당해검사가 완료된 날로 한다.

㉡ 물품을 수출하는 경우에는 수출물품을 계약상 인도하여야 할 장소에 보관한 날

② 상품 등의 시용판매 : 상대방이 그 상품 등에 대한 구입의 의사를 표시한 날. 다만, 일정기간내에 반송하거나 거절의 의사를 표시하지 아니하면 특약 등에 의하여 그 판매가 확정되는 경우에는 그 기간의 만료일로 한다.

③ 상품 등외의 자산의 양도 : 그 대금을 청산한 날. 다만, 대금을 청산하기 전에 소유권 등의 이전등기(등록 포함)를 하거나 당해 자산을 인도하거나 상대방이 당해 자산을 사용수익하는 경우에는 그 이전등기일(등록일 포함)·인도일 또는 사용수익일 중 빠른 날로 한다.

④ 자산의 위탁매매 : 수탁자가 그 위탁자산을 매매한 날

⑤ 상장유가증권[7]의 보통거래 : 매매계약을 체결한 날

자산의 양도와 관련하여 법인이 매출할인을 하는 경우 그 매출할인금액은 상대방과의 약정에 의한 지급기일(그 지급기일이 정하여 있지 아니한 경우에는 지급한 날)이 속하는 사업연도의 매출액에서 차감한다.

---

7) 자본시장과 금융투자에 관한 법률 제9조제13항에 따른 증권시장에서 같은 법 제393조제1항에 따른 증권시장업무규정에 따라 보통거래방식으로 한 유가증권

재화판매의 손익귀속시기

<table>
<tr><th>구 분</th><th>내 용</th><th>기업회계</th><th>법인세</th></tr>
<tr><td rowspan="4">재고자산 판매</td><td>일반판매</td><td colspan="2">인도일</td></tr>
<tr><td>시용판매</td><td colspan="2">구입의사표시일</td></tr>
<tr><td>위탁판매</td><td colspan="2">수탁자의 판매일</td></tr>
<tr><td>장기할부조건</td><td>인도일(일반기업회계기준적용 비상장중소기업은 회수기일도래기준 적용 가능)</td><td>인도일(회사가 회수기일도래기준 적용시 인정)</td></tr>
<tr><td rowspan="2">재고자산 이외의 자산판매</td><td>정형화된 유가증권</td><td>매매계약체결일(K-IFRS는 매매계약체결일, 결제일 선택)</td><td>매매계약체결일</td></tr>
<tr><td>그 외 자산</td><td colspan="2">대금청산일, 소유권이전등기일, 인도일(사용수익일) 중 빠른날</td></tr>
</table>

(2) 장기할부판매

1) 장기할부조건

장기할부조건이라 함은 자산의 판매 또는 양도(국외거래에 있어서는 소유권이전 조건부 약정에 의한 자산의 임대를 포함)로서 판매금액 또는 수입금액을 월부·연부 기타의 지불방법에 따라 2회 이상으로 분할하여 수입하는 것 중 당해 목적물의 인도일의 다음날부터 최종의 할부금의 지급기일까지의 기간이 1년 이상인 것을 말한다.

<table>
<tr><th>구 분</th><th>당해 목적물 인도일의 다음날</th><th>최종할부금의 지급기일</th></tr>
<tr><td>재고자산(부동산 제외)</td><td>인도일의 다음날</td><td rowspan="2">잔금청산일</td></tr>
<tr><td>재고자산 외의 자산</td><td>소유권이전등기일, 인도일, 사용수익일 중 빠른 날의 다음날</td></tr>
</table>

2) 장기할부판매 손익귀속시기

법인이 장기할부조건으로 자산을 판매하거나 양도한 경우로서 판매 또는 양도한 자산의 인도일(상품 등외의 자산의 양도는 대금청산일, 소유권이전등기일, 인도일(사용수익일) 중 빠른날)이 속하는 사업연도의 결산을 확정할 때 해당 사업연도에 회수하였거나 회수할 금액과 이에 대응하는 비용을 각각 수익과 비용으로 계상한 경우에는 그 장기할부조건에 따라 각 사업연도에 회수하였거나 회수할 금액과 이에 대응하는 비용을 각각 해당사업연도의 익금과 손금에 산입한다. 다만, 중소기업인 법인이 장기할부조건으로 자산을 판매하거나 양도한 경우에는 그 장기할부조건에 따라 각 사업연도에 회수하였거나 회수할 금액과 이에 대응하는 비용을 각각 해당 사업연도의 익금과 손금에 산입할 수 있다.

장기할부와 관련하여 인도일 이전에 회수하였거나 회수할 금액은 인도일에 회수한 것으로 보며, 법인이 장기할부기간 중에 폐업한 경우에는 그 폐업일 현재 익금에 산입하지 아니한 금액과 이에 대응하는 비용을 폐업일이 속하는 사업연도의 익금과 손금에 각각 산입한다.

구 분	기업회계	법인세
장기할부조건	인도일(일반기업회계기준, 중소기업회계기준에 따라 중소기업은 회수기일도래기준 적용 가능)	인도일(회사가 회수기일도래기준 적용시 인정)

3) 장기할부채권의 평가

법인이 장기할부조건 등에 의하여 자산을 판매하거나 양도함으로써 발생한 채권에 대하여 기업회계기준이 정하는 바에 따라 현재가치로 평가하여 현재가치할인차금을 계상한 경우 해당 현재가치할인차금상당액은 해당 채권의 회수기간동안 기업회계기준이 정하는 바에 따라 환입하였거나 환입할 금액을 각 사업연도의 익금에 산입한다.

장기할부판매 손익귀속시기

구 분		내 용
원칙	명목가치인도기준	자산을 판매(양도)한 사업연도에 장기할부채권의 명목금액을 익금, 판매(양도)한 자산의 장부가액을 손금으로 인식한다.
예외	현재가치인도기준	자산을 판매(양도)한 사업연도에 기업회계기준에 의한 장기할부채권의 현재가치 상당액을 익금, 자산의 장부가액을 손금에 산입할 수 있다. 이 경우 현재가치할인차금은 기업회계기준에 따라 유효이자율법으로 인식한다.
	회수기일도래기준	장기할부조건에 따라 해당 사업연도에 회수하였거나 회수할 금액을 익금, 익금에 대응하는 장부가액을 손금에 산입할 수 있다.
	중소기업	결산상 수익인식과 관계없이 회수기일도래기준으로 신고조정 할 수 있다.

2.3 용역매출과 예약매출

(1) 일반원칙 (진행기준)

건설·제조 기타 용역(도급공사 및 예약매출을 포함하며, 이하 건설 등이라 한다)의 제공으로 인한 익금과 손금은 그 목적물의 건설 등의 착수일이 속하는 사업연도부터 그 목적물의 인도일(용역제공의 경우에는 그 제공을 완료한 날)이 속하는 사업연도까지 진행기준에 따라 그 목적물의 건설 등을 완료한 정도(작업진행률)를 기준으로 하여 계산한 수익과 비용을 각각 해당 사

업연도의 익금과 손금에 산입한다. 다만, 다음의 어느 하나에 해당하는 경우에는 그 목적물의 인도일이 속하는 사업연도의 익금과 손금에 산입할 수 있다(법령 69 ①).

① 중소기업인 법인이 수행하는 계약기간이 1년 미만인 건설 등의 경우
② 기업회계기준에 따라 그 목적물의 인도일이 속하는 사업연도의 수익과 비용으로 계상한 경우

작업진행률에 의한 익금 또는 손금이 공사계약의 해약으로 인하여 확정된 금액과 차액이 발생된 경우에는 그 차액을 해약일이 속하는 사업연도의 익금 또는 손금에 산입한다(법령 69 ③).

(2) 예외 (인도기준)

작업진행률을 계산할 수 없다고 인정되는 경우로서 기획재정부령으로 정하는 경우에는 그 목적물의 인도일이 속하는 사업연도의 익금과 손금에 각각 산입한다(법령 69 ②, 제2항 제2호의 삭제 개정은 2023.1.1. 이후 개시하는 사업연도부터 적용함. 영 부칙 2023.2.28.). 기획재정부령으로 정하는 경우란 법인이 비치, 기장한 장부가 없거나 비치, 기장한 장부의 내용이 충분하지 아니하여 당해사업연도 종료일까지 실제로 소요된 총공사비누적액 또는 작업시간 등을 확인할 수 없는 경우를 말한다(법칙 34 ④).

용역매출과 예약매출의 손익귀속시기

구 분	K-IFRS	일반기업회계기준	법인세법
용역매출	진행기준	진행기준	① 원칙 : 진행기준 ② 인도기준 선택가능 ㉠ 중소기업으로서 계약기간이 1년 미만인 경우 ㉡ 기업회계기준에 따라 인도기준으로 계상한 경우 ③ 인도기준 : 진행률 산정이 불가능한 경우
예약매출	진행기준 인도기준	진행기준	
중소기업적용특례	해당사항 없음	단기용역(예약)매출 인도기준 선택	

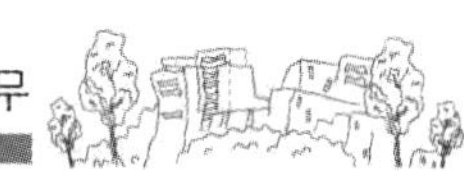

(3) 진행기준의 적용

1) 기업회계상 진행률

진행기준을 적용하기 위한 건설계약의 진행률은 다양한 방식으로 결정될 수 있다. 건설사업자는 수행한 공사를 신뢰성 있게 측정하는 방법을 사용하며, 계약의 성격에 따라 다음과 같은 방법 등으로 측정할 수 있다. 다만, 발주자에게서 수령한 기성금과 선수금은 수행한 공사의 정도를 반영하지 못하므로 대금회수비율에 기초한 진행률 산정은 적절하지 못하다.

① 수행한 공사에 대하여 발생한 누적계약원가를 추정총계약원가로 나눈 비율(누적원가기준)

$$\text{누적 진행률} = \frac{\text{발생 누적원가}}{\text{발생 누적원가} + \text{완성시까지 추가예정원가}} \times 100$$

② 수행한 공사의 측량(투입량기준)

$$\text{누적 진행률} = \frac{\text{현재까지 제공한 누적 투입량}}{\text{총예상투입량}} \times 100$$

③ 계약 공사의 물리적 완성비율(산출량기준)

$$\text{누적 진행률} = \frac{\text{현재까지 완성(산출)한 누적 용역량}}{\text{총예상완성(산출)량}} \times 100$$

진행률을 누적원가기준으로 결정하는 경우에는 수행한 공사를 반영하는 계약원가만 누적발생원가에 포함한다. 진행률 산정을 위한 누적발생원가에서 제외되는 원가의 예는 다음과 같다.

① 현장에 인도되었거나 계약상 사용을 위해 준비되었지만 아직 계약공사를 위해 설치, 사용 또는 적용이 되지 않은 재료의 원가와 같은 계약상 미래 활동과 관련된 계약원가. 단, 재료가 계약을 위해 별도로 제작된 경우는 제외한다.
② 하도급계약에 따라 수행될 공사에 대해 하도급자에게 선급한 금액

2) 세무상 진행률

작업진행률은 원가기준에 의한 진행률을 원칙으로 하되 투입량기준 또는 산출량기준에 의한 진행률을 인정한다(법칙 34 ①). 총공사예정비란 기업회계기준을 적용하여 추정한 공사원가에 해당 사업연도말까지의 변동사항을 반영하여 합리적으로 추정한 공사원가를 말한다.

3) 세무상 익금과 손금

진행기준에 의한 익금과 손금은 다음과 같이 계산한다(법칙 34 ②).

> 익금 = 계약금액 × 작업진행률 − 직전 사업연도말까지 익금에 산입한 금액
> 손금 = 당해 사업연도에 발생된 총비용

진행기준의 인식

구 분	K-IFRS	일반기업회계기준	법인세법
수 익	진행기준	진행기준	진행기준
원 가	진행기준	발생원가	발생원가
진행률	다음 중 하나의 방법을 이용하여 계산할 수 있다. ① 총예상작업량(작업시간) 대비 실제작업량(작업시간)의 비율 ② 총예상용역량 대비 현재까지 제공한 누적용역량의 비율 ③ 총추정원가 대비 현재까지 발생한 누적원가*의 비율 * 현재까지 발생한 누적원가는 현재까지 수행한 용역 등의 원가만을 포함하며, 총추정원가는 현재까지 발생한 누적원가와 향후 수행해야 할 용역 등의 원가를 합한 금액이다.		

4) 계약기간이 1년 이상인 장기건설

작업진행률을 계산할 수 있는 경우 진행기준에 따라 손익을 인식한다. 법인이 비치·기장한 장부가 없거나 비치·기장한 장부의 내용이 충분하지 아니하여 당해사업연도 종료일까지 실제로 소요된 총공사비누적액 또는 작업시간 등을 확인할 수 없는 경우에는 그 목적물의 인도일(완성기준, 예약매출의 경우 인도기준)이 속하는 사업연도에 익금과 손금을 인식한다(법령 69 ②, 법칙 34 ④).

5) 예약매출(자영공사)

분양계약체결분에 대해서는 예약매출에 해당하여 용역제공 등에 의한 손익을 인식한다. 미분양분은 재고자산(부동산)에 해당하므로 자산의 일반적인 양도손익의 귀속시기에 따라 손익을 인식한다. 따라서 대금청산일, 소유권이전등기일, 인도일(사용수익일) 중 빠른 날이 속하는 사업연도에 익금과 손금으로 인식한다.

예제 진행기준 수익인식

㈜이손은 용역제공기업으로서 진행기준에 의한 수익을 인식하고 있다. 수익인식과 관련한 자료는 다음과 같다. 용역제공은 20X1년초에 시작되어 20X3년말에 완성되었으며, 용역의 계약금액은 ₩2,000,000이다.

	20X1년	20X2년	20X3년
누적발생원가	₩450,000	₩1,440,000	₩1,820,000
추가예상원가	1,350,000	360,000	–
실제누적노동시간	30,000	84,000	130,000
추정총노동시간	100,000	120,000	130,000
대금청구액	250,000	650,000	100,000
대금회수액	200,000	400,000	400,000

요구사항

1. ㈜이손은 K-IFRS적용기업으로서 누적발생원가 기준으로 진행률을 적용할 경우 세무조정을 하시오.
2. ㈜이손은 K-IFRS적용기업으로서 누적노동시간을 기준으로 진행률을 적용할 경우 세무조정을 하시오.
3. ㈜이손이 일반기업회계기준에 따라 누적발생원가 및 누적노동시간을 기준으로 진행률을 산정할 경우 각각의 세무조정을 하시오.

풀 이

1. K-IFRS 누적발생원가 진행기준

(1) 진행률

	20X1년	20X2년	20X3년
누적발생원가(a)	₩450,000	₩1,440,000	₩1,820,000
추가예상원가	1,350,000	360,000	–
총예정계약원가(b)	1,800,000	1,800,000	1,820,000
진행률(a/b)	25%	80%	100%
당기실제발생원가	450,000–0=450,000	1,440,000–450,000=990,000	1,820,000–1,440,000=380,000

(2) 계약원가

	20X1년	20X2년	20X3년
총예정계약원가	1,800,000	1,800,000	1,820,000
진행률	25%	80%	100%
누적계약원가	450,000	1,440,000	1,820,000
기인식누적원가	(–)	(450,000)	(1,440,000)
당기계약원가	450,000	990,000	380,000

누적원가기준으로 진행률을 산정하는 경우에는 총예정원가에 진행률을 적용하여 계산한 원가와 당기에 실제로 발생한 당기발생원가가 일치한다.

(3) 공사이익

	20X1년	20X2년	20X3년
총계약수익	₩2,000,000	₩2,000,000	₩2,000,000
진행률	25%	80%	100%
누적계약수익	500,000	1,600,000	2,000,000
기인식계약수익	–	(500,000)	(1,600,000)
당기계약수익	500,000	1,100,000	400,000
당기계약원가	(450,000)	(990,000)	(380,000)
당기공사이익	50,000	110,000	20,000

(4) 세무조정

법인세법은 당해 사업연도에 발생된 실제원가를 손금으로 본다. 따라서 법인이 누적원가기준으로 진행률을 산정하는 경우에는 총예정원가에 진행률을 적용하여 계산한 진행기준 원가와 당기에 실제로 발생한 당기발생원가가 일치하므로 손금에 대한 세무조정은 없다.

구 분	원가계상액	법인세법	세무조정
20X1년	450,000	450,000	–
20X2년	990,000	990,000	–
20X3년	380,000	380,000	–
합 계	1,820,000	1,820,000	–

2. K-IFRS 누적발생원가 이외의 진행기준

(1) 진행률

구 분	20X1년	20X2년	20X3년
누적노동시간(a)	30,000	84,000	130,000
추가예상시간	70,000	36,000	–
총예정노동시간(b)	100,000	120,000	130,000
진행률(a/b)	30%	70%	100%

(2) 계약원가

구 분	20X1년	20X2년	20X3년
총예정계약원가	₩1,800,000	₩1,800,000	₩1,820,000
진행률	30%	70%	100%
누적계약원가	540,000	1,260,000	1,820,000
기인식누적원가	(–)	(540,000)	(1,260,000)
당기계약원가	540,000	720,000	560,000
당기실제발생원가	450,000–0=450,000	1,440,000–450,000=990,000	1,820,000–1,440,000=380,000

누적원가기준 이외의 투입량기준, 산출량기준 등으로 진행률을 산정하는 경우에는 공사원가도 진행기준에 따라 인식해야 하기 때문에 당기에 실제로 발생한 원가와 진행기준에 따라 인식하는 공사원가는 달라지게 된다.

(3) 공사이익

구 분	20X1년	20X2년	20X3년
총계약수익	₩2,000,000	₩2,000,000	₩2,000,000
진행률	30%	70%	100%
누적계약수익	600,000	1,400,000	2,000,000
기인식계약수익	–	(600,000)	(1,400,000)
당기계약수익	600,000	800,000	600,000
당기계약원가	(540,000)	(720,000)	(560,000)
당기공사이익	60,000	80,000	40,000

(4) 세무조정

누적발생원가기준 이외의 다른 기준으로 진행률을 산정하는 경우에는 공사원가도 진행기준에 따라 인식해야 하기 때문에 당기에 실제로 발생한 원가와 진행기준에 따라 인식하는 공사원가는 달라진다. 그러나 법인세법은 당해 사업연도에 발생된 총비용을 손금으로 본다. 따라서 누적발생원가기준 이외의 다른 진행률로 산정한 진행기준에 따라 인식한 공사원가와 실제발생원가와의 차액에 대한 세무조정이 발생한다.

구 분	원가계상액	세무상 원가	세무조정
20X1년	540,000	450,000	〈손금불산입〉 공사원가 90,000 (유보)
20X2년	720,000	990,000	〈손금산입〉 공사원가 270,000 (△유보)
20X3년	560,000	380,000	〈손금불산입〉 공사원가 180,000 (유보)
합 계	1,820,000	1,820,000	

3. 일반기업회계기준

(1) 일반기업회계기준 누적발생원가 진행기준

1) 진행률

	20X1년	20X2년	20X3년
계약금액	₩2,000,000	₩2,000,000	₩2,000,000
누적발생원가	450,000	1,440,000	1,820,000
추가예상원가	1,350,000	360,000	–
총예정계약원가	1,800,000	1,800,000	1,820,000
진행률	25%	80%	100%

2) 공사이익

	20X1년	20X2년	20X3년
누적공사수익	₩500,000	₩1,600,000	₩2,000,000
기인식공사수익	–	(500,000)	(1,600,000)
당기공사수익	500,000	1,100,000	400,000
당기공사원가	(450,000)	(990,000)	(380,000)
당기공사이익	50,000	110,000	20,000

3) 세무조정

일반기업회계기준에서는 공사수익에 대하여 진행률에 따라 인식하고 공사원가는 당기에 실제로 발생한 원가로 인식한다. 따라서 일반기업회계기준에 따라 회계처리한 경우 법인세법과 일치하므로 별도의 세무조정은 발생하지 않는다.

(2) 일반기업회계기준 누적발생원가 이외의 진행기준

1) 진행률

	20X1년	20X2년	20X3년
계약금액	₩2,000,000	₩2,000,000	₩2,000,000
총예정공사원가	(1,800,000)	(1,800,000)	(1,820,000)
총예상공사이익	200,000	200,000	180,000
노동시간기준 진행률	30%	70%	100%

누적원가기준 이외의 다른 기준으로 진행률을 산정하는 경우에도 당기공사원가는 당기에 실제로 발생한 원가로 인식한다.

- 20X1년 : ₩450,000−0=₩450,000
- 20X2년 : ₩1,440,000−₩450,000=₩990,000
- 20X3년 : ₩1,820,000−₩450,000−₩990,000=₩380,000

2) 공사이익

당기공사수익	₩600,000	₩800,000	₩600,000
당기공사원가	(450,000)	(990,000)	(380,000)
당기공사이익	150,000	(190,000)	220,000

3) 세무조정

일반기업회계기준에서는 공사수익에 대하여 진행률에 따라 인식하고 공사원가는 당기에 실제로 발생한 원가로 인식한다. 따라서 일반기업회계기준에 따라 회계처리한 경우 법인세법과 일치하므로 별도의 세무조정은 발생하지 않는다.

2.4 이자수익

(1) 이자수익의 일반원칙

기업회계상 이자수익은 원칙적으로 유효이자율을 적용하여 발생기준에 따라 인식하지만 법인세법상 이자수익의 귀속시기는 다음과 같다.

1) 일반법인의 이자 및 할인액

법인이 수입하는 이자 및 할인액은 소득세법 시행령 제45조에 따른 수입시기에 해당하는 날이 속하는 사업연도로 한다. 다만, 결산을 확정할 때 이미 경과한 기간에 대응하는 이자 및 할인액(법인세법 제73조 및 제73조의 2에 따라 원천징수되는 이자 및 할인액은 제외한다)을 해당 사업연도의 수익으로 계상한 경우에는 그 계상한 사업연도의 익금으로 한다(법령 70 ① 1호).

이자수익	이자비용
이자수익이 확정된 날이 속하는 사업연도의 익금으로 한다(법법 40). 확정된 날이라 함은 소득세법 시행령 제45조의 규정에 의한 수입시기를 말한다. 결산을 확정할 때 이미 경과한 기간에 대응하는 이자(발생주의에 의한 미수이자)는 포함하지 않는다. 원천징수 대상이 아닌 이자수익에 대하여는 결산조정에 의한 미수이자의 인식이 가능하다(법령 70 ① 1호).	이자비용이 확정된 날이 속하는 사업연도의 손금으로 한다(법법 40). 확정된 날이라 함은 소득세법 시행령 제45조에 따른 수입시기에 해당하는 날이 속하는 사업연도를 말한다. 다만, 결산을 확정할 때 이미 경과한 기간에 대응하는 이자 및 할인액(차입일부터 이자 지급일이 1년을 초과하는 특수관계인과의 거래에 따른 이자 및 할인액은 제외한다. 2021.1.1.이후 개시하는 사업연도 분부터 적용, 영 부칙 2021.2.17.)을 해당 사업연도의 손비로 계상한 경우에는 그 계상한 사업연도의 손금으로 한다(법령 70 ① 2호).

소득세법시행령 제45조 【이자소득의 수입시기】

이자소득의 수입시기는 다음 각 호에 따른 날로 한다(소령 45).

1. 채권, 어음(표지어음 포함) 기타 증권의 이자와 할인액, 이자소득과 유사한 소득으로서 금전의 사용에 따른 대가의 성격이 있는 것 – 약정에 의한 상환일. 다만, 기일 전에 상환하는 때에는 그 상환일
2. 무기명의 공채 또는 사채의 이자와 할인액 – 그 지급을 받은 날
3. 기명의 공채 또는 사채의 이자와 할인액 – 약정에 의한 지급일

3의2. 파생결합사채로부터의 이익(2023.1.1.부터 시행, 영 부칙 2021.2.17.)

4. 보통예금, 정기예금, 적금 또는 부금의 이자
   - 실제로 이자를 지급받는 날
   - 원본에 전입하는 뜻의 특약이 있는 이자는 그 특약에 의하여 원본에 전입된 날
   - 해약으로 인하여 지급되는 이자는 그 해약일

- 계약기간을 연장하는 경우에는 그 연장하는 날
- 과세되는 개인연금저축이자는 중도해지일 또는 연금외의 형태로 지급받는 날
- 정기예금연결정기적금의 경우 정기예금의 이자는 정기예금 또는 정기적금이 해약되거나 정기적금의 저축기간이 만료되는 날

5. 통지예금의 이자 - 인출일
6. 삭제, 2007.2.28.)
7. 채권 또는 증권의 환매조건부 매매차익 - 약정에 의한 당해 채권 또는 증권의 환매수일 또는 환매도일. 다만, 기일전에 환매수 또는 환매도하는 경우에는 그 환매수도일 또는 환매도일
8. 저축성보험의 보험차익 - 보험금 또는 환급금의 지급일. 다만, 기일전에 해지하는 경우에는 그 해지일
9. 직장공제회 초과반환금 - 약정에 의한 공제회 반환금의 지급일

9의 2. 비영업대금의 이익 - 약정에 의한 이자지급일. 다만 약정이 없거나 약정일전에 이자를 지급받는 경우 또는 「소득세법시행령」 제51조 제7항의 규정에 의하여 총수입금액 계산에서 제외하였던 이자를 지급받는 경우에는 이자지급일

10. 채권등의 보유기간 상당액 - 당해 채권 등의 매도일 또는 이자 등의 지급일
11. 제1호 내지 제10호의 이자소득이 발생하는 상속재산이 상속되거나 증여되는 경우 - 상속개시일 또는 증여일

2) 금융 및 보험업을 영위하는 법인의 수입이자

한국표준산업분류상 금융 및 보험업을 영위하는 법인의 경우에는 실제로 수입된 날(선수입이자 및 할인액은 제외한다)이 속하는 사업연도를 귀속사업연도로 한다. 다만, 결산을 확정할 때 이미 경과한 기간에 대응하는 이자 및 할인액(법인세법 제73조 및 제73조의 2에 따라 원천징수되는 이자 및 할인액은 제외한다)을 해당 사업연도의 수익으로 계상한 경우에는 그 계상한 사업연도의 익금으로 한다(법령 70 ① 1호).

3) 금융 및 보험업을 영위하는 법인의 보험료 등

한국표준산업분류상 금융 및 보험업을 영위하는 법인이 수입하는 보험료·부금·보증료 또는 수수료(이하 보험료 등)의 귀속사업연도는 그 보험료 등이 실제로 수입된 날이 속하는 사업연도로 하되, 선수입보험료등은 제외한다. 다만, 결산을 확정함에 있어서 이미 경과한 기간에 대응하는 보험료상당액 등을 해당 사업연도의 수익으로 계상한 경우에는 그 계상한 사업연도의 익금으로 하고, 자본시장과 금융투자업에 관한 법률에 따른 투자매매업자 또는 투자중개업자가 정형화된 거래방식으로 같은 법 제4조에 따른 증권을 매매하는 경우 그 수수료의 귀속사업연도는 매매계약이 체결된 날이 속하는 사업연도로 한다(개정규정은 2024.2.29. 이후 과세표준을 신고하는 경우부터 적용함. 2023.1.1.이 속하는 사업연도의 개시일 현재 주택도시보증공사가 보험감독회계기준에 따라 계상한 책임준비금에서 2022.12.31.이 속하는 사업연도에 손금산입한 미경과보험료적립금을 뺀 금액에 기획재정부령으로 정하는 계산식을 적용하여 산출한 금액은

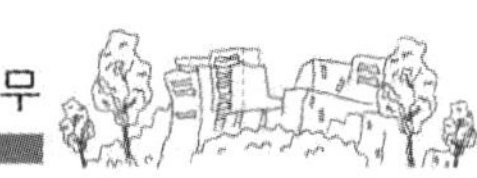

법인세법 시행령 70조 3항의 개정규정에도 불구하고 2023.1.1.이 속하는 사업연도와 그 다음 4개 사업연도에 균등하게 나누어 손금에 산입함. 영 부칙 2024.2.29.).

4) 자본시장과금융투자업에관한법률에 의한 투자회사

유가증권 등의 투자와 관련된 수익 중 미수이자를 결산조정에 의해 당해 사업연도의 수익으로 계상한 경우에는 그 계상한 사업연도의 익금으로 한다(법령 70 ④).

5) 금융 및 보험업 영위법인 보험감독회계기준 특례

상기의 규정에도 불구하고 보험감독회계기준에 따라 수익 또는 손비로 계상한 사업연도의 익금 또는 손금으로 한다(법령 70 ⑥, 개정규정은 2024.2.29. 이후 과세표준을 신고하는 경우부터 적용함. 2023.1.1.이 속하는 사업연도의 개시일 현재 주택도시보증공사가 보험감독회계기준에 따라 계상한 책임준비금에서 2022.12.31.이 속하는 사업연도에 손금산입한 미경과보험료적립금을 뺀 금액에 기획재정부령으로 정하는 계산식을 적용하여 산출한 금액은 법인세법 시행령 70조 6항의 개정규정에도 불구하고 2023.1.1.이 속하는 사업연도와 그 다음 4개 사업연도에 균등하게 나누어 손금에 산입함. 영 부칙 2024.2.29.).

① 보험회사가 보험계약과 관련하여 수입하거나 지급하는 이자·할인액 및 보험료등으로서 보험업법 제120조에 따른 책임준비금의 산출에 반영되는 항목

② 주택도시기금법에 따른 주택도시보증공사가 신용보증계약과 관련하여 수입하거나 지급하는 이자·할인액 및 보험료등으로서 같은 법 시행령 제24조에 따른 책임준비금의 산출에 반영되는 항목

(2) 지급명세서의 제출

내국법인에 소득세법 제127조 제1항 제1호(이자) 또는 제2호(배당)의 소득을 지급하는 자(법인세법 제73조 제4항부터 제6항까지 및 제73조의 2에 따라 원천징수를 하여야 하는 자를 포함한다)는 납세지 관할 세무서장에게 지급명세서를 제출하여야 한다. 이 경우 자본시장과 금융투자업에 관한 법률의 적용을 받는 법인의 신탁재산에 귀속되는 소득은 법인세법 제5조 제4항에도 불구하고 그 법인에 소득이 지급된 것으로 보아 해당 소득을 지급하는 자는 지급명세서를 제출하여야 한다(법법 120 ①). 지급명세서의 제출에 관하여는 소득세법 제164조를 준용한다(법법 120 ②).

【지급명세서의 제출 】

지급명세서를 그 지급일(소득세법 제131조, 제135조, 제144조의 5 또는 제147조를 적용받는 소득에 대해서는 해당 소득에 대한 과세기간 종료일을 말한다. 이하 이 항에서 같다)이 속하는 과세기간의 다음 연도 2월 말일(사업소득과 근로소득 또는 퇴직소득, 기타소득 중 종교인소득 및 봉사료의 경우에는 다음 연도 3월 10일, 휴업, 폐업 또는 해산한 경우에는 휴업일, 폐업일 또는 해산일이 속하는 달의 다음다음 달 말일)까지 원천징수 관할 세무서장, 지방국세청장 또는 국세청장에게 제출하여야 한다. 다만, 근로소득 중 대통령령으로 정하는 일용근로자의 근로소득의 경우에는 그 지급일이 속하는 달의 다음 달 말일(휴업, 폐업 또는 해산한 경우에는 휴업일, 폐업일 또는 해산일이 속하는 달의 다음 달 말일)까지, 금융투자소득의 경우에는 금융투자소득 원천징수기간이 속하는 반기의 마지막 달의 다음 달 말일까지 지급명세서를 제출하여야 한다(소법 164 ①, 2021.3.16. 단서개정).

(3) 장기할부채권의 현재가치할인차금

기업회계상 장기연불조건의 매매거래에서 발생하는 채권으로서 명목가액과 현재가치의 차이가 중요한 경우에 채권은 현재가치로 평가한다. 법인세법에서도 장기할부조건의 판매로 발생한 채권에 대하여 기업회계기준이 정하는 바에 따라 현재가치로 평가하여 현재가치할인차금을 계상한 경우 당해 현재가치할인차금상당액은 기업회계기준이 정하는 바에 따라 환입하였거나 환입할 금액을 각사업연도의 익금에 산입한다(법령 68 ⑥).

(4) 장기금전대여거래의 현재가치할인차금

기업회계상 장기금전대차거래 또는 이와 유사한 거래에서 발생하는 채권, 채무로서 명목가액과 현재가치의 차이가 중요한 경우에는 이를 현재가치로 평가한다. 그러나 법인세법에서는 장기금전대차거래에서 발생하는 채권, 채무를 현재가치로 평가하여 명목가액과 현재가치의 차액을 현재가치할인차금으로 계상하여 당기손익으로 처리한 경우 이를 각 사업연도 소득금액 계산상 익금 또는 손금에 산입하지 아니하며 추후 현재가치할인차금을 상각 또는 환입하면서 이를 이자비용 또는 이자수익으로 계상한 경우에도 각사업연도 소득금액계산상 익금 또는 손금에 산입하지 아니한다(법기통 42-0…1).

(5) 채권의 조정과 현재가치평가

기업회계상 채권, 채무조정을 통하여 조건이 변경된 채권에 대한 감액손실은 채권, 채무조정에 따른 약정상 정해진 미래 현금흐름을 채권 발생시점의 유효이자율로 할인하여 계산된 현재가치와 채권의 대손충당금 차감 전 장부가액과의 차이로 계산한다. 법인세법에서는 일

반기업회계기준에 의한 채권의 재조정에 따라 채권의 장부가액과 현재가치의 차액을 대손금으로 계상한 경우에는 이를 손금에 산입하며 손금에 산입한 금액은 기업회계기준의 환입방법에 따라 익금산입한다(법령 19의2 ⑤). 다만 원금의 일부를 감면한 경우에는 이를 적용하지 아니하고 약정에 의한 채권포기액으로 본다(법기통 19의 2-19의 2…8).

2.5 배당금수익

법인세법상 배당금의 귀속시기는 소득세법시행령 제46조의 수입시기로 한다(법령 70 ②).

소득세법 시행령 제46조 【배당소득의 수입시기】

배당소득의 수입시기는 다음 각 호에 따른 날로 한다(소령 46).

1. 무기명주식의 이익이나 배당 : 그 지급을 받은 날
2. 잉여금의 처분에 의한 배당 : 당해 법인의 잉여금 처분결의일
3. 상법 제463조의 규정에 의한 건설이자의 배당 : 당해 법인의 건설이자배당결의일

3의2. 소득세법 제17조제1항제8호에 따른 출자공동사업자의 배당 : 과세기간 종료일

3의3. 소득세법 제17조제1항제9호에 따른 배당 또는 분배금 : 그 지급을 받은 날

4. 소득세법 제17조제2항제1호·제2호 및 제5호의 의제배당 : 주식의 소각, 자본의 감소 또는 자본에의 전입을 결정한 날(이사회의 결의에 의하는 경우에는 상법 제461조제3항의 규정에 의하여 정한 날을 말한다)이나 퇴사 또는 탈퇴한 날
5. 소득세법 제17조제2항제3호·제4호 및 제6호의 의제배당 :
   가. 법인이 해산으로 인하여 소멸한 경우에는 잔여재산의 가액이 확정된 날
   나. 법인이 합병으로 인하여 소멸한 경우에는 그 합병등기를 한 날
   다. 법인이 분할 또는 분할합병으로 인하여 소멸 또는 존속하는 경우에는 그 분할등기또는 분할합병등기를 한 날
6. 법인세법에 의하여 처분된 배당 : 당해 법인의 당해 사업연도의 결산확정일
7. 집합투자기구로부터의 이익 : 소득세법 시행령 제26조의 2 제1항에 따른 집합투자기구로부터의 이익 중 배당소득을 지급받은 날. 다만, 원본에 전입하는 뜻의 특약이 있는 분배금은 그 특약에 따라 원본에 전입되는 날로 한다(개정규정은 2025.1.1. 부터 시행. 영 부칙 2022.12.31.).
8. (2023.1.1.부터 개정삭제, 영 부칙 2021.2.17.).

2.6 의제배당

의제배당이란 그 실질이 주주에게 배당을 한 것과 동일한 경제적 이익으로 보아 이를 배당으로 간주하는 것을 말한다. 의제배당의 유형은 잉여금의 자본전입으로 인한 형태와 감자, 퇴사, 탈퇴, 해산, 합병, 분할 등에 의한 형태로 구분할 수 있다. 다음 각 호의 금액은 다른 법인의 주주 또는 출자자(이하 "주주등")인 내국법인의 각 사업연도의 소득금액을 계산할 때 그 다른 법인으로부터 이익을 배당받았거나 잉여금을 분배받은 금액으로 본다(법법 16 ①).

① 주식의 소각, 자본의 감소, 사원의 퇴사·탈퇴 또는 출자의 감소로 인하여 주주등인 내국법인이 취득하는 금전과 그 밖의 재산가액의 합계액이 해당 주식 또는 출자지분(이하 "주식등")을 취득하기 위하여 사용한 금액을 초과하는 금액

② 법인의 잉여금의 전부 또는 일부를 자본이나 출자에 전입(轉入)함으로써 주주등인 내국법인이 취득하는 주식등의 가액. 다만, 다음 각 목의 어느 하나에 해당하는 금액을 자본에 전입하는 경우는 제외한다.

㉠ 상법 제459조 제1항에 따른 자본준비금으로서 대통령령(하단 (1)의 1)에 열거하는 자본전입 시 과세되지 아니하는 잉여금의 범위, 법령 12 ①)으로 정하는 것

㉡ 자산재평가법에 따른 재평가적립금(같은 법 제13조 제1항 제1호에 따른 토지의 재평가차액에 상당하는 금액은 제외한다). 재평가적립금의 일부를 자본 또는 출자에 전입하는 경우에는 자산재평가법 제13조 제1항 제1호(재평가차액에 1%세율 적용)를 적용받은 금액과 그 밖의 금액의 비율(재평가차액에 3%세율 적용)에 따라 각각 전입한 것으로 한다(법령 12 ④).

③ 법인이 자기주식 또는 자기출자지분을 보유한 상태에서 제2호 각 목에 따른 자본전입을 함에 따라 그 법인 외의 주주등인 내국법인의 지분 비율이 증가한 경우 증가한 지분 비율에 상당하는 주식등의 가액

④ 해산한 법인의 주주등(법인으로 보는 단체의 구성원을 포함한다)인 내국법인이 법인의 해산으로 인한 잔여재산의 분배로서 취득하는 금전과 그 밖의 재산의 가액이 그 주식등을 취득하기 위하여 사용한 금액을 초과하는 금액

⑤ 피합병법인의 주주등인 내국법인이 취득하는 합병대가가 그 피합병법인의 주식등을 취득하기 위하여 사용한 금액을 초과하는 금액

⑥ 분할법인 또는 소멸한 분할합병의 상대방 법인의 주주인 내국법인이 취득하는 분할대가가 그 분할법인 또는 소멸한 분할합병의 상대방 법인의 주식(분할법인이 존속하는 경우에는 소각 등에 의하여 감소된 주식만 해당한다)을 취득하기 위하여 사용한 금액을 초과하는 금액

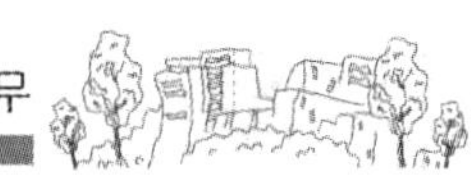

상기 제5호 및 제6호, 법인세법 제44조 및 제46조에서 합병대가와 분할대가는 다음 각 호의 금액을 말한다(법법 16 ②).

① 합병대가 : 합병법인으로부터 합병으로 인하여 취득하는 합병법인(합병등기일 현재 합병법인의 발행주식총수 또는 출자총액을 소유하고 있는 내국법인을 포함한다)의 주식등의 가액과 금전 또는 그 밖의 재산가액의 합계액

② 분할대가 : 분할신설법인 또는 분할합병의 상대방 법인으로부터 분할로 인하여 취득하는 분할신설법인 또는 분할합병의 상대방 법인(분할등기일 현재 분할합병의 상대방 법인의 발행주식총수 또는 출자총액을 소유하고 있는 내국법인을 포함한다)의 주식의 가액과 금전 또는 그 밖의 재산가액의 합계액

(1) 잉여금의 자본전입으로 인한 의제배당

1) 자본거래로 인한 수익의 익금불산입항목

법인의 잉여금의 전부 또는 일부를 자본이나 출자에 전입(轉入)함으로써 주주등인 내국법인이 취득하는 주식등의 가액은 이익을 배당받았거나 잉여금을 분배받은 금액으로 본다. 그러나 상법 제459조 제1항에 따른 자본준비금으로서 대통령령으로 정하는 것은 제외한다(법법 16 ① 2호 가목). 법인세법 제16조 제1항 제2호 가목에서 "대통령령으로 정하는 것"이란 법인세법 제17조 제1항 각 호의 금액(자본거래로 인한 수익의 익금불산입 항목)에 해당하는 금액을 말한다. 다음 각 호의 금액은 내국법인의 각 사업연도의 소득금액을 계산할 때 익금에 산입(算入)하지 아니한다(법법 17 ①). 따라서 다음의 잉여금을 자본전입함에 따라 주주가 받은 주식배당과 무상주는 원칙적으로 의제배당으로 보지 않는 것이며, 법령에서 특별히 열거된 항목 및 다음에 해당하지 않는 잉여금의 자본전입은 의제배당에 해당한다.

① 주식발행액면초과액 : 액면금액 이상으로 주식을 발행한 경우 그 액면금액을 초과한 금액(무액면주식의 경우에는 발행가액 중 자본금으로 계상한 금액을 초과하는 금액을 말한다). 다만, 채무의 출자전환으로 주식등을 발행하는 경우에는 그 주식등의 법인세법 제52조 제2항에 따른 시가를 초과하여 발행된 금액은 제외한다. 초과금액 중 법인세법 제18조 제6호를 적용받지 아니한 대통령령으로 정하는 금액은 해당 사업연도의 익금에 산입하지 아니하고 그 이후의 각 사업연도에 발생한 결손금의 보전(補塡)에 충당할 수 있다(법법 17 ②).

② 주식의 포괄적 교환차익 : 상법제360조의 2에 따른 주식의 포괄적 교환을 한 경우로서 같은 법 제360조의 7에 따른 자본금 증가의 한도액이 완전모회사의 증가한 자본금을 초과한 경우의 그 초과액

③ 주식의 포괄적 이전차익(移轉差益) : 상법제360조의 15에 따른 주식의 포괄적 이전을 한 경우로서 같은 법 제360조의 18에 따른 자본금의 한도액이 설립된 완전모회사의 자본금을 초과한 경우의 그 초과액

④ 감자차익(減資差益) : 자본감소의 경우로서 그 감소액이 주식의 소각, 주금(株金)의 반환에 든 금액과 결손의 보전(補塡)에 충당한 금액을 초과한 경우의 그 초과금액

⑤ 합병차익 : 상법 제174조에 따른 합병의 경우로서 소멸된 회사로부터 승계한 재산의 가액이 그 회사로부터 승계한 채무액, 그 회사의 주주에게 지급한 금액과 합병 후 존속하는 회사의 자본금증가액 또는 합병에 따라 설립된 회사의 자본금을 초과한 경우의 그 초과금액. 다만, 소멸된 회사로부터 승계한 재산가액이 그 회사로부터 승계한 채무액, 그 회사의 주주에게 지급한 금액과 주식가액을 초과하는 경우로서 법인세법에서 익금으로 규정한 금액은 제외한다.

⑥ 분할차익 : 상법 제530조의 2에 따른 분할 또는 분할합병으로 설립된 회사 또는 존속하는 회사에 출자된 재산의 가액이 출자한 회사로부터 승계한 채무액, 출자한 회사의 주주에게 지급한 금액과 설립된 회사의 자본금 또는 존속하는 회사의 자본금증가액을 초과한 경우의 그 초과금액. 다만, 분할 또는 분할합병으로 설립된 회사 또는 존속하는 회사에 출자된 재산의 가액이 출자한 회사로부터 승계한 채무액, 출자한 회사의 주주에게 지급한 금액과 주식가액을 초과하는 경우로서 법인세법에서 익금으로 규정한 금액은 제외한다.

잉여금의 재원에 따른 의제배당

구 분		자본전입시 의제배당
자본잉여금	익금불산입 항목(예 주식발행초과금)	–
	익금 항목(예 자기주식처분이익)	의제배당
이익잉여금(예 이익준비금)		의제배당

2) 자본전입 시 과세되는 잉여금의 범위

다음 각 호의 어느 하나에 해당하는 금액은 자본이나 출자에 전입(轉入)함으로써 주주등인 내국법인이 취득하는 주식등의 가액은 이익을 배당받았거나 잉여금을 분배받은 금액으로 본다(법령 12 ① 단서).

① 법인세법 제17조 제1항 제1호 단서(채무의 출자전환으로 주식등을 발행하는 경우에는 그 주식등의 법인세법 제52조 제2항에 따른 시가를 초과하여 발행된 금액, 법법 17 ① 1호 단서)에 따른 초과금액

② 자기주식 또는 자기출자지분을 소각하여 생긴 이익(소각 당시 법인세법 제52조 제2항에 따른 시가가 취득가액을 초과하지 아니하는 경우로서 소각일부터 2년이 지난 후 자본에 전입하는 금액은 제외한다)

③ 법인세법 제44조 제2항에 따른 적격합병(같은 조 제3항에 따라 적격합병으로 보는 경우를 포함)을 한 경우 다음 각 목의 금액(주식회사 외의 법인인 경우에는 이를 준용하여 계산한 금액을 말한다)의 합계액. 이 경우 법인세법 제17조 제1항 제5호에 따른 금액(합병차익)을 한도로 한다.

㉠ 합병등기일 현재 합병법인이 승계한 재산의 가액이 그 재산의 피합병법인 장부가액(법인세법 시행령 제85조 제1호에 따른 세무조정사항이 있는 경우에는 그 세무조정사항 중 익금불산입액은 더하고 손금불산입액은 뺀 가액으로 한다. 이하 이 항에서 같다)을 초과하는 경우 그 초과하는 금액

㉡ 피합병법인의 기획재정부령으로 정하는 자본잉여금 중 법인세법 제16조 제1항 제2호 각 목 외의 부분 본문에 따른 잉여금(이하 이 조 및 제17조에서 "의제배당대상 자본잉여금"이라 한다)에 상당하는 금액

㉢ 피합병법인의 이익잉여금에 상당하는 금액

④ 법인세법 제46조 제2항에 따른 적격분할을 한 경우 다음 각 목의 금액(주식회사 외의 법인인 경우에는 이를 준용하여 계산한 금액을 말한다)의 합계액. 이 경우 법인세법 제17조 제1항 제6호에 따른 금액(분할차익)을 한도로 한다.

㉠ 분할등기일 현재 분할신설법인등(법인세법 제46조 제1항 각 호 외의 부분 전단에 따른 분할신설법인등을 말한다)이 승계한 재산의 가액이 그 재산의 분할법인 장부가액을 초과하는 경우 그 초과하는 금액

㉡ 분할에 따른 분할법인의 자본금 및 기획재정부령으로 정하는 자본잉여금 중 의제배당대상 자본잉여금 외의 잉여금의 감소액이 분할한 사업부문의 분할등기일 현재 순자산 장부가액에 미달하는 경우 그 미달하는 금액. 이 경우 분할법인의 분할등기일 현재의 분할 전 이익잉여금과 의제배당대상 자본잉여금에 상당하는 금액의 합계액을 한도로 한다.

㉢ (삭제, 2019. 2. 12.)

㉣ (삭제, 2019. 2. 12.)

⑤ 상법 제345조 제1항에 따른 주식의 상환에 관한 종류주식의 법인세법 제17조 제1항 제1호 본문(액면금액 이상으로 주식을 발행한 경우 그 액면금액을 초과한 금액, 무액면주식의 경우에는 발행가액 중 자본금으로 계상한 금액을 초과하는 금액, 법법 17 ① 1호 본문)에 따른 초과금액 중 이익잉여금으로 상환된 금액(영 12조 1항 5호의 개정규정은 2024.2.29. 이후 자본에 전입하는 경우부터 적용함. 영 부칙 2024.2.29.)

상기 제3호 및 제4호를 적용할 때 합병차익 또는 분할차익의 일부를 자본 또는 출자에 전입하는 경우에는 각각 해당 호 외의 금액을 먼저 전입하는 것으로 한다(법령 12 ②). 상법 제459조 제2항에 따른 준비금의 승계가 있는 경우에도 그 승계가 없는 것으로 보아 이를 계산한다(법령 12 ③).

의제배당에 해당하지 않는 무상주 재원	의제배당에 해당하는 무상주 재원
• 주식발행초과금 • 포괄적 교환차익 • 포괄적 이전차익 • 감자차익 중 다음의 자기주식소각이익 – "소각당시 시가 < 취득원가"로서, 소각 후 2년 후에 자본전입 • 기타의 감자차익 • 재평가적립금 중 재평가세 3% 적용분 • 합병(분할)차익 중 2010.6.30.까지 발생분	• 이익잉여금 • 합병(분할)평가차익 등 2010.6.30.까지 발생분 • 자기주식처분이익(기타자본잉여금) • 감자차익 중 다음의 자기주식소각이익 – "소각당시 시가 > 취득원가"인 경우 – "소각당시 시가 < 취득원가"로서, 소각 후 2년 이내 자본전입 • 채무의 출자전환으로 주식 등을 발행하는 경우로서 당해 주식 등의 시가를 초과하여 발행된 금액 • 재평가적립금 중 재평가세 1% 적용분(토지)

3) 주식배당

피투자회사가 자본잉여금의 자본전입에 의하여 무상주를 주주에게 교부하는 경우 기업회계상으로는 피투자회사의 순자산가액에 변화가 없으므로 별도의 회계처리 없이 보유주식 수만 증가시키고 장부가액은 변하지 아니한다. 그러나 법인세법에서는 자본에 전입한 재원에 따라 의제배당으로 보는 경우와 그렇지 않는 경우로 구분한다(법법 16 ①). 무상증자의 재원이 의제배당에 해당하는 경우에는 무상주 의제배당의 잉여금처분 결의일에 액면가액을 기준으로 익금산입한다. 무액면주식의 가액은 자본금에 전입한 금액을 자본금 전입에 따라 신규로 발행한 주식 수로 나누어 계산한 금액에 의한다(법법 16, 법령 12, 13, 14).

의제배당액 = 수령한 주식수 × 발행금액

무액면주식 취득가액 = 잉여금 자본전입액 ÷ 신규 발행 주식수

주식배당의 익금 귀속시기는 주주총회에서의 주식배당 결의일이며 유가증권에 대한 익금산입(유보)으로 처분한다(법령 13). 예를 들어 ㈜이손은 ㈜CFO 보통주 10%를 취득하였으며 ㈜CFO의 자본거래와 세무조정은 다음과 같다.

구분	㈜이손		㈜CFO
주식배당	① 회계처리 없음 ② 세무조정 〈익금산입〉 의제배당 100,000(유보)	← 10%	(차) 이익잉여금 1,000,000 (대) 자본금 1,000,000

4) 잉여금의 자본전입(무상주) 의제배당

피투자회사가 자본잉여금의 자본전입에 의하여 무상주를 주주에게 교부하는 경우 기업회계상으로는 피투자회사의 순자산가액에 변화가 없으므로 별도의 회계처리 없이 보유주식 수만 증가시키고 장부가액은 변하지 아니한다. 그러나 법인세법에서는 자본에 전입한 재원에 따라 의제배당으로 보는 경우와 그렇지 않는 경우로 구분한다(법법 16 ①). 무상증자의 재원이 의제배당에 해당하는 경우에는 무상주 의제배당의 잉여금처분 결의일에 액면금액 또는 출자금액을 기준으로 익금산입한다. 다만, 법인세법 제51조의 2 제1항 제2호의 법인(투자회사등)이 취득하는 주식등의 경우에는 영으로 한다(법령 13, 법령 14 ①).

의제배당액 = 수령한 주식수 × 액면금액(출자금액)*

* 무액면주식인 경우 : 자본전입액 ÷ 신규발행 주식수
* 주식배당인 경우 : 발행가액
* 투자회사 등이 취득하는 무상주, 주식배당 : 영(0)

예를 들어 ㈜이손은 ㈜CFO 보통주 10%를 취득하였으며 ㈜CFO의 자본거래와 세무조정은 다음과 같다.

구분	㈜이손		㈜CFO
무상주	① 회계처리없음 ② 세무조정 〈익금산입〉 의제배당 100,000(유보) *이익준비금 1,000,000×10%=100,000	← 10%	(차) 주식발행초과금 1,000,000 (대) 자본금 2,000,000 이익준비금 1,000,000

5) 자기주식보유시 잉여금 자본전입 의제배당

잉여금을 자본에 전입함에 있어서 무상증자하는 법인이 보유한 자기주식에 대한 무상주를 그 법인이 배정받지 아니함에 따라 다른 주주의 지분비율이 증가하는 경우에는 익금불산입

항목인 자본잉여금을 자본에 전입한 경우라도 그 증가한 지분비율에 해당하는 주식의 액면금액을 의제배당으로 본다(법법 16 ①, 법령 14 ①).

의제배당액 = 증가한 지분비율 × 액면가액(투자회사 등은 0)

(2) 감자 등 기타 의제배당

1) 감자 등에 의한 의제배당

주식의 소각, 자본의 감소, 사원의 퇴사, 탈퇴 또는 출자의 감소로 인하여 주주 등이 취득하는 금전 기타 재산가액의 합계액이 주주 등이 당해 주식 등을 취득하기 위하여 소요된 금액을 초과하는 금액은 익금에 산입한다(법법 16 ①). 의제배당액은 다음과 같이 계산한다(법법 16 ①).

의제배당액 = 감자로 취득한 주식가액 – 당해 주식 취득가액

감자 등으로 금전이외의 재산을 취득한 경우에는 그 재산의 취득당시의 시가로 계산한다(법령 14 ① 2호). 익금의 귀속시기는 주주총회·사원총회 또는 이사회에서 주식의 소각, 자본 또는 출자의 감소, 잉여금의 자본 또는 출자에의 전입을 결의한 날(이사회의 결의에 의하는 경우에는 상법 제461조 제3항에 따라 정한 날을 말한다. 다만, 주식의 소각, 자본 또는 출자의 감소를 결의한 날의 주주와 상법 제354조에 따른 기준일의 주주가 다른 경우에는 같은 조에 따른 기준일을 말한다) 또는 사원이 퇴사·탈퇴한 날을 말한다(법령 13 1호).

2) 청산에 의한 의제배당

해산한 법인의 주주 등이 그 법인의 해산으로 인한 잔여재산의 분배로서 취득하는 금전 기타 재산의 가액이 당해 주식 등을 취득하기 위하여 소요된 금액을 초과하는 금액은 익금에 산입한다(법법 16 ①).

의제배당액은 다음과 같이 계산하며 당해법인의 잔여재산의 가액이 확정된 날이 속하는 사업연도에 익금산입한다(법령 13 2호).

의제배당액 = 잔여재산분배액 – 당해 주식 취득가액

3) 합병(분할) 의한 의제배당

법인이 분할하는 경우 분할되는 법인(분할법인) 또는 소멸한 분할합병의 상대방 법인의 주주가 분할에 따라 설립되는 법인(분할신설법인) 또는 분할합병의 상대방 법인으로부터 분할

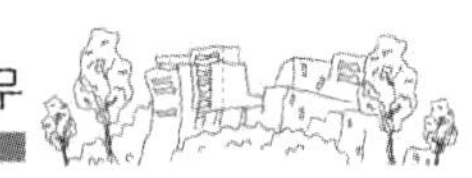

로 인하여 취득하는 주식(분할합병의 경우에는 분할등기일 현재 분할합병의 상대방 법인의 발행주식총수 또는 출자총액을 소유하고 있는 내국법인의 주식을 포함한다)의 가액과 금전이나 그 밖의 재산가액의 합계액(분할대가)이 그 분할법인 또는 소멸한 분할합병의 상대방 법인의 주식(분할법인이 존속하는 경우에는 소각 등에 의하여 감소된 주식만 해당한다)을 취득하기 위하여 사용한 금액을 초과하는 금액은 법인으로부터 이익을 배당받았거나 잉여금을 분배받은 금액으로 본다(법법 16 ①). 이 경우 합병(분할)대가의 평가방법은 다음과 같다.

적격합병(분할)인 경우		적격요건을 갖추지 못한 경우
합병(분할)대가	주식의 평가방법	주식의 평가방법
① 주식으로만 받는 경우	종전의 장부가액	시가
② 합병교부금을 일부 받는 경우	min (시가, 종전의 장부가액)	

적격합병(분할)의 요건은 다음과 같다(법법 44, 법법 46). 다음의 규정에도 불구하고 부동산임대업을 주업으로 하는 사업부문 등 법인세법 시행령 제82조의 2에서 정하는 사업부문을 분할하는 경우에는 적격분할로 보지 아니한다(법법 46 ③, 법령 82의2).

구 분	합 병(법법 44 ②, 법령 80의4)	분 할 (법법 46 ②)
1. 사업의 목적성	합병등기일 현재 1년 이상 사업을 계속하던 내국법인 간의 합병일 것. 다만, 다른 법인과 합병하는 것을 유일한 목적으로 하는 법인으로서 대통령령으로 정하는 법인의 경우는 본문의 요건을 갖춘 것으로 본다.	분할등기일 현재 5년(분할합병 1년) 이상 사업을 계속하던 내국법인이 다음의 요건을 구비한 분할 ① 독립된 사업부문의 분할 ② 자산, 부채 포괄승계 ③ 분할법인 등만의 출자
2. 지분의 연속성	피합병법인의 주주등이 합병으로 인하여 받은 합병대가의 총합계액 중 합병법인의 주식등의 가액이 80% 이상이거나 합병법인의 모회사의 주식등의 가액이 80% 이상인 경우로서 합병교부주식등의 가액의 총합계액에 지배주주의 피합병법인에 대한 지분비율을 곱한 금액 이상을 지배주주에게 배정하고 지배주주는 합병등기일이 속하는 사업연도의 종료일까지 그 주식등을 보유할 것	분할법인등의 주주가 분할신설법인등으로부터 받은 분할대가의 전액이 주식인 경우(분할합병의 경우에는 분할대가의 80% 이상이 분할신설법인등의 주식인 경우 또는 분할대가의 80% 이상이 분할합병의 상대방 법인의 발행주식총수 또는 출자총액을 소유하고 있는 내국법인의 주식인 경우를 말한다)로서 그 주식이 분할법인등의 주주가 소유하던 주식의 비율 등을 고려하여 대통령령으로 정하는 바에 따라 배정되고, 대통령령으로 정하는 분할법인등의 주주가 분할등기일이 속하는 사업연도의 종료일까지 그 주식을 보유할 것 * 개정규정은 2025.1.1. 이후 내국법인이 분할하는 경우부터 적용함. 법 부칙 2024.12.31.)

3. 사업의 계속성	합병법인이 합병등기일이 속하는 사업연도의 종료일까지 피합병법인으로부터 승계받은 사업을 계속할 것. 다만, 피합병법인이 다른 법인과 합병하는 것을 유일한 목적으로 하는 법인으로서 대통령령으로 정하는 법인인 경우에는 본문의 요건을 갖춘 것으로 본다.	분할신설법인이 분할등기일이 속하는 사업연도 종료일까지 분할법인으로부터 승계받은 사업을 계속 영위
4. 고용 승계	2018. 1. 1. 이후 합병 또는 분할하는 분부터 합병등기일 1개월 전 당시 피합병법인에 종사하는 근로기준법에 따라 근로계약을 체결한 내국인 근로자(특정인 제외) 중 합병법인이 승계한 근로자의 비율이 80% 이상이고, 합병등기일이 속하는 사업연도의 종료일까지 그 비율을 유지할 것	2018. 1. 1. 이후 합병 또는 분할하는 분부터 합병등기일 1개월 전 당시 피합병법인에 종사하는 근로기준법에 따라 근로계약을 체결한 내국인 근로자(특정인 제외) 중 합병법인이 승계한 근로자의 비율이 80% 이상이고, 합병등기일이 속하는 사업연도의 종료일까지 그 비율을 유지할 것
*특례	2017.1.1.이후부터는 상기 규정에도 불구하고 다음의 어느 하나에 해당하는 경우에는 양도손익이 없는 것으로 할 수 있다(법법 44 ③). ① 내국법인이 발행주식총수 또는 출자총액을 소유하고 있는 다른 법인을 합병하거나 그 다른 법인에 합병되는 경우 ② 동일한 내국법인이 발행주식총수 또는 출자총액을 소유하고 있는 서로 다른 법인 간에 합병하는 경우	다음에서 정하는 부득이한 사유가 있는 경우에는 2·3 또는 4의 요건을 갖추지 못한 경우에도 적격분할로 보아 양도손익이 없는 것으로 할 수 있다(법령 82의2 ①). ① 2.지분의 연속성에 대한 부득이한 사유: 분할법인등의 주주가 법인세법 시행령 제80조의 2 제1항 제1호 각 목의 어느 하나에 해당하는 경우 ② 3.사업의 계속성에 대한 부득이한 사유: 분할신설법인등이 법인세법 시행령 제80조의 2 제1항 제2호 각 목의 어느 하나에 해당하는 경우 ③ 4. 고용승계에 대한 부득이한 사유: 분할신설법인등이 법인세법 시행령 제80조의 2 제1항 제3호 가목부터 다목까지 중 어느 하나에 해당하거나 분할등기일 1개월 전 당시 분할하는 사업부문(분할법인으로부터 승계하는 부분을 말한다)에 종사하는 제82조의 4 제9항의 근로자가 5명 미만인 경우

의제배당액은 다음의 금액을 당해법인의 합병(분할)등기일이 속하는 사업연도에 익금으로 한다(법법 16 ①, 법령 13 3호,4호).

> 의제배당액 = 취득한 합병대가 − 당해 주식 취득가액

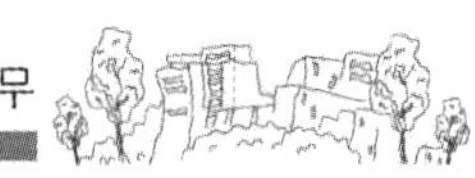

4) 해외완전모자관계간 역합병 및 해외완전자회사간 합병시 내국주주법인 의제배당 과세이연

법인세법상 적격요건을 구비한 합병의 과세이연은 내국법인 간의 합병에만 적용되어 내국법인의 해외 자회사 구조조정에는 적용되지 않는 문제가 발생한다. 이에 따라 해외 손자회사가 해외 자회사를 역합병하는 경우 또는 해외 완전자회사간 합병시 내국법인이 보유하는 해외 자회사의 주식에 대한 의제배당과 관련하여 취득하는 합병대가의 평가를 종전 내국법인의 적격요건 구비시 평가방법과 동일하도록 하였다.

취득한 재산이 다음의 요건을 모두 갖춘 주식 등인 경우에는 종전의 장부가액(법인세법 제16조제1항제5호에 따른 합병대가 중 일부를 금전이나 그 밖의 재산으로 받는 경우로서 합병으로 취득한 주식 등을 시가로 평가한 가액이 종전의 장부가액보다 작은 경우에는 시가)로 평가한다(법령 14 ① 1의2호). 재산가액의 평가 등에 관한 적용은 2016.2.17 이후 완전 지배관계인 외국법인 간 합병하는 분부터 적용한다(부칙 제26981호). 내국법인이 서로 다른 외국법인의 발행주식총수 또는 출자총액을 소유하고 있는 경우로서 그 서로 다른 외국법인 간 합병은 2017.2.3. 이후 합병하는 분부터 적용한다(부칙 2017.2.3. 제27828호).

① 외국법인이 다른 외국법인의 발행주식총수 또는 출자총액을 소유하고 있는 경우로서 그 다른 외국법인에 합병되거나 내국법인이 서로 다른 외국법인의 발행주식총수 또는 출자총액을 소유하고 있는 경우로서 그 서로 다른 외국법인 간 합병될 것(2018.2.13. 이후 합병하는 분부터 내국법인과 그 내국법인이 발행주식총수 또는 출자총액을 소유한 외국법인이 각각 보유하고 있는 다른 외국법인의 주식등의 합계가 그 다른 외국법인의 발행주식총수 또는 출자총액인 경우로서 그 서로 다른 외국법인 간 합병하는 것을 포함한다)

② 합병법인과 피합병법인이 우리나라와 조세조약이 체결된 동일 국가의 법인일 것

③ 상기 ②에 따른 해당 국가에서 피합병법인의 주주인 내국법인에 합병에 따른 법인세를 과세하지 아니하거나 과세이연할 것

④ 상기 ①부터 ③까지의 사항을 확인할 수 있는 서류를 납세지 관할 세무서장에게 제출할 것

2.7 자본준비금을 감액하여 받은 배당

(1) 익금으로 보지 않는 배당

상법상 회사는 적립된 자본준비금 및 이익준비금의 총액이 자본금의 1.5배를 초과하는 경우에 주주총회의 결의에 따라 그 초과한 금액 범위에서 자본준비금과 이익준비금을 감액할 수 있다(상법 461의 2). 상법 제461조의 2에 따라 자본준비금을 감액하여 받는 배당금액(내국법인이 보유한 주식의 장부가액을 한도로 한다)은 내국법인의 각 사업연도의 소득금액을 계산할 때 익금에 산입하지 아니한다(법법 18 8호 본문). 자본준비금을 감액하여 주주가 받는 배당은 주주의 납입 출자금 환급성격이므로 주주의 장부가액을 한도로 감액해야 한다. 따라서 자본준비금 감액에 따른 배당을 수익으로 회계처리한 후 법인세법 제18조 본문 규정에 따라 익금불산입하는 경우에는 '부의 유보'로 세무조정한다(서면-2017-법인-2463, 2017.12.11.). 세무상 주식의 취득가액도 법인세법 제18조 제8호에 따른 배당을 받은 경우에는 그 금액을 차감(내국법인이 보유한 주식의 장부가액을 한도로 한다)한 금액으로 한다(법령 72 ⑤ 1호).

법인의 실질배당, 의제배당, 자본준비금을 감액하여 받은 배당을 비교하면 다음과 같다. 예를 들어 ㈜이손은 ㈜CFO 보통주 10%를 취득하였으며 ㈜CFO의 자본거래가 각각 다음과 같은 경우 회계처리와 세무조정은 다음과 같이 구분된다.

<table>
<tr><th>구분</th><th>㈜이손</th><th></th><th>㈜CFO</th></tr>
<tr><td>(1) 현금배당</td><td>① 회계처리
보통예금 100,000
/배당금수익 100,000
② 세무조정 없음</td><td>←
10%</td><td>(차) 이익잉여금 1,100,000 (대) 보통예금 1,000,000
이익준비금 100,000</td></tr>
<tr><td>(2) 주식배당</td><td>① 회계처리 없음
② 세무조정
〈익금산입〉
의제배당 100,000(유보)</td><td>←
10%</td><td>(차) 이익잉여금 1,000,000 (대) 자본금 1,000,000</td></tr>
<tr><td>(3) 무상주</td><td>① 회계처리없음
② 세무조정
〈익금산입〉
의제배당 100,000(유보)
*이익준비금
1,000,000×10%=100,000</td><td>←
10%</td><td>(차) 주식발행초과금 1,000,000 (대) 자본금 2,000,000
이익준비금 1,000,000</td></tr>
<tr><td>(4) 자본준비금을 감액하여 받은 배당</td><td>① 회계처리
보통예금 200,000
/배당금수익 200,000
② 세무조정
〈익금불산입〉
배당금수익 100,000(△유보)
*주식발행초과금
1,000,000×10%=100,000</td><td>←
10%</td><td>(차) 주식발행초과금 1,000,000 (대) 보통예금 2,000,000
이익준비금 1,000,000</td></tr>
</table>

(2) 익금으로 보는 배당

다음 각 목의 어느 하나에 해당하는 자본준비금을 감액하여 받는 배당금액은 익금으로 본다(법법 18 8호 단서, 개정규정은 2024.1.1.이후 자본준비금을 감액하여 받는 배당금액부터 적용함. 법 부칙 2023.12.31.). 의제배당으로 과세되는 자본준비금(예: 자기주식처분이익)이나 재평가세율 3% 적용 재평가적립금은 주주의 납입 출자금 성격이 아니므로 이를 감액하고 받는 배당금은 익금으로 보는 것이다.

① 법인세법 제16조 제1항 제2호 가목(상법 제459조 제1항에 따른 자본준비금으로서 대통령령으로 정하는 것)에 해당하지 아니하는 자본준비금

> 의제배당으로 과세되는 자본준비금, 3%의 재평가세율을 적용하는 재평가적립금을 의미한다.

② 법인세법 제44조 제2항 또는 제3항의 적격합병에 따른 제17조 제1항 제5호의 합병차익 중 피합병법인의 제16조 제1항 제2호 나목에 따른 재평가적립금에 상당하는 금액(대통령령으로 정하는 금액을 한도로 한다)

> 적격합병에 따른 합병차익 중 3%의 재평가세율을 적용하는 재평가적립금 승계액을 의미한다.

③ 법인세법 제46조 제2항의 적격분할에 따른 제17조 제1항 제6호의 분할차익 중 분할법인의 제16조 제1항 제2호 나목에 따른 재평가적립금에 상당하는 금액(대통령령으로 정하는 금액을 한도로 한다)

> 적격분할에 따른 분할차익 중 3%의 재평가세율을 적용하는 재평가적립금 승계액을 의미한다.

예를 들어 ㈜이손은 ㈜CFO 보통주 10%를 취득하였으며 ㈜CFO의 자본거래가 다음과 같은 경우 회계처리와 세무조정은 다음과 같다. ㈜CFO의 재평가적립금은 재평가세율 3%적용분이다.

구분	㈜이손		㈜CFO
자본준비금 감액 배당	① 회계처리 보통예금 200,000 /배당금수익 200,000 ② 세무조정 없음	← 10%	(차) 자기주식처분이익 1,000,000 (대) 보통예금 2,000,000 재평가적립금 1,000,000

2.8 동업기업소득금액 배분규정에 따라 배분받은 소득금액

동업기업 과세특례를 적용하는 동업기업은 과세하지 않는다. 이 경우 동업자군별 배분대상 소득금액은 각 과세연도의 종료일에 해당 동업자군에 속하는 동업자들에게 동업자 간의 손익배분비율에 따라 배분한다. 관련내용은 다음과 같다.

(1) 용어의 정의

동업기업과 관련한 용어의 정의는 다음과 같다(조특법 100의14).

① 동업기업이란 2명 이상이 금전이나 그 밖의 재산 또는 노무 등을 출자하여 공동사업을 경영하면서 발생한 이익 또는 손실을 배분받기 위하여 설립한 단체를 말한다.
② 동업자란 동업기업의 출자자인 거주자, 비거주자, 내국법인 및 외국법인을 말한다.
③ 배분이란 동업기업의 소득금액 또는 결손금 등을 각 과세연도의 종료일에 자산의 실제 분배 여부에 관계없이 동업자의 소득금액 또는 결손금 등으로 귀속시키는 것을 말한다.
④ 동업자군(군)별 동업기업 소득금액 또는 결손금이란 동업자를 거주자, 비거주자, 내국법인 및 외국법인의 네 개의 군(이하 "동업자군"이라 한다)으로 구분하여 각 군별로 동업기업을 각각 하나의 거주자, 비거주자, 내국법인 또는 외국법인으로 보아 소득세법 또는 법인세법에 따라 계산한 해당 과세연도의 소득금액 또는 결손금을 말한다.
⑤ 동업자군별 손익배분비율이란 동업자군별로 해당 군에 속하는 동업자들의 손익배분비율을 합한 비율을 말한다.
⑥ 동업자군별 배분대상 소득금액 또는 결손금이란 동업자군별 동업기업 소득금액 또는 결손금에 동업자군별 손익배분비율을 곱하여 계산한 금액을 말한다.
⑦ 지분가액이란 동업자가 보유하는 동업기업 지분의 세무상 장부가액으로서 동업기업 지분의 양도 또는 동업기업 자산의 분배시 과세소득의 계산 등의 기초가 되는 가액을 말한다.
⑧ 분배란 동업기업의 자산이 동업자에게 실제로 이전되는 것을 말한다.

(2) 적용범위

동업기업과세특례를 적용받는 동업기업과 그 동업자에 대해서는 각 세법의 규정에 우선하여 이 절의 규정을 적용한다(조특법 100의15 ③).

1) 일반원칙

동업기업과세특례는 동업기업으로서 다음 각 호의 어느 하나에 해당하는 단체가 조세특례제한법 제100조의 17에 따라 적용신청을 한 경우 해당 동업기업 및 그 동업자에 대하여 적용한다. 다만, 동업기업과세특례를 적용받는 동업기업의 동업자는 동업기업의 자격으로

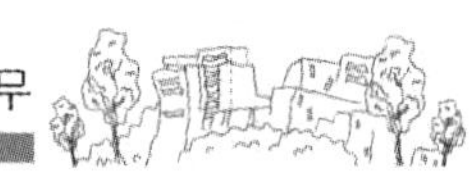

동업기업과세특례를 적용받을 수 없으며, ⑤에 따른 외국단체의 경우 국내사업장을 하나의 동업기업으로 보아 해당 국내사업장과 실질적으로 관련되거나 해당 국내사업장에 귀속하는 소득으로 한정하여 동업기업과세특례를 적용한다(조특법 100의15 ①).

① 민법에 따른 조합

② 상법에 따른 합자조합 및 익명조합(자본시장과 금융투자업에 관한 법률제9조 제18항 제5호 및 제6호의 투자합자조합 및 투자익명조합은 제외한다)

③ 상법에 따른 합명회사 및 합자회사(자본시장과 금융투자업에 관한 법률 제9조 제18항 제4호의 투자합자회사 중 같은 조 제19항 제1호의 기관전용 사모집합투자기구가 아닌 것은 제외한다)

④ ①부터 ③까지의 규정에 따른 단체와 유사하거나 인적 용역을 주로 제공하는 단체로서 대통령령으로 정하는 것. 대통령령으로 정하는 것이란 다음 각 호의 어느 하나에 해당하는 단체를 말한다(조특령 100의15 ①).

1. 변호사법 제40조 및 제58조의 18에 따른 법무법인 및 법무조합
2. 변리사법 제6조의 3 및 같은 법 시행령 제14조에 따른 특허법인
3. 공인노무사법 제7조의 2에 따른 노무법인
4. 법무사법 제33조에 따른 법무사합동법인
5. 전문적인 인적용역을 제공하는 법인으로서 다음 각 목의 어느 하나에 해당하는 것
   가. 변호사법 제58조의 2에 따른 법무법인(유한)
   나. 변리사법 제6조의 12에 따른 특허법인(유한)
   다. 공인회계사법 제23조에 따른 회계법인
   라. 세무사법 제16조의 3에 따른 세무법인
   마. 관세사법 제17조에 따른 관세법인

⑤ 법인세법 제2조 제3호의 외국법인 또는 소득세법 제2조 제3항에 따른 비거주자로 보는 법인 아닌 단체 중 제1호부터 제4호까지의 규정에 따른 단체와 유사한 단체로서 대통령령으로 정하는 기준에 해당하는 외국단체. 대통령령으로 정하는 기준에 해당하는 외국단체란 다음 각 호에 모두 해당하는 외국단체를 말한다(조특령 100의15 ②).

1. 조세특례제한법 제100조의 15 제1항 제1호부터 제4호(제3호에 따른 단체 중 기관전용 사모집합투자기구는 제외한다)까지의 규정에 해당하는 단체와 유사한 외국단체
2. 법인세법 제94조 또는 소득세법 제120조에 따른 국내사업장을 가지고 사업을 경영하는 외국단체
3. 설립된 국가(우리나라와 조세조약이 체결된 국가에 한정한다)에서 동업기업과세특례와 유사한 제도를 적용받는 외국단체

2) 동업자인 동시에 동업기업인 투자합자회사

조세특례제한법 제100조의 15 제1항 단서에도 불구하고 동업기업과세특례를 적용받는 동업기업에 출자한 동업자가 자본시장과 금융투자업에 관한 법률 제9조 제19항 제1호의 기관전용 사모집합투자기구로서 대통령령으로 정하는 요건(법인만을 사원으로 하는 것, 조특령 100의15 ③)을 갖춘 투자합자회사인 경우 그 투자합자회사는 자기에게 출자한 동업자와의 관계에서 동업기업의 자격으로 동업기업과세특례를 적용받을 수 있다. 이 경우 해당 투자합자회사의 동업자는 동업기업의 자격으로 동업기업과세특례를 적용받을 수 없다(조특법 100의15 ②, 개정규정은 2023.12.31.이 속하는 과세연도부터 적용함. 이 경우 2023.12.31.이 속하는 과세연도 또는 2024.1.1. 개시하는 과세연도에 대하여 동업기업과세특례를 적용받으려는 기업은 법 100조의17 제1항에도 불구하고 기획재정부장관이 정하여 고시하는 바에 따라 2024.1.31.까지 관할 세무서장에게 신청을 하여야 함. 법 부칙 2023.12.31.).

동업자인 동시에 동업기업의 자격으로 동업기업과세특례를 적용받는 자는 동업자의 자격으로 자기가 출자한 동업기업(동업기업과세특례를 적용받는 동업기업을 말한다)과의 관계에서 "상위 동업기업"이라 하고, 그 출자를 받은 동업기업은 상위 동업기업과의 관계에서 "하위 동업기업"이라 한다(조특법 100의15 ③, 개정규정은 2023.12.31.이 속하는 과세연도부터 적용함. 이 경우 2023.12.31.이 속하는 과세연도 또는 2024.1.1. 개시하는 과세연도에 대하여 동업기업과세특례를 적용받으려는 기업은 법 100조의17 제1항에도 불구하고 기획재정부장관이 정하여 고시하는 바에 따라 2024.1.31.까지 관할 세무서장에게 신청을 하여야 함. 법 부칙 2023.12.31.).

(3) 과세특례의 적용과 포기

동업기업 과세특례를 적용하는 동업기업은 과세하지 않는다. 이 경우 동업자군별 배분대상 소득금액은 각 과세연도의 종료일에 해당 동업자군에 속하는 동업자들에게 동업자 간의 손익배분비율에 따라 배분한다(조특법 100의18 ①). 이에 따라 법인이 배분받은 소득금액은 익금(배분받은 결손금은 손금)에 산입한다(법법 15 ②).

동업기업과세특례를 적용받으려는 기업은 관할 세무서장에게 신청을 하여야 한다. 동업기업과세특례를 적용받고 있는 동업기업은 동업기업과세특례의 적용을 포기할 수 있다. 다만, 동업기업과세특례를 최초로 적용받은 과세연도와 그 다음 과세연도의 개시일부터 4년 이내에 끝나는 과세연도까지는 동업기업과세특례의 적용을 포기할 수 없다(조특법 100의17).

예 제 **동업기업소득금액 배분규정에 따라 배분받은 소득금액**

㈜이손은 동업기업 과세특례를 적용받는 ㈜CFO에 ₩10,000,000을 출자하였으며 손익분배비율은 40%이다. 관련 자료는 다음과 같다.

(1) ㈜이손의 당기 사업연도는 제10기(20X1.1.1 ~ 20X1.12.31)이다.
(2) ㈜CFO의 20X1년 소득금액은 ₩3,000,000이며 당해 소득금액 전액을 20X2년 3월에 배당금으로 지급하였다.
(3) ㈜이손은 배당금을 수령한 제11기(20X2년)에 배당금수익으로 회계처리하였다.

요구사항

㈜이손의 10기, 11기 세무조정을 하시오.

풀 이

(1) 조세특례제한법상 동업기업과세특례를 적용받는 ㈜CFO의 소득금액은 각 과세연도의 종료일에 해당 동업자군에 속하는 동업자들에게 동업자 간의 손익배분비율에 따라 배분한다. 이에 따라 ㈜이손이 배분받은 소득금액 1,200,000(=3,000,000×40%)은 익금에 산입한다.

(2) 세무조정
10기 : 〈익금산입〉 동업기업 분배금 1,200,000 (유보)
11기 : 〈익금불산입〉 동업기업 분배금 1,200,000 (△유보)

2.9 수입배당금액의 익금불산입

(1) 수입배당금의 이중과세조정

주주가 법인으로부터 받은 배당소득에 대하여 다시 과세하면 동일한 소득에 대한 이중과세 문제가 발생한다. 법인세법에서는 이를 조정하기 위하여 수입배당금의 일정금액을 익금불산입, 특정의 외국자회사로부터 수령한 수입배당금에 대해서는 간접외국납부세액공제를 적용한다(법법 18의2, 법령 94).

배당금수익에 대하여 이중과세를 조정하는 방법은 익금불산입하거나 Gross-Up방식을 적용한다. 소득세법에서는 배당세액공제(Gross-Up방식)를 적용하고 법인세법에서는 익금불산입, 간접외국납부세액공제(Gross-Up방식)를 적용한다. 예를 들어 B는 A법인에 100% 출자하였으며 A법인은 소득 ₩1,000에서 법인세 ₩100을 납부하고 잉여금 전액을 주주인 B에게 배당하였다. A법인과 B 모두 적용세율은 10%다. B가 개인주주라면 소득세법에 따라 배당소득금액에 대하여 배당세액공제를 적용한다. B가 법인주주에 해당하면 법인세법에

따라 수입배당금익금불산입, 간접외국납부세액공제를 적용한다. 이를 요약하면 다음과 같다.

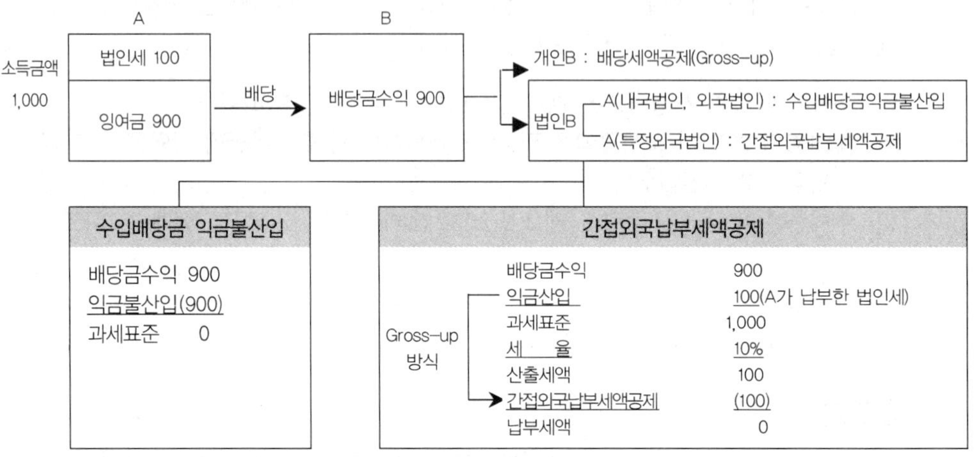

(2) 내국법인이 다른 내국법인으로부터 받은 수입배당금의 익금불산입

1) 요건

내국법인(법인세법 제29조에 따라 고유목적사업준비금을 손금에 산입하는 비영리내국법인은 제외)이 해당 법인이 출자한 다른 내국법인(이하 "피출자법인")으로부터 받은 이익의 배당금 또는 잉여금의 분배금과 제16조에 따라 배당금 또는 분배금으로 보는 금액(이하 "수입배당금액") 중 다음의 금액을 각 사업연도의 소득금액을 계산할 때 익금에 산입하지 아니한다. 이 경우 그 금액이 0보다 작은 경우에는 없는 것으로 본다(법법 18의2 ①).

> 수입배당금 익금불산입액 = 수입배당금액 × 익금불산입비율 − 익금불산입 차감금액

동일 종목주식 등의 일부를 양도한 경우에는 먼저 취득한 주식 등을 먼저 양도한 것으로 본다(법령 17의2 ①). 인적분할로 인하여 신설된 법인이 3개월 이내에 취득한 주식인지의 여부는 분할법인의 주식취득일을 기준으로 판정한다(서이 46012-10957, 2002.5.4.). 배당기준일에 있어서 감자로 인한 의제배당금의 익금불산입은 감자기준일을 배당기준일로 본다(서이 46012-10072, 2002.2.11.).

2) 익금불산입 적용제외 수입배당금액

다음의 어느 하나에 해당하는 수입배당금액에 대해서는 이중과세문제가 발생하지 않으므로 내국법인 수입배당금액의 익금불산입을 적용하지 아니한다(법법 18의2 ②).

① 배당기준일 전 3개월 이내에 취득한 주식 등을 보유함으로써 발생하는 수입배당금액

> 배당기준일 직전 주식을 취득하고 배당기준일 직후 주식처분시 배당락으로 유가증권처분손실이 발생한다. 배당금수익과 유가증권처분손실이 동시에 발생하여 손익변동이 없는 상태에서 수입배당금 익금불산입을 적용하는 것은 조세회피에 해당한다.

② 삭제(지주회사 수입배당금 익금불산입 개정삭제는 2023.1.1. 이후 개시하는 사업연도부터 적용, 법 부칙 2022.12.31.)

③ 법인세법 제51조의 2에 따라 지급한 배당에 대하여 소득공제를 적용받는 법인(유동화전문회사 등에 대한 소득공제)으로부터 받은 수입배당금액

> 배당을 지급하는 법인이 소득공제를 적용받아 이중과세문제가 발생하지 않는다.

④ 법인세법과 조세특례제한법에 따라 법인세를 비과세·면제·감면받는 법인으로서 다음의 어느 하나에 해당하는 법인으로부터 받은 수입배당금액(법령 17의2 ④)

㉠ 조세특례제한법 제63조의 2(법인의 공장 및 본사를 수도권 밖으로 이전하는 경우 법인세 등 감면), 제121조의 8(제주첨단과학기술단지 입주기업에 대한 법인세 등의 감면) 및 제121조의 9(제주투자진흥지구 또는 제주자유무역지역 입주기업에 대한 법인세 등의 감면)를 적용받는 법인(감면율이 100%인 사업연도에 한정한다)

> 배당을 지급하는 법인이 최저한세 적용배제 세액감면 100%를 적용받아 이중과세문제가 발생하지 않는다.

㉡ 조세특례제한법 제100조의 15 제1항의 동업기업과세특례를 적용받는 법인

> 배당을 지급하는 법인이 세액감면, 동업기업특례를 적용받아 이중과세문제가 발생하지 않는다.

⑤ 법인세법 제75조의 14(법인과세 신탁재산에 대한 소득공제)에 따라 지급한 배당에 대하여 소득공제를 적용받는 법인과세 신탁재산으로부터 받은 수입배당금액(2021.1.1. 이후 신탁계약을 체결하는 분부터 적용, 법 부칙 2020.12.22.)

> 배당을 지급하는 법인이 소득공제를 적용받아 이중과세문제가 발생하지 않는다.

⑥ 자산재평가법 제28조 제2항(재평가적립금은 자본전입 등 특정한 사유에 해당하는 경우를 제외하고는 이를 처분금지)을 위반하여 법인세법 제16조 제1항 제2호 나목에 따른 재평가적립

금을 감액하여 지급받은 수입배당금액(2024.1.1. 이후 다른 내국법인으로부터 받는 수입배당금액부터 적용함. 법 부칙 2023.12.31.)

> 자산재평가법을 위반하여 3% 재평가세율을 적용받는 재평가적립금은 익금불산입항목이므로 이를 감액하고 지급받는 수입배당금은 이중과세문제가 발생하지 않는다.

⑦ 법인세법 제18조 제8호 나목(적격합병 재평가적립금 승계액) 및 다목(적격분할 재평가적립금 승계액)에 해당하는 자본준비금을 감액하여 지급받은 수입배당금액(2024.1.1. 이후 다른 내국법인으로부터 받는 수입배당금액부터 적용함. 법 부칙 2023.12.31.)

> 적격합병 등으로 승계된 3% 재평가세율 적용 재평가적립금은 익금불산입항목이므로 이를 감액하고 지급받는 수입배당금은 이중과세문제가 발생하지 않는다.

⑧ 자본의 감소로 주주등인 내국법인이 취득한 재산가액이 당초 주식등의 취득가액을 초과하는 금액 등 피출자법인의 소득에 법인세가 과세되지 아니한 수입배당금액으로서 대통령령으로 정하는 수입배당금액(2024.1.1. 이후 다른 내국법인으로부터 받는 수입배당금액부터 적용함. 법 부칙 2023.12.31.). 대통령령으로 정하는 수입배당금액이란 다음 각 호의 금액을 말한다(법령 17의2 ⑤).

㉠ 법인세법 제16조 제1항 제1호(주식의 소각, 자본의 감소, 사원의 퇴사·탈퇴 또는 출자의 감소로 인하여 주주등인 내국법인이 취득하는 금전과 그 밖의 재산가액의 합계액이 해당 주식 또는 출자지분을 취득하기 위하여 사용한 금액을 초과하는 금액, 법법 16 ① 1호) (자본의 감소로 인한 경우로 한정한다)의 금액

㉡ 법인세법 제16조 제1항 제3호(법인이 자기주식 또는 자기출자지분을 보유한 상태에서 제2호 각 목에 따른 자본전입을 함에 따라 그 법인 외의 주주등인 내국법인의 지분 비율이 증가한 경우 증가한 지분 비율에 상당하는 주식등의 가액, 법법 16 ① 3호)의 금액

> 감자차익 등은 자본항목으로서 익금에 해당하지 않는 재원이므로 이를 재원으로 지급하는 의제배당은 이중과세문제가 발생하지 않는다.

3) 익금불산입비율

익금불산입비율은 다음과 같다. 내국법인이 출자한 다른 내국법인(이하 "피출자법인")에 대한 출자비율은 피출자법인의 배당기준일 현재 3개월 이상 계속해서 보유하고 있는 주식등을 기준으로 계산한다. 이 경우 보유 주식등의 수를 계산할 때 같은 종목의 주식등의 일부를 양도한 경우에는 먼저 취득한 주식등을 먼저 양도한 것으로 본다(법령 17의2 ①). 출자비율은 우선주를 포함한 발행주식총수를 기준으로 한다(서면2팀-582, 2006.4.5.).

자회사의 구분	피출자법인에 대한 출자비율	익금불산입률
내국법인의 사업연도가 2023.1.1.전에 개시하여 2023.1.1. 이후 종료하는 경우 2023.1.1. 전에 받은 수입배당금액의 익금불산입률에 관하여는 개정규정에도 불구하고 종전의 규정에 따르고, 2023.1.1. 이후 받는 수입배당금액의 익금불산입률에 관하여는 개정규정에 따름. 법 부칙 2022.12.31.)		
피출자법인(내국법인)	50% 이상	100%
	20% 이상 50% 미만	80%
	20% 미만	30%

자회사의 구분	출자비율	익금불산입비율
(종전의 규정 : 2020.1.1. 이후 배당받는 분)		
자본시장과 금융투자업에 관한 법률에 따른 주권상장법인인 경우	100%	100%
	30% 이상 100% 미만	50%
	30% 미만	30%
주권상장법인 외의 법인	100%	100%
	50% 이상 100% 미만	50%
	50% 미만	30%

4) 익금불산입 차감금액

지급이자 중 일정금액을 익금불산입액에서 차감한다(법법 18의2 ①). 차입금으로 다른 내국법인 주식을 취득한 경우 지급이자는 손금인정하고 수입배당금은 익금불산입함에 따른 모순을 조정하기 위한 취지이다.

> 지급이자 중 익금불산입 차감금액
>
> $$= \text{지급이자} \times \frac{\text{해당 피출자법인의 주식등(국가 및 지방자치단체로부터 현물출자받은 주식 등은 제외)의 장부가액 적수}}{\text{기말 재무상태표상 자산총액 적수}} \times \text{익금불산입비율}$$

① 지급이자

수입배당금이 당해 법인의 익금으로 확정된 날이 속하는 사업연도 전체의 지급이자로 한다(법기통 18의 3-17의 3…1). 이미 손금불산입된 지급이자는 포함하지 아니한다(법령 17의2 ②). 현재가치할인차금상각액, 지급이자로 계상한 연지급수입의 지급이자는 제외한다(법령 72 ⑥).

② 법인세법상 주식가액

익금불산입적용 주식에 대한 수입배당금이 당해 법인의 익금으로서 확정된 날이 속하는 사업연도의 적수로 한다(법기통 18의 3-17의 3…1). 다른 내국법인 주식가액은 세무상 장부가액으로 한다(법기통 18의 3-17의 3…1). 2019.2.12. 이후 배당받는 분부터 해당 피출자법인의 주식등의 적수계산시 국가 및 지방자치단체로부터 현물출자받은 주식 등은 제외한다(법령 17의2 ③, 영 부칙 2019.2.).

③ 자산총액

사업연도 종료일 현재 재무상태표상 자산총액으로 한다(법령 17의2 ③). 수입배당금이 당해 법인의 익금으로서 확정된 날이 속하는 사업연도의 적수로 한다(서면2팀-1452, 2005.9.12.).

예 제 **일반법인의 수입배당금 익금불산입**

㈜이손은 ㈜CFO(비상장법인)가 발행한 주식을 보유하고 있으며 배당금수익과 관련한 자료는 다음과 같다. 다음 자료로 ㈜이손의 제10기(20X3.1.1~12.31) 수입배당금의 익금불산입에 관한 세무조정을 하시오.

(1) 주식 취득일은 20X1.5.10이며 취득금액은 ₩40,000,000(지분율 40%)이다.
(2) 배당금수익과 관련한 자료는 다음과 같다.
  ① 배당기준일 : 20X2.12.31
  ② 이익잉여금처분 결의일 : 20X3.3.20
  ③ 현금배당 : ₩800,000(20X3.4.5에 수령)
(2) ㈜이손은 지주회사에 해당하지 않으며 20X3.12.31 현재 재무상태표상 자산총액은 ₩1,000,000,000이다.
(3) 20X3년 이자비용 총액은 ₩6,000,000이며 이 중 ₩1,000,000은 업무무관가지급금 등에 대한 지급이자 손금불산입으로 부인되었다.

풀 이

(1) 수입배당금의 익금불산입액 계산
  ① 배당금수익의 귀속시기 : 20X3.3.10이 속하는 사업연도 대상이다.
  ② 익금불산입대상 타법인주식가액 : 배당기준일로 3월전(~20X2.9.30까지)에 취득하여 배당기준일까지 보유한 주식 ₩40,000,000으로 한다.
  ③ 익금불산입비율 : 배당기준일 3월전에 취득하여 배당기준일까지 보유한 주식의 출자비율은 40%이므로 익금불산입비율은 80%이다.

④ 익금불산입차감금액 :

$$(6,000,000-1,000,000)\times\frac{40,000,000\times365}{1,000,000,000\times365}\times80\%=160,000$$

⑤ 수입배당금의 익금불산입액 : 800,000×80%−160,000 = 480,000

(2) 세무조정

〈익금불산입〉 수입배당금 480,000 (기타)

(3) 내국법인이 외국자회사로부터 받은 수입배당금의 익금불산입

1) 요건

내국법인(법인세법 제57조의 2 제1항에 따른 간접투자회사등은 제외한다)이 해당 법인이 출자한 외국자회사[내국법인이 의결권 있는 발행주식총수 또는 출자총액의 10%(조세특례제한법 제22조에 따른 해외자원개발사업을 하는 외국법인의 경우에는 5%) 이상을 출자하고 있는 외국법인으로서 대통령령으로 정하는 요건을 갖춘 법인을 말한다. 이하 이 조 및 제41조(자산의 취득가액)에서 같다]로부터 받은 이익의 배당금 또는 잉여금의 분배금과 법인세법 제16조(의제배당)에 따라 배당금 또는 분배금으로 보는 금액(이하 "수입배당금액")의 95%에 해당하는 금액은 각 사업연도의 소득금액을 계산할 때 익금에 산입하지 아니한다[법법 18의4 ①, 법 18조의 4(법인세법 79조 해산에 의한 청산소득의 개정규정에 따라 준용되는 경우를 포함함)의 개정규정은 2023.1.1. 이후 외국자회사로부터 수입배당금액을 받는 경우부터 적용함. 법 부칙 2022.12.31.].

익금불산입액 = 수입배당금액 × 95%

"대통령령으로 정하는 요건을 갖춘 법인"이란 내국법인이 직접 외국법인의 의결권 있는 발행주식총수 또는 출자총액의 10%(조세특례제한법 제22조에 따른 해외자원개발사업을 하는 외국법인의 경우에는 5%) 이상을 그 외국법인의 배당기준일 현재 6개월 이상 계속하여 보유(내국법인이 적격합병, 적격분할, 적격물적분할, 적격현물출자에 따라 다른 내국법인이 보유하고 있던 외국자회사의 주식등을 승계받은 때에는 그 승계 전 다른 내국법인이 외국자회사의 주식등을 취득한 때부터 해당 주식등을 보유한 것으로 본다)하고 있는 법인을 말한다(법령 18 ①).

2) 적용제외 배당

수입배당금액은 이익의 배당금 또는 잉여금의 분배금과 법인세법 제16조에 따라 배당금 또는 분배금으로 보는 금액(의제배당)을 말한다(법법 18의4 ①). 그러나 국제조세조정에 관한 법률 제27조 제1항(특정외국법인의 각 사업연도 말 현재 배당 가능한 유보소득(留保所得) 중 내국인에게 귀속될 금액은 내국인이 배당받은 것으로 간주[8], 국조법 27 ①) 및 제29조 제1항·제2항(특정외국법인의 유보소득 배당간주)에 따라 특정외국법인의 유보소득에 대하여 내국법인이 배당받은 것으로 보는 금액 및 해당 유보소득이 실제 배당된 경우의 수입배당금액은 수입배당금 익금불산입을 적용하지 아니한다(법법 18의4 ③). 다음의 어느 하나에 해당하는 금액은 각 사업연도의 소득금액을 계산할 때 익금에 산입한다(법법 18의4 ④).

① 국제조세조정에 관한 법률 제27조 제1항 각 호의 요건을 모두 충족하는 특정외국법인으로부터 받은 수입배당금액으로서 대통령령으로 정하는 수입배당금액. 대통령령으로 정하는 수입배당금액이란 국제조세조정에 관한 법률 제27조 제1항이 적용되는 특정외국법인 중 같은 항 제1호에 따른 실제부담세액이 실제발생소득의 15% 이하인 특정외국법인의 해당 사업연도에 대한 다음의 금액을 말한다. 다만, 해외자원개발 사업법에 따른 해외자원개발사업자(이하 "해외자원개발사업자")가 같은 법에 따른 해외자원개발(이하 "해외자원개발")을 위해 조세특례제한법 제104조의 15 제1항 제2호에 따라 외국법인에 출자하거나 같은 항 제3호에 따라 외국자회사에 투자를 하는 경우에는 그 외국법인 또는 외국자회사의 해당 사업연도에 대한 다음 각 호의 금액은 제외한다(법령 18 ②, 단서의 개정규정은 2025.2.28. 이후 과세표준을 신고하는 경우부터 적용함, 영 부칙 2025.2.28.).

　㉠ 이익잉여금 처분액 중 이익의 배당금(해당 사업연도 중에 있었던 이익잉여금 처분에 의한 중간배당을 포함한다) 또는 잉여금의 분배금

　㉡ 법인세법 제16조에 따라 배당금 또는 분배금으로 보는 금액(의제배당)

② 혼성금융상품(자본 및 부채의 성격을 동시에 가지고 있는 금융상품으로서 대통령령으로 정하는 금융상품을 말한다)의 거래에 따라 내국법인이 지급받는 수입배당금액. 대통령령으로 정하는 금융상품이란 다음의 구분에 따른 요건을 모두 갖춘 금융상품[9])을 말한다(법령 18 ③).

　㉠ 우리나라의 경우 : 우리나라의 세법에 따라 해당 금융상품을 자본으로 보아 내국법인이 해당 금융상품의 거래에 따라 거래상대방인 외국자회사로부터 지급받는 이자 및 할인료를 배당소득으로 취급할 것

---

8) 특정외국법인 유보소득 배당간주(Controlled Foreign Company rule, CFC)는 외국의 저세율국가에 법인을 설립하여 소득을 유보하고 배당을 수취하지 아니하는 방법으로 국내과세를 회피하는 경우 그 유보소득을 내국인에게 배당한 것으로 간주하여 과세하는 제도이다.

9) 외국에서는 부채로 보아 이자비용으로 손금처리한 것을 국내에서는 배당으로 보고 수입배당금 익금불산입을 적용하는 것을 방지하기 위한 규정이다.

㉡ 외국자회사가 소재한 국가의 경우 : 그 국가의 세법에 따라 해당 금융상품을 부채로 보아 외국자회사가 해당 금융상품의 거래에 따라 거래상대방인 내국법인에 지급하는 이자 및 할인료를 이자비용으로 취급할 것

③ 위 ① 및 ②와 유사한 것으로서 대통령령으로 정하는 수입배당금액

3) 외국에 납부한 세액(원천징수세액)의 손금불산입

법인세법 제18조의 4에 따른 익금불산입의 적용 대상이 되는 수입배당금액에 대하여 외국에 납부한 세액과 법인세법 제57조에 따라 외국납부세액공제를 적용하는 경우의 외국법인세액은 손금불산입한다(법법 21 1호, 개정규정은 2023.1.1. 이후 외국자회사로부터 수입배당금액을 받는 경우부터 적용함. 법 부칙 2022.12.31.).

4) 외국자회사를 인수하여 취득한 주식의 취득가액

내국법인이 외국자회사를 인수하여 취득한 주식등으로서 그 주식등의 취득에 따라 내국법인이 외국자회사로부터 받은 법인세법 제18조의 4 제1항에 따른 수입배당금액이 다음의 요건을 모두 갖춘 경우에 해당하는 주식등의 취득가액은 해당 주식등의 매입가액에서 다음의 요건을 모두 갖춘 수입배당금액을 뺀 금액으로 한다(법법 41 ① 1의2호, 법령 72 ② 1의2호, 개정규정은 2023.1.1. 이후 외국자회사를 인수하는 경우부터 적용함. 법 부칙 2022.12.31.).

① 내국법인이 외국자회사의 의결권 있는 발행주식총수 또는 출자총액의 10%(조세특례제한법 제22조에 따른 해외자원개발사업을 하는 외국법인의 경우에는 5%) 이상을 최초로 보유하게 된 날의 직전일 기준 이익잉여금을 재원(財源)으로 한 수입배당금액일 것

② 법인세법 제18조의 4 제1항에 따라 익금에 산입되지 않았을 것

5) 신청서 제출

외국자회사로부터 받은 수입배당금액의 익금불산입을 적용받으려는 내국법인은 법인세법 제60조에 따른 과세표준 신고를 할 때 기획재정부령으로 정하는 외국자회사 수입배당금액 명세서를 첨부하여 납세지 관할 세무서장에게 제출해야 한다(법령 18 ④).

(4) 내국법인이 외국법인 자본준비금 감액으로 받은 배당금의 익금불산입

1) 외국법인의 의의

외국법인이란 본점 또는 주사무소가 외국에 있는 단체(사업의 실질적 관리장소가 국내에 있지 아니하는 경우만 해당한다)로서 대통령령으로 정하는 기준에 해당하는 법인을 말한다(법법 2 3호). "대통령령으로 정하는 기준에 해당하는 법인"이란 다음의 어느 하나에 해당하는 단체를 말한다(법령 2 ②).

① 설립된 국가의 법에 따라 법인격이 부여된 단체

② 구성원이 유한책임사원으로만 구성된 단체

③ (삭제, 2019.2.12.)

④ 그 밖에 해당 외국단체와 동종 또는 유사한 국내의 단체가 상법 등 국내의 법률에 따른 법인인 경우의 그 외국단체

2) 외국법인의 자본준비금 감액으로 받은 배당

내국법인이 해당 법인이 출자한 외국법인(외국자회사는 제외한다)으로부터 자본준비금을 감액하여 받는 배당으로서 법인세법 제18조 제8호[상법 제461조의 2에 따라 자본준비금을 감액하여 받는 배당금액(내국법인이 보유한 주식의 장부가액을 한도로 한다)은 익금에 산입하지 아니한다. 다만, 법인세법 제16조 제1항 제2호 각 목에 해당하지 아니하는 자본준비금의 배당은 제외한다. 법법 18 8호]에 따른 익금에 산입되지 아니하는 배당에 준하는 성격의 수입배당금액을 받는 경우 그 금액의 95%에 해당하는 금액은 각 사업연도의 소득금액을 계산할 때 익금에 산입하지 아니한다(법법 18의4 ②).

해외자회사가 자본준비금을 감액하여 배당하는 경우 동 배당금이 상법 제461조의2에 따라 자본준비금을 감액하여 이를 재원으로 주주에게 배당하는 경우에 해당하면 법인세법 제18조제8호의 규정에 따라 내국법인의 각 사업연도의 소득금액을 계산할 때 익금에 산입하지 아니한다(서면-2016-법인-3097, 2016.05.02).

2.10 임대료수익

기업회계상 임대료수익은 발생주의에 따라 인식하지만, 법인세법상 손익귀속사업연도는 다음과 같다(법령 71 ①).

① 원칙적인 귀속시기

㉠ 계약 등에 의하여 임대료의 수취일이 정하여진 경우에는 그 수취일

㉡ 계약 등에 의하여 임대료의 수취일이 정하여지지 아니한 경우에는 그 수취한 날

② 기간경과분 미수임대료의 귀속시기

㉠ 지급기간이 1년 이내인 경우 : 결산조정한 경우에는 계상한 사업연도

㉡ 지급기간이 1년 초과인 경우 : (결산조정 여부와 관계없이) 당해 사업연도

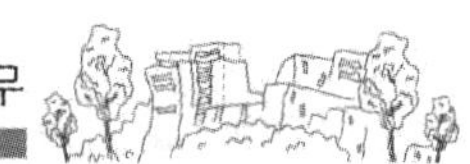

2.11 간주임대료

부동산의 임대료는 익금이나 임대보증금은 부채로서 익금대상이 아니다. 다만, 임대보증금으로 다른 부동산을 취득함으로써 부동산투기를 조장할 수 있기 때문에 임대보증금 수령에 대한 경제적 이익을 익금으로 간주하여 과세한다.

(1) 간주임대료 대상자산

법인의 대통령령으로 정하는 주택을 제외한 부동산 또는 그 부동산에 관한 권리 등을 대여하고 보증금, 전세금 또는 이에 준하는 것을 받은 경우에는 간주임대료를 익금에 가산한다(조특법 138). 간주임대료 제외대상인 대통령령으로 정하는 주택이란 주택과 그 부속토지로서 다음의 면적 중 넓은 면적 이내의 토지를 말한다(조특령 132).

① 주택의 연면적(지하층의 면적, 지상층의 주차용으로 사용되는 면적 및 주택건설기준 등에 관한 규정 제2조 부칙제3호의 규정에 따른 주민공동시설의 면적을 제외한다)
② 건물이 정착된 면적에 5배(도시지역 밖의 토지의 경우에는 10배를 말한다)를 곱하여 산정한 면적

부동산에 관한 권리 등을 대여하고 보증금, 전세금 또는 이에 준하는 것을 받은 경우에도 간주임대료를 익금에 가산한다. 이 경우 부동산에 관한 권리는 다음의 것(미등기 양도자산을 포함한다)을 말한다(소법 118의2 2호, 소령 178의2 ④).

① 지상권·전세권과 부동산임차권
② 부동산을 취득할 수 있는 권리(건물이 완성되는 때에 그 건물과 이에 부수되는 토지를 취득할 수 있는 권리를 포함한다)

(2) 간주임대료의 계산

1) 과세요건

다음의 요건을 모두 만족하는 법인에 한하여 간주임대료를 익금산입한다(조특령 132 ①).

① 부동산임대업을 주업으로 하는 내국영리법인
부동산임대업을 주업으로 하는 법인이란 당해 법인의 사업연도종료일 현재 자산총액 중 임대사업에 사용된 자산가액이 50% 이상인 법인을 말한다. 자산가액의 계산은 소득세법 제99조의 규정에 의한 기준시가 등에 의하며 자산의 일부를 임대하는 경우 면적비율에 따라 임대사업에 사용하는 자산가액을 계산한다(조특령 132 ③).

자산총액 중 임대사업에 사용된 자산가액이 50/100이상인지의 여부를 판정함에 있어서 주택 및 부속토지는 자산총액과 임대사업에 사용된 자산가액에 모두 포함하여 계산한다(법인 46012-2896, 1996.10.18.). 또한 내국영리법인만을 대상으로 하므로 외국법인, 비영리법인은 대상이 아니다.

② 차입금과다법인

차입금과다법인이란 차입금이 자기자본의 2배를 초과하는 법인을 말한다. 차입금과 자기자본은 적수로 계산한다. 차입금의 적수는 업무무관자산 등 관련 지급이자의 차입금 적수와 동일하다. 이 경우 차입금은 법인세법 시행령 제55조의 규정에 따라 지급이자가 이미 손금불산입된 차입금을 제외한다(조특령 132 ②).

㉠ 당해 사업연도종료일 현재 재무상태표상 자산의 합계액에서 부채(충당금을 포함하며 미지급법인세를 제외한다)의 합계액을 공제한 금액

㉡ 당해 사업연도종료일 현재 납입자본금(자본금에 주식발행초과금 및 감자차익을 가산하고, 주식할인발행차금 및 감자차손을 차감한 금액)

사업연도 중 합병·분할하거나 증자·감자 등에 따라 자기자본의 변동이 있는 경우에는 당해 사업연도 개시일부터 자기자본의 변동일 전일까지의 기간(당해 기간에 해당하는 자기자본은 상기 ㉠의 규정에 따른 금액에서 증자액 또는 감자액을 차감 또는 가산하여 계산할 수 있다)과 그 변동일부터 당해 사업연도종료일까지의 기간으로 각각 나누어 계산한 자기자본의 적수를 합한 금액을 자기자본의 적수로 한다.

2) 간주임대료

$$간주임대료 = (임대보증금적수 - 건설비적수) \times 정기예금이자율 \times \frac{1}{365(윤년\ 366)} - 금융수익$$

* 간주임대료 및 금융수익이 음수인 경우에는 각각 0으로 한다.

① 임대보증금적수

임대보증금을 어음으로 받은 경우에는 어음의 결제일 또는 임대개시일 중 먼저 도래하는 날부터 계산한다. 부동산의 완공 전에 계약금, 선수보증금을 받은 경우에는 임대를 개시한 날 이후부터 간주임대료를 계산하며 여러 개의 독립된 부동산을 임대하는 경우에는 임대용부동산 전체를 합하여 계산한다. 주택임대사업의 지원목적으로 주택과 그 부수토지를 임대하고 받은 보증금은 간주임대료 계산대상에서 제외한다(조특령 132 ②). 주택부수토지란 다음 중 넓은 면적 이내의 토지를 말한다(조특령 132 ④).

㉠ 주택의 연면적

㉡ 주택 정착면적의 5배(도시지역 밖은 10배)를 곱하여 산정한 면적

② 건설비 적수

임대부동산의 건설비상당액 적수는 토지를 제외한 건축물의 취득가액(자본적지출액을 포함하고 감가상각누계액, 평가차액은 고려하지 않음)으로 계산한다(조특령 132, 조특칙 59 ②). 일부임대의 경우에는 건설비 적수를 임대면적(임대보증금 없이 임대료만 받는 임대면적 포함, 서면인터넷방문상담2팀-295, 2004.02.26) 비율에 따라 안분하며 법인의 자가사용 및 미임대 면적을 제외한 면적이다. 면적의 적수의 계산은 매월말 현재의 잔액에 경과일수를 곱하여 계산할 수 있다(조특칙 59).

㉠ 임대용부동산의 건설비상당액(토지가액 제외)

$$\text{임대용부동산의 건설비상당액} = \text{임대용부동산의 건설비 적수총계} \times \frac{\text{임대면적의 적수}}{\text{건물 연면적의 적수}}$$

㉡ 지하도를 건설하여 국유재산법 기타 법령에 의하여 국가 또는 지방자치단체에 기부채납하고 지하도로 점용허가(1차 무상점유기간에 한한다)를 받아 이를 임대하는 경우

$$\text{지하도 건설비상당액} = \text{지하도 건설비 적수총계} \times \frac{\text{임대면적의 적수}}{\text{임대가능면적의 적수}}$$

부동산을 임차하여 전대하는 경우에는 전대한 부동산의 임차보증금을 건설비 상당액으로 본다(조특칙 59 ③). 건축물을 임대개시일 전에 준공(취득)하였더라도 건설비적수는 임대개시일부터 계산한다.

1991년 1월 1일 이후에 개시하는 사업연도이전에 취득·건설한 임대용 부동산의 건설비 상당액은 당해부동산의 취득가액과 당해부동산의 연면적에 1990년 12월 31일이 속하는 사업연도 종료일 현재의 단위면적당 임대보증금을 곱하여 계산한 금액중 큰 금액으로 한다. 이 경우 당해부동산의 취득가액이 확인되지 아니하는 때에는 소득세법 제99조의 규정에 의한 기준시가를 그 취득가액으로 한다(조특칙 59 ⑦).

③ 정기예금이자율

정기예금이자율이란 서울특별시에 본점을 둔 은행의 계약기간 1년의 정기예금이자율의 평균을 감안하여 기획재정부령이 정하는 이자율을 말하며 법인세법 시행규칙 제6조의 규정에 의한 이자율을 말한다(조특칙 59 ④). 기획재정부령으로 정하는 이자율은 연간 1

천분의 31을 말한다(법칙 6, 2025.1.1.전에 개시한 사업연도의 사업수입금액 계산에 적용하는 정기예금이자율에 관하여는 규칙 6조의 개정규정에도 불구하고 종전의 규정에 따름. 규칙 부칙 2025.3.21.).

구 분	정기예금이자율
2025.1.1. 이후 개시하는 사업연도	3.1%
2024.1.1. 이후 개시하는 사업연도	3.5%
2023.1.1. 이후 개시하는 사업연도	2.9%

④ 금융수익

임대사업에 대한 금융수익은 당해 사업연도 중 임대사업부분에서 발생한 수입이자와 할인료·수입배당금·신주인수권처분이익 및 유가증권처분이익의 합계액을 말한다(조특령 132 ⑤). 유가증권처분이익은 유가증권의 처분이익에서 처분손실을 차감한 금액으로 한다(조특칙 59 ⑤). 임대사업 금융수입이 음수인 경우에는 0으로 한다(조특통 138-132…1). 금융수익은 발생주의에 따른 금액을 의미하며 세법상 손익의 귀속시기가 도래하지 않은 미수수익도 금융수익으로 보아 차감한다.

(3) 추계결정하는 경우 간주임대료

장부 기타 증빙의 미비 등으로 추계결정하는 경우에는 모든 법인에 대하여 간주임대료를 계산하며 주택과 그 부수토지에 대해서도 포함하여 과세한다(법령 11 1호).

$$\text{간주임대료} = \text{임대보증금적수} \times \text{정기예금이자율} \times \frac{1}{365(\text{윤년}366)}$$

보증금이란 부동산이나 부동산에 관한 권리를 대여하고 받은 임대보증금과 전세금을 말한다. 적수는 해당 계정의 매일(24시 기준)의 잔액을 합한 금액이며 정기예금이자율은 사업연도 종료일 현재 기획재정부령이 정하는 이자율을 말한다.

제2절 외화평가

01 일반기업회계기준

(1) 용어의 정의

일반기업회계기준의 환율변동효과와 관련한 용어의 정의는 다음과 같다.

기능통화	영업활동이 이루어지는 주된 경제 환경의 통화
마감환율	보고기간말의 현물환율
외화	기능통화 이외의 다른 통화
외화환산손익	결산일에 화폐성외화자산 또는 화폐성외화부채를 환산하는 경우 환율의 변동으로 인하여 발생하는 환산손익
외환차손익	외화자산의 회수 또는 외화부채의 상환시에 발생하는 차손익
외환차이	특정 통화로 표시된 금액을 변동된 환율을 사용하여 다른 통화로 환산할 때 생기는 차이
표시통화	재무제표를 표시할 때 사용하는 통화
해외사업장	보고기업과 다른 국가에서 또는 다른 통화로 영업활동을 하는 종속기업, 관계기업, 조인트벤처나 지점
해외사업장에 대한 순투자	해외사업장의 순자산에 대한 보고기업의 지분 해당 금액
현물환율	즉시 인도가 이루어지는 거래에서 사용하는 환율
화폐성항목	보유하는 화폐단위들과 확정되었거나 결정가능한 화폐단위 수량으로 회수하거나 지급하는 자산·부채
환율	두 통화 사이의 교환비율

(2) 외화평가

기능통화로 외화거래를 최초로 인식하는 경우에 거래일의 외화와 기능통화 사이의 현물환율을 외화금액에 적용하여 기록한다. 다만, 환율이 유의적으로 변동하지 않은 경우에는 일정기간의 평균환율을 사용할 수 있다.

1) 후속 보고기간말의 보고

매 보고기간말의 외화환산방법은 다음과 같다.

① 화폐성 외화항목은 마감환율로 환산한다.
② 역사적원가로 측정하는 비화폐성 외화항목은 거래일의 환율로 환산한다.
③ 공정가치로 측정하는 비화폐성 외화항목은 공정가치가 결정된 날의 환율로 환산한다.

2) 외환차이의 인식

화폐성항목의 결제시점에 발생하는 외환차손익 또는 화폐성항목의 환산에 사용한 환율이 회계기간 중 최초로 인식한 시점이나 전기의 재무제표 환산시점의 환율과 다르기 때문에 발생하는 외화환산손익은 그 외환차이가 발생하는 회계기간의 손익으로 인식한다.

3) 외화이자수익 및 외화이자비용의 인식

기능통화로 외화거래를 최초로 인식하는 경우에 거래일의 외화와 기능통화 사이의 현물환율을 외화금액에 적용하여 기록한다. 다만, 환율이 유의적으로 변동하지 않은 경우에는 일정기간의 평균환율을 사용할 수 있다.

4) 선지급·선수취 대가

2018.1.1. 이후부터 외화로 대가를 선지급하거나 선수취하여 인식한 비화폐성자산이나 비화폐성부채를 제거하면서 관련 자산, 비용, 수익 또는 이들 항목의 일부를 인식할 때에는, 그 비화폐성자산이나 비화폐성부채를 인식한 날을 거래일로 보고 그 날의 환율을 적용한다. 이 개정내용은 시행일 이후 최초로 시작되는 회계연도부터 적용하되, 조기 적용할 수도 있다. 다만, 최초로 적용하는 회계연도의 시작일 현재 이미 인식되어 있는 비화폐성자산이나 비화폐성부채는 그 시작일 이후 인식하는 비화폐성자산이나 비화폐성부채를 제거하면서 관련 자산, 비용, 수익 또는 이들 항목의 일부를 인식할 때 적용한다(시행일 및 경과규정 2017.9.22. 문단2).

02 K-IFRS

2.1 외화환산

기업은 외화거래나 해외사업장의 운영과 같은 방법으로 외화관련 활동을 수행할 수 있다. 또 기업은 재무제표를 외화로 표시하기도 한다. 외화환산은 외화거래와 해외사업장의 운영을 재무제표에 반영하고 재무제표를 표시통화로 전환하는 과정을 의미한다.

(1) 기능통화

기능통화란 영업활동이 이루어지는 주된 경제 환경의 통화를 말한다. 일반적으로 영업활동이 이루어지는 주된 경제 환경은 주로 현금을 창출하고 사용하는 환경을 말한다. 우리나라 대부분의 기업은 원화가 기능통화에 해당한다. 재무제표 작성을 위한 기능통화를 결정할 때는 다음의 사항을 고려한다.10)

① 재화와 용역의 공급가격에 주로 영향을 미치는 통화(흔히 재화와 용역의 공급가격을 표시하고 결제하는 통화)
② 재화와 용역의 공급가격을 주로 결정하는 경쟁요인과 법규가 있는 국가의 통화
③ 재화를 공급하거나 용역을 제공하는 데 드는 노무원가, 재료원가와 그 밖의 원가에 주로 영향을 미치는 통화(흔히 이러한 원가를 표시하고 결제하는 통화)

기능통화를 결정할 때 고려한 지표들이 서로 다른 결과를 제시하여 기능통화가 분명하지 않은 경우에는 경영진이 판단하여 실제 거래, 사건과 상황의 경제적 효과를 가장 충실하게 표현하는 기능통화를 결정한다. 기능통화는 그와 관련된 실제 거래, 사건과 상황을 반영한다. 따라서 일단 기능통화를 결정하면 변경하지 아니한다. 다만 실제 거래, 사건과 상황에 변화가 있다면 그러하지 아니한다.

(2) 화폐성항목과 비화폐성항목

화폐성항목이란 보유하는 화폐단위들과 확정되었거나 결정가능한 화폐단위 수량으로 회수하거나 지급하는 자산·부채를 말하며 비화폐성항목은 확정되었거나 결정가능할 수 있는 화폐단위의 수량으로 받을 권리나 지급할 의무가 없는 자산·부채를 말한다. 구체적인 내용은 다음과 같다.

---

10) 다음 사항도 보조지표로서 기능통화의 증거가 될 수 있다.
① 재무활동(즉, 채무상품이나 지분상품의 발행)으로 조달되는 통화
② 영업활동에서 유입되어 통상적으로 보유하는 통화

① 화폐성항목이란 보유하는 화폐단위들과 확정되었거나 결정가능한 화폐단위 수량으로 회수하거나 지급하는 자산·부채를 말한다. 화폐성항목의 본질적 특징은 확정되었거나 결정가능할 수 있는 화폐단위의 수량으로 받을 권리나 지급할 의무라는 것이다. 예를 들어 현금으로 지급하는 연금과 그 밖의 종업원급여, 현금으로 상환하는 충당부채, 부채로 인식하는 현금배당 등이 화폐성항목에 속한다. 또 수량이 확정되지 않은 기업자신의 지분상품이나 금액이 확정되지 않은 자산을 받거나 주기로 한 계약의 공정가치가 화폐단위로 확정되었거나 결정가능할 수 있다면 이러한 계약도 화폐성항목에 속한다.

② 비화폐성항목의 본질적 특징은 확정되었거나 결정가능할 수 있는 화폐단위의 수량으로 받을 권리나 지급할 의무가 없다는 것이다. 예를 들어 재화와 용역에 대한 선급금(㉥ 선급임차료), 영업권, 무형자산, 재고자산, 유형자산, 비화폐성 자산의 인도에 의해 상환되는 충당부채 등이 비화폐성항목에 속한다.

2.2 기능통화에 의한 외화거래의 보고

(1) 최초 인식

외화거래는 외화로 표시되어 있거나 외화로 결제되어야 하는 거래로서 다음과 같다.

① 외화로 가격이 표시되어 있는 재화나 용역의 매매
② 지급하거나 수취할 금액이 외화로 표시된 자금의 차입이나 대여
③ 외화로 표시된 자산의 취득이나 처분, 외화로 표시된 부채의 발생이나 상환

기능통화로 외화거래를 최초로 인식하는 경우에 거래일의 외화와 기능통화 사이의 현물환율을 외화금액에 적용하여 기록한다. 거래일은 한국채택국제회계기준에 따라 거래의 인식요건을 최초로 충족하는 날이다. 실무적으로는 거래일의 실제 환율에 근접한 환율을 자주 사용한다. 예를 들어 일주일이나 한 달 동안 발생하는 모든 외화거래에 대하여 해당 기간의 평균환율을 사용할 수 있다. 그러나 환율이 유의적으로 변동된 경우에 해당기간의 평균환율을 사용하는 것은 부적절하다.

(2) 이자수익과 이자비용의 인식

거래일은 K-IFRS에 따라 거래의 인식요건을 최초로 충족하는 날이다. 실무적으로는 거래일의 실제 환율에 근접한 환율을 자주 사용한다. 예를 들어, 일주일이나 한 달 동안 발생하는 모든 외화거래에 대하여 해당 기간의 평균환율을 사용할 수 있다(K-IFRS 1021 문단 22). 즉, 수익과 비용항목을 환산할 때 거래일의 환율에 근접한 환율(㉥ 해당 기간의 평균환율)을

자주 사용한다. 그러나 환율이 유의적으로 변동한 경우에는 일정기간의 평균환율을 사용하는 것은 부적절하다(K-IFRS 1021 문단 40).

* 20×1.7.5 .: ₩1,000/$　　20×1.10.5. : ₩1,100/$　　20×1.7.5.~20×1.10.5. 평균환율 : ₩1,050/$
* 직전이자지급은 20×1.7.5.이며 20×1.10.5.에 3개월의 이자 $100를 수령하였다.

20×1.10.5.	(차) (외화)보통예금	110,000	(대)	이자수익	105,000
				외환차익	5,000

* $100 × 1,100 = ₩110,000
* $100 × 1,050 = ₩105,000

(3) K-IFRS 제2122호 외화 거래와 선지급·선수취 대가

관련 자산, 비용, 수익의 최초 인식에 적용할 환율을 결정하기 위한 거래일은 대가를 선지급하거나 선수취하여 비화폐성자산이나 비화폐성부채를 최초로 인식하는 날이다. 선지급이나 선수취가 여러 차례에 걸쳐 이루어지는 경우 대가의 선지급이나 선수취로 인한 거래일을 각각 결정한다.

예제　외화 거래와 선지급·선수취 대가

㈜이손의 외화거래와 관련한 자료는 다음과 같으며 계약조건은 선적지 인도기준이다. ㈜이손의 외화거래에 대한 회계처리를 하시오.

(1) 국외매출 계약금액은 $40,000이며 거래내역과 환율은 다음과 같다.

일 자	금 액($)	서울외국환 매매기준율	비 고
20×2.12.24	10,000	1,000.00	선수금
20×2.12.27		1,100.00	선적일
20×2.12.31		1,150.00	결산일
20×3. 1.18	30,000	1,270.00	잔금수령일
합 계	40,000		

(2) 기계장치 수입과 관련한 계약금액은 $40,000이며 거래내역과 환율은 다음과 같다. 잔금지급일에 설치가 완료되어 사용을 개시하였다. 기계장치는 내용연수 5년, 잔존가치는 없으며 정액법에 의해 감가상각한다.

일 자	금 액($)	서울외국환 매매기준율	비 고
20×2.12.24	10,000	1,000.00	선급금
20×2.12.27		1,100.00	선적일
20×2.12.31		1,150.00	결산일
20×3. 1.18	30,000	1,270.00	잔금지급일
합 계	40,000		

풀이

(1) 매출

일자	차변	금액	대변	금액
20×2.12.24	(차) 보통예금	10,000,000	(대) 선수금	10,000,000
	* $10,000×1,000=₩10,000,000			
20×2.12.27	(차) 선수금	10,000,000	(대) 매출	43,000,000
	외화외상매출금	33,000,000		
	* $30,000×1,100=₩33,000,000			
20×2.12.31	(차) 외화외상매출금	1,500,000	(대) 외화환산이익	1,500,000
	* $30,000×(1,150-1,100)=₩1,500,000			
20×3. 1.18	(차) 보통예금	38,100,000	(대) 외화외상매출금	34,500,000
			외환차익	3,600,000
	* $30,000×1,270=₩38,100,000			
	* $30,000×(1,270-1,150)=₩3,600,000			

(2) 기계장치 수입

일자	차변	금액	대변	금액
20×2.12.24	(차) 건설중인자산	10,000,000	(대) 보통예금	10,000,000
	* $10,000×1,000=₩10,000,000			
20×2.12.27	(차) 건설중인자산	33,000,000	(대) 미지급금	33,000,000
	* $30,000×1,100=₩33,000,000			
20×2.12.31	(차) 외화환산손실	1,500,000	(대) 미지급금	1,500,000
	* $30,000×(1,150-1,100)=₩1,500,000			
20×3. 1.18	(차) 미지급금	34,500,000	(대) 보통예금	38,100,000
	외환차손	3,600,000		
	* $30,000×1,270=₩38,100,000			
	* $30,000×(1,270-1,150)=₩3,600,000			
	(차) 기계장치	43,000,000	(대) 건설중인자산	43,000,000
20×3.12.31	(차) 감가상각비	8,600,000	(대) 감가상각누계액	8,600,000
	* 43,000,000÷5년×12/12=₩8,600,000			

(3) 후속 보고기간말의 보고(외화환산)

매 보고기간말의 외화환산방법은 다음과 같다.

① 화폐성 외화항목은 마감환율로 환산한다.

② 역사적원가로 측정하는 비화폐성 외화항목은 거래일의 환율로 환산한다.

③ 공정가치로 측정하는 비화폐성 외화항목은 공정가치가 결정된 날의 환율로 환산한다.

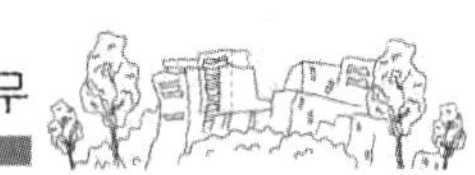

보고기간말 외화환산과 관련하여 유의할 사항은 다음과 같다.

① 유형자산은 공정가치나 역사적원가로 측정할 수 있다. 공정가치를 기준으로 결정하든 역사적원가를 기준으로 결정하든 장부금액이 외화로 결정된다면 기능통화로 환산한다.

② 둘 이상의 금액을 비교하여 장부금액이 결정되는 항목이 있다. 예를 들어 재고자산의 장부금액은 취득원가와 순실현가능가치 중에서 작은 금액으로 한다. 또 손상을 시사하는 징후가 있는 자산의 장부금액은 잠재적 손상차손을 고려하기 전 장부금액과 회수가능액 중 작은 금액으로 한다. 이러한 자산이 비화폐성항목이고 외화로 측정되는 경우에는 다음의 두 가지를 비교하여 장부금액을 결정한다. 다음의 ㉠과 ㉡을 비교하는 경우 기능통화를 기준으로 할 때는 손상차손을 인식하나 외화를 기준으로 할 때는 손상차손을 인식하지 않을 수 있으며 반대의 경우도 나타날 수 있다.

㉠ 그 금액이 결정된 날의 환율(즉, 역사적원가로 측정한 항목의 경우 거래일의 환율)로 적절하게 환산한 취득원가나 장부금액

㉡ 그 가치가 결정된 날의 환율(예 보고기간말의 마감환율)로 적절하게 환산한 순실현가능가치나 회수가능액

③ 여러 가지 환율을 사용할 수 있는 경우에는 해당 거래나 잔액에 따른 미래현금흐름이 측정일에 발생하였다면 결제하였을 환율을 사용한다. 일시적으로 두 통화의 교환이 불가능한 경우에는 그 이후에 처음으로 교환이 이루어지는 때의 환율을 사용한다.

(3) 외환차이의 인식

화폐성항목의 결제시점에 생기는 외환차이 또는 화폐성항목의 환산에 사용한 환율이 회계기간 중 최초로 인식한 시점이나 전기의 재무제표 환산시점의 환율과 다르기 때문에 생기는 외환차이는 그 외환차이가 생기는 회계기간의 손익으로 인식한다.[11] 이와 관련한 구체적인 내용은 다음과 같다.

① 외화거래에서 화폐성항목이 생기고 거래일과 결제일의 환율이 변동된 경우에 외환차이가 나타난다. 거래가 발생한 회계기간에 결제되는 경우에는 모든 외환차이를 그 회계기간에 인식한다. 그러나 거래가 후속 회계기간에 결제되는 경우에는 각 회계기간의 환율변동에 따른 외환차이를 결제일까지 각 회계기간에 인식한다.

② 비화폐성항목에서 생긴 손익을 기타포괄손익으로 인식하는 경우에 그 손익에 포함된 환율변동효과도 기타포괄손익으로 인식한다. 그러나 비화폐성항목에서 생긴 손익을 당기

---

11) 외화항목에 대한 위험회피회계는 K-IFRS 제1039호를 적용한다. 위험회피회계를 적용하는 외환차이는 이 기준서의 외환차이 규정과 다르게 회계처리한다. 예를 들어 현금흐름위험회피수단의 요건을 갖춘 화폐성항목에 대한 외환차이 중 위험회피에 효과적인 부분은 K-IFRS 제1039호에 따라 처음부터 기타포괄손익으로 보고한다.

손익으로 인식하는 경우에는 그 손익에 포함된 환율변동효과도 당기손익으로 인식한다.

③ 다른 한국채택국제회계기준서에서 손익을 기타포괄손익으로 인식하는 경우가 있다. 예를 들어 유형자산의 재평가에서 생기는 평가손익은 기타포괄손익으로 인식한다. 이러한 자산이 외화로 측정된다면 그 가치가 결정된 날의 환율로 재평가금액을 환산하며 이때 생기는 외환차이도 기타포괄손익으로 인식한다.

④ 보고기업의 해외사업장에 대한 순투자의 일부인 화폐성항목에서 생기는 외환차이는 보고기업의 별도재무제표나 해외사업장의 개별재무제표에서 당기손익으로 적절하게 인식한다. 그러나 보고기업과 해외사업장을 포함하는 재무제표(예 해외사업장이 종속기업인 경우의 연결재무제표)에서는 이러한 외환차이를 처음부터 기타포괄손익으로 인식하고 관련 순투자의 처분시점에 자본에서 당기손익으로 재분류한다.

⑤ 보고기업의 해외사업장에 대한 순투자의 일부인 화폐성항목이 보고기업의 기능통화로 표시되는 경우 해외사업장의 개별재무제표에 외환차이가 생긴다. 이러한 화폐성항목이 해외사업장의 기능통화로 표시되는 경우에는 보고기업의 별도재무제표에 외환차이가 생긴다. 이러한 화폐성항목이 보고기업이나 해외사업장의 기능통화 이외의 다른 통화로 표시되는 경우에는 보고기업의 별도재무제표와 해외사업장의 개별재무제표에 외환차이가 생긴다. 이러한 외환차이는 보고기업과 해외사업장을 포함하는 재무제표(즉, 연결재무제표, 비례연결 또는 지분법을 적용하여 작성한 재무제표)에서는 기타포괄손익으로 인식한다.

⑥ 기능통화 이외의 다른 통화로 장부를 기록하는 경우에는 재무제표를 작성할 때 모든 금액을 기능통화로 환산한다. 이렇게 하면 처음부터 장부를 기능통화로 기록하여 재무제표를 작성한 것과 같은 결과가 된다. 예를 들어 화폐성항목은 마감환율을 사용하여 기능통화로 환산하며 역사적원가기준으로 측정한 비화폐성항목은 그 항목을 인식한 거래일의 환율을 사용하여 환산한다.

03 세무회계

법인세법상 외화자산 및 부채의 평가는 다음과 같다(법령 73, 76).

(1) 일반법인

1) 평가방법의 선택

법인세법 시행령 제61조 제2항 제1호부터 제7호까지의 금융회사 등 외의 법인이 보유하는 화폐성외화자산·부채(보험회사의 책임준비금은 제외, 2023.1.1. 이후 개시하는 사업연도부터 적용함. 다만, 2022.12.31.이 속하는 사업연도에 법인세법 42조의 3 제1항에 따른 보험계약국제회계기준을 적용하고 법인세법 32조의 해약환급금준비금을 적립한 보험회사에 대해서는 2023.1.1. 이후 과세표준을 신고하는 경우부터 적용함. 영 부칙 2023.2.28.)와 법인세법 시행령 제73조 제5호에 따라 화폐성외화자산·부채의 환위험을 회피하기 위하여 보유하는 통화선도등(이하 환위험회피용통화선도등)은 다음의 어느 하나에 해당하는 방법 중 관할 세무서장에게 신고한 방법에 따라 평가하여야 한다. 다만, 최초로 ②의 방법을 신고하여 적용하기 이전 사업연도의 경우에는 ①의 방법을 적용하여야 한다(법령 76 ②).

① 평가하지 않는 방법 : 화폐성외화자산·부채와 환위험회피용통화선도등의 계약 내용 중 외화자산 및 부채를 취득일 또는 발생일(통화선도등의 경우에는 계약체결일을 말한다) 현재의 매매기준율등으로 평가하는 방법

② 평가하는 방법 : 화폐성외화자산·부채와 환위험회피용통화선도등의 계약 내용 중 외화자산 및 부채를 사업연도 종료일 현재의 매매기준율등으로 평가하는 방법

매매기준율 또는 재정(裁定)된 매매기준율(매매기준율등)"이란 외국환거래규정에 따른 매매기준율 또는 재정(裁定)된 매매기준율을 말한다(법칙 39의2).

신고한 평가방법은 그 후의 사업연도에도 계속하여 적용하여야 한다. 다만, 신고한 평가방법을 적용한 사업연도를 포함하여 5개 사업연도가 지난 후에는 다른 방법으로 신고를 하여 변경된 평가방법을 적용할 수 있다(법령 76 ③).

구 분	정 의(법칙 37의2)
통화선도	원화와 외국통화 또는 서로 다른 외국통화의 매매계약을 체결함에 있어 장래의 약정기일에 약정환율에 따라 인수·도 하기로 하는 거래
통화스왑	약정된 시기에 약정된 환율로 서로 다른 표시통화간의 채권채무를 상호 교환하기로 하는 거래
환변동보험	한국무역보험공사가 운영하는 환변동위험을 회피하기 위한 선물환 방식의 보험계약(당사자 어느 한쪽의 의사표시에 의하여 기초자산이나 기초자산의 가격·이자율·지표·단위 또는 이를 기초로 하는 지수 등에 의하여 산출된 금전, 그 밖의 재산적 가치가 있는 것을 수수하는 거래를 성립시킬 수 있는 권리를 부여하는 것을 약정하는 계약과 결합된 보험계약은 제외한다)

2) 평가손익

화폐성외화자산·부채, 통화선도등 및 환위험회피용통화선도등을 평가함에 따라 발생하는 평가한 원화금액과 원화기장액의 차익 또는 차손은 해당 사업연도의 익금 또는 손금에 이를 산입한다. 이 경우 통화선도등 및 환위험회피용통화선도등의 계약 당시 원화기장액은 계약의 내용 중 외화자산 및 부채의 가액에 계약체결일의 매매기준율등을 곱한 금액을 말한다(법령 76 ④). 내국법인이 상환받거나 상환하는 외화채권·채무의 원화금액과 원화기장액의 차익 또는 차손은 당해 사업연도의 익금 또는 손금에 이를 산입한다. 다만, 한국은행법에 따른 한국은행의 외화채권·채무 중 외화로 상환받거나 상환하는 금액(이하 외화금액)의 환율변동분은 한국은행이 정하는 방식에 따라 해당 외화금액을 매각하여 원화로 전환한 사업연도의 익금 또는 손금에 산입한다(법령 76 ⑤).

3) 신고서 제출

상기 1)의 ② 평가방법을 적용하려는 법인 또는 평가방법을 변경하려는 법인은 최초로 ②의 평가방법을 적용하려는 사업연도 또는 변경된 평가방법을 적용하려는 사업연도의 법인세법 제60조에 따른 신고와 함께 기획재정부령으로 정하는 화폐성외화자산등평가방법신고서를 관할 세무서장에게 제출하여야 한다(법령 76 ⑥). 화폐성외화자산·부채, 통화선도등 및 환위험회피용통화선도등을 평가한 법인은 법인세법 제60조의 규정에 의한 신고와 함께 기획재정부령으로 정하는 외화자산등평가차손익조정명세서를 관할 세무서장에게 제출하여야 한다(법령 76 ⑦).

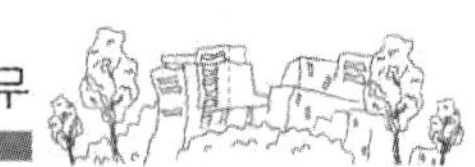

■ 법인세법 시행규칙 [별지 제63호의4서식] <개정 2014.3.14>

[ ] 화폐성외화자산등 [ ] 특별계정 평가방법 신고서

※ 아래의 작성방법을 읽고 작성하시기 바랍니다.

신 고 인	법 인 명	사업자등록번호
	본점 소재지	
	대표자 성명	
	평가방법 적용 사업연도 개시일	
금융회사 등의 통화선도·통화스왑·환변동보험 평가방법 신고	[ ] 계약체결일의 매매기준율 등으로 평가 [ ] 사업연도 종료일 현재의 매매기준율 등으로 평가	
금융회사 등 외의 법인의 화폐성 외화자산·부채 및 환위험회피목적의 통화선도·통화스왑·환변동보험 평가방법 신고	[ ] 계약체결일의 매매기준율 등으로 평가 [ ] 사업연도 종료일 현재의 매매기준율 등으로 평가	
보험회사의 특별계정 평가방법 신고	[ ] 개별법 [ ] 이동평균법	[ ] 총평균법 [ ] 시가법

「법인세법 시행령」 제75조제4항 및 제76조제1항·제2항·제6항에 따라 화폐성외화자산등(특별계정) 평가방법 신고서를 제출합니다.

년 월 일

신고인 (서명 또는 인)

세무서장 귀하

작 성 방 법

1. 이 서식은 금융회사의 통화선도·통화스왑·환변동보험 평가방법, 금융회사 외의 법인의 화폐성 외화자산·부채 및 환위험 회피목적의 통화선도·통화스왑·환변동보험 평가방법과 보험회사의 특별계정에 대한 평가방법을 신고하는 서식으로 「법인세법」 제60조에 따른 과세표준 신고와 함께 제출합니다.
2. 신고한 평가방법은 이후 사업연도에도 계속 적용해야 합니다. 다만, 화폐성외화자산 등 평가방법의 경우 「법인세법 시행령」 제76조제3항 단서에 따라 평가방법을 적용한 사업엽도를 포함하여 5개 사업연도가 지난 후에 변경할 수 있습니다.

210mm×297mm[백상지 80g/㎡ 또는 중질지 80g/㎡]

(2) 은행 등

법인세법 시행령 제61조 제2항 제1호부터 제7호까지의 금융회사 등이 보유하는 화폐성외화자산·부채와 통화선도등은 다음의 방법에 따라 평가하여야 한다(법령 76 ①).

① 화폐성외화자산·부채 : 사업연도 종료일 현재의 기획재정부령으로 정하는 매매기준율 또는 재정(裁定)된 매매기준율(이하 "매매기준율등")로 평가하는 방법

② 통화선도등 : 다음의 어느 하나에 해당하는 방법 중 관할 세무서장에게 신고한 방법에 따라 평가하는 방법. 다만, 최초로 나목의 방법을 신고하여 적용하기 이전 사업연도에는 가목의 방법을 적용하여야 한다.

㉠ 계약의 내용 중 외화자산 및 부채를 계약체결일의 매매기준율등으로 평가하는 방법
㉡ 계약의 내용 중 외화자산 및 부채를 사업연도 종료일 현재의 매매기준율등으로 평가하는 방법

상기 ②에 따라 신고한 평가방법은 그 후의 사업연도에도 계속하여 적용하여야 한다. 다만, 신고한 평가방법을 적용한 사업연도를 포함하여 5개 사업연도가 지난 후에는 다른 방법으로 신고를 하여 변경된 평가방법을 적용할 수 있다(법령 76 ③).

* 제출서류 : 화폐성외화자산등평가방법신고서, 외화자산등평가차손익조정명세서

구 분	평가대상	외화평가
은행 등	화폐성 외화자산부채	사업연도 종료일 현재의 매매기준율 또는 재정된 매매기준율(외화평가 강제)
	통화선도 등	외화평가 선택
일반법인	화폐성 외화자산부채	외화평가 선택
	환위험회피용 통화선도 등	

* 은행 등이란 은행법에 의한 인가를 받아 설립된 은행, 한국산업은행, 중소기업은행, 한국수출입은행, 한국정책금융공사, 농업협동조합중앙회, 수산업협동조합중앙회 등을 말한다.

** 통화선도 등이란 통화선도, 통화스왑, 환변동보험을 말한다.

(3) 외화거래 기장

1) 인도일과 기장환율

상품(부동산을 제외한다), 제품 또는 기타의 생산품의 판매는 그 상품 등을 인도한 날이 속하는 사업연도로 한다. 상품등을 인도한 날은 다음의 규정된 날로 한다(법칙 33).

① 납품계약 또는 수탁가공계약에 의하여 물품을 납품하거나 가공하는 경우에는 당해물품을 계약상 인도하여야 할 장소에 보관한 날. 다만, 계약에 따라 검사를 거쳐 인수 및 인도가 확정되는 물품의 경우에는 당해검사가 완료된 날로 한다.
② 물품을 수출하는 경우에는 수출물품을 계약상 인도하여야 할 장소에 보관한 날

외화자산, 외화부채의 기장환율 적용은 다음의 방법에 따라 환산한 원화금액으로 기장한다(집행기준 42-76-2).

구 분	원화 환산 방법
사업연도 중에 발생된 외화자산·부채	발생일 현재 매매기준율 등에 따라 환산한다. 이 경우 외화자산·부채의 발생일이 공휴일인 때에는 그 직전일의 환율에 따른다.
사업연도 중에 보유외환을 매각하거나 외환을 매입하는 경우	거래은행에서 실제 적용한 환율에 따른다.
사업연도 중에 보유외환으로 다른 외화자산을 취득하거나 기존의 외화부채를 상환하는 경우	보유외환의 장부상 원화금액으로 회계처리한다.

2) 외화선수금의 적용환율

수입금액을 계상하기 전에 외화선수금을 수령한 경우 동 선수금 해당 분에 대하여는 수령당시의 환율을 적용하여 수입금액을 계산한다(법인, 법인46012-333, 2001.02.10.). 법인이 외화수출선수금을 받아 원화로 환전한 후 수출품을 선적하는 경우에는 외화를 원화로 실제 환전한 금액을 수출품인도일(물품을 수출하는 경우에는 수출물품을 계약상 인도하여야 할 장소에 보관한 날, 법칙 33)이 속하는 사업연도의 매출액으로 한다(제도 46013-565, 2000.12.04.). 선적일 현재까지 수출대금을 지급받지 아니한 경우에는 선적일 현재의 기준환율 또는 재정환율로 계산한 금액을 매출액으로 계상한다. 재화를 수출하고 선적일 당일에 수출대금을 외화로 받아 원화로 환가한 경우에는 실제 적용한 환율에 의하여 계산한 금액을 매출액으로 계상한다(부가, 법인46012-1435, 1999.04.16.).

부가가치세 과세표준과 관련하여 대가를 외국통화 등으로 받은 경우 공급시기 도래 전에 원화로 환가한 경우에는 그 환가한 금액으로 하고, 공급시기 이후에는 공급시기의 기준환율 또는 재정환율에 의하여 계산한 금액을 부가가치세 과세표준으로 하는 것이다(부가, 제도 46015-10875, 2001.04.30.).

구 분	외화선수금의 수입금액
기업회계	비화폐성부채(외화선수금)를 인식한 날의 환율 적용
법인세법	수령당시의 환율적용. 원화로 환전한 후 선적하는 경우에는 실제 환전한 금액, 선적일 현재까지 수출대금을 지급받지 아니한 경우에는 선적일 현재의 기준환율 또는 재정환율 적용. 재화를 수출하고 선적일 당일에 수출대금을 외화로 받아 원화로 환가한 경우에는 실제 적용한 환율
부가가치세법	공급시기 도래 전에 원화로 환가한 경우에는 그 환가한 금액, 공급시기 이후에는 공급시기의 기준환율 또는 재정환율 적용

3) 이자수익과 이자비용의 외환차손익

외국법인이 발행한 외화증권에 투자하여 이자·배당을 받는 경우 당해 외화소득에 대한 총수입금액의 수입시기는 소득세법시행령 제45조 및 제46조 각호의 규정에 의하여 판단하는 것이며, 당해 외화소득의 원화환산은 당해 이자·배당 소득에 대한 수입시기 현재의 외국환관리법에 의한 기준환율 또는 재정환율로 한다(서면1팀-1368, 2005.11.10.). 따라서 기업회계기준에 따른 이자수익, 이자비용의 평균환율 적용에 따른 외환차손익은 발생하지 않는다.

(4) 외환차손익

내국법인이 상환받거나 상환하는 외화채권·채무의 원화금액과 원화기장액의 차익 또는 차손은 당해 사업연도의 익금 또는 손금에 산입한다. 외화채권·채무의 상환손익(외환차손익)은 실현된 손익이므로 은행 또는 비은행 여부와 관계없이 모든 법인에 대하여 해당 사업연도의 익금 또는 손금에 산입한다.

예 제 **외화자산·부채의 평가**

일반법인인 (주)이손의 제10기(20X1.1.1~12.31) 외화자산·부채의 평가손익과 관련한 자료는 다음과 같다.

(1) ㈜이손은 20X1.7.1 외화장기차입금 $2,000를 차입하였으며 차입시 매매기준율은 ₩980/$, 20X1.12.31 매매기준율은 ₩1,000/$이다. ㈜이손은 법인세 신고시 취득일 또는 발생일 현재의 매매기준율로 평가하는 방법을 적용하고 있다.
(2) 20X2.7.1 외화장기차입금 중 $1,000를 상환하였으며 상환시 매매기준율은 ₩1,050/$이다. 20X2.12.31 매매기준율은 ₩1,100/$이며 ㈜이손은 법인세 신고시 화폐성 외화자산·부채를 해당 사업연도 종료일 현재의 매매기준율로 평가하는 방법으로 신고하였다.
(3) 20X3.7.1 외화장기차입금 $1,000를 상환하였으며 상환시 매매기준율은 ₩1,080/$이다.

요구사항

㈜이손의 외화자산·부채의 평가손익과 관련하여 연도별 회계처리와 세무조정을 하시오. 단, 외화장기차입금의 현재가치평가와 유동성대체는 고려하지 않는다.

풀 이

구 분	회계처리	세무조정
20X1. 7. 1	(차) 현　금 1,960,000 (대) 장기차입금 1,960,000 * $2,000×₩980/$=₩1,960,000	－
20X1.12.31	(차) 외화환산손실 40,000 (대) 장기차입금 40,000 * $2,000×(₩1,000/$－₩980/$)=₩40,000	〈손금불산입〉 장기차입금 40,000 (유보) * 법인이 평가하는 방법을 신고하지 않았으므로 평가손익을 부인한다.
20X2. 7. 1	(차) 장기차입금 1,000,000 외환차손 50,000 (대) 현　금 1,050,000 * $1,000×₩1,050/$=₩1,050,000	〈손금산입〉 장기차입금 20,000 (△유보) * 전기 외화평가와 관련한 유보잔액 중 당기에 회수 또는 상환된 자산·부채는 추인한다. ₩40,000×$1,000/$2,000=₩20,000
20X2.12.31	(차) 외화환산손실 100,000 (대) 장기차입금 100,000 * $1,000×(₩1,100/$－₩1,000/$)=₩100,000	* 법인이 평가하는 방법을 신고하였으므로 평가손익에 대한 세무조정은 없다.
20X3. 7. 1	(차) 장기차입금 1,100,000 (대) 현　금 1,080,000 외환차익 20,000 * $1,000×₩1,080/$=₩1,080,000	〈손금산입〉 장기차입금 20,000 (△유보) * 외화평가와 관련한 유보잔액 중 당기에 회수 또는 상환된 자산·부채는 추인한다. ₩40,000×$1,000/$2,000=₩20,000

(4) 해외사업환산손익

1) 기능통화 도입기업 과세표준 계산 특례

기능통화란 영업활동이 이루어지는 주된 경제환경의 통화를 말하며 기능통화가 도입될 경우 원화 외의 통화로 재무제표를 작성한다. 기업회계기준에 따라 원화 외의 통화를 기능통화로 채택하여 재무제표를 작성하는 내국법인의 과세표준 계산은 다음 각 방법(과세표준계산방법) 중 납세지 관할 세무서장에게 신고한 방법에 따른다. 다만, 최초로 ② 또는 ③의 과세표준계산방법을 신고하여 적용하기 이전 사업연도의 소득에 대한 과세표준을 계산할 때에는 ①의 과세표준계산방법을 적용하여야 하며 같은 연결집단에 속하는 연결법인은 같은 과세표준계산방법을 신고하여 적용하여야 한다(법법 53의 2).

① 원화 외의 기능통화를 채택하지 아니하였을 경우에 작성하여야 할 재무제표를 기준으로 과세표준을 계산하는 방법

② 기능통화로 표시된 재무제표를 기준으로 과세표준을 계산한 후 이를 원화로 환산하는 방법

③ 재무상태표 항목은 사업연도종료일 현재의 환율, 포괄손익계산서(포괄손익계산서가 없는 경우 손익계산서) 항목은 해당 거래일 현재의 환율(대통령령으로 정하는 항목의 경우에는 해당

사업연도 평균환율)을 적용하여 원화로 환산한 재무제표를 기준으로 과세표준을 계산하는 방법

* 대통령령으로 정하는 항목 : 감가상각비, 퇴직급여충당금, 대손충당금, 구상채권상각충당금, 현재가치할인차금상당액, 건설 등의 제공으로 인한 손익, 사채할인발행차금, 그 밖에 이와 유사한 항목으로서 기획재정부령으로 정하는 항목

② 또는 ③에 해당하는 과세표준계산방법을 신고하여 적용하는 법인은 기능통화의 변경, 과세표준계산방법이 서로 다른 법인 간 합병 등 특정한 사유가 발생한 경우 외에는 과세표준계산방법을 변경할 수 없다.

2) 해외사업장의 과세표준 계산 특례

내국법인의 해외사업장의 과세표준 계산은 다음 각 호의 방법(과세표준계산방법) 중 납세지 관할 세무서장에게 신고한 방법에 따른다. 다만, 최초로 ② 또는 ③의 과세표준계산방법을 신고하여 적용하기 이전 사업연도의 소득에 대한 과세표준을 계산할 때에는 ①의 과세표준계산방법을 적용해야 한다(법법 53의 3).

① 해외사업장 재무제표를 원화 외의 기능통화를 채택하지 아니하였을 경우에 작성하여야 할 재무제표로 재작성하여 본점의 재무제표와 합산한 후 합산한 재무제표를 기준으로 과세표준을 계산하는 방법
② 해외사업장의 기능통화로 표시된 해외사업장 재무제표를 기준으로 과세표준을 계산한 후 이를 원화로 환산하여 본점의 과세표준과 합산하는 방법
③ 해외사업장의 재무제표에 대하여 재무상태표 항목은 사업연도종료일 현재의 환율을, 포괄손익계산서 항목은 대통령령으로 정하는 환율을 각각 적용하여 원화로 환산하고 본점 재무제표와 합산한 후 합산한 재무제표를 기준으로 과세표준을 계산하는 방법

② 또는 ③에 해당하는 과세표준계산방법을 신고하여 적용하는 법인은 기능통화의 변경, 과세표준계산방법이 서로 다른 법인 간 합병 등 특정한 사유가 발생한 경우 외에는 과세표준계산방법을 변경할 수 없다.

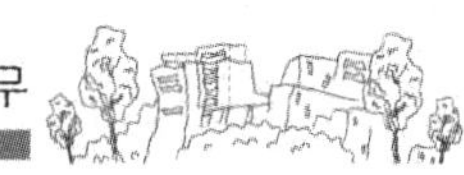

제3절 현재가치평가

01 기업회계

(1) 현재가치평가대상과 내재이자율

장기성 채권, 채무는 장기연불조건의 매매거래나 장기금전대차거래에서 발생하는 채권, 채무를 말한다. 장기성 채권, 채무는 장기간에 걸쳐서 회수되거나 결제되므로 수수되는 금액에는 이자부분이 포함되어 있다. 따라서 이자부분은 별도로 구분하여 이자수익이나 이자비용으로 인식해야 하며 이를 위해서는 적정한 이자율로 할인한 현재가치로 평가하여야 한다.

기업회계상 연불조건의 할부매매 등은 현재가치로 평가해야 한다. 다만, 일반기업회계기준 적용기업은 다음의 경우에는 현재가치가 아닌 공정가치 또는 명목금액으로 할 수 있다.

① 대금회수기간이 1년 미만인 할부매출에 있어 현금판매가와 할부판매가의 차이가 중요한 경우를 제외하고는 명목금액으로 할 수 있다(GKQA 02-173, 2002.10.30.).

② 장기연불조건의 매매거래, 장기금전대차거래 또는 이와 유사한 거래에서 발생하는 채권·채무로서 명목금액과 공정가치의 차이가 유의적인 경우에는 이를 공정가치로 평가한다(일 문단 6.13). 따라서 차이가 유의적이지 않은 경우에는 명목금액으로 할 수 있다.

③ 중소기업기본법에 의한 중소기업의 경우에는 중소기업 회계처리 특례에 따라 장기연불조건의 매매거래 및 장기금전대차거래 등에서 발생하는 채권·채무는 현재가치평가를 하지 않을 수 있다(일 문단 31.7).

1) 장기연불조건의 매매거래

장기연불조건의 매매거래는 거래의 대상이 재화나 용역인 경우로서 일반적 상거래에서 발생하는 재화의 매매거래, 용역의 수수거래 및 기타자산의 매매거래 등을 포함하여 발생한다. 이러한 거래와 관련하여 발생하는 계정들은 장기매출채권, 장기미수금, 장기매입채무, 장기미지급금 등이 있다.

2) 장기금전대차거래

장기금전대차거래는 장기연불조건의 매매거래 이외의 거래로서 거래의 대상이 금전이며 이러한 거래와 관련하여 발생하는 계정들은 채무증권, 장기대여금, 장기차입금 등이 있다. 장기연불조건의 매매거래도 본질적으로는 장기금전대차거래로 볼 수 있으나 일반적으로 상거래와의 관련 여부에 따라 구분한다.

현재가치에 의한 측정이 이루어지는 사례를 들면 다음과 같다.

① 채무증권의 공정가치 결정
② 금융리스자산, 금융리스부채, 금융리스채권의 결정
③ 금융부채, 충당부채의 측정
④ 채권·채무

3) 내재이자율

장기성 채권, 채무를 현재가치로 평가하기 위해서는 현재가치 평가에 사용할 이자율을 결정하여야 한다. 이러한 현재가치 평가시 사용할 이자율을 내재이자율이라고 한다. 내재이자율(implicit interest rate)은 미래현금흐름을 최초 현금흐름(재화나 용역의 현금판매금액, 공정가치 등)과 일치시켜주는 할인율로서 내부수익률(IRR, internal rate of return), 유효이자율(effective interest rate)이라고도 한다.

한편, 이러한 유효이자율을 구할 수 없거나 당해 거래의 유효이자율과 동종시장이자율의 차이가 유의적인 경우에는 동종시장이자율을 적용하며 동종시장이자율을 실무적으로 산정할 수 없는 경우에는 객관적이고 합리적인 기준에 의하여 산출한 가중평균차입이자율을 적용할 수 있다. 가중평균차입이자율을 산출하기 위한 객관적이고 합리적인 기준이 없는 경우에는 회사채 유통수익률을 기초로 기업의 신용도 등을 반영하여 당해 기업에 적용될 자금조달비용을 합리적으로 추정하여 적용한다.

(2) 현재가치할인차금

미래에 수수할 총금액을 적정한 이자율로 할인한 현재가치와 당해 장기성 채권, 채무의 명목금액(액면이자부분을 제외한 원금)과의 차액을 현재가치할인차금이라고 한다. 현재가치할인차금은 장기성 채권, 채무의 상환기간동안 수수되는 미래현금흐름의 합계액에서 금전차입액에 해당하는 부분의 현재가치금액을 차감한 금액으로서 이자부분에 해당한다. 따라서 총이자부분에 해당하는 금액은 액면이자와 현재가치할인차금의 합계액이다. 액면이자는 기간중에 수수되고, 현재가치할인차금은 장기성 채권, 채무의 만기에 일괄하여 수수되는 차이만 가진다.

현재가치할인차금을 이자수익(비용)으로 인식하면 그 만큼 채권, 채무의 장부금액이 증가한다. 이와 같이 장부금액이 조정되는 과정을 상각이라고 하며 장부금액의 변화과정을 표로 표현한 것이 상각표다. 현재가치할인차금을 인식하는 이론적 방법은 유효이자율법, 정액법이 있으며 일반기업회계기준 및 K-IFRS에서는 유효이자율법만 인정한다. 중소기업회계기준은 정액법을 선택할 수 있다.

1) 유효이자율법

유효이자율법(effective interest method)은 매기 이자율(투자수익률)이 일정하도록 결정하는 방법이다.

유효이자율법에 의한 이자 = 기초장부금액 × 유효이자율

예를 들어 20X0. 1. 1에 3년 후 만기가 되는 액면 ₩1,000,000의 무이자부어음을 발행하였으며 적용이자율 연 10%, 현재가치요소 0.751315인 경우 유효이자율법의 현재가치할인차금 인식은 다음과 같다.

① 현재가치 : ₩1,000,000 × 0.751315 = ₩751,315

② 유효이자율법 상각표

일 자	유효이자율	이 자	상 각 액	장부금액
20×0. 1. 1				₩751,315ⓐ
20×0.12.31	10%	₩75,131ⓑ	₩75,131	826,446ⓒ
20×1.12.31	10%	82,645	82,645	909,091
20×2.12.31	10%	90,909	90,909	1,000,000

ⓐ 미래현금흐름의 현재가치 ₩751,315
ⓑ 기초의 장부금액 ₩751,315 × 유효이자율 10% = ₩75,131
ⓒ 기초의 장부금액 ₩751,315 + 상각액 ₩75,131 = ₩826,446

③ 이자율

20×0년 : ₩75,131 ÷ ₩751,315 = 10%
20×1년 : ₩82,645 ÷ ₩826,446 = 10%
20×2년 : ₩90,909 ÷ ₩909,091 = 10%

2) 정액법

정액법(straight-line method)은 현재가치할인차금 총액을 매 회계연도 동안 균등하게 인식하는 방법으로 계산은 간편하지만 이자율(투자수익률)이 일정하지 않다는 문제점이 있다. 따라서 K-IFRS, 일반기업회계기준에서는 정액법을 인정하지 않는다. 다만, 중소기업회계기준은 정액법을 선택할 수 있도록 규정하고 있다.
예를 들어 20X0. 1. 1에 3년 후 만기가 되는 액면 ₩1,000,000의 무이자부어음을 발행하였으며 적용이자율 연 10%, 현재가치요소 0.751315인 경우 정액법의 현재가치할인차금 인식은 다음과 같다.

① 현재가치 : ₩1,000,000 × 0.751315 = ₩751,315

② 정액법 상각표

일 자	이 자	상각액	장부금액
20×0. 1. 1			₩751,315
20×0.12.31	₩82,895	₩82,895	834,210
20×1.12.31	82,895	82,895	917,105
20×2.12.31	82,895	82,895	1,000,000

* 상각액 = (₩1,000,000-₩751,315)÷3년 = ₩82,895

③ 이자율

	20×0년	20×1년	20×2년
장부금액	₩751,315	₩834,210	₩917,105
이자비용	82,895	82,895	82,895
이자율	11%	9.9%	9%

02 세무회계

법인세법에서는 장기할부조건의 판매로 발생한 채권에 대하여 기업회계기준이 정하는 바에 따라 현재가치로 평가하여 현재가치할인차금을 계상한 경우 당해 현재가치할인차금상당액은 기업회계기준이 정하는 바에 따라 환입하였거나 환입할 금액을 각사업연도의 익금에 산입한다(법령 68 ⑥). 장기금전대차거래에서 발생하는 채권·채무를 현재가치로 평가하여 명목가액과 현재가치의 차액을 현재가치할인차금으로 계상하여 당기손익으로 처리한 경우 이를 각사업연도 소득금액계산상 익금 또는 손금에 산입하지 아니하며 추후 현재가치할인차금을 상각 또는 환입하면서 이를 이자비용 또는 이자수익으로 계상한 경우에도 각사업연도 소득금액계산상 익금 또는 손금에 산입하지 아니한다(법기통 42-0…1).

(1) 장기할부채권과 현재가치평가

1) 적용 범위

원칙적으로 기업회계상 장기연불조건의 매매거래에서 발생하는 채권으로서 명목가액과 공정가치(현재가치)의 차이가 유의적인 경우에 채권은 공정가치(현재가치)로 평가한다. 법인세법에서도 장기할부조건의 판매로 발생한 채권에 대하여 기업회계기준이 정하는 바에 따라 현재가치로 평가하여 현재가치할인차금을 계상한 경우 당해 현재가치할인차금상당액은 기업회계기준이 정하는 바에 따라 환입하였거나 환입할 금액을 각사업연도의 익금에 산입한다(법령 68 ⑥).

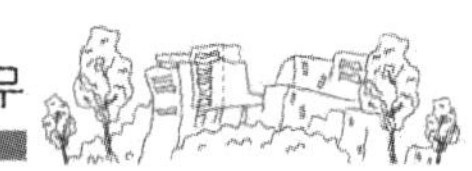

2) 회계처리와 세무조정

① 발생시

(차) 장기매출채권	×××	(대) 매출	×××
		현재가치할인차금	×××

※ 세무조정 : 없음

② 상각시

(차) 현재가치할인차금	×××	(대) 이자수익	×××

※ 세무조정 : 없음

현재가치평가 비교

구 분	기업회계		법인세법
	일반기업회계기준	K-IFRS	
단기할부	원칙 : 현재가치 예외 : 명목금액 인정	원칙 : 현재가치 예외 : 명목금액 인정	명목금액
장기할부	원칙 : 현재가치 예외 : 명목금액 인정	현재가치	원칙 : 명목금액 예외 : 현재가치 인정

장기할부판매 법인세법 손익귀속시기와 현재가치 평가

구 분	관련규정
명목가치 인도기준	자산을 판매(인도)한 사업연도에 장기할부채권의 명목금액을 익금, 판매(인도)한 자산의 장부가액을 손금으로 처리한다.
현재가치 인도기준	자산을 판매(인도)한 사업연도에 기업회계기준에 의한 장기할부채권의 현재가치 상당액을 익금, 자산의 장부가액을 손금에 산입한다. 현재가치할인차금은 기업회계기준에 따라 채권의 회수기간동안 유효이자율법에 의하여 익금에 산입하는 방법을 인정한다.
회수기일 도래기준	장기할부조건에 따라 해당 사업연도에 회수하였거나 회수할 금액을 익금, 익금에 대응하는 장부가액을 손금에 산입하는 방법을 인정한다.
중소기업 특례규정	장기할부손익을 결산상 수익인식과 관계없이 회수기일도래기준으로 신고조정 할 수 있다.

(2) 장기금전대여거래와 현재가치평가

1) 적용 범위

기업회계상 장기금전대차거래 또는 이와 유사한 거래에서 발생하는 채권·채무로서 명목가액과 현재가치의 차이가 중요한 경우에는 이를 현재가치로 평가한다. 법인세법에서는 장기

금전대차거래에서 발생하는 채권·채무를 현재가치로 평가하여 명목가액과 현재가치의 차액을 현재가치할인차금으로 계상하여 당기손익으로 처리한 경우 이를 각 사업연도 소득금액계산상 익금 또는 손금에 산입하지 아니하며 추후 현재가치할인차금을 상각 또는 환입하면서 이를 이자비용 또는 이자수익으로 계상한 경우에도 각 사업연도 소득금액계산상 익금 또는 손금에 산입하지 아니한다(법기통 42-0…1).

2) 유효이자율법에 의한 회계처리와 세무조정 사례

㈜이손이 20×1년초에 액면 ₩1,000,000, 만기 3년, 표시이자율이 연 8%, 이자는 연말 1회 지급조건인 채권을 공정가치 ₩950,263에 취득하였으며 취득과 관련한 거래원가 ₩15,000이 발생하였다. 당해 취득과 관련한 유효이자율은 9.3816%이며 회사가 만기보유증권으로 분류한다면 유효이자율법에 의한 회계처리와 세무조정은 다음과 같다.

취득일(20X1.1.1)			만기일(20X3.12.31)
공정가치	950,263	* 만기3년, 액면이자 80,000(8%)	
거래원가	15,000		
취득원가	965,263	← 3년간 추가로 인식할 이자수익 34,737 →	만기금액 1,000,000

① 유효이자율의 계산

$$965,263 = \frac{80,000}{1+\gamma} + \frac{80,000}{(1+\gamma)^2} + \frac{1,000,000+80,000}{(1+\gamma)^3}$$

∴ 유효이자율(γ)=9.3816%

② 유효이자율법

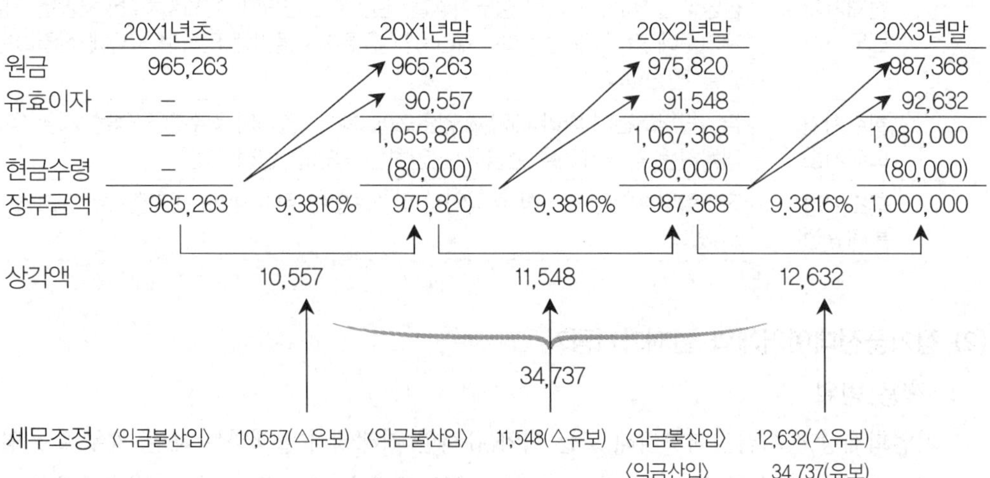

③ 상각표

일 자	유효이자	액면이자	상각액	장부금액
20×1. 1. 1				₩965,263
20×1.12.31	₩90,557	₩80,000	₩10,557	975,820
20×2.12.31	91,548	80,000	11,548	987,368
20×3.12.31	92,632	80,000	12,632	1,000,000
합 계	274,737	240,000	34,737	

④ 회계처리

일자		차변 계정	금액		대변 계정	금액
20X1. 1. 1	(차)	만기보유증권	965,263	(대)	보통예금	965,263
20X1.12.31	(차)	보통예금	80,000	(대)	이자수익	90,557
		만기보유증권	10,557			
20X2.12.31	(차)	보통예금	80,000	(대)	이자수익	91,548
		만기보유증권	11,548			
20X3.12.31	(차)	보통예금	80,000	(대)	이자수익	92,632
		만기보유증권	12,632			
	(차)	보통예금	1,000,000	(대)	만기보유증권	1,000,000

3) 정액법에 의한 회계처리와 세무조정 사례

㈜이손이 20×1년초에 액면 ₩1,000,000, 만기 3년, 표시이자율이 연 8%, 이자는 연말 1회 지급조건인 채권을 공정가치 ₩950,263에 취득하였으며 취득과 관련한 거래원가 ₩15,000이 발생하였다. 당해 취득과 관련한 유효이자율은 9.3816%이며 회사가 만기보유증권으로 분류한다면 정액법에 의한 회계처리와 세무조정은 다음과 같다.

① 정액법 : 연 유효이자 상각액 : 34,737÷3년 = 11,579

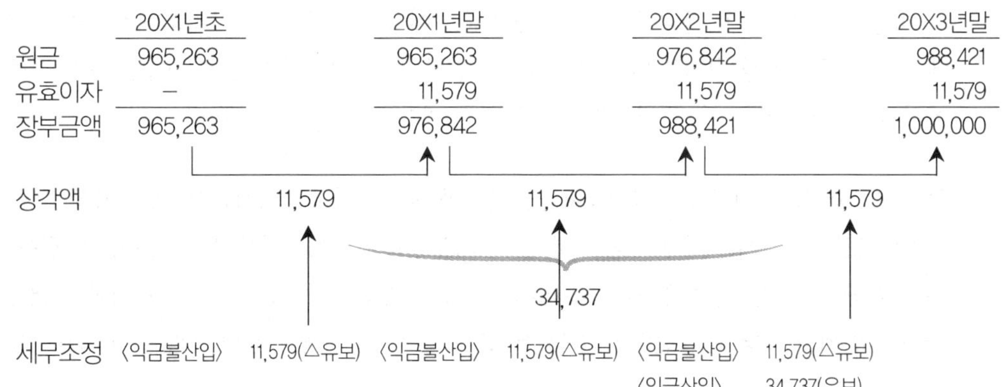

② 상각표

일 자	이자수익	액면이자	상각액	장부금액
20×1. 1. 1				₩965,263
20×1.12.31	₩91,579	₩80,000	₩11,579	976,842
20×2.12.31	91,579	80,000	11,579	988,421
20×3.12.31	91,579	80,000	11,579	1,000,000
합 계	274,737	240,000	34,737	

③ 회계처리

20X1. 1. 1	(차)	만기보유증권	965,263	(대)	보통예금	965,263
20X1.12.31	(차)	보통예금	80,000	(대)	이자수익	91,579
		만기보유증권	11,579			
20X2.12.31	(차)	보통예금	80,000	(대)	이자수익	91,579
		만기보유증권	11,579			
20X3.12.31	(차)	보통예금	80,000	(대)	이자수익	91,579
		만기보유증권	11,579			
	(차)	보통예금	1,000,000	(대)	만기보유증권	1,000,000

(3) 채권의 조정과 현재가치평가

1) 적용 범위

기업회계상 채권·채무조정을 통하여 조건이 변경된 채권에 대한 감액손실은 채권·채무조정에 따른 약정상 정해진 미래 현금흐름을 채권 발생시점의 유효이자율로 할인하여 계산된 현재가치와 채권의 대손충당금 차감 전 장부가액과의 차이로 계산한다. 법인세법에서는 기업회계기준에 의한 채권의 재조정에 따라 채권의 장부가액과 현재가치의 차액을 대손금으로 계상한 경우에는 이를 손금에 산입하며 손금에 산입한 금액은 기업회계기준의 환입방법에 따라 익금산입한다(법령 19의2 ⑤). 다만, 원금의 일부를 감면한 경우에는 이를 적용하지 아니하고, 약정에 의한 채권포기액으로 본다(법기통 19의 2-19의 2…8).

한국채택국제회계기준을 도입한 내국법인이 한국채택국제회계기준에 채권 재조정에 대한 규정이 없는 경우에는 법인세법 시행령 제19조의 2 제5항을 적용할 수 없다. 이 경우 해당 채권의 장부가액을 같은 영 제61조 제1항 각 호의 채권(대손채권)으로 보아 계산한 대손충당금의 범위에서 해당 사업연도의 소득금액을 계산할 때 이를 손금에 산입한다(법인, 법인세과-573, 2012.09.21.).

2) 회계처리와 세무조정

① 명목가액과 현재가치의 차액

(차) 대손상각비	×××	(대) 대손충당금	×××

② 상각시

(차) 대손충당금	×××	(대) 이자수익	××× *

* 별도의 세무조정은 없으나 채권의 재조정시 대손충당금은 현재가치할인차금성격이므로 일반 대손충당금과 구분하여야 한다.

3) 채무조정이익

채권·채무조정에 따른 약정상 정해진 미래 현금흐름을 채무 발생시점의 유효이자율 등으로 할인하여 계산된 현재가치와 채무의 장부금액과의 차이를 채무에 대한 현재가치할인차금과 채무조정이익으로 인식한 경우 당해 채무조정이익은 이를 익금에 산입하지 아니하며 추후 당해 현재가치할인차금을 상각하면서 이자비용으로 계상한 경우에도 이를 손금에 산입하지 아니한다.

4) K-IFRS 적용법인의 채권 재조정

한국채택국제회계기준을 도입한 내국법인이 한국채택국제회계기준에 채권 재조정에 대한 규정이 없는 경우에는 법인세법 시행령 제19조의 2 제5항을 적용할 수 없다. 이 경우 해당 채권의 장부가액을 같은 영 제61조 제1항 각 호의 채권(대손채권)으로 보아 계산한 대손충당금의 범위에서 해당 사업연도의 소득금액을 계산할 때 이를 손금에 산입한다(법인, 법인세과-573, 2012.09.21.).

(4) 기타 현재가치평가

기업회계상 채무증권(매도가능증권, 만기보유증권)과 관련하여 유효이자율법에 의하여 이자수익을 인식하는 경우 법인세법에서는 원가법이 원칙이므로 당해 상각액에 의한 이자수익을 익금불산입한다. 금융리스와 관련한 현재가치평가는 법인세법상 차이가 없으므로 별도의 세무조정은 없다. 기업회계상 충당부채와 관련하여 현재가치를 평가하는 경우 법인세법에서는 대손충당금, 퇴직급여충당금 등 특정 충당금을 제외하고는 인정하지 아니하므로 현재가치평가 여부와 관계없이 당해 충당부채설정액 전액을 손금불산입한다.

Chapter

4

매출채권

01 기업회계

(1) 매출채권의 의의

매출채권(accounts receivable-trade)이란 일반 상거래에서 재화나 용역을 공급하고 미래에 현금으로 회수할 채권(債權)으로서 외상매출금과 받을어음을 말한다.

① 외상매출금 : 주요 영업활동과 관련하여 재화 또는 용역을 외상으로 판매하고 미래 수취할 대금을 표시하는 채권을 말한다.

② 받을어음 : 주요 영업활동과 관련하여 재화 또는 용역을 외상으로 판매하고 미래 수취할 대금을 표시하는 어음상의 채권을 말한다.

용역을 제공하는 경우에 설정하는 공사미수금, 운송미수금, 보관미수금 등은 일반적 상거래에서 발생된 것이므로 매출채권과 동일한 성격이다. 반면 비매출채권(accounts receivable-nontrade)은 대여금, 미수금 등과 같이 일상적 상거래가 아닌 채권(債權)을 의미한다. 유형자산, 투자자산 등의 매각과 관련된 채권은 미수금으로 계상하며 어음에 의한 대여는 대여금으로 계상한다.

(2) 매출채권의 인식과 제거

일반적 상거래에서 발생하는 채권은 매출채권으로 인식한다. 일반기업회계기준에서는 매출채권에 대한 별도의 규정없이 금융상품과 관련한 공통규정을 통하여 최초의 인식, 후속측정, 제거로서 설명하고 있다. 매출채권은 보고기간종료일로부터 1년(영업주기가 1년을 초과하는 경우에는 영업주기) 이내에 회수되는 것으로 하며 1년을 초과하여 회수되는 것은 장기매출채권(기타비유동자산)으로 분류하고 유효이자율법에 의한 상각후원가로 측정한다. 금융상품과 관련한 공통규정은 다음과 같다.

① 금융자산이나 금융부채는 금융상품의 계약당사자가 되는 때에만 재무상태표에 인식한다.

② 금융자산이나 금융부채는 최초인식시 공정가치로 측정한다. 다만, 최초인식 이후 공정가치로 측정하고 공정가치의 변동을 당기손익으로 인식하는 금융자산이나 금융부채[12)] 가 아닌 경우 당해 금융자산(금융부채)의 취득(발행)과 직접 관련되는 거래원가는 최초인식하는 공정가치에 가산(차감)한다.

③ 최초인식시 금융상품의 공정가치는 일반적으로 거래가격(제공하거나 수취한 대가의 공정가치)이다. 그러나 장기연불조건의 매매거래, 장기금전대차거래 또는 이와 유사한 거래에서 발생하는 채권, 채무로서 명목금액과 현재가치의 차이가 유의적인 경우에는 이를 현재가치로 평가한다. 이러한 현재가치는 당해 채권, 채무로 인하여 미래에 수취하거나 지급할 총금액을 적정한 이자율로 할인한 금액이다.

(3) 금융자산과 금융부채의 후속 측정

금융자산이나 금융부채는 다음을 제외하고는 상각후원가로 측정한다.

① 유가증권, 파생상품 및 채권·채무조정

② 당기손익인식지정항목[13)]

③ 금융보증계약

(4) 금융상품의 제거[14)]

금융자산(유가증권 적용대상 금융자산 제외)의 양도(자산 일부의 양도를 포함한다)의 경우에 양도자가 금융자산에 대한 통제권을 이전한 것이면 매각거래로, 그 이외의 경우에는 한 차입거래로 본다. 구체적인 내용은 다음과 같다.

① 금융자산(일반기업회계기준 6장 제2절 유가증권 적용대상 금융자산 제외)의 양도(자산 일부의 양도를 포함한다)의 경우에 다음 요건을 모두 충족하는 경우에는 양도자가 금융자산에 대한 통제권을 이전한 것으로 보아 매각거래로, 이외의 경우에는 금융자산을 담보로 한 차입거래로 본다.

㉠ 양도인은 금융자산 양도 후 당해 양도자산에 대한 권리를 행사할 수 없어야 한다. 즉, 양도인이 파산 또는 법정관리 등에 들어갈 지라도 양도인 및 양도인의 채권자는 양도한 금융자산에 대한 권리를 행사할 수 없어야 한다.

---

12) 예를 들어 단기매매증권, 파생상품(현금흐름위험회피회계에서 위험회피수단으로 지정되는 경우는 제외) 등이 최초인식 이후 공정가치로 측정하고 공정가치의 변동을 당기손익으로 인식하는 금융자산이나 금융부채에 해당한다.

13) 금융자산 또는 금융부채 중 공정가치로 평가하여 그 변동을 당기손익에 인식하기로 최초인식시 지정한 금융자산 또는 금융부채로서 이러한 금융자산 또는 금융부채는 단기매매증권의 후속측정방법을 준용하여 측정한다.

14) 일반기업회계기준에 의한 규정으로서 대부분 K-IFRS와 동일하다.

㉡ 양수인은 양수한 금융자산을 처분(양도 및 담보제공 등)할 자유로운 권리를 갖고 있어야 한다.

㉢ 양도인은 금융자산 양도 후에 효율적인 통제권을 행사할 수 없어야 한다.

② 금융자산의 이전거래가 매각거래에 해당하면 처분손익을 인식하여야 하며 매각거래와 관련하여 신규로 취득(부담)하는 자산(부채)가 있는 경우에는[15] 공정가치로 평가하여 장부에 계상하고 처분손익계산에 반영하여야 한다. 만약 신규로 취득(부담)하는 자산(부채)의 공정가치를 알 수 없는 경우에는 다음과 같이 평가한다.

㉠ 자산을 취득하는 경우에는 '0'으로 보아 처분손익을 계상한다.

㉡ 부채를 부담하는 경우에는 처분에 따른 이익을 인식하지 않는 범위내에서 평가하여 계상한다.

③ 양수인에게 상환청구권을 부여하는 조건의 매출채권 배서양도·할인거래에 대한 회계처리에 있어서 배서양도(할인)한 어음의 경우 어음양수인은 상환청구권을 지니고 있으므로 어음양수인의 지급청구가 있을 때 어음양도인은 지급을 담보하여야 하며 이러한 상환청구권에 따른 위험은 금융상품에 내재된 위험(예, 신용위험 등)에 따라 양도인이 부담할 수 있는 위험(예, 환매위험), 즉 담보책임에 해당된다.

④ 양도인이 부담하는 위험(환매위험)은 양도여부의 판단에 영향을 미치지 아니하므로 상환청구권 유무로 양도에 대한 판단을 하는 것은 아니며 따라서 일반적으로 매출채권(받을어음)을 금융기관 등에서 배서양도(할인)하는 거래에 대하여는 해당 금융자산의 미래 경제적 효익에 대한 양수인의 통제권에 특정한 제약이 없는 한 매각거래로 회계처리 한다.[16]

⑤ 전자방식외상매출채권담보대출 및 전자외상매출채권담보대출 양도·할인의 경우 매각거래 또는 차입거래 여부를 판단하여야 하며 상환청구권의 유무는 양도여부에 대한 판단에 영향을 미치지 아니한다. 한편, 금융기관(은행)은 당해 전자채권 등을 할인해주는 경우 대출채권으로 회계처리하여야 하며 구매기업은 상품 및 제품을 인도받는 시점에 물품대금을 매입채무로 계상하고 결제일의 대금지급은 매입채무의 이행으로 회계처리하여야 한다. 그리고, 기업구매전용카드 또는 구매론에 의해 물품대금이 결제되고 판매자가 지급대행은행에 물품대금의 선지급 요청시에는 양도에 대한 판단기준을 충족하는 것으로 보아 판매자는 지급대행은행에 매출채권을 매각한 것으로 회계처리하고, 구매자는 상품 및 제품을 인도 받는 시점에 물품대금을 매입채무로 인식한다.

---

15) 매각거래와 관련하여 취득하거나 부담하는 자산 및 부채의 예로는 금융자산 양도 후 사후관리 업무를 양도인이 계속하여 보유하면서 이에 따른 위탁수수료를 받는 경우 자산양도 후 양도자산에 대해 부실이 발생하면 이를 환매하기로 약정한 경우의 환매채무 등을 들 수 있다.

16) K-IFRS에서는 해당 규정이 없으므로 상환청구권이 존재하는 경우 차입거래로 분류해야 한다. 우리나라는 실무적으로 거의 대부분 상환청구권이 존재하므로 일반기업회계기준과 차이가 발생한다.

⑥ 금융자산의 이전이 담보거래에 해당하는 경우에는 해당 금융자산을 담보제공자산으로 별도 표시하여야 한다.

⑦ 기존 차입자와 대여자가 실질적으로 다른 조건으로 채무상품을 교환한 경우, 최초의 금융부채를 제거하고 새로운 금융부채를 인식한다. 이와 마찬가지로 기존 금융부채(또는 금융부채의 일부)의 조건이 실질적으로 변경된 경우(채무자의 부담이 경감되도록 변경된 경우는 제외)에도 최초의 금융부채를 제거하고 새로운 금융부채를 인식한다.

⑧ 소멸하거나 제3자에게 양도한 금융부채(또는 금융부채의 일부)의 장부금액과 지급한 대가(양도한 비현금자산이나 부담한 부채를 포함)의 차액은 당기손익으로 인식한다.

⑨ 금융부채의 일부를 재매입하는 경우 금융부채의 장부금액은 계속 인식되는 부분과 제거되는 부분에 대해 재매입일 현재 각 부분의 상대적 공정가치를 기준으로 배분한다. 제거되는 부분에 배분된 금융부채의 장부금액과 제거되는 부분에 대하여 지급한 대가(양도한 비현금자산이나 부담한 부채를 포함)의 차액은 당기손익으로 인식한다.

02 중소기업회계기준

(1) 매출채권 등의 평가

자산은 최초에 취득원가로 인식한다. 그러나 매출채권, 대여금, 미수금, 미수수익 등(이하 매출채권 등)은 현재가치평가를 아니할 수 있다. 구체적인 내용은 다음과 같다.

① 매출채권 등의 장부금액과 만기금액에 차이가 있는 경우 그 차이를 상환기간에 걸쳐 유효이자율법이나 정액법으로 상각하여 장부금액과 이자수익에 반영한다.

② 원금이나 이자 등의 일부 또는 전부를 회수하지 못할 가능성이 있는 매출채권 등은 합리적이고 객관적인 기준에 따라 대손추산액을 산출하여 대손충당금으로 설정하고, 기존 대손충당금 잔액과의 차이는 대손상각비로 인식한다.

③ 매출채권 등의 원금이나 이자 등의 일부 또는 전부를 회수할 수 없게 된 경우, 대손충당금과 상계하고, 대손충당금이 부족한 경우에는 그 부족액을 대손상각비로 인식한다.

④ 매출채권에 대한 대손상각비는 판매비와관리비의 대손상각비로, 그 밖의 채권에 대한 대손상각비는 영업외비용의 기타대손상각비로 구분한다.

(2) 매출채권 등의 양도

매출채권, 대여금 등을 양도하는 경우, 그 자산을 대차대조표에서 제거하고 장부금액과 수취한 대가의 차액은 매출채권처분손익 등 당기손익으로 인식한다.

03 세무회계

매출채권과 관련하여 법인세법상 유의할 사항은 다음과 같다.

① 법인세법상 특수관계인과의 거래에서 매출채권을 지연회수한 경우에는 부당행위계산의 부인규정이 적용될 수 있다. 그러나 사회통념 및 상관습에 비추어 부당함이 없다고 인정되는 때에는 부당행위계산의 부인규정을 적용하지 아니한다(국심99서2284, 2000.8.24.).

② 매출채권의 인식은 매출의 인식과 관련된다. 기업회계기준에서는 발생주의에 근거한 실현주의를 원칙으로 하고 있으나 법인세법에서는 권리의무확정주의를 채택하고 있으므로 기업회계와 법인세법의 손익귀속시기 차이에 대해서는 수익에서 살펴보기로 한다.

③ 매출채권의 할인에 대해서는 법인이 금융기관에 매출채권을 할인한 경우 상환청구권 여부에 불구하고 기업회계기준에 따라 매각거래에 해당하는 경우에는 매각일이 속하는 사업연도 소득금액계산시 그 할인액을 손금에 산입한다(법기통 19-19…44).

④ 매출채권, 대출금 등 여러형태의 자산을 담보로 채권을 발행하여 자금을 조달하는 거래, 자산을 양도하고 그 대가를 지급받는 거래(자산보유에 따른 위험과 보상을 완전히 이전) 등은 원칙적으로 매각거래로 본다. 다만 기업회계기준에 따라 차입거래(자산을 담보로 맡기고 자금을 빌리는 거래로서 자산보유에 따른 위험과 보상을 그대로 보유하는 경우)로 회계처리한 경우에는 차입거래를 인정한다(법령 71).[17]

⑤ 법인이 자산의 양도와 관련하여 매출할인을 하는 경우 그 매출할인금액은 상대방과의 약정에 의한 지급기일(그 지급기일이 정하여 있지 아니한 경우에는 지급한 날)이 속하는 사업연도의 매출액에서 차감한다(법령 68 ⑤).

매출채권 또는 받을어음의 배서양도

구 분	기업회계	법인세법
금융자산의 위험과 보상이 이전한 경우	매각거래	기업회계기준 수용
금융자산의 위험과 보상이 이전되지 않은 경우	차입거래	

17) 동 규정은 K-IFRS 적용기업에 대한 세무조정을 간소화하기 위한 보완규정이다.

예 제 어음의 할인

㈜이손은 20X1년 4월 1일에 받을어음 ₩1,000,000을 금융기관에 12%의 할인율로 할인하여 자금을 회수하였다. 당해 어음은 만기에 정상적으로 결제되었으며 어음의 만기는 20X1년 6월 1일이다.

요구사항

1. 일반기업회계기준 또는 중소기업회계기준에 따른 매각거래 회계처리와 세무조정을 하시오.
2. K-IFRS에 따른 차입거래 회계처리와 세무조정을 하시오.

풀 이

1. 일반기업회계기준 및 중소기업회계기준

(1) 현금수령액

채권만기금액 :	₩1,000,000
금융비용(할인료) : ₩1,0000,000×12%×2/12 =	(20,000)
현금수령액	980,000

(2) 회계처리와 세무조정

매출채권 또는 받을어음을 배서양도하는 경우에는 기업회계기준에 의한 손익인식방법에 따라 관련 손익의 귀속사업연도를 정하므로 별도의 세무조정은 없다.

구 분	회계처리	세무조정
20X1. 4. 1	(차) 현금 980,000 매출채권처분손실 20,000 (대) 매출채권 1,000,000	세무조정 없음
20X1. 6. 1	–	

2. K-IFRS

매출채권 또는 받을어음을 배서양도하는 경우에는 기업회계기준에 의한 손익인식방법에 따라 관련 손익의 귀속사업연도를 정하므로 별도의 세무조정은 없다.

구 분	회계처리	세무조정
20X1. 4. 1	(차) 현금 980,000 이자비용 20,000 (대) 단기차입금 1,000,000	세무조정 없음
20X1. 6. 1	(차) 단기차입금 1,000,000 (대) 매출채권 1,000,000	

Chapter 5

대손충당금

제1절 대손충당금

01 기업회계

1.1 일반기업회계기준

일반기업회계기준에서는 회수가 불확실한 금융자산(유가증권 제외)은 합리적이고 객관적인 기준에 따라 산출한 대손추산액을 대손충당금으로 설정한다. 이와 관련하여 유의할 사항은 다음과 같다.

① 대손추산액에서 대손충당금잔액을 차감한 금액을 대손상각비로 계상한다. 이 경우 상거래에서 발생한 매출채권에 대한 대손상각비는 판매비와 관리비로 처리하고, 기타 채권에 대한 대손상각비는 영업외비용으로 처리한다.

② 회수가 불가능한 채권은 대손충당금과 상계하고 대손충당금이 부족한 경우에는 그 부족액을 대손상각비로 처리한다.

③ 채권의 현금흐름이 장기간에 걸쳐 발생하는 경우에는 대손추산시 현재가치로 평가하여 채권의 실질가치와 대손상각비를 적절하게 인식한다.

④ 매출채권에 대한 대손충당금 등은 해당 채권과목에서 차감하는 형식으로 표시하거나 당해 채권과목에서 직접 차감하여 표시할 수 있다. 직접 차감하여 표시하는 경우에는 차감한 금액을 주석으로 기재한다.

⑤ 다음의 경우는 손상차손이 발생하였다는 객관적인 증거가 될 수 있다.

㉠ 은행법에 의해 설립된 금융기관으로부터 당좌거래 정지처분을 받은 경우, 청산 중에 있거나 1년 이상 휴업 중인 경우, 또는 완전자본잠식 상태에 있는 경우와 같이 유가증권발행자의 재무상태가 심각하게 악화된 경우

㉡ 이자 지급과 원금 상환의 지연과 같은 계약의 실질적인 위반이나 채무불이행이 있는 경우

㉢ 회사정리법에 의한 정리절차개시의 신청이 있거나 정리절차가 진행 중인 경우 또는 화의법에 의한 화의개시절차의 신청이 있거나 화의절차가 진행 중인 경우와 같이, 유가증권발행자의 재무적 곤경과 관련한 경제적 또는 법률적인 이유 때문에 당초의 차입조건의 완화가 불가피한 경우

㉣ 유가증권발행자의 파산가능성이 높은 경우

㉤ 과거에 그 유가증권에 대하여 손상차손을 인식하였으며 그 때의 손상사유가 계속 존재하는 경우

㉥ 유가증권발행자의 재무상태가 악화되어 그 유가증권이 시장성을 잃게 된 경우

㉦ 표시이자율 또는 유효이자율이 일반적인 시장이자율보다 비정상적으로 높거나 낮은 채무증권(㉑ 후순위채권, 정크본드)을 법규나 채무조정협약 등에 의해 취득한 경우

㉧ 기업구조조정촉진법에 의한 관리절차를 신청하였거나 진행 중인 경우

㉨ 기타 위에 준하는 사유

1.2 K-IFRS

금융자산이 채무자의 파산 등 재무적 곤경 등의 사유로 회수가 불가능하게 된 경우 회수불능금액을 추정하여 비용으로 처리한다. 이러한 비용처리를 대손 또는 금융자산의 손상이라고 하며, 수취채권에 대해서는 일반적으로 대손회계라고 한다.

(1) 금융자산 손상회계의 적용

다음 두 가지 조건을 모두 충족한다면 금융자산을 상각후원가로 측정한다. 매출채권은 상각후원가로 측정하는 금융자산으로서 기대신용손실을 손실충당금으로 인식한다.

① 계약상 현금흐름을 수취하기 위해 보유하는 것이 목적인 사업모형 하에서 금융자산을 보유한다.

② 금융자산의 계약 조건에 따라 특정일에 원금과 원금잔액에 대한 이자 지급(원리금 지급)만으로 구성되어 있는 현금흐름이 발생한다.

(2) 손실충당금 측정

1) 일반원칙

최초 인식 후에 금융상품의 신용위험이 유의적으로 증가하지 아니한 경우에는 보고기간 말에 12개월 기대신용손실에 해당하는 금액으로 손실충당금을 측정한다. 신용위험이 유의적으로 증가한 경우에는 매 보고기간 말에 전체기간 기대신용손실에 해당하는 금액으로 손실충당금을 측정한다. 전기에 전체기간 기대신용손실에 해당하는 금액으로 금융상품에 대한 손실충당금을 측정하였으나 당기에 더는 금융상품의 신용위험이 유의적으로 증가하지 아니할 것으로 판단하는 경우에는 당기 말에 12개월 기대신용손실에 해당하는 금액으로 손실충당금을 측정한다. 보고기간 말에 이 기준서에 따라 인식해야 하는 금액으로 손실충당금을 조정하기 위한 기대신용손실액 또는 환입액은 손상차손이나 환입으로 당기손익에 인식한다.

구 분	내 용
금융상품의 신용위험이 유의적으로 증가하지 아니한 경우	12개월 기대신용손실에 해당하는 금액으로 손실충당금을 측정한다.
금융상품의 신용위험이 유의적으로 증가한 경우(계약상 지급의 연체일수가 30일을 초과하는 경우에는 최초 인식 후에 금융상품의 신용위험이 유의적으로 증가했다는 반증 가능한 간주규정을 적용할 수 있다)	전체기간 기대신용손실에 해당하는 금액으로 손실충당금을 측정한다.

금융상품의 기대신용손실은 다음 사항을 반영하도록 측정한다.

① 일정 범위의 발생 가능한 결과를 평가하여 산정한 금액으로서 편의가 없고 확률로 가중한 금액

② 화폐의 시간가치

③ 보고기간 말에 과거사건, 현재 상황과 미래 경제적 상황의 예측에 대한 정보로서 합리적이고 뒷받침될 수 있으며 과도한 원가나 노력 없이 이용할 수 있는 정보

2) 매출채권, 계약자산, 리스채권에 대한 간편법

다음 항목은 항상 전체기간 기대신용손실에 해당하는 금액으로 손실충당금을 측정한다. 이 경우 매출채권, 리스채권, 계약자산에 각각 독립적으로 회계정책을 선택할 수 있다.

① 다음 중 하나를 충족하는 K-IFRS 제1115호 수익의 적용범위에 포함되는 거래에서 생기는 매출채권이나 계약자산

㉠ K-IFRS 제1115호에 따른 유의적인 금융요소를 포함하고 있지 않은 경우 또는 K-IFRS 제1115호 문단 63의 실무적 간편법(계약을 개시할 때 기업이 고객에게 약속한 재화나 용역을 이전하는 시점과 고객이 그에 대한 대가를 지급하는 시점 간의 기간이 1년 이내일 것이라고 예상한다면 유의적인 금융요소의 영향을 반영하여 약속한 대가를 조정하지 않는 방법)을 적용하는 경우

㉡ K-IFRS 제1115호에 따라 유의적인 금융요소가 있으나 전체기간 기대신용손실에 해당하는 금액으로 손실충당금을 측정하는 것을 회계정책으로 선택한 경우 : 해당 회계정책은 모든 해당 매출채권이나 계약자산에 적용해야 하지만 매출채권과 계약자산에 각각 구분하여 적용할 수 있다.

② K-IFRS 제1017호의 적용범위에 포함되는 거래에서 생기는 리스채권으로서 전체기간 기대신용손실에 해당하는 금액으로 손실충당금을 측정하는 것을 회계정책으로 선택한 경우 : 해당 회계정책은 모든 리스채권에 적용해야 하지만 금융리스채권과 운용리스채권에 각각 구분하여 적용할 수 있다.

(3) 충당금설정률표(연령분석법)

연령분석법(aging method)이란 채권의 경과일수에 따라 수개의 집단으로 분류하고 각 집단별로 과거의 경험에 의한 개별 대손추정률을 적용하여 보고기간말 현재 대손충당금을 추정하는 방법이다. 이 방법은 채권의 미회수 기간이 길수록 채권의 회수가 어렵다는 가정하에 미회수 기간이 길수록 추정대손율을 높게 적용한다. K-IFRS 1109호 금융상품에서는 연령분석법의 사례를 다음과 같이 설명하고 있다.

제조업체인 기업 M은 20×1년에 ₩30,000,000에 해당하는 매출채권 포트폴리오를 갖고 있으며 한 지역에서만 영업한다. 고객들은 다수의 작은 고객들로 구성되어 있으며 매출채권은 계약에 따른 모든 금액을 지급할 수 있는 고객의 능력을 나타내는 공통의 위험특성으로 범주화 된다. 매출채권은 K-IFRS 제1115호에 따른 유의적인 금융요소가 없다. 유의적인 금융요소가 없는 매출채권의 손실충당금은 항상 전체기간 기대신용손실에 해당하는 금액으로 측정한다.

기업 M은 포트폴리오의 기대신용손실을 산정하기 위해 충당금설정률표를 이용한다. 충당금설정률표는 과거에 매출채권의 기대존속기간에 관측된 채무불이행률에 기초하며 미래전망적인 추정을 위해 조정된다. 매 보고기간 말에 과거에 관측된 채무불이행률을 갱신하며 미래전망 추정치의 변동을 분석한다. 이 사례의 경우 경제상황이 내년에 악화될 것으로 예측한다. 이러한 기준으로 기업 M은 다음의 충당금설정률표(연령분석)를 추정한다.

구 분	현재	1-30일 연체	31-60일 연체	61-90일 연체	90일 초과 연체
채무불이행률	0.3%	1.6%	3.6%	6.6%	10.6%

다수의 작은 고객들로 구성된 매출채권들은 ₩30,000,000이고 충당금 설정률표를 이용하여 측정한다.

구 분	총 장부금액	채무불이행률	전체기간 기대신용손실 충당금 (총 장부금액×전체기간 기대신용손실률)
연체되지 않음	₩15,000,000	0.3%	₩45,000
1-30일 연체	7,500,000	1.6%	120,000
31-60일 연체	4,000,000	3.6%	144,000
61-90일 연체	2,500,000	6.6%	165,000
90일 초과 연체	1,000,000	10.6%	106,000
	30,000,000		580,000

(4) 매출채권의 대손회계처리

한국회계기준원 회계기준적용의견서 12-1 '기업회계기준서 제1001호 영업이익 공시에 따른 재무제표 작성시 고려사항'에서 밝히고 있듯이(단, K-IFRS에서 특별히 명시하고 있는 경우는 제외) 영업손익 공시 관련 K-IFRS 제1001호 개정(2012년 10월)은 영업손익 산정방법에 대해 새로운 원칙을 제시한 것이라기보다는 과거 기업회계기준(또는 이를 계승한 현행 일반기업회계기준)하의 영업손익 산정원칙과 실무관행에 따르도록 하는 데 목적이 있다고 규정하였다.

일반기업회계기준은 채권의 성격에 따라 대손상각비를 판매관리비 또는 영업외비용으로 구분하고 있다. 영업활동과 관련하여 비용이 감소함에 따라 발생하는 대손충당금환입 등은 판매비와관리비의 부(-)의 금액으로 표시한다.

구 분	대손상각비	대손충당금환입
외상매출금, 받을어음	판매관리비(대손상각비)	판매관리비(△대손상각비)
미수금, 대여금 등 기타채권	영업외비용(기타의 대손상각비)	영업외수익(대손충당금환입)

1.3 중소기업회계기준

원금이나 이자 등의 일부 또는 전부를 회수하지 못할 가능성이 있는 매출채권 등은 합리적이고 객관적인 기준에 따라 대손추산액을 산출하여 대손충당금으로 설정하고, 기존 대손충당금 잔액과의 차이는 대손상각비로 인식한다. 매출채권 등의 원금이나 이자 등의 일부 또는 전부를 회수할 수 없게 된 경우, 대손충당금과 상계하고, 대손충당금이 부족한 경우에는 그 부족액을 대손상각비로 인식한다. 매출채권에 대한 대손상각비는 판매비와관리비의 대손상각비로, 그 밖의 채권에 대한 대손상각비는 영업외비용의 기타대손상각비로 구분한다.

02 세무회계

2.1 법인세법상 대손충당금 설정방법(총액법)

대손충당금은 회수불능채권의 추산액으로서 당기말 현재의 외상매출금·대여금 기타 이에 준하는 채권 중 차기 이후의 대손 가능성에 대비하기 위해 설정한 평가성충당금을 말하며 이를 손금에 산입하기 위해서는 결산상 비용으로 반영하여야 한다(집행기준 34-0-1).

기업회계상 대손충당금은 기말 현재의 대손추산액에서 대손충당금잔액을 차감한 잔액을 대손상각비로 인식하는 보충법을 적용한다. 그러나 법인세법은 기업회계와 달리 총액법 가정을 적용한다. 따라서 기업회계상의 보충법을 법인세법상의 총액법으로 전환하는 과정의 이해가 필요하다.

구 분	총액법 가정
기초 대손충당금	기초 대손충당금 잔액을 일시에 환입하여 익금으로 본다.
기중 대손충당금 상계액	기업회계상 기중 대손충당금 상계액을 대손상각비계상액으로 본다.
기말 대손충당금	재무상태표 대손충당금 기말잔액을 일시에 설정한 것으로 본다.

예를 들어 법인이 보충법에 따라 회계처리한 경우 세무조정은 다음과 같다. 단, 기업회계상 대손충당금 기초잔액에는 전기말 대손충당금한도초과액 2백만원이 포함되어 있으며 기말 법인세법상 대손충당금한도액은 16백만원이라고 가정한다.

대손충당금

감소	2,000,000	기초	5,000,000
기말	20,000,000	설정	17,000,000
	22,000,000		22,000,000

구분	기업회계(보충법)	기업회계(총액법)
기초	-	대손충당금 5,000,000 / 대손충당금환입 5,000,000
감소	대손충당금 2,000,000 / 매출채권 2,000,000	대손상각비 2,000,000 / 매출채권 2,000,000
설정	대손상각비 17,000,000 / 대손충당금 17,000,000	대손상각비 20,000,000 / 대손충당금 20,000,000
손익효과	17,000,000	2,000,000+20,000,000−5,000,000=17,000,000

구분	기업회계(총액법)	법인세법(총액법)
기초(익금)	대손충당금 5,000,000 / 대손충당금환입 5,000,000	대손충당금 3,000,000 / 익금 3,000,000
감소(손금)	대손상각비 2,000,000 / 매출채권 2,000,000	대손상각비 2,000,000 / 매출채권 2,000,000
설정(손금)	대손상각비 20,000,000 / 대손충당금 20,000,000	대손상각비 16,000,000 / 대손충당금 16,000,000

구 분	기업회계(보충법)	→	기업회계(총액법)	↔	법인세법(총액법)	세무조정
기초잔액	₩5,000,000		₩5,000,000		₩3,000,000	
환입액	−		(5,000,000)		(3,000,000)	(A)
대손금(충당금 상계)	(2,000,000)		2,000,000		2,000,000	(C)
대손금(신고조정)	−		−		−	(D)
당기설정액	17,000,000		20,000,000		16,000,000	(B)
기말잔액	20,000,000		20,000,000		16,000,000	
	A=△5,000,000−△3,000,000=△2,000,000 B=20,000,000−16,000,000=4,000,000					
손익효과	₩17,000,000	=	₩17,000,000			

(A) : 전기 대손충당금한도초과액 익금불산입 2백만원(△유보)
(B) : 당기 대손충당금한도초과액 손금불산입 4백만원(유보)
(C) : 결산상 회사가 인식한 대손금이 법인세법상 대손요건을 충족하지 못한 경우 손금불산입(유보)한다.
(D) : 결산상 회사가 인식한 대손금이 없는 경우에도 법인세법상 대손요건을 충족한 신고조정항목에 대해서는 손금산입(△유보)한다.

법인세법상 총액법에 의한 대손충당금 세무조정은 다음과 같다.

① (A)에서 보는 바와 같이 결산상 대손충당금환입액이 세무상 대손충당금환입액보다 전기 대손충당금한도초과맥만큼 익금을 과다하게 계상하였다. 따라서 전기 대손충당금한도

초과액은 당기에 자동으로 추인된다.

② (B)에서 보는 바와 같이 법인세법상 대손충당금한도액과 비교하는 회사설정액은 총액법에 따라 당기 보충액이 아니라 대손충당금 기말잔액이다. 단, 기업회계상 채권의 재조정에 따라 채권의 장부가액과 현재가치의 차액을 대손금으로 계상한 경우 그 대손금과 관련하여 계상된 대손충당금은 제외한다(법령 61).

③ (A), (B)에서 보는 바와 같이 채권의 제거 및 회수를 대손충당금 또는 대손상각비(대손충당금환입) 어느 방법으로 회계처리해도 기업회계상 총액법에 따라 즉시 충당금을 환입하므로 세무조정은 동일하다.

④ (C), (D)에서 보는 바와 같이 채권의 제거는 기업이 결산상 대손처리한 (C)이외에 신고조정에 의해 대손처리하는 (D)의 경우가 있으며 당기 대손충당금 한도를 설정하는 대손실적률 계산시 당기 대손금은 (C), (D)의 합계를 의미한다.

	기업회계(보충법)	➡ 기업회계(총액법)	⟷	세무회계(총액법)	세무조정
기초잔액	5,000,000	5,000,000	→	3,000,000	
환입액	–	(5,000,000)	유보 2,000,000	(3,000,000)	△2,000,000
감소(결산)	(2,000,000)	2,000,000		2,000,000	–
감소(신고)	–	–		–	–
설정액	17,000,000	20,000,000		16,000,000	4,000,000
기말잔액	20,000,000	20,000,000		16,000,000	

대손금 세무조정

① 대손금 손금불인정 채권
② 대손금의 귀속시기
(결산조정과 신고조정)

대손충당금 설정한도

세무상채권×max(대손실적률, 1%)
① 세무상채권 : 채권의 유보금액 가감, 충당금 설정제외채권 조정
② 대손실적률

$$= \frac{\text{당기대손금(결산조정 + 신고조정)}}{\text{전기말세무상채권}}$$

기초 대손충당금 유보잔액

기초 대손충당금 한도초과 유보잔액은 당기에 자동으로 추인한다(총액법).

기말 대손충당금 한도조정

결산상 기말 대손충당금 잔액과 세무상 한도액을 비교하여 초과액을 손금불산입한다(총액법)

2.2 대손금

(1) 대손금

대손금은 회수할 수 없게 되어 채권을 장부가액에서 감액하는 것을 말하며 법인세법상 대손금의 요건을 만족하는 경우에 손금에 산입한다(법법 34 ②). 특정채권에 대해서는 회수가 불가능해도 대손금으로 인정되지 아니한다. 대손충당금을 손금으로 계상한 법인은 대손금이 발생한 경우 그 대손금을 대손충당금과 먼저 상계하여야 한다(법법 34 ④).

1) 대손금의 손금 회계처리

기업회계상 채권의 제거 및 회수를 대손충당금 또는 대손상각비 어느 방법으로 회계처리해도 법인세법은 총액법에 따라 회계처리한 것으로 본다. 따라서 결산상 순이익과 세무상 소득이 동일하므로 별도의 세무조정은 없다. 예를 들어 매출채권의 대손이 ₩2,000,000이며 당해 채권에 대하여 대손충당금 또는 대손상각비로 처리한 경우 총액법에 의한 결과는 동일하다.

구분	대손충당금 처리	기업회계(총액법)
충당금	-	대손충당금 2,000,000 / 대손충당금환입 2,000,000
대손금	대손충당금 2,000,000 / 매출채권 2,000,000	대손상각비 2,000,000 / 매출채권 2,000,000
손익효과	-	2,000,000-2000,000=0

구분	대손상각비 처리	기업회계(총액법)
충당금	-	-
대손금	대손상각비 2,000,000 / 매출채권 2,000,000	대손상각비 2,000,000 / 매출채권 2,000,000
손익효과	△2,000,000	△2,000,000

2) 대손인정 채권

내국법인이 보유하고 있는 채권 중 채무자의 파산 등 법에 정하는 사유로 회수할 수 없는 채권의 금액은 해당 사업연도의 소득금액을 계산할 때 손금에 산입한다(법법 19의2). 원칙적으로 기업회계상 대손사유가 충족되는 경우 대손금으로 인정한다. 영업활동에서 발생한 매출채권 및 영업활동과 무관한 기타 대여금, 미수금 등도 대손금으로 인정된다. 영업활동 및 비영업활동에서 발생한 다음의 채권이 대손금의 요건을 만족할 경우 손금산입할 수 있다(법령 61 ①).

① 외상매출금 : 상품, 제품의 판매가액의 미수액과 가공료, 용역 등의 제공에 의한 사업수입금액의 미수액

② 대여금 : 금전소비대차계약 등에 의하여 타인에게 대여한 금액

③ 기타 이에 준하는 채권 : 어음상의 채권, 미수금 기타 기업회계기준에 의한 대손충당금 설정대상이 되는 채권

3) 대손불인정 채권

다음의 채권은 대손으로 손금에 산입할 수 없으며 대손충당금설정대상 채권에서도 제외된다(법법 19의2 ②).

① 채무보증으로 인하여 발생한 구상채권. 단, 다음의 채무보증구상채권은 제외한다(법령 19의2 ⑥).

㉠ 독점규제 및 공정거래에 관한 법률 제10조의2 각 호의 어느 하나에 해당하는 채무보증

㉡ 법인세법 시행령 제61조제2항 각 호의 어느 하나에 해당하는 금융회사 등이 행한 채무보증

㉢ 법률에 따라 신용보증사업을 영위하는 법인이 행한 채무보증

㉣ 대·중소기업 상생협력 촉진에 관한 법률에 따른 위탁기업이 수탁기업협의회의 구성원인 수탁기업에 대하여 행한 채무보증

㉤ 건설업 및 전기통신업(전기통신업은 2018.2.13. 이후 대손금으로 손금에 산입하는 분부터 적용)을 영위하는 내국법인이 건설사업(미분양주택을 기초로 하는 법인세법 시행령 제10조제1항 제4호 각 목 외의 부분에 따른 유동화거래를 포함)과 직접 관련하여 특수관계인에 해당하지 아니하는 자에 대한 채무보증. 다만, 사회기반시설에 대한 민간투자법 제2조 제7호의 사업시행자 등 다음에서 정하는 자에 대한 채무보증은 특수관계인에 대한 채무보증을 포함한다(법칙 10의5, 2017.2.3. 이후 대손금으로 손금에 산입하는 분부터 적용한다(시행령 부칙 2017.2.3.).

가. 사회기반시설에 대한 민간투자법 제2조 제7호에 따른 사업시행자

나. 국유재산법 제13조 제2항 제1호 또는 공유재산 및 물품 관리법 제7조 제2항 제1호에 따라 기부한 행정재산을 운영하는 내국법인

다. 법인세법 제51조의 2 제1항 제1호·제2호·제4호·제6호에 해당하는 내국법인(유동화전문회사 등) 또는 이와 유사한 투자회사로서 조세특례제한법 제104조의 31 제1항 각 호(프로젝트금융투자회사)에 해당하는 내국법인

ⓑ 해외자원개발사업자가 해외자원개발사업과 직접 관련하여 해외에서 설립된 법인에 대하여 행한 채무보증(개정규정은 2023.2.28. 전의 채무보증으로 발생한 구상채권으로서 2023.2.28. 이후 해당 채권을 회수할 수 없게 되는 경우에도 적용함. 영 부칙 2023.2.28.)

ⓢ 해외건설 촉진법에 따른 해외건설사업자가 해외자원개발을 위한 해외건설업과 직접 관련하여 해외에서 설립된 법인에 대해 행한 채무보증(개정규정은 2023.2.28. 전의 채무보증으로 발생한 구상채권으로서 2023.2.28. 이후 해당 채권을 회수할 수 없게 되는 경우에도 적용함. 영 부칙 2023.2.28.)

② 법인세법 제28조 제1항 제4호 나목(특수관계인에게 해당 법인의 업무와 관련 없이 지급한 가지급금 등으로서 대통령령으로 정하는 것)에 해당하는 가지급금(假支給金) 등. 이 경우 특수관계인에 대한 판단은 대여시점을 기준으로 한다(개정규정은 2021.1.1. 이후 대여하는 분부터 적용, 법 부칙 2020.12.22.).

③ 삭제[법인세법 시행령 제63조 제2항에 해당하는 법인(구상채권상각충당금 손금산입 법인)이 신용보증계약에 의하여 대위변제한 금액 중 해당 사업연도에 손비로 계상한 금액, 법령 19의2 ⑦, 2022.12.31.이 속하는 사업연도의 종료일 현재 종전의 영 19조의 2 제7항에 따라 손금불산입된 대위변제 금액의 적립금은 영 19조의 2 제7항의 개정규정에도 불구하고 2023.1.1.이 속하는 사업연도와 그 다음 4개 사업연도에 균등하게 나누어 손금에 산입함. 영 부칙 2024.2.29.].

④ 부가가치세법에 의하여 대손세액공제를 받은 부가가치세 매출세액미수금(법령 19 8호)

(2) 기업회계기준에 의한 채권의 조정

법인이 기업회계기준에 따른 채권의 재조정에 따라 채권의 장부가액과 현재가치의 차액을 대손금으로 계상한 경우에는 이를 손금에 산입하며 손금에 산입한 금액은 기업회계기준의 환입방법에 따라 익금에 산입한다(법령 62). 채권조정에 의하여 계상한 대손충당금(현재가치할인차금)은 대손충당금 한도계산대상에서 제외한다(법령 61 ④).

(3) 대손금의 회수액

대손사유가 충족되어 손금산입한 대손금 중 회수한 금액은 그 회수한 날이 속하는 사업연도의 익금에 산입하지만 손금불산입된 경우에는 익금불산입항목으로 본다.

(4) 대손금의 세무조정

1) 대손금요건을 불충족한 채권의 대손

법인세법상 대손충당금 세무조정은 총액법에 의하므로 대손충당금 또는 대손금으로 상계하여도 세무조정은 동일하다.

① 법인세법상 대손금 요건 미충족에도 법인이 대손충당금계정으로 대손처리한 경우
〈익금산입〉 매출채권 (대손상각) ××× (유보)

② 법인세법상 대손금 요건 미충족에도 법인이 대손상각비로 대손처리한 경우
〈익금산입〉 매출채권 (대손상각) ××× (유보)

2) 대손금부인액의 당기 회수

법인세법의 대손요건에 해당하지 아니하여 대손충당금과 상계한 매출채권을 익금에 산입(유보)한 법인이 당해 사업연도 이후에 그 대손충당금과 상계한 채권액이 회수되어 이를 기업회계기준에 따라 대손충당금의 증가로 회계처리한 경우에 당해 대손충당금의 증가로 회계처리한 금액을 익금불산입(△유보)하고, 법인세법시행규칙 별표 제34호 서식의 대손충당금 및 대손금조정명세서 ④당기 계상액에 포함하여 대손충당금 한도초과액을 계산한다. 전기이전의 대손부인액에 대하여 당해사업연도 중에 손금추인의 사유(소멸시효완성 등)가 발생한 경우 세무조정은 다음과 같다.

〈손금산입〉 매출채권 (대손상각) ××× (△유보)

3) 대손금인정액의 당기 회수

법인이 손금에 산입한 대손금 중 회수한 금액을 대손충당금을 증가시키는 것으로 회계처리하고 그 대손금 중 회수한 금액을 익금산입한 경우 당해 사업연도의 대손충당금을 손금에 산입함에 있어서 그 대손충당금의 증가액은 세무상 기 설정된 대손충당금으로 보지 아니하는 것이며, 법인이 당해 사업연도 대손충당금 설정 범위액에서 익금에 산입하여야 할 대손충당금을 차감한 잔액만을 설정하는 경우 동 대손충당금의 증가액은 손금에 산입한 후 시부인 계산한다(법인, 법인46012-634, 2001.04.14.). 결국 대손충당금 증가액을 손금산입(△유보)하고 동시에 채권회수액을 익금산입(유보)해야 하지만 소득에 미치는 영향은 없으므로 실무상 별도의 세무조정은 하지 않는다.

〈세무조정 없음〉

예 제 **대손금 세무조정**

㈜이손의 대손과 관련한 자료가 다음과 같은 경우 대손금에 대한 세무조정을 하시오.

(1) 20×5년에 다음과 같이 회계처리하였으나 대손금 요건을 충족하지 아니하며 20×6년에 소멸시효 완성에 따라 대손금 요건을 충족한다.

(차) 대손충당금	800,000	(대) 매출채권	1,000,000
대손상각비	200,000		

(2) 20×5년에 법인세법상 채권의 소멸시효가 완성되어 대손금 요건을 충족하였으며 당해 매출채권 ₩1,000,000을 신고조정으로 처리하였다. 회사는 신고조정으로 대손처리한 매출채권을 20×6년에 다음과 같이 회계처리하였다.

(차) 대손충당금	800,000	(대) 매출채권	1,000,000
대손상각비	200,000		

(3) 20×5년에 다음과 같이 회계처리하였으나 대손금 요건을 충족하지 아니한다.

(차) 대손충당금	800,000	(대) 매출채권	1,000,000
대손상각비	200,000		

상기의 채권은 20×6년에 전액 회수하였으며 회수시 회계처리는 다음과 같다.

(차) 보통예금	1,000,000	(대) 대손충당금	1,000,000

(4) 20×5년에 다음과 같이 회계처리하였으며 대손금 요건을 충족한다.

(차) 대손충당금	800,000	(대) 매출채권	1,000,000
대손상각비	200,000		

상기의 채권은 20×6년에 전액 회수하였으며 회수시 회계처리는 다음과 같다.

(차) 보통예금	1,000,000	(대) 대손충당금	1,000,000

풀 이

(1) 대손금 요건 불비

법인세법상 대손금의 요건을 불비하였음에도 법인이 대손충당금계정으로 대손처리한 경우 손금불산입하고 당해 채권의 대손금 요건을 충족한 사업연도에 손금산입한다.

20×5년 :	〈손금불산입〉	매출채권	1,000,000	(유보)
20×6년 :	〈손금산입〉	매출채권	1,000,000	(△유보)

(2) 대손금 신고조정

대손금은 해당사유가 발생한 날이 속하는 사업연도의 손금에 산입하여야 하며 법인이 이를 결산서에 대손으로 처리하지 않은 경우에는 신고조정으로 손금에 산입해야 한다. 따라서 당기에 손금으로 산입하지 않은 경우에는 차기 이후의 사업연도에 손금으로 산입할 수 없다.

20×5년 :	〈손금산입〉	매출채권	1,000,000	(△유보)
20×6년 :	〈손금불산입〉	매출채권	1,000,000	(유보)

(3) 대손금 부인액의 당기회수

전기이전의 대손부인액에 대하여 당해 사업연도 중에 채권을 회수한 경우에는 대손충당금의 증가로 회계처리한 금액을 익금불산입(△유보)한다.

20×5년 : 〈손금불산입〉 매출채권 1,000,000 (유보)
20×6년 : 〈손금산입〉 매출채권 1,000,000 (△유보)

(4) 대손금 인정액의 당기회수

전기이전에 대손처리한 채권 등이 손금으로 인정된 경우에 대하여 당해사업연도 중에 채권을 회수하여 발생한 상각채권추심이익은 익금에 해당한다. 기업회계상 상각채권추심이익은 대손충당금으로 계상하며 총액법에 따라 당해 대손충당금 계상액은 익금(대손충당금환입액)으로 보아 별도의 세무조정은 없다.

20×5년 : 세무조정 없음
20×6년 : 세무조정 없음

2.3 대손금의 귀속시기와 대손요건

법인세법상 대손금의 귀속시기는 해당 사유가 발생한 날이 속하는 사업연도의 손금으로 하는 신고조정사항과 해당 대손사유가 발생하여 법인이 결산상 장부에 손금으로 계상한 사업연도의 손금으로 하는 결산조정사항으로 구분된다(법령 19의2 ③). 신고조정항목으로서 해당 사업연도에 손금으로 처리하지 않은 경우 그 후의 사업연도의 손금에 산입할 수 없는 것이나 국세기본법에 의한 국세부과의 제척기간이 만료되지 아니한 경우에는 납세지 관할 세무서장이 이를 당해 사업연도의 손금에 산입하여 법인세 과세표준 및 세액을 경정할 수 있다(법인, 법인46012-3103, 1998.04.01.).

구 분	신고조정사항	결산조정사항
귀속시기	해당 사유가 발생한 날이 속하는 사업연도	대손사유가 발생하여 법인이 결산상 장부에 손금으로 계상한 사업연도
손금처리	결산상 대손처리, 결산상 미처리시 신고조정으로 대손처리(관할세무서장 경정가능)	결산상 대손처리
경정청구	해당 사유가 발생한 사업연도에 결산상 또는 신고조정으로 손금처리하지 않은 경우 경정청구 가능	대손사유가 발생하고 장부에 손금으로 처리하지 않은 경우 경정청구 불가

(1) 신고조정에 의한 대손금

1) 법에 의한 소멸시효 완성채권

소멸시효완성이란 채권에 대하여 일정기간 청구권을 행사하지 아니하면 법률적 청구권이 소멸되는 것을 말한다. 소멸시효는 권리를 행사할 수 있을 때로부터 진행하며 계속적인 거래관계에 의하여 발생한 채권은 각 채권이 발생한 때부터 개별적으로 시효를 기산한다(민법 166, 대법원77다2463, 1978.03.28.).

법인세법상 소멸시효의 완성으로 인하여 대손금으로 계상할 수 있는 경우는 다음과 같다(법령 19의2 ①).

① 상법에 의한 소멸시효가 완성된 외상매출금 및 미수금

상행위로 인한 채권은 5년간 행사하지 아니하면 소멸시효가 완성한다. 그러나 다른 법령에 이보다 단기시효의 규정이 있는 때에는 그에 의한다(상법 64). 민법상 생산자 및 상인이 판매한 생산물 및 상품의 대가의 채권은 3년간 행사하지 아니하면 소멸시효가 완성한다(민법 163). 따라서 외상매출금 및 미수금은 상법상의 5년보다 단기인 민법의 3년 시효를 적용한다(국심 90서2119, 1990.12.14, 법인46012-889, 1995.03.31). 다만, 민법 제165조(판결에 의하여 확정된 채권, 파산절차에 의하여 확정된 채권 및 재판상의 화해, 조정 기타 판결과 동일한 효력이 있는 것에 의하여 확정된 채권 등은 단기의 소멸시효에 해당한 것이라도 그 소멸시효는 10년)판결 등에 의하여 확정된 채권의 소멸시효는 10년을 적용한다(서이 46012-10516, 2001.11.13.).

② 민법에 의한 소멸시효가 완성된 대여금 및 선급금

채권은 10년간 행사하지 아니하면 소멸시효가 완성한다(민법 162). 판결에 의하여 확정된 채권, 파산절차에 의하여 확정된 채권 및 재판상의 화해, 조정 기타 판결과 동일한 효력이 있는 것에 의하여 확정된 채권 등은 단기의 소멸시효에 해당한 것이라도 그 소멸시효는 10년으로 한다(민법 165 ①, ②).

③ 어음법, 수표법에 의한 소멸시효 완성

청구권의 내용	소멸시효기간
어음상의 채권 (어음법 70)	• 인수인에 대한 청구권 : 만기일부터 3년 • 소지인의 배서인·발행인에 대한 청구권 : 거절증서일부터 1년 • 배서인의 타배서인·발행인에 대한 청구권 : 어음환수일 또는 제소일부터 6월
수표법상의 채권 (수표법 51)	• 소지인의 소구권 : 제시기간 경과후 6월 • 수표채무자의 또 다른 채무자에 대한 소구권 : 수표환수일 또는 제소일부터 6월 • 지급보증인에 대한 청구권 : 제시기간 경과후 1년

소멸시효 완성에 관한 실무 검토사항

소멸시효기산일은 민법 제166조 제1항에 따라 동 채권에 대한 권리행사를 할 수 있는 때로부터 계산한다(법인, 법인22601-3329, 1987.12.11.). 외상매출금의 소멸시효기산일은 당해 매출거래의 발생사실이 관련증빙서류 등에 의하여 객관적으로 확인되는 날로 한다(법인, 서면인터넷방문상담2팀-1307, 2004.06.22.). 할부판매의 미수채권에 대한 소멸시효 기산일은 계약에 의해 각 부분의 대가를 받기로 한 날로 한다(법인 1264.21-4255, 1983.12.17.). 대여금, 선급금의 소멸시효에 대하여는 민법 제162조 및 제163조의 규정을 적용하는 것이며, 소멸시효의 중단사유 및 기산일은 민법의 규정을 적용하여 10년의 소멸시효를 적용한다(법인, 제도46019-10348, 2001.03.30., 법인, 법인22601-2830, 1985.09.18.).

1. 소멸시효의 중단

   소멸시효의 중단이란 중단사유 발생시 중단시킨 시점부터 다시 소멸시효 기간이 설정된다는 의미이다. 예를 들어 청구(조정신청, 지급명령신청 등의 소송제기)를 제기하거나 상대방의 승인(채무를 인정한다는 뜻의 각서 또는 일부 채무변제 등)이 있는 경우 소멸시효는 해당일로부터 다시 시작한다. 따라서 채권의 발생일로부터 소멸시효를 기산해서는 아니 되고 중단사유 발생일로부터 소멸시효를 기산해야 한다.

2. 민법 제168조(소멸시효의 중단사유)

   소멸시효는 청구, 압류 또는 가압류, 가처분, 승인의 사유로 인하여 중단된다(민법 168). 채권자가 소멸시효를 중단시키는 방법으로는 재판상청구, 파산절차참가, 지급명령의 신청, 화해를 위한 소환, 임의출석, 압류·가압류·가처분이 있고, 채무자가 채무를 승인하는 경우에도 소멸시효가 중단된다.

   ① 재판상 청구 : 재판상의 청구를 하면 소멸시효가 중단된다. 그러나 소송이 각하, 기각 또는 취하되는 경우에는 시효중단의 효력이 없다(민법 170 ①). 재판상의 청구가 제기되었으나 소송이 각하, 기각 또는 취하된 경우 6개월 내에 재판상의 청구, 파산절차참가, 압류 또는 가압류, 가처분을 한 때에는 시효는 최초의 재판상청구로 인하여 중단된다(민법 170 ②).

   ② 파산절차참가 : 채무자의 파산으로 채권자가 파산절차에 참가하는 경우에는 소멸시효가 중단된다. 그러나 채권자가 참가를 취소하거나 그 청구가 각하된 때에는 시효중단의 효력이 없다(민법 171).

   ③ 지급명령 신청 : 채권자가 독촉절차를 이용하여 지급명령을 신청한 경우에는 소멸시효가 중단된다(민법 172, 민사소송법 462).

   ④ 화해를 위한 소환 : 채권자가 화해를 신청하면 소멸시효가 중단된다. 채권자가 화해를 신청하였으나 상대방이 출석하지 않거나 화해가 성립되지 않은 경우 1개월 내에 소를 제기하지 않으면 시효중단의 효력이 없다(민법 173, 민사소송법 385).

   ⑤ 임의출석 : 소액사건심판에서 당사자가 임의출석하는 경우에는 소멸시효가 중단된다. 그러나 화해가 성립되지 않은 때 1개월 내에 소제기를 하지 않으면 시효중단의 효력이 발생하지 않는다(민법

채권회수조치(법인46012-2409, 2000.12.19.)
법인이 법인세법시행령 제62조 제1항 제1호 내지 제3호의 규정에 의한 회수할 수 없는 채권의 경우 그 소멸시효가 완성된 날이 속하는 사업연도의 손금으로 산입하는 것이나 아무런 채권회수조치를 취하지 아니함에 따라 소멸시효가 완성된 경우에는 동 채권을 임의포기한 것으로 보아 기업업무추진비 또는 기부금으로 본다.

173, 소액사건심판법 5).

⑥ 최고 : 채권자가 채무자에게 이행을 청구하는 경우에는 소멸시효가 중단된다. 최고는 특별한 형식이 없으나 6개월 내에 재판상의 청구, 파산절차참가, 화해를 위한 소환, 임의출석, 압류 또는 가압류, 가처분을 하지 않으면 소멸시효 중단의 효력이 발생하지 않는다(민법 174).

⑦ 압류·가압류·가처분 : 압류, 가압류 및 가처분은 권리자의 청구에 의하여 또는 법률의 규정에 따르지 않음으로 인하여 취소된 때에는 시효중단의 효력이 없다(민법 175).

⑧ 승인 : 채무자가 채권자에게 그 권리의 존재를 인정한다고 표시하는 경우에는 소멸시효가 중단된다(민법 168). 채무자에게 명시적으로 승인하는 것 뿐 아니라 이자를 지급하거나, 일부변제를 하거나 담보를 제공하는 것도 채무의 승인으로 본다.

※ 내용증명의 소멸시효 중단여부

채무자에게 채무를 상환하라는 의사를 명확히 하기 위해 내용증명을 작성해서 보내는 것은 최고에 해당한다. 최고도 시효중단의 효력은 있으나 이러한 최고는 6월 이내에 재판상 청구나 가압류 등을 해야 시효중단의 효력이 인정된다. 내용증명 발송후 6개월이 경과하기 전에 재판상 청구나 압류, 가압류, 가처분 등을 하면 소멸시효가 경과했다 하더라도 소멸시효가 중단되는 효력이 발생한다. 즉, 소멸시효 효력이 최초 내용증명을 보낸 시점으로 소급한다는 의미이다. 예를 들어 소멸시효 종료일은 20X1.12.31.이고 내용증명 발송일은 20X1.10.31.이다. 내용증명을 발송한 것으로는 소멸시효가 중단되지 아니하고 20X1.12.31.이 지나면 소멸시효가 완성된다. 그러나 내용증명을 발송한 날로부터 6개월이 되는 20X2.4.30. 이내에 소송을 제기하거나 가압류, 가처분 등의 조치를 하면 소멸시효는 최초 내용증명을 보낸 20X1.10.31.에 중단된 것으로 본다.

2) 기타 신고조정 대상 채권

① 회생계획인가 등

채무자 회생 및 파산에 관한 법률에 따른 회생계획인가의 결정 또는 법원의 면책결정에 따라 회수불능으로 확정된 채권을 말한다(법령 19의2 ①). 법인이 보유하고 있는 채권이 채무자 회생 및 파산에 관한 법률에 의한 회생계획인가 결정에 따라 회수불능으로 확정된 경우에는 그 확정일이 속하는 사업연도의 손금에 산입하는 것이 원칙이나, 법원의 회생계획인가 결정에 채권면제의 시기가 별도로 정하여진 경우에는 그 시기가 도래하여 당해 채권면제가 확정된 날이 속하는 사업연도의 손금에 산입한다(법인세과-934, 2010.10.13).

② 경매취소된 압류채권

법원은 최저매각가격으로 압류채권자의 채권에 우선하는 부동산의 모든 부담과 절차비용을 변제하면 남을 것이 없겠다고 인정한 때에는 압류채권자에게 이를 통지하고 경매

절차를 취소한다(민사집행법 제102조). 민사집행법 제102조의 규정에 의하여 채무자의 재산에 대한 경매가 취소된 압류채권은 경매취소시 대손금으로 처리한다(법령 19의2 ①).

③ 서민의 금융생활 지원에 관한 법률에 따른 채무조정 면책채권

서민의 금융생활 지원에 관한 법률에 따른 채무조정을 받아 같은 법 제75조의 신용회복지원협약에 따라 면책으로 확정된 채권은 채권면제가 확정된 날이 속하는 사업연도의 손금에 산입한다(2019.7.1. 이후 면책으로 확정되는 채권부터 적용한다. 영 부칙 2019.7.1.).

(2) 결산조정에 의한 대손금

다음의 대손사유에 해당하는 대손금은 결산조정사항으로서 대손요건을 구비하고 회계처리하는 사업연도의 손금으로 본다. 따라서 당기에 대손요건을 구비한 경우 손금처리하지 않은 경우에도 차기 이후의 사업연도에 결산상 대손처리한 경우 손금으로 인정한다(법령 19의2 ①).

① 부도

부도발생일부터 6개월 이상 지난 수표 또는 어음상의 채권 및 외상매출금(중소기업의 외상매출금으로서 부도발생일 이전의 것에 한함)은 회계처리하는 사업연도의 손금으로 본다. 다만, 해당 법인이 채무자의 재산에 대하여 저당권을 설정하고 있는 경우는 제외한다. 부도발생일은 소지하고 있는 부도수표나 부도어음의 지급기일(지급기일 전에 해당 수표나 어음을 제시하여 금융회사 등으로부터 부도확인을 받은 경우에는 그 부도확인일)로 한다. 대손금으로 손금에 계상할 수 있는 금액은 사업연도 종료일 현재 회수되지 아니한 해당 채권의 금액(수표와 어음은 1매당)에서 1,000원을 차감한 금액으로 한다.

■ **수표·어음상의 채권의 대손처리** (법기통 19의 2-19의 2…7)

① 부도발생일부터 6월 이상 경과한 수표 또는 어음상의 채권 및 외상매출금(중소기업의 외상매출금으로서 부도발생일 이전의 것에 한한다)은 채무자의 재산에 대하여 저당권을 설정하고 있는 경우를 제외하고는 당해 채무자의 부도발생 후 채무자 회생 및 파산에 관한 법률에 의한 법원의 재산보전처분명령과는 관계없이 법인이 기업회계기준에 의하여 회수할 수 없다고 판단하여 대손금으로 계상한 사업연도에 손금에 산입한다. 이 경우의 어음상의 채권에는 배서받은 어음으로서 배서인에 대하여 어음법 제43조의 규정에 의한 소구권을 행사할 수 있는 어음을 포함한다.

② 제1항을 적용함에 있어 채무자의 재산에 대하여 저당권을 설정한 경우에도 해당 재산의 가액이 채권액에 미달하고 해당 재산 외에 사실상 회수할 수 있는 다른 재산이 없는 경우에는 해당 재산의 가액을 초과하는 금액은 대손금으로 한다. 이 경우 해당 재산의 가액은 영 제89조에 따른 시가에서 선순위채권가액을 차감한 금액으로 하고, 선순위채권가액은 객관적으로 확인가능한 실제의 채권가액으로 한다.

부도전자어음 보유확인서

(부도전자어음 소지인용)

관리번호 [20X10715-0204]

㈜이손(135-81-12345) 귀하

귀하의 부도 전자어음 보유 사실을 다음과 같이 확인합니다.

□ 부도어음 합계 : 8,000,000 총 : 1건

어음번호	분할번호	발행인 사업자(주민) 번호	배서인 사업자(주민) 번호	발행일	지급은행	부도일
어음금액	분할여부	법인명 또는 개인사업자 성명	법인명 또는 개인사업자 성명	만기일	부가요건	부도사유
1234567812345	0	123-86-12345	-	20X1-04-15	기업서울역삼	20X1-06-30
8,000,000	-	㈜거덜	-	20X1-06-30	분할배서금지	예금부족

※본 확인서는 발급시점 기준 신청인의 부도전자어음 보유사실 증빙자료로서만 사용할 수 있음.

20X1년 7월 15일

전자어음관리기관
어음교환부장

(발급시간) 20X1-07-15 16:18:31

(1/1)

부도발생일부터 6월 이상 경과한 수표 또는 어음상의 채권 등을 대손처리함에 있어 대손상각시기는 6월의 기간이 만료한 날의 다음 날을 대손확정일로 본다. 예를 들어 부도일이 6월30일인 경우 6월이 되는 날은 12월 31일이므로 만료한 날의 다음 날은 익년 1월1일이다. 따라서 20X2년 1월 1일이 속하는 사업연도의 대손금으로 처리할 수 있다(법인, 법인46012-2435, 2000.12.21).

② 채무자의 파산

채무자의 파산이란 채무자회생 및 파산에 관한 법률에 따라 법원이 파산폐지결정하거나 파산종결 결정하여 공고한 경우를 말한다. 파산폐지 또는 파산종결 공고일 이전에 파산절차 진행과정에서 관계서류 등에 의해 해당 채권자가 배당받을 금액이 채권금액에 미달하는 사실이 객관적으로 확인되는 경우, 그 미달하는 금액은 회수할 수 없는 채권으로 보아 대손금으로 손금에 산입할 수 있다(법기통 19의 2-19의 2…1).

③ 강제집행

법인이 외상매출금 등의 회수를 위하여 법원의 강제집행결과 무재산, 행방불명 등의 원인으로 "강제집행 불능조서"가 작성된 경우에는 대손금으로 처리할 수 있다. 다만, 부동산 등 회수가능한 재산이 있는 것이 확인되는 경우에는 그러하지 아니하다(법기통 19의 2-19의 2…3).

④ 형의 집행

채무자가 공금횡령 등 형사상의 재판중 채무자 및 보증인의 재산이 없어 구상권행사가 불가능하고 채무자에 대한 형의 집행으로 회수할 수 없는 때에는 대손처리할 수 있다. 이 경우 적법하게 대손처리한 금액에 대하여는 직원에 대한 근로소득으로 보지 아니한다(법인, 법인22601-3358, 1985.11.11.).

⑤ 사업의 폐지

사업의 폐지로 인하여 회수할 수 없는 채권이라 함은 채무자가 사업을 전부 폐업하고 소유재산이 없어 채권을 회수할 수 없는 경우를 말하며 단순히 폐업으로 인한 채권은 이에 해당하지 아니한다. 이 경우 폐업은 반드시 상업등기부등본상의 법인제각을 요건으로 하지는 않는다(법인, 법인22601-1716, 1986.05.27.). 예를 들어 법인이 대손금을 손금산입함에 있어 건당 미화 10만불 이하인 수출대금의 일부를 해외매출처가 부도에 의하여 사업을 폐지하고 청산정리 등 사유로 회수하지 못하는 경우로서 현지의 거래은행, 공증기관 등의 확인에 의하여 수출대금을 회수할 수 없음이 객관적으로 인정되는 경우에는 그 회수할 수 없음이 확정된 날이 속하는 사업연도에 손금으로 처리할 수 있으며 이에 해당하는지에 대하여는 수출보험공사가 수입자의 신용상태와 수출채권에 대한 보험금 지급사유 등 구체적인 사실관계를 확인하여 판단한다(법인, 서면2팀-2543, 2004.12.6.).

⑥ 사망, 실종

채무자의 사망시 피상속이 없거나 피상속인이 상속의 포기, 한정승인 등을 함으로써 상속재산으로 채권을 회수할 수 없는 경우 손금으로 처리할 수 있다. 또한 법원의 실종선고를 받음으로써 민법상 실종기간의 만료일에 사망한 것으로 보아 재산상황 등 상속재

산이 없는 경우 회수불능채권으로 본다.

⑦ 행방불명

주민등록직권말소된 사유로 인하여 그 채무자의 무재산으로 당해 채권액을 회수할 수 없음을 객관적으로 입증할 수 있는 구체적인 자료를 갖추어 대손처리 할 수 있다(법인, 제도46012-11772, 2001.06.28.). 관할동장의 불거주증명, 세무서장의 세적제각처리확인서, 파출소장의 부재확인증 등의 경우 행방불명으로 인정한다.

⑧ 소액채권

회수기일이 6개월 이상 지난 채권 중 채권가액이 30만원 이하(채무자별 채권가액의 합계액을 기준으로 한다)인 채권은 대손금으로 인정한다(2020.1.1. 이후 개시하는 사업연도 분부터 적용하며 이전 기간은 20만원이하, 영 부칙 2020.2.11.).

⑨ 금융회사 등의 채권

금융회사 등의 채권(여신전문금융회사인 신기술사업금융업자의 경우에는 신기술사업자에 대한 것에 한정한다) 중 금융감독원장이 기획재정부장관과 협의하여 정한 대손처리기준에 따라 금융회사 등이 금융감독원장으로부터 대손금으로 승인받은 것과 금융감독원장이 승인받은 것의 기준에 해당한다고 인정하여 대손처리를 요구한 채권으로 금융회사 등이 대손금으로 계상한 것은 대손금으로 인정한다.

⑩ 중소기업창업투자회사의 창업자에 대한 채권

중소기업창업 지원법에 따른 중소기업창업투자회사의 창업자에 대한 채권으로서 중소기업청장이 기획재정부장관과 협의하여 정한 기준에 해당한다고 인정한 것은 대손금으로 인정한다.

⑪ 경락에 의한 대손금

채권자가 채권의 회수방법으로 채무자소유 저당부동산을 법원 등의 경락절차에 의하여 취득하고 경락금액 분배금으로 채권을 상계한 후의 잔존채권이 다른 재산이 없어 회수할 수 없는 경우에는 취득부동산의 시가에 관계없이 동 잔존채권은 대손금으로 한다(법기통 19의 2-19의 2…2).

⑫ 횡령금액

직원이 법인의 공금을 횡령한 경우로서 동 직원과 그 보증인에 대하여 횡령액의 회수를 위하여 법에 의한 제반절차를 취하였음에도 무재산 등으로 회수할 수 없는 경우에는 동 횡령액을 대손처리할 수 있다. 이 경우 대손처리한 금액에 대하여는 직원에 대한 근로소득으로 보지 아니한다(19의 2-19의 2…6).

⑬ 재판상 화해 등

확정판결(確定判決)이란 판결이 확정되어 취소할 수 없는 상태를 말하며 불복신청이 허용되지 않거나 상소기간이 만료된 경우, 상소의 의사가 없는 경우 등이 이에 해당한다. 2019.2.12. 이후부터 재판상 화해 등 확정판결과 같은 효력을 가지는 것으로서 다음의 채권이 회수불능으로 확정된 채권은 대손금으로 한다(영 부칙 2019.2.12. 법칙 10의4 ②).

㉠ 민사소송법에 따른 화해

㉡ 민사소송법에 따른 화해권고결정

㉢ 민사조정법 제30조에 따른 결정

㉣ 민사조정법에 따른 조정(2020.3.13. 이후 조정이 성립되는 분부터 적용, 규칙 부칙 2020.3.13.).

⑭ 중소기업의 외상매출금 및 미수금등

중소기업의 외상매출금 및 미수금으로서 회수기일이 2년 이상 지난 외상매출금등은 대손으로 회계처리하는 사업연도의 손금으로 본다. 다만, 특수관계인과의 거래로 인하여 발생한 외상매출금등은 제외한다(2020.1.1. 이후 개시하는 사업연도 분부터 적용, 영 부칙 2020.2.11.).

⑮ 물품의 수출 또는 외국에서의 용역제공으로 발생한 채권으로서 다음에서 정하는 사유에 해당하여 무역에 관한 법령에 따라 무역보험법 제37조에 따른 한국무역보험공사로부터 회수불능으로 확인된 채권(법칙 10의4 ①, 2021.2.17.이후 한국무역보험공사로부터 회수불능이 확인되는 경우부터 적용, 영 부칙 2021.2.17.)

㉠ 채무자의 파산·행방불명 또는 이에 준하는 불가항력으로 채권회수가 불가능함을 현지의 거래은행·상공회의소·공공기관 또는 해외채권추심기관(무역보험법 제37조에 따른 한국무역보험공사와 같은 법 제53조 제3항에 따른 대외채권 추심 업무 수행에 관한 협약을 체결한 외국의 기관을 말한다)이 확인하는 경우(개정규정은 2023.3.20. 전에 발생한 채권으로서 2023.3.20. 이후 채권의 회수불능을 확인하는 경우에도 적용함. 규칙 부칙 2023.3.20.)

㉡ 거래당사자 간에 분쟁이 발생하여 중재기관·법원 또는 보험기관 등이 채권금액을 감면하기로 결정하거나 채권금액을 그 소요경비로 하기로 확정한 경우(채권금액의 일부를 감액하거나 일부를 소요경비로 하는 경우에는 그 감액되거나 소요경비로 하는 부분으로 한정한다)

㉢ 채무자의 인수거절·지급거절에 따라 채권금액의 회수가 불가능하거나 불가피하게 거래당사자 간의 합의에 따라 채권금액을 감면하기로 한 경우로서 이를 현지의 거래은행·검사기관·공증기관·공공기관 또는 해외채권추심기관이 확인하는 경우(채권금액의 일부를 감액한 경우에는 그 감액된 부분으로 한정한다)(개정규정은 2023.3.20. 전에 발생

한 채권으로서 2023.3.20. 이후 채권의 회수불능을 확인하는 경우에도 적용함. 규칙 부칙 2023.3.20.)

2.4 대손충당금

기업회계상 대손충당금은 추정 또는 객관적인 증거에 의하여 설정하지만 법인세법은 일정 비율에 의하여 대손충당금을 설정하고 동 한도내에서 법인이 계상한 대손충당금설정액을 손금으로 인정한다. 한도를 초과하여 설정한 대손충당금은 손금불산입하며 한도미달액은 결산조정사항이므로 별도의 세무조정은 하지 않는다.

(1) 대손충당금 설정대상채권

대손충당금을 설정할 수 있는 채권의 범위는 다음과 같으며 법인세법은 국가 등에 대한 채권, 담보가 설정된 채권 등 대손발생가능성이 없는 채권에 대해서도 대손충당금을 설정할 수 있다(법법 34, 법령 61).

> 설정대상 채권잔액 = 재무상태표상 채권 ± 설정대상 채권의 유보 − 설정제외 채권

1) 설정대상채권

세무상 대손충당금 설정대상 채권은 채권의 세무상 장부가액을 의미한다. 따라서 재무상태표상의 채권장부가액에서 당해 채권의 유보금액을 가감하고 설정대상이 아닌 채권을 제외한다. 법인이 동일인에 대하여 매출채권과 매입채무를 가지고 있는 경우에는 당해 매입채무를 상계하지 아니하고 대손충당금을 계상할 수 있다. 다만, 당사자간의 약정에 의하여 상계하기로 한 경우에는 그러하지 아니하다(법칙 32). 재무상태표상 채권은 다음과 같다.

① 매출채권과 미수금 : 상품, 제품의 판매가액의 미수액과 가공료, 용역 등의 제공에 의한 사업수입금액의 미수액, 선일자수표, 물품판매관련 간접세 등 기타 정상적인 영업거래 이외의 채권

② 대여금 : 금전소비대차계약 등에 의한 대여금

③ 기타 이에 준하는 채권 : 어음상의 채권, 미수금 기타 기업회계기준에 의한 대손충당금 설정대상이 되는 채권

2) 대손충당금 설정제외 채권

다음의 채권은 대손충당금 설정대상에 해당하지 아니한다.

① 채무보증으로 인하여 발생한 구상채권(법법 34 ②, 법법 19의2 ②).
② 특수관계인에 대한 업무무관가지급금(법법 34 ②, 법법 19의2 ②).
③ 부당행위계산부인규정을 적용받은 시가초과액 상당채권(법령 61 ①).
④ 내국법인이 기업회계기준에 따른 채권의 재조정에 따라 채권의 장부가액과 현재가치의 차액을 대손충당금으로 계상한 경우(법령 61 ④).

영업거래에서 발생한 받을어음의 할인어음, 배서어음 등을 일반기업회계기준에 따라 매각거래로 처리한 경우에는 재무상태표상의 채권에서 제거되었으므로 대손충당금 설정대상이 아니다(법인46012-158, 1999.01.14.). 그러나 K-IFRS에 따라 차입거래로 처리한 경우에는 재무상태표상의 채권에 해당하므로 대손충당금 설정대상에 해당한다.

3) 채권·채무조정시 발생한 대손충당금 제외

내국법인이 기업회계기준에 따른 채권의 재조정에 따라 채권의 장부가액과 현재가치의 차액을 대손금으로 계상한 경우에는 이를 손금에 산입하며, 손금에 산입한 금액은 기업회계기준의 환입방법에 따라 익금에 산입한다(법령 19의2 ⑤). 대손충당금의 손금산입 범위액을 계산할 때에는 채권의 재조정에 따라 채권의 장부가액과 현재가치의 차액을 대손충당금(현재가치할인차금)으로 계상한 경우 계상된 대손충당금은 제외한다.

(2) 대손충당금 설정한도

대손충당금 한도액은 해당 사업연도종료일 현재의 외상매출금·대여금, 그 밖에 이에 준하는 채권의 장부가액의 합계액(세무상 채권잔액)의 1%에 상당하는 금액과 채권잔액에 대손실적률을 곱하여 계산한 금액 중 큰 금액을 말한다(법법 34 ①, 법령 61 ②). 당기 대손금은 당기에 세무상 손금으로 인정받은 대손금을 말하며 전기말 대손충당금 설정대상 채권잔액은 전기말 대손충당금 설정대상 채권의 세무상 잔액을 말한다.

〈대손충당금 손금산입한도〉

$$\max\begin{cases}\text{설정대상 채권잔액}\times 1\% \\ \text{설정대상 채권잔액}\times \text{대손실적률}\end{cases}$$

$$\text{* 대손실적률} = \frac{\text{당기 대손금}}{\text{전기말 대손충당금 설정대상 채권잔액}}$$

* 금융회사 손금한도(법령 61 ②) : max(1%, 대손실적률, 금융위원회 설정기준)

다음의 어느 하나에 해당하는 금융회사 등 중 제1호부터 제4호까지, 제6호부터 제17호까지, 제17호의 2 및 제24호의 금융회사 등의 경우에는 금융위원회(제24호의 경우에는 행정안전부를 말한다)가 기획재정부장관과 협의하여 정하는 대손충당금적립기준(결산시 채권잔액에 대하여 정상, 요주의, 고정, 회수의문, 추정손실 등 분류 자산별로 충당금을 적립, 금융위원회 고시)에 따라 적립하여야 하는 금액, 채권잔액의 1%에 상당하는 금액 또는 채권잔액에 대손실적률을 곱하여 계산한 금액 중 큰 금액으로 한다(법령 61 ②).

1. 「은행법」에 의한 인가를 받아 설립된 은행
2. 「한국산업은행법」에 의한 한국산업은행
3. 「중소기업은행법」에 의한 중소기업은행
4. 「한국수출입은행법」에 의한 한국수출입은행
5. (삭제, 2014.12.30. ; 한국산업은행법 시행령 부칙)
6. 「농업협동조합법」에 따른 농업협동조합중앙회(같은 법 제134조 제1항 제4호의 사업에 한정한다) 및 농협은행
7. 「수산업협동조합법」에 따른 수산업협동조합중앙회(같은 법 제138조 제1항 제4호 및 제5호의 사업에 한정한다) 및 수협은행
8. 「자본시장과 금융투자업에 관한 법률」에 따른 투자매매업자 및 투자중개업자
9. 「자본시장과 금융투자업에 관한 법률」에 따른 종합금융회사
10. 「상호저축은행법」에 의한 상호저축은행중앙회(지급준비예탁금에 한한다) 및 상호저축은행
11. 「보험업법」에 따른 보험회사
12. 「자본시장과 금융투자업에 관한 법률」에 따른 신탁업자
13. 「여신전문금융업법」에 따른 여신전문금융회사
14. 「산림조합법」에 따른 산림조합중앙회(같은 법 제108조 제1항 제3호, 제4호 및 제5호의 사업으로 한정한다)
15. 「한국주택금융공사법」에 따른 한국주택금융공사
16. 「자본시장과 금융투자업에 관한 법률」에 따른 자금중개회사
17. 「금융지주회사법」에 따른 금융지주회사

17의 2. 「신용협동조합법」에 따른 신용협동조합중앙회(같은 법 제78조 제1항 제5호·제6호 및 제78조의 2 제1항의 사업에 한정한다)

18. 「신용보증기금법」에 따른 신용보증기금
19. 「기술보증기금법」에 따른 기술보증기금

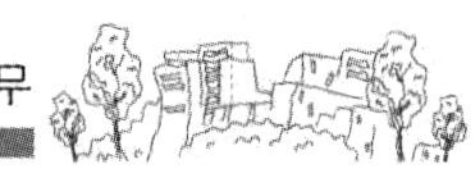

20. 「농림수산업자 신용보증법」에 따른 농림수산업자신용보증기금
21. 「한국주택금융공사법」에 따른 주택금융신용보증기금
22. 「무역보험법」에 따른 한국무역보험공사
23. 「지역신용보증재단법」에 따른 신용보증재단
24. 「새마을금고법」에 따른 새마을금고중앙회(같은 법 제67조 제1항 제5호 및 제6호의 사업으로 한정한다)
25. 「벤처투자 촉진에 관한 법률」 제2조 제10호에 따른 중소기업창업투자회사
26. 「예금자보호법」에 따른 예금보험공사 및 정리금융회사
27. 「자산유동화에 관한 법률」에 따른 유동화전문회사
28. 「대부업 등의 등록 및 금융이용자 보호에 관한 법률」에 따라 대부업자로 등록한 법인
29. 「산업재해보상보험법」에 따른 근로복지공단(근로자 신용보증 지원사업에서 발생한 구상채권에 한정한다)
30. 「한국자산관리공사 설립 등에 관한 법률」에 따른 한국자산관리공사(부실채권정리기금을 포함한다)
31. 「농업협동조합의 구조개선에 관한 법률」에 따른 농업협동조합자산관리회사

(3) 대손충당금 한도 세무조정

법인세법은 전기에 이월된 대손충당금을 당기에 모두 환입하고 당기말 재무상태표 대손충당금잔액을 기말에 일시에 설정하는 총액법을 가정한다. 따라서 세무상 대손충당금 한도액과 재무상태표 대손충당금 기말잔액을 비교하여 한도초과액은 손금불산입 (유보)하고 한도미달액은 결산조정항목에 해당하므로 별도의 세무조정은 없다.

재무상태표 대손충당금 기말잔액 − 세무상 대손충당금 설정한도액

= { +(한도초과액) : <손금불산입> (유보)
  −(한도미달액) : 세무조정 없음*

* 대손충당금은 결산조정항목이므로 세무조정으로 손금산입을 할 수 없다.

1) 총액법에 의한 한도 세무조정

법인세법은 법인이 총액법으로 회계처리한 것으로 가정한다. 따라서 당기 재무상태표 대손충당금 기말잔액은 당기에 설정한 것이므로 한도액과 비교하여 한도초과액을 손금불산입(유보) 조정한다. 기업회계기준에 따른 대손상각비(또는 기타의 대손상각비) 손익계상액은 보충법에 따른 회계처리로서 총액법에 의한 한도 세무조정과 관련이 없다. 한편, 총액법 가정

에 따라 전기에 이월된 대손충당금부인액은 당기에 모두 환입되어 소멸되므로 전기 대손충당금 이월액은 손금산입 (△유보)로 추인한다.

2) 총액법에 대손충당금 조정 단위

법인세법은 법인이 총액법으로 회계처리한 것으로 가정한다. 기업회계기준에 따라 개별 채권별로 대손충당금을 설정한 경우라도 총액법 가정에 따라 재무상태표 대손충당금 기말잔액 합계액을 한도액과 비교하여 세무조정한다. 따라서 재무상태표 대손충당금 기말잔액 합계액에는 대손충당금 설정대상이 아닌 채권도 포함된다. 예를 들면 다음과 같다.

구 분	세무상 채권잔액	재무상태표 대손충당금 기말잔액	세무상 대손충당금 설정한도 (1%가정)
매출채권	100,000,000	1,000,000	100,000,000
미수금	30,000,000	300,000	30,000,000
업무무관가지급금	50,000,000	400,000	-
합 계	180,000,000	1,700,000	130,000,000
			1%
			1,300,000

세무조정 : 〈손금불산입〉 대손충당금 한도초과 400,000 (유보)
* 1,700,000-1,300,000=400,000

예 제 　대손충당금

㈜이손의 다음 자료에 의하여 제10기(20X1.1.1~12.31) 세무조정을 하시오. 단, ㈜이손은 중소기업에 해당한다.

(1) 전기말 세무상 대손충당금설정대상 채권잔액은 ₩1,350,000,000이며 대손충당금 한도초과 유보잔액은 ₩16,000,000이다.

(2) 대손충당금 잔액은 다음과 같다.

계정과목	제9기	제10기
매출채권	500,000,000	600,000,000
(대손충당금)	(20,000,000)	(22,000,000)
미수금	150,000,000	200,000,000
(대손충당금)	(5,000,000)	(2,000,000)
장기대여금	450,000,000	500,000,000
(대손충당금)	(4,500,000)	(5,000,000)

(3) 당기 대손충당금 변동내역은 다음과 같다.
  ① 매출채권 ₩10,000,000이 상법상 소멸시효가 완성됨에 따라 대손으로 처리하였으며 대손충당금 당기 설정액은 ₩12,000,000이다.
  ② 미수금의 대손충당금환입액은 ₩3,000,000이다.
  ③ 장기대여금의 당기 대손설정액은 ₩500,000이다.

(4) 세무상 대손충당금설정대상채권과 관련한 내역은 다음과 같다.
  ① 장기대여금은 전액 특수관계인에 대한 가지급금에 해당한다.
  ② 제10기 세무조정계산서 유보잔액에는 매출채권 외화환산손실 손금불산입으로 부인한 유보금액 ₩700,000,000이 있다.

풀 이

(1) 당기 대손충당금 변동내역은 다음과 같다.

구 분	기초잔액	당기감소	당기증가	기말잔액
매출채권	20,000,000	(10,000,000)	12,000,000	22,000,000
미수금	5,000,000	(3,000,000)	–	2,000,000
장기대여금	4,500,000	–	500,000	5,000,000
합 계	29,500,000	(13,000,000)	12,500,000	29,000,000

(2) 대손충당금 익금산입 세무조정
  ① 법인세법상 환입할 대손충당금(별지 제34호 서식)
   = 장부상충당금 기초잔액 – 기중 충당금환입액–충당금부인누계액 – 당기 대손금상계액 – 당기 충당금보충액
   = 29,500,000–0–16,000,000–10,000,000–(29,000,000–12,500,000)=△13,000,000
  ② 회사 환입액 = 3,000,000
  ③ 과소환입액 = △13,000,000–3,000,000=△16,000,000
  ④ 세무조정 : 〈익금불산입〉 전기대손충당금한도초과 16,000,000 (△유보)

(3) 대손충당금 손금산입 세무조정
  ① 대손금 설정대상채권
  세무상 대손충당금 설정대상 채권은 채권의 세무상 장부가액을 의미한다. 따라서 재무상태표상의 채권장부가액에서 당해 채권의 유보금액을 가감한다. 또한 특수관계인에 대한 업무무관가지급금은 대손충당금 설정대상 채권이 아니므로 제외한다.

구 분	재무상태표상 채권잔액	유보잔액	세무상 설정대상 채권잔액
매출채권	600,000,000	700,000,000	1,300,000,000
미수금	200,000,000		200,000,000
장기대여금	500,000,000		–
합 계	1,300,000,000		1,500,000,000

② 대손설정률 = max (1%, 0.74%) = 1%

$$대손실적률 = \frac{10,000,000}{1,350,000,000} = 0.74\%$$

③ 회사계상액(총액법) = 29,000,000

④ 한도초과액 : ₩29,000,000 − ₩1,500,000,000 × 1% =₩14,000,000

⑤ 세무조정 : 〈손금불산입〉 당기 대손충당금 한도초과 14,000,000 (유보)

(4) 대손충당금 세무조정(총액법) 요약

구 분	기업회계(보충법)	→	기업회계(총액법)	↔	법인세법(총액법)	세무조정
기초잔액	29,500,000		29,500,000		13,500,000	
환입액	(3,000,000)		(29,500,000)		(13,500,000)	①
대손금(결산)	(10,000,000)		10,000,000		10,000,000	②
대손금(신고)	–		–		–	③
당기설정액	12,500,000		29,000,000		15,000,000	④
기말잔액	29,000,000		29,000,000		15,000,000	
손익효과	9,500,000	=	9,500,000			

* 손익효과 : 보충법=12,500,000−3,000,000=9,500,000
총액법=10,000,000+29,000,000−29,500,000=9,500,000
① 〈익금불산입〉 전기대손충당금한도초과 16,000,000 (△유보)
② 결산상 대손금이 세무상 대손요건에 충족하므로 별도의 세무조정은 없다.
③ 세무상 신고조정에 의한 대손요건 충족 채권이 없으므로 세무조정은 없다.
④ 〈손금불산입〉 당기 대손충당금 한도초과 14,000,000 (유보)

2.5 해외건설자회사에 지급한 대여금등에 대한 대손충당금 특례

(1) 해외파견 임직원 인건비로 인하여 발생한 채권

해외건설 촉진법 제2조 제5호에 따른 해외건설사업자인 내국법인이 대통령령으로 정하는 해외건설자회사에 대한 채권으로서 다음의 요건을 모두 갖춘 대여금, 그 이자 및 그 밖에 이와 유사한 것으로서 대통령령으로 정하는 채권(해외건설사업자가 해외건설자회사에 파견한 임직원에게 해외건설자회사를 대신하여 지급한 인건비로 인하여 발생한 채권, 조특령 104의30 ②)의 대손(貸損)에 충당하기 위하여 대손충당금을 손비로 계상한 경우에는 다음의 (2)에 따라 계산한 금액을 한도로 그 대손충당금을 해당 사업연도의 소득금액을 계산할 때 손금에 산입할 수 있다(조특법 104의33 ①, 2024.1.1.이후 개시하는 사업연도에 대손충당금을 손금에 산입하는 경우부터 적용함. 법 부칙 2023.12.31.).

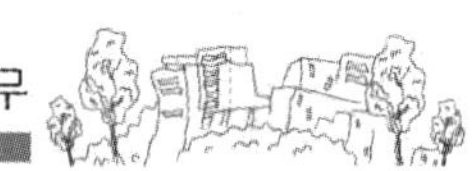

① 해외건설자회사의 공사 또는 운영자금으로 사용되었을 것

② 법인세법 제28조 제1항 제4호나목(특수관계인에게 해당 법인의 업무와 관련 없이 지급한 가지급금 등으로서 대통령령으로 정하는 것, 법법 28 ① 4호 나목)에 해당하는 금액이 아닐 것

③ 2022.12.31. 이전에 지급한 대여금으로서 최초 회수기일부터 5년이 경과한 후에도 회수하지 못하였을 것

④ 해외건설사업자인 내국법인이 대손충당금을 손금에 산입한 사업연도 종료일 직전 10년 동안에 해외건설자회사가 계속하여 자본잠식(사업연도말 자산총액에서 부채총액을 뺀 금액이 0이거나 0보다 작은 경우를 말한다)인 경우 등 회수가 현저히 곤란하다고 인정되는 경우로서 대통령령으로 정하는 경우에 해당할 것. 회수가 현저히 곤란하다고 인정되는 경우로서 대통령령으로 정하는 경우란 다음 각 호의 어느 하나에 해당하는 경우를 말한다(조특령 104의30 ③).

㉠ 대손충당금을 손금에 산입한 사업연도 종료일 직전 10년 동안 해외건설자회사가 계속하여 자본잠식인 경우

㉡ 위 ㉠과 유사한 경우로서 기획재정부령으로 정하는 해외채권추심기관으로부터 해외건설자회사의 법인세법 제104조의 33 제1항 각 호 외의 부분에 따른 대여금등의 회수가 불가능하다는 확인을 받은 경우

손금산입을 적용받으려는 자는 법인세법 제60조에 따른 신고를 할 때 기획재정부령으로 정하는 대손충당금 손금산입 특례 적용신청서에 회수가 현저히 곤란하다고 인정되는 경우로서 대통령령으로 정하는 경우의 어느 하나에 해당하는 사실을 확인할 수 있는 서류를 첨부하여 납세지 관할 세무서장에게 제출해야 한다(조특령 104의30 ⑦).

1) 해외건설자회사

대통령령으로 정하는 해외건설자회사란 다음 각 호의 요건을 모두 갖춘 법인을 말한다(조특령 104의30 ①).

① 해외건설 촉진법 제2조 제6호에 따른 현지법인일 것

② 해외건설 촉진법 제2호제5호에 따른 해외건설사업자가 출자총액의 90% 이상을 출자하거나 발행주식총수의 90% 이상을 보유한 법인일 것(해외건설사업자가 물적분할로 신설되는 경우에는 분할존속법인이 지주회사로서 해외건설자회사의 출자총액의 90% 이상을 출자하거나 발행주식총수의 90% 이상을 보유하고 있는 경우를 포함한다)

2) 해외채권추심기관

기획재정부령으로 정하는 해외채권추심기관이란 법인세법 시행규칙 제10조의 4 제1항 제1호의 해외채권추심기관을 말한다(조특칙 47의5). 법인세법 시행규칙 제10조의 4 제1항 제1호의 해외채권추심기관이란 무역보험법 제37조에 따른 한국무역보험공사와 같은 법 제53조 제3항에 따른 대외채권 추심 업무 수행에 관한 협약을 체결한 외국의 기관을 말한다(법칙 10의4 ① 1호).

3) 대손충당금 설정한도와 대손조정

대손충당금의 손금산입 한도는 해당 사업연도 종료일 현재 대여금등의 채권잔액에서 해외건설자회사의 순자산 장부가액(차입금 등을 제외한 순자산 장부가액을 말하며, 0보다 작은 경우에는 0으로 한다)을 뺀 금액에 손금산입률을 곱한 금액으로 한다(조특법 104의33 ②). 손금산입 한도를 계산할 때 2024.1.1.이 속하는 사업연도의 손금산입률은 10%로 하고, 이후 사업연도의 손금산입률은 100%를 한도로 매년 직전 사업연도의 손금산입률에서 10%만큼 가산한 율로 한다(조특법 104의33 ③).

대손충당금 설정한도 = 해외건설자회사 순자산 장부가액×손금산입률
* 손금산입률 : 2024.1.1.개시사업연도 10%, 이후 사업연도 매년 10%가산(100%한도)

대손충당금을 손금에 산입한 내국법인은 해당 대여금등의 대손금이 발생한 경우 그 대손금을 상기 (1)에 따라 손금에 산입한 대손충당금과 먼저 상계하고, 상계하고 남은 대손충당금의 금액은 다음 사업연도의 소득금액을 계산할 때 익금에 산입한다(조특법 104의33 ⑥).

(2) 해외파견 임직원 인건비로 인하여 발생한 채권의 출자전환차액상당액 손금산입

1) 출자전환차액상당액 손금산입

해외건설사업자인 내국법인이 해외건설자회사에 대한 대여금, 그 이자 및 그 밖에 이와 유사한 것으로서 대통령령으로 정하는 채권(이하 출자전환대여금등, 대통령령으로 정하는 채권이란 해외건설사업자가 해외건설자회사에 파견한 임직원에게 해외건설자회사를 대신하여 지급한 인건비로 인하여 발생한 채권, 조특령 104의30 ②)을 출자전환하여 취득한 해외건설자회사의 주식 또는 출자지분(이하 주식등)의 시가가 출자전환일 현재 출자전환대여금등의 장부가액에 미치지 못하는 경우로서 다음의 요건을 모두 충족하는 경우 출자전환대여금등의 장부가액과 주식등의 시가와의 차이 등을 고려하여 대통령령으로 정하는 금액(이하 출자전환차액상당액)에 3)

에 따른 한도를 적용하여 세무조정계산서에 계상한 금액을 해당 사업연도의 소득금액을 계산할 때 손금으로 본다(조특법 104의33 ④, 2025.1.1.이후 개시하는 사업연도에 출자전환차액상당액을 손금에 산입하는 경우부터 적용함. 법 부칙 2025.3.14.). 손금산입을 적용받으려는 자는 법인세법 제60조에 따른 신고를 할 때 기획재정부령으로 정하는 출자전환차액상당액 손금산입 특례 적용신청서를 납세지 관할 세무서장에게 제출해야 한다(조특령 104의30 ⑧).

① 출자전환대여금등이 다음의 요건을 충족할 것
  ㉠ 해외건설자회사의 공사 또는 운영자금으로 사용되었을 것
  ㉡ 법인세법 제28조 제1항 제4호나목(특수관계인에게 해당 법인의 업무와 관련 없이 지급한 가지급금 등으로서 대통령령으로 정하는 것, 법법 28 ① 4호 나목)에 해당하는 금액이 아닐 것
② 2022.12.31.이전에 지급한 출자전환대여금등을 출자전환한 이후 5년 이상 경과하였을 것
③ 해외건설사업자인 내국법인이 출자전환차액상당액을 손금에 산입한 사업연도 종료일 직전 10년 동안에 해외건설자회사가 계속하여 자본잠식인 경우에 해당할 것

2) 출자전환차액상당액

출자전환대여금등의 장부가액과 주식등의 시가와의 차이 등을 고려하여 대통령령으로 정하는 금액(출자전환차액상당액)이란 다음의 ①의 금액에서 ②의 금액을 뺀 금액을 말한다(조특령 104의30 ④).

출자전환 차액상당액	=	① 출자전환일 현재 조세특례제한법 제104조의33제4항에 따른 출자전환대여금등의 장부가액에서 출자전환으로 취득한 주식 또는 출자지분의 시가를 뺀 금액	−	② 출자전환과 관련하여 출자전환일이 속하는 사업연도의 소득금액을 계산할 때 손금에 산입한 금액

조세특례제한법 제104조의33제4항에 따라 출자전환을 한 내국법인이 합병하거나 분할하는 경우 그 법인의 제4항에 따른 출자전환차액상당액은 출자전환으로 취득한 주식등을 승계받은 합병법인, 분할신설법인 또는 분할합병의 상대방 법인(이하 합병법인등)이 승계한 것으로 본다. 이 경우 조세특례제한법 제104조의33제5항에 따른 손금산입 한도도 합병법인등에게 승계된 것으로 본다(조특령 104의30 ⑤).

3) 출자전환차액상당액 손금산입 한도

출자전환차액상당액의 손금산입 한도는 출자전환차액상당액에서 해당 사업연도 종료일 현재 해외건설자회사의 순자산 장부가액(0보다 작은 경우에는 0으로 한다)을 뺀 금액에 100분의 10을 곱한 금액으로 한다. 이 경우 출자전환차액상당액을 손금에 산입할 수 있는 기간은 해당 금액을 최초로 손금에 산입한 사업연도와 그 다음 9개 사업연도의 기간으로 한정한다(조특법 104의33 ⑤, 2025.1.1.이후 개시하는 사업연도에 출자전환차액상당액을 손금에 산입하는 경우부터 적용함. 법 부칙 2025.3.14.).

4) 출자전환차액상당액 익금산입

출자전환차액상당액을 손금에 산입한 내국법인이 다음의 어느 하나에 해당하게 된 경우 대통령령으로 정하는 바에 따라 계산한 금액을 해당 사유가 발생한 사업연도의 익금에 산입한다(조특법 104의33 ⑦, 2025.1.1.이후 개시하는 사업연도에 출자전환차액상당액을 손금에 산입하는 경우부터 적용함. 법 부칙 2025.3.14.).

① 내국법인이 출자전환차액상당액을 최초로 손금에 산입한 사업연도 이후 개시하는 각 사업연도의 종료일 현재 해외건설자회사의 순자산 장부가액이 출자전환일이 속하는 사업연도 종료일 현재 해외건설자회사의 순자산 장부가액을 초과하는 경우

② 내국법인이 출자전환으로 취득한 주식등을 처분(해외건설자회사를 청산하는 경우를 포함한다)하는 경우

대통령령으로 정하는 바에 따라 계산한 금액이란 다음 각 호의 구분에 따라 계산한 금액을 말한다(조특령 104의30 ⑥).

1. 조세특례제한법 제104조의33제7항제1호(상기 ①)에 해당하는 경우 : 가목의 금액에서 나목의 금액을 뺀 금액(해당 금액이 음수인 경우에는 영으로 본다)

상기 ①의 익금산입액	=	가. 해당 사업연도 종료일 현재 해외건설자회사의 순자산 장부가액(0보다 작은 경우에는 0으로 한다)	−	나. 조세특례제한법 제104조의33제4항에 따른 출자전환일이 속하는 사업연도 종료일 현재 해외건설자회사의 순자산 장부가액 + 조세특례제한법 제104조의33제7항제1호에 따른 사유가 발생한 사업연도의 직전 사업연도까지 같은 호에 따라 익금에 산입한 금액의 합계액

2. 조세특례제한법 제104조의33제7항제2호(상기 ②)에 해당하는 경우 : 다음 계산식에 따라 계산한 금액. 이 경우 조세특례제한법 제104조의33제4항에 따른 내국법인이 출자전환 외에 다른 방법으로 취득한 해외건설자회사의 주식등이 있는 경우에는 출자전환으로 취득한 주식등을 먼저 처분한 것으로 본다.

$$\text{상기 ②의 익금산입액} = \text{직전 사업연도까지 조세특례제한법 제104조의33제4항에 따라 손금에 산입한 금액의 합계액} \times \frac{\text{출자전환으로 취득한 주식등 중 처분한 주식등의 수}}{\text{출자전환으로 취득한 주식등의 수}}$$

(4) 제출서류

해외건설자회사에 지급한 대여금등에 대한 손금산입 특례를 적용받으려는 자는 법인세법 제60조에 따른 신고를 할 때 기획재정부령으로 정하는 대손충당금 손금산입 특례 적용신청서에 제3항 각 호의 어느 하나에 해당하는 사실(회수가 현저히 곤란하다고 인정되는 경우)을 확인할 수 있는 서류를 첨부하여 납세지 관할 세무서장에게 제출해야 한다(법령 104의30 ④).

제2절 채권 · 채무조정

01 일반기업회계기준

1.1 채권 · 채무조정의 의의

채권·채무조정이란 채무자의 현재 또는 장래의 채무변제능력이 크게 저하된 경우에 채권자와 채무자간의 합의 또는 법원의 결정 등의 방법으로 채무자의 부담완화를 공식화하는 것을 말한다. 채권·채무조정과 관련한 회계처리는 회사정리절차의 개시, 화의절차의 개시 또는 거래당사자간의 합의 등으로 인하여 채권·채무의 원리금, 이자율 또는 만기 등 계약조건이 채무자의 부담이 경감되도록 변경된 경우에 적용한다. 유가증권으로 보유하고 있는 채권에 대한 투자자의 채권·채무조정회계는 일반기업회계기준 6장 제2절 유가증권에 따라 회계처리한다. 채권·채무조정과 관련하여 유의할 사항은 다음과 같다.

① 채무자가 재무적 어려움을 겪고 있는 상황에서 채무의 변제나 조건변경이 발생하더라도 채권·채무조정에 해당하지 않는 경우가 있다. 그러한 예는 다음과 같다.
   ㉠ 채무자가 채무의 변제로 채권자에게 이전한 현금, 기타의 자산 또는 지분증권 등의 공정가치가 채무의 장부금액 이상인 경우
   ㉡ 현행 시장이자율로 다른 자금원으로부터의 자금조달이 가능한 채무자와의 관계를 유지할 목적으로 채권자가 전반적인 시장이자율의 하락 또는 위험의 감소를 반영하여 채권에 대한 유효이자율을 인하하는 경우

② 채무자가 정상적인 채무의 시장이자율과 같은 시장이자율로 기존의 채권자가 아닌 다른 자금원으로부터 자금을 차입할 수 있는 상황에서 이루어진 채무의 변제나 조건변경은 채권·채무조정에 해당하지 않는다. 그러나 채무자가 다른 자금원으로부터 차입을 할 수 있다 하더라도 현재 상태에서는 부담할 능력이 없는 높은 이자율로만 자금을 차입할 수 있는 경우에 이루어진 채무의 변제나 조건변경은 채권·채무조정에 해당한다.

③ 일반적으로 채무는 개별적으로 채권·채무조정의 대상이 되지만 여러 건의 채무가 동시에 조정되는 경우가 있다. 예를 들어 채무자가 다수의 채권자와 동시에 협상하는 경우에도 각 채권자와 개별적으로 별도의 채권·채무조정약정을 한다면 각 채무는 별도로 회계처리한다. 다만, 사채와 같은 채무의 경우에는 다수의 채권자가 있지만 모든 채권자에 대해서 동일한 조건으로 채권·채무조정이 이루어지는 경우에는 사실상 하나의 채무이므로 각 채권자별로 회계처리하지 않는다.

④ 채권·채무조정은 다음과 같이 구분될 수 있으나 각 방법이 결합되어 사용될 수도 있다.

㉠ 채무를 일부 또는 전부 변제하기 위하여 채무자가 제3자에 대한 채권, 부동산 또는 기타의 자산을 채권자에게 이전

㉡ 채무를 일부 또는 전부 변제하기 위하여 채무자가 채권자에게 지분증권을 발행(원래 조건에 따라 채무를 지분증권으로 전환하기로 한 경우를 제외)

㉢ 이자율의 인하, 유사한 위험을 가진 새로운 부채보다 낮은 이자율로 만기일을 연장, 원금의 감면, 발생이자의 감면 등의 각 방법에 의하거나 각 방법을 결합한 조건의 변경

1.2 채권·채무조정 시점

채권·채무조정 시점이란 채권·채무조정이 실질적으로 완성되는 시점을 말한다. 채권·채무조정은 채무의 만기일 이전 또는 이후에 이루어질 수 있으며 자산 또는 지분증권을 이전하거나 새로운 계약조건이 확정되는 시점에서 채권·채무조정이 완성된다. 일반적으로 합의에 의한 채권·채무조정의 경우에는 합의일, 법원의 인가에 의한 채권·채무조정의 경우에는 법원의 인가일이 채권·채무조정시점이 된다. 그러나 채권자와 채무자간에 약정한 조건이 충족되지 않아서 합의일 또는 법원의 인가일에 자산 또는 지분증권의 이전, 새로운 계약조건의 시행 등의 사건이 이루어지지 않는 경우에는 그 조건이 충족되어 실질적으로 채권·채무조정이 완성되는 시점이 채권·채무조정시점이다.

1.3 회계처리

(1) 자산의 이전

1) 채무자

채무자가 채무를 변제하기 위하여 제3자에 대한 채권, 부동산 또는 기타의 자산을 채권자에게 이전하는 경우에는 변제되는 채무의 장부금액과 이전되는 자산의 공정가치와의 차이를 채무조정이익으로 인식한다.

2) 채권자

채권·채무조정시점에서 채무자에 대한 채권의 전부 또는 일부에 대하여 제3자에 대한 채권, 부동산 또는 기타의 자산을 받거나 채무자의 지분증권 등을 받은 채권자는 동 자산을 공정가치로 회계처리한다. 받은 자산의 공정가치가 채권의 대손충당금 차감 전 장부금액보다 작은 경우에는 채권의 대손충당금 차감 전 장부금액을 대손충당금과 우선 상계하고 부족한 경우에는 손상차손(대손상각비)으로 인식한다.

(2) 지분증권의 발행 등에 의한 채무변제

1) 채무자

① 채무자가 채무를 변제하기 위하여 채권자에게 지분증권을 발행하는 경우(출자전환)에는 지분증권의 공정가치와 채무의 장부금액과의 차이를 채무조정이익으로 인식한다. 다만, 시장성이 없는 지분증권의 공정가치를 신뢰성 있게 측정할 수 없는 경우에는 발행되는 지분증권을 조정대상 채무의 장부금액으로 회계처리하고 채무조정이익을 인식하지 않는다.

② 출자전환을 합의하였으나 출자전환이 즉시 이행되지 않는 경우에는 조정대상채무를 출자전환채무의 과목으로 하여 자본조정으로 대체한다. 출자전환채무는 전환으로 인하여 발행될 주식의 공정가치로 하고 조정대상채무의 장부금액과의 차이는 채무조정이익으로 인식한다. 다만, 시장성이 없는 지분증권의 공정가치를 신뢰성 있게 측정할 수 없는 경우에는 조정대상 채무의 장부금액으로 출자전환채무를 회계처리하고 채무조정이익을 인식하지 않는다.

③ 채권·채무조정으로 인하여 발행되는 전환사채가 만기일 이전에 반드시 지분증권으로 전환하고 지분증권으로 전환하지 않는다면 원금상환을 면제하는 조건을 가지고 있는 경우에는 상기의 ②와 같이 회계처리한다.

④ 채권·채무조정에 따른 지분증권의 발행과 관련하여 직접적으로 발생한 비용은 지분증권의 발행금액에서 차감한다. 채권·채무조정을 실시하기 위하여 채무자에게 발생된 기타의 모든 비용은 채무조정이익에서 차감한다.

⑤ 출자전환을 합의하였으나 출자전환으로 인하여 발행될 주식수가 결정되지 않은 경우나 전환사채의 조건 중 전환으로 인하여 발행될 주식수가 결정되지 않은 경우에는 채권·채무조정이 완성되지 않았으므로 전환으로 인하여 발행될 주식수가 결정되는 시점에 상기의 ②에 따라 회계처리한다.

⑥ 자본조정으로 대체된 출자전환채무에 대해 지급하는 이자금액은 자본조정의 별도 계정과목으로 회계처리하고 이익잉여금을 처분하여 상각한다. 다만, 처분할 이익잉여금이 부족하거나 미처리결손금이 있는 경우에는 차기 이후 연도에 상각한다.

2) 채권자

출자전환을 합의하여 출자전환으로 인하여 발행될 주식수가 결정된 경우에는 채권의 대손충당금 차감 전 장부금액을 출자전환채권으로 대체하고 출자전환이 이루어질 때까지 출자전환채권의 대손충당금 차감 전 장부금액과 전환으로 발행될 주식의 공정가치 중 낮은 금액으로 평가하며 이로 인한 평가손익은 출자전환채권에 대한 대손충당금과 손상차손(대손상각비)에 반영한다.

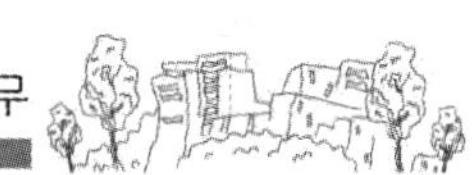

예 제 출자전환

채권·채무조정과 관련하여 차입채무(대출채권)의 현황은 다음과 같다.

1. 채무자인 A회사는 채권자인 甲은행에 대해 차입채무를 지고 있다.
   - 차입(대출)일자 : 20×1. 1. 1.
   - 차입(대출)금액 : ₩10,000,000
   - 만기 : 3년
   - 이자율 : 연10%(연도말 후급)
2. 채무자인 A회사는 재정난으로 인하여 20×1. 7. 1.에 부도처리되었다.
3. 甲은행은 부도회사에 대한 대출채권에 대하여 대손충당금 차감전 장부금액의 20%에 해당되는 금액에 대해서 대손충당금을 설정하고 있다.
4. A회사와 甲은행의 회계기간 : 1.1. ~ 12.31.

다음과 같은 조건으로 법원이 인가한 경우 채무자 및 채권자의 회계처리를 하시오.

[조건 1] 차입채무(대출채권) ₩10,000,000을 20×3. 1. 1.에 출자전환하고 1,000주(액면금액 ₩5,000)의 신주를 교부한다.

[조건 2] 주식의 시가
- 법원인가일(20×2. 12. 31.) : 감자전 주당 ₩1,000(다만, 채권자가 출자하기전에 7:1로 감자함)
- 출자전환일(20×3. 1. 1.) : 주당 ₩8,500(감자후의 가격임)
- 출자전환일의 익일 : 주당 ₩8,000

풀 이

(1) 채무자의 회계처리

① 20×2. 12. 31.

(차) 차입금	10,000,000	(대) 출자전환채무	7,000,000
		채무조정이익	3,000,000주)

주) 출자전환될 주식의 공정가치를 기준으로 차입금을 출자전환채무(자본조정)로 대체
₩10,000,000－₩7,000×1,000주＝₩3,000,000

② 20×3. 1. 1.

(차) 출자전환채무	7,000,000	(대) 자본금	5,000,000
		주식발행초과금	2,000,000

(2) 채권자의 회계처리

① 20×2. 12. 31.

발행할 주식수가 결정된 출자전환의 경우 출자전환의 합의나 법원의 인가가 이루어진 날에 출자전환채권으로 대체하고 출자전환으로 인하여 전환될 주식의 공정가치와 채권의 장부금액 중 낮은 가액으로 평가함

(차) 출자전환채권	10,000,000[주1)]	(대) 대출채권	10,000,000
대손상각비	1,000,000[주2)]	대손충당금	1,000,000

주1) 출자전환될 채권을 출자전환채권으로 대체

주2) 주식의 공정가치 ₩7,000,000(= ₩1,000×감자비율 7×1,000주)을 감안하여 산정된 대손충당금 중 부족액을 추가적으로 설정(=₩3,000,000−₩10,000,000×20%)

② 20×3. 1. 1.

(차) 장기투자증권	8,500,000	(대) 출자전환채권	10,000,000
대손충당금	3,000,000	대손충당금환입	1,500,000

(3) 조건의 변경

1) 채무자

① 조건변경으로 채무가 조정되는 경우에는 채권·채무조정에 따른 약정상 정해진 미래 현금흐름을 채무 발생시점의 유효이자율로 할인하여 계산된 현재가치와 채무의 장부금액과의 차이를 채무에 대한 현재가치할인차금과 채무조정이익으로 인식한다. 조정대상채무에 대하여 전환사채나 채무증권을 발행하는 형식으로 채권·채무조정이 이루어지는 경우에는 이를 채무의 변제로 보지 않고 채무의 조건변경으로 회계처리한다. 따라서 채권·채무조정으로 인하여 발행되는 전환사채에 대해서는 일반기업회계기준 제15장 '자본'의 규정에 불구하고 전환권을 인식하지 않고 전환사채의 만기까지 발생할 미래 현금흐름을 채무 발생시점의 유효이자율로 할인하여 계산된 현재가치와 조정대상채무의 장부금액과의 차이를 채무조정이익으로 인식한다.

② 동종 또는 유사한 채권·채무에 대하여 적용할 이자율보다 더 낮은 이자율로 만기를 연장하는 경우에 해당하며 경제환경의 변동으로 동일한 신용도에 대한 채무 발생시점의 시장이자율과 채권·채무조정시점의 시장이자율에 현저한 차이가 있는 경우에는 채권·채무조정시점의 적절한 이자율로 할인하여 채무조정이익을 인식한다. 채권·채무조정시점의 적절한 이자율은 채권·채무조정시점의 기초이자율에 당해 채무 발생시점과 동일한 신용상태에 대한 채권·채무조정시점의 신용가산이자율을 합산하여 산정한다. 신용가산이자율은 채무 발생시점의 채무자 신용상태가 채권·채무조정시점까지 유효하다고 가정할 경우 채권·채무조정시점에서 산정된 이자율을 말한다.

③ 원금과 발생이자의 감면을 통한 조건변경으로 인하여 채권·채무조정에 따른 약정상 정해진 미래 현금흐름의 합계금액이 채무의 장부금액에 미달할 경우에는 채무의 장부금액을 미래 현금흐름의 합계금액으로 감액하고 동 미달액을 채무조정이익으로 인식한다. 또한 새로운 장부금액에 대해서는 채무조정이익을 추가로 인식한다.

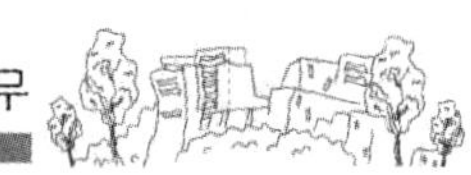

④ 채무자의 재무상황이 정해진 기간 내에 향상되는 것을 전제로 원금이나 이자로 정해진 금액이 추가되는 약정이 있는 경우에는 동 추가되는 금액은 조정된 만기까지 발생할 미래 현금흐름에 포함되어야 한다.

⑤ 채권·채무조정시점 전에 전반적인 시장이자율 또는 위험의 변동 등을 반영하기 위하여 채권·채무조정에 해당되지 않는 이자율의 변동이 있는 경우에는 이자율이 변동된 시점을 채무 발생시점으로 본다.

⑥ 채무 발생시점의 유효이자율은 채무 발생시점의 계약상 이자율에 대출수수료, 할증액 또는 할인액 등을 고려하여 조정된 이자율을 말한다.

⑦ 채무의 기간별 이자율이 표준금리, 우대금리 또는 국제적 기준금리(예 LIBOR 등) 등과 같은 기초이자율에 따라 변동되는 경우에는 채권·채무조정시점의 기초이자율에 신용가산이자율을 가산하여 산정한 이자율을 적용하여 현재가치를 계산한다. 신용가산이자율은 채무 발생시점의 채무자 신용상태가 채권·채무조정시점까지 유효하다고 가정할 경우 채권·채무조정시점에서 산정된 이자율을 말한다.

2) 채권자

① 채권자는 채권·채무조정을 통하여 조건이 변경된 채권에 대하여 공식적인 채권·채무조정 이전이라도 인식조건이 충족되면 손상차손(대손상각비)을 인식해야 하며 공식적인 채권·채무조정시점까지 손상차손(대손상각비)의 인식을 지연할 수 없다.

② 채권·채무조정을 통하여 조건이 변경된 채권에 대한 손상차손은 채권·채무조정에 따른 약정상 정해진 미래 현금흐름을 채권 발생시점의 유효이자율로 할인하여 계산된 현재가치와 채권의 대손충당금 차감전 장부금액과의 차이로 계산하며 채권에 대한 대손충당금과 손상차손을 다음과 같이 조정한다. 이미 설정된 대손충당금이 채권·채무조정에 따라 결정된 손상차손 금액보다 작은 경우에는 부족분에 대해서 대손충당금을 추가로 설정하며 이미 설정된 대손충당금이 채권·채무조정에 따라 결정된 손상차손 금액보다 큰 경우에는 초과분에 대하여 대손충당금을 환입한다. 다만, 관측가능한 활성시장에서 거래되는 채권의 시장가격이 있는 경우에는 그 채권의 시장가격, 담보로 제공된 자산이 있고 그 자산의 처분을 통하여 채권을 회수할 가능성이 매우 높은 경우에는 그 자산의 공정가치에 근거하여 손상차손을 측정할 수 있다. 손상차손의 측정방법은 각 채권별로 일관성 있게 적용하여야 하며 측정방법의 변경은 상황이 변하는 경우에만 정당화될 수 있다.

③ 원금과 발생이자의 감면을 통한 조건변경으로 인하여 채권·채무조정에 따른 약정상 정해진 미래 현금흐름의 합계금액이 채권의 대손충당금 차감 전 장부금액에 미달하는 경우에는 채권의 대손충당금 차감 전 장부금액을 미래 현금흐름의 합계금액으로 차감한

다. 차감할 채권의 대손충당금 차감전 장부금액은 먼저 대손충당금과 상계하고 부족한 금액은 대손상각비로 인식한다. 또한 미래 현금흐름의 합계액으로 손상된 채권의 대손충당금 차감 전 장부금액에 대해서는 대손충당금을 추가로 설정하거나 환입한다.

예 제 **계약조건의 변경**

채권·채무조정과 관련하여 차입채무(대출채권)의 현황은 다음과 같다.

1. 채무자인 A회사는 채권자인 甲은행에 대해 차입채무를 지고 있다.
   - 차입(대출)일자 : 20×1. 1. 1.
   - 차입(대출)금액 : ₩10,000,000
   - 만기 : 3년
   - 이자율 : 연10%(연도말 후급)
2. 채무자인 A회사는 재정난으로 인하여 20×1. 7. 1.에 부도처리되었다.
3. 甲은행은 부도회사에 대한 대출채권에 대하여 대손충당금 차감전 장부금액의 20%에 해당되는 금액에 대해서 대손충당금을 설정하고 있다.
4. A회사와 甲은행의 회계기간 : 1. 1.~12. 31.
5. 20×2. 7. 1.에 A회사는 법정관리를 신청하였고, 20×2. 12. 31.에 법원은 다음과 같이 채권·채무조정을 결정하였다.
   - 채권·채무조정일 : 20×2. 12. 31.
   - 차입채무(대출채권)의 명목금액 : ₩10,000,000
   - 채권·채무조정내용 : 만기 10년, 이자율 연5%(연도말 후급)
6. 이자율 10%, 10년의 현가계수와 연금의 현가계수는 각각 0.3855433, 6.1445660이다.

요구사항

1. 채무자의 회계처리를 하시오. 단, 채권·채무조정일 전에 발생한 이자비용 및 이자수익의 회계처리는 무시한다.
2. 채권자의 회계처리를 하시오. 단, 채권자의 경우에도 채무자와 동일한 할인율을 적용한다고 가정하며 채권·채무조정일 전에 발생한 이자비용 및 이자수익의 회계처리는 무시한다.

풀 이

1. 채무자의 회계처리

(1) 20×2. 12. 31. : 채권·채무조정 후 채무의 현재가치(①+②) = ₩6,927,716

① 원금의 현재가치 : ₩10,000,000×0.3855433 = 3,855,433

② 이자의 현재가치 : ₩500,000×6.1445660 = 3,072,283

(차) 현재가치할인차금	3,072,284주)	(대) 채무조정이익	3,072,284

주) 채무의 명목금액 ₩10,000,000－채무의 현재가치 ₩6,927,716

(2) 20×3. 12. 31.

(차) 이자비용	692,772주)	(대) 현 금	500,000
		현재가치할인차금	192,772

주) ₩6,927,716×10%≒₩692,772

2. 채권자의 회계처리

(1) 20×1. 12. 31.

(차) 대손상각비	2,000,0000	(대) 대손충당금	2,000,000주)

주) 채권의 명목금액 ₩10,000,000×20% = ₩2,000,000(채권자가 추정하고 있는 대손충당금)

(2) 20×2. 12. 31.

① 채권자의 경우에도 동일한 할인율을 적용한다고 가정하였으므로 채권·채무조정 후 채권의 현재가치는 채권·채무조정 후 채무의 현재가치와 동일하다.

② 대손충당금 추가설정

(차) 대손상각비	1,072,284	(대) 대손충당금	1,072,284

* (₩10,000,000－₩2,000,000)－₩6,927,716 = ₩1,072,284

(3) 20×3. 12. 31.

(차) 현 금	500,000	(대) 이자수익	692,772주)
대손충당금	192,772		

주) ₩6,927,716×10%≒₩692,772

(4) 복합적인 채권·채무조정

1) 채무자

채무의 일부에 대해서는 채무자가 채권자에게 자산을 이전하거나 지분증권을 발행하여 변제하고 나머지 채무에 대해서는 조건변경을 통하여 채무를 경감시키는 채권·채무조정의 경우에는 이전되는 자산과 발행되는 지분증권의 공정가치를 측정하여 자산과 지분증권의 공정가치만큼 채무의 장부금액을 감소시킨다. 나머지 채무에 대해서는 채무의 조건변경으로 회계처리한다.

2) 채권자

채권의 일부에 대해서는 채무자가 채권자에게 자산을 이전하거나 지분증권을 발행하여 변제하고 나머지 채권에 대해서는 조건변경을 하는 채권·채무조정인 경우에는 이전되는 자산과 발행되는 지분증권의 공정가치를 측정하여 자산과 지분증권의 공정가치만큼 채권의 대손충당금 차감전 장부금액을 감소시킨다. 감소된 채권의 대손충당금 차감 전 장부금액에

대해서는 채권·채무조정에 따른 약정상 정해진 미래 현금흐름을 채권 발생시점의 유효이자율로 할인하여 계산된 현재가치와의 차이를 추가적으로 대손충당금과 손상차손(대손상각비)으로 조정한다.

예 제 **복합적인 채권·채무조정**

1. XYZ회사는 20×1년 12월 31일 현재 ABC회사에 대해 ₩100,000,000의 차입채무를 지고 있다. 동 채무(채권)의 잔존만기는 5년이고, 이자율은 10%(연도말 후급)이다. 채권자인 ABC회사는 20×2년 1월 1일에 채무자인 XYZ회사의 재무상태 등을 감안하여 채무이행능력을 평가할 때 현재상태로서는 도저히 전액 회수가 어려울 것으로 판단되어 다음과 같은 채권·채무조정에 합의하였다. 동 채권에 대하여 ₩10,000,000의 대손충당금이 설정되어 있다.
2. 채권·채무조정내용
   - 10년 동안 매년 말에 ₩500,000과 10년말에 ₩40,000,000을 수수
   - 채권·채무조정시점의 공정가치가 ₩10,000,000(장부금액 ₩5,000,000)인 토지의 이전
   - 채무원금 ₩20,000,000 감면
   - 신주교부 : 3,000주, 액면 ₩5,000, 합의시점의 주당공정가치 ₩10,000
     (합의시점의 시가 ₩2,000에 감자비율을 적용하여 산정함)
3. 이자율 10%, 10년의 현가계수와 연금의 현가계수는 각각 0.38554, 6.14457이다.

요구사항

채무자와 채권자의 회계처리를 하시오.

풀 이

(1) **채무자의 회계처리**

채무자는 채권·채무조정이 복합적으로 이루어진 경우에는 ① 자산의 이전 또는 지분증권의 발행을 통한 채무의 변제 ② 이자율이나 만기 등의 조건변경을 통한 채무의 존속 순서로 회계처리한다.

1) 자산의 이전

(차) 차 입 금	10,000,000	(대) 토 지	5,000,000
		유형자산처분이익	5,000,000

2) 출자전환

(차) 차 입 금	30,000,000주)	(대) 자 본 금	15,000,000
		주식발행초과금	15,000,000

주) 3,000주×₩10,000 = ₩30,000,000

3) 원금감면 : 채권·채무조정약정상 원금이 감면되는 조건은 조건변경에 해당되기 때문에 미래 현금흐름의 현재가치에서 고려한다.

4) 계약조건의 변경 : 수정된 채무의 명목금액은 다음과 같다. 원리금의 감면을 통한 조건변경으로 인하여 채권·채무조정에 따른 약정상 정해진 미래 현금흐름의 합계금액이 채무의 명목금액에 미달할 경우에는 채무의 명목금액을 미래 현금흐름의 합계금액으로 감액하고 동액을 채무조정이익으로 인식한다.

① 수정된 채무의 명목금액

채권·채무조정전 채무의 명목금액	₩100,000,000
토지의 이전	(10,000,000)
출자전환	(30,000,000)
차감잔액(수정된 채무의 명목금액)	60,000,000

② 명목금액의 채무조정이익

수정된 채무의 명목금액		₩60,000,000
미래 현금흐름의 합계액		
원금(원금감면 ₩20,000,000)	₩40,000,000	
이자(₩500,000×10)	5,000,000	45,000,000
채무조정이익		15,000,000

(차) 차입금 15,000,000 (대) 채무조정이익 15,000,000

③ 현재가치의 채무조정이익

미래 현금흐름의 합계액		₩45,000,000
계약조건의 변경에 따른 현재가치		
원금(₩40,000,000×0.38554)	₩15,421,600	
이자(₩500,000×6.14457)	3,072,285	18,493,885
채무조정이익		26,506,115

(차) 현재가치할인차금 26,506,115 (대) 채무조정이익 26,506,115

(2) 채권자의 회계처리

채권·채무조정이 복합적으로 이루어진 경우의 회계처리의 순서는 채무자의 경우와 동일하다.

1) 자산의 이전

(차) 토　지 10,000,000 (대) 대출채권 10,000,000

2) 출자전환

(차) 장기투자증권 30,000,000주) (대) 대출채권 30,000,000

주) 3,000주×₩10,000 = ₩30,000,000

3) 원금감면 : 채권·채무조정약정상 원금이 감면되는 조건은 조건변경에 해당되기 때문에 미래 현금흐름의 현재가치에서 고려한다.

4) 계약조건의 변경 : 원리금의 감면을 통한 조건변경으로 인하여 채권·채무조정에 따른 약정상 정해진 미래 현금흐름의 합계금액이 채권의 명목금액에 미달할 경우에는 채권의 명목금액을 미래 현금흐름의 합계금액으로 감액하고 동액을 먼저 대손충당금과 상계하고 부족한 금액은 대손상각비로 인식한다.

① 수정된 채권의 명목금액

채권·채무조정전 채권의 명목금액	₩100,000,000
토지의 이전	(10,000,000)
출자전환	(30,000,000)
차감잔액	60,000,000

② 명목금액의 대손상각비

수정된 채권의 명목금액		₩60,000,000
미래 현금흐름의 합계액		
원금(원금감면 ₩20,000,000)	₩40,000,000	
이자(₩500,000×10)	5,000,000	45,000,000
감액대상금액		15,000,000

(차) 대손충당금	10,000,000	(대) 대출채권	15,000,000
		대손상각비	5,000,000

③ 현재가치의 대손상각비

미래 현금흐름의 합계액		₩45,000,000
계약조건의 변경에 따른 현재가치		
원금(₩40,000,000×0.38554)	₩15,421,600	
이자(₩500,000×6.14457)	3,072,285	18,493,885
대손충당금		26,506,115

(차) 대손상각비	26,506,115	(대) 대손충당금	26,506,115

(5) 조정 이후의 손익인식

① 채권의 미래 예상 현금흐름의 현재가치는 시간의 경과와 미래 예상 현금흐름의 금액 또는 시점의 변동에 따라 달라진다. 시간의 경과에 따라 증가되는 현재가치의 변동분은 채권발생시점의 유효이자율을 채권의 장부금액에 적용하여 산정하고 이자수익으로 인식한다. 미래 예상 현금흐름의 금액 또는 시점이 손상차손을 인식할 때의 추정과 달라짐으로써 발생된 현재가치의 변동분은 대손충당금에 반영한다.

② 손상차손이 발생한 채권으로부터 발생하는 이자수익은 회수가 불확실한 경우에는 인식하지 아니한다. 다만, 시간의 경과에 따른 현재가치의 증가분은 회수 불확실 여부에 관계없이 시간의 경과에 따라 이자수익으로 인식한다.

③ 채권·채무조정 후에 채무자로부터 현금이 회수되는 경우 약정의 내용에 상관없이 기간이 경과한 명목이자가 우선적으로 회수된 것으로 한다.

④ 조건변경으로 채무가 조정되는 경우 채권·채무조정에 따른 약정상 정해진 미래 현금흐름을 채무 발생시점의 유효이자율로 할인하여 계산된 현재가치와 채무의 장부금액과의 차이를 채무에 대한 현재가치할인차금과 채무조정이익으로 인식하고 유효이자율법을 적용하여 이자비용을 인식한다.

02 K-IFRS

기존 차입자와 대여자가 실질적으로 다른 조건으로 채무상품을 교환하거나 기존 금융부채의 조건이 실질적으로 변경된 경우(채무자의 재무적 어려움으로 인한 경우와 그렇지 아니한 경우를 포함)에는 최초의 금융부채를 제거하고 새로운 금융부채를 인식한다. 기존 금융부채의 조건이 실질적으로 변경된 경우란 새로운 조건에 따른 현금흐름의 현재가치와 최초 금융부채의 잔여현금흐름의 현재가치의 차이가 적어도 10% 이상인 경우를 의미한다.

(1) 채권자

채권자는 조건변경으로 인한 미래현금흐름을 유효이자율로 할인한 현재가치보다 기존 채권의 장부금액이 큰 경우 손상차손을 인식한다. 이 경우 유효이자율은 최초의 유효이자율을 적용하며 변동이자율 조건인 경우에는 변경된 시점의 현행 유효이자율을 적용한다.

손상차손(대손) = 장부금액 – 회수가능액(변경후 미래현금흐름의 현재가치)

(2) 채무자

채무자의 회계처리는 기존 금융부채의 실질적인 조건변경 여부에 따라 회계처리가 달라진다. 기존 금융부채의 조건이 실질적으로 변경된 경우란 새로운 조건에 따른 현금흐름의 현재가치와 최초 금융부채의 잔여현금흐름의 현재가치의 차이가 적어도 10%이상인 경우를 의미한다.

1) 금융부채의 조건이 실질적으로 변경된 경우

기존 금융부채의 조건이 실질적으로 변경된 경우(채무자의 재무적 어려움으로 인한 경우와 그렇지 아니한 경우를 포함)에는 최초의 금융부채를 제거하고 새로운 금융부채를 인식한다. 새로운 금융부채는 새로운 조건에 따른 미래현금흐름을 조건변경시점의 유효이자율로 할인한 금액으로 인식하며 기존 금융부채의 장부금액과의 차액은 당기손익으로 인식한다. 조건변경시 발생한 원가나 수수료는 당기손익에서 차감한다.

2) 금융부채의 조건이 실질적 변경이 아닌 경우

기존 금융부채가 존속하는 것으로 보아 조건변경에 따른 손익을 인식하지 아니한다. 조건의 변경으로 발생한 원가나 수수료는 기존 금융부채의 장부금액에서 차감하고 변경된 금융부채의 잔여기간에 걸쳐 상각한다. 수수료 등이 금융부채의 장부금액에서 차감하는 경우에는 새로운 유효이자율을 기준으로 상각한다.

예 제　금융부채의 조건변경

㈜이손은 20X1년 1월 1일에 ㈜CFO으로부터 현금 ₩1,000,000을 1년간 차입(이자는 만기상환시 지급조건)하였으며 연 이자율은 시장이자율인 10%이다. ㈜이손은 20X1년 12월 31일에 동 차입금의 이자를 지급한 후 차입금의 만기를 20X4년 12월 31일로 연장하고 연 이자율은 5%로 합의하였다. 조건변경일의 시장이자율은 12%이며 이자는 매년말에 지급한다. ㈜이손과 ㈜CFO의 결산일은 12월말이다.

기간 / 할인율	정상연금 ₩1의 현가			단일금액 ₩1의 현가		
	1	2	3	1	2	3
10%	0.90909	1.73554	2.48685	0.90909	0.82645	0.75131
12%	0.89286	1.69005	2.40183	0.89286	0.79719	0.71178

요구사항

㈜이손과 ㈜CFO의 회계처리를 하시오.

풀 이

(1) 계약조건의 실질적 변경

새로운 조건에 따른 현금흐름의 현재가치와 최초 금융부채의 잔여현금흐름의 현재가치의 차이가 적어도 10%이상이라면 계약조건이 실질적으로 달라진 것이다.

① 최초 금융부채의 잔여현금흐름 현재가치=₩1,000,000

② 새로운 조건에 따른 현금흐름의 현재가치
　= ₩1,000,000×0.75131+₩50,000×2.48685=₩875,653

③ 계약조건의 실질적인 변경

최초 금융부채의 잔여현금흐름의 현재가치	₩1,000,000
새로운 조건에 따른 현금흐름의 현재가치	(875,653)
	124,347

④ 최초 금융부채의 잔여현금흐름 현재가치×10%=₩1,000,000×10%=₩100,000
∴ ₩124,347≥₩100,000 이므로 계약조건의 실질적인 변경으로 본다.

(2) **장부금액**

계약조건이 실질적으로 변경된 경우 새로운 금융부채는 조건변경시점의 유효이자율을 적용하여 측정한다.

① 20X1년말 차입금 현재가치 :
₩1,000,000×5%×2.40183+₩1,000,000×0.71178=₩831,872

② 상각표

일 자	유효이자	액면이자	상 각 액	장부금액
20X1.12.31				₩831,872
20X2.12.31	₩99,825	₩50,000	₩49,825	881,697
20X3.12.31	105,804	50,000	55,804	937,501
20X4.12.31	112,499	50,000	62,499	1,000,000
합 계	318,128	150,000	168,128	

(3) **회계처리**

구 분	㈜이손 (채권자)	㈜CFO (채무자)
20X1. 1. 1	(차) 대여금 1,000,000 (대) 현금 1,000,000	(차) 현금 1,000,000 (대) 차입금 1,000,000
20X1.12.31	(차) 현금 120,000 (대) 이자수익 120,000 (차) 대손상각비 168,128 (대) 현재가치할인차금 168,128	(차) 이자비용 120,000 (대) 현금 120,000 (차) 현재가치할인차금 168,128 (대) 채무조정이익 168,128
20X2.12.31	(차) 현금 50,000 현재가치할인차금 49,825 (대) 이자수익 99,825	(차) 이자비용 99,825 (대) 현금 50,000 현재가치할인차금 49,825
20X3.12.31	(차) 현금 50,000 현재가치할인차금 55,804 (대) 이자수익 105,804	(차) 이자비용 105,804 (대) 현금 50,000 현재가치할인차금 55,804
20X4.12.31	(차) 현금 50,000 현재가치할인차금 62,499 (대) 이자수익 112,499 (차) 현금 1,000,000 (대) 대여금 1,000,000	(차) 이자비용 112,499 (대) 현금 50,000 현재가치할인차금 62,499 (차) 차입금 1,000,000 (대) 현금 1,000,000

03 세무회계

3.1 자산의 이전

(1) 채권자

채권·채무조정시점에서 채무자에 대한 채권의 전부 또는 일부에 대하여 제3자에 대한 채권, 부동산 또는 기타의 자산을 이전받는 경우 이전받는 자산의 취득가액은 시가로 한다(법령 72 ②).

기 본 사 례

㈜이손은 ㈜삼손에 대한 외상매출금 1,100,000,000이 있으며, 채무자인 ㈜삼손의 채무자 회생 및 파산에 관한 법률에 따른 회생계획인가 결정내용은 다음과 같다.

1. 인가결정일 20X1.10.14
1. 자산(토지 : 감정가액 550,000,000)이전 50%(550,000,000)
2. 채무면제 10%(110,000,000), 단 ㈜삼손이 토지를 이전하여 채권의 50%상환시 면제됨.
3. 출자전환 10%(110,000,000) 10,000주 (액면가액 @5,000), 주식의 시가 불분명(상속세 및 증여세법상 평가액 @1,100), 출자전환 직전 10:1 무상감자 실시(감자후 주당가액 @1,100)
4. 채권 상환기한 연장 30%(330,000,000), 상환기한 연장에 따른 현재가치 280,000,000

(차) 토지	550,000,000	(대) 외상매출금	550,000,000

(2) 채무자

(차) 외상매입금	550,000,000	(대) 토지(장부금액)	400,000,000
		유형자산처분이익	150,000,000

3.2 채무의 면제

(1) 채권자

1) 대손세액공제

사업자는 부가가치세가 과세되는 재화 또는 용역을 공급하고 외상매출금이나 그 밖의 매출채권(부가가치세를 포함한 것을 말한다)의 전부 또는 일부가 공급을 받은 자의 파산·강제집행이나 그 밖에 대통령령으로 정하는 사유로 대손되어 회수할 수 없는 경우에는 다음의 계산식에 따라 계산한 금액(대손세액)을 그 대손이 확정된 날이 속하는 과세기간의 매출세액에서 뺄 수 있다. 다만, 그 사업자가 대손되어 회수할 수 없는 금액(대손금액)의 전부 또는 일부를 회수한 경우에는 회수한 대손금액에 관련된 대손세액을 회수한 날이 속하는 과세기간

의 매출세액에 더한다(부가법 45 ①).

대손세액 = 대손금액 × 110분의 10

"파산·강제집행이나 그 밖에 대통령령으로 정하는 사유"란 다음 각 호의 어느 하나에 해당하는 경우를 말한다(부가령 87 ①).

① 소득세법 시행령 제55조 제2항 및 법인세법 시행령 제19조의 2 제1항에 따라 대손금(貸損金)으로 인정되는 경우
② 채무자 회생 및 파산에 관한 법률에 따른 법원의 회생계획인가 결정에 따라 채무를 출자전환하는 경우. 이 경우 대손되어 회수할 수 없는 금액은 출자전환하는 시점의 출자전환된 매출채권 장부가액과 출자전환으로 취득한 주식 또는 출자지분의 시가와의 차액으로 한다.

채무자 회생 및 파산에 관한 법률에 따른 회생계획인가의 결정 또는 법원의 면책결정에 따라 회수불능으로 확정된 채권(법령 19의2 ① 5호) 110,000,000은 대손세액공제를 적용할 수 있다.

(차) 부가세예수금	10,000,000	(대) 외상매출금	10,000,000

* 110,000,000×10/110

2) 원금의 감면

내국법인이 보유하고 있는 채권 중 채무자 회생 및 파산에 관한 법률에 따른 회생계획인가의 결정 또는 법원의 면책결정에 따라 회수불능으로 확정된 채권금액은 대통령령으로 정하는 사업연도(해당 사유가 발생한 날, 법령 19의2 ③)의 소득금액을 계산할 때 손금에 산입한다(법법 19의2 ①, 법령 19의2 ① 5호). 따라서, 회생계획 인가결정일인 20X1.10.14.이 속하는 사업연도 손금에 해당한다. 다만, 민법상 정지조건에 해당하는 조건이 붙어 있는 회생계획에 대해 '채무자 회생 및 파산에 관한 법률'에 따른 회생계획인가의 결정이 있는 경우에는 동 조건이 성취(㈜삼손이 토지를 이전하여 채권의 50%상환시)되어 채무면제가 확정되는 날이 속하는 사업연도에 해당 채권의 금액을 대손금으로 손금에 산입한다(법인세제과-274, 2013. 4.9.).

(차) 대손상각비	100,000,000	(대) 외상매출금	100,000,000

* 110,000,000-10,000,000=100,000,000

상기의 규정에도 불구하고 다음 각 호의 어느 하나에 해당하는 채권은 손금에 산입하지 아니한다(법법 19의2 ②).

① 채무보증(독점규제 및 공정거래에 관한 법률 제24조 각 호의 어느 하나에 해당하는 채무보증 등 대통령령으로 정하는 채무보증은 제외한다)으로 인하여 발생한 구상채권(求償債權)
② 법인세법 제28조 제1항 제4호 나목에 해당하는 가지급금(假支給金) 등. 이 경우 특수관계인에 대한 판단은 대여시점을 기준으로 한다.

3) 약정에 의한 채권포기

채무자 회생 및 파산에 관한 법률에 따른 회생계획인가의 결정 또는 법원의 면책결정에 따라 회수불능으로 확정된 채권이 아니라 약정에 따라 채권의 전부 또는 일부를 포기하는 경우에는 이를 대손금으로 보지 아니하며 기부금 또는 접대비로 본다. 다만, 특수관계인 외의 자와 거래에서 발생한 채권으로서 채무자의 부도발생 등으로 장래에 회수가 불확실한 어음·수표상의 채권 등을 조기에 회수하기 위하여 그 채권의 일부를 불가피하게 포기한 경우 해당 채권의 일부를 포기하거나 면제한 행위에 객관적으로 정당한 사유가 있는 때에는 그 채권포기액을 손금에 산입한다(법집기 19의 2-19의 2-8).

(2) 채무자

1) 매입세액공제 차감

재화 또는 용역을 공급받은 사업자가 대손세액에 해당하는 금액의 전부 또는 일부를 부가가치세법 제38조에 따라 매입세액으로 공제받은 경우로서 그 사업자가 폐업하기 전에 재화 또는 용역을 공급하는 자가 대손세액공제를 받은 경우에는 그 재화 또는 용역을 공급받은 사업자는 관련 대손세액에 해당하는 금액을 대손이 확정된 날이 속하는 과세기간에 자신의 매입세액에서 뺀다. 다만, 그 공급을 받은 사업자가 대손세액에 해당하는 금액을 빼지 아니한 경우에는 대통령령으로 정하는 바에 따라 그 사업자의 관할 세무서장이 빼야 할 매입세액을 결정 또는 경정(更正)하여야 한다(부가법 45 ③).

(차) 외상매입금	10,000,000	(대) 부가세대급금	10,000,000

* 110,000,000×10/110

2) 원금의 감면

익금은 자본 또는 출자의 납입 및 법인세법에서 규정하는 것을 제외하고 해당 법인의 순자산(純資産)을 증가시키는 거래로 인하여 발생하는 이익 또는 수입의 금액으로 한다(법법 15 ①). 따라서 채무의 면제 또는 소멸로 인하여 생기는 부채의 감소액(법인세법 제17조 제1항

제1호 단서의 규정에 따른 금액을 포함한다)은 익금에 해당한다(법령 11 6호).

(차) 외상매입금	100,000,000	(대) 채무면제이익	100,000,000

* 110,000,000-10,000,000=100,000,000

3) 이월결손금 보전

채무의 면제 또는 소멸로 인한 부채(負債)의 감소액 중 대통령령으로 정하는 이월결손금을 보전하는 데에 충당한 금액은 내국법인의 각 사업연도의 소득금액을 계산할 때 익금에 산입하지 아니한다(법법 18 6호). "대통령령으로 정하는 이월결손금"이란 다음 각 호의 어느 하나에 해당하는 것을 말한다(법령 16 ①).

① 법인세법 제14조 제2항에 따른 결손금(법인세법 제44조의 3 제2항 및 제46조의 3 제2항에 따라 승계받은 결손금은 제외한다)으로서 법인세법 제13조 제1항 제1호에 따라 그 후의 각 사업연도의 과세표준을 계산할 때 공제되지 아니한 금액

② 법인세법 제60조에 따라 신고된 각 사업연도의 과세표준에 포함되지 아니하였으나 다음 각 목의 어느 하나에 해당하는 결손금중 법 제14조 제2항에 따른 결손금에 해당하는 것

㉠ 채무자 회생 및 파산에 관한 법률에 따른 회생계획인가의 결정을 받은 법인의 결손금으로서 법원이 확인한 것

㉡ 기업구조조정 촉진법에 의한 기업개선계획의 이행을 위한 약정이 체결된 법인으로서 금융채권자협의회가 의결한 결손금

상기 ①의 결손금은 발생연도의 제한이 없는 세법상의 결손금(합병 및 분할시 승계받은 결손금 제외)으로서 결손금 발생이후 각 사업연도의 과세표준을 계산할 때 공제되지 않고 이월된 금액을 말한다. 채무면제이익을 소멸한 이월결손금에 보전한 경우에도 이를 익금에 산입하지 아니한다. 이 경우 "소멸한 이월결손금"이란 어느 사업연도의 손금의 총액이 그 사업연도의 익금의 총액을 초과하여 발생한 결손금으로서 공제시한이 경과됨으로써 그 후의 각 사업연도의 과세표준 계산에 있어서 공제되지 아니한 금액을 말한다(법집기 18-16-1).

내국법인이 채무면제이익 등을 다음의 방법으로 처리했을 때 이월결손금 보전에 충당한 것으로 본다(법집기 18-16-2 ①). 내국법인이 채무면제이익 등을 해당 사업연도에 이월결손금 보전에 충당하지 아니하고 법인세를 신고한 경우에는 국세기본법에 따른 경정 등의 청구에 의하여 익금불산입 할 수 있다(법집기 18-16-2 ②).

① 이월결손금과 직접 상계하는 방법

② 해당 사업연도 결산 주주총회 결의에 의하여 이월결손금을 보전하고 이익잉여금(결손금) 처리계산서에 계상하는 방법

③ 기업회계기준에 따라 영업외수익으로 계상하고 자본금과 적립금조정명세서(규칙 별지 제50호 서식)에 동 금액을 이월결손금의 보전에 충당한다는 뜻을 표시하고 세무조정으로 익금불산입하는 방법

상기 ① 및 ②의 방법으로 해당 이월결손금을 채무면제이익과 직접 상계하는 회계처리는 기업회계기준을 위배하는 것으로서 실무적으로는 ③의 방법으로 조정한다.

(차) 외상매입금 100,000,000 (대) 채무면제이익 100,000,000

〈익금불산입〉 채무면제이익 100,000,000 (기타)

■ 법인세법 시행규칙 [별지 제50호서식(갑)]

II. 이월결손금 계산서												
1. 이월결손금 발생 및 증감내역												
⑥ 사업연도	이월결손금					감 소 내 역				잔 액		
	발 생 액			⑩ 소급공제	⑪ 차감계	⑫ 기 공제액	⑬당기 공제액	⑭ 보전	⑮ 계	⑯ 기한 내	⑰ 기한 경과	⑱ 계
	⑦ 계	⑧ 일반 결손금	⑨ 배분한도 초과결손금 (⑨=㉕)									
20XX	XXX	XXX			XXX			100,000,000				

법인이 채무 중 일부는 출자로 전환하고 일부는 면제를 받음으로써 출자전환 채무면제이익과 그 외의 채무면제이익(법인세법 제18조 제6호에 따른 채무면제이익, 이하 "일반 채무면제이익"이라 한다)이 동시에 발생한 경우 해당 채무면제이익을 이월결손금의 보전에 충당함에 있어서는 일반 채무면제이익, 출자전환 채무면제이익의 순서로 충당한다(법집기 17-0-4 ①). 채무면제이익을 이월결손금의 보전에 충당한 후에 과세관청이 해당 법인의 과세표준을 경정함으로써 이월결손금이 감소되는 경우 그 이월결손금의 감액은 당초 채무면제이익으로 충당되지 아니한 이월결손금 잔액, 출자전환 채무면제이익으로 충당한 이월결손금상당액, 일반 채무면제이익으로 충당한 이월결손금상당액의 순서로 한다(법집기 17-0-4 ②).

4) 금융기관채무면제 이월과세

2026.12.31.까지 내국법인이 금융채권자로부터 채무의 일부를 면제받은 경우로서 다음 각 호의 어느 하나에 해당하는 경우 소득금액을 계산할 때 그 면제받은 채무에 상당하는 금액(대통령령으로 정하는 결손금을 초과하는 금액에 한정한다. 이하 이 조에서 "채무면제익"이라 한다)은 해당 사업연도와 해당 사업연도의 종료일 이후 3개 사업연도의 기간 중 익금에 산입하지

아니하고 그 다음 3개 사업연도의 기간 동안 균분한 금액 이상을 익금에 산입한다(조특법 44 ①).

① 채무자 회생 및 파산에 관한 법률에 따른 회생계획인가의 결정을 받은 법인이 금융채권자로부터 채무의 일부를 면제받은 경우로서 그 결정에 채무의 면제액이 포함된 경우
② 기업구조조정 촉진법 제14조 제1항에 따른 기업개선계획의 이행을 위한 약정을 체결한 부실징후기업이 금융채권자로부터 채무의 일부를 면제받은 경우로서 그 약정에 채무의 면제액이 포함된 경우 및 같은 법 제27조에 따른 반대채권자의 채권매수청구권의 행사와 관련하여 채무의 일부를 면제받은 경우
③ 내국법인이 대통령령으로 정하는 바에 따라 채권을 보유한 금융채권자 간의 합의에 따라 채무를 면제받은 경우
④ 그 밖에 내국법인이 관계 법률에 따라 채무를 면제받은 경우로서 대통령령으로 정하는 경우

3.3 출자전환

(1) 채권자

1) 대손세액공제

사업자는 부가가치세가 과세되는 재화 또는 용역을 공급하고 외상매출금이나 그 밖의 매출채권(부가가치세를 포함한 것을 말한다)의 전부 또는 일부가 공급을 받은 자의 파산·강제집행이나 그 밖에 대통령령으로 정하는 사유로 대손되어 회수할 수 없는 경우에는 대손세액을 그 대손이 확정된 날이 속하는 과세기간의 매출세액에서 뺄 수 있다. 다만, 그 사업자가 대손되어 회수할 수 없는 대손금액의 전부 또는 일부를 회수한 경우에는 회수한 대손금액에 관련된 대손세액을 회수한 날이 속하는 과세기간의 매출세액에 더한다(부가법 45 ①). 대손세액공제와 관련한 사항은 2. 채무의 면제를 참조하기로 한다.

관련사례

■ 대손세액공제 여부
채무자 회생 및 파산에 관한 법률에 의한 법원의 회생계획인가결정에 따라 채권을 출자전환하는 경우 채권의 장부가액과 주식의 시가와의 차액은 부가가치세법 제45조의 대손세액 공제특례 대상에 해당하는 것이며, 출자전환 직후 주식병합으로 무상감자 된 경우 주식의 시가는 무상감자된 주식수를 기준으로 하는 것임(부가가치세제과-146, 2018.2.27.).

2) 취득한 주식등의 취득가액

채무의 출자전환에 따라 취득한 주식등은 취득 당시의 시가로 한다. 다만, 법인세법 시행령 제15조 제1항 각 호의 요건을 갖춘 채무의 출자전환으로 취득한 주식등은 출자전환된 채권(법인세법 제19조의 2 제2항 각 호의 어느 하나에 해당하는 채권은 제외한다)의 장부가액으로 한다(법령 72 ② 4의2호). 법인세법 시행령 제15조 제1항 각 호는 다음과 같다(법령 15 ①).

① 채무자 회생 및 파산에 관한 법률에 따라 채무를 출자로 전환하는 내용이 포함된 회생계획인가의 결정을 받은 법인이 채무를 출자전환하는 경우로서 해당 주식등의 시가(시가가 액면가액에 미달하는 경우에는 액면가액)를 초과하여 발행된 금액

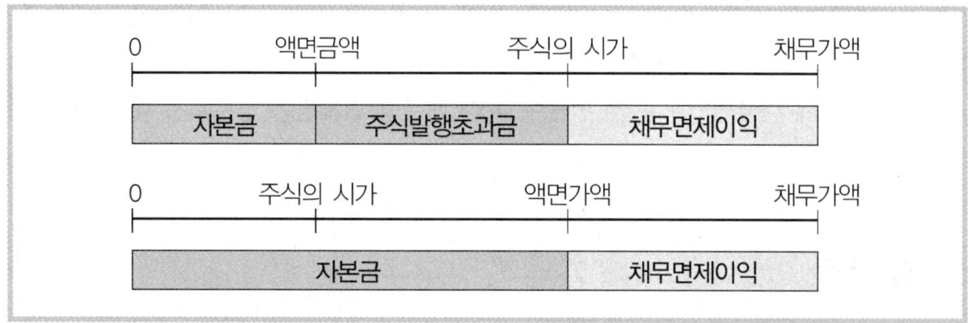

② 기업구조조정 촉진법에 따라 채무를 출자로 전환하는 내용이 포함된 기업개선계획의 이행을 위한 약정을 체결한 부실징후기업이 채무를 출자전환하는 경우로서 해당 주식등의 시가(시가가 액면가액에 미달하는 경우에는 액면가액)를 초과하는 금액

③ 해당 법인에 대하여 채권을 보유하고 있는 금융실명거래 및 비밀보장에 관한 법률 제2조 제1호에 따른 금융회사등과 채무를 출자로 전환하는 내용이 포함된 경영정상화계획의 이행을 위한 협약을 체결한 법인이 채무를 출자로 전환하는 경우로서 해당 주식등의 시가(시가가 액면가액에 미달하는 경우에는 액면가액)를 초과하는 금액

④ 기업 활력 제고를 위한 특별법 제10조에 따른 사업재편계획승인을 받은 법인이 채무를 출자전환하는 경우로서 해당 주식등의 시가(시가가 액면가액에 미달하는 경우에는 액면가액을 말한다)를 초과하는 금액

Ⅰ. 법인세법 시행령 제15조 제1항 각 호의 요건을 구비하지 못한 경우

채무자가 법인세법 시행령 제15조 제1항 각 호의 요건을 구비하지 못한 경우 채무자는 채무면제이익의 과세이연을 할 수 없고 과세된다. 따라서 채권자도 채권을 출자전환하고 취득한 주식을 취득 당시 시가로 평가하고 출자전환으로 인한 손실을 비용으로 인식한다. 이 경우 해당 비용은 약정에 따라 채권의 전부 또는 일부를 포기하는 경우로 본

다. 특수관계인 외의 자와 거래에서 발생한 채권으로서 채무자의 부도발생 등으로 장래에 회수가 불확실한 어음·수표상의 채권 등을 조기에 회수하기 위하여 그 채권의 일부를 불가피하게 포기한 경우 해당 채권의 일부를 포기하거나 면제한 행위에 객관적으로 정당한 사유가 있는 때에는 그 채권포기액을 대손금으로 본다(법집기 19의 2-19의 2-8). 불가피한 경우에 해당하지 않을 경우에는 기업업무추진비, 업무와 관련이 없으면 기부금, 특수관계인에게 이익을 분여하기 위한 경우에는 부당행위로 본다. 법인세법 제19조의 2 제2항 각 호의 어느 하나에 해당하는 채권(특수관계인 업무무관가지급금 등)은 대손금으로 손금에 산입하지 않는다(법법 19의2 ②).

〈채무자가 과세이연 요건을 구비한 경우 : 채권자는 대손세액공제 선택〉

(차) 부가세예수금	9,000,000	(대) 외상매출금	9,000,000

* (110,000,000-10,000주×1,100)×10/110=9,000,000

(차) 유가증권	11,000,000	(대) 외상매출금	101,000,000
대손상각비	90,000,000		

* 10,000×1,100(시가)=11,000,000

* 〈세무조정 없음〉 약정에 의한 채권포기로서 실질에 따라 대손금, 접대비 등으로 판단한다.

Ⅱ. 법인세법 시행령 제15조 제1항 각 호의 요건을 구비한 경우

채무자가 법인세법 시행령 제15조 제1항 각 호의 요건을 구비한 경우 채무자는 채무면제이익의 과세이연을 할 수 있다. 따라서 채권자도 출자전환으로 발생한 손실을 이연하기 위하여 출자전환한 채권의 장부가액을 주식의 취득가액으로 대체한다(법령 72 ② 4의2호).

〈채무자가 과세이연 요건을 구비한 경우: 채권자는 대손세액공제 선택〉

(차) 부가세예수금	9,000,000	(대) 외상매출금	9,000,000

* (110,000,000-10,000주×1,100)×10/110=9,000,000

(차) 유가증권	11,000,000	(대) 외상매출금	101,000,000
대손상각비	90,000,000		

* 〈손금불산입〉 대손상각비 90,000,000 (유보)

* 세무상 유가증권의 취득원가는 매출채권의 장부가액이므로 손금불산입 (유보)로 조정하고, 해당 유보는 유가증권의 매각 등의 사유 발생시 추인한다.

Ⅲ. 특수관계인 업무무관가지급금 등의 경우

채무자가 법인세법 시행령 제15조 제1항 각 호의 요건을 구비한 경우에도 법인세법 제19조의 2 제2항 각 호의 어느 하나에 해당하는 특수관계인에 대한 업무무관 가지급금과

보증채무 대위변제 구상채권 등은 대손금을 손금에 산입하지 않는다(법법 19의2 ②). 따라서 채무자가 채무면제이익의 과세이연요건을 구비한 경우에도 특수관계인에 대한 업무무관가지급금과 보증채무대위변제 구상채권을 출자전환하여 취득한 주식은 취득 당시 시가를 취득가액으로 한다(법령 72 ② 4의2호).

(차) 유가증권	11,000,000	(대) 외상매출금	110,000,000
대손상각비	99,000,000		

* 〈손금불산입〉 대손상각비 99,000,000 (귀속자 처분)

(2) 채무자

1) 출자전환시 매입세액공제 차감 배제

회생채권 중 매입세액공제액 해당 부분이 법인세법 시행령 제19조의2 제1항 제5호가 대손금으로 정하고 있는 회생계획인가의 결정 또는 법원의 면책결정에 따라 출자전환된 것은 회생계획인가의 결정 또는 법원의 면책결정에 따라 회수불능으로 확정된 채권에 해당하지 않으므로 공급자가 대손세액공제를 선택한 경우에도 매입자는 매입세액 차감을 적용하지 아니한다(대법원2019두31853.).

2) 출자전환 채무면제이익

자본거래로 인한 주식발행액면초과액(액면금액 이상으로 주식을 발행한 경우 그 액면금액을 초과한 금액)은 내국법인의 각 사업연도의 소득금액을 계산할 때 익금에 산입(算入)하지 아니한다. 다만, 채무의 출자전환으로 주식등을 발행하는 경우에는 그 주식등의 법인세법 제52조 제2항에 따른 시가를 초과하여 발행된 금액은 제외한다(법법 17 ① 1호단서). 따라서 출자전환시 발생한 채무면제이익은 익금에 해당한다. 채무면제이익의 발생은 상기 (1) 채권자를 참조하기로 한다.

❑ 액면가액 출자전환후 무상감자 방식의 활용

채무의 출자전환과 관련하여 현재 실무에서 많이 활용하는 방법은 본서의 기본사례와 달리 액면가액(5,000)으로 출자전환(22,000주 교부)한 이후에 무상 감자(10:1)하는 방식이 주로 이용된다. 이 방식은 출자전환으로 인하여 자본금이 실질가치보다 할증 발행 형식을 가지며, 채무면제이익은 발생하지 않는다. 채무면제이익 해당액은 감자차익으로 전환되므로 채무면제이익의 이월결손금 보전, 과세이연 등의 절차가 필요없다.

(차) 외상매입금	110,000,000	(대) 자본금	110,000,000

* 22,000×5,000=110,000,000

(차) 자본금	99,000,000	(대) 감자차익	99,000,000

* 22,000×9/10×5,000=99,000,000

3) 이월결손금 보전

채무의 면제 또는 소멸로 인한 부채(負債)의 감소액 중 대통령령으로 정하는 이월결손금을 보전하는 데에 충당한 금액은 내국법인의 각 사업연도의 소득금액을 계산할 때 익금에 산입하지 아니한다(법법 18 6호). 이와 관련한 사항은 상기 2. 채무의 면제를 참조하기로 한다.

(차) 외상매입금	110,000,000	(대) 자본금	50,000,000
		채무면제이익	60,000,000

〈익금불산입〉 채무면제이익 60,000,000 (기타)

■ 법인세법 시행규칙 [별지 제50호서식(갑)]

II. 결손금(이월결손금 및 당기 결손금) 계산서

1. 결손금 발생 및 증감내역

⑥ 사업연도	이월결손금					감소내역				잔액		
	발생액			⑩ 소급공제	⑪ 차감계	⑫ 기공제액	⑬당기공제액	⑭ 보전	⑮ 계	⑯ 기한내	⑰ 기한경과	⑱ 계
	⑦ 계	⑧일반 결손금	⑨배분한도 초과결손금 (⑨=㉕)									
20XX	XXX	XXX			XXX			60,000,000				

4) 채무면제이익의 이연

채무면제이익중 법인세법 제18조 제6호(채무면제이익 이월결손금 보전)를 적용받지 아니한 대통령령으로 정하는 금액은 해당 사업연도의 익금에 산입하지 아니하고 그 이후의 각 사업연도에 발생한 결손금의 보전(補塡)에 충당할 수 있다(법법 17 ②). "대통령령으로 정하는 금액"이란 상기 (1) 채권자 2) 취득한 주식등의 취득가액 각 호를 말한다.

(차) 외상매입금	110,000,000	(대) 자본금	50,000,000
		채무면제이익	60,000,000

〈익금불산입〉 채무면제이익 60,000,000 (△유보)

이후 사업연도 결손금 발생시

⇓

〈익금산입〉 채무면제이익 60,000,000 (유보)

3.4 회수기한 연장 등의 조정

(1) 채권자

기업회계상 채권·채무조정을 통하여 조건이 변경된 채권에 대한 감액손실은 채권·채무조정에 따른 약정상 정해진 미래 현금흐름을 채권 발생시점의 유효이자율로 할인하여 계산된 현재가치와 채권의 대손충당금 차감 전 장부가액과의 차이로 계산한다. 법인세법에서는 기

업회계기준에 의한 채권의 재조정에 따라 채권의 장부가액과 현재가치의 차액을 대손금으로 계상한 경우에는 이를 손금에 산입하며 손금에 산입한 금액은 기업회계기준의 환입방법에 따라 익금산입한다(법령 19의2 ⑤). 또한 내국법인이 기업회계기준에 따른 채권의 재조정에 따라 채권의 장부가액과 현재가치의 차액을 법인세법 시행령 제19조의2 제5항에 따라 손금에 산입한 경우 동 현재가치할인차금 상당액은 같은 법 시행령 제61조 제2항에 의한 대손충당금 손금산입 범위액 계산시 채권잔액에 포함되지 아니한다(법인 46012-1584, 2002. 3.18.).

① 명목가액과 현재가치의 차액

(차) 대손상각비	50,000,000	(대) 대손충당금	50,000,000

* 330,000,000 - 250,000,000 = 50,000,000

② 20X1년 유효이자율법 상각(1,000,000가정)

(차) 대손충당금	1,000,000	(대) 이자수익	1,000,000 *

③ 대손충당금 한도계산시 세무상 채권가액

* 330,000,000-(50,000,000-1,000,000)=281,000,000

* 별도의 세무조정은 없으나 채권의 재조정시 대손충당금은 현재가치할인차금성격이므로 일반 대손충당금과 구분하여야 한다. 또한 대손충당금 손금산입 한도 계산시 채권잔액에도 포함되지 않는다.

한국채택국제회계기준을 도입한 내국법인이 한국채택국제회계기준에 채권 재조정에 대한 규정이 없는 경우에는 법인세법 시행령 제19조의 2 제5항을 적용할 수 없다. 이 경우 해당 채권의 장부가액을 같은 영 제61조 제1항 각 호의 채권(대손채권)으로 보아 계산한 대손충당금의 범위에서 해당 사업연도의 소득금액을 계산할 때 이를 손금에 산입한다(법인, 법인세-573, 2012.09.21.).

(2) 채무자

장기금전대차거래에서 발생하는 채권·채무를 현재가치로 평가하여 명목가액과 현재가치의 차액을 현재가치할인차금으로 계상하여 당기손익으로 처리한 경우 이를 각 사업연도 소득금액 계산상 익금 또는 손금에 산입하지 아니하며, 추후 현재가치할인차금을 상각 또는 환입하면서 이를 이자비용 또는 이자수익으로 계상한 경우에도 각 사업연도 소득금액 계산상 익금 또는 손금에 산입하지 아니한다(법기통 42-0…1). 따라서 기업회계기준에 의한 채무의 재조정에 따라 채무의 장부가액과 현재가치의 차액을 채무면제익으로 계상한 채무법인은 이를 익금에 산입하지 아니한다(법기통 19의 2-19의 2…9). 법인이 현재가치할인차금과 채무면제이익으로 계상한 경우 이를 부인하고 추후 이후 이자비용으로 상각될 때 추인한다.

① 명목가액과 현재가치의 차액

(차) 현재가치할인차금 50,000,000 (대) 채무조정이익 50,000,000

〈익금불산입〉 채무조정이익 50,000,000 (△유보)

② 20X1년 유효이자율법 상각(1,000,000가정)

(차) 이자비용 1,000,000 (대) 현재가치할인차금 1,000,000

〈익금산입〉 채무조정이익 1,000,000 (유보)

예 제 **채권·채무조정**

XYZ회사는 20X1년 12월 31일 현재 ABC회사에 대해 ₩60,000,000의 차입채무를 지고 있다. 동 채무(채권)의 잔존만기는 5년이고, 이자율은 10%(연도말 후급)이다. 채권자인 ABC회사는 20X2년 1월 1일에 채무자인 XYZ회사의 재무상태 등을 감안하여 채무이행능력을 평가할 때 현재상태로서는 도저히 전액 회수가 어려울 것으로 판단되어 다음과 같은 채권·채무조정에 합의하였다. 동 채권에 대하여 ₩10,000,000의 대손충당금이 설정되어 있다.

〈채권·채무조정내용〉

- 10년 동안 매년 말에 ₩500,000과 10년말에 ₩40,000,000을 수수
- 채무원금 ₩20,000,000 감면

이자율 10%, 10년의 현가계수와 연금의 현가계수는 각각 0.38554, 6.14457이다.

요구사항

채권자와 채무자의 20X2년 회계처리 및 세무조정을 하시오.

풀 이

(1) 채권자의 회계처리

1) 원금감면 : 채권·채무조정 약정상 원금이 감면되는 조건은 조건변경에 해당되기 때문에 미래 현금흐름의 현재가치에서 고려한다.

2) 계약조건의 변경 : 원리금의 감면을 통한 조건변경으로 인하여 채권·채무조정에 따른 약정상 정해진 미래 현금흐름의 합계금액이 채권의 명목금액에 미달할 경우에는 채권의 명목금액을 미래 현금흐름의 합계금액으로 감액하고 동액을 먼저 대손충당금과 상계하고 부족한 금액은 대손상각비로 인식한다.

① 명목금액의 대손상각비

채권의 명목금액		₩60,000,000
미래 현금흐름의 합계액		
원금(원금감면 ₩20,000,000)	₩40,000,000	
이자(₩500,000 × 10)	5,000,000	45,000,000
감액대상금액		15,000,000

〈세무조정〉

원금의 감면은 일반기업회계기준 채권·채무조정의 범위에 포함하고 있으나 법인세법에서는 원금감면분을 인정하지 않는다. 법인세법 시행령 제19조의 2 제5항의 규정은 원금의 감면분에 대한 채권·채무조정을 인정하지 아니하므로 당해 채권의 감면분은 정당한 사유에 따라 대손 또는 임의채권포기에 의한 접대비, 기부금 등으로 처리한다(통칙 19의2-19의2…5).

② 현재가치의 대손상각비

미래 현금흐름의 합계액		₩45,000,000
계약조건의 변경에 따른 현재가치		
원금(₩40,000,000 × 0.38554)	₩15,421,600	
이자(₩500,000 × 6.14457)	3,072,285	18,493,885
대손충당금		26,506,115

회계처리 (20X2년 1월 1일)

(차) 대손상각비	26,506,115	(대) 대손충당금	26,506,115

〈세무조정〉

미래현금흐름의 단순합계금액과 현재가치의 차이를 대손충당금으로 설정한 금액에 대해서는 법인세법 시행령 제19조의 2 제5항의 규정에 따라 별도의 세무조정은 없다.

회계처리 (20X2년 12월 31일)

(차) 현　　금	500,000	(대) 대출채권	500,000
대손충당금	2,650,612	이자수익	2,650,612 주)

주) ₩26,506,115 × 10% ≒ ₩2,650,612

〈세무조정〉

미래현금흐름의 단순합계금액과 현재가치의 차이를 대손충당금으로 설정하여 이를 이자수익으로 환입한 경우 법인세법 시행령 제19조의 2 제5항의 규정에 따라 별도의 세무조정은 없다.

(2) 채무자의 회계처리

1) 원금감면 : 채권·채무조정 약정상 원금이 감면되는 조건은 조건변경에 해당되기 때문에 미래 현금흐름의 현재가치에서 고려한다.

2) 계약조건의 변경 : 수정된 채무의 명목금액은 다음과 같다. 원리금의 감면을 통한 조건변경으로 인하여 채권·채무조정에 따른 약정상 정해진 미래 현금흐름의 합계금액이 채무의 명목금액에 미달할 경우에는 채무의 명목금액을 미래 현금흐름의 합계금액으로 감액하고 동액을 채무조정이익으로 인식한다.

회계처리 (20X2년 1월 1일)

(차) 대손충당금	10,000,000	(대) 대출채권	15,000,000
대손상각비	5,000,000		

① 명목금액의 채무조정이익

명목금액		₩60,000,000
미래 현금흐름의 합계액		
원금(원금감면 ₩20,000,000)	₩40,000,000	
이자(₩500,000 × 10)	5,000,000	45,000,000
채무조정이익		15,000,000

회계처리 (20X2년 1월 1일)

(차) 차입금	15,000,000	(대) 채무조정이익	15,000,000

〈세무조정〉

원금감면분은 익금에 해당하므로 채무조정이익에 대한 세무조정은 없다.

② 현재가치의 채무조정이익

미래 현금흐름의 합계액		₩45,000,000
계약조건의 변경에 따른 현재가치		
원금(₩40,000,000 × 0.38554)	₩15,421,600	
이자(₩500,000 × 6.14457)	3,072,285	18,493,885
채무조정이익		26,506,115

회계처리 (20X2년 1월 1일)

(차) 현재가치할인차금	26,506,115	(대) 채무조정이익	26,506,115

〈세무조정〉

이자율의 완화 및 상환기간의 연장에 의한 조정으로 발생하는 채무조정이익은 부채의 임의평가에 해당하므로 익금불산입한다.

〈익금불산입〉 현재가치할인차금 26,506,115 (△유보)

회계처리 (20X2년 12월 31일)

(차) 차입금	500,000	(대) 현　금	500,000
이자비용	2,650,612	현재가치할인차금	2,650,612 주)

주) ₩26,506,115 × 10% ≒ ₩2,650,612

〈세무조정〉

현재가치할인차금 상각액에 해당되는 이자비용은 손금불산입한다.

〈손금불산입〉 현재가치할인차금 2,650,612 (유보)

Chapter 6

재고자산

제1절 일반기업회계기준

재고자산은 정상적인 영업과정에서 판매를 위하여 보유하거나 생산과정에 있는 자산 및 생산 또는 서비스 제공과정에 투입될 원재료나 소모품의 형태로 존재하는 자산을 말한다. 재고자산에는 외부로부터 매입하여 재판매를 위해 보유하는 상품, 미착상품, 적송품 및 토지와 기타 자산을 포함한다. 또한 재고자산은 판매목적으로 제조한 제품과 반제품 및 생산중에 있는 재공품을 포함하며 생산과정이나 서비스를 제공하는 데 투입될 원재료와 부분품, 소모품, 소모공구기구, 비품 및 수선용 부분품 등의 저장품을 포함한다. 재고자산에 포함되는 공구 및 비품은 당기 생산과정에 소비 또는 투입될 품목에 한하며, 한 회계기간 이상 사용할 것으로 예상되는 품목이면 유형자산으로 분류한다.

01 재고자산의 취득원가 측정

재고자산의 취득원가는 매입원가 또는 제조원가를 말한다. 재고자산의 취득원가에는 취득에 직접적으로 관련되어 있으며 정상적으로 발생되는 기타원가를 포함한다.

(1) 매입원가

재고자산의 매입원가는 매입금액에 매입운임, 하역료 및 보험료 등 취득과정에서 정상적으로 발생한 부대원가를 가산한 금액이다. 매입과 관련된 할인, 에누리 및 기타 유사한 항목은 매입원가에서 차감한다. 성격이 상이한 재고자산을 일괄하여 구입한 경우에는 총매입원가

를 각 재고자산의 공정가치 비율에 따라 배분하여 개별 재고자산의 매입원가를 결정한다.

(2) 제조원가

① 제품, 반제품 및 재공품 등 재고자산의 제조원가는 보고기간말까지 제조과정에서 발생한 직접재료원가, 직접노무원가, 제조와 관련된 변동 및 고정 제조간접원가의 체계적인 배부액을 포함한다.

② 고정제조간접원가는 생산설비의 정상조업도에 기초하여 제품에 배부하며 실제 생산수준이 정상조업도와 유사한 경우에는 실제조업도를 사용할 수 있다. 단위당 고정제조간접원가 배부액은 비정상적으로 낮은 조업도나 유휴설비로 인하여 증가하여서는 아니된다. 그러나, 실제조업도가 정상조업도보다 높은 경우에는 실제조업도에 기초하여 고정제조간접원가를 배부함으로써 재고자산이 실제원가를 반영하도록 한다. 변동제조간접원가는 생산설비의 실제 사용에 기초하여 각 생산단위에 배부한다.

③ 단일 생산공정을 통하여 여러 가지 제품을 생산하거나 주산물과 부산물을 동시에 생산하는 경우에 발생한 공통원가는 각 제품을 분리하여 식별할 수 있는 시점이나 완성한 시점에서의 개별 제품의 상대적 판매가치를 기준으로 하여 배부한다. 다만, 경우에 따라 생산량기준 등을 적용하는 것이 더 합리적이라고 판단될 때에는 그 방법을 적용할 수 있다. 중요하지 않은 부산물은 순실현가능가치를 측정하여 동 금액을 주요 제품의 제조원가에서 차감하여 처리할 수 있다.

④ 재고자산 원가에 포함할 수 없으며 발생기간의 비용으로 인식하여야 하는 원가의 예는 다음과 같다.

㉠ 재료원가, 노무원가 및 기타의 제조원가 중 비정상적으로 낭비된 부분

㉡ 추가 생산단계에 투입하기 전에 보관이 필요한 경우 외의 보관비용

㉢ 재고자산을 현재의 장소에 현재의 상태로 이르게 하는 데 기여하지 않은 관리간접원가

㉣ 판매원가

⑤ 서비스기업의 재고자산 원가는 서비스의 제공에 직접 종사하는 인력의 노무원가와 기타 직접 관련된 재료원가와 기타원가로 구성된다. 서비스 제공과 직접 관련이 없는 판매 및 일반관리 업무에 종사하는 인력의 노무원가와 기타원가는 재고자산 원가에 포함되지 않으며 발생한 기간의 비용으로 인식한다.

02 재고자산의 원가결정방법

통상적으로 상호 교환될 수 없는 재고항목이나 특정 프로젝트별로 생산되는 제품 또는 서비스의 원가는 개별법을 사용하여 결정한다. 개별법은 각 재고자산별로 매입원가 또는 제조원가를 결정하는 방법이다. 예를 들면 특수기계를 주문 생산하는 경우와 같이 제품별로 원가를 식별할 수 있는 때에는 개별법을 사용하여 원가를 결정한다. 그러나 이 방법을 상호 교환 가능한 대량의 동질적인 제품에 대해서 적용하는 것은 적절하지 아니하다.

개별법이 적용되지 않는 재고자산의 단위원가는 선입선출법이나 가중평균법 또는 후입선출법을 사용하여 결정한다. 성격과 용도 면에서 유사한 재고자산에는 동일한 단위원가 결정방법을 적용하여야 하며 성격이나 용도 면에서 차이가 있는 재고자산에는 서로 다른 단위원가 결정방법을 적용할 수 있다.

03 표준원가와 소매재고법에 의한 원가 결정

표준원가법이나 소매재고법 등의 원가측정방법은 그러한 방법으로 평가한 결과가 실제 원가와 유사한 경우에 편의상 사용할 수 있다.

3.1 표준원가법

표준원가는 정상적인 재료원가, 소모품원가, 노무원가 및 효율성과 생산능력 활용도를 반영한다. 표준원가는 정기적으로 검토하여야 하며 필요한 경우 현재 상황에 맞게 조정하여야 한다. 제조기업 중 표준원가를 사용하여 재고자산을 평가하는 경우 중간기간에 가격차이, 능률차이, 소비차이, 조업도차이 등 각종의 원가차이가 발생한 경우에는 연간에서와 동일하게 발생시점에서 전액 인식한다. 즉, 연내에 이러한 원가차이들이 해소될 것으로 예상되는 것을 근거로 원가차이를 이연하여 인식하지 아니한다.

3.2 소매재고법

소매재고법은 판매가격기준으로 평가한 기말재고금액에 구입원가, 판매가격 및 판매가격 변동액에 근거하여 산정한 원가율을 적용하여 기말재고자산의 원가를 결정하는 방법이다. 이 방법은 실제원가가 아닌 추정에 의한 원가결정방법이므로 원칙적으로 많은 종류의 상품을 취급하여 실제원가에 기초한 원가결정방법의 사용이 곤란한 유통업종에서만 사용할 수 있다. 다만, 유통업 이외의 업종에 속한 기업이 소매재고법을 사용하는 예외적인 경우에는 소매재고법의 사용이 실제원가에 기초한 다른 원가결정방법을 적용하는 것보다 합리적이라는 정당한 이유와 소매재고법의 원가율 추정이 합리적이라는 근거를 주석으로 기재하여야 한다. 소매재고법은 이익률이 유사한 동질적인 상품군별로 적용한다. 따라서 이익률이 서로 다른 상품군을 통합하여 평균원가율을 계산해서는 아니 된다.

(1) 가중평균소매재고법

가중평균소매재고법(average cost retail inventory method)은 평균법이라고도 하며 기초재고액과 당기매입액이 평균적으로 판매되고 순인상액과 순인하액 등 판매가격의 변동이 판매가능상품액에 미치는 영향이 동일하다고 가정한다. 따라서 원가율은 기초재고, 당기매입, 순인상액, 순인하액을 모두 포함하여 계산한다.

$$\text{기초재고 원가율} = \frac{\text{기초재고(원가)} + \text{당기매입(원가)}}{\text{기초재고(매가)} + \text{당기매입(매가)} + \text{순인상액} - \text{순인하액}}$$

(2) 선입선출소매재고법

선입선출소매재고법(FIFO retail inventory method)은 원가율을 계산할 때 기초재고분과 당기매입분으로 재고층을 구분하여 원가율을 각각 계산하고 이 중 기초재고분이 먼저 판매된다고 가정한다. 이 때 순인상액과 순인하액은 당기 매입분에서만 발생한 것으로 가정한다.

$$\text{기초재고 원가율} = \frac{\text{기초재고(원가)}}{\text{기초재고(매가)}}$$

$$\text{당기매입 원가율} = \frac{\text{당기매입(원가)}}{\text{당기매입(매가)} + \text{순인상액} - \text{순인하액}}$$

(3) 저가기준소매재고법

저가기준소매재고법(lower of cost or market value retail inventory method)은 전통적 소매재고법이라고도 하며 가중평균소매재고법에 저가법을 적용한 방법이다. 저가법을 적용함에 따라 가중평균소매재고법으로 평가한 기말재고액보다 낮은 금액으로 추정한다. 소매재고법에서는 기말재고자산의 판매가에 원가율을 곱하여 기말재고액을 평가한다. 이때 기말재고자산의 판매가는 고정된 금액이므로 원가율이 낮아야만 기말재고액이 작게 평가된다. 따라서 원가율을 낮추기 위해 원가율의 산식 중 분모의 순인하액을 제외시킨다. 원가율 계산시 순인하액을 포함시키지 않으면 원가율이 하락하고 이는 기말 재고자산을 낮게 평가함으로써 저가법을 적용한 것과 동일한 효과가 발생하게 된다.

$$원가율 = \frac{기초재고(원가)+당기매입(원가)}{기초재고(매가) + 당기매입(매가) + 순인상액}$$

(4) 특수한 항목의 고려

1) 매입항목의 조정

매입운임, 매입에누리와 환출, 매입할인은 당기매입액의 조정항목이므로 원가율 산정시 이를 고려하여 산정한다. 매입에누리와 환출은 매가에도 영향을 미치므로 원가율 산정시 매가에도 함께 조정해야 한다.

2) 매출항목의 조정

매출할인, 매출에누리와 환입은 매출액에서 차감하지만 원가율 계산시 영향을 미치지 않는다. 이는 순매출액을 계산하는 것에 불과하기 때문이다. 다만, 기말재고 매가를 계산하는 경우에는 매출할인 등을 고려해서 계산한다.

3) 파손과 종업원할인

정상파손은 상품매입시 매입원가와 매입시점에서의 추정매가를 기록하는 과정에서 고려되었기 때문에 원가율 산정시 별도로 고려할 필요가 없다. 그러나 비정상파손은 추정매가 산정시 고려되지 않았기 때문에 원가율 산정시 이를 차감하여 원가율에 반영되지 않도록 해야 한다. 종업원할인은 종업원에 대한 혜택이지 판매가격 하락은 아니다. 따라서 판매가능상품의 원가율 산정시 차감하여 원가율을 왜곡시켜서는 아니 된다.

04 기말재고수량에 포함할 항목의 결정

기말재고수량은 회사소유의 재고수량을 파악함으로써 결정한다. 다른 회사의 창고에 보관되어 있거나 운송 중에 있는 경우에도 회사의 재고자산이 될 수 있으며 회사창고에 보관되어 있다고 하더라도 회사의 재고자산이 아닌 경우가 있다. 이처럼 특정 수량의 재고를 재무상태표의 재고자산금액에 포함할 것인지의 여부는 재화의 판매나 용역의 제공으로 인한 수익인식기준에 의해서 결정한다. 즉, 해당 항목에 대한 수익이 인식되었다면 기말 재고수량에서 제외하고, 수익이 인식되지 않은 경우에는 기말 재고수량에 포함한다.

(1) 미착품

미착품(goods in transit)이란 보고기간말 현재 운송 중에 있어 아직 도착하지 않은 재고자산을 말한다. 미착품은 법률적인 소유권에 따라 판매자 또는 매입자의 재고자산으로 분류한다.

① FOB 선적지인도기준 (free on board shipping point)

재고자산이 선적된 시점에 소유권이 매입자에게 이전되며 운송비용은 매입자가 부담하게 된다. 따라서 선적완료 후 운송중인 미착품은 매입자의 재고자산에 속한다.

② FOB 도착지인도기준 (free on board destination)

재고자산이 도착지에 도착하여 매입자가 인수한 시점에 소유권이 매입자에게 이전되며 운송비용은 판매자가 부담한다. 따라서 매입자에게 인도되기 전까지 운송중인 미착품은 판매자의 재고자산에 속한다.

(2) 시송품

시송품(sales on approval)은 매입자가 일정기간동안 사용한 후에 매입할 것인지의 여부를 의사결정하여 인도하는 상품을 말한다. 시송품은 비록 그 점유는 이전되었으나 상대방의 매입의사표시가 없는 한 소유권은 이전되지 않는다. 따라서 매입자가 매입의사표시를 하는 시점에 수익을 인식하므로 매입의사표시 전까지 시송품은 판매자의 재고자산에 포함된다.

(3) 적송품

적송품(consigned goods)은 위탁자(consigner)가 수탁자(consignee)에게 판매를 위탁하기 위하여 보낸 상품을 말한다. 수탁자가 제3자에게 판매를 할 때까지 비록 수탁자가 점유하고 있으나 단순히 보관하고 있는 것에 불과하므로 소유권이 이전된 것은 아니다. 따라서 수탁자가 제3자에게 판매를 할 때 수익을 인식하므로 수탁자가 제3자에게 판매하기 전까지는 위탁자의 재고자산에 포함된다.

05 취득단가의 결정

재고자산의 단위원가는 재고자산별로 개별적인 취득원가를 확인하여 결정하는 것이 합리적이다. 그러나 개별 재고자산별로 취득단가를 산정하는 것은 현실적으로 어려운 일이므로 재고자산의 취득단가가 일정한 흐름을 갖고 있다는 원가흐름의 가정이 필요하다. 이러한 원가흐름의 가정이 재고자산의 실제 물량흐름과 일치할 필요는 없다.

통상적으로 상호 교환될 수 없는 재고자산항목의 원가와 특정 프로젝트별로 생산되고 분리되는 재화 또는 용역의 원가는 개별법을 사용하여 결정한다. 개별법이 적용되지 않는 재고자산의 단위원가는 선입선출법이나 가중평균법을 사용하여 결정한다. 성격과 용도 면에서 유사한 재고자산에는 동일한 단위원가 결정방법을 적용하여야 하며 성격이나 용도 면에서 차이가 있는 재고자산에는 서로 다른 단위원가 결정방법을 적용할 수 있다. 예를 들어, 동일한 재고자산이 동일한 기업내에서 영업부문에 따라 서로 다른 용도로 사용되는 경우 서로 다른 단위원가 결정방법을 적용할 수 있다. 그러나 재고자산의 지역별 위치나 과세방식이 다르다는 이유만으로 동일한 재고자산에 다른 단위원가 결정방법을 적용하는 것이 정당화될 수는 없다.

5.1 개별법

개별법(specific identification method)은 식별되는 재고자산별로 특정한 원가를 부과하는 방법이다. 통상적으로 상호 교환될 수 없는 재고자산항목의 원가와 특정 프로젝트별로 생산되고 분리되는 재화 또는 용역의 원가는 개별법을 사용하여 결정한다. 각 재고자산별로 매입원가 또는 제조원가를 결정하는 방법이므로 외부 매입이나 자가제조를 불문하고 특정 프로젝트를 위해 분리된 항목에 적절한 방법이다. 그러나 통상적으로 상호교환 가능한 대량

의 재고자산 항목에 개별법을 적용하는 것은 적절하지 않다. 따라서 매입한 재고자산, 판매 또는 기말재고자산의 물량과 그 원가를 개별적으로 파악하고 있어야 하므로 원가흐름에 대한 가정이라기보다는 실제물량흐름과 원가흐름을 일치시킨 방법이다.

5.2 선입선출법

선입선출법(FIFO, first-in first-out method)은 먼저 취득한 재고자산이 먼저 판매되는 것으로 가정하는 방법이다. 따라서 실제 물량흐름과는 관계없이 먼저 매입 또는 생산된 재고자산이 먼저 판매되고 결과적으로 기말재고는 가장 최근에 매입 또는 생산된 항목이라고 가정하므로 기말재고는 최근에 구입한 서로 다른 매입단가를 지니는 여러 구성층을 가진다.

5.3 평균법

평균법(weighted averge method)은 기초 재고자산과 당기에 매입 또는 생산된 재고자산의 원가를 가중평균하여 재고항목의 단위원가를 결정하는 방법이다. 평균 단위원가는 기업의 상황에 따라 주기적으로 계산하거나 매입 또는 생산할 때마다 계산할 수 있다. 이러한 평균법은 총평균법과 이동평균법이 사용된다. 총평균법은 실지재고조사법하에서의 평균법을 말하며 이동평균법은 계속기록법하에서의 평균법이다.

총평균법은 일정기간 동안의 판매가능상품원가를 판매가능수량으로 나눈 단위원가로 매출원가와 기말재고에 배분하는 방법이다. 따라서 기말시점에서 평균단위원가를 구할 수 있기 때문에 기중에는 상품의 판매시마다 단가를 기록할 수 없는 문제가 있다. 이동평균법은 매입이 이루어질 때마다 매입당시까지 재고자산의 취득원가와 새로 구입한 재고자산의 매입금액을 가산하고 이를 판매가능수량으로 나누어 평균 단위원가를 산출한다.

5.4 후입선출법

후입선출법(LIFO, last-in first-out method)은 실제물량흐름과는 관계없이 가장 최근에 매입한 상품이 먼저 판매된 것으로 가정하여 매출원가와 기말재고로 구분하는 방법이다. 따라서 매출원가는 최근에 구입한 상품의 원가로 구성되고 기말재고는 오래전에 구입한 상품의 원가가 된다.

예 제 단위원가 결정방법의 비교

㈜이손의 재고자산과 관련한 자료는 다음과 같다.

일 자	적 요	수량	구입단가
20X1. 1. 1	기초재고	100	₩100
20X1. 6. 7	매입	100	200
20X1. 9.26	매출	(150)	
20X1.12.31	기말재고	50	

요구사항

1. 당기 실제 매출수량은 기초재고분 80개와 당기매입분 70개로 구성된다. 개별법에 의한 매출원가와 기말재고금액을 계산하시오.
2. 선입선출법에 의한 매출원가와 기말재고금액을 계산하시오.
3. 총평균법에 의한 매출원가와 기말재고금액을 계산하시오.
4. 후입선출법에 의한 매출원가와 기말재고금액을 계산하시오.

풀 이

1. 개별법

(1) 판매가능상품 : 100개×₩100+100개×₩200=₩30,000

(2) 매출원가와 기말재고

① 매출원가

기초재고	80개×₩100	=	₩8,000
당기매입	70개×₩200	=	14,000
			22,000

② 기말재고 : 20개×₩100+30개×₩200=₩8,000

2. 선입선출법

(1) 판매가능상품 : 100개×₩100+100개×₩200=₩30,000

(2) 매출원가와 기말재고

① 매출원가

기초재고	100개×₩100	=	₩10,000
당기매입	50개×₩200	=	10,000
			20,000

② 기말재고 : 50개×₩200=₩10,000

3. 총평균법

(1) 단위당 원가 : (100개×₩100+100개×₩200)÷200개=₩150

(2) 매출원가와 기말재고

① 매출원가 : 150개×₩150=₩22,500

② 기말재고 : 50개×₩150=₩7,500

4. 후입선출법

(1) 판매가능상품 : 100개×₩200+50개×₩100=₩30,000

(2) 매출원가와 기말재고

① 매출원가

기초재고	100개×₩200	=	₩20,000
당기매입	50개×₩100	=	5,000
			25,000

② 기말재고 : 50개×₩100=₩5,000

※ 평가방법의 비교

구 분	매출원가	기말재고	합 계
선입선출법	₩20,000	₩10,000	₩30,000
총평균법	22,500	7,500	30,000
후입선출법	25,000	5,000	30,000

06 저가법의 적용

재고자산은 취득원가를 장부금액으로 하며 시가가 취득원가보다 낮은 경우 시가를 장부금액으로 한다. 저가법과 관련하여 유의할 사항은 다음과 같다.

① 재고자산의 시가가 취득원가보다 하락한 경우에는 저가법을 사용하여 재고자산의 장부금액을 결정한다. 다음과 같은 사유가 발생하면 재고자산 시가가 원가 이하로 하락할 수 있다.

㉠ 손상을 입은 경우

㉡ 보고기간말로부터 1년 또는 정상영업주기 내에 판매되지 않았거나 생산에 투입할 수 없어 장기체화된 경우

㉢ 진부화하여 정상적인 판매시장이 사라지거나 기술 및 시장 여건 등의 변화에 의해서 판매가치가 하락한 경우

㉣ 완성하거나 판매하는 데 필요한 원가가 상승한 경우

② 재고자산을 저가법으로 평가하는 경우 재고자산의 시가는 순실현가능가치를 말한다. 생산에 투입하기 위해 보유하는 원재료의 현행대체원가는 순실현가능가치에 대한 최선의 이용가능한 측정치가 될 수 있다. 다만, 원재료를 투입하여 완성할 제품의 시가가 원가보다 높을 때는 원재료에 대하여 저가법을 적용하지 아니한다.

③ 재고자산 평가를 위한 저가법은 항목별로 적용한다. 그러나 경우에 따라서는 서로 유사하거나 관련있는 항목들을 통합하여 적용하는 것이 적절할 수 있다. 이러한 경우는 재고항목이 유사한 목적 또는 용도를 갖는 동일한 제품군으로 분류되고, 동일한 지역에서 생산되어 판매되며 그리고 그 제품군에 속하는 다른 항목과 구분하여 평가하는 것이 사실상 불가능한 경우를 말한다. 재고자산의 평가에 있어서 저가법을 서로 유사하거나 관련있는 항목들을 통합하여 적용하는 경우에는 계속성을 유지하여야 한다. 저가법은 총액기준으로 적용할 수 없다. 저가법을 적용하여 소매재고법을 사용하는 경우에는 원가율을 계산할 때 가격인하를 매출가격에 의한 판매가능액에서 차감하지 아니한다.

④ 시가는 매 회계기간말에 추정한다. 저가법의 적용에 따른 평가손실을 초래했던 상황이 해소되어 새로운 시가가 장부금액보다 상승한 경우에는 최초의 장부금액을 초과하지 않는 범위 내에서 평가손실을 환입한다. 재고자산평가손실의 환입은 매출원가에서 차감한다.

예 제 **재고자산평가충당금**

20X0년에 설립한 기업의 보고기간말 재무상태표에 표시될 재고자산평가충당금과 관련한 자료는 다음과 같다. 재고자산 평가와 관련한 회계처리를 하시오.

구 분	취득원가	순실현가능가치	재고자산평가충당금
20X0.12.31	₩1,000	₩800	₩200
20X1.12.31	1,100	850	250
20X2.12.31	900	1,200	–

풀 이

20X0.12.31	(차) 매출원가	200	(대) 재고자산평가충당금	200
20X1.12.31	(차) 매출원가 * ₩250−₩200 = ₩50	50	(대) 재고자산평가충당금	50
20X2.12.31	(차) 재고자산평가충당금 * 0−₩250 = (₩250)	250	(대) 매출원가	250

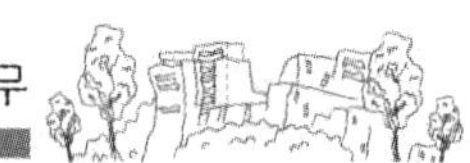

제2절 K-IFRS

01 재고자산의 측정

재고자산의 취득원가는 매입원가, 전환원가 및 재고자산을 현재의 장소에 현재의 상태로 이르게 하는 데 발생한 기타 원가 모두를 포함한다. 기타 원가는 재고자산을 현재의 장소에 현재의 상태로 이르게 하는 데 발생한 범위내에서만 취득원가에 포함된다. 예를 들어 특정한 고객을 위한 비제조 간접원가 또는 제품 디자인원가 등이 해당 재고자산의 취득원가에 포함될 수 있다.

재고자산의 취득원가에 포함할 수 없으며 발생기간의 비용으로 인식하여야 하는 원가의 예는 다음과 같다.

① 재료원가, 노무원가 및 기타 제조원가 중 비정상적으로 낭비된 부분
② 후속 생산단계에 투입하기 전에 보관이 필요한 경우 이외의 보관원가
③ 재고자산을 현재의 장소에 현재의 상태로 이르게 하는데 기여하지 않은 관리간접원가
④ 판매원가

위 이외에도 재고자산을 후불조건으로 취득하는 경우 계약이 실질적으로 금융요소를 포함하고 있다면, 해당 금융요소(정상신용조건의 매입가격과 실제 지급액 간의 차이)는 금융이 이루어지는 기간 동안 이자비용으로 인식한다. 예를 들어 재고자산을 구입하고 그 대금은 장기지급어음 등을 발행함에 따라 대금지급을 이연시키는 경우 재고자산의 취득원가는 취득한 자산의 공정가치나 지급할 부채의 현재가치로 평가하고 동 금액보다 높은 금액으로 지급되는 차이는 지급이 이루어지는 기간 동안 이자비용으로 인식한다.

기업회계기준서 제1023호 '차입원가'에 따라 계산된 이자비용 등의 차입원가는 예외적으로 재고자산의 취득원가에 포함한다.

02 재고자산의 원가배분

2.1 원가배분의 의의

재고자산에 관한 회계처리는 취득원가의 결정, 취득원가의 배분, 기말재고자산의 평가로 구분된다. 취득원가의 결정은 재고자산의 취득과 관련하여 발생한 비용 중 원가에 포함시킬 항목을 집계하여 재고자산의 원가를 계상하는 절차이고, 이렇게 결정된 취득원가는 원가배분과정을 통하여 판매된 부분으로서의 매출원가와 판매되지 않고 기업에 남아 있는 부분으로서의 재고자산으로 그 가치가 배분된다. 재고자산의 평가란 기말재고자산 중 가격하락 및 품질저하·손상 등에 의한 가치감소 등을 감안하여 장부가액을 수정하는 것으로 기말 회사가 보유하고 있는 재고자산의 수량을 계산하고 동 수량에 일정한 방법으로 결정된 단가를 곱한 금액으로 조정한다.

재고자산의 회계처리(기능별 분류)과정

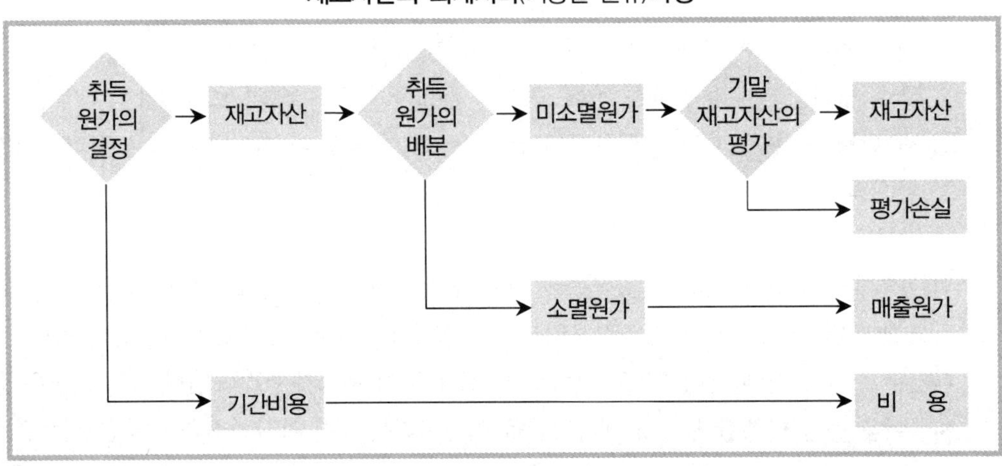

(1) 성격별 분류법

비용을 감가상각비, 원재료의 구입, 운송비, 종업원급여와 광고비 등 그 성격별로 통합하여 표시하며, 기능별로 재배분하지 않는 방법이다. 비용을 기능별로 배분할 필요가 없기 때문에 적용이 간단하고, 비용의 기능별 분류에 대한 자의성이 배제된다. 또한, 비용의 성격에 대한 정보는 미래현금흐름 예측에 유용하다.

비용을 성격별 분류로 표시하는 경우 당기에 비용으로 인식하는 재고자산원가 대신에 재고자산 순변동액과 비용으로 인식한 원재료, 소모품비, 노무원가, 기타원가 등을 당기손익에 표시한다.

비용으로 인식하는 매출원가(성격별 분류)**의 예**

매출원가

기초재고	×××	감모손실(비정상)	×××
기말재고(순실현가액)	(×××)	광고비	×××
당기매입	×××	매출원가	×××
		건설중인자산	×××

자산요건을 충족하는 개발비, 건설중인자산 등에 사용한 재고자산은 비용으로 인식하지 않고 당기 재고자산의 매입에서 차감하여 해당 자산의 감가상각 등의 과정을 거쳐 비용화 된다.

(2) 기능별 분류법

매출원가법이라고도 하며 비용을 매출원가, 물류원가, 관리활동원가 등과 같이 기능별로 분류하는 방법으로서 최소한 매출원가는 다른 비용과 분리하여 표시한다. 이 방법은 성격별 분류보다 재무제표이용자에게 더욱 목적적합한 정보를 제공할 수 있지만 비용을 기능별로 배분하는데 자의적인 배분과 상당한 정도의 판단이 개입될 수 있다. 비용의 성격에 대한 정보가 미래현금흐름을 예측하는 데 유용하기 때문에 비용을 기능별로 분류하는 경우에는 감가상각비, 기타 상각비와 종업원급여비용을 포함하여 비용의 성격에 대한 추가 정보를 공시해야 한다.

비용을 매출원가법(기능별 분류)로 표시하는 경우 매출원가는 판매된 재고자산의 원가와 배분되지 않은 제조간접원가 및 제조원가 중 비정상적인 부분의 금액으로 구성되며 기업의 특수한 상황에 따라 물류원가와 같은 다른 금액들도 포함될 수 있다.

비용으로 인식하는 매출원가(기능별 분류)**의 예**

매출원가

기초재고	×××	기말재고(순실현가액)	×××
당기매입	×××	감모손실(비정상)	×××
		광고비	×××
		건설중인자산	×××
		매출원가	×××

2.2 취득단가(단위원가)의 결정

재고자산의 취득단가에 가정으로 개별법, 선입선출법, 가중평균법을 적용한다. K-IFRS 제1002호 재고자산에서는 일반적인 재화의 물량흐름과 원가흐름의 가정이 일치하지 않으며, 기말재고금액이 공정가치를 반영하지 못하는 문제점이 있으므로 후입선출법은 사용할 수 없다.

2.3 저가법의 회계처리

한국채택국제회계기준에서는 재고자산을 순실현가능가치로 감액한 평가손실을 감액이 발생한 기간에 비용으로 인식하도록 규정하고 있다. 따라서 기업의 선택에 따라 매출원가에 합산하여 보고하거나 별도의 비용으로 보고할 수 있다. K-IFRS 제1001호 재무제표표시에서는 비용을 표시하는 방법으로 성격별 분류법과 기능별 분류법(매출원가법)을 제시하고 있다. 경영자는 역사적, 산업적 요인과 기업의 성격을 고려하여 신뢰성 있고 목적적합하다고 판단되는 방법을 선택하여 비용을 표시한다.

제3절 중소기업회계기준

(1) 재고자산의 표시

재고자산의 표시와 관련한 중소기업회계기준의 규정은 다음과 같다.

① 재고자산이란 일상적인 사업과정에서 판매하기 위하여 보유하거나 생산과정에 있는 자산과 생산 또는 용역 제공 과정에 투입될 자산을 말한다.
② 재고자산에는 상품, 제품, 반제품, 재공품, 원재료와 저장품 등이 포함된다.
③ 재고자산평가충당금은 재고자산 각 항목의 차감계정으로 대차대조표에 표시한다.

(2) 재고자산의 평가

재고자산의 취득원가는 매입원가 또는 제조원가를 말한다. 재고자산의 취득 과정에서 정상적으로 발생한 부대원가는 취득원가에 포함하고, 매입에누리, 매입할인과 매입환출은 취득원가에서 차감한다. 이 경우 일정 기간의 거래 수량 또는 금액에 따라 매입액을 실질적으로

감소시키는 것은 매입에누리에 포함한다. 구체적인 내용은 다음과 같다.

① 취득이 시작된 날부터 의도한 용도로 사용·판매할 수 있는 상태가 될 때까지 1년 이상이 걸리는 재고자산의 취득 자금에 포함된 차입금의 이자비용 등은 법인세법 제28조(건설자금에 충당한 차입금의 이자)를 준용하여 해당 자산의 취득원가에 포함할 수 있다.
② 재고자산이 파손, 부패 등과 같이 물리적으로 손상되거나, 장기간 판매되지 아니하거나, 진부화되어 판매가치가 하락하는 등으로 순실현가능가치가 취득원가보다 중요하게 낮아지면 순실현가능가치를 장부금액으로 한다.
③ 재고자산의 단위원가는 개별법, 선입선출법, 평균법, 후입선출법 또는 매출가격환원법(소매재고법)을 사용하여 결정한다.

제4절 세무회계

01 재고자산의 분류

재고자산은 정상적인 영업과정에서 판매를 위하여 보유하거나 생산과정에 있는 자산 및 생산 또는 서비스 제공과정에 투입될 원재료나 소모품의 형태로 존재하는 자산을 말한다. 법인세법상 재고자산은 다음과 같이 분류한다(법령 73).

① 제품 및 상품(부동산매매업자의 매매목적으로 소유하는 부동산을 포함하며 유가증권을 제외한다)
② 반제품 및 재공품
③ 원재료
④ 저장품

재고자산의 평가는 상기의 자산별(①~④)로 구분하여 같은법 시행령 제74조 제2항에 의거 영업장별로 한국표준산업분류에 의한 중분류 또는 소분류에 의한 영업의 종목별로 각각 다른 방법에 의하여 평가할 수 있다(법인, 법인세과-534, 2013.09.30.).

02 재고자산의 취득원가

타인으로부터 매입한 자산은 매입가액에 부대비용을 가산한 금액으로 하며 자기가 제조·생산 또는 건설 기타 이에 준하는 방법에 의하여 취득한 자산의 취득원가는 제작원가에 부대비용을 가산한 금액으로 한다(법법 41 ①). 제품의 보수비도 제품원가를 구성하며(법기통 19-19…4) 의제매입세액은 차감한다(법기통 42-74…4).

03 재고자산의 평가

재고자산의 평가는 다음의 어느 하나에 해당하는 방법(①의 경우에는 ①의 ㉠~㉥ 어느 하나의 1에 해당하는 방법을 말한다) 중 법인이 납세지 관할세무서장에게 신고한 방법에 의한다(법령 74 ①).

① 원가법 : 다음의 1에 해당하는 방법에 의하여 산출한 취득가액을 그 자산의 평가액으로 하는 방법
   ㉠ 재고자산을 개별적으로 각각 그 취득한 가액에 따라 산출한 것을 그 자산의 평가액으로 하는 방법(개별법)
   ㉡ 먼저 입고된 것부터 출고되고 그 재고자산은 사업연도종료일부터 가장 가까운 날에 취득한 것이 재고로 되어 있는 것으로 하여 산출한 취득가액을 그 자산의 평가액으로 하는 방법(선입선출법)
   ㉢ 가장 가까운 날에 입고된 것부터 출고되고 그 재고자산은 사업연도종료일부터 가장 먼 날에 취득한 것이 재고로 되어 있는 것으로 하여 산출한 취득가액을 그 자산의 평가액으로 하는 방법(후입선출법)
   ㉣ 자산을 품종별·종목별로 당해 사업연도개시일 현재의 자산에 대한 취득가액의 합계액과 당해 사업연도 중에 취득한 자산의 취득가액의 합계액의 총액을 그 자산의 총수량으로 나눈 평균단가에 따라 산출한 취득가액을 그 자산의 평가액으로 하는 방법(총평균법)
   ㉤ 자산을 취득할 때마다 장부시재금액을 장부시재수량으로 나누어 평균단가를 산출하고 그 평균단가에 의하여 산출한 취득가액을 그 자산의 평가액으로 하는 방법(이동평균법)

㉥ 재고자산을 품종별로 당해 사업연도종료일에 있어서 판매될 예정가격에서 판매예정차익금을 공제하여 산출한 취득가액을 그 자산의 평가액으로 하는 방법(매출가격환원법)

② 저가법 : 재고자산을 상기 ①의 규정에 의한 원가법과 기업회계기준이 정하는 바에 따라 시가로 평가한 가액 중 낮은 편의 가액을 평가액으로 하는 방법

법인세법은 원가법과 저가법 중 선택하여 납세지 관할세무서장에게 신고한 방법에 의한다. 따라서 저가법을 선택하지 않는 경우 시가하락에 따른 평가손실은 인정하지 아니한다(법령 74 ①). 다만, 파손, 부패 등의 사유로 인하여 정상가격으로 판매할 수 없는 것은 원가법으로 신고한 경우에도 감액사유가 발생한 사업연도에 손금계상하면 인정한다(법법 42 ③).

원가법을 적용하는 경우 다음에 대하여는 재고자산 평가감이 허용되지 아니한다.

① 단순히 제품의 유행이 변화된 경우(법인 22601-360, 1988.2.9.)

② 신상품출하로 구모델제품의 가격이 하락한 경우(법인 46012-3212, 1997.12.10.)

04 재고자산의 평가방법 신고 및 변경

(1) 최초신고

원가법으로 신고하는 경우에는 개별법, 선입선출법, 후입선출법, 이동평균법, 총평균법, 매출가격환원법 중에서 선택하여 설립일이 속하는 사업연도의 법인세 신고기한 내에 신고한 방법을 적용한다(법령 74 ①). 저가법으로 신고하는 경우에도 시가와 비교할 원가법을 함께 신고한다(법령 74 ③). 최초신고기한이 경과한 이후에 신고하는 경우에는 신고일이 속하는 사업연도까지는 무신고로 보며 그 다음 사업연도부터 신고한 평가방법에 의한다(법령 74 ⑤). 무신고시에는 선입선출법(매매목적 부동산은 개별법)으로 평가한다(법령 74 ④).

(2) 평가방법 변경신고

평가방법을 변경하려는 경우에는 변경한 방법을 적용하고자 하는 사업연도 종료일 이전 3월이 되는 날까지 재고자산 등 평가방법신고(변경신고)서를 제출하여야 한다(법령 74 ③). 법인이 재고자산의 평가방법을 신고하지 아니하여 선입선출법(매매용부동산은 개별법)을 적용받는 경우에 그 평가방법을 변경하려면 변경할 평가방법을 적용하려는 사업연도의 종료일 전 3개월이 되는 날까지 변경신고를 하여야 한다. 적법한 변경신고를 하지 아니한 경우(임의변경)에는 당초 신고한 평가방법과 선입선출법(매매용부동산은 개별법) 중 큰 금액으로 평가한다(법령 74 ④). 이 경우에는 평가방법신고 단위별(4종류별)로 적용한다(법기통 42-74…9). 다만, 기장 또는 계산상의 착오는 신고방법외의 방법으로 평가한 임의변경으로 보지 아니한다(법기통 42-74…10).

■ 법인세법 시행규칙 [별지 제64호서식] <개정 2013.2.23>

[ ] 재고자산 등 평가방법신고(변경신고)서
[ ] 채권등의 보유기간계산방법신고서

(앞 쪽)

접수번호		접수일자	처리기간	즉 시
1. 신고인 기본사항				
① 법 인 명		②사업자등록번호		
③ 대 표 자 성 명		④전 화 번 호		
⑤ 본 점 소 재 지				
2. 신 고 내 용				
❶ 평가(계산)방법 기본사항				
⑥사 업 개 시 일 (연 월 일)		⑦변경방법적용 개시 사업연도(연월일)		
⑧변 경 사 유				
⑨변 경 사 업 장 소 재 지				
⑩동일종목채권등의 보유기간계산방법				
❷ 평가방법 신고(변경) 내역				
재고자산의 종류		평 가 방 법(변 경 전)	평 가 방 법(변 경 후)	
⑪상 품 및 제 품				
⑫반 제 품 및 재 공 품				
⑬원 재 료				
⑭저 장 품				
⑮위 에 준 하 는 자 산				
⑯유 가 증 권	⑭채 권			
	⑮기 타			

「법인세법 시행령」 제74조제3항·제6항, 제75조제2항 및 제113조제7항에 따라 재고자산 등의 평가방법신고(변경신고)서, 채권등의 보유기간 계산방법신고서를 제출합니다.

년 월 일
신고인
(서명 또는 인)

세무서장 귀하

(3) 재고자산 평가와 관련된 세무조정

기업회계상 기말재고자산과 세무상 기말재고자산의 차액에 대한 세무조정은 다음과 같다.

① 기업회계상 기말재고 < 법인세법상 기말재고

해당 차액을 익금산입(유보)하고 다음 사업연도에 손금산입(△유보)으로 소멸시킨다.

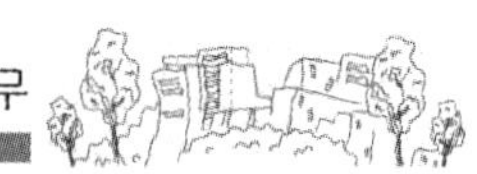

② 기업회계상 기말재고 > 법인세법상 기말재고

해당 차액을 손금산입(△유보)하고 다음 사업연도에 익금산입(유보)으로 소멸시킨다.

예 제 **재고자산의 평가**

㈜이손의 기말재고자산 평가와 관련한 자료는 다음과 같다.

① 결산서상 재고자산 계상액 ₩1,000,000
② 법인세법상 신고한 평가방법(총평균법)에 의한 평가액 ₩1,120,000

요구사항

1. 기말재고자산의 취득원가는 총평균법에 의한 ₩1,120,000이나 장기체화로 인한 평가손실 ₩120,000을 인식한 경우 세무조정을 하시오.
2. 기말재고자산의 취득원가는 총평균법에 의한 ₩1,120,000이나 장기체화로 인한 평가손실 ₩120,000을 인식하였다. ㈜이손은 당기에 세무상 재고자산평가방법을 저가법으로 적절하게 변경신고 하였다.
3. 기말재고자산의 취득원가는 총평균법에 의한 ₩1,120,000이나 파손으로 인한 감모손실 ₩120,000을 인식한 경우 세무조정을 하시오.
4. 기말재고자산의 취득원가를 선입선출법에 의한 ₩1,000,000으로 계상한 경우 세무조정을 하시오. 단, ㈜이손의 세무상 재고자산평가방법 변경신고는 없었다.

풀 이

1. 임의평가감

〈익금산입〉 재고자산 120,000 (유보)

저가법을 신고하지 않은 경우 시가하락에 따른 평가손실은 인정하지 아니한다.

2. 저가법

법인세법은 원가법과 저가법 중 선택하여 납세지 관할세무서장에게 신고한 방법에 의한다. 따라서 저가법을 선택한 경우 시가하락에 따른 평가손실을 인정하므로 세무조정은 없다.

3. 재고자산평가차손 결산조정

파손, 부패 등의 사유로 인하여 정상가격으로 판매할 수 없는 것은 원가법으로 신고한 경우에도 감액사유가 발생한 사업연도에 손금계상하면 인정한다. 따라서 세무조정은 없다.

4. 재고자산평가방법 임의변경

〈익금산입〉 재고자산 120,000 (유보)

재고자산평가방법의 임의변경에 해당하므로 당초 신고방법인 총평균법 적용시 금액과 선입선출법 적용시 금액 중 큰 금액으로 평가한다.

* max(1,120,000, 1,000,000)−1,000,000=120,000

05 재고자산 평가차익 익금불산입

(1) K-IFRS 적용 내국법인 재고자산평가차익

K-IFRS에서는 재고자산의 평가방법 중 후입선출법을 인정하지 않는다. 따라서 후입선출법을 적용하는 법인이 K-IFRS를 도입하는 경우 재고자산 평가방법을 기타의 방법으로 변경하여야 한다. 일반적으로 후입선출법을 기타의 방법으로 변경할 경우 일시적으로 거액의 재고자산평가차익이 발생하여 기업의 조세부담이 가중된다. 따라서 일시적인 조세부담을 완화하기 위하여 K-IFRS 도입에 따라 재고자산 평가방법을 변경한 기업에 대하여 재고자산평가차익을 5년간 분할하여 익금산입할 수 있도록 하였다(법법 42의2, 법령 78의2).

재고자산평가차익 익금불산입을 적용받으려는 내국법인은 K-IFRS를 최초로 적용하는 사업연도의 과세표준 신고를 할 때 재고자산평가차익 익금불산입 신청서를 납세지 관할 세무서장에게 제출하여야 한다(법령 78의2). K-IFRS를 최초로 적용하여 재고자산평가차익 익금불산입을 적용 받으려는 내국법인이 최초로 신고하는 사업연도의 과세표준 신고기한까지 재고자산 등 평가방법변경신고서를 제출하는 경우 해당 사업연도의 재고자산 평가방법을 변경신고한 것으로 본다(법령 부칙 31).

(2) 재고자산평가차익 익금불산입

내국법인이 K-IFRS를 최초로 적용하는 사업연도에 재고자산평가방법을 후입선출법에서 다른 재고자산평가방법으로 납세지 관할 세무서장에게 변경신고한 경우에는 해당 사업연도의 소득금액을 계산할 때 ①의 금액에서 ②의 금액을 뺀 금액(재고자산평가차익)을 익금에 산입하지 아니할 수 있다. 이 경우 재고자산평가차익은 K-IFRS를 최초로 적용하는 사업연도의 다음 사업연도 개시일부터 5년간 균등하게 나누어 익금에 산입한다.

① K-IFRS를 최초로 적용하는 사업연도의 기초 재고자산 평가액
② K-IFRS를 최초로 적용하기 직전 사업연도의 기말 재고자산 평가액

(3) 익금불산입한 재고자산평가차익 익금산입

내국법인이 재고자산평가차익을 익금에 산입하는 경우에는 다음 계산식에 따라 계산한 금액을 해당 사업연도의 익금에 산입한다. 이 경우 개월 수는 태양력에 따라 계산하되 1월 미만의 일수는 1월로 하고 사업연도 개시일이 속한 월을 계산에서 포함한 경우에는 사업연도 개시일부터 5년이 되는 날이 속한 월은 계산에서 제외한다(법령 78의2 ③).

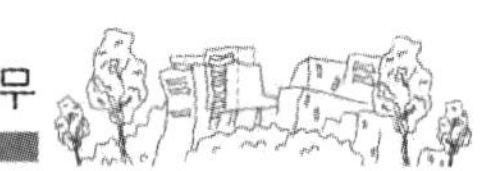

$$\text{익금산입액} = \text{재고자산평가차익} \times \frac{\text{해당사업연도 월수}}{60}$$

재고자산평가차익을 익금불산입하고 이후 익금에 산입하는 기간 중 법인이 해산(적격합병 또는 적격분할로 인한 해산 제외)하는 경우에는 익금에 산입하고 남은 금액을 해산등기일이 속하는 사업연도의 소득금액을 계산할 때 익금에 산입한다.

예 제 **재고자산평가차익 익금불산입**

㈜이손은 제11기(20X1.1.1~12.31)에 K-IFRS를 최초로 도입함에 따라 재고자산평가방법을 후입선출법에서 선입선출법으로 변경하였으며 관련 내역은 다음과 같다.

(1) 재고자산평가차익

재고자산	제10기(변경 전)	제10기(재작성)	재고자산평가차익
상 품	10,000,000	60,000,000	50,000,000

(2) 회계처리

㈜이손은 제11기에 K-IFRS 최초 도입에 따라 비교 공시하는 제10기 재무제표를 재작성하였으며 이에 제10기 재무상태표상 상품과 이익잉여금을 각각 ₩50,000,000 증가시켰다.

요구사항

㈜이손은 재고자산 평가와 관련하여 재고자산평가차익 익금불산입을 적용하고자 한다. 제11기와 제12기의 세무조정을 하시오.

풀 이

(1) **제11기 세무조정**

전기 재무제표를 재작성한 경우 법인세법은 당기(제11기)초에 전기말 잔액과의 차액을 수정 회계처리한 것으로 보아 세무조정한다.

〈익금산입〉 이익잉여금 50,000,000 (기타)
〈익금불산입〉 재고자산평가차익(상품) 50,000,000 (△유보)

(2) **제12기 세무조정**

$$\text{익금산입액} = 50,000,000 \times \frac{12}{60} = 10,000,000$$

〈익금산입〉 재고자산평가차익(상품) 10,000,000 (유보)

Chapter

7

유가증권

제1절 유가증권

01 유가증권 일반

1.1 일반기업회계기준

유가증권이란 재산권을 나타내는 증권을 말하며 실물이 발행된 경우도 있고 명부에 등록만 되어 있을 수도 있다. 유가증권은 적절한 액면금액단위로 분할되고 시장에서 거래되거나 투자의 대상이 되며 지분증권과 채무증권으로 구분된다.

(1) 유가증권의 분류

유가증권은 취득한 후에 단기매매증권, 만기보유증권, 그리고 매도가능증권 중의 하나로 분류한다. 이에 대한 구체적인 내용은 다음과 같다.

① 만기가 확정된 채무증권으로서 상환금액이 확정되었거나 확정이 가능한 채무증권을 만기까지 보유할 적극적인 의도와 능력이 있는 경우에는 만기보유증권으로 분류한다.[18)]

② 당 회계연도와 직전 2개 회계연도 중에 만기보유증권을 만기일 전에 매도하였거나 발행자에게 중도상환권을 행사한 사실이 있는 경우, 또는 만기보유증권의 분류를 매도가능증권으로 변경한 사실이 있다면(단 이러한 사실들에 해당하는 금액이 만기보유증권 총액과 비

---

18) 다음의 경우에는 만기까지 채무증권을 보유할 적극적인 의도가 없는 것으로 본다.
① 만기까지의 보유여부를 분명히 정하고 있지 아니한 경우
② 시장이자율 또는 위험의 변동, 필요한 유동성 수준의 변화(예 은행의 경우 예금인출 또는 대출수요의 증가에 따른 유동성 확보가 필요할 때), 다른 대체적인 자산의 투자가능성이나 수익률의 변동, 자금조달원천과 조건의 변화 또는 외화위험의 변화 등의 상황이 발생할 경우에는 매도할 의도가 있는 채무증권. 다만, 위와 같은 요인이 급격하게 변동하는 등 합리적으로 예상할 수 없는 비반복적인 상황 변동에 대응하여 매도하는 경우를 제외한다.
③ 채무증권의 발행자가 채무증권의 상각후취득원가보다 현저하게 낮은 금액으로 중도상환권을 행사할 수 있는 경우

교하여 경미한 금액인 경우는 제외) 보유 중이거나 신규로 취득하는 모든 채무증권은 만기보유증권으로 분류할 수 없다.[19]

③ 만기보유증권으로 분류되지 아니하는 채무증권은 단기매매증권과 매도가능증권 중의 하나로 분류한다. 단기매매증권은 주로 단기간 내의 매매차익을 목적으로 취득한 유가증권으로서 매수와 매도가 적극적이고 빈번하게 이루어지는 것을 말한다.

④ 단기매매증권이나 만기보유증권으로 분류되지 아니하는 유가증권은 매도가능증권으로 분류한다.

⑤ 피투자기업에 대하여 유의적인 영향력(지분율 20% 이상)이 있는 지분증권은 지분법을 적용해야 한다.

유가증권의 분류

구 분	계정과목	요 건	평가방법	B/S상 분류
지분증권	단기매매증권	다음을 모두 만족할 것 • 단기적인 매매차익목적일 것 • 매매거래가 빈번할 것	공정가치법	유동자산 (당좌자산)
	지분법적용 투자주식	다음을 모두 만족할 것 • 지분증권일 것 • 유의적인 영향력이 있을 것	지분법	투자자산
	매도가능증권	그 외	공정가치법**	투자자산*
채무증권	단기매매증권	다음을 모두 만족할 것 • 단기적인 매매차익목적일 것 • 매매거래가 빈번할 것	공정가치법	유동자산 (당좌자산)
	만기보유증권	다음을 모두 만족할 것 • 상환시기와 금액이 확정될 것 • 만기까지 보유할 의도와 능력있을 것	원가법 (상각후원가)	투자자산*
	매도가능증권	그 외	공정가치법	투자자산*

* 단, 1년이내 처분이 확실하거나 만기가 1년이 내에 도래하는 경우에는 유동자산으로 분류한다.
** 시장성이 없는 지분증권의 공정가치를 신뢰성 있게 측정할 수 없는 경우 원가법으로 평가한다.

---

19) 다음 중 하나에 해당하는 경우에는 적용하지 아니한다.
① 만기까지 잔여기간이 얼마 남지 않아서 시장이자율의 변동이 공정가치에 중요한 영향을 미치지 않을 시점(예 3개월 이내)에 매도하거나, 또는 중도상환권 행사일까지의 잔여기간이 얼마 남지 않은 시점(예 3개월 이내)에 매도하는 경우
② 채무증권의 액면금액 거의 대부분(예 85% 이상)을 회수한 후에 그 채무증권을 매도하는 경우
③ 채무증권 발행자의 신용상태가 크게 하락하였다는 증거가 발견되는 경우
④ 법규 등의 변경에 의하여 불가피하게 매도하는 경우
⑤ 중요한 기업결합 또는 주요 사업부문의 매각이 있을 때 기존의 이자율 위험관리 또는 신용위험정책을 유지하기 위하여 채무증권을 매도하는 경우
⑥ 합리적으로 예상할 수 없는 비반복적인 상황 변동에 대응하여 그 채무증권을 매도하는 경우

(2) 유가증권의 인식과 측정

유가증권의 최초 측정과 후속 측정에 관한 구체적인 내용은 다음과 같다.

① 유가증권은 최초인식시 공정가치로 측정한다. 다만, 최초인식 이후 공정가치로 측정하고 공정가치의 변동을 당기손익으로 인식하는 단기매매증권, 파생상품(현금흐름위험회피회계에서 위험회피수단으로 지정되는 경우는 제외)이 아닌 경우 당해 유가증권의 취득과 직접 관련되는 거래원가는 최초인식하는 공정가치에 가산한다.

② 만기보유증권은 상각후원가로 평가하여 재무상태표에 표시한다. 만기보유증권을 상각후원가로 측정할 때에는 장부금액과 만기액면금액의 차이를 상환기간에 걸쳐 유효이자율법에 의하여 상각하여 취득원가와 이자수익에 가감한다.

③ 단기매매증권과 매도가능증권은 공정가치로 평가한다. 다만, 매도가능증권 중 시장성이 없는 지분증권의 공정가치를 신뢰성있게 측정할 수 없는 경우에는 취득원가로 평가한다.

④ 단기매매증권에 대한 미실현보유손익은 당기손익항목으로 처리한다. 매도가능증권에 대한 미실현보유손익은 기타포괄손익누계액으로 처리하고 당해 유가증권에 대한 기타포괄손익누계액은 그 유가증권을 처분하거나 손상차손을 인식하는 시점에 일괄하여 당기손익에 반영한다.

(3) 손상

유가증권으로부터 회수할 수 있을 것으로 추정되는 금액(회수가능액)이 채무증권의 상각후원가 또는 지분증권의 취득원가보다 작은 경우에는 손상차손을 인식할 것을 고려하여야 한다.

1) 객관적 사유

손상차손의 발생에 대한 객관적인 증거가 있는지는 보고기간종료일마다 평가하고 그러한 증거가 있는 경우에는 손상차손이 불필요하다는 명백한 반증이 없는 한 회수가능액을 추정하여 손상차손을 인식하여야 한다. 구체적인 내용은 다음과 같다.

① 손상차손금액은 당기손익에 반영한다. 다음의 경우는 손상차손이 발생하였다는 객관적인 증거가 될 수 있다.[20)]

㉠ 은행법에 의해 설립된 금융기관으로부터 당좌거래 정지처분을 받은 경우, 청산 중에 있거나 1년 이상 휴업 중인 경우, 또는 완전자본잠식 상태에 있는 경우와 같이 유가증권발행자의 재무상태가 심각하게 악화된 경우

---

20) 유가증권이 상장 폐지되어 시장성을 잃더라도 그것이 반드시 손상차손의 증거가 되지는 않는다. 또한, 발행자의 신용등급이 하락한 사실 자체가 손상차손의 증거가 되지는 않지만 다른 정보를 함께 고려하는 경우에는 손상차손의 증거가 될 수 있다.

㉡ 이자 지급과 원금 상환의 지연과 같은 계약의 실질적인 위반이나 채무불이행이 있는 경우

㉢ 회사정리법에 의한 정리절차개시의 신청이 있거나 정리절차가 진행 중인 경우 또는 화의법에 의한 화의개시절차의 신청이 있거나 화의절차가 진행 중인 경우와 같이 유가증권발행자의 재무적 곤경과 관련한 경제적 또는 법률적인 이유 때문에 당초의 차입조건의 완화가 불가피한 경우

㉣ 유가증권발행자의 파산가능성이 높은 경우

㉤ 과거에 그 유가증권에 대하여 손상차손을 인식하였으며 그 때의 손상사유가 계속 존재하는 경우

㉥ 유가증권발행자의 재무상태가 악화되어 그 유가증권이 시장성을 잃게 된 경우

㉦ 표시이자율 또는 유효이자율이 일반적인 시장이자율보다 비정상적으로 높거나 낮은 채무증권(예 후순위채권, 정크본드)을 법규나 채무조정협약 등에 의해 취득한 경우

㉧ 기업구조조정촉진법에 의한 관리절차를 신청하였거나 진행 중인 경우

㉨ 기타 위에 준하는 사유

② 손상차손의 회복이 손상차손 인식 후에 발생한 사건과 객관적으로 관련된 경우에는 다음과 같이 회계처리한다.

㉠ 만기보유증권 또는 원가로 평가하는 매도가능증권의 경우에는 회복된 금액을 당기이익으로 인식하되 회복 후 장부금액이 당초에 손상차손을 인식하지 않았다면 회복일 현재의 상각후원가(매도가능증권의 경우 취득원가)가 되었을 금액을 초과하지 않도록 한다.

㉡ 공정가치로 평가하는 매도가능증권의 경우에는 이전에 인식하였던 손상차손 금액을 한도로 하여 회복된 금액을 당기이익으로 인식한다.

2) 상각후원가 또는 취득원가로 평가하는 유가증권의 손상차손

상각후원가로 평가한 만기보유증권의 원리금을 계약상의 조건대로 회수하지 못할 가능성이 매우 높다는 객관적인 증거가 있다면 손상차손을 인식하여야 한다. 취득원가로 평가하는 지분증권에 대하여는 보고기간말 마다 회수가능액을 분석하여 손상여부를 판단하여야 한다. 이에 대한 구체적인 내용은 다음과 같다.

① 손상차손으로 인식하는 금액은 유가증권 취득 당시의 유효이자율로 할인한 기대현금흐름의 현재가치(회수가능액)와 장부금액의 차이금액이다. 손상차손 금액은 당기손익에 반영한다. 재무상태표에 보고하는 유가증권의 금액은 손상차손 금액을 차감한 후의 회수가능액으로 표시한다.

② 상각후원가로 보고되는 유가증권의 손상차손은 유가증권 취득 당시의 유효이자율을 사용하여 측정한다. 다만, 계약상 변동금리 조건으로 발행된 유가증권의 손상차손은 손상차손을 측정하는 시점의 시장이자율을 사용하여 할인한 회수가능액에 의하여 측정한다. 손상차손을 인식한 이후의 이자수익은 회수가능액을 측정할 때 미래현금흐름의 할인율로 사용한 이자율을 적용하여 산출한다.

③ 채무증권에 대하여 손상차손을 인식한 이후 손상차손이 회복된 경우에는 손상차손의 회복이 손상차손을 인식한 기간 후에 발생한 사건과 객관적으로 관련된 경우(예 채무자의 신용등급의 향상)에는 회복된 금액을 당기이익으로 인식하되 회복 후 장부금액이 당초에 손상차손을 인식하지 않았다면 회복일 현재의 상각후원가가 되었을 금액을 초과하지 않도록 한다.

④ 취득원가로 평가하는 지분증권[21]에 대하여는 보고기간말 마다 회수가능액을 분석하여 손상여부를 판단하여야 한다. 손상차손이 발생한 객관적인 증거가 있는 경우에는 회수가능액과 장부금액의 차이금액을 손상차손으로 인식한다.

3) 공정가치로 평가하는 유가증권의 손상차손

매도가능증권에 대하여 손상차손이 발생한 객관적인 증거가 있는 경우에는 손상차손을 인식하여야 한다. 이에 대한 구체적인 내용은 다음과 같다.

① 매도가능증권 중 채무증권에 대하여 손상차손이 발생한 객관적인 증거가 있는 경우에 당기에 손상차손으로 인식하여야 할 금액은 ㉠에서 ㉡을 차감한 금액이다. 여기서 채무증권의 회수가능액은 미래의 기대현금흐름을 유사한 유가증권의 현행시장이자율로 할인한 현재가치다.

㉠ 회수가능액이 상각후원가에 미달하는 금액

㉡ 이전 기간에 이미 인식하였던 당해 채무증권의 손상차손

② 매도가능증권 중 공정가치로 평가하는 지분증권에 대하여 손상차손이 발생한 객관적인 증거가 있는 경우에 당기에 손상차손으로 인식하여야 할 금액은 ㉠에서 ㉡을 차감한 금액이다.

---

21) 매도가능증권 중 시장성이 없는 지분증권의 공정가치를 신뢰성 있게 측정할 수 없는 경우에는 취득원가로 평가하며 이때 매도가능증권 중 시장성이 없는 지분증권의 공정가치를 신뢰성 있게 측정할 수 없는 경우란 가치평가의 기초자료가 부족하거나 자료의 객관성이 부족한 경우로서 예를 들어 설립 후 7년이 경과하지 않은 기업, 최초 투자 후 5년이 경과하지 않았고 기업가치가 크게 변할 만한 특별한 사건(영업환경 또는 영업실적의 중요한 변화, 중요한 기술개발 등)이 발생하지 않은 기업, 자산규모 100억원 미만 등으로 외감대상이 아닌 기업, 현금흐름 추정이 어렵고 업종, 규모 등이 유사한 비교대상회사가 존재하지 않는 기업, 채권금융기관에 의한 구조조정기업, 평가자가 정당한 의무를 다했음에도 피평가기업의 내부정보 등 평가기초자료를 입수하지 못한 기업 등 미래가치 추정에 불확실성이 매우 높다고 판단되는 기업 등을 예로 들 수 있다(실6.58).

㉠ 공정가치가 취득원가에 미달하는 금액

㉡ 이전 기간에 이미 인식하였던 당해 지분증권의 손상차손

③ 당해 유가증권의 공정가치 평가에 따른 미실현보유손실이 기타포괄손익누계액에 남아 있는 경우에는 당기에 손상차손으로 인식하여야 할 금액만큼 미실현보유손실을 기타포괄손익누계액에서 제거하여 먼저 손상차손에 반영한다. 당해 미실현보유손실 금액이 당기에 손상차손으로 인식하여야 할 금액에 미달하는 경우에는 미실현보유손실을 기타포괄손익누계액에서 제거하여 손상차손으로 반영한 후 그 미달하는 금액을 유가증권의 장부금액에서 직접 차감한다. 또한, 당해 유가증권과 관련한 미실현보유이익이 기타포괄손익누계액에 남아 있는 경우에는 그 미실현보유이익 전액을 기타포괄손익누계액에서 제거하여 유가증권의 장부금액에서 직접 차감한다.

④ 손상차손의 회복이 손상차손을 인식한 기간 후에 발생한 사건과 객관적으로 관련된 경우(예 채무자의 신용등급의 향상)에는 이전에 인식하였던 손상차손 금액을 한도로 하여 회복된 금액을 당기이익으로 인식한다. 손상차손을 인식한 기간 후에 공정가치가 상승하더라도 위와 같은 손상차손의 회복에 해당되지 아니하는 경우에는 당해 공정가치 상승금액을 기타포괄손익누계액으로 처리한다.

(4) 유가증권의 재분류

유가증권의 보유의도와 보유능력에 변화가 있어 재분류가 필요한 경우에는 다음과 같이 처리한다.

① 단기매매증권은 다른 범주로 재분류할 수 없으며 다른 범주의 유가증권의 경우에도 단기매매증권으로 재분류할 수 없다. 다만, (일반적이지 않고 단기간 내에 재발할 가능성이 매우 낮은 단일한 사건에서 발생하는) 드문 상황에서 더 이상 단기간 내의 매매차익을 목적으로 보유하지 않는 단기매매증권은 매도가능증권이나 만기보유증권으로 분류할 수 있으며 단기매매증권이 시장성을 상실한 경우에는 매도가능증권으로 분류하여야 한다. 단기매매증권을 매도가능증권이나 만기보유증권으로 재분류하는 경우에는 재분류일 현재의 공정가치를 새로운 취득원가로 본다. 이 경우에 재분류일까지의 미실현보유손익은 당기손익으로 인식한다. 공정가치를 측정할 수 없게 된 매도가능증권의 미실현보유손익은 기타포괄손익누계액으로 계속 처리하고 처분 등에 따라 실현될 때에 당기손익으로 인식한다.

② 매도가능증권은 만기보유증권으로 재분류할 수 있으며 만기보유증권은 매도가능증권으로 재분류할 수 있다.

③ 유가증권과목의 분류를 변경할 때에는 재분류일 현재의 공정가치로 평가한 후 변경한다.

④ 유가증권 재분류에 따른 평가 후의 미실현보유손익 잔액은 다음과 같이 처리한다.

㉠ 만기보유증권으로부터 매도가능증권으로 재분류하는 경우에 유가증권 재분류에 따른 평가에서 발생하는 공정가치와 장부금액의 차이금액은 기타포괄손익누계액으로 처리한다.

㉡ 매도가능증권에서 만기보유증권으로 재분류하는 경우에는 재분류를 위한 평가시점까지 발생한 매도가능증권의 미실현보유손익 잔액은 계속 기타포괄손익누계액으로 처리하고, 그 금액은 만기까지의 잔여기간에 걸쳐 유효이자율법을 적용하여 상각하고 각 기간의 이자수익에 가감한다. 만기보유증권으로 재분류된 매도가능증권의 만기액면금액과 재분류일 현재의 공정가치와의 차이는 유효이자율법에 의하여 그 채무증권의 만기일까지의 잔여기간에 걸쳐서 상각하고 각 기간의 이자수익에 가감한다.

(5) 유가증권의 양도

유가증권의 양도로 유가증권 보유자가 유가증권의 통제를 상실한 때에는 그 유가증권을 재무상태표에서 제거한다. 유가증권의 통제를 상실한 경우란 유가증권의 경제적 효익을 획득할 수 있는 권리를 전부 실현한 때, 그 권리가 만료된 때, 또는 그 권리를 처분한 때를 말한다. 이와 관련하여 유의할 사항은 다음과 같다.

① 유가증권 보유자가 유가증권에 대한 통제를 상실하지 않고 유가증권을 양도하는 경우 당해 거래는 담보차입거래로 본다.

② 유가증권에 대한 통제를 상실한 때에는 유가증권을 양도한 대가로 받았거나 받을 금액과 유가증권의 장부금액의 차이금액에 기타포괄손익누계액에 포함되어 있는 미실현보유이익을 가산하고 미실현보유손실을 차감한 금액을 당기손익으로 처리한다. 즉, 미실현보유손익은 이 시점에 실현된 것으로 본다.

③ 다음과 같은 경우는 유가증권에 대한 통제를 아직 상실한 것이 아니므로 유가증권이 양도되었더라도 재무상태표에서 제거하지 아니한다.

㉠ 양도자가 양수자로부터 유가증권을 재매수할 수 있는 권리를 가지고 있는 경우. 다만, 양도자가 동일한 유가증권을 시장에서 용이하게 매수할 수 있는 경우나 재매수가격을 재매수시점의 공정가치로 정한 경우는 제외한다.

㉡ 유가증권을 담보로 하여 양도자에게 금전을 대여하였더라면 그 대가로 받았을 이자금액과 중요한 차이가 없는 이자 상당액을 유가증권의 양수자가 받기로 약정하고, 양도자는 그 유가증권을 미리 정한 가격으로 재매수할 수 있는 권리와 의무를 모두 가지고 있는 경우

ⓒ 시장에서 용이하게 매수하기 어려운 유가증권을 양도하면서 양수자에게 총수익률스왑(특정기간 동안에 발생하는 일정한 총수익을 다른 총수익과 교환하는 연속된 선도거래)을 부여함으로써 유가증권 보유에 따르는 위험과 효익의 대부분이 양도자에게 귀속되는 경우 또는 양수자가 미리 정한 가격으로 유가증권을 되팔 수 있는 권리(풋옵션)를 가짐으로써 유가증권 보유에 따르는 위험의 대부분이 양도자에게 귀속되는 경우

④ 양도자가 양도한 유가증권을 미리 정한 가격으로 재매수할 수 있는 권리를 가지고 있고, 그 유가증권을 시장에서는 용이하게 매수할 수 없는 경우에는 재매수가격이 재매수 시점의 공정가치가 아닐 수 있기 때문에 그 유가증권을 재무제표에서 제거하지 아니한다. 그러나, 양도한 유가증권을 재매수할 수 있는 권리와 의무를 동시에 가지고 있더라도 재매수가격을 재매수 시점의 공정가치로 정한 경우에는 양도시점에 유가증권에 대한 통제를 상실한 것으로 보아 재무상태표에서 제거한다.

⑤ 양도자의 유가증권에 대한 통제는 양수자가 매수한 유가증권의 효익을 획득할 수 있는 때 상실된다. 예를 들면, 양수자가 매수한 유가증권을 아무런 제한 없이 매도할 수 있거나 공정가치에 상당하는 금액에 대하여 담보로 제공할 수 있다면 양도자는 그 유가증권에 대한 통제를 상실한 것으로 본다.

1.2 K-IFRS

(1) 금융자산의 분류

금융자산이란 현금과 금융상품을 말하며, 금융자산을 취득한 이후에는 재무상태표에 다음과 같이 분류, 표시한다. 한국채택국제회계기준에서는 다음 두 가지 사항 모두에 근거하여 금융자산이 후속적으로 상각후원가(AC : Amortised Cost), 기타포괄손익-공정가치(FVOCI : Fair Value through Other Comprehensive Income), 당기손익-공정가치(FVPL : Fair Value through Profit or Loss)로 측정되도록 분류한다.

① 금융자산의 관리를 위한 사업모형
② 금융자산의 계약상 현금흐름 특성

1) 금융자산의 관리를 위한 사업모형

사업모형은 현금흐름을 창출하기 위해 금융자산을 관리하는 방식을 의미한다. 즉, 사업모형에 따라 현금흐름의 원천이 금융자산의 계약상 현금흐름의 수취인지, 매도인지 또는 둘다 인지가 결정된다.

사업모형의 유형

분 류	내 용
계약상 현금흐름을 수취하기 위해 자산을 보유하는 것이 목적인 사업모형	해당 금융상품의 존속기간에 걸쳐 계약상 지급액을 수취하여 현금흐름을 실현하도록 관리한다. 즉, 금융자산 포트폴리오의 자산을 보유하기도 하고 매도하기도 하면서 금융자산 포트폴리오의 전반적인 수익을 관리하는 것이 아니라 특정 계약상 현금흐름을 수취하기 위해 금융자산 포트폴리오의 자산을 관리한다. 사업모형의 목적이 계약상 현금흐름을 수취하기 위해 금융자산을 보유하는 것이더라도 그러한 모든 금융상품을 만기까지 보유할 필요는 없다.
계약상 현금흐름의 수취와 금융자산의 매도 둘 다를 통해 목적을 이루는 사업모형	주요 경영진은 계약상 현금흐름의 수취와 금융자산의 매도 둘 다가 사업모형의 목적을 이루는 데에 필수적이라고 결정하므로 계약상 현금흐름을 수취하기 위해 금융자산을 보유하는 것이 목적인 사업모형과 비교하면 더 빈번하게 더 많은 금액을 매도할 것이다.
그 밖의 사업모형	금융자산을 계약상 현금흐름 수취목적의 사업모형이나 계약상 현금흐름 수취와 매도 둘 다가 목적인 사업모형에 해당하지 아니하는 경우를 말한다.

2) 금융자산의 계약상 현금흐름 특성

계약상 현금흐름을 수취하기 위해 자산을 보유하는 것이 목적인 사업모형에서 또는 계약상 현금흐름의 수취와 금융자산의 매도 둘 다를 위해 자산을 보유하는 것이 목적인 사업모형에서 금융자산을 보유하는 경우에는 금융자산의 계약상 현금흐름의 특성에 기초하여 금융자산을 분류한다. 이를 위해 해당 금융자산의 계약상 현금흐름이 원리금 지급만으로 구성되어 있는지를 판단하도록 요구한다. 계약상 현금흐름이 원리금 지급만으로 구성되는지는 금융자산의 표시통화로 평가한다.

원리금 지급만으로 구성되는 계약상 현금흐름은 기본대여계약과 일관된다. 기본대여계약에서 이자와 원금의 의미는 다음과 같다.

원금과 이자

분 류	내 용
원 금	원금은 최초 인식시점에 금융자산의 공정가치이다. 그러나 원금은 금융자산의 존속기간에 걸쳐 변동할 수 있다(예 원금의 상환이 있는 경우).
이 자	화폐의 시간가치와 신용위험에 대한 대가, 그 밖의 기본대여계약의 위험(예 유동성 위험)과 원가(예 관리 원가)를 포함할 수도 있으며 기본대여계약과 일관되는 이윤을 포함할 수 있다.

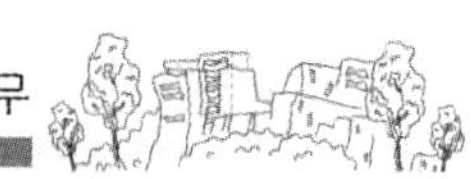

(2) 사업모형과 현금흐름 특성을 고려한 금융상품의 분류

1) 상각후원가(AC) 측정 금융자산

계약상 현금흐름을 수취하기 위해 보유하는 목적인 사업모형 하에서 금융자산을 보유하고 금융자산의 계약 조건에 따라 특정일에 원금과 원금잔액에 대한 원리금 지급만으로 구성되어 있는 현금흐름이 발생한다면 금융자산을 상각후원가로 측정한다. 상각후원가 측정 금융자산은 보고기간 말의 공정가치로 측정하지 아니하며 이자수익은 금융자산의 총 장부금액에 유효이자율을 적용하는 유효이자율법으로 계산한다.

2) 기타포괄손익-공정가치(FVOCI) 측정 금융자산

계약상 현금흐름의 수취와 금융자산의 매도 둘 다를 통해 목적을 이루는 사업모형 하에서 금융자산을 보유하고 금융자산의 계약 조건에 따라 특정일에 원리금 지급만으로 구성되어 있는 현금흐름이 발생한다면 기타포괄손익-공정가치(FVOCI)로 측정한다. 다만, 지분상품의 경우 지분상품에 대한 투자의 후속적인 공정가치 변동을 기타포괄손익으로 표시할 수 있다. 이러한 선택은 최초 인식시점에만 가능하며 이후에 취소할 수 없다.

기타포괄손익-공정가치 측정 금융자산은 보고기간 말의 공정가치로 측정하고 손익은 해당 금융자산을 제거하거나 재분류할 때까지 기타포괄손익으로 인식한다.

지분상품과 채무상품의 손익

분 류	내 용
지분상품	지분상품에 대한 투자의 공정가치 변동을 기타포괄손익으로 표시하는 취소 불가능한 선택을 할 수 있다. 이러한 선택은 상품별(주식별)로 하게 된다. 기타포괄손익으로 표시하는 금액은 후속적으로 당기손익으로 이전되지 않는다. 처분시에도 처분시점의 공정가치로 평가하고 동 평가손익은 기타포괄손익으로 인식하므로 처분손익을 인식하지 아니한다.[22] 그러나 자본 내에서 누적손익을 이전할 수는 있다.
채무상품	채무상품은 총 장부금액에 유효이자율을 곱하여 이자수익을 인식하고 기타포괄손익-공정가치 측정 금융자산의 손익은 해당 금융자산을 제거하거나 재분류할 때까지 기타포괄손익으로 인식한다. 금융자산을 제거할 때에는 인식한 기타포괄손익누계액을 재분류조정으로 자본에서 당기손익으로 재분류한다.

3) 당기손익-공정가치(FVPL) 측정 금융자산

상각후원가로 측정하거나 기타포괄손익-공정가치로 측정하는 경우가 아니라면, 당기손익-공정가치로 측정한다. 공정가치로 측정하는 금융자산의 손익은 당기손익으로 인식한다.

22) 기타포괄손익-공정가치 측정 지분상품의 기타포괄손익누계액의 당기손익 재순환 금지, 한국회계기준원 K-IFRS 제1109호 제정·개정 교육 2017.07.05

유가증권의 분류

<table>
<tr><th>구 분</th><th>계정과목</th><th>요 건</th><th>평가방법</th><th>평가손익</th><th>손상</th></tr>
<tr><td rowspan="3">지분상품</td><td>FVPL</td><td>• 원칙</td><td>공정가치법</td><td>당기손익</td><td>×</td></tr>
<tr><td>FVOCI</td><td>• 예외 : 최초 취득시 선택
(취소불가)</td><td>공정가치법</td><td>기타포괄손익</td><td>×</td></tr>
<tr><td colspan="5">지분상품에 대한 모든 투자와 해당 지분상품에 대한 모든 계약은 공정가치로 측정해야 한다. 그러나 제한된 상황에서 원가는 공정가치의 적절한 추정치가 될 수 있다. 공정가치를 결정하기 위해 이용할 수 있는 더 최근의 정보가 불충분하거나, 가능한 공정가치 측정치의 범위가 넓고 그 범위에서 원가가 공정가치의 최선의 추정치를 나타낸다면 그러한 경우에 해당할 수 있다. 다만, 원가는 공시가격이 있는 지분상품의 투자(또는 공시가격이 있는 지분상품에 대한 계약)에 대한 공정가치의 최선의 추정치가 절대 아니다.</td></tr>
<tr><td rowspan="3">채무상품</td><td>FVPL</td><td>• AC, FVOCI가 아닌 경우</td><td>공정가치법</td><td>당기손익</td><td>×</td></tr>
<tr><td>FVOCI</td><td>• 계약상 현금흐름 수취나 매도
• 원리금 구성</td><td>공정가치법
유효이자율법</td><td>기타포괄손익</td><td>○</td></tr>
<tr><td>AC</td><td>• 계약상 현금흐름 수취
• 원리금 구성</td><td>유효이자율법</td><td>–</td><td>○</td></tr>
</table>

(3) 금융자산의 최초인식과 측정

금융자산은 최초로 계약당사가가 되는 때에 재무상태표에 인식한다. 다만 정형화된 거래인 경우에는 매매일 또는 결제일에 인식할 수 있다. 최초인식시점에는 공정가치로 측정하며, 취득과 직접 관련하여 발생하는 거래원가는 최초 인식시 공정가치에 가산한다. 다만, FVPL금융자산의 취득과 직접 관련된 거래원가는 발생시 당기비용으로 처리한다.

1) 정형화된 매매거래

정형화된 거래란 관련 시장의 규정이나 관행에 따라 일반적으로 설정된 기간 내에 해당 금융상품을 인도하는 계약조건에 따른 금융자산의 매입 또는 매도를 말한다. 정형화된 매매거래는 금융자산을 매매일 또는 결제일 회계처리방법 중 하나를 선택하여 인식할 수 있다. 매매일은 금융자산을 매입하기로 약정한 날을 말하며, 결제일은 금융자산을 인수하는 날을 말한다.

결제일에 회계처리를 하는 경우에는 매매일과 결제일 사이에 이미 취득한 자산에 대한 회계처리와 동일한 방법으로 수취할 금융자산의 공정가치에 대한 모든 변동을 회계처리한다. 따라서 FVPL금융자산으로 분류하는 경우에는 당기손익으로 인식하며, FVOCI금융자산으로 분류하는 경우에는 기타포괄손익으로 인식한다. AC금융자산을 장부금액으로 표시하는

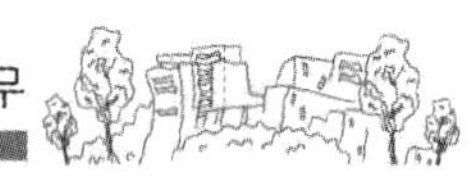

금융자산은 최초인식시 매매일의 공정가치로 인식하며, 결제일 사이에 발생한 공정가치 변동을 인식하지 아니한다.

2) 거래원가

금융자산이나 금융부채의 취득, 발행 또는 처분과 직접 관련된 증분원가로 금융상품의 취득, 발행 또는 처분이 없었다면 발생하지 않았을 원가를 말한다. 거래원가에는 대리인(판매대리인 역할을 하는 종업원을 포함), 고문, 중개인 및 판매자에게 지급하는 수수료와 중개수수료, 감독기구와 증권거래소의 부과금 및 양도세 등이 포함된다. 거래원가에는 채무할증액이나 채무할인액, 금융원가나 내부 관리·보유원가는 포함되지 아니한다.

3) 금융자산의 투자수익

FVPL금융자산의 보유과정에서 지급액을 받을 권리가 확정된 배당금이나 이자수익은 당기손익으로 인식한다. AC금융자산에서 발생한 이자는 발생주의에 의하여 당기손익으로 인식한다. 채무증권의 경과이자는 취득기간 이후분만 수익으로 인식해야 하며, 주식배당, 주식분할, 무상증자로 인하여 취득한 지분증권은 자산증가 및 수익으로 인식하지 아니한다. 지분증권에서 발생한 배당금은 다음을 모두 충족한 경우에만 당기손익으로 인식한다.

① 배당을 받을 권리가 확정되었다.
② 배당과 관련된 경제적 효익의 유입가능성이 높다.
③ 배당액을 신뢰성 있게 측정할 수 있다.

1.3 중소기업회계기준

유가증권의 취득원가에는 거래원가를 포함한다. 다만, 시장가격이 있는 유가증권의 경우 해당 자산의 거래원가를 최초 인식하는 시점에 비용으로 회계처리한다. 구체적인 내용은 다음과 같다.

① 시장가격이 있는 유가증권은 시장가격으로 평가하고 시장가격 변동에 따른 보유손익은 단기투자자산평가손익 등으로 회계처리한다. 이 경우 시장가격이 있는 유가증권이란 한국거래소가 개설한 유가증권시장, 코스닥시장 또는 공신력 있는 외국의 증권거래시장(뉴욕증권거래소, 런던증권거래소 등)에서 거래되는 지분증권과 채무증권을 말한다. 다만, 시장가격으로 평가해 온 유가증권이 시장성을 잃으면 그 시점의 장부금액으로 평가한다.
② 시장가격이 없는 주식, 출자금 등의 지분증권은 취득원가로 측정한다.

③ 시장가격이 없는 국채·공채, 회사채 등의 채무증권은 장부금액과 만기금액에 차이가 있는 경우 그 차이를 상환기간에 걸쳐 유효이자율법이나 정액법으로 상각하여 장부금액과 이자수익에 반영한다.

④ 시장가격이 없는 유가증권에 손상이 발생하였다는 객관적인 증거가 있으면 회수가능액을 추정하여 장부금액과의 차이를 손상차손으로 인식한다. 다만, 손상차손을 인식할 필요가 없다는 명백한 증거가 있거나 손상차손 금액이 중요하지 않은 경우에는 손상차손을 인식하지 않을 수 있다.

⑤ 손상차손이 회복된 경우에는 이전에 인식하였던 손상차손 금액을 한도로 하여 회복된 금액을 손상차손환입으로 인식한다.

02 단기매매증권

2.1 일반기업회계기준

단기매매증권은 최초인식시 공정가치로 측정한다. 단기매매증권을 취득한 이후에도 공정가치로 평가하며 단기매매증권에 대한 미실현보유손익은 당기손익항목으로 처리한다.

2.2 K-IFRS

(1) 최초인식과 측정

FVPL금융자산은 최초로 계약당사가가 되는 때에 재무상태표에 인식한다. 다만 정형화된 거래인 경우에는 매매일 또는 결제일에 인식할 수 있다. 구체적인 내용은 다음과 같다.

① 최초 인식시점에 공정가치로 측정하며, 해당 금융자산의 취득과 직접 관련되는 거래원가는 비용으로 처리하고 공정가치에 가감하지 아니한다. 그러나 최초 인식시점에 공정가치가 거래가격과 다른 경우에는 그 차이를 당기손익으로 인식한다. 동일한 금융자산을 수회에 걸쳐 다른 가격으로 취득하는 경우에는 단위당 원가에 대한 동일한 원가흐름의 가정(예 이동평균법, 총평균법 등)을 사용하여 산정한다.

② 지분상품 중 보통주와 우선주는 별개의 종목으로 분류하며, 발행회사가 회계연도 중에 유상증자를 실시함으로써 유상신주와 구주가 분리되어 거래하는 경우에는 구분되어 거래되는 기간 동안은 각각 별개의 종목으로 분류한다.

③ 지분상품의 발행회사가 주식배당이나 무상증자를 실시하여 발행한 신주를 취득하는 경

우에는 지분상품을 발행한 회사의 순자산에 미치는 영향이 없이 자본의 구성내용만 변동한다. 따라서 투자자의 입장에서 실질적인 부의 증가가 없으므로 자산의 증가로 보지 아니하며, 무상증자 등의 권리가 확정되는 시점에서 구주의 장부금액을 주식수에 비례하여 산정한다.

④ 채무상품을 이자지급일 사이에 취득하는 경우에는 채무상품의 취득금액에는 경과이자가 포함되어 있으므로 직전 보유자의 보유기간에 해당하는 경과이자는 별도로 구분하고, 취득원가에서 제외하여야 한다.

(2) 후속측정과 처분

FVPL금융자산은 매 보고기간말의 공정가치(매도 등에서 발생할 수 있는 거래원가를 차감하지 않은 금액)로 측정하고 장부금액과의 차액은 당기손익으로 인식한다. 후속측정과 관련한 내용은 다음과 같다.

① FVPL금융자산은 매 보고기간말마다 공정가치로 측정하여 평가차액을 당기손익으로 이미 반영했기 때문에 별도로 손상차손을 보고하지 않는다.

② FVPL금융자산을 처분하는 경우 처분금액과 장부금액과의 차액은 당기손익으로 인식한다. 동일한 자산을 수회에 걸쳐 서로 다른 가격으로 구입한 경우 처분시 단가는 원가흐름의 가정을 이용하여 장부금액을 계산한다.

③ 처분과 직접 관련하여 발생하는 거래원가는 처분금액에서 차감한다.

④ 채무상품을 이자지급일 사이에 처분하는 경우에는 직전 이자지급일부터 처분일까지의 경과이자는 이자수익으로 인식하며, 동 금액은 처분금액에서 분리하여 처분손익을 계산해야 한다.

03 매도가능증권

3.1 일반기업회계기준

매도가능증권이란 단기매매증권, 만기보유증권, 지분법적용투자주식, 파생상품 등으로 분류되지 아니하는 유가증권을 말한다. 매도가능증권은 최초인식시 공정가치로 측정하며 취득과 직접 관련되는 거래원가는 최초인식하는 공정가치에 가산한다. 최초인식시 공정가치는 일반적으로 거래가격(제공하거나 수취한 대가의 공정가치)이다. 최초인식이후 공정가치의 평가는 다음과 처리한다.

(1) 지분증권

1) 공정가치를 신뢰성있게 측정할 수 있는 지분증권

매도가능증권의 공정가치를 신뢰성있게 측정할 수 있는 지분증권은 공정가치로 평가하여야 하며 미실현보유손익은 매도가능증권평가손익(기타포괄손익누계액)으로 처리한다.

2) 공정가치를 신뢰성있게 측정할 수 없는 지분증권

매도가능증권은 공정가치로 평가한다. 다만, 매도가능증권 중 시장성이 없는 지분증권의 공정가치를 신뢰성있게 측정할 수 없는 경우에는 취득원가로 평가한다. 이후 취득원가로 평가된 지분증권의 공정가치가 측정 가능하게 된 경우 공정가치로 평가하고 장부금액과 공정가치의 차이는 기타포괄손익누계액으로 처리한다. 매도가능증권 중 시장성이 없는 지분증권의 공정가치를 신뢰성 있게 측정할 수 없는 경우란 가치평가의 기초자료가 부족하거나 자료의 객관성이 부족한 경우를 의미하며 예를 들면 다음과 같다.

① 설립 후 7년이 경과하지 않은 기업
② 최초 투자 후 5년이 경과하지 않았고 기업가치가 크게 변할 만한 특별한 사건(영업환경 또는 영업실적의 중요한 변화, 중요한 기술개발 등)이 발생하지 않은 기업
③ 자산규모 100억원 미만 등으로 외감대상이 아닌 기업
④ 현금흐름 추정이 어렵고 업종, 규모 등이 유사한 비교대상회사가 존재하지 않는 기업
⑤ 채권금융기관에 의한 구조조정기업
⑥ 평가자가 정당한 의무를 다했음에도 피평가기업의 내부정보 등 평가기초자료를 입수하지 못한 기업 등 미래가치 추정에 불확실성이 매우 높다고 판단되는 기업

(2) 채무증권

매도가능증권으로 분류되는 채무증권은 만기보유증권과 동일하게 유효이자율로 계산한 상각후원가로 이자수익을 인식하고 당해 채권의 공정가치와 장부금액 간에 차이가 발생하는 경우 이를 공정가치로 평가해야 한다. 공정가치로 평가하여 발생한 미실현보유손익은 매도가능증권평가손익(기타포괄손익누계액)으로 처리한다.

3.2 K-IFRS

(1) 지분상품

계약상 현금흐름의 수취와 금융자산의 매도 둘 다를 통해 목적을 이루는 사업모형 하에서 금융자산을 보유하고 금융자산의 계약 조건에 따라 특정일에 원리금 지급만으로 구성되어 있는 현금흐름이 발생한다면 기타포괄손익-공정가치(FVOCI)로 측정한다. 다만, 지분상품

의 경우 지분상품에 대한 투자의 후속적인 공정가치 변동을 기타포괄손익으로 표시할 수 있다.

유가증권의 분류

구 분	계정과목	요 건	평가방법	평가손익	손상
지분상품	FVOCI	• 최초 취득시 선택(취소불가)	공정가치법	기타포괄손익	×
	지분상품에 대한 모든 투자와 해당 지분상품에 대한 모든 계약은 공정가치로 측정해야 한다. 그러나 제한된 상황에서 원가는 공정가치의 적절한 추정치가 될 수 있다.				
채무상품	FVOCI	• 계약상 현금흐름 수취나 매도 • 원리금 구성	공정가치법 유효이자율법	기타포괄손익	○

1) 최초인식과 측정

계약상 현금흐름의 수취와 금융자산의 매도 둘 다를 통해 목적을 이루는 사업모형 하에서 금융자산을 보유하고 금융자산의 계약 조건에 따라 특정일에 원리금 지급만으로 구성되어 있는 현금흐름이 발생한다면 기타포괄손익-공정가치(FVOCI)로 측정한다. 따라서 원칙적으로 지분상품은 FVOCI금융자산으로 분류할 수 없다. 다만, 지분상품의 경우 지분상품에 대한 투자의 후속적인 공정가치 변동을 기타포괄손익으로 표시할 수 있다. 이러한 선택은 최초 인식시점에만 가능하며 이후에 취소할 수 없다. 기타포괄손익-공정가치 측정 금융자산은 보고기간 말의 공정가치로 측정하고 손익은 해당 금융자산을 제거하거나 재분류할 때까지 기타포괄손익으로 인식한다.

① FVOCI금융자산은 최초로 계약당사가가 되는 때에 재무상태표에 인식한다. 다만 정형화된 거래인 경우에는 매매일 또는 결제일에 인식할 수 있다. 최초 인식시점에 공정가치로 측정하며, 해당 금융자산의 취득과 직접 관련되는 거래원가는 취득원가에 가산한다. 동일한 금융자산을 수회에 걸쳐 다른 가격으로 취득하는 경우에는 단위당 원가에 대한 동일한 원가흐름의 가정(예 이동평균법, 총평균법 등)을 사용하여 산정한다.

② 지분상품 중 보통주와 우선주는 별개의 종목으로 분류하며, 발행회사가 회계연도 중에 유상증자를 실시함으로써 유상신주와 구주가 분리되어 거래하는 경우에는 구분되어 거래되는 기간 동안은 각각 별개의 종목으로 분류한다.

③ 지분상품의 발행회사가 주식배당이나 무상증자를 실시하여 발행한 신주를 취득하는 경우에는 지분상품을 발행한 회사의 순자산에 미치는 영향이 없이 자본의 구성내용만 변동한다. 따라서 투자자의 입장에서 실질적인 부의 증가가 없으므로 자산의 증가로 보지 아니하며, 무상증자 등의 권리가 확정되는 시점에서 구주의 장부금액을 주식수에 비례하여 산정한다.

2) 후속측정과 처분

FVOCI금융자산은 매 보고기간말의 공정가치로 측정하고 장부금액과의 차액은 기타포괄손익으로 처리하여 자본항목으로 계상한다. FVOCI금융자산의 후속측정과 관련한 내용은 다음과 같다.

① 공정가치로 측정할 경우 평가 전 평가손익 잔액을 고려하여 회계처리하며, 기타포괄손익으로 인식한 평가손익의 누적액을 재무상태표의 자본항목으로 표시한다.

② 지분상품에 대한 모든 투자와 해당 지분상품에 대한 모든 계약은 공정가치로 측정해야 한다. 그러나 제한된 상황에서 원가는 공정가치의 적절한 추정치가 될 수 있다. 공정가치를 결정하기 위해 이용할 수 있는 더 최근의 정보가 불충분하거나 가능한 공정가치 측정치의 범위가 넓고 그 범위에서 원가가 공정가치의 최선의 추정치를 나타낸다면 그러한 경우에 해당할 수 있다. 그러나 취득원가가 공정가치를 나타내지 않을 수 있는 경우의 예는 다음과 같다.

㉠ 예산, 계획, 주요 일정과 비교해 볼 때 피투자자의 성과에 유의적인 변동이 있는 경우
㉡ 피투자자가 이룰 제품의 기술적 수준에 대한 예상이 변동한 경우
㉢ 피투자자의 지분이나 제품 또는 잠재 제품에 대한 시장에 유의적인 변동이 있는 경우
㉣ 국제 경제나 피투자자의 경제적 영업 환경에 유의적인 변동이 있는 경우
㉤ 비교 가능한 기업의 성과나 전반적인 시장에 내재된 가치평가에 유의적인 변동이 있는 경우
㉥ 피투자자에게 부정, 상업분쟁, 소송, 경영진이나 전략의 변화와 같은 내부 문제가 있는 경우
㉦ 피투자의 지분과 관련하여 제3자 간 지분상품의 이전이나(새로운 주식의 발행과 같은) 피투자자가 외부와의 거래에 따른 증거가 있는 경우

③ 지분상품에 대한 투자의 공정가치 변동을 기타포괄손익으로 표시하는 취소 불가능한 선택을 할 수 있다. 이러한 선택은 상품별(주식별)로 하게 된다. 기타포괄손익으로 표시하는 금액은 후속적으로 당기손익으로 이전되지 않는다. 처분시에도 처분시점의 공정가치로 평가하고 동 평가손익은 기타포괄손익으로 인식하므로 처분손익을 인식하지 아니한다. 그러나 자본 내에서 누적손익을 이전할 수는 있다.

④ 상각후원가로 측정하는 금융자산과 FVOCI금융자산(채무증권)으로 측정하는 금융자산에 손상을 적용한다. 따라서 지분증권은 손상을 적용하지 아니한다.

(2) 채무상품

1) 최초인식과 측정

계약상 현금흐름의 수취와 금융자산의 매도 둘 다를 통해 목적을 이루는 사업모형 하에서 금융자산을 보유하고 금융자산의 계약 조건에 따라 특정일에 원리금 지급만으로 구성되어 있는 현금흐름이 발생한다면 기타포괄손익-공정가치(FVOCI)로 측정한다. 기타포괄손익-공정가치 측정 금융자산은 보고기간 말의 공정가치로 측정하고 손익은 해당 금융자산을 제거하거나 재분류할 때까지 기타포괄손익으로 인식한다.

① FVOCI금융자산은 최초로 계약당사가가 되는 때에 재무상태표에 인식한다. 다만 정형화된 거래인 경우에는 매매일 또는 결제일에 인식할 수 있다. 최초 인식시점에 공정가치로 측정하며, 해당 금융자산의 취득과 직접 관련되는 거래원가는 취득원가에 가산한다. 동일한 금융자산을 수회에 걸쳐 다른 가격으로 취득하는 경우에는 단위당 원가에 대한 동일한 원가흐름의 가정(예 이동평균법, 총평균법 등)을 사용하여 산정한다.

② 채무상품을 이자지급일 사이에 취득하는 경우에는 채무상품의 취득금액에는 경과이자가 포함되어 있으므로 직전 보유자의 보유기간에 해당하는 경과이자는 별도로 구분하고, 취득원가에서 제외하여야 한다.

2) 후속측정과 처분

FVOCI금융자산은 매 보고기간말의 공정가치로 측정하고 장부금액과의 차액은 기타포괄손익으로 처리하여 자본항목으로 계상한다. FVOCI금융자산의 후속측정과 관련한 내용은 다음과 같다.

① 공정가치로 측정할 경우 평가 전 평가손익 잔액을 고려하여 회계처리하며, 기타포괄손익으로 인식한 평가손익의 누적액을 재무상태표의 자본항목으로 표시한다.

② 채무상품은 총 장부금액에 유효이자율을 곱하여 이자수익을 인식하고 기타포괄손익-공정가치 측정 금융자산의 손익은 해당 금융자산을 제거하거나 재분류할 때까지 기타포괄손익으로 인식한다. 금융자산을 제거할 때에는 인식한 기타포괄손익누계액을 재분류조정으로 자본에서 당기손익으로 재분류한다.

③ 채무상품을 이자지급일 사이에 처분하는 경우에는 직전 이자지급일부터 처분일까지의 경과이자는 이자수익으로 인식하며, 동 금액은 처분금액에서 분리하여 처분손익을 계산해야 한다.

④ 상각후원가로 측정하는 금융자산과 FVOCI금융자산(채무증권)으로 측정하는 금융자산은 손상을 인식한다.

04 만기보유증권

4.1 일반기업회계기준

(1) 만기보유증권의 의의

만기보유증권이란 만기가 확정된 채무증권으로서 상환금액이 확정되었거나 확정이 가능한 채무증권을 만기까지 보유할 적극적인 의도와 능력이 있는 경우 당해 채무증권을 말한다. 따라서 시장이자율에 의한 가격변동의 실현이나 회사의 재무상황에 따라 현금화할 의도가 있는 경우 만기보유증권으로 분류할 수 없다. 만기보유증권의 분류와 관련하여 유의할 사항은 다음과 같다.

① 만기보유증권은 만기까지 보유할 적극적인 의도와 능력이 있어야 한다. 다음의 경우에는 만기까지 채무증권을 보유할 적극적인 의도가 없는 것으로 본다.

㉠ 만기까지의 보유여부를 분명히 정하고 있지 아니한 경우

㉡ 시장이자율 또는 위험의 변동, 필요한 유동성 수준의 변화(㉾ 은행의 경우 예금인출 또는 대출수요의 증가에 따른 유동성 확보가 필요할 때), 다른 대체적인 자산의 투자가능성이나 수익률의 변동, 자금조달원천과 조건의 변화 또는 외화위험의 변화 등의 상황이 발생할 경우에는 매도할 의도가 있는 채무증권. 다만, 위와 같은 요인이 급격하게 변동하는 등 합리적으로 예상할 수 없는 비반복적인 상황 변동에 대응하여 매도하는 경우를 제외한다.

㉢ 채무증권의 발행자가 채무증권의 상각후취득원가보다 현저하게 낮은 금액으로 중도상환권을 행사할 수 있는 경우

② 당 회계연도와 직전 2개 회계연도 중에, 만기보유증권을 만기일 전에 매도하였거나 발행자에게 중도상환권을 행사한 사실이 있는 경우 또는 만기보유증권의 분류를 매도가능증권으로 변경한 사실이 있다면(단 이러한 사실들에 해당하는 금액이 만기보유증권 총액과 비교하여 경미한 금액인 경우는 제외), 보유 중이거나 신규로 취득하는 모든 채무증권은 만기보유증권으로 분류할 수 없다. 다만 다음 중 하나에 해당하는 경우에는 당해 제한규정을 적용하지 아니한다.

㉠ 만기까지 잔여기간이 얼마 남지 않아서 시장이자율의 변동이 공정가치에 중요한 영향을 미치지 않을 시점(㉾ 3개월 이내)에 매도하거나, 또는 중도상환권 행사일까지의 잔여기간이 얼마 남지 않은 시점(㉾ 3개월 이내)에 매도하는 경우

㉡ 채무증권의 액면금액 거의 대부분(예 85% 이상)을 회수한 후에 그 채무증권을 매도하는 경우
㉢ 채무증권 발행자의 신용상태가 크게 하락하였다는 증거가 발견되는 경우
㉣ 법규 등의 변경에 의하여 불가피하게 매도하는 경우
㉤ 중요한 기업결합 또는 주요 사업부문의 매각이 있을 때 기존의 이자율 위험관리 또는 신용위험정책을 유지하기 위하여 채무증권을 매도하는 경우
㉥ 합리적으로 예상할 수 없는 비반복적인 상황 변동에 대응하여 그 채무증권을 매도하는 경우

(2) 취득원가와 평가

만기보유증권은 최초인식시 공정가치로 측정하며 취득과 직접 관련되는 거래원가는 최초인식하는 공정가치에 가산한다. 최초인식시 공정가치는 일반적으로 거래가격(제공하거나 수취한 대가의 공정가치)이다. 만기보유증권은 상각후원가로 측정해야 하며 상각후원가로 측정할 때에는 장부금액과 액면금액과의 차이를 상환기간에 걸쳐 유효이자율법에 의하여 상각하여 취득원가와 이자수익에 가감하여야 한다.

4.2 K-IFRS

계약상 현금흐름을 수취하기 위해 보유하는 목적인 사업모형 하에서 금융자산을 보유하고 금융자산의 계약 조건에 따라 특정일에 원금과 원금잔액에 대한 원리금 지급만으로 구성되어 있는 현금흐름이 발생한다면 금융자산을 상각후원가(AC : Amortised Cost)로 측정한다. 상각후원가 측정 금융자산은 보고기간 말의 공정가치로 측정하지 아니하며 이자수익은 금융자산의 총장부금액에 유효이자율을 적용하는 유효이자율법으로 계산한다.

유가증권의 분류

구 분	계정과목	요 건	평가방법	평가손익	손상
채무상품	AC	• 계약상 현금흐름 수취 • 원리금 구성	유효이자율법	–	○

(1) 최초인식과 측정

AC금융자산은 최초로 계약당사자가 되는 때에 재무상태표에 인식하며 최초 인식시 공정가치로 측정한다. 다만 정형화된 거래인 경우에는 매매일 또는 결제일에 인식할 수 있다. 결제일에 인식하는 경우 매매일과 결제일 사이에 발생한 공정가치의 변동은 취득하는 자산의

회계처리방법과 동일한 방법으로 인식해야 하므로 공정가치의 변동에 대한 별도의 회계처리는 없다. 취득에 직접 관련된 거래원가는 최초인식시점의 공정가치에 가산한다.

(2) 후속측정과 처분

AC금융자산은 취득원가와 액면금액의 차액을 상환기간 동안 유효이자율법으로 상각하여 취득원가에 가감하고 이자수익으로 인식한다. 이자수익은 금융자산의 총장부금액에 유효이자율을 적용하는 유효이자율법으로 계산한다. 다만, 다음의 경우는 제외한다.

① 최초 발생시점이나 매입할 때 신용이 손상되어 있는 금융자산(취득시 신용이 손상되어 있는 금융자산) : 그러한 금융자산의 경우에는 최초 인식시점부터 상각후원가에 신용조정 유효이자율을 적용한다.

② 취득시 신용이 손상되어 있는 금융자산은 아니지만 후속적으로 신용이 손상된 금융자산 : 그러한 금융자산의 경우에는 후속 보고기간에 상각후원가에 유효이자율을 적용한다.

상각후원가	최초 인식시점에 측정한 금융자산이나 금융부채에서 상환된 원금을 차감하고, 최초 인식금액과 만기금액의 차액에 유효이자율법을 적용하여 계산한 상각누계액을 가감한 금액. 금융자산의 경우에 해당 금액에서 손실충당금을 조정한 금액
총장부금액	손실충당금을 조정하기 전 금융자산의 상각후원가
유효이자율	금융자산이나 금융부채의 기대존속기간에 추정 미래현금지급액이나 수취액의 현재가치를 금융자산의 총 장부금액이나 금융부채의 상각후원가와 정확히 일치시키는 이자율
신용조정 유효이자율	취득시 신용이 손상되어 있는 금융자산의 기대존속기간에 추정 미래현금지급액이나 수취액의 현재가치를 해당 금융자산의 상각후원가와 정확히 일치시키는 이자율
유효이자율법	금융자산이나 금융부채의 상각후원가를 계산하고 관련 기간에 이자수익이나 이자비용을 당기손익으로 인식하고 배분하는 방법

B/S (사례)		용어정의
AC금융자산	1,000,000	← 총장부금액
손상차손누계액	(100,000)	
	900,000	← 상각후원가

05 세무회계

유가증권이란 재산적 가치를 가지는 권리로서 기업회계상 지분증권과 채무증권으로 구분하여 보유목적에 따라 회계처리하며 상품에 대한 권리를 나타내는 창고증권, 화물상환증 및 선화증권 등은 유가증권에 관한 회계처리내용에 포함하지 아니한다. 그러나 법인세법은 유가증권을 보유목적에 따라 분류하지는 않는다.

(1) 유가증권의 평가방법의 신고

신설법인과 새로 수익사업을 개시한 비영리내국법인은 당해 법인의 설립일 또는 수익사업 개시일이 속하는 사업연도의 법인세과세표준의 신고기한까지 다음의 평가방법을 선택하여 납세지 관할세무서장에게 신고하여야 한다. 유가증권을 신고기한 내에 신고하지 아니한 경우에는 총평균법에 의한 평가액으로 평가한다(법령 75 ①,②).

① 개별법(채권의 경우에 한한다)
② 총평균법
③ 이동평균법

(2) 무신고 및 임의변경시 평가방법

유가증권을 신고기한 내에 신고하지 아니한 경우에는 총평균법에 의한 평가액으로 평가하며 임의변경에 해당하는 경우에는 무신고시 평가액과 당초 신고한 평가방법에 의한 평가액 중 큰 금액으로 평가한다. 변경신고와 관련한 사항은 재고자산과 동일하므로 이를 참조하기로 한다(법령 75 ②).

(3) 유가증권의 평가손실 특례

원가법을 적용하는 경우에도 다음의 경우에는 유가증권의 장부가액을 사업연도종료일 현재의 시가(발행법인별 보유주식총액을 시가로 평가한 가액이 1,000원 이하인 경우에는 1,000원으로 한다)로 평가한 가액으로 감액할 수 있다(법법 42, 법령 78). 이 경우 감액사유가 발생한 사업연도의 결산상 손금으로 계상한 경우에 한하여 손금인정한다.

① 주식을 발행한 법인이 파산한 경우(법법 42 ③)
② 다음의 주식을 발행한 법인이 부도가 발생한 경우 또는 채무자회생및파산에관한법률에 의한 회생계획인가의 결정을 받았거나 기업구조조정촉진법에 의한 부실징후기업이 된 경우(법령 78 ②)

㉠ 자본시장과 금융투자업에 관한 법률에 따른 주권상장법인이 발행한 주식등
㉡ 주권상장법인이 아닌 법인 중 법인세법 시행령 제2조 제8항(2024.1.1.부터는 5항에서 8항으로 호번 개정, 영 부칙 2023.2.28.) 각 호의 어느 하나의 관계(특수관계)가 없는 비상장법인(법인과 특수관계의 유무를 판단할 때 주식등의 발행법인의 발행주식총수 또는 출자총액의 5% 이하를 소유하고 그 취득가액이 10억원 이하인 주주등에 해당하는 법인은 법인세법 시행령 제50조 제2항에도 불구하고 소액주주등으로 보아 특수관계인에 해당하는 지를 판단, 법령 78 ④)이 발행한 주식
㉢ 벤처투자 촉진에 관한 법률에 따른 중소기업창업투자회사 또는 여신전문금융업법에 따른 신기술사업금융업자가 보유하는 주식등 중 각각 창업자 또는 신기술사업자가 발행한 것

(4) 현재가치평가

기업회계상 채무증권(매도가능증권, 만기보유증권)과 관련하여 유효이자율법에 의하여 이자수익을 인식하는 경우 법인세법에서는 원가법이 원칙이므로 당해 상각액에 의한 이자수익을 익금불산입한다. 금융리스와 관련한 현재가치평가는 법인세법상 차이가 없으므로 별도의 세무조정은 없다. 기업회계상 충당부채와 관련하여 현재가치를 평가하는 경우 법인세법에서는 대손충당금, 퇴직급여충당금 등 특정 충당금을 제외하고는 인정하지 아니하므로 현재가치평가 여부와 관계없이 당해 충당부채설정액 전액을 손금불산입한다.

예 제 **단기매매증권(FVPL금융자산)**

㈜이손은 상장회사인 ㈜CFO주식을 보유하고 있으며 단기매매증권으로 분류한다. 이와 관련한 자료는 다음과 같다.

(1) 단기매매증권을 공정가치 ₩1,000,000에 취득하였으며 취득과 관련한 직접거래원가 ₩10,000이 발생하였다.
(2) 단기매매증권의 보고기간 말 공정가치는 ₩1,100,000이다.
(3) 단기매매증권을 ₩1,200,000에 처분하였으며 처분에 따른 거래원가 ₩10,000이 발생하였다.

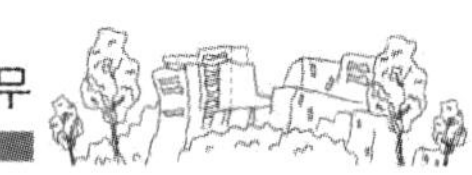

요구사항

1. 단기매매증권과 관련한 일반기업회계기준 회계처리와 세무조정을 하시오.
2. 단기매매증권과 관련한 중소기업회계기준 회계처리와 세무조정을 하시오.
3. FVPL금융자산과 관련한 K-IFRS 회계처리와 세무조정을 하시오.

풀 이

1. 일반기업회계기준

(1) 취득시 회계처리와 세무조정

① 회계처리

(차) 단기매매증권	1,000,000	(대) 현 금	1,010,000
지급수수료	10,000		

② 세무조정

기업회계기준에 따라 단기매매항목으로 분류된 금융자산 및 파생상품은 공정가치를 취득원가(취득 부대비용 제외)로 한다. 기업회계상 당기손익을 인식하는 금융자산을 최초로 인식하는 경우 공정가치로 측정함에 따라 법인세법도 취득가액에 부대비용을 포함하지 아니하므로 세무조정은 없다.

(2) 평가시 회계처리와 세무조정

① 회계처리

(차) 단기매매증권	100,000	(대) 단기매매증권평가이익	100,000

② 세무조정

〈익금불산입〉 단기매매증권 100,000 (△유보)

(3) 처분시 회계처리와 세무조정

① 회계처리

(차) 현 금	1,190,000	(대) 단기매매증권	1,100,000
		단기매매증권처분이익	90,000

② 세무조정

〈익금산입〉 단기매매증권 100,000 (유보)

2. 중소기업회계기준

상기 1의 일반기업회계기준과 동일하다.

3. K-IFRS

상기 1의 일반기업회계기준과 동일하다.

예 제 매도가능증권(지분증권)

㈜이손은 비상장회사인 ㈜CFO주식을 보유하고 있으며 매도가능증권으로 분류한다. 관련 자료는 다음과 같다.

(1) 10기초에 매도가능증권을 ₩10,000,000에 취득하였다.
(2) 10기말 A회계법인이 평가한 매도가능증권의 공정가치는 ₩15,000,000이다.
(3) 11기말 A회계법인이 평가한 매도가능증권의 공정가치는 ₩12,000,000이다.
(4) 12기말에 매도가능증권을 ₩12,000,000에 전액 처분하였다.

요구사항

1. 매도가능증권과 관련한 일반기업회계기준 회계처리와 세무조정을 하시오.
2. 매도가능증권과 관련한 중소기업회계기준 회계처리와 세무조정을 하시오.

풀 이

1. 일반기업회계기준

(1) 10기말 회계처리와 세무조정

① 회계처리

(차) 매도가능증권	5,000,000	(대) 매도가능증권평가이익(B/S)	5,000,000

② 세무조정

〈익금산입〉 매도가능증권평가이익 5,000,000 (기타)
〈손금산입〉 매도가능증권 5,000,000 (△유보)

(2) 11기말 회계처리와 세무조정

① 회계처리

(차) 매도가능증권평가이익(B/S)	3,000,000	(대) 매도가능증권	3,000,000

② 세무조정

〈손금산입〉 매도가능증권평가이익 3,000,000 (기타)
〈익금산입〉 매도가능증권 3,000,000 (유보)

(3) 12기말 회계처리와 세무조정

① 회계처리

(차) 매도가능증권평가이익(B/S)	2,000,000	(대) 매도가능증권	12,000,000
현 금	12,000,000	매도가능증권처분이익	2,000,000

② 세무조정

〈손금산입〉 매도가능증권평가이익 2,000,000 (기타)
〈익금산입〉 매도가능증권 2,000,000 (유보)

2. 중소기업회계기준

시장가격이 있는 유가증권은 시장가격으로 평가하고 시장가격 변동에 따른 보유손익은 단기투자자산평가손익 등으로 회계처리한다. 이 경우 시장가격이 있는 유가증권이란 한국거래소가 개설한 유가증권시장, 코스닥시장 또는 공신력 있는 외국의 증권거래시장(뉴욕증권거래소, 런던증권거래소 등)에서 거래되는 지분증권과 채무증권을 말한다. 시장가격이 없는 주식, 출자금 등의 지분증권은 취득원가로 측정한다. 따라서 ㈜CFO는 비상장법인이므로 원가법으로 평가하며 별도의 세무조정은 없다.

(1) 10기 회계처리와 세무조정

① 취득시 회계처리

(차) 매도가능증권	10,000,000	(대) 현 금	10,000,000

② 세무조정 없음

(2) 11기말 회계처리와 세무조정

① 회계처리 없음

② 세무조정 없음

(3) 12기말 회계처리와 세무조정

① 회계처리

(차) 현 금	12,000,000	(대) 매도가능증권	10,000,000
		매도가능증권처분이익	2,000,000

② 세무조정 없음

예 제 FVOCI금융자산(지분증권 : 법인세회계를 적용하는 경우)

㈜이손은 20×1년에 FVOCI금융자산(지분증권)을 ₩1,000,000에 취득하였으며 FVOCI금융자산과 관련하여 결산일에 기타포괄손익으로 평가이익 ₩100,000(법인세효과 반영 전 금액)을 인식하였다. 관련자료는 다음과 같다.

(1) 20×1년 회계이익은 ₩1,000,000이며 법인세율은 22%이다.

(2) ㈜이손은 보유한 주식 전부를 20×2년에 공정가치 ₩1,150,000에 처분하였다. 20×1년 및 20×2년 회계이익은 각각 ₩1,000,000이며 법인세율은 22%이다.

요구사항

FVOCI금융자산과 관련한 회계처리와 세무조정을 하시오.

풀 이

(1) 20×1년 취득

(차) FVOCI금융자산	1,000,000	(대) 보통예금	1,000,000
(차) FVOCI금융자산	100,000	(대) FVOCI금융자산평가이익	100,000
(차) 법인세비용	220,000	(대) 미지급법인세	220,000
* (1,000,000+100,000−100,000)×22%=220,000			
(차) 법인세비용	22,000	(대) 이연법인세부채	22,000
* 유보 △100,000×22%=△22,000			
(차) FVOCI금융자산평가이익	22,000	(대) 법인세비용	22,000

■ 세무조정

〈손금산입〉 FVOCI금융자산 100,000 (△유보)

〈익금산입〉 FVOCI금융자산평가이익 100,000 (기타)

(2) 20×2년 처분

(차) FVOCI금융자산	50,000	(대) FVOCI금융자산평가이익	50,000
(차) 보통예금	1,150,000	(대) FVOCI금융자산	1,150,000
(차) 법인세비용	253,000	(대) 미지급법인세	253,000
* (1,000,000+50,000+100,000)×22%=253,000			
(차) 이연법인세부채	22,000	(대) 법인세비용	22,000
* 유보소멸			
(차) FVOCI금융자산평가이익	11,000	(대) 법인세비용	11,000
* 50,000×22%=11,000			
(차) FVOCI금융자산평가이익	117,000	(대) 이익잉여금	117,000
* 100,000−22,000+50,000−11,000=117,000			

■ 세무조정

〈익금산입〉 FVOCI금융자산 100,000 (유보)

〈익금산입〉 FVOCI금융자산평가이익 50,000 (기타)

예 제 매도가능증권(지분증권)의 손상

㈜이손은 일반기업회계기준을 적용한다. 비상장회사인 ㈜CFO주식을 보유하고 있으며 매도가능증권으로 분류한다. 관련 자료는 다음과 같다.

일 자	거래내용
20×1. 1. 1	A회계법인이 평가한 주식의 공정가치 ₩1,000,000에 취득하였다.
20×1.12.31	A회계법인이 평가한 보고기간말 공정가치는 ₩900,000이다.
20×2.12.31	손상사건이 발생하였으며 보고기간말 회수가능액은 ₩500,000이다.
20×3.12.31	회수가능액이 ₩800,000으로 회복되었다.

요구사항

매도가능증권을 원가로 평가하는 경우와 공정가치로 평가하는 경우 각각의 일반기업회계기준 회계처리와 세무조정을 하시오. 단, 회복된 금액은 손상차손을 인식한 기간 후에 발생한 사건과 객관적으로 관련되어 있으며 당해 손상사건은 법인세법상 손상의 요건을 충족하지 못한다.

풀 이

구 분	원가로 평가하는 경우	공정가치로 평가하는 경우
20×1. 1. 1	(차) 매도가능증권 1,000,000 (대) 현 금 1,000,000	(차) 매도가능증권 1,000,000 (대) 현 금 1,000,000
20×1.12.31	-	(차) 매도가능증권평가손실 100,000 (대) 매도가능증권 100,000 〈손금산입〉 매도가능증권평가손실 100,000 (기타) 〈익금산입〉 매도가능증권 100,000 (유보)
20×2.12.31	(차) 매도가능증권손상차손 500,000 (대) 매도가능증권 500,000 〈손금불산입〉 매도가능증권 500,000 (유보)	(차) 매도가능증권손상차손 500,000 (대) 매도가능증권 400,000 매도가능증권평가손실 100,000 〈익금산입〉 매도가능증권평가손실 100,000(기타) 〈손금불산입〉 매도가능증권 400,000(유보)
20×3.12.31	(차) 매도가능증권 300,000 (대) 매도가능증권손상차손환입 300,000 * 회복된 금액이 손상차손을 인식한 기간 후에 발생한 사건과 객관적으로 관련되어 있는 경우에는 취득원가를 한도로 이익을 인식한다. 〈익금불산입〉 매도가능증권 300,000 (△유보)	(차) 매도가능증권 300,000 (대) 매도가능증권손상차손환입 300,000 * 이전에 인식하였던 손상차손 금액을 한도로 이익을 인식한다. 만일 회복된 금액이 손상차손을 인식한 기간 후에 발생한 사건과 객관적으로 관련되어 있지 않은 경우에는 당해 공정가치 상승금액을 기타포괄손익누계액으로 처리한다. 〈익금불산입〉 매도가능증권 300,000 (△유보)

예 제 채무증권

㈜이손은 중소기업으로서 당해 사업연도 중에 ㈜CFO가 발행한 사채(액면가액 ₩1,000,000)를 ₩900,000에 취득하였다. 관련 자료는 다음과 같다.

[상황 1] 단기매매증권으로서 기말 공정가액(시장가격)이 ₩910,000인 경우
[상황 2] 만기보유증권으로서 유효이자율법에 의한 기말 상각후 취득원가가 ₩925,000인 경우
[상황 3] 매도가능증권으로서 유효이자율법에 의한 기말 상각후 취득원가는 ₩925,000이며 A회계법인이 평가한 채권의 기말 공정가액이 ₩930,000인 경우

요구사항

1. 각각의 상황에서 일반기업회계기준에 의한 회계처리와 세무조정을 하시오.
2. 각각의 상황에서 K-IFRS에 의한 회계처리와 세무조정을 하시오.
3. 각각의 상황에서 중소기업회계기준에 의한 회계처리와 세무조정을 하시오.

풀 이

1. 일반기업회계기준

(1) 상황 1.

(차) 단기매매증권	10,000	(대) 단기매매증권평가이익	10,000

〈익금불산입〉 단기매매증권 10,000 (△유보)

(2) 상황 2.

(차) 만기보유증권	25,000	(대) 이자수익	25,000

〈손금산입〉 만기보유증권(이자수익) 25,000 (△유보)

(3) 상황 3.

(차) 매도가능증권	30,000	(대) 이자수익	25,000
		매도가능증권평가이익	5,000

〈익금불산입〉 매도가능증권(이자수익) 25,000 (△유보)
〈익금산입〉 매도가능증권평가이익 5,000 (기타)
〈손금산입〉 매도가능증권 5,000 (△유보)

2. K-IFRS

요구사항 1의 일반기업회계기준과 동일하다.

3. 중소기업회계기준

(1) 상황 1.

(차) 단기매매증권	10,000	(대) 단기매매증권평가이익	10,000

〈익금불산입〉 단기매매증권 10,000 (△유보)

(2) 상황 2.

(차) 만기보유증권 25,000 (대) 이자수익 25,000

〈손금산입〉 만기보유증권(이자수익) 25,000 (△유보)

(3) 상황 3.

시장가격이 없는 국채·공채, 회사채 등의 채무증권은 장부금액과 만기금액에 차이가 있는 경우 그 차이를 상환기간에 걸쳐 유효이자율법이나 정액법으로 상각하여 장부금액과 이자수익에 반영한다.

(차) 매도가능증권 25,000 (대) 매도가능증권 25,000

〈손금산입〉 매도가능증권(이자수익) 25,000 (△유보)

예 제 **매도가능증권(채무증권)**

㈜이손은 12월말 결산법인으로서 만기일이 20X4년 12월 31일인 4년만기 ㈜CFO 발행 채권(표시이자율 10% 매년말 지급, 액면금액 ₩1,000,000)을 20X1년 1월 1일 ₩939,255에 취득하였다. 관련 자료는 다음과 같으며 취득시 유효이자율은 12%, 이자는 매년 12월 31일에 지급된다. 단, 법인세효과는 고려하지 않으며 유동성대체는 생략한다.

(1) 20X1년 12월 31일 현행시장이자율은 13%, 공정가치는 ₩929,166이다.

(2) 20X2년 12월 31일 현재 이자는 정상적으로 수령하였으나 ㈜CFO는 급격한 자금난으로 인하여 파산위험에 처했으며 이에 따라 미래 기대현금흐름은 만기시 원금의 50%만 회수할 수 있을 것으로 추정된다. 현행시장이자율은 15%이고 미래 현금흐름을 15%로 할인한 현재가치는 ₩378,070이며 12%로 할인한 현재가치는 ₩398,595이다.

(3) 20X3년 12월 31일 ㈜CFO는 신제품이 출시되고 수출이 증가함에 따라 자금난이 해소되었고 신용등급도 상승함에 따라 미래 기대현금흐름은 만기에 원금 90%는 회수할 수 있을 것으로 추정된다. 현행 시장이자율은 15%이고 미래 기대현금흐름을 15%로 할인한 현재가치는 ₩782,613이며 12%로 할인한 현재가치는 ₩803,574이다.

(4) 만기시 원금 90%는 정상적으로 회수되었다.

기간/이자율	12%	13%	15%
1	0.89286	0.88496	0.86957
2	0.79719	0.78315	0.75614
3	0.71178	0.69305	0.65752
4	0.63552	0.61332	0.57175
합 계	3.03735	2.97448	2.85498

요구사항

㈜이손이 매도가능증권으로 분류할 경우 연도별 일반기업회계기준 회계처리와 세무조정을 하시오. 단, 당해 손상사건은 법인세법상 손상의 요건을 충족하지 못한다고 가정한다.

풀 이

(1) 20X1년 1월 1일의 공정가치
20X1초 발행금액 : ₩1,000,000×0.63552+₩1,000,000×10%×3.03735 = ₩939,255

(2) 유효이자율법에 의한 상각표

일 자	유효이자	액면이자	상 각 액	장부금액
20×1. 1. 1.				₩939,255
20×1.12.31.	₩112,711	₩100,000	₩12,711	951,966
20×2.12.31.	114,236	100,000	14,236	966,202
20×3.12.31.	115,944	100,000	15,944	982,146
20×4.12.31.	117,854	100,000	17,854	1,000,000
합 계	342,891	300,000	42,891	

(3) 회계처리와 세무조정

일 자	회계처리와 세무조정
20×1. 1. 1.	(차) 매도가능증권 939,255 (대) 현 금 939,255
20×1.12.31.	(차) 현 금 100,000 (대) 이자수익 112,711 매도가능증권 12,711 〈익금불산입〉 매도가능증권 12,711 (△유보) (차) 매도가능증권평가손실 22,800 (대) 매도가능증권 22,800 * ₩929,166−₩951,966=₩22,800 〈손금산입〉 매도가능증권평가손실 22,800 (기타) 〈손금불산입〉 매도가능증권 22,800 (유보)
20×2.12.31.	(차) 현 금 100,000 (대) 이자수익 114,236 매도가능증권 14,236 〈익금불산입〉 매도가능증권 14,236 (△유보) (차) 매도가능증권손상차손 588,132 (대) 매도가능증권 565,332 매도가능증권평가손실 22,800 * ₩929,166+₩14,236−₩378,070 = ₩565,332 〈익금산입〉 매도가능증권평가손실 22,800 (기타) 〈손금불산입〉 매도가능증권 565,332 (유보)

20×3.12.31.	(차) 매도가능증권 56,711 (대) 이자수익 56,711 * ₩378,070×15% = ₩56,711 〈익금불산입〉 매도가능증권 56,711 (△유보) 매도가능증권 347,832 매도가능증권손상차손환입 347,832 * ₩782,613-(₩378,070+56,711) = ₩347,832(이전에 인식한 손상차손 ₩588,132을 한도로 하여 회복된 금액을 당기이익으로 인식한다.) 〈익금불산입〉 매도가능증권 347,832 (△유보)
20×4.12.31.	(차) 매도가능증권 117,387 (대) 이자수익 117,387 * ₩1,000,000×90%-₩782,613 = ₩117,387 〈익금불산입〉 매도가능증권 117,387 (△유보) (차) 현 금 900,000 (대) 매도가능증권 900,000 〈익금산입〉 매도가능증권 39,255 (유보) * 매도가능증권과 관련한 유보잔액을 추인한다.

예 제 만기보유증권(AC금융자산)

결산일이 12월말인 (주)이손은 20×1년초에 액면 ₩1,000,000, 만기 3년, 표시이자율이 연 8%, 이자는 연말 1회 지급조건인 채권을 공정가치 ₩950,263에 취득하였으며 취득과 관련한 거래원가 ₩15,000이 발생하였다. 당해 취득과 관련한 유효이자율은 9.3816%이며 회사는 만기보유증권(AC금융자산)으로 분류한다.

요구사항

만기보유증권에 대한 일반기업회계기준(K-IFRS의 경우 AC금융자산) 회계처리와 세무조정을 하시오.

풀 이

(1) 상각후원가

① 유효이자율

$$₩965,263 = \frac{₩80,000}{(1+r)} + \frac{₩80,000}{(1+r)^2} + \frac{₩1,080,000}{(1+r)^3} \text{ 에서 } r = 9.3816\%$$

② 상각후원가

일 자	유효이자	액면이자	상각액	장부금액
20×1. 1. 1				₩965,263
20×1.12.31	₩90,557	₩80,000	₩10,557	975,820
20×2.12.31	91,548	80,000	11,548	987,368
20×3.12.31	92,632	80,000	12,632	1,000,000
합 계	274,737	240,000	34,737	

(2) 회계처리와 세무조정

기업회계상 채무증권(매도가능증권, 만기보유증권)에 대하여 유효이자율법에 의한 이자수익을 인식하는 경우 법인세법에서는 원가법이 원칙이므로 당해 상각액에 의한 이자수익을 익금불산입한다.

구 분	회계처리와 세무조정
20×1년초	(차) 만기보유증권 965,263 (대) 현 금 965,263
20×1년말	(차) 현 금 80,000 (대) 이자수익 90,557 만기보유증권 10,557 〈익금불산입〉 만기보유증권 10,557 (△유보)
20×2년말	(차) 현 금 80,000 (대) 이자수익 91,548 만기보유증권 11,548 〈익금불산입〉 만기보유증권 11,548 (△유보)
20×3년말	(차) 현 금 80,000 (대) 이자수익 92,632 만기보유증권 12,632 〈익금불산입〉 만기보유증권 12,632 (△유보) (차) 현 금 1,000,000 (대) 만기보유증권 1,000,000 〈익금산입〉 만기보유증권 34,737 (유보)

제2절 지분법적용투자주식

01 일반기업회계기준

지분법이란 투자기업이 피투자기업의 주식을 취득하여 유의적인 영향력이 있는 경우 당해 투자주식을 지분법적용투자주식으로 인식하며 취득시에는 원가로 인식하고 취득한 이후 발생한 지분법피투자기업의 순자산변동액 중 투자기업의 지분율에 해당하는 금액을 당해 지분법적용투자주식에 가감하여 보고하는 회계처리를 말한다.

1.1 적용대상

(1) 적용대상

지분법피투자기업은 투자기업이 유의적인 영향력을 갖는 지분법적용대상 피투자기업을 말한다. 지분법피투자기업에는 주식회사, 합명회사, 합자회사, 유한회사, 조합 등의 모든 법적 실체를 포함한다. 유의적인 영향력은 투자기업이 피투자기업의 재무정책과 영업정책에 관한 의사결정에 참여할 수 있는 능력을 말한다. 투자기업이 직접 또는 종속기업을 통하여 간접적으로 피투자기업의 의결권 있는 주식의 20% 이상을 보유하고 있다면 명백한 반증이 있는 경우를 제외하고는 유의적인 영향력이 있는 것으로 본다. 또한 투자기업이 다음 중 하나 이상에 해당하는 경우에도 일반적으로 피투자기업에 대하여 유의적인 영향력이 있다고 본다.

① 투자기업이 피투자기업의 이사회 또는 이에 준하는 의사결정기구에서 의결권을 행사할 수 있는 경우
② 투자기업이 피투자기업의 재무정책과 영업정책에 관한 의사결정과정에 참여할 수 있는 경우
③ 투자기업이 피투자기업의 재무정책과 영업정책에 관한 의사결정과정에 참여할 수 있는 임원선임에 상당한 영향력을 행사할 수 있는 경우
④ 피투자기업의 유의적인 거래가 주로 투자기업과 이루어지는 경우
⑤ 피투자기업에게 필수적인 기술정보를 투자기업이 당해 피투자기업에게 제공하는 경우

투자기업이 다음 중 하나 이상에 해당하는 경우 일반적으로 피투자기업에 대하여 유의적인 영향력이 없다고 본다.

① 법적 소송이나 청구의 제기에 의하여 투자기업이 피투자기업의 재무정책과 영업정책에 관한 의사결정에 참여할 수 없는 경우
② 계약이나 법규 등에 의하여 투자기업이 의결권을 행사할 수 없는 경우
③ 피투자기업에 대한 의결권 있는 주식의 대부분을 특정 지배기업이 보유함으로써 투자기업이 보유한 의결권으로는 사실상 영향력을 행사할 수 없는 경우
④ 피투자기업이 은행법에 의하여 설립된 금융기관으로부터 당좌거래 정지처분 중에 있거나, 회사정리법 또는 기업구조조정촉진법 등에 의해 법적 구조조정절차 중에 있어서 투자기업이 사실상 영향력을 행사할 수 없는 경우
⑤ 위에 열거된 경우에 준하는 사유

(2) 지분법 적용배제

다음의 경우에는 지분법을 적용하지 아니한다.

① 12개월 이내에 매각할 목적으로 투자주식을 취득하여 적극적으로 매수자를 찾고 있는 경우 당해 투자주식은 단기매매증권으로 분류하고 일반기업회계기준 제6장을 적용한다(문단 실8.10).[23]
② 주식회사 등의 외부감사에 관한 법률 적용대상이 아닌 피투자기업에 대한 투자기업의 지분변동액이 유의적이지 않을 경우에는 지분법을 적용하지 않을 수 있다(문단 실8.1).
③ 투자기업이 중소기업인 경우 유의적인 영향력을 행사할 수 있는 지분증권에 대하여는 지분법을 적용하지 아니할 수 있다. 다만, 연결재무제표 작성대상의 범위에 해당하는 종속기업에 대하여는 지분법을 적용한다(문단 31.6).

1.2 회계처리

(1) 적용기준

지분법회계처리는 연결회계와 동일한 효과를 가진다. 또한 연결재무제표 작성에 적용되는 대부분의 개념들은 지분법적용투자주식에 대하여도 적용한다. 투자차액은 피투자기업의 식별가능한 순자산의 공정가치 중 투자기업이 취득한 지분율에 해당하는 금액과 취득대가의 차이금액이며 이는 미래의 초과수익력 등으로 인하여 지분법적용투자주식의 취득시점

23) 당해 투자주식을 매수 이후 12개월 이내에 매각하지 못한 경우에는 매수시점에 소급하여 지분법을 적용하고 재무제표를 재작성한다. 다만, 매수자가 있으나 법규 등에 의해 불가피하게 매수 이후 12개월 이내에 매각을 완료하지 못한 경우에는 보고기간종료일로부터 가까운 시일 내에 매각이 완료될 가능성이 매우 높다면 당해 투자주식에 대하여 지분법을 적용하지 아니한다.

에 발생한다. 이 투자차액은 영업권 등으로 보아 일반기업회계기준 제12장 사업결합에서 정하는 바에 따라 회계처리한다.

(2) 영업권 또는 염가매수차익

영업권이란 취득일의 공정가치로 측정된 이전대가가 식별가능한 취득자산과 인수부채의 순액을 초과하는 금액을 말하며 그 반대의 경우를 염가매수차익이라고 한다. 영업권 또는 염가매수차익은 다음과 같이 처리한다.

① 영업권은 그 내용연수에 걸쳐 정액법으로 상각하며 내용연수는 미래에 경제적 효익이 유입될 것으로 기대되는 기간으로 하고 20년을 초과하지 못한다. 또한 매수일에 자산으로 인식된 영업권에 대하여 매결산기에 회수가능액으로 평가하는데, 영업권의 회수가능액이 장부금액에 미달하고 그 미달액이 중요한 경우에는 이를 영업권손상차손으로하여 당기비용으로 처리한다. 손상된 영업권은 추후 회복할 수 없다.

② 염가매수차익을 인식하기 전에 취득자는 모든 취득자산과 인수부채를 정확하게 식별하였는지에 대해 재검토하고, 이러한 재검토에서 식별된 추가 자산이나 부채가 있다면 이를 인식한다. 이때 취득자는 취득일에 인식하도록 요구한 다음의 모든 사항에 대해 그 금액을 측정하는 데 사용한 절차를 재검토한다. 재검토하는 목적은 취득일 현재 이용가능한 모든 정보를 고려하여 관련 측정치에 적절히 반영하였는지 확인하기 위해서이다. 만일 그 초과금액이 재검토 후에도 남는다면 취득자는 취득일에 그 차익을 당기손익으로 인식한다. 그 차익은 취득자에게 귀속된다.

㉠ 식별가능한 취득자산과 인수부채

㉡ 단계적으로 취득한 사업결합의 경우 취득자가 이전에 보유하고 있던 피취득자에 대한 지분

㉢ 이전대가

③ 투자기업이 피투자기업의 주식을 단계적으로 취득하여 유의적인 영향력을 행사할 수 있게 된 경우에는 유의적인 영향력을 행사할 수 있게 된 날에 일괄 취득한 것으로 보아 투자차액을 산정한다. 이 경우 취득대가는 유의적인 영향력을 행사할 수 있게 된 날의 직전일까지 취득한 주식의 공정가치와 추가 취득한 주식의 취득원가의 합계액이다. 유의적인 영향력을 행사할 수 있게 된 날까지 보유하고 있던 피투자기업의 주식을 공정가치로 평가함에 따라 발생한 손익은 지분법 적용일이 속하는 회계기간에 당기손익으로 인식한다.

(3) 피투자기업의 지분법 적용

지분법은 피투자기업 투자원가를 최초 취득원가로 인식하고 취득일 이후에 발생한 피투자자의 당기순손익 중 투자자의 지분에 해당하는 금액을 장부금액에 가감하는 방법을 말한다. 지분법의 기본적인 회계처리는 다음과 같다.

① 관계기업 투자를 최초에 원가로 인식한다.
② 피투자자의 당기순손익 중 투자자의 지분은 투자자의 당기순손익으로 인식한다.
③ 피투자자에게서 받은 분배액은 투자자산의 장부금액에서 차감한다.
④ 피투자자의 순자산변동이 기타포괄손익의 증감으로 발생하는 경우에도 그러한 자본변동분 중 자신의 지분에 해당하는 금액을 투자자산의 장부금액에 반영한다. 예를 들어 유형자산의 재평가 등이 발생한 경우 이러한 피투자자의 기타포괄손익 변동액 중 투자자의 지분은 투자자의 기타포괄손익으로 인식한다.

구 분	회 계 처 리			
① 취득시	지분법적용투자주식	×××	현 금	×××
② 당기순이익 발생	지분법적용투자주식	×××	지분법이익	×××
③ 당기순손실 발생	지분법손실	×××	지분법적용투자주식	×××
④ 이익잉여금 증가	지분법적용투자주식	×××	지분법이익잉여금변동	×××
⑤ 자본잉여금 등의 증가	지분법적용투자주식	×××	지분법자본변동	×××
⑥ 배당금 수취	현 금	×××	지분법적용투자주식	×××

02 K-IFRS

지분법은 관계기업 투자를 최초에 원가로 인식하고, 취득일 이후에 발생한 피투자자의 당기순손익 중 투자자의 지분에 해당하는 금액을 장부금액에 가감한다. 구체적인 회계처리는 다음과 같다.

(1) 취득

관계기업투자주식 취득시 취득대가와 취득일 현재 피투자회사의 식별가능한 순자산 장부금액에 대한 투자자 지분액의 차이가 발생한다. 이러한 투자제거차액은 식별가능한 순자산의 장부금액과 공정가치와의 차이와 식별불가능한 영업권이나 염가매수차익으로 구분된다. 각각의 처리는 다음과 같다.

① 피투자회사의 자산, 부채가 과대 또는 과소평가되어 식별가능한 순자산의 공정가치 차액(투자제거차액)이 발생한 경우 피투자회사가 보고한 당기순이익이 과대 또는 과소 계상된 경우이므로 관계기업투자주식과 지분법손익을 수정한다.

② 관계기업투자주식 취득시 취득대가가 취득일 현재 피투자회사의 식별가능한 순자산 공정가치에 대한 투자자 지분액보다 초과한 경우 영업권이 발생한다. 이처럼 사업결합으로 취득한 영업권은 상각하지 않고 매 회계연도마다 손상검사를 실시한다. 손상이 발생하였다고 판단할 만한 사건이나 상황변화가 있을 경우에는 영업권에 대하여 손상검사를 추가로 실시하며 영업권에 대하여 인식한 손상차손은 후속기간에 환입할 수 없다.

③ 관계기업투자주식 취득시 취득대가가 취득일 현재 피투자회사의 식별가능한 순자산 공정가치에 대한 투자자 지분액보다 미달한 경우 염가매수차익이 발생한다. 염가매수차익이 발생한 경우에는 피투자회사의 순자산 공정가치와 취득대가의 측정을 재검토하고 재검토이후에도 계속해서 남는 경우에는 즉시 당기손익에 반영한다.

(2) 순이익보고

피투자회사가 당기순이익을 보고한 경우 이는 순자산이 증가한 경우에 해당하므로 피투자자의 당기순손익 중 투자자의 지분해당액은 투자자의 지분법이익으로 인식하고 관계기업투자주식의 장부금액을 증가시킨다. 반면에 당기순손실을 보고한 경우에는 지분법손실로 인식하고 관계기업투자주식의 장부금액을 감소시킨다. 이 경우 투자자의 당기순손익은 취득시 발생한 투자제거차액의 상각 및 피투자회사와의 내부거래로 인한 미실현, 실현손익을 가감한 금액이다. 내부거래로 인한 미실현, 실현손익의 제거는 내부거래에 따른 미실현손익 등을 투자회사의 지분율을 곱한 금액이다. 참고적으로 연결회계인 경우에는 내부거래에 따른 미실현손익을 전액 제거한다.

(3) 배당금수취

피투자회사가 배당금지급을 결의한 시점에서 지급받을 배당금만큼 피투자자의 순자산이 감소한 것이므로 관계기업투자주식의 장부금액을 감소시킨다.

(4) 피투자회사의 자본변동

피투자자의 순자산변동이 기타포괄손익의 증감으로 발생하는 경우 그러한 자본변동분 중 투자자의 지분에 해당하는 금액을 투자자산의 장부금액에 기타포괄손익으로 반영한다.[24]

24) K-IFRS 제1028호 관계기업투자에서는 피투자자의 순자산가액이 기타포괄손익이 아닌 다른 자본요소의 변동에 대해서는 언급이 없다.

(5) 처분

투자자는 관계기업에 대하여 유의적인 영향력을 상실한 날부터 지분법의 사용을 중단하며, 처분금액과 장부금액의 차액을 당기손익으로 회계처리한다. 유의적인 영향력을 상실한 때에 지분법자본변동이 있는 경우에 전액을 당기손익으로 재분류한다. 유의적인 영향력을 상실한 날의 당해 투자자산의 공정가치를 금융자산의 최초 인식시의 공정가치로 간주하여 당해 공정가치와 장부금액간의 차액을 당기손익으로 인식한다.

관계기업투자주식의 일부를 매각하여 유의적인 영향력을 유지하는 경우에는 장부금액과 처분가액의 차액을 당기손익으로 인식하고, 지분법자본변동이 있는 경우에는 비례적 금액만을 당기손익으로 재분류한다.

03 중소기업회계기준

중소기업회계기준에서는 연결재무제표나 지분법을 규정하지 않고 있다. 즉, 하나의 기업이 둘 이상의 기업을 지배하는 경우 지배하는 기업과 지배받는 기업간 거래와 지배받는 기업간 거래는 독립된 기업실체간 거래로 보아 회계처리한다. 따라서 유가증권에 대한 일반회계처리를 적용한다.

04 세무회계

4.1 유가증권

(1) 유가증권의 평가

기업회계상 유가증권은 지분증권과 채무증권으로 구분하여 보유목적에 따라 회계처리가 다르다. 그러나 법인세법은 유가증권을 보유목적에 따라 분류하지는 않는다. 유가증권은 원가법으로 평가하는 것을 원칙으로 하며 주식은 총평균법·이동평균법으로 평가하고 채권은 총평균법·이동평균법·개별법 중에서 선택한다(법령 75 ①). 따라서 시가가 변동되는 경우에도 평가손익을 인식하지 않으며 유가증권에서 발생하는 이자수익과 배당금수익을 수익으로 처리한다. 다만, 투자회사 등이 보유한 집합투자재산은 시가법에 따라 평가하며 보험회사의 특별계정에 속하는 자산은 개별법(채권에 한함), 총평균법, 이동평균법, 시가법 중 보험회사가 신고한 방법에 따르되 그 방법을 이후 사업연도에도 계속 적용하여야 한다.

(2) 지분법 세무조정

1) 회계상 장부금액

지분법은 취득시점 이후 피투자자의 순자산변동액 중 투자자의 지분 해당액을 당해 투자자산(지분법적용투자주식)에 반영하는 회계처리를 말한다. 이때 피투자자의 순자산변동액이 당기순손익이면 투자자의 손익(지분법손익)으로 인식하고 피투자자의 순자산변동액이 자본항목인 경우에는 투자자의 자본항목(지분법자본변동)으로 인식한다. 지분법은 투자자가 피투자기업에 유의적인 영향을 행사할 수 있어서 피투자기업의 순자산과 경영성과에 대하여 지분율에 해당하는 권리를 투자자의 순자산과 경영성과에 포함시키고자 하는 회계처리방법이다.

지분법에 의한 회계처리를 할 경우 투자자산의 장부금액은 피투자자의 순자산공정가치와 투자자의 피투자자에 대한 하향거래 미실현손익을 가감한 금액에 투자지분율을 곱한 금액에서 영업권을 가산한 금액을 의미한다.

2) 세무상 장부금액

법인세법은 유가증권을 보유목적에 따라 분류하지는 않는다. 유가증권은 원가법으로 평가하는 것을 원칙으로 하며 시가가 변동되는 경우에도 평가손익을 인식하지 않는다. 또한 지분법에 따라 인식하는 지분법손익, 지분법자본변동도 인식하지 않으므로 세무상 장부금액은 항상 취득원가가 된다. 따라서 기말 기업회계상 장부금액과 세무상 취득원가와의 차액이 해당 사업연도 유보잔액이 된다.

예를 들어 ㈜이손이 ㈜CFO의 보통주 30주(지분율 30%)를 ₩4,000,000에 취득하고 유의적인 영향력을 행사하게 된 경우 결산상 장부금액의 변동과 세무조정 결과를 도시하면 다음과 같다.

(1) 20X1.1.1 ㈜이손은 ㈜CFO의 보통주 30주를 ₩4,000,000에 취득하고 유의적인 영향력을 행사하게 되었다. ㈜CFO의 순자산공정가치는 ₩10,000,000이다.

(2) 20X1.12.31. ㈜CFO의 순자산 증가는 ₩1,500,000(당기순이익 ₩1,000,000, 기타포괄손익누계액 ₩500,000)이다. 일반기업회계기준에 의한 영업권상각은 5년이다.

(3) 20X2.3.31. ㈜CFO는 주주총회에서 현금배당 ₩1,000,000을 결의하였다.

	20X1.1.1	20X1.12.31	20X2.3.31
㈜CFO :	순자산 10,000,000	10,000,000 순자산 당기순이익 1,000,000 기타포괄손익 500,000	순자산 10,500,000 현금배당 1,000,000
㈜이손 :	10,000,000×30% = 3,000,000	11,500,000×30% = 3,450,000	10,500,000×30% = 3,150,000
순자산변동 :	지분법적용투자주식 3,000,000 /보통예금 3,000,000	지분법적용투자주식 300,000 /지분법이익 300,000 *1,000,000×30%=300,000 지분법적용투자주식 150,000 /지분법자본변동 150,000 *500,000×30%=150,000	미수금 300,000 /지분법적용투자주식 300,000 *1,000,000×30%=300,000
영업권 :	지분법적용투자주식 1,000,000 /보통예금 1,000,000 *지분법적용투자주식 1,000,000은 영업권을 의미한다 (4,000,000－10,000,000×30%)	① 일반기업회계기준 지분법이익 200,000 /지분법적용투자주식 200,000 *1,000,000÷5년=200,000 ② K-IFRS *영업권상각을 하지 않고 손상 검토	
세무조정 :	–	① 일반기업회계기준 〈익금불산입〉 지분법이익 100,000 (△유보) 〈익금산입〉 지분법자본변동 150,000 (기타) 〈익금불산입〉 지분법적용투자주식150,000(△유보) ② K-IFRS 〈익금불산입〉 지분법이익 300,000 (△유보) 〈익금산입〉 지분법자본변동 150,000 (기타) 〈익금불산입〉 지분법적용투자주식150,000 (△유보)	① 일반기업회계기준 〈익금산입〉 배당금수익 300,000(유보) ② K-IFRS 〈익금산입〉 배당금수익 300,000(유보)

구 분	20X1. 1. 1	20X1.12.31	20X2.3.31
재무상태표(B/S)	① 일반기업회계기준 지분법적용투자주식 4,000,000 (영업권 1,000,000포함)	① 일반기업회계기준 지분법적용투자주식 4,250,000 (영업권 800,000포함) 지분법자본변동 150,000	① 일반기업회계기준 지분법적용투자주식 3,950,000 (영업권 800,000포함) 지분법자본변동 150,000
	② K-IFRS 지분법적용투자주식 4,000,000 (영업권 1,000,000포함)	② K-IFRS 지분법적용투자주식 4,450,000 (영업권 1,000,000포함) 지분법자본변동 150,000	② K-IFRS 지분법적용투자주식 4,150,000 (영업권 1,000,000포함) 지분법자본변동 150,000
세무상 장부가액	① 일반기업회계기준 B/S : 4,000,000 유보잔액 : - 세무상가액 4,000,000	① 일반기업회계기준 B/S : 4,250,000 유보잔액 : △250,000 세무상가액 4,000,000	① 일반기업회계기준 B/S : 3,950,000 유보잔액 : 50,000 세무상가액 4,000,000
	② K-IFRS B/S : 4,000,000 유보잔액 : - 세무상가액 4,000,000	② K-IFRS B/S : 4,450,000 유보잔액 : △450,000 세무상가액 4,000,000	② K-IFRS B/S : 4,150,000 유보잔액 : △150,000 세무상가액 4,000,000

예 제 지분법(1)

㈜이손은 12월 31일 결산법인으로 20X1년 1월 1일에 ㈜CFO의 보통주(총발행주식수 1,000주)의 40%를 ₩3,500,000에 취득하고 유의적인 영향력을 행사하게 되었다. 취득일 현재 ㈜CFO의 장부금액은 ₩8,000,000이며 장부금액과 공정가치가 다른 자산의 내용은 다음과 같다. 재고자산과 토지는 20X1년에 전액 외부에 판매되었으며 건물은 잔존내용연수 10년, 잔존가치 ₩0이며 정액법으로 상각한다.

구 분	장부금액	공정가치
재고자산	₩300,000	₩400,000
토 지	800,000	1,000,000
건 물	500,000	800,000

〈추가자료〉

(1) 20X1년 ㈜CFO의 당기순이익은 ₩1,000,000이다.

(2) 20X1년 7월 1일에 ㈜CFO는 토지를 ₩1,100,000에 처분하였다.

(3) 관계기업간 내부거래는 없으며 계산편의상 감가상각은 월할상각한다.

요구사항

1. 일반기업회계기준에 따른 20X1년 지분법 회계처리와 세무조정을 하시오. 단, 영업권은 5년간 상각한다.
2. K-IFRS에 따른 20X1년 지분법 회계처리와 세무조정을 하시오.

풀 이

1. 일반기업회계기준

(1) 투자제거차액의 구분

			20X1년	
			상각	이월잔액
취득금액		₩3,500,000		
순자산 장부금액	₩8,000,000			
재고자산	100,000		(₩100,000)	–
토지	200,000		(200,000)	–
건물	300,000		(30,000)	₩270,000
지분율(40%)	8,600,000	(3,440,000)		
영업권		60,000	(330,000)	270,000

(2) 20X1년 지분법이익

구 분	㈜이손	㈜CFO	합 계
보고된 순이익		₩1,000,000	₩1,000,000
투자제거차액 상각	–	(330,000)	(330,000)
내부거래 제거	–	–	–
당기순이익	–	670,000	670,000
지분율			40%
지분해당액			268,000
영업권 상각액			(12,000)
지분법 이익			256,000

* 영업권 상각 : ₩60,000÷5년 = ₩12,000

* 재고자산과 토지는 외부에 매각되었으므로 취득시 발생한 투자제거차액이 당기에 전액 실현되었으며 건물은 감가상각을 통하여 내용연수 동안 제거된다.

(3) 회계처리

① 취득시

(차) 지분법적용투자주식	3,500,000	(대) 현　　금	3,500,000

② 순이익 보고시

(차) 지분법적용투자주식	256,000	(대) 지분법이익	256,000

(4) 세무조정

법인세법상 유가증권의 평가는 투자회사, 보험회사 등의 특별한 경우를 제외하고는 원가법만을 인정한다. 따라서 미실현이익을 익금불산입한다.

〈익금불산입〉 지분법적용투자주식 256,000 (△유보)

2. K-IFRS

(1) 20X1년 지분법이익

구 분	㈜이손	㈜CFO	합 계
보고된 순이익		₩1,000,000	₩1,000,000
투자제거차액 상각	–	(330,000)	(330,000)
내부거래 제거	–	–	–
당기순이익	–	670,000	670,000
지분율			40%
지분해당액			268,000
영업권 상각액			–
지분법 이익			268,000

* K-IFRS에서는 영업권을 상각하지 아니한다.

* 재고자산과 토지는 외부에 매각되었으므로 취득시 발생한 투자제거차액이 당기에 전액 실현되었으며 건물은 감가상각을 통하여 내용연수 동안 제거된다.

(2) 회계처리

① 취득시

(차) 관계기업투자주식	3,500,000	(대) 현　　금	3,500,000

② 순이익 보고시

(차) 관계기업투자주식	268,000	(대) 지분법이익	268,000

(3) 세무조정

법인세법상 유가증권의 평가는 투자회사, 보험회사 등의 특별한 경우를 제외하고는 원가법만 인정한다. 따라서 미실현이익을 익금불산입한다.

〈익금불산입〉 관계기업투자주식 268,000 (△유보)

예 제 지분법(2)

A사는 20X1년초에 B사의 주식을 취득하였으며 지분법적용투자주식(비상장법인, 지분율 25%)으로 분류한다. 지분법적용투자주식은 ₩1,000,000에 취득하였으며 피투자회사의 식별가능한 순자산의 공정가액 중 투자회사가 취득한 지분율에 해당하는 금액은 ₩950,000이다. 20X2년 지분법회계처리와 관련한 자료는 다음과 같다.

(1) 투자차액은 5년에 걸쳐 정액법으로 상각한다.
(2) 피투자회사의 20X2년 당기순이익은 ₩400,000이다.
(3) A사는 20X2년 4월에 현금배당 ₩60,000을 수령하였다.
(4) B사의 자본중 20X2년 기타포괄손익누계액 증가액은 ₩440,000이다.

요구사항

일반기업회계기준에 의한 회계처리와 세무조정을 하시오.

풀 이

(1) 영업권 상각
① 영업권 : ₩1,000,000−₩950,000 = ₩50,000
② 영업권 상각액 : ₩50,000/5년 = ₩10,000

(2) 지분법이익
① 회계처리

(차) 지분법적용투자주식	90,000	(대) 지분법이익	90,000

* 지분법이익 : ₩400,000×25%−₩10,000 = ₩90,000

② 세무조정
〈익금불산입〉 지분법적용투자주식 90,000 (△유보)

(3) 배당금 수취
① 회계처리

(차) 현　금	60,000	(대) 지분법적용투자주식	60,000

② 세무조정
〈익금산입〉 지분법적용투자주식(배당수익) 60,000 (유보)
〈익금불산입〉 수입배당금 익금불산입 18,000 (기타)
* 60,000×30% = 18,000
* 법인세법상 수입배당금에 해당하므로 수입배당금익금불산입 규정을 적용받는다.

(4) 피투자회사의 자본변동

① 회계처리

(차) 지분법적용투자주식 110,000 (대) 지분법자본변동 110,000

* 지분법자본변동 : ₩440,000×25% = ₩110,000

② 세무조정

〈손금산입〉 지분법적용투자주식 110,000 (△유보)

〈익금산입〉 지분법자본변동 110,000 (기타)

4.2 유가증권 기타

(1) 특수관계인인 개인으로부터 저가매입한 유가증권의 시가와 매입가액의 차액

자산의 저가매입은 감가상각이나 미래 처분단계에서 과세되므로 세무조정을 하지 않는 것이 원칙이다. 다만, 소득세법상 개인이 유가증권을 양도하는 경우에는 즉시 과세할 수 없기 때문에 예외적으로 특수관계인인 개인으로부터 유가증권을 시가보다 저가로 매입한 경우 시가와 매입가액의 차액을 익금으로 보아 그 금액을 취득가액에 산입한다(법법 15 ②).

(2) 강제로 매입한 채권

기업회계상 자산의 취득과 관련하여 채권을 매입하는 경우 매입가액과 현재가치의 차액을 자산의 취득원가에 가산한다. 법인세법은 채권의 매입시 실제 매입가액을 취득원가로 하지만 법인이 기업회계기준에 따라 유형자산의 취득과 관련된 국공채의 매입가액과 현재가치의 차액을 유형자산의 취득가액으로 계상한 경우에는 인정한다(법령 72 ③).

(3) 현물출자로 출자법인이 취득한 주식

현물출자에 따라 출자법인이 취득한 주식의 취득가액은 다음과 같다(법령 72 ② 4호).

① 다음의 요건을 모두 갖춘 적격현물출자의 경우에는 현물출자한 순자산의 장부가액을 취득원가로 한다.

㉠ 출자법인이 현물출자일 현재 5년 이상 사업을 계속한 법인일 것

㉡ 피출자법인이 그 현물출자일이 속하는 사업연도의 종료일까지 출자법인으로부터 승계받은 사업을 계속할 것

㉢ 다른 내국인 또는 외국인과 공동으로 출자하는 경우 공동으로 출자한 자가 출자법인의 특수관계인이 아닐 것

㉣ 출자법인 및 출자법인과 공동으로 출자한 자가 현물출자일 다음 날 현재 피출자법인의 발행주식총수 또는 출자총액의 80% 이상의 주식등을 보유하고, 현물출자일이 속하는 사업연도의 종료일까지 그 주식 등을 보유할 것

② 비적격현물출자로서 출자법인(출자법인과 공동으로 출자한 자를 포함)이 현물출자로 인하여 피출자법인을 새로 설립하면서 그 대가로 주식만 취득하는 현물출자의 경우 취득한 주식은 현물출자한 순자산의 시가로 한다.

③ 위 이외 현물출자인 경우 주식의 취득가액은 취득한 주식의 시가로 한다.

제3절 파생상품

01 기업회계

1.1 정의

파생상품이란 다음의 요건[25]을 모두 충족하는 금융상품 또는 이와 유사한 계약을 말한다.

① 기초변수 및 계약단위의 수량(또는 지급규정)이 있어야 한다. 다만, 기초변수가 물리적 변수(예 온도, 강우량 등)인 경우로서 해당 금융상품 등이 거래소에서 거래되지 않는 경우는 제외되며 비금융변수인 경우에는 계약의 당사자에게 특정되지 아니하여야 한다.

② 최초 계약시 순투자금액을 필요로 하지 않거나 시장가격변동에 유사한 영향을 받는 다른 유형의 거래보다 적은 순투자금액을 필요로 해야 한다.

③ 차액결제가 가능해야 한다.[26]

1.2 일반회계처리

파생상품은 해당 계약에 따라 발생된 권리와 의무를 자산, 부채로 인식하며 공정가치로 평가한다. 파생상품에 대한 일반적인 회계처리는 다음과 같다.

---

25) 일반기업회계기준

26) 차액결제가 가능한 경우는 다음 중 하나를 충족하는 경우로 한다.
① 거래당사자는 파생상품의 계약단위의 수량을 직접 인도할 의무가 없다.
② 만기이전에 시장에서의 거래 등에 의해 차액결제가 가능하다.
③ 거래당사자가 파생상품의 약정내용에 따라 계약단위의 수량을 직접 인도해야 할지라도 해당 자산은 즉시 현금화 될 수 있다.

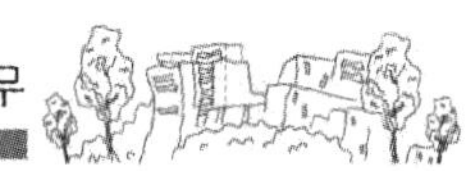

① 위험회피수단으로 지정되지 않고 매매목적 등으로 보유하고 있는 파생상품의 평가손익은 당기손익으로 인식하고 위험회피수단으로 지정된 파생상품의 평가손익은 위험회피유형별로 처리한다.

② 금융기관이나 거래소에 지급한 거래수수료는 위험회피회계의 적용여부와 관계없이 발생시점에 전액을 비용으로 인식하며 위탁증거금은 유동자산으로 처리한다. 그러나 스왑거래에서 발생하는 최초수수료나 최종수수료는 계약체결시점의 스왑 공정가치에 해당하는 금액이므로 최초 계약체결시 자산 또는 부채로 인식하여야 한다.

③ 선물거래의 일일정산에 따른 결제금액은 회계연도 중에는 거래손익으로 인식하지 않고 해당 선물거래의 반대매매, 만기결제 또는 결산시에 해당 정산차금잔액을 선물거래손익으로 인식한다.

④ 옵션 매입시 지급하는 옵션프리미엄은 자산(매수옵션)으로, 매도시 수취하는 옵션프리미엄은 부채(매도옵션)로 처리하고, 옵션이 행사일에 미행사되어 소멸하는 경우 옵션매입자는 지급한 옵션프리미엄을 당기손실로, 옵션매도자는 수취한 옵션프리미엄을 당기이익으로 인식한다.

예 제 파생상품 일반회계

㈜이손은 20X1년 11월 1일에 통화선도거래계약을 체결하였으며 계약과 관련된 자료는 다음과 같다. ㈜이손의 결산일은 12월 31일이다.

(1) 관련내역

① 계약체결일 : 20X1년 11월 1일

② 계약기간 : 20X1년 11월 1일 ~ 20X2년 1월 31일 (3개월)

③ 계약조건 : $100을 약정통화선도환율 ₩1,000/$로 매입

(2) 환율자료

일 자	현물환율(₩/$)	통화선도환율(₩/$)
20X1.11. 1	1,020	1,000
20X1.12.31	1,050	1,100
20X2. 1.31	1,120	

요구사항

㈜이손은 미래 외화($)의 가치가 상승할 것으로 예상하여 상기 조건의 통화선도계약을 체결한 경우 파생상품과 관련한 회계처리를 하시오. 단, 현재가치는 고려하지 않는다.

풀 이

파생상품인 통화선도거래와 관련한 회계처리는 다음과 같다.

① 20X1.11. 1 : 회계처리 없음

② 20X1.12.31

(차) 통화선도(B/S)	10,000	(대) 통화선도평가이익(I/S)	10,000

* $100×(₩1,100−₩1,000) = ₩10,000

③ 20X2. 1.31

(차) 현금($)	112,000	(대) 통화선도(B/S)	10,000
		현　금	100,000
		통화선도거래이익(I/S)	2,000

* $100×(₩1,120−₩1,100) = ₩2,000

참고적으로 상기의 거래에 적적한 할인율은 5%라고 가정하여 현재가치를 고려한 통화선도평가이익과 통화선도거래이익은 다음과 같다.

20X1년 12월 31일 현재 적절한 할인율 : 5%(1.0531/365 = 1.004152)
통화선도평가이익 = ₩10,000÷1.004152 = ₩9,959
통화선도거래이익 = ₩112,000−(₩9,959+₩100,000) = ₩2,041

1.3 위험회피회계

일반적인 회계기준을 적용할 경우 파생상품을 통하여 위험회피대상항목과 위험회피수단 사이에 위험회피활동으로 인하여 공정가치 또는 현금흐름의 변동위험이 상계되었음에도 불구하고 이러한 위험회피활동이 재무제표에 적절히 반영되지 못하는 경우가 생길 수 있다. 위험회피회계는 이러한 문제점을 해결하기 위하여 일반기업회계기준에 따른 기존의 회계처리방법과는 다른 회계처리방법을 규정한 회계를 말한다. 이러한 의미에서 위험회피회계를 파생상품특별회계라고도 한다. 위험회피는 공정가치위험회피, 현금흐름위험회피 및 해외사업장순투자의 위험회피로 구분할 수 있다.

① 공정가치위험회피는 특정위험으로 인한 자산, 부채 및 확정계약의 공정가치변동위험을 상계하기 위하여 파생상품 등을 이용하는 것이다.
② 현금흐름위험회피는 특정위험으로 인한 자산, 부채 및 예상거래의 미래현금흐름변동위험을 상계하기 위하여 파생상품 등을 이용하는 것이다.
③ 해외사업장순투자의 위험회피는 해외사업장의 순자산에 대한 회사의 지분 해당 금액에 대하여 위험을 회피하고자 파생상품 등을 이용하는 것이다.

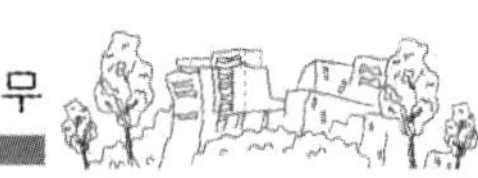

(1) 공정가치위험회피회계

공정가치위험회피회계는 특정위험으로 인한 위험회피대상항목의 공정가치 변동이 위험회피수단인 파생상품 등의 공정가치 변동과 상계되도록 특정위험으로 인한 위험회피대상항목의 평가손익을 위험회피수단의 평가손익(파생상품이 아닌 금융상품을 위험회피수단으로 지정한 경우에는 외화환산손익)과 동일한 회계기간에 대칭적으로 인식하도록 하는 것을 말한다. 공정가치위험회피회계는 다음과 같이 회계처리한다.

① 위험회피수단의 평가손익을 해당 회계연도에 당기손익으로 처리한다.

② 특정위험으로 인한 위험회피대상항목의 평가손익은 전액을 해당 회계연도에 당기손익으로 처리한다.

③ 미인식 확정계약을 위험회피대상항목으로 지정한 경우 회피대상위험으로 인한 확정계약의 후속적인 공정가치의 누적변동분은 자산이나 부채로 인식하고 이에 상응하는 손익은 당기손익으로 인식한다. 위험회피수단의 공정가치 변동도 당기손익으로 인식한다.

④ 외화 위험회피대상항목인 외화표시 자산 또는 부채의 평가손익 중 외화위험으로 인한 부분은 당기손익으로 처리한다. 예를 들어 외화 위험회피대상항목인 외화표시 투자주식 및 외화표시 투자채권(만기보유목적 투자채권 제외)의 평가손익 중 외화위험으로 인한 부분은 기타포괄손익누계액이 아닌 해당 회계연도의 당기손익으로 처리한다.

예 제　공정가치위험회피회계

㈜이손은 20X1년 11월 1일에 통화선도거래계약을 체결하였으며 계약과 관련된 자료는 다음과 같다. ㈜이손의 결산일은 12월 31일이며 파생상품과 관련하여 현재가치는 고려하지 않는다.

(1) 관련내역

① 계약체결일 : 20X1년 11월 1일

② 계약기간 : 20X1년 11월 1일~20X2년 1월 31일 (3개월)

③ 계약조건 : $100을 약정통화선도환율 ₩1,000/$로 매입

(2) 환율자료

일 자	현물환율(₩/$)	통화선도환율(₩/$)
20X1.11. 1	1,020	1,000
20X1.12.31	1,050	1,100
20X2. 1.31	1,120	

요구사항

1. ㈜이손은 20X2년 1월 31일에 $100의 재고자산(원재료)을 구입하는 확정계약을 20X1년 11월 1일에 체결하였다. 회사는 계약체결일로부터 재고자산 구입일까지 발생할 수 있는 환율변동위험을 회피하기 위하여 상기의 통화선도계약을 체결하였다. 파생상품과 관련한 회계처리를 하시오.
2. ㈜이손은 20X1년 1월 3일에 거래처의 부도로 원재료 매입이 사실상 어려울 것으로 판단하여 위험회피회계를 중단하고자 하며 실제로 만기시 원재료 매입거래는 발생하지 않았다. 파생상품과 관련한 회계처리를 하시오.

풀 이

1. 공정가치위험회피

(1) 20X1.11.1

① 위험회피대상(확정계약)

회계처리 없음

② 위험회피수단(통화선도거래)

회계처리 없음

(2) 20X1.12.31

① 위험회피대상(확정계약)

(차) 확정계약평가손실(I/S)	10,000	(대) 확정계약(B/S)	10,000

② 위험회피수단(통화선도거래)

(차) 통화선도(B/S)	10,000	(대) 통화선도평가이익(I/S)	10,000

* $100×(₩1,100−₩1,000) = ₩10,000

(3) 20X2.1.31

① 위험회피대상(확정계약)

(차) 확정계약평가손실(I/S)	2,000	(대) 확정계약(B/S)	2,000

* $100×(₩1,100−₩1,120) = (₩2,000)

(차) 원재료	100,000	(대) 현금($)	112,000
확정계약	12,000		

② 위험회피수단(통화선도거래)

(차) 현금($)	112,000	(대) 통화선도(B/S)	10,000
		현 금	100,000
		통화선도거래이익(I/S)	2,000

* $100×(₩1,120−₩1,100) = ₩2,000

2. 공정가치위험회피의 중단

위험회피대상항목이 자산, 부채인 경우 중단과 관련하여 별도의 회계처리는 없다. 위험회피대상항목이 확정계약인 경우에는 중단사유가 발생한 시점에서 기존에 자산 또는 부채로 인식한 확정계약(B/S)을 전액 제거하고 당기손익으로 인식한다.

(1) 20X2. 1. 3

① 위험회피대상(확정계약)

(차) 확정계약(B/S)	10,000	(대) 확정계약해지이익(I/S)	10,000

* \$100×(₩1,000−₩1,100) = (₩10,000)

② 위험회피수단(통화선도거래)

회계처리 없음

(2) 20X2.1.31

① 위험회피대상(확정계약) : 회계처리 없음

② 위험회피수단(통화선도거래)

(차) 현금($)	112,000	(대) 통화선도(B/S)	10,000
		현 금	100,000
		통화선도거래이익(I/S)	2,000

* \$100×(₩1,120−₩1,100) = ₩2,000

(2) 현금흐름위험회피회계

현금흐름위험회피회계는 특정위험으로 인한 예상거래의 미래현금흐름 변동위험을 감소시키기 위하여 지정된 파생상품의 평가손익(위험회피수단이 파생상품이 아닌 금융상품인 경우에는 외화위험으로 인한 외환차이 변동분을 의미함. 이하 같음) 중 위험회피에 효과적이지 못한 부분은 당기손익으로 인식하고 위험회피에 효과적인 부분은 기타포괄손익누계액으로 인식한 후 예상거래의 종류에 따라 향후 예상거래가 당기손익에 영향을 미치는 회계연도에 당기손익으로 인식하거나 예상거래발생시 관련 자산·부채의 장부금액에서 가감하는 것을 말한다. 현금흐름위험회피회계는 다음과 같이 회계처리한다.

① 위험회피수단으로 지정한 파생상품의 평가손익은 다음 ㉠, ㉡ 중 작은 금액을 기타포괄손익누계액으로 인식하고 나머지 금액은 당기손익으로 처리한다.

㉠ 누적파생상품평가손익에서 위험회피효과 평가시 제외된 부분[27] 및 전기까지 당기손익으로 인식한 부분을 차감한 금액

㉡ 누적파생상품평가손익 중 위험회피대상 예상거래의 누적예상 현금흐름변동액현가와 상계가능한 금액에서 전기까지 당기손익으로 인식한 부분을 차감한 금액

② 위 ①에 따라 누적기준으로 기타포괄손익누계액에 인식해야 할 파생상품평가손익을 산정함으로써 전기 이전에 손익으로 인식한 파생상품평가손익을 당기에 기타포괄손익누계액으로 인식해야하는 경우 동 금액은 당기손익으로 처리한다.

27) 예를 들면 옵션의 시간가치 등이 이에 해당한다.

③ 위험회피대상 예상거래가 자산의 취득 또는 부채의 발생인 경우 위 ①과 ②에 따라 기타포괄손익누계액으로 인식된 관련 파생상품평가손익은 해당 예상거래가 발생한 시점에 관련 자산 또는 부채의 장부금액에서 가감한다.

④ 위험회피대상 예상거래가 위 ③에서 언급한 이외의 경우 위 ①과 ②에 따라 기타포괄손익누계액으로 인식된 관련 파생상품평가손익은 위험회피대상 예상거래가 당기손익에 영향을 미치는 회계연도에 손익으로 인식한다. 여기서 당기손익에 영향을 미치는 경우는 미래예상매출, 이자비용 등의 발생 등을 의미한다.

예 제 **현금흐름위험회피회계**

㈜이손은 20X1년 11월 1일에 통화선도거래계약을 체결하였으며 계약과 관련된 자료는 다음과 같다. ㈜이손의 결산일은 12월 31일이며 파생상품과 관련하여 현재가치는 고려하지 않는다.

(1) 관련내역

① 계약체결일 : 20X1년 11월 1일
② 계약기간 : 20X1년 11월 1일 ~ 20X2년 1월 31일 (3개월)
③ 계약조건 : $100을 약정통화선도환율 ₩1,000/$로 매입

(2) 환율자료

일 자	현물환율(₩/$)	통화선도환율(₩/$)
20X1.11. 1	1,020	1,000
20X1.12.31	1,050	1,100
20X2. 1.31	1,120	

요구사항

1. ㈜이손은 20X2년 1월 31일에 $100의 재고자산(원재료)을 매입할 계획이며 당해 재고자산 매입거래는 거의 확실시 된다. 회사는 환율상승에 따른 위험에 대비하여 상기 조건의 통화선도계약을 체결하였다. 회사는 위험회피에 효과적인 파생상품평가손익은 예상거래 발생시 재고자산의 장부금액을 조정하기로 하였다. 단, 위험회피대상의 미래기대현금흐름 변동액 계산시 기대현물환율은 현재의 현물환율과 동일하다고 가정하며 현재가치평가는 생략한다. 파생상품과 관련한 회계처리를 하시오.

2. ㈜이손은 20X2년 1월 3일에 예상거래의 발생가능성이 불확실하여 위험회피회계를 중단하기로 하였다. 파생상품과 관련한 회계처리를 하시오.

풀 이

1. 현금흐름위험회피

(1) 환율변동효과(단위 : 원)

일 자	현물 환율	현물 총누적 효과	계산근거	통화 선도 환율	통화선도 총누적 효과	계산근거
20X1.11. 1	1,020	–		1,000	–	
20X1.12.31	1,050	3,000	(1,050–1,020)×100 = 3,000	1,100	10,000	(1,100–1,000)×100 = 10,000
20X2. 1.31	1,120	10,000	(1,120–1,020)×100 = 10,000	1,120	12,000	(1,120–1,000)×100 = 12,000

일 자	현물 총누적 효과	통화선도 총누적 효과	효과적 위험 회피	비효과적 위험 회피	판단근거
20X1.11. 1	–	–	–	–	
20X1.12.31	3,000	10,000	3,000	7,000	통화선도의 평가손익 중 현물의 환율변동효과 3,000을 초과하는 부분은 비효과적이다.
20X2. 1.31	10,000	12,000	10,000	2,000	통화선도의 거래손익 중 현물의 환율변동효과 10,000을 초과하는 부분은 비효과적이다.
증 감			7,000	(5,000)	

(2) 회계처리

1) 20X1.11.1

① 위험회피대상(재고자산 매입)

회계처리 없음

② 위험회피수단(통화선도거래)

회계처리 없음

2) 20X1.12.31

① 위험회피대상(재고자산 매입)

회계처리 없음

② 위험회피수단(통화선도거래)

(차) 통화선도(B/S)	10,000	(대) 통화선도평가이익(B/S)	3,000
		통화선도평가이익(I/S)	7,000

* $100×(₩1,100–₩1,000) = ₩10,000

3) 20X2. 1.31

① 위험회피대상(재고자산 매입)

(차) 원 재 료	112,000	(대) 현 금	112,000
통화선도평가이익(B/S)	10,000	원 재 료	10,000

② 위험회피수단(통화선도거래)

(차) 통화선도(B/S)	2,000	(대) 통화선도평가이익(B/S)	7,000
통화선도평가손실(I/S)	5,000		

* $100×(₩1,120−₩1,100) = ₩2,000

(차) 현 금($)	112,000	(대) 통화선도(B/S)	12,000
		현 금	100,000

2. 현금흐름위험회피의 중단

현금흐름위험회피회계를 중단하는 경우에는 기타포괄손익으로 인식한 위험회피수단의 누적손익은 향후 예상거래가 발생하는 시점에 자본에서 당기손익으로 재분류한다. 다만, 예상거래가 더 이상 발생하지 않을 것으로 기대되어 중단된 경우 그 시점에 자본에서 당기손익으로 재분류한다.

(1) 20X2. 1. 3

① 위험회피대상(재고자산 매입)

회계처리 없음

② 위험회피수단(통화선도거래)

(차) 통화선도평가이익(B/S)	3,000	(대) 통화선도평가이익(I/S)	3,000

(2) 20X2.1.31

① 위험회피대상(재고자산 매입)

회계처리 없음

② 위험회피수단(통화선도거래)

(차) 현금($)	112,000	(대) 통화선도(B/S)	10,000
		현 금	100,000
		통화선도거래이익(I/S)	2,000

(3) 순투자의 위험회피회계

해외사업장순투자의 위험회피(순투자의 일부로 회계처리하는 화폐성항목의 위험회피 포함)는 다음과 같이 현금흐름위험회피와 유사하게 회계처리한다.

① 위험회피수단의 손익 중 위험회피에 효과적인 부분은 기타포괄손익으로 인식한다.

② 위험회피수단의 손익 중 비효과적인 부분은 당기손익으로 인식한다. 위험회피수단의 손익 중 위험회피에 효과적이어서 기타포괄손익으로 인식한 부분은 향후 해외사업장의 처분시점에 재분류조정으로 자본에서 당기손익으로 재분류한다.

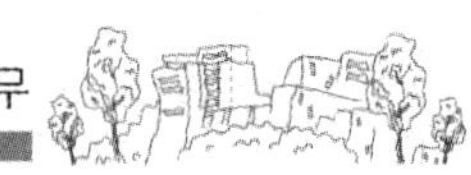

1.4 중소기업회계기준

중소기업회계기준은 회사에 발생하는 모든 거래와 그 밖의 사건·상황에 적용될 회계기준을 제공하는 것이 아니다. 구체적 회계처리기준이 없으면 일반기업회계기준을 참조하여 회계처리를 한다. 중소기업회계기준은 파생상품에 대한 구체적 규정이 없으므로 일반기업회계기준 제6장의 파생상품과 제31장 중소기업회계처리특례를 적용한다. 일반기업회계기준의 중소기업회계처리특례에 따르면 정형화된 시장에서 거래되지 않아 시가가 없는 파생상품에 대하여는 계약시점 후 평가에 관한 회계처리를 아니할 수 있도록 규정하고 있다.

02 세무회계

(1) 일반원칙

파생상품의 거래로 인한 익금 및 손금의 귀속시기는 권리의무확정주의에 따라 그 계약이 만료되어 대금을 결제한 날 등 당해 익금과 손금이 확정된 날이 속하는 사업연도로 하며 계약만료 이전에 파생상품에 대하여 인식한 파생상품평가손익은 각 사업연도의 소득금액 계산에 있어서 이를 익금 또는 손금에 산입하지 아니한다(구 법기통 40-71…22). 다만, 다음의 통화선도 등에 대한 평가손익은 각 사업연도의 익금과 손금에 산입할 수 있다(법령 73).

① 법인세법 시행령 제61조제2항제1호부터 제7호까지의 금융회사 등이 보유하는 통화 관련 파생상품 중 다음의 통화선도, 통화스왑 및 환변동보험(통화선도 등)
  ㉠ 통화선도 : 원화와 외국통화 또는 서로 다른 외국통화의 매매계약을 체결함에 있어 장래의 약정기일에 약정환율에 따라 인수·도 하기로 하는 거래
  ㉡ 통화스왑 : 약정된 시기에 약정된 환율로 서로 다른 표시통화간의 채권채무를 상호 교환하기로 하는 거래
  ㉢ 환변동보험 : 한국무역보험공사가 운영하는 환변동위험을 회피하기 위한 선물환 방식의 보험계약(당사자 어느 한쪽의 의사표시에 의하여 기초자산이나 기초자산의 가격·이자율·지표·단위 또는 이를 기초로 하는 지수 등에 의하여 산출된 금전, 그 밖의 재산적 가치가 있는 것을 수수하는 거래를 성립시킬 수 있는 권리를 부여하는 것을 약정하는 계약과 결합된 보험계약은 제외한다)

② 법령 제61조제2항제1호부터 제7호까지의 금융회사 등 외의 법인이 화폐성외화자산·부채의 환위험을 회피하기 위하여 보유하는 통화선도 등

(2) 외험회피회계와 세무조정

위험회피란 기초변수에서 발생한 손익과 파생상품에서 발생한 손익이 상쇄되어 손익이 0(완전헷지)이 되는 효과를 말한다. 법인세법은 미확정손익인 파생상품의 평가손익을 인정하지 않는다. 다만, 위험회피목적의 통화선도 등에 대한 평가손익은 각 사업연도의 익금과 손금에 산입할 수 있다. 예를 들어 기초변수(일반거래 외화채무 $100 또는 확정계약 미래 $100의 구입계약 또는 미래 $100의 지출예상거래)에 대한 환율상승이 예상되어 통화선도 $100의 매입계약을 체결하였다. 실제로 환율이 상승함에 따라 기초변수에서 환산손실 등이 발생하고 통화선도에서 평가이익이 발생하였다. 이 경우 기초변수에서 발생한 손익과 파생상품에서 발생한 손익이 상쇄되어 손익이 0(완전헷지)이 되는 위험회피효과와 해당 손익에 대한 세무조정을 도시하면 다음과 같다.

기업회계						세무회계
	기초변수		파생상품거래		손익효과	
일 반 회 계	환산손실	+	파생상품평가이익 (손익항목)	=	0	원칙 : 파생상품평가손익을 부인한다.
공 정 가 치 위험회피회계 (확 정 계 약)	확정계약 평가손실	+	파생상품평가이익 (손익항목)	=	0	예외 : 위험회피목적의 통화선도, 통화스왑, 환변동보험 등의 평가손익은 인정한다.
현 금 흐 름 위험회피회계 (예 상 거 래)	–	+	파생상품평가이익 (자본항목)	=	0	

예 제 **파생상품평가손익**

중소기업인 ㈜이손은 20X1년 11월 1일에 통화선도거래계약을 체결하였으며 계약과 관련된 자료는 다음과 같다. ㈜이손의 결산일은 12월 31일이다.

(1) 관련내역
① 계약체결일 : 20X1년 11월 1일
② 계약기간 : 20X1년 11월 1일~20X2년 1월 31일 (3개월)
③ 계약조건 : $100을 약정통화선도환율 ₩1,000/$로 매입

(2) 환율자료

일 자	현물환율(₩/$)	통화선도환율(₩/$)
20X1.11. 1	1,020	1,000
20X1.12.31	1,050	1,100
20X2. 1.31	1,120	

요구사항

1. ㈜이손은 미래 외화($)의 가치가 상승할 것으로 예상하여 상기 조건의 통화선도계약을 체결한 경우 파생상품과 관련한 일반회계처리와 세무조정을 하시오. 단, 현재가치는 고려하지 않는다.
2. ㈜이손은 미래 외화($)의 가치가 상승할 것으로 예상하여 상기 조건의 통화선도계약을 체결하였으며 중소기업회계처리특례에 따라 계약시점 후 평가에 관한 회계처리를 생략하고자 한다. 파생상품과 관련한 회계처리와 세무조정을 하시오.
3. ㈜이손은 위험회피를 목적으로 상기 조건의 통화선도계약을 체결하였으며 당해 통화선도와 관련하여 법인세법상 평가손익을 익금과 손금으로 선택하고자 한다. 파생상품과 관련한 세무조정을 하시오. 단, 현재가치는 고려하지 않는다.

풀 이

1. 파생상품평가손익의 비적용

① 20X1.12.31

(차) 통화선도(B/S)	10,000	(대) 통화선도평가이익(I/S)	10,000

(세무조정) 〈익금불산입〉 통화선도평가이익 10,000 (△유보)

② 20X2.1.31

(차) 현금($)	112,000	(대) 통화선도(B/S)	10,000
		현금	100,000
		통화선도거래이익(I/S)	2,000

(세무조정) 〈익금산입〉 통화선도평가이익 10,000 (유보)

2. 중소기업회계기준에 의한 파생상품평가손익 비적용

파생상품의 거래로 인한 익금 및 손금의 귀속시기는 권리의무확정주의에 따라 그 계약이 만료되어 대금을 결제한 날 등 당해 익금과 손금이 확정된 날이 속하는 사업연도로 한다. 따라서 중소기업회계기준 또는 일반기업회계기준의 중소기업회계처리특례에 따라 회계처리할 경우 세무조정은 없다.

① 20X1.12.31 : 회계처리 및 세무조정 없음

② 20X2.1.31

(차) 현　금($)	112,000	(대) 현　금	100,000
		통화선도거래이익(I/S)	12,000

(세무조정 없음)

3. 파생상품평가손익의 적용

㈜이손이 화폐성외화자산·부채의 환위험을 회피하기 위하여 보유하는 통화선도에 대하여 외화자산 및 부채를 사업연도 종료일 현재의 매매기준율 등으로 평가하는 방법을 선택한 경우 회계처리는 요구사항 1과 동일하며 세무조정은 없다. 이 경우 과세표준 등의 신고와 함께 외화자산등평가방법신고서를 관할 세무서장에게 제출하여야 한다.

Chapter

8 사업용 유형·무형자산

제1절 차입원가 자본화

01 일반기업회계기준

유형자산의 원가는 자산을 취득하기 위하여 자산의 취득시점이나 건설시점에서 지급한 현금 또는 현금성자산이나 제공한 기타 대가의 공정가치로서 인식시점의 현금가격상당액을 의미한다. 일정한 조건을 충족하는 자산의 취득, 건설, 생산 등을 위하여 직접 발생된 이자비용도 당해 자산원가의 일부로 자본화(capitalization of borrowing costs)한다. 차입원가의 자본화와 관련한 용어의 정의는 다음과 같다.

적격자산	유형자산, 무형자산 및 투자부동산과 제조, 매입, 건설, 또는 개발이 개시된 날로부터 의도된 용도로 사용하거나 판매할 수 있는 상태가 될 때까지 1년 이상의 기간이 소요되는 재고자산
특정차입금	적격자산을 취득할 목적으로 직접 차입한 자금
일반차입금	일반적인 목적으로 차입한 자금 중 적격자산의 취득에 소요되었다고 볼 수 있는 자금

자본화할 수 있는 차입원가는 적격자산을 취득할 목적으로 직접 차입한 자금에 대한 차입원가와 일반적인 목적으로 차입한 자금 중 적격자산의 취득에 소요되었다고 볼 수 있는 자금에 대한 차입원가로 나누어 산정한다.

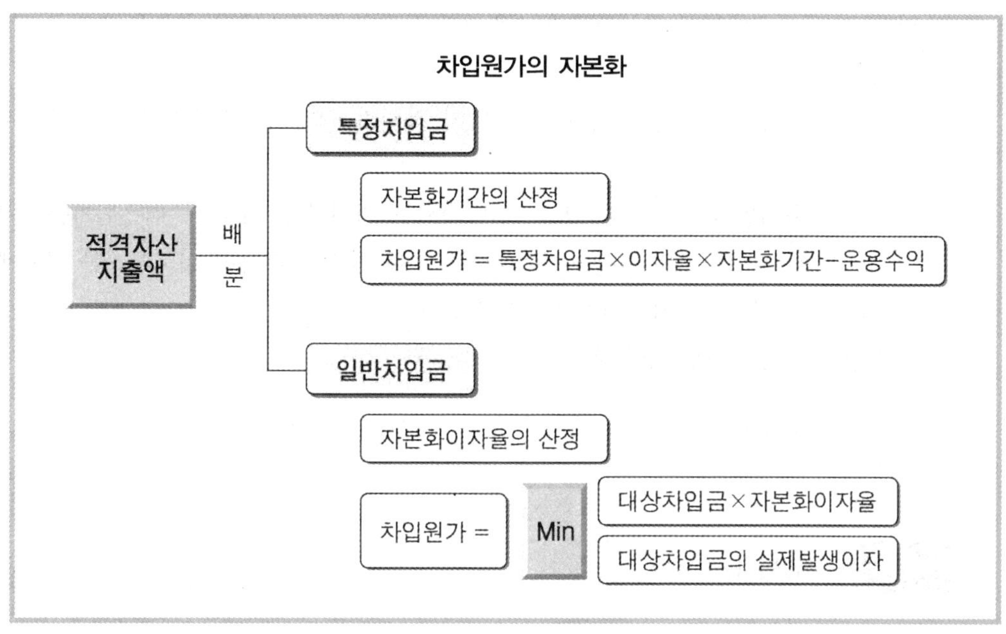

일반차입금의 차입원가

자본화대상 일반차입금 = 적격자산의 평균지출액 − 특정차입금

일반차입금 자본화가능차입원가 = min
① 자본화대상 일반차입금 ×자본화이자율
② 자본화대상 일반차입금의 실제발생이자

$$* \text{ 자본화이자율} = \frac{\text{일반차입금 총금융비용}}{\text{일반차입금 연평균차입액}}$$

차입원가의 자본화와 관련하여 유의할 사항은 다음과 같다.

① 차입원가는 기간비용으로 처리함을 원칙으로 한다. 다만, 유형자산, 무형자산 및 투자부동산과 제조, 매입, 건설, 또는 개발이 개시된 날로부터 의도된 용도로 사용하거나 판매할 수 있는 상태가 될 때까지 1년 이상의 기간이 소요되는 재고자산 등의 적격자산 취득을 위한 자금에 차입금이 포함된다면 이러한 차입금에 대한 차입원가는 적격자산의 취득에 소요되는 원가로 회계처리 할 수 있다. 적격자산의 취득과 관련된 차입원가는 그 자산을 취득하지 아니하였다면 부담하지 않을 수 있었던 원가이기 때문에 적격자산의 취득원가를 구성하며 그 금액을 객관적으로 측정할 수 있는 경우에는 해당 자산의 취득원가에 산입할 수 있다.

② 일반차입금범위내에서 자본화할 차입원가를 산정함에 있어 다음 사항을 추가로 고려해야 한다.

㉠ 전기이전에 자본화한 차입원가는 당기 적격자산의 평균지출액에 포함시키지 않는다.

㉡ 미지급차입원가의 자본화여부는 일반적으로 미지급공사원가도 취득원가를 구성하고 미지급차입원가의 발생도 대상자산의 취득이 없었더라면 회피가능한 범위에 속하므로 자본화대상차입원가에 포함시킨다.

③ 차입원가의 자본화에 대한 회계처리는 다음과 같다.

(차) 유형자산	×××	(대) 이자비용	×××

예 제 **차입원가**

결산일이 12월 31일인 ㈜이손은 20X1년 4월 1일에 건물신축을 시작하여 20X2년 12월 31일에 완공하였다. ㈜이손은 적격자산에 대하여 일반기업회계기준에 의한 차입원가 자본화를 선택하였으며 이와 관련한 자료는 다음과 같다.

(1) 건물신축과 관련된 지출내역

일 자	내 역	금 액
20X1년 4월 1일	계약금	₩5,000,000
20X2년 7월 1일	잔 금	3,000,000
합 계		8,000,000

(2) 차입금 내역

구 분	차입일	상환일	차입금액	연이자율
A	20X1년 3월 1일	20X2년 3월 1일	₩1,500,000	10%
B	20X1년 7월 1일	20X3년 6월 30일	2,000,000	11%
C	20X1년 1월 1일	20X3년 12월 31일	3,000,000	12%

* 차입금 A는 건물신축과 관련하여 발생된 특정차입금이며 그 외 차입금은 일반차입금이다. 이자는 1년 후급 조건이다.

요구사항

1. 회사가 20X1년에 인식할 차입원가를 계산하시오. 단, 계산편의상 적수는 월할로 계산한다.

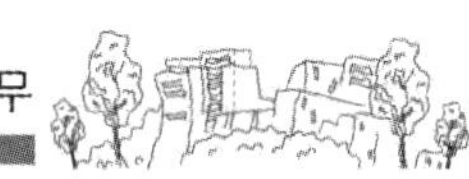

2. 회사가 20X2년에 인식할 차입원가를 계산하시오. 단, 계산편의상 적수는 월할로 계산한다.

풀 이

1. 20X1년 차입원가

(1) 평균지출액

구 분	지출액	적수	평균지출액
계약금	₩5,000,000	9/12	₩3,750,000

(2) 특정차입금 이자비용

차입금	금액	적수	평균차입액	이자율	이자비용
A	₩1,500,000	9/12	₩1,125,000	10.00%	₩112,500

(3) 일반차입금 가중평균차입이자율

차입금	금액	적수	평균차입액	이자율	이자비용
B	₩2,000,000	6/12	₩1,000,000	11.00%	₩110,000
C	3,000,000	12/12	3,000,000	12.00%	360,000
합 계	5,000,000		4,000,000		470,000
가중평균이자율(=이자비용÷평균차입액) :					11.75%

(4) 차입원가

적격자산 지출액	평균지출액 분석		이자율	이자비용
₩3,750,000	특정차입금	₩1,125,000	10.00%	₩112,500
	일반차입금	2,625,000	11.75%	308,438
	자기자본지출액	–	–	–
합 계		3,750,000		420,938

2. 20X2년 차입원가

(1) 평균지출액

구 분	지출액*	적수	평균지출액
계약금	₩5,000,000	12/12	₩5,000,000
잔금	3,000,000	6/12	1,500,000
합 계	8,000,000		6,500,000

* 일반기업회계기준에서는 전기에 자본화한 차입원가는 제외한다.

(2) 특정차입금 이자비용

차입금	금액	적수	평균차입액	이자율	이자비용
A	₩1,500,000	2/12	₩250,000	10.00%	₩25,000

(3) 일반차입금 가중평균차입이자율

차입금	금액	적수	평균차입액	이자율	이자비용
B	₩2,000,000	12/12	₩2,000,000	11.00%	₩220,000
C	3,000,000	12/12	3,000,000	12.00%	360,000
합 계	5,000,000		5,000,000		580,000
가중평균이자율(=이자비용÷평균차입액) :					11.60%

(4) 차입원가

적격자산 지출액	평균지출액 분석		이자율	이자비용
₩6,500,000	특정차입금	₩250,000	10.00%	₩25,000
	일반차입금	5,000,000	11.60%	580,000
	자기자본지출액	1,250,000	–	–
6,500,000		6,500,000		605,000

(5) 회계처리

20X1년말	(차) 건설중인자산	420,938	(대) 이자비용	420,938
20X2년말	(차) 건물	9,025,938	(대) 건설중인자산	8,420,938
			이자비용	605,000

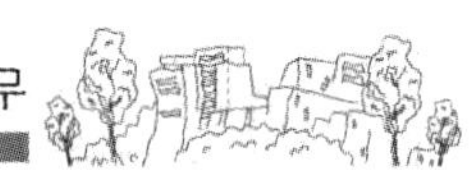

02 K-IFRS

유형자산의 원가는 자산을 취득하기 위하여 자산의 취득시점이나 건설시점에서 지급한 현금 또는 현금성자산이나 제공한 기타 대가의 공정가치로서 인식시점의 현금가격상당액을 의미한다. 원가의 구성은 구입가격과 직접 관련원가, 복구원가 및 차입원가를 포함한다. 일정한 조건을 충족하는 자산의 취득, 건설, 생산 등을 위하여 직접 발생된 이자비용도 당해 자산원가의 일부로 자본화(capitalization of borrowing costs)하도록 규정하고 있다.

유형자산의 원가＝구입가격＋직접 관련원가＋복구원가＋차입원가

자산의 원가에 포함하는 이자비용을 차입원가, 건설자금이자 또는 자본화가능차입원가라고 한다. 자산을 취득하기 위해 사용하는 자금의 재원은 금융회사 등으로부터 차입하여 조달한 타인자본과 유상증자 등을 통하여 조달한 자기자본이 있다. 한국채택국제회계기준에서는 자본화하는 차입원가는 금융회사 등으로부터 차입하여 조달한 타인자본만을 대상으로 한다. 자기자본에서 발생한 암묵적인 이자는 실제 지출된 것이 아니므로 타인자본에서 발생한 실제 차입원가만을 자본화한다.

(1) 적격자산

적격자산(qualifying assets)은 의도된 용도로 사용하거나 판매 가능한 상태에 이르게 하는 데 상당한 기간을 필요로 하는 자산을 말하며, 차입원가의 자본화 대상자산을 의미한다. 적격자산에 해당하는 자산은 다음과 같다.

① 재고자산
② 제조설비자산
③ 전력생산설비
④ 무형자산
⑤ 투자부동산

(2) 자본화대상 차입원가

차입원가(borrowing costs)란 자금의 차입과 관련하여 발생하는 이자 및 기타 원가를 말한다. 기타 원가는 외화차입금과 관련되는 외환차이 중 이자원가의 조정으로 볼 수 있는 부분을 의미하는 데 한국채택국제회계기준에서는 이에 대한 구체적인 규정은 언급하고 있지 않다. 따라서 실무적으로는 일반기업회계기준을 적용하여 산정한다.[28)]

---

28) 일반기업회계기준 문단 18.3 및 일반기업회계기준 부록 실18.2

① 유효이자율법을 사용하여 계산된 이자비용[29)]
② 금융리스 관련 금융원가
③ 외화차입금과 관련되는 외환차이 중 이자원가의 조정으로 볼 수 있는 부분

(3) 자본화기간

자본화기간은 적격자산의 취득에 사용한 차입금에 대한 차입원가를 당해 자산의 원가로 처리하는 기간을 말한다. 자본화기간은 적격자산의 취득이 시작되는 자본화의 개시시점부터 취득이 완료되는 자본화 종료시점까지의 기간을 의미하며, 적격자산에 대한 적극적인 개발활동을 중단한 기간에는 차입원가의 자본화를 중단한다.

(4) 차입원가의 자본화 계산

자본화할 차입원가는 적격자산에 대한 지출액을 파악하여 자금의 재원에 따라 특정차입금, 일반차입금으로 구분하고 사용된 자금에서 발생한 차입원가를 산정하는 계산절차를 가진다. 특정차입금이란 적격자산을 취득할 목적으로 직접 차입한 자금을 말하며 일반차입금은 일반적인 목적으로 차입한 자금 중 적격자산의 취득에 소요되었다고 볼 수 있는 자금을 말한다. 특정차입금은 자본화기간 중에 발생한 차입원가만을 자본화하며 당해 차입금의 일시적 운용에서 발생한 일시투자수익은 차감한다. 일반차입금은 회계기간 전체에서 발생한 차입원가를 대상으로 자본화이자율을 산정하여 자본화하며 일시투자수익은 차감하지 아니한다.

자본화할 차입원가는 다음과 같은 절차를 통해 산정한다.

① 적격자산에 대한 평균지출액의 산정
② 특정차입금에 대한 차입원가 산정
③ 일반차입금에 대한 자본화이자율의 산정
④ 자본화 차입원가의 계산

29) 복구충당부채에서 유효이자율법으로 인식한 이자비용은 자본화하지 않으며 당기비용으로 인식한다. (K-IFRS 제2101호 사후처리 및 복구관련 충당부채의 변경)

예제 2회계기간 차입원가

결산일이 12월 31일인 ㈜이손은 20X1년 4월 1일에 건물신축을 시작하여 20X2년 12월 31일에 완공하였다. 관련자료는 다음과 같으며 ㈜이손은 K-IFRS를 적용한다.

(1) 건물신축과 관련된 지출내역

일 자	내 역	금 액
20X1년 4월 1일	계약금	₩5,000,000
20X2년 7월 1일	잔 금	2,158,124
합 계		7,158,124

(2) 차입금 내역

구분	차입일	상환일	차입금액	연이자율
A	20X1년 3월 1일	20X2년 3월 1일	₩1,500,000	10%
B	20X1년 7월 1일	20X3년 6월 30일	2,000,000	11%
C	20X1년 1월 1일	20X3년 12월 31일	3,000,000	12%

* 차입금 A는 건물신축과 관련하여 발생된 특정차입금이며, 그 외 차입금은 일반차입금이다. 이자는 1년 후급조건이다.

요구사항

1. 회사가 20X1년에 인식할 차입원가를 계산하시오. 단, 계산편의상 적수는 월할로 계산한다.
2. 회사가 20X2년에 인식할 차입원가를 계산하시오. 단, 계산편의상 적수는 월할로 계산한다.

풀 이

1. 20X1년 차입원가

(1) 평균지출액

구 분	지출액	적수	평균지출액
계약금	₩5,000,000	9/12	₩3,750,000

(2) 특정차입금 이자비용

차입금	금액	적수	평균차입액	이자율	이자비용
A	₩1,500,000	9/12	₩1,125,000	10.00%	₩112,500

(3) 일반차입금 가중평균차입이자율

차입금	금액	적수	평균차입액	이자율	이자비용
B	₩2,000,000	6/12	₩1,000,000	11.00%	₩110,000
C	3,000,000	12/12	3,000,000	12.00%	360,000
	5,000,000		4,000,000		470,000
가중평균이자율					11.75%

(4) 차입원가

적격자산 지출액	평균지출액 분석		이자율	이자비용
₩3,750,000	특정차입금	₩1,125,000	10.00%	₩112,500
	일반차입금	2,625,000	11.75%	308,438
	자기자본지출액	–	–	–
합 계		3,750,000		420,938

2. 20X2년 차입원가

(1) 평균지출액

구 분	지출액*	적수	평균지출액
계약금	₩5,420,938	12/12	₩5,420,938
잔금	2,158,124	6/12	1,079,062
합 계	7,579,062	–	6,500,000

* K-IFRS에서는 전기에 자본화한 차입원가를 포함하여 계산한다.

(2) 특정차입금 이자비용

차입금	금액	적수	평균차입액	이자율	이자비용
A	₩1,500,000	2/12	₩250,000	10.00%	₩25,000

(3) 일반차입금 가중평균차입이자율

차입금	금액	적수	평균차입액	이자율	이자비용
B	₩2,000,000	12/12	₩2,000,000	11.00%	₩220,000
C	3,000,000	12/12	3,000,000	12.00%	360,000
	5,000,000		5,000,000		580,000
가중평균이자율					11.60%

(4) 차입원가

적격자산 지출액	평균지출액 분석		이자율	이자비용
6,500,000	특정차입금	₩250,000	10.00%	₩25,000
	일반차입금	5,000,000	11.60%	580,000
	자기자본지출액	1,250,000	–	–
합 계		6,500,000		605,000

세무회계

3.1 건설자금이자의 의의

건설자금이자는 자산의 제조, 매입, 건설 또는 개발과 관련하여 발생한 타인자본에 대한 이자를 말하며 자산의 원가에 가산될 수 있는 이자를 의미한다.

차입원가 자본화(건설자금이자)

비 교	일반기업회계기준	법인세법
자본화여부	선택적(비용 또는 자본화)	특정차입금 강제적 자본화
자본화대상자산	유형자산, 무형자산, 투자자산 장기간 소요되는 재고자산	사업용 유형·무형자산
자본화대상 차입금	특정차입금, 일반차입금	특정차입금, 일반차입금(선택가능)
자본화대상 이자에 포함여부	환율변동손익 중 이자조정분 포함 연체이자 제외	외환차손익, 외화환산손익 제외 연체이자 포함 및 운영자금전용 제외

차입원가 자본화(건설자금이자)

비 교	K-IFRS	법인세법
자본화여부	자본화 강제	특정차입금 강제적 자본화
자본화대상자산	유형자산, 무형자산, 투자자산 장기간 소요되는 재고자산	사업용 유형·무형자산
자본화대상 차입금	특정차입금, 일반차입금	특정차입금, 일반차입금(선택가능)
자본화대상 이자에 포함여부	환율변동손익 중 이자조정분 포함 연체이자 제외	외환차손익, 외화환산손익 제외 연체이자 포함 및 운영자금전용 제외

건설중인자산 지출액		일반기업회계기준	K-IFRS	법인세법
직접차입	⇝ 특정차입금 ⇒ 이자비용	자본화, 이자비용선택	자본화	자본화
간접차입	⇝ 일반차입금 ⇒ 이자비용	자본화, 이자비용선택	자본화	자본화, 이자비용 선택
자기자본	⇝ 자기자본 ⇒ 기회비용	–	–	–

세무조정 : 일반기업회계기준의 경우 특정차입금의 이자비용을 자본화하지 않은 경우 손금불산입(유보)한다. 당해 자산이 상각자산인 경우 유보금액은 상각부인액으로 보아 처리한다. 그 외의 경우 세무조정은 없다.

3.2 자본화대상자산

법인세법에서는 건설자금이자의 계상대상자산을 사업용 유형·무형자산으로 규정하고 있다(법기통 28-52…1). 이 경우 사업용 유형·무형자산의 건설 등 외에 법인이 기존 건물을 증축 또는 기존 유형·무형자산을 증설·개량하는 경우 그 증축 또는 증설·개량에 소요된 것이 분명한 차입금 이자는 당해자산이 그 목적에 실제로 사용되는 날까지 당해 자산의 자본적지출로 하여 원본에 가산한다(법인46012-1553, 1996.05.31.).

자본화 대상자산	비자본화 대상자산
• 유형자산 • 무형자산 • 연구개발비(서이 46012-11936, 2002.10.23.) • 기존 자산의 증축, 증설, 개량(법인 46012-1553, 1996.5.31.) • 기존 기계장치를 개체하거나 기존 기계장치에 일부설비를 새로이 설치	• 재고자산에 해당하는 매매(분양)용 부동산(법기통 28-52…1) • 투자목적 또는 비영업용으로 취득한 투자부동산

3.3 자본화대상 기간

매입, 제작, 건설에 자금이 소요된 시점부터 건설 등이 준공된 날까지로 한다(법령 52 ②). 건설 등의 준공일은 당해 건설 등의 목적물이 전부 준공된 날로 하되(법령 52 ⑤), 다음 각각에 해당하는 날로 한다(법령 52 ⑥).

① 토지 : 그 대금을 청산한 날과 사업에 사용하는 날 중 빠른 날
토지가 사업에 사용되기 시작한 날이라 함은 공장 등의 건설에 착공한 날 또는 당해 사업용 토지로 업무에 직접 사용한 날을 말한다(법기통 28-52…1). 토지를 매입하여 사업용 고정자산을 신축하는 경우 토지매입에 따른 건설자금이자를 계산함에 있어 당해 토지를 사업에 직접 제공한 날이라 함은 당해 토지에 건물이 준공되어 그 목적에 사용되는 날을 말한다(법인 22601-489, 1990.02.21.).

② 건축물 : 잔금청산일, 등기접수일, 사용승인일, 사용개시일 중 빠른 날
사용개시일은 정상제품을 생산하기 위하여 실제로 가동되는 날(선박의 경우에는 최초의 출항일 등)을 말한다(법기통 28-52…1).

③ 기타 사업용 자산 : 사용개시일

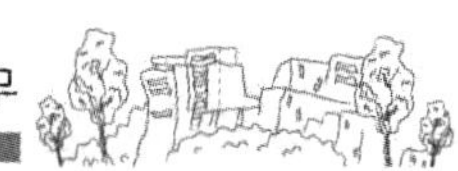

3.4 자본화대상 차입금

건설자금에 충당한 차입금의 이자란 그 명목여하에 불구하고 사업용 자산의 매입, 제작 또는 건설에 소요되는 특정차입금에 대한 지급이자 또는 이와 유사한 성질의 지출금 등을 말한다(법령 52 ①). 다만, 차입한 건설자금의 일부를 운영자금에 전용한 경우 그 부분에 상당하는 지급이자는 제외한다(법령 52 ③). 사업용 유형자산 및 무형자산의 건설 등에 소요되었는지의 여부가 분명하지 아니한 일반차입금의 이자(법령 52 ①)로서 법인이 자본화를 선택한 경우 일반차입금도 자본화대상 차입금에 포함한다.

3.5 자본화대상 차입금이자

건설자금에 충당한 차입금의 이자란 그 명목여하에 불구하고 사업용 유형·무형자산의 매입, 제작 또는 건설에 소요되는 차입금에 대한 지급이자 또는 이와 유사한 성질의 지출금 등을 말한다(법령 52 ①).

자본화 대상	비자본화 대상
• 연체이자(법령 52 ④) • 금융기관으로부터 차입하는 때에 지급하는 지급보증료(법기통 28-52…1) • 차입금 관련하여 지급하는 융자약정수수료(법인 22601-1357, 1989.4.12.) • 유형·무형자산 매입가격을 결정한 후 그 대금 중 일부 잔금의 지급지연으로 그 금액이 실질적으로 소비대차로 전환된 경우에 지급하는 이자(법기통 28-52…2) • 특정차입금을 일반운영자금과 혼합관리하는 경우, 운영자금으로 사용되었음이 명백히 확인되는 금액을 제외한 차입금의 이자(법인 46012-382, 1998. 2.16.) • 건설비를 운영자금에서 먼저 지급하고 후에 특정차입금을 차입하여 운영자금에 충당한 경우의 특정차입금 이자(법인 46012-618, 1998.3.12.) • 특정차입금을 해외에서 차입시 대출약정의 내용에 따라 이자율스왑계약을 체결하고 동 계약에 의해 실제로 지급되는 순지출액(서면2팀-2288, 2004.11.10.) • 융통어음의 할인료(법인 46012-126, 1994.1.13.) • 사채할인발행차금의 당해연도 상각액(법인 46012-126, 1994.1.13.) • 전환사채에 대한 지급이자(법인 46012-114, 1995.1.13.) • 당좌차월에 따른 지급이자(법인 46012-3238, 1997.12.11.) • 금융리스에 의한 리스료 중 이자상당액(법기통 28-53…1) • 무형자산 취득시 매입가액을 확정하고 대금의 일부를 분할납부하는 경우, 분할납부하는 기간에 대한 약정이자(서면2팀-116, 2006.1.13.)	• 상업어음의 할인료(법기통 28-53…1) • 현재가치할인차금상각액(법령 72 ⑥) • 지급이자로 계상한 연지급수입이자(법령 72 ⑥) • 외화차입금에 대한 평가차손익, 상환차손익(법인 46012-393, 2000. 2.11.) • 특정차입금의 일부를 운영자금에 전용한 경우 전용부분에 대한 이자(법령 52 ③) • 신용보증기금의 보증수수료(법인 22601-194, 1987.1.24.) • 차입한 건설자금의 연체이자를 원본에 가산한 경우(법령 52 ④), – 그 가산한 금액은 이를 당해 사업연도의 자본적지출로 한다. – 그 원본에 가산한 금액에 대한 지급이자는 손금으로 한다. • 건설 등이 준공된 후의 차입금에 대한 이자(법령 52 ⑤)

3.6 건설자금이자의 계산

(1) 특정차입금이자

차입금의 명목 여하에 불구하고 사업용 유형·무형자산의 매입, 제작 또는 건설에 소요된 것이 분명한 특정차입금에 대한 지급이자 또는 이와 유사한 성질의 지출액은 자본화해야 한다. 다만, 건설 등에 필요한 자금을 법인의 운영자금에 충당한 경우 당해 이자는 계산대상 이자의 범위에서 제외하며 특정차입금의 일시예금에서 발생한 일시적 운용수익은 건설자금이자에서 차감한다(법령 52).

자본화 금융비용 = 특정차입금 × 이자율 × 자본화기간 − 일시적 운용수익

(2) 일반차입금이자

건설 등에 소요된 기간에 실제로 발생한 차입금 중 특정차입금을 제외한 일반차입금에서 발생한 지급이자 등은 자본화 여부를 선택할 수 있다(법령 52). 이자는 회계기간 동안의 자본화 대상자산에 대한 평균지출액 중 특정차입금을 사용한 평균지출액을 초과하는 부분에 대해 자본화이자를 산정한다. 특정차입금과는 달리 자금의 일시적 운용에서 생긴 수익은 차감하지 아니한다.

자본화 금융비용 = min(①, ②)

① 자본화기간 발생이자

② 한도 : 일반차입금이자 × $\dfrac{\text{건설비적수} - \text{특정차입금적수}}{\text{일반차입금적수}}$

3.7 건설자금이자 세무조정

건설자금이자와 관련하여 회사계상액과 세무상가액의 차액은 다음과 같이 세무조정한다.

(1) 건설자금이자 과소계상

토지 등 비상각자산에 대하여 건설자금이자를 과소계상한 경우에는 지급이자를 손금불산입한다. 건물 등 상각자산에 대하여 건설자금이자를 과소계상한 경우에는 당해 자산이 건설중인 경우 이자비용을 손금불산입한 후 당해 손금불산입 유보금액은 향후 준공시 상각부인액으로 보아 시인부족액 범위내에서 손금산입한다. 건설자금이자를 과소계상한 경우로서 당해 자산의 건설이 완료된 경우에는 즉시상각의제로 본다.

① 비상각자산

〈손금불산입〉 과소계상액 ××× (유보)

② 상각자산

- 당해 사업연도에 건설 완료시 : 즉시상각 의제
- 당해 사업연도에 건설 미완료시

〈손금불산입〉 건설자금이자[30] ××× (유보)

(2) 건설자금이자 과대계상

토지 등 비상각자산에 대해서 건설자금이자를 과대계상한 경우 해당액을 손금산입한다. 건물 등 상각자산에 대하여 건설자금이자를 과대계상한 경우에는 손금산입하고 당해 자산에 대한 감가상각비 계상시 손금불산입으로 조정한다.

① 비상각자산 : 〈손금산입〉 당해자산 과소계상액 ××× (△유보)

② 상각자산 : 〈손금산입〉 당해자산 과소계상액 ×××[31] (△유보)

예 제 비상각자산의 건설자금이자

㈜이손의 토지 취득과 관련한 건설자금이자 자료는 다음과 같다.

(1) 당기 중 토지(사업용 자산) 구입 지출액 적수 : 1,460,000,000

(2) 당해사업연도 이자율별 지급이자 내역 및 차입금적수

이자율	지급이자	차입금적수	비 고
5%	50,000	365,000,000	특정차입금
8%	1,200,000	5,475,000,000	일반차입금

(3) 특정차입금의 일부를 은행에 예금하여 발생한 수입이자는 없으며 1년은 365일로 가정한다.

요구사항

1. ㈜이손이 K-IFRS에 따라 금융비용을 자본화하였으며 세무상 일반차입금에 대해서도 건설자금이자를 인식하기로 하는 경우 세무조정을 하시오.

---

30) 당해 〈손금불산입〉 (유보)금액은 향후 건물 등의 준공시 상각부인액으로 보아 시인부족액 범위내에서 손금산입한다.

31) 향후 당해자산에 대한 감가상각비계상시 유보비율만큼 〈손금불산입〉 (유보)처분으로 소멸되며 당해 자산에 대한 감가상각비조정명세서와는 별도로 관리하며 세무조정한다.

2. ㈜이손은 일반기업회계기준에 따라 자본화이자를 전액 이자비용으로 처리하였으며 세무상 일반차입금에 대한 건설이자를 적용하지 않기로 한 경우 세무조정을 하시오.

풀 이

1. 자본화한 경우

(1) 기업회계상 지본화할 금융비용

특정차입금 이자 :	50,000
일반차입금 이자 : min(①, ②) = 240,000	240,000
① (1,460,000,000–365,000,000) × 8% ÷ 365 = 240,000	
② 1,200,000	
합 계	290,000

(2) 법인세법상 건설자금이자

특정차입금 이자 :	50,000
일반차입금 이자 : min(①, ②) = 240,000	240,000

① 건설기간 발생이자 : 1,200,000

② 한도 : $\text{일반차입금이자} \times \dfrac{\text{건설비적수} - \text{특정차입금적수}}{\text{일반차입금적수}}$

$= 1,200,000 \times \dfrac{1,460,000,000-365,000,000}{5,475,000,000}$

$= 240,000$

합 계 290,000

(3) 세무조정 : 기업회계상 건설자금이자와 일치하므로 세무조정은 없다.

2. 자본화하지 않는 경우

(1) 회사가 자본화한 금융비용 : 0

(2) 법인세법상 건설자금이자 : 특정차입금 이자 50,000(요구사항 1 참조)

(3) 세무조정 : 특정차입금 건설자금이자 50,000을 이자비용으로 처리하였으므로 이를 손금불산입한다.

〈손금불산입〉 토지 50,000 (유보)

◎ 건설자금이자 세무조정 요약

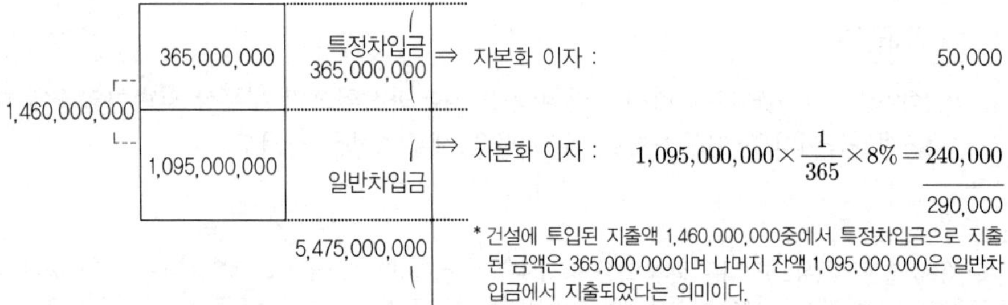

구분	기업회계	세무조정
① K-IFRS(자본화)	이자비용 290,000 / 보통예금 290,000	-
	건설중인자산 290,000 / 이자비용 290,000	조정없음
② 일반기업회계기준(자본화)	이자비용 290,000 / 보통예금 290,000	-
	건설중인자산 290,000 / 이자비용 290,000	조정없음
③ 일반기업회계기준(이자비용)	이자비용 290,000 / 보통예금 290,000	〈손금불산입〉 건설자금이자 50,000(유보) * 특정차입금 이자비용은 자산의 원가에 가산해야 한다.

예제 상각자산의 건설자금이자

(1) 12월 결산법인인 ㈜이손은 보유하고 있던 토지에 사옥을 건설하기 위하여 20X1. 1. 1. H건설기업과 도급계약을 체결하였다. 사옥은 20X2회계연도 6. 30. 준공예정이고 ㈜이손은 사옥건설을 위해 다음과 같이 지출하였다. (단위 : 천원)

20X1. 1. 1.	40,000
20X1. 7. 1.	80,000
20X1. 10. 1.	60,000
20X2. 1. 1.	70,000
합 계	250,000

(2) ㈜이손의 20X1년도의 차입금은 다음과 같으며 20×2년도에 신규로 조달한 차입금은 없다. (단위 : 천원)

차입금	차입일	차입금액	상환일	이자율	이자지급조건
a	20X1. 1. 1.	50,000	20X2. 6.30	12%	분기별복리 매년말 지급
b	20X0. 1. 1.	60,000	20X2.12.31	10%	단리 매년말 지급
c	20X0. 1. 1.	70,000	20X3.12.31	12%	단리 매년말 지급

이들 차입금 중 차입금 a는 사옥건설 목적을 위하여 개별적으로 차입(특정차입금)되었으며 이중 10,000은 20X1. 1. 1.~6. 30.동안 연 9%(단리)이자지급조건의 정기예금에 예치하였다. 차입금 b, c는 일반 목적으로 차입(일반차입금)되었다.

(3) ㈜이손은 결산시 20X2. 6. 30.에 완공된 사옥에 대해 잔존가치 0, 내용연수 20년, 정액법에 의해 6개월분의 감가상각비를 계상하였다. 법인세법상 신고내용연수는 결산상 내용연수와 동일하다.

요구사항

1. ㈜이손이 일반기업회계기준에 따라 20X1년 및 20X2년에 차입원가를 자본화한 경우 세무조정을 하시오. 단, 법인세법상 일반차입금에 대한 자본화를 선택한다고 가정한다.
2. ㈜이손이 일반기업회계기준에 따라 20X1년 및 20X2년에 차입원가를 전액 이자비용으로 인식한 경우 세무조정을 하시오.

풀 이

1. 자본화한 경우

(1) 20X1 회계연도

1) 적격자산에 대한 평균지출액

지출일	지출액	자본화대상기간	평균지출액
20X1. 1. 1.	40,000	12/12	40,000
20X1. 7. 1.	80,000	6/12	40,000
20X1.10. 1.	60,000	3/12	15,000
합 계	180,000		95,000

2) 특정차입금 차입원가

구 분	연평균차입금액	차입원가
특정차입금	50,000×12/12 = 50,000	6,275
일시적 운용수익	(10,000)×6/12 = (5,000)	(450)
합 계	45,000	5,825

* $50,000\times(1+0.12/4)^4-50,000 = 6,275$

* 10,000×6/12×9% = 450

3) 일반차입금 연평균차입액과 자본화이자율

특정차입금을 제외하고 일반적으로 차입되어 사용된 사옥건설 관련 차입금에 대하여 적용할 자본화이자율은 다음과 같이 산정한다.

차입금	연평균차입금액	차입원가
b	60,000	6,000
c	70,000	8,400
합 계	130,000	14,400

$$\text{자본화이자율} = \frac{\text{총차입원가}}{\text{연평균차입금총액}} = \frac{14,400}{130,000} = 11.08\%$$

4) 일반차입금 차입원가

① 자본화할 수 있는 차입원가 : (95,000−45,000)×11.08% = 5,540

② 한도

차입금 b	60,000×10% =	6,000
차입금 c	70,000×12% =	8,400
합 계		14,400

일반차입금과 관련된 차입원가 5,540은 당기 한도 14,400이내이므로 전액 자본화가 가능하다.

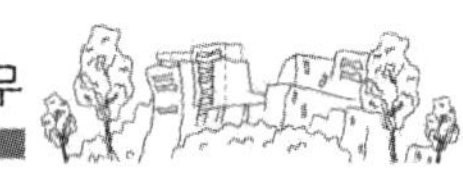

5) 20X1 회계연도 차입원가

구 분	차입원가
특정차입금	5,825
일반차입금	5,540
합 계	11,365

6) 세무조정 : 일반차입금에 대한 법인세법상 자본화를 선택하였으므로 세무조정은 없다.

(2) 20X2 회계연도

1) 적격자산에 대한 평균지출액

지출일	지출액	자본화대상기간	평균지출액
20X1. 1. 1.	40,000	6/12	20,000
20X1. 7. 1.	80,000	6/12	40,000
20X1.10. 1.	60,000	6/12	30,000
20X2. 1. 1.	70,000	6/12	35,000
합 계	250,000		125,000

2) 특정차입금 차입원가

구 분	연평균차입금액	차입원가
특정차입금	50,000×6/12 = 25,000	3,045
일시적 운용수익	–	–
합 계	25,000	3,045

* $50,000 \times (1+0.12/4)^2 - 50,000 = 3,045$

3) 일반차입금 연평균차입액과 자본화이자율

특정차입금을 제외하고 일반적으로 차입되어 사용된 사옥건설 관련 차입금에 대하여 적용할 자본화이자율은 다음과 같이 산정한다.

차입금	연평균차입금액	차입원가
b	60,000	6,000
c	70,000	8,400
합 계	130,000	14,400

$$\text{자본화이자율} = \frac{\text{총차입원가}}{\text{연평균차입금총액}} = \frac{14,400}{130,000} = 11.08\%$$

4) 일반차입금 차입원가

① 자본화할 수 있는 차입원가 : (125,000–25,000)×11.08% = 11,080

② 한도

차입금 b	60,000 × 10% =	6,000
차입금 c	70,000 × 12% =	8,400
합 계		14,400

일반차입금과 관련된 차입원가 11,080은 당기한도 14,400이내이므로 전액 자본화가 가능하다.

5) 20X2 회계연도 차입원가

구 분	차입원가
특정차입금	3,045
일반차입금	11,080
합 계	14,125

6) 세무조정

① 일반차입금에 대한 법인세법상 자본화를 선택하였으므로 세무조정은 없다.

② 감가상각 시부인

도급공사비 지출액 :	250,000
자본화된 차입원가(20X1년)	11,365
자본화된 차입원가(20X2년)	14,125
합 계	275,490

회사계상 감가상각비 6,887.25(= 275,490÷20×6/12)는 세무상 상각범위액과 일치하므로 감가상각 시부인과 관련한 세무조정은 없다.

2. 자본화하지 않은 경우

(1) 20X1 회계연도

법인세법상 특정차입금에 대한 건설자금이자 5,825를 손금불산입하고 당해 건물이 준공되는 20X2 회계연도 감가상각 시부인계산시 상각부인액으로 본다.

〈손금불산입〉 건설자금이자 5,825 (유보)

(2) 20X2 회계연도

1) 건설자금이자

법인세법상 특정차입금에 대한 건설자금이자 3,045를 이자비용으로 처리하였으므로 당해 사업연도 즉시상각의제로 본다.

2) 감가상각시부인

① 회사계상액 = 250,000÷20×6/12+3,045 = 9,295

② 상각범위액 = (250,000+5,825+3,045)÷20×6/12 = 6,471.75

③ 상각부인액 = 9,295−6,471.75=2,823.25

④ 세무조정 : 〈손금불산입〉 감가상각비 2,823.25 (유보)

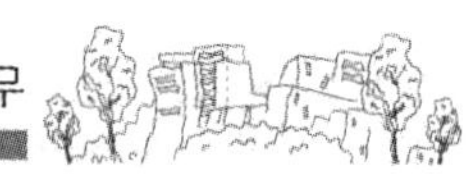

제2절 정부보조금

01 일반기업회계기준

(1) 일반원칙

정부보조금은 정부보조금에 부수되는 조건을 준수할 것과 보조금을 수취할 것이 모두 합리적인 확신이 있을 때까지 인식하지 아니한다. 이에 관한 구체적인 내용은 다음과 같다.

① 정부보조금으로 보전하려 하는 관련원가를 비용으로 인식하는 기간에 걸쳐 체계적인 기준에 따라 정부보조금을 당기손익으로 인식한다.

② 토지나 그 밖의 자원과 같은 비화폐성자산을 기업이 사용하도록 이전하는 비화폐성 정부보조금은 일반적으로 비화폐성자산의 공정가치를 평가하여 보조금과 자산 모두를 그 공정가치로 회계처리한다.

③ 자산관련보조금(공정가치로 측정되는 비화폐성 보조금 포함)을 받는 경우에는 관련 자산을 취득하기 전까지 받은 자산 또는 받은 자산을 일시적으로 운용하기 위하여 취득하는 다른 자산의 차감계정으로 회계처리하고 관련 자산을 취득하는 시점에서 관련 자산의 차감계정으로 회계처리한다. 자산관련보조금(공정가치로 측정되는 비화폐성 보조금 포함)은 그 자산의 내용연수에 걸쳐 상각금액과 상계하며 해당 자산을 처분하는 경우에는 그 잔액을 처분손익에 반영한다.

④ 수익관련보조금을 받는 경우에는 당기의 손익에 반영한다. 다만, 수익관련보조금을 사용하기 위하여 특정의 조건을 충족해야 하는 경우에는 그 조건을 충족하기 전에 받은 수익관련보조금은 선수수익으로 회계처리한다.

⑤ 수익관련보조금은 수익으로 표시하거나 관련비용에서 보조금을 상계하여 표시한다. 해당 보조금을 수익으로 표시하는 경우, 회사의 주된 영업활동과 직접적인 관련성이 있다면 영업수익으로, 그렇지 않다면 영업외수익으로 회계처리한다. 예를 들어 공공성이 많은 재화나 용역을 제공하는 회사로 하여금 매출가격이 매출원가에 미달하는 재화나 용역을 계속 제공하게 할 목적으로 지급되는 보조금은 매출액(영업수익)으로 회계처리하거나 매출원가에서 보조금을 상계하여 표시한다. 그리고 저가로 수입할 수 있는 원재료를 국내에서 구입하도록 강제하는 경우에 지급되는 수익관련보조금도 매출액(영업수익)으로 회계처리하거나 제조원가에서 차감한다.

⑥ 상환의무가 발생하게 된 정부보조금은 회계추정의 변경으로 회계처리한다. 수익관련보조금을 상환하는 경우 상환금액을 즉시 당기손익으로 인식한다. 다만, 수익관련보조금 사용에 대한 특정 조건을 미충족하여 선수수익으로 계상한 금액이 있는 경우에는 선수수익계정에 먼저 적용한다. 자산관련보조금을 상환하는 경우는 상환금액만큼 자산의 장부금액을 증가시킨다. 보조금이 없었더라면 현재까지 당기손익으로 인식했어야 하는 추가 감가상각누계액은 즉시 당기손익으로 인식한다. 자산관련보조금의 상환의무가 발생하게 되는 경우 자산의 새로운 장부금액에 손상 가능성이 있는지를 고려할 필요가 있다.

(2) 정부보조에 의한 취득

정부보조 등에 의해 유형자산 등을 무상 또는 공정가치보다 낮은 대가로 취득한 경우 그 유형자산 등의 취득원가는 취득일의 공정가치로 한다. 정부보조금 등은 유형자산의 취득원가에서 차감하는 형식으로 표시하고 그 자산의 내용연수에 걸쳐 감가상각액과 상계하며 해당 유형자산을 처분하는 경우에는 그 잔액을 처분손익에 반영한다.

예 제 자산관련보조금

㈜이손은 20×1. 1. 1 내용연수 10년, 잔존가치 없는 기계장치를 ₩1,000,000에 취득하였다. ㈜이손의 보고기간말은 매년 12.31.이며 정액법으로 감가상각한다. 20×1. 1. 1 회사는 기계장치의 취득과 관련하여 정부보조금 ₩500,000을 수령하였다.

요구사항

20×1년의 회계처리를 하시오.

풀 이

20X1. 1. 1 자산취득 :	(차) 기계장치	1,000,000	(대) 현금	1,000,000
20X1. 1. 1 보조금수령 :	(차) 현금	500,000	(대) 정부보조금	500,000
20X1.12.31 감가상각 :	(차) 감가상각비	100,000	(대) 감가상각누계액	100,000
	(차) 정부보조금	50,000	(대) 감가상각비	50,000

*₩500,000×₩100,000/₩1,000,000 = ₩50,000

재무제표 표시 :

〈재무상태표〉

(자산)	기계장치	₩1,000,000
	감가상각누계액	(100,000)
	정부보조금	(450,000)

〈손익계산서〉

감가상각비	50,000

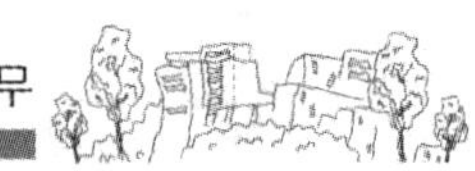

예 제 **수익관련보조금**

㈜이손은 20×1. 4. 1 종업원에 대한 급여 중 일부를 지원하는 정부보조금 ₩500,000을 수령하였다. 20×1. 5. 1 종업원에게 급여 ₩1,000,000을 지급하였다.

요구사항

정부보조금에 대한 회계처리를 하시오.

풀 이

20×1. 4. 1 보조금 수령	(차) 현금	500,000	(대) 선수수익	500,000
20×1. 5. 1 급여 지급	(차) 급여	1,000,000	(대) 현금	1,000,000
20×1. 5. 1 보조금 인식	(차) 선수수익	500,000	(대) 급여	500,000

02 K-IFRS

(1) 자산관련보조금

자산관련보조금은 기업이 장기성 자산을 매입, 건설 등으로 취득할 것을 조건으로 정부 등으로부터 수취한 보조금을 말한다. 수취한 보조금의 회계처리는 다음의 두 가지 방법 중 하나의 방법으로 처리한다.

① 자산차감법 : 정부보조금을 관련 유형자산의 장부금액에 차감하여 표시하며 자산의 내용연수에 걸쳐 감가상각비를 감소시키는 방식으로 당기손익에 반영한다.[32] 당해 유형자산을 처분하는 경우에는 그 잔액을 처분손익에 반영한다.

② 이연수익법 : 정부보조금을 이연수익(부채)로 표시하며 자산의 내용연수에 걸쳐 체계적이고 합리적인 기준으로 당기손익에 반영한다. 당해 유형자산을 처분하는 경우에는 그 잔액을 처분손익에 반영한다.

32) '국고보조금'등 유형자산에 대한 차감적평가계정을 사용할 수도 있고, 최초에 직접 유형자산의 취득원가를 감소시킬 수도 있다.

예 제 자산관련 보조금

㈜이손은 20×1.1.1 내용연수 10년, 잔존가치 없는 기계장치를 ₩1,000,000에 취득하였다. ㈜이손의 보고기간말은 매년 12.31일이며, 정액법으로 감가상각한다. 20×1.1.1 회사는 기계장치의 취득과 관련하여 정부보조금 ₩500,000을 수령하였다.

요구사항

자산차감법 및 이연수익법에 의한 20×1년의 회계처리를 하시오.

풀 이

구 분	자산차감법	이연수익법
20×1. 1. 1 자산 취득	(차) 기계장치 1,000,000 (대) 현금 1,000,000	(차) 기계장치 1,000,000 (대) 현금 1,000,000
20×1. 1. 1 보조금수령	(차) 현 금 500,000 (대) 정부보조금 500,000	(차) 현 금 500,000 (대) 선수수익 500,000
20×1.12.31 감가상각	(차) 감가상각비 100,000 (대) 감가상각누계액 100,000 (차) 정부보조금 50,000* (대) 감가상각비 50,000 *₩100,000 ×₩500,000/₩1,000,000= ₩50,000	(차) 감가상각비 100,000 (대) 감가상각누계액 100,000 (차) 선수수익 50,000* (대) 정부보조금수익 50,000 * ₩500,000 / 10년 = ₩50,000
20×1.12.31 재무제표 표 시	〈재무상태표〉 (자산) 기계장치 1,000,000 감가상각누계액 (100,000) 정부보조금 (450,000) 〈포괄손익계산서〉 감가상각비 50,000	〈재무상태표〉 (자산) 기계장치 1,000,000 감가상각누계액 (100,000) (부채) 선수수익 450,000 〈포괄손익계산서〉 (비용) 감가상각비 100,000 (수익) 정부보조금수익 50,000

(2) 수익관련보조금

수익관련보조금은 자산관련보조금 이외의 정부보조금을 말한다. 수익관련보조금을 수령하는 경우에는 이연수익으로 처리한 후 관련비용에서 차감하거나 별도의 계정으로 수익을 인식하는 방법 중 하나의 방법을 선택하여 회계처리한다.

① 관련비용에서 정부보조금을 차감하는 방법
② 포괄손익계산서에 별도의 계정이나 '기타수익'과 같은 일반계정으로 표시하는 방법

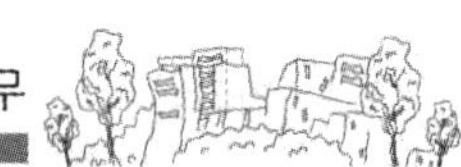

예 제 **수익관련 보조금**

㈜이손은 20×1.4.1 종업원에 대한 급여 중 일부를 지원하는 정부보조금 ₩500,000을 수령하였다. 20×1.5.1 종업원에게 급여 ₩1,000,000을 지급하였다.

요구사항

비용에서 차감하는 방법 및 별도의 계정으로 수익을 인식하는 방법 각각에 의한 회계처리를 하시오.

풀 이

구 분	비용에서 차감하는 방법	별도의 수익인식 방법
20×1. 4. 1 보조금 수령	(차) 현 금 500,000 (대) 선수수익 500,000	(차) 현 금 500,000 (대) 선수수익 500,000
20×1. 5. 1 급여 지급	(차) 급 여 1,000,000 (대) 현 금 1,000,000	(차) 급 여 1,000,000 (대) 현 금 1,000,000
20×1. 5. 1 보조금 인식	(차) 선수수익 500,000 (대) 급 여 500,000	(차) 선수수익 500,000 (대) 정부보조금수익 500,000

03 세무회계

기업이 정부 등으로부터 받는 국고보조금은 법인의 순자산을 증가시키므로 익금에 해당한다. 다만, 법인세법에서는 국고보조금 등을 지급받아 이를 사업용 자산(사업용 유형·무형자산과 석유류)의 취득, 개량 등에 사용하는 경우 일시상각충당금 또는 압축기장충당금을 설정하여 손금에 산입할 수 있다. 이 경우 먼저 사업용자산을 취득, 개량(2011년 1월 1일 이후 취득, 개량분에 한함)한 후 국고보조금을 수령하는 경우에도 손금산입을 허용한다. 구체적인 내용은 다음과 같다(법법 36, 법령 64, 법령 65). 또한 내국법인이 2026.12.31.까지 연구개발 등을 목적으로 국가, 지방자치단체, 공공기관의 운영에 관한 법률에 따른 공공기관 또는 지방공기업법에 따른 지방공기업으로부터 출연금 등의 자산을 받은 경우로서 대통령령으로 정하는 방법에 따라 해당 연구개발출연금등을 구분경리하는 경우에는 연구개발출연금등에 상당하는 금액을 해당 과세연도의 소득금액을 계산할 때 익금에 산입하지 아니할 수 있다(조특법 10의2 ①).

(1) 국고보조금등의 손금산입

1) 일반원칙

내국법인이 다음의 법률에 따라 보조금 등(국고보조금등)을 지급받아 그 지급받은 날이 속하는 사업연도의 종료일까지 사업용자산을 취득하거나 개량하는 데에 사용한 경우 또는 사업용자산(사업용 유형자산 및 무형자산과 석유류, 법령 64 ①)을 취득하거나 개량하고 이에 대한 국고보조금등을 사후에 지급받은 경우에는 해당 사업용자산의 가액 중 그 사업용자산의 취득 또는 개량에 사용된 국고보조금등 상당액을 그 사업연도의 소득금액을 계산할 때 손금에 산입할 수 있다(법법 36 ①, 법령 64 ②, ⑥).

① 보조금 관리에 관한 법률
② 지방자치단체 보조금 관리에 관한 법률
③ 농어촌 전기공급사업 촉진법
④ 전기사업법
⑤ 사회기반시설에 대한 민간투자법
⑥ 한국철도공사법
⑦ 농어촌정비법
⑧ 도시 및 주거환경정비법
⑨ 산업재해보상보험법(2020.1.1. 이후 사업용자산을 취득하거나 개량하는 분부터 적용한다. 영 부칙 2020.2.11.)
⑩ 환경정책기본법(2020.1.1. 이후 사업용자산을 취득하거나 개량하는 분부터 적용한다. 영 부칙 2020.2.11.)
⑪ 산업기술혁신 촉진법(신설규정은 2024.1.1. 이후 개시하는 사업연도부터 적용함. 영 부칙 2024.2.29.)

국고보조금 등을 지급받은 날이 속하는 사업연도의 종료일까지 사업용자산을 취득하거나 개량하지 아니한 내국법인이 그 사업연도의 다음 사업연도 개시일부터 1년 이내에 사업용자산을 취득하거나 개량하려는 경우에는 취득 또는 개량에 사용하려는 국고보조금 등의 금액을 손금에 산입할 수 있다. 이 경우 허가 또는 인가의 지연 등 대통령령으로 정하는 사유로 국고보조금 등을 기한 내에 사용하지 못한 경우에는 해당 사유가 끝나는 날이 속하는 사업연도의 종료일을 그 기한으로 본다(법법 36 ②). 손금에 산입하는 금액은 당해 사업용자산별로 다음의 구분에 따라 일시상각충당금 또는 압축기장충당금으로 계상하여야 한다.

구 분	설정충당금
감가상각자산	일시상각충당금
비상각자산	압축기장충당금

내국법인이 국고보조금 등을 금전 외의 자산으로 받아 사업에 사용한 경우에는 사업용자산의 취득 또는 개량에 사용된 것으로 본다. 손금산입을 적용받으려는 내국법인은 국고보조금등과 국고보조금등으로 취득한 사업용자산의 명세서 또는 국고보조금등의 사용계획서를 납세지 관할 세무서장에게 제출하여야 한다.

2) 손금에 산입하는 금액

손금에 산입하는 금액은 개별사업용자산별로 해당 사업용자산의 가액 중 그 취득 또는 개량에 사용된 보조금 관리에 관한 법률 등에 따른 국고보조금 등에 상당하는 금액으로 한다. 이 경우 사업용자산을 취득하거나 개량한 후 국고보조금 등을 지급받았을 때에는 지급일이 속한 사업연도 이전 사업연도에 이미 손금에 산입한 감가상각비에 상당하는 금액은 손금에 산입하는 금액에서 제외한다(법령 64 ②).

3) 익금산입

국고보조금 등 상당액을 손금에 산입한 내국법인이 손금에 산입한 금액을 기한 내에 사업용자산의 취득 또는 개량에 사용하지 아니하거나 사용하기 전에 폐업 또는 해산하는 경우 그 사용하지 아니한 금액은 해당 사유가 발생한 날이 속하는 사업연도의 소득금액을 계산할 때 익금에 산입한다. 다만, 합병하거나 분할하는 경우로서 합병법인등이 그 금액을 승계한 경우는 제외하며, 이 경우 그 금액은 합병법인 등이 손금에 산입한 것으로 본다.

손금으로 계상한 일시상각충당금과 압축기장충당금은 다음의 방법으로 익금에 산입한다.

구 분	환입방법
일시상각충당금	일시상각충당금은 당해 사업용자산의 감가상각비(취득가액 중 당해 일시상각충당금에 상당하는 부분에 대한 것에 한한다)와 상계한다. 다만, 당해 자산을 처분하는 경우에는 상계하고 남은 잔액을 그 처분한 날이 속하는 사업연도에 전액 익금에 산입한다.
압축기장충당금	압축기장충당금은 당해 사업용자산을 처분하는 사업연도에 이를 전액 익금에 산입한다.

당해 사업용자산의 일부를 처분하는 경우의 익금산입액은 당해 사업용자산의 가액 중 일시상각충당금 또는 압축기장충당금이 차지하는 비율로 안분계산한 금액에 의한다.

4) 감가상각비 세무조정과 일시상각충당금 환입의 조정방법

① 사업용자산의 감가상각비와 일시상각충당금의 환입

사업용 자산에 대하여 일시상각충당금을 설정한 법인은 법인세법 제23조의 규정에 의하여 감가상각비에 대한 세무조정을 실시한 후, 동 세무조정 결과 손금으로 인정되는

금액에 대하여 자산의 취득가액중 일시상각충당금에 상당하는 부분을 당해 자산의 감가상각비와 상계한다(법인, 서이46012-10646, 2002.03.27.).

② 업무용승용차 감가상각비와 일시상각충당금의 환입

내국법인이 업무용승용차를 취득하면서 지급받은 국고보조금에 대하여 법인세법에 따라 일시상각충당금을 설정한 경우에는 일시상각충당금과 상계하기 전 같은 법 시행령 제50조의2제3항(정액법을 상각방법으로 하고 내용연수를 5년으로 하여 계산한 금액)에 따른 상각범위액을 기준으로 해당 업무용승용차 감가상각비 손금불산입 금액을 먼저 계산한 후 법인세법상 손금으로 인정되는 감가상각비를 기준으로 일시상각충당금 환입에 대한 세무조정을 하는 것임(법인, 서면-2019-법령해석법인-1435[법령해석과-1835],2020.06.12.).

예 제 **자산관련보조금**

㈜이손은 20×1.1.1 내용연수 10년, 잔존가치 없는 기계장치를 ₩1,000,000에 취득하였다. ㈜이손의 보고기간말은 매년 12.31일이며 정액법으로 감가상각한다. 20×1.1.1 회사는 기계장치의 취득과 관련하여 정부로부터 보조금의 예산 및 관리에 관한 법률에 따라 정부보조금 ₩500,000을 수령하였다.

요구사항

20×1년 일반기업회계기준 회계처리와 세무조정을 하시오. 단, 회사는 정부보조금과 관련하여 일시상각충당금을 설정하여 과세를 이연하고자 하며 법인세법상 감가상각은 기업회계와 일치한다고 가정한다.

풀 이

구 분	회계처리	세무조정
20×1. 1. 1 자산 취득	(차) 기계장치 1,000,000 (대) 현 금 1,000,000	–
20×1. 1. 1 보조금 수령	(차) 현 금 500,000 (대) 정부보조금 500,000	〈익금산입〉 정부보조금 500,000 (유보) 〈손금산입〉 일시상각충당금 500,000 (△유보)
20×1.12.31 감가상각	(차) 감가상각비 100,000 (대) 감가상각누계액 100,000 (차) 정부보조금 50,000* (대) 감가상각비 50,000 *100,000×500,000÷1,000,000 = 50,000	〈손금산입〉 정부보조금 50,000 (△유보) 〈익금산입〉 일시상각충당금 50,000 (유보)
20×1.12.31 재무제표 표시	〈재무상태표〉 (자산) 기계장치 1,000,000 감가상각누계액 (100,000) 정부보조금 (450,000) 〈손익계산서〉 감가상각비 50,000	

예 제 **수익관련보조금**

㈜이손은 20×1. 4. 1 종업원에 대한 급여 중 일부를 지원하는 정부보조금 ₩500,000을 수령하였다. 20×1. 5. 1 종업원에게 급여 ₩1,000,000을 지급하였다. 정부보조금에 대한 일반기업회계기준 회계처리와 세무조정을 하시오.

풀 이

(1) 회계처리

20×1. 4. 1 보조금 수령	(차) 현금	500,000	(대) 선수수익	500,000
20×1. 5. 1 급여 지급	(차) 급여	1,000,000	(대) 현금	1,000,000
20×1. 5. 1 보조금 인식	(차) 선수수익	500,000	(대) 급여	500,000

(2) 세무조정

회사가 정부보조금을 비용에서 차감하였으므로 수익으로 인식한 결과와 동일하다. 따라서 별도의 세무조정은 없다.

(2) 연구개발 관련 출연금 등의 과세특례

1) 일반원칙

내국법인이 2026.12.31일까지 연구개발 등을 목적으로 국가, 지방자치단체, 공공기관의 운영에 관한 법률에 따른 공공기관 또는 지방공기업법에 따른 지방공기업으로부터 출연금 등의 자산(이하 연구개발출연금등)을 받은 경우로서 대통령령으로 정하는 방법에 따라 해당 연구개발출연금등을 구분경리하는 경우에는 연구개발출연금등에 상당하는 금액을 해당 과세연도의 소득금액을 계산할 때 익금에 산입하지 아니할 수 있다(조특법 10의2 ①).

2) 익금산입

상기 1)에 따라 익금에 산입하지 아니한 연구개발 관련 출연금은 다음의 방법에 따라 익금에 산입하여야 한다(조특법 10의2 ②).

① 연구개발출연금 등을 해당 연구개발비로 지출하는 경우

연구개발출연금 등을 해당 연구개발비로 지출하는 경우 해당 지출액에 상당하는 금액을 해당 지출일이 속하는 과세연도의 소득금액을 계산할 때 익금에 산입한다.

② 연구개발출연금 등으로 해당 연구개발에 사용되는 자산을 취득하는 경우

연구개발출연금 등으로 해당 연구개발에 사용되는 자산을 취득하는 경우 익금에 산입하는 방법은 다음과 같다(조특령 9의2 ③).

구 분	내 용
법인세법 시행령 제24조에 따른 감가상각자산	해당 과세연도의 소득금액 계산의 경우 법인세법 시행령 제25조에 따라 손금에 산입하는 감가상각비에 상당하는 금액을 익금에 산입하는 방법. 다만, 해당 자산을 처분하는 경우에는 조세특례제한법 제10조의2제1항에 따라 익금에 산입하지 아니한 금액 중 이미 익금에 산입하고 남은 잔액을 그 처분한 날이 속하는 과세연도에 전액 익금에 산입한다.
그 외 자산	해당 자산을 처분한 날이 속하는 과세연도의 소득금액 계산의 경우 조세특례제한법 제10조의2제1항에 따라 익금에 산입하지 아니한 금액 전액을 익금에 산입한다.

3) 일시환입과 이자상당액

연구개발출연금 등에 상당하는 금액을 익금에 산입하지 아니한 내국인이 그 연구개발출연금 등을 해당 연구개발 목적 외의 용도로 사용하거나 해당 연구개발에 사용하기 전에 폐업하거나 해산하는 경우 그 사용하지 아니한 금액은 해당 사유가 발생한 날이 속하는 과세연도의 소득금액을 계산할 때 익금에 산입한다. 다만, 합병하거나 분할하는 경우로서 합병법인 등이 그 금액을 승계한 경우는 제외하며, 그 금액은 합병법인 등이 익금에 산입하지 아니한 것으로 본다. 일시환입에 따라 익금에 산입할 금액에 대해서는 조세특례제한법 제33조제3항 후단을 준용하여 이자상당액을 법인세에 가산하여 납부하여야 한다.

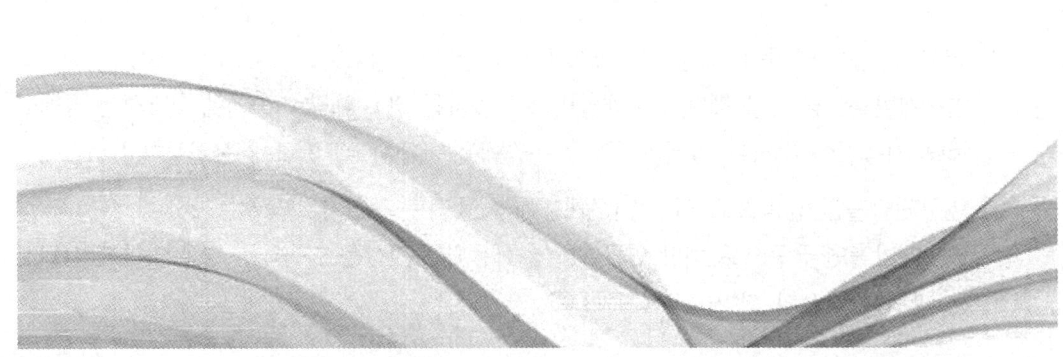

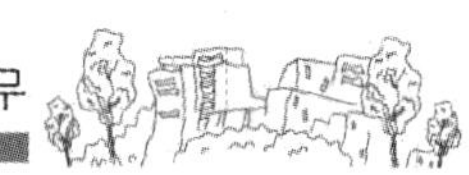

제3절 자산재평가

01 일반기업회계기준

유형자산의 인식시점 이후에는 원가모형이나 재평가모형 중 하나를 회계정책으로 선택하여 유형자산 분류별로 동일하게 적용한다.

(1) 원가모형

최초 인식 후에 유형자산은 원가에서 감가상각누계액과 손상차손누계액을 차감한 금액을 장부금액으로 한다.

(2) 재평가모형

재평가모형을 선택한 경우 유형자산을 최초로 인식한 이후에 공정가치를 신뢰성 있게 측정할 수 있는 자산은 재평가일의 공정가치로 장부금액을 수정한다. 이와 관련한 구체적인 내용은 다음과 같다.

① 최초 인식 후에 공정가치를 신뢰성 있게 측정할 수 있는 유형자산은 재평가일의 공정가치에서 이후의 감가상각누계액과 손상차손누계액을 차감한 재평가금액을 장부금액으로 한다. 재평가는 보고기간말에 자산의 장부금액이 공정가치와 중요하게 차이가 나지 않도록 주기적으로 수행한다.

② 일반적으로 토지와 건물의 공정가치는 시장에 근거한 증거를 기초로 수행된 평가에 의해 결정된다. 이 경우 평가는 보통 전문적 자격이 있는 평가인에 의해 이루어진다. 일반적으로 설비장치와 기계장치의 공정가치는 감정에 의한 시장가치이다.

③ 재평가의 빈도는 재평가되는 유형자산의 공정가치 변동에 따라 달라진다. 재평가된 자산의 공정가치가 장부금액과 중요하게 차이가 나는 경우에는 추가적인 재평가가 필요하다. 유의적이고 급격한 공정가치의 변동 때문에 매년 재평가가 필요한 유형자산이 있는 반면에 공정가치의 변동이 경미하여 빈번한 재평가가 필요하지 않은 유형자산도 있다. 즉, 매 3년이나 5년마다 재평가하는 것으로 충분한 유형자산도 있다.

④ 유형자산을 재평가할 때 재평가 시점의 총장부금액에서 기존의 감가상각누계액을 제거하여 자산의 순장부금액이 재평가금액이 되도록 수정한다. 감가상각누계액을 제거함에 따라 조정되는 금액은 장부금액의 증감에 포함된다.

⑤ 특정 유형자산을 재평가할 때 해당 자산이 포함되는 유형자산 분류 전체를 재평가한다.

⑥ 유형자산별로 선택적 재평가를 하거나 서로 다른 기준일의 평가금액이 혼재된 재무보고를 하는 것을 방지하기 위하여 동일한 과목분류 내의 유형자산은 동시에 재평가한다. 그러나 재평가가 단기간에 수행되며 계속적으로 갱신된다면 동일한 분류에 속하는 자산을 순차적으로 재평가할 수 있다.

⑦ 유형자산의 장부금액이 재평가로 인하여 증가된 경우에 그 증가액은 기타포괄손익으로 인식한다. 그러나 동일한 유형자산에 대하여 이전에 당기손익으로 인식한 재평가감소액이 있다면 그 금액을 한도로 재평가증가액만큼 당기손익으로 인식한다.

⑧ 유형자산의 장부금액이 재평가로 인하여 감소된 경우에 그 감소액은 당기손익으로 인식한다. 그러나 그 유형자산의 재평가로 인해 인식한 기타포괄손익의 잔액이 있다면 그 금액을 한도로 재평가감소액을 기타포괄손익에서 차감한다.

⑨ 유형자산의 폐기 또는 처분으로부터 발생하는 손익은 처분금액과 장부금액의 차액으로 결정하며 손익계산서에서 당기손익으로 인식한다. 유형자산의 재평가와 관련하여 인식한 기타포괄손익누계액의 잔액이 있다면 그 유형자산을 폐기하거나 처분할 때 당기손익으로 인식한다.

02 K-IFRS

(1) 재평가모형

재평가모형은 유형자산을 보고기간말의 공정가치로 측정하여 감가상각누계액과 손상차손누계액을 차감한 재평가금액을 장부금액으로 하여 보고하는 방법이다.

① 공정가치는 합리적인 판단력과 거래의사가 있는 독립된 당사자 사이의 거래에서 자산이 교환될 수 있는 금액을 말한다. 그러나 현실적으로 사용중인 유형자산의 공정가치 결정은 어렵다. 일반적으로 토지와 건물의 공정가액은 시장에 근거한 증거를 기초로 전문적 자격이 있는 평가인에 의해 이루어지며, 설비장치와 기계장치의 공정가액은 자산의 사용정도를 기초로 한 감정가격을 공정가액으로 본다.

② 재평가의 빈도는 재평가되는 유형자산의 공정가치 변동에 따라 달라진다. 재평가된 자산의 공정가치가 장부금액과 중요하게 차이가 나는 경우에는 추가적인 재평가가 필요하다. 유의적이고 급격한 공정가치의 변동 때문에 매년 재평가가 필요한 유형자산이 있는 반면에 공정가치의 변동이 경미하여 빈번한 재평가가 필요하지 않은 유형자산도 있다. 즉, 매 3년이나 5년마다 재평가하는 것으로 충분한 유형자산도 있다.

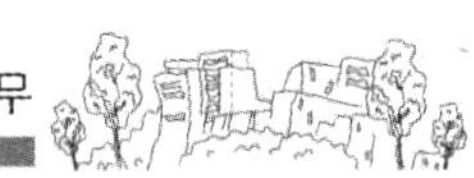

③ 유형자산별로 선택적 재평가를 하거나 서로 다른 기준일의 평가금액이 혼재된 재무보고를 하는 것을 방지하기 위하여 동일한 분류 내의 유형자산은 동시에 재평가한다. 그러나 재평가가 단기간에 수행되며 계속적으로 갱신된다면 동일한 분류에 속하는 자산을 순차적으로 재평가할 수 있다.

(2) 재평가모형의 회계처리

유형자산을 재평가모형으로 기록하기 위해서는 유형자산의 장부금액과 공정가치 차이를 조정하는 회계처리가 필요하다. 이와 관련한 사항은 다음과 같다.

① 자산의 장부금액이 재평가로 인하여 재평가이익이 발생한 경우 그 증가액은 기타포괄손익으로 인식하고 재평가잉여금의 과목으로 자본에 가산한다. 그러나 동일한 자산에 대하여 이전에 당기손익으로 인식한 재평가감소액이 있다면 그 금액을 한도로 재평가증가액만큼 당기손익으로 인식한다.

② 자산의 장부금액이 재평가로 인하여 감소된 경우에 그 감소액은 당기손익으로 인식한다. 그러나 그 자산에 대한 재평가잉여금의 잔액이 있다면 그 금액을 한도로 재평가감소액을 기타포괄손익으로 인식한다. 재평가감소액을 기타포괄손익으로 인식하는 경우 재평가잉여금의 과목으로 자본에 누계한 금액을 감소시킨다.

③ 유형자산을 재평가할 때 재평가 시점의 감가상각누계액은 다음 중 하나의 방법으로 회계처리한다.

㉠ 비례수정법 : 재평가 후 자산의 장부금액이 재평가금액과 일치하도록 감가상각누계액과 총장부금액을 비례적으로 수정하는 방법

㉡ 총액제거법 : 총장부금액에서 기존의 감가상각누계액을 제거하여 자산의 순장부금액이 재평가금액이 되도록 수정하는 방법

④ 유형자산의 사용에 따라 재평가된 금액에 근거한 감가상각액과 최초원가에 근거한 감가상각액의 차이만큼을 재평가잉여금에서 이익잉여금으로 대체할 수 있다. 다만 재평가손실이 발생한 경우에는 전액이 이미 이익잉여금에 반영되어 있으므로 추가적인 대체는 필요 없다.

⑤ 자본에 계상된 재평가잉여금은 그 자산이 폐기되거나 처분될 때 이익잉여금으로 직접 대체할 수 있다. 재평가잉여금을 이익잉여금으로 대체하는 경우 그 금액은 당기손익으로 인식하지 않는다.

⑥ 한국채택국제회계기준에서는 유형자산의 사용에 따라 재평가잉여금을 이익잉여금으로 대체할 수 있도록 기업의 선택으로 규정하고 있다.

재평가차액의 회계처리

최초 재평가시	최초 평가 후 재평가시
평가이익 : 재평가잉여금 계상	• 평가이익 : 재평가잉여금 계상 • 평가손실 : 재평가잉여금 우선 감소, 초과시 비용계상
평가손실 : 비용 계상	• 평가이익 : 비용계상한 평가손실만큼 이익 계상, 초과시 재평가 잉여금 계상 • 평가손실 : 비용계상

03 세무회계

기업회계에서는 유형자산을 원가모형 또는 재평가모형을 적용하여 평가할 수 있지만 법인세법상 자산의 평가손익은 미실현손익으로서 익금 또는 손금으로 인정하지 않는 것이 원칙이다. 다만 예외적으로 보험업법 등 기타 법률에 따른 사업용 유형자산 및 무형자산의 평가이익은 익금으로 인정한다(법법 42). 기업회계기준에 의한 자산재평가모형은 법률에 의한 평가증이 아니므로 기업이 회계상 재평가모형을 적용한 경우 세무조정이 발생한다.

예 제 비상각자산의 재평가와 세무조정

결산일이 12월 31일인 ㈜이손은 20X1년 1월 1일에 취득원가 ₩1,000,000인 토지를 취득하였으며 토지에 대하여 재평가모형을 채택하고 있다. 20X1년말 공정가치는 ₩1,200,000, 20X2년말 ₩900,000, 20X3년말 ₩1,100,000으로 평가되었다. ㈜이손은 당해 토지를 20X4년초에 ₩1,150,000에 처분하였다.

요구사항

1. 토지의 재평가와 관련하여 일반기업회계기준 회계처리 및 세무조정을 하시오.
2. 토지와 관련하여 20X4년초 K-IFRS 회계처리 및 세무조정을 하시오.

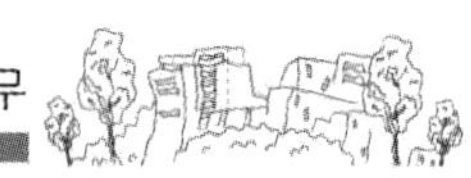

풀 이

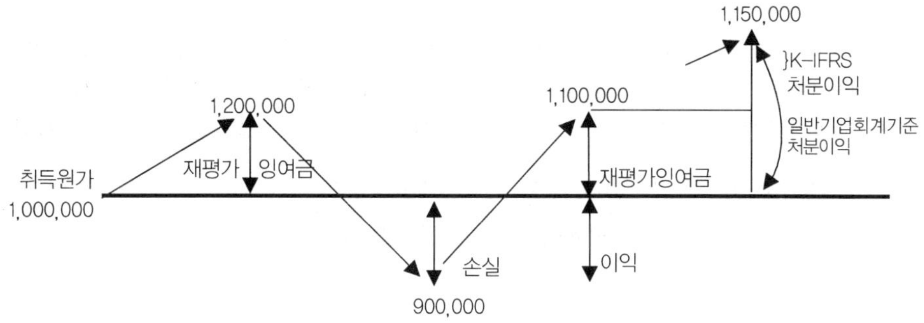

1. 일반기업회계기준

(1) 회계처리

20X1년초	(차) 토지	1,000,000	(대) 현금	1,000,000
20X1년말	(차) 토지	200,000	(대) 재평가잉여금	200,000

〈익금산입〉 재평가잉여금 200,000 (기타)
〈손금산입〉 토지 200,000 (△유보)
* 임의로 평가증된 토지를 감액하고 손금산입된 금액이 실제 법인세법상의 손금이 아니므로 다시 손금불산입한다.

20X2년말	(차) 재평가잉여금	200,000	(대) 토지	300,000
	재평가손실	100,000		

〈손금산입〉 재평가잉여금 200,000 (기타)
〈익금산입〉 토지 300,000 (유보)
* 임의로 평가감된 토지를 증액하고 천재지변 등 법인세법상의 평가차손이 아니므로 손금불산입한다.

20X3년말	(차) 토지	200,000	(대) 재평가이익	100,000
			재평가잉여금	100,000

〈익금산입〉 재평가잉여금 100,000 (기타)
〈손금산입〉 토지 200,000 (△유보)
* 임의로 평가증된 토지를 감액하고 손금산입된 금액이 실제 법인세법상의 손금이 아니므로 다시 손금불산입한다.

20X4년초	(차) 현금	1,150,000	(대) 토지	1,100,000
	재평가잉여금	100,000	유형자산처분이익	150,000

〈손금산입〉 재평가잉여금 100,000 (기타)
〈익금산입〉 토지 100,000 (유보)
* 처분한 토지에 대한 유보금액을 추인한다.

2. K-IFRS

20X4년초	(차) 현금	1,150,000	(대) 토지	1,100,000
			유형자산처분이익	50,000
	(차) 재평가잉여금	100,000	(대) 이익잉여금	100,000

〈익금산입〉 토지 100,000 (유보)
*처분한 토지에 대한 유보금액을 추인한다.

예 제 상각자산의 재평가와 세무조정

결산일이 12월 31일인 ㈜이손은 20X1년 1월 1일에 취득원가 ₩1,000,000, 잔존가치 ₩0, 내용연수 10년인 기계장치를 취득하고 정액법으로 상각한다. ㈜이손은 기계장치에 대해서 재평가모형을 채택하고 있으며 각 회계기간 말 기계장치의 공정가치는 다음과 같다.

20X1.12.31	20X2.12.31	20X3.12.31
₩810,000	₩864,000	₩762,000

요구사항

㈜이손의 기계장치 재평가와 관련한 일반기업회계기준 회계처리와 세무조정을 하시오. 단, 기계장치의 법인세법상 내용연수는 10년, 감가상각방법은 정액법을 가정한다.

풀 이

1. 20X1년

(1) 회계처리

20X1년말	(차) 감가상각비	100,000	(대) 감가상각누계액	100,000
	(차) 감가상각누계액	100,000	(대) 기계장치	190,000
	재평가손실	90,000		

(2) 세무조정

법인세법상 자산재평가는 인정되지 아니하며 세법상 감가상각범위액은 취득원가를 기준으로 계산하여야 한다.

1) 자산재평가

〈손금불산입〉 기계장치 90,000 (유보)

2) 감가상각비시부인

① 상각범위액 : 1,000,000×0.1 = 100,000

② 회사상각액 : 100,000

③ 상각시부인 : 세무조정은 없다.

④ 세무상 자산가액 : 810,000+90,000 = 900,000

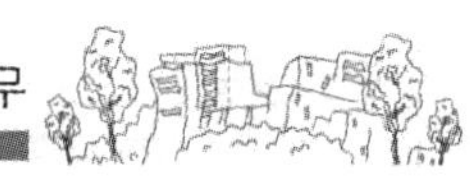

2. 20X2년

(1) 회계처리

20X2년말	(차) 감가상각비	90,000	(대) 감가상각누계액	90,000
	(차) 기계장치	54,000	(대) 재평가이익	80,000
	감가상각누계액	90,000	재평가잉여금	64,000

(2) 세무조정

1) 자산재평가

〈익금산입〉 재평가잉여금 64,000(기타)

〈익금불산입〉 기계장치 144,000(△유보)

2) 감가상각비시부인

① 상각범위액 : 1,000,000×0.1 = 100,000

② 회사상각액 : 90,000

③ 상각시부인 : 세무조정은 없다.

④ 세무상 자산가액 : 864,000+90,000−144,000 = 810,000

3. 20X3년

(1) 회계처리

20X3년말	(차) 감가상각비	108,000	(대) 감가상각누계액	108,000
	감가상각누계액	108,000	(대) 기계장치	102,000
			재평가잉여금	6,000

(2) 세무조정

1) 자산재평가

〈익금산입〉 재평가잉여금 6,000(기타)

〈익금불산입〉 기계장치 6,000 (△유보)

2) 감가상각비

① 상각범위액 : 1,000,000×0.1 = 100,000

② 회사상각액 : 108,000

③ 상각시부인 : 108,000−100,000 = 8,000

④ 세무상 자산가액 : 762,000+90,000−144,000−6,000+8,000 = 810,000

〈손금불산입〉 기계장치 8,000 (유보)

제4절 감가상각비

01 유형자산의 감가상각

1.1 감가상각의 의의

유형자산은 사용에 의한 소모, 시간의 경과와 기술의 변화에 따른 진부화 등에 의해 경제적효익이 감소한다. 유형자산의 장부금액은 일반적으로 이러한 경제적효익의 소멸을 반영할 수 있는 감가상각액의 인식을 통하여 감소한다. 감가상각의 주목적은 원가의 배분이며 자산의 재평가는 아니다. 따라서 감가상각액은 유형자산의 장부금액이 공정가치에 미달하더라도 계속하여 인식한다. 감가상각과 관련하여 유의할 사항은 다음과 같다.

① 유형자산에 내재된 경제적효익이 비용화되지 않고 다른 자산을 생산하는 데 사용될 수 있다. 이 경우 유형자산의 감가상각액은 해당 자산의 원가의 일부가 된다. 예를 들면 제조설비의 감가상각액은 재고자산의 가공비로서 제조원가를 구성하고, 연구개발 활동에 사용되는 유형자산의 감가상각액은 무형자산의 인식조건을 충족하는 자산이 창출되는 경우 해당 무형자산의 원가에 포함된다.

② 유형자산의 경제적효익은 유형자산을 사용함으로써 감소하는 것이 일반적이다. 그러나 자산을 사용하지 않더라도 기술적 진부화 및 마모 등의 요인으로 인하여 자산으로부터 기대하였던 경제적효익이 감소될 수 있다.

③ 유형자산의 과목은 업종의 특성 등을 반영하여 신설하거나 통합할 수 있다. 당해 기업이 속한 업종의 특성상 특정 유형자산의 비중이 중요한 경우에는 별도의 과목을 신설하고, 중요하지 않다면 통합하여 적절한 과목으로 표시 할 수 있다. 예를 들면, 항공회사의 경우에는 항공기를, 해운회사의 경우는 선박을 별도의 과목으로 표시할 수 있다. 반면에 기계장치의 비중이 크지 않은 서비스 업종 등의 경우에는 기계장치를 기타의 유형자산으로 분류할 수 있다.

1.2 감가상각의 요소

회계기간의 감가상각비 계산을 위한 요소에는 감가상각대상금액, 감가상각기간, 감가상각방법 등이 있다.

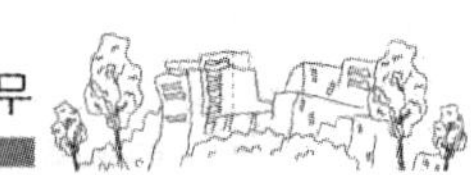

(1) 감가상각대상금액

감가상각대상금액(depreciable amount)은 유형자산의 원가 또는 원가를 대체하는 다른 금액에서 잔존가치를 차감한 금액을 말하며 기간별로 배분할 총원가를 의미한다. 유형자산의 원가는 자산을 취득하기 위하여 자산의 취득시점이나 건설시점에서 지급한 현금 또는 현금성자산이나 제공한 기타 대가의 공정가치를 말한다. 이러한 원가는 최초로 발생하는 원가뿐만 아니라 후속적으로 증설, 대체 등 자본적지출에 해당하는 원가를 포함한다. 잔존가치(salvage value, scrap value)는 자산의 내용연수가 종료되는 시점에서 그 자산의 예상처분대가에서 예상처분비용을 차감한 금액이다.

(2) 감가상각기간

유형자산의 감가상각은 자산이 사용가능한 시점부터 감가상각을 개시한다. 자산이 사용가능한 시점이란 경영진이 의도하는 방식으로 자산을 가동하는 데 필요한 장소와 상태에 이른 때를 의미한다. 감가상각은 자산이 제거되거나 매각예정비유동자산으로 분류되지 않는 한 내용연수 동안 상각한다. 내용연수(useful life)란 자산의 예상사용기간 또는 자산으로부터 획득할 수 있는 생산량이나 이와 유사한 단위를 말한다.

(3) 감가상각방법

감가상각방법(depreciation method)은 유형자산의 감가상각대상금액을 내용연수에 걸쳐 각 회계기간에 배분하는 방법을 말한다. 감가상각이 유형자산의 감가상각대상금액을 그 자산의 내용연수 동안 체계적인 방법에 의하여 각 회계기간에 배분하는 것이므로 감가상각방법 또한 유형자산의 미래 경제적효익의 소멸되는 형태를 반영한 합리적이고 체계적인 방법을 선택해야 하며 매 회계기간에 일관성 있게 적용한다. 감가상각방법의 변경은 회계추정의 변경으로 보아 전진법으로 회계처리한다.

유형자산의 감가상각방법에는 정액법, 체감잔액법(예를 들면, 정률법 등), 연수합계법, 생산량비례법 등이 있다. 정액법은 자산의 내용연수 동안 일정액의 감가상각액을 인식하는 방법이다. 체감잔액법과 연수합계법은 자산의 내용연수 동안 감가상각액이 매기간 감소하는 방법이다. 생산량비례법은 자산의 예상조업도 혹은 예상생산량에 근거하여 감가상각액을 인식하는 방법이다. 감가상각방법은 해당 자산으로부터 예상되는 미래경제적효익의 소멸형태에 따라 선택하고 소멸형태가 변하지 않는 한 매기 계속 적용한다.

① 정액법(straight-line method) : 잔존가치가 변동하지 않는다고 가정할 때 자산의 내용연수 동안 매 기간 일정액의 감가상각액을 계상하는 방법이다.

② 체감잔액법(declining balance method) : 자산의 내용연수 동안 감가상각액이 매 기간 감소하는 방법으로 정률법, 연수합계법, 이중체감법 등이 있다.

③ 생산량비례법(units of production method) : 자산의 예상조업도 또는 예상생산량에 근거하여 감가상각액을 계상하는 방법이다.

감가상각방법

〈정액법〉

$$감가상각비 = (취득원가 - 잔존가치) \times \frac{1}{내용연수}$$

〈정률법〉

$$감가상각비 = (취득원가 - 감가상각누계액) \times 상각률$$

$$상각률 = 1 - \sqrt[내용연수]{\frac{잔존가치}{취득원가}}$$

〈생산량비례법〉

$$감가상각비 = (취득원가 - 잔존가치) \times \frac{당해연도\ 조업도}{총추정조업도}$$

1.3 감가상각비의 계산

(1) 정액법

정액법은 자산의 가치감소 원인이 유형자산의 사용보다는 시간의 경과에 따른 가치감소로 가정한다. 따라서 감가상각대상금액을 내용연수 동안 균등하게 배분하여 매기 일정한 금액을 상각하는 방법이다. 시간의 경과에 따라 가치가 감소하지 않거나 유지비용이 매년 일정하지 않을 경우에는 정액법의 이론적 타당성은 떨어진다.

예 제 정액법

㈜이손은 당기초에 기계장치를 ₩450,000에 취득하였으며 ㈜이손의 회계기간은 매년 말이다. 기계장치의 잔존가치는 없으며 내용연수는 5년이다. 기계장치에 대한 매 회계기간 말의 장부금액을 계산하시오.

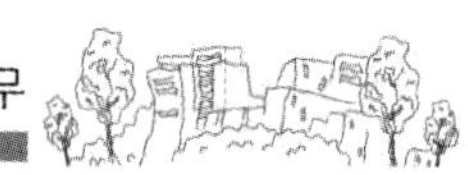

풀 이

① 정액법에 의한 연간 감가상각비 = (₩450,000−0) ÷ 5년 = ₩90,000

② 장부금액

연 도	감가상각비	감가상각누계액	장부금액
1	₩90,000	₩90,000	₩360,000
2	90,000	180,000	270,000
3	90,000	270,000	180,000
4	90,000	360,000	90,000
5	90,000	450,000	−

(2) 체감잔액법

체감잔액법은 수선유지비는 체증하고 가동률과 수익은 체감하며 자산가치 감소의 원인이 경제적인 진부화를 가정한다. 따라서 체감잔액법은 초기에 감가상각비를 많이 계상하고 기간이 경과함에 따라 점차로 적게 계상한다. 수선유지비가 점차로 증가하는 자산의 경우에는 감가상각비와 비용합계금액이 회계기간별로 평준화된다. 이와 같이 초기에 감가상각비를 많이 계상하고 점차 적게 계상하는 방법으로는 정률법, 연수합계법, 이중체감법 등이 있으나 정률법 이외의 방법은 실무상 거의 사용되지 않는다. 정률법의 감가상가비는 유형자산의 취득원가에서 감가상각누계액을 차감한 장부가액(미상각잔액)에 일정한 상각률을 곱하여 각 회계기간별 감가상각비를 계산한다.

예 제 정률법

㈜이손은 당기초에 기계장치를 ₩450,000에 취득하였으며 ㈜이손의 회계기간은 매년 말이다. 기계장치의 잔존가치는 취득원가의 5%이며 내용연수는 5년이다. 기계장치에 대한 매 회계기간말의 장부금액을 계산하시오. 단, 상각률은 다음과 같이 계산되었다.

$$\text{상각률} = 1 - \sqrt[5]{\frac{₩22,500}{₩450,000}} = 0.451$$

풀 이

① 잔존가치 : ₩450,000×5%=₩22,500

② 장부금액

연도	기초장부가액	상각률	감가상각비	감가상각누계액	기말장부가액
1	₩450,000	0.451	₩202,950	₩202,950	₩247,050
2	247,050	0.451	111,419	314,369	135,631
3	135,631	0.451	61,170	375,539	74,461
4	74,461	0.451	33,582	409,121	40,879
5	40,879	0.451	18,329*	427,450	22,550

* 단수차이 조정

(3) 생산량비례법

생산량비례법은 수선유지비 및 수익은 사용에 비례하며 자산가치 감소의 원인이 경제적 진부화보다는 물리적인 사용에 기인한다고 가정하여 생산량에 비례하여 감가상각하는 방법이다. 감가상각비는 감가상각대상금액에 추정총생산가능량에 대한 실제 생산량의 비율을 곱하여 계산된다. 이 방법은 광산, 삼림, 유전 등과 같이 채굴량 또는 벌채량에 따라 가치가 감소하는 감모성자산의 경우에 적합한 방법이다.

예 제 **생산량비례법**

㈜이손은 1월 1일에 기계장치를 ₩450,000에 취득하였으며 ㈜이손의 회계기간은 매년 말이다. 기계장치의 잔존가치는 없으며 내용연수는 5년이다. 동 기계장치의 총생산단위는 10,000개로 추정되며 ㈜이손의 5년간 제품생산량은 다음과 같다. 기계장치에 대한 매 회계기간말의 장부금액을 계산하시오.

구 분	회계연도					
	1	2	3	4	5	합 계
생산량	1,000	1,500	1,500	2,500	3,500	10,000

㈜이손은 1월 1일에 기계장치를 ₩450,000에 취득하였으며 ㈜이손의 회계기간은 매년 말이다. 기계장치의 잔존가치는 없으며 내용연수는 5년이다. 동 기계장치의 총생산단위는 10,000개로 추정되며 ㈜이손의 5년간 제품생산량은 다음과 같다. 기계장치에 대한 매 회계기간말의 장부금액을 계산하시오.

구 분	회계연도					
	1	2	3	4	5	합 계
생산량	1,000	1,500	1,500	2,500	3,500	10,000

풀 이

① 연간 감가상각비(= (취득원가-잔존가치)×당기생산량/총생산가능량)

구 분	회계연도					
	1	2	3	4	5	합 계
생 산 량	1,000	1,500	1,500	2,500	3,500	10,000
연간상각비	45,000	67,500	67,500	112,500	157,500	450,000

② 장부금액

연 도	감가상각비	감가상각누계액	장부금액
1	₩45,000	₩45,000	₩405,000
2	67,500	112,500	337,500
3	67,500	180,000	270,000
4	112,500	292,500	157,500
5	157,500	450,000	−

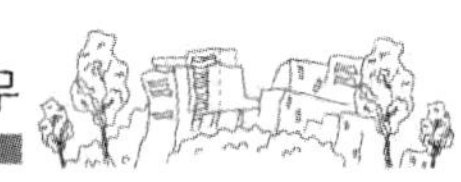

1.4 감가상각의 개시와 중지

유형자산의 감가상각은 자산이 사용가능한 때부터 시작하며 건설중인자산은 전부 또는 일부가 완성되어 사용가능한 상태에 이른 때부터 감가상각을 시작한다. 감가상각은 유형자산이 투자자산으로 분류되거나 자산이 제거되는 경우에 중단한다.

유형자산을 회계연도 중에 취득하는 경우에는 월할상각, 일할상각 등의 방법으로 감가상각하지만 실무적으로는 월할상각한다. 월할상각은 취득일의 연간 감가상각비를 산정한 후 관련된 회계기간이 차지하는 비율에 따라 월수로 안분하여 감가상각비를 계산한다. 상각방법에 따른 월할상각의 효과는 다음과 같다.

① 감가상각대상금액에 상각률을 곱하여 감가상각비를 계산하는 방법
정액법, 연수합계법 등 감가상각대상금액에 상각률을 곱하여 감가상각비를 계산하는 방법은 각 회계기간별로 안분하여 감가상각비를 계산한다.

② 기초 장부금액에 상각률을 곱하여 감가상각비를 계산하는 방법
정률법, 이중체감법 등 기초 장부금액에 일정 상각률을 곱하여 감가상각비를 계산하는 방법은 취득한 회계연도에만 월할상각의 방법을 적용하고 다음 회계연도부터는 정상적인 방법을 적용해도 동일한 결론을 가진다.

1.5 손상차손

유형자산은 영업활동에 사용할 목적으로 보유하는 자산이다. 그러나 보유 중에 비자발적 원인에 의하여 진부화 또는 시장가치의 하락 등으로 미래경제적효익이 장부금액에 현저하게 미달하여 감액해야 하는 경우가 발생할 수 있으며 또한 유형자산을 처분이나 폐기하는 경우가 발생할 수도 있다.

유형자산의 손상징후가 있다고 판단되고 당해 유형자산의 사용 및 처분으로부터 기대되는 미래의 현금흐름총액의 추정액이 장부금액에 미달하는 경우에 장부금액을 회수가능액으로 조정하고 그 차액을 손상차손으로 처리한다. 유형자산의 손상을 시사하는 징후가 있는지를 검토할 경우 다음의 사항을 고려한다.

① 회계기간 중에 자산의 시장가치가 시간의 경과나 정상적인 사용에 따라 하락할 것으로 기대되는 수준보다 유의적으로 더 하락하였다.

② 기업 경영상의 기술, 시장, 경제, 법률 환경이나 해당 자산을 사용하여 재화나 용역을 공급하는 시장에서 기업에 불리한 영향을 미치는 유의적 변화가 회계기간 중에 발생하였거나 가까운 미래에 발생할 것으로 예상된다.

③ 시장이자율(시장에서 형성되는 그 밖의 투자수익률을 포함)이 회계기간 중에 상승하여 자산의 사용가치를 계산하는 데 사용되는 할인율에 영향을 미쳐 자산의 회수가능액을 중요하게 감소시킬 가능성이 있다.
④ 자산이 진부화되거나 물리적으로 손상된 증거가 있다.
⑤ 회계기간 중에 기업에 불리한 영향을 미치는 유의적 변화가 자산의 사용범위 및 사용방법에서 발생하였거나 가까운 미래에 발생할 것으로 예상된다. 이러한 변화에는 자산의 유휴화, 당해 자산을 사용하는 영업부문을 중단하거나 구조조정하는 계획, 예상 시점보다 앞서 자산을 처분하는 계획 등을 포함한다.
⑥ 자산의 경제적 성과가 기대수준에 미치지 못하거나 못할 것으로 예상되는 증거를 내부보고를 통해 얻을 수 있다.
⑦ 해당 자산으로부터 영업손실이나 순현금의 유출이 발생하고, 미래에도 지속될 것이라고 판단된다.

유형자산의 손상차손은 즉시 당기손익으로 인식한다. 다만, 자산이 재평가금액을 장부금액으로 하는 경우에는 재평가되는 자산의 손상차손은 당해 재평가감소로 처리한다. 재평가되지 않는 자산의 손상차손은 당기손익으로 인식한다. 재평가되는 자산의 손상차손은 당해 자산에서 발생한 재평가잉여금에 해당하는 금액까지는 기타포괄손익으로 인식한다. 재평가되는 자산의 손상차손을 기타포괄손익으로 인식하는 경우 그 자산의 재평가잉여금을 감소시킨다.
수정된 장부금액에서 잔존가치를 차감한 금액을 자산의 잔여내용연수에 걸쳐 체계적인 방법으로 배분하기 위해서 손상차손을 인식한 후에 감가상각액 또는 상각액을 조정한다.

02 무형자산의 상각

2.1 일반기업회계기준

(1) 상각기간

무형자산의 상각대상금액은 그 자산의 추정내용연수 동안 체계적인 방법에 의하여 비용으로 배분한다. 무형자산의 상각기간은 독점적·배타적인 권리를 부여하고 있는 관계 법령이나 계약에 정해진 경우를 제외하고는 20년을 초과할 수 없다. 상각은 자산이 사용가능한 때부터 시작한다. 무형자산의 미래경제적효익은 시간의 경과에 따라 소비되기 때문에 상각

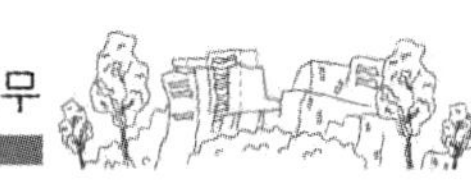

을 통하여 장부금액을 감소시킨다. 무형자산의 공정가치 또는 회수가능액이 증가하더라도 상각은 원가에 기초한다. 상각기간과 관련하여 유의할 사항은 다음과 같다.

① 예외적으로 무형자산의 내용연수가 법적 또는 계약상 20년을 초과한다는 명백한 증거가 있는 경우에는 최적 추정내용연수 동안 상각한다.

② 일정 기간 동안 보장된 법적 권리를 통해 무형자산의 미래경제적효익에 대한 통제가 획득된 경우에는 법적 권리가 갱신될 수 있고 갱신이 실질적으로 거의 확실한 경우를 제외하고는 내용연수가 그 법적 권리의 기간을 초과할 수 없다.

③ 사용을 중지하고 처분을 위해 보유하는 무형자산은 사용을 중지한 시점의 장부금액으로 표시한다. 이러한 자산에 대해서는 투자자산으로 재분류하고 상각하지 않으며 매 회계연도말에 회수가능액을 평가하여 손상차손을 인식한다.

(2) 상각방법

무형자산의 상각방법은 자산의 경제적 효익이 소비되는 행태를 반영한 합리적인 방법이어야 한다. 무형자산의 상각대상금액을 내용연수 동안 합리적으로 배분하기 위해 다양한 방법을 사용할 수 있다. 이러한 상각방법에는 정액법, 체감잔액법(정률법 등), 연수합계법, 생산량비례법 등이 있다. 다만, 합리적인 상각방법을 정할 수 없는 경우에는 정액법을 사용한다.

(3) 잔존가치

무형자산의 잔존가치는 없는 것을 원칙으로 한다. 다만, 경제적 내용연수보다 짧은 상각기간을 정한 경우에 상각기간이 종료될 때 제3자가 자산을 구입하는 약정이 있거나 그 자산에 대한 활성시장이 존재하여 상각기간이 종료되는 시점에 자산의 잔존가치가 활성시장에서 결정될 가능성이 매우 높다면 잔존가치를 인식할 수 있다.

(4) 잔존가치, 상각기간과 상각방법의 변경

자산의 사용방법, 기술적 진보 그리고 시장가격의 변동과 같은 요소는 무형자산의 잔존가치 또는 내용연수가 달라졌다는 지표가 될 수 있다. 이러한 지표가 존재한다면 기업은 종전의 추정치를 재검토해야하며 최근의 기대와 달라진 경우 잔존가치, 상각방법 또는 상각기간을 변경한다. 잔존가치, 상각방법 또는 상각기간의 변경은 회계추정의 변경으로 회계처리 한다.

2.2 K-IFRS

(1) 내용연수가 유한한 무형자산

1) 상각기간과 상각방법

내용연수가 유한한 무형자산의 상각대상금액은 내용연수동안 체계적인 방법으로 배분하여야 한다. 상각은 자산이 사용가능한 때부터 시작한다. 즉 자산이 경영자가 의도하는 방식으로 운영할 수 있는 위치와 상태에 이르렀을 때부터 시작한다. 내용연수가 유한한 무형자산의 상각기간과 상각방법에 대한 구체적인 내용은 다음과 같다.

① 무형자산의 상각은 자산이 사용가능한 때부터 시작하여 자산이 매각예정으로 분류되는 (또는 매각예정으로 분류되는 처분자산집단에 포함되는) 날과 자산이 재무상태표에서 제거되는 날 중 이른 날에 중지한다.

② 무형자산의 상각방법은 자산의 경제적 효익이 소비되는 형태를 반영한 방법이어야 한다. 다만, 소비되는 형태를 신뢰성 있게 결정할 수 없는 경우에는 정액법을 사용한다.

③ 무형자산의 상각대상금액을 내용연수 동안 체계적으로 배분하기 위해 다양한 방법을 사용할 수 있다. 이러한 상각방법에는 정액법, 체감잔액법과 생산량비례법이 있다. 상각방법은 자산이 갖는 기대 미래경제적효익의 예상되는 소비형태를 반영하여 선택하고, 미래경제적효익의 예상되는 소비형태가 변동하지 않는다면 매 회계기간에 일관성 있게 적용한다.

④ 무형자산의 상각액은 일반적으로 당기손익으로 인식한다. 그러나 자산이 갖는 미래경제적효익이 다른 자산의 생산에 소모되는 경우 그 자산의 상각액은 다른 자산의 원가를 구성하여 장부금액에 포함한다. 예를 들면 제조과정에서 사용된 무형자산의 상각은 재고자산의 장부금액에 포함한다.

⑤ 내용연수가 유한한 무형자산의 상각기간과 상각방법은 적어도 매 회계연도 말에 검토한다.

⑥ 계약상 권리 또는 기타 법적 권리로부터 발생하는 무형자산의 내용연수는 그러한 계약상 권리 또는 기타 법적 권리의 기간을 초과할 수는 없지만, 자산의 예상사용기간에 따라 더 짧을 수는 있다.

⑦ 무형자산의 내용연수는 경제적 요인과 법적 요인의 영향을 받는다. 경제적 요인은 자산의 미래경제적효익이 획득되는 기간을 결정하고, 법적 요인은 기업이 그 효익에 대한 접근을 통제할 수 있는 기간을 제한한다. 내용연수는 이러한 요인에 의해 결정된 기간 중 짧은 기간으로 한다.

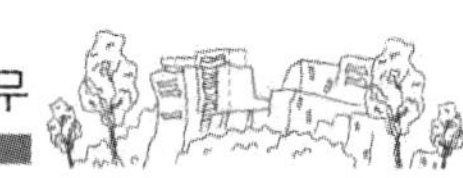

2) 잔존가치

내용연수가 유한한 무형자산의 잔존가치는 다음의 하나에 해당하는 경우를 제외하고는 영(0)으로 본다.

① 내용연수 종료 시점에 제3자가 자산을 구입하기로 한 약정이 있다.
② 무형자산의 활성시장이 있고 다음을 모두 충족한다.
  ㉠ 잔존가치를 그 활성시장에 기초하여 결정할 수 있다.
  ㉡ 그러한 활성시장이 내용연수 종료 시점에 존재할 가능성이 높다.

(2) 내용연수가 비한정인 무형자산

기업은 무형자산의 내용연수가 유한한지 또는 비한정인지를 먼저 평가하고 만약 관련된 모든 요소의 분석에 근거하여 그 자산이 순현금유입을 창출할 것으로 기대되는 기간에 대하여 예측가능한 제한이 없을 경우 무형자산의 내용연수가 비한정인 것으로 본다. 내용연수가 비한정인 무형자산의 구체적인 내용은 다음과 같다.

① 내용연수 비한정은 무한을 의미하지 않는다. 무형자산의 내용연수는 자산의 내용연수를 추정하는 시점에 평가된 표준적인 성능수준을 유지하기 위한 미래 유지비용과 그 수준의 비용을 부담할 수 있는 기업의 능력과 의도만을 반영한다. 자산의 내용연수를 추정하는 시점에 평가된 표준적인 성능수준을 유지하기 위하여 필요한 지출을 초과하는 계획된 미래지출에 근거하여 무형자산의 내용연수가 비한정이라는 결론을 내려서는 안 된다.
② 내용연수가 비한정인 무형자산은 상각하지 아니한다.
③ 내용연수가 비한정인 무형자산은 매년 또는 무형자산의 손상을 시사하는 징후가 있을 때마다 손상검사를 해야 한다.

03 세무회계

3.1 감가상각비

(1) 감가상각비의 의의

기업회계상 감가상각이란 유형·무형자산의 상각대상금액(취득원가에서 잔존가액을 차감한 잔액)을 경제적 효익이 발생하는 내용연수동안 배분하는 과정을 의미한다. 내용연수와 잔존가액을 추정하여 강제적으로 감가상각비를 계상한다. 그러나 법인세법은 잔존가치와 내용연수 추정, 감가상각방법의 선택을 인정하지 않는다. 반드시 법인세법에서 정한 규정을 적용하며 사업연도별 감가상각비 최고한도액을 설정하여 그 범위내에서 감가상각여부와 시기 등을 선택할 수 있는 임의상각제도를 채택하고 있다. 다만, K-IFRS를 도입한 법인은 유형자산과 내용연수가 비한정인 무형자산에 대해서 신고조정에 의한 감가상각비 손금산입을 허용한다.

(2) 감가상각비 세무조정의 의의

유형·무형자산에 대한 감가상각비는 내국법인이 각 사업연도에 손금으로 계상한 경우에만 상각범위액 내에서 해당 사업연도의 소득금액을 계산할 때 이를 손금에 산입하고, 그 계상한 금액 중 상각범위액을 초과하는 부분의 금액은 손금에 산입하지 아니한다. 법인이 각 사업연도에 손금으로 계상한 감가상각비 중 상각범위액을 초과하는 금액(상각부인액)은 그 후의 사업연도에 있어서 법인이 손금으로 계상한 감가상각비가 상각범위액에 미달하는 경우에 그 미달하는 금액(시인부족액)을 한도로 하여 이를 손금으로 추인한다. 이 경우 법인이 감가상각비를 손금으로 계상하지 아니한 경우에도 상각범위액을 한도로 하여 그 상각부인액을 손금으로 추인한다. 시인부족액은 그 후 사업연도의 상각부인액에 이를 충당하지 못한다(법법 23 법령 32).

감가상각비 시부인 = [회사계상액] − [상각범위액] = { (+) : 손금불산입 (유보) / (−) : 조정없음. 단, 부족범위내 전기부인액 추인 }

회사계상액

① 손익계산서, 제조원가명세서 인식액
　감가상각비 XXX / 감가상각누계액 XXX

② 전기오류수정손실
　㉠ 전기오류수정손실 XXX / 감가상각누계액 XXX
　　↳ 감가상각비로 본다.
　㉡ 이익잉여금 XXX / 감가상각누계액 XXX
　　↳ 〈손금산입〉이익잉여금 XXX(기타)로 처분하고 감가상각비로 본다.
　cf. 감가상각누계액 XXX/이익잉여금 XXX
　　↳ 〈익금산입〉 이익잉여금 XXX(기타)
　　　〈손금산입〉 감가상각누계액 XXX(△유보)

③ 자산계상액
　감가상각비 XXX / 감가상각누계액 XXX
　건설중인자산 XXX / 감가상각비 XXX
　　↳ 감가상각비로 본다.

④ 손상차손 인식액
　손상차손 XXX / 손상차손 누계액 XXX
　　↳ 감가상각비로 본다.

⑤ 즉시상각 의제
　Book) 소모품비 XXX / 보통예금 XXX
　Tax) 비품 XXX / 보통예금 XXX
　　　소모품비 XXX / 비품 XXX
　　　↳ 결산상 자산을 직접상각한 것으로 본다.
　예외 : 1. 100만원이하 소액자산
　　　2. 특정자산(전화기, 개인용컴퓨터 등)
　　　3. 생산설비 폐기
　　　4. 소액수선비

상각범위액

① 정액법 : 취득원가 × 상각률

② 정률법 = 세무상 미상각잔액 × 상각률
　↳ 취득원가−감가상각누계액±유보

* 상각범위액의 법정화
1. 상각방법 : 정액법, 정률법, 생산량 비례법
2. 잔존가치 : 0으로 본다.
3. 내용연수 : 별표 적용
4. 상 각 률 : 별표 적용

3.2 감가상각자산의 범위

(1) 감가상각대상자산

법인세법상 감가상각 대상자산은 (2)감가상각자산에 포함하지 아니하는 자산을 제외한 다음의 자산으로 한다(법령 24 ①).

1) 유형자산(법령 24 ① 1호)

가. 건물(부속설비 포함) 및 구축물

㉠ 부속설비에는 당해 건물과 관련된 전기설비, 급배수·위생설비, 가스설비, 냉방·난방·통풍 및 보일러설비, 승강기설비 등 모든 부속설비를 포함(법칙 별표5)

㉡ 구축물에는 하수도, 굴뚝, 경륜장, 포장도로, 교량, 도크, 방벽, 철탑, 터널 기타 토지에 정착한 모든 토목설비나 공작물을 포함(법칙 별표5)

나. 차량 및 운반구, 공구, 기구 및 비품

다. 선박 및 항공기

라. 기계 및 장치

마. 동물 및 식물(시간의 경과에 따라 가치가 감소되는 목장영위법인의 소와 말, 과수원의 과수 등을 의미)

바. 기타 위와 유사한 자산

- 기업회계상 컴퓨터소프트웨어는 무형자산의 별도 계정과목으로 분류할 수 있도록 규정하고 있으나 법인세법에서는 새로운 소프트웨어를 구입하거나 사용 중인 소프트웨어를 버전업(version up)하는 데 소요되는 금액은 유형자산(기구 및 비품)으로 계상하도록 하고 있다(법인 46012-2126, 1999.6.5.).

2) 무형자산(법령 24 ① 2호)

가. 영업권(합병 또는 분할로 인하여 합병법인등이 계상한 영업권은 제외), 디자인권, 실용신안권, 상표권

- 2010.7.1. 이후 합병, 분할하는 분부터 합병 등에 의한 영업권은 법인세법 시행령 24조의 감가상각 대상자산에서 제외하고 합병, 분할에 의한 규정을 적용한다(법법 44의2, 44의3, 46의2, 46의3).

나. 특허권, 어업권, 양식업권, 해저광물자원 개발법에 의한 채취권, 유료도로관리권, 철도시설관리권, 수리권, 전기가스공급시설이용권, 공업용수도시설이용권, 수도시설이용권, 열공급시설이용권(철도시설관리권은 2025.2.28.이 속하는 사업연도에 감가상각하는 경우부터 적용함. 영 부칙 2025.2.28.)

다. 광업권, 전신전화전용시설이용권, 전용측선이용권, 하수종말처리장시설관리권, 수도시설관리권

라. 댐사용권

마. (삭제, 2002. 12. 30.)

바. 개발비 : 상업적인 생산 또는 사용 전에 재료·장치·제품·공정·시스템 또는 용역을 창출하거나 현저히 개선하기 위한 계획 또는 설계를 위하여 연구결과 또는 관련 지식을 적용하는데 발생하는 비용으로서 기업회계기준에 따른 개발비 요건을 갖춘 것(산업기술연구조합 육성법에 따른 산업기술연구조합의 조합원이 해당 조합에 연구개발 및 연구시설 취득 등을 위하여 지출하는 금액을 포함한다)(2021.1.1.이후 개시하는 사업연도 분부터 개정적용, 영 부칙 2021.2.17.)

사. 사용수익기부자산가액 : 금전 외의 자산을 국가 또는 지방자치단체, 법인세법 제24조 제2항 제1호 라목부터 바목까지의 규정에 따른 법인 또는 법인세법 시행령 제39조 제1항 제1호에 따른 법인에게 기부한 후 그 자산을 사용하거나 그 자산으로부터 수익을 얻는 경우 해당 자산의 장부가액(2021.1.1.이후 개시하는 사업연도 분부터 개정규정 적용, 영 부칙 2021.2.17.)

아. 전파법 제14조의 규정에 의한 주파수이용권 및 공항시설법 제26조의 규정에 의한 공항시설관리권

자. 항만법 제24조에 따른 항만시설관리권

차. 그 밖에 가목부터 자목까지의 자산과 유사한 무형자산(개정규정은 2025.2.28.이 속하는 사업연도에 감가상각하는 경우부터 적용함. 영 부칙 2025.2.28.)

3) 기타 감가상각대상자산에 포함하는 것

① 장기할부조건 등으로 매입한 유형·무형자산

장기할부조건 등으로 매입한 유형·무형자산의 경우 법인이 해당 유형·무형자산의 가액 전액을 자산으로 계상하고 사업에 사용하는 경우에는 그 대금의 청산 또는 소유권의 이전여부에 관계없이 이를 감가상각자산에 포함한다(법령 24 ④).

② 리스회사가 리스하는 리스자산

자산을 시설대여하는 자(리스회사)가 대여하는 해당 자산(리스자산) 중 기업회계기준에 따른 금융리스의 자산은 리스이용자의 감가상각자산으로, 금융리스 외의 리스자산은 리스회사의 감가상각자산으로 한다(법령 24 ⑤). 자산유동화에관한법률에 의한 유동화전문회사가 자산유동화계획에 따라 금융리스의 자산을 양수한 경우 당해 자산에 대하여는 리스이용자의 감가상각자산으로 한다(법령 24 ⑥).

(2) 감가상각자산에 포함하지 아니하는 자산

다음의 자산은 감가상각대상 자산에 포함하지 않는다(법령 24 ③).

① 사업에 사용하지 아니하는 것(유휴설비를 제외한다)

② 건설중인자산(일부가 완성되어 당해 부분이 사업에 사용되는 경우 해당 부분은 상각한다)

③ 시간의 경과에 따라 그 가치가 감소되지 아니하는 것(예 토지, 서화, 골동품, 조경수 등)

- 법인이 조경을 위하여 지출한 조경수의 구입 및 식재비용은 토지 및 건물과 별도의 자산으로 계상하는 것이고 시간이 경과함에 따라 그 가치가 감소되지 않는 자산이므로 감가상각할 수 없는 것이며, 조명용 전기시설은 건물의 부속설비이고, 배수시설 및 연못은 구축물로 법인세법시행규칙 별표 5의 내용연수를 각각 적용한다(법인, 제도46012-11394, 2001.06.08).

■ 서화, 골동품 등 미술품의 관련 법령

① 업무무관동산이란 법인의 업무와 무관하다고 인정되는 부동산 이외의 자산으로서 서화 및 골동품이 이에 해당한다. 다만, 장식, 환경미화 등의 목적으로 사무실, 복도 등 여러 사람이 볼 수 있는 공간에 상시 비치하는 것을 제외한다(법령 49, 법칙 26).

② 장식·환경미화 등의 목적으로 사무실복도 등 여러 사람이 볼 수 있는 공간에 항상 전시하는 미술품의 취득가액을 그 취득한 날이 속하는 사업연도의 손금으로 계상한 경우에는 그 취득가액은 법인의 손비로 한다(법령 19 17호, 2019.2.12. 이후 미술품을 취득하는 분부터 취득가액이 거래단위별로 1,000만원 이하인 것으로 한정한다. 이전 취득가액은 500만원, 영 부칙2019.2.12.).

③ 시간의 경과에 따라 그 가치가 감소되지 아니하는 서화, 골동품 등은 감가상각대상 자산에 포함하지 않는다(법령 24 ③).

④ 국내 문화관련 지출로서 미술품의 취득가액이 거래단위별로 100만원 이하인 것은 문화비로 지출한 기업업무추진비로 본다(조특령 130 ⑤, 2019.2.12. 이후 지출하는 분부터 적용, 영 부칙 2019.2.12.).

3.3 감가상각비의 손금계상과 손상(평가손실)

(1) 감가상각비의 손금계상 유형

감가상각비의 시부인계산은 개별 자산별로 행하며 손금으로 계상하는 방법은 다음의 하나를 선택한다(법령 25).

① 해당 감가상각자산의 장부가액을 직접 감액하는 방법

② 장부가액을 감액하지 아니하고 감가상각누계액으로 계상하는 방법

법인이 감가상각비를 감가상각누계액으로 계상하는 경우에는 개별 자산별로 계상하되 개별자산별로 구분하여 작성된 감가상각비조정명세서를 보관하고 있는 경우에는 감가상각비 총액을 일괄하여 감가상각누계액으로 계상할 수 있다.

(2) 감가상각비의 결산조정과 신고조정

법인세법은 손금에 산입할 수 있는 상각범위액의 범위내에서 법인이 임의로 감가상각비를 계상할 수 있는 임의상각제도를 택하고 있다. 따라서 감가상각비는 반드시 결산조정, 즉 기업회계상 감가상각비를 계상한 경우에만 손금인정 받을 수 있으며 미상각액에 대한 경정청구 대상이 아니다. 다만, 다음의 경우에는 신고조정에 의한 손금산입을 허용한다.

① 2003.7.1.~2004.6.30.에 취득하거나 투자를 개시한 유형자산

② K-IFRS를 도입한 법인의 유형자산과 내용연수가 비한정인 무형자산

③ 2015.1.1 ~ 2015.12.31까지 취득한 서비스업 설비자산

④ 2016.1.1. 이후 개시한 사업연도 취득 업무용승용차 강제상각

(3) 유형자산의 평가손실

내국법인이 보유하는 자산과 부채의 장부가액을 증액 또는 감액(감가상각은 제외하며, 이하 "평가"라 한다)한 경우에는 그 평가일이 속하는 사업연도와 그 후의 각 사업연도의 소득금액을 계산할 때 그 자산과 부채의 장부가액은 평가 전의 가액으로 한다(법법 42 ①). 그러나 유형자산으로서 천재지변·화재 등 다음에서 정하는 사유로 파손되거나 멸실된 것은 사업연도종료일 현재 시가로 평가한 가액으로 그 장부가액을 감액할 수 있다(법령 78 ①,③). 이 경우 해당 자산의 장부가액을 해당 감액사유가 발생한 사업연도(파손 또는 멸실이 확정된 사업연도를 포함한다) 평가액으로 감액하고, 그 감액한 금액을 해당 사업연도의 손비로 계상하여야 한다(법령 78 ③).

① 천재지변 또는 화재

② 법령에 의한 수용 등

③ 채굴예정량의 채진으로 인한 폐광(토지를 포함한 광업용 유형자산이 그 고유의 목적에 사용될 수 없는 경우를 포함한다)

3.4 회사가 계상한 감가상각비

유형·무형자산에 대한 감가상각비는 내국법인이 각 사업연도에 손금으로 계상한 경우에만 상각범위액 내에서 해당 사업연도의 소득금액을 계산할 때 이를 손금에 산입하고, 그 계상한 금액 중 상각범위액을 초과하는 부분의 금액은 손금에 산입하지 아니한다. 내국법인이 각 사업연도에 손금으로 계상한 경우란 다음을 말하며 당해 금액 합계액과 법인세법상 상각범위액과 비교하여 세무조정한다.

① 손익계산서와 제조원가명세서상 계상한 감가상각비

② 전기오류수정손실(당기 이전에 과소계상한 감가상각비를 당기에 계상한 경우 이를 당기 상각비로 보아 시부인)

③ 자산계상액(자산에 배분된 감가상각비도 당기 회사가 계상한 감가상각비에 포함)

④ 감가상각자산의 손상차손(기업회계기준에 따른 손상차손 계상액, 다만 천재지변, 화재, 수용, 폐광으로 인한 평가손실은 손금항목이므로 제외)

⑤ 즉시상각의제

상기의 ①~③은 결산상 유형·무형자산의 장부가액 감소에 기인하고 ④, ⑤는 유형·무형자산의 장부가액 변동없이 세무상으로 감가상각비를 계상한 것으로 본다.

(1) 결산상 유형·무형자산의 장부가액 감소

① 손금계상한 감가상각비

손익계산서 및 제조원가명세서의 감가상각비 등 유형·무형자산의 장부가액이 감소된 금액을 말한다.

(차) 감가상각비	×××	(대) 감가상각누계액	×××
(차) 전기오류수정손실	×××	(대) 감가상각누계액	×××
(차) 유형자산손상차손	×××	(대) 손상차손누계액	×××

② 자산(건설중인자산 등)계상 감가상각비

당해 사업연도중에 계상한 감가상각비 중 타계정대체를 통하여 타자산의 장부가액을 증가시킨 부분을 말하며 별도의 세무조정없이 회사계상액에 포함시킨다. 유형자산의 감가상각비를 개발비로 대체한 경우에는 당해 감가상각비는 손금산입할 수 없으며 개발비 상각을 통해 손금산입된다(서면2팀-583, 2004.3.25.).

(차) 건설중인자산	×××	(대) 감가상각누계액	×××

③ 이익잉여금으로 계상한 감가상각비

법인이 전기에 과소계상한 유형·무형자산의 감가상각비가 중대한 오류에 해당하여 이를 이월이익잉여금의 감소(전기오류수정손실)로 계상한 경우에는 세무조정후 회사계상액으로 본다(법기통 23-0…4).

(차) 미처분이익잉여금	×××	(대) 감가상각누계액	×××

〈손금산입〉 전기오류수정손실(이익잉여금) ××× (기타)

(2) 세무상 감가상각비 계상

① 즉시상각의제액

즉시상각의제란 법인이 감가상각자산의 취득가액과 자본적 지출을 비용으로 처리한 경우 그 금액을 자산으로 계상한 후 즉시 감가상각한 것으로 보는 것을 말한다. 당해 사업연도 중에 자본적지출에 해당하는 금액을 손금으로 계상한 경우에는 이를 감가상각비 회사계상액으로 본다(법법 23 ④).

㉠ 감가상각자산을 취득하기 위하여 지출한 금액을 손금으로 계상한 경우

㉡ 감가상각자산에 대한 자본적지출에 해당하는 금액을 손금으로 계상한 경우

㉢ 감가상각자산이 진부화, 물리적 손상 등에 따라 시장가치가 급격히 하락하여 법인이 기업회계기준에 따라 손상차손을 계상한 경우(법인세법 제42조 제3항 제2호에 해당하는 경우는 제외한다)(법령 31 ⑧)

② 신고조정에 의한 감가상각비

신고조정에 의해 감가상각비 회사계상액이 인정되는 경우는 다음과 같다.

㉠ 2003.7.1.~2004.6.30.에 취득 또는 투자를 개시한 유형자산(구 조특법 30)

㉡ K-IFRS를 도입한 법인의 유형자산과 내용연수가 비한정인 무형자산 신고조정

(3) 즉시상각의제

즉시상각의제란 법인이 감가상각자산의 취득가액과 자본적 지출을 비용으로 처리한 경우 그 금액을 자산으로 계상한 후 즉시 감가상각한 것으로 보는 것을 말한다. 따라서 즉시상각의제를 취득가액에 더하여 상각범위액을 계산하고 회사상각비로 보아 세무조정한다. 감가상각자산이 진부화, 물리적 손상 등에 따라 시장가치가 급격히 하락하여 법인이 기업회계기준에 따라 손상차손을 계상한 경우[법인세법 제42조 제3항 제2호에 해당하는 경우(유형자산으로서 천재지변·화재 등 법인세법 시행령 제78조 제1항으로 정하는 사유로 파손되거나 멸실된 것)는 제외한다]에는 해당 금액을 감가상각비로서 손비로 계상한 것으로 보아 법인세법 제23조 제1항(감가상각비 시부인 세무조정)을 적용한다(법령 31 ⑧).

다음의 상각자산은 사업에 사용한 날이 속하는 사업연도의 손금으로 계상한 경우 해당금액 전액에 대하여 시부인계산없이 손금으로 인정한다(법령 31).

1) 소액자산의 취득 후 손금계상한 것

취득가액이 거래단위별로 100만원 이하인 감가상각자산, 다만 다음의 자산은 제외한다(법령 31 ④). 거래단위라 함은 이를 취득한 법인이 그 취득한 자산을 독립적으로 사업에 직접 사용할 수 있는 것을 말한다(법령 31 ⑤).

① 그 고유업무의 성질상 대량으로 보유하는 자산(당해 자산의 대량보유 여부는 당해 법인의 사업규모, 자산구성, 종업원수 등을 종합적으로 참작하여 사실판단한다)

② 그 사업의 개시 또는 확장을 위하여 취득한 자산

2) 특정자산의 취득 후 손금계상한 것

상기 1)에도 불구하고 다음의 자산에 대해서는 이를 그 사업에 사용한 날이 속하는 사업연도의 손비로 계상한 것에 한정하여 손금에 산입한다(법령 31 ⑥).

① 어업에 사용되는 어구(어선 용구를 포함)

② 영화필름, 공구, 가구, 전기기구, 가스기기, 가정용기구·비품, 시계, 시험기기, 측정기기 및 간판(금형은 2020.1.1. 전에 개시한 사업연도분에 대해서는 개정에도 불구하고 종전의 규정에 따라 공구에 포함한다. 영 부칙 2020.2.11.)

③ 대여사업용 비디오테이프 및 음악용 콤팩트디스크로서 개별자산의 취득가액이 30만원 미만인 것

④ 전화기(휴대용 전화기를 포함함) 및 개인용 컴퓨터(그 주변기기를 포함함)

■ 구 법인세법시행규칙 [별표 1] 중 관련자산의 종류 요약

① 공구 : 활자, 금형, 기타(주로 금속제인 것, 기타의 것)
② 가구 : 사무용책상(목재, 금속재 등), 탁자, 의자, 캐비넷, 응접세트, 침대, 진열장, 진열케이스 등
③ 전기기구, 가스기기 : 라디오, 텔레비전, 테이프레코더, 기타 음향기기, 냉방용·난방용기기, 전기냉장고, 전기세탁기 기타 유사한 전기 또는 가스기기 등(구 시행규칙에서 사무기기, 통신기기는 "기구 및 비품" 중 전기기구와 별도 분류)
④ 가정용 기구 비품 : 커텐, 방석, 침구, 융단, 주방용품 등
⑤ 사무용기기 및 컴퓨터 : 소프트웨어, 개인용컴퓨터, 프린터 등
⑥ 전화설비 기타 통신기기 : 전화기기, 전기교환설비, 무인경비시스템, 팩시밀리 등

3) 생산설비의 폐기

다음의 어느 하나에 해당하는 경우에는 해당 자산의 장부가액에서 1,000원을 공제한 금액을 폐기일이 속하는 사업연도의 손금에 산입할 수 있다(법령 31 ⑦).

① 시설의 개체 또는 기술의 낙후로 인하여 생산설비의 일부를 폐기한 경우

② 사업의 폐지 또는 사업장의 이전으로 임대차계약에 따라 임차한 사업장의 원상회복을 위하여 시설물을 철거하는 경우(2021.1.1.이후 개시하는 사업연도 분부터 적용, 영 부칙 2021.2.17.).

4) 수선비

법인이 각 사업연도에 지출한 수선비가 다음에 해당하는 경우로서 그 수선비를 당해 사업연도의 손금으로 계상한 경우에는 이를 자본적 지출에 포함되지 아니하는 것으로 한다(법령 31 ③).

① 개별자산별로 수선비로 지출한 금액이 600만원 미만인 경우(2020.1.1. 전에 개시한 사업연도분에 대해서는 300만원, 영 부칙 2020.2.11.)

② 개별자산별로 수선비로 지출한 금액이 직전 사업연도종료일 현재 재무상태표상의 자산가액(취득가액에서 감가상각누계액상당액을 차감한 금액을 말한다)의 5%에 미달하는 경우

③ 3년 미만의 기간마다 주기적인 수선을 위하여 지출하는 경우

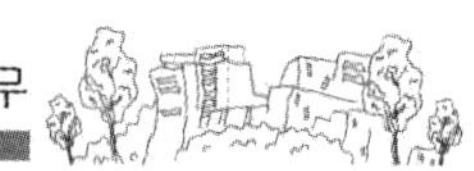

예 제 **즉시상각의제**

㈜이손은 20×1. 1. 1 비품 ₩10,000,000을 취득하고 이를 전액 비용계상하였다. 비품의 정액법 상각률은 0.25이며 비망가액은 고려하지 아니한다.

요구사항

1. 비품과 관련한 세무조정을 하시오.
2. 당해 비품이 즉시상각의제 특례에 해당하는 특정자산인 경우 세무조정을 하시오.

풀 이

1. 즉시상각의제

사업연도	회사계상액	상각범위액	세무조정
20×1	10,000,000	2,500,000	〈손금불산입〉 감가상각누계액 7,500,000 (유보)
20×2	–	2,500,000	〈손금산입〉 감가상각누계액 2,500,000 (△유보)
20×3	–	2,500,000	〈손금산입〉 감가상각누계액 2,500,000 (△유보)
20×4	–	2,500,000	〈손금산입〉 감가상각누계액 2,500,000 (△유보)

* 상각범위액 : ₩10,000,000×0.25=₩2,500,000

2. 즉시상각의제 특례

개인용 컴퓨터 등 즉시상각의제를 적용하지 아니하는 특정자산인 경우에는 사업에 사용한 날이 속하는 사업연도의 손금으로 계상한 경우 해당금액 전액에 대하여 시부인계산없이 손금으로 인정한다. 따라서 별도의 세무조정은 없다.

3.5 감가상각방법

(1) 감가상각방법의 선택

법인은 다음의 구분에 따른 자산별로 하나의 방법을 선택하여 기획재정부령으로 정하는 감가상각방법신고서를 다음 각 호에 따른 날이 속하는 사업연도의 법인세 과세표준의 신고기한까지 납세지 관할세무서장에게 제출(국세정보통신망에 의한 제출을 포함한다)하여야 한다(법령 26 ③).

1. 신설법인과 새로 수익사업을 개시한 비영리법인은 그 영업을 개시한 날
2. 제1호 외의 법인이 제1항 각 호의 구분에 따른 감가상각자산을 새로 취득한 경우에는 그 취득한 날

감가상각방법

구 분	신고시 선택가능방법 (법령 26 ①)	무신고시 (법령 26 ④)
1. 건축물과 무형자산(제3호 및 제6호부터 제9호까지의 자산은 제외한다)	정액법	정액법
2. 건축물 외의 유형자산(제4호의 광업용 유형자산은 제외한다)	정률법 또는 정액법	정률법
3. 광업권(해저광물자원 개발법에 의한 채취권을 포함한다) 또는 폐기물매립시설(폐기물관리법 시행령 별표 3 제2호 가목의 매립시설을 말한다)	생산량비례법 또는 정액법	생산량비례법
4. 광업용 유형자산	생산량비례법·정률법 또는 정액법	생산량비례법
5. (삭제, 2002. 12. 30.)		
6. 개발비	관련 제품의 판매 또는 사용이 가능한 시점부터 20년의 범위에서 연단위로 신고한 내용연수에 따라 매 사업연도별 경과월수에 비례하여 상각하는 방법	관련 제품의 판매 또는 사용이 가능한 시점부터 5년 동안 매년 균등액을 상각하는 방법
7. 사용수익기부자산가액	해당 자산의 사용수익기간(그 기간에 관한 특약이 없는 경우 신고내용연수를 말한다)에 따라 균등하게 안분한 금액(그 기간 중에 해당 기부자산이 멸실되거나 계약이 해지된 경우 그 잔액을 말한다)을 상각하는 방법	좌동
8. 전파법 제14조에 따른 주파수이용권, 공항시설법 제26조에 따른 공항시설관리권 및 항만법 제24조에 따른 항만시설관리권	주무관청에서 고시하거나 주무관청에 등록한 기간내에서 사용기간에 따라 균등액을 상각하는 방법	좌동
9. 그 밖에 유사 무형자산 (2025.2.28.이 속하는 사업연도에 감가상각하는 경우부터 적용함. 영 부칙 2025.2.28.)	연 단위로 신고한 내용연수(기업회계기준에 따른 내용연수를 말한다)에 따라 매 사업연도별 경과월수에 비례하여 상각하는 방법	5년 동안 매년 균등액을 상각하는 방법

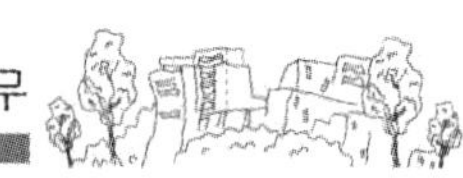

(2) 감가상각방법의 변경

법인은 영업개시일이 속하는 사업연도의 법인세 과세표준 신고기한 내에 적용할 감가상각방법을 신고해야 하며 신고기한 내에 신고하지 아니한 경우 법인세법에서는 자산의 유형별 정액법, 정률법, 생산량비례법 등 적용방법을 규정하고 있다. 추후 다른 상각방법을 적용하려면 감가상각 변경요건을 충족해야 하며 관할 세무서장의 승인을 얻어야 한다(법령 27, 법칙 14).

1) 변경요건

① 상각방법이 서로 다른 법인이 합병(분할합병을 포함)한 경우

② 상각방법이 서로 다른 사업자의 사업을 인수 또는 승계한 경우

③ 외국투자자가 내국법인의 주식 등을 20% 이상 인수 또는 보유하게 된 경우

④ 해외시장의 경기변동 또는 경제적 여건의 변동으로 인하여 종전의 상각방법을 변경할 필요가 있는 경우

⑤ 회계정책의 변경에 따라 결산상각방법이 변경된 경우(변경한 결산상각방법과 같은 방법으로 변경하는 경우만 해당한다). 이 경우 회계정책의 변경이란 다음의 어느 하나에 해당하는 경우를 말한다.

㉠ 한국채택국제회계기준을 최초로 적용한 사업연도에 결산상각방법을 변경하는 경우

㉡ 한국채택국제회계기준을 최초로 적용한 사업연도에 지배기업의 연결재무제표 작성 대상에 포함되는 종속기업이 지배기업과 회계정책을 일치시키기 위하여 결산상각방법을 지배기업과 동일하게 변경하는 경우

2) 변경신청기한

감가상각방법을 변경하고자 하는 법인은 그 변경할 상각방법을 적용하고자 하는 최초사업연도의 종료일까지 감가상각방법변경신청서를 납세지 관할세무서장에게 제출(국세정보통신망에 의한 제출을 포함한다)하여 승인을 얻어야 한다. 신청서를 접수한 납세지 관할세무서장은 신청서의 접수일이 속하는 사업연도 종료일부터 1개월 이내에 그 승인여부를 결정하여 통지하여야 한다. 법인이 변경승인을 얻지 아니하고 상각방법을 변경한 경우 상각범위액은 변경하기 전의 상각방법에 의하여 계산한다.

3) 상각방법변경시 상각범위액

상각방법을 변경하는 경우 상각범위액의 계산은 다음의 계산식에 따른다. 이 경우 ③의 계산식 중 총채굴예정량은 한국광물자원공사법에 따른 한국광물자원공사가 인정하는 총채굴량을 말하고, 총매립예정량은 폐기물관리법 제25조제3항에 따라 환경부장관 또는 시·도지사가 폐기물처리업을 허가할 때 인정한 총매립량을 말한다.

① 정률법 또는 생산량비례법을 정액법으로 변경하는 경우

> 상각범위액 = (감가상각누계액을 공제한 장부가액+전기이월상각한도초과액) × 상각률
> * 신고내용연수(또는 기준내용연수)의 정액법에 의한 상각률

② 정액법 또는 생산량비례법을 정률법으로 변경하는 경우

> 상각범위액 = (감가상각누계액을 공제한 장부가액+전기이월상각한도초과액) × 상각률
> * 신고내용연수(또는 기준내용연수)의 정률법에 의한 상각률

③ 정률법 또는 정액법을 생산량비례법으로 변경하는 경우

$$\text{상각범위액} = \begin{pmatrix}\text{감가상각누계액을 공제한}\\ \text{장부가액 + 전기이월상각한도초과액}\end{pmatrix} \times \frac{\text{해당 사업연도의 채굴량(매립량)}}{\text{총채굴예정량(총매립예정량)} - \text{변경전 사업연도까지의 채굴량(총매립량)}}$$

3.6 감가상각 기초가액(취득원가와 자본적지출)

(1) 취득가액

취득가액이란 자산의 취득원가와 관련된 일반원칙을 따른다. 매입가액 또는 제작원가에 부대비용을 가산한 금액을 취득원가로 하며 특수관계인으로부터 고가로 매입한 경우 시가 초과액, 특수관계가 없는 자로부터 정상가액보다 고가로 매입한 경우 해당 초과액은 취득가액에서 제외한다. 장기할부조건으로 매입한 경우 현재가치할인차금을 계상한 경우에는 동 금액을 차감한 금액으로 하며 계상하지 않은 경우에는 명목가액을 취득가액으로 한다. 자본적 지출액(건설자금이자 포함)을 포함하며 법에 의한 평가이익은 취득가액에 포함하나 임의평가이익은 취득가액에 포함하지 아니한다.

(2) 자본적 지출과 수익적 지출

자본적 지출이란 법인이 소유하는 감가상각자산의 내용연수를 연장시키거나 당해 자산의 가치를 현실적으로 증가시키기 위하여 지출한 수선비를 말한다. 수익적 지출이란 감가상각자산의 원상회복이나 능력유지 등을 위하여 지출한 수선비(법칙 17, 법집기 23-31…2.)를 말한다.

자본적 지출	수익적 지출
• 본래의 용도를 변경하기 위한 개조 • 엘리베이터 또는 냉난방장치의 설치 • 빌딩 등에 있어서 피난시설 등의 설치 • 재해 등으로 인하여 멸실 또는 훼손되어 본래의 용도에 이용할 가치가 없는 건축물·기계·설비 등의 복구 • 기타 개량·확장·증설 등 이와 유사한 성질의 것	• 건물 또는 벽의 도장 • 파손된 유리나 기와의 대체 • 기계의 소모된 부속품 또는 벨트의 대체 • 자동차 타이어의 대체 • 재해를 입은 자산에 대한 외장의 복구·도장 및 유리의 삽입 • 기타 조업가능한 상태의 유지 등 위와 유사한 것

(3) 잔존가액

기업회계상 감가상각자산의 잔존가액을 합리적으로 추정하는 것과는 달리 세법은 임의적인 추정을 배제하고 상각범위액을 계산함에 있어서 감가상각자산의 잔존가액은 "0"으로 한다. 다만, 정률법에 의하여 상각범위액을 계산하는 경우에는 취득가액의 5%에 상당하는 금액으로 하되, 그 금액은 당해 감가상각자산에 대한 미상각잔액이 최초로 취득가액의 5%이하가 되는 사업연도의 상각범위액에 가산한다(법령 26 ⑥).

(4) 비망계정

법인은 감가상각이 종료되는 감가상각자산에 대하여 취득가액의 5%와 1,000원 중 적은 금액을 당해 감가상각자산의 장부가액으로 하고 동 금액에 대하여는 이를 손금에 산입하지 아니한다.

예 제 **정률법의 잔존가액과 비망계정**

20X1. 1. 1. 기계장치 ₩1,000,000을 취득하여 정률법으로 상각하는 경우 연도별 법인세법상 상각범위액을 계산하시오. 단, 내용연수 3년, 정률법에 의한 상각률은 0.632이다.

풀 이

구 분	상각범위액	미상각잔액
20X1년	1,000,000×0.632 = 632,000	1,000,000−632,000 = 368,000
20X2년	368,000×0.632 = 232,576	368,000−232,576 = 135,424
20X3년	135,424×0.632+49,837−1,000 = 134,424	135,424−134,424 = 1,000

20X3년 상각범위액은 85,587(=135,424×0.632)이고 상각후 장부가액은 49,837(=135,424−85,587)이다. 상각후 미상각잔액이 취득가액의 5%인 50,000(=1,000,000×5%)에 미달하므로 49,837도 상각범위액에 포함한다. 이 경우 감가상각이 종료되는 감가상각자산에 대하여 취득가액의 5%와 1,000원 중 적은 금액을 당해 감가상각자산의 장부가액으로 하고 동 금액에 대하여는 이를 손금에 산입하지 아니한다. 따라서 20X3년의 상각범위액에서 1,000은 제외시킨다.

3.7 내용연수

(1) 개요

법인세법상 내용연수는 상각범위액계산시 적용하는 상각률을 결정하는 역할을 하며, 자산별, 업종별, 구조별로 법에 규정하고 있다. 따라서 기업회계상 합리적인 추정을 하는 것과는 다르다. 감가상각자산의 내용연수와 해당 내용연수에 따른 상각률은 다음의 구분에 따른다(법령 28 ①). 다음의 내용연수를 적용할 때 법인세법 제6조에 따른 사업연도가 1년 미만이면 다음 계산식에 따라 계산한 내용연수와 그에 따른 상각률에 따른다. 이 경우 개월수는 태양력에 따라 계산하되, 1개월 미만의 일수는 1개월로 한다(법령 28 ②).

$$\text{환산내용연수} = (\text{A 또는 B}) \times \frac{12}{C}$$

A : 제1항 제1호에 따른 내용연수
B : 제1항 제2호에 따른 신고내용연수 또는 기준내용연수
C : 사업연도의 개월 수

(2) 자산별 내용연수의 적용

상각자산 등은 기준내용연수 또는 기준내용연수의 상하 25%의 내용연수범위 안에서 선택하여 납세지 관할세무서장에게 신고한 내용연수를 적용하며 신고는 연단위로 하여야 한다(법령 28). 신고는 영업개시일이 속하는 사업연도의 법인세과세표준의 신고기한까지 내용연수신고서를 관할세무서장에게 제출(국세정보통신망에 의한 제출 포함)하여야 한다(법령 28 ③). 신고기한내에 신고하지 아니한 경우에는 기준내용연수를 적용한다. 자산별 내용연수의 적용은 다음과 같다.

1) 시험연구용자산과 특허권 등의 무형자산

기획재정부령으로 정하는 시험연구용자산과 법인세법 시행령 제24조 제1항 제2호 가목부터 라목까지의 규정에 따른 무형자산은 기획재정부령으로 정하는 내용연수와 그에 따른 기획재정부령으로 정하는 상각방법별 상각률을 적용한다(법령 28 ① 1호). 기획재정부령으로 정하는 상각방법별 상각률이란 법인세법 시행규칙 별표 4에 규정된 상각률을 말한다(법칙 15 ②).

구 분	기획재정부령으로 정하는 내용연수
법인세법 시행규칙 별표 2에 규정된 시험연구용자산(법칙 15 ①)	법인세법 시행규칙 별표 2 및 별표 3에 규정된 내용연수(법칙 15 ②)
가. 영업권(합병 또는 분할로 인하여 합병법인등이 계상한 영업권은 제외한다), 디자인권, 실용신안권, 상표권 나. 특허권, 어업권, 양식업권, 해저광물자원 개발법에 의한 채취권, 유료도로관리권, 철도시설관리권, 수리권, 전기가스공급시설이용권, 공업용수도시설이용권, 수도시설이용권, 열공급시설이용권 다. 광업권, 전신전화전용시설이용권, 전용측선이용권, 하수종말처리장시설관리권, 수도시설관리권 라. 댐사용권	

■ 법인세법 시행규칙 [별표 2] 〈개정 2025. 3. 21.〉

시험연구용자산의 내용연수표 (제15조제1항 및 제2항 관련)

자산범위	자산명	내용연수
1. 새로운 지식이나 기술의 발견을 위한 실험연구시설 2. 신제품이나 신기술을 개발할 목적으로 관련된 지식과 경험을 응용하는 연구시설 3. 신제품이나 신기술과 관련된 시제품, 원형, 모형 또는 시험설비등의 설계, 제작 및 시설을 위한 설비 4. 새로운 기술에 수반되는 공구, 기구, 금형 등의 설계 및 시험적 제작을 위한 시설 5. 직업훈련용 시설	(1) 건물부속설비 (2) 구축물	5년
	(3) 기계장치 (4) 광학기기 (5) 시험기기 (6) 측정기기 (7) 공구 (8) 기타 시험연구용 설비	3년

1. 시험연구용 자산 중 조세특례제한법 시행령 제25조의3제3항제2호에 따른 연구·시험용 시설 및 직업훈련용 시설에 대한 투자에 대해 조세특례제한법 제24조에 따른 세액공제를 이미 받은 자산에 대해서는 이 내용연수표에 따른 감가상각비를 손금에 산입할 수 없다.
2. 법인이 시험연구용자산에 대하여 이 내용연수표를 적용하지 않으려는 경우에는 별표 5 건축물 등의 기준내용연수 및 내용연수범위표 또는 별표 6 업종별 자산의 기준내용연수 및 내용연수 범위표를 적용하여 감가상각비를 손금에 산입할 수 있다.

* 별표 2의 개정규정은 이 규칙 시행 이후 시험연구용 기계장치를 취득하는 경우부터 적용한다.

■ 법인세법 시행규칙 [별표 2] 〈개정 2021. 3. 16.〉

시험연구용자산의 내용연수표 (제15조제1항 및 제2항 관련)

자산범위	자산명	내용연수
1. 새로운 지식이나 기술의 발견을 위한 실험연구시설 2. 신제품이나 신기술을 개발할 목적으로 관련된 지식과 경험을 응용하는 연구시설 3. 신제품이나 신기술과 관련된 시제품, 원형, 모형 또는 시험설비등의 설계, 제작 및 시설을 위한 설비 4. 새로운 기술에 수반되는 공구, 기구, 금형 등의 설계 및 시험적 제작을 위한 시설 5. 직업훈련용 시설	(1) 건물부속설비 (2) 구축물 (3) 기계장치	5년
	(4) 광학기기 (5) 시험기기 (6) 측정기기 (7) 공구 (8) 기타 시험연구용 설비	3년

1. 시험연구용 자산 중 조세특례제한법 시행령 제25조의 3 제3항 제2호에 따른 연구·시험용 시설 및 직업훈련용 시설에 대한 투자에 대해 조세특례제한법 제24조에 따른 세액공제를 이미 받은 자산에 대해서는 이 내용연수표에 따른 감가상각비를 손금에 산입할 수 없다.
2. 법인이 시험연구용자산에 대하여 이 내용연수표를 적용하지 아니하고자 하는 경우에는 별표 5 건축물등의 기준내용연수 및 내용연수범위표 또는 별표 6 업종별 자산의 기준내용연수 및 내용연수범위표를 적용하여 감가상각비를 손금에 산입할 수 있다.

■ 법인세법 시행규칙 [별표 3] 〈개정 2025. 3. 21.〉

무형자산의 내용연수표 (제15조제2항 관련)

무형자산	내용연수
영업권, 디자인권, 실용신안권, 상표권	5년
특허권	7년
어업권, 해저광물자원 개발법에 따른 채취권(생산량비례법 선택 적용), 유료도로관리권, 수리권, 전기가스공급시설이용권, 공업용수도시설이용권, 수도시설이용권, 열공급시설이용권	10년
광업권(생산량비례법 선택 적용), 전신전화전용시설이용권, 전용측선이용권, 하수종말처리장시설관리권, 수도시설관리권	20년
철도시설관리권	30년
댐사용권	50년

무형자산의 내용연수표 (제15조 제2항 관련) (법칙 [별표 3]) 〈개정 2019. 3.20.〉

구 분	내용연수	무형자산
1	5년	영업권, 디자인권, 실용신안권, 상표권
2	7년	특허권(2015.3.13. 이후 취득하는 분부터 적용)
3	10년	어업권, 해저광물자원개발법에 의한 채취권(생산량비례법 선택적용), 유료도로관리권, 수리권, 전기가스공급시설이용권, 공업용수도시설이용권, 수도시설이용권, 열공급시설이용권
4	20년	광업권(생산량비례법 선택적용), 전신전화전용시설 이용권, 전용측선이용권, 하수종말처리장시설관리권, 수도시설관리권
5	50년	댐사용권

2) 유형자산

상기 1) 외의 감가상각자산(법인세법 시행령 제24조 제1항 제2호 바목부터 차목까지의 규정에 따른 무형자산은 제외한다)은 구조 또는 자산별·업종별로 기준내용연수에 그 기준내용연수의 25%를 가감하여 기획재정부령으로 정하는 내용연수범위 안에서 법인이 선택하여 납세지 관할 세무서장에게 신고한 내용연수(이하 "신고내용연수")와 그에 따른 상각률을 적용한다. 다만, 신고기한 내에 신고를 하지 않은 경우에는 기준내용연수와 그에 따른 상각률로 한다(법령 28 ① 2호).

구 분	기획재정부령으로 정하는 내용연수
상기 1) 외의 감가상각자산(법인세법 시행령 제24조 제1항 제2호 바목부터 차목까지의 규정에 따른 무형자산은 제외한다)	법인세법 시행규칙 별표 5 및 별표 6에 규정된 내용연수(법칙 15 ③)

사업용 고정자산인 동물, 식물에 대한 감가상각비를 계산함에 있어 세법상 내용연수가 정하여지지 않은 자산에 대하여는 평균수명 등을 감안하여 일반적으로 공정타당하다고 인정되는 합리적인 추정내용연수를 적용하여 계산할 수 있다(법인22601-3636, 1986.12.11).

내용연수를 신고할 때에는 기획재정부령으로 정하는 내용연수신고서를 다음 각 호의 날이 속하는 사업연도의 법인세 과세표준의 신고기한까지 납세지 관할세무서장에게 제출(국세정보통신망에 의한 제출을 포함한다)하여야 한다(법령 28 ③). 내용연수의 신고는 연단위로 하여야 한다(법령 28 ⑤). 자산별·업종별로 적용한 신고내용연수 또는 기준내용연수는 그 후의 사업연도에 있어서도 계속하여 그 내용연수를 적용하여야 한다(법령 28 ④).

1. 신설법인과 새로 수익사업을 개시한 비영리내국법인의 경우에는 그 영업을 개시한 날
2. 제1호 외의 법인이 자산별·업종별 구분에 따라 기준내용연수가 다른 감가상각자산을 새로 취득하거나 새로운 업종의 사업을 개시한 경우에는 그 취득한 날 또는 개시한 날

■ 법인세법 시행규칙 [별표 5] 〈개정 2024. 3. 22.〉

건축물 등의 기준내용연수 및 내용연수범위(제15조제3항 관련)

구 분	기준내용연수 및 내용연수범위(하한~상한)	구조 또는 자산명
1	5년 (4년~6년)	차량 및 운반구[운수업, 임대업(부동산은 제외한다)에 사용되는 차량 및 운반구는 제외한다], 공구, 기구, 금형 및 비품
2	12년 (9년~15년)	선박 및 항공기[어업, 운수업, 임대업(부동산은 제외한다)에 사용되는 선박 및 항공기는 제외한다]
3	20년 (15년~25년)	연와조, 블록조, 콘크리트조, 토조, 토벽조, 목조, 목골모르타르조, 기타 조의 모든 건물(부속설비를 포함한다)과 구축물
4	40년 (30년~50년)	철골·철근콘크리트조, 철근콘크리트조, 석조, 연와석조, 철골조의 모든 건물(부속설비를 포함한다)과 구축물

비고

1. 이 표를 적용할 때 "건물(부속설비를 포함한다)"과 "구축물"이 그 기준내용연수 및 내용연수범위가 서로 다른 둘 이상의 복합구조로 구성되어 있는 경우에는 주된 구조에 따른 기준내용연수 및 내용연수범위를 적용한다.
2. 이 표 제3호 및 제4호를 적용할 때 "부속설비"에는 해당 건물과 관련된 전기설비, 급배수·위생설비, 가스설비, 냉방·난방·통풍 및 보일러 설비, 승강기 설비 등 모든 부속설비를 포함하고, "구축물"에는 하수도, 굴뚝, 경륜장, 포장도로, 교량, 도크, 방벽, 철탑, 터널, 그 밖에 토지에 정착한 모든 토목설비나 공작물을 포함한다. 다만, "부속설비"를 해당 건물과 구분하여 업종별 자산으로 회계처리하는 경우에는 별표 6을 적용할 수 있다.
3. 이 표 제3호 및 제4호에도 불구하고 다음 각 목의 건물(부속설비를 포함한다) 또는 구축물에 대해서는 해당 목에서 정하는 기준내용연수 및 내용연수범위를 적용할 수 있다.
   가. 변전소, 발전소, 공장, 창고, 정거장·정류장·차고용 건물, 폐수·폐기물 처리용 건물, 「유통산업발전법」 별표에 따른 대형마트 또는 전문점(해당 대형마트 또는 전문점의 지상층에 주차장이 있는 경우로 한정한다), 「국제회의산업 육성에 관한 법률」에 따른 국제회의시설, 「무역거래기반 조성에 관한 법률」에 따른 무역거래기반시설(별도의 건물인 무역연수원은 제외한다), 축사 : 10년(8년~12년)
   나. 하수도, 굴뚝, 경륜장, 포장도로, 폐수·폐기물 처리용 구축물, 진동이 심하거나 부식성 물질에 심하게 노출된 구축물: 20년(15년~25년)

* 별표 5의 개정규정(금형을 별표 6 업종별자산에서 별표 5로 재분류)은 2024.4.1.부터 시행(규칙 부칙 2024. 3.22.)

[별표 6] 〈개정 2024.3.22. 별표 6의 개정규정은 2024.7.1.부터 시행. 규칙 부칙 2024.3.22〉

업종별자산의 기준내용연수 및 내용연수 범위표(제15조제3항 관련)

구분	기준내용연수 및 내용연수범위 (하한~상한)	적용대상자산(다음에 규정된 한국표준 산업분류상 해당업종에 사용되는 자산)	
		대분류	중분류
1	4년 (3년~5년)	제조업	15. 가죽, 가방 및 신발제조업. 다만, 모피 및 가죽제조업(1511)은 구분 4(6년~10년)를 적용한다.
		교육서비스업	85. 교육서비스업
2	5년 (4년~6년)	농업, 임업 및 어업	01. 농업. 다만, 과수의 경우에는 구분 9(15년~25년)를 적용한다. 02. 임업
		광업	05. 석탄, 원유 및 천연가스 광업
		제조업	18. 인쇄 및 기록매체복제업 21. 의료용 물질 및 의약품 제조업
		수도, 하수 및 폐기물 처리, 원료재생업	37. 하수·폐수 및 분뇨 처리업 38. 폐기물 수집운반, 처리 및 원료재생업. 다만, 해체, 선별 및 원료재생업(383) 중 재생용 금속·비금속 가공원료 생산업은 구분 5(8년~12년)를 적용한다. 39. 환경 정화 및 복원업
		건설업	42. 전문직별 공사업
		도매 및 소매업	45. 자동차 및 부품 판매업 46. 도매 및 상품중개업 47. 소매업(자동차는 제외한다)
		운수 및 창고업	49. 육상 운송 및 파이프라인 운송업. 다만, 철도운송업(491) 및 도시철도 운송업(49211)은 구분 9(15년~25년)를 적용하고 택배업(49401) 및 늘찬 배달업(49402)은 구분 4(6년~10년)를 적용한다.
		정보통신업	58. 출판업 59. 영상·오디오 기록물 제작 및 배급업 60. 방송 및 영상·오디오물 제공 서비스업 62. 컴퓨터 프로그래밍, 시스템 통합 및 관리업 63. 정보서비스업
		금융 및 보험업	64. 금융업 65. 보험업 66. 금융 및 보험관련 서비스업
		전문, 과학 및 기술 서비스업	70. 연구개발업 71. 전문 서비스업 72. 건축기술, 엔지니어링, 기타 과학기술 서비스업 73. 기타 전문, 과학 및 기술 서비스업

구분	기준내용연수 (범위)	대분류	중분류
2	5년 (4년~6년)	사업시설관리, 사업지원 및 임대서비스업	74. 사업시설관리 및 조경 서비스업 75. 사업지원 서비스업. 다만, 여행사 및 기타 여행 보조 서비스업(752)은 구분 4(6년~10년)를 적용한다. 76. 임대업(부동산은 제외한다)
		공공행정, 국방 및 사회보장행정	84. 공공행정, 국방 및 사회보장행정
		보건업 및 사회복지 서비스업	86. 보건업 87. 사회복지 서비스업
		예술, 스포츠 및 여가 관련 서비스업	90. 창작, 예술 및 여가 관련 서비스업 91. 스포츠 및 오락 관련 서비스업
		협회 및 단체, 수리 및 기타 개인 서비스업	94. 협회 및 단체 96. 기타 개인 서비스업
		가구내 고용활동 및 달리 분류되지 않은 자가소비 생산활동	97. 가구내 고용활동 98. 달리 분류되지 않은 자가소비를 위한 가구의 재화 및 서비스 생산활동
		국제 및 외국기관	99. 국제 및 외국기관
3	6년 (5년~7년)	제조업	26. 전자부품, 컴퓨터, 영상, 음향 및 통신장비 제조업. 다만, 마그네틱 및 광학 매체 제조업(2660)은 구분 4(6년~10년)를 적용하고, 전자코일, 변성기 및 기타 전자유도자 제조업(26293) 및 유선 통신장비 제조업(26410) 중 중앙통제실 송신용 침입 및 화재경보 시스템 제조는 구분 5(8년~12년)를 적용한다.
		정보통신업	61. 우편 및 통신업
4	8년 (6년~10년)	제조업	14. 의복, 의복 액세서리 및 모피제품 제조업. 다만, 편조의복 제조업(143) 및 편조의복 액세서리 제조업(1441)은 구분 5(8년~12년)를 적용한다. 20. 화학물질 및 화학제품 제조업(의약품은 제외한다). 다만, 살균·살충제 및 농약 제조업(2032)은 구분 1(3년~5년)을 적용하고, 화약 및 불꽃제품 제조업(20494) 중 성냥 제조는 구분 5(8년~12년)를 적용한다. 34. 산업용 기계 및 장비 수리업
		건설업	41. 종합건설업
		운수 및 창고업	52. 창고 및 운송관련 서비스업
		숙박 및 음식점업	55. 숙박업 56. 음식점 및 주점업
		부동산업	68. 부동산업

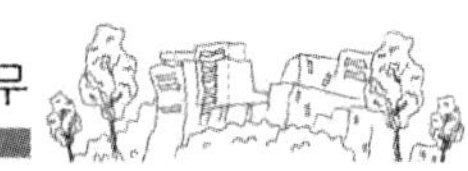

4	8년 (6년~10년)	협회 및 단체, 수리 및 기타 개인 서비스업	95. 개인 및 소비용품 수리업
5	10년 (8년~12년)	농업, 임업 및 어업	03. 어업. 다만, 내수면 양식 어업(03212) 중 수생파충류 및 개구리 양식은 구분 2(4년~6년)를 적용한다.
		광업	06. 금속광업 07. 비금속 광물광업(연료용을 제외한다). 다만, 그 외 기타 비금속광물 광업(0729) 중 토탄 채굴은 구분 2(4년~6년)를 적용한다. 08. 광업 지원 서비스업. 다만, 광업지원서비스업(08000) 중 채굴목적 광물탐사활동, 유·무연탄 채굴 지원 서비스 및 갈탄 및 토탄 채굴 지원 서비스는 구분 2(4년~6년)를 적용한다.
		제조업	10. 식료품 제조업 11. 음료 제조업 13. 섬유제품 제조업(의복을 제외한다). 다만, 섬유제품 염색, 정리 및 마무리 가공업(134)은 구분 4(6년~10년)를 적용한다. 16. 목재 및 나무제품제조업(가구는 제외한다) 17. 펄프, 종이 및 종이제품 제조업 22. 고무 및 플라스틱제품 제조업 23. 비금속 광물제품 제조업. 다만, 산업용 유리 제조업(2312) 중 평판 디스플레이용 유리의 제조업과 브라운관용 벌브유리의 제조업은 구분 2(4년~6년)를 적용한다. 24. 1차 금속 제조업. 다만, 기타 비철금속 제련, 정련 및 합금 제조업(24219) 중 우라늄 제련 및 정련업은 구분 4(6년~10년)를 적용한다. 25. 금속가공제품 제조업(기계 및 가구는 제외한다) 27. 의료, 정밀, 광학기기 및 시계 제조업 28. 전기장비 제조업 29. 기타 기계 및 장비 제조업 31. 기타 운송장비 제조업 32. 가구 제조업 33. 기타 제품 제조업
6	12년 (9년~15년)	제조업	12. 담배제조업. 다만, 니코틴이 함유된 전자담배 기기용 용액 제조는 구분 4(6년~10년)를 적용한다. 30. 자동차 및 트레일러 제조업
		운수 및 창고업	50. 수상 운송업. 다만, 외항화물운송업(50112)은 구분 9(15년~25년)를 적용한다. 51. 항공 운송업

7	14년 (11년~17년)	제조업	19. 코크스, 연탄 및 석유정제품 제조업. 다만, 코크스 및 연탄 제조업(1910) 중 연탄, 갈탄·토탄의 응집 유·무연탄 및 기타 유·무연탄 제조는 구분 2(4년~6년)를 적용한다.
8	16년 (12년~20년)	전기, 가스, 증기 및 공기조절 공급업	35. 전기, 가스, 증기 및 공기조절 공급업
9	20년 (15년~25년)	수도, 하수 및 폐기물처리, 원료재생업	36. 수도업

비고

1. 이 표는 별표 3이나 별표 5의 적용을 받는 자산을 제외한 모든 감가상각자산에 대하여 적용한다.
2. 내용연수범위가 서로 다른 2 이상의 업종에 공통으로 사용되는 자산이 있는 경우에는 그 사용기간이나 사용정도의 비율에 따라 사용비율이 큰 업종의 기준내용연수 및 내용연수범위를 적용한다.

[별표 6] 〈개정 2018. 3. 21.〉

업종별자산의 기준내용연수 및 내용연수 범위표 (제15조제3항 관련, 2024.6.30.까지 적용)

구분	기준내용연수 및 내용연수범위 (하한~상한)	적용대상자산 (다음에 규정된 한국표준 산업분류상 해당업종에 사용되는 자산)	
		대분류	중분류
1	4년 (3년~5년)	제조업	15. 가죽, 가방 및 신발제조업. 다만, 원피가공 및 가죽제조업(1511)은 구분 4(6년~10년)를 적용한다.
		교육서비스업	85. 교육서비스업
2	5년 (4년~6년)	농업, 임업 및 어업	01. 농업. 다만, 과수의 경우에는 구분 9(15년~25년)를 적용한다. 02. 임업
		광업	05. 석탄, 원유 및 천연가스 광업
		제조업	18. 인쇄 및 기록매체복제업 21. 의료용 물질 및 의약품 제조업
		수도, 하수 및 폐기물 처리, 원료 재생업	37. 하수·폐수 및 분뇨 처리업 38. 폐기물 수집운반, 처리 및 원료재생업. 다만, 해체, 선별 및 원료재생업(383) 중 재생용 금속·비금속 가공원료 생산업은 구분 5(8년~12년)를 적용한다. 39. 환경 정화 및 복원업
		건설업	42. 전문직별 공사업
		도매 및 소매업	45. 자동차 및 부품 판매업 46. 도매 및 상품중개업 47. 소매업(자동차는 제외한다)

2	5년 (4년~6년)	운수업	49. 육상 운송 및 파이프라인 운송업. 다만, 철도운송업(491) 및 도시철도 운송업(49211)은 구분 9(15년~25년)를 적용하고 택배업(49401) 및 늘찬 배달업(49402)은 구분 4(6년~10년)를 적용한다.
		정보통신업	58. 출판업 59. 영상·오디오 기록물 제작 및 배급업 60. 방송업 62. 컴퓨터 프로그래밍, 시스템 통합 및 관리업 63. 정보서비스업
		금융 및 보험업	64. 금융업 65. 보험 및 연금업 66. 금융 및 보험관련 서비스업
		전문, 과학 및 기술 서비스업	70. 연구개발업 71. 전문 서비스업 72. 건축기술, 엔지니어링, 기타 과학기술 서비스업 73. 기타 전문, 과학 및 기술 서비스업
		사업시설관리, 사업지원 및 임대서비스업	74. 사업시설관리 및 조경 서비스업 75. 사업지원 서비스업. 다만, 여행사 및 기타 여행 보조 서비스업(752)은 구분 4(6년~10년)를 적용한다. 76. 임대업(부동산은 제외한다)
		공공행정, 국방 및 사회보장행정	84. 공공행정, 국방 및 사회보장행정
		보건업 및사회복지 서비스업	86. 보건업 87. 사회복지사업
		예술, 스포츠 및 여가 관련 서비스업	90. 창작, 예술 및 여가 관련 서비스업 91. 스포츠 및 오락 관련 서비스업
		협회 및 단체, 수리 및 기타 개인 서비스업	94. 협회 및 단체 96. 기타 개인 서비스업
		가구내 고용활동 및 달리 분류되지 않은 자가소비 생산활동	97. 가구내 고용활동 98. 달리 분류되지 않은 자가소비를 위한 가구의 재화 및 서비스 생산활동
		국제 및 외국기관	99. 국제 및 외국기관
3	6년 (5년~7년)	제조업	26. 전자부품, 컴퓨터, 영상, 음향 및 통신장비 제조업. 다만, 마그네틱 및 광학 매체 제조업(2660)은 구분 4(6년~10년)를 적용하고, 전자코일, 변성기 및 기타 전자유도자 제조업(26294) 및 유선 통신장비 제조업(26410) 중 중앙통제실 송신용 침입 및 화재경보 시스템 제조는 구분 5(8년~12년)를 적용한다.
		정보통신업	61. 우편 및 통신업

4	8년 (6년~10년)	제조업	14. 의복, 의복 액세서리 및 모피제품 제조업. 다만, 편조의복 제조업(143) 및 편조의복 액세서리 제조업(1441)은 구분 5(8년~12년)를 적용한다. 20. 화학물질 및 화학제품 제조업(의약품은 제외한다). 다만, 살균·살충제 및 농약 제조업(2032)은 구분 1(3년~5년)을 적용하고, 화약 및 불꽃제품 제조업(20494) 중 성냥 제조는 구분 5(8년~12년)를 적용한다. 34. 산업용 기계 및 장비 수리업
		건설업	41. 종합건설업
		운수 및 창고업	52. 창고 및 운송관련 서비스업
		숙박 및 음식점업	55. 숙박업 56. 음식점 및 주점업
		부동산업	68. 부동산업
		협회 및 단체, 수리 및 기타 개인 서비스업	95. 수리업
5	10년 (8년~12년)	농업, 임업 및 어업	03. 어업. 다만, 내수면 양식 어업(03212) 중 수생파충류 및 개구리 양식은 구분 2(4년~6년)를 적용한다.
		광업	06. 금속광업 07. 비금속 광물광업(연료용을 제외한다). 다만, 그 외 기타 비금속광물 광업(0729) 중 토탄 채굴은 구분 2(4년~6년)를 적용한다. 08. 광업 지원 서비스업. 다만, 광업지원서비스업(08000) 중 채굴목적 광물탐사활동, 유·무연탄 채굴 지원 서비스 및 갈탄 및 토탄 채굴 지원 서비스는 구분 2(4년~6년)를 적용한다.
		제조업	10. 식료품 제조업 11. 음료 제조업 13. 섬유제품 제조업(의복을 제외한다). 다만, 섬유제품 염색, 정리 및 마무리 가공업(134)은 구분 4(6년~10년)를 적용한다. 16. 목재 및 나무제품제조업(가구는 제외한다) 17. 펄프, 종이 및 종이제품 제조업 22. 고무제품 및 플라스틱제품 제조업 23. 비금속 광물제품 제조업. 다만, 기타 산업용 유리제품 제조업(23129) 중 평판 디스플레이용 유리의 제조업과 브라운관용 벌브유리의 제조업은 구분 2(4년~6년)를 적용한다.

		제조업	24. 1차 금속 제조업. 다만, 기타 비철금속 제련, 정련 및 합금 제조업(24219) 중 우라늄 제련 및 정련업은 구분 4(6년~10년)를 적용한다. 25. 금속가공제품 제조업(기계 및 가구는 제외한다) 27. 의료, 정밀, 광학기기 및 시계 제조업 28. 전기장비 제조업 29. 기타 기계 및 장비 제조업 31. 기타 운송장비 제조업 32. 가구 제조업 33. 기타 제품 제조업
6	12년 (9년~15년)	제조업	12. 담배제조업 30. 자동차 및 트레일러 제조업
		운수업	50. 수상 운송업. 다만, 외항화물운송업(50112)은 구분 9(15년~25년)를 적용한다. 51. 항공 운송업
7	14년 (11년~17년)	제조업	19. 코크스, 연탄 및 석유정제품 제조업. 다만, 코크스 및 연탄 제조업(1910) 중 연탄, 갈탄·토탄의 응집 유·무연탄 및 기타 유·무연탄 제조는 구분 2(4년~6년)를 적용한다.
8	16년 (12년~20년)	전기, 가스, 증기 및 공기조절 공급업	35. 전기, 가스, 증기 및 공기조절 공급업
9	20년 (15년~25년)	수도, 하수 및 폐기물 처리, 원료재생업	36. 수도사업

비고

1. 이 표는 별표 3이나 별표 5의 적용을 받는 자산을 제외한 모든 감가상각자산에 대하여 적용한다.
2. 내용연수범위가 서로 다른 2 이상의 업종에 공통으로 사용되는 자산이 있는 경우에는 그 사용기간이나 사용정도의 비율에 따라 사용비율이 큰 업종의 기준내용연수 및 내용연수범위를 적용한다.

3) 기타 무형자산

법인세법 시행령 제24조 제1항 제2호 바목부터 차목까지의 규정에 따른 무형자산의 내용연수 및 상각범위는 다음과 같다(법령 26 ①).

기타 무형자산의 내용연수와 상각범위액

구 분	신고시 상각방법	무신고시 상각방법(법령 26 ④)
바. 개발비	관련제품의 판매 또는 사용이 가능한 시점부터 20년 이내의 기간내에서 연단위로 신고한 내용연수에 따라 매사업연도별 경과월수에 비례하여 상각	관련제품의 판매 또는 사용이 가능한 시점부터 5년 동안 매년 균등액을 상각
사. 사용수익기부자산	해당 자산의 사용수익기간(그 기간에 관한 특약이 없는 경우 신고내용연수)에 따라 균등하게 안분한 금액(그 기간 중에 해당 기부자산이 멸실되거나 계약이 해지된 경우 그 잔액)	
아. 전파법 제14조에 따른 주파수이용권, 공항시설법 제26조에 따른 공항시설관리권	주무관청에서 고시하거나 주무관청에 등록한 기간내에서 사용기간에 따라 균등액을 상각	
자. 항만법 제24조에 따른 항만시설관리권	주무관청에서 고시하거나 주무관청에 등록한 기간내에서 사용기간에 따라 균등액을 상각	
차. 그 밖에 유사 무형자산(2025.2.28.이 속하는 사업연도에 감가상각하는 경우부터 적용함. 영 부칙 2025.2.28.)	연 단위로 신고한 내용연수(기업회계기준에 따른 내용연수)에 따라 매 사업연도별 경과월수에 비례하여 상각	5년 동안 매년 균등액을 상각

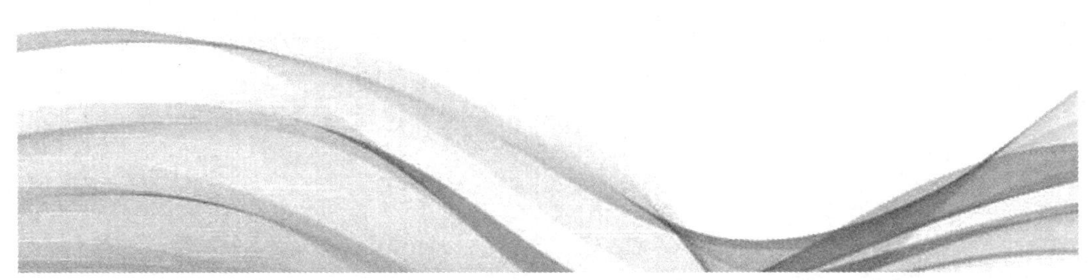

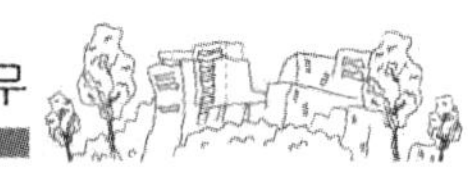

(3) 내용연수의 수정

1) 중고자산 등의 내용연수 수정

내국법인이 기준내용연수(해당 내국법인에게 적용되는 기준내용연수를 말한다)의 50% 이상이 경과된 중고자산을 다른 법인 또는 소득세법 제1조의 2 제1항 제5호(사업소득이 있는 거주자)에 따른 사업자로부터 취득(합병·분할에 의하여 자산을 승계한 경우를 포함한다)한 경우에는 그 자산의 기준내용연수의 50%에 상당하는 연수와 기준내용연수의 범위에서 선택하여 납세지 관할세무서장에게 신고한 연수(수정내용연수)를 내용연수로 할 수 있다. 이 경우 수정내용연수의 결정은 다음의 범위 내에서 법인이 선택하되 수정내용연수를 계산(기준내용연수×50%) 할 때 1년 미만은 없는 것으로 한다(법령 29의2 ①).

수정내용연수 = 기준내용연수 ~ 기준내용연수×50%

내용연수를 수정한 경우에는 다음 기한 내에 내용연수변경신고서를 제출하여야 한다(법령 29의2 ②).

구 분	내 용
중고자산	중고자산의 취득일이 속하는 사업연도의 법인세과세표준신고기한
합병, 분할로 승계한 자산	합병, 분할등기일이 속하는 사업연도의 법인세과세표준신고기한

2) 에너지절약시설의 감가상각비 손금산입 특례

내국법인이 다음에서 정하는 에너지 절약시설을 2024.12.31.까지 취득하는 경우 해당 에너지 절약시설에 대한 감가상각비는 각 과세연도의 결산을 확정할 때 손비로 계상하였는지와 관계없이 대통령령으로 정하는 바에 따라 계산한 금액의 범위에서 해당 과세연도의 소득금액을 계산할 때 손금에 산입할 수 있다(조특법 28의4 ①, 개정규정은 2023.1.1. 이후 취득한 에너지절약시설부터 적용함. 법 부칙 2022.12.31.). 감가상각비를 손금에 산입하려는 내국법인은 손금산입 특례의 적용신청을 하여야 한다(조특법 28의4 ②).

에너지 절약시설이란 조세특례제한법 제25조의 3 제3항 제3호 각 목의 시설(에너지절약시설)로서 다음의 시설을 말한다(조특령 25의4 ①, 조특령 25의3 ③ 3호).

① 에너지이용 합리화법에 따른 에너지절약형 시설(대가를 분할상환한 후 소유권을 취득하는 조건으로 같은 법에 따른 에너지절약전문기업이 설치한 경우를 포함한다) 등으로서 기획재정부령으로 정하는 시설

② 물의 재이용 촉진 및 지원에 관한 법률 제2조 제4호에 따른 중수도와 수도법 제3조 제30호에 따른 절수설비 및 같은 조 제31호에 따른 절수기기

③ 신에너지 및 재생에너지 개발·이용·보급 촉진법 제2조 제1호에 따른 신에너지 및 같은 조 제2호에 따른 재생에너지를 생산하는 설비의 부품·중간재 또는 완제품을 제조하기 위한 시설로서 기획재정부령으로 정하는 시설

"대통령령으로 정하는 바에 따라 계산한 금액"이란 법인세법 시행령 제28조 제1항 제2호 본문(자산별, 업종별 내용연수)에도 불구하고 이 조 제3항에 따른 신고내용연수를 적용하여 법인세법 시행령 제26조 제1항(개별자산별 상각방법)에 따른 방법(이하 상각방법)으로 계산한 금액(이하 상각범위액)을 말한다. 이 경우 상각방법의 적용 및 구체적인 상각범위액의 계산방법에 관하여는 법인세법 시행령 제26조 제2항부터 제9항까지의 규정을 준용한다(조특령 25의4 ②). 상각범위액을 계산할 때 적용하는 내용연수는 법인세법 시행령 제26조의 3 제2항 제1호에 따른 기준내용연수에 그 기준내용연수의 50%(중소기업 및 중견기업이 취득하는 에너지절약시설의 경우에는 75%)을 더하거나 뺀 범위(1년 미만은 없는 것으로 한다)에서 선택하여 납세지 관할 세무서장에게 신고한 내용연수(이하 신고내용연수)로 한다. 이 경우 사업연도가 1년 미만인 법인의 경우에는 법인세법 시행령 제28조 제2항(환산내용연수)을 준용하여 계산한다(조특령 25의4 ③).

수정내용연수 = 기준내용연수 ~ ±기준내용연수 × 50% (중소기업 및 중견기업 75%)

* 1년 미만은 없는 것으로 한다.

내용연수를 신고하려는 자는 해당 에너지절약시설을 취득한 날이 속하는 과세연도의 과세표준 신고기한까지 기획재정부령으로 정하는 내용연수 특례적용 신청서를 납세지 관할 세무서장에게 제출해야 한다(조특령 25의4 ④).

내국법인이 에너지절약시설에 대해 자산별·업종별로 적용한 신고내용연수는 이후의 과세연도에 계속하여 적용한다(조특령 25의4 ⑤). 조세특례제한법 제28조의 4 제1항을 적용받는 에너지절약시설에 대해서는 법인세법 제23조 제2항(한국채택국제회계기준 적용 손금산입 특례)을 적용하지 않으며, 해당 에너지절약시설을 적격합병 또는 적격분할로 취득한 경우에는 법인세법 시행령 제29조의 2 제2항 제1호(적격합병 등의 양도법인 상각범위액을 승계)를 적용한다(조특령 25의4 ⑥). 내국법인이 법인세법 시행령 제27조에 따라 상각방법을 변경한 경우에는 그 변경된 상각방법을 적용하여 에너지절약시설의 상각범위액을 계산한다. 이 경우 상각범위액의 계산방법에 관하여는 법인세법 시행령 제27조 제5항 및 제6항을 준용한다(조특령 25의4 ⑦). 조세특례제한법 제28조의 4 제1항을 적용할 때 감가상각에 관하여는 법인세

법 시행령 제30조부터 제32조까지의 규정(감가상각의 의제, 즉시상각의 의제, 상각부인액 등의 처리)을 준용한다(조특령 25의4 ⑧). 조세특례제한법 제28조의 4 제1항을 적용받으려는 자는 에너지절약시설을 다른 자산과 구분하여 기획재정부령으로 정하는 감가상각비조정명세서를 작성·보관해야 한다(조특령 25의4 ⑨). 조세특례제한법 제28조의 4 제1항을 적용받으려는 자는 과세표준신고를 할 때 감가상각비조정명세서 및 기획재정부령으로 정하는 감가상각비조정명세서합계표를 납세지 관할 세무서장에게 제출해야 한다(조특령 25의4 ⑩).

(4) 내용연수의 특례 및 변경

1) 변경사유

법인은 건축물 등(별표5)과 업종별자산(별표6)에 한하여 다음에 해당하는 경우에는 기준내용연수에 기준내용연수의 50%(다음의 ⑤, ⑥에 해당하는 경우에는 25%)를 가감하는 범위에서 사업장별로 납세지 관할지방국세청장의 승인을 얻어 내용연수범위와 달리 내용연수를 적용하거나 적용하던 내용연수를 변경할 수 있다(법령 29).

① 사업장의 특성으로 자산의 부식·마모 및 훼손의 정도가 현저한 경우
② 영업개시후 3년이 경과한 법인으로서 당해 사업연도의 생산설비(건축물 제외)의 가동률이 직전 3개 사업연도의 평균가동률보다 현저히 증가한 경우
③ 새로운 생산기술 및 신제품의 개발·보급 등으로 기존 생산설비의 가속상각이 필요한 경우
④ 경제적 여건의 변동으로 조업을 중단하거나 생산설비의 가동률이 감소한 경우
⑤ 한국채택국제회계기준을 최초로 적용하는 사업연도에 결산내용연수를 변경한 경우(결산내용연수가 연장된 경우 내용연수를 연장하고 결산내용연수가 단축된 경우 내용연수를 단축하는 경우만 해당하되 내용연수를 단축하는 경우에는 결산내용연수보다 짧은 내용연수로 변경할 수 없다)
⑥ 기준내용연수가 변경된 경우. 다만, 내용연수를 단축하는 경우로서 결산내용연수가 변경된 기준내용연수의 25%를 가감한 범위 내에 포함되는 경우에는 결산내용연수보다 짧은 내용연수로 변경할 수 없다.

2) 승인신청과 재변경 제한

법인이 내용연수의 승인 또는 변경승인을 얻고자 할 때에는 다음의 날부터 3월 또는 그 변경할 내용연수를 적용하고자 하는 최초 사업연도의 종료일까지 내용연수승인(변경승인)신청서를 납세지 관할 세무서장을 거쳐 관할 지방국세청장에게 제출(국세정보통신망에 의한 제출을 포함)하여야 한다. 이 경우 내용연수의 승인, 변경승인의 신청은 연단위로 하여야 한다.

① 신설법인과 새로 수익사업을 개시한 비영리내국법인의 경우에는 그 영업을 개시한 날
② 자산별·업종별 구분에 의한 기준내용연수가 다른 유형·무형자산을 새로 취득하거나 새로운 업종의 사업을 개시한 경우에는 그 취득한 날 또는 개시한 날

감가상각자산의 내용연수를 변경(재변경 포함)한 법인이 당해 자산의 내용연수를 다시 변경하고자 하는 경우에는 변경한 내용연수를 최초로 적용한 사업연도종료일부터 3년이 경과하여야 한다.

감가상각자산의 상각률표(법칙 별표 4)

내용연수	정액법에 의한 상각률	정률법에 의한 상각률
년	할분리	할분리
2	500	777
3	333	632
4	250	528
5	200	451
6	166	394
7	142	349
8	125	313
9	111	284
10	100	259
11	090	239
12	083	221
13	076	206
14	071	193
15	066	182
16	062	171
17	058	162
18	055	154
19	052	146
20	050	140
21	048	133
22	046	128
23	044	123
24	042	118
25	040	113
26	039	109
27	037	106
28	036	102
29	035	099
30	034	096

내용연수	정액법에 의한 상각률	정률법에 의한 상각률
31	033	093
32	032	090
33	031	087
34	030	085
35	029	083
36	028	080
37	027	078
38	027	076
39	026	074
40	025	073
41	025	071
42	024	069
43	024	068
44	023	066
45	023	065
46	022	064
47	022	062
48	021	061
49	021	060
50	020	059
51	020	058
52	020	056
53	019	055
54	019	054
55	019	054
56	018	053
57	018	052
58	018	051
59	017	050
60	017	049

3.8 상각범위액의 계산과 시부인

(1) 상각범위액의 계산

감가상각범위액을 계산하기 위해서는 감가상각방법 및 감가상각비 계산요소인 취득가액, 내용연수, 잔존가액을 확정하여야 한다(법령 26). 정액법에 의한 감가상각은 취득가액에 당해 자산의 내용연수별 상각률을 적용하여 계산한다. 정률법에 의한 감가상각은 세무상 미상각잔액에 당해 자산의 내용연수별 상각률을 적용하여 계산한다. 생산량비례법은 취득가액을 생산량에 비례하여 계산한다.

① 정액법 상각범위액 = 취득가액 × 상각률
② 정률법 상각범위액 = (취득가액 - 이미 감가상각비로 손금산입한 금액) × 상각률
③ 생산량비례법 상각범위액 = 취득가액 × 채굴량/총채굴예정량 또는
취득가액 × 폐기물매립량/폐기물매립예정량

구 분	회사계상액	상각범위액
계산근거	기업회계기준	법인세법
감가상각방법	예상되는 미래 경제적효익의 소멸 행태에 따라 선택하여 계속적용	선택가능한 방법 중 신고한 방법 또는 특정의 방법을 계속적용
감가상각비 계산 정액법 정률법	 (취득원가-잔존가치) × 상각률 미상각잔액 × 상각률	 세무상 취득원가 × 상각률 세무상 미상각잔액 × 상각률
정액법 상각률	상각률 = $\frac{1}{n}$	[별표4]의 세무상 내용연수
정률법 상각률	상각률 = $1 - \sqrt[n]{\frac{잔존가치}{취득원가}}$	[별표4]의 세무상 내용연수
내용연수의 결정	합리적 추정치	자산별, 업종별로 법정화
내용연수의 기능	원가가 배분될 기간(강제상각)	상각률 적용시에만 적용(임의상각)

(2) 시부인액의 세무조정

법인이 개별 자산별로 각 사업연도에 손금으로 계상한 감가상각비 중 상각범위액을 초과하는 금액(상각부인액)은 손금불산입하고 그 후의 사업연도에 있어서 법인이 손금으로 계상한 감가상각비가 상각범위액에 미달하는 경우에 그 미달하는 금액(시인부족액)을 한도로 하여 이를 손금으로 추인한다. 이 경우 법인이 감가상각비를 손금으로 계상하지 아니한 경우에도 상각범위액을 한도로 하여 그 상각부인액을 손금으로 추인한다. 시인부족액은 그 후 사업연도의 상각부인액에 이를 충당하지 못한다(법법 23 법령 32).

시부인대상 회사계상 감가상각비 − 감가상각범위액

= { + (상각부인액) : <손금불산입> (유보)
  − (시인부족액) : 세무조정 없음*

* 이전에 발생한 상각부인액이 있는 경우 시인부족액의 범위내에서 손금으로 추인

예 제 회계변경과 감가상각범위액33)

다음은 상장법인 ㈜이손의 당기(10기 : 20X1. 1. 1.~12.31) 기계장치에 대한 자료이다. 회사는 20X1년에 K-IFRS를 최초적용함에 따라 감가상각과 관련하여 비교 공시되는 9기말 재무상태표를 재작성하였다. 재작성된 재무상태표는 9기말잔액 중 감가상각누계액 ₩5,000,000을 감소시키고 동액을 이익잉여금의 증가로 처리하였다. ㈜이손은 10기중에 법인세법상 감가상각방법을 정률법에서 정액법으로 변경신고하였다.

(1) 기계장치의 장부금액은 다음과 같다.

구 분	변경전 9기말	변경후 9기말	10기말
취득원가	₩50,000,000	₩50,000,000	₩50,000,000
감가상각누계액	(20,000,000)	(15,000,000)	(19,000,000)
장부금액	30,000,000	35,000,000	31,000,000

(2) 신고내용연수는 10년, 상각률은 정액법 0.1, 정률법 0.259이다.

요구사항

1. 전기말 상각부인액이 없는 경우 세무조정을 하시오.
2. 전기말 상각부인액이 ₩3,000,000인 경우 세무조정을 하시오.

풀 이

1. 상각부인액이 없는 경우

(1) 기초잔액 수정시

기업회계기준에 따라 전기 재무제표를 재작성한 경우 법인세법은 변경후 사업연도의 기초잔액을 다음과 같이 수정회계처리한 것으로 가정하여 세무조정한다.

(차) 감가상각누계액	5,000,000	(대) 이익잉여금	5,000,000

33) 감가상각방법의 변경은 회계추정의 변경으로 보아 전진법을 적용한다. 그러나 K-IFRS 최초채택의 경우에는 소급법을 적용한다.

전기에 손금산입된 금액을 당기에 환입하는 경우에는 익금에 해당하지만 감가상각누계액을 익금으로 인정할 경우 자산의 임의평가증에 해당하므로 이를 부인한다. 따라서 세무조정은 다음과 같다.

세무조정 : 〈익금산입〉 이익잉여금 5,000,000 (기타)
〈손금산입〉 감가상각누계액 5,000,000 (△유보)

(2) 감가상각시부인
① 회사계상액 = 19,000,000－15,000,000 = 4,000,000
② 상각범위액 = 기초 세무상 장부금액×상각률
= (50,000,000－15,000,000－5,000,000)×0.1 = 3,000,000
* 기초 세무상 유보잔액 : △5,000,000
③ 상각부인액 = 1,000,000
④ 세무조정 : 〈손금불산입〉 기계장치 상각부인액 1,000,000 (유보)

2. 상각부인액이 있는 경우

(1) 기초잔액 수정시
기업회계기준에 따라 전기 재무제표를 재작성한 경우 법인세법은 변경후 사업연도의 기초잔액을 다음과 같이 수정회계처리한 것으로 가정하여 세무조정한다.

(차) 감가상각누계액	5,000,000	(대) 이익잉여금	5,000,000

환입된 5,000,000 중 상각부인액에 해당하는 3,000,000은 전기에 손금불산입된 금액이므로 환입시에도 익금불산입 항목에 해당한다. 전기까지 손금으로 인정된 잔액 2,000,000을 당기에 환입하는 경우에는 익금에 해당하지만 감가상각누계액을 익금으로 인정할 경우 자산의 임의평가증에 해당하므로 이 금액 또한 부인한다. 따라서 세무조정은 다음과 같다.
세무조정 : 〈익금산입〉 이익잉여금 5,000,000 (기타)
〈손금산입〉 감가상각누계액 5,000,000 (△유보)

(2) 감가상각시부인
① 회사계상액 = 4,000,000
② 상각범위액 = 기초 세무상 장부금액×상각률
= (50,000,000－15,000,000－2,000,000)×0.1 = 3,300,000
* 기초 세무상 유보잔액 : 3,000,000－5,000,000 = △2,000,000
③ 상각부인액 = 700,000
④ 세무조정 : 〈손금불산입〉 기계장치 상각부인액 700,000 (유보)

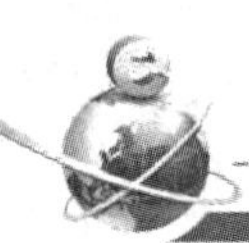

예 제 오류수정과 감가상각범위액

다음은 ㈜이손의 당기(10기 : 20X1. 1. 1.~12.31) 기계장치에 대한 자료이다. 회사는 20X1년에 중요한 오류를 발견함에 따라 전기 재무제표를 재작성하였다. 재작성된 재무상태표는 9기말잔액 중 감가상각누계액 ₩5,000,000을 증가시키고 동액을 이익잉여금의 감소로 처리하였다. 법인세법상 기계장치의 감가상각방법은 정액법이다.

(1) 기계장치의 장부금액은 다음과 같다.

구 분	수정전 9기말	수정후 9기말	10기말
취득원가	₩50,000,000	₩50,000,000	₩50,000,000
감가상각누계액	(20,000,000)	(25,000,000)	(29,000,000)
장부금액	30,000,000	25,000,000	21,000,000

(2) 신고내용연수는 10년, 상각률은 정액법 0.1, 정률법 0.259이다.

요구사항

전기말 상각부인액이 없는 경우 세무조정을 하시오.

풀 이

(1) 기초잔액 수정시

기업회계기준에 따라 전기 재무제표를 재작성한 경우 법인세법은 변경후 사업연도의 기초잔액을 다음과 같이 수정회계처리한 것으로 가정하여 세무조정한다

(차) 이익잉여금 5,000,000 (대) 감가상각누계액 5,000,000

회계정책의 변경, 전기오류수정손실 등에 의하여 전기이월이익잉여금의 감소로 처리한 금액은 손금산입(기타)한 후 해당 금액은 법인의 당기 감가상각비계상액으로 보아 시부인대상에 포함한다. 따라서 세무조정은 다음과 같다.

세무조정 : 〈손금산입〉 이익잉여금 5,000,000 (기타)

(2) 감가상각시부인

① 회사계상액 = 4,000,000+5,000,000 = 9,000,000

② 상각범위액 = 취득원가×상각률

= 50,000,000×0.1 = 5,000,000

* 기초 감가상각누계액 25,000,000중 5,000,000은 당기 감가상각비계상액으로 본다.

③ 상각부인액 = 9,000,000−5,000,000=4,000,000

④ 세무조정 : 〈손금불산입〉 기계장치 상각부인액 4,000,000 (유보)

3.9 감가상각의제

법인세법과 다른 법률에 따라 법인세를 면제받거나 감면받는 법인 등은 감가상각자산에 대한 상각범위액에 해당하는 감가상각비를 계산하여 이를 손금으로 계상하지 아니한 경우에는 이후 사업연도에 감가상각비로서 손금인정을 받지 못하게 되는데 이를 감가상각의제라 한다. 다만, 한국채택국제회계기준을 적용하는 법인은 법인세법 제23조제2항(K-IFRS 도입법인 감가상각비 신고조정)에 따라 개별 자산에 대한 감가상각비를 추가로 손금에 산입할 수 있다.

(1) 적용대상

각 사업연도의 소득에 대하여 법인세법과 다른 법률에 따라 법인세를 면제받거나 감면받은 경우에는 개별 자산에 대한 감가상각비가 법인세법 제23조 제1항에 따른 상각범위액이 되도록 감가상각비를 손금에 산입하여야 한다. 다만, 한국채택국제회계기준을 적용하는 법인은 법인세법 제23조 제2항에 따라 개별 자산에 대한 감가상각비를 추가로 손금에 산입할 수 있다(법령 30 ①).

① 각사업연도의 소득에 대하여 법인세가 면제되거나 감면되는 사업을 경영하는 법인일 것
② 법인세를 면제받거나 감면받았을 것
 ㉠ 법인세가 면제되거나 감면되는 사업을 영위하는 법인이라 함은 특정사업에서 생긴 소득에 대하여 법인세(토지 등 양도소득에 대한 법인세 제외)를 면제 또는 감면(소득공제 포함)받은 법인을 말한다(법기통 23-30…1).
 ㉡ 2개 이상의 사업장을 가지고 있는 법인으로서 그 중 일부 사업장에 대해서만 법인세가 면제되거나 감면되는 법인을 포함한다(법기통 23-30…1).

법인세법 제66조 제3항 단서(필요한 장부 또는 증빙서류가 없거나 허위인 경우 등)에 따른 추계결정 또는 경정을 하는 경우에는 감가상각자산에 대한 감가상각비를 손금에 산입한 것으로 본다(법령 30 ②).

(2) 감가상각의제의 효과

법인세를 면제, 감면받는 내국법인이 각 사업연도의 소득금액을 계산할 때에는 개별자산에 대한 감가상각비를 상각범위액만큼 손금에 산입하여야 한다. 이 경우 감가상각비를 상각범위액에 미달하게 손금에 산입함에 따라 그 이후 사업연도에 발생하는 상각부인액은 해당자산의 양도일이 속하는 사업연도에 손금으로 추인할 수 없다(서면법규과-778, 2013.7.5.).

(3) 감가상각의제액의 처리

감가상각의제에 해당하는 상각자산에 대하여 감가상각비를 손금으로 계상하지 아니한 법인의 그 후 사업연도의 상각범위액은 다음에 의한다(법기통 23-30…2). 정률법의 경우에는 미상각범위액에 전기말 상각의제누계액이 차감되어 상각범위액에 즉시 영향을 발생시키지만 정액법의 경우에는 내용연수 종료시점에서 감가상각의제액을 상각범위액으로 인정받지 못하게 된다.

① 정률법 : 상각범위액 = (미상각잔액 − 전기말 상각의제누계액) × 상각률

② 정액법, 생산량비례법 : 상각범위액 = 취득가액 × 상각률

예 제 **감가상각의제**

중소기업특별세액감면을 적용받는 ㈜이손이 20X0.1.1.에 비품을 ₩1,000,000에 구입하고 다음과 같이 감가상각비(내용연수 4년)를 계상한 경우 정액법(상각률 0.25) 및 정률법(상각률 0.528)에 의한 감가상각비 시부인을 각각 계산하시오.

구 분	20×0	20×1	20×2	20×3	20×4
정액법	−	250,000	250,000	250,000	250,000
정률법	−	528,000	249,216	117,629	104,155

풀 이

(1) 정액법

연도	회사계상액	상각범위액	세무조정
20×0	−	250,000	〈손금산입〉 감가상각누계액 250,000 (△유보)
20×1	250,000	250,000	−
20×2	250,000	250,000	−
20×3	250,000	250,000	−
20×4	250,000	−	〈손금불산입〉 감가상각누계액 250,000 (유보)

(2) 정률법

연도	회사계상액	상각범위액	세무조정
20×0	−	528,000	〈손금산입〉 감가상각누계액 528,000 (△유보)
20×1	528,000	249,216	〈손금불산입〉 감가상각누계액 278,784 (유보)
20×2	249,216	117,629	〈손금불산입〉 감가상각누계액 131,587 (유보)
20×3	117,629	104,155	〈손금불산입〉 감가상각누계액 13,474 (유보)
20×4	104,155	−	〈손금불산입〉 감가상각누계액 104,155 (유보)

* (1,000,000−0)×0.528=528,000 (유보잔액 : △528,000)
* (1,000,000−0−528,000)×0.528=249,216 (유보잔액 : △528,000+278,784=△249,216)
* (1,000,000−528,000−249,216)×0.528=117,629 (유보잔액 : △249,216+131,587=△117,629)
* 1,000,000−528,000−249,216−117,629−1,000=104,155 (유보잔액 : △117,629+13,474=104,155)
* (유보잔액 : △104,155+104,155=0)

3.10 양도자산의 시부인

사업연도 중에 양도한 자산의 감가상각에 대하여는 당해 사업연도 양도일까지에 대하여 시부인계산을 하더라도 상각부인액누계는 양도시점에서 다시 손금산입되므로 과세소득에는 영향이 없다. 따라서 별도의 시부인없이 양도자산의 상각부인액을 소멸시킨다. 감가상각자산의 일부를 양도한 경우 당해 양도자산에 대한 감가상각누계액 및 상각부인액은 취득원가의 비율에 따라 안분한다(법령 32 ⑥).

일부 양도자산의 상각부인액

$$= \text{당해 자산의 상각부인액} \times \frac{\text{양도자산의 취득당시 장부가액}}{\text{당해 자산의 취득당시 장부가액}}$$

예 제 자산의 양도와 세무조정

20×1.12.31. 기계장치(정액법)에 대한 감가상각비 내용은 다음과 같다.

- 취득원가 ₩10,000,000
- 감가상각누계액 ₩7,000,000
- 상각부인액누계 ₩1,000,000

20×2.9.10.에 기계장치 중 일부(취득원가 ₩5,000,000)를 매각하였다. 기업회계기준에 따라 매각시 다음과 같은 회계처리를 한 경우 당해 양도자산에 대한 세무조정을 하시오.

(차) 감가상각비	750,000	(대) 감가상각누계액	750,000

* ₩5,000,000×0.2×9/12 = 750,000

(차) 현 금	800,000	(대) 기계장치	5,000,000
감가상각누계액	4,250,000	유형자산처분이익	50,000

풀 이

감가상각자산의 일부를 양도한 경우 당해 양도자산에 대한 감가상각누계액 및 상각부인액은 취득원가의 비율에 따라 안분한다.

〈손금산입〉 감가상각누계액 500,000 (△유보)

* 1,000,000×5,000,000/10,000,000 = 500,000

3.11 K-IFRS 도입법인의 신고조정

법인세법은 손금에 산입할 수 있는 상각범위액의 범위내에서 법인이 임의로 감가상각비를 계상할 수 있는 임의상각제도를 택하고 있다. 따라서 감가상각비는 반드시 결산조정, 즉 기업회계상 감가상각비를 계상한 경우에만 손금인정 받을 수 있으며 미상각액에 대한 경정청구 대상이 아니다. 다만, 다음의 경우에는 신고조정에 의한 손금산입을 허용한다.

① 2003.7.1.~2004.6.30.에 취득하거나 투자를 개시한 유형자산
② K-IFRS를 도입한 법인의 유형자산과 내용연수가 비한정인 무형자산

(1) K-IFRS를 도입한 법인의 유형자산 신고조정

K-IFRS를 적용하는 내국법인이 보유한 유형·무형자산 중 유형자산과 내용연수가 비한정인 무형자산의 감가상각비는 개별 자산별로 다음 금액이 손금에 산입한 금액보다 큰 경우에는 그 차액의 범위에서 추가로 손금에 산입할 수 있다. 이 경우 동종자산별로 추가로 손금에 산입한 금액을 합한 금액은 동종자산의 감가상각비 손금산입한도를 초과할 수 없다(법법 23 ②, 법령 26의 2, 법령26의 3).

구 분	손금범위액
2013년 12월 31일 이전 취득분	종전의 방식에 의한 감가상각비를 손금으로 계상할 경우에 손금에 산입할 감가상각비 상당액(종전감가상각비)
2014년 1월 1일 이후 취득분	기준내용연수를 적용하여 계산한 감가상각비 상당액(기준감가상각비)

1) 2013.12.31. 이전 취득자산 신고조정

한국채택국제회계기준을 적용하는 내국법인이 보유한 유형·무형자산(2013년 12월 31일 이전 취득분) 중 유형자산과 내용연수가 비한정인 무형자산의 감가상각비는 개별 자산별로 한국채택국제회계기준을 적용하지 아니하고 종전의 방식에 따라 감가상각비를 손금으로 계상한 경우 손금에 산입할 감가상각비 상당액(종전감가상각비)이 손금에 산입한 금액보다 큰 경우 그 차액의 범위에서 추가로 손금에 산입할 수 있다(법법 23).

① 손금산입액과 한도

신고조정에 의한 감가상각비는 개별자산의 감가상각비 한도 범위에서 손금에 산입한다. 다만, 개별 자산에 대하여 추가로 손금에 산입한 감가상각비를 동종자산별로 합한 금액이 동종자산의 감가상각비 한도(손금산입한도)를 초과할 수 없다.

구 분	기준연도의 동종자산에 대한 결산상 상각방법이 정액법인 경우 한도
개별자산의 감가상각비	개별자산의 취득가액 × 기준상각률
동종자산의 감가상각비	해당 사업연도에 감가상각비를 손금으로 계상한동종자산의 취득가액 합계액 × 기준상각률 − 해당 사업연도에 동종자산에 대하여 손금에 산입한 감가상각비 합계액

구 분	기준연도의 동종자산에 대한 결산상 상각방법이 정률법인 경우 한도
개별자산의 감가상각비	개별자산의 미상각잔액 × 기준상각률
동종자산의 감가상각비	해당 사업연도에 감가상각비를 손금으로 계상한 동종자산의 미상각잔액 합계액 × 기준상각률 − 해당 사업연도에 동종자산에 대하여 손금에 산입한 감가상각비 합계액

기준연도에 해당 자산의 동종자산에 대하여 감가상각비를 손금으로 계상하지 아니한 경우에는 기준연도 이전 마지막으로 해당 자산의 동종자산에 대하여 감가상각비를 손금으로 계상한 사업연도의 결산상각방법을 기준연도의 결산상각방법으로 한다.

② 동종자산

동종자산이란 법인이 2013.12.31. 이전에 취득한 감가상각자산으로서 한국채택국제회계기준을 최초로 적용한 사업연도의 직전 사업연도(기준연도) 이전에 취득한 감가상각자산(기존보유자산) 및 기존보유자산과 동일한 종류(기획재정부령으로 정하는 감가상각자산 구분에 따른다)의 자산으로서 기존보유자산과 동일한 업종(별표 6의 중분류에 따르며, 해당 법인이 해당 업종을 한국채택국제회계기준 도입 이후에도 계속하여 영위하는 경우로 한정한다 : 법칙 13)에 사용되는 자산을 말한다.

③ 기준연도

기준연도란 K-IFRS를 최초로 적용한 사업연도의 직전 사업연도를 말하며 동종자산은 기존보유자산과 동일종류의 자산으로서 기존보유자산과 동일한 업종에 사용되는 것을 말한다.

④ 종전감가상각비 : 종전감가상각비란 다음의 금액을 말한다.

기준연도의 결산상 상각방법	종전감가상각비
정액법	취득가액 × 기준상각률
정률법	미상각잔액 × 기준상각률

⑤ 기준상각률

기준상각률은 기준연도 및 그 이전 2개 사업연도에 대해 각 사업연도별로 다음에 따른 비율을 구하여 이를 평균하여 계산한다. 이 경우 기준연도 및 그 이전 2개 사업연도 중에 법인이 신규 설립된 경우, 합병 또는 분할한 경우, 상각방법을 변경한 경우 또는 내용연수범위와 달리 내용연수를 적용하거나 적용하던 내용연수를 변경한 경우에는 그 사유가 발생하기 전에 종료한 사업연도는 제외하고 계산한다.

㉠ 정액법 : $\dfrac{\text{동종자산의 감가상각비 손금산입합계액}}{\text{동종자산의 취득가액 합계액}}$

㉡ 정률법 : $\dfrac{\text{동종자산의 감가상각비 손금산입합계액}}{\text{동종자산의 미상각잔액 합계액}}$

⑥ 적용사례

구 분	회사계상 감가상각비	세법상 상각범위액	감가상각비 시부인	손금 인정액	종전 감가상각비	신고조정 손금산입
사례 1	1,000	700	300	700	800	100(＝800－700)
사례 2	500	700	－	500	800	300(＝800－500)

◎ K-IFRS 도입법인 신고조정

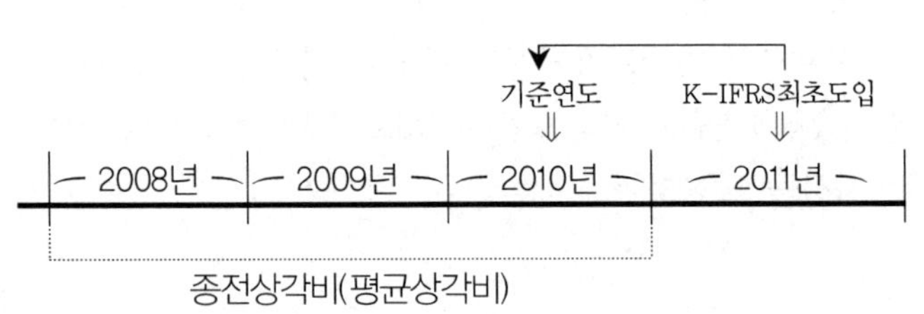

기준연도	종전상각비		당기손금인정 상각비		신고조정
정액법 :	취득가액×종전상각률	－	XXX	＝	(+) : 손금산입 (－) : 조정없음
정률법 :	세무상 미상각잔액×종전상각률	－	XXX	＝	(+) : 손금산입 (－) : 조정없음

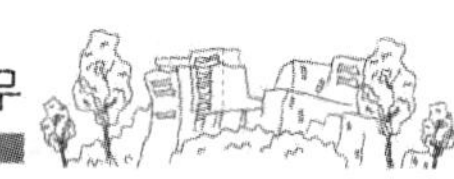

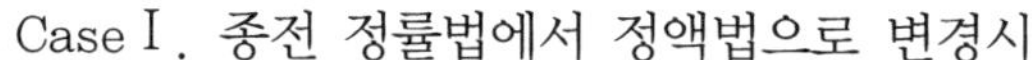
Case Ⅰ. 종전 정률법에서 정액법으로 변경시

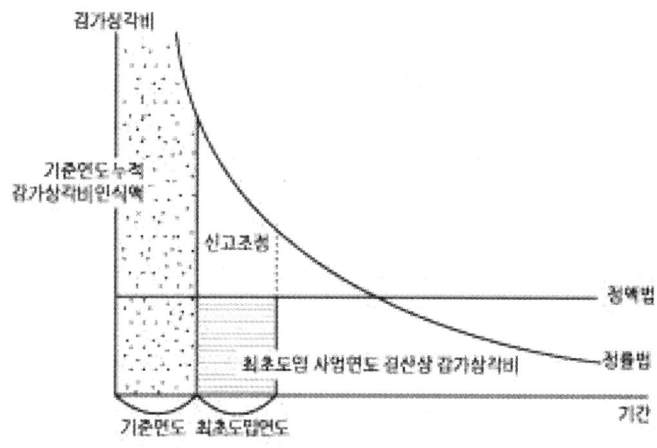

Case Ⅱ. 종전 정액법(내용연수 5년)에서 정액법(내용연수 8년)으로 변경시

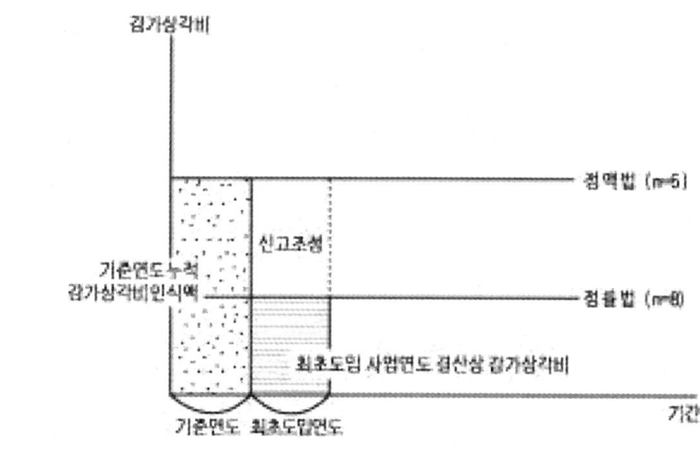

2) 2014.1.1 이후 취득자산 신고조정

한국채택국제회계기준을 적용하는 내국법인이 보유한 유형·무형자산(2014.1.1. 이후 취득분) 중 유형자산과 내용연수가 비한정인 무형자산의 감가상각비는 개별 자산별로 기준내용연수를 적용하여 계산한 감가상각비 상당액(기준감가상각비)이 손금에 산입한 금액보다 큰 경우 그 차액의 범위에서 추가로 손금에 산입할 수 있다(법법 23). 개별자산의 기준감가상각비를 계산하는 기준내용연수란 다음을 말한다(법칙 13의2).

<table>
<tr><th>구 분</th><th>기준내용연수</th></tr>
<tr><td>시험연구용자산</td><td rowspan="2">별표 2 및 별표 3</td></tr>
<tr><td>다음의 무형자산
■ 영업권(합병 또는 분할로 인하여 합병법인 등이 계상한 영업권 제외), 디자인권, 실용신안권, 상표권
■ 특허권, 어업권, 해저광물자원 개발법에 의한 채취권, 유료도로관리권, 수리권, 전기가스공급시설이용권, 공업용수도시설이용권, 수도시설이용권, 열공급시설이용권
■ 광업권, 전신전화전용시설이용권, 전용측선이용권, 하수종말처리장시설관리권, 수도시설관리권
■ 댐사용권</td></tr>
<tr><td>그 외 자산(개발비, 사용수익기부자산, 주파수이용권 및 공항시설관리권 제외)</td><td>별표 5 및 별표 6</td></tr>
</table>

① 손금산입액과 한도

신고조정 대상 자산은 법인이 2014년 1월 1일 이후에 취득한 감가상각자산으로서 기존 보유자산 및 동종자산을 말한다. 신고조정에 의한 감가상각비는 ㉠의 범위에서 개별 자산에 대하여 추가로 손금에 산입하는 감가상각비를 동종자산별로 합한 금액이 ㉡과 ㉢의 금액 중 작은 금액을 초과하지 아니하는 범위에서 손금에 산입한다.

㉠ 개별 자산의 기준감가상각비 : 해당 사업연도의 결산상각방법과 기준내용연수를 적용하여 계산한 금액

㉡ 기준감가상각비를 고려한 동종자산의 감가상각비 한도(0보다 작은 경우에는 0으로 본다)

해당 사업연도에 동종자산에 대하여 해당 사업연도의 결산상각방법과 기준내용연수를 적용하여 계산한 감가상각비 합계액	−	해당 사업연도에 동종자산에 대하여 손금에 산입한 감가상각비 합계액

㉢ 종전감가상각비를 고려한 동종자산의 감가상각비 한도 : 다음의 금액(0보다 작은 경우에는 0으로 본다)

가. 기준연도의 결산상각방법이 정액법인 경우 :

해당 사업연도에 감가상각비를 손금으로 계상한 동종자산의 취득가액 합계액	× 기준상각률 −	해당 사업연도에 동종자산에 대하여 손금에 산입한 감가상각비 합계액

나. 기준연도의 결산상각방법이 정률법인 경우 :

해당 사업연도에 감가상각비를 손금으로 계상한 동종자산의 미상각잔액 합계액	× 기준상각률 −	해당 사업연도에 동종자산에 대하여 손금에 산입한 감가상각비 합계액

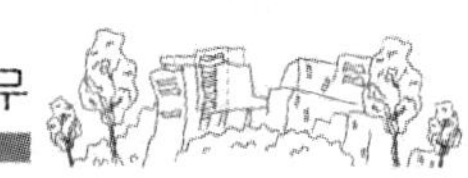

② 추가 손금산입액

상기 ㉢ 종전감가상각비를 고려한 동종자산의 감가상각비 한도의 25%에 해당하는 금액이 ㉡ 기준감가상각비를 고려한 동종자산의 감가상각비 한도보다 큰 경우에는 개별 자산에 대하여 추가로 손금에 산입하는 감가상각비를 동종자산별로 합한 금액이 ㉢ 금액의 25%에 해당하는 금액을 초과하지 아니하는 범위에서 추가로 손금에 산입할 수 있다.

① 신고조정에 의한 손금산입액 : min(㉠, ㉡, ㉢)
㉠ 개별 자산의 기준감가상각비
㉡ 기준감가상각비를 고려한 동종자산의 감가상각비 한도
㉢ 종전감가상각비를 고려한 동종자산의 감가상각비 한도
② 추가 손금산입액(㉢×25%> ㉡인 경우) : ㉢×25% − ㉠ 범위내

(2) K-IFRS를 도입한 법인의 비한정인 무형자산 신고조정

K-IFRS를 적용하는 내국법인이 보유하는 내용연수 비한정 무형자산의 감가상각비는 개별자산별로 유형자산의 신고조정과 동일한 산식에 따른 차액의 범위에서 추가로 손금에 산입할 수 있다. 이 경우 내용연수가 비한정인 무형자산이란 무형자산(법령24제1항제2호) 중에서 다음의 어느 하나에 해당하는 것을 말한다(법법 23, 법령 24).

① 감가상각비를 손금으로 계상할 때 적용하는 내용연수(결산내용연수)를 확정할 수 없는 것으로서 다음의 요건을 모두 갖춘 무형자산
㉠ 법령 또는 계약에 따른 권리로부터 발생하는 무형자산으로서 법령 또는 계약에 따른 사용 기간이 무한하거나 무한하지 아니하더라도 취득가액의 10% 미만의 비용으로 그 사용 기간을 갱신할 수 있을 것
㉡ K-IFRS에 따라 내용연수가 비한정인 무형자산으로 분류될 것
㉢ 결산을 확정할 때 해당 무형자산에 대한 감가상각비를 계상하지 아니할 것

② K-IFRS를 최초로 적용하는 사업연도 전에 취득한 영업권(법령24조제1항제2호가목)

예제 K-IFRS를 도입한 법인의 비한정 무형자산 신고조정

결산일이 12월 31일인 ㈜이손은 20X1년 1월 1일에 산업재산권 ₩5,000,000을 취득하였으며 당해 자산의 내용연수는 5년, 정액법으로 상각하였다. ㈜이손은 20X3년부터 K-IFRS를 최초로 도입함에 따라 당해 산업재산권을 비한정 무형자산으로 분류하고 다음과 같이 회계처리하였다.

20X2년말	(차) 산업재산권	2,000,000	(대) 이익잉여금	2,000,000

요구사항

㈜이손이 K-IFRS를 도입한 법인의 비한정 무형자산 신고조정을 적용할 경우 20X3년 세무조정을 하시오. 단, 종전 산업재산권의 상각액에 대한 세무상 신고는 적정하다고 가정한다.

풀 이

(1) 기초잔액의 수정

기업회계기준에 따라 전기 재무제표를 재작성한 경우 법인세법은 변경후 사업연도인 20X3년의 기초잔액을 수정회계처리한 것으로 가정하여 세무조정한다. 따라서 자본항목의 증가인 이익잉여금을 익금산입하고 산업재산권의 임의평가증에 해당하므로 이를 다시 손금산입한다.

〈익금산입〉 이익잉여금 1,000,000 (기타)

〈손금산입〉 산업재산권 1,000,000 (△유보)

* 산업재산권 유보액은 추후 손상차손 등을 인식하는 경우 소멸한다.

(2) 비한정 무형자산의 신고조정

회사계상 감가상각비	세법상 상각범위액	감가상각비 시부인	손금 인정액	종전 감가상각비	신고조정 손금산입
–	1,000,000	–	–	1,000,000	1,000,000*

* 종전상각비 : ₩5,000,000/5년=₩1,000,000

* 신고조정 손금산입 : 종전상각비 ₩1,000,000-손금인정액 ₩0=₩1,000,000

〈손금산입〉 산업재산권 1,000,000 (△유보)

3.12 개발 완료 전 취소된 개발비

법인이 개발비로 계상하였으나 해당 제품의 판매 또는 사용이 가능한 시점이 도래하기 전에 개발을 취소한 경우에는 다음의 요건을 모두 충족하는 날이 속하는 사업연도의 손금에 산입한다(법령 71 ⑤).

① 해당 개발로부터 상업적인 생산 또는 사용을 위한 해당 재료·장치·제품·공정·시스템 또는 용역을 개선한 결과를 식별할 수 없을 것

② 해당 개발비를 전액 손비로 계상하였을 것

쉬어가는 페이지

Chapter 9

기타의 자산

제1절 대여금

01 기업회계

대여금은 금전소비대차계약에 의하여 타인에게 금전을 대여한 채권으로서 보고기간종료일 현재 회수기일(상환약정일)의 도래시기에 따라 다음과 같이 분류한다.

① 단기대여금 : 회수기한이 보고기간종료일 현재 1년 이내에 도래하는 경우로서 유동자산으로 계상한다.
② 장기대여금 : 회수기한이 보고기간종료일 현재 1년 이후에 도래하는 경우로서 투자자산으로 계상한다.

실무적으로는 대여처의 구분에 따라 종업원대여금, 관계회사대여금, 기타의 대여금 또는 주임종(주주, 임원, 종업원)대여금 등으로 세분하기도 한다. 한편, 세무상 가지급금을 재무상태표에 표시하는 경우가 있으나 이는 기업회계상의 적절한 계정과목은 아니다. 이를 구분하면 다음과 같다.

구 분	내 용
회계상 가지급금	기업회계상 가지급금은 현금의 지출이 발생하였으나 당해 지출내용이 불분명하거나 거래가 완전히 종결되지 아니하여 계정과목 또는 금액이 미확정인 경우 당해 지출액을 표시하는 임시계정을 말한다. 따라서 가지급금은 보고기간말 현재 적절한 계정과목으로 대체시켜야한다.
세무상 가지급금	세무상 가지급금은 대여금, 선급금, 미수금 등 그 명칭 여하에 관계없이 당해 법인의 업무와 관련이 없는 자금의 대여액을 말한다. 특수관계인에 대한 업무무관가지급금은 업무무관자산으로 보아 가지급금에 대한 지급이자손금불산입, 인정이자 등을 적용한다.

단기대여금에 대한 회계처리 사례는 다음과 같다.

① 대표이사에게 ₩1,000,000을 대여하였다.

대여시	(차) 단기대여금	1,000,000	(대) 보통예금	1,000,000

② 상기의 대여금은 1개월 후에 전액 회수하였으며 ₩10,000의 이자를 수령하였다.

회수시	(차) 보통예금	1,010,000	(대) 단기대여금	1,000,000
			이자수익	10,000

02 세무회계

2.1 부당행위계산의 의의

(1) 다른 법률과의 관계

국제조세조정에 관한 법률은 국세와 지방세에 관하여 규정하는 다른 법률보다 우선하여 적용한다(국조법 4 ①). 국제거래에 대해서는 법인세법 제52조(부당행위계산의 부인)를 적용하지 아니한다. 다만, 대통령령으로 정하는 자산의 증여 등에 대해서는 그러하지 아니하다(국조법 4 ①). 대통령령으로 정하는 자산의 증여 등이란 다음 각 호의 경우를 말한다(국조령 4).

① 자산을 무상(無償)으로 이전(현저히 저렴한 대가를 받고 이전하는 경우는 제외한다)하거나 채무를 면제하는 경우
② 수익이 없는 자산을 매입하거나 현물출자를 받는 경우 또는 그 자산에 대한 비용을 부담하는 경우
③ 출연금을 대신 부담하는 경우
④ 그 밖의 자본거래로서 법인세법 시행령 제88조 제1항 제8호 각 목의 어느 하나 또는 같은 항 제8호의 2에 해당하는 경우

(2) 부당행위의 적용

부당행위계산의 부인은 법인이 특수관계인과의 거래로 인하여 조세의 부담을 부당히 감소시킨 경우에 그 거래를 부인하고 합리적으로 거래한 경우에 발생하는 소득을 기준으로 과세하는 제도이다. 부당행위계산의 부인은 조세회피를 방지하고 실질과세원칙에 입각한 조세평등주의를 구현하기 위한 제도이다. 부당행위계산의 부인의 효과는 오로지 소득금액계산에만 한정되며 부당행위계산의 부인으로 인하여 당사자간에 이루어진 거래자체의 사법상의 법률효과가 부인되는 것은 아니다.

과세당국은 법인이 부당행위에 의한 계산을 한 경우 법인의 계산에 관계없이 시가 등에 의하여 그 법인의 각 사업연도 소득금액을 계산할 수 있다(법법 52 ①). 특수관계있는 자와의 거래에 있어서 법인의 부당한 행위 또는 계산은 시가를 기준으로 판정한다(법기통 52-87…1). 각 사업연도에 특수관계인과 거래가 있는 법인은 법인세법 제52조 제3항에 따라 법인세법 제60조에 따른 신고와 함께 기획재정부령으로 정하는 특수관계인간 거래명세서를 납세지 관할세무서장에게 제출해야 한다. 다만, 국제조세조정에 관한 법률 제16조에 따른 납세지 관할세무서장에게 그 내역을 제출한 국제거래의 내역은 제외할 수 있다(법령 90 ①).

부당행위계산의 부인 규정은 다음 두 가지 조건을 모두 만족하여야 한다(법법 52 ①).

① 특수관계인과의 거래일 것
② 그 거래로 인하여 법인의 조세부담이 부당하게 감소되었다고 인정될 것

2.2 특수관계인

특수관계인이란 법인과 경제적 연관관계 또는 경영지배관계 등 대통령령으로 정하는 관계에 있는 자를 말한다. 이 경우 본인도 그 특수관계인의 특수관계인으로 본다(법법 2 12호). 특수관계인 해당 여부의 판정은 그 행위당시를 기준으로 한다.

(1) 특수관계인의 범위

법인과 경제적 연관관계 또는 경영지배관계 등 대통령령으로 정하는 관계에 있는 자란 다음의 어느 하나에 해당하는 관계에 있는 자를 말한다(법령 2 ⑧, 제5항에서 제8항의 호번 개정은 2024.1.1.부터 시행함. 영 부칙 2023.2.28.).

1) 실질지배자

임원(법인세법 시행령 제40조 제1항에 따른 임원을 말한다)의 임면권의 행사, 사업방침의 결정 등 해당 법인의 경영에 대해 사실상 영향력을 행사하고 있다고 인정되는 자(상법 제401조의 2 제1항에 따라 이사로 보는 자를 포함한다)와 그 친족(국세기본법 시행령 제1조의 2 제1항에 따른 자를 말한다)은 특수관계인이다(법령 2 ⑧ 1호).

① 당해 법인의 경영에 대하여 사실상 영향력을 행사하고 있다고 인정되는 자에는 자연인과 법인을 모두 포함한다(서이 46012-10185, 2002.1.31.).
② 이사로 보는 자는 다음에 해당하는 자를 말한다(상법 401조의 2 ①).

- 회사에 대한 자신의 영향력을 이용하여 이사에게 업무집행을 지시한 자
- 이사의 이름으로 직접 업무를 집행한 자
- 이사가 아니면서 명예회장·회장·사장·부사장·전무·상무·이사 기타 회사의 업무를 집행할 권한이 있는 것으로 인정될 만한 명칭을 사용하여 회사의 업무를 집행한 자

✔ Point 국세기본법 시행령 특수관계인

(1) 친족관계 : 혈족·인척 등 친족관계란 다음의 어느 하나에 해당하는 관계를 말한다(국기령 1의 2 ①, 개정규정은 2023.3.1.부터 시행함. 영 부칙 2023.2.28.).

① 4촌 이내의 혈족

② 3촌 이내의 인척

③ 배우자(사실상의 혼인관계에 있는 자를 포함한다)

④ 친생자로서 다른 사람에게 친양자 입양된 자 및 그 배우자·직계비속

⑤ 본인이 민법에 따라 인지한 혼인 외 출생자의 생부나 생모(본인의 금전이나 그 밖의 재산으로 생계를 유지하는 사람 또는 생계를 함께하는 사람으로 한정한다)

* 자기의 직계존속과 직계비속을 직계혈족이라 하고 자기의 형제자매와 형제자매의 직계비속, 직계존속의 형제자매 및 그 형제자매의 직계비속을 방계혈족이라 한다(민법 768).

* 혈족의 배우자, 배우자의 혈족, 배우자의 혈족의 배우자를 인척으로 한다(민법 769).

* 촌수 계산과 관련하여 직계혈족은 자기로부터 직계존속에 이르고 자기로부터 직계비속에 이르러 그 세수를 정한다. 방계혈족은 자기로부터 동원의 직계존속에 이르는 세수와 그 동원의 직계존속으로부터 그 직계비속에 이르는 세수를 통산하여 그 촌수를 정한다(민법 770). 인척은 배우자의 혈족에 대하여는 배우자의 그 혈족에 대한 촌수에 따르고, 혈족의 배우자에 대하여는 그 혈족에 대한 촌수에 따른다(민법 771). 양자와의 친계와 촌수는 양자와 양부모 및 그 혈족, 인척사이의 친계와 촌수는 입양한 때로부터 혼인 중의 출생자와 동일한 것으로 본다. 양자의 배우자, 직계비속과 그 배우자는 양자의 친계를 기준으로 하여 촌수를 정한다(민법 772).

* 인지(認知)는 민법상 생부(生父) 또는 생모(生母)가 자(子)를 친생자(親生子)로 인정하는 것을 말한다. 혼인 외의 출생자는 인지가 있어야 친생자(자연혈족)가 된다(민법 855).

2) 출자자(소액주주 제외)와 그 친족

법인세법 시행령 제50조 제2항에 따른 소액주주등이 아닌 주주 또는 출자자(이하 비소액주주등)와 그 친족은 특수관계인이다(법령 2 ⑧ 2호). 소액주주등이란 발행주식총수 또는 출자총액의 1%에 미달하는 주식 등을 소유한 주주등(해당 법인의 국가, 지방자치단체가 아닌 지배주주등의 특수관계인인 자는 제외)을 말한다(법령 50 ②).

① 소액주주는 의결권있는 발행주식총수 또는 출자총액의 1%에 미달하는 주식 등(상장여부와 무관)을 소유한 주주를 말하며 당해 법인의 지배주주 등과 특수관계에 있는 자는 소액

주주로 보지 아니한다(법령 50 ②). 발행주식총수에 의결권없는 주식은 제외하고 판단하며 소액주주의 지분율을 초과하여 취득한 이후부터 주주로서 특수관계인에 해당한다(서면2팀-290, 2006.2.6.).

② 지배주주 등은 법인의 발행주식총수의 1% 이상의 주식을 소유한 주주(국가 및 지방자치단체를 제외한다)로서 그와 특수관계에 있는 자와의 소유주식의 합계가 당해 법인의 주주 중 가장 많은 경우의 당해 주주를 말한다(법령 43 ⑦). 특수관계에 있는 자란 해당 주주등과 다음 각 호의 어느 하나에 해당하는 관계에 있는 자를 말한다(법령 43 ⑧).

1. 해당 주주등이 개인인 경우에는 다음 각 목의 어느 하나에 해당하는 관계에 있는 자
   가. 친족(국세기본법 시행령 제1조의 2 제1항에 해당하는 자를 말한다)
   나. 법인세법 시행령 제2조 제8항 제1호의 관계(상기 1)의 관계)에 있는 법인(영 43조 5항에서 8항의 호번 개정규정은 2024.1.1.부터 시행함, 영 부칙 2023.2.28.)
   다. 해당 주주등과 가목 및 나목에 해당하는 자가 발행주식총수 또는 출자총액의 30% 이상을 출자하고 있는 법인
   라. 해당 주주등과 그 친족이 이사의 과반수를 차지하거나 출연금(설립을 위한 출연금에 한한다)의 30% 이상을 출연하고 그 중 1명이 설립자로 되어 있는 비영리법인
   마. 다목 및 라목에 해당하는 법인이 발행주식총수 또는 출자총액의 30% 이상을 출자하고 있는 법인
2. 해당 주주등이 법인인 경우에는 법인세법 시행령 제2조 제8항 각 호(제3호는 제외한다)의 어느 하나에 해당하는 관계(상기 1)부터 하기 7)의 관계중 3)을 제외한 관계)에 있는 자 (영 43조 5항에서 8항의 호번 개정규정은 2024.1.1.부터 시행함, 영 부칙 2023.2.28.)

3) 임직원과 생계유지자

다음 가.와 나. 어느 하나에 해당하는 자 및 이들과 생계를 함께하는 친족은 특수관계인이다(법령 2 ⑧ 3호).

> 가. 법인의 임원·직원 또는 비소액주주등의 직원(비소액주주등이 영리법인인 경우에는 그 임원을, 비영리법인인 경우에는 그 이사 및 설립자를 말한다)
> 나. 법인 또는 비소액주주등의 금전이나 그 밖의 자산에 의해 생계를 유지하는 자

법인의 임직원 또는 비소액주주 등의 직원

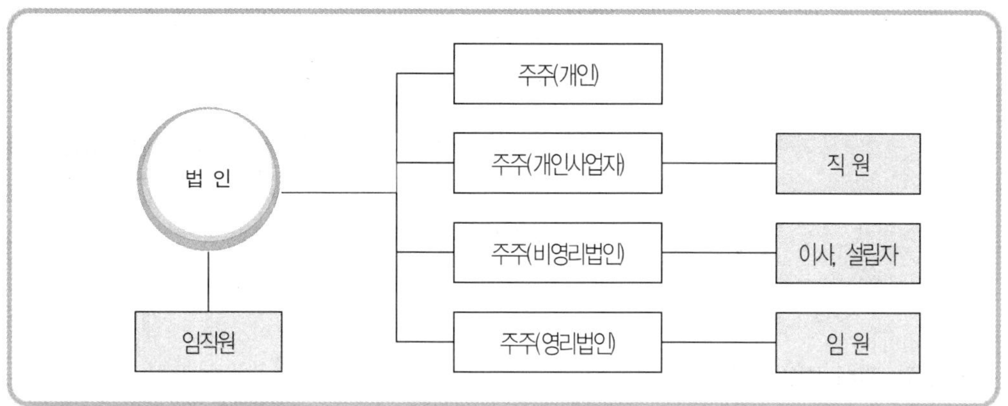

① 생계를 유지하는 자란 해당 주주 등에게 급부로 받는 금전·기타의 재산수입과 급부로 받는 금전·기타의 재산운용에 의하여 생기는 수입을 일상생활비의 주된 원천으로 하고 있는 자를 말한다(법집기 2-2-1 ③).

② 생계를 함께하는 친족이란 주주 등 또는 생계를 유지하는 자와 일상생활을 공동으로 영위하는 친족(국세기본법시행령 제1조의 2 제1항에 해당하는 자)을 말한다(법집기 2-2-1 ③).

4) 1차 지배 법인

해당 법인이 직접 또는 그와 상기 1)부터 3)까지의 관계에 있는 자를 통해 어느 법인의 경영에 대해 국세기본법 시행령 제1조의 2 제4항에 따른 지배적인 영향력을 행사하고 있는 경우 그 법인은 특수관계인이다(법령 2 ⑧ 4호).

✓ Point　국세기본법 시행령 특수관계인

지배적인 영향력 : 다음 중 어느 하나에 해당하는 경우 해당 법인의 경영에 대하여 지배적인 영향력을 행사하고 있는 것으로 본다(국기령 1조의 2 ④).

1) 영리법인인 경우
   ① 법인의 발행주식총수 또는 출자총액의 100분의 30 이상을 출자한 경우
   ② 임원의 임면권의 행사, 사업방침의 결정 등 법인의 경영에 대하여 사실상 영향력을 행사하고 있다고 인정되는 경우

2) 비영리법인인 경우
   ① 법인의 이사의 과반수를 차지하는 경우
   ② 법인의 출연재산(설립을 위한 출연재산만 해당한다)의 100분의 30 이상을 출연하고 그 중 1인이 설립자인 경우

1차 지배법인

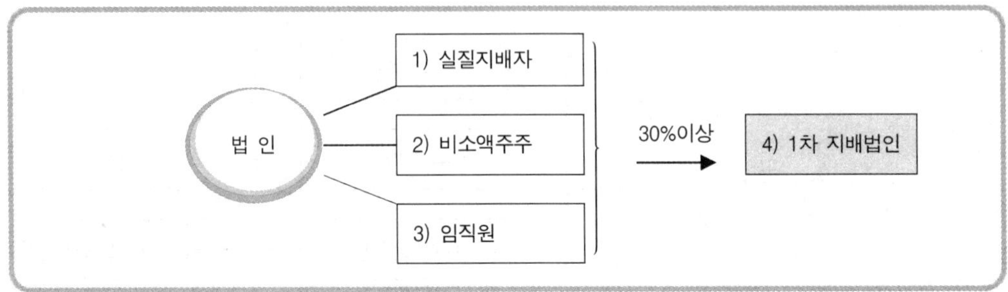

5) 2차 지배 법인

해당 법인이 직접 또는 그와 상기 1)부터 4)까지의 관계에 있는 자를 통해 어느 법인의 경영에 대해 국세기본법 시행령 제1조의 2 제4항(상기 4) 참조)에 따른 지배적인 영향력을 행사하고 있는 경우 그 법인은 특수관계인이다(법령 2 ⑧ 5호).

2차 지배법인

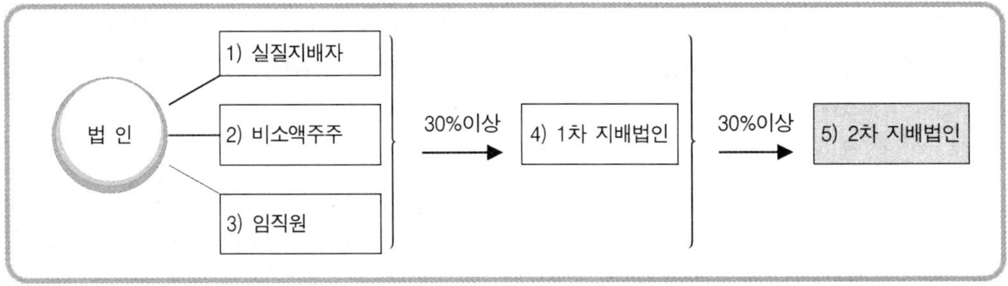

6) 2차 출자자

해당 법인에 30% 이상을 출자하고 있는 법인에 30% 이상을 출자하고 있는 법인이나 개인은 특수관계인이다(법령 2 ⑧ 6호).

2차 출자자

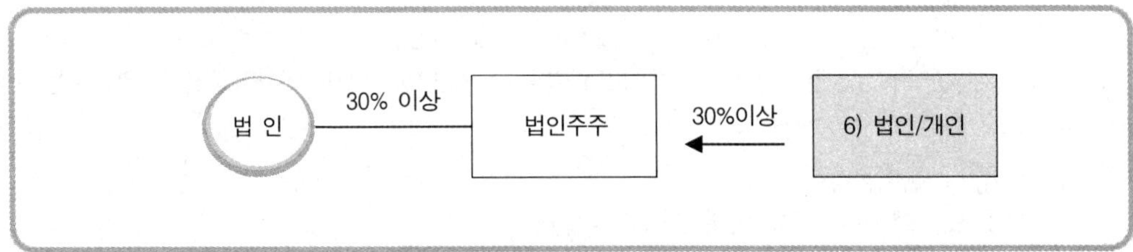

7) 기업집단 소속 계열사와 임원

해당 법인이 독점규제 및 공정거래에 관한 법률에 의한 기업집단에 속하는 법인인 경우에는 그 기업집단에 소속된 다른 계열회사 및 그 계열회사의 임원은 특수관계인이다(법령 2 ⑧ 7호).

독점규제 및 공정거래에 관한 법률 제2조에서 기업집단이란 동일인이 다음 각 목의 구분에 따라 대통령령으로 정하는 기준에 따라 사실상 그 사업내용을 지배하는 회사의 집단을 말한다. 계열회사란 둘 이상의 회사가 동일한 기업집단에 속하는 경우에 이들 각각의 회사를 서로 상대방의 계열회사라 한다.

① 동일인이 회사인 경우 : 그 동일인과 그 동일인이 지배하는 하나 이상의 회사의 집단
② 동일인이 회사가 아닌 경우 : 그 동일인이 지배하는 둘 이상의 회사의 집단

〈 특수관계 범위 개요도 〉

해당법인
영향력 행사자 — 그 친족
주주 등(개인) — 모든 직원 / 생계유지자 / 친족 — 생계를 같이하는 친족
주주등(영리법인) — 임원 / 생계유지자 — 생계를 같이하는 친족
주주등(비영리법인) — 이사 및 설립자 / 생계유지자 — 생계를 같이하는 친족
임원 · 직원 / 생계유지자 — 생계를 같이하는 친족
지배적인 영향력 행사 → 다른법인(*) → 지배적인 영향력 행사 → 다른법인(*)
30%이상 출자 — 출자법인 ← 30%이상 출자 — 출자한 개인 / 법인
기업집단에 속하는 법인인 경우 그 집단에 소속된 다른 계열회사 및 그 계열회사 임원

(*) 다른법인에는 영리법인과 비영리법인을 포함

(2) 판정기준과 판정시점

특수관계인 해당 여부의 판정은 조세부담을 부당하게 감소시키는 것으로 인정되는 그 행위 당시를 기준으로 하며 특수관계에 있는 자는 그 쌍방관계를 각각 특수관계인으로 한다. 예를 들어 ㈜이손에게 B법인은 특수관계인이 아니나 B법인에게 ㈜이손이 특수관계인이면 ㈜이손과 B법인간은 서로 특수관계인이 된다. 불공정합병에 있어서 특수관계인인 법인의 판정은 합병등기일이 속하는 사업연도의 직전 사업연도의 개시일(그 개시일이 서로 다른 법인이 합병한 경우에는 먼저 개시한 날)부터 합병등기일까지의 기간에 의한다(법령 88).

2.3 조세의 부담을 부당하게 감소시키는 것으로 인정되는 거래

조세부담을 부당히 감소시킨 것으로 인정되는지 여부는 정상적인 사인간의 거래, 건전한 사회통념 내지 상관행을 감안하여 사실판단하며 부당행위계산의 부인대상 거래인지의 여부는 거래의 계약당시를 기준으로 판단한다.

(1) 현저한 차이에 대하여만 적용하는 경우

다음의 부당행위계산의 유형에 대하여는 시가와 거래가액의 차액이 3억원 이상이거나 시가의 5%에 상당하는 금액 이상인 경우에 한하여 부당행위계산의 부인규정을 적용한다(법령 88 ①, ③). 다만, 주권상장법인이 발행한 주식을 거래한 경우에는 적용하지 않는다(법령 88 ④, 개정규정은 2021.2.17.이후 거래하는 분부터 적용, 영 부칙 2021.2.17.).

1) 고가매입, 저가양도, 현물출자

① 자산을 시가보다 높은 가액으로 매입 또는 현물출자받았거나 그 자산을 과대상각한 경우

② 자산을 무상 또는 시가보다 낮은 가액으로 양도 또는 현물출자한 경우(법인세법 시행령 제19조제19호의2에 정한 주식매수선택권 등의 행사 또는 지급에 따라 주식을 양도하는 경우는 제외)

2) 저리대여, 고리차용, 용역 및 임대

① 금전, 그 밖의 자산 또는 용역을 무상 또는 시가보다 낮은 이율·요율이나 임대료로 대부하거나 제공한 경우. 다만, 다음의 어느 하나에 해당하는 경우는 제외한다.

㉠ 법인세법 시행령 제19조 제19호의 2 각 목 외의 부분에 해당하는 주식매수선택권등의 행사 또는 지급에 따라 금전을 제공하는 경우

㉡ 주주등이나 출연자가 아닌 임원(소액주주등인 임원을 포함한다) 및 직원에게 사택(기획재정부령으로 정하는 임차사택을 포함한다)을 제공하는 경우. 기획재정부령으로 정하는

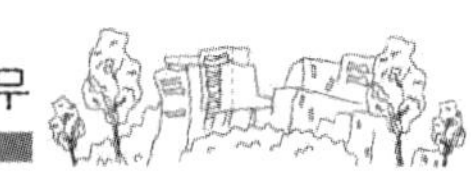

임차사택이란 법인이 직접 임차하여 임원 또는 직원에게 무상으로 제공하는 주택으로서 다음의 경우를 제외하고는 임차기간 동안 직원등이 거주하고 있는 주택을 말한다(법칙 42의3).

가. 입주한 직원등이 전근·퇴직 또는 이사한 후에 해당 법인의 직원등 중에서 입주희망자가 없는 경우

나. 해당 임차사택의 계약 잔여기간이 1년 이하인 경우로서 주택임대인이 주택 임대차계약의 갱신을 거부하는 경우

② 금전, 그 밖의 자산 또는 용역을 시가보다 높은 이율·요율이나 임차료로 차용하거나 제공받은 경우. 다만, 법인세법 제76조의 8에 따른 연결납세방식을 적용받는 연결법인 간에 연결법인세액의 변동이 없는 등 기획재정부령으로 정하는 요건을 갖추어 용역을 제공하는 경우(연결납세방식 개정은 2021.2.17.이후 거래하는 분부터 적용, 영 부칙 2021.2.17.)

3) 기타

기타 위 1), 2)에 준하는 행위 또는 계산 및 그 외에 법인의 이익을 분여하였다고 인정되는 경우

(2) 기타 특수한 거래

다음의 경우에는 현저한 차이의 여부와 관계없이 부당행위계산의 부인규정을 적용한다(법령 88).

① 불공정합병, 불공정증자, 불공정감자로 인하여 주주 등인 법인이 특수관계인인 다른 주주 등에게 이익을 분여한 경우로서 시가와의 차이가 30% 이상이거나 손익이 3억원 이상인 경우(특정 자본거래 제외)

② 위 ①의 자본거래 이외에 증자, 감자, 합병(분할합병), 분할, 상속세및증여세법(40조①)상 전환사채 등에 의한 주식전환·인수·교환 등 자본거래를 통해 법인의 이익을 분여하였다고 인정되는 경우(법인세법 시행령 제19조제19호의2에 정한 주식매수선택권의 행사 제외)

③ 특수관계인인 법인간 합병(분할합병), 분할에 있어서 불공정한 비율로 합병, 분할하여 합병, 분할에 따른 양도손익을 감소시킨 경우(다만, 자본시장과금융투자업에관한법률 제165조의 4에 따라 합병(분할밥병)·분할하는 경우 제외)

④ 무수익 자산을 매입 또는 현물출자받았거나 그 자산에 대한 비용을 부담한 경우

⑤ 파생상품(기업회계기준에 따른 선도거래, 선물, 스왑, 옵션, 그밖에 이와 유사한 거래 또는 계약)에 근거한 권리를 행사하지 아니하거나 그 행사기간을 조정하는 등의 방법으로 이익을 분여하는 경우

⑥ 불량자산을 차환하거나 불량채권을 양수한 경우

⑦ 출연금을 대신 부담한 경우

⑧ 기타 이에 준하는 행위 또는 계산 및 그 외에 법인의 이익을 분여하였다고 인정되는 경우

2.4 부당행위계산의 판단기준(시가)

부당행위계산의 부인규정을 적용할 경우 건전한 사회통념 및 상관행과 시가를 기준으로 판단한다. 시가란 건전한 사회통념 및 상관행과 특수관계인이 아닌 자간의 정상적인 거래에서 적용되거나 적용될 것으로 판단되는 가격(요율·이자율·임대료 및 교환비율 기타 이에 준하는 것을 포함)을 말한다(법법 52 ②).

(1) 시가가 분명한 경우

1) 시가의 정의

시가란 해당 거래와 유사한 상황에서 해당 법인이 특수관계인 외의 불특정다수인과 계속적으로 거래한 가격 또는 특수관계인이 아닌 제3자간에 일반적으로 거래된 가격이 있는 경우에는 그 가격에 따른다.

2) 주권상장법인이 발행한 주식

주권상장법인이 발행한 주식을 상기 1)의 가격으로 거래한 경우 해당 거래가액은 시가에 해당한다. 다만, 주권상장법인이 발행한 주식을 다음의 어느 하나에 해당하는 방법으로 거래한 경우 해당 주식의 시가는 그 거래일의 자본시장과 금융투자업에 관한 법률 제8조의 2 제2항에 따른 거래소 최종시세가액(거래소 휴장 중에 거래한 경우에는 그 거래일의 직전 최종시세가액)으로 하며, 기획재정부령으로 정하는 바에 따라 사실상 경영권의 이전이 수반되는 경우[해당 주식이 상속세 및 증여세법 시행령 제53조제8항 각 호(중소기업, 중견기업 및 평가기준일이 속하는 사업연도 전 3년 이내의 사업연도부터 계속하여 법인세법 제14조 제2항에 따른 결손금이 있는 법인의 주식등 등 대통령령으로 정하는 주식등)의 어느 하나에 해당하는 주식인 경우는 제외한다]에는 그 가액의 20%를 가산한다(법령 89 ①, 주권상장법인 평가와 관련한 개정규정은 2021.2.17. 이후 거래하는 분부터 적용, 영 부칙 2021.2.17.).

① 자본시장과 금융투자업에 관한 법률 제8조의 2 제4항 제1호에 따른 증권시장 외에서 거래하는 방법

② 자본시장과 금융투자업에 관한 법률 제393조에 따른 거래소의 증권시장업무규정에서 일정 수량 또는 금액 이상의 요건을 충족하는 경우에 한정하여 매매가 성립하는 거래방법(법칙 42의6 ②).

기획재정부령으로 정하는 바에 따라 사실상 경영권의 이전이 수반되는 경우란 다음의 어느 하나에 해당하는 경우를 말한다. 다만, 법인세법 시행령 제10조 제1항 제1호부터 제3호까지 및 제6호(회생계획을 이행 중인 법인 등)의 어느 하나에 해당하는 법인이 해당 호에 따른 회생계획, 기업개선계획, 경영정상화계획 또는 사업재편계획을 이행하기 위하여 주식을 거래하는 경우는 제외한다(법칙 42의6 ①, 단서의 개정규정은 2022.3.18. 이후 과세표준 및 세액을 신고하는 경우부터 적용함. 규칙 부칙 2022.3.18.).

① 상속세 및 증여세법 제63조 제3항에 따른 최대주주 또는 최대출자자가 변경되는 경우
② 상속세 및 증여세법 제63조 제3항에 따른 최대주주등 간의 거래에서 주식등의 보유비율이 1% 이상 변동되는 경우

3) 비상장주식의 할증평가

최대주주 또는 최대출자자 및 그의 특수관계인에 해당하는 주주등의 주식등(중소기업, 중견기업 및 평가기준일이 속하는 사업연도 전 3년 이내의 사업연도부터 계속하여 법인세법 제14조 제2항에 따른 결손금이 있는 법인의 주식등 등 대통령령으로 정하는 주식등은 제외한다)에 대해서는 평가한 가액의 20%를 가산한다(상증법 63 ③). 비상장주식의 평가시 특수관계인에 해당하고, 최대주주간에 비상장주식을 양도하고자 평가하는 경우에는 할증평가가 적용된다(법인-0031, 2015.05.08.). 법인의 주주 1인과 상속세 및 증여세법 시행령에서 규정한 친족이 다른 법인에 30% 이상을 출자하고 있는 경우에 두 법인은 특수관계인에 해당하고, 최대주주등인 두 법인이 보유하던 비상장주식을 특수관계인간 양도하고자 평가하는 경우에는 상속세 및 증여세법 제63조 제3항의 규정에 의하여 그 평가액에 일정 가산율을 적용한 가액(최대주주 할증평가)으로 한다(법인-0031, 2015.05.08.).

(2) 시가가 불분명한 경우

시가가 불분명한 경우에는 다음의 순서에 따라 시가를 판정한다(89 ①).

① 2019.2.12. 이후 감정평가법인의 감정가액

2019.2.12. 이후 감정평가하는 분부터 감정평가 및 감정평가사에 관한 법률에 따른 감정평가업자가 감정한 가액이 있는 경우 그 가액(감정한 가액이 2 이상인 경우에는 그 감정한 가액의 평균액). 다만, 주식등 및 가상자산은 제외한다(법령 89 ②, 가상자산은 2022.1.1. 이후 거래하는 분부터 적용, 영 부칙 2021.2.17.). 감정가액은 거래당시에 감정한 가액을 말하므로 차후에 소급하여 감정한 가액은 감정가액으로 보지 아니한다(법인 46012-3539, 1999.9.20.).

법인세법 감정평가	상속세 및 증여세법 감정평가
감정평가 및 감정평가사에 관한 법률에 따른 감정평가법인등이 감정한 가액이 있는 경우 그 가액(법령 89 ②)	감정가격을 결정할 때에는 둘 이상의 감정기관(소득세법 제99조 제1항 제1호에 따른 부동산 중 기준시가 10억원 이하의 부동산의 경우에는 하나 이상의 감정기관)에 감정을 의뢰하여야 한다(상증법 60 ⑤, 상증령 49 ⑥).

② 상속세및증여세법에 의한 보충적 평가액

감정평가법인의 감정가액이 없는 경우에는 상속세 및 증여세법 제38조·제39조·제39조의 2·제39조의 3, 제61조부터 제66조까지의 규정을 준용하여 평가한 가액으로 한다. 이 경우 상속세 및 증여세법 제63조 제1항 제1호 나목 및 같은 법 시행령 제54조에 따라 비상장주식을 평가할 때 해당 비상장주식을 발행한 법인이 보유한 주식(주권상장법인이 발행한 주식으로 한정한다)의 평가금액은 평가기준일의 거래소 최종시세가액으로 하며, 상속세 및 증여세법 제63조 제2항 제1호·제2호 및 같은 법 시행령 제57조 제1항·제2항을 준용할 때 "직전 6개월(증여세가 부과되는 주식등의 경우에는 3개월로 한다)"은 각각 "직전 6개월"로 본다(법령 89 ② 2호).

(3) 임대차와 용역제공의 시가

법인세법 시행령 제88조 제1항 제6호 및 제7호에 따른 자산(금전은 제외한다) 또는 용역을 제공할 때 시가 및 보충적 평가액을 적용할 수 없는 경우에는 다음에 따라 계산한 금액을 시가로 한다(법령 89 ④).

1) 임대차

유형 또는 무형의 자산을 제공하거나 제공받는 경우에는 당해 자산 시가의 50%에 상당하는 금액에서 그 자산의 제공과 관련하여 받은 전세금 또는 보증금을 차감한 금액에 정기예금이자율을 곱하여 산출한 금액을 시가로 한다.

$$\text{시가} = (\text{당해 자산의 시가} \times 50\% - \text{전세금·임대보증금}) \times \text{정기예금이자율} \times \frac{\text{임대일수}}{365}$$

2) 용역제공

건설 기타 용역을 제공하거나 제공받는 경우에는 당해 용역의 제공에 소요된 금액(직접비 및 간접비를 포함하며, 이하 "원가"라 한다)과 원가에 해당 사업연도 중 특수관계인 외의 자에게 제공한 유사한 용역제공거래 또는 특수관계인이 아닌 제3자간의 일반적인 용역제공거래를 할 때의 수익률(기업회계기준에 따라 계산한 매출액에서 원가를 차감한 금액을 원가로 나눈 율을 말

한다)을 곱하여 계산한 금액을 합한 금액을 시가로 한다(2021.1.1.이후 개시하는 사업연도 분부터 적용, 영 부칙 2021.2.17.). 이 경우 임대차계약 체결시점에서의 시가를 임대차계약기간에 속하는 사업연도에 계속하여 적용한다(서면2팀-463, 2007.3.19.).

> 시 가=당해 용역의 원가+당해 용역의 원가×수익률

수익률은 당해 사업연도 중 해당 법인이 특수관계인 외의 자에게 제공한 유사한 용역제공거래에 있어서의 수익률 또는 해당 법인 이외의 특수관계인이 아닌 제3자간의 일반적인 용역제공거래를 할 때의 수익률을 말한다(법령 89 ④).

$$수익률 = \frac{유사용역의\ 기업회계상\ 매출액 - 유사용역의\ 기업회계상\ 원가}{유사용역의\ 기업회계상\ 원가}$$

(4) 금전의 대여와 차입의 시가(이자율)

금전의 대여 또는 차입(차용)의 경우에는 당좌대출이자율과 가중평균차입이자율 중 선택한 율을 시가로 한다. 법인이 이를 선택하지 아니한 경우에는 가중평균이자율을 적용한다(법령 89 ③).

◎ 조세부담의 부당 감소

유형
- 재화거래 : 고가매입, 저가양도
- 금전·용역거래 : 고리차용, 저리대여(가지급금인정이자)
- 그 외 거래 : 시가와의 차액 과세

} 현저한 차이시 과세 ↓

시 가 – 거래가액 ≥ min(3억원, 시가의 5%)

구 분		시가적용
주식	주권상장법인주식	거래소의 거래가격, 장외거래 등의 경우 거래일의 거래소 최종 시세가액, 경영권이전시 20%할증
	비상장주식	상속세및증여세법에 의한 평가액
그 외 자산		감정평가법인의 감정가액 ⇒ 상속세및증여세법에 의한 평가액
임대차		(자산의 시가×50%–보증금)×정기예금이자율×임대일수/365
용역제공		당해용역의 원가+당해용역의 원가×수익률 * 수익률=유사용역의 매출총이익 ÷ 유사용역의 원가
금전저리대여		가지급금인정이자(가중평균차입이자율 또는 당좌대출이자율)

2.5 업무무관가지급금의 인정이자

업무무관가지급금이란 특수관계인에게 명칭여하에 불구하고 당해 법인의 업무와 관련이 없는 자금 대여액을 말한다. 법인이 특수관계인에게 무상 또는 낮은 이율로 금전을 대부한 경우 또는 특수관계인으로부터 높은 이율로 금전을 차용한 경우에는 부당행위계산으로 본다(법령 88). 이 경우 법인세법이 정하는 적정이자율로 계산한 인정이자와 회사가 계상한 이자와의 차이(시가와의 차액이 3억원 이상이거나 시가의 5% 이상인 경우에 한함)를 익금산입하고 귀속자에 대한 상여·배당 등으로 처분한다(법령 52).

(1) 적용이자율(시가)의 선택

1) 적용이자율

가중평균차입이자율을 원칙으로 하되 법인이 당좌대출이자율을 선택하는 것으로 신고하는 경우 그 사업연도와 그 후 2개 사업연도는 계속 당좌대출이자율을 시가로 적용한다. 다만, 다음 중 하나에 해당하는 경우에는 가중평균차입이자율의 적용이 불가능한 경우로 보아 당좌대출이자율로 계산하여야 한다(법령 89 ③).

① 특수관계인이 아닌 자로부터 차입한 금액이 없는 경우
② 차입금 전액이 채권자가 불분명한 사채 또는 매입자가 불분명한 채권, 증권의 발행으로 조달된 경우
③ 자금을 대여한 법인의 가중평균차입이자율과 대여금리가 해당 대여시점 현재 자금을 차입한 법인의 가중평균차입이자율보다 높아서 해당 사업연도의 가중평균차입이자율이 없는 것으로 보는 경우[34)]
④ 대여한 날(계약을 갱신한 경우에는 그 갱신일을 말한다)부터 해당 사업연도 종료일(해당 사업연도에 상환하는 경우는 상환일)까지의 기간이 5년을 초과하는 대여금이 있는 경우

상기의 ①~④의 경우에는 해당 대여금만 당좌대출이자율을 적용한다.

---

34) 예를 들어 대여법인 ㈜이손의 가중평균차입이자율이 8%, 차입법인 B의 가중평균차입이자율이 2%인 경우 8%를 적용하면 B법인이 부당행위에 적용되고 2%를 적용하면 ㈜이손이 부당행위에 적용된다. 따라서 어느 이자율을 적용해도 부당행위에 해당되므로 당좌대출이자율을 적용한다.

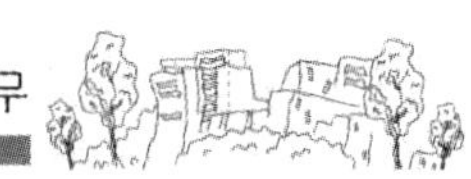

구 분	이 자 율
① 특수관계인이 아닌 자로부터 차입한 금액이 없는 경우 ② 차입금 전액이 채권자가 불분명한 사채 또는 매입자가 불분명한 채권, 증권의 발행으로 조달된 경우 ③ 자금을 대여한 법인의 가중평균차입이자율과 대여금리가 해당 대여시점 현재 자금을 차입한 법인의 가중평균차입이자율보다 높아서 해당 사업연도의 가중평균차입이자율이 없는 것으로 보는 경우 ④ 대여한 날(계약을 갱신한 경우에는 그 갱신일을 말한다)부터 해당 사업연도 종료일(해당 사업연도에 상환하는 경우는 상환일)까지의 기간이 5년을 초과하는 대여금이 있는 경우	해당 대여금만 당좌대출이자율 적용
⑤ 법인이 당좌대출이자율을 선택하여 신고하는 경우	선택한 사업연도와 그 후 2개 사업연도는 계속 당좌대출이자율 적용

2) 당좌대출이자율의 적용

구 분	당좌대출이자율의 적용(법칙 43 ②)
2016.3.7.부터 발생분	4.6%. 다만, 종전의 당좌대출이자율에 따라 이자를 수수하기로 약정을 체결한 경우로서 약정기간이 있는 대여금에 대해서는 해당 약정기간 만료일까지는 종전의 규정에 따른다(부칙 제544호, 2016.3.7. 제4조, 제11조).
2016.3.7.이전 발생분	6.9%

금융기관의 당좌거래이자율을 감안하여 국세청장이 정하는 당좌대출이자율은 법인세법 시행규칙에서 규정하며 해당 시행규칙이 개정되는 경우 당좌대출이자율은 다음과 같이 적용한다.

① 금전대차거래 약정시 부당행위계산 부인 판단

가중평균차입이자율을 적용할 수 없는 법인이 당좌대출이자율을 기준으로 하여 법인세법 시행령 제88조제1항제7호에 따른 부당행위계산 부인대상이 되지 않도록 금전대차거래 약정을 체결하였으나 이후 같은 법 시행규칙(기획재정부령 제266호 2012.2.28. 개정된 것) 제43조제2항의 당좌대출이자율이 변경된 경우 변경된 당좌대출이자율이 시행된 후에 발생하는 이자에 대해서 법인세법 시행령 제88조제1항제7호에 따른 부당행위계산 부인 대상이 되는지를 판단함에 있어서는 변경된 당좌대출이자율을 기준으로 한다(법인, 법인세과-431, 2012.06.28.).

② 종전의 당좌대출이자율에 따라 이자 약정

종전의 당좌대출이자율에 따라 이자를 수수하기로 약정을 체결한 경우로서 약정기간이 있는 대여금에 대해서는 해당 약정기간 만료일까지는 종전의 규정을 적용한다(부칙 제544호, 2016.3.7. 제4조, 제11조). 예를 들어 2016.3.7.이전 약정 대여금은 부칙에 따라 6.9%를 적용한다.

③ 변경된 이자율을 적용하기로 한 특약

내국법인이 특수관계 있는 법인에게 사업과 관련하여 금전을 대여하면서 상환기간을 정하여 국세청장이 고시하는 당좌대출이자율로 이자를 수수하기로 약정하고 당좌대출이자율이 변경된 경우에는 변경된 이자율을 적용하기로 한 특약이 있는 경우 그 변경된 당좌대출이자율을 법인세법 시행령 제89조제4항의 시가로 본다(법인, 법인세과-13160, 2009.11.27.).

④ 기획재정부령으로 정하는 사유

특수관계자간 거래에 있어 법인세법 시행령 제89조 제3항 제1호(가중평균차입이자율의 적용이 불가능한 경우로서 기획재정부령으로 정하는 사유가 있는 경우)를 적용하는 경우 같은 법 시행규칙 제43조 제3항에 규정한 당좌대출이자율의 개정(예 2009.3.30)에 따른 이전 대여 분에 대해서는 종전의 당좌대출이자율을 적용함에 따라 동일한 기간 중의 시가가 2개 존재하게 되어 불합리하므로 개정일이 속하는 사업연도 개시일(예 2009.1.1) 이후 이자가 발생하는 분부터 적용하여 모든 대여금에 동일한 이자율을 적용한다(재법인-588, 2009.6.18.).

3) 국외 특수관계인과의 자금거래 적용이자율

국제거래란 거래 당사자의 어느 한 쪽이나 양쪽이 비거주자 또는 외국법인(비거주자 또는 외국법인의 국내사업장은 제외)인 거래로서 유형자산 또는 무형자산의 매매·임대차, 용역의 제공, 금전의 대출·차용, 그 밖에 거래자의 손익(損益) 및 자산과 관련된 모든 거래를 말한다(국조법 2 ① 1호). 과세당국은 거주자와 국외특수관계인 간의 국제거래에서 그 거래가격이 정상가격보다 낮거나 높은 경우에는 정상가격을 기준으로 거주자의 과세표준 및 세액을 결정하거나 경정할 수 있다(국조법 7 ①). 국제조세조정에 관한 법률은 국세와 지방세에 관하여 규정하는 다른 법률보다 우선하여 적용한다(국조법 4 ①). 국제거래에 대해서는 소득세법 제41조와 법인세법 제52조를 적용하지 아니한다. 다만, 대통령령으로 정하는 자산의 증여 등에 대해서는 그러하지 아니하다(국조법 4 ②).

국제조세조정에 관한 법률에 따른 특수관계인

(1) **특수관계** : 다음의 어느 하나에 해당하는 관계를 말하며 그 세부기준은 대통령령으로 정한다(국조법 2 ① 3호).

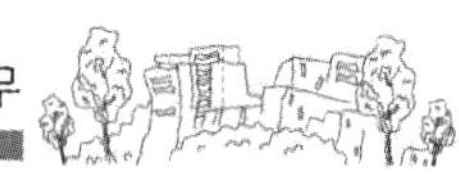

가. 거래 당사자 중 어느 한쪽이 다른 쪽의 의결권 있는 주식(출자지분을 포함)의 50% 이상을 직접 또는 간접으로 소유하고 있는 경우 그 거래 당사자 간의 관계
나. 제3자와 그 친족 등 대통령령으로 정하는 자가 거래 당사자 양쪽의 의결권 있는 주식의 50% 이상을 직접 또는 간접으로 각각 소유하고 있는 경우 그 거래 당사자 간의 관계
다. 거래 당사자 간에 자본의 출자관계, 재화·용역의 거래관계, 금전의 대차관계 등에 따라 소득을 조정할 만한 공통의 이해관계가 있고, 거래 당사자 중 어느 한쪽이 다른 쪽의 사업 방침을 실질적으로 결정할 수 있는 경우 그 거래 당사자 간의 관계
라. 거래 당사자 간에 자본의 출자관계, 재화·용역의 거래관계, 금전의 대차관계 등에 따라 소득을 조정할 만한 공통의 이해관계가 있고, 제3자가 거래 당사자 양쪽의 사업 방침을 실질적으로 결정할 수 있는 경우 그 거래 당사자 간의 관계

(2) **국외특수관계인** : 거주자, 내국법인 또는 국내사업장과 특수관계에 있는 비거주자 또는 외국법인(비거주자 또는 외국법인의 국내사업장은 제외한다)을 말한다(국조법 2 ① 4호).

거주자와 국외특수관계인 간의 금전대차거래에 대한 정상가격으로서의 이자율(정상이자율)을 산출하는 경우에는 다음의 요소를 고려해야 한다. 이 경우 거주자와 국외특수관계인 간의 금전대차거래는 통상적인 회수기간 및 지급기간이 지난 채권의 회수 및 채무의 지급 등 사실상의 금전대차거래를 포함한다(국조령 11 ①, 2017.2.7. 전에 거주자와 국외특수관계인이 자금거래한 분에 대해서는 영 11조의 개정규정에도 불구하고 대통령령 27837호로 개정되기 전의 국제조세조정에 관한 법률 시행령 6조 7항에 따름. 영 부칙 2021.2.17.).

① 채무액
② 채무의 만기
③ 채무의 보증 여부
④ 채무자의 신용 정도

거주자와 국외특수관계인 간의 금전대차거래에 대한 정상이자율의 산출방법으로 국제조세조정에 관한 법률 제8조 제1항 제6호(정상가격의 산출방법으로 그 밖에 대통령령으로 정하는 바에 따라 합리적이라고 인정되는 방법, 국조법 8 ①)를 적용할 때에는 다음에서 정하는 이자율을 따를 수 있다(국조령 11 ②).

① 자본시장과 금융투자업에 관한 법률 제5조에 따른 파생상품 및 이와 유사한 해외파생상품 중 채무불이행 등 신용위험에 대비하기 위한 신용부도스왑 거래에서 적용되는 보험료율 성격의 율에 제1항 각 호의 요소를 고려하여 산출한 이자율(개정규정은 2022.2.15.이 속하는 과세연도에 발생한 금전대차거래에 대한 정상이자율을 산출하는 경우에도 적용함. 영 부칙 2022.2.15.)

② 국제금융시장에서 통용되는 이자율 산정 모형을 기반으로 무위험이자율, 부도위험, 유동성위험, 채무의 만기, 물가상승률 등의 변수를 반영하여 산정한 이자율에 제1항 각 호의 요소를 고려하여 산출한 이자율(개정규정은 2022.2.15.이 속하는 과세연도에 발생한 금전대차거래에 대한 정상이자율을 산출하는 경우에도 적용함. 영 부칙 2022.2.15.)

③ 거래금액 및 국제금융시장의 실세(實勢)이자율 등을 고려하여 기획재정부령으로 정하는 이자율. 기획재정부령으로 정하는 이자율이란 다음의 구분에 따른 이자율을 말한다(국조칙 3).

㉠ 거주자가 국외특수관계인에게 자금을 대여하는 경우 : 법인세법 시행규칙 제43조 제2항에 따른 당좌대출이자율

㉡ 거주자가 국외특수관계인에게 자금을 차입하는 경우 : 직전 사업연도 종료일의 다음 표의 구분에 따른 통화별 지표금리에 1.5%를 더한 이자율. 다만, 다음 표에 없는 통화의 경우에는 다음 표 제2호(미합중국 USD)에 해당하는 지표금리에 1.5%를 더한 이자율로 한다[2022.3.18. 전에 거주자와 국외특수관계인 간 자금거래분에 대해서는 개정규정에도 불구하고 종전의 규정(직전 사업연도 종료일의 통화별 12개월 만기 런던 은행 간 대출이자율에 1.5%를 더한 이자율. 다만, 12개월 만기 런던 은행 간 대출이자율이 없는 통화의 경우에는 미합중국 통화의 12개월 만기 런던 은행 간 대출이자율에 1.5%를 더한 이자율)에 따름. 규칙 부칙 2022.3.18.].

통 화	지표금리
1. 한국(KRW)	KOFR(The Korea Overnight Financing Repo rate)
2. 미합중국(USD)	SOFR(Secured Overnight Financing Rate)
3. 유럽연합(EUR)	ESTR(Euro Short-Term Rate)
4. 영국(GBP)	SONIA(Sterling Overnight Index Average)
5. 스위스(CHF)	SARON(Swiss Average Rate Overnight)
6. 일본(JPY)	TONA(Tokyo Overnight Average Rate)

(2) 가중평균차입이자율의 계산방법

가중평균차입이자율이란 자금을 대여한 법인의 대여시점 현재 각각의 차입금 잔액에 차입 당시의 각각의 이자율을 곱한 금액의 합계액을 해당 차입금 잔액의 합계액으로 나눈 비율을 말한다. 변동금리로 차입한 경우에는 차입 당시의 이자율로 차입금을 상환하고 변동된 이자율로 그 금액을 다시 차입한 것으로 보며 차입금이 특수관계인인 차입금, 채권자가 불분명한 사채 또는 매입자가 불분명한 채권, 증권의 발행으로 조달된 차입금, 연지급수입관

련 채무, 장기연불매입관련 채무 등에 해당하는 경우에는 해당 차입금의 잔액은 가중평균차입이자율 계산을 위한 잔액에 포함하지 아니한다(법칙 43).

$$\text{가중평균차입이자율} = \frac{\sum(\text{자금대여시점의 각각의 차입금 잔액}) \times \text{차입 당시의 각각의 이자율}}{\text{자금대여시점의 차입금 잔액의 합계액}}$$

예 제 **가중평균차입이자율**

㈜이손의 당해 사업연도(20X1.1.1.~12.31) 차입금 발생내역은 다음과 같으며 업무무관가지급금 발생일은 6월 25일이다. 6월 25일의 가중평균차입이자율을 계산하시오.

일 자	이자율	차입금	비 고
2.28	9%	₩100,000,000	
3.31	8%	300,000,000	특수관계인 차입금
5.10	7%	100,000,000	
9.28	9%	250,000,000	

풀 이

$$\text{가중평균차입이자율} = \frac{100,000,000 \times 9\% + 100,000,000 \times 7\%}{100,000,000 + 100,000,000} = 8\%$$

* 가중평균차입이자율은 자금을 대여한 대여시점 현재로 계산한다. 따라서 대여시점 현재 특수관계인 차입금은 제외하며 9.28에 발생한 차입금은 업무무관가지급금이 발생한 시점에는 없으므로 고려하지 않는다.

(3) 인정이자 계산대상 가지급금

인정이자 계산대상 업무무관가지급금이란 특수관계인에게 명칭여하에 불구하고 당해 법인의 업무와 관련이 없는 자금 대여액으로서 지급이자손금불산입 대상 가지급금의 범위와 동일하다. 다만, 다음의 경우에는 업무무관가지급금에서 제외한다(법령 52, 법칙 44).

① 소득세법 제132조 제1항 및 같은 법 제135조 제3항에 따라 지급한 것으로 보는 배당소득 및 상여금(미지급소득)에 대한 소득세(개인지방소득세와 미지급소득으로 인한 중간예납세액 상당액을 포함하며, 다음 계산식에 따라 계산한 금액을 한도로 한다)를 법인이 납부하고 이를 가지급금 등으로 계상한 금액(해당 소득을 실제 지급할 때까지의 기간에 상당하는 금액으로 한정한다)

$$\text{미지급소득에 대한 소득세액} = \text{종합소득 총결정세액} \times \frac{\text{미지급소득}}{\text{종합소득금액}}$$

② 국외에 자본을 투자한 내국법인이 해당 국외투자법인에 종사하거나 종사할 자의 여비·급료 기타 비용을 대신하여 부담하고 이를 가지급금 등으로 계상한 금액(그 금액을 실지로 환부받을 때까지의 기간에 상당하는 금액에 한한다)

③ 법인이 근로복지기본법 제2조 제4호에 따른 우리사주조합 또는 그 조합원에게 해당 우리사주조합이 설립된 회사의 주식취득(조합원간에 주식을 매매하는 경우와 조합원이 취득한 주식을 교환하거나 현물출자함으로써 독점규제 및 공정거래에 관한 법률에 의한 지주회사 또는 금융지주회사법에 의한 금융지주회사의 주식을 취득하는 경우를 포함한다)에 소요되는 자금을 대여한 금액(상환할 때까지의 기간에 상당하는 금액에 한한다)

④ 국민연금법에 의하여 근로자가 지급받은 것으로 보는 퇴직금전환금(당해 근로자가 퇴직할 때까지의 기간에 상당하는 금액에 한한다)

⑤ 법인세법 시행령 제106조 제1항 제1호 단서의 규정에 의하여 대표자에게 상여처분한 금액에 대한 소득세를 법인이 납부하고 이를 가지급금으로 계상한 금액(특수관계가 소멸될 때까지의 기간에 상당하는 금액에 한한다)

⑥ 직원에 대한 월정급여액[매월 직급별로 받는 봉급·급료·보수·임금·수당, 그 밖에 이와 유사한 성질의 급여(해당 과세기간 중에 받는 상여 등 부정기적인 급여와 소득세법 시행령 제12조에 따른 실비변상적 성질의 급여 및 제17조의 4에 따른 복리후생적 성질의 급여는 제외한다)의 총액에서 근로기준법에 따른 연장근로·야간근로 또는 휴일근로를 하여 통상임금에 더하여 받는 급여 및 선원법에 따라 받는 생산수당(비율급으로 받는 경우에는 월 고정급을 초과하는 비율급을 말한다)을 뺀 급여, 소령 17 ①, 2021.2.17. 후단개정]의 범위에서의 일시적인 급료의 가불금

⑦ 직원에 대한 경조사비 또는 학자금(자녀의 학자금을 포함한다)의 대여액

⑧ 조세특례제한법 시행령 제2조에 따른 중소기업에 근무하는 직원(지배주주등인 직원은 제외한다)에 대한 주택구입 또는 전세자금의 대여액(2020.1.1. 이후 개시하는 사업연도분부터 적용, 규칙 부칙 2020.3.13.).

⑨ 금융기관부실자산 등의 효율적 처리 및 한국자산관리공사의 설립에 관한 법률에 의한 한국자산관리공사가 출자총액의 전액을 출자하여 설립한 법인에 대여한 금액

업무무관가지급금에 대한 법인세법의 제재는 가지급금인정이자 계산 이외에도 지급이자 손금불산입, 대손충당금 설정대상채권 제외, 대손금 불인정 등이 있다.

(4) 인정이자의 계산과 세무조정

1) 인정이자의 계산

$$인정이자 = (가지급금적수 - 가수금적수) \times 이자율 \times \frac{1}{365\ (윤년\ 366)}$$

가지급금적수는 사실상의 대여일부터 회수일까지의 기간동안 매일의 잔액을 합한 금액이다. 대여처별, 각인별로 계산하며 동일인에 대한 가수금이 있는 경우에는 이를 상계한다(법령 53 ③).

2) 인정이자 세무조정

인정이자와 회사가 인식한 이자수익의 차이가 현저하게 과소계상된 경우 과소계상액을 익금산입하고 귀속자에 따라 소득처분한다.

인정이자 – 회사계상 이자 =
- \+
  - 현저한 차이인 경우 : 익금산입(귀속자처분)
  - 현저한 차이가 아닌 경우 : 세무조정 없음
- – : 세무조정 없음

* 현저한 차이 : 인정이자와 회사가 계상한 이자의 차이가 3억원 이상이거나 인정이자의 5% 이상

3) 가지급금과 인정이자(미수이자)의 사후관리

세무조정 이후에 인정이자 계산대상이 되는 가지급금과 인정이자(미수이자)를 회수하지 아니한 경우에는 익금으로 본다. 다만, 회수되지 아니한 정당한 사유가 있거나 회수할 것임이 객관적으로 입증되는 경우에는 이를 소득처분하지 아니한다(법령 11 9호). 회수가 불가능한 경우 등 정당한 사유란 다음의 어느 하나에 해당하는 경우를 말한다(법칙 6의2).

① 채권·채무에 대한 쟁송으로 회수가 불가능한 경우
② 특수관계인이 회수할 채권에 상당하는 재산을 담보로 제공하였거나 특수관계인의 소유재산에 대한 강제집행으로 채권을 확보하고 있는 경우
③ 해당 채권과 상계할 수 있는 채무를 보유하고 있는 경우
④ 그 밖에 ①부터 ③까지와 비슷한 사유로서 회수하지 아니하는 것이 정당하다고 인정되는 경우

4) 가지급금 미회수 세무조정

법인세법 시행령 제2조 제8항의 특수관계가 소멸되는 날까지 회수하지 아니한 가지급금등(가지급금의 이자를 익금에 산입한 이자는 제외한다)은 특수관계가 소멸될 때 미회수한 가지급금 전액을 익금에 산입한다(법령 11 9호 가).

① 특수관계 소멸시 별도의 회계처리가 없는 경우

〈손금산입〉 가지급금 (△유보)
〈익금산입〉 미회수액 (귀속자 처분)

② 추후 대손처리하는 경우

(차) 대손상각비	×××	(대) 대여금 등	×××

〈익금산입〉 가지급금 (유보)

③ 특수관계 소멸시 대손처리하는 경우

(차) 대손상각비	×××	(대) 대여금 등	×××

〈손금불산입〉 미회수액 (귀속자 처분)

5) 미수이자 미회수 세무조정

법인세법 시행령 제2조 제8항의 특수관계가 소멸되지 아니한 경우로서 법인세법 제28조 제1항 제4호 나목에 따른 가지급금의 이자를 이자발생일이 속하는 사업연도 종료일부터 1년이 되는 날까지 회수하지 아니한 경우 그 이자는 익금에 산입한다(법령 11 9호 나). 미회수액에 대하여 소득처분한 미수이자 등을 그 후에 영수하는 때에는 이를 이월익금(각 사업연도의 소득으로 이미 과세된 소득으로서 비과세되거나 면제되는 소득을 포함)으로 보아 영수하는 사업연도의 소득금액계산상 익금에 산입하지 아니한다(법기통 4-0…6).

① 미수이자 인식(이자수익 귀속시기 충족)

(차) 미수수익	×××	(대) 이자수익	×××

② 1년이 되는 날까지 회수하지 아니한 경우

– 회계처리 없음 –

〈손금산입〉 미수수익 (△유보)
〈익금산입〉 미회수액 (귀속자 처분)

③ 1년 경과후 미수이자를 대손처리하는 경우

(차) 대손상각비	×××	(대) 미수수익	×××

〈익금산입〉 미수수익 (유보)
〈익금불산입〉 이월익금 (기타)

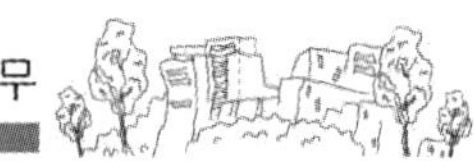

④ 1년 경과후 미수이자를 회수하는 경우

(차) 보통예금 ××× (대) 미수수익 ×××

〈익금산입〉 미수수익 (유보)

〈익금불산입〉 이월익금 (기타)

※ 신고한 과세표준에 이미 산입된 미지급소득이므로 원천징수 대상이 아니다(법령 111 ②)

◎ 인정이자의 세무조정

법 인

자금대여

이자수령

특수관계인

⇓

인정이자 (적정이자율로 계산한 이자)

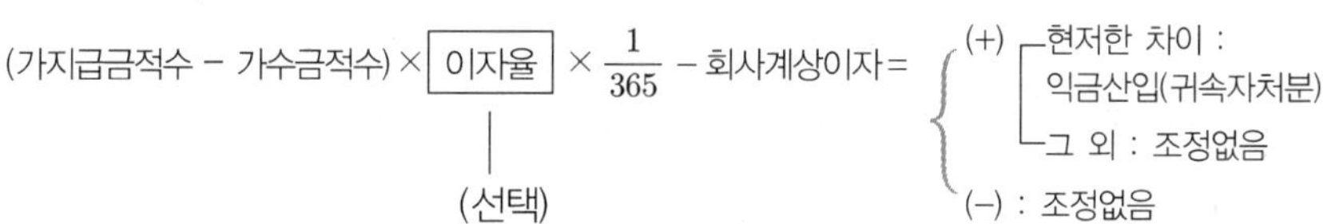

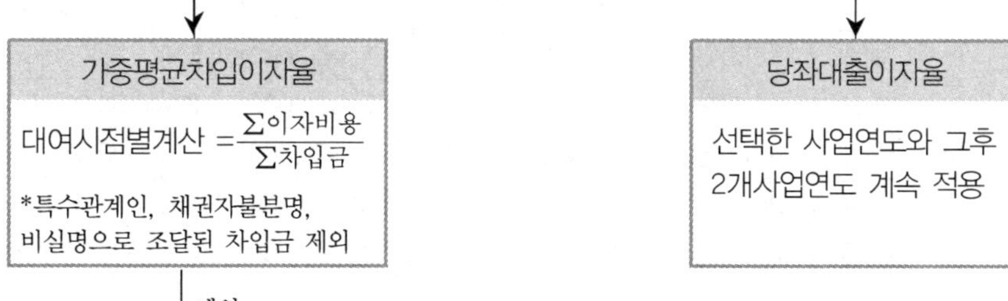

예외

구 분	적용 이자율
① 차입금 전액이 특수관계인, 채권자불분명, 비실명으로 조달된 차입금인 경우 ② 대여법인의 가중평균차입이자율과 대여금리가 차입법인의 가중평균차입이자율보다 높은 경우 ③ 대여한 날부터 해당 사업연도 종료일까지의 기간이 5년을 초과하는 경우	해당 대여금만 당좌 대출이자율 적용

예제 가지급금인정이자

제조업을 영위하는 ㈜이손의 당기(제10기 : 20X2.1.1.~12.31) 세무조정 자료는 다음과 같다.

(1) 대표이사 A의 대여금

일 자	적 요	차 변	대 변	잔 액
20X1.11.10	대 여	1,500,000	–	1,500,000
20X2. 8.30	대 여	500,000	–	2,000,000
20X2.10.10	회 수	–	2,000,000	–

대표이사 A의 대여금은 이자율과 관련한 약정이 없으며 당기에 회사가 인식한 이자수익도 없다.

(2) 관계회사 B의 대여금

일 자	적 요	차 변	대 변	잔 액
20X2. 1.10	대 여	2,000,000	–	2,000,000

관계회사 B의 대여금 약정이자율은 6.8%이며 회사가 인식한 이자수익은 ₩132,646이다. 관계회사 B의 가중평균차입이자율은 10%이다.

(3) 차입금 내역

구 분	일 자	차입금 내역					
		최초 발생액		20X2. 1.10		20X2. 8.30	
일반대출	전기이월	100,000,000	(7%)	100,000,000	(6.5%)	70,000,000	(6%)
운영자금	수시대출	–		50,000,000	(6%)	65,000,000	(5.6%)
일반차입금	전기이월	300,000,000	(6%)	300,000,000	(6%)	300,000,000	(6%)
무역금융	20X2.1.5	500,000,000	(3.5%)	500,000,000	(3.5%)	–	
시설자금	전기이월	800,000,000	(4%)	800,000,000	(4%)	600,000,000	(4%)

일반차입금은 특수관계에 있는 법인 C로부터 차입한 금액이며 20X1.11.10 대표이사 A의 대여시 가중평균차입이자율은 4.2%이다. 1년은 365일로 가정한다.

요구사항

1. ㈜이손이 당좌대출이자율 4.6%로 인정이자를 계산하는 경우 세무조정을 하시오.
2. ㈜이손이 가중평균차입이자율로 인정이자를 계산하는 경우 세무조정을 하시오. 단, 가중평균차입이자율은 소숫점 4째자리에서 반올림한다(예 : X.×××%).

풀 이

1. 당좌대출이자율

(1) 임원 A

① 가지급금적수 : 1,500,000×241일+2,000,000×41일 = 443,500,000

② 인정이자 : 443,500,000×4.6%÷365 = 55,893

③ 회사가 인식한 이자수익 : 0

④ 세무조정 : 회사가 인식한 이자수익이 없으므로 현저한 차이에 해당한다. 따라서 전액을 익금산입하고 상여처분한다.

〈익금산입〉 인정이자(A) 55,893 (상여)

(2) 관계회사 B

① 가지급금적수 : 2,000,000×356일 = 712,000,000

② 인정이자 : 712,000,000×4.6%÷365 = 89,731

③ 회사가 인식한 이자수익 : 132,646

④ 세무조정 : 회사가 인식한 이자수익이 인정이자보다 크다. 따라서 세무조정은 없다.

2. 가중평균차입이자율

(1) 가중평균차입이자율의 계산

구 분	20X2. 1.10			20X2. 8.30		
	차입금	이자율	이자비용	차입금	이자율	이자비용
일반대출	100,000,000	6.500%	6,500,000	70,000,000	6.000%	4,200,000
운영자금	50,000,000	6.000%	3,000,000	65,000,000	5.600%	3,640,000
무역금융	500,000,000	3.500%	17,500,000	−	−	−
시설자금	800,000,000	4.000%	32,000,000	600,000,000	4.000%	24,000,000
합 계	1,450,000,000	4.069%	59,000,000	735,000,000	4.332%	31,840,000

(2) 대표이사 A 인정이자

① 가지급금적수

구 분	20X1.11.10 대여분			20X2. 8.30 대여분		
	금 액	일 수	적 수	금 액	일 수	적 수
전기이월	1,500,000	282	423,000,000			
20X2.8.30				500,000	41	20,500,000
가수금	−	−	−	−	−	−
합 계			423,000,000			20,500,000

* 가수금이 있는 경우에는 먼저 발생한 가지급금의 가지급금적수부터 순서대로 상계한다.

② 인정이자

20X1.11.10 대여분				20X2. 8.30 대여분			
가지급금적수	이자율	일수	인정이자	가지급금적수	이자율	일수	인정이자
423,000,000	4.200%	1/365	48,674	20,500,000	4.332%	1/365	2,433

∴ 인정이자 = 48,674+2,433= 51,107

③ 회사가 인식한 이자수익 : 0

④ 세무조정 : 회사가 인식한 이자수익이 없으므로 현저한 차이에 해당한다. 따라서 전액을 익금산입하고 상여처분한다.

〈익금산입〉 인정이자(A) 51,107 (상여)

(3) 관계회사 B

구 분	대여금	일 수	적 수	이자율	1/365	인정이자
20X2. 1.10	2,000,000	356	712,000,000	4.069%	1/365	79,373
합 계		356	712,000,000			79,373

회사가 이자수익으로 인식한 ₩132,646이 인정이자 ₩79,373보다 크다. 따라서 세무조정은 없다.

2.6 자산의 고가매입 또는 저가양도

법인이 특수관계인 외의 자에게 정당한 사유없이 자산을 정상가액보다 낮은 가액으로 양도하거나 정상가액보다 높은 가액으로 매입함으로써 그 차액 중 실질적으로 증여한 것으로 인정되는 금액은 기부금으로 본다. 이 경우 정상가액은 시가에 시가의 30%를 가산하거나 30%를 차감한 범위안의 가액으로 한다(법령 35).

1) 고가매입

① 주권상장법인이 발행한 주식을 고가매입한 경우

시가와 거래가격과의 차액을 손금산입하고 부당행위계산부인의 세무조정을 한다.

〈손금산입〉 자산 ××× (△유보)

〈익금산입〉 부당행위계산의 부인 ××× (귀속자 처분)

② 그 외 자산의 고가매입

시가와 거래가액의 차액이 3억원 이상이거나 시가의 5%에 상당하는 금액 이상인 경우 시가와 매입가격과의 차액에 대하여 자산을 감액하고 부당행위계산부인의 세무조정을 한다(법기통 67-106…9). 이 경우 거래 상대방에게 증여세가 과세되는 경우 소득처분은 기타사외유출로 한다(법령 106 ①).

〈손금산입〉 자산 ××× (△유보)

〈익금산입〉 부당행위계산의 부인 ××× (귀속자 처분)

예제 고가매입(비상각자산)

(주)이손은 제10기(20X1.1.1~12.31)에 관계회사인 B로부터 토지를 140억원에 매입하였다. 당해 토지의 시가는 100억원이며 전액 현금으로 지급하였다.

요구사항

1. (주)이손의 제10기 세무조정을 하시오.
2. (주)이손이 제10기에 110억원을 지급하고 미지급금 30억원은 제11기에 지급한 경우 (주)이손과 B사의 제10기 및 제11기의 세무조정을 하시오.
3. (주)이손이 제10기에 토지를 102억원에 매입하였으며 전액 현금으로 지급한 경우 세무조정을 하시오.

풀이

1. 고가매입 부당행위(전액지급)

특수관계인으로부터 고가매입한 시가와 거래가격의 차액이 40억원으로서 현저한 차이(3억원 이상)에 해당하므로 부당행위계산의 부인에 해당한다. 법인세법상 토지의 가격은 100억원이며 차액 40억원은 관계회사에 대한 지출이므로 기타사외유출로 처분한다.

〈손금산입〉 토지 40억원 (△유보)

〈익금산입〉 부당행위계산부인 40억원 (기타사외유출)

2. 고가매입 부당행위(미지급)

(1) (주)이손(매수인)

1) 제10기 세무조정

특수관계인으로부터 고가매입한 시가와 거래가격의 차액이 40억원으로서 현저한 차이(3억원 이상)에 해당하므로 부당행위계산의 부인에 해당한다. 다만 시가초과액의 일부를 미지급하였으므로 시가초과액 중 현금지급분을 익금산입하고 귀속자에 따라 소득처분한다. 또한 시가를 초과하여 지급하였으므로 장부상 미지급금은 세무상 부채에 해당하지 아니하므로 이를 익금산입한다.

〈손금산입〉 토지 40억원 (△유보)

〈익금산입〉 부당행위계산부인 10억원 (기타사외유출)

〈익금산입〉 미지급금 30억원 (유보)

2) 제11기 세무조정

시가초과액 중 현금지급분을 익금산입하고 귀속자에 따라 소득처분한다.

〈익금산입〉 부당행위계산부인 30억원 (기타사외유출)

〈손금산입〉 미지급금 30억원 (△유보)

(2) B사(매도인)

B사의 경우 특수관계인에 대한 고가양도로서 조세의 부담을 부당하게 회피한 경우가 아니므로 별도의 세무조정은 없다. 다만, 장부상 제10기에 계상한 미수금 30억원은 부당행위계산부인규정을 적용받은 시가초과액 상당채권에 해당하므로 세무상 대손충당금 설정대상채권에 해당하지 아니한다(법법 34, 법령 61).

3. 현저한 차이에 해당하지 않는 거래
특수관계인으로부터 고가매입하였으나 시가와 거래가격의 차액이 2억원으로서 현저한 차이[3억원 또는 시가의 5%인 5억원(=100억원×5%)] 미만이므로 부당행위계산의 부인대상이 아니다. 따라서 별도의 세무조정은 없다.

예 제 고가매입(상각자산)

㈜이손의 10기(20X1. 1. 1 ~ 12.31) 건물 취득과 관련한 자료는 다음과 같다.

(1) 20X1.10.1.에 건물(시가 10억원)을 15억원에 현금으로 매입하였다.
(2) 건물은 취득시 영업에 사용하였으며 신고내용연수는 10년, 정액법으로 상각한다. 당기 감가상각비 계상액은 1.5억원이다.

요구사항

특수관계에 해당하는 B법인으로부터 매입한 경우 세무조정을 하시오.

풀 이

(1) 부당행위의 판단
특수관계인으로부터 고가매입한 건물의 시가와 거래가격의 차액이 5억원이므로 부당행위에 해당한다. 법인세법상 건물의 가격은 10억원이며 차액 5억원은 귀속자가 법인이므로 기타사외유출에 해당한다.
* 현저한 차이 : 5억원 > 3억원 또는 0.5억원(= 10억원×5%)

(2) 부당행위 세무조정
〈익금산입〉 부당행위계산의 부인 5억원 (기타사외유출)
〈손금산입〉 건물 5억원 (△유보)

(3) 부당행위계산의 부인(건물 △유보분)에 해당하는 감가상각비 부인
시가초과분에 대한 감가상각비 : 1.5억원×5억원/15억원 = 0.5억원
〈손금불산입〉 건물 0.5억원 (유보)

(4) 건물 감가상각시부인
① 회사계상액 = 1.5억원–0.5억원 = 1억원
② 상각범위액 = 10억원×0.1×3/12 = 0.25억원
③ 상각부인액 = 0.75억원
④ 세무조정 : 〈손금불산입〉 감가상각비 0.75억원 (유보)

2) 저가양도

① 주권상장법인이 발행한 주식을 저가양도한 경우
시가와 양도가액의 차액에 대하여 부당행위계산의 부인 세무조정을 한다.
〈익금산입〉 부당행위계산의 부인 ××× (귀속자 처분)

② 그 외 자산의 저가양도
시가와 거래가액의 차액이 3억원 이상이거나 시가의 5%에 상당하는 금액 이상인 경우 시가와 양도가액의 차액에 대하여 부당행위계산의 부인 세무조정을 한다. 이 경우 거래상대방에게 증여세가 과세되는 경우 소득처분은 기타사외유출로 한다(법령 106 ①).
〈익금산입〉 부당행위계산의 부인 ××× (귀속자 처분)

예 제 저가양도

㈜이손이 토지(장부가액 60억원, 시가 100억원)를 대표이사에게 매각하였으며 매각금액은 다음과 같다.

(1) 토지를 68억원에 매각한 경우
(2) 토지를 98억원에 매각한 경우

요구사항

각각의 경우 세무조정을 하시오.

풀 이

(1) 시가 100억원의 토지를 68억원에 매각한 경우
특수관계인에게 저가양도하여 시가와 거래가격의 차액이 32억원(3억원이상)이므로 부당행위계산의 부인에 해당한다.
〈익금산입〉 부당행위계산의 부인 32억원 (상여)

(2) 시가 100억원의 토지를 98억원에 매각한 경우
특수관계인에게 저가양도하였으나 시가와 거래가격의 차액이 2억원으로서 현저한 차이[3억원 또는 시가의 5%인 5억원(=100억원×5%)] 미만이므로 부당행위계산의 부인대상이 아니다. 따라서 법인세법상 별도의 세무조정은 없다.

2.7 불공정자본거래 이익분여

불공정한 자본거래(합병, 증자, 감자 등)의 경우에는 일정한 이익이 손실을 본 주주로부터 이익을 본 주주에게 무상으로 이전되는 경제적 효과가 발생할 수 있다. 이러한 경우 부당행위계산의 부인에 따라 과세한다. 구체적인 내용은 자본에서 설명한다.

2.8 국외특수관계인 거래

(1) 용어의 정의

국제거래에 관한 조세의 조정, 국가 간의 조세행정 협조, 해외자산의 신고 및 자료 제출과 글로벌최저한세의 과세에 관한 사항을 규정함으로써 국가 간의 이중과세 및 조세 회피를 방지하고 원활한 조세협력을 도모함을 목적으로 한다(국조법 1). 국제조세조정에 관한 법률에서 사용하는 용어의 뜻은 다음과 같다(국조법 2 ①).

① 국제거래란 거래 당사자 중 어느 한쪽이나 거래 당사자 양쪽이 비거주자 또는 외국법인(비거주자 또는 외국법인의 국내사업장은 제외한다)인 거래로서 유형자산 또는 무형자산의 매매·임대차, 용역의 제공, 금전의 대차(貸借), 그 밖에 거래자의 손익(損益) 및 자산과 관련된 모든 거래를 말한다.

② 국내사업장이란 다음에 따른 국내사업장을 말한다.

㉠ 소득세법 제120조에 따른 비거주자의 국내사업장

㉡ 법인세법 제94조에 따른 외국법인의 국내사업장

③ 특수관계란 다음의 어느 하나에 해당하는 관계를 말하며, 그 세부 기준은 대통령령으로 정한다.

㉠ 거래 당사자 중 어느 한쪽이 다른 쪽의 의결권 있는 주식(출자지분을 포함한다)의 50% 이상을 직접 또는 간접으로 소유하고 있는 경우 그 거래 당사자 간의 관계

㉡ 제3자와 그 친족 등 대통령령으로 정하는 자가 거래 당사자 양쪽의 의결권 있는 주식의 50% 이상을 직접 또는 간접으로 각각 소유하고 있는 경우 그 거래 당사자 간의 관계

㉢ 거래 당사자 간에 자본의 출자관계, 재화·용역의 거래관계, 금전의 대차관계 등에 따라 소득을 조정할 만한 공통의 이해관계가 있고, 거래 당사자 중 어느 한쪽이 다른 쪽의 사업 방침을 실질적으로 결정할 수 있는 경우 그 거래 당사자 간의 관계

㉣ 거래 당사자 간에 자본의 출자관계, 재화·용역의 거래관계, 금전의 대차관계 등에 따라 소득을 조정할 만한 공통의 이해관계가 있고, 제3자가 거래 당사자 양쪽의 사업 방침을 실질적으로 결정할 수 있는 경우 그 거래 당사자 간의 관계

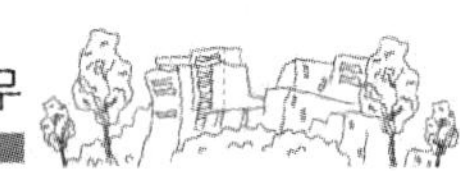

④ 국외특수관계인이란 거주자, 내국법인 또는 국내사업장과 특수관계에 있는 비거주자 또는 외국법인(비거주자 또는 외국법인의 국내사업장은 제외한다)을 말한다.

⑤ 정상가격이란 거주자, 내국법인 또는 국내사업장이 국외특수관계인이 아닌 자와의 통상적인 거래에서 적용하거나 적용할 것으로 판단되는 가격을 말한다.

⑥ 과세당국이란 납세지 관할 세무서장 또는 지방국세청장을 말한다.

⑦ 조세조약이란 소득·자본·재산에 대한 조세 또는 조세행정의 협력에 관하여 우리나라가 다른 국가(고유한 세법이 적용되는 지역을 포함한다)와 체결한 조약·협약·협정·각서 등 국제법에 따라 규율되는 모든 유형의 국제적 합의를 말한다.

⑧ 체약상대국(締約相對國)이란 우리나라와 조세조약을 체결한 국가를 말한다.

⑨ 권한 있는 당국이란 다음의 구분에 따른 자를 말한다.

㉠ 우리나라의 경우 : 기획재정부장관 또는 그의 권한을 위임받은 자

㉡ 체약상대국의 경우 : 조세조약에서 권한 있는 당국으로 지정된 자

⑩ 상호합의절차란 조세조약의 적용 및 해석이나 부당한 과세처분 또는 과세소득의 조정에 대하여 우리나라의 권한 있는 당국과 체약상대국의 권한 있는 당국 간에 협의를 통하여 해결하는 절차를 말한다.

(2) 국제거래에 관한 실질과세

국제거래에서 과세의 대상이 되는 소득, 수익, 재산, 행위 또는 거래의 귀속이 명의(名義)일 뿐이고 사실상 귀속되는 자가 따로 있는 경우에는 사실상 귀속되는 자를 납세의무자로 하여 조세조약을 적용한다(국조법 3 ①). 국제거래에서 과세표준의 계산에 관한 규정은 소득, 수익, 재산, 행위 또는 거래의 명칭이나 형식과 관계없이 그 실질 내용에 따라 조세조약을 적용한다(국조법 3 ②). 국제거래에서 이 법 및 조세조약의 혜택을 부당하게 받기 위하여 제3자를 통한 간접적인 방법으로 거래하거나 둘 이상의 행위 또는 거래를 거친 것(이하 이 조에서 "우회거래"라 한다)으로 인정되는 경우에는 그 경제적 실질에 따라 당사자가 직접 거래한 것으로 보거나 연속된 하나의 행위 또는 거래를 한 것으로 보아 이 법 및 조세조약을 적용한다(국조법 3 ③).

우회거래를 통하여 우리나라에 납부할 조세부담이 대통령령으로 정하는 비율 이상으로 현저히 감소(우회거래를 통해 우리나라에 납부할 조세부담이 그 거래의 경제적 실질에 따라 계산한 조세부담의 50% 이하가 되는 경우, 국기령 3 ①)하는 경우(해당 우회거래의 금액 및 우리나라에 납부할 조세부담의 감소된 금액 등이 10억원 이하이고 우회거래를 통한 조세부담 감소액이 1억원 이하인 경우는 제외한다. 국기령 3 ②) 납세의무자가 해당 우회거래에 정당한 사업목적이 있다는

사실 등 조세를 회피할 의도가 없음을 입증하지 아니하면 국제조세조정에 관한 법률 및 조세조약의 혜택을 부당하게 받기 위하여 거래한 것으로 추정한다(국조법 3 ④).

(3) 정상가격에 의한 결정 및 경정

과세당국은 거주자와 국외특수관계인 간의 국제거래에서 그 거래가격이 정상가격보다 낮거나 높은 경우에는 정상가격을 기준으로 거주자의 과세표준 및 세액을 결정하거나 경정할 수 있다(국조법 7 ①). 과세당국은 국제조세조정에 관한 법률 제8조에 따른 정상가격 산출방법 중 같은 정상가격 산출방법을 적용하여 둘 이상의 과세연도에 대하여 정상가격을 산출하고 그 정상가격을 기준으로 일부 과세연도에 대한 과세표준 및 세액을 결정하거나 경정하는 경우에는 나머지 과세연도에 대해서도 그 정상가격을 기준으로 과세표준 및 세액을 결정하거나 경정하여야 한다(국조법 7 ②). 납세자가 국제조세조정에 관한 법률 제2조 제1항 제3호 다목 및 라목에 따른 특수관계에 해당하지 아니한다는 명백한 사유를 제시한 경우에는 적용하지 아니한다(국조법 7 ③).

(4) 정상가격에 의한 신고 및 경정청구

거주자(내국법인과 국내사업장을 포함한다)는 국외특수관계인과의 국제거래에서 그 거래가격이 정상가격보다 낮거나 높은 경우에는 정상가격을 기준으로 조정한 과세표준 및 세액을 다음의 어느 하나에 해당하는 기한까지 납세지 관할 세무서장에게 신고하거나 경정청구를 할 수 있다(국조법 6 ①, 6조의 개정규정은 2025.1.1. 전의 국제거래에 대하여 2025.1.1. 이후 경정청구하는 경우에도 적용함. 법 부칙 2024.12.31.).

① 소득세법 제70조·제70조의 2·제71조·제73조·제74조 또는 법인세법 제60조 제1항·제76조의 17 제1항에 따른 신고기한

② 국세기본법 제45조에 따른 수정신고기한

③ 국세기본법 제45조의 2 제1항에 따른 경정청구기한

④ 국세기본법 제45조의 3 제1항에 따른 기한 후 신고기한(개정규정은 2022.1.1. 전의 거래에 대하여 2022.1.1. 이후 신고하는 경우에도 적용함. 법 부칙 2021.12.21.)

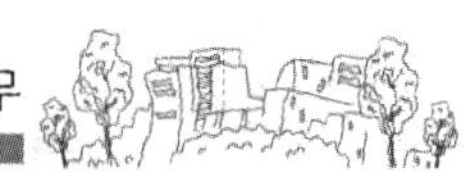

제2절 리스자산과 가상자산

01 기업회계

리스란 리스제공자가 자산의 사용권을 합의된 기간 동안 리스이용자에게 이전하고 리스이용자는 그 대가로 사용료를 리스제공자에게 지급하는 계약을 말한다.

1.1 리스의 분류

리스는 리스실행일에 분류하며 리스자산의 소유에 따른 위험과 보상의 대부분을 이전하는 리스는 금융리스로 분류하고 리스자산의 소유에 따른 위험과 보상의 대부분을 이전하지 않는 리스는 운용리스로 분류한다. 리스는 계약의 형식보다는 거래의 실질에 따라 분류한다. 다음에 예시한 경우 중 하나 또는 그 이상에 해당하면 일반적으로 금융리스로 분류한다.[35)]

① 리스기간 종료시 또는 그 이전에 리스자산의 소유권이 리스이용자에게 이전되는 경우
② 리스실행일 현재 리스이용자가 염가매수선택권을 가지고 있고, 이를 행사할 것이 확실시 되는 경우
③ 리스자산의 소유권이 이전되지 않을지라도 리스기간이 리스자산 내용연수의 상당부분을 차지하는 경우
④ 리스실행일 현재 최소리스료를 내재이자율로 할인한 현재가치가 리스자산 공정가치의 대부분을 차지하는 경우
⑤ 리스이용자만이 중요한 변경 없이 사용할 수 있는 특수한 용도의 리스자산인 경우

1.2 운용리스

(1) 리스이용자

운용리스에서 보증잔존가치를 제외한 최소리스료는 리스이용자의 기간적 효익의 형태를 보다 잘 나타내는 다른 체계적인 인식기준이 없다면 리스기간에 걸쳐 균등하게 배분된 금액을 손익계산서에 비용으로 인식한다.

---

35) 예시된 사례에 해당되지 않을지라도 다음 경우 중 하나 또는 그 이상에 해당하면 금융리스로 분류될 가능성이 있다.
① 리스이용자가 리스를 해지할 경우 해지로 인한 리스제공자의 손실을 리스이용자가 부담하는 경우
② 리스이용자가 잔존가치의 공정가치 변동에 따른 이익과 손실을 부담하는 경우(예를 들어 리스종료시점에 리스자산을 매각할 경우 얻을 수 있는 수익을 보장하도록 리스료가 조정되는 경우)
③ 리스이용자가 염가갱신선택권을 가지고 있는 경우

(2) 리스제공자

리스제공자의 운용리스자산은 리스자산의 성격에 따라 비유동자산 중 유형자산 또는 무형자산의 한 항목으로 표시하고 그 항목의 구체적인 내역은 주석으로 기재한다. 리스제공자의 회계처리와 관련하여 구체적인 내용은 다음과 같다.

① 보증잔존가치를 제외한 최소리스료는 리스자산의 기간적 효익의 형태를 보다 잘 나타내는 다른 체계적인 인식기준이 없다면 리스기간에 걸쳐 균등하게 배분된 금액을 손익계산서에 수익으로 인식한다.

② 운용리스의 협상 및 계약단계에서 발생한 리스개설직접원가는 별도의 자산(예 리스개설직접원가)으로 인식하고 리스료수익에 대응하여 리스기간 동안 비용으로 처리한다.

③ 운용리스자산의 감가상각은 리스제공자가 소유한 다른 유사자산의 감가상각과 일관성 있게 회계처리한다.

④ 제조자 또는 판매자인 리스제공자는 운용리스계약의 경우 리스자산의 판매로 볼 수 없으므로 운용리스계약으로 인한 매출이익을 인식하지 아니한다.

예제 운용리스

결산일이 12월말인 ㈜이손은 20X1년 3월 20일에 종로리스와 운용리스 계약을 체결하고 기계장치 1대를 리스하였다. 리스계약과 관련한 자료는 다음과 같으며 리스료는 매년 4월 1일 선급조건이다. 양사 모두 정액법으로 감가상각한다. ㈜이손과 종로리스의 20X1년 회계처리를 하시오.

(1) 리스기간 : 20X1년 4월 1일~20X4년 3월 31일
(2) 리스자산 : 취득원가 ₩1,000,000, 잔존가치는 없으며 내용연수 5년
(3) 리 스 료 : 20X1년 ₩200,000, 20X2년 ₩500,000, 20X3년 ₩500,000

풀이

(1) 20X1년 리스료 : (₩200,000+₩500,000+₩500,000)×1/3×9/12 = ₩300,000
운용리스료는 리스자산의 기간적 효익의 형태를 더 잘 나타내는 다른 체계적인 인식기준이 없다면 리스기간에 걸쳐 정액기준으로 인식한다.

(2) 운용리스자산의 감가상각은 리스제공자인 종로리스가 인식하며 종로리스는 소유한 다른 유사자산의 감가상각비와 일관성 있게 회계처리한다.
20X1년 감가상각비 : ₩1,000,000/5×9/12 = ₩150,000

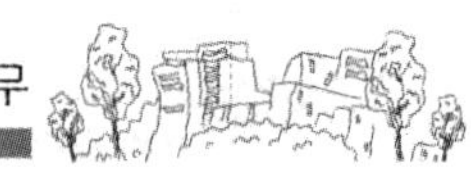

(3) 회계처리

일 자	리스제공자	리스이용자
20X1. 4. 1	(차) 운용리스자산 1,000,000 (대) 선급리스자산 1,000,000	-
	(차) 현 금 200,000 (대) 선수리스료 200,000	(차) 선급리스료 200,000 (대) 현 금 200,000
20X1.12.31	(차) 선수리스료 200,000 미수리스료 100,000 (대) 리스료수익 300,000	(차) 운용리스료 300,000 (대) 선급리스료 200,000 미지급리스료 100,000
	(차) 감가상각비 150,000 (대) 감가상각누계액 150,000	-

1.3 금융리스

(1) 리스이용자

리스이용자는 리스실행일에 최소리스료의 현재가치와 리스자산의 공정가치 중 작은 금액을 금융리스자산과 금융리스부채로 각각 인식한다. 이 경우 최소리스료의 현재가치를 계산할 때 적용해야 할 할인율은 리스제공자의 내재이자율이며 만약 이를 알 수 없다면 리스이용자의 증분차입이자율을 적용한다. 리스이용자의 회계처리와 관련하여 구체적인 내용은 다음과 같다.

① 리스이용자의 리스개설직접원가는 금융리스자산으로 인식될 금액에 포함한다.

② 보증잔존가치를 제외한 매기의 최소리스료는 이자비용과 리스부채의 상환액으로 배분하며 이자비용은 유효이자율법으로 계산한다.

③ 금융리스에서는 매 회계기간에 이자비용 뿐만 아니라 금융리스자산의 감가상각비가 발생한다. 금융리스자산의 감가상각은 리스이용자가 소유한 다른 유사자산의 감가상각과 일관성 있게 회계처리한다. 만약 리스이용자가 리스기간 종료시 또는 그 이전에 자산의 소유권을 획득할 것이 확실시 된다면 자산의 내용연수에 걸쳐 감가상각하며 그러하지 않은 경우에는 리스기간과 내용연수 중 짧은 기간에 걸쳐 감가상각한다. 이 경우 감가상각대상금액은 금융리스자산의 취득금액에서 추정잔존가치 또는 보증잔존가치를 차감한 금액으로 한다.

(2) 리스제공자

리스제공자는 금융리스의 리스순투자와 동일한 금액을 금융리스채권으로 인식한다. 금융리스에서 리스료는 리스제공자의 투자와 용역에 대한 회수와 보상으로서 채권의 원금회수액과 이자수익으로 구분하여 회계처리한다. 이자수익은 리스제공자의 금융리스 순투자 미회수분에 대하여 유효이자율법을 적용하여 인식한다.

제조자 또는 판매자인 리스제공자는 일반판매에 대하여 채택하고 있는 회계정책에 따라 매출손익을 인식한다. 인위적으로 낮은 이자율이 적용된 경우라면 시장이자율을 적용하여 매출이익을 인식한다. 제조자 또는 판매자인 리스제공자에 의하여 리스의 협상 및 계약단계에서 발생한 원가는 리스실행일에 당기 비용으로 인식한다.

예 제 금융리스

결산일이 12월말인 ㈜이손과 종로리스는 20X1년 1월 1일 다음과 같이 새로운 기계를 금융리스하였다.

- 리스기간개시일 : 20X1년 1월 1일
- 리스기간 : 3년(경제적 내용연수 4년)
- 리스물건의 공정가치 : ₩2,500,000, 리스개설직접원가 ₩212,290(종로리스가 부담)
- 특약사항 : 리스기간 종료시 리스물건의 잔존가치는 ₩300,000으로 추정되며 리스이용자는 무보증이다.
- 연간리스료 : ₩1,000,000(20X1년부터 매년말 지급)
- 리스제공자의 내재이자율은 연 10%이며 리스이용자가 알고 있다.
- 기간 3년, 이자율 10%일 때 ₩1의 연금현재가치는 2.4869, 현재가치는 0.7513이다.
- 소유권이전약정이나 염가매수선택권은 없다.

요구사항

1. 종로리스의 회계처리를 하시오.
2. ㈜이손이 리스개설직접원가를 부담한다고 가정할 경우 ㈜이손의 회계처리를 하시오.
3. 요구사항 2에서 ㈜이손과 종로리스가 20X2년부터 연간리스료를 ₩100,000 감소시키는데 합의하였다고 가정할 경우 리스이용자인 ㈜이손의 20X2년의 회계처리를 하시오.

풀 이

1. 리스제공자

(1) 금융리스채권 : ₩1,000,000×2.4869+₩300,000×0.7513+₩212,290 = ₩2,712,290

(2) 상각표

일 자	장부금액	유효이자(10%)	정기리스료	원금상환
20X1. 1. 1	₩2,712,290			
20X1.12.31	1,983,519	₩271,229	₩1,000,000	₩728,771
20X2.12.31	1,181,871	198,352	1,000,000	801,648
20X3.12.31	300,000	118,129	1,000,000	881,871

(3) 회계처리

구 분	리스제공자			
설비구입	(차) 선급리스자산	2,712,290	(대) 현 금	2,712,290
리스기간 개시일	(차) 금융리스채권	2,712,290	(대) 선급리스자산	2,712,290
20X1년말	(차) 현 금	1,000,000	(대) 금융리스채권 이자수익	728,771 271,229
20X2년말	(차) 현 금	1,000,000	(대) 금융리스채권 이자수익	801,648 198,352
20X3년말	(차) 현 금	1,000,000	(대) 금융리스채권 이자수익	881,871 118,129
리스물건 반환시	회계처리 없음			

2. 리스이용자

(1) 금융리스부채

= ₩1,000,000×2.4869 = ₩2,486,900

(2) 금융리스자산

= 금융리스부채+리스이용자의 리스개설직접원가

= ₩2,486,900+₩212,290

= ₩2,699,190

(3) 리스이용자 상각표

일 자	장부금액	유효이자(10%)	정기리스료	원금상환
20X1.01.01	₩2,486,900			
20X1.12.31	1,735,590	₩248,690	₩1,000,000	₩751,310
20X2.12.31	909,149	173,559	1,000,000	826,441
20X3.12.31	–	90,851	1,000,000	909,149

(4) 회계처리

구 분	리스제공자
20X1년초 (리스기간개시일)	(차) 금융리스자산 2,699,190 (대) 금융리스부채 2,486,900 현 금 212,290
20X1년말	(차) 금융리스부채 751,310 (대) 현 금 1,000,000 이자비용 248,690 (차) 감가상각비 899,730 (대) 감가상각누계액 899,730 * ₩2,699,190÷3년(리스기간) = ₩899,730
20X2년말	(차) 금융리스부채 826,441 (대) 현 금 1,000,000 이자비용 173,559 (차) 감가상각비 899,730 (대) 감가상각누계액 899,730
20X3년말	(차) 금융리스부채 909,149 (대) 현 금 1,000,000 이자비용 90,851 (차) 감가상각비 899,730 (대) 감가상각누계액 899,730
리스물건 반환시	(차) 감가상각누계액 2,699,190 (대) 금융리스자산 2,699,190

3. 조정리스료

조정리스료는 발생한 기간의 비용 또는 수익으로 처리한다.

(1) 리스이용자 상각표

일 자	장부금액	정기리스료	원금상환
20X1. 1. 1	₩2,486,900		
20X1.12.31	1,735,590	₩1,000,000	₩751,310
20X2.12.31	909,149	1,000,000	826,441
20X3.12.31	–	1,000,000	909,149

(2) 리스이용자 20X2년 이자비용 : ₩173,559–₩100,000 = ₩73,559

(3) 리스이용자 회계처리

20X2년말
(차) 이자비용 73,559 (대) 현 금 900,000 금융리스부채 826,441

참고적으로 요구사항 1의 경우를 가정하여 리스제공자인 종로리스가 20X2년에 인식할 이자수익은 다음과 같다.

리스제공자 20X2년 이자수익 = ₩198,352–₩100,000 = ₩98,352

20X2년말
(차) 현 금 900,000 (대) 이자수익 98,352 금융리스채권 801,648

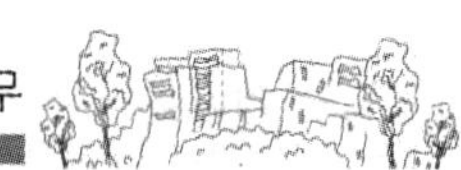

1.4 K-IFRS 제1116호 리스(리스이용자)

(1) 리스의 분류

리스제공자는 각 리스를 운용리스 아니면 금융리스로 분류한다. 기초자산의 소유에 따른 위험과 보상의 대부분(substantially all)을 이전하는 리스는 금융리스로 분류한다. 기초자산의 소유에 따른 위험과 보상의 대부분을 이전하지 않는 리스는 운용리스로 분류한다. 리스가 금융리스인지 운용리스인지는 계약의 형식보다는 거래의 실질에 달려있다. 리스가 일반적으로 금융리스로 분류되는 상황(개별적으로나 결합되어)의 예는 다음과 같다.

① 리스기간 종료시점 이전에 기초자산의 소유권이 리스이용자에게 이전되는 리스
② 리스이용자가 선택권을 행사할 수 있는 날의 공정가치보다 충분히 낮을 것으로 예상되는 가격으로 기초자산을 매수할 수 있는 선택권을 가지고 있고, 그 선택권을 행사할 것이 리스약정일 현재 상당히 확실한 경우
③ 기초자산의 소유권이 이전되지는 않더라도 리스기간이 기초자산의 경제적 내용연수의 상당 부분(major part)을 차지하는 경우
④ 리스약정일 현재, 리스료의 현재가치가 적어도 기초자산 공정가치의 대부분에 해당하는 경우
⑤ 기초자산이 특수하여 해당 리스이용자만이 주요한 변경 없이 사용할 수 있는 경우

상기의 예시가 항상 결정적인 것은 아니다. 계약의 다른 속성들을 고려할 때 기초자산의 소유에 따른 위험과 보상의 대부분을 이전하지 않는다는 점이 분명하다면 그 리스는 운용리스로 분류한다. 예를 들면 리스기간 종료시점에 기초자산의 소유권을 그 시점의 공정가치에 해당하는 변동 지급액으로 이전하는 경우 또는 변동리스료가 있고 그 결과로 리스제공자가 기초자산의 소유에 따른 위험과 보상의 대부분을 이전하지 않는 경우가 이에 해당한다. 리스는 리스약정일에 분류하며 리스변경이 있는 경우에만 분류를 다시 판단한다. 추정의 변경(예 기초자산의 내용연수 또는 잔존가치 추정치의 변경)이나 상황의 변화(예 리스이용자의 채무불이행)는 회계 목적상 리스를 새로 분류하는 원인이 되지 않는다.

(2) 리스이용자 회계처리

리스이용자는 리스개시일에 사용권자산과 리스부채를 인식한다. 리스부채는 리스개시일에 그날 현재 지급되지 않은 리스료의 현재가치로 측정한다.

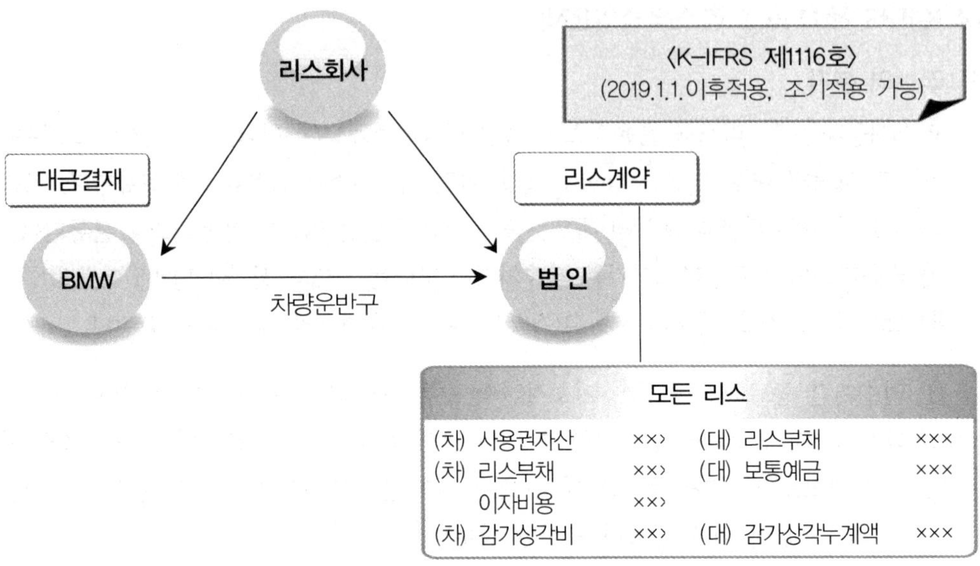

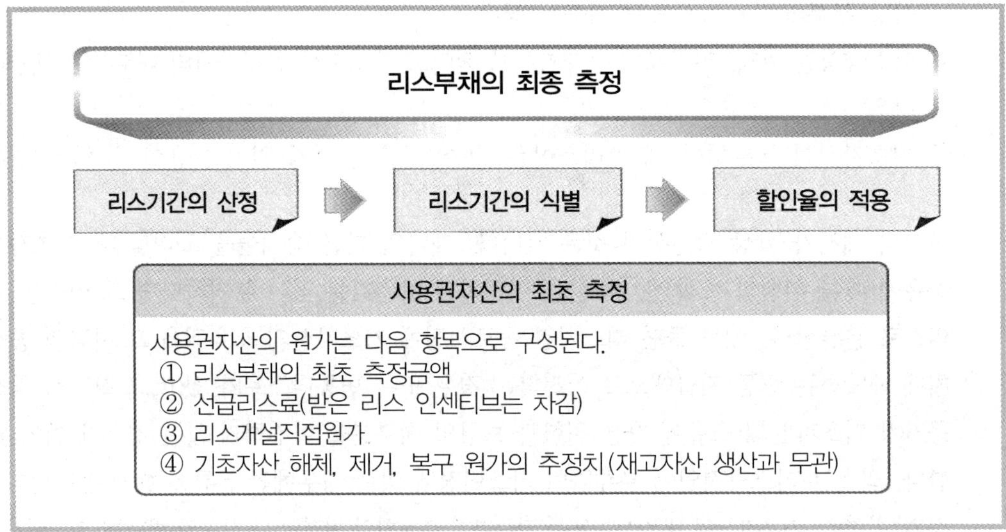

리스기간이란 리스이용자가 기초자산 사용권을 갖는 해지불능기간을 말하며 선택권에 따라 가감될 수 있는 기간(선택권 기간)을 포함한다. 선택권 기간이란 다음을 말한다.

① 리스이용자가 리스 연장선택권을 행사할 것이 상당히 확실한 경우에 그 선택권의 대상 기간
② 리스이용자가 리스 종료선택권을 행사하지 않을 것이 상당히 확실한 경우에 그 선택권의 대상 기간

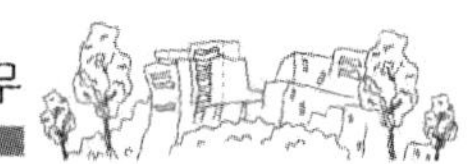

(3) 리스료의 식별

리스료란 기초자산 사용권과 관련하여 리스기간에 리스이용자가 리스제공자에게 지급하는 금액을 말한다. 리스개시일에 리스부채의 측정치에 포함되는 리스료는 리스기간에 걸쳐 기초자산을 사용하는 권리에 대한 지급액 중 그날 현재 지급되지 않은 다음 금액으로 구성된다.

리스이용자의 리스료	① 고정리스료 ② 변동리스료 ③ 리스이용자의 잔존가치보증액 ④ 리스이용자의 매수선택권 행사가격 ⑤ 종료선택권 행사시 종료부담액

(4) 리스부채의 최초 측정

리스이용자는 리스개시일에 그날 현재 지급되지 않은 리스료의 현재가치로 리스부채를 측정한다. 리스의 내재이자율(리스료 및 무보증잔존가치의 현재가치 합계액을 기초자산의 공정가치와 리스제공자의 리스개설직접원가의 합계액과 동일하게 하는 할인율)을 쉽게 산정할 수 있는 경우에는 그 이자율로 리스료를 할인한다. 그 이자율을 쉽게 산정할 수 없는 경우에는 리스이용자의 증분차입이자율을 사용한다.

할인율의 적용

원 칙 : 리스의 내재이자율	허 용 : 리스이용자의 증분차입이자율
PV(리스료) + PV(무보증잔존가치) = 기초자산의 공정가치 + 리스제공자의 리스개설직접원가	리스이용자가 비슷한 경제적 환경에서 비슷한 기간에 걸쳐 비슷한 담보로 사용권자산과 가치가 비슷한 자산 획득에 필요한 자금을 차입한다면 지급해야 하는 이자율

리스개시일에 리스부채의 측정치에 포함되는 리스료는 리스기간에 걸쳐 기초자산을 사용하는 권리에 대한 지급액 중 그날 현재 지급되지 않은 다음 금액으로 구성된다.

① 고정리스료(실질적인 고정리스료를 포함하고, 받을 리스 인센티브는 차감)
② 지수나 요율(이율)에 따라 달라지는 변동리스료
③ 잔존가치보증에 따라 리스이용자가 지급할 것으로 예상되는 금액
④ 리스이용자가 매수선택권을 행사할 것이 상당히 확실한 경우에 그 매수선택권의 행사가격

⑤ 리스기간이 리스이용자의 종료선택권 행사를 반영하는 경우에 그 리스를 종료하기 위하여 부담하는 금액

(5) 사용권자산의 최초 측정

리스이용자는 리스개시일에 사용권자산을 원가로 측정한다. 사용권자산의 원가는 다음 항목으로 구성된다.

① 리스부채의 최초 측정금액
② 리스개시일이나 그 전에 지급한 리스료(받은 리스 인센티브는 차감)
③ 리스이용자가 부담하는 리스개설직접원가
④ 리스 조건에서 요구하는 대로 기초자산을 해체하고 제거하거나, 기초자산이 위치한 부지를 복구하거나, 기초자산 자체를 복구할 때 리스이용자가 부담하는 원가의 추정치(다만 그 원가가 재고자산을 생산하기 위해 부담하는 것이 아니어야 한다).

리스이용자는 상기 ④에서 기술하는 원가에 대한 의무를 부담할 때 사용권자산 원가의 일부로 그 원가를 인식한다. 리스이용자는 특정한 기간에 재고자산을 생산하기 위하여 사용권자산을 사용한 결과로 그 기간에 부담하는 원가에는 K-IFRS 제1002호 '재고자산'을 적용한다. 이 기준서나 K-IFRS 제1002호를 적용하여 회계처리하는 그러한 원가에 대한 의무는 K-IFRS 제1037호 '충당부채, 우발부채, 우발자산'을 적용하여 인식하고 측정한다.

(6) 사용권자산의 후속 측정

리스이용자는 리스개시일 후에 원가모형을 적용하여 사용권자산을 측정한다. 원가모형을 적용하기 위하여 리스이용자는 원가에서 감가상각누계액과 손상차손누계액, 리스부채의 재측정에 따른 조정을 차감하고 조정하여 사용권자산을 측정한다. 사용권자산의 후속측정과 관련한 사항은 다음과 같다.

① 리스이용자는 사용권자산을 감가상각할 때 유형자산의 감가상각에 대한 요구사항을 적용한다.
② 리스가 리스기간 종료시점 이전에 리스이용자에게 기초자산의 소유권을 이전하는 경우나 사용권자산의 원가에 리스이용자가 매수선택권을 행사할 것임이 반영되는 경우에, 리스이용자는 리스개시일부터 기초자산의 내용연수 종료시점까지 사용권자산을 감가상각한다. 그 밖의 경우에는 리스이용자는 리스개시일부터 사용권자산의 내용연수 종료일과 리스기간 종료일 중 이른 날까지 사용권자산을 감가상각한다.

③ 리스이용자는 사용권자산이 손상되었는지를 판단하고 식별되는 손상차손을 회계처리하기 위하여 K-IFRS 제1036호 '자산손상'을 적용한다.

④ 리스이용자가 투자부동산에 K-IFRS 제1040호 '투자부동산'의 공정가치모형을 적용하는 경우에는 K-IFRS 제1040호의 투자부동산 정의를 충족하는 사용권자산에도 공정가치모형을 적용한다.

⑤ 사용권자산이 K-IFRS 제1016호의 재평가모형을 적용하는 유형자산의 유형에 관련되는 경우에 리스이용자는 그 유형자산의 유형에 관련되는 모든 사용권자산에 재평가모형을 적용하기로 선택할 수 있다.

사용권자산의 측정

사용권자산의 최초측정	사용권자산의 후속측정
① 리스부채의 최초 측정금액 ② 선급리스료(받은 리스 인센티브는 차감) ③ 리스개설직접원가 ④ 기초자산 해체, 제거, 복구 원가의 추정치	① 원가모형(감가상각, 손상차손, 리스부채 재측정 조정 반영) ② 투자부동산에 공정가치모형을 적용하는 경우에는 투자부동산 정의를 충족하는 사용권자산에도 공정가치모형을 적용 ③ 유형자산에 재평가모형을 적용한 경우 해당 유형 관련 사용권자산에 재평가모형 선택 가능

◇ 사용권자산의 감가상각
① 소유권 이전, 매수선택권 약정 : 기초자산의 내용연수
② 그 밖의 경우 : min(사용권자산의 내용연수, 리스기간)

(7) 인식면제

리스이용자는 다음 리스에는 리스료를 리스기간에 걸쳐 정액 기준이나 다른 체계적인 기준에 따라 비용으로 인식할 수 있다. 다른 체계적인 기준이 리스이용자의 효익의 형태를 더 잘 나타내는 경우에는 그 기준을 적용한다. 인식면제규정을 선택한 리스이용자는 각 면제규정과 관련된 비용을 주석으로 공시해야 한다.

① 단기리스(리스개시일에 리스기간이 12개월 이하인 리스)
② 소액 기초자산 리스(예 기초자산이 새것일 때 대략 US $5,000 이하인 리스)

〈회계처리〉

(차) 지급리스료	×××	(대) 보통예금	×××

1) 단기리스

단기리스란 리스개시일에 리스기간이 12개월 이하인 리스[36]를 말하며, 매수선택권이 있는 리스는 단기리스에 해당하지 않는다. 단기리스에 대한 선택은 사용권이 관련되어 있는 기초자산의 유형별(기업의 영업에서 특성과 용도가 비슷한 기초자산의 집합별)로 한다.

2) 소액 기초자산 리스

IASB는 기초자산이 새것일 때 소액인 경우의 리스(예 태블릿·개인 컴퓨터, 소형 사무용 가구, 전화기 리스 등)에 면제 규정을 적용할 수 있다고 규정하였다. 문단 BC100에서 기초자산이 새것일 때 대략 US $5,000 이하인 리스를 소액 기초자산 리스로 결정하였다. 소액 기초자산 리스에 대한 선택은 리스별로 할 수 있다.[37] 이와 관련한 사항은 다음과 같다.

① 리스이용자는 리스대상 자산이 사용된 기간에 관계없이 기초자산이 새것일 때의 가치에 기초하여 기초자산의 가치를 평가한다.
② 기초자산이 소액인지는 절대적 기준에 따라 평가한다. 소액자산 리스는 그 리스가 리스이용자에게 중요한지와 관계없으며 그 평가는 리스이용자의 규모, 특성, 상황에 영향을 받지 않는다. 따라서 서로 다른 리스이용자라도 특정한 기초자산이 소액인지에 대해서는 같은 결론에 이를 것으로 예상된다.
③ 다음 조건을 모두 충족하는 경우에만 소액 기초자산이 될 수 있다.
  ㉠ 리스이용자가 기초자산 그 자체를 사용하여 효익을 얻거나 리스이용자가 쉽게 구할 수 있는 다른 자원과 함께 그 자산을 사용하여 효익을 얻을 수 있다.
  ㉡ 기초자산은 다른 자산에 대한 의존도나 다른 자산과의 상호관련성이 매우 높지는 않다.
④ 새것일 때 일반적으로 소액이 아닌 특성이 있는 자산이라면 해당 기초자산 리스는 소액자산 리스에 해당하지 않는다. 예를 들면 자동차는 새것일 때 일반적으로 소액이 아닐 것이므로 자동차 리스는 소액자산 리스에 해당하지 않을 것이다.
⑤ 리스이용자가 자산을 전대리스(sublease)하거나 전대리스할 것으로 예상하는 경우에 상위리스(head lease)는 소액자산 리스에 해당하지 않는다.

---

36) 단기리스를 회계처리하는 경우에 다음 중 어느 하나에 해당하면 리스이용자는 그 리스를 새로운 리스로 보아 판단한다.
  ① 리스변경이 있는 경우
  ② 리스기간에 변경이 있는 경우(예 리스이용자가 전에 리스기간을 산정할 때에 포함되지 않았던 선택권을 행사한다)

37) 기초자산의 유형별로 적용하도록 요구한다면 리스이용자에게 하나의 유형 안에 있는 모든 개별 리스자산을 평가하는 부담이 발생한다. 따라서 IASB는 소액자산 리스에 대한 인식 면제 규정은 리스별로 적용할 경우에 적용하기가 더 쉬울 것으로 판단하였다.

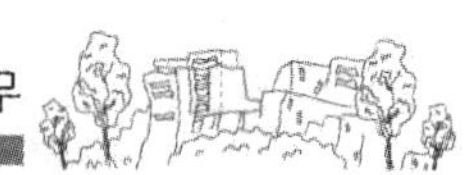

(8) 판매후리스

판매후리스는 기업(판매자-리스이용자)이 다른 기업(구매자-리스제공자)에 자산을 이전하고 그 구매자-리스제공자에게서 그 자산을 다시 리스하는 경우를 말한다. 판매자-리스이용자와 구매자-리스제공자는 모두 자산 이전 계약을 자산의 판매로 회계처리할지를 판단하기 위하여 K-IFRS 제1115호 수익 기준서의 수행의무 이행시기(통제의 이전시점) 판단규정을 적용한다.

1) 자산 이전이 판매인경우

판매자-리스이용자가 행한 자산 이전이 자산의 판매로 회계처리하게 하는 K-IFRS 제1115호의 요구사항을 충족한다면 다음과 같이 회계처리한다.

① 판매자

리스이용자는 계속 보유하는 사용권에 관련되는 자산의 종전 장부금액에 비례하여 판매후리스에서 생기는 사용권자산을 측정한다. 따라서 판매자-리스이용자는 구매자-리스제공자에게 이전한 권리에 관련되는 차손익 금액만을 인식한다.

② 구매자

리스제공자는 자산의 매입에 적용할 수 있는 기준서를 적용하고 리스에는 이 기준서의 리스제공자 회계처리 요구사항을 적용한다.

자산 판매대가(consideration for the sale)의 공정가치가 그 자산의 공정가치와 같지 않거나 리스에 대한 지급액이 시장요율이 아니라면 판매금액(sale proceeds)을 공정가치로 측정하기 위하여 시장조건을 밑도는 부분은 리스료의 선급으로 회계처리하고 시장조건을 웃도는 부분은 구매자-리스제공자가 판매자-리스이용자에 제공한 추가 금융으로 회계처리한다. 조정액은 다음 중 더 쉽게 산정할 수 있는 기준에 따라 측정한다.

① 판매대가의 공정가치와 그 자산의 공정가치의 차이
② 리스에 대한 계약상 지급액의 현재가치와 시장 리스 요율에 따른 지급액의 현재가치의 차이

2) 자산 이전이 판매가 아닌 경우

판매자-리스이용자가 행한 자산 이전이 자산의 판매로 회계처리하게 하는 K-IFRS 제1115호의 요구사항을 충족하지 못한다면 다음과 같이 회계처리한다.

① 판매자

리스이용자는 이전한 자산을 계속 인식하고, 이전금액(transfer proceeds)과 같은 금액으로 금융부채를 인식한다. 그 금융부채는 K-IFRS 제1109호를 적용하여 회계처리한다.

② 구매자

리스제공자는 이전된 자산을 인식하지 않고, 이전금액과 같은 금액으로 금융자산을 인식한다. 그 금융자산은 K-IFRS 제1109호를 적용하여 회계처리한다.

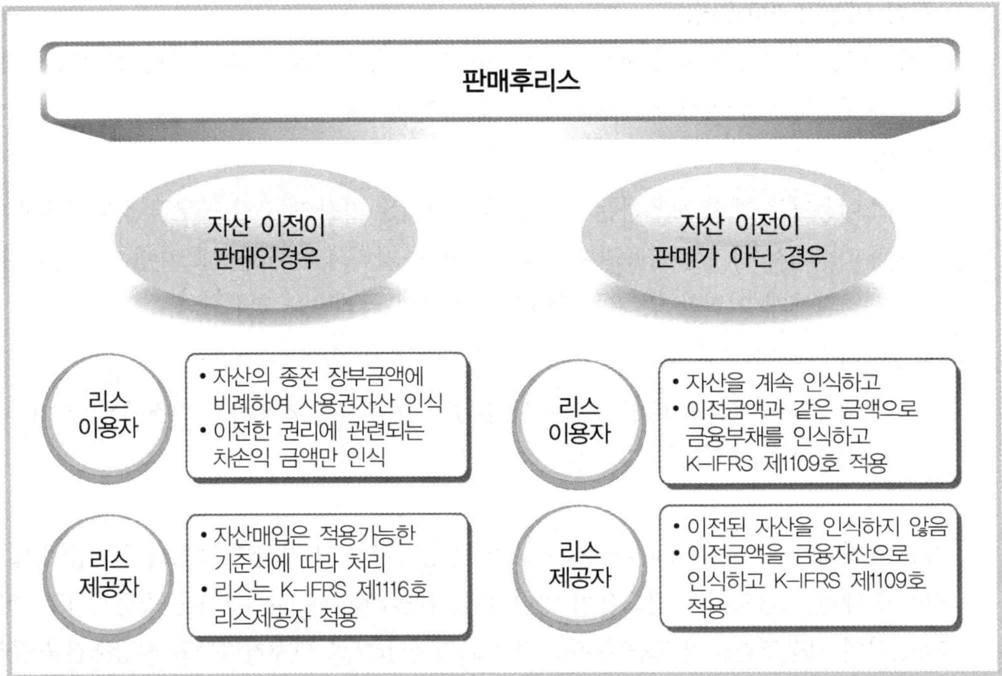

1.5 가상자산

(1) 가상자산의 의의

암호화폐(cryptocurrency)는 해시(hash)라는 암호화 기술을 이용하여 만든 디지털 화폐로서 지폐나 동전과 같은 실물이 없이 디지털 데이터 형태로 존재하기 때문에 가상화폐(virtual money)라고도 부른다. 실제화폐가 거래의 결제수단으로 사용되는 것에 비해 가상화폐는 자산의 안전한 보관을 위해 사용되는 경우가 일반적이어서 암호자산(crypto asset)이 보다 적절한 통칭으로 인식하고 있으며 우리나라에서는 특정 금융거래정보의 보고 및 이용 등에 관한 법률에서 가상자산으로 정의하고 있다.

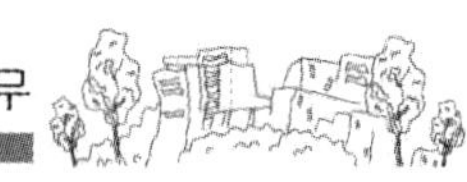

대표적인 가상자산으로는 비트코인, 이더리움 등이 있으며 가상자산은 블록체인(block-chain) 기술을 이용하여 가치를 저장·전송한다. 블록체인 기술은 비트코인 등의 거래 내역을 기록하기 위해 개발된 분산형 장부 기록 데이터베이스 기술로, 금융거래에서 장부 책임자가 없는 거래 시스템이다. 새로운 거래가 발생할 때마다 그 정보를 별도의 블록으로 만들고, 이 블록을 기존 장부에 연결하는 방식이다. 거래가 일어날 때마다 분산된 장부들을 서로 대조하기 때문에 장부 조작이 어렵다는 장점이 있다.

(2) 가상자산의 정의

특정 금융거래정보의 보고 및 이용 등에 관한 법률 제2조 제3호에 따른 가상자산이란 경제적 가치를 지닌 것으로서 전자적으로 거래 또는 이전될 수 있는 전자적 증표(그에 관한 일체의 권리를 포함한다)를 말한다. 다만, 다음의 어느 하나에 해당하는 것은 제외한다.

① 화폐·재화·용역 등으로 교환될 수 없는 전자적 증표 또는 그 증표에 관한 정보로서 발행인이 사용처와 그 용도를 제한한 것
② 게임산업진흥에 관한 법률 제32조 제1항 제7호에 따른 게임물의 이용을 통하여 획득한 유·무형의 결과물
③ 전자금융거래법 제2조 제14호에 따른 선불전자지급수단 및 같은 조 제15호에 따른 전자화폐
④ 주식·사채 등의 전자등록에 관한 법률 제2조 제4호에 따른 전자등록주식등
⑤ 전자어음의 발행 및 유통에 관한 법률 제2조 제2호에 따른 전자어음
⑥ 상법 제862조에 따른 전자선하증권
⑦ 다음 각 호의 것(시행령 제4조)

1. 전자금융거래법 제2조제16호에 따른 전자채권
2. 발행자가 일정한 금액이나 물품·용역의 수량을 기재하여 발행한 상품권 중 휴대폰 등 모바일기기에 저장되어 사용되는 상품권
3. 그 밖에 제1호 및 제2호에 준하는 것으로서 거래의 형태와 특성을 고려하여 금융정보분석원의 장(이하 "금융정보분석원장"이라 한다)이 정하여 고시하는 것

같은 법 제2조에서 가상자산 사업자란 가상자산과 관련하여 다음 ①부터 ⑥까지의 어느 하나에 해당하는 행위를 영업으로 하는 자를 말한다.

① 가상자산을 매도, 매수하는 행위
② 가상자산을 다른 가상자산과 교환하는 행위

③ 가상자산을 이전하는 행위 중 고객의 요청에 따라 가상자산의 매매, 교환, 보관 또는 관리 등을 위해 가상자산을 이전하는 모든 행위를 말한다(시행령 제1조의2).

④ 가상자산을 보관 또는 관리하는 행위

⑤ ① 및 ②의 행위를 중개, 알선하거나 대행하는 행위

⑥ 그 밖에 가상자산과 관련하여 자금세탁행위와 공중협박자금조달행위에 이용될 가능성이 높은 것으로서 대통령령으로 정하는 행위

(3) K-IFRS 가상자산의 분류에 관한 질의[2019-I-KQA017]

질의

비트코인 등의 가상자산을 보유한 회사가 한국채택국제회계기준(K-IFRS)에 따라 재무제표를 작성하고 있다. 회사가 보유한 가상자산은 보안을 위해 암호화되어 분산원장에 기록되었으며, 관할 기관(중앙 당국)이나 다른 당사자에 의해 발행되지 않았고, 보유자와 다른 당사자간의 계약을 발생시키지 않는 특징을 가지고 있다. 가상자산은 어떤 자산으로 분류하는가?

회신

질의대상 가상자산은 통상적인 영업과정에서 판매목적으로 보유한다면 재고자산으로 분류하고, 그렇지 않다면 무형자산으로 분류한다.

판단근거

회신대상은 ① 보안을 위해 암호화되어 분산원장에 기록되고, ② 관할 기관이나 다른 당사자에 의해 발행되지 않았으며, ③ 보유자와 다른 당사자 간의 계약을 발생시키지 않는 가상자산으로 한정한다. 가상자산은 현재 일반적인 교환의 수단으로 사용되지 않고 가치변동위험이 크며, 거래상대방에게서 현금 등 금융자산을 수취할 계약상의 권리에도 해당하지 않는다. 따라서 가상자산은 현금및현금성자산, 금융자산의 정의(주식의 배당, 채권의 이자와 같은 수익창출이 발생되지 않음)를 충족하지 않는다.

회사가 통상적인 영업과정에서 판매를 위해 가상자산을 보유하고 있다면, 가상자산은 재고자산의 정의를 충족한다. 가상자산은 물리적 실체가 없지만 식별가능한 비화폐성자산이며, 기업이 통제하고 미래경제적효익이 그 기업에 유입될 것으로 기대되는 자산에 해당한다. 따라서 가상자산은 무형자산의 정의를 충족한다.

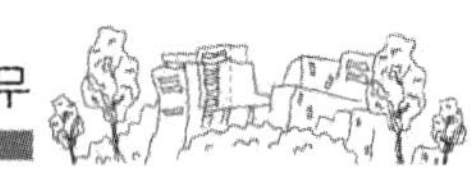

02 세무회계

2.1 리스

법인세법상 리스의 분류기준은 기업회계기준에 따른다(법령 24 ⑤). 조세특례제한법상 투자세액공제 적용대상 금융리스는 조세특례제한법 시행규칙 제3조의 2를 말한다(조특칙 3의2).

일반기업회계기준 금융리스 분류예시	K-IFRS 분류 금융리스 예시
① 리스기간 종료시 또는 그 이전에 리스자산의 소유권이 리스이용자에게 이전되는 경우 ② 리스실행일 현재 리스이용자가 염가매수선택권을 가지고 있고, 이를 행사할 것이 확실시 되는 경우 ③ 리스자산의 소유권이 이전되지 않을지라도 리스기간이 리스자산 내용연수의 상당부분을 차지하는 경우 ④ 리스실행일 현재 최소리스료를 내재이자율로 할인한 현재가치가 리스자산 공정가치의 대부분을 차지하는 경우 ⑤ 리스이용자만이 중요한 변경 없이 사용할 수 있는 특수한 용도의 리스자산인 경우	① 리스기간 종료시점 이전에 기초자산의 소유권이 리스이용자에게 이전되는 리스 ② 리스이용자가 선택권을 행사할 수 있는 날의 공정가치보다 충분히 낮을 것으로 예상되는 가격으로 기초자산을 매수할 수 있는 선택권을 가지고 있고, 그 선택권을 행사할 것이 리스약정일 현재 상당히 확실한 경우 ③ 기초자산의 소유권이 이전되지는 않더라도 리스기간이 기초자산의 경제적 내용연수의 상당부분(major part)을 차지하는 경우 ④ 리스약정일 현재, 리스료의 현재가치가 적어도 기초자산 공정가치의 대부분에 해당하는 경우 ⑤ 기초자산이 특수하여 해당 리스이용자만이 주요한 변경 없이 사용할 수 있는 경우
운용리스 : 금융리스 이외의 리스	

자산을 시설대여하는 자(리스회사)가 대여하는 해당 리스자산 중 기업회계기준에 따른 금융리스의 자산은 리스이용자의 감가상각자산으로, 금융리스 외의 리스자산은 리스회사의 감가상각자산으로 한다(법령 24 ⑤). 법인세법 및 조세특례제한법상 리스의 관련한 세무조정사항은 다음과 같다(법기통 23-24…1). 법인세법 기본 통칙 23-24…1은 (1) 금융리스 및 (2)운용리스거래 이외의 렌탈거래·임대차거래에 대하여는 원칙적으로 이를 적용하지 아니하며, 동 거래에 대하여는 그 거래의 실질내용에 따라 자산의 임대차·판매거래 또는 금전소비대차거래로 구분하여 처리한다. 따라서 렌탈계약 등이 사실상 장기할부조건의 자산취득에 해당하는 경우에는 그 임차료를 자산의 취득가액으로 본다(법기통 23-24…1 ⑨).

◎ 리스형태와 세무조정

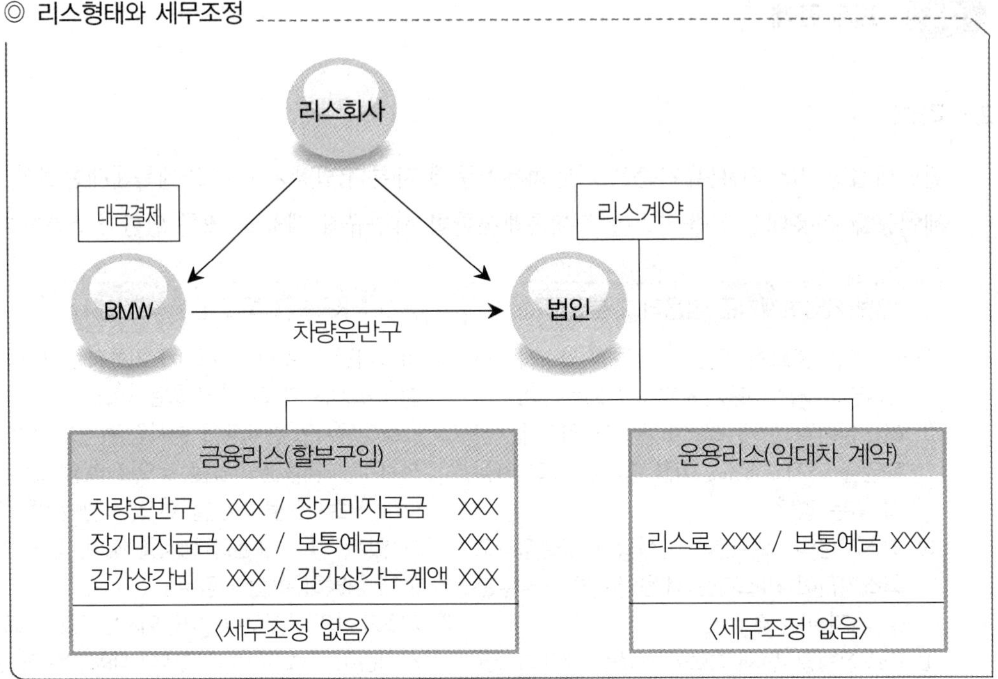

(1) 금융리스

금융리스의 회계처리는 다음에 따른다(법기통 23-24…1 ①).

① 임대인(리스회사)의 경우에 있어서는 당해 리스물건의 리스실행일 현재의 취득가액 상당액을 임차인에게 금전으로 대여한 것으로 보아 대금결제조건에 따라 영수하기로 한 리스료 수입 중 이자상당액을 각 사업연도 소득금액 계산상 익금에 산입한다.

② 임차인의 경우에 있어서는 당해 리스물건의 리스실행일 현재의 취득가액 상당액을 임대인으로부터 차입하여 동 리스물건을 구입(설치비 등 취득부대비용 포함)한 것으로 보아 소유자산과 동일한 방법으로 감가상각한 당해 리스자산의 감가상각비와 대금결제조건에 따라 지급하기로 한 리스료 중 차입금에 대한 이자상당액을 각 사업연도 소득금액 계산상 손금에 산입한다. 이 경우 동 이자상당액은 금융보험업자에게 지급하는 이자로 보아 이자소득에 대한 법인세를 원천징수하지 아니한다.

③ 상기의 ①과 ②의 적용에 있어 각 사업연도 소득금액 계산상 익금 또는 손금으로 산입할 이자상당액은 리스실행일 현재의 계약과 관련하여 최소리스료 중 이자율법에 의하여 계산한 이자상당액과 금액이 확정되지는 않았지만 기간경과 외의 요소의 미래발생분을 기초로 결정되는 리스료 부분(조정리스료)으로 한다.

(2) 운용리스

금융리스 이외의 리스(운용리스)의 회계처리는 다음에 따른다(법기통 23-24…1 ②). 다만, 한국채택국제회계기준을 적용하는 법인의 법인세법 시행령 제24조 제5항에 따른 금융리스 외의 리스자산에 대한 리스료의 경우에는 리스기간에 걸쳐 정액기준으로 손금에 산입한다(법칙 35 ①, 단서의 개정규정은 2020.3.13. 이후 과세표준을 신고하는 분부터 적용한다. 규칙 부칙 2020.3.13.).

① 임대인의 경우에 있어서는 대금결제조건에 따라 영수할 최소리스료와 조정리스료를 각 사업연도의 소득금액 계산상 익금에 산입한다.

② 임차인의 경우에 있어서는 대금결제조건에 따라 지급할 최소리스료와 조정리스료를 각 사업연도의 소득금액 계산상 손금에 산입한다. 법인이 자산을 운용리스의 방법으로 사용하고 부담하는 최소리스료는 원칙적으로 리스기간에 걸쳐 균등하게 배분한 금액으로 인식하여야 하는 것이나, 리스회사와 리스이용자의 합의에 따라 리스자산의 사용대가(리스료)가 기간에 따라 달리 결정하는 것이 기간손익을 더 잘 나타낸다고 볼 수 있는 경우 리스회계처리준칙에 따라 체감하는 효익을 고려한 수익인식방법을 적용할 수 있다(서면2팀-19, 2005.1.3.).

③ 임대인의 리스자산에 대한 감가상각비는 소유자산과 동일하게 계산한 금액을 한도로 손금산입한다. 이 경우 리스자산에 대한 내용연수는 규칙 별표5의 자산별 및 별표6의 "기계장비 및 소비용품 임대업"의 기준내용연수 및 내용연수범위를 적용한다.

④ 외화로 표시된 리스계약의 경우 최소리스료는 외화금액을 기준으로 한다.

⑤ 임대인이 리스자산을 취득함에 따라 소요된 건설자금의 이자에 대하여는 자본적 지출로 계상한다.

⑥ 임차인이 리스물건 취득가액의 일부를 부담할 경우 임차인은 동 금액을 선급비용으로 계상하고, 리스기간에 안분하여 손금에 산입한다.

(3) 중도해지

리스계약이 중도해지된 경우 임대인(리스회사)의 회계처리는 다음에 의한다(법기통 23-24…1 ③).

1) 금융리스

리스계약의 해지로 회수한 당해 리스자산의 가액은 해지일 이후에 회수기일이 도래하는 금융리스채권액으로 하며 해당 리스계약의 해지와 관련하여 임차인 및 보증인 등으로부터 회

수가능한 금액은 익금에 산입한다. 다만, 회수된 리스자산의 시가가 그 금융리스채권액에 미달하는 경우에는 그 차액을 손금에 산입한다.

2) 운용리스

당해 리스계약과 관련하여 임차인 또는 보증인으로부터 회수가능한 금액을 익금에 산입한다. 운용리스계약에 의하여 리스회사로부터 사업용 자산을 대여받아 사용 중이던 법인이 동 리스계약을 중도해지하고 리스자산 중 일부 자산에 대하여만 임대차계약을 체결하여 재사용하는 경우로서 동 리스계약의 해지로 인한 규정손실금 등 리스계약조건에 따라 지급하여야 할 금액은 리스계약의 해지일이 속하는 사업연도에 손금산입한다(법인 46012-1271, 2000.5.31.).

(4) 판매형 리스

판매형 리스란 제조자(또는 판매자)가 제품(또는 상품)을 금융리스 형태로 판매하는 경우를 말한다. 기업회계기준에 의한 판매형리스가 법인세법상 금융리스에 해당되는 경우 리스자산은 리스이용자의 감가상각자산으로 보는 것이며, 이 경우 제조자 또는 판매자인 리스제공자는 리스자산 판매에 따른 매출손익과 리스기간동안의 이자수익을 인식한다(법인, 법인세과-1233, 2009.11.05.).

법인이 장비 등을 임대(법인세법상 금융리스 제외)하면서 기업회계기준에 따라 당해 임대자산의 장부가액을 매출원가로 계상한 경우 동 금액은 법인세법상 감가상각비로서 손금에 산입한 것으로 보아 감가상각비의 손금불산입에 관한 법인세법 제23조의 규정을 적용한다(서이 46012-11996).

(5) 판매후 리스

1) 기업회계

판매후리스거래란 리스이용자가 리스제공자에게 자산을 판매하고 다시 그 자산을 리스하여 사용하는 거래를 말한다. 판매후리스거래가 금융리스에 해당하는 경우에는 판매에 따른 손익을 리스실행일에 인식하지 않고 해당 리스자산의 감가상각기간동안 이연하여 상각 또는 환입한다(일반기업회계기준 문단 13.35, 2011.1.1.이후 개시하는 사업연도부터 적용). 판매후리스가 금융리스에 해당하는 경우 감가상각기간은 자산의 소유권을 획득할 것이 확실시 되는 경우 자산의 잔존내용연수를 의미한다(GKQA10-013, 1205-1).

2) 세무회계

취득 또는 사용하던 자산을 리스회사에 매각하고 리스거래를 통하여 재사용하는 판매 후 리스거래의 경우 회계처리는 다음에 의한다(법기통 23-24…1 ⑦).

① 금융리스에 해당하는 판매후 리스거래의 경우 매매에 따른 손익을 리스실행일에 인식하지 아니하고 해당 리스자산의 감가상각기간 동안 이연하여 균등하게 상각 또는 환입한다.

② 판매 후 리스거래가 운용리스에 해당하고 리스료 및 판매가격이 시가에 근거하여 결정된 경우 ①의 규정에 불구하고 당해 매매와 관련된 손익을 인식할 수 있다.

사용 중인 자산의 판매후 리스거래가 리스기간 종료시 소유권이전이 약정된 금융리스에 해당하는 경우, 리스자산의 잔존내용연수동안 이연하여 균등하게 상각 또는 환입한다(법인세과-1 2011.1.3., 법규과-1921, 2010.12.27.).

(6) 기타사항

① 리스료 등의 익금과 손금의 귀속사업연도는 주식회사 등의 외부감사에 관한 법률 제5조에 따라 제정된 기업회계기준이 정하는 바에 의한다(법기통 23-24…1 ④).

② 리스에 관련한 임대인과 임차인의 외화자산·부채의 평가차손익은 법인세법 시행령 제76조의 규정에 의하여 처리한다(법기통 23-24…1 ⑤).

③ 대손충당금 설정대상금액은 금융리스의 경우 금융리스채권의 미회수잔액과 약정에 의한 지급일이 경과한 이자상당액의 미수금 합계액이며 운용리스의 경우 약정에 의한 지급일이 경과한 리스료 미회수액으로 한다(법기통 23-24…1 ⑥).

(7) 조세특례제한법 투자세액공제적용 금융리스

조세특례제한법 시행령 제3조 투자세액공제 대상 금융리스와 관련하여 기획재정부령으로 정하는 금융리스란 다음의 어느 하나에 해당하는 경우의 자산 대여(리스)를 말한다(조특령 3, 조특칙 3의2).

① 리스기간[계약해지금지조건이 부가된 기간(명시적인 계약해지금지조건은 없으나 실질적으로 계약해지금지조건이 부가된 것으로 볼 수 있는 기간을 포함한다)을 말하며, 기간 종료시점에서 계약해지금지조건이 부가된 갱신계약의 약정이 있는 경우에는 그 약정에 따른 기간을 포함한다] 종료 시 또는 그 이전에 리스이용자에게 해당 리스자산의 소유권을 무상 또는 당초 계약 시 정한 금액으로 이전할 것을 약정한 경우

② 리스기간 종료 시 리스자산을 취득가액의 10% 이하의 금액으로 구매할 수 있는 권리가 리스실행일 현재 리스이용자에게 주어진 경우 또는 취득가액의 10% 이하의 금액을 갱신계약의 원금으로 하여 리스계약을 갱신할 수 있는 권리가 리스실행일 현재 리스이용자에게 주어진 경우

③ 리스기간이 법인세법 시행규칙 별표 5 및 별표 6에 규정된 리스자산의 자산별·업종별(리스이용자의 업종에 의한다) 기준내용연수의 75% 이상인 경우

④ 리스실행일 현재 최소리스료를 기업회계기준에 따라 현재가치로 평가한 가액이 해당 리스자산의 장부가액의 90% 이상인 경우

⑤ 리스자산의 용도가 리스이용자만의 특정 목적에 한정되어 있고, 다른 용도로의 전용(轉用)에 과다한 비용이 발생하여 사실상 전용이 불가능한 경우

예 제 운용리스 (리스이용자)

㈜이손은 당기(제12기: 2021.1.1.~12.31)초에 CFO리스회사와 업무용승용차를 운용리스로 계약하였다. 일반기업회계기준 및 K-IFRS에 따른 각각의 운용리스 회계처리는 다음과 같다.

① 리스기간개시일 : 당기초
② 리스기간 : 3년(경제적 내용연수 5년)

(1) 일반기업회계기준 회계처리

제12기	(차) 리스료	100,000	(대) 보통예금	100,000
제13기	(차) 리스료	100,000	(대) 보통예금	100,000
제14기	(차) 리스료	100,000	(대) 보통예금	100,000

(2) K-IFRS 회계처리

제12기	(차) 사용권자산	240,000	(대) 리스부채	240,000
	(차) 리스부채	70,000	(대) 보통예금	100,000
	이자비용	30,000		
	(차) 감가상각비	80,000	(대) 사용권자산	80,000
제13기	(차) 리스부채	80,000	(대) 보통예금	100,000
	이자비용	20,000		
	(차) 감가상각비	80,000	(대) 사용권자산	80,000
제14기	(차) 리스부채	90,000	(대) 보통예금	100,000
	이자비용	10,000		
	(차) 감가상각비	80,000	(대) 사용권자산	80,000

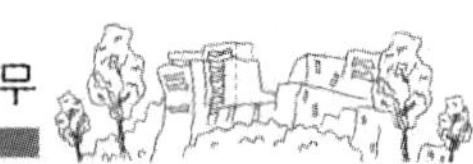

요구사항

1. ㈜이손이 일반기업회계기준에 따라 회계처리한 경우 세무조정을 하시오.
2. ㈜이손이 K-IFRS에 따라 회계처리한 경우 세무조정을 하시오.

풀 이

1. 일반기업회계기준

운용리스에 대하여 리스이용자가 대금결제조건에 따라 지급할 최소리스료와 조정리스료를 각 사업연도의 소득금액 계산상 손비로 인식하였으므로 별도의 세무조정은 없다.

2. K-IFRS

기업회계기준에 따른 금융리스 자산은 리스이용자의 감가상각자산으로, 금융리스 외의 리스자산은 리스회사의 감가상각자산으로 한다(법령 24 ⑤). 리스료 등의 익금과 손금의 귀속사업연도는 기업회계기준이 정하는 바에 의한다(법기통 23-24…1).

사업연도	차변	금액	대변	금액
제12기	(차) 사용권자산	240,000	(대) 리스부채	240,000
	〈익금산입〉 리스부채 240,000 (유보)			
	〈손금산입〉 사용권자산 240,000 (△유보)			
	(차) 리스부채	70,000	(대) 보통예금	100,000
	이자비용	30,000		
	〈손금산입〉 리스부채 70,000 (△유보)			
	(차) 감가상각비	80,000	(대) 사용권자산	80,000
	〈익금산입〉 사용권자산 80,000 (유보)			
제13기	(차) 리스부채	80,000	(대) 보통예금	100,000
	이자비용	20,000		
	〈손금산입〉 리스부채 80,000 (△유보)			
	(차) 감가상각비	80,000	(대) 사용권자산	80,000
	〈익금산입〉 사용권자산 80,000 (유보)			
제14기	(차) 리스부채	90,000	(대) 보통예금	100,000
	이자비용	10,000		
	〈손금산입〉 리스부채 90,000 (△유보)			
	(차) 감가상각비	80,000	(대) 사용권자산	80,000
	〈익금산입〉 사용권자산 80,000 (유보)			

2.2 가상자산

(1) 평가대상 자산 및 부채의 범위

내국법인이 보유하는 자산과 부채의 장부가액을 증액 또는 감액(감가상각은 제외하며, 이하 "평가"라 한다)한 경우에는 그 평가일이 속하는 사업연도와 그 후의 각 사업연도의 소득금액을 계산할 때 그 자산과 부채의 장부가액은 평가 전의 가액으로 한다. 다만, 다음의 어느 하나에 해당하는 경우에는 그러하지 아니하다(법법 42 ①).

① 보험업법이나 그 밖의 법률에 따른 유형자산 및 무형자산 등의 평가(장부가액을 증액한 경우만 해당한다)

② 재고자산(在庫資産) 등 대통령령으로 정하는 자산과 부채의 평가

상기 법인세법 제42조 제1항 제2호에서 "재고자산(在庫資産) 등 대통령령으로 정하는 자산과 부채"란 다음의 것을 말한다(법령 73).

1. 다음 각목의 1에 해당하는 재고자산
   가. 제품 및 상품(부동산매매업자가 매매를 목적으로 소유하는 부동산을 포함하며, 유가증권을 제외한다)
   나. 반제품 및 재공품
   다. 원재료
   라. 저장품
2. 다음의 어느 하나에 해당하는 유가증권 등
   가. 주식 등
   나. 채권
   다. 자본시장과 금융투자업에 관한 법률 제9조 제20항에 따른 집합투자재산
   라. 보험업법 제108조 제1항 제3호의 특별계정에 속하는 자산
3. 기업회계기준에 따른 화폐성 외화자산과 부채
4. 법인세법 시행령 제61조 제2항 제1호부터 제7호까지의 금융회사 등이 보유하는 통화 관련 파생상품 중 기획재정부령으로 정하는 통화선도, 통화스왑 및 환변동보험
5. 법인세법 시행령 제61조 제2항 제1호부터 제7호까지의 금융회사 등 외의 법인이 화폐성 외화자산·부채의 환위험을 회피하기 위하여 보유하는 통화선도등
6. 특정 금융거래정보의 보고 및 이용 등에 관한 법률 제2조 제3호에 따른 가상자산(개정규정은 2022.1.1. 이후 거래하는 분부터 적용, 영 부칙 2021.2.17.)

(2) 가상자산의 평가

특정 금융거래정보의 보고 및 이용 등에 관한 법률 제2조 제3호에 따른 가상자산이란 경제적 가치를 지닌 것으로서 전자적으로 거래 또는 이전될 수 있는 전자적 증표(그에 관한 일체의 권리를 포함한다)를 말한다. 다만, 다음의 어느 하나에 해당하는 것은 제외한다.

① 화폐·재화·용역 등으로 교환될 수 없는 전자적 증표 또는 그 증표에 관한 정보로서 발행인이 사용처와 그 용도를 제한한 것
② 게임산업진흥에 관한 법률 제32조 제1항 제7호에 따른 게임물의 이용을 통하여 획득한 유·무형의 결과물
③ 전자금융거래법 제2조 제14호에 따른 선불전자지급수단 및 같은 조 제15호에 따른 전자화폐
④ 주식·사채 등의 전자등록에 관한 법률 제2조 제4호에 따른 전자등록주식등
⑤ 전자어음의 발행 및 유통에 관한 법률 제2조 제2호에 따른 전자어음
⑥ 상법 제862조에 따른 전자선하증권
⑦ 거래의 형태와 특성을 고려하여 대통령령으로 정하는 것

가상자산은 선입선출법에 따라 평가해야 한다(법령 77, 개정규정은 2022.1.1. 이후 거래하는 분부터 적용, 영 부칙 2021.2.17.).

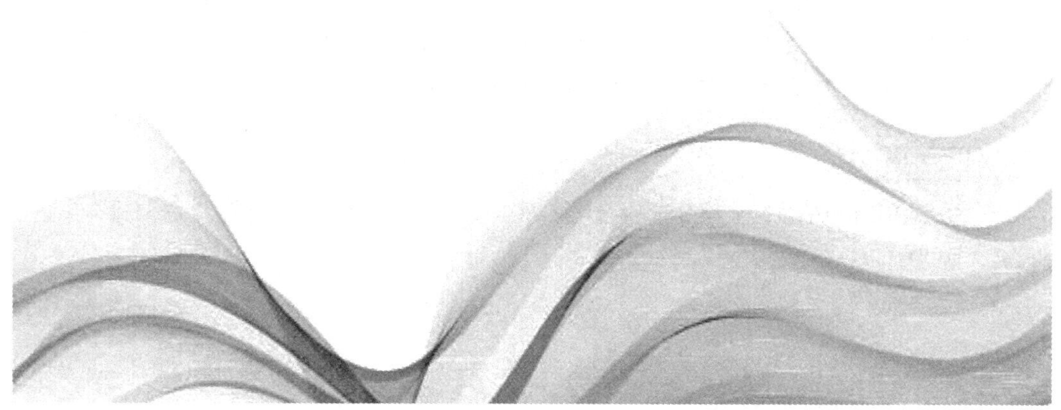

제3절 투자부동산

01 일반기업회계기준

투자부동산이란 시세차익을 얻기 위하여 보유하고 있는 부동산을 말한다. 다만, 다음의 목적으로 보유하는 부동산은 제외한다.

① 재화의 생산, 용역의 제공, 타인에 대한 임대 또는 자체적으로 사용(유형자산)
② 정상적인 영업과정에서의 판매(재고자산)

투자부동산의 회계처리와 관련하여 일반기업회계기준에서는 구체적인 규정은 없다. 다만, 일반기업회계기준 제10장 유형자산을 준용하고 투자자산으로 분류하도록 하고 있다. 일반기업회계기준 문단 10.35에 따르면 내용연수 도중 사용을 중단하고 처분예정인 유형자산은 사용을 중단한 시점의 장부금액으로 표시한다. 이러한 자산에 대해서는 투자자산으로 재분류하고 감가상각을 하지 않으며 손상차손 발생여부를 매 보고기간말에 검토한다. 따라서 시세차익을 목적으로 보유하고 있는 투자부동산은 감가상각을 하지 않는 것이 타당하다.

예 제 투자부동산

㈜이손은 시세차익을 얻을 목적으로 건물을 취득하여 투자자산으로 분류하였다. ㈜이손의 결산일은 매년말이며 관련자료는 다음과 같다.

(1) 20×1. 1. 1 건물을 ₩1,000,000에 취득하였으며 감가상각방법은 정액법, 내용연수 10년, 잔존가치는 없다.
(2) 20×1.12.31 건물의 공정가치는 ₩1,200,000으로 측정되었다.
(3) 20×2.12.31 건물의 공정가치는 ₩1,100,000으로 측정되었다.

요구사항

㈜이손이 투자부동산에 대하여 각각 원가모형과 재평가모형으로 평가할 경우 회계처리를 하시오.

풀 이

구 분	원가모형	재평가모형
20×1. 1. 1	(차) 건 물 1,000,000 (대) 현 금 1,000,000	(차) 건 물 1,000,000 (대) 현 금 1,000,000
20×1.12.31	-	(차) 건 물 200,000 (대) 재평가잉여금 200,000
20×2.12.31	-	(차) 재평가잉여금 100,000 (대) 건 물 100,000

02 K-IFRS

2.1 투자부동산의 정의

투자부동산이란 임대수익[38]이나 시세차익을 얻기 위하여 소유자나 금융리스의 이용자가 보유하고 있는 부동산(토지, 건물)을 말한다. 투자부동산은 임대수익이나 시세차익을 얻기 위하여 보유하는 부동산이므로 기업이 보유하고 있는 다른 자산과 거의 독립적으로 현금흐름을 창출한다. 반면에 유형자산(토지, 건물)은 재화의 생산이나 용역의 제공(또는 관리목적에 부동산의 사용)에서 창출된 현금흐름이 당해 부동산에만 귀속되는 것이 아니라 생산이나 공급과정에서 사용된 다른 자산에도 귀속된다. 또한 투자부동산은 매각을 통한 시세차익을 목적으로 한다. 반면에 정상적인 영업과정에서 판매를 목적으로 하는 부동산은 재고자산으로 분류한다.

투자부동산으로 분류하는 사례	투자부동산이 아닌 항목의 사례
① 장기 시세차익을 얻기 위하여 보유하고 있는 토지(정상적인 영업과정에서 단기간에 판매하기 위하여 보유하는 토지 제외) ② 장래 사용목적을 결정하지 못한 채로 보유하고 있는 토지(만약 토지를 자가사용할지 또는 정상적인 영업과정에서 단기간에 판매할지를 결정하지 못한 경우 당해 토지는 시세차익을 얻기 위하여 보유하고 있는 것으로 본다.) ③ 직접 소유(또는 금융리스를 통해 보유)하고 운용리스로 제공하고 있는 건물	① 정상적인 영업과정에서 판매하기 위한 부동산이나 이를 위하여 건설 또는 개발 중인 부동산(재고자산) ② 제3자를 위하여 건설 또는 개발 중인 부동산(재고자산) ③ 자가사용부동산(유형자산) ④ 금융리스로 제공한 부동산

38) K-IFRS에서는 투자부동산의 정의에 임대수익을 포함하고 있다. 따라서 투자부동산을 원가모형으로 평가하는 경우에는 감가상각을 적용하고 감가상각방법, 내용연수 등을 주석으로 공시해야 한다.

④ 운용리스로 제공하기 위하여 보유하고 있는 미사용 건물
⑤ 미래에 투자부동산으로 사용하기 위하여 건설 또는 개발중인 부동산

2.2 투자부동산의 요건

투자부동산의 보유목적은 임대수익이나 시세차익을 목적으로 한다. 투자부동산의 보유목적과 관련하여 유의할 사항은 다음과 같다.

① 부동산 중 일부분은 임대수익이나 시세차익을 얻기 위하여 보유하고 일부분은 재화의 생산이나 용역의 제공 또는 관리목적에 사용하기 위하여 보유할 수 있다. 부분별로 분리하여 매각(또는 금융리스로 제공)할 수 있으면 각 부분을 분리하여 회계처리한다. 부분별로 분리하여 매각할 수 없다면 재화나 용역의 생산이나 제공 또는 관리목적에 사용하기 위하여 보유하는 부분이 경미한 경우에만 당해 부동산을 투자부동산으로 분류한다.
② 부동산 소유자가 부동산 사용자에게 부수적인 용역을 제공하는 경우가 있다. 전체 계약에서 그러한 용역의 비중이 경미하다면 부동산 소유자는 당해 부동산을 투자부동산으로 분류한다. 예를 들면 사무실 건물의 소유자가 그 건물을 사용하는 리스이용자에게 보안과 관리용역을 제공하는 경우이다.
③ 부동산 사용자에게 제공하는 부수적인 용역이 유의적인 경우가 있다. 예를 들면 호텔을 소유하고 직접 경영하는 경우 투숙객에게 제공하는 용역은 전체 계약에서 유의적인 비중을 차지한다. 그러므로 소유자가 직접 경영하는 호텔은 투자부동산이 아니며 자가사용부동산(유형자산)이다.
④ 지배기업 또는 다른 종속기업에게 부동산을 리스하는 경우가 있다. 이러한 부동산은 연결재무제표에 투자부동산으로 분류할 수 없다. 경제적 실체 관점에서 당해 부동산은 자가사용부동산(유형자산)이기 때문이다. 그러나 부동산을 소유하고 있는 개별기업 관점에서 투자부동산의 정의를 충족한다면 리스제공자의 개별재무제표에 당해 자산을 투자부동산으로 분류하여 회계처리한다.

2.3 투자부동산의 인식과 최초 측정

투자부동산은 투자부동산에서 발생하는 미래경제적효익의 유입가능성이 높고 원가를 신뢰성 있게 측정할 수 있을 때 자산으로 인식한다. 투자부동산의 원가는 인식기준에 따라 발생

시점에 평가한다. 투자부동산의 원가에는 취득하기 위하여 최초로 발생한 원가와 후속적으로 발생한 추가원가, 대체원가 또는 유지원가를 포함한다. 거래원가는 최초 측정에 포함한다. 투자부동산의 최초 측정과 관련하여 유의할 사항은 다음과 같다.

① 구입한 투자부동산의 원가는 구입금액과 구입에 직접 관련이 있는 지출로 구성된다. 직접 관련이 있는 지출의 예를 들면 법률용역의 대가로 전문가에게 지급하는 수수료, 부동산 구입과 관련된 세금 및 그 밖의 거래원가 등이 있다.

② 다음의 항목은 투자부동산의 원가에 포함하지 아니한다.

㉠ 경영진이 의도하는 방식으로 부동산을 운영하는 데 필요한 상태에 이르게 하는 데 직접 관련이 없는 초기원가

㉡ 계획된 사용수준에 도달하기 전에 발생하는 부동산의 운영손실

㉢ 건설이나 개발 과정에서 발생한 비정상인 원재료, 인력 및 기타 자원의 낭비 금액

③ 투자부동산을 후불조건으로 취득하는 경우의 원가는 취득시점의 현금가격상당액으로 한다. 현금가격상당액과 실제 총지급액의 차액은 신용기간 동안의 이자비용으로 인식한다.

④ 리스계약으로 보유한 부동산에 대한 권리를 투자부동산으로 분류하는 경우 당해 투자부동산의 최초 원가는 금융리스와 같이 동 자산의 공정가치와 최소리스료의 현재가치 중 작은 금액으로 인식하며, 동시에 동일한 금액을 부채로 인식한다.

⑤ 하나 이상의 비화폐성자산, 또는 화폐성자산과 비화폐성자산이 결합된 대가와 교환하여 하나 이상의 투자부동산을 취득하는 경우가 있다. 교환으로 취득하는 투자부동산의 취득원가는 이미 살펴본 유형자산의 내용과 일치하므로 이에 대한 구체적인 설명은 생략한다.

2.4 투자부동산의 후속 측정

투자부동산은 원가모형과 공정가치모형 중 하나를 선택하여 모든 투자부동산에 적용한다. 다만, 다음의 투자부동산은 예외로 평가한다.

① 운용리스에서 리스이용자가 보유하는 부동산에 대한 권리는 해당 부동산이 투자부동산의 정의를 충족하고 리스이용자가 공정가치모형으로 평가하는 경우에만 투자부동산으로 분류하고 회계처리 할 수 있다. 부동산에 대한 권리 중 어느 하나라도 투자부동산으로 인식한다면 투자부동산으로 분류된 모든 부동산에 대하여 공정가치모형만을 적용하여야 한다.

② 특정 투자부동산과 관련하여 공정가치를 계속하여 신뢰성 있게 측정하기가 어려울 것이라는 명백한 증거가 있을 수 있다.[39] 만약 기업이 특정 투자부동산(건설중인 투자부동산 제외)의 공정가치를 계속하여 신뢰성 있게 측정할 수 없다고 결정하면 원가모형을 사용하여 측정하고 당해 투자부동산의 잔존가치는 영(0)으로 가정한다. 투자부동산의 공정가치를 계속하여 신뢰성 있게 측정하기가 어려운 경우를 제외하고 그 밖의 모든 투자부동산(건설중인 투자부동산을 포함)은 공정가치로 측정한다. 즉 예외적인 경우에 해당하여 하나의 투자부동산에 대하여 원가모형을 적용하더라도 그 밖의 모든 투자부동산에 대하여는 계속하여 공정가치모형을 적용한다.

(1) 원가모형

최초 인식 이후 투자부동산의 평가방법을 원가모형으로 선택한 경우에는 모든 투자부동산에 대하여 K-IFRS 제1016호 '유형자산'에 따라 원가모형으로 측정하며 투자부동산이 매각예정으로 분류되는 경우에는 K-IFRS 제1105호 '매각예정비유동자산과 중단영업'에 따라 처리한다. 다만, 원가모형을 적용하더라도 투자부동산의 공정가치는 주석으로 공시해야 하므로 별도의 공정가치 산정은 필요하다.

(2) 공정가치모형

투자부동산에 대하여 공정가치모형을 선택한 경우에는 최초 인식 후 모든 투자부동산을 공정가치로 측정한다. 공정가치모형과 관련하여 유의할 사항은 다음과 같다.

① 투자부동산의 공정가치 변동으로 발생하는 손익은 발생한 기간의 당기손익에 반영한다.

② 투자부동산의 공정가치는 측정일에 시장참여자 사이의 정상거래에서 자산을 매도하면서 수취하거나 부채를 이전하면서 지급하게 될 가격을 말한다.

③ 투자부동산을 개량하고 향상시키기 위한 미래의 자본적 지출과 그 미래의 지출에서 기대되는 미래의 효익은 투자부동산의 공정가치에 반영하지 아니한다.

④ 투자부동산에 대하여 공정가치모형을 선택한 경우에는 최초 인식 후 모든 투자부동산을 공정가치로 측정해야 한다. 다만, 다음의 경우에는 예외로 한다.

㉠ 최초 취득(또는 부동산의 사용목적 변경으로 처음으로 투자부동산으로 분류)한 투자부동산

---

39) 이런 경우는 비교할 수 있는 부동산의 시장이 활성화되어 있지 않고(예를 들어 최근 거래가 거의 없거나 공시가격이 현행 가격이 아니거나 관찰되는 거래가격이 매도자가 강제적으로 매도했음을 나타내는 경우) 신뢰성 있는 대체적 공정가치의 측정치(예를 들면 할인현금흐름 예측에 근거)를 사용할 수 없는 경우에만 발생한다. 만일 기업이 건설중인 투자부동산의 공정가치를 신뢰성 있게 측정할 수 없지만 건설이 완료된 시점에서는 공정가치를 신뢰성 있게 측정할 수 있다고 기대하는 경우에는 공정가치를 신뢰성 있게 측정할 수 있는 시점과 건설이 완료되는 시점 중 빠른 시점까지는 건설중인 투자부동산을 원가로 측정한다.

의 공정가치를 계속하여 신뢰성 있게 결정하기가 어려울 것이라는 명백한 증거가 있는 경우 원가모형을 적용한다. 이 경우 투자부동산의 잔존가치는 영(0)으로 가정하며 당해 투자부동산은 처분할 때까지 유형자산과 동일하게 처리한다.

㉡ 종전에 원가로 측정되고 있는 건설중인 투자부동산의 건설이 완료되면 공정가치로 평가하며 장부금액과 공정가치의 차액은 당기손익으로 인식한다. 건설이 완료된 투자부동산의 공정가치를 신뢰성 있게 측정할 수 없는 경우에는 원가모형을 적용한다.

⑤ 투자부동산을 공정가치로 측정해 온 경우라면 비교할만한 시장의 거래가 줄어들거나 시장가격 정보를 쉽게 얻을 수 없게 되더라도 당해 부동산을 처분할 때까지 또는 자가사용부동산으로 대체하거나 정상적인 영업과정에서 판매하기 위하여 개발을 시작하기 전까지는 계속하여 공정가치로 측정한다.

⑥ 운용리스에서 리스이용자가 보유하는 부동산에 대한 권리를 투자부동산으로 분류하는 경우에는 공정가치모형만 적용한다.

예 제 **투자부동산**

㈜이손은 임대수익을 얻을 목적으로 건물을 취득하였으며 투자부동산으로 분류한다. ㈜이손의 결산일은 매년말이며 관련자료는 다음과 같다.

(1) 20×1. 1. 1 건물을 ₩1,000,000에 취득하였으며 감가상각방법은 정액법, 내용연수 10년, 잔존가치는 없다.
(2) 20×1.12.31 임대용 건물의 공정가치는 ₩1,200,000으로 측정되었다.
(3) 20×2.12.31 임대용 건물의 공정가치는 ₩1,100,000으로 측정되었다.

요구사항

㈜이손은 K-IFRS를 적용하고 있다. 투자부동산에 대하여 각각 원가모형과 공정가치모형으로 평가할 경우 회계처리를 하시오.

풀 이

구 분	원가모형	공정가치모형
20×1. 1. 1	(차) 투자부동산 1,000,000 (대) 현 금 1,000,000	(차) 투자부동산 1,000,000 (대) 현 금 1,000,000
20×1.12.31	(차) 감가상각비 100,000 (대) 감가상각누계액 100,000 * ₩1,000,000 ÷ 10년 = ₩100,000	(차) 투자부동산 200,000 (대) 투자부동산평가이익 200,000
20×2.12.31	(차) 감가상각비 100,000 (대) 감가상각누계액 100,000 * ₩1,000,000 ÷ 10년 = ₩100,000	(차) 투자부동산평가손실 100,000 (대) 투자부동산 100,000

03 세무회계

투자부동산이 법인세법상 업무무관자산에 해당하면 지급이자를 손금불산입하거나 업무무관자산에 대한 경비를 손금불산입해야 한다. 업무무관자산에 대한 지급이자 손금불산입은 후술하는 지급이자손금불산입을 참조하기로 한다.

3.1 업무무관자산

업무무관자산이란 업무무관부동산, 업무무관동산, 업무무관가지급금을 말하며 각각의 내용은 다음과 같다.

(1) 업무무관부동산

법인의 업무란 법령에서 업무를 정한 경우 그 법령에 규정된 업무 또는 각 사업연도 종료일 현재의 법인등기부상의 목적사업(행정관청의 인가·허가 등을 요하는 사업의 경우에는 그 인가·허가 등을 받은 경우에 한한다)으로 정하여진 업무를 말한다(법칙 26). 법인의 업무에 직접 사용하지 아니하는 부동산은 다음과 같다. 다만, 법령에 의하여 사용이 금지되거나 제한된 부동산, 자산유동화에관한법률에 의한 유동화전문회사가 자산유동화계획에 따라 양도하는 부동산 등 부득이한 사유가 있는 부동산(법칙 26)을 제외한다(법령 49 ①).

① 법인의 업무에 직접 사용하지 아니하는 부동산. 다만, 유예기간이 경과하기 전까지의 기간 중에 있는 부동산을 제외한다.

② 유예기간 중에 당해 법인의 업무에 직접 사용하지 아니하고 양도하는 부동산. 다만, 부동산매매업을 주업으로 영위하는 법인의 경우를 제외한다.

법인의 업무에 직접 사용하지 아니하는 부동산과 관련하여 유예기간이란 다음을 말한다(법칙 26).

구 분	유예기간
① 건축물 또는 시설물 신축용 토지	취득일부터 5년 (산업집적활성화 및 공장설립에 관한 법률 제2조제1호의 규정에 의한 공장용 부지로서 산업집적활성화 및 공장설립에 관한 법률 또는 중소기업 창업지원법에 의하여 승인을 얻은 사업계획서상의 공장건설계획기간이 5년을 초과하는 경우에는 당해 공장건설계획기간)
② 부동산매매업[40)]을 주업으로 하는 법인이 취득한 매매용부동산	취득일부터 5년
③ 그 외의 부동산	취득일부터 2년

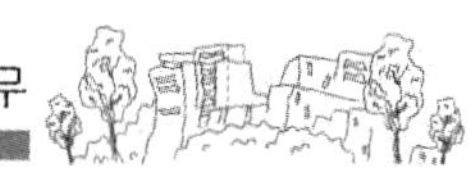

(2) 업무무관부동산에서 제외되는 부동산

법령에 의하여 사용이 금지되거나 제한된 경우 등 부득이한 사유가 있는 부동산의 경우에는 유예기간에 관계없이 업무무관부동산으로 보지 아니한다. 부득이한 사유가 있는 부동산이란 다음의 어느 하나에 해당하는 부동산을 말한다(법칙 26).

① 해당 부동산의 취득 후 다음의 어느 하나에 해당하는 사유가 발생한 부동산(㉢ 및 ㉣의 경우 매매용부동산을 제외한다)

㉠ 법령에 의하여 사용이 금지 또는 제한된 부동산(사용이 금지 또는 제한된 기간에 한한다)

㉡ 문화재보호법에 의하여 지정된 보호구역안의 부동산(지정된 기간에 한한다)

㉢ 유예기간이 경과되기 전에 법령에 따라 해당 사업과 관련된 인가·허가(건축허가를 포함)·면허 등을 신청한 법인이 건축법 제18조 및 행정지도에 의하여 건축허가가 제한됨에 따라 건축을 할 수 없게 된 토지(건축허가가 제한된 기간에 한정)

㉣ 유예기간이 경과되기 전에 법령에 의하여 당해 사업과 관련된 인가·허가·면허 등을 받았으나 건축자재의 수급조절을 위한 행정지도에 의하여 착공이 제한된 토지(착공이 제한된 기간에 한한다)

② 법률 제6538호 조세특례제한법중개정법률로 개정되기 전의 조세특례제한법 제78조제1항 각호 또는 동법 제81조제1항에 규정된 자가 보유하는 동법 제78조제1항 각호 또는 동법 제81조제1항에 규정된 부동산

③ 광업법에 의하여 지식경제부장관의 인가를 받아 휴광중인 광업용 부동산

④ 사업장(임시 작업장을 제외한다)의 진입도로로서 사도법에 의한 사도 또는 불특정다수인이 이용하는 도로

⑤ 건축법에 의하여 건축허가를 받을 당시에 공공공지로 제공한 토지(당해 건축물의 착공일부터 공공공지로의 제공이 끝나는 날까지의 기간에 한한다)

⑥ 대덕연구개발특구 등의 육성에 관한 법률 제34조의 특구관리계획에 의하여 원형지로 지정된 토지(원형지로 지정된 기간에 한한다)

⑦ 농업협동조합의 구조개선에 관한 법률에 의한 농업협동조합자산관리회사가 같은 법 제30조에 따라 농업협동조합법에 의한 조합, 농업협동조합중앙회, 농협은행, 농협생명보험 또는 농협손해보험으로부터 취득한 부동산

⑧ 농업협동조합법에 의한 조합, 농업협동조합중앙회, 농협은행, 농협생명보험 또는 농협손해보험이 농업협동조합의 구조개선에 관한 법률에 의한 농업협동조합자산관리회사에 매각을 위임한 부동산

---

40) 부동산매매업이란 한국표준산업분류에 따른 부동산 개발 및 공급업(묘지분양업을 포함한다) 및 건물 건설업(자영건설업에 한한다)을 말한다.

⑨ 민사집행법에 의하여 경매가 진행중인 부동산과 국세징수법에 의하여 공매가 진행중인 부동산으로서 최초의 경매기일 또는 공매일부터 5년이 경과되지 아니한 부동산

⑩ 저당권의 실행 기타 채권을 변제받기 위하여 취득한 부동산 및 청산절차에 따라 잔여재산의 분배로 인하여 취득한 부동산으로서 취득일부터 5년이 경과되지 아니한 부동산

⑪ 금융기관부실자산 등의 효율적 처리 및 한국자산관리공사의 설립에 관한 법률에 의하여 설립된 한국자산관리공사에 매각을 위임한 부동산으로서 3회 이상 유찰된 부동산

⑫ 금융기관 등이 저당권의 실행 기타 채권의 변제를 받기 위하여 취득한 자산으로서 한국자산관리공사에 매각을 위임한 부동산과 부동산의 소유권에 관한 소송이 계속중인 부동산

⑬ 당해부동산을 취득한 후 소유권에 관한 소송이 계속중인 부동산으로서 법원에 의하여 사용이 금지된 부동산과 그 부동산의 소유권에 관한 확정판결일부터 5년이 경과되지 아니한 부동산

⑭ 도시개발법에 의한 도시개발구역안의 토지로서 환지방식에 의하여 시행되는 도시개발사업이 구획단위로 사실상 완료되어 건축이 가능한 날부터 5년이 경과되지 아니한 토지

⑮ 건축물이 멸실·철거되거나 무너진 경우에는 당해건축물이 멸실·철거되거나 무너진 날부터 5년이 경과되지 아니한 토지

⑯ 법인이 사업의 일부 또는 전부를 휴업·폐업 또는 이전함에 따라 업무에 직접 사용하지 아니하게 된 부동산으로서 그 휴업·폐업 또는 이전일부터 5년이 경과되지 아니한 부동산

⑰ 다음에 해당하는 법인이 신축한 건물로서 사용검사일부터 5년이 경과되지 아니한 건물과 그 부속토지

㉠ 주택신축판매업[한국표준산업분류에 의한 주거용 건물공급업 및 주거용 건물건설업(자영건설업에 한한다)을 말한다]을 영위하는 법인

㉡ 산업집적활성화 및 공장설립에 관한 법률에 의한 아파트형공장의 설치자

㉢ 건설업을 영위하는 법인

⑱ 주택법에 의한 주택건설사업자로 등록한 법인이 보유하는 토지중 동법에 의하여 승인을 얻은 주택건설사업계획서에 기재된 사업부지에 인접한 토지로서 당해 계획서상의 주택 및 대지 등에 대한 사용검사일부터 5년이 경과되지 아니한 토지

⑲ 염관리법 제16조의 규정에 의하여 허가의 효력이 상실된 염전으로서 허가의 효력이 상실된 날부터 5년이 경과되지 아니한 염전

⑳ 공유수면매립법에 의하여 매립의 면허를 받은 법인이 매립공사를 하여 취득한 매립지로서 당해 매립지의 소유권을 취득한 날부터 5년이 경과되지 아니한 매립지

㉑ 행정청이 아닌 도시개발사업의 시행자가 도시개발법에 의한 도시개발사업의 실시 계획인가를 받아 분양을 조건으로 조성하고 있는 토지 및 조성이 완료된 후 분양되지 아니하거나 분양후 산업집적활성화 및 공장설립에 관한 법률 제41조의 규정에 의하여 환수 또는 환매한 토지로서 최초의 인가일부터 5년이 경과되지 아니한 토지

㉒ 다음에 해당하는 기관이 금융산업의 구조개선에 관한 법률 제10조의 규정에 의한 적기시정조치 또는 동법 제14조제2항의 규정에 의한 계약이전의 결정에 따라 동법 제2조제3호의 규정에 의한 부실금융기관으로부터 취득한 부동산

㉠ 예금자보호법 제3조의 규정에 의한 예금보험공사

㉡ 예금자보호법 제36조의3의 규정에 의한 정리금융기관

㉢ 금융산업의 구조개선에 관한 법률 제2조제1호의 규정에 의한 금융기관

㉓ 자산유동화에 관한 법률에 의한 유동화전문회사가 동법 제3조의 규정에 의한 자산유동화계획에 따라 자산보유자로부터 취득한 부동산

㉔ 유예기간 내에 법인의 합병 또는 분할로 인하여 양도되는 부동산

㉕ 공장의 가동에 따른 소음·분진·악취 등에 의하여 생활환경의 오염피해가 발생되는 지역안의 토지로서 당해 토지소유자의 요구에 따라 취득한 공장용 부속토지의 인접토지

㉖ 전국을 보급지역으로 하는 일간신문을 포함한 3개 이상의 일간신문에 다음의 조건으로 매각을 3일 이상 공고하고, 공고일(공고일이 서로 다른 경우에는 최초의 공고일을 말한다)부터 1년이 경과하지 아니하였거나 1년 이내에 매각계약을 체결한 부동산

㉠ 매각예정가격이 법 제52조의 규정에 의한 시가 이하일 것

㉡ 매각대금의 70% 이상을 매각계약 체결일부터 6월 이후에 결제할 것

㉗ 상기 ㉖의 규정에 의한 부동산으로서 매년 매각을 재공고하고, 재공고일부터 1년이 경과되지 아니하였거나 1년 이내에 매각계약을 체결한 부동산(직전 매각공고시의 매각예정가격에서 동금액의 10%를 차감한 금액 이하로 매각을 재공고한 경우에 한한다)

㉘ 당해 부동산의 취득 후 상기 사유 이외에 도시계획의 변경 등 정당한 사유로 인하여 업무에 사용하지 아니하는 부동산

(3) 업무무관동산

업무무관동산이란 법인의 업무와 무관하다고 인정되는 부동산 이외의 자산으로서 다음에 해당하는 것을 말한다(법령 49, 법칙 26).

① 서화 및 골동품. 다만, 장식, 환경미화 등의 목적으로 사무실, 복도 등 여러 사람이 볼 수 있는 공간에 상시 비치하는 것을 제외한다.

② 업무에 직접 사용하지 아니하는 자동차, 선박 및 항공기(저당권의 실행 기타 채권을 변제받기 위하여 취득한 선박으로서 3년이 경과되지 아니한 선박 등 부득이한 사유가 있는 자동차, 선박 및 항공기 제외)

③ 기타 이와 유사한 자산으로서 당해 법인의 업무에 직접 사용하지 아니하는 자산

(4) 업무무관가지급금

업무무관가지급금이란 특수관계인에게 명칭여하에 불구하고 당해 법인의 업무와 관련이 없는 자금 대여액을 말한다. 다만, 다음의 경우는 제외한다(법령 52, 법칙 44).

① 소득세법 제132조 제1항 및 같은 법 제135조 제3항에 따라 지급한 것으로 보는 배당소득 및 상여금(미지급소득)에 대한 소득세(개인지방소득세와 미지급소득으로 인한 중간예납세액 상당액을 포함하며, 다음 계산식에 따라 계산한 금액을 한도로 한다)를 법인이 납부하고 이를 가지급금 등으로 계상한 금액(해당 소득을 실제 지급할 때까지의 기간에 상당하는 금액으로 한정한다)

$$\text{미지급소득에 대한 소득세액} = \text{종합소득 총결정세액} \times \frac{\text{미지급소득}}{\text{종합소득금액}}$$

② 국외에 자본을 투자한 내국법인이 해당 국외투자법인에 종사하거나 종사할 자의 여비·급료 기타 비용을 대신하여 부담하고 이를 가지급금 등으로 계상한 금액(그 금액을 실지로 환부받을 때까지의 기간에 상당하는 금액에 한한다)

③ 법인이 근로복지기본법 제2조 제4호에 따른 우리사주조합 또는 그 조합원에게 해당 우리사주조합이 설립된 회사의 주식취득(조합원간에 주식을 매매하는 경우와 조합원이 취득한 주식을 교환하거나 현물출자함으로써 독점규제 및 공정거래에 관한 법률에 의한 지주회사 또는 금융지주회사법에 의한 금융지주회사의 주식을 취득하는 경우를 포함한다)에 소요되는 자금을 대여한 금액(상환할 때까지의 기간에 상당하는 금액에 한한다)

④ 국민연금법에 의하여 근로자가 지급받은 것으로 보는 퇴직금전환금(당해 근로자가 퇴직할 때까지의 기간에 상당하는 금액에 한한다)

⑤ 법인세법 시행령 제106조 제1항 제1호 단서의 규정에 의하여 대표자에게 상여처분한 금액에 대한 소득세를 법인이 납부하고 이를 가지급금으로 계상한 금액(특수관계가 소멸될 때까지의 기간에 상당하는 금액에 한한다)

⑥ 직원에 대한 월정급여액[매월 직급별로 받는 봉급·급료·보수·임금·수당, 그 밖에 이와 유사한 성질의 급여(해당 과세기간 중에 받는 상여 등 부정기적인 급여와 소득세법 시행령 제12조에 따른 실비변상적 성질의 급여 및 제17조의 4에 따른 복리후생적 성질의 급여는 제외한다)

의 총액에서 근로기준법에 따른 연장근로·야간근로 또는 휴일근로를 하여 통상임금에 더하여 받는 급여 및 선원법에 따라 받는 생산수당(비율급으로 받는 경우에는 월 고정급을 초과하는 비율급을 말한다)을 뺀 급여, 소령 17 ①, 2021.2.17. 후단개정]의 범위에서의 일시적인 급료의 가불금

⑦ 직원에 대한 경조사비 또는 학자금(자녀의 학자금을 포함한다)의 대여액

⑧ 조세특례제한법 시행령 제2조에 따른 중소기업에 근무하는 직원(지배주주등인 직원은 제외한다)에 대한 주택구입 또는 전세자금의 대여액(2020.1.1. 이후 개시하는 사업연도분부터 적용, 규칙 부칙 2020.3.13.).

⑨ 금융기관부실자산 등의 효율적 처리 및 한국자산관리공사의 설립에 관한 법률에 의한 한국자산관리공사가 출자총액의 전액을 출자하여 설립한 법인에 대여한 금액

예 제 **투자부동산**

K-IFRS를 적용하고 있는 ㈜이손은 시세차익을 얻을 목적으로 건물을 취득하였으며 투자부동산으로 분류한다. ㈜이손의 결산일은 매년말이며 관련자료는 다음과 같다. 당해 투자부동산은 법인세법상 업무무관부동산에 해당한다.

(1) 20×1. 1. 1 건물을 ₩1,000,000에 취득하였으며 감가상각방법은 정액법, 내용연수 10년, 잔존가치는 없다.
(2) 20×1.12.31 건물의 공정가치는 ₩1,200,000으로 측정되었다.
(3) 20×2.12.31 건물의 공정가치는 ₩1,100,000으로 측정되었다.

요구사항

1. 투자부동산에 대하여 원가모형으로 평가할 경우 20×1년 회계처리와 세무조정을 하시오.
2. 투자부동산에 대하여 공정가치모형으로 평가할 경우 20×1년 회계처리와 세무조정을 하시오.

풀 이

1. 원가모형

20×1. 1. 1	(차)	투자부동산	1,000,000	(대) 현금	1,000,000
20×1.12.31	(차)	감가상각비	100,000	(대) 감가상각누계액	100,000

* ₩1,000,000 ÷ 10년 = ₩100,000
〈손금불산입〉 감가상각비 100,000 (유보)
* 업무무관자산을 취득, 관리함으로써 발생하는 비용과 유지비, 수선비 및 기타 이에 관련된 비용은 손금에 산입하지 아니한다.

2. 공정가치모형

20×1. 1. 1	(차) 투자부동산	1,000,000	(대) 현금	1,000,000
20×1.12.31	(차) 투자부동산	200,000	(대) 투자부동산평가이익	200,000

〈익금불산입〉 투자부동산평가이익 200,000 (△유보)
* 자산의 임의평가증에 대하여 이를 익금불산입한다.

3.2 업무무관자산 관련비용

업무무관자산을 취득, 관리함으로써 발생하는 비용과 유지비, 수선비 및 기타 이에 관련된 비용은 손금에 산입하지 아니한다(법법 27, 법령 49). 다만, 업무무관자산을 취득함으로써 발생하는 비용이라도 그 자산의 취득가액을 구성하는 취득세 등은 해당 취득원가에 가산한다.

예 제 업무와 관련없는 비용

㈜이손의 제10기(20X1.1.1~12.31) 사업연도의 건물취득과 관련한 자료는 다음과 같다.

(1) 20X1년초에 건물을 ₩10,000,000에 취득하였으며 업무무관자산에 해당한다.
(2) 취득 및 보유과정에서 다음의 지출이 발생하였으며 ㈜이손은 전액 비용으로 처리하였다.

구 분	지출액
취득세	₩200,000
취득부대원가	300,000
재산세	100,000
건물 감가상각비	1,000,000

(3) 당해 건물은 제11기초에 매각하였다.

요구사항

㈜이손의 제10기와 제11기의 세무조정을 하시오.

풀 이

(1) 20X1년(제10기)
업무무관자산에 해당하더라도 취득세 등 취득부대원가는 자산의 원가에 해당한다. 재산세, 감가상각비 등은 업무무관자산을 취득, 관리함으로서 발생하는 비용이므로 손금불산입한다.

구 분	지출액	세무조정
취득세	₩200,000	〈손금불산입〉 건물 200,000 (유보)
취득부대원가	300,000	〈손금불산입〉 건물 300,000 (유보)
재산세	100,000	〈손금불산입〉 재산세 100,000 (기타사외유출)
건물 감가상각비	1,000,000	〈손금불산입〉 감가상각비 1,000,000 (유보)

(2) 20X2년(제11기)

업무무관자산을 처분한 경우 자산의 세무상 장부가액은 손금에 해당한다.

구 분	지출액	세무조정
취득세	₩200,000	〈손금산입〉 건물 200,000 (△유보)
취득부대원가	300,000	〈손금산입〉 건물 300,000 (△유보)
건물 감가상각비	1,000,000	〈손금산입〉 감가상각비 1,000,000 (△유보)

3.3 기타 법인의 업무와 무관하다고 인정되는 지출금액

기타 법인의 업무와 무관하다고 인정되는 다음의 지출액은 손금에 산입하지 아니한다(법법 27, 법령 50).

① 해당 법인이 직접 사용하지 아니하고 다른 사람(주주가 아닌 임원과 소액주주임원 및 직원 제외)이 주로 사용하고 있는 장소, 건축물, 물건 등의 유지비, 관리비, 사용료와 이와 관련되는 지출금

② 해당 법인의 출자임원(소액주주[41] 제외) 또는 그 친족이 사용하고 있는 사택의 유지비, 관리비, 사용료와 이와 관련되는 지출금

③ 법인이 업무와 무관한 자산을 취득하기 위하여 지출한 자금의 차입과 관련되는 비용

④ 법인이 공여한 형법 또는 국제상거래에 있어서 외국공무원에 대한 뇌물방지법에 따른 뇌물에 해당하는 금전 및 금전 외의 자산과 경제적 이익의 합계액

⑤ 노동조합및노동관계조정법 제24조제2항 및 제4항을 위반하여 지급하는 급여(노조전임자에게 지급하는 급여)

41) 소액주주란 발행주식총수 또는 출자총액의 1%에 미달하는 주식 또는 출자지분을 소유한 주주를 말한다.

3.4 업무무관부동산 소급적용에 따른 법인세 추가납부

부동산을 취득한 후 업무에 직접 사용하지 아니하고 부동산을 양도하는 경우에는 취득일로 소급하여 업무무관부동산으로 본다. 따라서 업무무관부동산과 관련한 취득 및 유지비용 손금불산입, 업무무관자산 지급이자 손금불산입을 적용하여 세액을 재계산하여야 한다.

업무무관부동산이 있는 법인은 그 양도한 날이 속하는 사업연도 이전에 종료한 각 사업연도(종전 사업연도)의 업무와 관련없는 비용 및 지급이자를 손금에 산입하지 아니하는 경우 다음의 방법 중 하나를 선택하여 계산한 세액을 그 양도한 날이 속하는 사업연도의 법인세에 가산하여 납부하여야 한다(법칙 27).

① 종전 사업연도의 각 사업연도의 소득금액 및 과세표준 등을 다시 계산함에 따라 산출되는 결정세액에서 종전 사업연도의 결정세액을 차감한 세액(가산세 제외)
② 종전 사업연도의 과세표준과 손금에 산입하지 아니하는 지급이자 등을 합한 금액에 세율을 적용하여 산출한 세액에서 종전 사업연도의 산출세액을 차감한 세액(가산세 제외)

상기 ①의 방법은 종전사업연도를 세무조정에 의하여 재계산하는 방법이고 ②의 방법은 세무조정없이 단순하게 세액만 재계산하여 납부하는 방법이다.

구 분	추가납부세액
① 과세표준 재계산	각 사업연도 소득금액 및 과세표준 재계산×세율
② 세액 재계산	(종전사업연도 과세표준+지급이자 손금불산입 등)×세율－종전사업연도 산출세액

쉬어가는 페이지

Chapter 10

부채와 자본

제1절 사 채

사채(bonds)는 주식회사가 일반대중으로부터 장기간 거액의 자금조달을 위해 회사의 확정채무를 표시하는 증권(사채권)을 발행하고 계약에 따라 일정한 이자지급과 일정시점(만기)에 원금상환을 약속한 채무를 말한다.

01 최초 인식과 측정

사채발행시 최초 인식은 공정가치로 측정한다. 사채의 공정가치는 사채로 인한 미래 현금흐름을 시장이자율로 할인한 현재가치이다. 최초 인식 후 사채는 유효이자율법을 사용하여 상각후원가로 측정한다. 사채발행과 관련하여 직접 관련된 중개수수료와 규제기관인 증권거래소의 부과금 및 세금 등의 사채발행비는 최초 인식하는 공정가치에서 차감한다. 상각후원가는 사채발행비를 차감한 발행금액과 미래현금흐름의 현재가치를 일치시키는 유효이자율로 상각한다.

1.1 액면발행

사채발행자는 사채를 발행하면 정기적으로 이자지급일에 일정액의 이자를 지급하고 만기일에 액면금액인 원금을 상환해야 한다. 액면발행이란 사채를 발행할 때 사채발행자가 액면금액과 동일한 현금액을 수취하는 경우를 말한다. 사채발행비가 없다고 가정할 경우 액면발행 사채의 표시이자율이 시장이자율과 동일한 경우 순수한 사채의 발행금액은 액면금액이 된다.

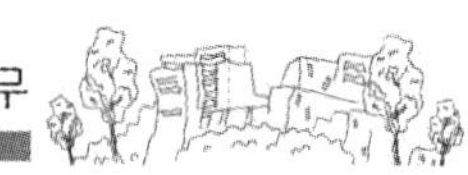

1.2 할인발행

할인발행이란 사채가 발행될 때 사채발행자가 실제로 수령하는 발행금액이 사채의 액면금액보다 적은 경우를 말한다. 사채발행비가 없는 경우 사채의 표시이자율이 시장이자율보다 작은 경우에는 사채의 발행금액이 액면금액에 비해 할인된 가액으로 발행된다. 액면금액과 발행금액의 차이는 사채할인발행차금으로 계상하거나 사채할인발행차금을 차감한 순액으로 회계처리 할 수 있다. 사채할인발행차금은 사채의 존속기간동안 유효이자율법으로 상각하면서 이자비용에 가산한다. 그 이유는 만기일에 상환해야 할 금액은 실제 수령액이 아닌 사채의 액면금액이므로 액면금액과 실제수령액과의 차액인 사채할인발행차금도 결국 사채발행자가 부담해야 하는 이자비용에 해당하기 때문이다.

1.3 할증발행

할증발행이란 사채가 발행될 때 사채발행자가 수령하는 금액이 사채의 액면금액보다 큰 경우를 말한다. 사채발행비가 없는 경우 사채의 표시이자율이 시장이자율보다 큰 경우에는 사채의 발행금액이 액면금액에 비해 할증된 가액으로 발행된다. 액면금액과 발행금액의 차이는 사채할증발행차금으로 계상하거나 사채할증발행차금을 가산한 순액으로 회계처리 할 수 있다. 사채할증발행차금은 사채의 존속기간동안 유효이자율법으로 상각하여 이자비용에 차감하며 이를 사채할증발행차금의 환입이라고 한다. 사채할증발행차금의 환입은 할증액을 사채기간에 걸쳐 차감적으로 인식하여야 할 이자비용으로 배분한다는 의미이다. 사채가 할증발행된 경우 상각 연도의 사채 장부금액은 계속 감소하여 만기에 액면금액과 일치하여야 한다. 따라서 부채의 실질적 감소에 따라 이자비용도 계속 감소해야 하므로 사채할증발행차금의 환입은 이자비용의 감소로 처리한다.

1.4 결산일의 불일치

(1) 이자지급일 사이에서의 사채발행

일반적으로 사채는 사채권에 표시된 발행일에 발행되지만 예외적으로 사채권에 표시된 발행일이 아닌 이자지급일 사이에 발행할 수도 있다. 사채가 이자지급일 사이에 발행된 경우 사채의 가치는 사채발행일의 현재가치에서 사채발행일까지의 유효이자액(사채할인발행차금 상각액과 표시이자 기간경과분)이 포함된 금액이 된다. 그리고 사채발행금액에서 사채발행일까지의 표시이자 기간경과분을 순수한 사채의 발행금액과 별도로 구분하여 회계처리한다.

(2) 이자지급일과 결산일의 불일치

사채권의 이자지급일이 기업의 결산일과 일치하지 않는 것이 일반적이다. 이러한 경우에는 이자지급일과 결산일까지의 기간경과분에 대한 이자비용을 발생주의에 따라 인식해야 한다.

예 제 이자지급일과 결산일의 불일치

㈜이손은 12월말 결산법인으로서 만기일이 20X4년 6월 30일인 3년 만기 사채를 20X1년 7월 1일에 발행하였다. 사채발행과 관련한 비용 ₩25,248이 발생하였으며 관련 자료는 다음과 같다. 사채발행시 시장이자율은 6%이고 이자는 매년 6월 30일에 지급된다.

- 액면금액 : ₩1,000,000
- 연 표시이자율 : 4%
- 만기일 : 20X3년 12월 31일

할인율 \ 기간	정상연금 ₩1의 현가			단일금액 ₩1의 현가		
	1	2	3	1	2	3
6.0%	0.9434	1.8334	2.6730	0.9434	0.8900	0.8396
6.5%	0.9389	1.8206	2.6484	0.9389	0.8817	0.8278
7.0%	0.9346	1.8080	2.6243	0.9346	0.8734	0.8163

요구사항

㈜이손은 발행한 사채에 대하여 유효이자율법을 적용하여 이자비용을 계상하고 있다. ㈜이손의 20X1년과 20X2년의 회계처리를 하시오. 단, 회사의 유효이자율은 7%이다.

풀 이

(1) 장부금액

① 20X1년 7월 1일의 사채의 발행금액

₩1,000,000×4%×2.6730+₩1,000,000×0.8396−₩25,248 = ₩921,272

② 상각표

일 자	유효이자	액면이자	상 각 액	장부금액
20X1. 7. 1				₩921,272
20X2. 6.30	₩64,489	₩40,000	₩24,489	945,761
20X3. 6.30	66,203	40,000	26,203	971,964
20X4. 6.30	68,036	40,000	28,036	1,000,000
합 계	198,728	120,000	78,728	

(2) 회계처리

20X1. 7. 1	(차) 현금	921,272	(대) 사채	1,000,000
	사채할인발행차금	78,728		
20X1.12.31	(차) 이자비용	32,245	(대) 미지급이자	20,000
			사채할인발행차금	12,245

* ₩64,489×6/12=₩32,245

* ₩40,000×6/12=₩20,000

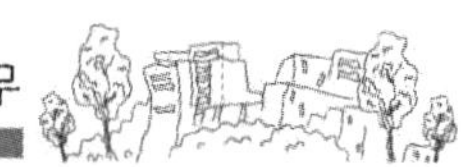

20X2. 6.30	(차) 이자비용	32,244	(대) 현금	40,000
	미지급이자	20,000	사채할인발행차금	12,244
	* ₩64,489-₩32,245=₩32,244			
20X2.12.31	(차) 이자비용	33,102	(대) 미지급이자	20,000
			사채할인발행차금	13,102
	* ₩66,203×6/12=₩33,102			
	* ₩40,000×6/12=₩20,000			

02 사채의 상환

(1) 상환

계약상 의무가 이행, 취소 또는 만료된 경우 당해 금융부채는 소멸하며 재무상태표에서 제거한다. 사채발행회사가 만기전에 사채의 대가를 지급하고 매입하는 경우 조기상환이라고 한다. 사채의 조기상환은 사채의 소멸이므로 상환시점에서 상환금액과 사채의 장부금액의 차액을 손익으로 인식한다. 이자지급일 사이에 사채를 상환하는 경우 사채의 장부금액은 직전 이자지급일의 장부금액에 상환일까지의 유효이자가 조정된 금액이다.

(2) 자기사채의 취득

자기사채란 사채발행회사가 만기 전에 자기회사의 사채를 취득하여 소각하지 않고 보유하는 경우를 말한다. 자기사채의 취득은 사채상환에 해당하므로 사채상환에 관한 회계처리를 수행하며 자기사채를 재발행하는 경우에는 새로운 사채발행으로 본다. 취득한 자기사채를 소각하는 경우에는 별도의 회계처리가 없다.

(3) 사채의 차환

기존 차입자와 대여자가 실질적으로 다른 조건으로 채무상품을 교환한 경우 최초의 금융부채를 제거하고 새로운 금융부채를 인식한다. 사채발행회사가 새로운 사채를 발행하여 구사채를 상환하는 경우 사채의 차환이라고 하며 사채의 차환은 채무상품의 교환에 해당한다. 따라서 차환시점에서 최초의 구사채를 제거하고 새로운 사채를 인식하며 구사채의 장부금액과 신사채의 발행금액의 차액을 당기손익으로 인식한다.

03 세무회계

사채와 관련한 세무조정은 다음과 같다.

① 법인이 사채를 발행하는 경우에 상환할 사채금액의 합계액에서 사채발행가액(사채발행수수료와 사채발행을 위하여 직접 필수적으로 지출된 비용을 차감한 후의 가액을 말한다)의 합계액을 공제한 사채할인발행차금은 기업회계기준에 의한 사채할인발행차금의 상각방법에 따라 이를 손금에 산입한다(법령 71 ③).

② 법인이 자기사채와 관련하여 자기사채처분손익을 인식한 경우 처리는 다음과 같다(법기통 19-19…38).

㉠ 주간사회사와 인수단이 발행총액을 인수하여 매출하는 조건으로 회사채를 발행한 법인이 주간사회사 등이 매출하지 못한 회사채를 발행가액으로 취득한 후, 동 사채를 시가에 의하여 매각함에 따라 발생하는 처분손익은 각 사업연도의 익금 또는 손금으로 한다.

㉡ 매입소각하거나 상환일까지 보유할 목적으로 자기사채를 취득하는 경우 취득일까지의 이자상당액을 지급이자로 하여 원천징수하고, 자기사채의 발행가액과 취득가액과의 차액(사채할인발행차금미상각액을 포함한다)을 취득일이 속하는 사업연도의 손익에 산입한다. 이 경우 "취득일까지의 이자상당액"은 당해 사채 취득시까지 약정이자율에 의하여 계산한 미지급이자 상당액과 사채할인발행차금 중 발행일로부터 취득시까지의 기간에 상당하는 금액의 합계액으로 한다.

예제 사 채

㈜이손은 12월말 결산법인으로서 만기일이 20X3년 12월 31일인 3년 만기 사채를 20X1년 1월 1일에 발행하였다. 사채발행과 관련한 비용 ₩25,248이 발생하였으며, 관련 자료는 다음과 같다. 사채발행시 시장이자율은 6%이고 이자는 매년 12월 31일에 지급된다. 회사의 유효이자율은 7%이다.

- 액면금액 : ₩1,000,000
- 연 표시이자율 : 4%
- 만기일 : 20X3년 12월 31일

요구사항

1. ㈜이손은 발행한 사채에 대하여 유효이자율법을 적용하여 이자비용을 계상하고 있다. ㈜이손의 회계처리와 세무조정을 하시오.

2. ㈜이손은 상기 사채를 20X3. 1. 1에 상환하였으며 상환금액은 ₩981,964이다. ㈜이손의 사채상환시 회계처리와 세무조정을 하시오.

풀 이

1. 사채의 발행

(1) 회계처리

① 사채발행금액 : ₩1,000,000×4%×2.6730+₩1,000,000×0.8396−₩25,248 = ₩921,272

② 상각표

일 자	유효이자	액면이자	상 각 액	장부금액
20X1. 1. 1				₩921,272
20X1.12.31	₩64,489	₩40,000	₩24,489	945,761
20X2.12.31	66,203	40,000	26,203	971,964
20X3.12.31	68,036	40,000	28,036	1,000,000
합 계	198,728	120,000	78,728	

20X1. 1. 1	(차) 현금	921,272	(대) 사채		1,000,000
	사채할인발행차금	78,728			
20X1.12.31	(차) 이자비용	64,489	(대) 현금		40,000
			사채할인발행차금		24,489
20X2.12.31	(차) 이자비용	66,203	(대) 현금		40,000
			사채할인발행차금		26,203
20X3.12.31	(차) 이자비용	68,036	(대) 현금		40,000
			사채할인발행차금		28,036
	(차) 사채	1,000,000	(대) 현금		1,000,000

(2) 세무조정 : 법인이 사채를 발행하는 경우에 상환할 사채금액의 합계액에서 사채발행가액(사채발행수수료와 사채발행을 위하여 직접 필수적으로 지출된 비용을 차감한 후의 가액을 말한다)의 합계액을 공제한 사채할인발행차금은 기업회계기준에 의한 사채할인발행차금의 상각방법에 따라 이를 손금에 산입한다(법령 71 ③). 따라서 기업회계기준에 따라 회계처리하였으므로 별도의 세무조정은 없다.

2. 사채의 상환

(1) 회계처리

20X3. 1. 1	(차) 사채	1,000,000	(대) 현금	981,964
	사채상환손실	10,000	사채할인발행차금	28,036

₩981,964−₩971,964=₩10,000

(2) 세무조정 : 매입소각하거나 상환일까지 보유할 목적으로 자기사채를 취득하는 경우 취득일까지의 이자상당액을 지급이자로 하여 원천징수하고, 자기사채의 발행가액과 취득가액과의 차액(사채할인발행차금미상각액을 포함한다)을 취득일이 속하는 사업연도의 손익에 산입한다. 이 경우 "취득일까지의 이자상당액"은 당해 사채 취득시까지 약정이자율에 의하여 계산한 미지급이자 상당액과 사채할인발행차금 중 발행일로부터 취득시까지의 기간에 상당하는 금액의 합계액으로 한다. 따라서 기업회계기준에 따라 회계처리하였으므로 별도의 세무조정은 없다.

제2절 전환사채 · 신주인수권부사채

01 전환사채

전환사채(convertible bonds)는 최초에 사채로 발행되고 일정기간이 경과한 후 사채권자의 전환청구에 의하여 보통주로 전환될 수 있는 권리가 내재된 사채를 말한다. 전환사채의 투자자는 주가상승시 주식전환으로 인한 매매차익을 실현시킬 수 있으며 전환사채 발행자는 주식으로 전환시 부채가 자본으로 대체되어 재무구조가 건전해 진다는 장점이 있다.

1.1 전환권가치

전환사채의 발행은 보통주로 전환할 수 있는 전환권이 부여되어 있으므로 동일한 조건의 일반사채보다 높은 가격으로 발행된다. 전환권가치는 전환사채의 발행가액에서 전환사채의 미래현금흐름을 적정이자율로 할인한 현재가치의 차액을 말한다.

전환권가치 = 전환사채의 발행가액 – 전환사채의 미래현금흐름의 현재가치

전환사채의 미래현금흐름의 현재가치는 전환권이 없는 일반사채의 정해진 미래현금흐름을 유효이자율 등을 적용하여 할인한 현재가치로서 할인율은 일반적으로 사채발행 당시 유사한 조건의 사채에 대한 현행시장이자율을 의미한다.

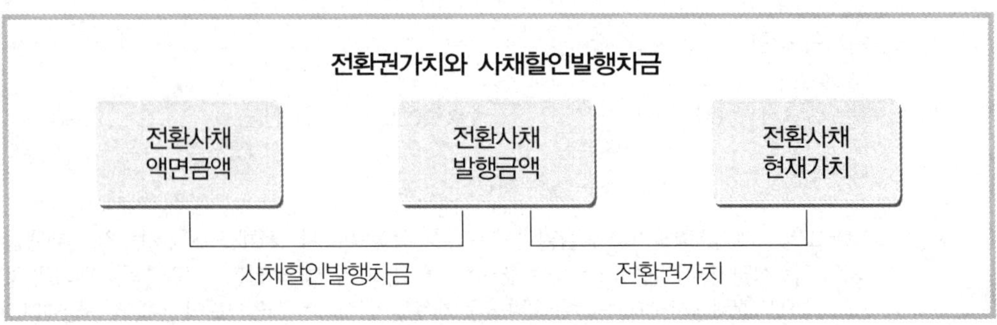

1.2 상환할증금

상환할증금이란 전환사채의 만기까지 보통주로 전환이 이루어지지 않은 경우 전환권가치의 보상을 위하여 만기에 상환되는 전환사채에 추가로 지급하는 일정금액을 말한다. 일정금액을 추가로 지급함으로써 약정수익률을 보장하는데 이를 보장수익률이라고 한다.

상환할증금은 전환사채의 보장수익률과 액면이자율의 차이로 발생한 이자차액을 보장수익률로 계산한 미래가치를 의미한다. 상환할증금을 전환사채의 액면금액으로 나눈 비율을 상환할증률이라고 한다.

상환할증금 = 전환사채의 액면금액 × (보장수익률 − 액면이자율) × 연금의 미래가치요소

전환사채는 만기상환시 상환할증금 지급 여부에 따라 액면상환조건과 상환할증금지급조건으로 구분된다. 상환할증금 지급은 전환사채의 액면이자율이 전환권이 없는 일반사채의 액면이자율보다 낮아서 전환권을 행사하지 않는 경우 일반사채의 수익보다 낮다. 따라서 투자자는 전환권을 행사하지 않는 경우 일정수익률 보장을 요구하므로 보장수익률은 액면이자율보다 크거나 같아야 한다. 상환할증금지급조건의 경우 전환권가치 계산시 전환사채의 미래현금흐름의 현재가치에 상환할증금의 현재가치를 포함해야 한다.

1.3 전환사채의 회계처리

(1) 전환사채의 발행

1) 전환권대가

전환사채의 발행은 부채요소에 해당하는 사채의 가치와 자본요소에 해당하는 전환권의 가치로 구분된다. 전환권의 가치에 해당하는 금액은 전환권대가의 과목으로 하여 자본항목으로 분류한다. 전환권대가는 전환권이 행사되는 경우 전환권대가를 주식발행초과금으로 대체한다. 미전환된 전환사채에 상당하는 전환권대가는 만기상환 후에도 자본항목으로 남게 된다.

전환사채를 발행하는 경우 발생하는 거래원가는 부채요소인 사채와 자본요소인 전환권에 비례적으로 배분한다. 부채요소에 배분된 거래원가는 유효이자율법에 의하여 이자비용으로 인식하고 자본요소에 배분된 거래원가는 전환권대가에 가감한다.

2) 상환할증금

상환할증금지급조건인 경우 상환할증금은 만기에 액면금액에 추가하여 지급하므로 부채로 인식한다. 상환할증금은 전환사채에 가산하여 표시한다.

3) 이자비용

전환사채를 발행한 이후에 전환사채가 주식으로 전환될 때까지는 일반사채와 동일하게 유효이자율법에 의하여 이자비용을 인식한다. 유효이자율은 일반사채의 시장이자율을 의미하며 최초 장부금액은 전환사채의 발행금액이 아닌 발행 당시 현재가치로 계산한다. 상환할증금지급조건인 경우 상환할증금은 만기상환금액과 상계된다.

4) 사채할인발행차금[42)]

전환사채가 할인발행되거나 할증발행되는 경우 액면금액과 발행금액의 차액은 사채할인발행차금 또는 사채할증발행차금으로 인식한다. 사채할인발행차금 또는 사채할증발행차금은 전환사채에 가감하는 형식으로 표시하며 상환기간에 걸쳐 유효이자율법으로 상각 또는 환입한다. 한편, 액면금액과 발행금액의 차액인 사채할인발행차금 이외에 전환권가치도 자본항목인 전환권대가로 인식하고 상환할증금과의 합계금액을 사채할인발행차금으로 계상한다.

(2) 전환권의 행사

전환권이 행사되는 경우 발행하는 주식의 발행금액은 전환권을 행사한 부분에 해당하는 전환권대가와 전환사채의 장부금액의 합계액으로 한다. 전환사채의 장부금액과 전환권대가의 합계금액을 자본금과 주식발행초과금으로 대체하므로 전환에 따른 손익은 인식되지 않는다.

(3) 전환사채의 재매입 (조기상환)

전환사채의 재매입이란 전환사채의 만기 이전에 재취득하는 것으로 자기사채의 조기상환과 동일하다. 전환사채의 재매입을 위하여 또는 조기상환시 지급한 대가와 거래원가는 당해 거래 발생시점의 부채요소와 자본요소로 배분한다. 전환사채의 재매입대가를 부채요소와 자본요소로 배분하여 부채요소와 관련된 대가는 당기손익으로 인식하고 자본요소와 관련된 재매입대가는 자본으로 인식한다.

---

42) 종전에는 전환권조정계정이라는 계정과목을 사용하였으나 일반기업회계기준에서는 이를 삭제하고 사채할인발행차금으로 처리한다. 다만, 법인세법상 전환권조정계정에 해당하는 금액은 세무조정사항에 해당하므로 사채할인발행차금으로 통합하여 표시하더라도 종전의 전환권조정계정에 해당하는 금액은 별도로 구분해야 한다.

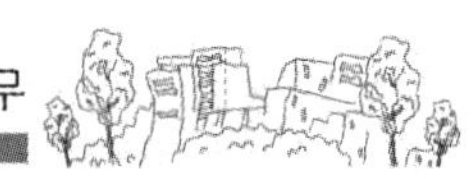

부채요소와 자본요소로 배분하는 방법은 전환사채의 발행금액과 거래원가를 부채요소와 자본요소로 배분한 방법과 일관되어야 한다. 따라서 전환사채의 재매입을 위하여 지급한 대가를 부채요소와 자본요소로 구분하고 거래원가는 부채요소와 자본요소의 비율에 따라 배분한다.

1.4 세무회계

전환사채 또는 신주인수권부사채를 발행한 법인이 기업회계기준에 따라 전환권 또는 신주인수권가치를 별도로 인식하고 상환할증금을 전환사채 등에 부가하는 형식으로 계상한 경우 상환할증금 등에 대한 처리는 다음과 같다(기본통칙 40-71…2).

① 발행시 전환사채 등의 차감계정으로 계상한 전환권 등 조정금액은 손금산입 유보처분하고 기타자본잉여금으로 계상한 전환권 등 대가는 익금산입 기타처분하며 상환할증금은 손금불산입 유보처분한다.

② 만기일 전에 전환권 등 조정금액을 이자비용으로 계상한 경우 동 이자비용은 이를 손금불산입하고 유보처분한다.

③ 전환권 등을 행사한 경우 ①의 규정에 의하여 손금불산입한 상환할증금 중 전환권 등을 행사한 전환사채 등에 해당하는 금액은 손금으로 추인하고, 주식발행초과금으로 대체된 금액에 대해서는 익금산입 기타처분하며 전환권 등 조정과 대체되는 금액은 익금산입 유보처분한다.

④ 만기일까지 전환권 등을 행사하지 아니함으로써 지급하는 상환할증금은 그 만기일이 속하는 사업연도에 손금으로 추인한다.

예 제 **전환사채**

결산일이 12월말인 ㈜이손은 20X1. 1. 1. 다음과 같은 조건으로 전환사채를 발행하였다.

(1) 발행조건

- 액면금액 : 10,000백만원
- 표시이자율 : 연 7%
- 일반사채 시장수익률 : 연 15%
- 발행금액 : 10,000백만원
- 이자지급방법 : 매연도말 후급

- 전환조건 : 전환으로 인하여 발행되는 주식 1주(액면금액 : 5,000원)에 대하여 요구되는 사채발행금액은 20,000원으로 한다.
- 전환청구기간 : 사채발행일 이후 1개월 경과일부터 상환기일 30일 전까지
- 상환기일(만기) : 20X3. 12. 31.
- 원금상환방법 : 상환기일에 액면금액의 116.87%를 일시상환

(2) 전환청구

20X3. 1. 1. 액면 5,000백만원의 전환청구가 발생하였다.

요구사항

전환사채와 관련한 회계처리와 세무조정을 하시오.

풀 이

(1) 전환권가치

① 사채상환할증금 : 10,000백만원×16.87% = 1,686백만원

② 발행금액 : 10,000백만원

③ 일반사채의 가치 :

이자현가 700×2.2832 (이자율 15%, 기간 3, 1원의 연금현가) = 1,598백만원
원금현가 11,687×0.6575 (이자율 15%, 기간 3, 1원의 현가) = 7,684백만원
9,282백만원

④ 전환권대가 : ②-③ = 718백만원

(2) 상각표(단위: 백만원)

일 자	유효이자	액면이자	상 각 액	장부금액
20X1. 1. 1				₩9,282
20X1.12.31	₩1,392	₩700	₩692	9,974
20X2.12.31	1,496	700	796	10,770
20X3.12.31	1,616	700	916	11,686
합 계	4,504	2,100	2,404	

구 분		20X1년	20X2년	20X3년
사채할인발행차금	상 각 액	692	796	916
	미상각잔액	1,712	916	0

(3) 회계처리와 세무조정 (단위 : 백만원)

① 20X1. 1. 1.(발행시)

(차) 현 금	10,000	(대) 전환사채	10,000
사채할인발행차금	2,404	사채상환할증금	1,686
		전환권대가	718

(세무조정)
〈익금산입〉 전환권대가 718 (기타)
〈익금산입〉 사채상환할증금 1,686 (유보)
〈손금산입〉 사채할인발행차금 2,404 (△유보)

② 20X1. 12. 31.(이자지급시)

(차) 이자비용	1,392	(대) 현 금	700
		사채할인발행차금	692

(세무조정)
〈손금불산입〉 사채할인발행차금 692 (유보)

③ 20X2. 12. 31.(이자지급)

(차) 이자비용	1,496	(대) 현 금	700
		사채할인발행차금	796

(세무조정)
〈손금불산입〉 사채할인발행차금 796 (유보)

④ 20X3. 1. 1.(전환청구로 신주 발행시)

(차) 전환권대가	359	(대) 주식발행초과금	359
(차) 전환사채	5,000	(대) 자본금	1,250
사채상환할증금	843	주식발행초과금	4,135
		사채할인발행차금	458

* 전환권대가를 주식발행초과금으로 대체 : 718×5,000/10,000 = 359
* 사채상환할증금을 주식발행초과금으로 대체 : 1,686×5,000/10,000 = 843
* 발행주식수: 5,000백만원÷20,000원 = 250,000주
* 자본금: 250,000주×5,000원 = 1,250백만원
* 사채할인발행차금 : 916×5,000/10,000 = 458

(세무조정)
〈익금산입〉 사채할인발행차금 458 (유보)
〈익금산입〉 주식발행초과금 385 (기타)
〈손금산입〉 사채상환할증금 843 (△유보)
* 843-458=385

⑤ 20X3. 12. 31.(이자지급시)

(차) 이자비용	808	(대) 현 금	350
		사채할인발행차금	458

* 1,616×5,000/10,000 = 808
* 700×5,000/10,000 = 350
* 916×5,000/10,000 = 458

(세무조정)
〈손금불산입〉 사채할인발행차금 458 (유보)

⑥ 20X3. 12. 31.(액면 5,000백만원 만기상환시)

(차) 전환사채	5,000	(대) 현 금	5,843
사채상환할증금	843		

(세무조정)
〈손금산입〉 사채상환할증금 843 (△유보)

전환사채 세무조정 요약

일반사채

보통예금	9,282	/사채 10,000
사채할인발행자금	718	/

⇒

전환사채(할증조건)

보통예금	9,282 /	사 채	10,000
사채할인발행자금	2,404 /	사채상환할증금	1,686

⊕

보통예금 718 / 전환권대가 718

보통예금 718 → 보통주로 전환할 수 있는 전환권이 부여되어 있으므로 동일조건의 일반사채보다 더 높은 가격으로 발행된 금액

사채상환할증금 1,686 → 전환사채의 만기까지 보통주로 전환이 이루어지지 않은 경우 전환권가치의 보상을 위하여 만기에 상환되는 전환사채에 추가로 지급하는 일정금액

			20X0.12.31	20X1.12.31	20X2.12.31	20X3.12.31
재무상태표	전환사채	:	–	10,000	10,000	–
	사채상환할증금	:	–	1,686	1,686	–
	사채할인발행차금	:	–	(1,712)	(916)	–
			–	9,974	10,770	–
	전환권대가	:	–	718	718	359
유보금액	사채상환할증금	:	–	1,686	1,686	–
	사채할인발행차금	:	–	△1,712	△916	–

			20X1.12.31	20X2.12.31	20X3.12.31
세무조정	사채상환할증금	:	익금산입 1,686(유보)	–	손금산입 1,686(△유보)
	사채할인발행차금	:	손금산입 1,712(△유보)	익금산입 796(유보)	익금산입 916(유보)
	전환권대가	:	익금산입*1 718(기타)	–	–
	주식발행초과금	:	–	–	익금산입*2 385(기타)

* 1발행시 전환권 대가는 익금산입한다.

* 2전환권을 행사한 경우 주식발행초과금으로 대체된 금액은 익금산입한다. (1,686−916)×50%=385

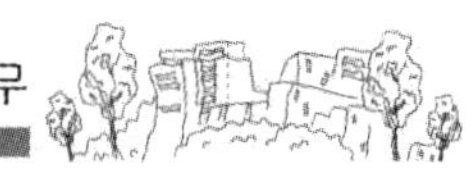

02 신주인수권부사채

2.1 신주인수권부사채의 회계처리

신주인수권부사채(bonds with stock warrant)란 신주인수권이 부여된 사채를 말하며 신주인수권은 사채권자가 사채발행회사의 신주를 특정가격에 매입할 수 있는 권리를 말한다. 신주인수권부사채의 회계처리는 원칙적으로 전환사채와 동일하다. 다만, 신주인수권부사채와 전환사채의 차이에 대해서 설명하면 다음과 같다.

① 전환사채는 전환권을 행사하는 경우 사채가 소멸하면서 주식으로 전환된다. 그러나 신주인수권사채는 신주인수권이 행사되는 경우 신주인수권부사채의 보유자는 행사가격에 해당하는 금액의 현금을 납입하고 사채는 계속 존재한다.

② 신주인수권이 행사된 경우 발행자는 만기일에 권리가 행사되지 않은 사채의 액면금액과 권리가 행사된 사채의 액면금액까지 상환하여야 한다. 따라서 만기상환액은 사채의 액면금액과 신주인수권을 행사하지 않은 사채에 해당하는 상환할증금이 가산된 금액이다.

③ 신주인수권은 일반사채와 분리하여 별도로 거래할 수 있다. 신주인수권을 사채와 분리하여 별도로 거래할 수 있는 경우를 분리형, 별도로 거래할 수 없는 경우를 비분리형이라고 한다. 그러나 발행자의 입장에서 신주인수권의 분리여부와 관계없이 신주인수권가치는 동일하다.

2.2 세무회계

신주인수권부사채와 관련한 세무상 유의사항은 전환사채에서 이미 설명한 바와 동일하므로 이를 참조하기로 한다.

예 제 **신주인수권부사채**

결산일이 12월인 ㈜이손은 20X0. 1. 1 다음과 같은 조건의 신주인수권부사채를 발행하였다.

(1) 발행조건
- 발행금액 : 액면 10,000백만원(액면발행)
- 표시이자율 : 연 9%
- 일반사채 시장수익률 : 13%

- 이자지급방법 : 매연도말 후급
- 신주인수권의 내용
  - 행사비율 : 사채권면액의 100%(1주당 액면금액 : 5,000원)
  - 행사금액 : 15,000원
  - 행사기간 : 발행일로부터 1개월이 경과한 날부터 상환기일 30일전까지
- 상환기일(만기) : 20X2. 12. 31.
- 원금상환방법 : 상환기일에 일시상환

(2) 신주인수권 행사 : 20X1.12.31. 액면 6,000백만원의 신주인수권이 행사되었다.

요구사항

신주인수권부사채와 관련한 회계처리와 세무조정을 하시오.

풀 이

(1) 신주인수권가치

① 발행금액 : 10,000백만원

② 일반사채금액

원금현가 : 10,000×0.6931(이자율 13%, 기간 3, 1원의 현가) = 6,931백만원

이자현가 : 10,000×9%×2.3612(이자율 13%, 기간 3, 1원의 연금현가) = 2,125백만원

합　　계 : 9,056백만원

③ 신주인수권 대가 : ①-② = 944백만원

(2) 신주인수권부사채 상각표 (단위 : 백만원)

일 자	유효이자	액면이자	상 각 액	장부금액
20X0. 1. 1				₩9,056
20X0.12.31	₩1,177	₩900	₩277	9,333
20X1.12.31	1,213	900	313	9,646
20X2.12.31	1,254	900	354	10,000
합 계	3,644	2,700	944	

구 분		20X0년	20X1년	20X2년
사채할인발행차금	상각액	277	313	354
	잔 액	667	354	0

(3) 회계처리와 세무조정 (단위 : 백만원)

① 20X0. 1. 1.(발행시)

(차) 현　금	10,000	(대) 신주인수권부사채	10,000
사채할인발행차금	944	신주인수권대가	944

(세무조정)

〈익금산입〉 신주인수권대가 944 (기타)

〈손금산입〉 사채할인발행차금 944 (△유보)

② 20X0. 12. 31.(이자지급시)

(차) 이자비용	1,177	(대) 현 금	900
		사채할인발행차금	277

(세무조정)
〈손금불산입〉 사채할인발행차금 277 (유보)

③ 20X1. 12. 31.(이자지급시)

(차) 이자비용	1,213	(대) 현 금	900
		사채할인발행차금	313

(세무조정)
〈손금불산입〉 사채할인발행차금 313 (유보)

④ 20X1. 12. 31.(신주인수권 행사로 신주 발행시)

(차) 신주인수권대가	566	(대) 주식발행초과금	566
현 금	6,000	자본금	2,000
		주식발행초과금	4,000

* 신주인수권대가의 주식발행초과금으로 대체 : 944×6,000/10,000 = 566
* 발행주식수 : 6,000백만원÷15,000원 = 400,000주
* 자본금 : 400,000주×5,000원 = 2,000백만원

⑤ 20X2. 12. 31.(이자지급시)

(차) 이자비용	1,254	(대) 현 금	900
		사채할인발행차금	354

(세무조정)
〈손금불산입〉 사채할인발행차금 354 (유보)

⑥ 20X2. 12. 31.(만기상환시)

(차) 신주인수권부사채	10,000	(대) 현 금	10,000

		20X0. 1. 1	20X0.12.31	20X1.12.31	20X2.12.31
재무상태표	신주인수권부사채 :	–	10,000	10,000	–
	사채상환할증금 :	–	–	–	–
	사채할인발행자금 :	–	(667)	(354)	–
		–	9,333	9,646	–
	신주인수권대가 :	–	944	–	378
유보금액	사채상환할증금 :	–	–	–	–
	사채할인발행자금 :	–	△667	△354	–
세무조정	사채상환할증금 :		–	–	–
	사채할인발행자금 :		손금산입 667(△유보)	익금산입 313(유보)	익금산입 354(유보)
	신주인수권대가 :		익금산입 944(기타)	–	–

제3절 충당부채

01 기업회계

1.1 충당부채의 인식요건

(1) 일반기업회계기준

충당부채는 과거사건이나 거래의 결과에 의한 현재의무로서 지출의 시기 또는 금액이 불확실하지만 그 의무를 이행하기 위하여 자원이 유출될 가능성이 매우 높고 또한 당해 금액을 신뢰성 있게 추정할 수 있는 의무를 말한다. 충당부채는 다음의 요건을 모두 충족하는 경우에 인식한다.

① 과거사건이나 거래의 결과로 현재의무가 존재한다.
② 당해 의무를 이행하기 위하여 자원이 유출될 가능성이 매우 높다.
③ 그 의무의 이행에 소요되는 금액을 신뢰성 있게 추정할 수 있다.

(2) K-IFRS

충당부채는 지출의 시기 또는 금액이 불확실한 부채를 말한다. 충당부채는 다음의 요건을 모두 충족하는 경우에 인식한다.

① 과거사건의 결과로 현재의무가 존재한다.
② 당해 의무를 이행하기 위하여 경제적효익을 갖는 자원이 유출될 가능성이 높다(일반적으로 발생확률이 50%를 초과하는 경우를 말한다).
③ 당해 의무의 이행에 소요되는 금액을 신뢰성 있게 추정할 수 있다.

충당부채의 인식요건을 충족하지 못함에 따라 재무제표에 인식하지 못하고 주석으로 공시해야 하는 경우가 있다. 이러한 부채를 우발부채라고 하며 다음의 ① 또는 ②에 해당하는 의무를 말한다.

① 과거사건에 의하여 발생하였으나 기업이 전적으로 통제할 수는 없는 하나 이상의 불확실한 미래사건의 발생 여부에 의하여서만 그 존재가 확인되는 잠재적 의무
② 과거사건에 의하여 발생하였으나 당해 의무를 이행하기 위하여 경제적효익을 갖는 자원의 유출가능성이 높지 않거나 금액을 신뢰성 있게 측정할 수 없는 경우에 해당하여 인식하지 아니하는 현재의무

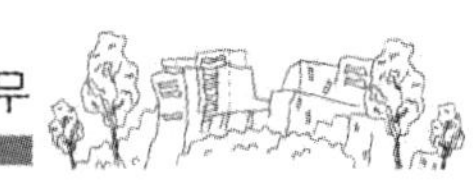

우발이란 기업이 전적으로 통제할 수 없는 하나 이상의 불확실한 미래사건의 발생 여부에 의해서만 부채나 자산의 존재가 확인되기 때문에 재무제표에 부채나 자산으로 인식할 수 없는 경우를 말한다. 따라서 우발부채는 부채의 인식기준을 충족하지 못하기 때문에 부채로 인식하지 아니한다.

1.2 측정

충당부채로 인식하는 금액은 현재의무의 이행에 소요되는 지출에 대한 보고기간말 현재 최선의 추정치이어야 한다. 충당부채의 측정과 관련하여 구체적인 내용은 다음과 같다.

① 충당부채의 금액에 대한 최선의 추정치는 관련된 사건과 상황에 대한 불확실성이 고려되어야 한다.

② 충당부채의 명목금액과 현재가치의 차이가 중요한 경우에는 의무를 이행하기 위하여 예상되는 지출액의 현재가치로 평가한다.

③ 현재가치 평가에 사용하는 할인율은 그 부채의 고유한 위험과 화폐의 시간가치에 대한 현행 시장의 평가를 반영한 세전 이율이다. 이 경우 만기까지의 기간이 유사한 국공채이자율에 기업의 신용위험을 반영한 조정 금리를 가산하여 산출한 이자율을 할인율로 사용할 수 있다.

④ 현재의무를 이행하기 위하여 소요되는 지출 금액에 영향을 미치는 미래사건이 발생할 것이라는 충분하고 객관적인 증거가 있는 경우에는 그러한 미래사건을 감안하여 충당부채 금액을 추정한다.

⑤ 충당부채를 발생시킨 사건과 밀접하게 관련된 자산의 처분차익이 예상되는 경우에 당해 처분차익은 충당부채 금액을 측정하면서 고려하지 아니한다.

1.3 충당부채의 변동과 사용

충당부채는 보고기간말마다 그 잔액을 검토하고 보고기간말 현재 최선의 추정치를 반영하여 증감조정한다. 이 경우 당해 충당부채의 현재가치 평가에 사용한 할인율은 변동되지 않는 것으로 보고 당초에 사용한 할인율이나 매 보고기간말 현재 최선의 추정치를 반영한 할인율 중 한 가지를 선택하여 계속 적용하도록 한다.[43] 이와 관련하여 유의할 사항은 다음과 같다.

---

43) K-IFRS에서는 재무보고일마다 충당부채의 잔액을 검토하고 최선의 추정치를 반영하여 조정한다.

① 충당부채를 현재가치로 평가하여 표시하는 경우에는 장부금액을 기간 경과에 따라 증가시키고 해당 증가 금액은 당기비용으로 인식한다. 상황변동으로 인하여 더 이상 충당부채의 인식요건을 충족하지 아니하게 되면 관련 충당부채는 환입하여 당기손익에 반영한다.

② 충당부채는 최초의 인식시점에서 의도한 목적과 용도에만 사용하여야 한다. 다른 목적으로 충당부채를 사용하면 상이한 목적을 가진 두 가지 지출의 영향이 적절하게 표시되지 못하기 때문이다.

1.4 우발부채

우발부채란 다음의 ① 또는 ②에 해당하는 잠재적인 부채를 말한다.

① 과거사건은 발생하였으나 기업이 전적으로 통제할 수 없는 하나 또는 그 이상의 불확실한 미래사건의 발생 여부에 의하여서만 그 존재여부가 확인되는 잠재적인 의무

② 과거사건이나 거래의 결과로 발생한 현재의무이지만 그 의무를 이행하기 위하여 자원이 유출될 가능성이 매우 높지가 않거나 또는 그 가능성은 매우 높으나 당해 의무를 이행하여야 할 금액을 신뢰성 있게 추정할 수 없는 경우

우발부채는 부채로 인식하지 아니한다. 의무를 이행하기 위하여 자원이 유출될 가능성이 아주 낮지 않는 한 우발부채는 주석에 기재한다.

1.5 우발자산

우발자산이란 과거사건이나 거래의 결과로 발생할 가능성이 있으며 기업이 전적으로 통제할 수 없는 하나 또는 그 이상의 불확실한 미래사건의 발생 여부에 의하여서만 그 존재여부가 확인되는 잠재적 자산이다. 우발자산은 미래에 확정되기까지 자산으로 인식할 수 없다. 우발자산은 자산으로 인식하지 아니하고 자원의 유입가능성이 매우 높은 경우에만 주석에 기재한다. 상황변화로 인하여 자원이 유입될 것이 확정된 경우에는 그러한 상황변화가 발생한 기간에 관련 자산과 이익을 인식한다.

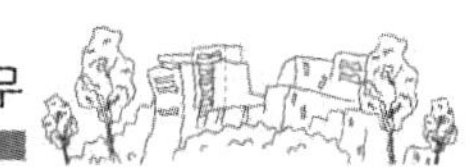

02 중소기업회계기준

2.1 부채의 인식

부채는 해당 의무를 이행하기 위하여 경제적 자원이 유출될 가능성이 매우 높고, 의무의 이행에 소요되는 금액을 신뢰성 있게 측정할 수 있는 경우에 대차대조표에 인식한다. 부채의 인식과 관련한 구체적인 내용은 다음과 같다.

① 부채는 회계연도 말부터 1년 이내에 상환 등을 통하여 소멸할 것으로 예상되면 유동부채로, 그 밖의 경우는 비유동부채로 구분한다.
② 부채는 유동성이 높은 항목부터 배열한다.
③ 부채는 상계하여 표시하지 않는다. 다만, 회사가 채권과 채무를 상계할 수 있는 법적 권리를 가지고 있고, 채권과 채무를 차액으로 결제하거나 동시에 결제할 의도가 있다면 상계하여 표시한다.
④ 가지급금이나 가수금 등은 그 내용을 나타내는 적절한 항목으로 표시한다.
⑤ 유동부채란 회계연도 말부터 1년 이내에 상환 등을 통하여 소멸할 것으로 예상되는 부채를 말한다. 유동부채에는 단기차입금, 매입채무, 미지급법인세, 미지급비용, 미지급금, 선수금, 선수수익, 예수금과 유동성장기부채 등이 포함된다.
⑥ 비유동부채란 유동부채를 제외한 모든 부채를 말한다. 비유동부채에는 장기매입채무, 사채, 장기차입금과 퇴직급여충당부채 등이 포함된다.

2.2 부채의 평가

매입채무 등의 평가와 관련한 내용은 다음과 같다.

① 매입채무, 차입금, 사채, 미지급금, 미지급비용, 예수금 등(매입채무 등)은 부담하는 채무액으로 최초에 측정한다. 다만, 현재가치평가를 아니할 수 있다.
② 매입채무 등의 장부금액과 만기금액에 차이가 있는 경우 그 차이를 상환기간에 걸쳐 유효이자율법이나 정액법으로 상각하여 장부금액과 이자비용에 반영한다.

2.3 부채의 제거

매입채무, 차입금, 사채 등이 소멸하거나 제3자에게 이전되는 경우, 그 부채를 대차대조표에서 제거하고 장부금액과 지급한 대가(양도한 비현금자산이나 부담한 부채를 포함한다)의 차액은 당기손익으로 인식한다.

2.4 충당부채

충당부채의 인식과 관련한 내용은 다음과 같다.

① 타인의 채무 등에 관한 보증, 계류 중인 소송사건, 하자보수 약정 등은 지출의 시기 또는 금액이 확실하지 않더라도 부채의 정의와 부채의 인식조건을 모두 충족한다면 충당부채를 인식한다.

부채의 정의	부채란 과거의 거래나 사건의 결과로 현재 회사가 부담하고 있고 미래에 자원이 유출되거나 사용될 것으로 예상되는 의무를 말한다.
부채의 인식요건	해당 의무를 이행하기 위하여 경제적 자원이 유출될 가능성이 매우 높고, 의무의 이행에 소요되는 금액을 신뢰성 있게 측정할 수 있다.

② 충당부채로 인식하는 금액은 현재의무의 이행에 소요되는 지출에 대해 회계연도 말 현재 관련된 사건과 상황에 대한 불확실성을 고려한 최선의 추정치이다.

③ 상황이 달라져서 더 이상 충당부채의 인식 조건을 충족하지 아니하게 되면, 관련 충당부채는 환입하여 당기에 이익으로 인식한다.

03 세무회계

법인세법은 권리의무확정주의에 따라 손익을 인식하므로 미확정부채의 성격을 갖는 충당금은 손금으로 인정하지 아니한다. 다만, 세법에서 열거된 충당금에 한하여 손금으로 인정하고 있지만, 이러한 충당금의 설정 여부는 회사에 선택권이 있기 때문에 원칙적으로 결산상 비용으로 계상한 경우에만 인정한다. 일시상각충당금(압축기장충당금)과 구상채권상각충당금(한국채택국제회계기준적용법인에 한함)은 기업회계상 인정받지 못하는 충당금이므로 예외적으로 임의신고조정이 가능하도록 규정하고 있다. 한편, 우발부채 및 우발자산은 기업회계상 회계처리없이 주석으로만 기재되므로 별도의 세무조정은 발생하지 아니한다.

구 분	내 용
세법상 인정되는 충당금	저가법으로 신고한 재고자산평가충당금, 대손충당금, 퇴직급여충당금, 퇴직연금충당금, 구상채권상각충당금, 일시상각충당금(압축기장충당금)
세법상 인정되지 않는 충당금	그 외(판매보증충당부채, 하자보수충당부채 등)

예 제 **제품보증충당부채**

결산일이 매년 12월 31일인 ㈜이손은 20X1년초에 신제품을 판매하기 시작하였다. 판매한 제품에 대하여 3년간의 보증수리를 보장하고 있으며 과거의 경험으로 보아 보증비용은 매출액의 2%가 발생할 것으로 추정된다.

(1) 20X1년의 매출액은 ₩1,000,000이고 실제발생한 보증비용은 ₩10,000이었다.
(2) 20X2년의 매출액은 ₩1,500,000이고 실제발생한 수리비용은 ₩8,000이었다.

요구사항

제품보증충당부채와 관련한 20X1년과 20X2년의 회계처리 및 세무조정을 하시오.

풀 이

구 분	회계처리와 세무조정
20X1년 비용발생시	(차) 제품보증비 10,000 (대) 현 금 10,000 실제 제품보증비가 발생되었으므로 세무조정은 없다.
20X1년 결산시	(차) 제품보증비 10,000 (대) 제품보증충당부채 10,000 * ₩1,000,000×2% − ₩10,000 = ₩10,000
	〈손금불산입〉 제품보증충당부채 10,000 (유보) 세무상 제품보증충당부채는 인정되지 아니하므로 손금불산입한다.
20X2년 비용발생시	(차) 제품보증충당부채 8,000 (대) 현 금 8,000 〈손금산입〉 제품보증충당부채 8,000 (△유보) 실제 제품보증비 지출시 손금으로 인정한다.
20X2년 결산시	(차) 제품보증비 30,000 (대) 제품보증충당부채 30,000 * ₩1,500,000×2% = ₩30,000 〈손금불산입〉 제품보증충당부채 30,000 (유보)

제4절 퇴직급여충당부채

01 일반기업회계기준

1.1 퇴직급여충당부채의 의의

퇴직급여충당부채란 보고기간말 현재 전종업원[44]이 일시에 퇴직할 경우 지급하여야 할 퇴직금에 상당하는 금액을 말한다. 실제의 퇴직금지급은 미래에 임직원 퇴직시 이루어지지만 기간의 경과에 따른 퇴직금의 증가분은 매 회계기간의 비용과 부채로 계상하는 것이 수익비용대응에 합리적이므로 보고기간말 현재 퇴직금상당액에 대한 퇴직급여와 퇴직급여충당부채를 인식해야 한다.

(1) 퇴직금지급의 형태

1) 사내유보

현금지출없이 퇴직급여충당부채의 설정을 통하여 배당가능한 이익을 줄임으로서 불특정자산의 형태로 사내에 유보시켜 놓는 것을 의미한다. 이 경우 기업에게 재무적 곤경사태가 발생하면 퇴직금지급 재원부족으로 지급불능 상황을 초래할 수 있지만 실제 퇴직시까지 퇴직금의 지급이 유예되므로 그 동안 유보된 자금을 업무에 사용할 수는 있다.

2) 사외예치

안정적인 퇴직금의 지급을 위하여 외부기관에 퇴직금상당액의 전부 또는 일부를 예치하는 것을 말한다. 종업원의 실제 퇴직 이전에 미리 퇴직금의 전부 또는 일부가 유출되므로 자금부담이 있지만 예치된 부분만큼 퇴직급여관련 부채의 장부금액이 감소된다. 사외예치는 연금부담금을 연금운용기관에 예치하는 방식인 퇴직연금제도를 사용한다. 퇴직연금의 유형은 다음과 같다.

① 확정기여형퇴직연금(DC형 : Defined Contribution Retirement Pension)

확정적인 부담금의 납부로 기업의 퇴직금관련 지급의무가 종료되고 퇴직급여충당부채를 설정하지 아니한다.

② 확정급여형퇴직연금(DB형 : Defined Benefit Retirement Pension)

연금지급액을 기업이 책임지는 형태로서 지급의무가 종료된 것이 아니므로 퇴직급여충당부채를 설정하여야 한다.

---

44) 종업원이란 전일제나 시간제 그리고 정규직이나 임시직으로 기업에 근무용역을 제공한 자로서 이사와 그 밖의 경영진 포함한다.

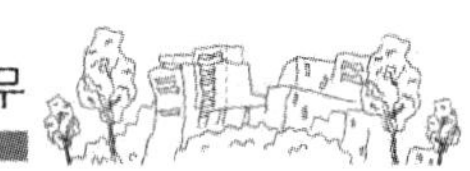

퇴직연금의 기본흐름

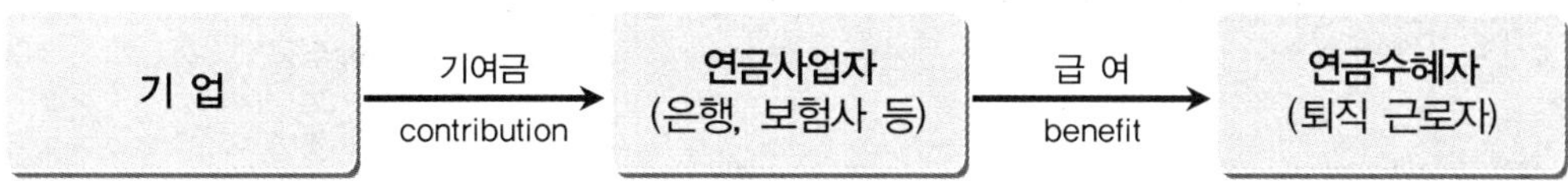

(2) 퇴직급여충당부채의 설정

퇴직급여충당부채의 설정과 회계처리는 다음과 같다.

① 추계액의 확정

퇴직급여충당부채는 보고기간종료일 현재 전종업원이 일시에 퇴직할 경우 지급하여야 할 퇴직금에 상당하는 금액으로 한다. 추계액은 각 종업원별로 근속연수와 평균임금을 감안하여 산정한다.

보고기간말 퇴직금추계액 =	회사의 퇴직금규정에 의한 퇴직금추계액 근로자퇴직급여보장법상 퇴직금추계액

② 설정 또는 환입

추계액과 퇴직급여충당부채의 잔액을 비교하여 부족분은 추가로 설정하고 잉여부분은 환입한다.

㉠ 부족시

(차) 퇴직급여	×××	(대) 퇴직급여충당부채	×××

㉡ 잉여시

(차) 퇴직급여충당부채	×××	(대) 퇴직급여충당부채환입	×××

③ 충당부채의 사용

실제로 종업원이 퇴직하여 퇴직금을 지급하는 경우에는 개인별 퇴직급여충당부채 설정액에 관계없이 퇴직급여충당부채에서 차감한다. 퇴직급여충당부채의 잔액을 초과하여 퇴직금을 지급하였을 경우에는 퇴직급여(기간비용)로 처리한다. 명예퇴직금을 지급하였을 경우에는 명예퇴직금(판매비와관리비 또는 제조원가)으로 별도 처리해야 한다.

㉠ 퇴직금지급시

(차) 퇴직급여충당부채	×××	(대) 현 금	×××
		(퇴직소득세)예수금	×××

㉡ 퇴직급여충당부채 초과 지급시

(차) 퇴직급여충당부채	×××	(대) 현 금	×××
퇴직급여	×××	(퇴직소득세)예수금	×××

㉢ 명예퇴직금 지급시

(차) 퇴직급여(명예퇴직금)	×××	(대) 현 금	×××
		(퇴직소득세)예수금	×××

1.2 회계처리

(1) 확정기여제도

확정기여제도를 설정한 경우에는 당해 회계기간에 대하여 기업이 납부하여야 할 부담금(기여금)을 퇴직급여(비용)로 인식하고 퇴직연금운용자산, 퇴직급여충당부채 및 퇴직연금미지급금은 인식하지 아니한다. 일정기간 종업원이 근무용역을 제공하였을 때 기업은 그 근무용역과 교환하여 확정기여제도에 납부해야 할 기여금을 다음과 같이 인식한다.

① 이미 납부한 기여금을 차감한 후 부채(미지급비용)로 인식한다. 이미 납부한 기여금이 보고기간말 이전에 제공된 근무용역에 대해 납부하여야 하는 기여금을 초과하는 경우에는 초과기여금 때문에 미래 지급액이 감소하거나 현금이 환급되는 만큼을 자산(선급비용)으로 인식한다.

② 다른 일반기업회계기준에 따라 해당 급여를 자산의 원가에 포함하는 경우를 제외하고는 비용으로 인식한다.

(2) 확정급여제도

1) 회계처리

확정급여형퇴직연금제도에서 지급하는 퇴직급여와 관련된 부채는 다음의 두 가지 경우로 나누어 각각 회계처리한다.

① 종업원이 퇴직하기 전의 경우

보고기간말 현재 종업원이 퇴직할 경우 지급하여야 할 퇴직일시금에 상당하는 금액을 측정하여 퇴직급여충당부채로 인식한다. 종업원이 아직 퇴직하지는 않았으나 퇴직연금에 대한 수급요건 중 가입기간 요건을 갖춘 경우에도 보고기간 종료일 현재 종업원이 퇴직하면서 퇴직일시금의 수령을 선택한다고 가정하고 이때 지급하여야 할 퇴직일시금에 상당하는 금액을 측정하여 퇴직급여충당부채로 인식한다.

② 종업원이 가입기간 요건을 갖추고 퇴사시 퇴직연금의 수령을 선택한 경우45)

보고기간말 이후 퇴직 종업원에게 지급하여야 할 예상퇴직연금합계액의 현재가치를 측

---

45) 실무적으로 종업원이 퇴사시 퇴직금을 기업으로부터 퇴직연금형태로 수령하는 경우는 거의 없다. 대부분 퇴직시 연금사로부터 퇴직일시금을 수령하고 있으며 퇴직연금형태의 수령을 원하는 경우에는 종업원이 연금사와 별도의 약정을 체결하는 것이 일반적이다.

정하여 퇴직연금미지급금으로 인식한다. 예상퇴직연금합계액은 퇴직 후 사망률과 같은 보험수리적 가정을 사용하여 추정하고, 그 현재가치를 계산할 때에는 보고기간말 현재 우량회사채의 시장수익률에 기초하여 할인한다[46]. 다만, 그러한 회사채에 대해 거래층이 두터운 시장이 없는 경우에는 보고기간말 현재 국공채의 시장수익률을 사용한다. 사망률과 같은 보험수리적 가정이 바뀌거나 할인율이 바뀜에 따라 발생하는 퇴직연금미지급금 증감액과 시간의 경과에 따른 현재가치 증가액은 퇴직급여(비용)로 회계처리한다.

2) 퇴직연금운용자산

확정급여형퇴직연금제도에서 운용되는 자산은 기업이 직접 보유하고 있는 것으로 보아 회계처리한다. 재무상태표에는 운용되는 자산을 하나로 통합하여 퇴직연금운용자산으로 표시하고 그 구성내역을 주석으로 공시한다. 이 경우 주석으로 공시하는 구성내역이라 함은 재무상태표에 하나로 통합하여 표시하지 않고 각각 구분하여 표시할 경우에 인식될 계정과목과 금액을 말한다.

3) 재무제표 표시

확정급여형퇴직연금제도에서 퇴직급여와 관련된 자산과 부채를 재무상태표에 표시할 때에는 퇴직급여와 관련된 부채(퇴직급여충당부채와 퇴직연금미지급금)에서 퇴직급여와 관련된 자산(퇴직연금운용자산)을 차감하는 형식으로 표시한다. 퇴직연금운용자산이 퇴직급여충당부채와 퇴직연금미지급금의 합계액을 초과하는 경우에는 그 초과액을 투자자산의 과목으로 표시한다.

재무상태표	
퇴직급여충당부채	×××
퇴직연금운용자산	(×××)

(3) 퇴직급여제도의 변경

기존의 퇴직금제도에서 확정급여형퇴직연금제도 또는 확정기여형퇴직연금제도로 변경하는 경우 퇴직급여충당부채에 대한 회계처리는 다음과 같다.

① 퇴직급여제도를 변경하면서 기존 퇴직급여충당부채를 정산하는 경우 기존 퇴직급여충당부채의 감소로 회계처리한다.

46) 퇴직급여의 모든 예상지급시기에 상응할 수 있을 정도로 충분히 긴 만기를 갖는 회사채 시장이 존재하지 않을 수 있다. 이러한 경우 상대적으로 지급시기가 늦은 퇴직급여액에 대해서는 수익률곡선상의 현행 회사채시장수익률을 예상지급시기까지 확장하여 합리적으로 추정한 할인율을 적용한다.

② 확정기여형퇴직연금제도가 장래근무기간에 대하여 설정되어 과거근무기간에 대하여는 기존 퇴직금제도가 유지되는 경우 임금수준의 변동에 따른 퇴직급여충당부채의 증감은 퇴직급여(비용)로 인식한다.

③ 기존의 퇴직금제도에서 과거근무기간을 포함하여 확정급여형 퇴직연금제도로 변경하는 경우 기존 퇴직급여충당부채에 대해 부담금 납부의무가 발생하더라도 이는 사내적립액을 사외적립액으로 대체할 의무에 지나지 않으므로 별도의 추가적인 부채로 인식하지 아니하고 납부하는 시점에 퇴직연금운용자산으로 인식한다.

02 K-IFRS

2.1 확정급여제도의 의의

확정급여제도(defined benefit plans)는 확정기여제도 이외의 모든 퇴직급여제도로서 확정급여제도의 회계처리는 채무와 비용의 측정에 보험수리적 가정이 요구되고 보험수리적손익이 발생할 가능성이 있기 때문에 복잡하다. 또한 채무는 종업원이 관련 근무용역을 제공한 후 오랜 기간이 지나서야 결제될 수 있으므로 할인된 금액으로 측정한다.

확정급여제도는 기금이 별도로 적립되지 않는 경우도 있으나 법률적으로 별개인 실체나 기금에 기업(경우에 따라서는 종업원도 기여금의 일부를 분담할 수 있음)이 기여금을 납부함으로써 전부 또는 부분적으로 기금이 적립되는 경우도 있다. 기금이 적립되는 확정급여제도의 경우에는 그 기금에서 종업원급여가 지급된다. 또 지급기일이 도래한 급여의 지급가능성은 기금의 재무상태와 투자성과뿐만 아니라 기금자산의 부족분을 보전할 수 있는 기업의 능력과 의도에도 달려있다. 따라서 기업이 실질적으로 제도와 관련된 보험수리적위험과 투자위험을 부담한다. 결과적으로 확정급여제도와 관련하여 인식하는 비용은 반드시 당해 기간에 지급기일이 도래한 기여금만을 의미하는 것은 아니다.

확정급여제도에서는 확정급여채무의 현재가치에서 사외적립자산의 공정가치를 차감한 금액을 재무상태표에 순확정급여부채(자산)로 인식한다. 순확정급여자산은 확정급여제도가 채무를 초과하여 적립되거나 보험수리적이익이 발생한 경우에 발생할 수 있다.[47]

47) 이 경우 다음과 같은 이유에서 순확정급여자산을 인식할 수 있다.
① 기업이 자원을 통제하고 있으며 이는 미래경제적효익을 창출하는 데 그 초과적립액을 사용할 능력이 있음을 의미한다.
② 기업의 통제는 과거 사건(기업의 기여금 지급, 종업원의 근무용역 제공)의 결과이다.
③ 미래경제적효익은 직접 또는 결손이 있는 다른 제도를 통하여 간접적으로 기업에 유입될 수 있으며 미래 기여금의 감소나 현금환급의 방식으로 이용할 수 있다. 자산인식상한은 이러한 미래경제적효익의 현재가치이다.

확정급여채무의 현재가치	×××
사외적립자산의 공정가치	(×××)
순확정급여부채(자산)	×××

확정급여제도의 회계처리는 다음과 같은 절차를 거친다.

① 종업원이 제공한 근무용역의 대가로 획득한 급여액을 추정하여 확정급여채무의 현재가치와 당기근무원가의 결정
② 사외적립자산의 공정가치 측정
③ 기타포괄손익으로 인식되는 순확정급여부채(자산)의 재측정요소 결정

2.2 확정급여채무

확정급여채무의 현재가치(present value of the defined benefit obligation)란 종업원이 당기와 과거기간에 근무용역을 제공하여 발생한 채무를 결제하는 데 필요한 예상 미래지급액의 현재가치를 말하며 당기근무원가(current service cost)는 당기에 종업원이 근무용역을 제공하여 발생한 확정급여채무 현재가치의 증가액을 말한다. 확정급여채무의 현재가치를 계산하기 위해서는 퇴직 전 최종임금, 종업원 이직률과 사망률, 의료원가추세 등 많은 불확실성 변수를 예측하여야 한다. 이러한 불확실성을 예측하기 위해서 다음과 같은 가정과 절차가 필요하다.

① 보험수리적 가정과 평가(예측단위적립방식)
② 퇴직급여액의 근무기간 배분

(1) 보험수리적 가정

보험수리적 가정(actuarial assumptions)은 급여를 수령할 권리를 갖는 전·현직종업원의 미래 특성에 관한 이직률, 신체장애율, 조기퇴직률, 재무적 가정, 할인율 등 다양한 인구통계적 가정을 말한다. 이러한 가정은 퇴직급여의 궁극적인 원가를 결정하는 여러 가지 변수들에 대한 최선의 추정을 반영하는 것이다. 보험수리적 가정의 예를 들면 다음과 같다.

① 인구통계적 가정
종업원의 이직률, 조기퇴직률, 사망률, 의료원가청구율 등

② 재무적 가정
할인율, 미래의 임금과 급여 수준, 사외적립자산의 기대수익률 등

보험수리적 가정은 지나치게 낙관적이지 않으면서 지나치게 보수적이지도 않을 때 편의가 없는 것으로 본다. 또한 보험수리적 가정이 서로 양립가능하기 위해서는 물가상승률, 임금상승률, 사외적립자산의 기대수익률, 할인율 등과 같은 요소들 사이의 경제적 관계를 반영하여야 한다.

(2) 할인율

퇴직급여채무(기금이 적립되는 경우와 적립되지 않는 경우 모두 포함)를 할인하기 위해 사용하는 할인율은 보고기간말 현재 우량회사채의 시장수익률을 참조하여 결정한다. 만약 그러한 회사채에 대해 거래층이 두터운 시장이 없는 경우에는 보고기간말 현재 국공채의 시장수익률을 사용한다. 그러한 회사채나 국공채의 통화 및 만기는 퇴직급여채무의 통화 및 예상지급시기와 일관성이 있어야 한다.

할인율에는 퇴직급여의 예상지급시기가 반영된다. 실무적으로는 퇴직급여의 예상지급시기, 예상금액과 지급통화를 반영하는 단일의 가중평균할인율을 적용함으로써 할인율에 퇴직급여의 예상지급시기를 반영할 수 있다. 퇴직급여의 모든 예상지급시기에 상응할 수 있을 정도로 충분히 긴 만기를 갖는 채권에 대해 거래층이 두터운 시장이 존재하지 않을 수 있다. 이러한 경우 상대적으로 지급시기가 빠른 급여액을 할인하기 위해서는 이에 상응하는 적절한 만기의 현행 시장수익률을 적용하고, 상대적으로 지급시기가 늦은 급여액에 대해서는 수익률곡선상의 현행 시장수익률을 예상지급시기까지 확장하여 합리적으로 추정한 할인율을 적용한다.

(3) 예측단위적립방식

확정급여채무의 현재가치와 당기근무원가를 결정하기 위해서는 예측단위적립방식(projected unit credit method)을 사용한다. 예측단위적립방식(근무기간에 비례하는 발생급여방식 또는 급여/근무연수방식)이란 퇴직연금을 재정하는 방식의 일종으로 종업원의 퇴직시 예상급여를 각 가입연도에 대응하는 단위로 분할, 할당하고 각 단위의 현재가치상당액을 가입기간중의 각 연도에 표준부담금으로 납입하는 사전적립방식을 말한다. 예측단위적립방식의 예를 들면 다음과 같다.

기업은 종업원이 퇴직한 시점에 일시불급여를 지급하며, 일시불급여는 종업원의 퇴직 전 최종임금의 1%에 근무연수를 곱하여 산정된다. 1차년도초에 입사한 종업원의 연간임금은

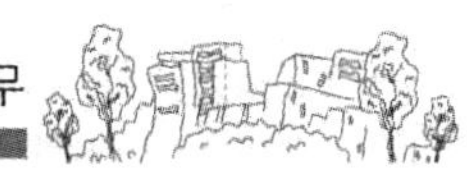

1차년도말에 10,000원이며 향후 매년 7%(복리)씩 상승하는 것으로 가정한다. 연간 할인율은 10%이고, 해당 종업원이 5차년도말에 퇴직할 것으로 예측되는 경우 예측단위적립방식 과정은 다음과 같다.

① 퇴직시 예상급여 : ₩10,000×$(1+7\%)^4$×1%×5년 = ₩655

② 근무연수(가입연도)에 따른 할당 : ₩655÷5년 = ₩131

③ 각 연도별 현재가치상당액(당기근무원가)

근속연수(가입연도)	1	2	3	4	5
근속연수별 할당액	131	131	131	131	131
할인율(10%)	$\div(1+10\%)^4$	$\div(1+10\%)^3$	$\div(1+10\%)^2$	$\div(1+10\%)^1$	÷1
근속연수별 할당액의 현재가치	89	98	108	119	131

적립 \ 기간	20X1년초	20X1년말	20X2년말	20X3년말	20X4년말	20X5년말	
20X1	–	ⓒ (89) ←÷1.1	98 ←÷1.1	108 ←÷1.1	119 ←÷1.1	131	ⓑ
20X2	–	–	(98) ←÷1.1	108 ←÷1.1	119 ←÷1.1	131	
20X3	–	–	–	(108) ←÷1.1	119 ←÷1.1	131	
20X4	–	–	–	–	(119) ←÷1.1	131	
20X4	–	–	–	–	–	(131)	
확정급여채무	0	89	196	324	476	655 ⓐ	
퇴직급여		89	107	128	152	179	

ⓐ 퇴직시 예상급여 추정 : ₩10,000 × $(1 + 7\%)^4$ × 1% × 5년 = ₩655

ⓑ 각 가입연도(5년)에 할당 : 655/5년 = ₩131

ⓒ 할당액의 현재가치를 각 연도에 납입가정 : $= \frac{131}{1.1^4}, \frac{131}{1.1^3}, \frac{131}{1.1^2}, \frac{131}{1.1^1}, 131$

〈사례 : 20X3년 확정급여채무〉

당기감소	0	기초잔액	196
기말잔액	324	퇴직급여	128

퇴직급여 128:
- 당기근무원가 : 108
- 이자요소 : 98×0.1×2≒20
- ∴108+20=128

(4) 퇴직급여액의 근무기간 배분

확정급여채무의 현재가치와 관련 당기근무원가를 결정할 때에는 제도에서 정하고 있는 급여산정식에 따라 종업원의 근무기간에 걸쳐 급여를 배분하며 적용가능하다면 과거근무원가를 결정할 때에도 이와 동일한 방식을 사용한다. 그러나 종업원의 근무기간 후반에 귀속되는 급여 수준이 근무기간 초반에 귀속되는 급여 수준보다 중요하게 높은 경우에는 정액법에 따라 급여를 배분한다. 정액법에 따라 급여를 배분하는 기간은 다음 ①에서 ②에 이르는 기간으로 한다.

① 종업원이 근무용역을 제공함에 따라 확정급여제도에서 정하고 있는 급여가 처음으로 발생하는 날(그 급여가 미래의 근무용역제공을 조건으로 하는지 여부와 무관함)

② 종업원이 추가로 근무용역을 제공하더라도 확정급여제도에 따라 추가임금상승 이외에는 더 이상 중요한 금액의 급여가 발생하지 않는 날

예측단위적립방식은 각 근속연수별 현재가치상당액을 가입기간중의 각 연도에 표준부담금으로 납입하는 방식을 가정하며 이 경우 각 연도에 표준부담금으로 납입할 금액이 당기근무원가(당기에 종업원이 근무용역을 제공함에 따라 발생하는 확정급여채무의 현재가치 증가액)에 해당한다. 또한 매기 납부액에 대하여 이자가 발생하며 해당 이자도 궁극적으로 종업원에게 귀속되므로 기업의 입장에서는 퇴직급여원가에 해당한다.

연 도	1	2	3	4	5
퇴직급여원가(D) 기초 누적합계(A)	–	89	196	324	476
이자원가(B=A×10%)	–	9	20	33	48
당기근무원가(C)	89	98	108	119	131
퇴직급여원가(D=B+C)	89	107	128	152	179

따라서 각 연도에 표준부담금으로 납입한다고 가정한 당기근무원가와 각 연도별 이자원가 합계액이 퇴직급여원가에 해당하며, 다른 자산의 원가에 해당하는 경우를 제외하고는 비용으로 인식한다. 그리고 각 연도별 퇴직급여원가 누적액이 확정급여채무이다. 이를 정리하면 다음과 같다.

연 도	1	2	3	4	5
귀속 급여					
누적할당액(과거연도)	–	131	262	393	524
할당액(당해연도)	131	131	131	131	131
당해연도와 과거연도	131	262	393	524	655
기초 확정급여채무	–	89	196	324	476
이자원가(할인율=10%)	–	9	20	33	48
당기근무원가	89	98	108	119	131
기말 확정급여채무	89	196	324	476	655

주1) 기초 확정급여채무는 과거연도에 귀속되는 급여의 현재가치를 말한다.
주2) 당기근무원가는 당해연도에 귀속되는 급여의 현재가치를 말한다.
주3) 기말 확정급여채무는 당해연도와 과거연도에 귀속되는 급여의 현재가치를 말한다.

(5) 확정급여채무의 회계처리

위의 예에서 기업이 퇴직급여원가와 관련하여 각 연도말 회계처리와 재무상태표 표시를 예시하면 다음과 같다.

구 분	회계처리			
1차년도말	(차) 퇴직급여	89	(대) 확정급여채무	89
2차년도말	(차) 퇴직급여	107	(대) 확정급여채무	107
3차년도말	(차) 퇴직급여	128	(대) 확정급여채무	128
4차년도말	(차) 퇴직급여	152	(대) 확정급여채무	152
5차년도말	(차) 퇴직급여	179	(대) 확정급여채무	179
퇴직시	(차) 확정급여채무	655	(대) 현금	655

구 분	20X1년말	20X2년말
순확정급여부채		
확정급여채무의 현재가치	₩89	₩196
사외적립자산의 공정가치	–	–
	89	196

2.3 사외적립자산

사외적립자산(plan assets)은 종업원의 퇴직급여에 충당할 목적으로 장기종업원급여기금[48] 이나 적격보험계약[49] 등에 적립하고 있는 자산(fund)을 말한다. 보고기업이 기금에 납부하여야 하는 미지급기여금과 기업이 발행한 것으로서 기금이 보유하고 있는 양도불가능한 금융상품은 사외적립자산에 포함하지 않는다. 사외적립자산과 관련하여 구체적인 내용은 다음과 같다.

① 사외적립자산으로 납입된 기여금은 공정가치로 측정하며 확정급여채무의 현재가치에서 차감하여 표시한다.

(차) 사외적립자산	×××	(대) 현　금	×××

구 분	재무상태표
순확정급여부채	
확정급여채무	XXX
사외적립자산	(XXX)
	XXX

② 사외적립자산에서 발생할 것으로 예상되는 이자수익은 사외적립자산에 가산하고 퇴직급여에서 차감한다. 사외적립자산에 대한 이자수익은 연차보고기간 초에 사외적립자산의 공정가치에 확정급여채무에 적용된 할인율을 곱하여 결정한다. 사외적립자산에 대한 이자수익과 사외적립자산의 수익[50]의 차이는 재측정요소에 포함하여 기타포괄손익으로 인식한다.

---

48) 장기종업원급여기금이 보유하고 있는 자산은 다음의 요건을 모두 충족하는 자산(보고기업이 발행한 양도불가능한 금융상품은 제외)을 말한다.
① 보고기업과 법적으로 별개이고, 오로지 종업원급여를 지급하기 위하여 또는 종업원급여 기금적립을 위하여만 존재하는 실체(기금)가 보유하고 있다.
② 종업원급여를 지급하기 위하여 또는 종업원급여 기금적립에만 사용될 수 있고 보고기업 자신의 채권자(파산의 경우 포함)에게는 이용가능하지 않으며 다음 중 하나의 경우를 제외하고는 보고기업에게 반환될 수 없다.
㉠ 반환 후에도 기금의 잔여자산이 급여제도 또는 보고기업의 관련 종업원급여채무를 이행하기에 충분한 경우
㉡ 보고기업이 이미 지급한 종업원급여를 보상하기 위한 경우

49) 적격보험계약이란 보고기업과 특수관계자가 아닌 보험자와의 보험계약으로서 다음의 요건을 모두 충족하는 것을 말한다.
① 보험금은 오직 확정급여제도상 종업원급여를 지급하기 위하여 또는 종업원급여 기금적립에만 사용될 수 있다.
② 보험금은 보고기업 자신의 채권자(파산의 경우 포함)에게 이용가능하지 않으며 다음 중 하나의 경우를 제외하고는 보고기업에게 지급될 수 없다.
㉠ 보험금이 관련 종업원급여채무를 모두 이행하고도 남는 경우
㉡ 보고기업이 이미 지급한 종업원급여를 보상하기 위한 경우

50) 사외적립자산의 수익이란 사외적립자산에서 발생하는 이자, 배당금 및 그 밖의 수익(사외적립자산의 실현손익과 미실현손익 포함)에서 제도관리원가(확정급여채무를 측정하기 위하여 사용되는 보험수리적 가정에 포함된 원가 제외)와 제도자체에 관련된 법인세를 차감한 금액을 말한다.

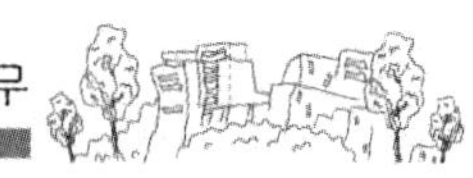

(차) 사외적립자산 ×××　(대) 퇴직급여 ×××
* 기초사외적립자산의 공정가치×확정급여채무에 적용된 할인율

③ 종업원의 퇴직은 퇴직급여의 지급사유에 해당하여 사외적립자산에서 지급이 이루어진다. 따라서 퇴직금 지급시 확정급여채무와 사외적립자산을 각각 상계한다.

(차) 확정급여채무 ×××　(대) 사외적립자산 ×××

④ 사외적립자산은 연차보고기간말에 공정가치로 측정하고 확정급여채무의 현재가치에서 사외적립자산의 공정가치를 차감한 순액을 재무상태표에 순확정급여부채(자산)로 표시한다. 또한 사외적립자산에 대한 이자수익(기대수익)과 사외적립자산의 수익(실제수익)의 차이는 재측정요소에 포함하여 기타포괄손익으로 인식한다. 포괄손익계산서의 퇴직급여는 당기근무원가와 순확정급여부채(자산)의 순이자를 가산한 금액으로 표시한다. 순확정급여부채(자산)의 순이자(net interest on the net defined benefit liability (asset))란 보고기간동안 시간의 경과에 따라 발생하는 순확정급여부채(자산)의 변동을 말하며 확정급여채무의 이자원가에서 사외적립자산의 이자수익을 차감한 금액을 의미한다.

2.4 순확정급여부채(자산)의 재측정요소

순확정급여부채(자산)의 재측정요소(remeasurements of the net defined benefit liability (asset))란 순확정급여부채(자산)의 구성요소인 확정급여채무와 사외적립자산의 예상치 못한 변동을 말한다. 순확정급여부채(자산)의 재측정요소는 다음과 같은 요소로 구성된다.

① 보험수리적손익
② 순확정급여부채(자산)의 순이자에 포함된 금액을 제외한 사외적립자산의 수익
③ 순확정급여부채(자산)의 순이자에 포함된 금액을 제외한 자산인식상한효과의 변동

재측정요소는 기타포괄손익으로 인식하며 기타포괄손익에 인식되는 순확정급여부채(자산)의 재측정요소는 후속기간에 당기손익으로 재분류되지 아니한다. 그러나 기타포괄손익에 인식된 금액을 자본내에서 대체할 수 있다. 또한 순확정급여부채(자산)를 구성하는 확정급여채무의 현재가치와 사외적립자산의 공정가치는 재무제표에 인식된 금액이 보고기간말에 결정될 금액과 중요한 차이가 나지 않을 정도의 주기를 두고 결정한다.

확정급여원가의 구성요소
① 근무원가 : 당기손익으로 인식
② 순확정급여부채(자산)의 순이자 : 당기손익으로 인식
③ 순확정급여부채(자산)의 재측정요소 : 기타포괄손익으로 인식

(1) 보험수리적손익

보험수리적손익(actuarial gains and losses)이란 보험수리적 가정의 변동과 경험조정(이전의 보험수리적 가정과 실제로 발생한 결과의 차이효과)으로 인해 발생하는 확정급여채무 현재가치의 변동을 말한다. 보험수리적손익이 발생하는 원인의 예는 다음과 같다.

① 종업원의 이직률, 조기퇴직률, 사망률, 임금상승률, 급여(제도의 공식적 규약이나 의제의무에 따라 물가상승률에 연동하여 급여가 증액되는 경우) 또는 의료원가가 실제로는 당초 예상보다 높거나 낮은 경우
② 급여지급선택권과 관련된 가정의 변동 효과
③ 종업원의 이직률, 조기퇴직률, 사망률, 임금상승률, 급여(제도의 공식적 규약이나 의제의무에 따라 물가상승률에 연동하여 급여가 증액되는 경우) 또는 의료원가에 대한 추정치가 변경됨에 따른 효과
④ 할인율의 변경에 따른 효과

확정급여채무의 현재가치 증가

(차) 재측정요소(기타포괄손익)	×××	(대) 확정급여채무	×××

확정급여채무의 현재가치 감소

(차) 확정급여채무	×××	(대) 재측정요소(기타포괄손익)	×××

(2) 사외적립자산의 수익

사외적립자산의 수익은 사외적립자산에서 발생하는 이자, 배당금 및 그 밖의 수익(사외적립자산의 실현손익과 미실현손익 포함)에서 제도관리원가(확정급여채무를 측정하기 위하여 사용되는 보험수리적 가정에 포함된 원가 제외)와 제도자체에 관련된 법인세를 차감한 금액을 말한다. 사외적립자산의 수익은 실제수익으로서 공정가치에 반영되지만 사외적립자산의 이자수익은 연차보고기간 초에 사외적립자산의 공정가치에 확정급여채무에 적용된 할인율을 곱하여 결정한 수익으로서 장부금액에 반영된다. 따라서 사외적립자산의 기말 공정가치와 장부금액은 차이가 발생하며 이러한 차이는 재측정요소에 포함하여 기타포괄손익으로

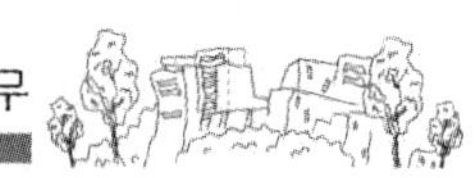

인식한다.

사외적립자산의 공정가치 증가 (사외적립자산의 수익 > 이자수익)

(차) 사외적립자산(실제수익)	×××	(대) 퇴 직 급 여	×××
		재측정요소(기타포괄손익)	×××

사외적립자산의 공정가치 감소 (사외적립자산의 수익 < 이자수익)

(차) 사외적립자산(실제수익)	×××	(대) 퇴 직 급 여	×××
재측정요소(기타포괄손익)	×××		

(3) 자산인식상한효과의 변동

사외적립자산의 공정가치가 확정급여채무의 현재가치보다 큰 경우 사외적립자산의 공정가치에서 확정급여채무의 현재가치를 차감한 금액(초과적립액)이 순확정급여자산이다. 이 경우 순확정급여자산은 자산인식상한을 초과할 수 없다. 자산인식상한(asset ceiling)은 제도로부터의 환급이나 제도에 대한 미래기여금절감의 형태로 이용가능한 경제적효익의 현재가치를 말한다. 따라서 재무상태표에는 순확정급여자산(초과적립액)에서 자산인식상한으로 인하여 자산으로 인식하지 못한 금액(자산인식상한효과)을 차감한 가액으로 표시한다. 순확정급여자산이 자산인식상한의 변동으로 증감이 발생하는 경우 기여금이나 퇴직금의 지급 및 당기손익(순이자-근무원가)으로 인식된 부분을 제외한 금액을 재측정요소에 포함하여 기타포괄손익으로 인식한다.

03 세무회계

3.1 퇴직급여제도

퇴직급여제도란 퇴직금제도와 퇴직연금제도를 말한다. 퇴직금제도는 임직원의 현실적인 퇴직으로 인하여 사용자가 퇴직자에게 직접 지급하는 보상제도를 말하며 퇴직연금제도는 임직원의 퇴직금 지급에 사용할 목적으로 사용자가 퇴직연금사업자에게 해당 재원을 사전에 납입하고 사후에 임직원의 퇴직시 퇴직연금사업자가 퇴직자에게 지급하는 사외적립제도를 말한다. 퇴직급여제도는 기업회계상 퇴직급여제도와 근로자퇴직급여보장법에 의한 퇴직급여제도로 구분할 수 있다.

(1) 기업회계상 퇴직급여제도

회사는 임직원의 퇴직급여에 충당하기 위해서 내부적으로 퇴직급여충당금을 설정하고 실제 임직원의 퇴직시 퇴직금을 지급하면서 퇴직급여충당금을 상계하는 사내적립제도를 운영한다. 이와 별도로 퇴직연금사업자에게 일정 기여금을 납부하여 미래 임직원의 퇴직금을 퇴직연금에서 지급하도록 하는 사외적립제도를 운용한다. 이러한 퇴직연금제도는 확정기여형과 확정급여형으로 구분할 수 있으며 각각의 회계처리는 이미 전술한 바와 같다.

(2) 근로자퇴직급여보장법상 퇴직급여제도

1) 퇴직급여제도의 의의

퇴직급여제도는 근로기준법에 따라 근로자퇴직급여보장법이 정하는 바에 따른다. 퇴직급여제도란 퇴직금제도 및 확정급여형퇴직연금제도, 확정기여형퇴직연금제도를 말하며 퇴직금제도를 설정하려는 사용자는 계속근로기간 1년에 대하여 30일분 이상의 평균임금을 퇴직금으로 퇴직 근로자에게 지급할 수 있는 제도를 설정하여야 한다(근퇴보장법 2, 8).

2) 퇴직급여제도의 설정과 지급

사용자는 퇴직하는 근로자에게 급여를 지급하기 위하여 퇴직급여제도 중 하나 이상의 제도를 설정하여야 한다. 다만, 계속근로기간이 1년 미만인 근로자, 4주간을 평균하여 1주간의 소정근로시간이 15시간 미만인 근로자에 대하여는 그러하지 아니하다. 퇴직급여제도를 설정하는 경우에 하나의 사업에서 급여 및 부담금 산정방법의 적용 등에 관하여 차등을 두어서는 아니 되며 사용자가 퇴직급여제도를 설정하거나 설정된 퇴직급여제도를 다른 종류의 퇴직급여제도로 변경하려는 경우에는 근로자의 과반수가 가입한 노동조합이 있는 경우에는 그 노동조합, 근로자의 과반수(이하 근로자대표)가 가입한 노동조합이 없는 경우에는 근로자 과반수의 동의를 받아야 한다. 사용자는 근로자가 퇴직한 경우에는 그 지급사유가 발생한 날부터 14일 이내에 퇴직금을 지급하여야 한다. 다만, 특별한 사정이 있는 경우에는 당사자 간의 합의에 따라 지급기일을 연장할 수 있다.

(3) 법인세법상 퇴직연금제도

내국법인이 임원 또는 직원의 퇴직급여를 지급하기 위하여 납입하거나 부담하는 보험료·부금 또는 부담금 중 다음에 해당하는 보험료 등은 손금에 산입하는 것이며 그 외의 보험료 등은 이를 손금에 산입하지 아니한다(법령 44의2 ②, 법칙 23).

① 보험업법에 따른 보험회사
② 자본시장과 금융투자업에 관한 법률에 따른 신탁업자·집합투자업자·투자매매업자 또는 투자중개업자
③ 은행법에 따른 은행
④ 산업재해보상보험법 제10조에 따른 근로복지공단

외국인근로자도 퇴직연금 가입이 가능하다. 그러나 외국인근로자들 중 고용허가제에 따라 출국만기보험을 의무적으로 가입해야 하는 경우가 있다. 외국인근로자를 고용하는 법인이 외국인근로자의고용등에관한법률 제13조의 규정에 따라 당해 외국인근로자를 피보험자 또는 수익자로 하고, 동 외국인근로자의 사업장 이탈 및 근로계약 해지 또는 출국 등을 보험금 지급사유로 하여 가입하는 출국만기보험은 법인세법시행규칙 제23조(퇴직연금등의 범위)에서 규정하는 퇴직보험 등에 해당하는 것으로 본다(법인, 서면2팀-1453, 2006.07.31.).

임원 또는 직원의 퇴직급여를 지급하기 위하여 불입하거나 부담하는 퇴직연금 등은 기업이 퇴직급여재원을 외부의 금융회사 등에 적립하여 근로자의 퇴직급여 수급권을 보장하기 위한 제도로서 확정기여형과 확정급여형이 있다.

세무상 퇴직연금 (법령 44의2 ②, 법칙 23)	D.C로 간주하는 퇴직연금 (법령 44의2 ③)	D.B로 간주하는 퇴직연금 (법령 44의2 ④)
다음에 해당하는 보험료 ① 보험업법에 따른 보험회사 ② 자본시장과 금융투자업에 관한 법률에 따른 신탁업자·집합투자업자·투자매매업자 또는 투자중개업자 ③ 은행법에 따른 은행 ④ 산업재해보상보험법 제10조에 따른 근로복지공단 ⑤ 출국만기보험(서면2팀-1453)	① 근로자퇴직급여 보장법 제19조에 따른 확정기여형퇴직연금 ② 근로자퇴직급여 보장법 제23조의 6에 따른 중소기업퇴직연금기금제도 ③ 근로자퇴직급여 보장법 제24조에 따른 개인형퇴직연금제도 ④ 과학기술인공제회법에 따른 퇴직연금 중 확정기여형 퇴직연금에 해당하는 것	세무상 퇴직연금에 지출하는 금액 중 확정기여형 퇴직연금등의 부담금을 제외한 금액

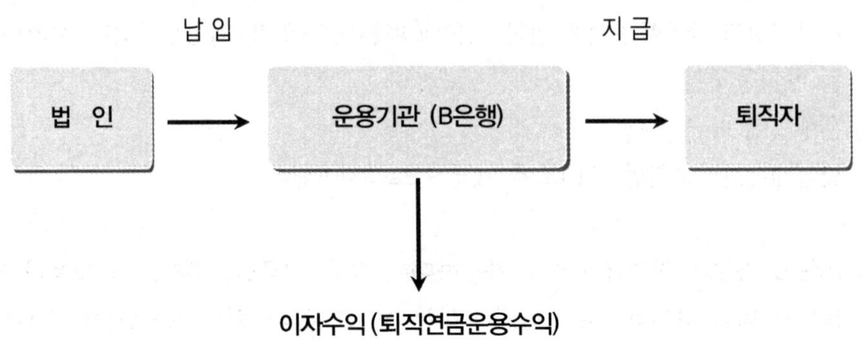

이자수익 (퇴직연금운용수익)

확정기여형(D.C형)
법인의 납부액이 확정
(예 : 총급여　12억원의 1/12 = 1억원)

퇴직급여	1억원	보통예금	1억원

퇴직급여	1억원	보통예금	0.8억원
		미지급비용	0.2억원

퇴직급여	1억원	보통예금	1.2억원
선급비용	0.2억원		

확정급여형(D.B형)
퇴직자의 수령액이 확정
(예 : 퇴직전 3개월 평균급여×근속연수 = 1억원)

퇴직급여	1억원	퇴직급여충당금	1억원

보통예금(B)	0.6억원	보통예금(A)	0.6억원

보통예금(B)	0.1억원	이자수익	0.1억원

퇴직급여충당금	1억원	보통예금(B)	0.7억원
		보통예금(A)	0.3억원

* 보통예금(B)를 퇴직연금운용자산(사외적립자산)이라고 한다.

원천징수의무자 : 운용기관
(퇴직시 원천징수없이 지급명세서만 제출)

원천징수의무자 : 법인
(퇴직시 원천징수없이 지급명세서만 제출)

IRP로 이체 : 과세이연
(계좌 해지시 원천징수)

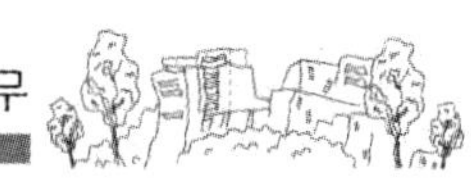

3.2 퇴직급여충당금

퇴직급여충당금이란 임직원의 퇴직급여에 충당하기 위해서 설정하는 충당금으로 법인이 퇴직연금을 납부하지 않은 경우에도 퇴직급여충당금을 설정할 수 있다. 퇴직급여충당금은 결산조정사항이므로 법인이 결산서에 비용으로 회계처리한 경우에만 일정한 금액을 한도로 손금을 인정한다. 따라서 퇴직급여추계액 중 사내적립분은 일정한도내에서 손금산입되며, 추가로 손금산입하기 위해서는 사외에 퇴직연금을 적립한다(법법 33).

퇴직급여충당금과 관련한 세무조정의 형태는 당기 감소액의 세무조정, 당기 퇴직급여 설정액의 한도시부인으로 구분할 수 있다. 예를 들어 기초 퇴직급여충당금은 ₩800, 감소 ₩200이며 당기 퇴직급여 설정액은 ₩400이다. 당해 법인은 확정급여형퇴직연금(DB형)을 가입하고 있으며 신고조정으로 처리하고 있다. 확정급여형퇴직연금(DB형)에 가입된 법인의 퇴직급여충당금과 관련된 세무조정 형태는 다음과 같다.

① 비현실적 퇴직
퇴직급여는 현실적으로 퇴직한 임직원에게 지급한 경우에 한하여 인정하며 현실적으로 퇴직하지 않은 임직원에 대한 퇴직급여는 현실적인 퇴직시까지 업무무관가지급금으로 본다.

② 확정급여형 퇴직연금
퇴직급여충당금의 손금산입은 결산조정사항이나, 확정급여형 퇴직연금의 경우 결산조정 및 신고조정을 모두 허용하고 있으므로 결산서에 비용(퇴직연금급여)을 계상하지 않더라도 실제 퇴직연금을 불입한 경우에는 세법상 한도액까지 손금산입(퇴직연금충당금)한다. 또한 신고조정으로 손금산입하는 경우 퇴직연금 감소액도 퇴직연금충당금에서 상계하여야 한다.

③ 퇴직급여충당금 한도시부인
퇴직급여충당금은 사내적립된 장부상 유보금액이므로 근로자의 퇴직급여 수급권 보호에는 일정한 한계가 있으므로 퇴직급여추계액 중 사내적립분은 일정한도 내에서 손금산입되며, 추가로 손금산입하기 위해서는 사외에 적립하여야 한다.

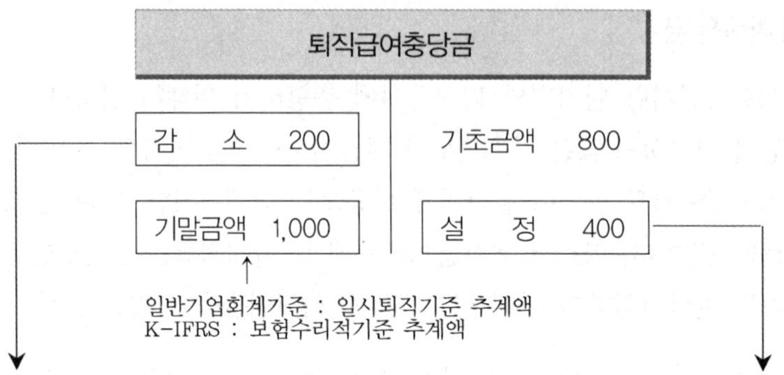

퇴직급여충당금 감소액의 세무조정

① 현실적 퇴직이 아닌 경우

Book) 퇴직급여충당금 200 / 보통예금 200

Tax) 가지급금 200 / 보통예금 200

세무조정) 〈익금산입〉 가지급금 200(유보)

〈손금산입〉 퇴직급여충당금 200(△유보)

② 현실적 퇴직으로 퇴직연금운용자산에서 지급된 경우

Book) 퇴직급여충당금 200 / 퇴직연금운용자산 200

Tax) 퇴직연금(충당금) 200 / 퇴직연금운용자산 200

세무조정) 〈손금산입〉 퇴직급여충당금 200(△유보)

〈익금산입〉 퇴직연금(충당금) 200(유보)

퇴직급여 설정액의 한도시부인

① 회사계상 퇴직급여

Book) 퇴직급여 400 / 퇴직급여충당금 400

② 퇴직급여 설정액의 세무조정

회사계상 퇴직급여 - 퇴직급여충당금한도

=(+) 손금불산입(유보)

(-) 조정 없음

*회사계상 퇴직급여

손익계산서 및 제조원가명세서 계상액, 자산계상액, 전기오류수정 계상액의 합계

*퇴직급여충당금 한도

min ┌ ① 총급여기준 : 총급여×5%
└ ② 추계액기준 : *1 퇴직급여추계액×설정률 + 퇴직금전환금 기말잔액 - 세무상 퇴직급여충당금 설정전 잔액*2

*1 퇴직급여추계액 = max(일시퇴직기준, 보험수리적 기준)

*2 세무상 퇴직급여충당금 설정전 잔액=결산상 퇴직급여충당금 기초잔액-퇴직급여충당금감소액-퇴직급여충당금 설정전 유보

(1) 퇴직급여충당금 감소액의 세무조정

1) 현실적 퇴직

퇴직급여는 현실적으로 퇴직한 임직원에게 지급한 경우에 한하여 인정하며 현실적으로 퇴직하지 않은 임직원에 대한 퇴직급여는 현실적인 퇴직시까지 업무무관가지급금으로 본다. 임직원이 현실적으로 퇴직하는 경우 퇴직급여에 대한 회계처리는 퇴직연금에서 지급시 퇴직연금충당금과 우선하여 상계하고 부족액은 퇴직급여충당금에서 상계한다. 퇴직급여충당금이 부족한 경우에는 퇴직급여(비용)로 처리한다. 퇴직연금충당금은 개인별로 상계하지만 퇴직급여충당금은 개인별 설정액에 관계없이 총액에서 상계한다.

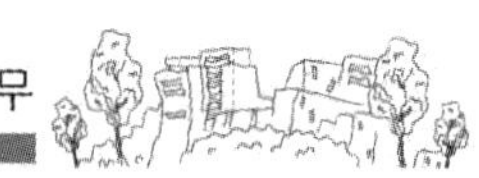

현실적 퇴직이란 법인과 종업원간의 고용관계가 사실상 소멸되는 것으로서 법인이 퇴직급여를 실제로 지급한 경우에는 다음의 경우를 포함한다(법령 44 ②).

① 법인의 직원이 당해 법인의 임원으로 취임한 때

② 법인의 임원 또는 직원이 그 법인의 조직변경, 합병, 분할 또는 사업양도에 의하여 퇴직한 때

③ 근로자퇴직급여 보장법 제8조 제2항에 따라 퇴직급여를 중간정산(종전에 퇴직급여를 중간정산하여 지급한 적이 있는 경우에는 직전 중간정산 대상기간이 종료한 다음 날부터 기산하여 퇴직급여를 중간정산한 것을 말한다. 이하 ⑤에서도 같다)하여 지급한 때

근로자퇴직급여보장법 제8조 제2항 및 같은 법 시행령 3조 [시행일 : 2022. 4. 13.]

근로자퇴직급여보장법 시행령 제3조 제1항 (퇴직금제도의 설정 등)[51)]
사용자는 주택구입 등 다음에서 정하는 사유로 근로자가 요구하는 경우에는 근로자가 퇴직하기 전에 해당 근로자의 계속근로기간에 대한 퇴직금을 미리 정산하여 지급할 수 있다. 이 경우 미리 정산하여 지급한 후의 퇴직금 산정을 위한 계속근로기간은 정산시점부터 새로 계산한다(법 8 ②, 영 3 ①).

1. 무주택자인 근로자가 본인 명의로 주택을 구입하는 경우
2. 무주택자인 근로자가 주거를 목적으로 「민법」 제303조에 따른 전세금 또는 「주택임대차보호법」 제3조의2에 따른 보증금을 부담하는 경우. 이 경우 근로자가 하나의 사업에 근로하는 동안 1회로 한정한다.
3. 근로자가 6개월 이상 요양을 필요로 하는 다음 각 목의 어느 하나에 해당하는 사람의 질병이나 부상에 대한 의료비를 해당 근로자가 본인 연간 임금총액의 1천분의 125를 초과하여 부담하는 경우
   가. 근로자 본인
   나. 근로자의 배우자
   다. 근로자 또는 그 배우자의 부양가족
4. 퇴직금 중간정산을 신청하는 날부터 거꾸로 계산하여 5년 이내에 근로자가 「채무자 회생 및 파산에 관한 법률」에 따라 파산선고를 받은 경우
5. 퇴직금 중간정산을 신청하는 날부터 거꾸로 계산하여 5년 이내에 근로자가 「채무자 회생 및 파산에 관한 법률」에 따라 개인회생절차개시 결정을 받은 경우
6. 사용자가 기존의 정년을 연장하거나 보장하는 조건으로 단체협약 및 취업규칙 등을 통하여 일정나이, 근속시점 또는 임금액을 기준으로 임금을 줄이는 제도를 시행하는 경우

6의2. 사용자가 근로자와의 합의에 따라 소정근로시간을 1일 1시간 또는 1주 5시간 이상 단축함으로써 단축된 소정근로시간에 따라 근로자가 3개월 이상 계속 근로하기로 한 경우

51) 근로자퇴직급여보장법 제8조에 따른 퇴직금제도는 계속근로기간 1년에 대하여 30일분 이상의 평균임금을 퇴직금으로 퇴직 근로자에게 지급할 수 있는 제도를 말하며 퇴직연금제도를 말하는 것이 아니다. 따라서 시행령 제3조의 지급사유는 퇴직연금(DB, DC)의 지급사유와는 다른 개념이다.

6의3. 법률 제15513호 근로기준법 일부개정법률의 시행에 따른 근로시간의 단축으로 근로자의 퇴직금이 감소되는 경우

7. 재난으로 피해를 입은 경우로서 고용노동부장관이 정하여 고시하는 사유에 해당하는 경우

---

④ (삭제, 2015.2.3.)

⑤ 정관 또는 정관에서 위임된 퇴직급여지급규정에 따라 장기 요양 등 다음 중 어느 하나에 해당하는 사유로 그 때까지의 퇴직급여를 중간정산(종전에 퇴직급여를 중간정산하여 지급한 적이 있는 경우에는 직전 중간정산 대상기간이 종료한 다음 날부터 기산하여 퇴직급여를 중간정산한 것을 말한다. 법령 44 ② 3호)하여 임원에게 지급한 때(법칙 22 ③)

㉠ 중간정산일 현재 1년 이상 주택을 소유하지 아니한 세대의 세대주인 임원이 주택을 구입하려는 경우(중간정산일부터 3개월 내에 해당 주택을 취득하는 경우만 해당)

㉡ 임원(임원의 배우자 및 소득세법 제50조제1항제3호에 따른 생계를 같이 하는 부양가족을 포함)이 3개월 이상의 질병 치료 또는 요양을 필요로 하는 경우

㉢ 천재·지변, 그 밖에 이에 준하는 재해를 입은 경우

현실적인 퇴직의 범위	
현실적 퇴직인 경우(법기통 26-44…1 ①)	현실적 퇴직이 아닌 경우(법기통 26-44…1 ②)
• 법인의 직영차량 운전기사가 법인소속 지입차량의 운전기사로 전직하는 경우 • 법인의 임원 또는 사용인이 사규에 의하여 정년퇴직을 한 후 다음날 동 법인의 별정직 사원(촉탁)으로 채용된 경우 • 합병으로 소멸하는 피합병법인의 임원이 퇴직급여지급규정에 따라 퇴직급여를 실제로 지급받고 합병법인의 임원이 된 경우 • 법인의 상근임원이 비상근임원으로 된 경우[비상근임원으로 변경후에도 계속 근무시에는 현실적 퇴직으로 보지 아니한다(법인 46012-4173, 1998.12.31.). 임원이 퇴임하고 고문 등 직원으로 근무시에는 현실적 퇴직으로 본다(법인 46012-2688, 1998.9.21.).]	• 임원이 연임된 경우 • 법인의 대주주 변동으로 인하여 계산의 편의, 기타 사유로 전사용인에게 퇴직급여를 지급한 경우 (2008. 7. 25. 개정) • 외국법인의 국내지점 종업원이 본점(본국)으로 전출하는 경우 • 정부투자기관 등이 민영화됨에 따라 전종업원의 사표를 일단 수리한 후 재채용한 경우 (2001. 11. 1. 개정) • 근로자퇴직급여 보장법 제8조 제2항에 따라 퇴직급여를 중간정산하기로 하였으나 이를 실제로 지급하지 아니한 경우. 다만, 확정된 중간정산 퇴직급여를 회사의 자금사정 등을 이유로 퇴직급여 전액을 일시에 지급하지 못하고 노사합의에 따라 일정기간 분할하여 지급하기로 한 경우에는 그 최초 지급일이 속하는 사업연도의 손금에 산입한다.

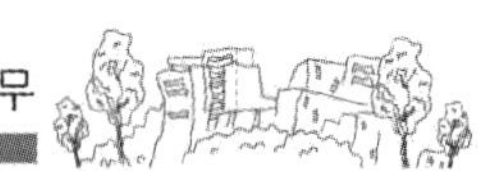

예 제 **비현실적 퇴직**

㈜이손의 당기 퇴직금 지급과 관련한 자료는 다음과 같다. 퇴직급여충당부채의 감소에 대한 세무조정을 하시오.

(1) 퇴직급여충당부채

퇴직급여충당부채

당기감소	400,000	전기이월	1,000,000
차기이월	1,200,000	퇴직급여	600,000
	1,600,000		1,600,000

(2) 당기 퇴직금 지급액은 다음과 같다.

① 직원의 임원취임에 따른 퇴직금 정산액 : ₩100,000

② 대표이사의 퇴직금 중간정산* : ₩300,000

* 법인세법상 퇴직급여지급규정에 따른 장기 요양 등의 특정요건을 충족하지 못하였다.

풀 이

대표이사의 퇴직금 중간정산은 법인세법상 일정요건을 충족하지 못하므로 현실적 퇴직에 해당하지 않는다. 따라서 퇴직급여는 현실적으로 퇴직한 임직원에게 지급한 경우에 한하여 인정하므로 현실적으로 퇴직하지 않은 임직원에 대한 퇴직급여는 현실적인 퇴직시까지 업무무관가지급금으로 본다. 또한 업무무관가지급금에 대한 인정이자 및 지급이자손금불산입을 적용한다.

〈손금산입〉 퇴직급여충당금 300,000 (△유보)
〈손금불산입〉 업무무관가지급금 300,000 (유보)

2) 퇴직연금에서의 퇴직금 지급

퇴직연금이란 기업이 퇴직급여재원을 외부의 금융회사 등에 적립하여 근로자의 퇴직급여 수급권을 보장하기 위한 제도로서 확정급여형과 확정기여형이 있다. 각각의 연금제도 유형에 따라 퇴직급여의 회계처리와 세무조정, 퇴직급여충당금 감소액의 세무조정은 달라진다. 구체적인 내용은 퇴직연금충당금에서 설명하기로 한다.

(2) 퇴직급여충당금 설정액의 세무조정

퇴직급여충당금은 결산조정사항이므로 당기 퇴직급여충당금설정액과 한도액을 비교하여 한도초과액은 손금불산입하고 한도미달액은 세무조정하지 않는다.

회사계상 퇴직급여 − 한도액 = { (+) : 〈손금불산입〉 퇴직급여충당금 (유보)
(−) : 세무조정 없음

(3) 회사계상 퇴직급여

회사가 계상한 퇴직급여액은 손익계산서, 제조원가명세서, 자산(개발비 등)계상액 및 전기오류수정손실(잉여금 포함)의 합계액을 의미한다.

① 손익계산서, 제조원가명세서상의 퇴직급여

(차) 퇴직급여 ×××　　(대) 퇴직급여충당부채 ×××

② 자산(건설중인자산, 개발비 등)계상 퇴직급여

(차) 건설중인자산 ×××　　(대) 퇴직급여충당부채 ×××

③ 전기오류수정(잉여금)에 의한 퇴직급여

(차) 미처분이익잉여금 ×××　　(대) 퇴직급여충당부채 ×××

〈손금산입〉 이익잉여금 (기타)의 세무조정을 한 후 회사의 손금계상액으로 본다.

④ 전기오류수정손실(비용)에 의한 퇴직급여

(차) 전기오류수정손실 ×××　　(대) 퇴직급여충당부채 ×××

퇴직급여충당부채

차변		대변	
당기감소	×××	1/1 전기이월	×××
		12/31 퇴직급여(제조원가)	회사계상액
		12/31 퇴직급여(판매비와관리비)	
		12/31 건설중인자산, 개발비 등	
		12/31 전기오류수정손실(비용)	
12/31 차기이월	×××	12/31 미처분이익잉여금	
	×××		×××

(4) 퇴직급여충당금 한도액

min ┌ ① 총급여기준 : 한도액 = 총급여 × 5%
　　└ ② 추계액기준 : 한도액 = 퇴직급여추계액 × 설정률 + 퇴직금전환금 기말잔액 – 세무상 퇴직급여충당금 설정전 잔액

* 퇴직급여추계액 = max(일시퇴직기준, 보험수리적기준)

1) 퇴직급여 지급대상자

당기말 현재 재직하는 임직원 중 퇴직급여지급대상자를 말한다. 확정기여형 퇴직연금과 퇴직자는 제외하며 1년 미만 근속자는 퇴직급여지급규정에 따른다.

2) 총급여액의 범위

근로의 제공으로 인하여 받는 봉급, 급료, 보수, 세비, 임금, 상여, 수당과 잉여금처분상여

금의 합계액을 말한다. 다만, 소득세법상 비과세소득과 법인세법상 손금불산입액, 퇴직금 중간정산자의 중간정산일 이전 급여는 포함하지 않는다(법령 60, 법령 44 ④).

3) 퇴직급여추계액

퇴직급여추계액은 일시퇴직기준과 보험수리적기준 중 큰 금액을 말한다.

① 일시퇴직기준

일시퇴직기준이란 당기말 재직하는 임직원(DC형 퇴직연금과 개인형퇴직연금제도[52] 설정자 제외)이 당기말에 일시에 퇴직할 경우에 지급할 퇴직급여를 말한다. 일시퇴직기준 추계액은 정관, 기타 퇴직급여지급에 관한 규정 등 퇴직급여지급규정이 있는 경우에는 규정에 의하여 계산한 금액에 따라 계산한다(법령 60, 법칙 31 ①). 퇴직급여지급에 관한 규정 등이 없는 경우에는 다음과 같이 계산한다(법칙 31 ①).

㉠ 직원 : 근로자퇴직급여보장법에 의한 금액으로 한다.

㉡ 임원 : 근로자퇴직급여보장법에 의한 금액으로 계산하되, 법인세법상 임원퇴직급여 한도액을 초과할 수 없다.

② 보험수리적기준

보험수리적기준이란 다음의 ㉠, ㉡, ㉢의 합계금액을 말한다(법령 44의 2).

㉠ 확정급여형퇴직연금에 가입한 자에 대한 근로자퇴직급여 보장법 제16조제1항제1호에 따른 금액[53]

㉡ 해당 사업연도종료일 현재 재직하는 임원 또는 직원(확정기여형 퇴직연금등이 설정된 사람은 제외한다) 중 근로자퇴직급여 보장법 제2조제8호에 따른 확정급여형퇴직연금제도에 가입하지 아니한 사람 전원이 퇴직할 경우에 퇴직급여로 지급되어야 할 금액의 추계액

㉢ 확정급여형퇴직연금제도에 가입한 사람으로서 그 재직기간 중 가입하지 아니한 기간이 있는 사람 전원이 퇴직할 경우에 그 가입하지 아니한 기간에 대하여 퇴직급여로 지급되어야 할 금액의 추계액

---

52) 개인형 퇴직연금제도는 기업형 IRP제도와 퇴직후 개인형 IRP제도로 구분할 수 있다. 개인형 IRP는 근로자가 이직 또는 조기 퇴직시 수령한 퇴직급여를 은퇴할 때까지 보관, 운용할 수 있도록 한 제도이다. 기업형 IRP는 상시 근로자 10인 미만의 사업장인 경우 퇴직급여제도로 인정되며 확정기여형퇴직연금제도(DC형)와 동일하지만 퇴직연금규약 작성의무가 없다. 향후 근로자가 10인 이상이 될 경우에는 DC형으로 전환해야 한다.

53) 근로자퇴직급여 보장법 제16조제1항제1호에 따른 금액은 다음과 같이 계산한다. 이는 장래 근무기간분에 대하여 발생하는 순부담금 예상액의 현재가치를 의미한다.

① 부담금의 각 기초율을 사용하여 예상 퇴직시점의 급여를 산출하고 이를 예상 가입기간 단위로 배분하여 할당한다.

② 매 사업연도 말일 현재를 기준으로 산정한 가입자의 예상 퇴직시점까지의 가입기간에 대한 급여에 드는 비용 예상액의 현재가치에서 장래 근무기간분에 대하여 발생하는 부담금 수입 예상액의 현재가치를 뺀 금액을 계산한다.

퇴직급여추계액 = max(①, ②)

max
- ① 일시퇴직기준 추계액
- ② 보험수리적기준 추계액
  - ㉠ DB형 가입자의 가입기간분에 대한 보험수리적 추계액
  - ㉡ DB형에 가입하지 아니한 자의 일시퇴직기준 추계액
  - ㉢ DB형 가입자의 미가입기간분에 대한 일시퇴직기준 추계액

4) 설정률과 퇴직금전환금

① 퇴직급여추계액 설정률

퇴직급여추계액의 설정률은 개시일이 속하는 사업연도를 기준으로 적용하며 다음과 같다.

사업연도	2012년	2013년	2014년	2015년	2016년 이후
설정률	20%	15%	10%	5%	0%

② 퇴직금전환금

퇴직금추계액 계산시 퇴직금전환금은 당기말 재무상태표상 계상된 퇴직금전환금잔액이다(법령 60). 퇴직금전환금(국민연금전환금)이란 종업원의 퇴직금 준비금에서 일정액을 연금보험료로 전환하여 납부하는 제도로서 1993년 1월부터 1999년 3월까지 전체 연금보험료의 1/3을 충당하다가 1999년 4월부터 폐지되었다. 납부한 퇴직금전환금은 근로기준법에 의한 퇴직금을 미리 지급한 것으로 보며, 종업원이 퇴직할 때 지급하는 퇴직금에서 퇴직금전환금으로 납부된 금액을 공제하고 지급한다. 예를 들어 종업원의 퇴직에 따른 퇴직급여 ₩1,000,000중 퇴직금전환금 ₩250,000과 퇴직소득세(주민세 포함) ₩100,000을 공제한 후 잔액 ₩650,000을 지급한 경우 회계처리는 다음과 같다.

(차) 퇴직급여	1,000,000	(대) 보통예금	650,000
		예수금	100,000
		퇴직금전환금	250,000

5) 세무상 퇴직급여충당금 설정 전 잔액

세무상 퇴직급여충당금 설정 전 잔액은 당기에 퇴직급여충당금을 설정하기 전의 세무상 잔액을 말한다.

세무상 퇴직급여충당금 설정 전 잔액 = 결산상 퇴직급여 충당금 기초잔액 − 기초충당금 부인누계액 − 기중 퇴직금지급액

세무상 퇴직급여충당금 설정 전 잔액은 퇴직급여충당금 조정명세서 [법인세법 시행규칙 서식32] 서식의 ⑨차감액을 의미하며 해당 내용은 다음과 같다.

<table>
<tr><td>사업
연도</td><td>. . .
~
. . .</td><td colspan="4">퇴직급여충당금조정명세서(일부발췌)</td><td>법인명</td><td></td></tr>
<tr><td colspan="8">1. 퇴직급여충당금 조정</td></tr>
<tr><td colspan="2" rowspan="2">법인세법 시행령
제60조
제2항및제3항에
따른 한도액</td><td>④장부상
충당금
기초잔액</td><td>⑤확정기여형
퇴직연금자의
퇴직급여충당금</td><td>⑥기중
충당금
환입액</td><td>⑦기초충당금
부인누계액</td><td>⑧기중
퇴직금
지급액</td><td>⑨차감액
(④-⑤-⑥
-⑦-⑧)</td></tr>
<tr><td></td><td></td><td></td><td></td><td></td><td>(△)</td></tr>
</table>

① 장부상 충당금 기초잔액(서식 ④) : 장부상 충당금 기초잔액은 전기말 재무상태표상 퇴직급여충당금 잔액으로서 기업회계상 퇴직급여충당금 기초잔액을 말한다.

② 기초충당금 부인누계액(서식 ⑦) : 기초충당금 부인누계액은 서식 ④의 장부상 충당금 기초잔액 중에 세무상 부인액이 포함되어 있는 경우 동 부인액(확정기여형 퇴직연금 등 설정자의 설정전 기 계상된 퇴직급여충당금과 관련된 부인액은 제외)을 말한다.

③ 기중퇴직금지급액(서식 ⑧) : 기중퇴직금지급액은 전기이월된 퇴직급여충당금의 당해사업연도 사용액 중 세무상 인정되는 부분을 말한다.

인정되는 경우	인정되지 않는 경우
- 퇴직급여충당금에 차기하여야 할 퇴직급여를 비용처리한 경우 - 일부 임직원에 대하여 소급하여 확정기여형 퇴직연금(DC)에 가입하고 과거근무기간분 부담금을 납부한 경우	- 현실적 퇴직이 아님에도 불구하고 퇴직급여충당금계정에 차변기입한 경우 - 퇴직금 중 퇴직보험예치금으로 지급한 부분(서이 46012-10973, 2002.5.7.)

기중 퇴직금지급액의 범위와 관련하여 법인세법시행규칙 별지 제32호 서식상의 기중퇴직금지급액란에 기재할 금액은 당기중 직원의 현실적인 퇴직으로 인하여 퇴직금지급규정에 의거 지급하였거나 지급할 퇴직금 중 손금에 계상한 단체퇴직보험금, 퇴직신탁금으로서 당해 직원의 퇴직으로 인하여 보험회사 등으로 부터 당기에 수령하였거나 수령할 금액을 제외한 금액을 말한다(법인, 법인46012-1445, 1995.05.25).

④ 차감액(서식 ⑨) : 서식 ⑨의 차감액이란 세무상 퇴직급여충당금 이월분 기말잔액을 의미한다. 부호가 (+)인 경우에는 전기이전에 이미 손금산입한 퇴직급여충당금이 남아 있으며 이 금액을 누적추계액에서 차감하여 당기 손금산입한도액을 계산한다. 부호가 (△)인 경우에는 전기이전에 손금산입한 퇴직급여충당금을 초과하여 퇴직금을 지급하였으므로 이 부분은 충당금 부인누계액(서식 ⑦)에서 지급된 부분이므로 〈손금산입〉 퇴직급여충당금 ××× (△유보)로 세무조정하며 퇴직급여충당금손금산입한도액 계산시에는 "0"으로 본다.

예 제 세무상 퇴직급여충당금 설정 전 잔액

다음 자료로 세무상 퇴직급여충당금 설정 전 잔액을 계산하시오.

구 분	Case 1	Case 2	Case 3
퇴직급여충당금 결산상 기초잔액 퇴직급여충당금 기초 유보잔액	₩3,000,000 2,400,000	₩3,000,000 2,400,000	₩3,000,000 2,400,000
퇴직급여충당금 결산상 당기감소액 당기 감소액 중 세무상 불인정분	400,000 –	600,000 400,000	800,000 –
퇴직급여충당금 결산상 당기설정액	600,000	800,000	1,000,000
퇴직급여충당금 결산상 기말잔액	3,200,000	3,200,000	3,200,000

풀 이

1. Case 1

세무상 퇴직급여충당금 설정 전 잔액 = 결산상 퇴직급여 충당금 기초잔액 − 기초 충당금 부인누계액 − 기중 퇴직금지급액

∴ 세무상 퇴직급여충당금 설정 전 잔액 = 3,000,000−2,400,000−400,000=200,000

구 분	장부금액 (a)	유보금액 (b)	세무상금액 (c=a−b)	세무조정 (d=a−c)
기초잔액	3,000,000	2,400,000	600,000	
당기감소	(400,000)		(400,000)	–
설정 전 잔액	2,600,000		200,000	

2. Case 2

(1) 결산상 퇴직급여충당금 감소액 중 세무상 불인정액 세무조정

세무상 퇴직급여충당금 설정 전 잔액계산시 결산상 퇴직급여충당금 감소액은 전기이월된 퇴직급여충당금의 당해사업연도 사용액 중 세무상 인정되는 부분을 말한다. 따라서 비현실적 퇴직자에 대한 퇴직, 신고조정에 의한 확정급여형퇴직연금 지급분은 세무상 퇴직급여충당금 감소로 인정되지 아니한다.

1) 비현실적 퇴직에 대한 세무조정

〈손금산입〉 퇴직급여충당금 400,000 (△유보)
〈익금산입〉 업무무관가지급금 400,000 (유보)

2) 신고조정에 의한 확정급여형퇴직연금 지급분 상계액 세무조정

〈손금산입〉 퇴직급여충당금 400,000 (△유보)
〈익금산입〉 퇴직연금(충당금) 400,000 (유보)

(2) 세무상 퇴직급여충당금 설정 전 잔액

1) 이론적 계산방법

세무상 퇴직급여충당금 설정 전 잔액 = 결산상 퇴직급여 충당금 기초잔액 − 결산상 퇴직급여 충당금 감소액 − 퇴직급여충당금 설정 전 유보

① 퇴직급여충당금 설정 전 유보 = 2,400,000−400,000 = 2,000,000

② 세무상 퇴직급여충당금 설정 전 잔액 = 3,000,000−600,000−2,000,000 = 400,000

2) 신고서식에 의한 계산방법

세무상 퇴직급여충당금 설정 전 잔액 = 결산상 퇴직급여 충당금 기초잔액 − 기초 충당금 부인누계액 − 기중 퇴직금지급액

① 기중 퇴직금지급액(세무상 퇴충감소액) : = 600,000−400,000= 200,000

② 세무상 퇴직급여충당금 설정 전 잔액 : = 3,000,000−2,400,000−200,000=400,000

구 분	장부금액 (a)	유보금액 (b)	세무상금액 (c=a−b)	세무조정 (d=a−c)
기초잔액	3,000,000	2,400,000	600,000	
감소(인정분)	(200,000)		(200,000)	−
감소(불인정분)	(400,000)		−	△400,000
설정 전 잔액	2,400,000		400,000	

3. Case 3

(1) 세무상 퇴직급여충당금 설정 전 잔액

세무상 퇴직급여충당금 설정 전 잔액 = 결산상 퇴직급여 충당금 기초잔액 − 기초 충당금 부인누계액 − 기중 퇴직금지급액

= 3,000,000−2,400,000−800,000 = △200,000

세무상 퇴직급여충당금 설정 전 잔액이 음수인 경우에는 △200,000을 손금산입하고 세무상 퇴직급여충당금 설정전 잔액을 0으로 본다.

〈손금산입〉 퇴직급여충당금 200,000 (△유보)

구 분	장부금액 (a)	유보금액 (b)	세무상금액 (c=a−b)
기초잔액	3,000,000	2,400,000	600,000
당기감소	(800,000)		(800,000)
설정 전 잔액	2,200,000		△200,000

(2) 세무상 퇴직급여충당금 설정 전 잔액 손금추인의 의미

① 손금추인 : 기초 퇴직급여충당금의 장부금액은 3,000,000이지만 세무상 부인액은 2,400,000이다. 따라서 세무상 퇴직급여충당금 기초잔액은 600,000이므로 당기에 현실적 퇴직으로 감소할 수 있는 세무상 퇴직급여충당금은 600,000이며 초과지급액은 퇴직급여로서 손금에 해당한다. 즉, 장부상 퇴직급여충당금 감소액은 800,000이지만 세무상 퇴직급여충당금 감소액은 600,000이고 초과지급액 200,000은 퇴직급여에 해당한다. 세무상 손금을 장부상 부채의 감소로 처리하였으므로 손금산입한다.

구 분	장부상 회계처리	세무상 회계처리
회계처리	(차) 퇴직급여충당금 800,000 (대) 현 금 800,000	(차) 퇴직급여충당금 600,000 퇴직급여 200,000 (대) 현 금 800,000
세무조정		〈손금산입〉퇴직급여충당금 200,000 (△유보)

② 세무상 퇴직급여충당금 설정 전 잔액

세무상 퇴직급여충당금 설정전 잔액이 당기에 전액 감소하였으므로 세무상 퇴직급여충당금 잔액은 없으며 세무상 잔액을 초과하여 지급한 금액은 퇴직급여에 해당한다. 따라서 초과지급분은 세무상 손비에 해당하므로 손비누락에 대한 손금산입 세무조정을 하고 세무상 잔액은 0이 됨을 의미한다. 이를 다시 정리하면 아래와 같다.

구 분	장부금액 (a)	유보금액 (b)	세무상금액 (c=a−b)	세무조정 (d=a−c)
기초잔액	3,000,000	2,400,000	600,000	
당기감소	(800,000)		(600,000)	△200,000
설정 전 잔액	2,200,000		−	

3) K-IFRS 도입에 따른 퇴직급여충당금 세무조정

① 퇴직급여충당금의 감소

법인이 전기로부터 이월된 퇴직급여충당금 부인누계액을 당기에 환입함으로써 발생한 수익은 각 사업연도 소득금액 계산상 익금불산입한다. 전 사업연도로부터 이월된 퇴직급여충당금 부인액이 있는 법인이 퇴직급여충당금을 환입한 경우에는 그 부인액에 상당하는 퇴직급여충당금을 먼저 환입한 것으로 보아 퇴직급여충당금 손금산입 범위액을 계산한다(법인, 법인46012-1993, 1999.05.28.).

이와 동일하게 한국채택국제회계기준을 도입함에 따라 퇴직급여추계액을 보험수리적 가정을 이용하여 산정하면서 기초의 퇴직급여충당금을 감소하고 이월이익잉여금의 증가로 회계처리한 경우 퇴직급여충당금의 감소에 따라 이월이익잉여금의 증가로 처리한 금액은 익금산입(기타)으로 세무조정하는 것이며 이후 기초 퇴직급여충당금의 조정에 오류사항이 발견되었으나 이를 손익계산서상의 비용 처리를 통해 퇴직급여충당금을 증가시킨 경우 해당 금액은 당기의 퇴직급여충당금 한도초과 시부인 대상금액에 포함하여 세무조정한다(법인, 법규법인 2012-133, 2012.06.05.).

퇴직급여충당금 설정액 중 손금불산입된 금액이 있는 법인이 퇴직급여를 지급하는 경우 손금산입한 퇴직급여충당금과 상계하고 남은 금액에 대하여는 기 손금불산입된 금액을 손금으로 추인한다(법기통 33-60…5).

② 퇴직급여충당금의 증가

법인이 전기에 과소 계상한 퇴직급여충당금을 기업회계 기준에 따라 당해 사업연도에 전기오류수정손실로 계상한 경우에는 동 금액을 당해연도의 퇴직급여충당금 손금산입액으로 보아 시부인계산한다(법인, 법인46012-2589, 1997.10.09.).

이와 동일하게 한국채택국제회계기준을 도입함에 따라 퇴직급여추계액을 보험수리적 가정을 이용하여 산정하면서 기초의 퇴직급여충당금을 증가시키고 이월이익잉여금의 감소로 회계처리한 경우 이월이익잉여금의 감소로 처리한 금액은 손금산입(기타)으로 세무조정하는 것이며 이후 당해 사업연도에 동 금액을 당해연도의 퇴직급여충당금 손금 산입액으로 보아 시부인계산한다.

③ 기타장기종업원급여

K-IFRS에서는 종업원급여를 단기종업원 급여, 퇴직급여, 기타장기종업원급여, 해고급여로 구분한다. 이 중 기타장기종업원급여는 종업원이 관련 근무용역을 제공한 회계기간 말부터 12개월 이내 결제되지 않을 종업원급여(퇴직급여와 해고급여 제외)를 의미하며, 안식년 휴가, 장기근속휴가 등을 포함한다. 확정급여채무는 종업원이 당기와 과거기간에 근무용역을 제공하여 발생한 채무를 결제하는 데 필요한 예상 미래지급액의 현재가치로 계상하며 미래에 발생할 퇴직급여와 기타장기종업원급여가 포함된다.

그러나 법인세법은 장기종업원급여에 해당하는 확정급여채무를 퇴직급여충당금 계상액으로 보지 않는다. 내국법인의 종업원급여 중 장기근속휴가, 안식년휴가, 그 밖의 장기근속급여, 장기장애급여, 회계기간말부터 12개월 이내에 전부나 일부가 지급되지 않는 이익분배금, 상여금 및 이연보상 등(한국채택국제회계기준의 기타장기종업원급여) 퇴직을 원인으로 하지 않는 종업원급여와 관련된 확정급여채무 비용계상액은 퇴직급여충당금 손금계상액에 해당하지 아니한다(법인, 법인세과-501, 2012.08.20.).

예 제 K-IFRS 순확정급여부채

결산일이 12월말인 ㈜이손은 상장기업으로서 확정급여제도를 시행하고 있으며 관련 자료는 다음과 같다.

(1) 순확정급여부채

구 분	20X1년 1월 1일	비 고
확정급여채무	₩1,000,000	현재가치
사외적립자산	(800,000)	공정가치

(2) 기타 관련자료

구 분	20X1년	비 고
확정급여채무 할인율	10%	기초 할인률
당기근무원가	200,000	퇴직급여 설정액
이자원가	100,000	퇴직급여 설정
20X1년말 확정급여채무 현재가치	1,250,000	
20X1년말 사외적립자산 공정가치	1,010,000	
퇴직급여 지급액	80,000	사외적립자산에서 지급
기여금 불입액	200,000	

요구사항

1. 순확정급여부채와 관련한 K-IFRS 회계처리를 하시오. 단, 이연법인세 적용세율은 22%이다.
2. 전기말 퇴직급여충당금부인액 유보 잔액은 ₩750,000이며 20X1년말 세무상 퇴직급여충당금 한도액은 ₩0이다. 퇴직급여충당금과 관련한 세무조정을 하시오.

풀 이

1. K-IFRS 회계처리

(1) 20X1년 확정급여채무에서 발생한 재측정요소

구 분	20X1
기초확정급여채무 현재가치	₩1,000,000
퇴직급여(당기근무원가)	200,000
퇴직급여(이자원가)	100,000
당기 지급액	(80,000)
기말장부금액	1,220,000
기말확정급여채무 현재가치	1,250,000
재측정요소(보험수리적손실)	(30,000)

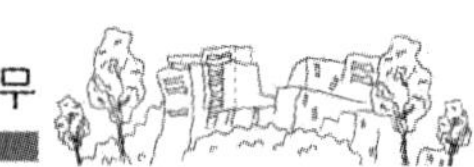

(2) 20X1년 사외적립자산에서 발생한 재측정요소

구 분	20X1
기초공정가치	₩800,000
기대수익(10%)	80,000
납입액	200,000
당기 지급액	(80,000)
기말장부금액	1,000,000
기말공정가치	1,010,000
재측정요소(보험수리적이익)	10,000

(3) 회계처리와 표시

1) 회계처리

구 분	회계처리			
퇴직급여	(차) 퇴직급여	300,000	(대) 확정급여채무	300,000
재측정요소	(차) 보험수리적손실	30,000	(대) 확정급여채무	30,000
사외적립시	(차) 사외적립자산	200,000	(대) 보통예금	200,000
기대수익	(차) 사외적립자산	80,000	(대) 퇴직급여	80,000
재측정요소	(차) 사외적립자산	10,000	(대) 보험수리적손실	10,000
퇴직급여지급	(차) 확정급여채무	80,000	(대) 사외적립자산	80,000
이연법인세[54]	(차) 법인세비용	4,400	(대) 보험수리적손실	4,400
	* 순확정급여부채와 관련한 유보에 대하여 이연법인세자산·부채를 인식한 이후 재측정요소는 법인세비용으로 처리한다. **재측정요소 법인세효과=(30,000−10,000)×22%=4,400			

2) 재무제표 표시

① 재무상태표

순확정급여부채	20X1년 1월 1일	20X1년 12월 31일
확정급여채무	₩1,000,000	₩1,250,000
사외적립자산	(800,000)	(1,010,000)
	200,000	240,000

② 포괄손익계산서

퇴직급여 : ₩300,000−₩80,000=₩220,000

2. K-IFRS 순확정급여부채 세무조정

(1) K-IFRS 순확정급여부채 회계처리에 대한 세무조정

① 종업원 퇴직시

〈익금산입〉 퇴직연금충당금(사외적립자산) 80,000 (유보)

〈손금산입〉 확정급여채무 80,000 (△유보)

확정급여형 퇴직연금에 가입한 경우 퇴직급여지급액을 신고조정으로 세무조정한다.

54) 세무상 포괄손익계산서상의 법인세비용을 전액 손금불산입하므로 이연법인세회계에 대해서는 별도의 세무조정이 필요 없다.

② 사외적립자산 기대수익 발생시

〈익금산입〉 이자수익 80,000 (기타)

〈손금산입〉 퇴직급여 80,000 (기타)

일반기업회계기준에서는 퇴직연금에서 발생한 실제수익을 퇴직연금에 가산하고 별도의 수익으로 인식하여 당기 퇴직연금 등의 납입액에 가산한다. 그러나 K-IFRS에서는 퇴직연금에서 발생한 기대수익을 수익으로 인식하지 아니하고 퇴직급여에서 차감하도록 규정하고 있다. 따라서 퇴직급여에서 차감한 기대수익을 각각 퇴직급여 손금산입, 기대수익 익금산입하여 결산상 확정급여채무의 증가액과 손금으로 인식한 퇴직급여 인식액을 일치시켜준다. 다만, 수익으로 인식하지 않고 비용에서 차감하여도 소득에 미치는 영향은 동일하므로 당해 세무조정은 생략할 수 있다. 이 경우 세무조정을 생략하더라도 법인이 결산상 계상한 퇴직급여 설정액은 포괄손익계산서상의 금액이 아닌 당기 확정급여채무의 증가액으로 조정해야 함에 유의한다.

③ 재측정요소

확정급여채무에서 발생한 재측정요소는 다음과 같이 처리한다.

재측정요소가 (+)인 경우(보험수리적이익)	재측정요소가 (–)인 경우(보험수리적손실)
법인이 재측정요소를 증가시키고 확정급여채무를 감소시킨 경우에는 재측정요소를 익금산입한다.	법인이 재측정요소를 감소시키고 확정급여채무를 증가시킨 경우에는 재측정요소를 손금산입하고 당기 퇴직급여설정액으로 본다.
〈익금산입〉 보험수리적이익×××(기타)	〈손금산입〉 보험수리적손실×××(기타)

〈손금산입〉 재측정요소(보험수리적손실) 20,000 (기타)

(2) 퇴직급여충당금 세무조정

① 회사 퇴직급여설정액

= 포괄손익계산서 퇴직급여+사외적립자산 기대수익 차감액±재측정요소

= 220,000+80,000+30,000=330,000

* 결론적으로 회사 퇴직급여설정액은 당기 확정급여채무 증가액을 의미한다.
(확정급여채무 증가액 : 200,000+100,000+30,000=330,000)

확정급여채무

차변		대변	
감소액	80,000	기초잔액	1,000,000
		당기근무원가	200,000
		이자원가	100,000
기말잔액	1,250,000	재측정요소	30,000
	1,330,000		1,330,000

② 한도액 : 0

③ 한도초과액 = 330,000–0 = 330,000

〈손금불산입〉 확정급여채무 한도초과 330,000 (유보)

구 분	장부금액 (a)	유보금액 (b)	세무상금액 (c=a–b)	세무조정 (d=a–c)
기초잔액	1,000,000	750,000	250,000	
감소(인정분)	–		–	–
감소(불인정분)	(80,000)		–	△80,000
설정액	330,000		180,000	150,000
기말잔액	1,250,000		370,000	

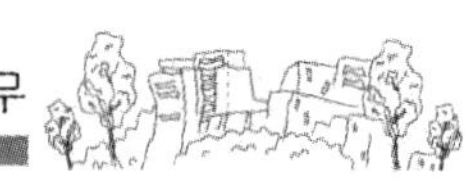

3.3 퇴직연금충당금

(1) 확정급여형 퇴직연금

1) 확정급여형 퇴직연금 손금의 귀속시기

내국법인이 임원 또는 직원의 퇴직을 퇴직급여의 지급사유로 하고 임원 또는 직원을 수급자로 하는 퇴직연금 등의 부담금으로서 지출하는 금액은 해당 사업연도의 소득금액계산에 있어서 이를 손금에 산입한다(법령 44의2 ②). 퇴직연금 등의 부담금으로 지출하는 금액은 결산서상 비용으로 처리하지 아니한 금액은 당해 사업연도의 손금산입 한도내에서 손금산입 (△유보)하여야 한다(법인, 법인46012-3388, 1994.12.12.). 다만, 법인이 한도초과로 손금불산입된 퇴직연금 등의 부담금은 이후 사업연도의 한도액 범위 내에서 손금산입 할 수 있다(법인, 서면 2팀-212, 2006.01.25).

2) 확정급여형 퇴직연금 손금산입방법과 서식 요약

확정급여형 퇴직연금제도의 손금산입방법은 결산조정을 원칙으로 한다. 다만, 기업회계기준에서는 결산조정 회계처리를 인정하지 아니하여 신고조정에 의한 손금산입을 허용한다. 결산조정방법은 회사가 퇴직연금충당금을 결산서에 비용계상하는 경우를 말하며 신고조정방법은 회사가 퇴직연금충당금을 결산상 설정하지 않고 세무조정으로 관리하는 경우를 말한다. 퇴직연금 등의 부담금으로 지출한 금액은 일부는 결산조정으로 비용처리하고 나머지 잔액은 신고조정으로 손금에 산입할 수 있다(법인, 법인46012-3388, 1994.12.12.).

① 결산조정 손금산입방법

결산조정시 회계처리 :	(차) 퇴직연금	1,000	(대) 보통예금	1,000
	(차) 퇴직연금급여	1,000	(대) 퇴직연금충당금	1,000

사업연도	~	**퇴직연금부담금 조정명세서**		법 인 명	
				사업자등록번호	
1. 퇴직연금 등의 부담금 조정					
⑦이미 손금산입한 부담금 등(⑰)	⑧손금산입 한도액(⑥-⑦)	⑨손금산입대상 부담금 등(⑱)	⑩손금산입범위액 (⑧과 ⑨ 중 작은 금액)	⑪회사손금 계상액	⑫조정금액 (⑩-⑪)
				1,000	

② 신고조정 손금산입방법

퇴직연금 등의 납입 :	(차) 퇴직연금	1,000	(대) 보통예금	1,000
손금 회계처리 :	〈회계처리 없음〉			
신고조정	〈손금산입〉 퇴직연금(충당금) 1,000 (△유보)			

사업연도	~	퇴직연금부담금 조정명세서	법 인 명	
			사업자등록번호	

1. 퇴직연금 등의 부담금 조정

⑦이미 손금 산입한 부담금 등(⑰)	⑧손금산입 한도액(⑥-⑦)	⑨손금산입대상 부담금 등(⑱)	⑩손금산입범위액 (⑧과 ⑨ 중 작은 금액)	⑪회사손금 계상액	⑫조정금액 (⑩-⑪)
					1,000

3) 확정급여형 퇴직연금 지급시 세무조정

① 세무상 퇴직연금 등의 감소

퇴직급여는 현실적으로 퇴직한 임직원에게 지급해야 하며 현실적으로 퇴직하지 않은 임직원에 대한 퇴직금 지급은 현실적인 퇴직시점까지 업무무관가지급금으로 본다. 임직원이 현실적으로 퇴직하여 퇴직금을 지급할 경우 확정급여형 퇴직연금에서 지급하는 금액은 퇴직연금충당금과 상계하고 부족액은 퇴직급여충당금과 상계한다. 퇴직연금충당금은 개인별로 상계하나 퇴직급여충당금은 개인별 설정액에 관계없이 총액과 상계한다. 퇴직급여충당금 잔액이 없는 경우 퇴직급여지급액은 비용으로 처리한다.

② 결산조정시 세무상 퇴직연금 등의 감소

퇴직연금 등의 부담금을 손금에 산입한 법인의 임원 또는 사용인이 실제로 퇴직하는 경우 손금산입할 퇴직급여의 범위액은 퇴직급여지급규정에 의한 퇴직급여 상당액에서 해당 사용인의 퇴직으로 인하여 보험회사 등으로부터 수령한 퇴직보험금, 퇴직일시금신탁, 퇴직연금, 퇴직급여충당금 순으로 차감한 금액으로 한다(법기통 26-44의 2…2).

퇴직연금 등 지급시 :	(차) 퇴직연금충당금	1,000	(대) 퇴직연금	1,000

③ 신고조정시 세무상 퇴직연금 등의 감소

신고조정에 의하여 퇴직연금 등의 부담금을 손금에 산입한 경우에는 해당 퇴직연금 등의 지급액을 퇴직급여로 계상한 후 동 금액을 익금에 산입하여야 한다(법기통 26-44의 2…2). 신고조정에 의하여 손금산입한 법인이 그 후 사업연도에 퇴직연금 등을 수령하여 퇴직금을 지급하면서 퇴직급여충당금과 상계한 경우에는, 수령한 퇴직연금은 익금산입(유보)처분하고 퇴직급여충당금과 상계한 금액은 손금산입 (△유보)처분한다(소득, 제도 46012-10347, 2001.03.26).

퇴직급여 회계처리시 : (차) 퇴직급여 1,000 (대) 퇴직연금 1,000
세무조정 〈익금산입〉 퇴직급여(퇴직연금충당금) 1,000 (유보)

퇴직급여충당금 회계처리시 : (차) 퇴직급여충당금 1,000 (대) 퇴직연금 1,000
세무조정 〈익금산입〉 퇴직연금충당금 1,000 (유보)
〈손금산입〉 퇴직급여충당금 1,000 (△유보)

구 분	퇴직연금 납입	연금납입시 소득금액
DC형	BOOK) 퇴직급여 1,000 보통예금 1,000 TAX) 납입시 손금계상 세무조정 조정없음	순이익 (1,000) 세무조정 – 소득금액 (1,000)
DB형	BOOK) 퇴직연금 1,000 보통예금 1,000 TAX) 납입시 세무조정으로 손금산입 세무조정 〈손금산입〉 퇴직연금 1,000 (△유보)	순이익 0 익금산입 0 손금산입 (1,000) 소득금액 (1,000)
소득효과	비용/손금 : 1,000	

구 분	퇴직연금 지급	연금지급시 소득금액
DC형	조정없음(소득금액=0)	
DB형	① 퇴직급여로 비용처리시 BOOK) 퇴직급여 1,000 퇴직연금 1,000 TAX) 손금산입액 퇴직연금 지급시 추인 세무조정 〈익금산입〉 퇴직연금 1,000 (유보)	순이익 (1,000) 익금산입 1,000 소득금액 0
	② 퇴직급여충당부채(확정급여채무) 상계시 BOOK) 퇴직급여충당부채 1,000 퇴직연금 1,000 TAX) 손금산입액 퇴직연금 지급시 추인 세무조정 〈익금산입〉 퇴직연금 1,000 (유보) 〈손금산입〉 퇴충(확채) 1,000 (△유보)	순이익 0 익금산입 1,000 손금산입 (1,000) 소득금액 0
소득효과	소득금액 = 0	

4) 확정급여형 퇴직연금충당금의 손금한도

법인이 결산조정으로 퇴직연금충당금을 설정하는 경우 당기 퇴직연금충당금설정액이 한도액을 초과하면 손금불산입 (유보)하고 한도미달액이 발생하면 손금산입 (△유보)한다. 법인이 신고조정으로 퇴직연금충당금을 설정하는 경우에는 한도액만큼 손금산입(△유보)한다. 퇴직연금충당금 손금한도액은 다음과 같다.

min
- ① 추계액기준 한도 = 퇴직급여추계액 - 세무상 퇴직급여충당금기말잔액 - 세무상 퇴직연금충당금 설정 전 잔액(이미 손금산입한 부담금)
- ② 사외적립자산기준 한도 = 퇴직연금운용자산 기말잔액 - 세무상 퇴직연금충당금 설정 전 잔액 (이미 손금산입한 부담금)

사외적립자산기준은 당기에 퇴직연금 등의 납입액(사업비 제외)을 의미하며 퇴직급여추계액 기준은 퇴직급여 추계액 전액 중 퇴직급여충당금을 통하여 손금산입한 후의 나머지 부분에 대하여 퇴직보험 등의 가입을 통하여 손금에 산입하는 개념이다. 따라서 당기분 퇴직급여충당금의 세무조정이 완료되어야 퇴직연금 등의 손금산입 한도를 정할 수 있다(법령 44의 2).

① 퇴직급여추계액은 일시퇴직기준추계액과 보험수리적기준추계액 중 큰 금액을 말하며 퇴직급여충당금 손금한도 계산시 적용한 금액과 동일하다. 다만, 혼합형 퇴직연금(확정급여형과 확정기여형 퇴직연금제도를 동시에 가입할 수 있는 연금)제도를 감안하여 퇴직연금충당금 손금한도 계산시 확정기여형 퇴직연금 등의 가입자 퇴직급여추계액을 포함하되 확정기여형 퇴직연금 등으로서 손금으로 인정된 금액을 차감한다(법령 44의2 ④).

확정급여형 퇴직연금충당금 손금한도 계산시 추계액의 계산 사례

구 분	추계액	DC형 손금계상액
확정기여형 퇴직연금 가입자	-	80
확정급여형 퇴직연금 가입자	100	-
혼합형 퇴직연금 가입자	50	30
퇴직연금 미가입자	40	-
손금한도 추계액	100+(50-30)+40=160	

② 세무상 퇴직급여충당금 기말잔액은 결산상 퇴직급여충당금 기말잔액(확정기여형 퇴직연금자의 퇴직급여충당금 제외)에서 당기말 퇴직급여충당금 유보를 차감한 잔액이다.

세무상 퇴직급여충당금 기말잔액 = 결산상 퇴직급여충당금 기말잔액-퇴직급여충당금 기말유보

③ 세무상 퇴직연금충당금 설정 전 잔액은 이미 손금산입한 부담금 등을 의미하며 당기에 퇴직연금충당금을 설정하기 전의 세무상 잔액을 말한다.

세무상 퇴직연금충당금 설정전 잔액 = 결산상 퇴직연금 충당금 기초잔액 - 결산상 퇴직연금 충당금 감소액 - 퇴직연금충당금 설정 전 유보잔액

법인이 결산조정으로 퇴직연금충당금을 설정하는 경우 이미 손금산입한 부담금 등은 결산상 기초의 퇴직연금충당금에서 결산상 당기 감소액과 퇴직연금충당금 유보를 차감한 잔액을 의미한다. 법인이 신고조정으로 퇴직연금충당금을 설정하는 경우 이미 손금산입한 부담금 등은 결산상 퇴직연금충당금이 없으므로 퇴직연금충당금에 대한 유보잔액만을 의미한다. 즉, 전기말까지 신고조정에 의하여 손금산입한 유보금액에서 당기 퇴직연금충당금 세무조정으로 인하여 발생한 유보를 가감한 잔액이다.

5) 확정급여형 퇴직연금충당금의 손금한도 사례

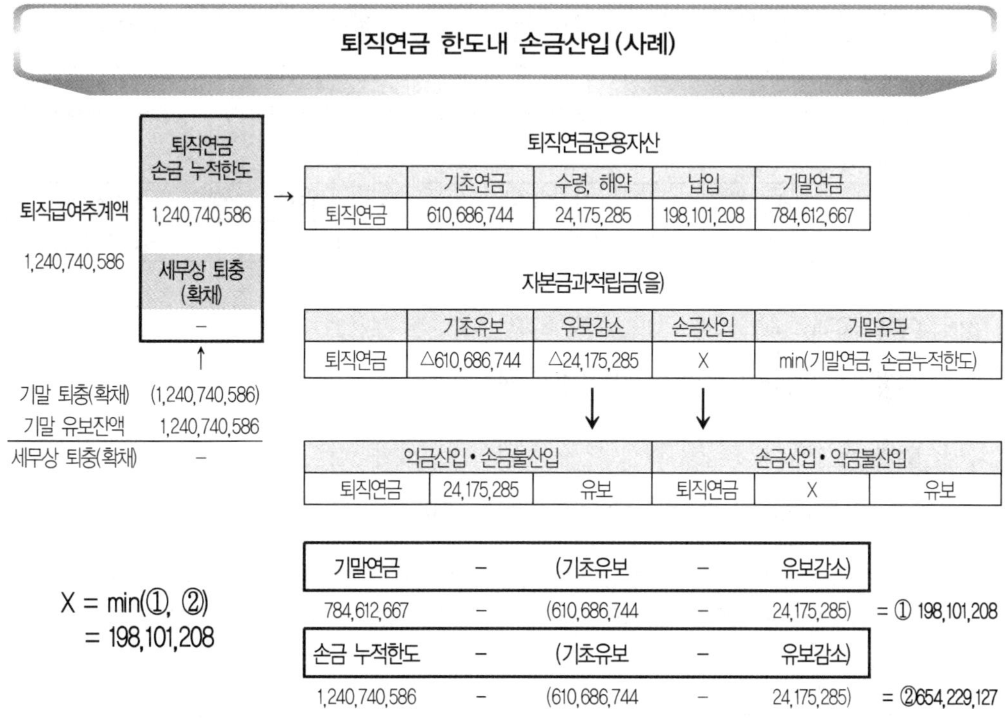

퇴직연금 한도내 손금산입 (사례)

	퇴직연금 손금 누적한도
퇴직급여추계액	1,240,740,586
1,240,740,586	세무상 퇴충(확채)
	-

기말 퇴충(확채)	(1,240,740,586)
기말 유보잔액	1,240,740,586
세무상 퇴충(확채)	-

퇴직연금운용자산

	기초연금	수령, 해약	납입	기말연금
퇴직연금	610,686,744	24,175,285	198,101,208	784,612,667

자본금과적립금(을)

	기초유보	유보감소	손금산입	기말유보
퇴직연금	△610,686,744	△24,175,285	X	min(기말연금, 손금누적한도)

익금산입·손금불산입			손금산입·익금불산입		
퇴직연금	24,175,285	유보	퇴직연금	X	유보

X = min(①, ②)
= 198,101,208

기말연금	-	(기초유보	-	유보감소)	
784,612,667	-	(610,686,744	-	24,175,285)	= ① 198,101,208
손금 누적한도	-	(기초유보	-	유보감소)	
1,240,740,586	-	(610,686,744	-	24,175,285)	= ②654,229,127

세무상 퇴직급여충당금과 기말 퇴직연금부담금 등의 잔액 합계가 퇴직급여추계액을 초과하지 않는 경우에는 퇴직연금부담금 등으로 납부한 전액을 손금으로 인정받을 수 있다. 따라서 기말 퇴직연금 등의 손금 유보잔액은 기말 퇴직연금부담금 잔액과 일치한다. 그러나 세무상 퇴직급여충당금과 기말 퇴직연금부담금 잔액 합계가 퇴직급여추계액을 초과하는 경우에는 퇴직급여추계액을 초과하여 납입한 퇴직연금부담금 손금에 해당하지 아니한다. 따라서 기말 퇴직연금부담금 등의 손금한도액은 상기 사례와 같이 역산해야 한다.

예 제 퇴직연금충당금(결산조정)55)

다음은 ㈜이손의 제10기(20X1.1.1.~12.31) 퇴직연금에 대한 자료이다.

(1) 당기말 현재 퇴직금추계액은 다음과 같다.

① 일시퇴직기준 ₩10,000,000

② 보험수리적기준 ₩8,000,000

(2) 기말 재무상태표상 퇴직급여충당금 잔액은 ₩10,000,000이며 세무상 퇴직급여충당금 유보잔액은 ₩8,500,000이다.

(3) 퇴직연금운용자산의 변동내역은 다음과 같다.

기초잔액	당기감소	당기증가	기말잔액
6,000,000	1,000,000	3,000,000	8,000,000

(4) 결산상 퇴직연금충당금의 내역은 다음과 같으며 세무상 퇴직연금충당금 유보잔액은 없다.

기초잔액	당기감소	당기증가	기말잔액
6,000,000	1,000,000	3,000,000	8,000,000

요구사항

퇴직연금충당금과 관련한 세무조정을 하시오.

풀 이

(1) 퇴직연금충당금 손금한도 = min(①, ②) = 3,000,000

① 추계액기준

= 퇴직급여추계액−세무상 퇴직급여충당금기말잔액−세무상 퇴직연금충당금 설정 전 잔액

= max(10,000,000, 8,000,000)−(10,000,000−8,500,000)−(6,000,000−1,000,000−0)

= 3,500,000

② 예치금기준

= 퇴직연금운용자산 기말잔액−세무상 퇴직연금충당금 설정 전 잔액

= 8,000,000−(6,000,000−1,000,000−0) = 3,000,000

(2) 퇴직연금충당금 한도초과액

= 3,000,000−3,000,000 = 0

(3) 세무조정

퇴직연금충당금설정액이 한도액과 일치하므로 별도의 세무조정은 없다.

---

55) 기업회계상 퇴직연금충당금은 부채로 인정하지 아니한다. 따라서 외부감사 적용대상기업은 결산조정으로 계상할 수 없다.

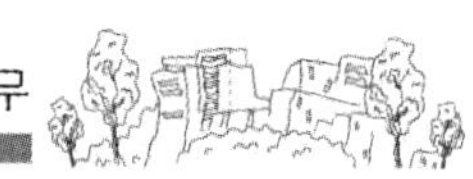

예제 퇴직연금충당금(일반기업회계기준 신고조정)

㈜이손의 제10기(20X1.1.1~12.31) 사업연도 퇴직급여충당부채 및 확정급여형퇴직연금(DB형)에 관한 내역은 다음과 같다. ㈜이손은 비상장법인으로서 일반기업회계기준에 의하여 회계처리하고 있다.

(1) 급여 등 지급내역

① 퇴직금은 지급규정상 1년이상 근무자에게 지급하며 당해 사업연도종료일 전 3개월간 총급여의 월평균액에 근속연수(월기준)를 곱한 금액으로 지급한다. 다만, 지급규정에 따라 임원인 대표이사와 전무이사는 배수 2를 적용한다.

② 연차수당은 생산직 직원에게 지급하고 있다.

③ 월급여에는 소득세법상 비과세소득이 포함되어 있다.

(2) 당기 총급여내역

당해 사업연도종료일 현재 근속중인 직원의 총급여내역은 다음과 같다.

구분	사번	급여				상여	연차수당	연총급여	근속월수
		1월~9월	10월	11월	12월				
1	1003	11,721,400	2,930,350	2,976,077	3,566,448	4,593,900	856,656	26,644,831	7
2	1004	26,937,486	2,993,054	2,441,216	3,499,431	4,589,832	675,660	41,136,679	18
3	1005	11,393,800	2,848,450	2,534,131	3,287,395	4,367,304	771,540	25,202,620	7
4	1006	27,836,622	3,092,958	2,895,908	3,397,545	4,279,272	797,964	42,300,269	14
5	1007	18,782,955	2,086,995	2,018,687	3,186,154	4,171,680	859,776	31,106,247	222
6	1008	18,946,962	2,105,218	2,106,088	3,210,126	4,171,680	777,888	31,317,962	181
7	1009	8,497,416	2,124,354	2,285,089	3,142,692	4,016,808	551,964	20,618,323	7
8	1010	3,179,906	1,589,953	1,807,083	2,947,219	3,994,800	666,600	14,185,561	5
9	1015	8,181,388	2,213,124	2,045,347	2,723,019	3,289,740	452,076	18,904,694	7
10	1016	15,045,363	1,324,347	1,671,707	2,284,613	3,260,400	447,996	24,034,426	18
11	1017	5,796,160	1,873,227	1,449,040	2,625,173	3,218,800	410,663	15,373,063	7
12	1018	18,941,157	2,104,573	2,064,320	2,990,480	3,260,400	447,996	29,808,926	81
13	1019	17,701,083	1,966,787	1,726,320	2,557,920	3,239,600	447,996	27,639,706	80
14	1020	15,037,803	1,670,867	1,653,547	2,306,147	3,260,400	447,996	24,376,760	78
15	1021	17,208,837	1,912,093	1,846,867	2,562,480	3,260,400	447,996	27,238,673	83
16	1027	7,307,200	2,030,907	1,826,800	2,576,400	3,260,400	416,004	17,417,711	7
17	1028	14,279,643	1,504,787	1,586,627	2,357,080	3,260,400	416,004	23,404,541	46
18	1029	8,329,332	1,973,400	2,082,333	2,742,467	3,260,400	416,004	18,803,936	7
19	1031	15,935,517	2,019,253	1,770,613	2,506,400	3,260,400	416,004	25,908,187	23
20	1033	16,143,003	2,052,947	1,793,667	2,547,880	3,239,600	416,004	26,193,101	14
21	1034	5,846,640	1,874,840	1,948,880	2,701,067	3,260,400	416,004	16,047,831	6
22	1036	17,727,597	1,969,733	1,925,533	2,835,600	3,260,400	416,004	28,134,867	22
23	1037	15,814,917	1,757,213	1,821,480	2,410,200	3,260,400	416,004	25,480,214	45
24	1038	18,236,277	2,026,253	1,945,907	2,669,733	3,260,400	416,004	28,554,574	29
25	1039	14,616,720	1,624,080	1,694,920	2,372,040	3,260,400	416,004	23,984,164	38
26	1040	8,869,388	2,217,347	1,727,920	2,528,227	3,260,400	352,000	18,955,282	7
27	1041	17,673,120	1,963,680	1,827,293	2,581,000	3,260,400	352,000	27,657,493	35

28	1044	8,345,920	2,086,480	1,960,680	2,418,680	3,260,400	384,000	18,456,160	7
29	1047	16,540,443	1,837,827	1,749,387	2,451,080	3,260,400	384,000	26,223,137	32
30	1048	-	1,629,093	1,463,867	2,240,907	3,260,400	447,996	9,042,263	3
31	1049	3,056,906	2,200,960	1,528,453	2,299,160	3,198,000	384,000	12,667,479	5
32	1050	1,895,627	2,052,120	1,895,627	2,608,280	3,218,800	384,000	12,054,454	4
33	1051	-	-	1,746,920	2,411,600	3,239,600	384,000	7,782,120	2
34	1052	-	-	1,636,093	2,391,160	3,260,400	384,000	7,671,653	2
35	1054	17,667,117	1,849,640	1,963,013	2,380,013	3,260,400	384,000	27,504,183	7
36	1055	-	-	1,697,667	2,439,480	3,260,400	384,000	7,781,547	2
37	1057	-	1,736,053	1,453,040	2,388,587	3,239,600	352,000	9,169,280	3
38	1059	8,381,760	2,013,360	2,095,440	2,556,267	3,260,400	384,000	18,691,227	7
39	1060	-	-	2,095,773	2,473,560	3,260,400	384,000	8,213,733	2
40	1001	90,000,000	10,000,000	10,000,000	10,000,000	40,000,000	-	160,000,000	244
41	1002	63,000,000	7,000,000	7,000,000	7,000,000	28,000,000	-	112,000,000	240
42	1011	12,724,911	1,413,879	1,511,018	2,307,732	3,466,620	-	21,424,160	46
43	1012	12,706,542	1,411,838	1,414,007	2,540,386	3,466,620	-	21,539,393	45
44	1014	12,921,993	1,749,450	1,435,777	2,339,293	3,356,972	-	21,803,485	87
45	1024	14,464,080	1,607,120	1,573,680	2,394,453	3,260,400	-	23,299,733	83
46	1025	19,522,557	2,169,173	2,158,400	3,095,853	3,260,400	-	30,206,383	67
47	1026	15,415,317	1,726,173	1,712,813	2,540,933	3,260,400	-	24,655,636	66
48	1062	17,710,200	1,886,300	1,967,800	2,815,800	-	-	24,380,100	20
49	1063	16,476,300	1,803,200	1,830,700	2,554,100	-	-	22,664,300	19
50	1064	15,503,400	1,756,100	1,722,600	2,342,920	-	-	21,325,020	20
51	1065	17,695,800	1,950,700	1,966,200	2,554,900	-	-	24,167,600	49
52	1071	16,767,000	1,882,500	1,863,000	2,736,900	-	-	23,249,400	21
	합계	766,783,565	107,612,756	110,915,355	149,396,980	223,129,628	18,564,803	1,376,403,087	

상여 및 연차수당은 연간 합계금액이다. 사번 1001과 1002는 임원으로서 임원상여는 지급규정에 의한 지급액이다.

(3) 총급여 세부내역

계정과목	구 분	퇴직급여대상자				퇴직급여 비대상자	
		인원	총급여	비과세소득	과세 총급여	인원	총급여
제조경비	생산직	18	514,499,926	15,600,000	498,899,926	21	331,187,951
판매관리비	임원, 관리직	13	530,715,210	9,600,000	521,115,210	–	–
합 계		31	1,045,215,136	25,200,000	1,020,015,136	21	331,187,951

* 비과세소득은 소득세법상 비과세소득으로서 총급여에 포함되어 있다.

(4) 퇴직급여 설정 전 퇴직급여충당부채 및 퇴직연금운용자산 변동내역

구 분	기초잔액	당기증가	당기감소	기말잔액
퇴직급여충당부채	898,068,740	–	58,645,780	839,422,960
퇴직연금운용자산	610,686,744	198,101,208	24,175,285	784,612,667

퇴직급여충당부채 당기 감소액은 생산직 직원의 퇴직으로 인한 지급이며 당기 증감액과 관련한 회계처리는 다음과 같다.

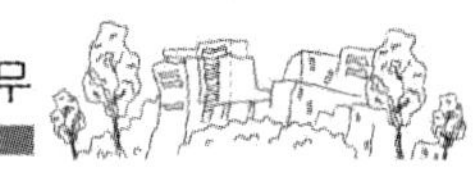

① 퇴직금의 지급

(차) 퇴직급여충당부채	58,645,780	(대) 퇴직연금운용자산	24,175,285
		보통예금	34,470,495

② 퇴직연금운용자산의 증가

(차) 퇴직연금운용자산	198,101,208	(대) 보통예금	175,025,859
		퇴직연금운용수익(이자수익)	23,075,349

(5) 퇴직급여충당부채의 추계액 설정

퇴직급여충당부채는 보고기간말 현재 전종업원이 일시에 퇴직할 경우 지급하여야 할 퇴직금에 상당하는 금액으로 한다. 결산일 현재 퇴직금추계액은 당해 사업연도종료일 전 3개월간 총급여의 월평균액에 근속연수를 곱한 금액으로 계산한다. 계산하는 방법은 월수기준과 일수기준이 있으며 ㈜이손은 총급여의 월평균액에 근속연수(월기준)를 곱한 금액으로 지급한다.

구 분	계산방법
월수계산	① 월평균급여=(10월+11월+12월 급여 등) ÷ 3월 ② 추계액=월평균급여 × 근속월수/12월 × 배수
일수계산	① 월평균급여=(10월+11월+12월 급여 등) × (30일/92일) ② 추계액=월평균급여 × 근속일수/365일 × 배수

1년이상 근속한 퇴직급여대상자에 대하여 당해 사업연도종료일 전 3개월간 총급여의 월평균액에 근속연수(월수계산)를 곱한 금액으로 계산한 퇴직급여추계액(일시퇴직기준)은 다음과 같다.

구분	사번	급여			상여	연차수당	연총급여	퇴직금추계액			
		10월	11월	12월				근속월수	월평균급여	월평균임금총액	퇴직금추계액
1	1004	2,993,054	2,441,216	3,499,431	4,589,832	675,660	41,136,679	18	2,977,900	3,416,691	5,125,036
2	1006	3,092,958	2,895,908	3,397,545	4,279,272	797,964	42,300,269	14	3,128,803	3,551,906	4,143,890
3	1007	2,086,995	2,018,687	3,186,154	4,171,680	859,776	31,106,247	222	2,430,612	2,849,900	52,723,150
4	1008	2,105,218	2,106,088	3,210,126	4,171,680	777,888	31,317,962	181	2,473,810	2,886,274	43,534,632
5	1016	1,324,347	1,671,707	2,284,613	3,260,400	447,996	24,034,426	18	1,760,222	2,069,255	3,103,882
6	1018	2,104,573	2,064,320	2,990,480	3,260,400	447,996	29,808,926	81	2,386,457	2,695,490	18,194,557
7	1019	1,966,787	1,726,320	2,557,920	3,239,600	447,996	27,639,706	80	2,083,675	2,390,974	15,939,826
8	1020	1,670,867	1,653,547	2,306,147	3,260,400	447,996	24,376,760	78	1,876,853	2,185,886	14,208,259
9	1021	1,912,093	1,846,867	2,562,480	3,260,400	447,996	27,238,673	83	2,107,146	2,416,179	16,711,904
10	1028	1,504,787	1,586,627	2,357,080	3,260,400	416,004	23,404,541	46	1,816,164	2,122,531	8,136,368
11	1031	2,019,253	1,770,613	2,506,400	3,260,400	416,004	25,908,187	23	2,098,755	2,405,122	4,609,817
12	1033	2,052,947	1,793,667	2,547,880	3,239,600	416,004	26,193,101	14	2,131,498	2,436,131	2,842,152
13	1036	1,969,733	1,925,533	2,835,600	3,260,400	416,004	28,134,867	22	2,243,622	2,549,989	4,674,979
14	1037	1,757,213	1,821,480	2,410,200	3,260,400	416,004	25,480,214	45	1,996,297	2,302,664	8,634,990
15	1038	2,026,253	1,945,907	2,669,733	3,260,400	416,004	28,554,574	29	2,213,964	2,520,331	6,090,799

16	1039	1,624,080	1,694,920	2,372,040	3,260,400	416,004	23,984,164	38	1,897,013	2,203,380	6,977,370
17	1041	1,963,680	1,827,293	2,581,000	3,260,400	352,000	27,657,493	35	2,123,991	2,425,024	7,072,986
18	1047	1,837,827	1,749,387	2,451,080	3,260,400	384,000	26,223,137	32	2,012,764	2,316,464	6,177,237
19	1001	10,000,000	10,000,000	10,000,000	40,000,000	–	160,000,000	244	10,000,000	13,333,333	542,222,208
20	1002	7,000,000	7,000,000	7,000,000	28,000,000	–	112,000,000	240	7,000,000	9,333,333	373,333,320
21	1011	1,413,879	1,511,018	2,307,732	3,466,620	–	21,424,160	46	1,744,209	2,033,094	7,793,527
22	1012	1,411,838	1,414,007	2,540,386	3,466,620	–	21,539,393	45	1,788,743	2,077,628	7,791,105
23	1014	1,749,450	1,435,777	2,339,293	3,356,972	–	21,803,485	87	1,841,506	2,121,253	15,379,084
24	1024	1,607,120	1,573,680	2,394,453	3,260,400	–	23,299,733	83	1,858,417	2,130,117	14,733,309
25	1025	2,169,173	2,158,400	3,095,853	3,260,400	–	30,206,383	67	2,474,475	2,746,175	15,332,810
26	1026	1,726,173	1,712,813	2,540,933	3,260,400	–	24,655,636	66	1,993,306	2,265,006	12,457,533
27	1062	1,886,300	1,967,800	2,815,800	–	–	24,380,100	20	2,223,300	2,223,300	3,705,500
28	1063	1,803,200	1,830,700	2,554,100	–	–	22,664,300	19	2,062,666	2,062,666	3,265,887
29	1064	1,756,100	1,722,600	2,342,920	–	–	21,325,020	20	1,940,540	1,940,540	3,234,233
30	1065	1,950,700	1,966,200	2,554,900	–	–	24,167,600	49	2,157,266	2,157,266	8,808,836
31	1071	1,882,500	1,863,000	2,736,900	–	–	23,249,400	21	2,160,800	2,160,800	3,781,400
합 계		72,369,098	70,696,082	93,949,179	150,887,876	8,999,296	1,045,215,136		79,004,774	92,328,702	1,240,740,586

* 월평균급여=(10월+11월+12월 급여)÷3개월
* 월평균임금총액=월평균급여+(상여+연차수당)÷12개월
* 퇴직금추계액=월평균임금총액×근속월수/12×배수1(임원배수 2)

퇴직급여충당부채

당기감소	58,645,780	기초잔액	898,068,740
기말잔액	1,240,740,586	당기설정	401,317,626
	1,299,386,366		1,299,386,366

* ₩1,299,386,366−₩898,068,740=₩401,317,626

퇴직급여충당부채의 설정과 관련한 회계처리는 다음과 같다.

(차) 퇴직급여 401,317,626 (대) 퇴직급여충당부채 401,317,626

(6) 퇴직급여 설정 후 퇴직급여충당부채 및 퇴직연금운용자산 변동내역

구 분	기초잔액	당기증가	당기감소	기말잔액
퇴직급여충당부채	898,068,740	401,317,626	58,645,780	1,240,740,586
퇴직연금운용자산	610,686,744	198,101,208	24,175,285	784,612,667

(7) 전기 자본금과 적립금조정명세서(을)의 유보잔액

퇴직급여충당금 898,068,740
퇴직연금충당금 △610,686,744

요구사항

퇴직급여와 관련한 세무조정을 하시오. 단, 보험수리적기준 퇴직금추계액은 1,038,220,108이다.

풀 이

1. 퇴직급여충당금

(1) 퇴직연금지급액의 세무조정

법인은 퇴직연금충당금을 신고조정으로 처리함에 따라 퇴직연금충당금 계정이 존재하지 않는다. 따라서 퇴직금지급시 장부상 퇴직급여충당금으로 상계할 수 밖에 없다. 그러나 세무상 퇴직연금운용자산에서 지급한 퇴직급여는 퇴직연금충당금과 상계해야 하므로 세무상 퇴직연금충당금을 감소(익금산입)시키고 퇴직급여충당금을 다시 증가(손금산입)시켜야 한다.

〈익금산입〉 퇴직연금충당금 24,175,285 (유보)

〈손금산입〉 퇴직급여충당금 24,175,285 (△유보)

(2) 퇴직급여충당금 세무조정

min ┌ ① 총급여기준 한도=총급여×5%
└ ② 추계액기준 한도=퇴직급여추계액×설정률+퇴직금전환금 기말잔액
−세무상 퇴직급여충당금 설정전 잔액

* 퇴직급여추계액=max(일시퇴직기준, 보험수리적기준)

* 세무상 퇴직급여충당금 설정 전 잔액 = 결산상 퇴직급여 충당금 기초잔액 − 기초충당금 부인누계액 − 기중 퇴직금지급액

① 퇴직급여충당금 손금한도=min(㉠, ㉡)=0

㉠ 급여액기준=1,020,015,136×5%=51,000,756

㉡ 추계액기준

= max(1,240,740,586, 1,038,220,108)×0%−(898,068,740−898,068,740−34,470,495)

= 0−(△34,470,495)

*세무상 퇴직급여충당금설정 전 잔액이 음수이므로 손금산입하고 잔액은 0으로 본다.

〈손금산입〉 퇴직급여충당금 34,470,495 (△유보)

② 회사계상액=401,317,626

③ 한도초과액=401,317,626−0=401,317,626

④ 세무조정 : 〈손금불산입〉 퇴직급여충당금 401,317,626 (유보)

⑤ 자본금과 적립금조정명세서(을)

자본금과 적립금조정명세서(을)				
①과 목	②기초잔액	당기중 증감		⑤기말잔액
		③감소	④증가	
퇴직급여충당금	898,068,740	58,645,780	401,317,626	1,240,740,586

구 분	장부금액 (a)	유보금액 (b)	세무상금액 (c)	세무조정 (d=a−c)
기초잔액	898,068,740	898,068,740	−	
감소(인정분)	(34,470,495)		−	(34,470,495)
감소(불인정분)	(24,175,285)		−	(24,175,285)
설정액	401,317,626		−	401,317,626
기말잔액	1,240,740,586		−	

2. 퇴직연금충당금

min ┌ ① 퇴직급여추계액기준 한도 = 퇴직급여추계액-세무상 퇴직급여충당금기말잔액
-세무상 퇴직연금충당금 설정 전 잔액
└ ② 사외적립자산기준 한도 = 퇴직연금운용자산 기말잔액
-세무상 퇴직연금충당금 설정 전 잔액

* 세무상 퇴직급여충당금 기말잔액 = 결산상 퇴직급여충당금 기말잔액-퇴직급여충당금 기말유보

* 세무상 퇴직연금충당금 설정 전 잔액 = 결산상 퇴직연금 충당금 기초잔액 - 결산상 퇴직연금 충당금 감소액 - 퇴직연금충당금 설정 전 유보잔액

① 퇴직연금충당금 손금한도 = min(㉠, ㉡) = 198,101,208

㉠ 퇴직급여추계액기준

= max(1,240,740,586, 1,038,220,108)-0-586,511,459 = 654,229,127

* 세무상 퇴직급여충당금 잔액 = 1,240,740,586-1,240,740,586=0

* 세무상 퇴직연금충당금 설정전 잔액 = 0-0-(△610,686,744-△24,175,285) = 586,511,459

㉡ 사외적립자산기준 = 784,612,667-586,511,459 = 198,101,208

② 세무조정 : 〈손금산입〉 퇴직연금충당금 198,101,208 (△유보)

③ 자본금과 적립금조정명세서(을)

구 분	장부금액 (a)*	유보금액 (b)	세무상금액 (c=a-b)	세무조정 (d=a-c)
기초잔액	-	△610,686,744	610,686,744	
감소금액	-		(24,175,285)	24,175,285**
설정금액	-		198,101,208	(198,101,208)
기말잔액	-		784,612,667	

* 퇴직연금충당금을 신고조정에 의하여 손금산입하므로 결산상 장부금액은 없다.

** 확정급여형퇴직연금 지급분에 대한 세무조정 : 상단참조

자본금과 적립금조정명세서(을)				
①과목	②기초잔액	당기중 증감		⑤기말잔액
		③감소	④증가	
퇴직연금충당금	△610,686,744	△24,175,285	△198,101,208	△784,612,667

3. 소득금액조정합계표

익금산입 및 손금불산입				손금산입 및 익금불산입			
①과목	②금액	③소득처분		④과목	⑤금액	⑥소득처분	
		처분	코드			처분	코드
퇴직연금충당금	24,175,285	유보	400	퇴직급여충당금	24,175,285	유보	100
퇴직급여충당금	401,317,626	유보	400	퇴직급여충당금	34,470,495	유보	100
				퇴직연금충당금	198,101,208	유보	100

예제 퇴직연금충당금(K-IFRS 신고조정)

㈜이손의 제18기(20X1.1.1~12.31) 사업연도 확정급여채무 및 사외적립자산에 관한 내역은 다음과 같다. ㈜이손은 K-IFRS에 의하여 회계처리하고 있으며 이연법인세 적용세율은 22%이다.

(1) ㈜이손의 사외적립자산 운용기관은 우려은행으로서 당 은행의 종업원급여보고서는 다음과 같다.

■ 확정급여채무의 증감내역 (단위 : 원)

	전 기 (제17기)	당 기 (제18기)
기초 확정급여채무	12,481,218,112	11,185,878,517
당기근무원가	219,636,230	196,653,874
이자원가	120,018,464	99,485,568
종업원기여금	–	–
확정급여채무의 보험수리적 (이익) / 손실	(1,086,733,877)	891,078,603
제도축소에 따른 (이익) / 손실	–	–
제도청산의 효과	–	–
사업결합에 따른 전입 부채	–	–
관계사로부터 전입된 퇴직급여부채	–	–
관계사로 전출된 퇴직급여부채	–	–
퇴직급여 지급액-회사로부터 지급분	(538,279,092)	(197,391,350)
퇴직급여 지급액-제도자산으로부터 지급분	(9,981,320)	(167,479,774)
기말 확정급여채무	11,185,878,517	12,008,225,438

■ 사외적립자산의 증감내역

(단위 : 원)

	전 기 (제17기)	당 기 (제18기)
기초 사외적립자산의 공정가치	2,410,083,636	2,426,324,037
사외적립자산의 기대수익	24,100,837	22,443,497
종업원기여금	–	–
회사기여금-사외적립자산 불입분	–	142,567,840
회사기여금-종업원 직접 지급분	538,279,092	197,391,350
사외적립자산의 보험수리적 이익 / (손실)	2,120,884	(13,740,382)
제도청산의 효과	–	–
사업결합에 따른 전입 자산	–	–
관계사로부터 전입된 사외적립자산	–	–
관계사로 이전된 사외적립자산	–	–
퇴직급여 지급액-회사로부터 지급분	(538,279,092)	(197,391,350)
퇴직급여 지급액-제도자산으로부터 지급분	(9,981,320)	(167,479,774)
기말 사외적립자산의 공정가치	2,426,324,037	2,410,115,218

■ 사외적립자산의 실제수익

(단위 : 원)

	전 기 (제17기)	당 기 (제18기)
사외적립자산의 기대수익	24,100,837	22,443,497
사외적립자산의 보험수리적 이익 / (손실)	2,120,884	(13,740,382)
기말 사외적립자산의 공정가치(실제수익)	26,221,721	8,703,115

우려은행

(2) 전기말 자본금과 적립금조정명세서(을)상의 유보잔액은 다음과 같다.

확정급여채무	11,185,878,517
퇴직연금충당금	△2,426,324,037

(3) 당기말 현재 퇴직급여 지급대상자의 총급여는 9,899,180,810이다.

(4) 일시퇴직기준에 의한 퇴직금추계액은 10,309,810,150이며 보험수리적기준에 의한 퇴직금추계액은 12,008,225,438이다.

요구사항

순확정급여부채와 관련한 세무조정을 하시오.

풀 이

(1) 확정급여채무의 회계처리와 세무조정

1) 회계처리와 세무조정

퇴직급여	(차) 퇴직급여	296,139,442	(대) 확정급여채무	296,139,442

* ₩196,653,874 + ₩99,485,568 = ₩296,139,442

퇴직급여 지급	(차) 확정급여채무	364,871,124	(대) 사외적립자산	167,479,774
			보통예금	197,391,350

확정급여형 퇴직연금에 가입하여 퇴직연금충당금(사외적립자산)을 신고조정으로 세무조정하는 경우 연금사업자의 퇴직급여지급액은 다음과 같이 조정한다.

〈익금산입〉 퇴직연금충당금 167,479,774 (유보)
〈손금산입〉 확정급여채무 167,479,774 (△유보)

재측정요소	(차) 보험수리적손실	891,078,603	(대) 확정급여채무	891,078,603

〈손금산입〉 보험수리적손실 891,078,603 (기타)

사외적립자산 적립	(차) 사외적립자산	142,567,840	(대) 보통예금	142,567,840
기대수익	(차) 사외적립자산	22,443,497	(대) 퇴직급여	22,443,497

〈익금산입〉 이자수익 22,443,497 (기타)
〈손금산입〉 퇴직급여 22,443,497 (기타)

재측정요소	(차) 보험수리적손실	13,740,382	(대) 사외적립자산	13,740,382

〈손금산입〉 사외적립자산 13,740,382 (기타)

이연법인세	(차) 법인세비용	199,060,177	(대) 보험수리적손실	199,060,177

* (₩891,078,603 + ₩13,740,382) × 22% = ₩199,060,177

* 확정급여채무, 사외적립자산 유보금액에 대한 이연법인세자산·부채를 인식한 이후 자본에 가감하는 법인세효과를 인식한다.

2) 세무해설

① 확정급여채무 재측정요소(보험수리적손익)

확정급여채무와 관련하여 기타포괄손익으로 인식한 재측정요소는 다음과 같이 조정한다.

재측정요소가 (+)인 경우(보험수리적이익)	재측정요소가 (−)인 경우(보험수리적손실)
법인이 재측정요소를 증가시키고 확정급여채무를 감소시킨 경우]에는 재측정요소를 익금산입한다.	법인이 재측정요소를 감소시키고 확정급여채무를 증가시킨 경우에는 재측정요소를 손금산입하고 당기 퇴직급여설정액으로 본다.
〈익금산입〉 보험수리적이익×××(기타)	〈손금산입〉 보험수리적손실×××(기타)

② 사외적립자산의 기대수익

일반기업회계기준에서는 퇴직연금에서 발생한 실제수익을 퇴직연금에 가산하고 별도의 수익으로 인식하여 당기 퇴직연금 등의 납입액에 가산한다. 그러나 K-IFRS에서는 퇴직연금에서 발생한 기대수익을 수익으로 인식하지 아니하고 퇴직급여에서 차감하도록 규정하고 있다. 따라서 퇴직급여에서 차감한 기대수익을 각각 퇴직급여 손금산입, 기대수익 익금산입하여 결산상 확정급여채무의 증가액과 손금으로 인식한 퇴직급여 인식액을 일치시켜준다. 다만, 수익으로 인식하지 않고 비용에서 차감하여도 소득에 미치는 영향은 동일하므로 당해 세무조정은 생략할 수 있다. 이 경우 세무조정을 생략하더라도 법인이 결산상 계상한 퇴직급여 설정액은 포괄손익계산서상의 금액이 아닌 당기 확정급여채무의 증가액으로 조정해야 함에 유의한다.

〈익금산입〉 이자수익 XXX (기타)

〈손금산입〉 퇴직급여 XXX (기타)

③ 사외적립자산 재측정요소(보험수리적손익)

사외적립자산과 관련하여 기타포괄손익으로 인식한 보험수리적이익은 익금산입하고 보험수리적손실은 손금산입한다.

〈익금산입〉 보험수리적이익 XXX (기타)

〈손금산입〉 보험수리적손실 XXX (기타)

(2) 확정급여채무 퇴직급여 설정액과 사외적립자산 증가액

① 확정급여채무 당기설정액(확정급여채무 당기 증가액)

포괄손익계산서 퇴직급여 : 196,653,874 + 99,485,568−22,443,497 =	273,695,945
사외적립자산 기대수익 차감액	22,443,497
확정급여채무 보험수리적손실	891,078,603
합 계	1,187,218,045

확정급여채무

차변	금액	대변	금액
당기감소(법인지급)	197,391,350	기초잔액	11,185,878,517
당기감소(연금지급)	167,479,774	당기근무원가	196,653,874
		이자원가	99,485,568
기말잔액	12,008,225,438	보험수리적손실	891,078,603
	12,373,096,562		12,373,096,562

② 사외적립자산 당기증가액

사외적립자산 납입액	142,567,840
사외적립자산 기대수익	22,443,497
사외적립자산 보험수리적손실	(13,740,382)
합 계	151,270,955

사외적립자산

차변	금액	대변	금액
기초잔액	2,426,324,037	당기감소	167,479,774
당기납입	142,567,840	보험수리적손실	13,740,382
기대수익	22,443,497	기말잔액	2,410,115,218
	2,591,335,374		2,591,335,374

(3) 확정급여채무 한도 세무조정

min ┌ ① 총급여기준 한도=총급여×5%
└ ② 퇴직급여추계액기준 한도=퇴직급여추계액×설정률+퇴직금전환금 기말잔액 −세무상 퇴직급여충당금 설정전 잔액

* 퇴직급여추계액=max(일시퇴직기준, 보험수리적기준)

* 세무상 퇴직급여충당금 설정전 잔액 = 결산상 퇴직급여 충당금 기초잔액 − 기초충당금 부인누계액 − 기중 퇴직금지급액

① 확정급여채무 손금한도=min(㉠, ㉡)=0

㉠ 총급여액기준=9,899,180,810×5%=494,959,040

㉡ 퇴직급여추계액기준

= max(10,309,810,150, 12,008,225,438)×0%−(11,185,878,517−11,185,878,517 −197,391,350) = 0−(△197,391,350)

*세무상 퇴직급여충당금설정 전 잔액이 음수이므로 손금산입하고 잔액은 0으로 본다.

〈손금산입〉 퇴직급여충당금 197,391,350 (△유보)

② 회사계상액=1,187,218,045

③ 한도초과액=1,187,218,045−0=1,187,218,045

④ 세무조정 : 〈손금불산입〉 확정급여채무 1,187,218,045 (유보)

구 분	장부금액 (a)	유보금액 (b)	세무상금액 (c)	세무조정 (d=a−c)
기초잔액	11,185,878,517	11,185,878,517	−	
감소(법인지급)	(197,391,350)		−	(197,391,350)
감소(연금지급)	(167,479,774)		−	(167,479,774)
설정액	1,187,218,045		−	1,187,218,045
기말잔액	12,008,225,438		−	

⑤ 자본금과 적립금조정명세서(을)

자본금과 적립금조정명세서(을)				
①과목	②기초잔액	당기중 증감		⑤기말잔액
		③감소	④증가	
확정급여채무	11,185,878,517	364,871,124	1,187,218,045	12,008,225,438

(4) 퇴직연금충당금 세무조정

min ┌ ① 퇴직급여추계액기준 한도 = 퇴직급여추계액−세무상 퇴직급여충당금기말잔액 −세무상 퇴직연금충당금 설정 전 잔액
└ ② 사외적립자산기준 한도=퇴직연금운용자산 기말잔액 −세무상 퇴직연금충당금 설정전 잔액

* 세무상 퇴직급여충당금 기말잔액=결산상 퇴직급여충당금 기말잔액−퇴직급여충당금 기말유보

* 세무상 퇴직연금 충당금 설정전 잔액 = 결산상 퇴직연금 충당금 기초잔액 − 결산상 퇴직연금 충당금 감소액 − 퇴직연금충당금 설정 전 유보잔액

① 퇴직연금충당금 손금한도=min(㉠, ㉡)=151,270,955

㉠ 퇴직급여추계액기준

=max(10,309,810,150, 12,008,225,438)−0−2,258,844,263=9,749,381,175

* 세무상 퇴직급여충당금 잔액=12,008,225,438−12,008,225,438=0

* 세무상 퇴직연금충당금 설정전 잔액=△2,426,324,037−△167,479,774=△2,258,844,263

㉡ 사외적립자산기준=2,410,115,218−2,258,844,263=151,270,955

② 세무조정 : 〈손금산입〉 퇴직연금충당금 151,270,955 (△유보)

③ 자본금과 적립금조정명세서(을)

구 분	장부금액 (a)[*1]	유보금액 (b)	세무상금액 (c=a−b)	세무조정 (d=a−c)
기초잔액	−	△2,426,324,037	2,426,324,037	
감소금액	−		(167,479,774)	167,479,774[*2]
설정금액	−		151,270,955	(151,270,955)
기말잔액	−		2,410,115,218	

*1 퇴직연금충당금을 신고조정에 의하여 손금산입하므로 결산상 장부금액은 없다.

*2 확정급여형퇴직연금 지급분에 대한 세무조정 : 상단참조

자본금과 적립금조정명세서(을)				
①과목	②기초잔액	당기중 증감		⑤기말잔액
		③감소	④증가	
퇴직연금충당금	△2,426,324,037	△167,479,774	△151,270,955	△2,410,115,218

(5) 소득금액조정합계표

익금산입 및 손금불산입				손금산입 및 익금불산입			
①과목	②금액	③소득처분		④과목	⑤금액	⑥소득처분	
		처분	코드			처분	코드
퇴직연금충당금	167 479 774	유보	400	확정급여채무	167 479 774	유보	100
확정급여채무	1 187 218 045	유보	400	확정급여채무	197 391 350	유보	100
				보험수리적손실	891 078 603	기타	200
				보험수리적손실	13 740 382	기타	200
				퇴직연금충당금	151 270 955	유보	100

(2) 확정기여형 퇴직연금

확정기여형(DC)퇴직연금은 퇴직급여의 지급을 위하여 사용자가 부담하여야 할 부담금의 수준이 사전에 결정되어 있으며 그 운용책임이 근로자에게 있는 퇴직연금을 말한다. 법인이 확정기여형퇴직연금 부담금을 지출함으로 인하여 퇴직급여 지급의무가 종결되므로 이를 지출시점에 손금산입되며, 확정기여형 퇴직연금가입자는 퇴직급여충당금 설정대상에 해당되지 아니한다.

1) 손금의 귀속시기

법인의 확정기여형퇴직연금 부담금은 근로자퇴직급여보장법 제13조에 따라 매년 1회이상 정기적으로 납부하여야 하는 것으로 손금의 귀속시기는 실제 지출하는 사업연도로 한다(법령 44의2 ②).

관련사례

■ **확정기여형퇴직연금제도 설정법인이 상여금을 임직원의 퇴직연금으로 추가납입**

근로자퇴직급여보장법 제19조에 따른 확정기여형퇴직연금제도를 설정한 내국법인이 근로자와 합의한 퇴직연금규약에 따라 임원 및 직원의 상여금(법인세법 시행령 제43조제1항 내지 제3항에 따른 상여금은 제외) 중 일부 또는 전부를 사용자 부담금으로 확정기여형퇴직연금에 추가하여 지출하는 경우 해당 부담금은 법인세법 시행령 제44조의2제3항에 따라 전액 손금에 산입하는 것임. 다만, 임원에 대한 부담금은 법인이 퇴직시까지 부담한 부담금의 합계액을 퇴직급여로 보아 법인세법 시행령 제44조제4항을 적용하되 손금산입한도 초과액이 있는 경우에는 퇴직일이 속하는 사업연도의 부담금 중 손금산입한도 초과액 상당액을 손금에 산입하지 아니하고 손금산입한도 초과금액이 퇴직일이 속하는 사업연도의 부담금을 초과하는 경우 그 초과금액은 퇴직일이 속하는 사업연도의 익금에 산입하는 것임(법인, 서면법규과-883, 2014.08.14.).

2) 임원지급 한도

확정기여형 퇴직연금 등(근로자퇴직급여 보장법 제13조에 따른 확정기여형 퇴직연금, 같은 법 제25조에 따른 개인형퇴직연금제도 및 과학기술인공제회법에 따른 퇴직연금 중 확정기여형 퇴직연금에 해당하는 것)의 부담금은 전액 손금에 산입한다. 다만, 임원에 대한 부담금은 법인이 퇴직시까지 부담한 부담금의 합계액을 퇴직급여로 보아 다음에서 정하는 한도를 손금산입한다(법령 44 ④).

① 임원의 퇴직급여 지급액이 정하여진 경우

정관에 퇴직급여(퇴직위로금 등을 포함)로 지급할 금액이 정하여진 경우에는 정관에 정하여진 금액을 한도로 손금에 산입한다.

② 임원의 퇴직급여 지급규정이 없는 경우

임원의 퇴직급여 지급규정이 없는 경우에는 그 임원이 퇴직하는 날부터 소급하여 1년동안 해당 임원에게 지급한 총급여액(비과세소득 및 손금불산입 상여 제외)의 10분의 1에 상당하는 금액에 근속연수를 곱한 금액을 한도로 손금에 산입한다. 이 경우 해당 임원이 직원에서 임원으로 된 때에 퇴직금을 지급하지 아니한 경우에는 직원으로 근무한 기간을 근속연수에 합산할 수 있다.

손금산입한도 초과금액이 있는 경우에는 퇴직일이 속하는 사업연도의 부담금 중 손금산입한도 초과금액 상당액을 손금에 산입하지 아니하고, 손금산입 한도 초과금액이 퇴직일이 속하는 사업연도의 부담금을 초과하는 경우 그 초과금액은 퇴직일이 속하는 사업연도의 익금에 산입한다(법령 44의 2).

3) 퇴직연금 설정 전 근무기간분에 대한 부담금 지출액

법인이 임원 또는 직원에 대하여 확정기여형 퇴직연금 등을 설정하면서 설정 전의 근무기간분에 대한 부담금을 지출한 경우 지출금액은 퇴직급여충당금의 누적액 중 차감된 퇴직급여충당금에서 먼저 지출한 것으로 보며 그 지출금액은 다음의 금액으로 한다(법칙 24).

$$\text{지출금액} = \text{직전 사업연도 종료일 현재 퇴직급여충당금의 누적액} \times \frac{\text{확정기여형 퇴직연금 등이 설정된 자가 직전 사업연도 종료일 현재 퇴직한 경우에 퇴직급여로 지급되었어야 할 금액}}{\text{직전 사업연도 종료일 현재 재직한 임원 또는 직원의 전원이 퇴직한 경우에 퇴직급여로 지급되었어야 할 금액의 추계액}}$$

법인이 임직원의 퇴직급여제도를 근로자퇴직급여 보장법 제13조에 따른 확정기여형 퇴직연금으로 전환하면서 전환일 이전 근무기간에 대하여 같은 법 제8조제2항에 의하여 퇴직급여를 중간정산하여 지급하는 경우, 근로기준법상 근로자에게 지급한 중간정산 퇴직급여는 이를 현실적인 퇴직으로 보아 그 중간정산 퇴직급여 지급액을 손금산입하나, 근로기준법상 근로자에 해당하지 아니하는 임원에게 지급한 중간정산 퇴직급여는 현실적으로 퇴직할 때까지 이를 업무무관 가지급금으로 본다. 법인이 임직원의 퇴직을 연금의 지급사유로 하고 임원 또는 직원을 수급자로 하는 근로자퇴직급여 보장법 제13조에 따른 확정기여형 퇴직연금을 설정하면서 퇴직연금 설정 전 근무기간분에 대한 부담금을 지출한 경우 그 지출금액은 퇴직급여충당금의 누적액에서 차감된 퇴직급여충당금에서 먼저 지출된 것으로 보는 것이며, 차감된 퇴직급여충당금을 초과하여 지출한 금액은 이를 손금에 산입한다(법인, 법인세과-1032, 2009.09.21.).

사례

| — 전기 — | — 당기 최초가입 — | | |

전기말 퇴직급여충당금 30억원(유보 24억원)

당기분 D.C형 납입액 1억원

Ⅰ. DC형 가입분의 회계처리와 세무조정

① 당기분 납입 : 퇴직급여 1억원 / 보통예금 1억원
⇒ 세무조정은 없으며 DC형 가입자는 퇴직급여 설정대상자에서 제외한다.

② 당기분 미납 : 퇴직급여 1억원 / 보통예금 0.8억원
/ 미지급비용 0.2억원
⇒ 〈손금불산입〉 퇴직급여 0.2억원(유보)

Ⅱ. DC형 가입이전분의 회계처리와 세무조정

① 과거분 납입 : 퇴직급여충당금 30억원 / 보통예금 30억원
⇒ 〈손금산입〉 퇴직급여충당금 24억원(△유보)

② 과거분 분납 : 퇴직급여충당금 20억원 / 보통예금 20억원
⇒ 〈손금산입〉 퇴직급여충당금 16억원(△유보)

* 24억원×20억원/30억원=16억원

③ DC, DB형 분할 : 퇴직연금 최초 가입시 일부는 DB형을 선택하였으며 전기말 퇴직급여충당금 30억원중 DB형 가입자분은 10억원이다. DC형 가입자분 20억원중 10억원을 납입한 경우 회계처리와 세무조정은 다음과 같다.
: 퇴직급여충당금 10억원 / 보통예금 10억원
⇒ 〈손금산입〉 퇴직급여충당금 8억원(유보)
* 24억원×20억원/30억원×10억원/20억원=8억원

④ 과거분 재설정 : 퇴직급여 2억원 / 퇴직급여충당금 2억원
⇒ 〈손금불산입〉 퇴직급여충당금 2억원(유보)
DC형 가입후 과거분을 정산하지 않은 경우로서 연금가입전 임직원의 퇴직급여는 가입전 현재 평균급여를 기준으로 계상한 금액이다. 따라서 가입후 기말시점 평균급여를 기준으로 재계산한 금액과의 차액을 퇴직급여충당금으로 인식한다. 이 경우 세무상 DC형 가입자는 퇴직급여 설정대상자에서 제외하므로 손금불산입한다.

예 제 확정기여형 퇴직연금

㈜이손의 확정기여형 퇴직연금과 관련한 자료는 다음과 같다. ㈜이손의 회계처리와 세무조정을 하시오.

1. 직원에 대한 자료
   (1) 당해연도 연간 임금총액의 1/12에 해당하는 기여금 ₩10,000,000을 납부하여야 하나 자금사정으로 ₩8,000,000을 퇴직연금사업자에 납부하였다.
   (2) 1년 미만 근속 후 퇴직한 근로자에 대하여 기납부한 부담금 ₩400,000을 수령하였다.

2. 임원에 대한 자료
   (1) 당해연도에 연간 임금총액의 1/12에 해당하는 기여금 ₩10,000,000을 퇴직연금사업자에 납부하였다.
   (2) 임원의 현실적 퇴직으로 당해 임원 퇴직시까지 기업이 부담한 기여금은 모두 ₩300,000,000이며 동 임원의 세무상 퇴직급여 손금한도액은 ₩280,000,000이다.

풀 이

1. 직원

(1) 회계처리

(차) 퇴직급여	10,000,000	(대) 보통예금	8,000,000
		미지급비용	2,000,000
(차) 보통예금	400,000	(대) 퇴직급여	400,000

(2) 세무조정

〈손금불산입〉 퇴직급여 2,000,000 (유보)

2. 임원

(1) 회계처리

(차) 퇴직급여	10,000,000	(대) 보통예금	10,000,000

(2) 세무조정

〈손금불산입〉 임원퇴직급여 한도초과 20,000,000 (상여)

* 300,000,000−280,000,000 = 20,000,000

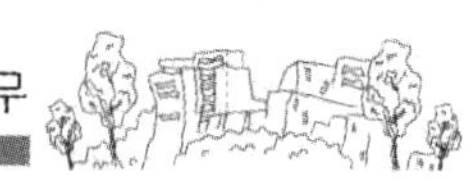

제5절 준비금

01 준비금의 의의

1.1 준비금의 성격

준비금이란 실제로 비용이 발생한 것은 아니지만 미래 특정목적에 소요될 것으로 예상되는 비용, 손실 등을 보전하거나 설비투자 등 필요한 자금에 충당하기 위하여 미리 비용으로 계상하고 사내에 유보시킨 후 실제 당해 목적에 의한 지출이 발생하는 경우 이를 상계하는 계정이다. 준비금은 기업회계상으로는 인정하지 아니하며 법인세법이나 조세특례제한법상 소득세 또는 법인세 납부를 일정기간 유예하는 징수유예제도의 성격으로 설정하고 있다.

1.2 준비금의 형태

(1) 조세특례제한법

조세특례제한법상 준비금은 손실보전준비금 등이 있으며 결산조정 또는 신고조정에 의한 손금산입을 선택할 수 있다. 다만, 신고조정에 의한 손금산입을 선택하는 경우에는 해당 사업연도의 주주총회 등에서 잉여금을 처분하여 해당 적립금을 적립한 경우에만 인정하는 이익처분 신고조정을 적용한다. 또한 조세특례제한법상 준비금은 최저한세 규정을 적용한다.

조세특례제한법상 준비금

구 분		특 징
모든 법인	연구및인력개발준비금 (구 조특법 9)	• 조특령 별표 6의 비용에 충당할 목적으로 사용 • 수입금액의 3% 범위 내 설정가능 • 3년내 미사용시 환입(이자상당액 납부)
특수 법인[56)	손실보전준비금 (조특법 48, 104의 3, 104의 12)	• 특정 손실과 상계할 목적으로 사용 • 5년이 되는 사업연도에 전액 환입(이자상당액 없음)

56) 상호저축은행중앙회(조특법 48), 자본확충목적회사(조특법 104의3), 신용회복목적회사(조특법 104의12) 등이 이에 해당한다.

(2) 법인세법

법인세법상 준비금은 보험업법인에게 적용되는 준비금인 책임준비금 등이 있으며 비영리법인에게 적용되는 고유목적사업준비금이 있다. 법인세법상 준비금은 결산조정에 의해서 손금산입한다. 법인세법상 준비금은 최저한세규정을 적용하지 아니한다.

법인세법상 준비금

구 분		특 징
비영리법인	고유목적사업준비금(법법 29)	• 결산조정(외감대상은 신고조정 가능) • 5년내 미사용시 환입(이자상당액 납부)
보 험 업	책임준비금(법법 30)	• 결산조정(한국채택국제회계기준 적용대상은 신고조정 가능) • 손금산입 다음사업연도에 환입(배당준비금은 3년) • 배당준비금 3년내 미사용잔액 환입(이자상당액 납부)
	비상위험준비금(법법 31)	• 결산조정만 가능
	해약환급금준비금(법법 32)	• 잉여금처분에 의한 신고조정(2023.1.1.이후 개시하는 사업연도부터 적용, 법 부칙 2022.12.31.)

1.3 준비금의 설정

준비금이란 특정목적을 위하여 적립하는 금액으로서 법인세법은 권리의무확정주의에 따라 미확정부채인 준비금을 손금으로 인정하지 아니한다. 다만, 조세정책적 목적으로 특별히 법에 열거된 준비금에 한하여 손금산입을 인정한다. 준비금의 손금산입방법에는 결산조정과 신고조정이 있으며 신고조정시에는 이익처분에 의하여 준비금을 적립하여야 한다(조특법 9, 104의 9, 104의 12).

> 결산조정에 의한 손금산입 → 당기순이익의 감소
> 신고조정에 의한 손금산입 → 이익처분에 의한 적립
> } → 배당가능액의 감소 → 사내유보

(1) 결산조정에 의한 준비금의 손금산입

세무상 준비금은 결산조정을 원칙으로 한다. 회사가 결산상 준비금을 설정하는 경우 회계처리는 다음과 같다.

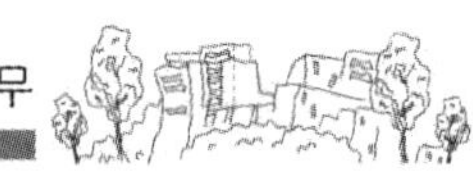

① 설정시(비용계상)

(차) 준비금전입액	×××	(대) 준비금	×××

* 준비금은 미확정부채에 해당하므로 기업회계상 인정되지 아니한다.

② 해당목적에 사용시

㉠ 수익적 지출인 경우

(차) 준비금	×××	(대) 현　금	×××

㉡ 자본적 지출인 경우

(차) 자　산	×××	(대) 현　금	×××
(차) 준비금	×××	(대) 준비금환입	×××

③ 해당목적에 미사용시(환입)

(차) 준비금	×××	(대) 준비금환입	×××

(2) 신고조정에 의한 준비금의 손금산입

세무상 준비금은 결산조정을 원칙으로 한다. 다만, 외감법에 의한 감사인의 회계감사를 받는 등 특정한 경우에는 예외적으로 신고조정을 허용하고 있다. 신고조정으로 손금산입하는 경우에는 손금산입하고 이익잉여금처분으로 준비금을 적립하여야 한다. 당해 목적에 지출이 발생하거나 환입하는 경우에는 익금산입하고 처분한 이익잉여금을 다시 미처분이익잉여금으로 이입한다.[57)]

① 손금산입시

〈손금산입〉 준비금　××× (△유보)

이익처분 :

(차) 미처분이익잉여금	×××	(대) 준비금	×××

② 목적에 사용시

㉠ 목적에 사용시(수익적 지출)

(차) 비　용	×××	(대) 현　금	×××

〈익금산입〉 준비금　××× (유보)

57) 미처분이익잉여금의 이입은 강제사항은 아니다.

잉여금의 이입 :

(차) 준비금 ××× (대) 미처분이익잉여금 ×××

㉡ 목적에 사용시(자본적 지출)

(차) 자 산 ××× (대) 현 금 ×××

<익금산입> 준비금 ××× (유보)

잉여금의 이입 :

(차) 준비금 ××× (대) 미처분이익잉여금 ×××

③ 목적에 미사용시(환입처리)

<익금산입> 준비금 ××× (유보)

잉여금의 이입 :

(차) 준비금 ××× (대) 미처분이익잉여금 ×××

02 고유목적사업준비금

비영리내국법인이 각 사업연도에 법인의 고유목적사업이나 일반기부금에 지출하기 위하여 고유목적사업준비금을 손금으로 계상한 경우에는 일정 한도의 범위에서 그 사업연도의 소득금액을 계산할 때 이를 손금에 산입한다(법법 29). 이 경우 고유목적사업이란 해당 비영리내국법인의 법령 또는 정관에 따른 설립목적을 직접 수행하는 사업으로서 법인세법 시행령 제3조 제1항에 따른 수익사업 외의 사업을 말한다(법령 56 ⑤). 고유목적사업준비금은 결산조정을 원칙으로 하며 외감법에 의한 감사인의 회계감사를 받는 비영리내국법인은 잉여금처분에 의한 신고조정을 할 수 있다(법법 29, 법법 61, 법령 98).

(1) 비영리내국법인의 수익사업

비영리내국법인의 각 사업연도의 소득은 다음의 수익사업에서 생기는 소득으로 한다(법법 4 ③).

① 제조업, 건설업, 도매업·소매업, 소비자용품수리업, 부동산·임대 및 사업서비스업 등의 사업으로서 통계청장이 고시하는 한국표준산업분류에 따른 각 사업 중 수입이 발생하는 것. 다만, 다음 각 호의 사업을 제외한다(법령 3 ①).

1. 축산업(축산 관련 서비스업을 포함한다) 외의 농업
2. 연구개발업(계약 등에 의하여 그 대가를 받고 연구 및 개발용역을 제공하는 사업을 제외한다)

2의 2. 선급검사(船級檢査) 용역을 공급하는 사업

3. 다음 각 목의 어느 하나에 해당하는 교육시설에서 해당 법률에 따른 교육과정에 따라 제공하는 교육서비스업
   가. 유아교육법에 따른 유치원
   나. 초·중등교육법 및 고등교육법에 따른 학교
   다. 경제자유구역 및 제주국제자유도시의 외국교육기관 설립·운영에 관한 특별법에 따라 설립된 외국교육기관(정관 등에 따라 잉여금을 국외 본교로 송금할 수 있거나 실제로 송금하는 경우는 제외한다)
   라. 제주특별자치도 설치 및 국제자유도시 조성을 위한 특별법에 따라 설립된 비영리법인이 운영하는 국제학교(2019.2.12. 이후 과세표준을 신고하는 분부터 적용, 영 부칙 2019.2.12)
   마. 평생교육법 제31조 제4항에 따른 전공대학 형태의 평생교육시설 및 같은 법 제33조 제3항에 따른 원격대학 형태의 평생교육시설
4. 보건업 및 사회복지 서비스업 중 다음 각 목의 어느 하나에 해당하는 사회복지시설에서 제공하는 사회복지사업
   가. 사회복지사업법 제34조에 따른 사회복지시설 중 사회복지관, 부랑인·노숙인 시설 및 결핵·한센인 시설
   나. 국민기초생활보장법 제15조의 2 제1항 및 제16조 제1항에 따른 중앙자활센터 및 지역자활센터
   다. 아동복지법 제52조 제1항에 따른 아동복지시설
   라. 노인복지법 제31조에 따른 노인복지시설(노인전문병원은 제외한다)
   마. 노인장기요양보험법 제2조 제4호에 따른 장기요양기관
   바. 장애인복지법 제58조 제1항에 따른 장애인복지시설 및 같은 법 제63조 제1항에 따른 장애인복지단체가 운영하는 중증장애인생산품 우선구매 특별법 제2조 제2항에 따른 중증장애인생산품 생산시설
   사. 한부모가족지원법 제19조 제1항에 따른 한부모가족복지시설
   아. 영유아보육법 제10조에 따른 어린이집
   자. 성매매방지 및 피해자보호 등에 관한 법률 제9조 제1항에 따른 지원시설, 제15조 제2항에 따른 자활지원센터 및 제17조 제2항에 따른 성매매피해상담소
   차. 정신건강증진 및 정신질환자 복지서비스 지원에 관한 법률 제3조 제6호 및 제7호에 따른 정신요양시설 및 정신재활시설(2017.5.29. 개정 ; 정신보건법 시행령 부칙)
   카. 성폭력방지 및 피해자보호 등에 관한 법률 제10조 제2항 및 제12조 제2항에 따른 성폭력피해상담소 및 성폭력피해자보호시설
   타. 입양특례법 제20조 제1항에 따른 입양기관
   파. 가정폭력방지 및 피해자보호 등에 관한 법률 제5조 제2항 및 제7조 제2항에 따른 가정폭력 관련 상담소 및 보호시설
   하. 다문화가족지원법제12조 제1항에 따른 다문화가족지원센터
   거. 건강가정기본법 제35조 제1항에 따른 건강가정지원센터(2021.1.1. 이후 발생하는 수입 분부터 적용, 영 부칙 2021.2.17.)

5. 연금업 및 공제업 중 다음 각 목의 어느 하나에 해당하는 사업
   가. 국민연금법에 의한 국민연금사업
   나. 특별법에 의하거나 정부로부터 인가 또는 허가를 받아 설립된 단체가 영위하는 사업(기금 조성 및 급여사업에 한한다)
   다. 근로자퇴직급여보장법에 따른 중소기업퇴직연금기금을 운용하는 사업(2022.4.14.부터 시행, 영 부칙 2022.2.15.)
6. 사회보장보험업 중 국민건강보험법에 의한 건강보험사업과 산업재해보상보험법에 의한 산업재해보상보험사업
7. 주무관청에 등록된 종교단체(그 소속단체를 포함한다)가 공급하는 용역 중 부가가치세법 제26조 제1항 제18호에 따라 부가가치세가 면제되는 용역을 공급하는 사업 (2013.6.28. 개정 ; 부가가치세법 시행령 부칙)
8. 금융 및 보험 관련서비스업 중 다음 각 목의 어느 하나에 해당하는 사업
   가. 예금자보호법에 의한 예금보험기금 및 예금보험기금채권상환기금을 통한 예금보험 및 이와 관련된 자금지원·채무정리 등 예금보험제도를 운영하는 사업
   나. 농업협동조합의 구조개선에 관한 법률 및 수산업협동조합법에 의한 상호금융예금자보호기금을 통한 예금보험 및 자금지원 등 예금보험제도를 운영하는 사업
   다. 새마을금고법에 의한 예금자보호준비금을 통한 예금보험 및 자금지원 등 예금보험제도를 운영하는 사업
   라. 한국자산관리공사 설립 등에 관한 법률 제43조의 2에 따른 구조조정기금을 통한 부실자산 등의 인수 및 정리와 관련한 사업
   마. 신용협동조합법에 의한 신용협동조합예금자보호기금을 통한 예금보험 및 자금지원 등 예금보험제도를 운영하는 사업
   바. 산림조합법에 의한 상호금융예금자보호기금을 통한 예금보험 및 자금지원 등 예금보험제도를 운영하는 사업
9. 혈액관리법 제6조제3항에 따라 보건복지부장관으로부터 혈액원 개설 허가를 받은 자가 행하는 혈액사업
10. 한국주택금융공사법에 따른 주택담보노후연금보증계정을 통하여 주택담보노후연금보증제도를 운영하는 사업(보증사업과 주택담보노후연금을 지급하는 사업에 한한다)
11. 국민기초생활 보장법 제2조에 따른 수급권자·차상위계층 등 기획재정부령으로 정하는 자에게 창업비 등의 용도로 대출하는 사업으로서 기획재정부령으로 정하는 요건을 갖춘 사업
12. 비영리법인(사립학교의 신축·증축, 시설확충, 그 밖에 교육환경 개선을 목적으로 설립된 법인에 한한다)이 외국인학교의 운영자에게 학교시설을 제공하는 사업
13. 국민체육진흥법 제33조에 따른 대한체육회에 가맹한 경기단체 및 태권도 진흥 및 태권도공원 조성에 관한 법률에 따른 국기원의 승단·승급·승품 심사사업
14. 수도권매립지관리공사의 설립 및 운영 등에 관한 법률에 따른 수도권매립지관리공사가 행하는 폐기물처리와 관련한 사업
15. 한국장학재단 설립 등에 관한 법률에 따른 한국장학재단이 같은 법 제24조의 2에 따른 학자금대출계정을 통하여 운영하는 학자금 대출사업(2021.1.1. 이후 발생하는 수입 분부터 적용, 영 부칙 2021.2.17.)
16. 제1호, 제2호, 제2호의 2, 제3호부터 제15호까지의 규정과 비슷한 사업으로서 기획재정부령으로 정하는 사업

② 소득세법 제16조 제1항에 따른 이자소득

③ 소득세법 제17조 제1항에 따른 배당소득

④ 주식·신주인수권(新株引受權) 또는 출자지분(出資持分)의 양도로 인하여 생기는 수입

⑤ 유형·무형자산의 처분으로 인하여 생기는 수입. 법령 또는 정관에 규정된 고유목적사업(수익사업은 제외한다)에 직접 사용한 유형자산 및 무형자산의 처분으로 인하여 생기는 다음 각 호의 구분에 따른 수입을 말하며, 제1호와 제2호에 모두 해당하는 경우에는 해당 각 호에 따른 수입 중 큰 수입을 말한다. 이 경우 해당 자산의 유지·관리 등을 위한 관람료·입장료수입 등 부수수익이 있는 경우에도 이를 고유목적사업에 직접 사용한 자산으로 본다(법령 3 ②, 개정규정은 2025.2.28. 이후 유형자산 및 무형자산을 처분하는 경우부터 적용함. 영 부칙 2025.2.28.).

1. 유형자산 및 무형자산의 처분일(지방자치분권 및 지역균형발전에 관한 특별법 제25조에 따라 이전하는 공공기관의 경우에는 공공기관 이전일을 말한다) 현재 3년 이상 계속하여 고유목적사업에 직접 사용한 경우 : 해당 자산의 처분으로 인하여 생기는 수입. 이 경우 비영리내국법인이 수익사업에 속하는 자산을 고유목적사업에 전입한 후 처분하는 경우에는 전입 당시의 시가로 평가한 가액을 그 자산의 취득가액으로 한다.
2. 유형자산 및 무형자산을 10년 이상 고유목적사업에 직접 사용한 경우(처분일 현재 고유목적사업에 직접 사용하고 있지 않는 경우를 포함한다) : 다음 계산식에 따라 계산한 수입. 이 경우 비영리내국법인이 해당 자산을 최초로 고유목적사업에 전입한 당시의 시가로 평가한 가액을 그 자산의 취득가액으로 한다.

$$\text{해당 자산의 처분으로 인하여 생기는 수입} \times \frac{\text{해당 자산을 고유목적사업에 직접 사용한 일수}}{\text{해당 자산을 보유한 일수}}$$

⑥ 소득세법 제94조 제1항 제2호 및 제4호에 따른 자산의 양도로 인하여 생기는 수입

⑦ 그 밖에 대가(對價)를 얻는 계속적 행위로 인하여 생기는 수입으로서 소득세법 제46조 제1항에 따른 채권 등(그 이자소득에 대하여 법인세가 비과세되는 것은 제외한다)을 매도함에 따른 매매익(채권등의 매각익에서 채권등의 매각손을 차감한 금액을 말한다). 다만, 법인세법 시행령 제3조 제1항 제8호에 따른 사업에 귀속되는 채권등의 매매익을 제외한다(법령 3 ③).

(2) 고유목적사업준비금 손금산입한도액(일반 비영리법인)

비영리내국법인(법인으로 보는 단체의 경우에는 법인세법 시행령 제56조에서 정하는 단체만 해당한다)이 각 사업연도에 그 법인의 고유목적사업이나 법인세법 제24조 제3항 제1호에 따른 일반기부금에 지출하기 위하여 고유목적사업준비금을 손비로 계상한 경우에는 다음의 금액

을 합한 금액(④에 따른 수익사업에서 결손금이 발생한 경우에는 ①부터 ③까지의 소득금액을 합한 금액에서 그 결손금을 차감한 금액)의 범위에서 그 사업연도의 소득금액을 계산할 때 이를 손금에 산입한다(법법 29 ①, 법령 56 ①).

① 소득세법 제16조제1항 각 호(같은 항 제11호에 따른 비영업대금의 이익은 제외한다)에 따른 이자소득의 금액 : 다음의 어느 하나에 해당하는 이자소득금액은 소득세법 제16조제1항 각 호에 따른 이자소득의 금액으로 본다(법령 56 ②).

㉠ 금융보험업을 영위하는 비영리내국법인이 한국표준산업분류상 금융 및 보험업을 영위하는 법인의 계약기간이 3개월 이하인 금융상품(계약기간이 없는 요구불예금을 포함한다)에 자금을 예치함에 따라 발생하는 이자소득금액(일시적 자금예치의 의미를 3개월 이하로 구체화 했으며 해당 개정은 2020.2.11. 이후 신고하는 분부터 적용, 영 부칙 2020.2.11.)

㉡ 법인세법 시행령 제3조 제1항 제5호 나목에 따른 사업(특별법에 의하거나 정부로부터 인가 또는 허가를 받아 설립된 단체가 영위하는 사업으로 기금조성 및 급여사업에 한한다)을 영위하는 자가 자금을 운용함에 따라 발생하는 이자소득금액

㉢ 한국주택금융공사법에 따른 주택금융신용보증기금이 동법 제43조의 8 제1항 및 제2항에 따른 보증료의 수입을 운용함에 따라 발생하는 이자소득금액

② 소득세법 제17조제1항 각 호에 따른 배당소득의 금액 : 다만, 상속세 및 증여세법 제16조 또는 같은 법 제48조에 따라 상속세 과세가액 또는 증여세 과세가액에 산입되거나 증여세가 부과되는 주식등으로부터 발생한 배당소득금액은 제외한다.

③ 특별법에 따라 설립된 비영리내국법인이 해당 법률에 따른 복지사업으로서 그 회원이나 조합원에게 대출한 융자금에서 발생한 이자금액

④ 상기 ①부터 ③까지에 규정된 것 외의 수익사업에서 발생한 소득에 50%[공익법인의 설립·운영에 관한 법률에 따라 설립된 법인으로서 고유목적사업등에 대한 지출액 중 50%이상의 금액을 장학금으로 지출하는 법인의 경우에는 80%, 조세특례제한법 74조 제1항 각 호(제4호 및 제5호의 경우에는 해당 사업과 해당 사업 시설에서 그 시설을 이용하는 자를 대상으로 하는 수익사업만 해당)에 해당하는 법인에 대해서는 2025.12.31. 이전에 끝나는 사업연도까지 100%]를 곱하여 산출한 금액(법법 29 ① 2호, 조특법 74 ①)

위 ④의 수익사업에서 발생한 소득은 해당 사업연도의 수익사업에서 발생한 소득금액(고유목적사업준비금과 법정기부금을 손금에 산입하기 전의 소득금액에서 법인세법 제66조 제2항에 따른 경정으로 증가된 소득금액 중 제106조에 따라 해당 법인의 특수관계인에게 상여 및 기타소득으로 처분된 금액은 제외한다. 2020.1.1.이후 개시하는 사업연도부터 적용, 영 부칙 2020.2.11.)에서 법인세법 제29조 제1항 제1호(상기 ①부터 ③까지 규정된 소득)에 따른 금액, 법인세법 제13조 제1항 제1호

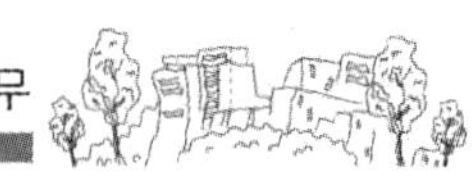

에 따른 결손금(같은 항 각 호 외의 부분 단서에 따라 각 사업연도 소득의 80%를 이월결손금 공제한도로 적용받는 법인은 공제한도 적용으로 인해 공제받지 못하고 이월된 결손금을 차감한 금액을 말한다) 및 특례(법정)기부금을 뺀 금액으로 한다(법령 56 ③, 80%는 2023.1.1.이후 개시하는 사업연도부터 적용, 법 부칙 2022.12.31.). 차감하는 이월결손금은 당해사업연도 개시일 전 15년(2020.1.1. 이후 개시하는 사업연도에 발생한 결손금부터 적용, 이전 개시한 사업연도 발생분은 10년, 법 부칙 2020.12.22.) 이내에 발생한 결손금으로서 그 후의 사업연도의 과세표준에서 공제되지 아니한 금액을 말한다(법법 13 1호, 법령 56 ③).

1. 일반 한도액=①+②+③
2. 당기 수익사업 소득금액이 결손인 경우=①+② − 당기 수익사업 결손금
   ① 이자소득금액×100%
   ② 배당소득금액×100%
   ③ (수익사업발생 소득금액－이월결손금－법정기부금)×50% (80%, 100%)

당기 수익사업 결손금의 타소득 차감

① 2015.12.31. 이전 개시하는 사업연도 : 결손발생시 0으로 간주
② 2016. 1. 1. 이후 개시하는 사업연도 : 당해 사업연도 수익사업에서 결손금이 발생한 경우 이자소득, 배당소득 등에서 차감하고 고유목적사업준비금 손금산입 적용

* 특별법에 의해 설립된 비영리내국법인으로 공제사업을 영위하는 법인은 2017.1.1. 이후부터 적용한다.
* 수익사업에서 결손금이 발생한 경우 결손금은 법인세법 제29조 제1항 제1호부터 제3호까지에 규정된 것 외의 수익사업에서 당해 사업연도 손금의 총액이 익금의 총액을 초과하는 경우에 그 초과하는 금액을 의미하는 것임(법인-0560, 2017.02.13.).

(3) 고유목적사업준비금의 사용과 승계

비영리내국법인은 고유목적사업준비금에서 일반기부금을 지출하며 일반기부금 지출액의 한도는 없다. 이는 고유목적사업준비금을 적립하는 경우 일반기부금 지출액을 별도의 손금으로 인정하는 것이 아니라 고유목적사업준비금에서 지출한 것으로 보아 상계처리하는 것을 의미한다. 그러나 고유목적사업준비금을 설정한 비영리내국법인이 법정기부금을 지출한 경우에는 고유목적사업준비금에서 지출한 것으로 보지 않고 법정기부금 지출액으로 보아 법정기부금의 한도 내에서 손금산입한다(법법 29 ①).

비영리내국법인이 고유목적사업준비금을 손금으로 계상하고 고유목적사업 등에 지출하는 경우에는 그 금액을 먼저 계상한 사업연도의 고유목적사업준비금부터 차례로 상계하여야 한다. 이 경우 직전 사업연도 종료일 현재의 고유목적사업준비금의 잔액을 초과하여 해당 사업연도의 고유목적사업등에 지출한 금액이 있는 경우 그 금액은 그 사업연도에 계상할 고유목적사업준비금에서 지출한 것으로 본다.

고유목적사업준비금을 손금에 산입한 법인이 사업에 관한 모든 권리와 의무를 다른 비영리내국법인에게 포괄적으로 양도하고 해산하는 경우에는 해산등기일 현재의 고유목적사업준비금 잔액은 그 다른 비영리내국법인이 승계(2011년 1월 1일 이후 해산등기하는 분부터 적용)할 수 있다(법법 29 ④).

(4) 고유목적사업준비금의 환입

손금에 산입한 고유목적사업준비금의 잔액이 있는 비영리내국법인이 다음의 어느 하나에 해당하게 된 경우 그 잔액(다음 ⑤의 경우에는 고유목적사업등이 아닌 용도에 사용한 금액을 말한다)은 해당 사유가 발생한 날이 속하는 사업연도의 소득금액을 계산할 때 익금에 산입한다(법법 29 ⑤). 손금에 산입한 고유목적사업준비금의 잔액이 있는 비영리내국법인은 고유목적사업준비금을 손금에 산입한 사업연도의 종료일 이후 5년 이내에 그 잔액 중 일부를 감소시켜 익금에 산입할 수 있다. 이 경우 먼저 손금에 산입한 사업연도의 잔액부터 차례로 감소시킨 것으로 본다(법법 29 ⑥).

① 해산한 경우(고유목적사업준비금을 승계한 경우는 제외)
② 고유목적사업을 전부 폐지한 경우
③ 법인으로 보는 단체가 국세기본법 제13조 제3항에 따라 승인이 취소되거나 거주자로 변경된 경우
④ 고유목적사업준비금을 손금에 산입한 사업연도의 종료일 이후 5년이 되는 날까지 고유목적사업등에 사용하지 아니한 경우(5년 내에 사용하지 아니한 잔액으로 한정한다)
⑤ 고유목적사업준비금을 고유목적사업등이 아닌 용도에 사용한 경우(2023.1.1. 신설)

법인세법 제29조 제5항 제4호·제5호(상기 ④,⑤) 및 법인세법 제29조 제6항(5년이내 임의환입)에 따라 고유목적사업준비금의 잔액을 익금에 산입하는 경우에는 다음에 따라 계산한 이자상당액을 해당 사업연도의 법인세에 더하여 납부하여야 한다[법법 29 ⑦, 법령 56 ⑦, 2022.2.15. 전에 손금에 산입한 고유목적사업준비금의 익금 산입에 따라 2022.2.15. 이후 법인세에 대하여 이자상당액을 납부하는 경우 2022.2.15.일 전일까지의 기간분에 대한 이자상당액의 계산에 적용되는 율은 개정규정에도 불구하고 종전의 규정(0.025%)에 따르고, 2022.2.15. 이후의 기간분에 대한 이자상당액의 계산에 적용되는 율은 개정규정에 따름. 영 부칙 2022.2.15.].

① 이자상당액 : 미사용준비금의 손금산입에 따른 법인세액의 차액 × 해당기간 일수 × 0.022%
② 해당기간 일수 : 손금산입한 사업연도의 다음 사업연도 개시일 ~ 익금산입한 사업연도의 종료일

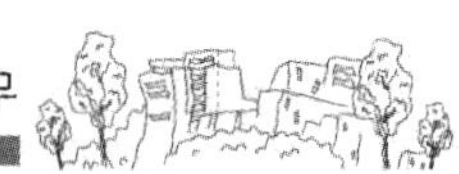

(5) 중복적용 배제

비영리 내국법인의 수익사업에서 발생한 소득에 대하여 법인세법 또는 조세특례제한법에 따른 비과세·면제, 준비금의 손금산입, 소득공제 또는 세액감면(세액공제 제외)을 적용받는 경우에는 고유목적사업준비금에 대한 규정을 적용하지 아니함에 따라 손금에 산입할 수 없다. 다만, 다만, 준비금의 손금산입과 세액감면 등을 동시에 적용한 경우로서 고유목적사업준비금만을 적용받는 것으로 수정신고한 경우는 제외한다.

(6) 명세서의 제출 및 보관

고유목적사업준비금 손금산입을 적용받으려는 비영리내국법인은 해당 준비금의 계상 및 지출에 관한 고유목적사업준비금조정명세서(법칙 별지 제27호)를 비치·보관하고 이를 납세지 관할 세무서장에게 제출하여야 한다.

예 제 고유목적사업준비금

비영리 내국법인에 해당하는 이손재단의 제10기(20X5.1.1~12.31) 사업연도 수익사업부문과 고유목적사업준비금에 대한 자료는 다음과 같다.

(1) 고유목적사업준비금을 제외한 세무조정 소득자료는 다음과 같다.

① 손익계산서 당기순이익		₩25,000,000
② 익금산입 및 손금불산입	(+)	5,000,000
③ 손금산입 및 익금불산입	(-)	10,000,000
차가감 합계		20,000,000

(2) 손익계산서 당기순이익에는 다음의 사항이 반영되어 있다.

① 이자수익은 ₩5,000,000이며 고유목적사업준비금 전입액은 ₩15,000,000이다.

② 법정기부금 지출액은 ₩10,000,000이며 세법상 한도내의 금액에 해당한다.

(3) 전기말 현재 고유목적사업준비금 잔액은 다음과 같으며 당기 고유목적사업준비금 지출액은 ₩5,000,000이다.

사업연도	준비금 설정액	잔 액
20X1	18,000,000	-
20X2	10,000,000	-
20X3	15,000,000	3,000,000
20X4	12,000,000	12,000,000
합 계	55,000,000	15,000,000

요구사항

1. 이손재단이 고유목적사업준비금 사용과 설정에 관한 회계처리를 하시오. 단, 이손재단은 외부 회계감사대상에 해당하지 아니한다.
2. 이손재단의 고유목적사업준비금에 대한 세무조정을 하시오. 단, 이손재단의 수익사업에 대한 고유목적사업준비금 손금산입한도는 50%이다.

풀 이

1. 고유목적사업준비금 회계처리

지출시	(차)	고유목적사업준비금	5,000,000	(대)	현금	5,000,000
설정시	(차)	고유목적사업준비금전입액	15,000,000	(대)	고유목적사업준비금	15,000,000

2. 고유목적사업준비금 세무조정

(1) 수익사업소득금액

차가감 합계		20,000,000
고유목적사업준비금 전입액	(+)	15,000,000
법정기부금	(+)	10,000,000
이자수익	(−)	5,000,000
법정기부금 손금인정액	(−)	10,000,000
이월결손금	(−)	−
합 계		30,000,000

(2) 고유목적사업준비금 한도액

구 분	금 액	비 율	한 도
① 이자소득금액	5,000,000	100%	5,000,000
② 배당소득금액	−	100%	−
③ 수익사업소득금액	30,000,000	50%	15,000,000
합 계	35,000,000		20,000,000

(3) 세무조정

① 한도초과 : 회사계상액 15,000,000−한도액 20,000,000=△5,000,000

② 한도초과액이 없으므로 별도의 세무조정은 없다.

제6절 자 본

01 일반기업회계기준

자본이란 기업의 자산에서 모든 부채를 차감한 후의 잔여지분을 나타내며 주주로부터의 납입자본에 기업활동을 통하여 획득하고 기업의 활동을 위해 유보된 금액을 가산하고 기업활동으로부터의 손실 및 소유자에 대한 배당으로 인한 주주지분 감소액을 차감한 잔액을 말한다. 자본은 주주의 몫이라는 점에서 주주지분이며 자산에서 채권자의 지분을 차감한 잔액을 의미하므로 잔여지분에 해당한다. 또한 자산에서 부채를 차감한 잔액이라는 점에서 순자산을 의미하기도 한다.

일반기업회계기준에서는 자본을 자본금, 자본잉여금, 자본조정, 기타포괄손익누계액, 이익잉여금 등으로 분류하여 표시한다. 자본의 분류표시와 관련한 사항은 다음과 같다.

① 자본금 : 법정자본금으로 보통주자본금과 우선주자본금으로 분류한다.

② 자본잉여금 : 증자나 감자 등 주주와의 거래에서 발생하여 자본을 증가시키는 잉여금을 말하며 주식발행초과금, 자기주식처분이익, 감자차익 등이 이에 해당한다.

③ 자본조정 : 당해 항목의 성격으로 보아 자본거래에 해당하나 최종 납입된 자본으로 볼 수 없거나 자본의 가감성격으로 자본금이나 자본잉여금으로 분류할 수 없는 항목을 의미한다. 자기주식, 주식할인발행차금, 주식선택권, 출자전환채무, 감자차손 및 자기주식처분손실 등이 이에 해당한다.

④ 기타포괄손익누계액 : 기업실체가 일정 기간 동안 소유주와의 자본거래를 제외한 모든 거래나 사건에서 인식한 자본의 변동누계액을 말한다. 매도가능증권평가손익, 해외사업환산손익, 현금흐름위험회피 파생상품평가손익 등이 이에 해당한다.

⑤ 이익잉여금(또는 결손금) : 손익계산서에 보고된 손익과 다른 자본항목에서 이입된 금액의 합계액에서 주주에 대한 배당, 자본금으로의 전입 및 자본조정 항목의 상각 등으로 처분된 금액을 차감한 잔액이다. 이익잉여금은 법정적립금, 임의적립금, 미처분이익잉여금(또는 미처리결손금) 등으로 구분된다.

02 K-IFRS

2.1 자본의 정의

자본(capital)은 기업의 경제적 자원 중 주주들에게 귀속되는 지분으로서 주주지분 또는 잔여지분이라고도 한다. K-IFRS 제1001호 재무제표 표시에서는 자본을 납입자본, 이익잉여금 및 기타자본구성요소로 분류만 하고 있으며 이에 대한 명확한 구분이 없으므로 기업이 자율적으로 판단하여 표시하면 된다.

① 납입자본

자본금과 주식발행초과금 등 소유주가 출연한 자본을 말한다. 액면금액을 기준으로 보고한 자본금과 액면금액을 초과하여 납입된 주식발행초과금의 합계액이다. 주식발행초과금 이외에도 주주와의 자본거래에서 액면금액을 초과하여 발생한 자본의 증가에는 자기주식처분이익, 감자차익 등이 있으며 자본잉여금이라고 한다.

② 기타자본구성요소

㉠ 자본(유지)조정 : 소유주와의 거래에서 발생한 것으로 납입자본으로 분류할 수 없는 항목을 말하며, 주식할인발행차금, 자기주식, 주식선택권, 감자차손, 자기주식처분손실 등이 있다.

㉡ 기타포괄손익누계액 : 보고기간말일 현재 당기순손익에 포함되지 않는 수익·비용 잔액, 즉 기타포괄손익의 누적 잔액으로서 FVOCI금융자산평가손익, 재평가잉여금 등이 있다.

㉢ 일반적립금 : 상법 등의 법규에 의하여 의무적으로 적립한 이익잉여금과 기업 임의로 적립한 이익잉여금 등 법규나 임의로 유보한 이익잉여금을 말한다.

③ 이익잉여금

기업이 벌어들인 이익 중 배당이나 기타자본요소로 처분되지 않고 남은 잔액을 말한다.

한국채택국제회계기준에 따른 자본의 분류는 각 국가별 상법이나 증권거래법의 내용이 달라서 자세하게 규정할 수 없기 때문에 최소한의 분류만을 예시하고 필요에 따라 세분하여 표시할 수 있도록 하고 있다.

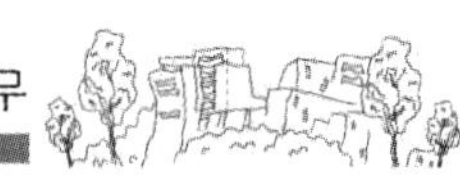

2.2 부채와 자본의 구분

K-IFRS 제1032호 금융상품표시에서는 금융상품의 정의를 금융자산, 금융부채, 지분상품으로 분류하고 있다. 이 기준서에서 지분상품이란 기업의 자산에서 모든 부채를 차감한 후의 잔여지분을 나타내는 모든 계약으로 정의하고 있으며 이는 자본을 의미한다. 지분상품이란 다음의 조건을 모두 충족하는 금융상품만을 말한다.

① 다음의 계약상 의무를 포함하지 아니한다.
   ㉠ 거래상대방에게 현금 등 금융자산을 인도하기로 하는 계약상 의무
   ㉡ 발행자에게 잠재적으로 불리한 조건으로 거래상대방과 금융자산이나 금융부채를 교환하는 계약상 의무
② 자기지분상품으로 결제되거나 결제될 수 있는 계약으로서 다음 중 하나에 해당한다.
   ㉠ 변동가능한 수량의 자기지분상품을 인도할 계약상 의무가 없는 비파생상품
   ㉡ 확정 수량의 자기지분상품에 대하여 확정 금액의 현금 등 금융자산의 교환을 통해서만 결제될 파생상품

이러한 정의는 금융상품을 발행하는 자가 계약상의 의무를 부담하는 경우 금융부채에 해당하므로 자본으로 분류하기 위해서는 계약상의 의무를 부담하지 않아야 한다는 의미이다. 부채와 자본을 구분하는 위해서는 금융상품은 법적 형식이 아니라 실질에 따라 재무상태표에 분류되어야 한다. 일반적으로 실질과 법적 형식이 일치하지만 반드시 그러한 것은 아니다. 어떤 금융상품은 지분상품의 법적 형식을 가지고 있지만 실질적으로는 금융부채에 해당되는 경우가 있고, 어떤 금융상품은 지분상품의 특성과 금융부채의 특성이 결합되어 있는 경우도 있다.

자본의 정의와 관련하여 유의할 사항은 우선주의 발행자가 보유자에게 확정되었거나 결정가능한 미래의 시점에 확정되었거나 결정가능한 금액을 의무적으로 상환해야 하거나 우선주의 보유자가 발행자에게 특정일이나 그 이후에 확정되었거나 결정가능한 금액의 상환을 청구할 수 있는 권리를 보유하고 있는 경우에 이러한 우선주는 금융부채이다.

03 세무회계

3.1 과세소득의 개념과 규정방법

과세소득의 범위에 대하여는 소득원천설과 순자산증가설이 있으며 과세소득을 규정하는 방법에는 열거주의와 포괄주의가 있다.

(1) 소득원천설

소득원천설은 일정한 소득원천에서 계속적, 반복적으로 발생하는 소득만을 과세소득의 범위에 포함시킨다. 따라서 일시적, 우발적인 소득은 과세하지 않는다. 소득세법이 소득원천설에 근거하고 있으며 과세소득을 열거주의(이자소득, 배당소득에 대해서는 유형별 포괄주의)에 의하여 규정하고 있다. 열거주의란 구체적으로 법에 열거된 것만 과세하는 방식을 말한다.

(2) 순자산증가설

순자산증가설은 일정기간 순자산증가액을 과세소득으로 보는 방식으로 법인세법이 순자산증가설을 채택하고 있으며 포괄주의에 따라 과세소득을 규정하고 있다. 포괄주의란 법인세법상 특별히 열거된 소득을 제외하고는 순자산이 증가된 모든 거래를 과세하는 방식이다.

3.2 자본(출자)의 변동

법인세법상 익금은 해당 법인의 순자산을 증가시키는 거래로 인하여 발생하는 수익의 금액으로 한다. 다만, 법인의 자본 또는 출자의 납입 및 법인세법상 익금불산입항목으로 규정하는 것은 제외한다(법법 15 ①). 세법에서 정하는 익금의 범위는 예시에 불과하며(포괄주의 과세방식) 순자산을 증가시키는 것은 원칙적으로 익금에 해당한다.

(1) 익금

익금이란 법인의 순자산을 증가시키는 거래로 인하여 발생하는 수익의 금액이다. 다만, 다음의 것은 제외한다.

① 자본 또는 출자의 납입
② 법인세법에서 익금불산입항목으로 규정하는 것

(2) 손금

손금이란 법인의 순자산을 감소시키는 거래로 인하여 발생하는 손비의 금액이다. 다만, 다음의 것은 제외한다(법법 19).

① 자본 또는 출자의 환급
② 잉여금의 처분
③ 법인세법에서 손금불산입항목으로 규정하는 것

법인세법에서 손금불산입항목으로 규정된 것을 제외한 손금은 법인의 사업과 관련하여 발생하거나 지출된 손실 또는 비용으로서 일반적으로 인정되는 통상적인 것이거나 수익과 직접 관련된 것이다. 이러한 손금은 거래증빙 등에 의하여 입증되어야 한다.

(3) 부채와 자본의 분류

1) 일반기업회계기준

상환우선주란 발행할 때부터 발행회사에 의하여 소각이 예정되어 있는 주식을 말한다. 일반기업회계기준에서는 상환우선주를 자본으로 분류한다. 상환우선주를 발행한 이후 상환주식의 취득시에는 자기주식으로 처리하고 상환절차를 완료한 때는 이익잉여금의 감소로 처리한다. 따라서 발행주식수는 감소하지만 이익잉여금과 상계하였기 때문에 자본금은 감소하지 않게 되어 자본금과 발행주식의 액면총액이 일치하지 않게 된다.

2) K-IFRS

① 금융부채로 분류되는 상환우선주

상환우선주는 발행할 때부터 발행회사에 의하여 소각이 예정되어 있는 주식을 말한다. 한국채택국제회계기준에서는 상환우선주의 실질에 따라 자본 또는 금융부채로 분류한다. 상환우선주가 다음의 조건을 만족하는 경우에는 금융부채로 분류하고 그 외에는 자본으로 분류한다.

㉠ 우선주의 발행자가 보유자에게 확정되었거나 결정 가능한 미래의 시점에 확정되었거나 결정 가능한 금액을 의무적으로 상환해야 할 의무가 있는 경우
㉡ 우선주의 보유자가 발행자에게 특정일이나 그 이후에 확정되었거나 결정 가능한 금액의 상환을 청구할 수 있는 권리를 보유하고 있는 경우

상환우선주가 금융부채로 분류되는 경우에는 누적적 상환우선주의 배당금도 이자비용으로 인식한다. 비누적적 우선주의 경우에는 부채요소에 관련된 현재가치할인차금의 상각액은 이자비용으로서 당기손익으로 인식하며 배당의 지급은 자본요소에 해당하므로 이익의 처분으로 인식한다. 누적적 우선주의 경우 지급되지 않은 배당이 상환금액에 가산되는 경우에는 금융상품 전체가 부채에 해당한다.

구 분	비누적적 상환우선주의 분류	
	상환우선주	우선주배당금
상환의무가 없는 경우	지분상분	잉여금의 처분
상환의무가 있는 경우	금융부채	잉여금의 처분

구 분	누적적 상환우선주의 분류	
	상환우선주	우선주배당금
상환의무가 없는 경우	지분상분	잉여금의 처분
상환의무가 있는 경우	금융부채	이자비용

② 자본으로 분류되는 상환우선주

상환우선주가 금융부채로 분류되지 않는 경우에는 자본으로 분류한다. 상환우선주를 발행한 이후 상환주식의 취득시에는 자기주식으로 처리하고 상환절차를 완료한 때는 이익잉여금의 감소로 처리하도록 한다. 따라서 발행주식수는 감소하지만 이익잉여금과 상계하였기 때문에 자본금은 감소하지 않게 되어 자본금과 발행주식의 액면총액이 일치하지 않게 된다. 상환우선주가 자본으로 분류되는 경우의 회계처리는 일반기업회계기준과 동일하다.

(4) 기타

법인세법상 자본 또는 출자의 납입은 순자산의 증가에 해당하지만 익금에서 제외되며 자본의 감소도 순자산의 감소에 해당하지만 손금에서 제외된다. 자본의 변동과 관련하여 세무상 유의할 사항은 다음과 같다.

① 불공정한 자본거래(증자, 감자 등)의 경우에는 일정한 이익이 손실을 본 주주로부터 이익을 본 주주에게 무상으로 이전되는 경제적 효과가 발생할 수 있다. 이러한 경우 부당행위계산의 부인에 따라 과세한다.

② 유상감자, 무상주 교부 등의 경우 실제 배당은 아니지만 세무상 배당소득을 지급한 것으로 의제하는 의제배당에 해당할 수 있다.

예 제 K-IFRS 자본의 분류

㈜이손은 20X1년부터 K-IFRS를 도입하였으며 20X2년 1월 1일에 외화표시 신종자본증권을 발행하였다. K-IFRS를 도입하기 이전에도 당해 증권을 발행한 바 있으며 회계처리는 종전 기업회계기준에 따라 외화부채로 분류하여 이자비용과 외화환산손익을 인식하였었다. 그러나 K-IFRS에서 당해 외화표시 신종자본증권을 자본으로 분류함에 따라 종전의 이자비용을 이익잉여금의 처분으로 회계처리하고 외화환산손익도 인식하지 아니하였다. 20X2년의 이익잉여금 처분과 관련한 회계처리는 다음과 같으며 법인세법상 이자의 손익귀속시기와 일치한다.

(차) 미처분이익잉여금	1,000,000	(대) 현금	1,000,000

요구사항

외화표시 신종자본증권과 관련한 ㈜이손의 세무조정을 하시오.

풀 이

(1) 이자비용의 세무조정

신종자본증권의 투자자에게 이자를 지급하면서 한국채택국제회계기준(K-IFRS)에 따라 이익잉여금의 감소로 회계처리한 경우 동 이익잉여금 감소액으로 처리한 금액은 이자의 손익귀속시기가 속하는 사업연도의 소득금액 계산시 신고조정으로 손금에 산입한다(법인, 법인세과-636, 2011.08.31.). 따라서 세무조정은 다음과 같다.

〈손금산입〉 이자비용 1,000,000 (기타)

(2) 외화환산의 세무조정

종전 기업회계기준상 외화부채로 분류되어 외화평가손익을 인식한 외화표시 신종자본증권이 한국채택국제회계기준(K-IFRS)에 따라 부채가 아닌 자본으로 분류되는 경우 법인세법상 외화평가대상 아니며, 장부가액은 직전 사업연도에 평가한 가액으로 계상한다(법인, 법인세과-975, 2011.12.05.). 따라서 외화표시 신종자본증권의 외화환산과 관련한 별도의 세무조정은 없다.

예제 상환우선주

결산일이 매년 12월 31일인 ㈜이손은 20X1.1.1 액면금액이 주당 ₩5,000인 상환우선주 200주를 3년 후 주당 ₩6,000에 의무적으로 상환하는 조건의 상환우선주를 발행하였으며 발행금액은 ₩1,200,000이다.

요구사항

1. ㈜이손은 일반기업회계기준을 적용하고 있으며 당해 상환우선주 발행(주당 ₩6,000) 시 재무상태표상의 주식발행초과금 잔액은 ₩500,000이다. 상환우선주는 비누적적 우선주에 해당하며 배당에 대한 결정은 회사가 결정한다. ㈜이손은 20X1년말부터 매년 배당을 결의(액면금액 5%)하고 즉시 지급하였다. 상환우선주의 회계처리와 세무조정을 하시오.
2. ㈜이손은 K-IFRS를 적용하고 있으며 당해 상환우선주는 금융부채에 해당한다. 상환우선주는 비누적적 우선주에 해당하며 배당에 대한 결정은 회사가 결정한다. ㈜이손은 20X1년말부터 매년 배당을 결의(액면금액 5%)하고 즉시 지급하였다. 상환우선주의 회계처리와 세무조정을 하시오.
3. ㈜이손은 K-IFRS를 적용하고 있으며 당해 상환우선주는 금융부채에 해당한다. 상환우선주는 누적적 우선주에 해당하며 배당은 매년 액면금액의 5%를 지급해야 한다. ㈜이손은 20X1년말부터 매년 배당을 결의하고 즉시 지급하였다. 상환우선주의 회계처리와 세무조정을 하시오.

풀이

1. 일반기업회계기준

(1) 상환우선주의 처리

상환우선주란 발행할 때부터 발행회사에 의하여 소각이 예정되어 있는 주식을 말한다. 상환우선주를 발행한 이후 상환주식의 취득시에는 자기주식으로 처리하고 상환절차를 완료한 때는 이익잉여금의 감소로 처리한다. 따라서 발행주식수는 감소하지만 이익잉여금과 상계하였기 때문에 자본금은 감소하지 않게 되어 자본금과 발행주식의 액면총액이 일치하지 않게 된다.

(2) 회계처리

일자	차변	금액	대변	금액
20X1. 1. 1	(차) 보통예금	1,200,000	(대) 상환우선주(자본)	1,000,000
			주식발행초과금	200,000
	* (6,000−5,000)×200주 = 200,000			
20X1.12.31	(차) 미처분이익잉여금	50,000	(대) 보통예금	50,000
20X2.12.31	(차) 미처분이익잉여금	50,000	(대) 보통예금	50,000
20X3.12.31	(차) 미처분이익잉여금	50,000	(대) 보통예금	50,000
	(차) 미처분이익잉여금	1,200,000	(대) 보통예금	1,200,000

(3) 세무조정

상환우선주의 상환은 자본거래에 해당되는 자본의 환급에 해당하므로 손금산입 대상이 되지 아니한다(법규, 법인2010-0015, 2010.02.11.). 따라서 일반기업회계기준에 따라 자본거래로 처리하였으므로 별도의 세무조정은 없다.

2. K-IFRS 비누적적 상환우선주

상환우선주는 자본에 해당하므로 부채를 자본으로 분류하는 세무조정을 해야 한다. 또한 부채(상환우선주)와 관련하여 발생한 현재가치할인차금은 손금산입(△유보)하고 이자비용 계상시 익금산입(유보)으로 추인한다.

일자		차변	금액		대변	금액
20X1. 1. 1	(차)	보통예금	1,200,000	(대)	상환우선주(부채)	1,200,000
		〈익금산입〉 상환우선주(부채) 1,200,000 (유보) 〈손금산입〉 상환우선주(자본) 1,200,000 (기타)				
20X1.12.31	(차)	미처분이익잉여금	50,000	(대)	보통예금	50,000
		〈세무조정 없음〉				
20X2.12.31	(차)	미처분이익잉여금	50,000	(대)	보통예금	50,000
		〈세무조정 없음〉				
20X3.12.31	(차)	미처분이익잉여금	50,000	(대)	보통예금	50,000
		〈세무조정 없음〉				
	(차)	상환우선주(부채)	1,200,000	(대)	보통예금	1,200,000
		〈손금산입〉 상환우선주(부채) 1,200,000 (△유보) 〈익금산입〉 상환우선주(자본) 1,200,000 (기타)				

3. K-IFRS 누적적 상환우선주

상환우선주는 자본에 해당하므로 우선주를 자본으로 분류하는 세무조정을 해야 한다. 또한 인식한 금융부채(상환우선주)는 익금산입하고 상환시 추인하며 관련 현재가치할인차금은 손금산입하고 이자비용 계상시 추인한다. K-IFRS에서는 누적적 상환우선주인 경우 배당을 이자비용으로 회계처리하지만 세무상은 잉여금처분에 따른 배당으로 보아 손금으로 인정하지 아니한다.

일자		차변	금액		대변	금액
20X1. 1. 1	(차)	보통예금	1,200,000	(대)	상환우선주(부채)	1,200,000
		〈익금산입〉 상환우선주(부채) 1,200,000 (유보) 〈손금산입〉 상환우선주(자본) 1,200,000 (기타)				
20X1.12.31	(차)	이자비용	50,000	(대)	보통예금	50,000
		〈손금불산입〉 이자비용 50,000 (기타)				
20X2.12.31	(차)	이자비용	50,000	(대)	보통예금	50,000
		〈손금불산입〉 이자비용 50,000 (기타)				
20X3.12.31	(차)	이자비용	50,000	(대)	보통예금	50,000
	(차)	상환우선주(부채)	1,200,000	(대)	보통예금	1,200,000
		〈손금불산입〉 이자비용 50,000 (기타) 〈손금산입〉 상환우선주(부채) 1,200,000 (△유보) 〈익금산입〉 상환우선주(자본) 1,200,000 (기타)				

3.3 불공정자본거래 이익분여

불공정한 자본거래(합병, 증자, 감자 등)의 경우에는 일정한 이익이 손실을 본 주주로부터 이익을 본 주주에게 무상으로 이전되는 경제적 효과가 발생할 수 있다. 이러한 경우 부당행위계산의 부인에 따라 다음과 같이 과세한다.

(1) 자본거래에 대한 이익분여시 과세유형

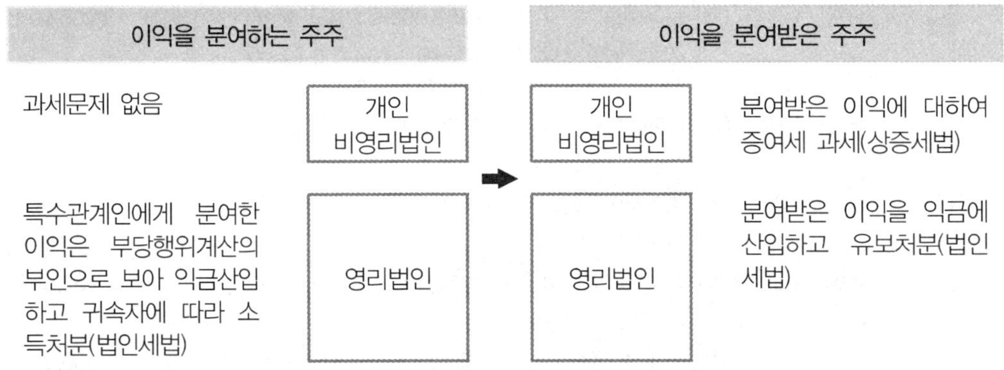

(2) 불공정자본거래의 유형과 요건

구 분			법인세 부당행위 (분여한 법인과 분여받은 법인)		증여세 과세 (분여받은 개인)	
			특수관계	이익요건	특수관계	이익요건
불균등증자	저가발행	재배정	○	×	×	×
		실권	○	○	○	○
	고가발행	재배정	○	×	○	×
		실권	○	○	○	×
불공정 합병			○	○	×	○(대주주)
불균등 감자			○	○	○	○(대주주)

① 이익요건이란 이익분여비율이 30%이상이거나 분여이익이 3억원 이상인 경우를 말한다.
② 대주주란 특수관계에 있는 자의 지분을 포함하여 해당 법인의 발행주식총수 등의 1%이상을 소유하고 있거나 소유하고 있는 주식 등의 액면가액이 3억원 이상인 주주를 의미한다.
③ 특수관계는 이익분여자와 이익을 분여받은 자가 특수관계에 해당해야 하며 불공정합병의 경우 합병당사법인도 특수관계이어야 한다.

(3) 자본거래 분여이익의 계산

1) 이익을 분여받은 자

> 자본거래로 분여받은 이익 = 자본거래 후의 시가 − 자본거래 전의 시가

2) 이익을 분여한 자

① 자본거래로 분여한 분여이익 = 자본거래로 분여받은 이익 × 이익분여자의 분여비율

② 이익분여비율

구 분			이익분여비율
불균등증자	저가발행	재배정	포기비율 = $\frac{\text{이익분여자의 실권주식수}}{\text{총실권주식수}}$
		실권	실권비율 = $\frac{\text{이익분여자의 실권주식수}}{\text{총실권주식수}}$
	고가발행	재배정	초과인수비율 = $\frac{\text{이익분여자의 초과인수주식수}}{\text{초과인수주식총수}}$
		실권	인수비율 = $\frac{\text{이익분여자의 인수주식수}}{\text{인수주식총수}}$
불공정 합병			지분비율 = $\frac{\text{이익분여자의 보유주식수}}{\text{총발행주식수}}$
불균등 감자			감자비율 = $\frac{\text{이익분여자의 감자주식수}}{\text{총감자주식수}}$

사례 **불균등증자(저가발행 재배정)**

비상장법인 (주)이손의 증자내역은 다음과 같다. 증자 전 주식의 시가는 60,000원이고 증자시 1주당 발행가액은 10,000원이다. (주)이손은 100,000주를 증자하였으며 관련 내역은 다음과 같다. A와 C는 신주를 포기하여 다른 주주에게 재배정하였으며 A, B, E는 특수관계인이다.

구 분	증자 전 주식수	1차 배정	실권주식수	재배정	증자 후 주식수
㈜A	30,000	–	30,000	–	30,000
㈜B	30,000	30,000	–	30,000	90,000
개인 C	20,000	–	20,000	–	20,000
개인 D	15,000	15,000	–	15,000	45,000
개인 E	5,000	5,000	–	5,000	15,000
합 계	100,000	50,000	50,000	50,000	200,000

증자 전 주가	증자 전 기업가치	주당 발행가액	증자 후 기업가치	증자 후 주가
60,000	6,000,000,000	10,000	7,000,000,000	35,000

〈세무조정〉

(1) 저가발행 재배정의 요건검토

특수관계 : A, B, E

이익요건 : 재배정이므로 이익요건은 고려하지 않는다.

(2) 자본거래 손익계산

증자 후 1주당 평가액

$$= \frac{\text{증자 전 주식수} \times \text{증자 전 1주당 평가액} + \text{증자주식수} \times \text{1주당 인수가액}}{\text{증자 전 주식수} + \text{증자주식수}}$$

$$= \frac{100,000 \times 60,000 + 100,000 \times 10,000}{100,000 + 100,000} = 35,000$$

구 분	증자 전 가액	증자대가	증자 후 시가	손익	분여한 이익	분여 받은 이익
㈜A	1,800,000,000	–	1,050,000,000	(750,000,000)	750,000,000	–
㈜B	1,800,000,000	600,000,000	3,150,000,000	750,000,000	–	750,000,000
개인 C	1,200,000,000	–	700,000,000	(500,000,000)	500,000,000	–
개인 D	900,000,000	300,000,000	1,575,000,000	375,000,000	–	375,000,000
개인 E	300,000,000	100,000,000	525,000,000	125,000,000	–	125,000,000
합 계	6,000,000,000	1,000,000,000	7,000,000,000	–	1,250,000,000	1,250,000,000

* 손익 = 증자후시가 – (증자전가액+증자대가)

① 법인B가 분여받은 이익 중 특수관계인(A) 해당액

= [증자 후 주식금액–(증자 전 주식금액+주식인수액)]×특수관계인 이익분여비율

$$= [35,000 \times 90,000 - (30,000 \times 60,000 + 60,000 \times 10,000)] \times \frac{30,000}{50,000}$$

= 450,000,000

별해 : $750,000,000 \times \frac{750,000,000}{750,000,000 + 500,000,000} = 450,000,000$

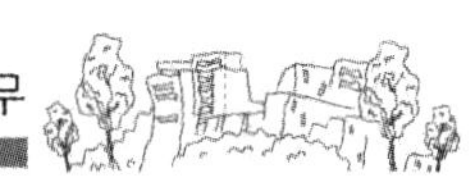

② 개인 D와 E는 특수관계 여부와 무관하게 분여받은 이익 모두에 대하여 증여세가 과세된다.

③ 법인 A가 특수관계인에게 분여한 분여이익

= B와 E의 이익×A의 이익분여비율(실권주 비율)

$= 875,000,000 \times \frac{30,000}{50,000} = 525,000,000$

별해 : $875,000,000 \times \frac{750,000,000}{750,000,000 + 500,000,000} = 525,000,000$

④ 세무조정

법인 A : 〈익금산입〉 부당행위 525,000,000 (기타사외유출)
법인 B : 〈익금산입〉 투자주식 450,000,000 (유보)
개인 D : 증여세 과세소득 375,000,000
개인 E : 증여세 과세소득 125,000,000

이익을 분여한 개인 C는 과세문제가 발생하지 않는다.

사례

불균등증자(저가발행 실권)

비상장법인 폭탄㈜의 증자내역은 다음과 같다. 증자 전 주식의 시가는 12,000원이고 증자시 1주당 발행가액은 5,000이다. 폭탄㈜는 1,000주를 증자하였으나 A와 D는 인수를 포기하여 실권하였으며 B는 A와 특수관계인이다.

구 분	증자 전 주식수	증자주식수	증자 후 주식수
㈜A	500	–	500
㈜B	300	300	600
㈜C	100	100	200
㈜D	100	–	100
합 계	1,000	400	1,400

증자 전 주식수	증자 전 주당가액	균등증자주식수	주당 인수가액	증자 후 주가
1,000	12,000	1,000	5,000	8,500

〈세무조정〉

(1) 저가발행 실권의 요건검토

특수관계 : A와 B

이익요건 : 저가발행 실권이므로 균등증자를 가정한 주가가 시가다.

균등증자 후 1주당 평가액

$$= \frac{\text{증자 전 주식수} \times \text{증자 전 1주당 평가액} + \text{균등증자시 증자주식수} \times \text{1주당 인수가액}}{\text{증자 전 주식수} + \text{균등증자시 증자주식수}}$$

$$= \frac{1,000 \times 10,000 + 1,000 \times 5,000}{1,000 + 1,000} = 8,500$$

$$\therefore \frac{8,500 - 5,000}{8,500} = 41\% \geq 30\%$$

(2) 자본거래 손익계산

실제 증자 후 1주당 평가액

$$= \frac{\text{증자 전 주식수} \times \text{증자 전 1주당 평가액} + \text{증자주식수} \times \text{1주당 인수가액}}{\text{증자 전 주식수} + \text{증자주식수}}$$

$$= \frac{1,000 \times 12,000 + 400 \times 5,000}{1,400} = 10,000$$

구 분	실권 주식수	증자 전 가액	증자대가	증자 후 시가	손익	분여한 이익	분여 받은 이익
㈜A	500	6,000,000	–	5,000,000	(1,000,000)	1,000,000	–
㈜B	–	3,600,000	1,500,000	6,000,000	900,000	–	900,000
㈜C	–	1,200,000	500,000	2,000,000	300,000	–	300,000
㈜D	100	1,200,000	–	1,000,000	(200,000)	200,000	–
합 계	600	12,000,000	2,000,000	14,000,000	–	1,200,000	1,200,000

① B가 분여받은 이익 = 증자 후 주식금액 – (증자 전 주식금액 + 주식인수액)

$= 600 \times 10,000 - (300 \times 12,000 + 300 \times 5,000) = 900,000$

② A의 분여이익(B가 A에게 분여받은 이익) = B의 이익×A의 이익분여비율

$= 900,000 \times \frac{150}{600} = 750,000$

* 신주를 포기하여 이익을 분여하였으므로 포기비율을 적용한다.

별해 : $900,000 \times \frac{1,000,000}{1,000,000 + 200,000} = 750,000$

③ 세무조정

A : 〈익금산입〉 부당행위 750,000 (기타사외유출)

B : 〈익금산입〉 투자주식 750,000 (유보)

사례 **불균등증자(고가발행 재배정)**

비상장법인 (주)이손의 증자내역은 다음과 같다. 증자 전 주식의 시가는 6,000원이고 증자시 1주당 발행가액은 24,000원이다. (주)이손은 500주를 증자하였으나 A와 C는 인수를 포기하여 실권하였으며 B는 A와 특수관계인이다.

구 분	증자 전 주식수	증자주식수	증자 후 주식수
㈜A	500	–	500
㈜B	300	400	700
㈜C	100	–	100
㈜D	100	100	200
합 계	1,000	500	1,500

증자 전 주식수	증자 전 주당가액	균등증자주식수	주당 인수가액	증자 후 주가
1,000	6,000	500	24,000	12,000

〈세무조정〉

(1) 고가발행 재배정의 요건검토

특수관계 : A와 B

이익요건 : 재배정이므로 현저한 차이를 고려하지 않는다.

(2) 자본거래 손익계산

실제증자 후 1주당 평가액

$$= \frac{\text{증자 전 주식수} \times \text{증자 전 1주당 평가액} + \text{증자주식수} \times \text{1주당 인수가액}}{\text{증자 전 주식수} + \text{증자주식수}}$$

$$= \frac{1,000 \times 6,000 + 500 \times 24,000}{1,000 + 500} = 12,000$$

구 분	초과인수 주식수	증자 전 가액	증자대가	증자 후 시가	손익	분여한 이익	분여받은 이익
㈜A	–	3,000,000	–	6,000,000	3,000,000	–	3,000,000
㈜B	250	1,800,000	9,600,000	8,400,000	(3,000,000)	3,000,000	–
㈜C	–	600,000	–	1,200,000	600,000	–	600,000
㈜D	50	600,000	2,400,000	2,400,000	(600,000)	600,000	–
합 계	300	6,000,000	12,000,000	18,000,000	–	3,600,000	3,600,000

① A가 분여받은 이익 = 증자 후 주식금액 − (증자 전 주식금액 + 주식인수액)

= 500 × 12,000 − (500 × 6,000 + 0) = 3,000,000

② B의 분여이익(A가 B에게 분여받은 이익) = A의 이익×B의 이익분여비율

$= 3,000,000 \times \frac{250}{300} = 2,500,000$

* 신주를 초과인수하여 이익을 분여하였으므로 초과인수비율을 적용한다.

별해 : $3,000,000 \times \frac{3,000,000}{3,000,000 + 600,000} = 2,500,000$

③ 세무조정

A : 〈익금산입〉 투자주식 2,500,000 (유보)

B : 〈손금산입〉 투자주식 2,500,000 (△유보)

〈익금산입〉 부당행위 2,500,000 (기타사외유출)

B는 특수관계인에 대한 고가매입 부당행위이므로 자산을 감액하고 동액을 부당행위로 익금산입한다.

사례 **불균등증자(고가발행 실권)**

비상장법인 (주)이손의 증자내역은 다음과 같다. 증자 전 주식의 시가는 8,000원이고 증자시 1주당 발행가액은 20,000원이다. (주)이손은 500주를 증자하였으나 A와 C는 인수를 포기하여 실권하였으며 B는 A와 특수관계인이다.

구 분	증자 전 주식수	증자주식수	증자 후 주식수
㈜A	500	−	500
㈜B	300	150	450
㈜C	100	−	100
㈜D	100	50	150
합 계	1,000	200	1,200

증자 전 주식수	증자 전 주당가액	증자주식수	주당 인수가액	증자 후 시가
1,000	8,000	200	20,000	10,000

〈세무조정〉

(1) 고가발행 요건검토

특수관계 : A와 B

이익요건 : 고가발행이므로 실제 증자후 가액이 시가다.

$$= \frac{\text{증자 전 주식수} \times \text{증자 전 1주당 평가액} + \text{증자주식수} \times \text{1주당 인수가액}}{\text{증자 전 주식수} + \text{증자주식수}}$$

$$= \frac{1,000 \times 8,000 + 200 \times 20,000}{1,000 + 200} = 10,000$$

$$\therefore \frac{20,000 - 10,000}{10,000} = 100\% \geq 30\%$$

(2) 자본거래 손익계산

구 분	실권주식수	증자 전 가액	증자대가	증자 후 시가	손익	분여한 이익	분여받은 이익
㈜A	250	4,000,000	–	5,000,000	1,000,000	–	1,000,000
㈜B	–	2,400,000	3,000,000	4,500,000	(900,000)	900,000	–
㈜C	50	800,000	–	1,000,000	200,000	–	200,000
㈜D	–	800,000	1,000,000	1,500,000	(300,000)	300,000	–
합 계	300	8,000,000	4,000,000	12,000,000	–	1,200,000	1,200,000

① A가 분여받은 이익 = 증자 후 주식금액 – (증자 전 주식금액 + 주식인수액)

$= 500 \times 10,000 - (500 \times 8,000 + 0) = 1,000,000$

② B의 분여이익(A가 B에게 분여받은 이익) = A의 이익×B의 이익분여비율

$$= 1,000,000 \times \frac{150}{200} = 750,000$$

* 신주를 초과인수하여 이익을 분여하였으므로 초과인수비율을 적용한다.

별해 : $1,000,000 \times \frac{900,000}{900,000 + 300,000} = 750,000$

③ 세무조정

A : 〈익금산입〉 투자주식 750,000 (유보)

B : 〈손금산입〉 투자주식 750,000 (△유보)

〈익금산입〉 부당행위 750,000 (기타사외유출)

B는 특수관계인에 대한 고가매입 부당행위이므로 자산을 감액하고 동액을 부당행위로 익금산입한다.

사례 불공정합병

(주)이손은 특수관계인인 (주)CFO를 합병하였으며 두 회사 모두 비상장법인이다. 각 주주는 모두 액면가액으로 주식을 취득하였다. 합병시 (주)이손은 (주)CFO의 주식 1주당 (주)이손 주식 0.5주의 신주를 교부하였으며 관련자료는 다음과 같다.

(1) 합병 전 주식평가액

구 분	(주)이손	(주)CFO	합병후
총발행주식수	1,000	1,000	1,500
1주당 평가액	5,000	1,000	4,000
기업가치	5,000,000	1,000,000	6,000,000
1주당 액면금액	5,000	500	5,000

* 합병후 1주당 평가액 = (5,000,000 + 1,000,000) ÷ (1,000 + 1,000 × 0.5)

(2) 합병 직전 주주 구성비율은 다음과 같으며 A와 C는 특수관계이다.

(주)이손		(주)CFO	
주주명	주식수	주주명	주식수
㈜A	500	㈜C	600
㈜B	500	㈜D	400

〈세무조정〉

(1) 불공정합병의 요건검토

특수관계 : 합병당사법인이 특수관계이면서 주주 A와 C가 특수관계에 해당한다.

이익요건 : 합병 후 1주당 평가는 (주)CFO 1주당 (주)이손 0.5주이므로 합병 후 (주)이손 1주에 대해서 (주)CFO 2주와 비교해야 한다.

$$= \frac{4,000-1,000 \times 2}{4,000} = 50\% \geq 30\%$$

(2) 자본거래 손익계산

구분	합병 전 주식수	합병 전 주식금액	합병 후 주식수	합병 후 주식금액	손익	분여한 이익	분여받은 이익
㈜A	500	2,500,000	500	2,000,000	(500,000)	500,000	–
㈜B	500	2,500,000	500	2,000,000	(500,000)	500,000	–
㈜C	600	600,000	300	1,200,000	600,000	–	600,000
㈜D	400	400,000	200	800,000	400,000	–	400,000
합 계	2,000	6,000,000	1,500	6,000,000	–	1,000,000	1,000,000

① C가 분여받은 이익 = 합병 후 주식금액-합병 전 주식금액
= 1,200,000-600,000 = 600,000

② A의 분여이익(C가 A에게 분여받은 이익) = C의 이익 × A의 이익분여비율

$= 600{,}000 \times \frac{500}{1{,}000} = 300{,}000$

별해 : $600{,}000 \times \frac{500{,}000}{500{,}000 + 500{,}000} = 300{,}000$

③ 세무조정

A : 〈익금산입〉 부당행위 300,000 (기타사외유출)
B : 〈익금산입〉 투자주식 300,000 (유보)

사례 **불균등감자**

(주)이손은 B와 D의 주식을 감자하였으며 감자 전 주식의 1주당 시가는 10,000원, 주당 감자대가는 5,000원이다. A와 B는 특수관계이며 감자와 관련된 자료는 다음과 같다.

구 분	감자 전 주식수	감자전 주식금액	감자주식수	감자 후 주식수	감자 후 주식금액
㈜A	500	5,000,000	–	500	5,625,000
㈜B	300	3,000,000	150	150	1,687,500
㈜C	100	1,000,000	–	100	1,125,000
㈜D	100	1,000,000	50	50	562,500
합 계	1,000	10,000,000	200	800	9,000,000

감자 전 주가	주당 감자대가	감자 후 주식수	총감자금액	감자 후 기업가치	감자 후 주가
10,000	5,000	800	1,000,000	9,000,000	11,250

* 감자 후 주가 = 9,000,000 ÷ 800 = 11,250

〈세무조정〉

(1) 불균등감자의 요건검토

특수관계 : A와 B는 특수관계에 해당한다.

이익요건 : 감자 후 주식은 소멸되고 없으므로 감자 전 주가와 감자대가를 비교하여 판단한다.

$$= \frac{10,000 - 5,000}{10,000} = 50\% \geq 30\%$$

(2) 자본거래로 인한 손익

구 분	감자대가	감자 후 주식금액	손익	분여한 이익	분여받은 이익
㈜A	–	5,625,000	625,000	–	625,000
㈜B	750,000	1,687,500	(562,500)	562,500	–
㈜C	–	1,125,000	125,000	–	125,000
㈜D	250,000	562,500	(187,500)	187,500	–
합 계	1,000,000	9,000,000	–	750,000	750,000

① A가 분여받은 이익 = 감자 후 주식금액 – 감자 전 주식금액 + 감자대가

= 5,625,000–5,000,000+0 = 625,000

② B의 분여이익(A가 B에게 분여받은 이익) = A의 이익×B의 이익분여비율

$$= 625,000 \times \frac{150}{200} = 468,750$$

별해 : $625,000 \times \frac{562,500}{562,500 + 187,500} = 468,750$

③ 세무조정

A : 〈익금산입〉 투자주식 468,750 (유보)

B : 〈익금산입〉 부당행위 468,750 (기타사외유출)

제7절 자기주식

01 일반기업회계기준

1.1 자기주식의 의의

자기주식이란 기업이 발행한 유통주식을 소각 또는 재발행할 목적으로 매입, 증여 등의 방법으로 재취득한 주식을 말한다. 자기주식은 금융자산에 해당하지 아니하며 취득시 자본에서 차감하여 표시한다. 자기주식의 회계처리는 이론적으로 자산설과 미발행주식설로 구분되며 각각의 이론적 근거는 다음과 같다.

① 자산설

자기주식을 재발행하면 현금의 유입이 발생하여 미래 경제적 효익을 제공하므로 자기주식은 자산에 해당한다.

② 미발행주식설

자기주식의 취득은 납입자본의 환급에 해당하고 취득시 유통주식수가 감소하므로 미발행주식이 증가한 것에 불과하다. 자기주식을 취득하는 경우에는 의결권, 배당청구권, 잔여재산분배권 등 주주의 기본권이 제한되므로 미래 경제적 효익을 제공한다고 보기 어렵다. 또한 자기주식을 자산으로 인정하는 경우에는 기업자신이 기업의 소유주가 되는 문제가 발생한다.

일반기업회계기준에서는 발행기업이 매입 등을 통하여 취득하는 자기주식은 취득원가를 자기주식의 과목으로 하여 자본조정으로 회계처리하도록 규정함으로서 미발행주식설을 따르고 있다. 그러나 법인세법은 자기주식을 자산설에 근거하여 규정하고 자기주식처분이익과 자기주식처분손실을 각각 익금과 손금으로 분류한다.

1.2 회계처리

자기주식의 취득은 납입자본의 환급으로서 취득시 유통주식수가 감소된다. 따라서 자기주식을 취득하는 경우 취득원가를 자기주식의 과목으로 하여 자본조정으로 회계처리한다. 자기주식의 구체적인 회계처리는 다음과 같다.

① 취득시

자기주식은 취득시 제공한 대가를 취득원가로 기록하고 자본의 차감항목으로 표시한다. 자기주식을 기업이 주주 등으로부터 무상으로 수증받은 경우에는 별도의 회계처리를 하지 아니하고 비망으로 기록한 후 처분시 처분금액을 자기주식처분이익으로 인식한다.

(차) 자기주식 ×××　(대) 현 금 ×××

② 매각시

자기주식을 매각하는 경우 매각금액이 장부금액을 초과하는 경우 자기주식처분이익으로 계상하고 자본항목으로 처리한다. 매각금액이 장부금액에 미달하는 경우에는 자기주식처분손실로 계상하고 자본에 차감항목으로 표시한다. 자기주식처분이익과 자기주식처분손실은 서로 상계하여 표시하며 상계후 잔액이 자기주식처분손실에 해당하는 경우에는 이익잉여금의 처분으로 상각한다. 자기주식을 수회에 걸쳐 서로 다른 가격으로 구입한 경우 단가산정은 평균법에 따라 산정한다.

처분이익이 발생한 경우	처분손실이 발생한 경우
(차) 현 금 ××× (대) 자기주식 ××× 자기주식처분이익 ×××	(차) 현 금 ××× 자기주식처분손실 ××× (대) 자기주식 ×××

③ 소각시

자기주식의 소각은 유상감자에 해당하므로 액면금액과 취득원가의 차액을 감자차익 또는 감자차손으로 계상하며 소각시 감자차익 또는 감자차손 잔액이 있는 경우에는 서로 상계한 잔액을 표시한다.

감자차익이 발생한 경우	감자차손이 발생한 경우
(차) 자본금 ××× (대) 자기주식 ××× 감자차익 ×××	(차) 자본금 ××× 감자차손 ××× (대) 자기주식 ×××

02 K-IFRS

자기주식은 기업이 발행한 유통주식을 소각 또는 재발행할 목적으로 매입, 증여 등의 방법으로 재취득한 주식을 말한다. 자기주식은 금융자산에 해당하지 아니하며 취득시 자본에서 차감하여 표시한다. K-IFRS에서는 자기주식을 납입자본에서 차감하여 표시하거나 별도의 항목으로 자본에서 차감 표시할 수 있다.

자기주식에 대한 회계처리는 일반기업회계기준과 동일하게 처리한다. 다만, 기업이 주주 등으로부터 무상으로 수증받은 자기주식에 관하여 한국채택국제회계기준에서는 명시적 규정이 없다. 이론적으로 미발행주식설에 따르면 무상으로 취득한 자기주식에 대해서 자산의 유출이나 부채의 부담이 없으므로 취득가액으로 인식할 금액이 없고 무상으로 취득한 자기주식은 자산에 해당하지도 않으므로 공정가액을 취득원가로 계상할 수도 없다. 따라서 기업이 취득한 자기주식은 경영자의 보유의도와 관계없이 항상 미발행주식과 같이 처리한다. 일반기업회계기준에서도 미발행주식설에 따라 별도의 회계처리를 하지 않는다(적용의견서 08-2 및 금감원 2002-026).

03 세무회계

기업회계는 자기주식처분손익을 자본항목으로 분류하지만 법인세법에서는 자기주식을 자산의 범위에 포함하고 있다. 소각목적으로 자기주식을 취득하여 소각함으로써 생긴 손익은 각 사업연도 소득계산상 익금 또는 손금에 산입하지 아니하는 것이나, 매각목적으로 자기주식을 취득하여 매각함으로써 생긴 매각차손익은 익금 또는 손금으로 한다. 다만, 고가매입 또는 저가양도액은 그러하지 아니한다.

따라서 자기주식을 매각목적으로 취득하여 매각하는 경우 자기주식(합병법인이 합병에 따라 피합병법인이 보유하던 합병법인의 주식을 취득하게 된 경우를 포함)의 양도금액을 익금, 그 장부가액을 손금으로 인정한다. 이 경우 자기주식의 취득가액은 타인으로부터 매입한 경우 매입가액에 부대비용을 더한 금액을 취득가액으로 계상하며 법인세법 시행령 제75조 유가증권 등의 평가규정을 적용한다(법법 41). 그러나 자기주식소각손익은 자본감소절차의 일환이므로 자본거래로 분류하여 익금이나 손금으로 보지 않는다(법기통 15-11…7).

예 제 자기주식

다음은 20X1년 중에 발생한 ㈜이손의 자본거래 내역이다. 당해 거래가 발생하기 직전 재무상태표상 자기주식처분손실 ₩1,000,000과 감자차익 ₩5,000,000이 표시되어 있다. 다음의 자본거래로 인한 회계처리와 세무조정을 하시오.

(1) 1월 : 주당 액면금액 ₩100,000의 자기주식 200주를 주당 ₩200,000에 취득하였다.
(2) 2월 : 위 주식 중 50주를 주당 ₩300,000에 처분하였다.
(3) 7월 : 위 주식 중 20주를 주당 ₩100,000에 처분하였다.
(4) 10월 : 위 주식 중 30주를 소각하였다.
(5) 12월 : 20X1년의 당기순이익은 ₩100,000,000이다.

풀 이

(1) 회계처리

구 분	회계처리			
(1)	(차) 자기주식	40,000,000	(대) 현 금	40,000,000
(2)	(차) 현 금	15,000,000	(대) 자기주식	10,000,000
			자기주식처분손실	1,000,000
			자기주식처분이익	4,000,000
(3)	(차) 현 금	2,000,000	(대) 자기주식	4,000,000
	자기주식처분이익	2,000,000		
(4)	(차) 자본금	3,000,000	(대) 자기주식	6,000,000
	감자차익	3,000,000		

(2) 세무조정

〈익금산입〉 자기주식처분이익 5,000,000 (기타)
〈손금산입〉 자기주식처분손실 2,000,000 (기타)

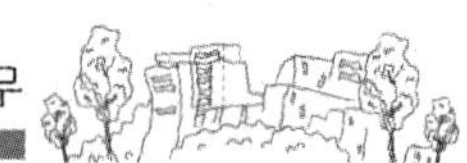

제8절 주식선택권

01 일반기업회계기준

1.1 주식선택권의 의의

기업은 종업원에게 기업에 기여하려는 동기를 부여하기 위한 수단으로 주식이나 주식선택권을 부여한다. 또한 전문용역제공자에게도 용역의 대가로 주식선택권 등을 부여하기도 한다. 주식기준보상거래(share-based payment transactions)는 기업이 종업원이나 거래상대방에게 재화나 용역을 제공받는 대가로 기업의 지분상품을 부여하거나 기업의 주식, 기타 지분상품의 가격에 기초한 금액만큼의 부채를 부담하는 거래를 말한다. 기업이 제공받는 재화는 재고자산, 소모품, 유·무형자산 및 그 밖의 비금융자산 등을 말한다. 주식기준보상거래의 유형은 다음과 같다.

① 주식결제형 주식기준보상거래
② 현금결제형 주식기준보상거래
③ 선택형 주식기준보상거래[58)]

주식기준보상거래에서 제공받는 재화나 용역은 그 재화나 용역을 제공받는 날에 인식한다. 주식결제형 주식기준보상거래로 재화나 용역을 제공받는 경우에는 보상원가만큼 자본(자본조정)을 인식하고 현금결제형 주식기준보상거래로 재화나 용역을 제공받는 경우에는 보상원가만큼 부채를 인식한다.

1.2 주식결제형 주식기준보상거래

주식결제형 주식기준보상거래란 기업이 재화나 용역을 제공받는 대가로 자신의 지분상품을 부여하는 조건의 주식기준보상거래를 말한다. 주식결제형 주식기준보상거래의 경우에는 교부받은 권리자가 권리를 행사하는 경우 기업은 행사가격 만큼의 현금을 수령하고 그 대가로 기업의 지분상품을 발행하여 권리자에게 결제한다. 주식결제형 주식기준보상거래와 관련하여 구체적인 내용은 다음과 같다.

① 주식결제형 주식기준보상거래의 경우에 제공받는 재화나 용역의 공정가치를 측정하여

58) 기업이 제공받는 재화나 용역에 대한 대가의 결제방식으로 기업 또는 재화나 용역의 공급자가 약정에 따라 현금 또는 그 밖의 자산 지급이나 지분상품발행 중 하나를 선택할 수 있는 거래

그 금액을 보상원가와 자본(자본조정)으로 회계처리한다. 그러나 제공받는 재화나 용역의 공정가치를 신뢰성있게 측정할 수 없다면 부여한 지분상품의 공정가치에 기초하여 재화나 용역의 공정가치를 간접 측정하고 그 금액을 보상원가와 자본(자본조정)으로 회계처리한다.

② 종업원(유사용역제공자 포함)에게서 제공받는 용역의 공정가치는 일반적으로 신뢰성 있게 측정할 수 없기 때문에 부여한 지분상품의 공정가치에 기초하여 측정한다. 부여한 지분상품의 공정가치는 부여일 기준으로 측정한다.

③ 종업원이 아닌 거래상대방에게서 제공받는 재화나 용역의 공정가치는 신뢰성있게 측정할 수 있다고 본다. 제공받는 재화나 용역의 공정가치는 재화나 용역을 제공받는 날을 기준으로 측정한다. 그러나 예외적으로 제공받는 재화나 용역의 공정가치를 신뢰성 있게 측정할 수 없는 경우에는 지분상품의 공정가치에 기초하여 간접 측정한다. 다만, 이 경우에도 측정기준일은 재화나 용역을 제공받는 날로 한다.

④ 제공받는 재화나 용역을 인식하고 동일한 금액을 자본(자본조정)으로 회계처리한 경우 가득일이 지난 뒤에는 자본을 수정하지 아니한다. 예를 들어 가득된 지분상품이 추후 상실되거나 주식선택권이 행사되지 않은 경우에도 이미 인식한 보상원가를 환입하지 아니한다. 그러나 이 경우 이미 인식한 자본조정은 기타자본잉여금으로 대체한다.

1.3 현금결제형 주식기준보상거래

현금결제형 주식기준보상거래란 기업이 재화나 용역을 제공받는 대가로 기업이 지분상품의 가치에 기초하여 현금이나 그 밖의 자산으로 결제하는 주식기준보상거래를 말한다. 현금결제형 주식기준보상거래의 경우에는 제공받는 재화나 용역과 그 대가로 부담하는 부채를 부채의 공정가치로 측정한다. 또한, 부채가 결제될 때까지 매 보고기간말과 결제일에 부채의 공정가치를 재측정하고 공정가치의 변동액은 당기손익으로 인식한다. 예를 들어 기업은 특정기간 기업의 주가상승액에 기초하여 (지분상품이 아닌) 미래의 현금지급에 대한 자격을 획득하게 하는 주가차액보상권을 종업원에게 총보상의 일부로 부여할 수 있다. 현금결제형주식기준보상거래와 관련하여 구체적인 내용은 다음과 같다.

① 현금결제형 주식기준보상거래의 경우에 제공받는 재화나 용역과 그 대가로 부담하는 부채를 부채의 공정가치로 측정한다. 또 부채가 결제될 때까지 매 보고기간말과 최종결제일에 부채의 공정가치를 재측정하고 공정가치의 변동액은 보상원가로 회계처리한다.

② 종업원에게서 제공받는 근무용역과 그 대가로 부담하는 부채는 근무용역을 제공받는 기간에 인식한다.

③ 현금결제형 주식기준보상거래와 관련된 부채는 내재가치로 측정할 수 있다. 부채를 내재가치로 측정하는 경우에도 부채가 결제될 때까지 매 보고기간말과 최종결제일에 부채의 내재가치를 재측정하고 내재가치의 변동액은 보상원가로 회계처리한다.

1.4 선택형 주식기준보상거래

기업이나 거래상대방이 결제방식으로서 현금지급이나 기업의 지분상품발행을 선택할 수 있는 선택형 주식기준보상거래에 대하여는 거래의 실질에 따라 회계처리한다. 즉 기업이 현금이나 기타자산을 지급해야 하는 부채를 부담하는 부분은 현금결제형 주식기준보상거래로 회계처리하고 그러한 부채를 부담하지 않는 부분은 주식결제형 주식기준보상거래로 회계처리한다. 선택형 주식기준보상거래와 관련하여 유의할 사항은 다음과 같다.

① 기업이 거래상대방에게 현금결제방식이나 주식결제방식의 선택권을 부여한 경우에는 부채요소(거래상대방의 현금결제요구권)와 자본요소(거래상대방의 주식결제요구권)가 포함된 복합금융상품을 부여한 것으로 본다.

② 종업원이 아닌 자와의 주식기준보상거래에서 제공받는 재화나 용역의 공정가치를 직접 측정하는 경우 복합금융상품 중 자본요소는 재화나 용역이 제공되는 날 현재 재화나 용역의 공정가치에서 부채요소의 공정가치를 차감하여 측정한다.

③ 기업이 현금결제방식이나 주식결제방식을 선택할 수 있는 경우에는 우선 현금을 지급해야 하는 현재의무가 있는지 여부를 결정하고 그에 따라 주식기준보상거래를 회계처리한다. 다음과 같은 경우에는 현금을 지급해야 하는 현재의무가 있는 것으로 본다.

㉠ 지분상품을 발행하여 결제하는 방식에 상업적 실질이 결여된 경우[59)]

㉡ 과거의 경험으로 볼 때 대부분 현금으로 결제하는 경우

㉢ 현금결제정책이 확립되어 이미 공표된 경우

㉣ 과거의 경험으로 볼 때 거래상대방이 현금결제를 요구할 때마다 기업이 이를 수용하는 경우

59) 예를 들어 법률에 의해 주식발행이 금지되는 경우가 이에 해당한다.

02 K-IFRS

K-IFRS 제1102호 주식기준보상은 일반기업회계기준 제19장과 대부분 일치한다. 다만, 우리사주제도와 관련한 규정 등 일부에 대해서는 다음과 같은 차이가 있다.

구 분	K-IFRS 제1102호	일반기업회계기준 제19장
우리사주제도	규정없음	주식기준보상거래(우선배정제도 제외)
재부여특성	사후적으로 재부여주식선택권이 부여될 때 재부여주식선택권을 새로운 주식선택권으로 회계처리	규정없음
비상장기업의 현금결제형 주식기준보상거래	공정가치	공정가치를 신뢰성있게 측정할 수 없는 경우 내재가치로 측정

03 세무회계

3.1 주식선택권의 세무조정

주식선택권과 관련한 법인세법의 세무조정은 신주발행교부형, 자기주식교부형, 현금결제형으로 구분할 수 있으며 각각의 세무조정은 다음과 같다.

① 신주발행교부형

상법 제340조의 2, 벤처기업육성에 관한 특별조치법 제16조의 3 또는 소재·부품·장비산업 경쟁력강화를 위한 특별조치법 제56조에 주식매수선택권, 근로복지기본법 제39조에 따른 우리사주매수선택권이나 금전을 부여받거나 지급받은 자에 대한 다음의 금액은 손금으로 한다. 다만, 해당 법인의 발행주식총수의 10% 범위에서 부여하거나 지급한 경우로 한정한다(법령 19 19호의2, 2022.2.15.전에 부여받은 우리사주매수선택권을 2022.2.15. 이후 행사하는 경우에도 적용, 영 부칙 2022.2.15.). 매 사업연도에 계상한 주식보상비용은 각 사업연도의 소득금액 계산상 손금불산입(기타)로 처리하고 약정된 주식매수시기에 주식을 시가보다 낮게 발행하는 경우 약정된 주식의 매수가액과 시가의 차액을 손금산입(기타)로 처리한다. 또한 주식매수선택권 등의 행사 또는 지급에 따라 주식을 양도하는 경우 부당행위를 적용하지 아니한다(법령 88 ① 3호, 6호, 8호의2).

㉠ 주식매수선택권, 주식매수선택권 또는 우리사주매수선택권을 부여받은 경우로서 다음의 어느 하나에 해당하는 경우 해당 금액

가. 약정된 주식매수시기에 약정된 주식의 매수가액과 시가의 차액을 금전 또는 해당 법인의 주식으로 지급하는 경우의 해당 금액

나. 약정된 주식매수시기에 주식매수선택권 또는 우리사주매수선택권 행사에 따라 주식을 시가보다 낮게 발행하는 경우 그 주식의 실제 매수가액과 시가의 차액

㉡ 주식기준보상으로 금전을 지급하는 경우 해당 금액

② 자기주식교부형

상기 ①의 경우와 동일하며 세무조정 방법은 매 사업연도에 계상한 주식보상비용은 각 사업연도의 소득금액 계산상 손금불산입(기타)로 처리하고 약정된 주식매수시기에 주식매수선택권의 권리를 행사함에 있어서 동 주식매수선택권을 부여받은 종업원에게 약정된 주식의 매입가액과 시가와의 차액을 주식평가보상방식에 의하여 자기주식으로 보상하는 경우 동 자기주식을 지급한 날이 속하는 사업연도에 주식선택권은 손금산입(기타)하고 자기주식처분손익은 익금(기타) 및 손금(기타)으로 처리한다(법인, 서면인터넷방문상담2팀-157, 2005.01.25.). 자기주식처분손익은 자기주식을 행사가액에 양도한 것으로 보아 계산한다(기획재정부 법인세제과-387, 2021.08.26)[60].

구회계처리와 세무조정 (행사일의 주식 시가 700, 행사가액 300, 법인세제과-387)

(차) 현 금	300	(대) 자기주식(장부가액)	400
자기주식처분손실	100		

세무조정 : 〈손금산입〉 자기주식처분손실 100 (기타)
〈손금산입〉 주식보상비용 400 (기타)

* 자기주식은 행사가액에 양도한 것으로 본다(법인-387, 2021.08.26.). 약정된 주식매수시기에 주식을 시가보다 낮게 발행하는 경우 약정된 주식의 매수가액(300)과 시가(700)의 차액은 손금에 해당한다(법령 19).

③ 현금결제형

상기 ①의 경우와 동일하며 세무조정 방법은 매 사업연도에 계상한 주식보상비용은 각 사업연도의 소득금액 계산상 손금불산입(유보)로 처리하고 약정된 주식매수시기에 법인이 주식매입선택권을 부여받은 종업원에게 약정된 주식의 매입가액과 시가와의 차액을 현금으로 지급하는 경우 약정용역 제공기간 동안 계상한 비용 중 주식매입선택권의 행사로 실제 지급한 금액은 당해 금액을 지급한 날이 속하는 사업연도의 손금산입(△유보)한다(조특, 법인46012-2365, 2000.12.13.).

60) 자기주식처분손익에 대한 판단기준은 이론적으로 행사시 주식의 시가가 타당하나 기획재정부 해석은 행사가격을 기준으로 판단하고 있다.

주식선택권과 관련하여 주식교부형과 현금결제형을 요약하면 다음과 같다. 예를 들어 ㈜이손은 20X1년초에 종업원에게 주식선택권을 부여하였다. 20X1년초 현재 주가는 ₩5,000(액면금액 ₩5,000)이며 20X4년초부터 권리행사가 가능하고 예상주가는 ₩10,000이다. 옵션의 가치는 ₩3,000이며 약정용역제공기간은 3년이다. 옵션은 20X4년초에 행사되었으며 행사가격은 ₩7,000, 매년 인식할 주식보상비용은 ₩1,000(=₩3,000÷3년)이다. 행사시 주가가 ₩11,000이고 주식선택권이 주식교부형, 현금결제형인 경우 각각의 회계처리와 세무조정은 다음과 같이 요약할 수 있다.

◎

약정용역제공기간 (X1초 ↔ X3말)

구분	X1말	X2말	X3말	권리행사(X4초)
주식교부형	주식보상비용 1,000 /주식선택권 1,000 ⇓ 〈손금불산입〉 주식선택권 1,000 (기타)	주식보상비용 1,000 /주식선택권 1,000 ⇓ 〈손금불산입〉 주식선택권 1,000 (기타)	주식보상비용 1,000 /주식선택권 1,000 ⇓ 〈손금불산입〉 주식선택권 1,000 (기타)	현금 7,000 /자본금 5,000 주식선택권 3,000 /주식발행초과금 5,000 ⇓ 〈손금산입〉주식보상비용 4,000(기타) *시가와 행사가액의 차액
현금결제형	주식보상비용 1,000 /장기미지급금 1,000 ⇓ 〈손금불산입〉 장기미지급금 1,000 (유보)	주식보상비용 1,000 /장기미지급금 1,000 ⇓ 〈손금불산입〉 장기미지급금 1,000 (유보)	주식보상비용 1,000 /장기미지급금 1,000 ⇓ 〈손금불산입〉 장기미지급금 1,000 (유보)	장기미지급금 3,000 /현금 3,000 ⇓ 〈손금산입〉장기미지급금 3,000(△유보)

3.2 주식매수선택권 등 행사 지급비용 보전금액의 손금산입

임직원이 다음의 어느 하나에 해당하는 주식매수선택권 또는 주식이나 주식가치에 상당하는 금전으로 지급받는 상여금으로서 기획재정부령으로 정하는 것(주식기준보상)을 행사하거나 지급받는 경우 해당 주식매수선택권 또는 주식기준보상(이하 주식매수선택권 등이라 한다)을 부여하거나 지급한 법인에 그 행사 또는 지급비용으로서 보전하는 금액은 해당 법인의 손비로 인정된다(법령 19, 19호).

① 금융지주회사법에 따른 금융지주회사로부터 부여받거나 지급받은 주식매수선택권 등
② 해외모법인으로부터 부여받거나 지급받은 주식매수선택권 등

기획재정부령으로 정하는 것이란 임직원이 지급받는 상여금으로서 다음의 요건을 모두 갖춘 것을 말한다(법칙 10의2).

① 주식 또는 주식가치에 상당하는 금전으로 지급하는 것일 것
② 사전에 작성된 주식기준보상 운영기준 등에 따라 지급하는 것일 것
③ 임원이 지급받는 경우 정관·주주총회·사원총회 또는 이사회의 결의로 결정된 급여지급기준에 따른 금액을 초과하지 아니할 것
④ 법령 제43조제7항에 따른 지배주주 등인 임직원이 지급받는 경우 정당한 사유 없이 같은 직위에 있는 지배주주 등 외의 임직원에게 지급하는 금액을 초과하지 아니할 것

(1) 금융지주회사법에 따른 금융지주회사로부터 부여받거나 지급받은 주식매수선택권

금융지주회사법에 따른 금융지주회사로부터 부여받거나 지급받은 주식매수선택권 등은 상법 제542조의3에 따라 부여받은 경우만 해당한다.

상법 제542조의3 (주식매수선택권)

① 상장회사는 제340조의2제1항 본문에 규정된 자 외에도 대통령령으로 정하는 관계 회사의 이사, 집행임원, 감사 또는 피용자에게 주식매수선택권을 부여할 수 있다. 다만, 제542조의8제2항제5호의 최대주주 등 대통령령으로 정하는 자에게는 주식매수선택권을 부여할 수 없다.
② 상장회사는 제340조의2제3항에도 불구하고 발행주식총수의 20%의 범위에서 대통령령으로 정하는 한도까지 주식매수선택권을 부여할 수 있다.
③ 상장회사는 제340조의2제1항 본문에도 불구하고 정관으로 정하는 바에 따라 발행주식총수의 10%의 범위에서 대통령령으로 정하는 한도까지 이사회가 제340조의3제2항 각 호의 사항을 결의함으로써 해당 회사의 집행임원·감사 또는 피용자 및 제1항에 따른 관계 회사의 이사·집행임원·감사 또는 피용자에게 주식매수선택권을 부여할 수 있다. 이 경우 주식매수선택권을 부여한 후 처음으로 소집되는 주주총회의 승인을 받아야 한다.
④ 상장회사의 주식매수선택권을 부여받은 자는 제340조의4제1항에도 불구하고 대통령령으로 정하는 경우를 제외하고는 주식매수선택권을 부여하기로 한 주주총회 또는 이사회의 결의일부터 2년 이상 재임하거나 재직하여야 주식매수선택권을 행사할 수 있다.
⑤ 제1항부터 제4항까지에서 규정한 사항 외에 상장회사의 주식매수선택권 부여, 취소, 그 밖에 필요한 사항은 대통령령으로 정한다.

(2) 해외모법인으로부터 부여받거나 지급받은 주식매수선택권 등

1) 해외모법인

해외모법인이란 다음의 요건을 모두 갖춘 법인을 말한다(법칙 10의2 ②).

① 외국법인으로서 발행주식이 자본시장과 금융투자업에 관한 법률에 따른 증권시장 또는 이와 유사한 시장으로서 증권의 거래를 위하여 외국에 개설된 시장에 상장된 법인
② 외국법인으로서 주식매수선택권 등의 행사 또는 지급비용을 보전하는 내국법인(자본시장과 금융투자업에 관한 법률에 따른 상장법인 제외)의 의결권 있는 주식의 90% 이상을 직접 또는 간접으로 소유한 법인. 이 경우 주식의 간접소유비율은 다음 산식에 따라 계산하되

해당 내국법인의 주주인 주주법인이 둘 이상인 경우에는 각 주주법인별로 계산한 비율을 합산하며 해당 외국법인과 주주법인 사이에 하나 이상의 법인이 개재되어 있고 이들 법인이 주식소유관계를 통하여 연결되어 있는 경우에도 또한 같다.

간접소유비율 =	해당 외국법인이 소유하고 있는 주식 수가 그 주주법인의 의결권 있는 총주식수에서 차지하는 비율	×	주주법인이 소유하고 있는 해당 내국법인의 의결권있는 주식 수가 그 내국법인의 의결권있는 총주식수에서 차지하는 비율

2) 주식매수선택권

부여받거나 지급받은 주식매수선택권 등은 다음의 요건을 모두 갖춘 것을 말한다(법칙 10의 2 ③).

① 상법에 따른 주식매수선택권과 유사한 것으로서 해외모법인의 주식을 미리 정한 가액(행사가액)으로 인수 또는 매수(행사가액과 주식의 실질가액과의 차액을 현금 또는 해당 해외모법인의 주식으로 보상하는 경우를 포함)할 수 있는 권리일 것(주식매수선택권만 해당)

② 해외모법인이 발행주식총수의 10%의 범위에서 부여하거나 지급한 것일 것

③ 해외모법인과 해당 법인 간에 해당 주식매수선택권 등의 행사 또는 지급비용의 보전에 관하여 사전에 서면으로 약정하였을 것

(3) 상법 등의 주식매수선택권 행사비용 손금산입

상법 제340조의 2·제542조의 3, 벤처기업육성에 관한 특별법 제16조의 3 또는 소재·부품·장비산업 경쟁력 강화 및 공급망 안정화를 위한 특별조치법 제56조에 따른 주식매수선택권, 근로복지기본법 제39조에 따른 우리사주매수선택권(상법 제542조의 3에 따른 주식매수선택권은 해당 법인의 임직원에게 부여하는 것으로 한정)이나 금전을 부여받거나 지급받은 자에 대한 다음 각 목의 금액은 손금으로 한다. 다만, 해당 법인의 발행주식총수의 10% 범위에서 부여하거나 지급한 경우로 한정한다(법령 19 19호의2, 개정규정은 2025.2.28. 이후 주식매수선택권을 행사하는 경우부터 적용함. 영 부칙 2025.2.28.).

① 주식매수선택권, 주식매수선택권 또는 우리사주매수선택권을 부여받은 경우로서 다음의 어느 하나에 해당하는 경우 해당 금액

㉠ 약정된 주식매수시기에 약정된 주식의 매수가액과 시가의 차액을 금전 또는 해당 법인의 주식으로 지급하는 경우의 해당 금액

㉡ 약정된 주식매수시기에 주식매수선택권 또는 우리사주매수선택권 행사에 따라 주식을 시가보다 낮게 발행하는 경우 그 주식의 실제 매수가액과 시가의 차액

② 주식기준보상으로 금전을 지급하는 경우 해당 금액

3.3 주식매수선택권 등에 의하여 지급하는 성과급

(1) 2018.1.1.이후 개시하는 사업연도

기업회계상 성과배분 상여금 등은 이익잉여금의 처분이 아니라 당해 사업연도 비용으로 처리하고 있으므로 2018.1.1. 이후 개시하는 사업연도부터는 성과배분상여, 자기주식성과급 등 명목에 관계없이 법인이 잉여금의 처분을 손비로 계상한 경우에는 각 사업연도의 소득금액을 계산할 때 손금에 산입하지 아니한다(법법 20).

(2) 2017.12.31.이전 개시하는 사업연도

법인이 잉여금의 처분을 손비로 계상한 경우에는 각 사업연도의 소득금액을 계산할 때 손금에 산입하지 아니한다. 다만, 다음의 경우에는 제외한다(법법 20).

① 자본시장과 금융투자업에 관한 법률 제165조의2에 따라 취득한 자기주식으로 지급하는 성과급으로서 우리사주조합을 통하여 지급하는 것[61)]

② 기획재정부령[62)]으로 정하는 주식매수선택권 등(해당 법인의 발행주식총수의 10%의 범위에서 부여하거나 지급한 경우만 해당)을 부여받거나 지급받은 자에게 지급하는 다음의 금액[63)]

㉠ 주식매수선택권을 부여받은 경우 약정된 주식매수시기에 약정된 주식의 매수가액과 시가의 차액을 금전 또는 해당 법인의 주식으로 지급하는 경우 해당 금액

㉡ 주식매수선택권을 부여받은 경우 약정된 주식매수시기에 주식매수선택권 행사에 따라 주식을 시가보다 낮게 발행하는 경우 그 주식의 실제 매수가액과 시가의 차액 (2014.10.1. 이후 주식발행분부터 적용)

㉢ 주식기준보상으로 금전을 지급하는 경우 해당 금액

③ 내국법인이 근로자[64)]와 성과산정지표 및 그 목표, 성과의 측정 및 배분방법 등에 대하여 사전에 서면으로 약정하고 이에 따라 그 근로자에게 지급하는 성과배분상여금

---

61) 이 경우 자본시장과 금융투자업에 관한 법률에 따른 유가증권시장에서 해당 법인의 주식을 취득하여 조합원에게 분배한 우리사주조합에 해당 법인이 성과급으로 그 대금을 지급하는 것을 포함한다.

62) 다음의 어느 하나에 해당하는 것을 말한다.
① 중소기업창업 지원법에 따른 창업자, 기술신용보증기금법에 따른 신기술사업자 및 주권상장법인이 부여하거나 지급한 주식매수선택권등(주식매수선택권은 상법 제340조의2에 따라 부여한 경우만 해당)
② 벤처기업육성에 관한 특별조치법 제2조 제1항에 따른 벤처기업이 부여하거나 지급한 주식매수선택권등(주식매수선택권은 같은 법 제16조의3에 따라 부여한 경우만 해당)
③ 부품·소재전문기업 등의 육성에 관한 특별조치법 제2조제2호에 따른 부품·소재전문기업이 부여하거나 지급한 주식매수선택권등(주식매수선택권은 같은 법 제15조에 따라 부여한 경우만 해당)

63) 당해 요건을 충족하는 주식매수선택권 등의 행사 또는 지급에 따라 금전을 제공하거나 주식을 양도 또는 발행하는 경우에는 부당행위계산 부인규정이 적용되지 아니한다(법령 88).

64) 다음의 어느 하나의 직무에 종사하는 자는 제외한다.
① 법인의 회장, 사장, 부사장, 이사장, 대표이사, 전무이사 및 상무이사 등 이사회의 구성원 전원과 청산인
② 합명회사, 합자회사 및 유한회사의 업무집행사원 또는 이사
③ 감사
④ 그 밖에 위에 준하는 직무에 종사하는 자

제9절 이익잉여금과 결손금

01 기업회계

1.1 이익잉여금(결손금)의 의의

이익잉여금이란 기업의 경상적인 영업활동, 기타의 자산매각, 일시적 거래에서 발생한 손익의 결과로서 배당, 자본의 대체 등으로 처분되지 아니하고 법인의 유보로 남아있는 부분을 말한다. 이익잉여금은 이익준비금(법정적립금), 상법 이외의 법령에 의하여 적립되는 기타 법정적립금, 법인의 정관의 규정, 주주총회의 결의에 의하여 적립되는 임의적립금, 그리고 차기로 이월되는 차기이월미처분이익잉여금으로 구분한다. 결손금이란 이익잉여금이 감소하여 부(負)의 금액인 경우를 말한다. 결손금은 미래에 이익이 발생할 경우 이익과 우선하여 상계한다.

1.2 이익잉여금처분계산서(결손금처리계산서)

(1) 이익잉여금처분계산서

이익잉여금처분계산서는 이익잉여금의 처분사항을 보고하는 재무보고서이다. 중소기업회계기준에 따른 이익잉여금처분계산서의 항목은 다음과 같이 구분하여 표시한다.

구 분	표 시
미처분이익잉여금	전기이월미처분이익잉여금(또는 전기이월미처리결손금)에 중간배당액 및 당기순이익(또는 당기순손실) 등을 차감하거나 가산한 금액으로 한다.
임의적립금등의 이입액	임의적립금 등을 이입하여 당기의 이익잉여금처분에 충당하는 경우에는 그 금액을 미처분이익잉여금에 가산하는 형식으로 표시한다.
이익잉여금처분액	이익잉여금의 처분은 다음의 항목으로 구분하여 표시한다. 가. 이익준비금 나. 기타법정적립금 다. 이익잉여금처분에 의한 상각 등: 주식할인발행차금상각, 자기주식처분손실잔액 등으로 구분한다. 라. 배당금 : 당기에 처분할 배당액을 현금배당과 주식배당으로 구분하여 표시한다. 마. 임의적립금
차기이월미처분이익잉여금	미처분이익잉여금과 임의적립금이입액의 합계에서 이익잉여금처분액을 차감한 금액으로 한다.

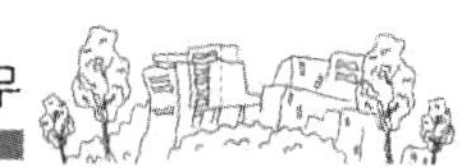

(2) 결손금처리계산서

결손금처리계산서는 결손금의 처리사항을 보고하는 재무보고서이다. 중소기업회계기준에 따른 결손금처리계산서의 항목은 다음과 같이 구분하여 표시한다.

구 분	표 시
미처리결손금	전기이월미처리결손금(또는 전기이월미처분이익잉여금)에 중간배당액 및 당기순이익(또는 당기순손실) 등을 차감하거나 가산한 금액으로 한다.
결손금처리액	임의적립금이입액, 기타법정적립금이입액, 이익준비금이입액, 자본잉여금이입액으로 구분하여 표시한다.
차기이월미처리결손금	미처리결손금에서 결손금처리액을 차감한 금액으로 한다.

02 세무회계

2.1 세무상 결손금과 이월결손금의 의의

법인세법상 결손금은 각사업연도에 속하는 손금총액이 그 사업연도에 속하는 익금총액을 초과하는 경우에 그 초과금액을 말한다(법법 14 ②). 결손금은 다음사업 소득금액에서 공제하는 이월공제방법과 직전사업연도의 소득에서 공제하는 소급공제방법(중소기업에 한함)이 있다.

2.2 세무상 결손금

법인세법상 결손금은 각사업연도에 속하는 손금총액이 그 사업연도에 속하는 익금총액을 초과하는 경우에 그 초과금액을 말한다(법법 14 ②). 법인세법상 결손금은 기업회계상의 당기순손실여부와 관계없이 법인세과세표준및세액조정계산서의 '(107)각사업연도소득금액'이 음수(△)인 것을 뜻한다.

① 각사업연도소득계산					
	(101) 결산서상당기순손익		01		1 000 000
	소득조정금액	(102) 익금산입	02		2 000 000
		(103) 손금산입	03		5 000 000
	(104) 차가감소득금액((101)+(102)-(103))		04	△	2 000 000
	(105) 기부금한도초과액		05		
	(106) 기부금한도초과이월액손금산입		54		
	(107) 각사업연도소득금액((104)+(105)-(106))		06	△	2 000 000

2.3 이월결손금

(1) 일반원칙

당기에 발생한 세무상 결손금은 각사업연도의 과세표준계산에 있어 소득금액에서 공제하며 공제방법은 다음 사업연도 이후의 소득에서 15년간(법법 13 ①, 2020.1.1. 이후 개시하는 사업연도에 발생한 결손금부터 적용, 이전에 개시한 사업연도에서 발생한 결손금은 10년, 법 부칙 2020.12.22.) 이월하여 공제하거나 직전사업연도의 소득에서 공제하는 소급공제방법(중소기업에 한함)이 있다. 내국법인의 각 사업연도의 소득에 대한 법인세의 과세표준은 각 사업연도의 소득의 범위에서 이월결손금, 비과세소득, 소득공제액을 차례로 공제한 금액으로 한다. 다만, 조세특례제한법 제6조 제1항에 따른 중소기업과 회생계획을 이행 중인 기업 등 다음에서 정하는 법인을 제외한 내국법인의 경우 각 사업연도 소득의 80%(2023.1.1.이후 개시하는 사업연도부터 적용, 법 부칙 2022.12.31.)으로 한다(법법 13 ①). 연결납세법인의 경우 각 연결사업연도의 소득에 대한 과세표준은 각 연결사업연도 소득의 범위에서 각 연결사업연도의 개시일 전 15년 이내에 개시한 연결사업연도의 결손금(연결법인의 연결납세방식의 적용 전에 발생한 결손금을 포함한다)으로서 그 후의 각 연결사업연도(사업연도를 포함한다)의 과세표준을 계산할 때 공제되지 아니한 금액에 대하여 공제하며 공제는 연결소득 개별귀속액의 80%(중소기업과 회생계획을 이행 중인 기업 등 법인세법 시행령 제120조의 17로 정하는 연결법인의 경우는 100%)을 한도로 한다(법법 76의13 ①, 법령 120의17, 80%는 2023.1.1.이후 개시하는 사업연도부터 적용, 법 부칙 2022.12.31. 15년은 2020.1.1. 이후 개시하는 사업연도에 발생한 결손금부터 적용, 이전에 개시한 사업연도에서 발생한 결손금은 10년, 법 부칙 2020.12.22.).

구 분	공제한도
① 중소기업 등 특정 내국법인	당해연도 소득의 100%
② 그 외 내국법인	2018.1.1. 이후 개시하는 사업연도 : 당해연도 소득의 70% 2019.1.1. 이후 개시하는 사업연도 : 당해연도 소득의 60% 2023.1.1. 이후 개시하는 사업연도 : 당해연도 소득의 80%

당해 사업연도 개시일전 15년(법법 13 ①, 2020.1.1. 이후 개시하는 사업연도에 발생한 결손금부터 적용, 이전에 개시한 사업연도에서 발생한 결손금은 10년, 법 부칙 2020.12.22.) 이내에 개시한 사업연도에서 발생한 이월결손금만 공제가능하다. 단, 자산수증이익 및 채무면제이익을 이월결손금에 보전하는 경우에는 발생시기와 관계없다.

1) 이월결손금 공제한도 적용 제외대상 법인

법인세법 제13조 제1항 각 호 외의 부분 단서(과세표준 신고), 법인세법 제45조 제5항 각 호

외의 부분(합병 시 이월결손금 등 공제 제한) 및 법인세법 제46조의 4 제5항 각 호 외의 부분(분할 시 이월결손금 등 공제 제한)에서 회생계획을 이행 중인 기업 등이란 다음의 어느 하나에 해당하는 법인을 말한다(법령 10 ①). 조세특례제한법 제6조제1항(조세특례제한법 시행령 제2조)에 따른 중소기업과 회생계획을 이행 중인 다음의 기업 등의 경우에는 이월결손금 공제는 100%를 한도로 한다(법법 13 ①, 법령 10 ①).

① 채무자 회생 및 파산에 관한 법률 제245조에 따라 법원이 인가결정한 회생계획을 이행 중인 법인

② 기업구조조정 촉진법 제8조제1항에 따라 경영정상화계획의 이행을 위한 약정을 체결하고 경영정상화계획을 이행 중인 법인

③ 해당 법인의 채권을 보유하고 있는 금융실명거래 및 비밀보장에 관한 법률 제2조 제1호에 따른 금융회사등이나 그 밖의 법률에 따라 금융업무 또는 기업 구조조정 업무를 하는 공공기관의 운영에 관한 법률에 따른 공공기관으로서 한국해양진흥공사법에 따른 한국해양진흥공사(법칙 4 ③)와 경영정상화계획의 이행을 위한 협약을 체결하고 경영정상화계획을 이행 중인 법인(개정규정은 2021.2.17. 이후 과세표준을 신고하는 분부터 적용, 영 부칙 2021.2.17.)

④ 채권, 부동산 또는 그 밖의 재산권(유동화자산)을 기초로 자본시장과 금융투자업에 관한 법률에 따른 증권을 발행하거나 자금을 차입(유동화거래)할 목적으로 설립된 법인으로서 다음의 요건을 모두 갖춘 법인

   ㉠ 상법 또는 그 밖의 법률에 따른 주식회사 또는 유한회사일 것

   ㉡ 한시적으로 설립된 법인으로서 상근하는 임원 또는 직원을 두지 아니할 것

   ㉢ 정관 등에서 법인의 업무를 유동화거래에 필요한 업무로 한정하고 유동화거래에서 예정하지 아니한 합병, 청산 또는 해산이 금지될 것

   ㉣ 유동화거래를 위한 회사의 자산 관리 및 운영을 위하여 업무위탁계약 및 자산관리위탁계약이 체결될 것

   ㉤ 2015.12.31.까지 유동화자산의 취득을 완료하였을 것

⑤ 법인세법 제51조의2제1항 각 호의 어느 하나에 해당(지급배당소득공제를 통하여 법인세를 사실상 비과세하는 유동화전문회사 등)하는 내국법인(2017.2.3. 이후 신고하는 분부터 적용)이나 조세특례제한법 제104조의 31 제1항(프로젝트금융투자회사)에 따른 내국법인(2021.1.1.이후 개시하는 사업연도부터 적용, 영 부칙 2021.2.17.)

⑥ 기업활력제고를 위한 특별법 제10조에 따른 사업재편계획 승인을 받은 법인(2020.1.1.이후 개시하는 사업연도부터 적용, 영 부칙 2020.2.11.).

⑦ 조세특례제한법 제74조 제1항(제4호부터 제6호까지는 제외한다) 또는 제4항에 따라 법인의 수익사업에서 발생한 소득을 고유목적사업준비금으로 손금에 산입할 수 있는 비영리내국법인(2024.1.1. 이후 개시하는 사업연도의 과세표준을 신고하는 경우부터 적용함. 영 부칙 2024.2.29.).

2) 세무상 이월결손금

세무상 이월결손금은 다음 모두를 충족하는 이월결손금을 뜻한다.

① 이월공제 또는 소급공제되지 아니한 이월결손금
② 채무면제이익, 자산수증이익 등과 상계되지 아니한 이월결손금

당해 사업연도 개시일전 10년(2008년 12월 31일 이전에 개시한 사업연도에서 발생한 결손금은 5년) 이내에 개시한 사업연도에서 발생한 이월결손금만 공제가능하다. 단, 자산수증이익 및 채무면제이익을 이월결손금에 보전하는 경우에는 발생시기와 관계없다. 이월결손금의 발생 사업연도와 공제, 보전액 등의 자료는 자본금과 적립금조정명세서(갑)의 '2. 이월결손금계산서' 란에서 기록, 관리한다.

3) 중소기업

중소기업이란 제조업, 건설업 등 조세특례제한법에서 정하는 특정 사업을 주된 사업으로 영위하는 기업으로서 다음의 요건을 모두 갖춘 기업을 말한다. 다만, 자산총액이 5천억원 이상인 경우에는 중소기업으로 보지 아니한다(조특법 6 ①, 조특령 2 ①). 자산총액은 과세연도 종료일 현재 기업회계기준에 따라 작성한 재무상태표상의 자산총액으로 한다(조특칙 2 ⑤).

① 매출액이 업종별로 중소기업기본법 시행령 별표 1에 따른 규모기준(평균매출액 등은 매출액으로 본다) 이내일 것
② 독점규제 및 공정거래에 관한 법률 제14조 제1항에 따른 공시대상기업집단에 속하는 회사 또는 같은 법 제14조의 3에 따라 공시대상기업집단의 소속회사로 편입·통지된 것으로 보는 회사에 해당하지 않으며, 실질적인 독립성이 중소기업기본법 시행령 제3조 제1항 제2호에 적합할 것. 이 경우 중소기업기본법 시행령 제3조 제1항 제2호 나목의 주식등의 간접소유 비율을 계산할 때 자본시장과 금융투자업에 관한 법률에 따른 집합투자기구를 통하여 간접소유한 경우는 제외하며, 중소기업기본법 시행령 제3조 제1항 제2호 다목을 적용할 때 "평균매출액등이 별표 1의 기준에 맞지 아니하는 기업"은 "매출액이 조세특례제한법 시행령 제2조 제1항 제1호에 따른 중소기업기준에 맞지 않는 기업"으로 본다.

③ 소비성서비스업을 주된 사업으로 영위하지 아니할 것

중소기업기본법시행령 [별표 1]에 따라 중소기업기본법상 중소기업의 업종과 규모에 해당하는 경우에도 조세특례제한법상 업종이 아닌 경우에는 중소기업에 해당하지 아니한다. 기업이 중소기업기본법의 개정으로 새로이 중소기업에 해당하게 되는 때에는 그 사유가 발생한 날이 속하는 과세연도부터 중소기업으로 보고, 중소기업에 해당하지 아니하게 되는 때에는 그 사유가 발생한 날이 속하는 과세연도와 그 다음 3개 과세연도까지 중소기업으로 본다.

(2) 결손금 공제 배제

다음의 법인은 이월결손금 공제를 적용하지 아니한다.

① 조세특례제한법 제72조의 조합법인 등이 2025.12.31. 이전에 끝나는 사업연도까지 해당 법인의 결산재무제표상 당기순이익을 과세표준으로 하는 경우 이월결손금을 공제할 수 없다(조특법 72 ①).

② 법인세의 과세표준과 세액을 추계하는 경우에는 결손금의 이월공제를 적용하지 아니한다. 다만, 천재지변 등으로 장부나 그 밖의 증명서류가 멸실되어 추계하는 경우에는 그러하지 아니하다(법법 68).

(3) 사업양수시 이월결손금 공제 제한

1) 이월결손금 공제 제한

내국법인이 다른 내국법인의 사업을 양수하는 경우로서 대통령령으로 정하는 경우에는 사업양수일 현재 법인세법 제13조 제1항 제1호에 해당하는 결손금은 사업을 양수한 내국법인의 각 사업연도의 과세표준을 계산할 때 양수한 사업부문에서 발생한 소득금액(법인세법 제113조 제7항 단서에 해당되어 회계를 구분하여 기록하지 아니한 경우에는 그 소득금액을 대통령령으로 정하는 자산가액 비율로 안분계산한 금액으로 한다)의 범위에서는 공제하지 아니한다(법법 50의2, 2022.1.1. 이후 사업 양도·양수 계약을 체결하는 경우부터 적용함. 법 부칙 2021.12.21.).

"대통령령으로 정하는 경우"란 다음의 기준에 모두 해당하는 경우를 말한다(법령 86의2 ①).

① 양수자산이 사업양수일 현재 양도법인의 자산총액의 70% 이상이고, 양도법인의 자산총액에서 부채총액을 뺀 금액의 90% 이상인 경우

② 사업의 양도·양수 계약일 현재 양도·양수인이 특수관계인인 법인인 경우

"대통령령으로 정하는 자산가액 비율"이란 사업양수일 현재 양수법인의 사업용 자산가액과 양수한 사업부문의 사업용 자산가액의 비율을 말한다. 이 경우 양수한 사업부문의 사업용 자산가액은 양수법인의 결손금을 공제하는 각 사업연도의 종료일 현재 계속 보유(처분 후 대체하는 경우를 포함한다)·사용하는 자산의 사업양수일 현재 가액으로 한다(법령 86의2 ①).

2) 구분경리

법인세법 제50조의 2(사업양수 시 이월결손금 공제 제한)에 해당하는 다른 내국법인의 사업을 양수하는 내국법인은 사업양수일 현재 법인세법 제13조 제1항 제1호에 해당하는 결손금이 있는 경우 그 결손금을 공제받는 기간 동안 자산·부채 및 손익을 양도법인으로부터 양수한 사업에 속하는 것과 그 밖의 사업에 속하는 것을 각각 다른 회계로 구분하여 기록하여야 한다. 다만, 중소기업 간 또는 동일사업을 하는 법인 간에 사업을 양수하는 경우에는 회계를 구분하여 기록하지 아니할 수 있다(법법 113 ⑦, 개정규정은 2022.1.1. 이후 사업 양도·양수 계약을 체결하는 경우부터 적용함. 법 부칙 2021.12.21.).

(4) 이월결손금 기타사항

이월결손금과 관련하여 유의할 사항은 다음과 같다.

① 누적된 이월결손금이 있는 경우 먼저 발생한 사업연도부터 순차로 공제한다(법령 10). 따라서 공제받을 사업연도를 임의로 선택할 수 없다(법인 46012-3187, 1993.10.20.).

② 이월결손금을 공제하지 않고 법인세 신고를 한 경우, 과세표준에 대하여 경정청구가 가능하다(서면1팀-725, 2005.6.22.).

③ 중소기업의 경우 결손금 중 일부는 소급공제받고 일부는 이월공제 받을 수 있다.

④ 추계조사결정 사업연도에는 이월결손금을 공제하지 아니한다(법법 68). 그러나 차후 추계결정받지 아니하는 사업연도의 과세표준 계산에 있어서는 공제받을 수 있다(법칙 4 ②).

⑤ 폐업 후 재개업한 법인은 폐업전에 발생한 이월결손금을 공제받을 수 있다(법인 46012-3769, 1999.10.19.).

⑥ 경정으로 이월결손금이 감소됨에 따라 증가된 그 이후 사업연도의 과세표준에 대하여는 과소신고가산세가 적용된다(서면2팀-991, 2005.7.4.).

⑦ 직전 사업연도 이전에 과대계상된 이월결손금은 수정신고 또는 경정한 후 이후 사업연도의 과세표준에서 공제한다(법인 22601-1257, 1992.6.8.).

(5) 외국법인 이월결손금

국내사업장을 가진 외국법인과 법인세법 제93조 제3호에 따른 국내원천소득이 있는 외국

법인의 각 사업연도의 소득에 대한 법인세의 과세표준은 국내원천소득의 총합계액(제98조 제1항, 제98조의 3, 제98조의 5 또는 제98조의 6에 따라 원천징수되는 국내원천소득 금액은 제외한다)에서 다음에 따른 금액이나 소득을 차례로 공제한 금액으로 한다. 다만, 다음 ①의 이월결손금 공제는 각 사업연도 소득의 80%를 한도로 한다(법법 91 ①, 2023.1.1.이후 개시하는 사업연도부터 적용, 법 부칙 2022.12.31.).

① 각 사업연도의 개시일 전 10년 이내에 개시한 사업연도에 발생한 결손금(국내에서 발생한 결손금만 해당한다)으로서 그 후의 각 사업연도의 과세표준을 계산할 때 공제되지 아니한 금액. 이 경우 결손금은 법인세법 제14조 제2항(각 사업연도 소득금액)의 결손금으로서 제97조 제1항 전단(외국법인의 신고·납부·결정·경정 및 징수)에 따라 준용되는 제60조(과세표준 등의 신고) 또는 제66조(결정 및 경정)에 따라 신고하거나 결정·경정되거나, 국세기본법 제45조에 따라 수정신고한 과세표준에 포함된 결손금만 해당한다.
② 법인세법과 다른 법률에 따른 비과세소득
③ 선박이나 항공기의 외국 항행(航行)으로 인하여 발생하는 소득. 다만, 그 외국법인의 본점 또는 주사무소가 있는 해당 국가가 우리나라의 법인이 운용하는 선박이나 항공기에 대하여 동일한 면제를 하는 경우만 해당한다.

2.4 중소기업의 결손금 소급공제에 따른 환급

(1) 적용요건과 환급신청

1) 적용요건

중소기업이 당해사업연도에 결손금이 발생한 경우 당해사업연도의 결손금을 직전사업연도의 각 사업연도 소득금액에서 공제함으로써 이미 납부한 법인세를 환급받을 수 있다. 결손금소급공제에 의한 환급세액은 직전사업연도의 소득에 대하여 과세된 법인세액을 한도로 하며 다음의 요건을 모두 충족하여야 한다(법법 72). 소급공제법인세액환급신청서를 제출하지 않은 경우에는 경정청구에 의하여 결손금소급공제에 의한 환급을 받을 수 없다(법기통 72-110…2).

① 중소기업일 것
② 직전사업연도와 당해사업연도에 법인세 과세표준 및 세액을 각각 신고기한내에 신고하였을 것
③ 소급공제법인세액환급신청서를 제출할 것

2) 환급신청

중소기업이 당해사업연도에 결손금이 발생한 경우 당해사업연도의 결손금을 직전사업연도의 각 사업연도 소득금액에서 공제함으로써 이미 납부한 법인세를 환급받을 수 있다.

① 법인세법 제72 제1항에 따라 중소기업에 해당하는 내국법인은 각 사업연도에 결손금이 발생한 경우 대통령령으로 정하는 직전 사업연도의 법인세액을 한도로 환급 신청할 수 있다(법법 72 ①).

② 중소기업에 해당하는 내국법인은 2021.12.31.이 속하는 과세연도에 법인세법 제14조 제2항에 따른 결손금이 발생한 경우 법인세법 제72조에도 불구하고 직전 2개 과세연도의 소득에 대하여 부과된 법인세액을 한도로 다음의 가목의 금액에서 나목의 금액을 차감한 금액을 환급신청할 수 있다(조특법 8의4, 조특령 7의3 ① 2호).

> **소급공제결손금에 의한 환급신청세액 : 가 - 나**
>
> 가. 직전 또는 직전전 과세연도의 법인세 산출세액
>
> 나. 직전 또는 직전전 과세연도의 과세표준에서 2021.12.31.이 속하는 과세연도에 발생한 법인세법 제14조 제2항에 따른 결손금으로서 소급공제를 받으려는 금액(직전 또는 직전전 과세연도의 과세표준을 한도로 한다)을 차감한 금액에 직전 또는 직전전 과세연도의 세율을 각각 적용하여 계산한 금액

결손금을 소급공제하는 경우 직전 과세연도와 직전전 과세연도 각각에 해당 중소기업의 사업소득에 대한 법인세의 납부세액이 있는 경우에는 직전전 과세연도의 해당 사업소득에 대한 법인세의 과세표준에서 결손금을 먼저 공제한다(조특령 7의3 ②). 결손금소급공제세액을 환급받으려는 자는 법인세법 제60조에 따른 신고기간 내에 기획재정부령으로 정하는 결손금 소급공제 세액 환급 특례 신청서를 납세지 관할 세무서장에게 제출해야 한다(조특령 7의3 ③).

(2) 소급공제신청시 회계처리

환급받을 법인세 상당액에 대하여 다음과 같이 회계처리한다.

(차) 미수법인세환급액	×××	(대) 법인세비용	×××

(3) 환급세액의 계산

중소기업에 해당하는 내국법인은 각 사업연도에 결손금이 발생한 경우 직전 사업연도의 법인세액을 한도로 다음의 금액을 환급 신청할 수 있다(법법 72 ①). 이 경우 직전 사업연도의

법인세액이란 직전 사업연도의 법인세 산출세액(토지등 양도소득에 대한 법인세 제외)에서 직전 사업연도의 소득에 대한 법인세로서 공제 또는 감면된 법인세액을 차감한 금액을 말한다(법령 110 ①).

소급공제결손금에 의한 환급신청세액 : ①－②

① 직전 사업연도의 법인세 산출세액(토지등 양도소득에 대한 법인세액은 제외)

② 직전 사업연도의 과세표준에서 소급공제를 받으려는 해당 사업연도의 결손금 상당액을 차감한 금액에 직전 사업연도의 세율을 적용하여 계산한 금액

> Ⅰ. 환급신청세액 : ① 직전사업연도 법인세 산출세액 － ② (직전사업연도 과세표준 － 당기 소급공제결손금액) × 직전사업연도 세율
>
> Ⅱ. 한도 : 직전 사업연도의 법인세 산출세액－직전사업연도 공제·감면세액

직전사업연도 법인세 산출세액은 토지 등 양도소득에 대한 법인세를 제외한 산출세액으로 하며 경정으로 인하여 추가납부하는 세액, 수정신고납부세액 및 법인세조사결정 등으로 고지된 법인세액을 포함한다. 가산세, 가산금은 환급대상이 아니지만 지방소득세 법인세분은 환급대상이다(세정 13430-639, 2002.7.9.). 소급공제 결손금은 직전 사업연도의 과세표준에서 소급공제 받고자 하는 당해 사업연도의 결손금을 말하며 직전 사업연도의 과세표준을 한도로 한다. 결손금 중 일부는 소급공제받고 일부는 이월공제 받을 수 있다.

■ 법인세법 시행규칙 [별지 제68호서식] <개정 2023. 3. 20.>

소급공제법인세액환급신청서

※ 뒤쪽의 신고안내 및 작성방법을 읽고 작성하여 주시기 바랍니다. (앞쪽)

1. 신 청 인

법 인 명		사업자등록번호	
대표자 성명		업 태·종 목	
소 재 지			

2. 환급신청 명세

①결손사업연도	년 월 일 ~ 년 월 일	②직전사업연도	년 월 일 ~ 년 월 일
③결손사업연도 결손금액	⑥결손금액		
	⑦소급공제받을결손금액		
④직전사업연도 법인세액 계산	⑧과세표준		
	⑨세율		
	⑩산출세액		
	⑪공제감면세액		
	⑫차감세액(⑩－⑪)		
⑤환급신청세액 계산	⑬직전사업연도법인세액(⑬＝⑩)		
	⑭차감할세액[(⑧－⑦)×세율][⑭≧(⑩－⑫)]		
	⑮환급신청세액(⑬－⑭)(⑮≦⑫)		

(4) 환급세액의 추징

다음의 어느 하나에 해당되는 경우에는 환급세액(① 및 ②의 경우에는 과다하게 환급한 세액 상당액)에 이자 상당액을 가산한 금액을 해당 결손금이 발생한 사업연도의 법인세로서 징수한다(법법 72 ⑤).

① 법인세를 환급한 후 결손금이 발생한 사업연도에 대한 법인세의 과세표준과 세액을 경정함으로써 결손금이 감소된 경우
② 결손금이 발생한 사업연도의 직전 사업연도에 대한 법인세의 과세표준과 세액을 경정함으로써 환급세액이 감소된 경우
③ 중소기업에 해당하지 아니하는 법인이 법인세를 환급받은 경우

법인세를 환급한 후 법인세의 경정에 의하여 결손금이 감소된 경우에는 환급세액 중 경정된 결손금에 비해 과대공제한 결손금의 비율만큼 추징하며 추징세액에 대한 이자상당액을 가산한다. 결손금 중 그 일부의 금액만을 소급공제방법에 의함으로써 법인세를 지급한 후 결손금이 감소된 경우에는 이월공제를 받고자 하는 결손금부터 먼저 감소된 것으로 본다(법령 110 ③,④).

$$\text{환급취소세액} = \text{당초 환급세액} \times \frac{\text{감소된 결손금액으로서 소급공제받지 아니한 결손금을 초과하는 금액}}{\text{소급공제결손금}}$$

이자상당액=추징세액×1일 22/100,000(또는 국세환급가산금 이자율)×이자계산기간

* 납세자가 법인세액을 과다하게 환급받은 데 정당한 사유가 있는 때에는 국세환급가산금 이자율을 적용한다(법령 110 ④).
* 이자계산기간이란 당초 환급세액통지일 다음 날부터 환급취소 법인세액의 고지일까지를 말한다.
* 2022.2.15. 전에 환급받은 법인세액에 대하여 2022.2.15. 이후 이자상당액을 더한 금액을 징수하는 경우 2022.2.15.일 전일까지의 기간분에 대한 이자상당액의 계산에 적용되는 개정규정에도 불구하고 종전(1일 25/100,000)의 규정에 따르고, 2022.2.15. 이후의 기간분에 대한 이자상당액의 계산에 적용되는 율은 개정규정에 따름(영 부칙 2022.2.15.).

직전사업연도의 법인세액 등이 변경된 경우 즉시 당초 환급세액을 재결정하여 추가로 환급하거나 과대환급한 세액 상당액을 징수한다. 과대환급한 세액 상당액을 징수하는 경우에는 이자상당액도 징수한다. 당초 환급세액을 재결정함에 있어서 소급공제결손금액이 과세표준금액을 초과하는 경우 그 초과 결손금액은 소급공제결손금액으로 보지 아니한다(법령 110 ⑤). 따라서 그 초과 결손금액은 이월하여 공제할 수 있다.

(5) 이월결손금 소급공제 기타사항

중소기업의 이월결손금 소급공제와 관련하여 기타 유의할 사항은 다음과 같다.

① 가산세, 가산금은 환급대상이 아니지만 지방세는 환급대상이다(세정 13430-639, 2002. 7.9.).

② 중소기업이 합병으로 소멸·폐업하는 경우에도 그 합병등기일 또는 폐업일이 속하는 사업연도에 발생한 결손금에 대하여는 소급공제가 가능하다(법기통 72-110…1). 또한 중소기업이 사업연도 중에 폐업한 경우, 그 폐업일이 속하는 사업연도에 발생한 결손금에 대하여도 소급공제가 가능하다(서이 46012-10949, 2003.5.13.).

③ 합병등기일 이후 사업연도에서 발생한 합병법인 결손금에 대하여 피합병법인의 합병등기일이 속하는 사업연도에 부과된 법인세액을 환급받을 수 없다(법인 46012-1760, 1999.5.10.).

④ 납세지 관할 세무서장은 당초 환급세액을 결정한 후 당초 환급세액 계산의 기초가 된 직전 사업연도의 법인세액 또는 과세표준이 달라진 경우에는 즉시 당초 환급세액을 경정하여 추가로 환급하거나 과다하게 환급한 세액 상당액을 징수하여야 한다(법법 72 ⑥).

⑤ 소급공제법인세액환급신청에 의하여 환급세액을 지급하기 전에 직전사업연도의 법인세액을 수정신고한 경우에는 수정신고납부세액(가산세를 제외)을 포함한 세액을 기준으로 하여 환급세액을 계산한다(법인 46012-1159, 1999.3.30.).

⑥ 결손금소급공제에 의한 환급을 받은 법인이 경정으로 직전사업연도 산출세액이 증가한 경우 경정청구로 추가 환급신청을 할 수 있다(서면2팀-1039, 2005.7.8.). 단, 당초 소급공제 환급신청을 한 경우에 한정한다.

⑦ 결손금소급공제에 의한 환급을 받은 법인이 결손소급공제 신청요건에 해당하지 아니함에 따라 환급세액 상당액을 추징당하는 경우에는 미납부가산세가 적용된다(법인세제과-31, 2005.1.13.).

⑧ 직전사업연도 법인세 산출세액은 토지 등 양도소득에 대한 법인세를 제외하고 다음을 포함한다.

㉠ 경정으로 인하여 추가납부하는 세액(법인 46012-888, 1998.4.9.)

㉡ 수정신고납부세액(법인 46012-1159, 1999.3.30.)

㉢ 법인세조사결정 등으로 고지된 법인세액(법인 46012-1688, 1999.5.4.)

2.5 이월결손금 보전

자산수증이익과 채무면제이익은 순자산의 증가이므로 익금이다. 다만, 자산수증이익과 채무면제이익을 이월결손금 보전에 충당한 경우에는 익금불산입한다. 이와 관련한 구체적인 내용은 제11장 기타수익과 비용을 참조하기로 한다.

Chapter

11

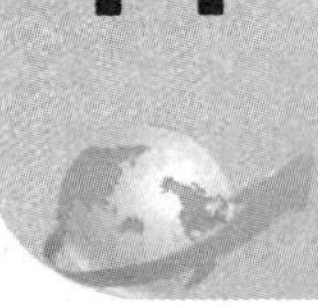

기타 수익과 비용

제1절 기타수익의 익금과 익금불산입

01 권리의무확정주의

기업회계상 회계연도 단위별 수익이란 자본참여자의 출자관련 증가분을 제외한 자본의 증가를 수반하는 것으로서 회계기간의 정상적인 활동에서 발생하는 경제적효익의 총유입을 의미한다. 경제적효익의 총유입은 구체적으로 기업의 정상적인 활동에서 발생하는 매출액(용역수익), 수수료수익, 이자수익, 배당수익 등 여러 가지가 있다. 이러한 수익은 미래 경제적 효익의 유입가능성이 높고 그 효익을 신뢰성 있게 측정할 수 있을 때 인식하며 이를 실현주의라고 한다. 수익을 인식하는 경우에는 관련 원가도 측정가능해야 하며 관련 원가는 수익에 대응하여 인식(수익·비용의 대응)한다.

법인세법도 사업연도 단위로 손익을 인식하도록 규정하고 있지만 기업회계와 달리 손익의 귀속시기를 임의적으로 결정하지 못하도록 하기 위하여 권리의무확정주의에 따라 인식한다. 즉, 법인의 각 사업연도의 익금과 손금의 귀속사업연도는 그 익금과 손금이 확정된 날이 속하는 사업연도로 하며 구체적인 손익의 귀속시기를 거래형태별로 구분하여 규정한다(법법 40, 법령 68~71). 거래형태별 손익의 귀속시기 유형은 다음과 같다.

① 자산의 판매손익 등의 귀속사업연도(법령 68)
② 용역제공 등에 대한 손익의 귀속사업연도(법령 69)
③ 이자소득 및 배당소득의 귀속사업연도(법령 70)
④ 임대료 등 기타 손익의 귀속사업연도(법령 71)

거래형태별 손익의 인식은 제2장 수익의 인식에서 이미 설명하였으므로 본 절에서는 기타 손익에 대한 익금과 손금에 대하여 설명하기로 한다.

02 기타수익의 익금과 익금불산입

법인의 각 사업연도 익금과 손금의 귀속사업연도는 그 익금과 손금이 확정된 날이 속하는 사업연도로 하며 구체적인 손익의 귀속시기를 거래형태별로 구분하여 규정한다(법법 40, 법령 68~71). 거래형태별 손익의 귀속시기 유형은 다음과 같다.

① 자산의 판매손익 등의 귀속사업연도(법령 68)
② 용역제공 등에 대한 손익의 귀속사업연도(법령 69)
③ 이자소득 및 배당소득의 귀속사업연도(법령 70)
④ 임대료 등 기타 손익의 귀속사업연도(법령 71)

거래형태별 손익의 인식은 제2장 수익의 인식에서 이미 설명하였으므로 본 절에서는 기타 손익에 대한 익금과 익금불산입에 대하여 설명하기로 한다.

2.1 자산수증이익과 채무면제이익

자산수증이익과 채무면제이익은 순자산의 증가이므로 익금이다. 다만 무상(無償)으로 받은 자산의 가액(2020.1.1. 이후 개시하는 사업연도부터 법인세법 제36조에 따른 국고보조금등은 제외한다. 2010.1.1. 전에 개시한 사업연도에서 발생한 결손금에 대해서는 법 18조 6호의 개정규정에도 불구하고 종전의 규정에 따른다. 법 부칙 2019.12.31.)과 채무의 면제 또는 소멸로 인한 부채(負債)의 감소액 중 다음에서 정하는 이월결손금을 보전하는 데에 충당한 금액은 내국법인의 각 사업연도의 소득금액을 계산할 때 익금에 산입하지 아니한다(법법 18, 법령 16 ①).

① 법인세법 제14조 제2항에 따른 결손금(법인세법 제44조의 3 제2항 적격합병 및 제46조의 3 제2항 적격분할에 따라 승계받은 결손금은 제외한다)으로서 법인세법 제13조 제1항 제1호에 따라 그 후의 각 사업연도의 과세표준을 계산할 때 공제되지 아니한 금액[65]

65) 발생연도의 제한이 없는 세법상의 결손금(합병 및 분할시 승계받은 결손금 제외)으로서 결손금 발생이후 각 사업연도의 과세표준을 계산할 때 공제되지 않고 이월된 금액을 말한다.

② 법인세법 제60조에 따라 신고된 각 사업연도의 과세표준에 포함되지 아니하였으나 다음의 어느 하나에 해당하는 결손금중 법인세법 제14조 제2항에 따른 결손금에 해당하는 것

㉠ 채무자 회생 및 파산에 관한 법률에 따른 회생계획인가의 결정을 받은 법인의 결손금으로서 법원이 확인한 것

㉡ 기업구조조정 촉진법에 의한 기업개선계획의 이행을 위한 약정이 체결된 법인으로서 금융채권자협의회가 의결한 결손금

자산수증이익과 채무면제이익을 이월결손금 보전에 충당하는 방법은 이익으로 계상하거나 또는 자산수증이익과 채무면제이익을 이월결손금과 직접 상계하고 신고조정으로 익금불산입할 수 있다. 자산수증이익과 채무면제이익을 이월결손금 보전에 충당한 경우에는 당해 이월결손금은 소멸하며 그 이후 사업연도의 과세표준에서 다시 공제할 수 없다.

예 제 자산수증이익

결산일이 12월 31일인 ㈜이손은 20X1년에 대표이사로부터 결손보전을 목적으로 토지 ₩1,000,000을 증여받아 다음과 같이 회계처리하였다. 토지의 공정가치는 ₩1,000,000이며 ㈜이손의 회계상 이월결손금은 ₩800,000, 세무상 이월결손금은 ₩700,000(당해 사업연도 개시일전 공제가능기한 경과분임)이다.

(차) 토지	1,000,000	(대) 자산수증이익	1,000,000

요구사항

자산수증이익과 관련한 세무조정을 하시오.

풀 이

자산수증이익, 채무면제이익을 세무상 이월결손금 보전에 충당한 금액은 익금불산입한다. 이월결손금 중 자산수증이익, 채무면제이익 등으로 충당된 700,000은 소멸한다.

〈익금불산입〉 자산수증이익 700,000 (기타)

■ 법인세법 시행규칙 [별지 제50호서식(갑)]

II. 결손금(이월결손금 및 당기 결손금) 계산서												
1. 결손금 발생 및 증감내역												
⑥ 사업연도	이월결손금					감 소 내 역				잔 액		
	발 생 액			⑩ 소급공제	⑪ 차감계	⑫ 기공제액	⑬당기 공제액	⑭ 보전	⑮ 계	⑯ 기한 내	⑰ 기한 경과	⑱ 계
	⑦ 계	⑧ 일반 결손금	⑨ 배분한도 초과 결손금 (⑨=㉕)									
20XX	900,000	900,000			900,000	200,000		700,000	900,000			

2.2 손금에 산입된 금액 중 환입된 금액

당기 이전에 지출된 금액을 당기에 환급되거나 환입된 금액의 익금여부는 당기 이전에 손금으로 인정받았는지 여부에 따라 달라진다. 최초 지출액이 손금항목이면 환급 또는 환입된 경우 익금에 해당하며 손금불산입항목이면 환입된 경우에도 익금불산입항목이다(법법 18).

당기 이전		당기 환입
손금으로 인정된 경우	➜	익 금
손금불산입된 경우	➜	익금불산입

예 제 **환입액의 세무조정**

㈜이손의 제10기(20X2.1.1~12.31) 사업연도 회계감사 중 감사인이 제시한 수정사항은 다음과 같다. 수정사항에 대한 세무조정을 하시오.

(1) 전기말 대손충당금 설정과 관련하여 대손상각비가 ₩3,000,000만큼 과다하게 설정되었다. 회사는 이를 전기오류수정이익으로 인식하였으며 전기말 세무상 대손충당금한도초과액은 ₩1,000,000이다.

(차) 대손충당금	3,000,000	(대) 전기오류수정이익	3,000,000

(2) 전기에 감가상각비가 ₩1,000,000만큼 과다하게 설정되었다. 회사는 이를 전기오류수정이익으로 인식하였으며 전기말 세무상 감가상각비부인액은 없다.

(차) 감가상각누계액	1,00,000	(대) 전기오류수정이익	1,000,000

(3) 전기말 퇴직급여충당금 설정과 관련하여 퇴직급여가 ₩10,000,000만큼 과다하게 설정되었다. 회사는 이를 이익잉여금으로 수정하였다. 전기말 세무상 퇴직급여충당금 유보금액은 ₩3,000,000이다.

(차) 퇴직급여충당금	10,000,000	(대) 이익잉여금	10,000,000

풀 이

(1) 대손충당금의 환입
당기 이전에 대손충당금 설정과 관련하여 손금으로 인정받은 ₩2,000,000의 당기 환입은 익금에 해당하지만 전기에 손금불산입된 ₩1,000,000의 당기 환입은 익금불산입에 해당한다.
〈익금불산입〉 전기대손충당금한도초과액 1,000,000 (△유보)

(2) 감가상각비의 환입
당기 이전에 감가상각비를 손금으로 인정받았으므로 당기 환입액은 익금에 해당한다. 그러나 감가상각비 환입을 인정할 경우 상각자산의 장부가액이 증가하고 이는 자산의 임의평가증에 해당한다. 따라서 법률에 의한 자산 평가증이 아니므로 평가차익을 익금으로 보지 않는다.
〈익금불산입〉 감가상각누계액 1,000,000 (△유보)

(3) 퇴직급여충당금의 환입
퇴직급여충당금설정액 중 세무상 부인액 ₩3,000,000은 퇴직금을 실제로 지급하여 세무상 퇴직급여충당금 용인액을 초과하여 상계되는 금액이 있거나 부인된 퇴직급여충당금을 당기 중에 환입계상한 경우 손금에 산입한다(법인, 법인22601-2006, 1987.07.24.). 따라서 전기오류를 이익잉여금의 증가로 처리한 경우 익금산입하고 전기에 손금으로 인정받지 못한 부인액의 환입은 손금(익금불산입)으로 처리한다. 전기에 손금으로 계상된 퇴직급여충당금 환입액 ₩7,000,000은 익금에 해당하므로 별도의 세무조정은 없다.
〈익금산입〉 이익잉여금 10,000,000 (기타)
〈익금불산입〉 퇴직급여충당금 3,000,000 (△유보)

2.3 이익처분에 의하지 아니하고 손금으로 계상된 적립금액

법인세법상 세무조정과 관련하여 임의신고조정은 과세이연제도에 해당되는 항목들로서 손금산입여부의 선택권이 법인에게 부여되어 있으므로 원칙적으로 결산조정사항에 해당한다. 그러나 이러한 비용항목들은 기업회계기준에서 인정하지 않고 있으므로 법인세법간의 차이를 조정하고자 예외적으로 신고조정에 의하여 손금에 산입할 수 있다. 임의신고조정사항 중 다음에 해당하는 항목은 잉여금처분에 의하여 충당금, 준비금 등을 적립한 경우에 한하여 신고조정에 의한 손금산입을 허용한다.

① 외부회계감사대상 비영리법인의 고유목적사업준비금

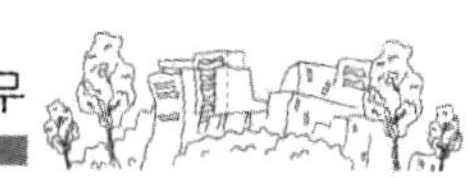

② 한국채택국제회계기준 적용법인의 비상위험준비금
③ 한국채택국제회계기준 적용법인의 구상채권상각충당금
④ 조세특례제한법상 준비금

상기의 준비금이나 적립금은 신고조정시 잉여금처분에 의하여 적립하여야 하며 잉여금처분에 의하지 아니하고 회사가 결산상 비용으로 계상한 경우에는 익금산입(손금불산입)한다. 법인세법은 준비금의 손금불산입에 대한 세무조정 사항을 익금으로 예시하고 있었으나 2019.2.12. 법인세법 시행령 개정으로 해당 조항을 삭제하였다(종전 법령 11).

2.4 특수관계인인 개인으로부터 저가매입한 유가증권의 시가차액

자산의 저가매입은 감가상각이나 미래 처분단계에서 과세되므로 세무조정을 하지 않는 것이 원칙이다. 다만, 소득세법상 개인이 유가증권을 양도하는 경우에는 즉시 과세할 수 없기 때문에 예외적으로 특수관계인인 개인으로부터 유가증권을 시가보다 저가로 매입한 경우 시가와 매입가액의 차액을 익금으로 보아 그 금액을 취득가액에 산입한다. 이러한 규정은 소득세법상 개인의 채권양도가 과세대상에 해당하지 아니함에 따라 특수관계인에게 저가로 양도하여 상속세 및 증여세를 회피하는 문제를 방지하기 위한 규정이다(법법 15 ②).

예 제 **특수관계인인 개인으로부터 저가매입한 유가증권의 시가차액**

㈜이손은 제10기(20X1.1.1~12.31) 사업연도에 대주주인 개인 A로부터 다음의 자산을 취득하였다. ㈜이손의 세무조정을 하시오.

구 분	취득가액	시 가
토 지	₩10,000,000	₩50,000,000
유가증권	15,000,000	25,000,000

풀 이

(1) 토지 : 특수관계인으로부터 자산을 시가보다 저가로 매입한 경우 양도인에게 부당행위계산의 부인규정을 적용하여 과세하지만 매수인의 경우에는 미래에 시가와 취득가액의 차액이 실현되어 과세된다. 따라서 매수인인 ㈜이손의 토지 저가매입과 관련한 별도의 세무조정은 없다.

(2) 유가증권 : 특수관계인인 개인으로부터 유가증권을 시가보다 저가로 매입하였으므로 시가와의 차액을 익금산입한다.
〈익금산입〉 유가증권 10,000,000 (유보)
* 25,000,000－15,000,000=10,000,000

2.5 이월익금

이월익금이란 전기에 각 사업연도 소득으로 이미 법인세가 과세된 소득을 당기에 회계상 다시 수익에 계상한 금액을 말한다. 이를 다시 과세하면 동일한 소득에 대하여 이중으로 과세하므로 익금으로 보지 아니한다(법령 16).

예 제 이월익금

제조업을 영위하는 ㈜이손의 특수관계인 대여금 및 미수이자와 관련한 자료는 다음과 같다.

(1) ㈜이손은 제10기(20X1.1.1.~12.31)에 대표이사 A의 대여금과 관련하여 다음과 같이 회계처리하였으며 당해 이자수익은 업무무관가지급금에 대한 인정이자액과 동일하다.

(차) 미수이자	1,000,000	(대) 이자수익	1,000,000

(2) ㈜이손은 제11기에 다음과 같이 회계처리하였다.

① 전기에 인식한 미수이자를 당기의 대여금으로 대체하였다.

(차) 대여금	1,000,000	(대) 이자수익	1,000,000

② 대표이사 A의 대여금과 관련하여 당기의 이자수익을 인식하였으며 당해 금액은 업무무관가지급금에 대한 인정이자액과 동일하다.

(차) 미수이자	1,500,000	(대) 이자수익	1,500,000

(3) 대표이사 A는 제12기에 연봉제로 전환함에 따라 퇴직금을 정산하였으며 퇴직금 정산 시 대표이사 A의 대여금 및 미수이자를 정산하였다. 연봉제 전환은 법인세법상 정당하게 인정된다.

(차) 퇴직급여충당금	50,000,000	(대) 대여금	20,000,000
		미수이자	1,500,000
		현금	28,500,000

요구사항

㈜이손의 제10기, 제11기 및 제12기 세무조정을 하시오.

풀 이

(1) 미수이자(제10기)

원천징수대상인 이자수익으로서 손익귀속시기가 미도래한 미수이자는 익금불산입한다.

〈익금불산입〉 미수이자 1,000,000 (△유보)

(2) 미수이자의 미회수(제11기)

① 이자발생일이 속하는 사업연도 종료일로부터 1년이 되는 날까지 인정이자에 해당하는 제10기 미수이자를 미회수한 경우 1년이 되는 날이 속하는 사업연도에 익금산입한다.

〈익금산입〉 제10기 인정이자 1,000,000 (상여)

② 원천징수대상인 이자수익으로서 손익귀속시기가 미도래한 미수이자는 익금불산입한다.
〈익금불산입〉 제11기 미수이자 1,500,000 (△유보)

(3) 미수이자의 회수(제12기)
소득처분한 것으로 보는 제10기 미수이자를 그 후에 영수하는 때에는 이를 이월익금으로 보아 영수하는 사업연도의 소득금액 계산상 익금에 산입하지 아니한다.
〈익금산입〉 제10기 미수이자 1,000,000 (유보)
〈익금불산입〉 제10기 인정이자 1,000,000 (기타)
〈익금산입〉 제11기 미수이자 1,500,000 (유보)

2.6 국세 또는 지방세의 과오납금 환급금과 환급금에 대한 이자

지출시 손금에 산입하지 아니한 조세(법인세, 지방소득세 소득분)는 환급시에도 익금으로 인정하지 않는다. 또한 국세 또는 지방세의 과오납금(過誤納金)의 환급금에 대한 이자는 초과납부에 대한 보상의 성격을 가지므로 세목에 관계없이 익금으로 인정하지 아니한다(법법 18).

예 제 **조세의 환급과 환급금이자**

(1) ㈜이손의 제10기(20X1.1.1~12.31) 사업연도 세금과공과 및 법인세에 대한 회계처리는 다음과 같다.

재산세 :	(차) 세금과공과	1,000,000	(대) 현금	1,000,000
법인세 :	(차) 법인세비용	5,000,000	(대) 미지급법인세	5,000,000

(2) ㈜이손은 제10기에 납부한 재산세 및 법인세를 제12기에 일부 환급받았으며 환급액과 회계처리는 다음과 같다.

① 환급세액

구 분	환급세액	환급금이자
재산세	400,000	12,000
법인세	2,000,000	68,000
합 계	2,400,000	80,000

② 회계처리

(차) 현금	2,480,000	(대) 잡이익	412,000
		법인세환급액	2,068,000

요구사항

㈜이손의 제10기와 제12기의 세무조정을 하시오.

풀 이

(1) 제10기 세무조정
이익처분성격의 세금과 그 부가세는 손금불산입항목이므로 법인세(연결법인별 법인세 포함), 외국법인세, 지방소득세 법인세분, 법인세감면세액에 대한 농어촌특별세 등은 손금불산입한다.
〈손금불산입〉 법인세비용 5,000,000 (기타사외유출)

(2) 제12기 세무조정
지출시 손금에 산입된 재산세의 환급은 익금이지만 손금에 산입하지 아니한 법인세는 환급시에도 익금으로 인정하지 않는다. 또한 국세 또는 지방세의 과오납금의 환급금에 대한 이자는 초과납부에 대한 보상의 성격을 가지므로 세목에 관계없이 익금으로 인정하지 아니한다.
〈익금불산입〉 법인세환급액 2,000,000 (기타)
〈익금불산입〉 환급금이자 80,000 (기타)

제2절 기타비용의 손금과 손금불산입

01 손 금

손금이란 법인의 순자산을 감소시키는 거래로 인하여 발생하는 손비의 금액이다. 다만, 다음의 것은 제외한다(법법 19).

① 자본 또는 출자의 환급
② 잉여금의 처분
③ 법인세법에서 손금불산입항목으로 규정하는 것

법인세법에서 손금불산입항목으로 규정된 것을 제외한 손금은 법인의 사업과 관련하여 발생하거나 지출된 손실 또는 비용으로서 일반적으로 인정되는 통상적인 것이거나 수익과 직접 관련된 것이다. 이러한 손금은 거래증빙 등에 의하여 입증되어야 한다.

02 지출증명서류의 수취 및 보관

2.1 지출액에 대한 증명서류

(1) 장부 등의 비치와 보존

납세자는 각 세법에서 규정하는 바에 따라 모든 거래에 관한 장부 및 증거서류를 성실하게 작성하여 갖춰 두어야 한다. 이 경우 장부 및 증거서류 중 국제조세조정에 관한 법률 제16조제4항에 따라 과세당국이 납세의무자에게 제출하도록 요구할 수 있는 자료의 경우에는 소득세법 제6조 또는 법인세법 제9조에 따른 납세지(소득세법 제9조 또는 법인세법 제10조에 따라 국세청장이나 관할지방국세청장이 지정하는 납세지를 포함한다)에 갖춰 두어야 한다(국기법 85의3 ①, 개정규정은 2023.1.1. 이후 국제조세조정에 관한 법률에 따른 국제거래를 하거나 같은 법 9조에 따른 원가 등의 분담에 대한 약정을 체결하는 경우부터 적용함. 법 부칙 2022.12.31.). 전자문서 및 전자거래 기본법 제5조 제2항에 따른 전자화문서로 변환하여 같은 법 제31조의 2에 따른 공인전자문서센터에 보관한 경우에는 장부 및 증거서류를 갖춘 것으로 본다. 다만, 계약서 등 위조·변조하기 쉬운 장부 및 증거서류로서 다음에서 정하는 것은 그러하지 아니하다(국기법 85의3 ④, 국기령 65의7 ③).

① 상법 시행령 등 다른 법령에 따라 원본을 보존하여야 하는 문서
② 등기·등록 또는 명의개서가 필요한 자산의 취득 및 양도와 관련하여 기명날인 또는 서명한 계약서
③ 소송과 관련하여 제출·접수한 서류 및 판결문 사본. 다만, 재발급이 가능한 서류는 제외한다.
④ 인가·허가와 관련하여 제출·접수한 서류 및 인·허가증. 다만, 재발급이 가능한 서류는 제외한다.

장부 및 증거서류는 그 거래사실이 속하는 과세기간에 대한 해당 국세의 법정신고기한이 지난날부터 5년간(역외거래의 경우 7년간) 보존하여야 한다. 다만, 국세기본법 제26조의 2 제3항(이월결손금을 공제받은 경우)에 해당하는 경우에는 같은 항에 규정한 날(이월결손금을 공제한 과세기간의 법정신고기한으로부터 1년)까지 보존하여야 한다(국기법 85의3 ②, 개정규정은 2023.1.1. 당시 역외거래 관련 장부 등에 대한 종전의 규정에 따른 보존기간이 경과하지 아니한 경우에도 적용함. 법 부칙 2022.12.31.).

납세자는 장부와 증거서류의 전부 또는 일부를 전산조직을 이용하여 작성할 수 있다. 이 경우 그 처리과정 등을 다음에서 정하는 기준에 따라 자기테이프, 디스켓 또는 그 밖의 정보보존 장치에 보존하여야 한다(국기법 85의3 ③, 국기령 65의7 ①).

① 자료를 저장하거나 저장된 자료를 수정·추가 또는 삭제하는 절차·방법 등 정보보존 장치의 생산과 이용에 관련된 전자계산조직의 개발과 운영에 관한 기록을 보관할 것
② 정보보존 장치에 저장된 자료의 내용을 쉽게 확인할 수 있도록 하거나 이를 문서화할 수 있는 장치와 절차가 마련되어 있어야 하며, 필요시 다른 정보보존 장치에 복제가 가능하도록 되어 있을 것
③ 정보보존 장치가 거래 내용 및 변동사항을 포괄하고 있어야 하며, 과세표준과 세액을 결정할 수 있도록 검색과 이용이 가능한 형태로 보존되어 있을 것

(2) 증빙서류의 작성 및 보관

1) 일반원칙

법인은 사업과 관련된 모든 거래에 관한 증빙서류를 작성 또는 수취하여, 법인세신고기한이 경과한 날부터 5년간 이를 보관하여야 한다. 다만, 각 사업연도개시일 전 5년이 되는 날 이전에 개시한 사업연도에서 발생한 결손금을 각 사업연도의 소득에서 공제하려는 법인은 해당 결손금이 발생한 사업연도의 증빙서류를 공제되는 소득의 귀속 사업연도의 신고기한부터 1년이 되는 날까지 보관하여야 한다(법법 116 ①).

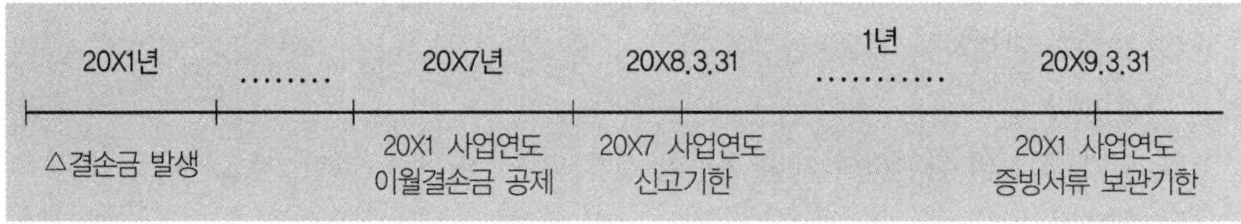

거래증빙서류 중 세법에서 인정되는 지출증명서류를 적격증명서류(또는 정규지출증빙)라 하며 다음과 같다(법법 116 ②, 법령 158 ③,④).

① 세금계산서(매입자발행세금계산서 포함)
② 계산서
③ 신용카드매출전표 등
  ㉠ 신용카드(외국에서 발행된 신용카드 포함)매출전표, 직불카드매출전표, 기명식 선불카드매출전표, 직불전자지급수단, 기명식선불전자지급수단 또는 기명식전자화폐(전자지급수단에 의한 증빙은 2019.2.12. 이후 재화나 용역을 공급받는 분부터 적용, 영 부칙 2019.2.12.)

㉡ 신용카드 및 직불카드 등의 월별이용대금명세서
㉢ 신용카드업자로부터 전송받아 전사적자원관리시스템(ERP)에 보관하고 있는 신용카드 및 직불카드 등의 거래정보(국세기본법 시행령 제65조의 7의 규정에 의한 요건을 충족하는 경우에 한한다)

④ 현금영수증
⑤ 원천징수영수증[소득세법 제127조 제1항 제3호에 규정된 원천징수대상 사업소득자로부터 용역을 공급받은 경우(원천징수한 것에 한한다), 법령 158 ②]

법인이 다음의 어느 하나에 해당하는 경우에는 증명서류의 수취·보관 의무를 이행한 것으로 본다(법법 116 ③, 다음 ②의 개정규정은 2023.7.1.부터 시행함, 법 부칙 2022.12.31.).

① 세금계산서를 발급받지 못하여 부가가치세법 제34조의 2 제2항에 따른 매입자발행세금계산서를 발행하여 보관한 경우
② 계산서를 발급받지 못하여 법인세법 제121조의 2에 따른 매입자발행계산서를 발행하여 보관한 경우

다음에 해당하는 경우에는 증빙서류로 보지 아니한다(법기통 116-158…1).

① 실제거래처와 다른 사업자명의로 교부된 세금계산서·계산서 또는 신용카드매출전표
② 부가가치세법상 미등록사업자로부터 재화 또는 용역을 공급받고 교부받은 세금계산서 또는 계산서
③ 부가가치세법상 간이과세자로부터 재화 또는 용역을 공급받고 교부받은 세금계산서

2) 특정 지출서류의 보관 제외

법인이 다음의 어느 하나에 해당하는 지출증명서류를 받은 경우에는 법인세법 제116조 제1항에 따라 지출증명서류를 보관한 것으로 보아 이를 별도로 보관하지 아니할 수 있다(법령 158 ⑤).

① 조세특례제한법 제126조의 3 제4항에 따른 현금영수증
② 법인세법 제116조 제2항 제1호에 따른 신용카드 매출전표
③ 부가가치세법 제32조 제3항 및 제5항에 따라 국세청장에게 전송된 전자세금계산서
④ 소득세법 제163조 제8항에 따라 국세청장에게 전송된 전자계산서

2.2 적격증명서류의 사후관리

(1) 적격증명서류의 구비

법인은 거래에 대한 증명서류로 적격증명서류 이외의 증빙을 수취해도 실질에 따라 손금으로 인정한다. 다만, 기업업무추진비는 적격증명서류 이외의 증빙을 수취한 경우 손금불산입하고 기타사외유출로 처분한다. 적격증명서류가 없는 비용은 가공비용으로 보아 손금불산입하고 귀속자에게 배당, 상여, 기타소득으로 처분하며 귀속자가 불분명한 경우에는 대표자에 대한 상여로 처분한다.

법인 등 사업자(복식부기의무자)가 사업과 관련하여 3만원 초과의 재화·용역을 사업자로부터 공급받고 그 대가를 지출하는 때에 적격증명서류를 수수하여야 하며, 적격증빙을 수취하지 아니하거나 불분명한 경우에는 증명서류 수취 불성실 가산세 2%를 부과한다(법법 75의5 ①). 이 경우 산출세액이 없는 경우에도 가산세는 징수한다(법법 75의5 ②). 다만, 재화 또는 용역을 사업자로부터 공급받고 그 대가를 지출하는 때에 적격증빙을 수수하지 아니하여도 다음의 법인은 증명서류 수취 불성실 가산세가 부과되지 아니한다(법령 120 ③).

① 국가 및 지방자치단체
② 비영리법인(법인세법 시행령 제3조 제1항의 수익사업과 관련된 부분은 제외한다)

증명서류 수취 불성실 가산세와 계산서 등 제출 불성실 가산세가 중복되는 경우에는 증명서류 수취 불성실 가산세를 적용한다(법법 75의8 ②).

(2) 지출증명서류 합계표 작성 및 보관

2017.1.1. 이후 개시하는 사업연도 분부터 직전 사업연도의 수입금액이 30억원(사업연도가 1년 미만인 법인의 경우 30억원에 해당 사업연도의 월수를 곱하고 12로 나누어 산출한 금액) 이상으로서 법인세법 제116조에 따라 지출증명서류를 수취하여 보관한 법인은 지출증명서류 합계표를 작성하여 보관하여야 한다(법령 158 ⑥, 2021.1.1. 전에 개시한 사업연도 분에 대해서는 개정규정에도 불구하고 종전의 규정 20억원에 따름, 영 부칙 2021.2.17.).

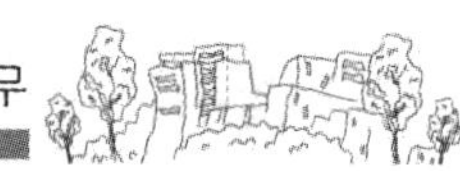

■ 법인세법 시행규칙 [별지 제77호서식] <개정 2021. 10. 28.> (앞쪽)

사업연도	. . . ~ . . .	**지출증명서류 합계표** [ ]일반법인, [ ]금융·보험·증권업 법인	법인명	
			사업자등록번호	

1. 표준대차대조표 계정과목별 지출증명서류 수취금액

계정과목			지출증명서류 수취금액						⑩ 수취 제외대상 금액	⑪ 차이 (③-④-⑩)
① 코드	② 과목명	③ 금 액	④ 계 (⑤+⑥+⑦+⑧+⑨)	신용카드 등		⑦ 현금영수증	⑧ 세금계산서	⑨ 계산서		
				⑤ 법인	⑥ 개인					
⑫ 소 계										

2. 표준손익계산서 계정과목별 지출증명서류 수취금액

계정과목			지출증명서류 수취금액						㉒ 수취 제외대상 금액	㉓ 차이 (⑮-⑯-㉒)
⑬ 코드	⑭ 과목명	⑮ 금 액	⑯ 계 (⑰+⑱+⑲+⑳+㉑)	신용카드 등		⑲ 현금영수증	⑳ 세금계산서	㉑ 계산서		
				⑰ 법인	⑱ 개인					
㉔ 소 계										

3. 표준손익계산서부속명세서(제조·공사원가 등) 계정과목별 지출증명서류 수취금액

계정과목				지출증명서류 수취금액						㉟ 수취 제외대상 금액	㊱ 차이 (㉘-㉙-㉟)
㉕ 구분	㉖ 코드	㉗ 과목명	㉘ 금 액	㉙ 계 (㉚+㉛+㉜+㉝+㉞)	신용카드 등		㉜ 현금영수증	㉝ 세금계산서	㉞ 계산서		
					㉚ 법인	㉛ 개인					
㊲ 소 계											

4. 합계금액

㊳ 합 계(1+2+3)									

210mm×297mm[백상지 80g/㎡ 또는 중질지 80g/㎡]

(앞쪽)

작 성 방 법

※ 각 사업연도에 계상한 자산・비용 중 지출증명서류 수취대상 거래가 있는 계정의 금액에서 법인세법 제116조 제2항에 따른 지출증명서류 수취금액을 공제한 차이금액을 작성해야 합니다.

1. 표준재무상태표 계정과목별 지출증명서류 수취금액

가. 해당 사업연도에 계상한 자산에 대하여 작성합니다.

나. 계정과목(① ~ ③란): 해당 사업연도에 추가로 계상한 자산에 대하여 표준재무상태표(별지 제3호의2서식)의 각 계정과목별 코드, 계정과목명, 금액(해당 사업연도 취득금액)을 적습니다.

다. 지출증명서류 수취금액(④ ~ ⑨란): 각 계정과목별로 신용카드 매출전표등 「법인세법」 제116조제2항 각 호의 지출증명서류 수취금액을 적습니다. 다만, 개인 신용카드 등(⑥)의 경우에는 법인 업무용으로 사용된 것으로 「법인세법」상 인정되는 것에 한정하여 적습니다.

라. 수취 제외대상금액(⑩란) : 지출증명서류 수취대상 거래가 아닌 유가증권, 대여금, 이자비용 등 관련 거래금액을 적습니다.(㉒,㉟ 동일)

2. 표준손익계산서 계정과목별 지출증명서류 수취금액

가. 해당 사업연도에 계상한 비용에 대하여 작성합니다.

나. 계정과목(⑬~⑮란): 해당 사업연도에 계상한 비용에 대하여 표준손익계산서(별지 제3호의3서식)의 각 계정과목별 코드, 계정과목명, 금액(손익계산서 금액)을 적습니다.

다. 지출증명서류 수취금액(⑯~㉑란): 각 계정과목별로 신용카드 매출전표등 「법인세법」 제116조제2항 각 호의 지출증명서류 수취금액을 적습니다. 다만, 개인 신용카드 등(⑱)의 경우에는 법인 업무용으로 사용된 것으로 「법인세법」상 인정되는 것에 한정하여 적습니다.

라. 표준손익계산서(일반법인용)의 당기총원가(코드 44)의 경우 표준손익계산서 부속명세서 각 계정과목별로 "3. 표준손익계산서 부속명세서 계정과목별 지출증명서류 수취금액"에 적습니다.

3. 표준손익계산서 부속명세서 계정과목별 지출증명서류 수취금액

가. 해당 사업연도에 계상한 비용에 대하여 작성합니다.

나. 구분(㉕란) : 해당 부속명세서에 따라 아래의 코드를 적습니다.

구분	제조	공사	임대	분양	운송	기타
코드	41	42	43	44	45	46

다. 계정과목(㉕~㉘란): 해당 사업연도에 계상한 비용에 대하여 "부속명세서[별지 제3호의3(3)서식]"의 각 계정과목별 코드, 계정과목명, 금액(부속명세서 금액)을 적습니다.

라. 지출증명서류 수취금액(㉙~㉞란): 각 계정과목별로 신용카드 매출전표등 「법인세법」 제116조제2항 각 호의 지출증명서류 수취금액을 적습니다. 다만, 개인 신용카드 등(㉛)의 경우에는 법인 업무용으로 사용된 것으로 「법인세법」상 인정되는 것에 한정하여 적습니다.

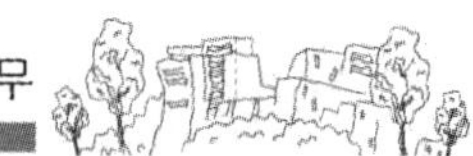

2.3 적격증명서류 발행자의 사업자 범위

법인은 대통령령으로 정하는 사업자로부터 재화나 용역을 공급받고 그 대가를 지급하는 경우에는 적격증명서류를 받아 보관하여야 한다. 이 경우 대통령령으로 정하는 사업자란 다음의 어느 하나에 해당하는 사업자를 말한다(법령 158 ①).

① 법인. 다만, 다음 어느 하나에 해당하는 법인을 제외한다.

㉠ 비영리법인(법인세법 시행령 제3조제1항의 규정에 해당하는 수익사업과 관련된 부분은 제외한다)

㉡ 국가 및 지방자치단체

㉢ 금융보험업을 영위하는 법인(소득세법 시행령 제208조의2제1항제3호의 규정에 의한 금융·보험용역을 제공하는 경우에 한한다)

㉣ 국내사업장이 없는 외국법인

② 부가가치세법 제2조의 규정에 의한 사업자. 다만, 읍·면지역에 소재하는 부가가치세법 제25조의 규정에 의한 간이과세자로서 여신전문금융업법에 의한 신용카드가맹점 또는 조세특례제한법 제126조의3에 따른 현금영수증가맹점이 아닌 사업자를 제외한다.

③ 소득세법 제1조의2제1항제5호에 따른 사업자 및 같은 법 제119조제3호 및 제5호에 따른 소득이 있는 비거주자. 다만, 같은 법 제120조에 따른 국내사업장이 없는 비거주자를 제외한다.

2.4 적격증명서류의 예외

다음은 적격증빙 이외의 영수증 등(거래사실을 입증하는 서류)만을 수취하더라도, 증명서류 수취 불성실 가산세를 적용하지 아니한다(법령 158 ②).

① 공급받은 재화·용역의 건당 거래금액(부가가치세 포함)이 3만원 이하인 경우

② 농·어민(한국표준산업분류상 작물생산업, 축산업, 복합농업, 임업, 어업종사자로서 법인은 제외)으로부터 재화·용역을 직접 공급받은 경우

③ 소득세법 제127조 제1항 제3호에 규정된 원천징수대상 사업자로부터 용역을 공급받은 경우(원천징수된 것에 한함)

④ 법인세법시행령 제164조제8항제1호(항만공사법에 의한 항만공사가 공급하는 동법 시행령 제13조 제1항 제1호 나목의 규정에 의한 화물료 징수용역, 법령 164 ⑧ 1호)에 따른 용역을 공급받는 경우

⑤ 기타 기획재정부령이 정하는 경우(법칙 79)

법인세법 시행규칙 제79조 【지출증명서류의 수취 특례】

영 제158조제2항제5호에서 "기타 기획재정부령이 정하는 경우"란 각 호의 어느 하나에 해당하는 경우를 말한다.

1. 부가가치세법 제6조의 규정에 의하여 재화의 공급으로 보지 아니하는 사업의 양도에 의하여 재화를 공급받은 경우
2. 부가가치세법 제12조제1항제8호에 따른 방송용역을 제공받은 경우
3. 전기통신사업법에 따른 전기통신사업자로부터 전기통신용역을 공급받은 경우. 다만, 전자상거래 등에서의 소비자보호에 관한 법률에 따른 통신판매업자가 전기통신사업법에 따른 부가통신사업자로부터 같은 법 제4조 제4항에 따른 부가통신역무를 제공받는 경우를 제외한다.
4. 국외에서 재화 또는 용역을 공급받은 경우(세관장이 세금계산서 또는 계산서를 교부한 경우를 제외한다)
5. 공매·경매 또는 수용에 의하여 재화를 공급받은 경우
6. 토지 또는 주택을 구입하거나 주택의 임대업을 영위하는 자(법인을 제외한다)로부터 주택임대용역을 공급받은 경우
7. 택시운송용역을 제공받은 경우
8. 건물(토지를 함께 공급받은 경우에는 당해토지를 포함하며, 주택을 제외한다)을 구입하는 경우로서 거래내용이 확인되는 매매계약서사본을 법 제60조의 규정에 의한 법인세과세표준신고서에 첨부하여 납세지 관할세무서장에게 제출하는 경우
9. 소득세법 시행령 제208조의2제1항제3호의 규정에 의한 금융·보험용역을 제공받은 경우

9의2. 국세청장이 정하여 고시한 전산발매통합관리시스템에 가입한 사업자로부터 입장권·승차권·승선권 등을 구입하여 용역을 제공받은 경우(2020.1.1 이후 개시하는 사업연도분부터 개정삭제, 규칙 부칙 2020.3.13.)

9의3. 항공기의 항행용역을 제공받은 경우

9의4. 부동산임대용역을 제공받은 경우로서 부가가치세법 시행령 제49조의2제1항의 규정을 적용받는 전세금 또는 임대보증금에 대한 부가가치세액을 임차인이 부담하는 경우

9의5. 재화공급계약·용역제공계약 등에 의하여 확정된 대가의 지급지연으로 인하여 연체이자를 지급하는 경우

9의6. 한국철도공사법에 의한 한국철도공사로부터 철도의 여객운송용역을 공급받는 경우

10. 다음 각 목의 어느 하나에 해당하는 경우로서 공급받은 재화 또는 용역의 거래금액을 금융실명거래 및 비밀보장에 관한 법률에 의한 금융기관을 통하여 지급한 경우로서 법 제60조에 따른 법인세과세표준신고서에 송금사실을 기재한 경비 등의 송금명세서를 첨부하여 납세지 관할세무서장에게 제출하는 경우
    가. 부가가치세법 제25조의 규정을 적용받는 사업자로부터 부동산임대용역을 제공받은 경우
    나. 임가공용역을 제공받은 경우(법인과의 거래를 제외한다)
    다. 운수업을 영위하는 자(부가가치세법 제25조의 규정을 적용받는 사업자에 한한다)가 제공하는 운송용역을 공급받은 경우(제7호의 규정을 적용받는 경우를 제외한다)
    라. 부가가치세법 제25조의 규정을 적용받는 사업자로부터 조세특례제한법 시행령 제110조제4항 각호의 규정에 의한 재활용폐자원 등이나 자원의 절약과 재활용촉진에 관한 법률 제2조제2호에 따른 재활용가능자원(동법 시행규칙 별표 1 제1호 내지 제9호에 열거된 것에 한한다)을 공급받은 경우

마. 항공법에 의한 상업서류 송달용역을 제공받는 경우
바. 공인중개사의 업무 및 부동산 거래신고에 관한 법률에 따른 중개업자에게 수수료를 지급하는 경우
사. 복권 및 복권기금법에 의한 복권사업자가 복권을 판매하는 자에게 수수료를 지급하는 경우
아. 전자상거래 등에서의 소비자보호에 관한 법률 제2조제2호 본문에 따른 통신판매에 따라 재화 또는 용역을 공급받은 경우
자. 그 밖에 국세청장이 정하여 고시하는 경우

11. 유료도로법에 따른 유료도로를 이용하고 통행료를 지급하는 경우

[별지 제24호서식] (2013. 6. 28. 개정)

경비등의 송금명세서

사업연도	. . . ~ . . .

공급받는자 (신고법인)	①법 인 명	②사업자등록번호
	③대표자성명	④전화번호

거래, 송금내역 및 공급자							
⑤ 일련 번호	⑥ 거래 일자	⑦ 법인명(상호) ⑧ 성 명	⑨ 사 업 자 등록번호	⑩ 거래내역	⑪ 거래금액	⑫ 송금 일자	⑬ 은 행 명 ⑭ 계좌번호
계							

210mm×297mm[백상지 80g/㎡ 또는 중질지 80g/㎡]

03 판매한 상품 등에 대한 원료의 매입가액, 관련 부대비용

판매한 상품 또는 제품에 대한 원료의 매입가액(기업회계기준에 따른 매입에누리금액 및 매입할인금액 제외)과 그 부대비용은 손금이다. 부가가치세법상 의제매입세액과 조세특례제한법에 따라 공제받은 재활용폐자원 등에 대한 매입세액은 원재료 매입가액에서 공제한다.

판매한 상품 또는 제품의 보관료, 포장비, 운반비, 판매장려금 및 판매수당 등 판매와 관련된 부대비용(판매장려금 및 판매수당의 경우 사전약정 없이 지급하는 경우를 포함)도 손금이다(법령 19). 이 경우 판매와 관련된 부대비용은 다음의 회계기준에 따라 계상한 판매 관련 부대비용을 말한다(법령 79, 법칙 10 ①).

① 한국채택국제회계기준
② 주식회사 등의 외부감사에 관한 법률 제5조 제1항 제2호 및 같은 조 제4항에 따라 한국회계기준원이 정한 회계처리기준
③ 증권선물위원회가 정한 업종별회계처리준칙
④ 공공기관의 운영에 관한 법률에 따라 제정된 공기업·준정부기관 회계규칙
⑤ 상법 시행령 제15조 제3호에 따른 회계기준
⑥ 그 밖에 법령에 따라 제정된 회계처리기준으로서 기획재정부장관의 승인을 받은 것

04 인건비

인건비는 업무와 관련된 비용으로서 순자산을 감소시키는 지출이므로 별도로 규정한 것을 제외하고는 원칙적으로 손금이다(법령 19).

(1) 급여

1) 일반원칙

노동력을 제공받은 반대급부로 지급하는 대가로서 그 명칭에 관계없이 고용관계 기타 이와 유사한 계약에 의하여 근로를 제공받고 지급하는 봉급, 급료, 세비, 보수, 임금, 상여, 수당과 이와 유사한 성질의 급여를 말한다. 실제로 법인의 업무를 위해 종사하고 지급시 소득세의 원천징수가 제대로 이행된 경우에는 원칙적으로 손금이다. 다만, 다음의 경우에는 손금으로 인정하지 아니한다.

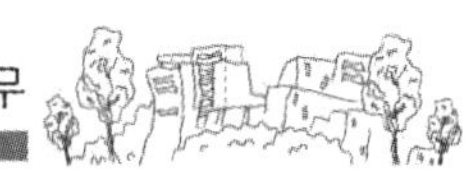

① 이익처분에 의한 지출

노무출자사원에게 지급한 보수 등은 근로에 대한 대가가 아닌 노무출자에 대한 이익처분성격이므로 손금으로 인정하지 아니한다(법령 43 ①).

② 지배주주 등의 초과지급보수

지배주주 등인 임원 또는 직원에게 타인보다 초과지급한 보수(법령 43 ③)는 손금불산입한다. 지배주주 등이란 당해 법인의 발행주식총수의 1% 이상의 주식을 소유한 주주로서 그와 특수관계에 있는 자와의 소유주식의 합계가 최대주주인 경우의 당해 주주를 의미한다(법령 43 ⑦).

③ 당해 법인의 업무와 무관한 인건비

당해 법인의 업무와 무관한 인건비는 손금불산입하며(서이 46012-10539, 2003.3.18.) 객관적 증빙이나 정황 등으로 보아 법인에서 실제로 근무하지 않은 자들에 대하여 지급한 급여에 대해 손금불산입한다(법인, 심사법인99-0332, 2000.02.11.).

④ 노조전임자에 대한 급여

노동조합 및 노동관계조정법 제24조 제2항 및 제4항을 위반하여 노조전임자(노동조합의 업무에 종사하는 자)에게 지급하는 급여는 업무와 무관한 비용으로 보아 손금불산입하며 소득처분은 기타소득으로 한다(법령 50 ① 5호). 그러나 내국법인이 노조전임자에게 종업원의 후생복지차원에서 일반 무급휴직자에게도 일률적으로 지급되는 것으로서 법인세법 시행령 제45조 제1항 각호에서 규정한 복리후생비를 노조전임자에게 지급하는 경우에는 이를 손금산입하는 것이다. 다만, 내국법인이 노조전임자에게 지급하는 것으로서 복리후생비 또는 그 명칭여하에 불구하고 그 실질이 사실상 급여성 경비에 해당하는 경우에는 손금불산입한다(법규과-1694, 2011.12.20.).

노동조합 및 노동관계조정법 제24조 제4항에 따라 단체협약으로 정하거나 사용자의 동의를 받아 근로시간 면제한도를 초과하지 않는 범위에서 근로자가 노동조합의 관리 및 유지업무를 하는 때에는 해당 근로자(근로시간면제자)에게 지출하는 급여는 노동조합 및 노동관계조정법 제24조 제2항 및 제4항을 위반한 것이 아니므로 손비에 해당한다.

2) 해외주재원 인건비

종전에는 내국법인이 해외 관계회사와 해외파견근무계약에 따라 파견한 임직원의 급여 및 퇴직금을 지급하는 경우 당해 임직원이 사실상 내국법인의 업무수행과 관련하여 종사한 경우가 아니면 내국법인의 손금에 산입할 수 없었다(법인, 서면인터넷방문상담2팀-1251, 2005.08.01.). 2020.1.1. 이후 개시하는 사업연도부터 인건비[내국법인이 발행주식총수 또는 출자지

분의 100%를 직접 또는 간접 출자한 해외현지법인에 파견된 임원 또는 직원의 인건비로서 소득세법 제127조 제1항에 따라 근로소득세가 원천징수된 인건비(해당 내국법인이 지급한 인건비가 해당 내국법인 및 해외출자법인이 지급한 인건비 합계의 50% 미만인 경우로 한정한다)를 포함한다](개정규정은 2024.2.29.이 속하는 사업연도부터 적용함. 영 부칙 2024.2.29.)는 해당 법인의 순자산을 감소시키는 거래로 인하여 발생하는 손비의 금액으로 한다(법령 19 3호).

3) 종업원할인액

소득세법 제20조 제1항 제6호 및 같은 법 시행령 제38조 제3항 각 호(자사제품등의 임직원 할인판매이익은 근로소득에 해당)에 따른 지원을 함으로써 해당 임원 또는 직원이 얻는 이익에 상당하는 금액은 손비의 금액으로 한다(법령 19 3의3호).

(2) 상여

상여란 기업의 임원, 직원에게 지급하는 급여 이외의 성과급으로서 경영성과나 근로제공의 성과에 따라 정기적, 부정기적으로 지급하는 것을 말한다. 직원에 대한 상여금은 급여지급기준 초과여부와 무관하게 손금으로 인정한다. 임원에 대한 상여금도 원칙적으로 손금이나 정관, 주주총회, 사원총회 또는 이사회의 결의에 의하여 결정된 급여지급기준을 초과하는 금액은 손금불산입한다(법령 43 ②).

임원의 범위

① 임원은 다음의 직무에 종사하는 자를 말한다(법령 40 ①).
  ㉠ 법인의 회장·사장·부사장·이사장·대표이사·전무이사·상무이사 등 이사회의 구성원 전원과 청산인
  ㉡ 합명회사·합자회사 및 유한회사의 업무집행사원 또는 이사
  ㉢ 감사
  ㉣ 기타 위에 준하는 직무에 종사하는 자

② 기 타
  ㉠ 법인의 임원이라 함은 그 직책에 관계없이 [법령 40 ①]에 게기하는 직무에 종사하는 자를 말한다(서면2팀-173, 2004.2.6.).
  ㉡ 이사대우 등이 임원에 해당하는지 여부는 종사하는 직무의 실질내용에 따라 사실판단할 사항이다(서면2팀-11, 2005.1.3.).
  ㉢ 등기 여부와 관계없이 실질업무를 기준으로 판단한다(대법원91누11490, 1992.5.12.).
  ㉣ 법인의 이사회구성원은 임원이다(제도 46012-12059, 2001.7.11.).
  ㉤ 법인의 부사장의 직책에 있는 자는 이사회구성원이 아니더라도 임원에 해당한다(직세 1234-2567, 1975.11.27.).

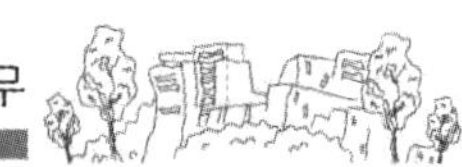

(3) 퇴직급여

직원 및 임원이 현실적인 퇴직으로 인하여 지급한 퇴직급여는 전액 손금산입한다(법령 44). 다만, 법인이 임원에게 지급한 퇴직급여 중 정관에 퇴직급여(퇴직위로금 등을 포함한다)로 지급할 금액이 정하여진 경우 정관에 정하여진 금액을 초과하는 금액은 손금에 산입하지 아니한다(법령 44 ④ 1호). 임원에 대한 퇴직급여 규정이 정관 또는 정관에 위임된 규정으로 지급할 금액이 정해진 경우가 아니라면 그 임원이 퇴직하는 날부터 소급하여 1년 동안 해당 임원에게 지급한 총급여액[소득세법 제20조 제1항 제1호 및 제2호에 따른 금액(같은 법 제12조에 따른 비과세소득은 제외한다)으로 하되, 법인세법 시행령 제43조에 따라 손금에 산입하지 아니하는 금액은 제외한다]의 10%에 상당하는 금액에 기획재정부령으로 정하는 방법에 의하여 계산한 근속연수(역년에 의하여 계산한 근속연수를 말한다. 이 경우 1년 미만의 기간은 월수로 계산하되, 1개월 미만의 기간은 이를 산입하지 아니한다. 법칙 22 ⑤)를 곱한 금액을 초과하는 금액은 손금에 산입하지 아니한다. 이 경우 해당 임원이 직원에서 임원으로 된 때에 퇴직금을 지급하지 아니한 경우에는 직원으로 근무한 기간을 근속연수에 합산할 수 있다(법령 44 ④ 2호).

지급규정이 없는 경우 손금한도 = 당해 임원의 퇴직직전 1년간 총급여액 × 10% × 근속연수

① 정관에 정하여져 있는 임원퇴직금은 정관에 임원의 퇴직금을 계산할 수 있는 기준이 정하여져 있는 경우의 퇴직금을 말한다(서일-666, 2005.6.15.).

② 정관에서 위임된 퇴직금지급규정은 당해 위임에 의한 임원퇴직금지급규정의 의결내용 등이 정당하여야 하고, 당해 지급규정의 내용에 따라 임원퇴직시마다 계속, 반복적으로 적용되는 것이어야 한다(서일-666, 2005.6.15.). 법인이 임원의 퇴직금을 지급함에 있어서 정관의 위임에 따라 주주총회에서 정한 퇴직금지급규정에 의하여 지급한 퇴직금은 법인세법 시행령 제44조의 규정에 의하여 정관에 정하여진 금액으로 보아 손금산입하는 것이나, 정관의 위임에 따라 이사회에서 정한 퇴직금지급규정에 의하여 지급한 퇴직금은 지급규정이 없는 것으로 보아 지급규정이 없는 경우의 손금한도액 내에서 손금산입하는 것이다(법인, 서면인터넷방문상담2팀-2064, 2004.10.11.).

③ 당해 임원의 1년간 총급여액은 퇴직하는 날부터 소급하여 1년 동안에 당해 임원에게 지급한 다음의 총급여액으로 하되, 손금불산입액은 제외한다.

㉠ 근로의 제공으로 인하여 받는 봉급, 급료, 보수, 세비, 임금, 상여, 수당과 이와 유사한 성질의 급여

㉡ 법인의 주주총회, 사원총회 또는 이에 준하는 의결기관의 결의에 의하여 상여로 받는 소득

㉢ 총급여액에는 소득세법에 의한 비과세소득, 법인세법에 의하여 상여로 처분된 금액(인정상여), 손금불산입된 급여 등은 포함하지 아니한다(법령 44 ④).

④ 근속연수는 역년에 의해 계산하되, 1년미만의 기간은 월수로 계산하고 1개월미만은 절사한다(법칙 22 ④).

(4) 복리후생비

법인이 그 임원 또는 직원을 위하여 지출한 복리후생비중 다음의 어느 하나에 해당하는 비용 외의 비용은 손금에 산입하지 아니한다. 이 경우 직원에 파견근로자보호 등에 관한 법률 제2조에 따른 파견근로자를 포함한다(법령 45).

① 직장체육비
② 직장문화비, 직장회식비
③ 우리사주조합의 운영비
④ 국민건강보험법 및 노인장기요양보험법에 따라 사용자로서 부담하는 보험료 및 부담금
⑤ 영유아보육법에 의하여 설치된 직장어린이집의 운영비
⑥ 고용보험법에 의하여 사용자로서 부담하는 보험료
⑦ 기타 임원 또는 직원에게 사회통념상 타당하다고 인정되는 범위안에서 지급하는 경조사비

예 제 인건비

㈜이손의 인건비와 관련한 자료는 다음과 같다.

(1) ㈜이손의 당기 사업연도는 제10기(20X1.1.1 ~ 20X1.12.31)이다.

(2) 당기 인건비 지급내역 중 노조전임자에게 지급한 급여는 ₩1,000,000이다.

(3) 복리후생비 중에는 대표이사(지분율 90%)에게 지급한 건강보험료 ₩500,000, 국민연금부담금 ₩400,000, 경조사비 ₩200,000이 포함되어 있다.

(4) ㈜이손은 당기 초에 직원들에게 현금결제형 주식선택권을 교부하였으며 회사의 회계처리는 다음과 같다.

(차) 주식보상비용	3,500,000	(대) 장기미지급비용	3,500,000

(5) 공장신축과 관련하여 건설공사를 전담하고 있는 직원의 인건비는 ₩4,000,000이며 회사는 전액 판매관리비로 계상하였다. 공장은 11기에 완공되었다.

요구사항

인건비와 관련한 세무조정을 하시오.

풀 이

(1) 인건비

① 노동조합및노동관계조정법을 위반하여 노조전임자에게 지급하는 급여는 업무무관비용으로 보아 손금불산입하고 귀속자에게 기타소득으로 과세한다.

② 현금결제형 주식선택권은 권리행사일이 속하는 사업연도의 손금이다.

③ 공장신축과 관련하여 건설공사를 전담하고 있는 직원의 인건비는 건설중인자산에 해당한다.

(2) 세무조정

〈손금불산입〉	노조전임자 급여	1,000,000	(기타소득)
	주식보상비용	3,500,000	(유보)
	건설중인자산	4,000,000	(유보)

예 제 임원의 인건비

㈜이손의 임원 상여금 및 퇴직급여와 관련한 자료가 다음과 같은 경우 세무조정을 하시오.

직책	근속기간	퇴직전 1년		퇴직급여
		급 여	상여금	
상무이사	10년 6개월 29일	1,000,000	500,000	1,800,000

① ㈜이손의 결산일은 12월말이며 상무이사는 12.31.에 퇴사하였다.

② 급여지급기준상 상여금은 급여의 40%이다.

③ 임원에 대한 퇴직급여지급규정은 없다.

풀 이

(1) 상여금 : 〈손금불산입〉 상여금한도초과 100,000 (상여)

* 상여금 손금산입한도 : 1,000,000×40% = 400,000

(2) 퇴직급여 : 〈손금불산입〉 임원퇴직급여한도초과 330,000 (상여)

* 임원퇴직급여 손금산입한도 : (1,000,000+500,000−100,000)×10%×10년 6개월(=126/12) = 1,470,000

** 임원퇴직급여 중 330,000은 퇴직소득으로의 원천징수를 취소하고 근로소득으로 원천징수하여야 한다.

05 자산의 평가차손

자산을 평가하면서 발생하는 평가손익은 미실현손익이므로 익금 또는 손금으로 인정하지 아니한다. 다만, 다음의 경우에는 감액사유가 발생한 사업연도의 손금에 계상한 경우에 한하여 자산의 평가손실을 손금으로 인정한다(법법 42 ③).

① 재고자산

- 파손, 부패로 인한 재고자산의 평가차손

② 유형자산

- 천재·지변, 화재, 법령에 의한 수용, 채굴예정량의 채진으로 인한 폐광 등의 유형자산 평가차손

③ 유가증권

- 주권상장법인, 비특수관계 비상장법인, 중소기업창업투자회사(창업자가 발행한 것) 등이 발행한 주식으로서 부도, 회생계획인가, 기업구조조정촉진법에 따른 부실징후 발생시 평가손실(1,000원 제외)
- 발행법인이 파산한 주식의 평가손실(1,000원 제외)

  * 비특수관계란 지분율이 5%이하이면서 취득가액이 10억원 이하인 소액주주를 말한다.

예제 자산의 평가차손

㈜이손은 제10기(20X1.1.1~12.31)에 비상장법인인 B주식을 취득하였으며 B주식과 관련한 자료는 다음과 같다. ㈜이손은 일반기업회계기준에 따라 매도가능증권으로 분류하고 있으며 B주식의 공정가치가 불분명하여 원가법으로 회계처리한다.

일 자	거래내용
20X1. 1. 1	B주식을 ₩1,000,000(지분율 10%)에 취득하였다.
20X1.10.31	B법인이 부도가 발생하여 장부금액 전액을 손상차손으로 인식하였다.
20X2. 9.30	B법인이 파산하였다.
20X3. 1.29	B법인의 해산에 따라 잔여재산분배액 ₩10,000을 영업외수익으로 인식하였다.

요구사항

B주식과 관련하여 ㈜이손의 제10기부터 제12기까지의 세무조정을 하시오.

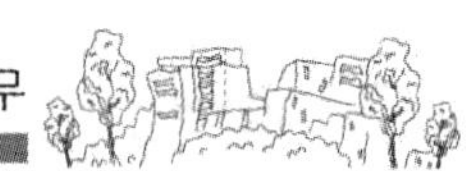

풀 이

(1) 제10기(20X1.1.1~12.31)
주식을 발행한 법인이 부도인 경우로서 비상장법인이 발행한 주식의 지분율이 5%를 초과하므로 소액주주에 해당하지 않는다. 따라서 비상장법인의 부도로 인한 손상차손을 인정하지 아니하므로 손금불산입한다.
〈손금불산입〉 매도가능증권 1,000,000 (유보)

(2) 제11기(20X2.1.1~12.31)
주식을 발행한 법인이 파산하였으므로 법인세법상 손상차손을 손금으로 인정한다. 따라서 1,000원을 제외한 잔액을 손금산입한다.
〈손금산입〉 매도가능증권 999,000 (△유보)

(3) 제12기(20X3.1.1~12.31)
법인이 보유하고 있는 주식의 발행법인이 파산선고를 받음에 따라 당해 주식의 장부가액과 평가액과의 차액을 손금에 산입한 법인이 파산법인의 파산종결결정이 있은 후 잔여재산의 분배로서 취득하는 금전 기타 재산이 있는 경우에는 그 취득일이 속하는 사업연도의 익금에 산입한다(법기통 42-78…4). 따라서 잔여재산분배액 중 1,000원을 제외한 9,000원은 익금에 해당하므로 별도의 세무조정은 없다. 그러나 비망계정인 1,000원은 손금으로 인정된 금액이 아니므로 익금불산입한다.
〈익금불산입〉 매도가능증권 1,000 (△유보)

06 세금과 공과금

(1) 세금

세금이란 국가나 지방자치단체가 재정에 충당하기 위하여 세법에 따라 국민으로부터 징수하는 금품을 말한다. 세금은 법령에 의하여 납부가 강제되어 있으므로 업무와 관련된 세금은 원칙적으로 손금에 해당한다. 다만 다음의 세금은 손금으로 인정하지 아니한다.

1) 자본적지출로 보는 세금

자산의 취득과 관련하여 발생하는 세금(관세, 취득세 등), 사업자의 귀책사유없이 매입세액이 불공제되는 경우 당해 세액은 해당 자산의 원가에 포함한다. 비업무용자산이라도 취득과 관련하여 발생하는 취득세 등은 자산의 원가에 포함한다.

① 관세 중 환급받지 못한 부분
② 사업용자산에 대한 취득세
③ 자본적지출에 대하여 면세사업자가 부담한 부가가치세 매입세액(법기통 23-31…1)

④ 토지관련 부가가치세 매입세액

⑤ 비영업용소형승용차의 구입과 관련된 부가가치세 매입세액(법령 21 ①)

2) 이익처분성격의 세금과 그 부가세

법인세의 본질에 대한 이론적 주장은 이익처분설과 비용설이 있다. 이익처분설은 국가의 지원하에 법인이 소득을 획득할 수 있었으므로 국가도 법인의 주주로서 그 이익의 일부를 법인으로부터 분배받는 것이며 이를 법인세로 본다. 따라서 법인세는 주주에게 지급하는 배당과 같은 성격이므로 손금으로 인정하지 아니한다. 비용설은 법인이 부담하는 법인세도 법인의 수익활동에 필요한 지출액이므로 비용에 해당한다는 것이다. 기업회계는 비용설에 따라 회계처리하지만 법인세법에서는 이익처분설을 따른다.

법인세는 법인의 이익 중 국가가 분배받는 이익이라는 이익처분설에 의해 손금에 산입하지 않는다. 따라서 법인세(연결법인별 법인세 포함), 지방소득세 법인세분, 법인세감면세액에 대한 농어촌특별세(법법 21 1호) 등은 손금에 산입하지 아니한다.

3) 부가가치세 매입세액

부가가치세의 과세사업자가 거래징수당한 매입세액은 매출세액에서 공제하는 선급금에 해당하므로 손금으로 인정하지 아니한다. 다만, 매입세액을 공제받을 수 없는 것은 그 성격에 따라 처리한다(법법 21 1호, 법령 22, 법칙 11).

① 법인에게 귀책사유가 있는 매입세액불공제액

㉠ 세금계산서를 제출하지 아니함으로써 공제받지 못한 매입세액(법기통 21-0…1)

㉡ 사업과 직접 관련이 없는 지출에 대한 매입세액 불공제분(법령 49)

㉢ 등록전 매입세액

② 법인에게 귀책사유가 없는 매입세액불공제액

기업업무추진비관련 매입세액은 기업업무추진비로 보아 기업업무추진비 한도액의 범위내에서 손금인정하며 비영업용소형승용자동차 관련 매입세액, 면세관련 매입세액, 토지조성관련 매입세액, 영수증을 교부받은 거래의 매입세액 등은 자본적 지출 또는 기타 손비로 처리한다. 간주임대료에 대한 매입세액은 임차인 또는 임대인 중 부담한 자의 손금으로 인정한다.

4) 반출하였으나 판매하지 아니한 제품에 대한 개별소비세, 주세 등

① 2025.1.1. 이후

반출하였으나 판매하지 아니한 제품에 대한 개별소비세 또는 주세(酒稅)의 미납액은 손금에 산입하지 않는다. 다만, 제품가격에 그 세액에 상당하는 금액을 가산한 경우에는

예외로 한다. 이는 판매하지 아니한 제품에 대한 반출필의 개별소비세 또는 주세 등은 제품원가를 구성하며 판매시 매출원가로 인식한다는 의미이다(법법 21 2호, 개정규정은 2025.1.1.부터 시행한다. 법 부칙 2021.12.21.).

② 2023.1.1.이후

판매하지 아니한 제품에 대한 반출필의 개별소비세, 주세 또는 교통·에너지·환경세 등은 제품원가를 구성하며 판매시 이를 매출액에 포함하여 소비자에게 전가시키므로 그에 대한 개별소비세 등은 판매시 손금이다. 따라서 미판매분에 대한 개별소비세 등은 손금에 산입하지 않으며 제품가격에 동 세액을 가산한 경우에는 별도의 세무조정은 필요없다(법법 21 2호).

5) 업무무관자산에 대한 세금

손금으로 인정되는 세금이라도 업무무관자산과 관련한 비용은 업무와 무관한 비용에 해당하여 손금불산입한다. 다만, 취득세는 취득부대비용이므로 업무무관자산에 대한 것이라도 손금으로 인정하되 취득원가에 가산한다.

6) 의무불이행에 대한 세액(가산세 포함)

의무불이행으로 인한 법인세법상 가산세, 부가가치세법상 가산세 등 모든 가산세는 손금으로 인정하지 아니한다(법법 21).

(2) 공과금

공과금이란 국가 및 지방자치단체, 공공단체 등이 사업, 자산보유, 기타 거래와 관련하여 법령 등에 따라 부과하는 금품으로서 손금에 해당한다(법법 21). 공과금의 정의상 납부의무에 강제성이 있어야 하고 법인의 귀책사유없이 의무적으로 납부해야 하므로 임의적인 납부이거나 의무불이행에 대한 벌금 성격이면 손금이 아니다. 법인세법상 규정은 다음과 같다.

1) 법률적 강제성여부에 따른 구분

법령에 의하여 의무적으로 납부하는 공과금은 손금항목에 해당한다(법법 21 4호). 법령에 의하여 의무적으로 납부하는 것이 아닌 공과금 또는 법령에 따른 의무의 불이행 또는 금지·제한 등의 위반을 이유로 부과되는 공과금은 손금불산입항목으로서 법령위반에 따라 부과되는 이행강제금, 임의적인 출연금, 폐수배출부담금 등이 이에 해당한다(법법 21 5호).

■ 장애인고용부담금은 손금에 해당

이 사건 장애인 고용부담금은 법령에 따른 의무불이행에 대한 '제재'라기 보다는 구 장애인고용법 제33조가 정한 요건에 따라 장애인고용에 대한 정책적 목적을 달성하기 위하여 독립적으로 부과되는 금전지급의무의 성격이 더 강하다고 판단된다. 따라서 법령에 따른 의무 불이행에 대한 '제재'로서 부과된 것이라고 단정하기 어려운 것으로 보아 손금불산입 대상에 해당하지 않는 것으로 판단한다(서울행정법원2022구합65757, 2023.05.02.).

2) 협회 및 회비의 성질에 따른 구분

영업자가 조직한 단체로서 법인이거나 주무관청에 등록된 조합 또는 협회에 지급한 회비는 손금에 해당한다(법령 19 11호). 조합 또는 협회에 지급한 회비는 조합 또는 협회가 법령 또는 정관이 정하는 바에 따른 정상적인 회비징수 방식에 의하여 경상경비 충당 등을 목적으로 조합원 또는 회원에게 부과하는 회비로 한다(법칙 10 ②, 2018.3.21. 이후 지출하는 분부터 적용, 법칙 부칙 2018.3.21.). 영업자가 조직한 단체로서 법인이거나 주무관청에 등록된 조합 또는 협회에 지급한 회비 중 법령 또는 정관이 정하는 바에 따라 경상경비 충당 등을 목적으로 조합원 또는 회원에게 정기적 또는 부정기적으로 부과하는 것은 손금에 해당하는 것이다(서면-2018-법령해석법인-1291[법령해석과-1814], 2018.06.28).

구 분	일반회비	특별회비
영업자가 조직한 단체로서 법인이거나 주무관청에 등록된 단체	법령 또는 정관이 정하는 바에 따라 경상경비 충당 등을 목적으로 정기적 또는 부정기적으로 부과하는 것은 손금	
그 외 단체	손금불산입	

3) 벌금, 과료, 과태료 등

벌금, 과료, 과태료, 가산금, 강제징수비 등은 행정명령의 위반에 대한 벌금이므로 손금으로 인정하지 아니한다(법법 21 3호, 법기통 21-0…3, 집행기준 21-0-3).

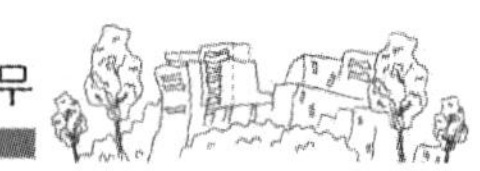

손금불산입 항목 사례(법기통 21-0…3)	손금항목 사례(집행기준 21-0-3)
① 법인의 임원 또는 직원이 관세법을 위반하고 지급한 벌과금 ② 업무와 관련하여 발생한 교통사고 벌과금 ③ 산업재해보상보험법 제70조의 규정에 의하여 징수하는 산업재해보상보험료의 가산금 ④ 금융기관의 최저예금지급준비금 부족에 대하여 한국은행법 제60조의 규정에 의하여 금융기관이 한국은행에 납부하는 과태금 ⑤ 국민건강보험법 제80조에 따라 징수하는 연체금[66)] ⑥ 외국의 법률에 의하여 국외에서 납부한 벌과금	① 사계약상의 의무불이행으로 인하여 부담하는 지체상금(정부와 납품계약으로 인한 지체상금을 포함하며 구상권 행사가 가능한 지체상금을 제외한다) ② 보세구역에 보관되어 있는 수출용 원자재가 관세법상의 보관기간 경과로 국고에 귀속이 확정된 자산의 가액 ③ 철도화차 사용료의 미납액에 대하여 가산되는 연체이자 ④ 고용보험 및 산업재해보상보험의 보험료 징수 등에 관한 법률 제25조에 따른 산업재해보상보험료의 연체금 ⑤ 국유지 사용료의 납부지연에 따른 연체료 ⑥ 전기요금의 납부지연으로 인한 연체가산금

예 제 **세금과 공과금**

㈜이손의 제세공과금과 관련한 자료는 다음과 같다.

(1) ㈜이손의 당기 사업연도는 제10기(20X1.1.1 ~ 20X1.12.31)이다.
(2) 부가가치세 ₩10,000,000에는 가산세 ₩1,500,000이 포함되어 있다.
(3) 당기에 취득한 토지는 비업무용에 해당하며 토지와 관련하여 재산세 ₩500,000, 취득세 ₩1,200,000을 세금과공과로 계상하였다.
(4) 법인세 ₩1,000,000, 법인지방소득세 ₩100,000, 농어촌특별세 ₩100,000을 법인세비용으로 계상하였다.
(5) 수입한 원자재의 관세 ₩1,000,000을 세금과공과로 처리하였다. 원가배분상 기말재고자산으로 배분할 금액은 ₩300,000이다. 수입원자재로 제조한 제품은 전부 국내에 판매된다.

요구사항

세금과 공과금에 대한 세무조정을 하시오.

66) 4대보험(국민연금, 고용보험, 건강보험, 산재보험)료를 연체하고 납부하는 연체금(가산금)은 신고의무를 누락하여 불이익을 받는 것이 아닌 납기를 준수하지 못해 부과되는 연체료 성격이다. 해당 가산금을 납부하고 잡손실 등으로 회계처리하는 경우 당해 연체료 성격의 가산금은 손금에 해당하나 국민건강보험법에 따라 징수하는 연체금은 손금불산입한다(법기통 21-0…3).

풀 이

(1) 제세공과금

① 세법상 의무불이행으로 인하여 납부할 세액과 가산세는 손금불산입한다.

② 업무무관자산에 대한 감가상각비, 유지비, 재산세 등은 업무무관비용으로 보아 손금불산입한다. 업무무관자산이라도 취득세는 취득부대비용으로서 자산의 원가를 구성하므로 취득원가에 가산한다.

③ 법인세와 법인세에 부가하는 지방세, 농어촌특별세는 손금불산입한다.

④ 물품을 수입할 경우 수입시 부담한 관세는 매입부대비용으로 보아 취득원가에 가산한다. 수입한 물품을 국내에 판매하는 경우 해당 관세는 판매가격에 포함하여 소비자에게 전가한다. 수입한 물품으로 생산한 제품을 수출하는 경우 수입시 부담한 관세의 환급금은 익금에 해당한다. 관세환급금의 귀속시기는 수출과 동시에 환급받을 관세가 확정되는 경우 수출완료일, 확정되지 않는 경우에는 환급금의 결정통지일 또는 환급일 중 빠른 날이다.

(2) 세무조정

〈손금불산입〉	가산세	1,500,000	(기타사외유출)
	재산세	500,000	(기타사외유출)
	토지	1,200,000	(유보)
	법인세비용	1,200,000	(기타사외유출)
	관세(재고자산)	300,000	(유보)

07 업무용승용차 관련비용 등의 손금불산입 특례

내국법인은 업무용승용차에 대하여 감가상각비를 손금에 산입(2016.1.1. 이후 개시하는 사업연도부터 취득분)하여야 하고 업무용승용차를 취득하거나 임차하여 해당 사업연도에 손금에 산입하거나 지출한 감가상각비, 임차료, 유류비 등 업무용승용차 관련비용 중 업무용 사용금액에 해당하지 아니하는 금액은 해당 사업연도의 소득금액을 계산할 때 손금에 산입하지 아니한다. 또한 업무용승용차의 감가상각비 및 처분손실이 해당 사업연도에 법에서 정한 한도를 각각 초과하는 경우에도 그 초과하는 금액은 해당 사업연도의 손금에 산입하지 아니하고 이월하여 손금에 산입한다(법법 27의2).

(1) 적용대상

1) 업무용승용차

업무용승용차란 개별소비세법 제1조 제2항 제3호에 해당하는 승용자동차(운수업, 자동차판매업 등에서 사업에 직접 사용하는 승용자동차와 연구개발을 목적으로 사용하는 승용자동차로서 다음

에서 정하는 것은 제외)를 말한다(법법 27의2 ①, 법령 50의2 ①, 연구개발을 목적으로 사용하는 승용자동차는 2020.1.1. 이후 과세표준을 신고하는 분부터 적용한다. 법 부칙 2019.12.31.).

① 부가가치세법 시행령 제19조 각 호(운수업, 자동차 판매업, 자동차 임대업, 운전학원업, 경비업법 제2조제1호라목에 따른 기계경비업무를 하는 경비업 등)에 해당하는 업종 또는 여신전문금융업법 제2조제9호에 따른 시설대여업에서 사업상 수익을 얻기 위하여 직접 사용하는 승용자동차

② 한국표준산업분류표상 장례식장 및 장의관련 서비스업을 영위하는 법인이 소유하거나 임차한 운구용 승용차(법칙 27의2 ①)

③ 자동차관리법 제27조 제1항 단서에 따라 국토교통부장관의 임시운행허가를 받은 자율주행자동차

▣ **부가가치세법 기본통칙 17-60-1, 질의회신 심사부가2004-0242** (2004.07.19.)

① 비영업용의 범위 : 영업용이라 함은 운수업에서와 같이 승용자동차를 직접 영업에 사용하는 것을 말하므로 그러하지 아니한 것은 비영업용에 해당한다.

② 소형승용자동차의 범위 : 특별소비세법시행령 제1조 별표 1에 열거되어 있는 주로 사람의 수송을 목적으로 제작된 차량을 말한다.

※ **특별소비세법 시행령 제1조 별표 1.** (대통령령 제17461호(2001.12.31)로 개정되기 전의 것)

(별표 1) 자동차

가. 자동차관리법 제3조에 따른 구분기준에 따라 승용자동차로 구분되는 자동차(정원 8명 이하의 자동차로 한정하되, 배기량이 1,000씨씨 이하의 것으로서 길이가 3.6미터 이하이고 폭이 1.6미터 이하인 것은 제외한다)

나. 자동차관리법 제3조에 따른 구분기준에 따라 이륜자동차로 구분되는 자동차(내연기관을 원동기로 하는 것은 그 총배기량이 125씨씨를 초과하는 것으로 한정하며, 내연기관 외의 것을 원동기로 하는 것은 그 정격출력이 1킬로와트를 초과하는 것으로 한정한다). 다만, 국방용 또는 경찰용으로서 해당 기관의 장이 증명하는 것은 제외한다.

다. 자동차관리법 제3조에 따른 구분기준에 따라 캠핑용자동차로 구분되는 자동차(캠핑용 트레일러를 포함한다)

라. 환경친화적 자동차의 개발 및 보급촉진에 관한 법률 제2조제3호에 따른 전기자동차로서 자동차관리법 제3조에 따른 구분기준에 따라 승용자동차로 구분되는 자동차(정원 8명 이하의자동차로 한정하되, 길이가 3.6미터 이하이고 폭이 1.6미터 이하인 것은 제외한다)

차종별 비교표(국세청 법인세 주제별 가이드, 2016.7)

회사별	명칭	차종(용도)	정원(승차인원)	개별소비세 과세여부	부가가치세 공제가능	비 고
현대자동차	뉴클릭,엑센트	승용	5	○	×	
	i30, i30cw	승용	5	○	×	
	아반떼	승용	5	○	×	
	제네시스쿠페	승용	4	○	×	
	NF쏘나타, YF쏘나타	승용	5	○	×	
	그랜저, 제네시스	승용	5	○	×	
	에쿠스	승용	4, 5	○	×	
	투싼ix	승용	5	○	×	
	싼타페, 베라크루즈	승용	7	○	×	
	그랜드스타렉스(왜건)	승합	11, 12	×	○	
	그랜드스타렉스(밴)	화물	3, 5	×	○	
	e마이티, 트라고, 포터Ⅱ	화물	2~7	×	○	
GM	알페온	승용	5	○	×	
	토스카	승용	5	○	×	
	윈스톰	승용	5~7	○	×	
	젠트라X	승용	5	○	×	
	라세티프리미어	승용	5	○	×	
	다마스	승합	5~7	×	○	경형
	라보	화물	2	×	○	경형
	마티즈크리에이트브	승용	5	×	○	경형
기아자동차	모닝	승용	5	×	○	경형
	프라이드	승용	5	○	×	
	포르테, 포르테쿱	승용	5	○	×	
	로체	승용	5	○	×	
	K5, K7	승용	5	○	×	
	오피러스, 쏘울	승용	5	○	×	
	스포티지R, 쏘렌토R	승용	5	○	×	
	모하비, 카렌스	승용	7	○	×	
	카니발	승용	7	○	×	
	카니발	승합	9, 11	×	○	
	봉고트럭	화물	3, 6	×	○	
	그랜버드	승합	28~45	×	○	
쌍용자동차	렉스턴	승용	5, 7	○	×	
	카이런	승용	5, 7	○	×	
	액티언	승용	5	○	×	
	액티언스포츠	화물	5	×	○	
	로디우스	승용	9	×	○	
	로디우스	승합	11	×	○	
	체어맨	승용	5	○	×	
삼성자동차	SM3	승용	5	○	×	
	SM5	승용	5	○	×	
	SM7	승용	5	○	×	
	QM5	승용	5	○	×	

2) 업무용승용차의 감가상각 의무

2016.1.1. 이후 개시하는 사업연도에 취득한 업무용승용차는 정액법을 상각방법으로 하고 내용연수를 5년으로 하여 계산한 금액을 감가상각비로 하여 손금에 산입하여야 한다(법령 50의2 ③).

업무용승용차	감가상각
2016. 1. 1. 이후 취득	내용연수 5년, 정액법에 의한 강제상각(신고조정항목)
2015.12.31. 이전 취득	법인세법 시행령 제26조제1항제2호 및 제28조제1항제2호에 따른 상각범위액내 임의상각(결산조정항목)

(2) 업무용승용차 관련비용 등의 손금불산입

내국법인이 업무용승용차를 취득하거나 임차하여 해당 사업연도에 손금에 산입하거나 지출한 감가상각비, 임차료, 유류비 등 업무용승용차 관련비용 중 업무사용금액에 해당하지 아니하는 금액은 해당 사업연도의 소득금액을 계산할 때 손금에 산입하지 아니한다(법법 27의2 ②).

① 업무용승용차 관련비용 = 감가상각비 + 유류비, 수선비 등

② 업무용승용차 관련비용 손금불산입액 = 업무용승용차 관련비용 × (1－업무사용비율)

* 업무전용자동차보험에 가입하지 아니한 경우에는 전액 손금불산입한다.

* 업무용승용차 관련비용 손금불산입액은 귀속자에 따라 상여 등으로 소득처분한다.

③ 업무사용비율

구 분	업무사용비율
운행기록 등을 작성·비치한 경우	$\frac{\text{업무용 사용거리}}{\text{총주행거리}}$
운행기록 등을 작성·비치하지 아니한 경우	업무용승용차 관련비용이 1,500만원 이하인 경우 : 100% * 업무사용비율이 100%이므로 전액 손금인정
	업무용승용차 관련비용이 1,500만원을 초과한 경우 : $\frac{\text{1,500만원}}{\text{업무용승용차 관련비용}}$

④ 월할계산의 적용

구 분	손금 한도액	사업연도 1년 미만	보유(임차)기간 1년 미만
운행기록 등을 작성·비치하지 아니한 경우	1,500만원	월할계산 ○	월할계산 ○
감가상각비(상당액)	800만원	월할계산 ○	월할계산 ○
감가상각비(상당액) 한도초과 이월액	800만원	월할계산 ○	월할계산 ×
처분손실	800만원	월할계산 ○	월할계산 ×

* 월수는 역에 따라 계산하되, 1월 미만의 일수는 1월로 한다.

1) 업무용승용차 관련비용

업무용승용차 관련비용이란 업무용승용차에 대한 감가상각비, 임차료, 유류비, 보험료, 수선비, 자동차세, 통행료 및 금융리스부채에 대한 이자비용 등 업무용승용차의 취득·유지를 위하여 지출한 비용을 말한다(법령 50의2 ②).

2) 업무용 사용금액

업무용 사용금액이란 다음의 구분에 따른 금액을 말한다. 다만, 해당 업무용승용차에 기획재정부령으로 정하는 자동차등록번호판(자동차관리법 시행규칙 제6조제3항에 따라 국토교통부장관이 정하여 고시하는 기준에 따른 법인업무용 자동차번호판, 법칙 27의2 ②)을 부착하지 않은 경우에는 영(0)원으로 한다(법령 50의2 ④, 단서규정은 2024.1.1. 이후 업무용승용차 관련비용을 지출하는 경우부터 적용함. 영 부칙 2024.2.29.).

① 해당 사업연도 전체 기간(임차한 승용차의 경우 해당 사업연도 중에 임차한 기간을 말한다) 동안 다음의 어느 하나에 해당하는 사람이 운전하는 경우만 보상하는 자동차보험(업무전용자동차보험)에 가입한 경우 업무용승용차 관련비용에 업무사용비율을 곱한 금액

㉠ 해당 법인의 임원 또는 직원

㉡ 계약에 따라 해당 법인의 업무를 위하여 운전하는 사람

㉢ 해당 법인의 업무를 위하여 필요하다고 인정되는 경우로서 기획재정부령으로 정하는 사람(해당 법인의 운전자 채용을 위한 면접에 응시한 지원자, 법칙 27의2 ③)

② 업무전용자동차보험에 가입하지 아니한 경우 : 영(0)원

3) 법인업무용 자동차번호판

국토교통부장관이 정하여 고시하는 자동차 등록번호판 등의 기준에 관한 고시 제1조의 2에서 법인업무용 자동차는 다음에 해당하는 승용자동차를 말한다(법칙 27의2 ②).

① 정부조직법에 따른 중앙행정기관과 그 소속기관, 법원조직법에 따른 법원과 그 소속기관, 국회법에 따른 국회와 그 소속기관, 지방자치법에 따른 지방자치단체와 그 소속기관, 헌법재판소법에 따른 헌법재판소, 선거관리위원회법에 따른 선거관리위원회에서 관리·운행하는 공용 승용자동차로서 취득가액 8,000만원 이상의 차량

② 비사업용 승용자동차로서 자동차관리법 제7조에 따라 자동차등록원부에 기재된 자동차 소유자가 법인인 취득가액 8,000만원 이상의 승용자동차(다만, 여신전문금융업법 제2조제9호의 시설대여업을 운영하는 자가 대여한 시설대여업용 승용자동차(여신전문금융업법 제3조제2항에 따른 등록을 하지 않은 자가 대여한 승용자동차를 포함한다)는 계약자가 법인인 경우로 한정한다)

③ 여객자동차 운수사업법 제28조에 따라 등록한 자동차대여사업자가 법인에게 대여한 승용자동차로서 취득가액 8,000만원 이상의 승용자동차(다만, 대여기간이 1년 이상인 경우 또는 동일 법인이 동일 자동차 대여사업용 승용자동차에 대하여 대여계약을 한 기간의 합산이 1년 이상인 경우로 한정한다)

■ 자동차등록규칙 [별지 제1호서식] <개정 2013.12.27> (앞쪽)

자동차등록증

제 202503 -001818 호 최초등록일 : 2025년 2월 18일

① 자동차등록번호	18너 1818	② 차종	대형 승용	③ 용도	자가용
④ 차명	제네 엑스(GENE-X)	⑤ 형식 및 모델연도	FU-CK18EDA-2-18		

~

㉗ 구분(설정 또는 말소)	㉘ 일 자	비고 - 자동차 출고(취득)가격(부가가치세 제외): 80,181,818원

210㎜×297㎜ (백상지 120g/㎡)

취득가액이란 신차인 경우 출고가격, 중고차를 취득하는 경우에는 취득가액, 법인명의로 리스 또는 렌트차량을 승계하는 경우 차량의 (지방세)시가 표준액을 말한다.

4) 업무전용자동차보험

업무전용자동차보험이란 해당 사업연도 전체 기간(임차한 승용차의 경우 해당 사업연도 중에 임차한 기간) 동안 해당 법인의 임원 또는 직원 등 해당 법인의 업무를 위하여 운전하는 경우만 보상하는 자동차보험을 말한다(법령 52의2 ④ 1호). 이와 관련하여 유의할 사항은 다음과 같다.

① 2016년 4월 1일 이후 기존에 가입했던 자동차 보험의 만기가 도래하여 업무전용자동차보험에 가입한 경우 또는 2016년 4월 1일 이전에 가입했던 자동차 보험의 만기가 도래하기 전에 업무용승용차를 처분하거나 임차계약이 종료된 경우에는 2016년 1월 1일부터 가입한 것으로 본다(부칙 제26981호, 2016.2.12.).

② 기획재정부령으로 정하는 임차 승용차(여신전문금융업법 제3조 제2항에 따라 등록한 시설대여업자 외의 자동차대여사업자로부터 임차한 승용차로서 임차계약기간이 30일 이내인 승용차, 다만 해당 사업연도에 임차계약기간의 합계일이 30일을 초과하는 승용차는 제외, 법칙 27의2 ⑤)로서 다음의 어느 하나에 해당하는 사람을 운전자로 한정하는 임대차 특약을 체결한 경우에는 업무전용자동차보험에 가입한 것으로 본다(법령 50의2 ⑧). 2017.2.4. 이후 신고하는 분부터 적용한다.

㉠ 해당 법인의 임원 또는 직원

㉡ 계약에 따라 해당 법인의 업무를 위하여 운전하는 사람

③ 해당 사업연도 전체기간(임차한 승용차의 경우 해당 사업연도 중에 임차한 기간) 중 일부기간만 업무전용자동차보험에 가입한 경우 업무사용금액은 다음의 계산식에 따라 산정한 금액으로 한다(법령 50의2 ⑨).

$$\text{업무용승용차 관련비용} \times \text{업무 사용비율} \times \frac{\text{해당 사업연도에 실제로 업무전용자동차보험에 가입한 일수}}{\text{해당 사업연도에 업무전용자동차보험에 의무적으로 가입하여야 할 일수}}$$

관련사례

■ **임원명의로 보험 가입시 업무전용자동차보험 가입 의제여부**

법인의 차량을 취득하면서 법인과 임원이 해당 차량의 지분을 각각99%와 1%로 하고 임원을 보험의 계약자 및 피보험자로 하는 보험에 가입하여 동 보험료를 법인이 직접 지급한 경우-내국법인이 업무용승용차를 법인과 임원의 공동명의로 취득하고 임원을 보험의 계약자 및 피보험자로 하여 자동차보험에 가입한 경우에는 법인세법 시행령 제50조의2제4항제1호에서 규정하는 업무전용자동차보험에 가입한 경우에 해당하지 않는 것임(법인, 서면-2016-법령해석법인-5680 [법령해석과-1805], 2017.06.28).

5) 업무사용비율과 운행기록 등의 작성·비치

업무사용비율은 운행기록 등에 따라 확인되는 총 주행거리 중 업무용 사용거리가 차지하는 비율로 한다. 업무용 사용거리는 제조, 판매시설 등 해당 법인의 사업장 방문, 거래처·대

리점 방문, 회의 참석, 판촉 활동, 출·퇴근 등 업무수행에 따라 주행한 거리를 의미한다(법칙 27의2 ⑦). 업무용승용차 관련비용 등을 손금으로 적용받으려는 내국법인은 업무용승용차별로 운행기록 등을 작성·비치하여야 하며, 납세지 관할 세무서장이 요구할 경우 이를 즉시 제출하여야 한다(법령 50의2 ⑤,⑥). 운행기록 등을 작성·비치하지 않은 해당 업무용승용차의 업무사용비율은 다음의 구분에 따른 비율로 한다(법령 50의2 ⑦).

① 해당 사업연도의 업무용승용차 관련비용이 1,500만원(해당 사업연도가 1년 미만인 경우에는 1,500만원에 해당 사업연도의 월수를 곱하고 이를 12로 나누어 산출한 금액을 말하고, 사업연도 중 일부 기간 동안 보유하거나 임차한 경우에는 1,500만원에 해당 보유기간 또는 임차기간 월수를 곱하고 이를 사업연도 월수로 나누어 산출한 금액) 이하인 경우 : 100%

② 해당 사업연도의 업무용승용차 관련비용이 1,500만원을 초과하는 경우 : 1,500만원을 업무용승용차 관련비용으로 나눈 비율

업무사용비율을 계산할 때 2016년 1월 1일부터 2016년 3월 31일까지에 해당하는 업무사용비율은 2016년 4월 1일부터 해당 사업연도 종료일까지 계산되는 업무사용비율과 동일한 것으로 본다. 다만, 법인이 별도의 기록을 통하여 업무용 사용을 입증하는 경우 이를 합산하여 업무사용비율을 계산할 수 있다. 2016년 3월 31일 이전에 업무용승용차를 처분하거나 임차계약이 종료된 경우 해당 업무용승용차에 대한 2016년 1월 1일부터의 업무사용비율은 100%로 본다(부칙 제26981호, 2016.2.12.).

관련사례

- **일부 기간에 업무용승용차별 운행기록 등을 작성하지 아니한 경우 업무사용비율**
  내국법인이 업무용승용차에 대하여 사업연도 중 일부 기간의 운행기록 등을 작성하지 아니한 경우 해당 업무용승용차의 업무사용비율은 운행기록 등을 작성하지 아니한 기간의 총 주행거리를 전부 업무에 사용하지 아니한 것으로 보아 법인세법 시행령제50조의2제5항에 따라 계산한 비율(이하 "해당 업무사용비율"이라 함)로 하는 것임(법인, 서면-2016-법령해석법인-3521 [법령해석과-4326], 2016.12.30.).

- **업무용승용차의 접대관련 운행이 업무용사용거리에 해당하는지 여부**
  법인세법 제27조의2 업무용승용차 관련비용의 손금불산입 등 특례를 적용함에 있어 내국법인이 취득, 임차한 업무용승용차를 직무와 관련된 업무수행에 사용한 경우 동 주행거리는 같은 법 시행규칙 제27조의2제4항에 따른 업무용 사용거리에 해당하는 것임(법인, 서면-2016-법령해석법인-3468 [법령해석과-2338], 2016.07.18).

업무용승용차 운행기록부에 관한 별지 서식 <2025. 4. 1. 개정>

사업 연도	. . . ~ . . .	**업무용승용차 운행기록부**	법 인 명	
			사업자등록번호	

1. 기본정보

①차 종	②자동차등록번호

2. 업무용 사용비율 계산

③사용 일자 (요일)	④사용자		운 행 내 역					
	부서	성명	⑤주행 전 계기판의 거리(㎞)	⑥주행 후 계기판의 거리(㎞)	⑦ 주행 거리(㎞)	업무용 사용거리(㎞)		⑩비 고
						⑧ 출·퇴근용(㎞)	⑨일반 업무용(㎞)	
		⑪과세기간 총주행 거리(㎞)				⑫과세기간 업무용 사용거리(㎞)		⑬업무사용 비율(⑫/⑪)

(뒤 쪽)

작 성 방 법

1. ① 업무용승용차의 차종을 적습니다.
2. ② 업무용승용차의 자동차등록번호를 적습니다.
3. ③ 사용일자를 적습니다.
4. ④ 사용자(운전자가 아닌 차량이용자)의 부서, 성명을 적습니다.
5. ⑤ 주행 전 자동차 계기판의 누적거리를 적습니다.(당일 동일인이 2회 이상 사용하는 경우 ⑤란을 적지 않고 ⑦란에 주행거리의 합만 적을 수 있습니다.)
6. ⑥ 주행 후 자동차 계기판의 누적거리를 적습니다.(당일 동일인이 2회 이상 사용하는 경우 ⑥란을 적지 않고 ⑦란에 주행거리의 합만 적을 수 있습니다.)
7. ⑦ 사용시마다 주행거리(⑥-⑤)를 적거나, 사용자별 주행거리의 합을 적습니다.
8. ⑧ 업무용 사용거리 중 출·퇴근용(원격지 출·퇴근을 포함) 사용거리를 적습니다.
9. ⑨ 업무용 사용거리 중 제조·판매시설 등 해당 법인의 사업장 방문, 거래처·대리점 방문, 회의 참석, 판촉 활동, 업무 관련 교육 · 훈련 등 일반업무용 사용거리를 적습니다.
10. ⑪~⑬ 해당 과세기간의 주행거리 합계, 업무용 사용거리 합계, 업무사용 비율을 각각 적습니다.

210mm×297mm[백상지 80g/㎡ 또는 중질지 80g/㎡]

6) 업무용승용차 관련비용 등의 손금불산입액 소득처분

업무용승용차 관련비용 등의 손금불산입 금액은 그 귀속자에 따라 배당, 상여, 기타소득, 기타사외유출로 한다. 다만, 귀속이 불분명한 경우에는 대표자에게 귀속된 것으로 본다(법령 106 ①).

관련사례

■ **퇴직자에 대한 업무용승용차 사적사용에 따른 소득처분액**
업무용승용차 사적 사용자가 사업연도 중간에 퇴직하는 경우 해당 퇴직자에 대한 소득처분 금액은 해당 사업연도 개시일부터 퇴직시까지 발생한 업무용승용차 관련비용에 동 기간의 사적사용비율(해당 퇴직자의 사적사용거리÷총주행거리)을 곱하여 산출한 금액으로 하는 것임(기획재정부 법인세제과-320, 2017.3.6.).

(3) 감가상각비 한도초과액과 한도초과액의 이월

2018.1.1. 이후 과세표준을 신고하는 분부터 업무사용금액 중 다음의 구분에 해당하는 비용이 해당 사업연도에 각각 800만원(해당 사업연도가 1년 미만인 경우 800만원에 해당 사업연도의 월수를 곱하고 이를 12로 나누어 산출한 금액을 말하고, 사업연도 중 일부 기간 동안 보유하거나 임차한 경우에는 800만원에 해당 보유기간 또는 임차기간 월수를 곱하고 이를 사업연도 월수로 나누어 산출한 금액을 말한다)을 초과하는 경우 그 초과하는 금액(감가상각비 한도초과액)은 해당 사업연도의 손금에 산입하지 아니하고 이월하여 손금에 산입한다(법법 27의2 ③, 부칙 4, 2017.12.19.). 월수는 역에 따라 계산하되, 1월 미만의 일수는 1월로 한다(법령 52의2 ⑯).

① 업무용승용차별 감가상각비
② 업무용승용차별 임차료 중 감가상각비 상당액

1) 업무용승용차별 임차료 중 감가상각비 상당액

업무용승용차별 임차료 중 감가상각비 상당액이란 업무용승용차의 임차료 중 보험료와 자동차세 등을 제외한 금액으로서 다음의 어느 하나에 해당하는 금액을 말한다(법령 50의2 ⑩, 법칙 27의2 ⑥).

구 분	감가상각비 상당액
여신전문금융업법 제3조제2항에 따라 등록한 시설대여업자로부터 임차한 승용차(운용리스)	임차료에서 해당 임차료에 포함되어 있는 보험료, 자동차세, 수선유지비를 차감한 금액. 다만, 수선유지비를 별도로 구분하기 어려운 경우 임차료(보험료와 자동차세를 차감한 금액을 말한다)의 7%를 수선유지비로 계산할 수 있다.
여객자동차 운수사업법 제28조에 따라 등록한 자동차대여사업자로부터 임차한 승용차(렌트)	임차료의 70%에 해당하는 금액

2) 업무용승용차별 감가상각비 한도초과액

업무용승용차별 감가상각비 한도초과액은 업무용승용차별 감가상각비 또는 업무용승용차별 임차료 중 감가상각비 상당액에 업무사용비율을 곱하여 산출한 금액에서 800만원(해당 사업연도가 1년 미만인 경우 800만원에 해당 사업연도의 월수를 곱하고 이를 12로 나누어 산출한 금액을 말하고, 사업연도 중 일부 기간 동안 보유하거나 임차한 경우에는 800만원에 해당 보유기간 또는 임차기간 월수를 곱하고 이를 사업연도 월수로 나누어 산출한 금액)을 차감하여 계산한다(법법 27의2 ③, 법령 52의2 ⑩). 월수는 역에 따라 계산하되, 1월 미만의 일수는 1월로 한다(법령 52의2 ⑯).

구 분	감가상각비 한도초과액
업무용승용차별 감가상각비	업무용승용차별 감가상각비 × 업무사용비율 − 800만원 × $\frac{\text{사업연도 월수}}{12}$ × $\frac{\text{보유기간 월수}}{\text{사업연도 월수}}$ * 손금불산입액은 유보로 처분한다.
업무용승용차별 임차료 중 감가상각비 상당액 (운용리스, 렌트)	업무용승용차별 임차료 중 감가상각비 상당액 × 업무사용비율 − 800만원 × $\frac{\text{사업연도 월수}}{12}$ × $\frac{\text{보유기간 월수}}{\text{사업연도 월수}}$ * 손금불산입액은 기타사외유출로 처분한다.

3) 업무용승용차별 감가상각비 한도초과액의 이월

업무용승용차별 감가상각비 한도초과액은 해당 사업연도의 손금에 산입하지 아니하고 다음의 방법에 따라 이월하여 손금에 산입한다(법령 50의2 ⑪).

구 분	감가상각비 한도초과액의 이월방법
업무용승용차별 감가상각비 이월액	해당 사업연도의 다음 사업연도부터 해당 업무용승용차의 업무사용금액 중 감가상각비가 800만원에 미달하는 경우 그 미달하는 금액을 한도로 하여 손금으로 추인한다.
업무용승용차별 임차료 중 감가상각비 상당액 이월액(운용리스, 렌트)	해당 사업연도의 다음 사업연도부터 해당 업무용승용차의 업무사용금액 중 감가상각비 상당액이 800만원에 미달하는 경우 그 미달하는 금액을 한도로 손금에 산입한다(10년이 경과한 경우에도 연간 800만원을 한도로 손금에 산입하는 개정규정은 업무용승용차를 처분하거나 임차계약을 종료한 날부터 2020.2.11. 이후 10년이 경과하게 되는 분부터 적용한다. 영 부칙 2020.2.11.).

내국법인이 해산(합병·분할 또는 분할합병에 따른 해산을 포함한다)한 경우에는 법인세법 제27조의 2 제3항 제2호 및 같은 조 제4항에 따라 이월된 금액 중 남은 금액을 해산등기일(합병·분할 또는 분할합병에 따라 해산한 경우에는 합병등기일 또는 분할등기일을 말한다)이 속하는 사업연도에 모두 손금에 산입한다(법칙 27의2 ⑧).

(4) 업무용승용차 처분손실의 손금불산입과 이월

업무용승용차를 처분하여 발생하는 손실로서 업무용승용차별로 800만원(해당 사업연도가 1년 미만인 경우 800만원에 해당 사업연도의 월수를 곱하고 이를 12로 나누어 산출한 금액)을 초과하는 금액은 익금에 산입하고 기타사외유출로 처분한다(법법 27의2 ④, 법령 106 ①). 해당 사업연도의 다음 사업연도부터 800만원을 균등하게 손금에 산입하되, 남은 금액이 800만원 미만인 사업연도에는 남은 금액을 모두 손금에 산입한다(법령 50의2 ⑬, 10년이 경과한 경우에도 연간 800만원을 한도로 손금에 산입하는 개정규정은 업무용승용차를 처분하거나 임차계약을 종료한 날부터 2020.2.11. 이후 10년이 경과하게 되는 분부터 적용한다. 영 부칙 2020.2.11.).

(5) 부동산임대업 주업 법인 손금제한

1) 부동산임대업 주업 법인

2017.1.1. 이후 개시하는 사업연도부터 다음의 요건을 모두 갖춘 내국법인은 업무용승용차 비용 손금인정액을 제한한다(법령 42 ②, 법령 50의2 ⑮).

① 해당 사업연도 종료일 현재 지배주주 등(법인의 발행주식총수 또는 출자총액의 1% 이상의 주식 또는 출자지분을 소유한 주주 등으로서 그와 특수관계에 있는 자와의 소유 주식 또는 출자지분의 합계가 해당 법인의 주주 등 중 가장 많은 경우의 해당 주주 등)이 보유한 주식 등의 합계가 해당 내국법인의 발행주식총수 또는 출자총액의 50%를 초과할 것

② 해당 사업연도에 부동산 임대업을 주된 사업으로 하거나 다음의 금액 합계가 기업회계기준에 따라 계산한 매출액(㉠부터 ㉢까지에서 정하는 금액이 포함되지 않은 경우에는 이를 포함하여 계산)의 50%(2022.1.1. 이후 개시하는 사업연도부터 적용하며 종전은 70%적용, 영 부칙 2022.2.15.) 이상일 것. 둘 이상의 서로 다른 사업을 영위하는 경우에는 사업별 사업수입금액이 큰 사업을 주된 사업으로 본다.

㉠ 부동산 또는 부동산상의 권리의 대여로 인하여 발생하는 수입금액[조세특례제한법 제138조제1항(간주임대료)에 따라 익금에 가산할 금액을 포함]

㉡ 소득세법에 따른 이자소득의 금액

㉢ 소득세법에 따른 배당소득의 금액

③ 해당 사업연도의 상시근로자 수가 5명 미만일 것. 상시근로자는 근로기준법에 따라 근로계약을 체결한 내국인 근로자로 한다. 다만, 다음의 어느 하나에 해당하는 근로자는 제외한다.

㉠ 해당 법인의 최대주주 또는 최대출자자와 그와 국세기본법 시행령 제1조의2제1항에 따른 친족관계인 근로자

㉡ 소득세법 시행령 제196조제1항에 따른 근로소득원천징수부에 의하여 근로소득세를 원천징수한 사실이 확인되지 아니하는 근로자

㉢ 근로계약기간이 1년 미만인 근로자. 다만, 근로계약의 연속된 갱신으로 인하여 그 근로계약의 총기간이 1년 이상인 근로자는 제외한다.

㉣ 근로기준법 제2조제1항제8호에 따른 단시간근로자

$$\text{상시근로자 수} = \frac{\text{해당 과세연도의 매월 말 현재 상시근로자 수의 합}}{\text{해당 과세연도의 개월 수}}$$

* 상시근로자 수 계산시 100분의 1 미만의 부분은 없는 것으로 한다(법령 42 ⑤, 조특령 26의4 ③).

2) 손금한도 제한

부동산임대업을 주업으로 하는 내국법인은 업무용 승용차 관련비용의 손금불산입과 관련하여 다음과 같이 손금한도를 제한한다(법령 50의2 ⑮).

구 분	일반법인	부동산임대업 주업 법인
업무용 승용차 손금한도	운행기록 미작성시 연1,500만원	운행기록 미작성시 연500만원
	업무사용 감가상각비 한도 연800만원	업무사용 감가상각비 한도 연400만원
	처분손실 한도 연800만원	처분손실 한도 연400만원

(6) 명세서 제출

업무용승용차 관련비용 또는 처분손실을 손금에 산입한 법인은 법인세 과세표준 신고를 할 때 업무용승용차 관련비용 명세서를 첨부하여 납세지 관할 세무서장에게 제출하여야 한다(법법 27의2 ⑤, 법령 50의2 ⑭).

예 제 **업무용승용차 관련비용 등의 손금불산입 특례 (운용리스)**

㈜이손은 업무용승용차를 임차하여 사용하고 있으며 관련자료는 다음과 같다. ㈜이손의 업무용승용차와 관련한 제16기(2022.1.1.~12.31) 세무조정을 하시오.

(1) 다음의 차량은 대표이사가 사용하고 있으며 운용리스에 해당한다. 리스계약은 제15기 사업연도이며 약정기간은 3년이다. 해당 업무용승용차는 업무전용자동차보험에 가입하였다.

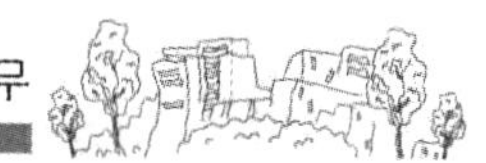

① 차량번호	② 차종	③ 임차여부	④보험가입 여부	⑤총주행 거리(㎞)	⑥업무용 사용거리(㎞)	⑦ 업무사용 비율(⑥/⑤)
18님 1818	빤츠	리스	여	10,765	8,612	80.00%

(2) 운용리스와 관련한 청구서 연간 합계액은 다음과 같다.

구 분	금 액	회계처리
리스료	16,980,000	리스료
자동차세	519,600	세금과공과
보험료	1,440,000	보험료
과태료	180,000	잡손실
합 계	19,119,600	

(3) 대표이사 업무용승용차의 리스료 청구액 이외의 당기 관련비용은 다음과 같다.

유류비	수선비	기타
1,210,000	140,500	1,500

(4) 전기이월 업무용승용차별 감가상각비상당액 한도초과액은 없다.

요구사항

1. ㈜이손이 업무전용승용차와 관련한 운행기록 등을 작성·비치하고 있는 경우 세무조정을 하시오.
2. ㈜이손이 업무전용승용차와 관련한 운행기록 등을 작성·비치하고 있지 아니한 경우 세무조정을 하시오.
3. ㈜이손은 업무전용승용차와 관련한 운행기록 등을 작성·비치하고 있지 아니하며 임직원이 공용으로 사용하고 있어 귀속이 불분명한 경우 세무조정을 하시오.

풀 이

1. 운행기록 등을 작성·비치하고 있는 경우

(1) 손금의 집계와 감가상각비 상당액의 계산

① 과태료는 법인세법상 손금에 해당하지 아니하므로 이를 손금불산입한다.
〈손금불산입〉 잡손실 180,000 (기타사외유출)

② 업무용승용차 감가상각비 상당액 : 감가상각비 상당액이란 임차료에서 해당 임차료에 포함되어 있는 보험료, 자동차세, 수선유지비를 차감한 금액을 말한다. 다만, 수선유지비를 별도로 구분하기 어려운 경우 임차료(보험료와 자동차세를 차감한 금액)의 7%를 수선유지비로 계산할 수 있다.

∴ 16,980,000 − 16,980,000 × 7% = 15,791,400

③ 업무용승용차별 관련비용 등의 집계

⑧업무용승용차 관련비용							
⑨감가상각비	⑩임차료 ⑪감가상각비 상당액	⑫ 유류비	⑬ 보험료	⑭ 수선비	⑮자동차세	⑯ 기타	⑰ 합계
–	16,980,000 15,791,400	1,210,000	1,440,000	140,500	519,600	1,500	20,291,600

감가상각비 상당액은 업무용승용차별 감가상각비 업무사용비율 한도시부인을 적용한다.

(2) 업무용승용차별 관련비용 등의 업무미사용분 손금불산입하고 귀속자에 따라 소득처분

⑱ 차량번호	⑲업무사용금액(업무사용비율 : 80%)			⑳업무외사용금액(사적사용비율 : 20%)		
	㉑감가상각비 (상당액)[(⑨ 또는⑪)×⑦)]	㉒관련비용 [(⑰−⑨ 또는 −⑪)×⑦)]	㉓합계 (㉑+㉒)	㉔감가상각비 (상당액)(⑨−㉑ 또는 ⑪−㉑)	㉕관련비용 [(⑰−⑨또는 −⑪)−㉒]	㉖합계 (㉔+㉕)
18님 1818	12,633,120	3,600,160	16,233,280	3,158,280	900,040	4,058,320

〈손금불산입〉 업무용승용차 관련비용 4,058,320 (상여)

(3) 업무용승용차별 감가상각비 업무사용비율 한도시부인
12,633,120 − 8,000,000 = 4,633,120 (기타사외유출)

2. 운행기록 등을 작성·비치하고 있지 않은 경우

(1) : 요구사항 1과 동일하다.

(2) 업무용승용차별 관련비용 등의 업무미사용분 손금불산입하고 귀속자에 따라 소득처분
해당 사업연도의 업무용승용차 관련비용이 1,500만원을 초과하는 경우 업무사용비율은 다음의 비율을 적용한다.

$$\frac{1,500\text{만원}}{\text{업무용승용차 관련비용}} = \frac{15,000,000}{20,291,600} = 73.92\%$$

① 차량번호	② 차종	③ 임차여부	④보험 가입여부	⑤총주행 거리(㎞)	⑥업무용 사용거리(㎞)	⑦ 업무사용 비율(⑥/⑤)
18님 1818	빤츠	리스	여	–	–	73.92%

⑱ 차량번호	⑲업무사용금액(업무사용비율 : 73.92%)			⑳업무외사용금액(사적사용비율 : 26.08%)		
	㉑감가상각비 (상당액)[(⑨ 또는⑪)×⑦)]	㉒관련비용 [(⑰−⑨ 또는 −⑪)×⑦)]	㉓합계 (㉑+㉒)	㉔감가상각비 (상당액)(⑨−㉑ 또는 ⑪−㉑)	㉕관련비용 [(⑰−⑨ 또는 −⑪)−㉒]	㉖합계 (㉔+㉕)
18님 1818	11,673,353	3,326,647	15,000,000	4,118,047	1,173,553	5,291,600

〈손금불산입〉 업무용승용차 관련비용 5,291,600 (상여)

(3) 업무용승용차별 감가상각비 업무사용비율 한도시부인
11,673,353－8,000,000＝3,673,353
〈손금불산입〉 업무용승용차 감가상각비(상당액) 3,673,353 (기타사외유출)

3. 귀속이 불분명한 경우

운행기록 등을 작성·비치하고 있지 않은 경우 세무조정은 요구사항 2와 동일하다. 다만, 귀속이 불분명하므로 업무용승용차별 관련비용 등의 업무미사용분 손금불산입 조정액은 대표자에 대한 상여로 처분한다. 만일, 법인이 당해 대표자 상여처분액에 대하여 소득세를 대납하고 손비로 처리한 경우 당해 손비는 손금불산입하고 기타사외유출로 처분한다.

예 제 업무용승용차 관련비용 등의 손금불산입 특례(렌트)

㈜이손은 업무용승용차를 임차하여 사용하고 있으며 관련자료는 다음과 같다. ㈜이손의 업무용승용차와 관련한 제16기(2022.1.1.~12.31) 세무조정을 하시오.

(1) 다음의 차량은 대표이사가 렌트로 사용하고 있다. 렌트계약은 제15기 사업연도이며 약정기간은 3년이다. 해당 업무용승용차는 업무전용자동차보험에 가입하였다.

① 차량번호	② 차종	③ 임차여부	④보험가입 여부	⑤총주행 거리(㎞)	⑥업무용 사용거리(㎞)	⑦ 업무사용 비율(⑥/⑤)
18호 1818	빤츠	렌트	여	10,765	8,612	80.00%

(2) 렌트와 관련한 청구서 연간 합계액은 다음과 같다.

구 분	금 액	회계처리
렌트비	16,980,000	임차료(부가세 포함)
과태료	180,000	잡손실
합 계	17,160,000	

(3) 대표이사 업무용승용차의 렌트비 이외의 당기 관련비용은 다음과 같다.

유류비	수선비	기타
1,210,000	140,500	1,500

(4) 업무용승용차별 감가상각비상당액 업무사용비율 한도초과이월액은 없다.

요구사항

1. ㈜이손이 업무전용승용차와 관련한 운행기록 등을 작성·비치하고 있는 경우 세무조정과 업무용승용차 관련비용 명세서를 작성하시오.
2. ㈜이손이 업무전용승용차와 관련한 운행기록 등을 작성·비치하고 있지 아니한 경우 세무조정을 하시오.
3. ㈜이손은 업무전용승용차와 관련한 운행기록 등을 작성·비치하고 있지 아니하며 임직원이 공용으로 사용하고 있어 귀속이 불분명한 경우 세무조정을 하시오.

풀 이

1. 운행기록 등을 작성·비치하고 있는 경우

(1) 손금의 집계와 감가상각비 상당액의 계산

① 과태료는 법인세법상 손금에 해당하지 아니하므로 이를 손금불산입한다.
〈손금불산입〉 잡손실 180,000 (기타사외유출)

② 업무용승용차 감가상각비 상당액 : 감가상각비 상당액이란 임차료의 70%에 해당하는 금액으로 본다.
∴ 16,980,000 × 70% = 11,886,000

③ 업무용승용차별 관련비용 등의 집계

⑧업무용승용차 관련비용							
⑨감가상각비	⑩임차료 ⑪감가상각비 상당액	⑫ 유류비	⑬ 보험료	⑭ 수선비	⑮ 자동차세	⑯ 기타	⑰ 합계
–	16,980,000 11,886,000	1,210,000		140,500		1,500	18,332,000

감가상각비 상당액은 업무용승용차별 감가상각비 업무사용비율 한도시부인을 적용한다.

(2) 업무용승용차별 관련비용 등의 업무미사용분 손금불산입하고 귀속자에 따라 소득처분

⑱ 차량 번호	⑲업무사용금액(업무사용비율 : 80%)			⑳업무외사용금액(사적사용비율 : 20%)		
	㉑감가상각비 (상당액)[(⑨ 또는⑪) × ⑦)]	㉒관련비용 [(⑰–⑨ 또는 –⑪) × ⑦)]	㉓합계 (㉑ + ㉒)	㉔감가상각비 (상당액)(⑨–㉑ 또는 ⑪–㉑)	㉕관련비용 [(⑰–⑨ 또는 –⑪)–㉒]	㉖합계 (㉔ + ㉕)
18호1818	9,508,800	5,156,800	14,665,600	2,377,200	1,289,200	3,666,400

〈손금불산입〉 업무용승용차 관련비용 3,666,400 (상여)
* 업무사용비율이 운행기록을 작성하지 아니한 경우 81.82%이므로 요구사항 2가 유리하다.

(3) 업무용승용차별 감가상각비 업무사용비율 한도시부인
9,508,800 − 8,000,000 = 1,508,800 (기타사외유출)

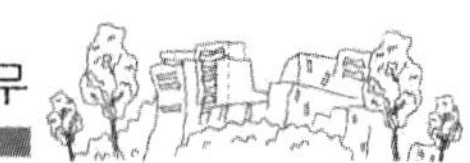

2. 운행기록 등을 작성·비치하고 있지 않은 경우

(1) 손금의 집계와 감가상각비 상당액의 계산 : 요구사항 1과 동일하다.

(2) 업무용승용차별 관련비용 등의 업무미사용분 손금불산입하고 귀속자에 따라 소득처분
해당 사업연도의 업무용승용차 관련비용이 1,000만원을 초과하는 경우 업무사용비율은 다음의 비율을 적용한다.

$$\frac{1,500\text{만원}}{\text{업무용승용차 관련비용}} = \frac{15,000,000}{18,332,000} = 81.82\%$$

① 차량번호	② 차종	③ 임차여부	④보험 가입여부	⑤총주행 거리(㎞)	⑥업무용 사용거리(㎞)	⑦ 업무사용 비율(⑥/⑤)
18호 1818	빤츠	렌트	여	–	–	81.82%

⑱ 차량 번호	⑲업무사용금액(업무사용비율 : 81.82%)			⑳업무외사용금액(사적사용비율 : 18.18%)		
	㉑감가상각비 (상당액)[(⑨ 또는⑪)×⑦)]	㉒관련비용 [(⑰−⑨ 또는 −⑪)×⑦)]	㉓합계 (㉑+㉒)	㉔감가상각비 (상당액)(⑨−㉑ 또는 ⑪−㉑)	㉕관련비용 [(⑰−⑨ 또는 −⑪)−㉒]	㉖합계 (㉔+㉕)
18호 1818	9,725,616	5,274,384	15,000,000	2,160,384	1,171,616	3,332,000

〈손금불산입〉 업무용승용차 관련비용 3,332,000 (상여)

(3) 업무용승용차별 감가상각비 업무사용비율 한도시부인
9,725,616－8,000,000＝1,725,616
〈손금불산입〉 업무용승용차 감가상각비(상당액) 1,725,616 (기타사외유출)

3. 귀속이 불분명한 경우

운행기록 등을 작성·비치하고 있지 않은 경우 세무조정은 요구사항 2와 동일하다. 다만, 귀속이 불분명하므로 업무용승용차별 관련비용 등의 업무미사용분 손금불산입 조정액은 대표자에 대한 상여로 처분한다. 만일, 법인이 당해 대표자 상여처분액에 대하여 소득세를 대납하고 손비로 처리한 경우 당해 손비는 손금불산입하고 기타사외유출로 처분한다.

08 자본거래 등으로 인한 손비의 손금불산입

법인의 순자산을 감소시키는 손비 중에서 잉여금처분거래나 업무와 무관한 경비 등 법에 열거된 항목은 손금으로 인정하지 아니한다. 다음의 항목은 내국법인의 각 사업연도의 소득금액을 계산할 때 손금에 산입하지 아니한다(법법 20).

① 잉여금의 처분을 손비로 계상한 금액

② 주식할인발행차금

예제 자본거래 등으로 인한 손비의 손금불산입

20X1년초 현재 B법인은 ㈜이손의 주식 전부를 보유하고 있으며 ㈜이손의 주식발행과 관련한 자료는 다음과 같다.

(1) ㈜이손은 제11기(20X1.1.1~12.31)에 기업공개를 진행하고 있으며 B법인이 보유하고 있는 (주)이손주식 일부를 일반인에게 매각(구주매출)하는 과정에서 ㈜이손은 구주매출과 관련하여 기업공개 주간사인 증권회사에 유가증권의 인수·주선수수료 ₩10,000,000을 지급하고 지급수수료로 처리하였다.

(2) ㈜이손은 제13기(20X3.1.1~12.31)에 유상증자를 실시하였다. 신주의 발행과 관련하여 공모대행증권사에 지급하는 공모대행 인수수수료 ₩5,000,000을 지급수수료로 처리하였다.

요구사항

㈜이손의 제11기와 제13기의 세무조정을 하시오.

풀 이

(1) **제11기 구주매출 수수료** : 법인이 구주매출을 통하여 기업공개를 함에 있어서 구주매출과 관련하여 기업공개 주간사인 증권회사에 지급하는 유가증권의 인수·주선수수료는 주식을 매출하는 구주주가 부담하여야 할 비용이므로 법인의 손비로 처리할 수 없는 것이며, 이를 법인이 손비처리한 경우에는 동 금액을 손금불산입하고 법인세법 시행령 제94조의 2 제1항 제1호의 규정에 따라 배당·상여 또는 기타 사외유출로 처분한다(법인22601-2430, 1986.07.31.).
〈손금불산입〉 지급수수료 10,000,000 (기타사외유출)

(2) **제13기 공모대행 수수료** : 법인이 신주의 발행과 관련하여 공모대행증권사에 지급하는 공모대행 인수수수료는 주식할인발행차금에 해당되므로 당해 법인의 각 사업연도 소득금액계산에 있어서 이를 손금에 산입하지 아니한다(서이46012-10205, 2001.9.20.).
〈손금불산입〉 주식할인발행차금 5,000,000 (기타)

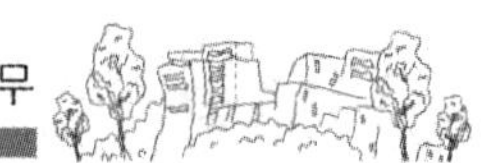

09 공동경비

공동경비는 법인이 당해 법인 외의 자와 동일한 조직 또는 사업 등을 공동으로 운영하거나 영위함에 따라 발생되거나 지출된 손비를 말한다(법법 26). 이 경우 공동경비를 임의적으로 배분하여 소득금액을 부당하게 조절할 수 있으므로 지출된 손비 중 일정한 분담금액기준을 초과하는 경우 손금으로 인정하지 아니한다.

법인이 해당 법인 외의 자와 동일한 조직, 자산, 사업 등을 공동으로 운영하거나 영위함에 따라 발생되거나 지출된 손비 중 다음의 기준에 따른 분담금액을 초과하는 금액은 해당 법인의 소득금액계산에 있어서 이를 손금에 산입하지 아니한다(법령 48 ①).

① 출자에 의하여 특정사업을 공동으로 영위하는 경우에는 출자총액중 당해 법인이 출자한 금액의 비율

② 상기 ① 외의 경우로서 해당 조직, 자산, 사업 등에 관련되는 모든 법인 등(비출자공동사업자)이 지출하는 비용에 대하여는 다음에 따른 기준

㉠ 비출자공동사업자 사이에 법인세법 시행령 제2조제8항(특수관계인)의 어느 하나의 관계가 있는 경우 : 직전 사업연도 또는 해당 사업연도의 기업회계기준에 의한 매출액(자본시장과 금융투자업에 관한 법률에 따른 집합투자업자, 투자매매업자 또는 투자중개업자의 경우에는 법인세법 시행령 제42조제1항제1호 및 제2호에 따라 산정한 금액으로 할 수 있다)과 총자산가액(한 공동사업자가 다른 공동사업자의 지분을 보유하고 있는 경우 그 주식의 장부가액은 제외) 총액 중 법인이 선택하는 금액(선택하지 아니한 경우에는 직전 사업연도의 매출액 총액을 선택한 것으로 보며, 선택한 사업연도부터 연속하여 5개 사업연도 동안 적용하여야 한다)에서 해당 법인의 매출액(총자산가액 총액을 선택한 경우에는 총자산가액을 말한다)이 차지하는 비율. 비출자공동사업자 전부 또는 일부가 직전 사업연도 매출액이 없는 경우에는 해당 사업연도의 매출액 총액 또는 총자산가액 총액 중 해당 법인이 선택해야 하며, 선택하지 않으면 해당 사업연도의 매출액 총액을 선택한 것으로 본다(법령 48 ②, 개정규정은 2025.2.28.이 속하는 사업연도에 공동경비를 지출하는 경우부터 적용함. 영 부칙 2025.2.28.). 다만, 공동행사비, 공동구매비, 자산의 공동경비 등 기획재정부령으로 정하는 손비에 대하여는 참석인원 수, 구매금액, 해당 자산의 소유지분·사용횟수 등 다음에서 정하는 기준에 따를 수 있다(법칙 25 ①,②).

1. 공동행사비 등 참석인원의 수에 비례하여 지출되는 손비 : 참석인원비율
2. 공동구매비 등 구매금액에 비례하여 지출되는 손비 : 구매금액비율
3. 공동광고선전비

가. 국외 공동광고선전비 : 수출금액(대행수출금액은 제외하며, 특정 제품에 대한 광고선전의 경우에는 해당 제품의 수출금액을 말한다)
나. 국내 공동광고선전비 : 기업회계기준에 따른 매출액 중 국내의 매출액(특정 제품에 대한 광고선전의 경우에는 해당 제품의 매출액을 말하며, 주로 최종 소비자용 재화나 용역을 공급하는 법인의 경우에는 그 매출액의 2배에 상당하는 금액 이하로 할 수 있다)
4. 공동연구개발비 : 기업회계기준에 따른 매출액 중 공동연구개발과 관련된 사업(한국표준산업분류에 따른 세분류상 사업을 말한다)에서 발생한 매출액(개정규정은 2025.3.21. 이후 과세표준을 신고하는 경우부터 적용함. 규칙 부칙 2025.3.21.)
5. 유형자산(토지 및 건축물은 제외한다)의 공동사용료
가. 고정비 : 해당 유형자산의 소유지분
나. 고정비 외의 비용 : 해당 유형자산의 사용비율
4. 무형자산의 공동사용료 : 해당 사업연도 개시일의 기업회계기준에 따른 자본의 총합계액

㉡ 상기 ㉠ 외의 경우 : 비출자공동사업자 사이의 약정에 따른 분담비율. 다만, 해당 비율이 없는 경우에는 ㉠의 비율에 따른다.

구 분		내 용
출자관계		출자액 비율
비출자관계	특수관계	원칙 : 직전사업연도 또는 해당 사업연도 매출액과 *총자산가액 비율을 선택(미선택시 직전사업연도 매출액비율 적용)하며 선택한 사업연도부터 연속하여 5개 사업연도 동안 적용. 예외 : 참석인원수비율, 공동구매비율 선택가능 * 직전사업연도 또는 해당 사업연도 총자산가액 계산시 한 공동사업자가 다른 공동사업자의 지분을 보유하고 있는 경우 그 주식의 장부가액은 제외
	비특수관계	약정이 있는 경우 : 약정 분담비율 약정이 없는 경우 : 특수관계 분담기준 적용

예 제 **공동경비**

모회사인 ㈜이손은 ㈜CFO의 주식 전부를 보유하고 있다. ㈜이손과 ㈜CFO는 대내외 업무를 효율적으로 수행하기 위해 그룹사 전체를 통합하는 그룹웨어시스템을 구축하고자 한다. 해당시스템은 그룹사 간의 의견공유와 공통된 양식공유 등이 주목적으로 홈페이지 구축과 같은 외부인을 대상으로 한 광고효과를 볼 수 있는 것은 아니며 내부적인 커뮤니케이션과 데이터처리 향상 등에 주안점을 두고 있다.

(1) 그룹웨어시스템의 구축비용은 ₩10,000,000이며 그룹사는 구축비용을 사용인원으로 안분하여 부담하였다.

구 분	사용인원	직전 사업연도 매출액
㈜이손	60명	700억원
㈜CFO	40명	300억원
합 계	100명	1,000억원

(2) ㈜CFO의 회계처리는 다음과 같다.

20X1년초	(차) 비품	4,000,000	(대) 현금	4,000,000
20X1년말	(차) 감가상각비	400,000	(대) 감가상각누계액	400,000

* 내용연수 10년, 잔존가치는 없으며 정액법으로 상각한다.

요구사항

그룹웨어시스템의 구축비용과 관련하여 ㈜CFO의 세무조정을 하시오. 단, ㈜CFO의 공동경비 안분기준은 직전 사업연도 매출액비율을 적용하고 있다.

풀 이

(1) 공동경비 초과부담액

모회사와 자회사가 대내외적인 업무를 효율적으로 수행하기 위해서 그룹사 전체를 통합하는 그룹웨어시스템을 구축하는 경우 해당시스템 구축에 소요되는 공동경비는 법인세법시행령 제48조제1항제2호 가목에 따라 매출액비율 또는 총자산가액비율 중 법인이 선택하는 비율로 안분해야 한다(법규법인 2012-282, 2012.07.30. 수정).

구 분	사용인원	직전 매출액	초과부담
㈜이손	60%	70%	△10%
㈜CFO	40%	30%	10%
합 계	100%	100%	

(2) 부당행위 세무조정

〈익금산입〉 공동경비 1,000,000 (기타사외유출)

〈손금산입〉 비품 1,000,000 (△유보)

* 초과부담액 : 10,000,000×10%=1,000,000

(3) 부당행위계산의 부인(비품 △유보분)에 해당하는 감가상각비 부인

초과지급분에 대한 감가상각비 : 400,000×1,000,000/4,000,000 = 100,000

〈손금불산입〉 비품 100,000 (유보)

(4) 비품 감가상각시부인

① 회사계상액 = 400,000−100,000 = 300,000

② 상각범위액 = 3,000,000×0.1 = 300,000

③ 상각부인액 = 0

④ 상각범위액을 초과하지 않으므로 세무조정은 없다.

10 징벌적 목적의 손해배상금 등에 대한 손금불산입

법인이 사업과 관련하여 타인에게 끼친 피해에 대한 보상금으로써 사회통념상 적정하다고 인정되는 금액은 각 사업연도 소득금액계산시 손금에 산입하는 것이다. 그러나 내국법인이 지급한 손해배상금 중 실제 발생한 손해를 초과하여 지급하는 금액으로서 다음에서 정하는 금액은 내국법인의 각 사업연도의 소득금액을 계산할 때 손금에 산입하지 아니한다(법법 21의2).

1) 손해액이 분명한 경우

내국법인이 지급한 손해배상금 중 실제 발생한 손해를 초과하여 지급하는 금액으로서 손금불산입 대상 손해배상금은 다음과 같다(법령 23 ①).

① 별표 1 각 호의 어느 하나에 해당하는 법률의 규정에 따라 지급한 손해배상액 중 실제 발생한 손해액을 초과하는 금액(별표 1의 개정규정은 2024.2.29. 이후 지급하는 손해배상금부터 적용함. 영 부칙 2024.2.29.)

【별표 1】 (2024. 2. 29. 신설)

손금불산입 대상 손해배상금에 관한 법률(제23조 제1항 제1호 관련)

1. 「가맹사업거래의 공정화에 관한 법률」 제37조의 2 제2항
2. 「개인정보 보호법」 제39조 제3항
3. 「공익신고자 보호법」 제29조의 2 제1항
4. 「기간제 및 단시간근로자 보호 등에 관한 법률」 제13조 제2항
5. 「남녀고용평등과 일·가정 양립 지원에 관한 법률」 제29조의 2 제2항
6. 「농수산물 품질관리법」 제37조 제2항
7. 「대규모유통업에서의 거래 공정화에 관한 법률」 제35조의 2 제2항
8. 「대리점거래의 공정화에 관한 법률」 제34조 제2항
9. 「대·중소기업 상생협력 촉진에 관한 법률」 제40조의 2 제2항
10. 「독점규제 및 공정거래에 관한 법률」 제109조 제2항
11. 「디자인보호법」 제115조 제7항
12. 「부정경쟁방지 및 영업비밀보호에 관한 법률」 제14조의 2 제6항
13. 「산업기술의 유출방지 및 보호에 관한 법률」 제22조의 2 제2항
14. 「상표법」 제110조 제7항
15. 「식물신품종 보호법」 제85조 제2항
16. 「신용정보의 이용 및 보호에 관한 법률」 제43조 제2항

17. 「실용신안법」 제30조
18. 「자동차관리법」 제74조의 2 제2항
19. 「제조물 책임법」 제3조 제2항
20. 「중대재해 처벌 등에 관한 법률」 제15조 제1항
21. 「축산계열화사업에 관한 법률」 제34조의 2 제2항
22. 「특허법」 제128조 제8항
23. 「파견근로자 보호 등에 관한 법률」 제21조 제3항
24. 「하도급거래 공정화에 관한 법률」 제35조 제2항
25. 「환경보건법」 제19조 제2항

② 외국의 법령에 따라 지급한 손해배상액 중 실제 발생한 손해액을 초과하여 손해배상금을 지급하는 경우 실제 발생한 손해액을 초과하는 금액

2) 손해액이 분명하지 않은 경우

실제 발생한 손해액이 분명하지 않은 경우에는 다음 계산식에 따라 계산한 금액을 손금불산입 대상 손해배상금으로 한다(법령 23 ①, 2024.2.29. 전에 지급한 손해배상금의 손금불산입 범위에 관하여는 영 23조 2항의 개정규정에도 불구하고 종전의 규정에 따름. 영 부칙 2024.2.29.).

$$\text{손금불산입 대상 손해배상금} = A \times \frac{B-1}{B}$$

A : 제1항 제1호의 법률(상기 1)의 ①) 또는 같은 항 제2호(상기 1)의 ②)의 외국 법령에 따라 지급한 손해배상액

B : 제1항 제1호의 법률(상기 1)의 ①) 또는 같은 항 제2호(상기 1)의 ②)의 외국 법령에서 정한 손해배상액의 상한이 되는 배수

구 분	손금불산입 손해배상금 (2024.2.29. 전에 지급한 손해배상금의 손금불산입 범위)
손해액이 분명한 경우	손해배상금 중 실제 발생한 손해를 초과하여 지급하는 금액
손해액이 분명하지 아니한 경우	손해배상금 $\times \frac{2}{3}$

제3절 지급이자

01 지급이자 손금불산입

(1) 의의

차입금에 대한 지급이자(이자비용)는 순자산의 감소에 해당하므로 각 사업연도의 손금으로 인정된다(법법 19, 법령 19). 이 경우 차입금이라 함은 지급이자 및 할인료를 부담하는 모든 부채를 말한다. 상품, 제품 등을 매출하고 받은 상업어음을 할인한 경우의 할인어음은 차입금으로 보지 아니하고, 금융리스에 의한 리스료 중 유효이자율법에 의하여 계산한 이자상당액을 제외한 금액(상환액은 제외한다)은 차입금에 포함한다(법기통 28-53…1).

순자산의 감소에 해당하는 지급이자는 원칙적으로 손금이지만 조세정책적인 입장에서 채권자가 불분명한 사채의 이자, 지급받은 자가 불분명한 채권·증권의 이자·할인액 또는 차익, 건설자금에 충당한 차입금의 이자, 업무무관자산 등에 대한 지급이자는 손금불산입한다. 지급이자의 손금불산입이 동시에 적용되는 경우 지급이자 손금불산입은 다음의 순서에 의한다(법법 28, 법령 55). 다만, 배당으로 간주된 이자의 손금불산입 등 국제조세조정에 관한 법률에 의해 지급이자가 손금불산입된 경우에는 법인세법 제28조(지급이자의 손금불산입)에 우선하여 적용한다(국조법 22 ②, 26 ②).

손금불산입되는 지급이자

지급이자 손금불산입 적용순서	불산입 이유
① 배당으로 간주된 이자의 손금불산입 등(국조법 22 ②)	국세 정상가격 조정 및 다국적 기업에 대한 세원관리 강화
② 채권자가 불분명한 사채이자(법법 28 ①)	자금조달원천의 투명화 실명제 정착
③ 지급받은 자가 불분명한 채권·증권의 이자(법법 28 ①)	
④ 건설자금이자(법법 28 ①)	자산의 취득원가
⑤ 업무무관자산 등에 대한 지급이자(법법 28 ①)	업무무관자산 보유 억제

법인세법 지급이자 손금불산입에 대한 세무조정을 요약하면 다음과 같다. 예를 들어 ㈜이손의 지급이자가 다음과 같이 구성되어 있는 경우 해당 지급이자는 채권자가 불분명한 사채의 이자, 지급받은 자가 불분명한 채권·증권의 이자·할인액 또는 차익, 건설자금에 충당한 차입금의 이자를 순차적으로 손금불산입한다. 손금불산입한 후 지급이자 잔액이 2억원

(이자율 10%), 해당 차입금 20억원, 업무무관자산이 10억원이라면 추가적으로 업무무관자산이 차입금에 해당하는 비율만큼 지급이자를 손금불산입한다.

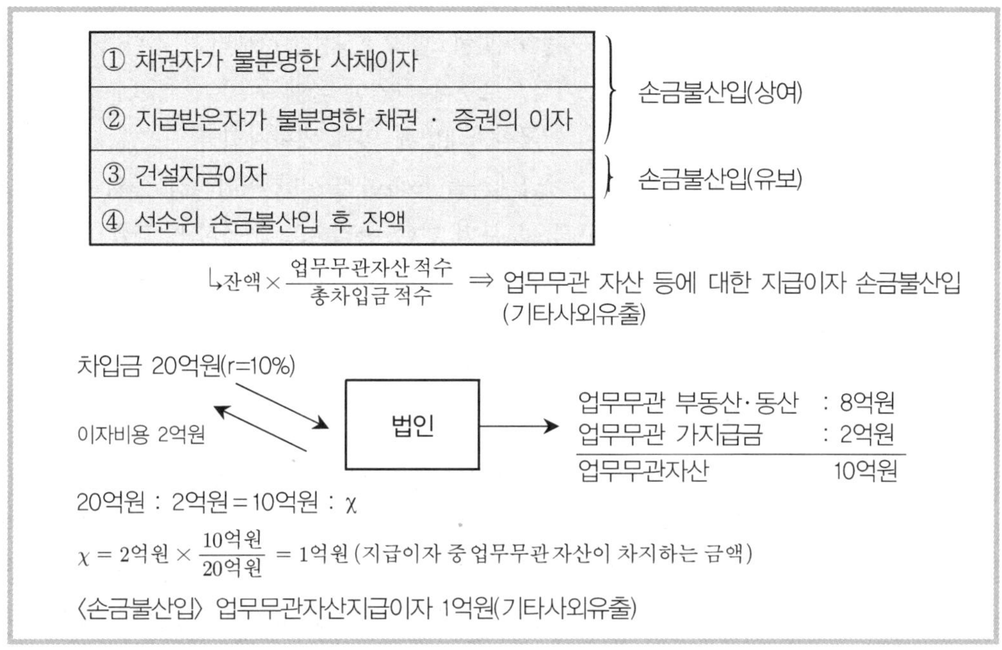

(2) 지급이자의 범위

지급이자 손금불산입규정을 적용하는 경우 유의할 사항은 다음과 같다.

① 지급이자 손금불산입을 적용하는 경우 차입금은 지급이자 및 할인료를 부담하는 모든 부채를 말한다(법기통 28-53…1). 금융기관으로부터 차입하는 때에 지급하는 지급보증료는 지급이자 또는 이와 유사한 성질의 지출금으로 본다(법기통 28-52…1).

② 다음의 경우에는 지급이자로 보지 아니하고 전액 손금으로 인정한다.

㉠ 자산을 장기할부조건 등으로 취득하는 경우에 발생한 채무를 기업회계기준이 정하는 바에 따라 현재가치로 평가하여 현재가치할인차금으로 계상한 경우 당해 현재가치할인차금의 상각액(법령 72 ⑥)

㉡ 연지급수입이자 등[67]을 취득가액과 구분하여 지급이자로 계상한 금액(법령 72 ④, 법칙 37 ③)

---

67) 연지급수입이자 등이란 다음을 말한다(법칙 37 ③).
- Usance 이자, D/A이자
- 정유회사, 원유·액화천연가스 또는 액화석유가스 수입업자의 특정 단기외화자금의 이자
- 기타 위와 유사한 연지급수입의 이자

㉢ 금융회사 등이 차입한 다음의 금액에서 발생하는 지급이자(법령 53 ④ 1호)

가. 공공자금관리기금법에 따른 공공자금관리기금 또는 한국은행법에 의한 한국은행으로부터 차입한 금액

나. 국가 및 지방자치단체(지방자치단체조합을 포함한다)로부터 차입한 금액

다. 법령에 의하여 설치된 기금으로부터 차입한 금액

라. 외국인투자촉진법 또는 외국환거래법에 의한 외화차입금

마. 예금증서를 발행하거나 예금계좌를 통하여 일정한 이자지급 등의 대가를 조건으로 불특정 다수의 고객으로부터 받아 관리하고 운용하는 자금

㉣ 내국법인이 한국은행총재가 정한 규정에 따라 기업구매자금대출에 의하여 차입한 금액의 지급이자(법령 53 ④ 2호)

(3) 지급이자의 귀속시기

법인이 지급하는 이자 및 할인액은 소득세법 시행령 제45조에 따른 수입시기(이자수익 귀속시기 참조)에 해당하는 날이 속하는 사업연도로 한다. 다만, 결산을 확정할 때 이미 경과한 기간에 대응하는 이자 및 할인액(차입일부터 이자지급일이 1년을 초과하는 특수관계인과의 거래에 따른 이자 및 할인액은 제외한다. 2021.1.1.이후 개시하는 사업연도 분부터 적용, 영 부칙 2021.2.17.)을 해당 사업연도의 손비로 계상한 경우에는 그 계상한 사업연도의 손금으로 한다(법령 70 ① 2호).

이자수익과 이자비용

구 분	이자수익	이자비용
손익인식시기	소득세법 시행령 제45조	소득세법 시행령 제45조
미수이자, 미지급이자	① 보통예금·정기예금·적금 또는 부금의 이자(실제로 이자를 지급받는 날) – 익금불산입 ② 비영업대금의 이익(약정에 의한 이자지급일) – 약정일에 따라 판단	결산을 확정할 때 이미 경과한 기간에 대응하는 이자 및 할인액 손금계상시 인정
업무무관가지급금 인정이자	1년이내 미회수시 익금산입(법령 11)	차입일부터 이자지급일이 1년을 초과하는 미지급이자 손금불인정(법령 70 ①, 2021.1.1.이후 개시하는 사업연도 분부터 적용)

02 채권자불분명사채이자

(1) 의의

채권자가 불분명한 사채(私債)란 다음의 경우를 말하며 동 사채와 관련된 이자(알선수수료, 사례금 등 명목 여하에 불구하고 사채를 차입하고 지급하는 금품을 포함)는 손금불산입한다(법법 28, 법령 51①). 다만, 거래일 현재 주민등록표에 의하여 그 거주사실 등이 확인된 채권자가 차입금을 변제받은 후 소재불명이 된 경우의 차입금에 대한 이자는 제외한다(법령 51 ①).

① 채권자의 주소 및 성명을 확인할 수 없는 차입금
② 채권자의 능력 및 자산상태로 보아 금전을 대여한 것으로 인정할 수 없는 차입금
③ 채권자와의 금전거래사실 및 거래내용이 불분명한 차입금

(2) 세무조정

채권자가 불분명한 사채의 이자는 손금에 산입하지 아니하며 대표자에 대한 상여로 처분한다. 다만 이자에 대한 원천징수세액은 기타사외유출로 소득처분한다(법령 106 ①).

〈손금불산입〉 원천징수상당액(기타사외유출)
〈손금불산입〉 나머지 이자(대표자 상여)

예 제 채권자불분명사채이자

㈜이손은 제10기(20X1.1.1~12.31) 사업연도에 사채(私債)를 차입하였으며 당해 사채와 관련하여 사채이자 ₩5,000,000을 지급하면서 ₩1,925,000(가정)을 원천징수하였다. 당해 사채권자의 성명과 주소는 확인되지 아니하며 회계처리는 다음과 같다. 사채이자와 관련한 세무조정을 하시오.

(차) 이자비용	5,000,000	(대) 예수금	1,925,000
		현 금	3,075,000

풀 이

채권자가 불분명한 사채의 이자는 손금에 산입하지 아니하며 대표자에 대한 상여로 처분한다. 다만, 이자에 대한 원천징수세액은 기타사외유출로 소득처분한다.

〈손금불산입〉 원천징수액 1,925,000 (기타사외유출)
〈손금불산입〉 채권자불분명사채이자 3,075,000 (상여)

03 지급받는 자가 불분명한 채권·증권의 이자 또는 할인액

(1) 의의

채권·증권의 이자·할인액 또는 차익 중 그 지급받은 자가 불분명한 채권·증권의 이자 등을 당해 채권 또는 증권의 발행법인이 직접 지급하는 경우 그 지급사실이 객관적으로 인정되지 아니하는 이자·할인액 또는 차익은 손금불산입한다(법법 28, 법령 51). 이 경우 채권·증권은 다음의 경우를 말한다.

① 국가나 지방자치단체가 발행한 채권 또는 증권의 이자와 할인액
② 내국법인이 발행한 채권 또는 증권의 이자와 할인액
③ 외국법인의 국내지점 또는 국내영업소에서 발행한 채권 또는 증권의 이자와 할인액
④ 금융회사 등이 환매기간에 따른 사전약정이율을 적용하여 환매수 또는 환매도하는 조건으로 매매하는 채권 또는 증권의 매매차익*

(2) 세무조정

지급받는 자가 불분명한 채권·증권의 이자 또는 할인액은 손금에 산입하지 아니하며 대표자에 대한 상여로 처분한다. 다만 이자에 대한 원천징수세액은 기타사외유출로 소득처분한다(법법 28, 법령 106).

〈손금불산입〉 원천징수상당액(기타사외유출)
〈손금불산입〉 나머지 이자와 할인액(대표자 상여)

04 건설자금이자와 출자금액 대비 과다차입금 지급이자의 손금불산입

(1) 건설자금이자

건설자금이자는 자산의 제조, 매입, 건설 또는 개발과 관련하여 발생한 타인자본에 대한 이자를 말한다. 건설자금이자와 관련한 구체적인 내용은 유형·무형자산의 차입원가자본화를 참조하기로 한다.

차입원가 자본화(건설자금이자)

비 교	일반기업회계기준	법인세법
자본화여부	선택적(비용 또는 자본화)	특정차입금 강제적 자본화
자본화대상자산	유형자산, 무형자산, 투자자산 장기간 소요되는 재고자산	사업용 유형·무형자산
자본화대상 차입금	특정차입금, 일반차입금	특정차입금, 일반차입금(선택가능)
자본화대상 이자에 포함여부	환율변동손익 중 이자조정분 포함 연체이자 제외	외환차손익, 외화환산손익 제외 연체이자 포함 및 운영자금전용 제외

차입원가 자본화(건설자금이자)

비 교	K-IFRS	법인세법
자본화여부	자본화 강제	특정차입금 강제적 자본화
자본화대상자산	유형자산, 무형자산, 투자자산 장기간 소요되는 재고자산	사업용 유형·무형자산
자본화대상 차입금	특정차입금, 일반차입금	특정차입금, 일반차입금(선택가능)
자본화대상 이자에 포함여부	환율변동손익 중 이자조정분 포함 연체이자 제외	외환차손익, 외화환산손익 제외 연체이자 포함 및 운영자금전용 제외

건설중인 자산 지출액		일반기업회계기준	K-IFRS	법인세법
직접차입	⇝ 특정차입금 ⇒ 이자비용	자본화, 이자비용선택	자본화	자본화
간접차입	⇝ 일반차입금 ⇒ 이자비용	자본화, 이자비용선택	자본화	자본화, 이자비용 선택
자기자본	⇝ 자기자본 ⇒ 기회비용	–	–	–

세무조정 : 일반기업회계기준의 경우 특정차입금의 이자비용을 자본화하지 않은 경우 손금불산입(유보)한다. 당해 자산이 상각자산인 경우 유보금액은 상각부인액으로 보아 처리한다. 그 외의 경우 세무조정은 없다.

(2) 출자금액 대비 과다차입금 지급이자의 손금불산입

내국법인(외국법인의 국내사업장을 포함한다)의 차입금 중 다음의 금액을 합한 금액이 해당 국외지배주주가 출자한 출자금액의 2배를 초과하는 경우에는 그 초과분에 대한 지급이자 및 할인료(이자등)는 그 내국법인의 손금(損金)에 산입하지 아니하며 대통령령으로 정하는 바에 따라 법인세법 제67조에 따른 배당 또는 기타사외유출로 처분된 것으로 본다. 이 경우 차입금의 범위와 출자금액 및 손금에 산입하지 아니하는 금액의 산정방법은 대통령령으로 정한다(국조법 22 ②).

① 국외지배주주로부터 차입한 금액
② 국외지배주주의 국세기본법 제2조 제20호 가목 또는 나목에 따른 특수관계인으로부터 차입한 금액
③ 국외지배주주의 지급보증(담보의 제공 등 실질적으로 지급을 보증하는 경우를 포함한다)에 의하여 제3자로부터 차입한 금액

05 업무무관자산 등에 대한 지급이자

다음의 어느 하나에 해당하는 자산을 취득하거나 보유하고 있는 내국법인이 각 사업연도에 지급한 차입금의 이자 중 일정 산식에 따라 계산한 금액(차입금 중 해당 자산가액에 상당하는 금액의 이자 한도)은 손금불산입한다(법법 28 ①).

① 업무무관 부동산
② 업무무관 동산
③ 특수관계인에게 지급한 업무무관 가지급금

$$\text{업무무관자산 등에 대한 지급이자 손금불산입액} = \text{지급이자} \times \frac{\text{업무무관자산 적수}}{\text{총차입금 적수}}$$

* 업무무관자산 적수는 총차입금 적수를 한도로 한다.

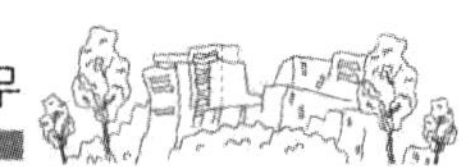

5.1 업무무관자산의 범위

업무무관자산이란 업무무관부동산, 업무무관동산, 업무무관가지급금을 말한다. 이에 대한 구체적인 내용은 투자부동산에서 이미 설명하였으므로 이를 참조하기로 한다.

지급이자 손금불산입대상 업무무관자산

구 분	업무무관자산의 범위	적용 제외
업무무관 부동산	(1) 유예기간 경과한 부동산	부득이한 사유가 있는 경우
	(2) 유예기간 중 양도한 부동산	① 부득이한 사유가 있는 경우 ② 부동산매매업이 주업인 법인
업무무관 동산	(1) 서화·골동품	장식·환경미화 등의 목적으로 사무실·복도 등 여러 사람이 볼 수 있는 공간에 상시 비치하는 것
	(2) 업무에 직접 사용하지 아니하는 자동차·선박 및 항공기	부득이한 사유가 있는 경우
	(3) 기타 위와 유사한 자산	
업무무관 가지급금	명칭여하에 불구하고 법인의 업무와 관련이 없는 특수관계인에 대한 가지급금	직원에 대한 경조사비 등 별도로 열거된 항목

5.2 지급이자 손금불산입의 계산

(1) 총차입금 적수

차입금이란 지급이자 및 할인료를 부담하는 모든 부채를 말한다. 이 경우 상품, 제품 등을 매출하고 받은 상업어음을 할인한 경우의 할인어음은 차입금으로 보지 아니하고, 금융리스에 의한 리스료 중 유효이자율법에 의하여 계산한 이자상당액을 제외한 금액(상환액은 제외한다)은 차입금에 포함한다(법기통 28-53…1). 지급이자 손금불산입을 적용하는 차입금에는 다음의 금액을 제외한다(법령 53).

① 금융회사 등이 차입한 다음의 금액

㉠ 공공자금관리기금법에 따른 공공자금관리기금 또는 한국은행법에 의한 한국은행으로부터 차입한 금액

㉡ 국가 및 지방자치단체(지방자치단체조합을 포함한다)로부터 차입한 금액

㉢ 법령에 의하여 설치된 기금으로부터 차입한 금액

㉣ 외국인투자촉진법 또는 외국환거래법에 의한 외화차입금

㉤ 예금증서를 발행하거나 예금계좌를 통하여 일정한 이자지급 등의 대가를 조건으로 불특정 다수의 고객으로부터 받아 관리하고 운용하는 자금

② 내국법인이 한국은행총재가 정한 규정에 따라 기업구매자금대출에 의하여 차입한 금액

적수계산방법은 차입금, 부동산가액 등에 경과일수를 곱하여 계산하며 월말 현재액에 월별 경과일수를 곱하여 적수를 계산하는 방법은 인정하지 아니한다. 이 경우 적수는 초일은 산입하고 말일은 제외한다. 차입금적수는 당해 사업연도 차입금 매일잔액의 합계액으로 계산하거나 지급이자에서 역산하여 계산한다. 지급이자에서 역산하여 계산하는 경우는 다음과 같다.

차입금 적수 = 지급이자 ÷ 이자율 × 365 (윤년 366)

(2) 업무무관자산의 적수

업무무관 부동산, 업무무관동산, 특수관계인에 대한 업무무관 가지급금의 적수로 한다. 적수계산은 취득원가를 기준으로 하되, 특수관계인으로부터 자산을 시가보다 높은 가액으로 매입 또는 현물출자받은 경우 시가초과액을 포함한다(법령 53 ③).

(3) 지급이자

지급이자와 총차입금은 업무무관자산의 취득 및 보유기간에 관계없이 당해 사업연도 개시일부터 사업연도 종료일까지의 총액으로 계산하되 지급이자 손금불산입의 적용순서에 따라 순차적으로 적용하여 부인한 지급이자와 차입금을 차감한 잔액으로 계산한다. 지급이자는 법인세법상 손익귀속시기에 따라 판단하므로 미지급이자를 포함하고 귀속시기가 도래하지 아니한 미경과이자는 제외한다. 지급이자의 사례는 다음과 같다.

손금불산입대상 지급이자	손금불산입대상에서 제외되는 지급이자
① 사채할인발행차금 상각액	① 상업어음 할인료
② 금융리스 이자비용	② 현재가치할인차금 상각액
③ 전환사채 전환권조정계정 상각액	③ 기업구매자금이자
④ 재고자산의 건설자금이자	④ 연지급수입에 따른 이자

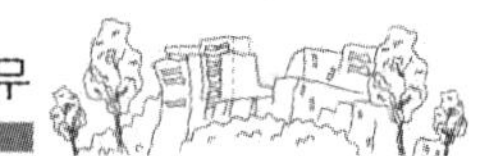

예제 **지급이자 손금불산입**

㈜이손의 당해 사업연도(20X1.1.1~12.31) 지급이자와 관련한 자료는 다음과 같다.

(1) 손익계산서상의 이자비용 내역 및 차입금적수

구 분	이자비용	차입금적수
장기할부매매 현재가치할인차금 상각	₩1,000,000	₩3,650,000,000
기업구매자금이자	500,000	4,562,500,000
운영자금 차입금이자	1,200,000	3,650,000,000
건설자금이자	800,000	7,300,000,000
합 계	3,500,000	19,162,500,000

(2) 건설자금이자는 토지취득과 관련된 특정차입금 이자로서 회사는 건설자금이자를 계상하지 아니하였다.

(3) 특수관계자에 대한 업무무관가지급금 적수는 ₩1,752,000,000이다.

(4) 업무무관부동산적수는 ₩1,168,000,000이다.

요구사항

㈜이손의 지급이자 손금불산입과 관련한 세무조정을 하시오.

풀이

(1) 지급이자범위에 포함되지 아니하는 것

① 법인세법 제28조 지급이자의 손금불산입 대상 차입금은 지급이자 및 할인료를 부담하는 모든 부채를 말한다. 이 경우 상품, 제품 등을 매출하고 받은 상업어음을 할인한 경우의 할인어음은 차입금으로 보지 아니하고, 금융리스에 의한 리스료 중 유효이자율법에 의하여 계산한 이자상당액을 제외한 금액(상환액은 제외한다)은 차입금에 포함한다(법기통 28-53…1).

② 자산을 장기할부조건 등으로 취득하는 경우 발생한 채무를 기업회계기준이 정하는 바에 따라 현재가치로 평가하여 현재가치할인차금으로 계상한 경우의 당해 현재가치할인차금 및 연지급수입에 있어서 취득가액과 구분하여 지급이자로 계상한 금액은 지급이자범위에서 제외한다(법령 72 ④).

③ 지급이자의 손금불산입 대상 차입금에는 법령 제61조제2항 각호의 규정에 의한 금융회사 등의 차입금과 내국법인이 한국은행총재가 정한 규정에 따라 기업구매자금대출에 의하여 차입한 금액은 제외한다(법령 53).

∴ 장기할부매매로 발생한 현재가치할인차금에 대한 이자 1,000,000과 기업구매자금대출로 발생한 차입금의 이자 500,000은 지급이자범위에서 제외한다.

(2) 건설자금이자
토지원가에 가산하여야 할 특정차입금에 대한 건설자금이자를 이자비용으로 계상하였으므로 손금불산입한다.
〈손금불산입〉 토지(건설자금이자) 800,000 (유보)

(3) 업무무관자산
지급이자의 손금불산입 대상이 아닌 현재가치할인차금, 기업구매자금이자를 제외하고 선순위에서 부인된 건설자금이자를 제외하면 지급이자손금불산입 대상 차입금이자는 운영자금 차입금이자 1,200,000이다.

① 업무무관자산의 적수 : ㉠ + ㉡ = 2,920,000,000(한도 3,650,000,000)
㉠ 특수관계자에 대한 업무무관가지급금 적수 : 1,752,000,000
㉡ 업무무관부동산적수 : 1,168,000,000

② 업무무관자산 지급이자손금불산입액의 계산

$$\text{손금불산입액} = (3,500,000-1,000,000-500,000-800,000) \times \frac{2,920,000,000}{3,650,000,000} = 960,000$$

③ 세무조정
〈손금불산입〉 지급이자 960,000 (기타사외유출)

(4) 지급이자 손금불산입 소득처분

법인세법 제67조에 따라 익금에 산입한 금액은 사외에 유출된 것이 분명한 경우에는 그 귀속자에 따라 배당, 이익처분에 의한 상여, 기타소득, 기타사외유출로 처분하여나 하나 법인세법 제28조 제1항 제4호(업무무관자산 등에 대한 지급이자 손금불산입)의 규정에 의하여 익금에 산입한 금액은 기타사외유출로 한다(법령 106 ①).

06 국외특수관계인 거래의 지급이자 손금불산입

(1) 출자금액 대비 과다차입금 지급이자의 손금불산입

내국법인(외국법인의 국내사업장을 포함한다)의 차입금 중 다음의 금액을 합한 금액이 해당 국외지배주주가 출자한 출자금액의 2배를 초과하는 경우에는 그 초과분에 대한 지급이자 및 할인료(이자등)는 그 내국법인의 손금(損金)에 산입하지 아니하며 대통령령으로 정하는 바에 따라 법인세법 제67조에 따른 배당 또는 기타사외유출로 처분된 것으로 본다. 이 경우 차입금의 범위와 출자금액 및 손금에 산입하지 아니하는 금액의 산정방법은 대통령령으로 정한다(국조법 22 ②).

① 국외지배주주로부터 차입한 금액
② 국외지배주주의 국세기본법 제2조 제20호 가목 또는 나목에 따른 특수관계인으로부터 차입한 금액
③ 국외지배주주의 지급보증(담보의 제공 등 실질적으로 지급을 보증하는 경우를 포함한다)에 의하여 제3자로부터 차입한 금액

국외지배주주의 출자금액에 대한 차입금의 배수(倍數)는 업종의 특성 등에 따라 필요한 경우 업종별로 구분하여 따로 대통령령으로 정할 수 있다(국조법 22 ③). 내국법인이 차입한 금액의 규모 및 차입 조건이 특수관계가 없는 자 간의 통상적인 차입 규모 및 차입 조건과 같거나 유사한 것임을 대통령령으로 정하는 바에 따라 증명하는 경우 그 차입금에 대한 이자등에 대해서는 이자의 손금불산입을 적용하지 아니한다(국조법 22 ④).

내국법인이 각 사업연도 중에 지급한 이자등에 대하여 국외지배주주에 대한 소득세 또는 법인세를 원천징수한 경우에는 배당에 대한 소득세 또는 법인세를 계산할 때 이미 원천징수한 세액과 상계하여 조정한다(국조법 22 ⑤). 서로 다른 이자율이 적용되는 이자등이 함께 있는 경우에는 높은 이자율이 적용되는 것부터 먼저 손금에 산입하지 아니한다(국조법 22 ⑦).

(2) 소득 대비 과다이자비용의 손금 불산입

2019.1.1.부터 내국법인이 국외특수관계인으로부터 차입한 금액에 대한 순이자비용이 조정소득금액의 30%를 초과하는 경우에는 그 초과하는 금액은 손금에 산입하지 아니하며 법인세법 제67조에 따른 기타사외유출로 처분된 것으로 본다(국조법 24 ①, ②, 법 부칙 2017.12.19.).

① 순이자비용 : 국외특수관계인에게 지급한 이자등에서 국외특수관계인으로부터 받은 이자수익을 뺀 금액
② 조정소득금액 : 감가상각비와 순이자비용을 빼기 전 소득금액

금융업 및 이와 유사한 업종 등을 하는 내국법인으로서 대통령령으로 정하는 내국법인에는 적용하지 아니한다(국조법 24 ③). 서로 다른 이자율이 적용되는 이자등이 함께 있는 경우에는 높은 이자율이 적용되는 것부터 먼저 손금에 산입하지 아니한다(국조법 24 ④).

(3) 지급이자의 손금불산입 적용 순서

국제조세조정에 관한 법률 제22조(출자금액 대비 과다차입금 지급이자의 손금불산입) 및 제24조(소득 대비 과다 지급이자의 손금 불산입)가 동시에 적용되는 경우에는 그 중 손금에 산입하지 아니하는 금액이 크게 계산되는 것 하나만을 적용한다. 이 경우 그 금액이 같은 경우에는 제22조를 적용한다(국조법 26 ①). 국제조세조정에 관한 법률 제22조 또는 제24조는 다음의 규정보다 우선하여 적용한다(국조법 26 ②, 개정규정은 2025.1.1. 이후 개시하는 사업연도부터 적용함. 법 부칙 2024.12.31.).

① 국제조세조정에 관한 법률 제6조(정상가격에 의한 신고 및 경정청구), 제7조(정상가격에 의한 결정 및 경정) 및 제25조(혼성금융상품 거래에 따른 지급이자의 손금불산입)
② 법인세법 제28조(지급이자의 손금불산입)
③ 법인세법 제40조에 따른 손금의 귀속사업연도의 범위에 관한 규정 중 대통령령으로 정하는 규정. 대통령령으로 정하는 규정이란 법인세법 시행령 제70조 제1항 제2호 단서 중 "차입일부터 이자지급일이 1년을 초과하는 특수관계인과의 거래에 따른 이자 및 할인액은 제외한다"는 부분을 말한다(국조령 60의2).

07 지급이자 손금불산입 기타사항

(1) 수입배당금 익금불산입

수입배당금 익금불산입을 적용하는 경우 차감하는 이자비용은 지급이자 손금불산입 세무조정 후의 이자비용을 의미한다. 따라서 수입배당금 익금불산입보다 지급이자 손금불산입을 우선하여 세무조정하여야 한다(법령 17의 3).

(2) 간주임대료

부동산임대업 법인의 간주익금(간주임대료) 과세대상 요건 중 차입금과다법인이란 차입금이 자기자본의 2배를 초과하는 법인을 의미한다. 이 경우 차입금은 법령 제55조의 규정에 따라 지급이자가 이미 손금불산입된 차입금을 제외한다(조특령 132 ②).

예 제 지급이자 손금불산입 기타사항

다음 자료로 ㈜이손의 제10기(20X1.1.1~12.31) 세무조정을 하시오.

(1) ㈜이손은 비상장법인인 B사의 주식을 보유하고 있으며 B사 주식은 제6기에 취득하였다. B사 주식의 취득금액은 ₩50,000,000(지분율 10%)이며 ㈜이손은 당기에 B사로부터 배당금 ₩1,000,000을 수령하였다.

(2) 손익계산서상의 이자비용 및 차입금은 다음과 같다.

구 분	금액	이자율	이자비용
차입금 a	₩200,000,000	5%	₩10,000,000
차입금 b	100,000,000	4%	3,200,000

(3) 특수관계자에 대한 업무무관가지급금 적수는 ₩40,880,000,000이다.

(4) ㈜이손은 부동산임대업을 주업으로 하며 관련 자료는 다음과 같다.

① 20X1년말 재무상태표상 자산은 ₩1,000,000,000이고 부채는 ₩900,000,000이다. 자본은 이익잉여금 ₩50,000,000과 자본금 ₩50,000,000이다.

② 총자산에서 임대사업에 사용하는 자산총액이 차지하는 비율은 80%이며 임대와 관련한 자료는 다음과 같다.

토지 360㎡, 취득원가 ₩500,000,000

건물 280㎡, 건설원가 ₩200,000,000

250㎡를 임대하고 있으며 임대보증금은 ₩400,000,000이다. 당해 임대면적과 임대보증금은 당기 이전부터 변동된 바 없다.

풀 이

(1) 지급이자 손금불산입

① 차입금적수

구 분	금액	이자율	이자비용	차입금적수
차입금 a	200,000,000	5%	10,000,000	73,000,000,000
차입금 b	100,000,000	4%	3,200,000	29,200,000,000
합 계	300,000,000		1,320,000	102,200,000,000

* 차입금적수=이자비용÷이자율×365

② 업무무관자산의 적수 : 40,880,000,000

③ 업무무관자산 지급이자손금불산입액의 계산

$$\text{손금불산입액} = 1,320,000 \times \frac{40,880,000,000}{102,200,000,000} = 528,000$$

③ 세무조정

〈손금불산입〉 지급이자 528,000 (기타사외유출)

(2) 수입배당금의 익금불산입액 계산

배당기준일 3월전에 취득하여 배당기준일까지 보유한 주식의 출자비율이 10%이므로 익금불산입비율은 30%이다. 익금불산입 차감금액 계산시 지급이자는 손금불산입한 528,000을 차감한 금액이다.

① 익금불산입 차감금액 :

$$(1,320,000-528,000) \times \frac{50,000,000 \times 365}{1,000,000,000 \times 365} \times 30\% = 11,880$$

② 수입배당금의 익금불산입액 : 1,000,000×30%−11,880 = 288,120

③ 세무조정

〈익금불산입〉 수입배당금 288,120 (기타)

(3) 간주임대료의 계산

간주임대료는 내국영리법인이 부동산임대업을 주업(자산총액 중 임대사업의 자산총액이 50% 이상)으로 하며 차입금과다법인(차입금적수가 자기자본적수의 2배를 초과)인 경우에 적용한다. 이 경우 차입금적수는 지급이자 손금불산입으로 손금부인된 지급이자의 차입금은 제외한다.

① 자기자본 적수 : ㉠과 ㉡ 중 큰 금액 = 36,500,000,000

㉠ 순자산 기준 = (1,000,000,000−900,000,000)×365=36,500,000,000

㉡ 납입자본 기준 = 50,000,000×365=18,250,000,000

② 차입금 적수

$$102,200,000,000 - 102,200,000,000 \times \frac{528,000}{1,320,000} = 61,320,000,000$$

③ 차입금과다법인의 판단

차입금적수 − 자기자본적수×2배

= 61,320,000,000 − 36,500,000,000×2배 = △11,680,000,000

∴ 차입금적수가 자기자본적수의 2배를 초과하지 않으므로 간주임대료 적용대상에 해당하지 아니한다.

제4절 기업업무추진비

기업업무추진비란 접대, 교제, 사례 또는 그 밖에 어떠한 명목이든 상관없이 이와 유사한 목적으로 지출한 비용으로서 내국법인이 직접 또는 간접적으로 업무와 관련이 있는 자와 업무를 원활하게 진행하기 위하여 지출한 금액을 말한다(법법 25 ①). 법인세법에서는 기업업무추진비의 과도한 지출을 억제하기 위하여 일정한 한도 내에서 손금으로 인정한다. 또한 기업업무추진비가 발생하는 유흥업소 등의 소득을 파악하기 위하여 신용카드 등의 법정증빙을 강제하고 있으며 법정증빙을 구비하지 못한 경우 해당 기업업무추진비를 부인한다.

◇ 접대비의 명칭개정
2024.1.1.이후 개시하는 사업연도부터 접대비를 기업업무추진비로 명칭이 개정되었다(법 부칙 2022.12.31.).

01 기업업무추진비의 성격

(1) 업무와 관련된 접대, 교제 등을 위한 비용

업무와의 관련정도는 직접적인 수익획득이나 원활한 거래유지를 위하여 기존의 영업활동 및 신규사업을 위한 활동 등을 포함한다. 업무와 관련 있는 지의 여부는 거래의 증빙서류와 내부통제의 근거 등 객관적인 자료에 의하여 입증하여야 한다. 업무와 관련된 활동을 예시하면 다음과 같다("접대비와 유사비용", 2003, 국세청).

① 상품, 제품 및 기타자산의 판매나 용역의 공급
② 원재료 및 기타자산 또는 용역의 구매
③ 사업상 수익을 가져온 자에 대한 답례
④ 사업상 거래에 있어 그 거래의 성립을 위한 교섭 등

(2) 지출의 상대방이 업무와 관련된 자

운영하는 사업과 직접, 간접적 이해관계에 있는 특정인을 상대로 지출하는 것으로서 당해 법인의 임직원은 기업업무추진비 지출의 상대방에 포함하지 아니한다. 업무와 관련된 자를 예시하면 다음과 같다("접대비와 유사비용", 2003, 국세청).

① 당해 법인의 사업과 관련된 거래를 하는 자
② 당해 법인의 사업과 관련된 거래에 있어 중개, 알선, 조정 등의 업무를 하는 자
③ 당해 법인의 사업분야에 대하여 지도, 감독, 통제 등의 업무를 하는 자

(3) 법인이 부담할 성질의 비용

주주 또는 출자자나 다음의 어느 하나에 해당하는 직무에 종사하는 자(임원) 또는 직원이 부담하여야 할 성질의 기업업무추진비를 법인이 지출한 것은 이를 기업업무추진비로 보지 아니한다(법령 40 ①).

① 법인의 회장, 사장, 부사장, 이사장, 대표이사, 전무이사 및 상무이사 등 이사회의 구성원 전원과 청산인
② 합명회사, 합자회사 및 유한회사의 업무집행사원 또는 이사
③ 유한책임회사의 업무집행자
④ 감사
⑤ 그 밖에 ①부터 ④까지의 규정에 준하는 직무에 종사하는 자

02 기업업무추진비의 범위

기업업무추진비란 접대, 교제, 사례 또는 그 밖에 어떠한 명목이든 상관없이 이와 유사한 목적으로 지출한 비용으로서 내국법인이 직접 또는 간접적으로 업무와 관련이 있는 자와 업무를 원활하게 진행하기 위하여 지출한 금액을 말한다(법법 25 ①).

(1) 교제비 및 사례금

교제비란 거래처 등 업무와 관련된 자에게 접대, 향응에 사용된 비용을 말한다. 사례금이란 거래처 등 고객에 대하여 감사의 뜻을 표시하기 위하여 지급하는 금품을 말한다. 업무와 관련하여 사전약정에 의하지 아니하고 상행위에 해당하지 아니하는 정보제공, 거래의 알선·중개 등 법인의 사업상 효익을 유발시킨 자에게 의례적으로 지출하는 금품의 가액도 사례금에 해당한다.

(2) 직원이 조직한 단체의 지출액

회사가 직원이 조직한 단체 등에 복리시설비(종업원을 위하여 지출한 복리후생의 시설비, 시설구입비 등)를 지출한 경우 직원이 조직한 단체 등이 법인인 경우에는 기업업무추진비로 본다(법령 40 ②). 그러나 당해 단체 등이 법인이 아닌 때에는 회사의 경리의 일부로 본다(법령 40 ②). 이 경우 복리시설비는 법인이 종업원을 위하여 지출한 복리후생의 시설비, 시설구입비 등을 말한다(법기통 25-42…1).

(3) 기 타

다음의 경우에는 결산상 명칭에 관계없이 기업업무추진비로 본다.

① 업무와 관련하여 발생한 채권의 일부 또는 전부를 정당한 사유 없이 거래처 등과 약정에 의하여 포기한 금액은 기업업무추진비로 본다(법기통 19의 2-19의 2…5). 정당한 사유란 채무자의 부도발생 등으로 장래에 회수가 불확실한 어음, 수표 상의 채권 등을 조기에 회수하기 위하여 해당 채권의 일부를 불가피하게 포기하는 경우 그 채권의 일부를 포기하거나 면제한 행위에 객관적으로 정당한 사유가 있는 때를 말한다.

② 기업업무추진비관련 부가가치세 매입세액 불공제액 및 거래처에 대한 현물 기업업무추진비에 포함된 부가가치세 매출세액도 기업업무추진비로 본다(법기통 25-0…3).

③ 특수관계가 없는 자로부터 자산을 고가구입 또는 저가양도한 경우 거래가격과 정상가액(시가±시가×30%)과의 차액(법령 35)은 업무와 관련이 있는 경우에는 기업업무추진비, 업무와 관련이 없는 경우에는 기부금으로 본다.

채권포기 유형		처리내용
정당한 사유가 있는 경우		대손금
정당한 사유가 없는 경우	업무와 관련된 채권의 포기	기업업무추진비
	업무와 관련없는 채권의 포기	기부금

④ 정상적인 업무를 수행하기 위하여 지출하는 회의비로서 사내 또는 통상회의가 개최되는 장소에서 제공하는 다과 및 음식물 등의 가액 중 사회통념상 인정될 수 있는 범위내의 금액(통상회의비)은 이를 각 사업연도의 소득금액 계산상 손금에 산입한다. 그러나 통상회의비를 초과하는 금액과 유흥을 위하여 지출하는 금액은 이를 기업업무추진비로 본다(법기통 25-0…4).

(4) 기업업무추진비로 보지 아니하는 사례

① 주주 또는 출자자나 임원 또는 직원이 부담하여야 할 성질의 기업업무추진비를 법인이 지출한 것은 이를 기업업무추진비로 보지 아니한다.

② 법인이 그 직원이 조직한 조합 또는 단체에 복리시설비를 지출한 경우 당해 조합이나 단체가 법인인 때에는 이를 기업업무추진비로 보며 당해 조합이나 단체가 법인이 아닌 때에는 그 법인의 경리의 일부로 본다.

③ 판매장려금 및 판매수당 등 판매관련 부대비용은 사전약정에 관계없이 기업업무추진비로 보지 아니한다.

④ 광고선전 목적으로 기증한 물품의 구입비용[특정인에게 기증한 물품(개당 3만원 이하의 물품은 제외)의 경우에는 연간 5만원 이내의 금액에 한정]은 기업업무추진비로 보지 아니하며 전액 손금인정한다(법령 19).

⑤ 보험사업을 영위하는 법인이 사업자인 보험설계사에게 지출한 비용은 지출 목적 등에 따라 기업업무추진비·판매부대비 등으로 구분하여 손금에 산입한다. 이 경우 판매부대비로 보아 손금에 산입하는 것을 예시하면 다음과 같다(법기통 25-0…6).

㉠ 보험업법 시행령에 따라 보험모집인 등록요건을 갖추기 위한 연수에 소요되는 비용 등 신규 보험설계사 모집·선발을 위하여 지출하는 비용

㉡ 보험회사, 협회 및 보험연수원에서 실시하는 보험설계사 교육훈련비

㉢ 보험설계사의 사기진작을 위하여 지출하는 비용으로서 정기적으로 개최하는 체육대회 등의 행사비용

㉣ 법인세법 시행령 제19조 제18호의 규정을 적용받는 광고선전용 물품을 보험설계사를 통하여 고객에게 기증하는 경우 해당 물품의 구입비용

㉤ 사전에 공지된 우수고객 선정기준에 따라 법인의 우수고객에게 기증되는 물품을 보험설계사를 통하여 기증하는 경우 해당 물품의 구입비용

03 기업업무추진비의 평가와 귀속시기

(1) 현물 기업업무추진비

기업업무추진비를 금전 외의 자산으로 제공한 경우 시가와 장부가액 중 큰 금액으로 평가한다(법령 42 ⑥, 법령 36 ① 3호). 이 경우 접대한 현물의 부가가치세액의 합계액을 기업업무추진비로 하되, 지출증빙은 필요하지 않다. 또한 현물접대는 부가가치세법상 사업상증여에 해당하므로 시가를 부가가치세과세표준으로 한다.

사례 **현물접대**

원가 ₩100,000, 시가 ₩150,000의 재고자산을 제공한 경우의 회계처리와 세무조정

(1) 기업업무추진비를 재고자산의 원가로 계상한 경우

① 회사의 회계처리

(차) 기업업무추진비	115,000	(대) 재고자산	100,000
		부가가치세예수금	15,000

② 법인세법 회계처리

(차) 기업업무추진비	165,000	(대) 재고자산	100,000
		재고자산처분이익	50,000
		부가가치세예수금	15,000

③ 세무조정

기업업무추진비(손금)와 처분이익(익금)이 각각 50,000만큼 누락되었다. 따라서 별도의 세무조정 없이 기업업무추진비 계상액은 ₩165,000으로 하여 한도초과여부를 판단한다.

(2) 기업업무추진비를 재고자산의 시가로 계상한 경우

① 회사의 회계처리

(차) 기업업무추진비	165,000	(대) 매 출	150,000
		부가가치세예수금	15,000
(차) 매출원가	100,000	(대) 재고자산	100,000

② 법인세법 회계처리

(차) 기업업무추진비	165,000	(대) 재고자산	100,000
		재고자산처분이익	50,000
		부가가치세예수금	15,000

③ 세무조정

세무조정 없이 매출액 ₩150,000은 기업업무추진비 손금산입 한도계산시 수입금액에 포함하지 아니한다.

(2) 귀속시기

기업업무추진비는 지급의무가 확정된 사업연도의 손금이므로 접대행위가 이루어진 사업연도의 손금으로 한다. 따라서 발생주의에 따라 접대행위가 이루어진 경우 법인이 기업업무추진비를 지출하고 가지급금, 선급금 등으로 이연처리하였다면 이를 지출한 사업연도의 기

업업무추진비로서 시부인계산하고 그 후의 사업연도에서는 이를 기업업무추진비로 보지 아니한다. 당해 사업연도말 현재 이미 기업업무추진비가 발생하였으나 미지급한 경우에는 발생주의에 의하여 당해 사업연도의 기업업무추진비로 계상한다(법기통 25-0…1).

04 기업업무추진비의 지출증명서류

기업업무추진비에 대하여 세무조정을 하는 경우 건당 3만원(경조금 20만원)을 초과하는 기업업무추진비 중 법정증명서류 미수취분을 손금불산입한다(법령 41 ①). 이후 기업업무추진비 총액 중 법정증명서류 미수취분으로 손금불산입된 금액을 제외한 기업업무추진비잔액과 기업업무추진비한도액을 비교하여 한도초과액을 손금불산입한다.

기업업무추진비 계정의 분석	➡	직부인 대상 기업업무추진비의 손금불산입	➡	손금한도초과 기업업무추진비 세무조정

(1) 법정증명서류의 범위

내국법인이 한 차례의 접대에 지출한 기업업무추진비 중 대통령령으로 정하는 금액(건당 3만원, 경조금 20만원, 법령 41 ①)을 초과하는 기업업무추진비로서 다음의 어느 하나에 해당하지 아니하는 것은 각 사업연도의 소득금액을 계산할 때 손금에 산입하지 아니한다(법법 25 ②).

① 다음의 어느 하나에 해당하는 것(신용카드등)을 사용하여 지출하는 기업업무추진비. 매출전표 등에 기재된 상호 및 사업장소재지가 재화 또는 용역을 공급하는 신용카드 등의 가맹점의 상호 및 사업장소재지와 다른 경우 해당 지출금액은 기업업무추진비로 보지 아니한다(법법 25 ③, 법령 41 ⑤).

가. 여신전문금융업법에 따른 신용카드(신용카드와 유사한 것으로서 대통령령으로 정하는 것을 포함). 대통령령으로 정하는 것이란 다음의 어느 하나에 해당하는 것을 말한다(법령 41 ③).

㉠ 여신전문금융업법에 따른 직불카드

㉡ 외국에서 발행된 신용카드

㉢ 조세특례제한법 제126조의 2 제1항 제4호에 따른 기명식선불카드, 직불전자지급수단, 기명식선불전자지급수단 또는 기명식전자화폐

나. 조세특례제한법 제126조의 2 제1항 제2호에 따른 현금영수증

② 법인세법 제121조 및 소득세법 제163조에 따른 계산서 또는 부가가치세법 제32조 및 제35조에 따른 세금계산서를 발급받아 지출하는 기업업무추진비

③ 법인세법 제121조의 2에 따른 매입자발행계산서 또는 부가가치세법 제34조의 2 제2항에 따른 매입자발행세금계산서를 발행하여 지출하는 기업업무추진비(매입자발행계산서에 관한 개정규정은 2023.7.1. 이후 재화 또는 용역을 공급하거나 공급받는 경우부터 적용함. 법 부칙 2022. 12.31.)

④ 대통령령으로 정하는 원천징수영수증을 발행하여 지출하는 기업업무추진비. 대통령령으로 정하는 원천징수영수증이란 소득세법 제168조에 따라 사업자등록을 하지 아니한 자로부터 용역을 제공받고 같은 법 제144조 및 제145조에 따라 발급하는 원천징수영수증을 말한다(법령 41 ④).

(2) 신용카드 등 미사용 기업업무추진비의 손금불산입

한 차례의 접대에 지출한 기업업무추진비는 법정증명서류를 수취하여야 하며 법정증명서류를 수취하지 못한 경우에는 손금불산입한다. 다만, 다음의 경우에는 제외한다(법령 41, 법칙 20).

① 당해 법인이 직접 생산한 제품 등을 접대(현물접대)에 사용한 경우(법칙 20 ②)

② 다음의 의제 기업업무추진비(법인 46012-155, 2000.10.16.)

㉠ 채무의 대위 변제에 의한 기업업무추진비

㉡ 매출채권 임의포기에 의한 기업업무추진비

㉢ 특정거래처에 대하여만 지급하는 판매장려금

③ 자사상품을 구입할 수 있는 상품권으로 제공한 기업업무추진비(법인 46012-2301, 2000.11.27.)

④ 기업업무추진비가 지출된 국외지역의 장소(해당 장소가 소재한 인근 지역 안의 유사한 장소를 포함한다)에서 현금 외에 다른 지출수단이 없어 법인세법 제25조 제2항 각 호의 증거자료를 구비하기 어려운 경우의 해당 국외지역에서의 지출(법령 41 ②)

⑤ 농·어민(한국표준산업분류에 따른 농업 중 작물재배업·축산업·복합농업, 임업 또는 어업에 종사하는 자를 말하며, 법인은 제외한다)으로부터 직접 재화를 공급받는 경우의 지출로서 그 대가를 금융회사 등을 통하여 지급한 지출(해당 법인이 과세표준 신고를 할 때 과세표준 신고서에 송금사실을 적은 송금명세서를 첨부하여 납세지 관할 세무서장에게 제출한 경우에 한정한다)(법령 41 ②)

05 기업업무추진비 세무조정

(1) 기업업무추진비 한도

1) 손금산입 한도

각 사업연도 소득금액계산시 법인의 기업업무추진비 손금산입한도액은 다음과 같다(법법 25 ④, 조특법 136 ③).

Ⅰ. 일반법인 기업업무추진비 한도액 = ①+②+③

① 일반 기업업무추진비 한도액=연 1,200만원(중소기업 연 3,600만원)×월수/12+수입금액×적용률

② 문화 기업업무추진비 추가한도액= min ┌ 문화기업업무추진비 지출액 / └ 일반기업업무추진비 한도액(①)×20%

③ 전통시장 기업업무추진비 추가한도액= min ┌ 전통시장에서 지출한 기업업무추진비 / └ 일반기업업무추진비 한도액(①)×10%

* 월수는 해당 사업연도의 개월 수[이 경우 개월 수는 역(曆)에 따라 계산하되, 1개월 미만의 일수는 1개월로 한다].
* 중소기업의 경우에는 2020.1.1.이후 개시하는 사업연도부터 적용하며 이전 기간에는 2,400만원으로 한다.
* 2018.1.1. 이후 개시하는 사업연도부터 부동산임대업을 주업으로 하는 특정내국법인은 일반법인 기업업무추진비 한도액의 50%로 한다.

Ⅱ. 부동산임대업 등 주업법인 기업업무추진비 한도액 = ①×50%+②+③

2) 수입금액

수입금액이란 기업회계기준에 따라 계산한 매출액[사업연도 중에 중단된 사업부문의 매출액을 포함하며, 자본시장과 금융투자업에 관한 법률 제4조 제7항에 따른 파생결합증권 및 같은 법 제5조 제1항에 따른 파생상품 거래의 경우 해당 거래의 손익을 통산(通算)한 순이익(0보다 작은 경우 0으로 한다)을 말한다. 이하 "매출액"이라 한다]을 말한다. 다만, 5)의 특수법인에 대해서는 5)의 계산식에 따라 계산한 금액으로 한다(법령 42 ①). 수입금액과 관련하여 유의할 사항은 다음과 같다.

① 기업회계상 매출액은 매출에누리와 환입, 매출할인 등을 차감한 순매출액을 의미한다.
② 조세특례제한법 제138조의 규정에 의한 간주임대료는 기업회계상 매출액에 해당하지 않는다.
③ 부가가치세법상 간주공급은 기업회계상 매출액에 해당하지 않으므로 수입금액에 포함하지 아니한다.

3) 수입금액별 적용률

① 법인세법 일반원칙

기업업무추진비 한도 계산시 해당 사업연도의 수입금액에 다음 표에 규정된 비율을 적용하여 산출한 금액으로 한다. 다만, 특수관계인과의 거래에서 발생한 수입금액에 대해서는 그 수입금액에 다음 표에 규정된 비율을 적용하여 산출한 금액의 10%에 상당하는 금액으로 한다(법법 25 ④ 2호).

수입금액 적용률

수 입 금 액	적 용 률 (2020.1.1. 이후 개시하는 사업연도)
100억원 이하	0.3%
100억원초과 500억원이하	3천만원 + 100억원을 초과하는 금액×0.2%
500억원 초과	1억1천만원 + 500억원을 초과하는 금액×0.03%

② 조세특례제한법 2020년 특례

내국법인이 2020.1.1.부터 2020.12.31.까지 지출한 기업업무추진비로서 법인세법 제25조 제4항에 따라 기업업무추진비를 손금 또는 필요경비에 산입하지 아니하는 금액을 계산할 때 수입금액별 한도는 법인세법 제25조 제4항 제2호의 표(상기 ① 법인세법 일반원칙)에도 불구하고 다음 표에 규정된 비율을 적용하여 산출한다(조특법 136 ④, 개정규정은 2020.3.23. 이 속하는 과세연도 분부터 적용한다. 법 부칙 2020.3.23.).

수입금액 적용률

수 입 금 액	적 용 률
100억원 이하	0.35%
100억원초과 500억원이하	3천5백만원 + 100억원을 초과하는 금액×0.25%
500억원 초과	1억3천5백만원 + 500억원을 초과하는 금액×0.06%

2020년이 2개 이상의 사업연도에 걸쳐 있는 내국법인의 경우에는 다음 계산식에 따라 수입금액별 한도를 산출한다(조특법 136 ⑤, 개정규정은 2020.3.23. 이 속하는 과세연도 분부터 적용한다. 법 부칙 2020.3.23.).

$$\text{특례적용에 따른 수입금액별 한도 (상기 ②적용 한도)} \times \frac{\text{해당 사업연도 중 2020년에 속하는 일수}}{\text{해당 사업연도의 일수}} + \text{법인세법에 따른 수입금액별 한도 (상기 ①적용 한도)} \times \frac{\text{해당 사업연도 중 2020년에 속하지 않는 일수}}{\text{해당 사업연도의 일수}}$$

4) 특수관계인의 특정수입금액

특수관계인과의 거래에서 발생하는 수입금액은 일반 수입금액 적용률의 10%를 적용하며 특정수입금액과 일반수입금액이 함께 있는 경우에는 일반수입금액부터 높은 적용률을 적용받는 구간을 구성하는 것으로 본다. 특수관계인 여부는 거래일을 기준으로 판단한다. 특수관계인과의 거래에서 발생한 수입금액(기타 수입금액)이 있는 경우 그 기타 수입금액에 대하여 적용률을 곱하여 산출한 금액의 계산은 다음의 ①에서 ②의 금액을 차감하는 방법에 의한다(법칙 20 ①).

> 특수관계인과의 거래에서 발생한 수입금액 기업업무추진비 손금산입한도 : (① - ②) × 10%
>
> ① 당해법인의 수입금액에 대하여 적용률을 곱하여 산출한 금액
> ② 당해법인의 수입금액 중 기타 수입금액외의 수입금액에 대하여 적용률을 곱하여 산출한 금액

5) 부동산임대업 주업 법인 기업업무추진비 한도

다음의 요건을 모두 갖춘 내국법인은 일반법인 기업업무추진비 한도의 50%를 초과하는 금액은 해당 사업연도의 소득금액을 계산할 때 손금에 산입하지 아니한다(법법 25 ⑤, 법령 42 ②). 문화비에 대해서는 일반 기업업무추진비한도액의 20%에 상당하는 금액의 범위에서 손금에 산입한다(조특법 136 ③).

① 해당 사업연도 종료일 현재 내국법인의 법인세법 시행령 제43조 제7항에 따른 지배주주등이 보유한 주식등의 합계가 해당 내국법인의 발행주식총수 또는 출자총액의 50%를 초과할 것

② 해당 사업연도에 부동산 임대업을 주된 사업으로 하거나 다음의 금액 합계가 기업회계기준에 따라 계산한 매출액(㉠부터 ㉢까지에서 정하는 금액이 포함되지 않은 경우에는 이를 포함하여 계산)의 50%(2022.1.1. 이후 개시하는 사업연도부터 적용하며 종전은 70%적용, 영 부칙 2022.2.15.) 이상일 것. 둘 이상의 서로 다른 사업을 영위하는 경우에는 사업별 사업수입금액이 큰 사업을 주된 사업으로 본다(법령 42 ③).

㉠ 부동산 또는 부동산상의 권리의 대여로 인하여 발생하는 수입금액[조세특례제한법 제138조제1항(간주임대료)에 따라 익금에 가산할 금액을 포함]

㉡ 소득세법에 따른 이자소득의 금액

㉢ 소득세법에 따른 배당소득의 금액

③ 해당 사업연도의 상시근로자 수가 5명 미만일 것. 상시근로자는 근로기준법에 따라 근로계약을 체결한 내국인 근로자로 한다. 다만, 다음의 어느 하나에 해당하는 근로자는 제외한다(법령 42 ④).

㉠ 해당 법인의 최대주주 또는 최대출자자와 그와 국세기본법 시행령 제1조의2제1항에 따른 친족관계인 근로자

㉡ 소득세법 시행령 제196조제1항에 따른 근로소득원천징수부에 의하여 근로소득세를 원천징수한 사실이 확인되지 아니하는 근로자

㉢ 근로계약기간이 1년 미만인 근로자. 다만, 근로계약의 연속된 갱신으로 인하여 그 근로계약의 총기간이 1년 이상인 근로자는 제외한다.

㉣ 근로기준법 제2조제1항제8호에 따른 단시간근로자

$$\text{상시근로자 수} = \frac{\text{해당 과세연도의 매월 말 현재 상시근로자 수의 합}}{\text{해당 과세연도의 개월 수}}$$

* 상시근로자 수 계산시 100분의 1 미만의 부분은 없는 것으로 한다(법령 42 ⑤, 조특령 26의4 ③).

6) 문화비로 지출한 기업업무추진비

내국인이 2025.12.31.이전에 대통령령으로 정하는 문화비로 지출한 기업업무추진비에 대해서는 내국인의 기업업무추진비 한도액[법인세법 제25조 제4항 각 호의 금액(일반 기업업무추진비 한도액)을 합친 금액(부동산임대업을 주된 사업으로 하는 등 대통령령으로 정하는 내국법인의 경우에는 그 금액에 50% 곱한 금액)을 말한다]에도 불구하고 해당 과세연도의 소득금액을 계산할 때 내국인의 기업업무추진비 한도액의 20%에 상당하는 금액의 범위에서 손금에 산입한다(조특법 136 ③). 대통령령으로 정하는 문화비란 국내 문화관련 지출로서 다음의 용도로 지출한 비용을 말한다(조특령 130 ⑤).

1. 문화예술진흥법 제2조에 따른 문화예술의 공연이나 전시회 또는 박물관 및 미술관 진흥법에 따른 박물관의 입장권 구입
2. 국민체육진흥법 제2조에 따른 체육활동의 관람을 위한 입장권의 구입
3. 영화 및 비디오물의 진흥에 관한 법률 제2조에 따른 비디오물의 구입
4. 음악산업진흥에 관한 법률 제2조에 따른 음반 및 음악영상물의 구입
5. 출판문화산업 진흥법 제2조 제3호에 따른 간행물의 구입
6. 관광진흥법 제48조의 2 제3항에 따라 문화체육관광부장관이 지정한 문화관광축제의 관람 또는 체험을 위한 입장권·이용권의 구입
7. 관광진흥법 시행령 제2조 제1항 제3호 마목에 따른 관광공연장 입장권의 구입
8. 기획재정부령으로 정하는 박람회(2012년에 개최되는 여수세계박람회, 조특칙 57)의 입장권 구입
9. 문화재보호법 제2조 제3항에 따른 지정문화재 및 같은 조 제4항 제1호에 따른 국가등록문화재의 관람을 위한 입장권의 구입

10. 문화예술진흥법 제2조에 따른 문화예술 관련 강연의 입장권 구입 또는 초빙강사에 대한 강연료 등
11. 자체시설 또는 외부임대시설을 활용하여 해당 내국인이 직접 개최하는 공연 등 문화예술행사비
12. 문화체육관광부의 후원을 받아 진행하는 문화예술, 체육행사에 지출하는 경비
13. 미술품의 구입(취득가액이 거래단위별로 1백만원 이하인 것으로 한정한다)
14. 관광진흥법 제5조 제2항에 따라 같은 법 시행령 제2조 제1항 제5호 가목 또는 나목에 따른 종합유원시설업 또는 일반유원시설업의 허가를 받은 자가 설치한 유기시설 또는 유기기구의 이용을 위한 입장권·이용권의 구입(영 130조 5항 14호의 개정규정은 2023.6.7.이 속하는 과세연도에 지출하는 경우부터 적용함, 영 부칙 2023.6.7.)
15. 수목원·정원의 조성 및 진흥에 관한 법률 제2조 제1호 및 제1호의 2에 따른 수목원 및 정원의 입장권 구입(영 130조 5항 14호의 개정규정은 2023.6.7.이 속하는 과세연도에 지출하는 경우부터 적용함, 영 부칙 2023.6.7.)
16. 궤도운송법 제2조 제3호에 따른 궤도시설의 이용권 구입(영 130조 5항 14호의 개정규정은 2023.6.7.이 속하는 과세연도에 지출하는 경우부터 적용함, 영 부칙 2023.6.7.)

7) 전통시장 기업업무추진비

내국인이 2025.12.31. 이전에 전통시장 및 상점가 육성을 위한 특별법 제2조 제1호에 따른 전통시장에서 지출한 기업업무추진비로서 다음의 요건을 모두 갖춘 기업업무추진비는 내국인의 기업업무추진비 한도액에도 불구하고 해당 과세연도의 소득금액을 계산할 때 내국인의 기업업무추진비 한도액의 10%에 상당하는 금액의 범위에서 손금에 산입한다(조특법 136 ⑥, 2024.1.1. 이후 과세표준을 신고하는 경우부터 적용, 법 부칙 2023.12.31.).

① 조세특례제한법 제126조의 2 제1항(신용카드 등 사용금액에 대한 소득공제)에 따른 신용카드등사용금액에 해당할 것
② 소비성서비스업 등 대통령령으로 정하는 업종을 경영하는 법인 또는 사업자에게 지출한 것이 아닐 것. 대통령령으로 정하는 소비성서비스업이란 다음의 어느 하나에 해당하는 사업을 말한다(조특령 130 ⑦, 조특령 29 ③).
  ㉠ 호텔업 및 여관업(관광진흥법에 따른 관광숙박업은 제외한다)
  ㉡ 주점업(일반유흥주점업, 무도유흥주점업 및 식품위생법 시행령 제21조에 따른 단란주점 영업만 해당하되, 관광진흥법에 따른 외국인전용유흥음식점업 및 관광유흥음식점업은 제외한다)
  ㉢ 그 밖에 오락·유흥 등을 목적으로 하는 사업으로서 기획재정부령으로 정하는 사업. 기획재정부령이 정하는 사업이란 다음에 해당하는 사업을 말한다(조특칙 17, 2024.3.

22. 이후 개시하는 과세연도부터 적용함. 규칙 부칙 2024.3.22.).

1. 무도장 운영업
2. 기타 사행시설 관리 및 운영업(관광진흥법 제5조 또는 폐광지역 개발 지원에 관한 특별법 제11조에 따라 허가를 받은 카지노업은 제외한다)
3. 유사 의료업 중 안마를 시술하는 업
4. 마사지업

8) 특수법인 수입금액 계산기준

다음의 특수법인에 대해서는 상기의 규정에도 불구하고 수입금액을 다음에서 규정하는 계산식에 따라 계산한 금액으로 한다(법령 42 ①).

① 자본시장과 금융투자업에 관한 법률에 따른 투자매매업자 또는 투자중개업자
매출액 + 자본시장과 금융투자업에 관한 법률 제6조제1항제2호(투자중개업)의 영업과 관련한 보수 및 수수료의 9배에 상당하는 금액

② 자본시장과 금융투자업에 관한 법률에 따른 집합투자업자
매출액 + 자본시장과 금융투자업에 관한 법률 제9조제20항에 따른 집합투자재산(집합투자기구의 재산으로서 투자신탁재산, 투자회사재산, 투자유한회사재산, 투자합자회사재산, 투자유한책임회사재산, 투자합자조합재산 및 투자익명조합재산을 말한다)의 운용과 관련한 보수 및 수수료의 9배에 상당하는 금액

③ 한국투자공사법에 따른 한국투자공사
매출액 + 한국투자공사법 제34조제2항(위탁자산에 대한 운용수익)에 따른 운용수수료의 6배에 상당하는 금액

④ 한국수출입은행법에 의한 한국수출입은행
매출액 + 수입보증료의 6배에 상당하는 금액

⑤ 한국자산관리공사 설립 등에 관한 법률에 따른 한국자산관리공사
매출액 + 같은 법 제31조 제1항의 업무수행에 따른 수수료의 6배에 상당하는 금액

⑥ 주택도시기금법에 따른 주택도시보증공사
매출액 + 수입보증료의 6배에 상당하는 금액

⑦ 법인세법 시행령 제63조제1항 각호의 규정에 의한 법인(구상채권상각충당금 설정대상법인)
매출액 + 수입보증료의 6배에 상당하는 금액

9) 정부출자기관 기업업무추진비 한도

다음의 법인에 대해서는 각 사업연도의 소득금액을 계산할 때 손금에 산입하는 기업업무추진비의 금액은 일반법인 기업업무추진비 한도액의 70%에 상당하는 금액으로 한다(조특법 136 ②, 조특령 130 ③, ④).

① 정부출자기관(정부가 20% 이상을 출자한 법인을 말한다. 다만, 공공기관 운영에 관한 법률 제5조에 따른 공기업·준정부기관이 아닌 상장법인은 제외한다)

② 상기 ①의 정부출자기관이 최대주주로서 출자한 법인

(2) 기업업무추진비 세무조정

1) 세무조정

기업업무추진비는 업무와 관련된 지출로서 순자산의 감소에 해당하므로 원칙적으로 손금이다. 그러나 법인세법은 기업업무추진비의 과도한 지출을 억제하기 위하여 일정한 한도 내에서 손금으로 인정한다. 또한 기업업무추진비가 발생하는 유흥업소 등의 소득을 파악하기 위하여 신용카드 등의 법정증빙을 강제하고 있으며 법정증빙을 구비하지 못한 경우 해당 기업업무추진비를 부인한다. 따라서 기업업무추진비의 세무조정은 2단계의 세무조정을 거친다.

우선적으로 법정증빙요건 등을 충족하지 못한 기업업무추진비에 대해서는 1단계에서 전액 부인한다. 법정증빙요건을 구비한 시부인대상 기업업무추진비에 대해서는 2단계에서 법인세법상 한도와 비교하여 초과액을 부인한다.

① 기업업무추진비 해당금액 − 직부인대상 기업업무추진비 = 시부인대상 기업업무추진비
② 시부인대상 기업업무추진비 − 기업업무추진비 손금산입 한도액
= + (한도초과) : <손금불산입> (기타사외유출)
　 − (한도미달) : 세무조정 없음

2) 소득처분

기업업무추진비부인액은 손금불산입하고 기타사외유출로 소득처분하나, 그 지출이 당해 법인의 업무와 관련이 없거나 특정인이 부담하여야 할 성격인 경우에는 당해 소득의 귀속자에게 상여, 배당 또는 기타소득의 소득처분을 한다(법인 46012-551, 2001.3.14.).

3) 자산계상 기업업무추진비 세무조정

기업업무추진비 한도초과액이 당기에 손비로 계상한 기업업무추진비보다 많은 경우 한도 초과액의 세무조정은 다음과 같다(법기통 25-0…2).

① 당기에 손비로 계상한 기업업무추진비는 전액 손금불산입한다.

② 차액은 건설중인자산, 유형·무형자산 등의 순서로 감액처리한다.

〈손금불산입〉 기업업무추진비한도초과액 (기타사외유출)

〈손금산입〉 자산감액처리액 (△유보)

예 제 **자산계상 기업업무추진비**

다음 자료로 ㈜이손의 기업업무추진비에 대한 세무조정을 하시오.

구 분	Case 1	Case 2	Case 3
건설중인자산 계상 기업업무추진비 비용 계상 기업업무추진비(B)	3,500,000원 7,000,000원	6,500,000원 4,000,000원	10,500,000원 0원
기업업무추진비 계 기업업무추진비 손금산입한도액	10,500,000원 6,000,000원	10,500,000원 6,000,000원	10,500,000원 6,000,000원
한도초과액(A)	4,500,000원	4,500,000원	4,500,000원
비용계상분 손금불산입 건설중인자산 감액분(A-B)	4,500,000원 0원	4,000,000원 500,000원	0원 4,500,000원

풀 이

(Case 1) 〈손금불산입〉 기업업무추진비한도초과액 4,500,000 (기타사외유출)

(Case 2) 〈손금불산입〉 기업업무추진비한도초과액 4,500,000 (기타사외유출)
〈손금산입〉 건설중인자산 500,000 (△유보)

(Case 3) 〈손금불산입〉 기업업무추진비한도초과액 4,500,000 (기타사외유출)
〈손금산입〉 건설중인자산 4,500,000 (△유보)

제5절 기부금

01 기부금의 의의

(1) 기부금의 종류

기부금은 사업과 직접 관계없이 타인에게 무상으로 기증한 금품가액을 말한다. 기부금은 업무와 무관한 지출로서 지출에 대한 반대급부나 효익은 없으며 법률에 의한 강제적 납부도 아니다. 기부금은 업무와 무관한 지출이지만 기업이 이익의 일부를 사회에 환원하는 공익 목적의 지출이므로 일정한 한도 내에서 손금으로 인정한다.

기부금의 종류는 특례(법정)기부금, 일반(지정)기부금, 비지정기부금으로 구분한다. 특례기부금과 지정기부금은 손금산입 내용에 따라 분류하며 비지정기부금은 세법상 기부금으로 인정하지 않는다. 따라서 비지정기부금에 해당하는 경우에는 전액 손금불산입하고 귀속자에 따라 기타사외유출·배당·상여로 소득처분한다.

구 분	사 례
특례기부금	① 국가, 지방자치단체에 대한 기부금
	② 국방헌금, 국군장병위문금품
	③ 천재지변에 의한 이재민 구호금품
	④ 사립학교 등에 시설비, 교육비, 연구비 또는 장학금
일반기부금	① 지정기부단체 등에 고유목적사업비로 지출
	② 기부받는 단체 및 용도를 지정한 지출
	③ 수익사업소득을 고유목적사업비로 지출
비지정기부금	특례기부금과 일반기부금으로 열거되지 않은 기부금

(2) 기부금의 요건

1) 비특수관계

기부금은 원칙적으로 특수관계인 외의 자에게 당해 법인의 사업과 직접 관계없이 무상으로 지출하는 재산적 증여의 가액을 의미한다(법령 35). 따라서 특수관계인에게 사업과 직접 관계없이 무상으로 지출하는 재산적 증여는 이익을 분여한 것이므로 부당행위계산의 부인 규정을 적용하여야 한다. 다만, 일반기부금에 해당하는 단체 등과 특수관계 있는 법인이 동 단체 등에 각종 시설비, 교육비 또는 연구비 등으로 지출한 기부금이나 장학금은 이를 일반기부금으로 본다(법기통 24-36…6).

2) 무상으로 지출하는 재산적 증여

무상으로 지출하는 재산적 증여란 지출에 대한 반대급부나 효익이 없이 법인의 재산을 무상으로 상대방에게 수여하는 계약을 의미한다. 자산의 무상이전이나 금전의 무상 또는 저가의 대여, 부동산의 무상 또는 저가 임대, 채무의 면제 등 다양한 형태로 발생할 수 있다. 예를 들어 법인이 특수관계자 외의 자에게 당해 법인의 사업과 직접 관계없이 부동산을 무상으로 임대하거나 정당한 사유없이 정상가액보다 낮은 가액으로 임대하는 경우에는 기부금으로 의제한다(법기통 24-35…1).

3) 사업과 무관한 지출

사업과 직접 관계있는 자에게 금전 또는 물품을 기증한 경우에 그 금품의 가액은 기업업무추진비로 구분하며, 사업과 직접 관계가 없는 자에게 금전 또는 물품 등을 기증한 경우에 그 물품의 가액은 거래실태별로 다음의 기준에 따라 기업업무추진비 또는 기부금으로 구분한다(법기통 24-0…1).

① 업무와 관련하여 지출한 금품 : 기업업무추진비

② 위 ①에 해당되지 아니하는 금품 : 기부금

4) 기부금 관련 기본통칙

① 기본통칙 24-0…2 【국·공립학교 후원회 등에 대한 기부금의 처리】 국·공립학교가 기부금품의 모집 및 사용에 관한 법률 제2조 제1호 라목에 의 규정에 의하여 후원회 등을 통하여 받는 기부금은 동 법상의 기부심사위원회의 심의대상이 아니므로 동 법에 의한 심의절차를 거치지 아니한 경우에도 법 제24조 제2항 제1호의 기부금에 해당한다.

② 기본통칙 24-0…3 【이재민이 부담할 공사비를 부담한 경우의 처리】 재해복구공사를 시공하는 법인이 공사대금 중 이재민이 부담하여야 할 공사대금 상당액을 이재민을 위하여 부담하였을 경우에는 법 제24조 제3항 제3호에 규정하는 기부금의 범위에 포함하는 것으로 한다.

③ 기본통칙 24-0…4 【국외난민돕기 성금의 처리】 법 제24조 제3항 제3호의 기부금에는 해외의 천재·지변 등으로 생긴 이재민을 위한 구호금품의 가액을 포함하는 것으로 한다.

④ 기본통칙 24-35…1 【부동산을 무상 또는 저가임대시 기부금 의제】 법인이 영 제2조 제5항에 따른 특수관계인 외의 자에게 해당 법인의 사업과 직접 관계없이 부동산을 무상으로 임대하거나 정당한 사유없이 정상가액보다 낮은 가액으로 임대하는 경우에는 영 제35조의 규정이 적용된다.

02 기부금의 분류

기부금은 법인세법에서 기부금의 목적, 기부대상자 등을 고려하여 열거하고 있으며 열거된 항목에 따라 기부금지출액을 특례기부금, 일반기부금으로 분류하고 각각의 법인세법상 손금한도가 달라진다. 법인세법에서 열거되어 있지 않은 항목에 지출한 기부금은 비지정기부금으로서 손금으로 인정하지 아니하고 귀속자에 따라 소득처분한다.

2.1 특례기부금과 일반기부금

법인세법상 특례기부금과 일반기부금은 내국법인이 각 사업연도에 지출한 기부금 중 사회복지·문화·예술·교육·종교·자선·학술 등 공익성을 고려하여 대통령령으로 정하는 기부금을 말한다. 기부금 등은 손금산입한도액의 범위내에서 손금으로 하며 이를 초과하는 금액은 손금에 산입하지 아니한다(법법 24).

2.2 의제기부금

법인이 특수관계인 외의 자에게 정당한 사유없이 자산을 정상가액보다 낮은 가액으로 양도하거나 정상가액보다 높은 가액으로 매입함으로써 그 차액 중 실질적으로 증여한 것으로 인정되는 금액은 기부금으로 본다. 이 경우 정상가액은 시가에 시가의 30%를 가산하거나 30%를 차감한 범위안의 가액으로 한다(법령 35).

(1) 고가매입

법인이 특수관계인 외의 자에게 정당한 사유없이 자산을 정상가액(시가의 130%)보다 높은 가액으로 매입함으로써 그 차액을 실질적으로 증여한 것으로 인정되는 금액은 기부금으로 본다. 법인이 고가매입한 자산에 대한 세무조정 유형은 다음과 같다.

비상각자산	상각자산
정상가액과의 차액을 손금산입하고 해당 차액은 기부금으로 본다.	정상가액과의 차액을 손금산입하고 해당 차액은 기부금으로 본다. 고가매입분에 대한 감가상각비는 손금불산입하거나 처분시에 추인한다.

사례 **고가매입 의제기부금**

㈜이손은 시가가 ₩1,000,000인 토지를 사회복지법인 B로부터 ₩2,000,000에 매입하였으며 고가매입에 대한 정당한 사유는 없다. 당해 거래에 대한 회계처리와 세무조정은 다음과 같다. 단, B법인은 일반기부금에 해당하는 단체다.

① ㈜이손의 회계처리

(차) 토지	2,000,000	(대) 현금	2,000,000

② 법인세법 회계처리

(차) 토지	1,300,000	(대) 현금	2,000,000
기부금	700,000		

* 의제기부금 : ₩2,000,000−₩1,000,000×130%=₩700,000

③ 세무조정

기부금(손금)을 자산으로 인식하였으므로 손금산입하고 기부금으로 본다. 이 경우 기부금은 일반기부금에 해당한다.

〈손금산입〉 토지 700,000 (△유보)

(2) 저가양도

법인이 특수관계인 외의 자에게 정당한 사유없이 자산을 정상가액보다 낮은 가액으로 양도함으로써 그 차액을 실질적으로 증여한 것으로 인정되는 금액은 기부금으로 본다.

사례 **저가양도 의제기부금**

㈜이손은 취득원가 ₩500,000, 시가 ₩1,000,000의 유가증권을 정당한 사유없이 사회복지법인 B에 양도하였으며 매각금액은 ₩600,000이다. 회계처리와 세무조정은 다음과 같다. 단, B법인은 일반기부금에 해당하는 단체다.

① ㈜이손의 회계처리

(차) 현금	600,000	(대) 유가증권	500,000
		유가증권처분이익	100,000

② 법인세법 회계처리

(차) 현금	700,000	(대) 유가증권	500,000
		유가증권처분이익	200,000

(차) 기부금 100,000 (대) 현금 100,000

* 의제기부금 : ₩1,000,000×70%−₩600,000=₩100,000

③ 세무조정 : 기부금(손금)과 처분이익(익금)이 각각 100,000만큼 누락되었다. 따라서 별도의 세무조정 없이 회사가 계상한 기부금은 100,000이라고 본다. 이 경우 기부금은 일반기부금에 해당한다.

2.3 비지정기부금

비지정기부금은 특례기부금 및 일반기부금에 해당하지 아니하는 기부금으로서 비지정기부금은 법인세법상 손금으로 인정하지 아니한다. 비지정기부금에 대해서는 손금불산입하고 귀속자에 따라 배당, 상여, 기타사외유출로 처분한다(법기통 67-106…6). 비지정기부금은 특례기부금 등의 세무조정과 달리 소득금액조정합계표에 반영한다.

예 제 비상각자산의 고가매입 비지정기부금

다음은 ㈜이손의 토지 매입과 관련한 자료이다. 각각의 경우 세무조정을 하시오. 단, B사는 특례기부금 및 일반기부금에 해당하지 아니한다.

상황 1. ㈜이손은 비특수관계인 B사로부터 토지를 140억원에 매입하였다. 당해 토지의 시가는 100억원이다.

상황 2. ㈜이손은 비특수관계인 B사로부터 토지를 102억원에 매입하였다. 당해 토지의 시가는 100억원이다.

풀 이

상황 1. 시가 100억원의 토지를 140억원에 구입한 경우

비특수관계인과의 거래로서 거래가격이 정상가액(시가의 30%를 가감한 금액 : 100억원×70% ~100억원×130%) 범위를 초과하므로 초과액 10억원(=140억원−100억원×130%)은 비지정기부금으로 보며 법인세법상 토지의 가격은 130억원으로 한다.

〈손금산입〉 토지 10억원 (△유보)

〈손금불산입〉 비지정기부금 10억원 (기타사외유출)

상황 2. 시가 100억원의 토지를 102억원에 구입한 경우

비특수관계인과의 거래로서 정상가액(시가의 30%를 가감한 금액 : 100억원×70%~100억원×130%) 범위 이내이므로 법인세법상 토지의 가격은 102억원으로 하고 별도의 세무조정은 없다.

예 제 **상각자산의 고가매입 비지정기부금**

㈜이손의 10기(20X1. 1. 1~12.31) 건물 취득과 관련한 자료는 다음과 같다.

(1) 20X1.10.1.에 건물(시가 10억원)을 15억원에 현금으로 매입하였다.
(2) 건물은 취득시 영업에 사용하였으며 신고내용연수는 10년, 정액법으로 상각한다. 당기 감가상각비 계상액은 1.5억원이다.

요구사항

1. 특수관계에 해당하는 B법인으로부터 매입한 경우 세무조정을 하시오.
2. 비특수관계에 해당하는 C법인으로부터 매입한 경우 세무조정을 하시오.

풀 이

1. 부당행위

(1) 부당행위의 판단

특수관계인으로부터 고가매입한 건물의 시가와 거래가격의 차액이 5억원이므로 부당행위에 해당한다. 법인세법상 건물의 가격은 10억원이며 차액 5억원은 귀속자가 법인이므로 기타사외유출에 해당한다.

* 현저한 차이 : 5억원 > 3억원 또는 0.5억원(= 10억원 × 5%

(2) 부당행위 세무조정

〈익금산입〉 부당행위계산의 부인 5억원 (기타사외유출)
〈손금산입〉 건물 5억원 (△유보)

(3) 부당행위계산의 부인(건물 △유보분)에 해당하는 감가상각비 부인

시가초과분에 대한 감가상각비 : 1.5억원×5억원/15억원 = 0.5억원
〈손금불산입〉 건물 0.5억원 (유보)

(4) 건물 감가상각시부인

① 회사계상액 = 1.5억원-0.5억원 = 1억원
② 상각범위액 = 10억원×0.1×3/12 = 0.25억원
③ 상각부인액 = 0.75억원
④ 세무조정 : 〈손금불산입〉 감가상각비 0.75억원 (유보)

2. 비지정기부금

(1) 기부금의 판단

비특수관계인과의 거래로서 거래가격이 정상가액(시가의 30%를 가감한 금액 : 100억원×70%~100억원×130%) 범위를 초과하므로 초과액 2억원(= 15억원-13억원)은 비지정기부금에 해당하며 법인세법상 건물의 가격은 13억원이다.

(2) 비지정기부금 세무조정
〈손금산입〉 건물 2억원 (△유보)
〈손금불산입〉 비지정기부금 2억원 (기타사외유출)

(3) 비지정기부금에 해당하는 건물(△유보분)의 감가상각비 부인
정상가액 초과분에 대한 감가상각비 : 1.5억원×2억원/15억원＝0.2억원
〈손금불산입〉 건물 △유보분 상각비 0.2억원 (유보)

(4) 건물 감가상각시부인
① 회사계상액＝1.5억원－0.2억원＝1.3억원
② 상각범위액＝13억원×0.1×3/12＝0.325억원
③ 상각부인액＝0.975억원
④ 세무조정 : 〈손금불산입〉 감가상각비 0.975억원 (유보)

예 제 비상각자산의 저가양도 비지정기부금

다음은 ㈜이손의 토지 처분과 관련한 자료이다. 각각의 경우 세무조정을 하시오. 단, B사는 특례기부금 및 일반기부금에 해당하지 아니한다.

상황 1. ㈜이손은 비특수관계인 B사로부터 토지를 50억원에 매각하였다. 당해 토지의 시가는 100억원이다.
상황 2. ㈜이손은 비특수관계인 B사로부터 토지를 80억원에 매각하였다. 당해 토지의 시가는 100억원이다.

풀 이

상황 1. 시가 100억원의 토지를 50억원에 매각한 경우
비특수관계인과의 거래로서 거래가격이 정상가액(시가의 30%를 가감한 금액 : 100억원×70%∼100억원×130%) 범위를 초과하므로 초과액 10억원(=100억원×70%－50억원)은 비지정기부금에 해당한다.
〈손금불산입〉 비지정기부금 20억원 (기타사외유출)

상황 2. 시가 100억원의 토지를 80억원에 매각한 경우
비특수관계인과의 거래로서 정상가액(시가의 30%를 가감한 금액 : 100억원×70%∼100억원×130%) 범위 이내이므로 별도의 세무조정은 없다.

03 기부금의 평가

현금 및 현금성자산 등 금전으로 지출하는 기부금은 당해 지출액을 기부금가액으로 본다. 금전 이외의 자산으로 제공하는 현물기부금은 기부금의 종류에 따라 다음과 같이 평가한다. 법인이 결산상 반영한 기부금과 세무상 평가액과의 차액은 법인이 계상한 기부금에 가산한다.

① 특례기부금, 일반기부금(2011.3.31. 이후 최초로 제공하는 자산으로서 특수관계인에게 기부한 자산은 제외)에 해당하는 현물기부금은 출연당시 현물의 장부가액으로 한다(법령 36 ①, 조특법 73 ③).

② 특수관계인에게 기부한 일반기부금, 비지정기부금 등에 해당하는 현물기부금은 시가와 장부가액 중 큰 금액을 기부금으로 본다. 시가는 기부당시 정상거래가격으로 하되, 시가가 불분명한 경우에는 다음의 순서로 평가한 가액으로 한다(법법 52, 법령 36, 법령 89).

㉠ 감정평가법인의 감정가액(주식 제외)

㉡ 상속세및증여세법상 규정에 의한 평가액

사례 현물기부금

㈜이손은 특수관계에 해당하는 사회복지법인 B에게 토지를 기부하였으며 손익계산서상 기부금은 ₩1,000,000이다. 현물기부금의 장부가액과 시가는 각각 ₩1,000,000과 ₩1,800,000이다. 회계처리와 세무조정은 다음과 같다. 단, B법인은 일반기부금에 해당하는 단체다.

① ㈜이손의 회계처리

(차) 기부금	1,000,000	(대) 토지	1,000,000

② 법인세법 회계처리

(차) 기부금	1,800,000	(대) 토지	1,000,000
		토지처분이익	800,000

*기부금 : max=(₩1,000,000, ₩1,800,000)=₩1,800,000

③ 세무조정

기부금(손금)과 처분이익(익금)이 각각 800,000만큼 누락되었다. 따라서 별도의 세무조정 없이 회사가 계상한 기부금은 1,800,000이라고 본다. 이 경우 기부금은 일반기부금에 해당한다.

04 기부금의 귀속시기

(1) 일반원칙

기부금은 지출한 날이 속하는 사업연도의 손금(현금주의)으로 한다(법령 36 ②).

① 기부금을 가지급금 등으로 이연계상한 경우에는 이를 그 지출한 사업연도의 기부금으로 하고, 그 후의 사업연도에 있어서는 이를 기부금으로 보지 아니한다(법령 36 ②).

② 기부금을 미지급금으로 계상한 경우 실제로 이를 지출할 때까지는 당해 사업연도의 소득금액계산에 있어서 이를 기부금으로 보지 아니한다(법령 36 ③).

③ 어음을 발행(배서를 포함)하여 기부한 경우에는 그 어음이 실제로 결제된 날의 기부금으로 본다(법칙 18).

④ 수표를 발행하여 기부한 경우에는 당해 수표를 교부한 날의 기부금으로 본다(법칙 18).

⑤ 선일자수표는 실제 대금이 결제된 날의 기부금으로 본다(서면2팀-1669, 2006. 8.30.).[68)]

(2) 예외

① 인·허가를 받기 전 설립중인 공익법인 및 단체 등에 기부한 일반기부금은 인·허가시점의 기부금으로 본다(법기통 24-36…4).

② 물품을 어음으로 구입하여 기부하는 경우에는 당해 물품을 실제로 기부한 날의 기부금으로 본다(법인 46012-3733, 1995.10.2.).

(3) 귀속시기 세무조정

1) 미지급금으로 계상된 기부금

① 당해 사업연도까지 지출하지 아니하였으나 회계상 미지급금으로 계상한 기부금은 손금불산입하고 당해 사업연도의 기부금계상액에서 제외한다.
〈손금불산입〉 미지급금 ××× (유보)

② 전기에 미지급금으로 계상된 기부금 중 당해 사업연도에 지출한 기부금에 대하여 손금산입하고 당해 사업연도의 기부금계상액에 포함한다.
〈손금산입〉 미지급금 ××× (△유보)

---

68) 기업회계와 법인세법상 선일자수표는 현금성자산이 아닌 매출채권(미수금) 등으로 본다.

2) 선급금으로 계상된 기부금

① 당해 사업연도에 현금으로 지출하였으나 결산상 선급금으로 계상한 기부금에 대하여 손금산입하고 당해 사업연도의 기부금계상액에 포함한다.
〈손금산입〉 선급금 ××× (△유보)

② 전기에 지출하고 선급금으로 계상한 기부금을 당해 사업연도에 결산상 기부금으로 인식한 금액은 손금불산입하고 당해 사업연도의 기부금계상액에서 제외한다.
〈손금불산입〉 선급금 ××× (유보)

05 기부금 세무조정

(1) 세무조정계산서의 작성

기부금에 대한 세무조정은 당해 기부금의 유형별로 한도를 계산하여 한도초과액을 손금불산입한다(법법 24). 기부금한도초과액은 [법인세 과세표준 및 세액조정계산서]상 "⑩⑤기부금한도초과액"에 반영한다. 한도미달시 별도의 세무조정은 없다.[69] 다만, 비지정기부금은 특례기부금 등의 세무조정과 달리 소득금액조정합계표에서 세무조정한다.

사례 기부금의 세무조정 서식

(1) ㈜이손의 당기순이익은 ₩10,000,000이며 세무조정 결과는 다음과 같다.
① 소득금액조정합계표상의 비지정기부금 손금불산입 ₩1,000,000(기타사외유출)이외에 별도의 세무조정은 없다.
② 특례기부금과 일반기부금의 한도초과액 합계액은 ₩400,000이다.

(2) 비지정기부금의 세무조정(소득금액조정합계표)

익금산입 및 손금불산입				손금산입 및 익금불산입			
① 과목	② 금액	③소득처분		④과목	⑤금액	⑥소득처분	
		처분	코드			처분	코드
비지정기부금	1 000 000	기타사외유출					

69) 소득금액조정합계표에서 기부금한도시부인에 대한 세무조정을 하면 기부금의 한도인 기준소득금액이 변동되기 때문이다. 그러나 비지정기부금은 한도를 계산하지 않고 즉시 부인하므로 소득금액조정합계표에서 세무조정할 수 있다.

(3) 특례기부금과 일반기부금의 세무조정(법인세과세표준 및 세액조정계산서)

① 각 사업연도 소득계산	(101) 결산서상당기순손익		01			10	000	000
	소득조정금액	(102) 익금산입	02			1	000	000
		(103) 손금산입	03					
	(104) 차가감소득금액(⑩+⑩−⑩)		04			11	000	000
	(105) 기부금한도초과액		05				400	000
	(106) 기부금한도초과이월액손금산입		54					
	(107) 각사업연도소득금액(⑩+⑩−⑩)		06			11	400	000

특례기부금과 일반기부금의 한도초과 및 이월공제 세무조정은 법인세 과세표준 및 세액조정계산서에서 조정한다. 그러나 비지정기부금은 소득금액조정합계표에서 세무조정한다. 이는 특례기부금과 일반기부금을 소득금액조정합계표에서 기부금한도시부인에 대한 세무조정을 하면 기부금의 한도인 기준소득금액이 변동되기 때문이다. 그러나 비지정기부금은 한도를 계산하지 않고 즉시 부인하므로 소득금액조정합계표에서 세무조정할 수 있다.

(2) 손금으로 계상한 기부금

세무상 기부금 손금계상액은 다음의 합계액으로 한다.

> 기부금 손금계상액 = 손익계산서 등의 기부금 ± 귀속시기 조정액 ± 현물기부금 조정액 + 의제기부금

(3) 기부금한도

1) 기준소득금액의 계산

기준소득금액이란 법인세법 제44조(합병시 자산양도 특례), 제46조(분할 또는 분할합병시 자산양도 특례) 및 제46조의5(인적분할시 자산양도 특례)에 따른 양도손익은 제외하고 특례기부금과 일반기부금을 손금에 산입하기 전의 해당 사업연도의 소득금액을 말한다(법법 24 ①). 차가감소득금액은 특례·일반기부금이 비용으로 차감된 소득이므로 이를 다시 가산하여 기부금을 비용으로 인식하기 전의 소득금액으로 환원한다. 합병 등의 자산양도손익도 동일한 이유로 가감한다.

> 기준소득금액 = 차가감소득금액 ± 자산양도 특례 양도손익 + 특례·일반기부금

2) 기부금한도액

내국법인이 각 사업연도에 지출하거나 이월된 기부금 중 특례기부금과 일반기부금은 다음의 구분에 따라 산출한 손금산입한도액 내에서 해당 사업연도의 소득금액을 계산할 때 순차적으로 손금에 산입하고, 손금산입한도액을 초과하는 금액과 그 외의 기부금은 손금에 산입하지 아니한다(법법 24 ②).

특례기부금한도액 = (기준소득금액 – 이월결손금) × 50%
일반기부금한도액 = (기준소득금액 – 이월결손금 – 특례기부금 손금인정액 – 우리사주조합기부금 손금인정액) × 10% (사회적 기업 20%)

* 특례기부금 손금산입액은 이월하여 손금에 산입한 금액을 포함한다.
* 사회적 기업은 2019.1.1. 이후 과세표준을 신고하는 분부터 적용(법 부칙 4)

차감하는 이월결손금은 법인세법 제13조제1호에 따른 결손금의 합계액을 말한다(법법 24 ①). 당해사업연도 개시일 전 15년(법법 13 ①, 2020.1.1. 이후 개시하는 사업연도에 발생한 결손금부터 적용, 이전에 개시한 사업연도에서 발생한 결손금은 10년, 법 부칙 2020.12.22.) 이내에 발생한 결손금으로서 그 후의 사업연도의 과세표준에서 공제되지 아니한 금액을 의미한다(법법 13 ①). 기부금 한도액 계산시 기준소득금액을 계산하는 이유는 법인의 소득을 이월결손금 보전에 사용하지 아니하고 무리하게 기부금을 지출하지 못하도록 하기 위해서다. 또한 기부금을 전액 손금으로 인정할 경우 법인의 조세부담이 감소되어 실질적으로 국가가 기부금을 부담하는 결과가 초래되므로 이를 방지하기 위한 규정이다.

이월결손금은 해당 사업연도 개시일 전 15년 이내에 발생한 결손금으로서 그 후의 사업연도의 과세표준에서 공제되지 아니한 금액을 말한다(법법 13 ①, 법법 24 ③). 중소기업 등 특정법인이 아닌 경우 과세표준 계산시 각 사업연도 소득금액의 일정한도에서 이월결손금을 공제한다(법법 24 ②).

3) 기부금 세무조정

2020.1.1. 이후 과세표준을 신고하는 분부터 특례·일반기부금을 손금에 산입하는 경우에는 이월된 금액을 해당 사업연도에 지출한 기부금보다 먼저 손금에 산입한다. 이 경우 이월된 금액은 먼저 발생한 이월금액부터 손금에 산입한다(법법 24 ⑥, 2020.1.1. 이후 과세표준을 신고하는 분부터 적용하되, 과세표준 신고 시 이월공제가 가능한 기부금에 대해서도 적용한다. 법 부칙 2019.12.31.). 과세표준 신고 시 이월공제가 가능한 특례기부금 및 일반기부금은 2013.1.1. 이후 개시한 사업연도에 지출한 기부금으로서 손금산입한도액을 초과하여 이월된 분부터 적용한다(법법 24 ⑤, 법 부칙 2018.12.24.).

Ⅰ. 특례기부금 세무조정
① 특례기부금 이월잔액 손금산입 (기타) : 손금산입액 = min(㉠, ㉡) ㉠ 특례기부금 한도액 ㉡ 공제가능 이월잔액 ② 당해연도 지출한 특례기부금 한도 세무조정 당기 지출액 – (특례기부금 한도액 – 상기 ① 손금산입액) = { + : 손금불산입(기타사외유출) / – : 세무조정없음 }

Ⅱ. 일반기부금 세무조정
① 일반기부금 이월잔액 손금산입 (기타) : 손금산입액 = min(㉠, ㉡) ㉠ 일반기부금 한도액 ㉡ 공제가능 이월잔액 ② 당해연도 지출한 일반기부금 한도 세무조정 당기 지출액 – (일반기부금 한도액 – 상기 ① 손금산입액) = { + : 손금불산입(기타사외유출) / – : 세무조정없음 }

4) 한도초과액 소득처분

법인세법 제24조에 따라 특례기부금·일반기부금의 손금산입한도액을 초과하여 익금에 산입한 금액은 기타사외유출로 한다(법령 106 ①).

(4) 기부금 한도초과액의 이월손금산입

특례기부금 및 일반기부금의 손금산입한도액을 초과하여 손금에 산입하지 아니한 금액은 해당 사업연도의 다음 사업연도 개시일부터 10년(2019.1.1. 이후 과세표준을 신고하는 분부터 적용하되, 2013.1.1. 이후 개시한 사업연도에 지출한 기부금에 대해서도 적용한다) 이내에 끝나는 각 사업연도로 이월하며, 그 이월된 사업연도의 특례기부금 및 일반기부금 각각의 손금산입한도액의 범위에서 손금에 산입한다(법법 24 ⑤, 법 부칙 2018.12.24.).

구 분	이월기간
특례기부금	2011년까지 발생분 : 1년
	2012년부터 2013년까지 발생분 : 3년
	2014년부터 발생분 : 5년
	2019.1.1. 이후 법인세 신고분부터 : 10년(2013.1.1.이후 발생분 포함)
일반기부금	2009년까지 발생분 : 3년
	2010년부터 발생분 : 5년
	2019.1.1. 이후 법인세 신고분부터 : 10년(2013.1.1.이후 발생분 포함)

(5) 우리사주조합에 지출하는 기부금

법인이 근로복지기본법에 따른 우리사주조합에 출연하는 자사주의 장부가액 또는 금품은 해당 과세연도의 소득금액에서 전액 손금으로 본다(법령 ⑲ 16호). 그러나 협력업체 등 다른 법인의 우리사주조합에 지출하는 출연금에 대한 규정은 없었으나 2015.1.1. 이후부터 법인이 다른 법인의 우리사주조합에 지출하는 기부금은 해당 과세연도의 소득금액을 계산할 때 다음의 금액을 한도로 하여 손금에 산입한다(조특법 88의4 ⑬, 기부금한도 개정규정은 2021.1.1. 이후 개시하는 사업연도에 기부금을 우리사주조합에 지출하는 경우부터 적용, 법 부칙 2020.12.29.).

$$한도액 = [A - (B + C)] \times 30\%$$

A : 법인세법 제24조 제2항 제2호에 따른 기준소득금액
B : 이월결손금(다만, 법인세법 제13조 제1항 각 호 외의 부분 단서에 따라 각 사업연도 소득의 80%를 한도로 이월결손금 공제를 적용받는 법인은 같은 법 제24조 제2항 제2호에 따른 기준소득금액의 80%를 한도로 한다)
C : 법인세법 제24조 제2항에 따라 손금에 산입하는 기부금(법인세법 제24조 제5항에 따라 이월하여 손금에 산입한 금액을 포함한다)

우리사주조합에 지출하는 기부금이 손금산입한도액을 초과하여 손금에 산입하지 아니한 금액의 이월손금산입규정은 없으므로 당기 지출액에 대하여 한도를 초과하는 경우 손금불산입(기타사외유출)하고 사후관리는 없다(조특법 88의4 ⑬).

구 분	손금한도
해당 법인의 우리사주조합 지출액 (법령 ⑲ 16호)	전액 손금
다른 법인의 우리사주조합 지출액 (조특법 88의4 ⑬)	(기준소득금액 - 이월결손금 - 특례기부금 손금인정액) × 30%

06 기부금영수증

(1) 기부금에 관한 증빙

기부금은 특례기부금, 일반기부금 등으로 구분하여 각각 일정한 한도 내에서 손금산입한다. 기부금을 손금산입 하고자 하는 경우에는 기부금영수증을 받아서 보관하여야 한다(법법 75의4 ②). 법인이 법인세법 제24조에 따라 기부금을 지출한 때에는 법 제24조 제2항 제1호에 따른 기부금(특례기부금)과 같은 조 제3항 제1호에 따른 기부금(일반기부금)을 구분하여 작성한 기획재정부령으로 정하는 기부금명세서를 법인세법 제60조에 따른 신고와 함께 납세지 관할세무서장에게 제출해야 한다(법령 37 ④).

관련사례

- **용역을 무상제공 받은 경우 기부금영수증 발급대상인지 여부**
  용역을 무상으로 제공하는 것은 기부금에 해당하지 않는 것임(법인, 법인세과-804, 2011.10.26.).

- **기부금영수증 발급시기 및 기부금영수증 발급명세서 수정제출 가능 여부**
  기부금영수증은 실제 기부금을 수령한 날짜로 하여 발급하는 것이며, 기부금영수증 발급명세서의 수정사항이 발생한 경우 그 사유가 발생한 때에 수정사항을 반영하여 재작성한 기부금영수증 발급명세서를 제출하여야 하는 것임(법인, 법인세과-513, 2011.07.26.).

- **공익법인이 기부받은 상장주식의 취득가액 및 기부금액 산정**
  일반기부금단체가 상장주식을 기부받은 경우 해당 주식의 취득가액은 법인세법 시행령 제72조제2항제5의3호 내지 제6호에 따른 가액으로 하되, 기부금영수증상 기부금액은 기부자가 법인인 경우에는 법인세법 시행령 제37조제1항에 따른 가액으로 하는 것이며, 시가에 의하는 경우에는 법인세법 시행령 제89조에 따른 시가를 적용하는 것임(법인, 법인세과-522, 2011.07.28.).

(2) 기부금영수증 발급명세의 작성, 보관 및 제출

① 기부금영수증의 수취

기부금영수증이란 다음의 어느 하나에 해당하는 영수증을 말하며, 국세청장이 구축한 전자기부금영수증 발급 시스템을 이용하는 방법으로 발급한 기부금영수증(전자기부금영수증)을 포함한다(법법 75의4 ②, 법령 155의2 ①, 개정규정은 2021.7.1. 이후 전자기부금영수증을 발급하는 분부터 적용, 법 부칙 2020.12.22.).

㉠ 법인세법 제24조에 따라 기부금을 손금에 산입하기 위하여 필요한 영수증

㉡ 소득세법 제34조 및 제59조의 4 제4항에 따라 기부금을 필요경비에 산입하거나 기부금세액공제를 받기 위하여 필요한 영수증

② 기부금명세서의 제출

법인이 법인세법 제24조에 따라 기부금을 지출한 때에는 법 제24조 제2항 제1호에 따른 기부금(특례기부금)과 같은 조 제3항 제1호에 따른 기부금(일반기부금)을 구분하여 작성한 기획재정부령으로 정하는 기부금명세서를 법인세법 제60조에 따른 신고와 함께 납세지 관할세무서장에게 제출해야 한다(법령 37 ③).

③ 기부법인별 발급명세의 작성 및 보관

기부금영수증을 발급하는 법인은 기부자별 발급명세를 작성하여 발급한 날부터 5년간 보관하여야 하며 기부자별 발급명세를 국세청장, 지방국세청장 또는 납세지 관할 세무서장이 요청하는 경우 이를 제출하여야 한다(법법 112의 2).

㉠ 2008.12.31.까지 : 연간 100만원을 초과하는 금액을 기부하는 내국법인

㉡ 2009.1.1.부터 2009.12.31.까지 : 연간 50만원을 초과하는 금액을 기부하는 내국법인

㉢ 2010.1.1.부터 : 액수에 관계없이 기부금을 기부하는 내국법인

④ 기부금영수증 발급명세서 제출

기부금영수증을 발급하는 법인은 해당 사업연도의 기부금영수증 총 발급 건수 및 금액 등이 적힌 기부금영수증 발급합계표를 해당 사업연도의 종료일이 속하는 달의 말일부터 6개월 이내에 관할 세무서장에게 제출하여야 한다. 다만, 전자기부금영수증을 발급한 경우에는 그러하지 아니하다(법법 112의2 ③, 2021.7.1. 이후 전자기부금영수증을 발급하는 분부터 적용, 법 부칙 2020.12.22.). 기부금영수증을 발급하는 법인은 해당 사업연도의 직전 사업연도에 받은 기부금에 대하여 발급한 기부금영수증 금액의 총합계액이 3억원 이상의 금액으로서 대통령령으로 정하는 금액(3억원, 법령 155의2 ④)을 초과하는 경우에는 해당 사업연도에 받은 기부금에 대하여 그 기부금을 받은 날이 속하는 연도의 다음 연도 1월 10일까지 전자기부금영수증을 발급하여야 한다(법법 112의2 ③, 2025.1.1. 이후 기부금을 받는 경우부터 적용함. 법 부칙 2024.12.31.).

(3) 기부금영수증 가산세

기부금영수증을 발급하는 법인이 기부금영수증을 사실과 다르게 발급하거나 기부자별 발급명세를 작성·보관하지 아니한 경우에는 가산세를 해당 사업연도의 법인세액에 더하여 납부하여야 한다(법법 75의4 ①). 구체적인 내용은 가산세편을 참조하기로 한다.

■ 법인세법 시행규칙 [별지 제63호의3서식] <개정 2023. 3. 20.>

일련번호	

기 부 금 영 수 증

※ 뒤쪽의 작성방법을 읽고 작성하여 주시기 바랍니다. (앞쪽)

❶ 기부자

성 명(법인명)		주민등록번호 (사업자등록번호)	
주 소(소재지)			

❷ 기부금 단체

단 체 명		사업자등록번호(고유번호)	
(지 점 명*)		(지점 사업자등록번호 등)	
소 재 지		기부금공제대상 공익법인등 근거법령	
(지점 소재지)			

* 기부금 단체의 지점(분사무소)이 기부받은 경우, 지점명 등을 추가로 기재할 수 있습니다.

❸ 기부금 모집처(언론기관 등)

단 체 명		사업자등록번호	
소 재 지			

❹ 기부내용

코 드	구 분 (금전 또는 현물)	연월일	내 용			금 액
			품명	수량	단가	

「소득세법」 제34조, 「조세특례제한법」 제58조·제88조의4 및 「법인세법」 제24조에 따른 기부금을 위와 같이 기부하였음을 증명하여 주시기 바랍니다.

년 월 일

신 청 인 (서명 또는 인)

위와 같이 기부금을 기부받았음을 증명합니다.

년 월 일

기부금 수령인 (서명 또는 인)

210mm×297mm[백상지 80g/㎡ 또는 중질지 80g/㎡]

❹기부내용의 코드는 다음 구분에 따라 적습니다.	코드
소득세법 제34조제2항제1호, 법인세법 제24조제2항제1호에 따른 기부금	10
조세특례제한법 제76조에 따른 기부금	20
소득세법 제34조제3항제1호(종교단체 기부금 제외), 법인세법 제24조제3항제1호에 따른 기부금	40
소득세법 제34조제3항제1호에 따른 기부금 중 종교단체기부금	41
조세특례제한법 제88조의4에 따른 기부금	42
조세특례제한법 제58조에 따른 기부금	43
필요경비(손금) 및 세액공제 금액대상에 해당되지 않는 기부금	50

제6절 회계변경과 오류수정

01 회계변경의 의의

회계정책이란 기업이 재무보고의 목적으로 선택한 기업회계기준과 그 적용방법을 말하며 회계추정은 기업환경의 불확실성하에서 미래의 재무적 결과를 사전적으로 예측하는 것을 말한다. 매기 동일한 회계정책 또는 회계추정을 사용하면 비교가능성이 증대되어 재무제표의 유용성이 향상된다. 따라서 재무제표를 작성할 때 일단 채택한 회계정책이나 회계추정은 유사한 종류의 사건이나 거래의 회계처리에 그대로 적용하여야 한다.

기업은 불가피한 경우 회계를 변경할 수 있다. 회계변경은 회계정책의 변경과 회계추정의 변경을 의미한다. 회계정책의 변경은 재무제표의 작성과 보고에 적용하던 회계정책을 다른 회계정책으로 바꾸는 것을 말하며 회계추정의 변경은 기업환경의 변화, 새로운 정보의 획득 또는 경험의 축적에 따라 지금까지 사용해오던 회계적 추정치의 근거와 방법 등을 바꾸는 것을 말한다.

회계정책의 변경 사례	회계추정의 변경 사례
① 재고자산 평가방법의 변경 ② 유가증권의 취득단가산정방법 변경	① 대손의 추정 ② 재고자산의 진부화 여부에 대한 판단과 평가 ③ 우발부채의 추정 ④ 감가상각자산의 내용연수 및 잔존가액의 추정 ⑤ 감가상각방법의 변경

02 회계정책의 변경[70)]

(1) 정당한 사유

기업은 다음 중 하나의 경우에 회계정책을 변경할 수 있다.

① 회계기준에서 회계정책의 변경을 요구하는 경우

② 회계정책의 변경을 반영한 재무제표가 거래, 기타 사건 또는 상황이 재무상태, 재무성과 또는 현금흐름에 미치는 영향에 대하여 신뢰성 있고 더 목적적합한 정보를 제공하는 경우

70) 일반기업회계기준 제10장 '유형자산'에 따라 자산을 재평가하는 회계정책을 최초로 적용하는 경우의 회계정책 변경은 일반기업회계기준 제10장에 따라 회계처리한다.

(2) 공시

변경된 새로운 회계정책은 소급하여 적용한다. 전기 또는 그 이전의 재무제표를 비교목적으로 공시할 경우에는 소급적용에 따른 수정사항을 반영하여 재작성한다. 이와 관련하여 유의할 사항은 다음과 같다.

① 비교재무제표상의 최초회계기간 전의 회계기간에 대한 수정사항은 비교재무제표상 최초회계기간의 자산, 부채 및 자본의 기초금액에 반영한다. 또한 전기 또는 그 이전기간과 관련된 기타재무정보도 재작성한다.

② 회계정책의 변경에 따른 누적효과를 합리적으로 결정하기 어려운 경우에는 회계변경을 전진적으로 처리하여 그 효과가 당기와 당기이후의 기간에 반영되도록 한다.

③ 회계정책 변경을 전진적으로 처리하는 경우에는 그 변경의 효과를 당해 회계연도 개시일부터 적용한다.

예 제 회계정책의 변경

㈜이손은 20×1년초에 설립되었으며 20×3년초에 재고자산의 단가결정방법을 선입선출법에서 평균법으로 변경하였다. 연도별 선입선출법에 의한 손익계산서의 매출원가 계산 자료는 다음과 같다. 단, 법인세효과는 고려하지 않는다.

구 분	20×1년	20×2년	20×3년
기초재고	–	₩100,000	₩200,000
당기매입	₩1,000,000	1,500,000	2,000,000
기말재고	(100,000)	(200,000)	(300,000)
매출원가	900,000	1,400,000	1,900,000

요구사항

1. ㈜이손이 설립시부터 평균법을 사용한 경우 기말 재고자산금액은 다음과 같다. 20×3년 회계정책의 변경에 관한 회계처리를 하시오.
   - 20×1년 ₩200,000
   - 20×2년 ₩300,000
   - 20×3년 ₩400,000

2. 실무적으로 평균법을 소급적용하여 20×1년과 20×2년 기말재고자산을 합리적으로 결정할 수 없다고 가정할 경우 20×3년 회계정책의 변경에 관한 회계처리를 하시오. 다만, 기초금액을 전제로 평균법을 적용할 경우 20×3년 기말재고자산은 ₩400,000이라고 가정한다.

풀 이

(1) 소급법

① 비교손익계산서 : 소급하여 재작성한다.

구 분	20×1년	20×2년	20×3년
기초재고	–	₩200,000	₩300,000
매 입	₩1,000,000	1,500,000	2,000,000
기말재고	(200,000)	(300,000)	(400,000)
매출원가	800,000	1,400,000	1,900,000

② 회계처리

(차) 매출원가 100,000 (대) 이익잉여금 100,000

* 20×3년 기초재고(매출원가) 과소계상분 ₩300,000−₩200,000 = ₩100,000

(2) 전진법

① 비교손익계산서 : 회계정책 변경을 전진적으로 처리하는 경우에는 그 변경의 효과를 당해 회계연도인 20×3년부터 적용하며 소급하여 재작성하지 않는다.

구 분	20×1년	20×2년	20×3년
기초재고	–	₩100,000	₩200,000
당기매입	₩1,000,000	1,500,000	2,000,000
기말재고	(100,000)	(200,000)	(400,000)
매출원가	900,000	1,400,000	1,800,000

② 전기손익에 관한 변동이 없으므로 별도의 회계처리는 없다.

03 회계추정의 변경

회계추정의 변경은 전진적으로 처리하여 그 효과를 당기와 당기이후의 기간에 반영한다. 이와 관련하여 유의할 사항은 다음과 같다.

① 회계정책의 변경과 회계추정의 변경이 동시에 이루어지는 경우에는 회계정책의 변경에 의한 누적효과를 먼저 계산하여 소급적용한 후 회계추정의 변경효과를 전진적으로 적용한다.

② 회계변경의 속성상 그 효과를 회계정책의 변경효과와 회계추정의 변경효과로 구분하기가 불가능한 경우에는 이를 회계추정의 변경으로 본다. 예를 들면, 비용으로 처리하던 특정지출의 미래 경제적 효익을 인정하여 자본화하는 경우에는 회계정책의 변경효과와 회계추정의 변경효과를 구분하는 것이 불가능한 것이 일반적이다.

③ 회계추정 변경의 효과는 당해 회계연도 개시일부터 적용한다.

04 오류수정

4.1 일반기업회계기준

오류수정이란 전기 또는 그 이전의 재무제표에 포함된 회계적 오류를 당기에 발견하여 이를 수정하는 것을 말한다. 중대한 오류는 재무제표의 신뢰성을 심각하게 손상할 수 있는 매우 중요한 오류를 말한다. 오류수정과 관련한 구체적인 내용은 다음과 같다.

① 당기에 발견한 전기 또는 그 이전기간의 오류는 당기 손익계산서에 영업외손익 중 전기오류수정손익으로 보고한다. 다만, 전기 이전기간에 발생한 중대한 오류의 수정은 자산, 부채 및 자본의 기초금액에 반영한다. 비교재무제표를 작성하는 경우 중대한 오류의 영향을 받는 회계기간의 재무제표항목은 재작성한다.

② 전기 또는 그 이전기간에 발생한 중대한 오류의 수정을 위해 전기 또는 그 이전기간의 재무제표를 재작성하는 경우 각각의 회계기간에 발생한 중대한 오류의 수정금액을 해당 기간의 재무제표에 반영한다.

③ 비교재무제표에 보고된 최초회계기간 이전에 발생한 중대한 오류의 수정에 대하여는 당해 최초회계기간의 자산, 부채 및 자본의 기초금액에 반영한다. 또한 전기 또는 그 이전기간과 관련된 기타재무정보도 재작성한다.

4.2 K-IFRS

(1) 오류

오류는 재무제표 구성요소의 인식, 측정, 표시 또는 공시와 관련하여 발생할 수 있다. 기업의 재무상태, 재무성과 또는 현금흐름을 특정한 의도대로 표시하기 위하여 중요하거나 중요하지 않은 오류를 포함하여 작성된 재무제표는 한국채택국제회계기준에 따라 작성되었다고 할 수 없다. 당기 중에 발견한 당기의 잠재적 오류는 재무제표의 발행승인일 전에 수정한다. 그러나 중요한 오류를 후속기간에 발견하는 경우 이러한 전기오류는 해당 후속기간의 재무제표에 비교표시된 재무정보를 재작성하여 수정한다.[71]

전기오류란 과거기간동안에 재무제표를 작성할 때 신뢰할 만한 정보를 이용하지 못했거나 잘못 이용하여 발생한 재무제표에의 누락이나 왜곡표시를 말한다. 신뢰할 만한 정보는 다음을 모두 충족하는 정보를 말한다.

---

71) 한국채택국제회계기준에서는 중요하지 않은 오류의 회계처리에 대해서는 명시적인 규정이 없다. 본서에서는 별도의 언급이 없다면 원칙적으로 중요한 오류로 본다.

① 해당 기간의 재무제표의 발행승인일에 이용가능한 정보
② 당해 재무제표의 작성과 표시를 위하여 획득하여 고려할 것이라고 합리적으로 기대되는 정보

이러한 오류에는 산술적 계산오류, 회계정책의 적용 오류, 사실의 간과 또는 해석의 오류 및 부정 등의 영향을 포함한다.

(2) 회계처리

1) 소급적용

중요한 전기오류가 발견된 이후 최초로 발행을 승인하는 재무제표에 다음의 방법으로 전기오류를 소급하여 수정한다.

> ① 오류가 발생한 과거기간의 재무제표가 비교표시되는 경우에는 그 재무정보를 재작성한다.
> ② 오류가 비교표시되는 가장 이른 과거기간 이전에 발생한 경우에는 비교표시되는 가장 이른 과거기간의 자산, 부채 및 자본의 기초금액을 재작성한다.

어떠한 항목이 개별적으로나 집합적으로 재무제표에 기초한 경제적 의사결정에 영향을 미치는 경우 그 항목의 누락이나 왜곡표시는 중요하다고 본다. 중요성은 관련 상황을 고려하여 누락이나 왜곡표시의 크기와 성격에 따라 결정된다.

전기오류의 수정은 오류가 발견된 기간의 당기손익으로 보고하지 않는다. 따라서 과거 재무자료의 요약을 포함한 과거기간의 정보는 실무적으로 적용할 수 있는 최대한 앞선 기간까지 소급재작성한다. 오류의 수정은 회계추정의 변경과 구별된다. 회계적 추정치는 성격상 추가 정보가 알려지는 경우 수정이 필요할 수도 있는 근사치의 개념이다. 예를 들어 우발상황의 결과에 따라 인식되는 손익은 오류의 수정에 해당하지 아니한다.

2) 소급적용의 예외

중요한 전기오류는 특정기간에 미치는 오류의 영향이나 오류의 누적효과를 실무적으로 결정할 수 없는 경우를 제외하고는 소급재작성에 의하여 수정한다. 특정기간에 미치는 오류의 영향이나 오류의 누적효과를 실무적으로 결정할 수 없는 경우에는 다음과 같이 회계처리한다.

① 비교표시되는 하나 이상의 과거기간의 비교정보에 대해 특정기간에 미치는 오류의 영향을 실무적으로 결정할 수 없는 경우 실무적으로 소급재작성할 수 있는 가장 이른 회계기

간의 자산, 부채 및 자본의 기초금액을 재작성한다. 실무적으로 소급재작성할 수 있는 가장 이른 회계기간은 당기일 수도 있다.

② 당기 기초시점에 과거기간 전체에 대한 오류의 누적효과를 실무적으로 결정할 수 없는 경우 실무적으로 적용할 수 있는 가장 이른 날부터 전진적으로 오류를 수정하여 비교정보를 재작성한다. 따라서 적용시점 이전 기간의 자산, 부채 및 자본에 대한 누적효과의 조정은 고려하지 아니한다.

05 세무회계

(1) 전기오류수정손익

회계오류를 수정함에 따라 발생하는 손익은 법인세법상 당초의 귀속사업연도에 따라 해당 손익의 귀속사업연도별로 각각 익금 또는 손금에 산입한다(법인2010-0190, 2010.8.6.). 따라서 기업이 전기오류수정손익을 계상한 경우 당해 수정손익이 법인세법상 귀속사업연도가 당기인 경우에는 별도의 세무조정은 필요없다. 그러나 당해 수정손익이 당기에 귀속되지 아니하는 경우에는 당기에 인식한 전기오류수정손익을 손금불산입 또는 익금불산입하고 당초의 귀속사업연도에 따라 국세기본법상 수정신고 또는 경정청구를 할 수 있다(법인46012-663, 1998.3.17.).

- **성과상여금 손익귀속시기**
  법인이 성과산정 기준사업연도의 결산을 확정하면서 해당 사업연도 종료일 현재 노사합의 등에 따라 결정된 성과산정 지표를 기준으로 하여 임직원에 대한 성과상여금을 재무제표에 미지급금으로 계상한 경우 해당 성과상여금(법인세법 시행령 제43조에서 규정하는 손금불산입 금액 제외)은 성과산정 기준일이 속하는 사업연도의 손금에 산입하는 것임. 다만, 법인이 계상한 미지급 성과상여금이 기 결정된 성과산정 지표의 적용 오류·착오로 과다하게 계상된 경우 과다계상된 부분은 당초 성과산정 기준일이 속하는 사업연도의 손금에 해당하지 않는 것임(법인, 법인세과-260, 2011.04.08.).

- **이전 사업연도 퇴직급여충당금 과소계상분에 대한 경정청구 여부**
  내국법인이 각 사업연도 소득금액을 계산함에 있어 퇴직급여충당금을 손금으로 계상한 경우 같은 법 시행령 제60조에 의해 계산한 금액의 범위안에서 손금산입되는 것이며, 내국법인이 이전 사업연도에 과소계상한 퇴직급여충당금을 당해 사업연도에 전기오류수정손실로 계상하면서 이월이익잉여금에서 차감한 경우에는 동 금액을 손금산입(기타)하고 법인이 손비로 계산한 퇴직급여충당금과 합산하여 퇴직급여충당금 시부인을 계산하는 것임(법인, 법인세과-389, 2009.04.03.).

- **개발비의 세무처리**
법인이 개발비와 관련한 전기오류수정손익을 당해 사업연도의 익금 또는 손금으로 산입한 경우 소득금액계산상 익금불산입 또는 손금불산입하여야 하고, 당초의 귀속사업연도에 따라 경정 등의 청구를 할 수 있는 것임(법인, 서면인터넷방문상담2팀-722, 2006.05.02.).

- **법인세추납액을 전기오류수정손실로 계상한 경우 세무처리 방법**
법인세추납액을 이익잉여금에 반영하여 전기오류수정손실로 계상한 경우 이를 손금산입하여 기타로 처분 후 다시 손금불산입하여 기타사외유출로 처분하는 것임(법인, 제도46012-11371, 2001.06.07.).

- **전기오류수정손실로 계상한 감가상각비**
법인이 전기에 과소계상한 유형자산의 감가상각비와 퇴직급여충당금을 기업회계기준에 따라 당해 사업연도에 전기오류수정손실로 계상한 경우에는 동 금액을 당해연도의 감가상각비와 퇴직급여충당금의 손금산입액으로 보아 시부인계산함(법인, 법인46012-1848, 1997.07.08.).

- **외상매출금을 매출누락에서 발생한 전기손익수정이익으로 과세한 처분**
청구법인이 외상매출금 착오기장분에 대하여 스스로 수정하는 회계처리를 한 것을 오류발생이나 수정과정이 증빙서류로 확인되지 않는다 하여 매출누락의 귀속년도와 거래처별 매출누락 금액의 확인없이 과세한 것은 부당함(법인, 심사법인1999-0069, 1999.05.21.).

- **자산수증이익 발생 이후 사업연도 경정청구를 통한 익금불산입**
세무상 법인세 신고시 자본금과적립금조정명세서에 이월결손금의 보전에 충당하고 세무조정을 통해 익금불산입하는 규정과 관련하여 청구법인이 자산수증익 등을 그 발생 사업연도에 이월결손금에 보전하거나 세무조정으로 익금불산입하여 신고하지 아니하였다가 이후 사업연도에 경정청구를 통해 익금불산입할 수 없음(법인, 조심2010광3190, 2010.12.20).

예 제 오류수정

㈜이손의 당기(11기 : 20X1. 1. 1.~12.31) 전기오류수정과 관련한 자료가 다음과 같은 경우 세무조정을 하시오.

(1) 전기에 외상으로 판매한 매출액 ₩1,000,000이 누락되었으며 당기에 매출대금을 수령하면서 전기오류수정이익으로 처리하였다. 매출원가는 적정하다고 가정한다.

(차) 현　　금	1,000,000	(대) 전기오류수정이익	1,000,000

(2) 전기에 감가상각비 ₩1,200,000이 누락되어 당기에 전기오류수정손실로 다음과 같이 회계처리하였다.

(차) 전기오류수정손실	1,200,000	(대) 감가상각누계액	1,200,000

(3) 전기에 재산세 ₩500,000이 고지되었으나 이를 누락하고 당기에 지급하면서 다음과 같이 처리하였다.

(차) 전기오류수정손실	500,000	(대) 현 금	500,000

(4) 전기말 대손충당금 설정과 관련하여 대손상각비가 ₩2,000,000만큼 과다하게 설정되었다. 회사는 이를 이익잉여금으로 수정하였다. 전기말 세무상 대손충당금한도초과액은 없다.

(차) 대손충당금	2,000,000	(대) 이익잉여금	2,000,000

풀 이

구분	전기(제10기)	당기(제11기)
(1)	〈익금산입〉 매출누락 1,000,000 (유보)	〈익금불산입〉 전기매출 1,000,000 (△유보) * 전기매출을 당기에 이익으로 인식하였으므로 익금불산입하고 전기분은 수정신고를 통하여 익금산입으로 유보를 조정한다.
(2)	–	감가상각비는 결산조정사항이다. 전기오류수정손실로 처리한 금액은 당기 감가상각비 계상액으로 보아 시부인계산한다.
(3)	〈손금산입〉 재산세 500,000 (△유보)	〈손금불산입〉 재산세 500,000 (유보) * 재산세는 고지일이 속한 전기의 손금이므로 손금불산입하고 전기분은 경정청구를 통하여 전기에 누락한 미지급금을 손금산입한다.
(4)	–	〈익금산입〉 이익잉여금 2,000,000 (기타) * 전기오류를 이익잉여금의 증가로 처리한 경우 익금산입하고 기타로 처분한다. 전기에 손금으로 계상된 대손충당금이 당기에 환입되었으므로 익금에 해당한다. 따라서 별도의 세무조정은 없다.

(2) 회계변경

회계정책변경에 의한 회계변경누적효과와 중대한 오류수정금액을 전기이월이익잉여금에 반영하고 관련 계정잔액을 수정하여 과거 재무제표를 소급수정하는 경우 세무조정은 원칙적으로 전기오류수정손익의 세무조정과 동일하다. 과거 재무제표를 소급수정함에 따라 전기이월이익잉여금이 감소된 경우 손금산입(기타)하고 전기오류수정손익의 세무조정과 같이 그 성격에 따라 조정한다. 전기이월이익잉여금이 증가한 경우에는 익금산입(기타)하고 성격에 따라 동일하게 조정한다.

회계변경, 중요한 전기오류에 해당하여 이익잉여금으로 처리하고 재무제표를 재작성한 경우 등의 세무조정은 감가상각비를 사례로 예시하면 다음과 같다.

① 법인세법 기본통칙 23-26…8 【감가상각방법의 변경으로 인한 누적효과의 처리】

감가상각방법의 변경으로 인하여 자산 또는 부채에 미치는 누적효과를 기업회계기준에 따라 전기이월이익잉여금에 반영한 경우에는 다음과 같이 처리한다.

㉠ 전기이월이익잉여금을 감소시킨 경우에는 23-0…4를 준용하여 처리한다.

㉡ 전기이월이익잉여금의 증가로 회계처리한 금액은 이를 세무조정에 의하여 익금산입 기타 처분하고, 동 금액을 손금산입 유보처분한다. 이 경우 상각범위액을 계산함에 있어서 동 금액은 이미 감가상각비로 손금에 산입한 금액으로 본다.

② 법인세법 기본통칙 23-0…4 【전기오류수정손실로 계상한 감가상각비의 처리】

㉠ 법인이 전기에 과소 계상한 유형·무형자산의 감가상각비를 다음과 같이 기업회계기준에 따라 이월이익잉여금을 감소시키는 전기오류수정손실로 계상한 경우 동 상각비는 법인이 손금에 계상한 것으로 보아 감가상각비 시부인 계산한다.

(차) 감가상각비	1,000	(대) 감가상각누계액	1,500
전기오류수정손실	500		

㉡ 전기오류수정손실로 계상한 감가상각비 중 각 사업연도 소득금액 계산상 손금에 산입한 금액은 세무계산상 당기의 일반관리비 및 제조원가에 적정히 배부하여야 한다.

③ 상각방법 변경에 따른 이익잉여금 증가[72)]

법인이 기업회계상 정률법에서 정액법으로 감가상각방법을 변경하면서 종전 기업회계기준에 따라 상각방법 변경에 따른 누적효과를 전기이월이익잉여금의 증가로 회계처리하였다(법인, 서면2팀-1467, 2007.8.3.).

(차) 감가상각누계액	1,000	(대) 이익잉여금	1,000

세무상 상각방법의 변경은 없으나 기업회계상 상각방법 변경에 따른 누적효과를 전기이월이익잉여금의 증가로 회계처리시 세무조정은 다음과 같다.

㉠ 법인이 법인세법 시행령 제27조 제1항 규정에 의한 변경승인을 얻지 아니하고 감각상각방법을 임의로 변경(정율법→정액법)한 경우로서 상각방법 변경에 따른 누적효과를 전기이월이익잉여금의 증가로 회계처리한 경우 동 이월이익잉여금 증가액을 세무조정에 의하여 익금산입 기타처분하고, 같은 금액을 손금산입 유보처분한다.

㉡ 상각범위액의 계산은 변경하기 전의 상각방법에 의하여 계산한다.

72) 일반기업회계기준 및 K-IFRS에서는 감가상각방법의 변경은 회계추정의 변경으로 보아 과거 재무제표를 수정하지 아니한다. 회계변경누적효과를 이익잉여금에 반영하는 회계처리는 종전 기업회계기준에 의한 규정이다.

- 재무제표를 재작성하여 수정신고

당해연도 귀속비용(손금)으로 처리하여야 하나, 착오와 무지로 손금으로 지출한 금액을 가수반제 및 가지급금 등으로 회계처리하여 법인세 신고 후 발견하여 회계처리를 바로잡아 재무제표를 재작성하고 법인세 과세표준 및 세액에 반영할 수 있는 방법이 있는지 여부와 관련하여 해당 질의의 경우 국세기본법 제45조(수정신고) 또는 제45조의 2(경정 등의 청구)에서 규정하는 요건에 해당하는 경우 수정신고 또는 경정 등의 청구를 할 수 있는 것이나, 적법한 절차에 따라 결산을 확정하고 과세표준 신고를 한 후에는 당초의 확정된 재무제표를 정정하여 수정신고를 하거나 경정 등의 청구를 할 수 없는 것임(법인, 서면인터넷방문상담2팀-268, 2008.02.12).

예 제 회계변경

다음은 ㈜이손의 당기(11기 : 20X1.1.1.~12.31) 기계장치에 대한 자료이다.

(1) 기계장치는 10기(20X0. 1. 1.~12.31) 1월에 취득하였으며 잔존가치는 0, 세무상 상각부인액은 없다. 회사가 적용한 감가상각률은 잔존가치가 0이나 법인세법에 따라 잔존가치를 취득원가의 5%로 가정한 상각률을 적용한다고 가정한다.

(2) 10기말 장부금액

취득원가	₩50,000,000
감가상각누계액	(22,550,000)
장부금액	27,450,000
내용연수	5년
상각률	정액법 0.2, 정률법 0.451

요구사항

1. 회사가 법인세법상 정률법에 따라 다음과 같이 상각한 경우 감가상각과 관련한 연도별 세무조정을 하시오.

구 분	10기말	11기말	12기말	13기말	14기말	합 계
감가상각비	22,550,000	12,379,950	6,796,592	3,731,329	4,541,129	49,999,000

2. 회사는 11기인 20X1년에 K-IFRS를 최초적용함에 따라 감가상각방법을 종전의 정률법에서 정액법으로 변경하였다. 최초적용에 따라 전기인 10기말 감가상각누계액을 ₩12,550,000 감소시키고 이익잉여금으로 처리하였다. 세무상 감가상각방법의 변경신고는 없었다. 회사가 K-IFRS에 따른 정액법으로 상각한 경우 감가상각과 관련한 연도별 세무조정을 하시오.

3. 회사는 11기인 20X1년에 K-IFRS를 최초적용함에 따라 감가상각방법을 종전의 정률법에서 정액법으로 변경하였으며 내용연수도 5년에서 8년으로 변경하였다. 최초 적용에 따라 전기인 10기말 감가상각누계액을 ₩16,300,000 감소시키고 이익잉여금으로 처리하였다. 단, 회사는 감가상각방법을 정액법으로 적정하게 변경신고하였다. 감가상각과 관련한 연도별 세무조정을 하시오.

4. 회사는 11기인 20X2년에 감가상각방법을 종전의 정률법에서 정액법으로 변경하였으며 잔존내용연수도 6년으로 변경하였다. 회사는 일반기업회계기준에 따라 회계추정의 변경으로 회계처리하였으며 감가상각방법 및 내용연수에 관한 세무상 변경신고는 없었다. 감가상각과 관련한 연도별 세무조정을 하시오.

풀 이

1. 법인세법상 정률법 상각범위액

(1) 정률법 상각범위액

사업연도	취득원가	상각누계액	유보잔액	장부금액	상각률	상각범위액	미상각잔액
10기말	50,000,000	–	–	50,000,000	0.451	22,550,000	27,450,000
11기말	50,000,000	(22,550,000)	–	27,450,000	0.451	12,379,950	15,070,050
12기말	50,000,000	(34,929,950)	–	15,070,050	0.451	6,796,592	8,273,458
13기말	50,000,000	(41,726,542)	–	8,273,458	0.451	3,731,329	4,542,129
14기말	50,000,000	(45,457,871)	–	4,542,129	0.451	4,541,129	1,000

정률법의 경우 취득가액의 5%(50,000,000×5%=2,500,000)를 잔존가액으로 하되 그 금액은 당해 감가상각자산에 대한 미상각잔액이 최초로 취득가액의 5%이하가 되는 사업연도의 상각범위액에 가산한다. 따라서 14기말 미상각잔액 2,493,629 (=4,542,129−4,542,129×0.451)이 취득가액의 5%이하에 해당하므로 해당 금액을 상각범위액에 가산한다.

따라서 14기말 상각범위액은 4,542,129(=4,542,129×0.451+2,493,629)이 된다. 또한 유형자산은 감가상각이 완료된 후에도 계속 사업에 제공되고 있기 때문에 개별자산별로 취득가액의 5%와 1,000원 중 적은 금액을 장부금액으로 하고 동 금액에 대하여는 이를 손금에 산입하지 아니한다(법령 26 ⑦).
따라서 상각범위액에 1,000원을 제외하여야 하므로 상각범위액은 4,541,129이다.

(2) 세무조정
회사계상액이 법인세법상 정률법 상각범위액과 일치하므로 별도의 세무조정은 없다.

2. 회계정책의 변경시 감가상각 세무조정

(1) 기초잔액 수정시

회사는 20X0년말 재무제표를 소급수정하였으나 법인세법은 20X1년초 재무제표 기초잔액을 수정한 것으로 본다. 이에 대한 법인세법상 회계처리와 세무조정은 다음과 같다.

① 회계처리

(차) 감가상각누계액 12,550,000 (대) 이익잉여금 12,550,000

② 세무조정

〈익금산입〉 이익잉여금 12,550,000 (기타)

〈손금산입〉 감가상각누계액 12,550,000 (△유보)

* 전기에 손금산입된 금액을 당기에 환입하는 경우에는 익금에 해당하지만 감가상각누계액을 익금으로 인정할 경우 자산의 임의평가증에 해당하므로 이를 부인하고 손금산입한다.

(2) 감가상각시부인

① 11기초 장부금액

구 분	회계상 장부금액	세무상 장부금액
취득원가	50,000,000	50,000,000
감가상각누계액	(10,000,000)	(10,000,000)
유보	–	(12,550,000)
합 계	40,000,000	27,450,000

② 연도별 상각비와 세무조정

구 분	회사계상액	상각범위액(주1)	세무조정		
11기초	10,000,000	22,550,000	〈손금산입〉	(12,550,000)	(△유보)
11기말	10,000,000	12,379,950	시인부족이므로 조정없음		
12기말	10,000,000	7,869,950	〈손금불산입〉	2,130,050	(유보)
13기말	10,000,000	4,320,603	〈손금불산입〉	5,679,397	(유보)
14기말	9,999,000	2,372,011	〈손금불산입〉	7,626,989	(유보)
합 계	49,999,000	49,492,513			

(주1) 상각범위액

사업연도	취득원가	상각누계액	유보잔액(주2)	장부금액	상각률	상각범위액
10기말	50,000,000	–	–	50,000,000	0.451	22,550,000
11기말	50,000,000	(10,000,000)	(12,550,000)	27,450,000	0.451	12,379,950
12기말	50,000,000	(20,000,000)	(12,550,000)	17,450,000	0.451	7,869,950
13기말	50,000,000	(30,000,000)	(10,419,950)	9,580,050	0.451	4,320,603
14기말	50,000,000	(40,000,000)	(4,740,553)	5,259,447	0.451	2,372,011

정률법의 경우 취득가액의 5%를 잔존가액으로 하되 그 금액은 당해 감가상각자산에 대한 미상각잔액이 최초로 취득가액의 5%이하가 되는 사업연도의 상각범위액에 가산한다. 14기말 미상각잔액 2,887,437이 취득가액의 5%를 초과하므로 상각범위액에 가산하지 아니한다.

(주2) 유보잔액

구 분	세무조정	유보잔액	미상각잔액
11기초	(12,550,000)	(12,550,000)	27,450,000
11기말	–	(12,550,000)	17,450,000
12기말	2,130,050	(10,419,950)	9,580,050
13기말	5,679,397	(4,740,553)	5,259,447
14기말	7,626,989	2,886,437	2,887,437

③ 유보잔액의 사후관리

14기말 유보잔액은 기계장치를 15기에도 계속 사용할 경우 추인되거나 처분시 손금산입한다. 15기에도 계속 사용할 경우 손금으로 산입되는 금액은 다음과 같다.

사업연도	취득원가	상각누계액	유보잔액	장부금액	상각률	상각범위액	시인부족액
15기말	50,000,000	(49,999,000)	2,886,437	2,887,437	0.451	2,886,437	△2,886,437

정률법의 경우 취득가액의 5%(50,000,000×5%=2,500,000)를 잔존가액으로 하되 그 금액은 당해 감가상각자산에 대한 미상각잔액이 최초로 취득가액의 5%이하가 되는 사업연도의 상각범위액에 가산한다.

따라서 15기말 미상각잔액이 1,585,203(=2,887,437−2,887,437×0.451)이므로 해당 금액을 상각범위액에 가산한다. 또한 상각범위액에 1,000원을 제외하여야 하므로 상각범위액은 2,886,437(=2,887,437×0.451+1,585,203−1,000)이 된다.

(세무조정)

〈손금산입〉 전기 상각부인액 2,886,437 (△유보)

3. 세무상 감가상각방법의 변경

(1) 기초잔액 수정시

① 회계처리

(차) 감가상각누계액 16,300,000 (대) 이익잉여금 16,300,000

② 세무조정

〈익금산입〉 이익잉여금 16,300,000 (기타)

〈손금산입〉 감가상각누계액 16,300,000 (△유보)

전기에 손금산입된 금액을 당기에 환입하는 경우에는 익금에 해당하지만 감가상각누계액을 익금으로 인정할 경우 자산의 임의평가증에 해당하므로 이를 부인한다.

(2) 감가상각시부인

① 11기초 장부금액

구 분	회계상 장부금액	세무상 장부금액
취득원가	50,000,000	50,000,000
감가상각누계액	(6,250,000)	(6,250,000)
유보	–	(16,300,000)
합 계	43,750,000	27,450,000

② 연도별 상각비와 세무조정

회계상 감가상각비 : 50,000,000÷8년 =	6,250,000
세무상 감가상각비 : 27,450,000×0.2 =	5,490,000
연간 감가상각비 한도초과액 : 6,250,000−5,490,000 =	760,000

구 분	회사계상액	상각범위액	세무조정			유보잔액
11기초	6,250,000	22,550,000	〈손금산입〉	(16,300,000)	(△유보)	(16,300,000)
11기말	6,250,000	5,490,000	〈손금불산입〉	760,000	(유보)	(15,540,000)
12기말	6,250,000	5,490,000	〈손금불산입〉	760,000	(유보)	(14,780,000)
13기말	6,250,000	5,490,000	〈손금불산입〉	760,000	(유보)	(14,020,000)
14기말	6,250,000	5,490,000	〈손금불산입〉	760,000	(유보)	(13,260,000)
15기말	6,250,000	5,490,000	〈손금불산입〉	760,000	(유보)	(12,500,000)
16기말	6,250,000	5,490,000	〈손금불산입〉	760,000	(유보)	(11,740,000)
17기말	6,249,000	5,490,000	〈손금불산입〉	759,000	(유보)	(10,981,000)
합 계	49,999,000	60,980,000				

③ 17기말 유보잔액은 이후 당해 자산을 처분하는 사업연도에 반대의 세무조정(익금산입)으로 소멸한다.

4. 회계추정의 변경시 감가상각 세무조정

(1) 기초잔액에 대한 세무조정

K-IFRS 및 일반기업회계기준에서의 감가상각방법 변경 및 내용연수 변경은 회계추정의 변경으로 보아 전진법으로 회계처리한다. 따라서 재무제표의 기초잔액 수정에 관한 회계처리와 세무조정은 없다.

(2) 감가상각시부인

① 11기초 장부금액

구 분	회계상 장부금액	세무상 장부금액
취득원가	50,000,000	50,000,000
감가상각누계액	(22,550,000)	(22,550,000)
유보	–	–
유 보	27,450,000	27,450,000

② 연도별 상각비와 세무조정

회계상 감가상각비 : 27,450,000÷6년 = 4,575,000

구 분	회사계상액	상각범위액	세무조정		유보잔액
10기말	22,550,000	22,550,000		-	-
11기말	4,575,000	12,379,950		-	-
12기말	4,575,000	10,316,625		-	-
13기말	4,575,000	8,253,300		-	-
14기말	4,575,000	6,189,975		-	-
15기말	4,575,000	4,126,650	〈손금불산입〉	448,350 (유보)	448,350
16기말	4,574,000	2,265,531	〈손금불산입〉	2,308,469 (유보)	2,756,819
합 계	49,999,000	66,082,031			

③ 유보잔액의 사후관리

16기말 유보잔액은 기계장치를 17기에도 계속 사용할 경우 추인되거나 처분시 손금산입한다. 17기에도 계속 사용할 경우 손금으로 산입되는 금액은 다음과 같다.

사업연도	취득원가	상각누계액	유보잔액	장부금액	상각률	상각범위액	시인부족액
17기말	50,000,000	(49,999,000)	2,756,819	2,757,819	0.451	2,756,819	△2,756,819

정률법의 경우 취득가액의 5%(50,000,000×5% = 2,500,000)를 잔존가액으로 하되 그 금액은 당해 감가상각자산에 대한 미상각잔액이 최초로 취득가액의 5%이하가 되는 사업연도의 상각범위액에 가산한다.

따라서 17기말 미상각잔액이 1,514,043(=2,757,819−2,757,819×0.451)이므로 해당 금액을 상각범위액에 가산한다. 또한 상각범위액에 1,000원을 제외하여야 하므로 상각범위액은 2,756,819(=2,757,819×0.451+1,514,043−1,000)이 된다.

(세무조정)

〈손금산입〉 전기 상각부인액 2,756,819 (△유보)

Chapter

12 산출세액과 납부세액

제1절 과세표준의 계산

01 과세표준

(1) 일반법인

내국법인의 각 사업연도의 소득에 대한 법인세의 과세표준은 각 사업연도의 소득의 범위에서 다음의 금액과 소득을 차례로 공제한 금액으로 한다. 다만, ①의 금액에 대한 공제는 각 사업연도 소득의 80%, 조세특례제한법 제6조 제1항에 따른 중소기업과 회생계획을 이행 중인 기업 등 대통령령으로 정하는 법인의 경우는 100%를 한도로 한다(법법 13 ①, 80%는 2023.1.1.이후 개시하는 사업연도부터 적용, 법 부칙 2022.12.31.).

① 법인세법 제14조 제3항(각 사업연도의 소득)의 이월결손금 중 다음의 요건을 모두 갖춘 금액

㉠ 각 사업연도의 개시일 전 15년 이내에 개시한 사업연도에서 발생한 결손금일 것(2020.1.1. 이후 개시하는 사업연도에 발생한 결손금부터 적용, 이전에 개시한 사업연도에서 발생한 결손금은 10년, 법 부칙 2020.12.22.)

㉡ 법인세법 제60조(과세표준 등의 신고)에 따라 신고하거나 제66조(결정 및 경정)에 따라 결정·경정되거나 국세기본법 제45조에 따라 수정신고한 과세표준에 포함된 결손금일 것

② 법인세법과 다른 법률에 따른 비과세소득

③ 법인세법과 다른 법률에 따른 소득공제액

과세표준 = 각사업연도 소득금액 – 이월결손금 – 비과세소득 – 소득공제

각사업연도의 소득의 범위 안에서만 이월결손금·비과세소득·소득공제액을 공제하여 과세표준을 계산한다. 비과세소득과 소득공제액 중 당해 소득이 발생한 사업연도에서 공제하지 못한 금액은 다음 사업연도 이후에는 이를 공제할 수 없다. 공제받지 못한 이월결손금은 일정기간동안 다음 사업연도 이후에 공제받을 수 있다.

(2) 해운업의 간주해운소득

특정의 해운기업은 2029.12.31.까지 그 소득을 해운소득과 비해운소득으로 구분하여 외항운송활동과 관련된 해운소득에 대하여는 실제소득이 아닌 선박톤수와 운항일수를 기준으로 산출된 간주이익(개별선박표준이익)의 합계액을 법인세 과세표준으로 하여 법인세를 납부할 수 있다(조특법 104의10 ①). 해운기업의 과세표준 계산의 특례를 적용받으려는 법인은 과세표준계산특례 적용을 신청하여야 하며, 과세표준계산특례를 적용받으려는 사업연도부터 연속하여 5개 사업연도(과세표준계산특례적용기간) 동안 과세표준계산특례를 적용받아야 한다. 다만, 과세표준계산특례를 적용받고 있는 해운기업은 2017.12.31이 속하는 사업연도까지 과세표준계산특례의 적용을 포기할 수 있다(조특법 104의10 ②).

> 과세표준 = 해운소득의 과세표준 + 비해운소득의 과세표준
>
> ① 해운소득의 과세표준 = 개별선박표준이익의 합계
> 개별선박표준이익 = 개별선박순톤수 × 1톤당 1운항일이익 × 운항일수 × 사용률
>
> ② 비해운소득의 과세표준 = 비해운소득의 각사업연도소득 − 이월결손금 − 비과세소득 − 소득공제

(3) 조합법인의 당기순이익과세

1) 당기순이익과세

다음의 어느 하나에 해당하는 법인의 각 사업연도의 소득에 대한 법인세는 2025.12.31. 이전에 끝나는 사업연도까지 법인세법 제13조 및 같은 법 제55조에도 불구하고 해당 법인의 결산재무제표상 당기순이익(법인세 등을 공제하지 아니한 당기순이익을 말한다)에 법인세법 제24조에 따른 기부금(해당 법인의 수익사업과 관련된 것만 해당한다)의 손금불산입액과 같은 법 제25조에 따른 기업업무추진비(해당 법인의 수익사업과 관련된 것만 해당한다)의 손금불산입액 등 법으로 정하는 손금의 계산에 관한 규정을 적용하여 계산한 금액을 합한 금액에 9%[해당 금액이 20억원(2016.12.31. 이전에 조합법인간 합병하는 경우로서 합병에 따라 설립되거나 합병 후 존속하는 조합법인의 합병등기일이 속하는 사업연도와 그 다음 사업연도에 대하여는 40억원을 말한다)을 초과하는 경우 그 초과분에 대해서는 12%]의 세율을 적용하여 과세(당기순이익과세)한다. 다만, 해당 법인이 법으로 정하는 바에 따라 당기순이익과세를 포기한 경우에는 그 이후의 사업

연도에 대하여 당기순이익과세를 하지 아니한다(조특법 72 ①).

① 신용협동조합법에 따라 설립된 신용협동조합 및 새마을금고법에 따라 설립된 새마을금고
② 농업협동조합법에 따라 설립된 조합 및 조합공동사업법인
③ 삭제<1999.12.28.>
④ 수산업협동조합법에 따라 설립된 조합(어촌계를 포함한다) 및 조합공동사업법인
⑤ 중소기업협동조합법에 따라 설립된 협동조합·사업협동조합 및 협동조합연합회
⑥ 산림조합법에 따라 설립된 산림조합(산림계를 포함한다) 및 조합공동사업법인
⑦ 엽연초생산협동조합법에 따라 설립된 엽연초생산협동조합
⑧ 소비자생활협동조합법에 따라 설립된 소비자생활협동조합

과세표준 = 당기순이익 + 기업업무추진비·기부금의 손금불산입

당기순이익과세를 포기하고자 하는 법인은 당기순이익과세를 적용받지 아니하고자 하는 사업연도의 직전사업연도종료일(신설법인의 경우에는 사업자등록증교부신청일)까지 신청서를 납세지 관할세무서장에게 제출(국세정보통신망에 의한 제출을 포함한다)하여야 한다(조특령 69 ②).

2) 결산재무제표상 당기순이익의 범위

결산재무제표상 당기순이익이라 함은 법인세법 시행령 제79조의 규정에 의한 기업회계기준 또는 관행에 의하여 작성한 결산재무제표상 법인세비용차감전순이익을 말한다. 이 경우 당해 법인이 수익사업과 비수익사업을 구분경리한 경우에는 각 사업의 당기순손익을 합산한 금액을 과세표준으로 한다.

당해 조합법인등이 법인세추가납부세액을 영업외비용으로 계상한 경우 이를 결산재무제표상 법인세비용차감전순이익에 가산한다. 과세표준에는 3년이상 고유목적사업에 직접 사용하던 유형·무형자산의 처분익을 포함한다. 기업회계기준상 당기순손익을 과소계상한 조합법인이 그 다음사업연도 결산시 당해 과소계상상당액을 전기오류수정손익으로 이익잉여금처분계산서에 계상한 경우 법인세 과세표준계산은 국세기본법상 수정신고 또는 경정청구를 통해 과소계상한 사업연도의 과세표준을 조정하여야 한다(조특통 72-0…1 ④).

3) 당기순이익과세 적용시 부당행위 계산의 부인 적용 배제

기업회계기준에 의하여 적정하게 작성한 결산재무제표상 당기순이익에 당해 법인의 수익사업과 관련된 기부금 또는 기업업무추진비의 손금불산입액을 합한 금액을 과세표준으로 하여 법인세를 과세하는 경우에는 법인세법 제52조에 따른 부당행위 계산의 부인규정을 적용하지 아니한다(조특통 72-0…2 ①). 당기순이익과세법인의 기부금손금불산입액을 계산함에 있어 법인세법상 전기 기부금한도초과액의 이월공제 규정은 적용되지 아니한다(조특통 72-0…2 ②).

02 이월결손금

법인세법상 결손금은 각사업연도에 속하는 손금총액이 그 사업연도에 속하는 익금총액을 초과하는 경우에 그 초과금액을 말한다(법법 14 ②). 법인세법상 결손금은 기업회계상의 당기순손실여부와 관계없이 법인세과세표준및세액조정계산서의 '각사업연도소득금액'이 음수(△)인 것을 뜻한다. 당기에 발생한 세무상 결손금은 각사업연도의 과세표준계산에 있어 소득금액에서 공제하며 공제방법은 다음 사업연도 이후의 소득에서 15년간(법법 13 ①, 2020.1.1. 이후 개시하는 사업연도에 발생한 결손금부터 적용, 이전에 개시한 사업연도에서 발생한 결손금은 10년, 법 부칙 2020.12.22.) 공제하는 이월공제방법과 직전사업연도의 소득에서 공제하는 소급공제방법(중소기업에 한함)이 있다. 이월결손금에 대한 내용은 [Chapter 10] 제9절에서 이미 설명하였으므로 이를 참조하기로 한다.

03 비과세소득

비과세소득이란 순자산의 증가를 초래하여 과세대상소득에 해당하지만 공익 등 조세정책상의 목적으로 과세에서 제외하는 소득을 말한다. 비과세소득은 국가가 과세권을 포기한 것으로서 비과세를 받기 위한 신청이나 절차를 필요로 하지 아니한다. 비과세소득은 다음과 같다.

(1) 법인세법상의 비과세소득

법인세법상의 비과세소득은 다음과 같다(법법 51, 법법 부칙 12).

① 공익신탁의 신탁재산에서 생기는 소득

공익신탁이란 학술, 종교, 제사, 자선 기타 공익을 목적으로 하는 신탁을 말한다.

② 경과규정에 의한 비과세소득

㉠ 1982.1.1.전에 발행한 국민주택채권의 이자와 할인액 등

㉡ 1983.1.1.전에 발행한 산업부흥국채, 징발보상채권, 전신·전화채권, 국민주택채권, 지하철·도로·상수도공채, 토지개발채권의 이자

(2) 조세특례제한법상의 비과세소득

① 벤처투자회사 등의 주식양도차익 등에 대한 비과세

벤처투자회사 등에 2025.12.31.까지 출자함으로써 취득한 주식 또는 출자지분을 양도함으로써 발생하는 양도차익에 대해서는 법인세를 부과하지 아니한다(조특법 13 ①).

② 벤처투자회사 등의 소재·부품·장비전문기업 주식양도차익 등에 대한 비과세

벤처투자회사 등의 사업자가 대통령령으로 정하는 소재·부품·장비 관련 중소기업(투자대상기업)에 2025.12.31.까지 출자하여 취득한 주식 또는 출자지분을 양도함으로써 발생하는 양도차익에 대해서는 법인세를 부과하지 아니한다. 다만, 조세특례제한법 제13조 제1항 각 호의 어느 하나에 해당하는 경우는 제외한다(조특법 13의4 ①).

04 소득공제

소득공제란 이중과세조정 및 특정산업 육성목적 등 일정한 요건에 해당하는 소득에 대하여 과세표준계산시 일정액을 공제하여 주는 제도를 말한다. 소득공제액은 당해 소득이 발생한 사업연도에서 공제하지 못한 금액은 다음 사업연도 이후에는 이를 공제할 수 없으며 소득공제신청서의 제출 등 일정한 신청이나 절차를 조건으로 한다.

법인세법상 소득공제	조세특례제한법상 소득공제
유동화전문회사 등에 대한 소득공제 (법법 51의2 ①,③)	고용유지중소기업에 대한 소득공제(조특법 30의3 ①)
	자기관리부동산투자회사 등에 대한 소득공제(조특법 55의2 ④)
	프로젝트금융투자회사에 대한 소득공제(조특법 104의31 ①)

제2절 산출세액의 계산

01 산출세액

산출세액이란 법인의 각 사업연도의 소득에 대하여 계산한 과세표준에 세율을 적용하여 계산한 금액(토지등 양도소득에 대한 법인세액, 미환류소득에 대한 법인세액 및 2018.1.1. 이후 조세특례제한법 제100조의 32에 따른 투자·상생협력 촉진을 위한 과세특례를 적용하여 계산한 법인세액이 있으면 이를 합한 금액. 이하 "산출세액"이라 한다)을 말한다(법법 55, 조특법 100의32).

① 각 사업연도 소득에 대한 법인세 산출세액
② 토지 등 양도소득에 대한 법인세 산출세액
③ 미환류소득에 대한 법인세 산출세액

02 각 사업연도 소득에 대한 법인세율

내국법인의 각 사업연도의 소득에 대한 법인세 산출세액은 과세표준에 다음 표의 세율을 적용하여 계산한 금액(토지 등 양도소득에 대한 법인세액이 있으면 이를 합한 금액)을 세액으로 한다(법법 55 ①).

과세표준	2025.1.1. 이후 개시하는 사업연도	
	성실신고 대상법인	그 외 내국법인
2억원 이하	19%	9%
2억원 초과 200억원 이하		1,800만원＋ 2억원 초과액×19%
200억원 초과 3,000억원 이하	38억원＋ 200억원 초과액×21%	37억 8천만원＋ 200억원 초과액×21%
3,000억원 초과	626원＋ 3,000억원 초과액×24%	625억 8천만원＋ 3,000억원 초과액×24%

과세표준	2012.1.1. 이후 개시하는 사업연도	2018.1.1. 이후 개시하는 사업연도	2023.1.1. 이후 개시하는 사업연도
2억원 이하	10%	10%	9%
2억원 초과 200억원 이하	2천만원 +2억원 초과액×20%	2천만원 +2억원 초과액×20%	1,800만원 +2억원 초과액×19%
200억원 초과 3,000억원 이하	39억 8천만원 +200억원 초과액×22%	39억 8천만원 +200억원 초과액×22%	37억 8천만원 +200억원 초과액×21%
3,000억원 초과		655억 8천만원 +3,000억원 초과액×25%	625억 8천만원 +3,000억원 초과액×24%

03 각 사업연도 소득에 대한 산출세액

(1) 일반적인 경우

내국법인의 각 사업연도의 소득에 대한 법인세 산출세액은 과세표준에 세율을 적용하여 계산한 금액으로 한다(법법 55).

산출세액 = 과세표준 × 법인세율

(2) 사업연도가 1년 미만인 경우

사업연도가 1년 미만인 내국법인의 각 사업연도의 소득에 대한 법인세는 그 사업연도의 과세표준을 그 사업연도의 월수로 나눈 금액에 12를 곱하여 산출한 금액을 그 사업연도의 과세표준으로 하여 계산한 세액에 그 사업연도의 월수를 12로 나눈 수를 곱하여 산출한 세액을 그 세액으로 한다. 이 경우 월수의 계산은 태양력(calendar month)에 의해 계산하되, 1개월 미만은 1개월로 한다(법법 55 ②, 법령 92).

$$산출세액 = 과세표준 \times \frac{12}{사업연도\ 월수} \times 세율 \times \frac{사업연도\ 월수}{12}$$

04 토지 등 양도소득에 대한 산출세액

(1) 토지 등 양도소득 적용대상

내국법인이 다음의 어느 하나에 해당하는 토지, 건물(건물에 부속된 시설물과 구축물을 포함한다), 주택을 취득하기 위한 권리로서 소득세법 제88조 제9호에 따른 조합원입주권 및 같은 조 제10호에 따른 분양권(이하 이 조 및 제95조의 2에서 "토지등"이라 한다)을 양도한 경우에는 해당 각 호에 따라 계산한 세액을 토지등 양도소득에 대한 법인세로 하여 법인세법 제13조에 따른 과세표준에 제55조에 따른 세율을 적용하여 계산한 법인세액에 추가하여 납부하여야 한다. 이 경우 하나의 자산이 다음 각 호의 규정 중 둘 이상에 해당할 때에는 그 중 가장 높은 세액을 적용한다(법법 55의2 ①, 분양권 등은 2021.1.1.이후 양도하는 분부터 적용, 법 부칙 2020.8.18.).

① 다음 각 목의 어느 하나에 해당하는 부동산을 2012.12.31.까지 양도한 경우에는 그 양도소득에 10%를 곱하여 산출한 세액
  가. 소득세법 제104조의 2 제2항에 따른 지정지역에 있는 부동산으로서 제2호에 따른 주택(이에 부수되는 토지를 포함한다. 이하 이 항에서 같다)
  나. 소득세법 제104조의 2 제2항에 따른 지정지역에 있는 부동산으로서 제3호에 따른 비사업용 토지
  다. 그 밖에 부동산가격이 급등하거나 급등할 우려가 있어 부동산가격의 안정을 위하여 필요한 경우에 대통령령으로 정하는 부동산

② 대통령령으로 정하는 주택(이에 부수되는 토지를 포함한다) 및 주거용 건축물로서 상시 주거용으로 사용하지 아니하고 휴양·피서·위락 등의 용도로 사용하는 건축물(이하 이 조에서 "별장"이라 한다)을 양도한 경우에는 토지등의 양도소득에 20%(미등기 토지등의 양도소득에 대하여는 40%)를 곱하여 산출한 세액. 다만, 지방자치법 제3조 제3항 및 제4항에 따른 읍 또는 면에 있으면서 대통령령으로 정하는 범위 및 기준에 해당하는 농어촌주택(그 부속토지를 포함한다)은 제외한다.

③ 비사업용 토지를 양도한 경우에는 토지등의 양도소득에 10%(미등기 토지등의 양도소득에 대하여는 40%)를 곱하여 산출한 세액

④ 주택을 취득하기 위한 권리로서 소득세법 제88조 제9호에 따른 조합원입주권 및 같은 조 제10호에 따른 분양권을 양도한 경우에는 토지등의 양도소득에 20%를 곱하여 산출한 세액

미등기 토지 등이란 토지 등을 취득한 법인이 그 취득에 관한 등기를 하지 아니하고 양도하는 토지등을 말한다. 다만, 장기할부 조건으로 취득한 토지등으로서 그 계약조건에 의하여 양도 당시 그 토지 등의 취득등기가 불가능한 토지 등이나 그 밖에 대통령령으로 정하는 토지 등은 제외한다. 대통령령으로 정하는 토지 등이란 다음에 해당하는 것을 말한다(법령 92의2 ⑤).

① 법률 규정 또는 법원 결정에 의하여 양도당시 취득에 관한 등기가 불가능한 토지 등
② 법인세법 제55조의2제4항제2호(비과세대상)의 규정에 의한 농지

(2) 비사업용토지

비사업용 토지 양도소득이란 법인이 비사업용 토지를 양도한 경우 당해 양도소득을 말한다. 비사업용 토지는 토지를 소유하는 기간 중 법에서 정하는 기간 동안 비사업용 토지의 범위에 규정된 해당 토지를 말한다. 즉, 비사업용 토지는 기간기준 요건과 비사업용 범위요건에 모두 충족하는 토지를 말한다(법법 55의2 ②).

1) 비사업용 토지의 기간기준

비사업용 토지의 해당 여부를 판단하는 기간은 다음의 어느 하나에 해당하는 기간을 말한다(법령 92의 3).

1. 토지의 소유기간이 5년 이상인 경우에는 다음 각 목의 모두에 해당하는 기간
   가. 양도일 직전 5년 중 2년을 초과하는 기간
   나. 양도일 직전 3년 중 1년을 초과하는 기간
   다. 토지의 소유기간의 40%에 상당하는 기간을 초과하는 기간. 이 경우 기간의 계산은 일수로 한다.
2. 토지의 소유기간이 3년 이상이고 5년 미만인 경우에는 다음 각 목의 모두에 해당하는 기간
   가. 토지의 소유기간에서 3년을 차감한 기간을 초과하는 기간
   나. 양도일 직전 3년 중 1년을 초과하는 기간
   다. 토지의 소유기간의 40%에 상당하는 기간을 초과하는 기간. 이 경우 기간의 계산은 일수로 한다.
3. 토지의 소유기간이 3년 미만인 경우에는 다음 각 목의 모두에 해당하는 기간. 다만, 소유기간이 2년 미만이면 가목은 적용하지 아니한다.
   가. 토지의 소유기간에서 2년을 차감한 기간을 초과하는 기간

나. 토지의 소유기간의 40%에 상당하는 기간을 초과하는 기간. 이 경우 기간의 계산은 일수로 한다.

2) 비사업용 토지의 범위

비사업용 토지란 상기 1)의 기간 동안 다음의 어느 하나에 해당하는 토지를 말한다(법법 55의2 ②).

1. 논밭 및 과수원(이하 이 조에서 "농지"라 한다)으로서 다음 각 목의 어느 하나에 해당하는 것
   가. 농업을 주된 사업으로 하지 아니하는 법인이 소유하는 토지. 다만, 농지법이나 그 밖의 법률에 따라 소유할 수 있는 농지로서 대통령령으로 정하는 농지는 제외한다.
   나. 특별시, 광역시(광역시에 있는 군 지역은 제외한다), 특별자치시(특별자치시에 있는 읍·면 지역은 제외한다), 특별자치도(제주특별자치도 설치 및 국제자유도시 조성을 위한 특별법 제15조제2항에 따라 설치된 행정시의 읍·면지역은 제외한다) 및 시 지역[지방자치법 제3조제4항에 따른 도농(도농) 복합형태의 시의 읍·면 지역은 제외한다] 중 국토의 계획 및 이용에 관한 법률 제6조제1호에 따른 도시지역(대통령령으로 정하는 지역은 제외한다)에 있는 농지. 다만, 특별시, 광역시, 특별자치시, 특별자치도 및 시 지역의 도시지역에 편입된 날부터 대통령령으로 정하는 기간이 지나지 아니한 농지는 제외한다.
2. 임야. 다만, 다음 각 목의 어느 하나에 해당하는 것은 제외한다.
   가. 산림자원의 조성 및 관리에 관한 법률에 따라 지정된 채종림(채종림)·시험림, 산림보호법 제7조에 따른 산림보호구역, 그 밖에 공익상 필요하거나 산림의 보호·육성을 위하여 필요한 임야로서 대통령령으로 정하는 것
   나. 임업을 주된 사업으로 하는 법인이나 산림자원의 조성 및 관리에 관한 법률에 따른 독림가(독림가)인 법인이 소유하는 임야로서 대통령령으로 정하는 것
   다. 토지의 소유자·소재지·이용상황·보유기간 및 면적 등을 고려하여 법인의 업무와 직접 관련이 있다고 인정할 만한 상당한 이유가 있는 임야로서 대통령령으로 정하는 것
3. 다음 각 목의 어느 하나에 해당하는 목장용지. 다만, 토지의 소유자·소재지·이용상황·보유기간 및 면적 등을 고려하여 법인의 업무와 직접 관련이 있다고 인정할 만한 상당한 이유가 있는 목장용지로서 대통령령으로 정하는 것은 제외한다.
   가. 축산업을 주된 사업으로 하는 법인이 소유하는 목장용지로서 대통령령으로 정하는 축산용 토지의 기준면적을 초과하거나 특별시, 광역시, 특별자치시, 특별자치도 및 시 지역의 도시지역(대통령령으로 정하는 지역은 제외한다. 이하 이 목에서 같다)에 있는

목장용지(도시지역에 편입된 날부터 대통령령으로 정하는 기간이 지나지 아니한 경우는 제외한다)

나. 축산업을 주된 사업으로 하지 아니하는 법인이 소유하는 목장용지

4. 농지, 임야 및 목장용지 외의 토지 중 다음 각 목을 제외한 토지

가. 지방세법이나 관계 법률에 따라 재산세가 비과세되거나 면제되는 토지

나. 지방세법 제106조제1항제2호 및 제3호에 따른 재산세 별도합산과세대상 또는 분리과세대상이 되는 토지

다. 토지의 이용상황, 관계 법률의 의무이행 여부 및 수입금액 등을 고려하여 법인의 업무와 직접 관련이 있다고 인정할 만한 상당한 이유가 있는 토지로서 대통령령으로 정하는 것

5. 지방세법 제106조제2항에 따른 주택 부속토지 중 주택이 정착된 면적에 지역별로 대통령령으로 정하는 배율을 곱하여 산정한 면적을 초과하는 토지

6. 별장의 부속토지. 다만, 별장에 부속된 토지의 경계가 명확하지 아니한 경우에는 그 건축물 바닥면적의 10배에 해당하는 토지를 부속토지로 본다.

7. 그 밖에 제1호부터 제6호까지에 규정된 토지와 유사한 토지로서 법인의 업무와 직접 관련이 없다고 인정할 만한 상당한 이유가 있는 대통령령으로 정하는 토지

3) 토지지목의 판정

농지·임야·목장용지 및 그 밖의 토지의 판정은 특별한 규정이 있는 경우를 제외하고는 사실상의 현황에 의한다. 다만, 사실상의 현황이 분명하지 아니한 경우에는 공부상의 등재현황에 의한다(법령 92의4).

(3) 토지 등 양도소득에 대한 법인세 산출세액

1) 토지 등 양도소득 산출세액

토지등 양도소득은 토지등의 양도금액에서 양도 당시의 장부가액을 뺀 금액으로 한다. 다만, 비영리 내국법인이 1990.12.31. 이전에 취득한 토지등 양도소득은 양도금액에서 장부가액과 1991.1.1. 현재 상속세 및 증여세법 제60조와 같은 법 제61조제1항에 따라 평가한 가액 중 큰 가액을 뺀 금액으로 할 수 있다(법법 55의2 ⑥). 토지·건물을 양도함으로써 발생한 양도소득에 대하여 각 사업연도 소득에 대한 법인세와는 별도로 양도소득에 대한 법인세를 추가하여 납부하며 양도소득에 대한 법인세액은 다음과 같다.

① 법인세법 시행령 제68조(자산의 판매손익 등의 귀속사업연도)의 규정은 토지등양도소득의 귀속사업연도, 양도시기 및 취득시기에 관하여 이를 준용한다. 다만, 제68조 제4항에

따른 장기할부조건에 의한 토지 등의 양도의 경우에는 같은 조 제2항의 규정에 불구하고 같은 조 제1항제3호[대금청산일, 소유권 등의 이전등기(등록을 포함한다)일, 인도일 또는 사용수익일중 빠른 날]에 따른다(법령 92의2 ⑥).

② 예약매출에 의하여 토지 등을 양도하는 경우에는 그 계약일에 토지등이 양도된 것으로 본다. 계약일에 토지등이 양도되는 것으로 보는 경우의 토지등양도소득은 법인세법 시행령 제69조제2항에 따른 작업진행률을 기준으로 하여 계산한 수익과 비용중 법인세법 제55조의2제1항제1호가목 및 나목에 해당하는 지정지역에 포함되는 기간에 상응하는 수익과 비용을 각각 해당사업연도의 익금과 손금으로 하여 계산한다. 다만, 법인세법 시행령 제69조제2항에 따른 작업진행률을 계산할 수 없다고 인정되는 경우로서 기획재정부령으로 정하는 경우에는 계약금액 및 총공사예정비를 그 목적물의 착수일부터 인도일까지의 기간에 균등하게 배분한 금액중 법 제55조의2제1항제1호가목 및 나목에 해당하는 지정지역에 포함되는 기간에 상응하는 금액을 각각 해당사업연도의 익금과 손금으로 하여 계산한다(법령 92의2 ⑦,⑧).

구 분	2021.1.1. 이후 양도분		
과세대상	주택·별장 등	비사업용 토지	입주권, 분양권 등
세 율	20%(미등기 40%)	10%(미등기 20%)	20%

구 분	2012.12.31.까지 양도분	2013.1.1.~ 12.31 까지 양도분	2014.1.1. 이후 양도분
과세대상	주택·비사업용 토지	주택·비사업용 토지	주택·비사업용 토지
과세지역	투기지역	전 국	전 국
세 율	10%(미등기 동일)	30%(미등기 40%)	10%(미등기 40%)

* 중소기업이 주택과 비사업용 토지(미등기자산 제외)를 2015년에 양도시 토지등 양도소득에 대한 법인세를 과세하지 아니하고 2016.1.1. 이후 양도분부터 과세한다(2014.1.1. 법법 부칙 8).

* 2009.3.16.부터 2012.12.31.까지 취득한 자산을 양도시 토지등 양도소득에 대한 법인세를 과세하지 아니한다(2009.5.21. 법법 부칙 4).

토지 등 양도소득 = 토지 등 양도금액* − 양도당시 장부가액**

* 양도금액은 실거래가액을 말한다(서면2팀-1693, 2005.10.21.).
** 장부가액은 세무상 장부가액을 말한다(서면2팀-2192, 2005.12.28.)

2) 양도차손

법인이 각 사업연도에 2 이상의 토지 등을 양도하는 경우에 토지등양도소득은 해당 사업연도에 양도한 자산별로 계산한 금액을 합산한 금액으로 한다. 이 경우 양도한 자산 중 양도당시의 장부가액이 양도금액을 초과하는 토지등이 있는 경우에는 그 초과하는 금액(양도

차손)을 다음의 자산의 양도소득에서 순차로 차감하여 토지등양도소득을 계산한다(법령 92의2 ⑨).

① 양도차손이 발생한 자산과 같은 세율을 적용받는 자산의 양도소득
② 양도차손이 발생한 자산과 다른 세율을 적용받는 자산의 양도소득

05 미환류소득에 대한 산출세액(투자·상생협력 촉진을 위한 과세특례)

각 사업연도 종료일 현재 독점규제 및 공정거래에 관한 법률 제31조 제1항에 따른 상호출자제한기업집단에 속하는 내국법인이 투자, 임금 또는 상생협력출연금 등으로 환류하지 아니한 소득이 있는 경우 미환류소득에 대한 법인세로 하여 법인세액에 추가하여 납부하는 세액을 말한다(조특법 100의32 ①). 미환류소득에 대한 법인세는 법인세법에서 2015.1.1. 이후 개시하는 사업연도부터 시작되었으며 현재는 조세특례제한법에서 투자·상생협력촉진세제로 규정하고 있다.

5.1 적용대상

각 사업연도 종료일 현재 독점규제 및 공정거래에 관한 법률 제31조 제1항에 따른 상호출자제한기업집단에 속하는 내국법인이 투자, 임금 등으로 환류하지 아니한 소득이 있는 경우에는 같은 항에 따른 미환류소득(차기환류적립금과 이월된 초과환류액을 공제한 금액)에 20%를 곱하여 산출한 세액을 미환류소득에 대한 법인세로 하여 법인세법 제13조에 따른 과세표준에 같은 법 제55조에 따른 세율을 적용하여 계산한 법인세액에 추가하여 납부하여야 한다(조특법 100의32 ①, 개정규정은 2023.1.1.이후 개시하는 사업연도부터 적용, 법 부칙 2022.12.31.).

※ 독점규제 및 공정거래에 관한 법률 제31조(상호출자제한기업집단 등의 지정 등)

① 공정거래위원회는 대통령령으로 정하는 바에 따라 산정한 자산총액이 5조원 이상인 기업집단을 대통령령으로 정하는 바에 따라 공시대상기업집단으로 지정하고, 지정된 공시대상기업집단 중 자산총액이 국내총생산액의 1천분의 5에 해당하는 금액 이상인 기업집단을 대통령령으로 정하는 바에 따라 상호출자제한기업집단으로 지정한다.

5.2 미환류소득(초과환류액)

(1) 미환류소득 계산방법의 선택

내국법인은 다음의 방법 중 어느 하나를 선택하여 산정한 금액(산정한 금액이 양수인 경우에는 "미환류소득"이라 하고, 산정한 금액이 음수인 경우에는 음의 부호를 뗀 금액을 "초과환류액"이라 한다)을 각 사업연도의 종료일이 속하는 달의 말일부터 3개월(연결사업연도의 종료일이 속하는 달의 말일부터 4개월) 이내에 납세지 관할 세무서장에게 신고하여야 한다(조특법 100의32 ②, 조특령 100의32 ⑤,⑮).

① 해당 사업연도[2025.12.31.이 속하는 사업연도까지(제6항 차기환류적립금을 적용할 때에는 2027.12.31.이 속하는 사업연도까지)를 말한다]의 소득 중 대통령령으로 정하는 소득(이하 기업소득)에 60%부터 80%까지의 범위에서 대통령령으로 정하는 비율(70%, 조특령 100의32 ⑤)을 곱하여 산출한 금액에서 다음의 금액의 합계액을 공제하는 방법

가. 기계장치 등 대통령령으로 정하는 자산에 대한 투자 합계액

나. 대통령령으로 정하는 상시근로자(이하 이 조에서 "상시근로자"라 한다)의 해당 사업연도 임금증가금액으로서 다음 구분에 따른 금액이 있는 경우 그 금액을 합한 금액

1) 상시근로자의 해당 사업연도 임금이 증가한 경우

가) 해당 사업연도의 상시근로자 수가 직전 사업연도의 상시근로자 수보다 증가하지 아니한 경우 : 상시근로자 임금증가금액

나) 해당 사업연도의 상시근로자 수가 직전 사업연도의 상시근로자 수보다 증가한 경우 : 기존 상시근로자 임금증가금액에 1.5를 곱한 금액과 신규 상시근로자 임금증가금액에 2를 곱한 금액을 합한 금액

2) 해당 사업연도에 대통령령으로 정하는 청년정규직근로자(이하 청년정규직근로자) 수가 직전 사업연도의 청년정규직근로자 수보다 증가한 경우 : 해당 사업연도의 청년정규직근로자에 대한 임금증가금액

3) 해당 사업연도에 근로기간 및 근로형태 등 대통령령으로 정하는 요건을 충족하는 정규직 전환 근로자(이하 이 조에서 "정규직 전환 근로자"라 한다)가 있는 경우 : 정규직 전환 근로자(청년정규직근로자는 제외한다)에 대한 임금증가금액

다. 대·중소기업 상생협력 촉진에 관한 법률 제2조 제3호에 따른 상생협력을 위하여 지출하는 금액 등 대통령령으로 정하는 금액에 3을 곱한 금액

② 기업소득에 10%부터 20%까지의 범위에서 대통령령으로 정하는 비율(15%, 조특령 100의32 ⑤)을 곱하여 산출한 금액에서 상기 ①의 각 목(가. 목에 따른 자산에 대한 투자 합계액은 제외한다)의 합계액을 공제하는 방법

미환류소득(초과환류액) : ① 또는 ② 선택

① 투자포함 방식(A방식)	기업소득 × 70% – (투자액 + 임금증가액 + 상생협력지출액)
② 투자제외 방식(B방식)	기업소득 × 15% – (임금증가액 + 상생협력지출액)

* A방식의 70%(종전규정 65%)는 2021.1.1.이후 개시하는 사업연도 분부터 적용(영 부칙 2021.2.17.)
* 기업소득이 음수인 경우 0으로 하며 3,000억원을 초과하는 경우 3,000억원으로 본다.
* A방법을 선택하여 신고한 경우 3년, B방법을 선택하여 신고한 경우 1년이 되는 날이 속하는 사업연도까지 계속 적용하여야 한다(조특법 100의32 ③, 조특령 100의32 ⑮).

그 선택한 방법을 계속 적용하여야 하는 법인이 합병을 하거나 사업을 양수하는 등 법으로 정하는 경우(합병법인 또는 사업양수 법인이 해당 사업연도에 합병 또는 사업양수의 대가로 기업소득의 50%를 초과하는 금액을 금전으로 지급하는 경우, 조특칙 45의10 ⑬)에는 그 선택한 방법을 변경할 수 있다. 어느 하나의 방법을 선택하지 아니한 경우에는 해당 법인이 최초로 적용하는 과세대상 사업연도에 미환류소득이 적게 산정되거나 초과환류액이 많게 산정되는 방법을 선택하여 신고한 것으로 본다(조특법 100의32 ④, 조특령 100의32 ⑰).

(2) 기업소득 계산구조

기업소득이란 각 사업연도의 소득금액에 다음의 항목을 가감한 소득을 말하며 가산항목과 차감항목을 가감한 금액(3천억원을 초과하는 경우 3천억원으로 본다)이 음수인 경우 영으로 본다(조특령 100의32 ④).

기업소득 계산구조

각 사업연도 소득금액	
(+) 가 산 항 목	① 법인세법 제18조 제4호에 따른 환급금에 대한 이자
	② 나. 삭제 (나목의 개정규정은 2023.1.1. 이후 개시하는 사업연도의 기업소득을 계산하는 경우부터 적용함. 영 부칙 2023.2.28.)
	③ 법인세법 제24조 제5항에 따라 이월되어 해당 사업연도의 손금에 산입한 금액
	④ 해당 사업연도 기업소득 계산시 투자액(투자포함방식)으로 차감한 자산에 대한 감가상각비로서 해당 사업연도에 손금으로 산입한 금액
(–) 차 감 항 목	① 해당 사업연도의 기획재정부령으로 정하는 법인세액(법인세법 제57조에 따라 내국법인이 직접 납부한 외국법인세액으로서 손금에 산입하지 아니한 세액과 같은 법 제15조 제2항 제2호에 따른 외국법인세액을 포함한다), 법인세 감면액에 대한 농어촌특별세액 및 기획재정부령으로 정하는 법인지방소득세액. [기획재정부령으로 정하는 법인세액은 법인세법 제13조에 따른 과세표준에 같은 법 제55조 제1항에 따른 세율을 적용하여 계산한 금액에서 해당 사업연도의 감면세액과 세액공제액을 차감하고 가산세를 더한 금액(조특칙 45의10 ②), 기획재정부령으로 정하는 법인지방소득세액이란 법인세법 제13조에 따른

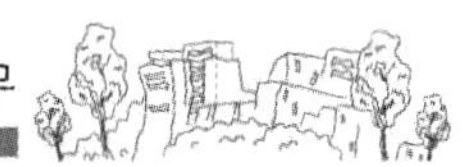

과세표준에 같은 법 제55조 제1항에 따른 세율을 적용하여 계산한 금액의 10%에 해당하는 금액(조특칙 45의10 ③)].

② 상법에 따라 해당 사업연도에 의무적으로 적립하는 이익준비금

③ 법령에 따라 의무적으로 적립하는 적립금으로서 은행법 등 개별 법령 등이 정하는 바에 따라 의무적으로 적립해야 하는 금액 한도 이내에서 적립하는 다음의 어느 하나에 해당하는 금액(해당 사업연도에 손금에 산입하지 않는 금액으로 한정한다)(조특칙 45의10 ④).
  ㉠ 은행법 등 개별 법령에 따른 해당 사업연도의 이익준비금(조세특례제한법 시행령 제100조의 32 제4항 제2호 나목에 따른 이익준비금으로 적립하는 금액은 제외한다)

  ㉡ 금융회사 또는 공제조합이 해당 사업연도에 대손충당금 또는 대손준비금 등으로 의무적으로 적립하는 금액
  ㉢ 보험업을 영위하는 법인이 해당 사업연도에 보험업법에 따라 배당보험손실보전준비금과 보증준비금으로 의무적으로 적립하는 금액
  ㉣ 지방공기업법 제67조 제1항 제3호에 따라 지방공사가 감채적립금으로 의무적으로 적립하는 금액(2020.3.13. 이후 신고하는 분부터 적용, 규칙 부칙 2020.3.13.)
  ㉤ 자본시장과 금융투자업에 관한 법률에 따른 부동산신탁업을 경영하는 법인이 같은 법에 따라 해당 사업연도에 신탁사업적립금으로 의무적으로 적립하는 금액(2021.3.16.이 속하는 과세연도 분부터 적용, 규칙 부칙 2021.3.16.)

④ 법인세법 제13조 제1항 제1호에 따라 해당 사업연도에 공제할 수 있는 결손금. 이 경우 같은 조 제1항 각 호 외의 부분 단서의 한도는 적용하지 않으며, 합병법인 등의 경우에는 같은 법 제45조 제1항·제2항과 제46조의 4 제1항에 따른 공제제한 규정은 적용하지 않는다.

⑤ 합병에 따른 배당 또는 의제배당에 해당하는 금액(합병대가 중 주식 등으로 받은 부분만 해당한다)으로서 해당 사업연도에 익금에 산입한 금액(수입배당금의 익금불산입을 적용하기 전의 금액을 말한다)

⑥ 인적분할에 따른 배당 또는 의제배당에 해당하는 금액(분할대가 중 주식 등으로 받은 부분만 해당한다)으로서 해당 사업연도에 익금에 산입한 금액(수입배당금의 익금불산입을 적용하기 전의 금액을 말한다)

⑦ 기부금 손금산입 한도를 넘어 손금에 산입하지 아니한 금액

⑧ 합병시 피합병법인 양도손익으로서 해당 사업연도에 익금에 산입한 금액

⑨ 인적분할시 분할법인 양도손익으로서 해당 사업연도에 익금에 산입한 금액

⑩ 조세특례제한법 제104조의 31 제1항 또는 법인세법 제51조의 2 제1항에 따라 배당한 금액(유동화전문회사 등에 대한 소득공제대상 배당액)

⑪ 삭제 (외국법인이 발행한 주식등을 보유하는 내국법인이 그 보유주식등을 발행한 외국법인으로부터 받는 배당소득으로서 해당 사업연도에 익금에 산입한 금액 삭제, 2023.12.31.이 속하는 사업연도에 대한 미환류소득 또는 초과환류액의 계산에 관하여는 개정규정에도 불구하고 종전의 규정에 따름. 영 부칙 2024.2.29.).

⑫ 공적자금관리 특별법 제2조 제1호에 따른 공적자금의 상환과 관련하여 지출하는 금액으로서 기획재정부령으로 정하는 금액(2019.2.12.이후 법인세

	과세표준을 신고하는 분부터 적용). 기획재정부령으로 정하는 금액이란 다음의 어느 하나에 해당하는 금액을 말한다(조특칙 45의10 ⑥). 1. 수산업협동조합법 제141조의 4에 따른 수협은행이 같은 법 제167조에 따른 신용사업특별회계에 법률 제14242호 수산업협동조합법 일부개정법률 부칙 제6조 제4항에 따른 경영정상화계획 등에 관한 약정에 따라 해당 사업연도의 잉여금처분으로 배당하는 금액 2. 보험업법 제4조에 따른 보증보험업 허가를 받은 보험회사가 공적자금관리 특별법 제17조에 따른 경영정상화계획에 관한 약정에 따라 해당 사업연도의 잉여금처분으로 배당하는 금액
기 업 소 득	⇒음수인 경우 0으로 하며 3,000억원을 초과하는 경우 3,000억원으로 본다.

연결납세방식을 적용받는 연결법인으로서 각 연결법인의 기업소득 합계액이 3천억원을 초과하는 경우에는 2019.2.12. 이후 과세표준을 신고하는 분부터 다음 계산식에 따라 계산한 금액으로 한다(조특령 100의32 ④, 영 부칙 2019.2.12.).

$$3천억원 \times \frac{해당\ 연결법인의\ 기업소득}{각\ 연결법인의\ 기업소득\ 합계액}$$

(3) 투자액

기업소득에서 차감하는 투자액이란 다음의 자산을 말한다(조특령 100의32 ⑥). 투자가 2개 이상의 사업연도에 걸쳐서 이루어지는 경우에는 그 투자가 이루어지는 사업연도마다 해당 사업연도에 실제 지출한 금액을 기준으로 투자 합계액을 계산한다(조특령 100의32 ⑦).

1) 사업용자산 투자액

국내사업장에서 사용하기 위하여 새로이 취득하는 사업용 자산(중고품 및 금융리스 외의 리스자산은 제외하며, 조세특례제한법 제104조의 10에 따라 해운기업에 대한 법인세 과세표준 계산 특례를 적용받는 내국법인의 경우에는 법으로 정하는 자산으로 한정한다)으로서 다음의 자산. 다만, 사업용 자산(해당 사업연도 이전에 취득한 자산을 포함한다)에 대한 법인세법 시행령 제31조 제2항에 따른 자본적 지출을 포함하되, 같은 조 제4항·제6항에 따라 해당 사업연도에 즉시상각된 분은 제외한다(조특령 100의32 ⑥).

① 다음의 사업용 유형자산

㉠ 기계 및 장치, 공구, 기구 및 비품, 차량 및 운반구, 선박 및 항공기, 그 밖에 이와 유사한 사업용 유형자산

㉡ 다음에서 정하는 신축·증축하는 업무용 건축물

신축·증축하는 업무용 건축물이란 공장, 영업장, 사무실 등 해당 법인이 법인세법 시행규칙 제26조 제2항에 따른 업무에 직접 사용하기 위하여 신축 또는 증축하는 건축물(이하 "업무용 신증축건축물")을 말한다. 이 경우 법인이 해당 건축물을 임대하거나 업무의 위탁 등을 통하여 해당 건축물을 실질적으로 사용하지 아니하는 경우에는 업무에 직접 사용하지 아니하는 것으로 보되, 한국표준산업분류표상 부동산업, 건설업 또는 종합소매업을 주된 사업(둘 이상의 서로 다른 사업을 영위하는 경우 해당 사업연도의 부동산업, 건설업 또는 종합소매업의 수입금액의 합계액이 총 수입금액의 50% 이상인 경우를 말한다)으로 하는 법인이 해당 건축물을 임대하는 경우(종합소매업의 경우에는 영업장을 임대하는 것으로 임대료를 매출액과 연계하여 수수하는 경우로 한정한다)에는 업무에 직접 사용하는 것으로 본다(조특칙 45의10 ⑧).

해당 건축물 중 직접 업무에 사용하는 부분과 그러하지 아니한 부분이 함께 있거나 해당 건축물을 공동으로 소유하는 경우 해당 사업연도의 업무용신증축건축물에 대한 투자금액의 범위는 다음의 계산식에 따른다. 다만, 해당 건축물 중 해당 법인이 직접 업무에 사용하는 부분의 연면적을 해당 건축물의 전체 연면적으로 나눈 비율(직접업무사용비율)이 90%이상인 경우에는 100%로 보고, 해당 건축물을 공동으로 소유하는 경우에는 직접업무사용 비율은 해당 법인의 지분율을 한도로 한다(조특칙 45의10 ⑨).

$$\text{업무용신증축건축물에 대한 투자금액} = \text{해당 건축물을 신축 또는 증축하기 위하여 해당 법인이 해당 사업연도에 지출한 건축비} \times \text{직접업무 사용비율}$$

② 다음의 무형자산

법인세법 시행령 제24조 제1항 제2호 가목부터 라목까지 및 바목의 무형자산. 다만, 영업권(합병 또는 분할로 인하여 합병법인등이 계상한 영업권을 포함한다)은 제외한다(법령 24 ①, 조특령 100의32 ⑥).

㉠ 디자인권, 실용신안권, 상표권

㉡ 특허권, 어업권, 양식업권, 해저광물자원 개발법에 의한 채취권, 유료도로관리권, 수리권, 전기가스공급시설이용권, 공업용수도시설이용권, 수도시설이용권, 열공급시설이용권

㉢ 광업권, 전신전화전용시설이용권, 전용측선이용권, 하수종말처리장시설관리권, 수도시설관리권

㉣ 댐사용권

㉤ 개발비 : 상업적인 생산 또는 사용 전에 재료·장치·제품·공정·시스템 또는 용역을 창출하거나 현저히 개선하기 위한 계획 또는 설계를 위하여 연구결과 또는 관련 지식을 적용하는데 발생하는 비용으로서 기업회계기준에 따른 개발비 요건을 갖춘 것(산업기술연구조합 육성법에 따른 산업기술연구조합의 조합원이 해당 조합에 연구개발 및 연구시설 취득 등을 위하여 지출하는 금액을 포함한다)

■ 시설대여업 법인의 운용리스자산이 미환류소득 계산시 투자에 해당하는지 여부

- (질의1) 시설대여업(리스)을 영위하는 내국법인이 리스이용자에게 운용리스의 형태로 제공하는 리스대상자산을 리스이용자가 2019년부터 적용되는 개정 리스회계처리기준에 따라 금융리스로 회계처리하는 경우 리스제공자의 미환류소득 계산 시 투자에 해당하는지 여부
- (질의2) 자동차대여업(렌탈)을 영위하는 내국법인이 렌탈이용자에게 제공할 목적으로 취득하는 렌탈자산을 K-IFRS에 따라 운용리스자산으로 회계처리할 경우 미환류소득 계산 시 투자에 해당하는지 여부
- (회신) 여신전문금융업법에 따른 시설대여업을 영위하는 내국법인이 취득하는 리스대상자산 중 리스이용자에게 조세특례제한법 시행규칙 제3조의2 각 호의 어느 하나에 해당하지 않는 운용리스의 형태로 제공되는 리스대상자산은 리스이용자의 회계처리와 관계없이 조세특례제한법 제100조의32제2항제1호가목의 "투자"에 해당하는 것이며, 자동차대여업을 영위하는 내국법인이 렌탈자산을 취득하여 렌탈이용자에게 제공하는 경우, 그 거래의 실질내용에 따라 자산의 임대차 또는 판매거래 등으로 구분하여 처리하는 것으로서 거래의 실질이 임대차거래에 해당하는 경우에는 조세특례제한법 제100조의32제2항제1호가목의 "투자"에 해당하는 것임(사전-2018-법령해석법인-0802, 2019.03.12.)

■ 조세특례제한법 시행규칙 제3조의 2 【금융리스의 범위】

조세특례제한법 시행령 제3조 투자세액공제 대상 금융리스란 다음 각 호의 어느 하나에 해당하는 경우의 자산 대여(이하 "리스"라 한다)를 말한다(조특칙 3의2).

1. 리스기간[계약해지금지조건이 부가된 기간(명시적인 계약해지금지조건은 없으나 실질적으로 계약해지금지조건이 부가된 것으로 볼 수 있는 기간을 포함한다)을 말하며, 기간 종료시점에서 계약해지금지조건이 부가된 갱신계약의 약정이 있는 경우에는 그 약정에 따른 기간을 포함한다. 이하 이 조에서 같다] 종료 시 또는 그 이전에 리스이용자에게 해당 리스의 자산(이하 이 조에서 "리스자산"이라 한다)의 소유권을 무상 또는 당초 계약시 정한 금액으로 이전할 것을 약정한 경우
2. 리스기간 종료 시 리스자산을 취득가액의 10% 이하의 금액으로 구매할 수 있는 권리가 리스실행일 현재 리스이용자에게 주어진 경우 또는 취득가액의 10% 이하의 금액을 갱신계약의 원금으로 하여 리스계약을 갱신할 수 있는 권리가 리스실행일 현재 리스이용자에게 주어진 경우
3. 리스기간이 법인세법 시행규칙 별표 5 및 별표 6에 규정된 리스자산의 자산별·업종별(리스이용자의 업종에 의한다) 기준내용연수의 75% 이상인 경우
4. 리스실행일 현재 최소리스료를 기업회계기준에 따라 현재가치로 평가한 가액이 해당 리스자산의 장부가액의 90% 이상인 경우
5. 리스자산의 용도가 리스이용자만의 특정 목적에 한정되어 있고, 다른 용도로의 전용(轉用)에 과다한 비용이 발생하여 사실상 전용이 불가능한 경우

2) 벤처기업에 출자하여 취득한 주식

벤처기업육성에 관한 특별조치법 제2조 제1항에 따른 벤처기업에 다음의 어느 하나에 해당하는 방법으로 출자(2019.2.12. 이후 주식등을 취득하는 분부터 조세특례제한법 제13조의 2 제1항 제2호의 창업·벤처전문 사모집합투자기구 또는 창투조합등을 통한 출자를 포함한다)하여 취득한 주식등

① 해당 기업의 설립 시에 자본금으로 납입하는 방법

② 해당 기업이 설립된 후 유상증자하는 경우로서 증자대금을 납입하는 방법

3) 해운기업 투자액

조세특례제한법 제104조의10에 따라 해운기업에 대한 법인세 과세표준 계산 특례를 적용받는 내국법인의 경우에는 조세특례제한법 제104조의 10 제1항 제2호에 따른 비해운소득을 재원으로 취득한 자산에 한정한다. 이 경우 해운소득과 공동재원으로 취득한 자산의 투자합계액은 다음의 산식에 따라 계산한 금액으로 한다(조특령 100의32 ⑥, 조특칙 45의10 ⑦).

$$\text{공동재원으로 취득한 자산의 투자합계액} = \text{해당 자산을 취득하기 위하여 해당 사업연도에 지출한 금액} \times \frac{\text{비해운소득과 관련한 해당 사업연도의 각 사업연도의 소득}}{\text{해운소득 및 비해운소득과 관련한 해당 사업연도의 전체 각 사업업연도의 소득}}$$

(4) 임금증가액

임금증가액이란 상시근로자의 해당 사업연도 임금증가금액으로서 다음 구분에 따른 금액이 있는 경우 그 금액을 합한 금액을 말한다(조특법 100의32 ②).

① 상시근로자의 해당 사업연도 임금이 증가한 경우

㉠ 해당 사업연도의 상시근로자 수가 직전 사업연도의 상시근로자 수보다 증가하지 아니한 경우 : 상시근로자 임금증가금액

㉡ 해당 사업연도의 상시근로자 수가 직전 사업연도의 상시근로자 수보다 증가한 경우 : 기존 상시근로자 임금증가금액에 150%를 곱한 금액과 신규 상시근로자 임금증가금액에 200%를 곱한 금액을 합한 금액

② 해당 사업연도에 청년정규직근로자 수가 직전 사업연도의 청년정규직근로자 수보다 증가한 경우 : 해당 사업연도의 청년정규직근로자에 대한 임금증가금액

③ 해당 사업연도에 근로기간 및 근로형태 등 법으로 정하는 요건을 충족하는 정규직 전환 근로자가 있는 경우 : 정규직 전환 근로자(청년정규직근로자는 제외)에 대한 임금증가금액

임금증가액 : = ①+②+③

구 분		임금증가액의 계산
① 상시근로자의 임금이 증가한 경우	상시근로자 수가 증가하지 아니한 경우	상시근로자 임금증가금액×1
	상시근로자 수가 증가한 경우	기존 상시근로자 임금증가금액×1.5+신규 상시근로자 임금증가금액×2
② 청년정규직근로자 수가 증가한 경우		해당 사업연도의 청년정규직근로자에 대한 임금증가금액×1
③ 정규직 전환 근로자가 있는 경우		정규직 전환 근로자(청년정규직근로자는 제외)에 대한 임금증가금액×1

1) 근로소득 합계액

임금증가금액은 해당 사업연도의 매월 말 기준 상시근로자에게 지급한 소득세법 제20조 제1항 제1호 및 제2호에 따른 근로소득(법인세법 시행령 제19조 제16호에 따른 우리사주조합에 출연하는 자사주의 장부가액 또는 금품으로서 기획재정부령으로 정하는 바에 따라 계산한 금액을 포함하며, 해당 법인이 손금으로 산입한 금액에 한정한다)의 합계액(이하 임금지급액)으로서 직전 사업연도 대비 증가한 금액으로 한다(조특령 100의32 ⑨, 개정규정은 2024.1.1. 이후 개시하는 사업연도의 임금증가액을 계산하는 경우부터 적용함. 영 부칙 2024.2.29.). 근로소득 계산시 해당 사업연도에 우리사주조합에 출연하는 자사주의 장부가액 또는 금품의 합계액을 포함한다. 다만, 상시근로자에게 지급하는 자사주의 장부가액 또는 금품의 합계액은 제외한다(조특칙 45의10 ⑩). 임금은 소득세법 제20조 제1항 제1호 및 제2호에 따른 다음의 소득의 합계액(비과세소득의 금액은 제외한다)을 말한다(조특령 26의4 ②).

근로소득 합계액 : ㉠ + ㉡

㉠ 근로를 제공함으로써 받는 봉급·급료·보수·세비·임금·상여·수당과 이와 유사한 성질의 급여

㉡ 법인의 주주총회·사원총회 또는 이에 준하는 의결기관의 결의에 따라 상여로 받는 소득

근로소득의 합계액을 계산할 때 합병·분할·현물출자 또는 사업의 양수 등에 따라 종전의 사업부문에서 종사하던 근로자를 합병법인, 분할신설법인, 피출자법인, 양수법인 등이 승계하는 경우에는 해당 근로자는 종전부터 합병법인 등에 근무한 것으로 본다. 법인이 신규 설립된 경우(합병 등은 제외)에는 직전 사업연도의 근로소득의 합계액은 영으로 본다(조특령 100의32 ㉒).

2) 상시근로자

상시 근로자란 근로기준법에 따라 근로계약을 체결한 근로자를 말하며 다음의 자는 제외한다(조특령 100의32 ⑧, 조특령 26의4 ②).

① 법인세법 시행령 제40조제1항 각 호의 어느 하나에 해당하는 임원
   ㉠ 법인의 회장, 사장, 부사장, 이사장, 대표이사, 전무이사 및 상무이사 등 이사회의 구성원 전원과 청산인
   ㉡ 합명회사, 합자회사 및 유한회사의 업무집행사원 또는 이사
   ㉢ 유한책임회사의 업무집행자
   ㉣ 감사
   ㉤ 그 밖에 위에 준하는 직무에 종사하는 자

② 소득세법 제20조제1항제1호 및 제2호(위의 1)의 근로소득합계액)에 따른 근로소득의 금액이 8천만원 이상인 근로자(종전 7천만원에서 8천만원으로 개정규정은 2021.1.1.이후 개시하는 과세연도 분부터 적용, 법 부칙 2021.2.17.). 다만, 해당 과세연도의 근로제공기간이 1년 미만인 근로자의 경우에는 해당 근로자의 근로소득의 금액을 해당 과세연도 근무제공월수로 나눈 금액에 12를 곱하여 산출한 금액을 기준으로 판단한다.

③ 기획재정부령(조특칙 14의2 ①)으로 정하는 해당 기업의 최대주주 또는 최대출자자(개인사업자의 경우에는 대표자를 말한다) 및 그와 국세기본법 시행령 제1조의2제1항에 따른 친족관계인 근로자

④ 소득세법 시행령 제196조에 따른 근로소득원천징수부에 의하여 근로소득세를 원천징수한 사실이 확인되지 아니하는 근로자

⑤ 근로계약기간이 1년 미만인 근로자(다만, 근로계약의 연속된 갱신으로 인하여 그 근로계약의 총 기간이 1년 이상인 근로자는 제외한다)

⑥ 근로기준법 제2조제1항제9호(1주 동안의 소정근로시간이 그 사업장에서 같은 종류의 업무에 종사하는 통상 근로자의 1주 동안의 소정근로시간에 비하여 짧은 근로자)에 따른 단시간근로자

상시근로자 수는 다음 계산식에 따라 계산한다. 이 경우 100분의 1 미만의 부분은 없는 것으로 한다(조특령 100의32 ⑪, 조특령 26의4 ③).

$$\text{상시근로자 수} = \frac{\text{해당 과세연도의 매월 말 현재 상시근로자 수의 합}}{\text{해당 과세연도의 개월 수}}$$

3) 임금증가금액의 계산

기존 상시근로자 임금증가금액과 신규 상시근로자 임금증가금액은 다음의 구분에 따라 계산한 금액으로 한다. 이 경우 ②에 따라 계산한 금액은 해당 연도 상시근로자 임금증가금액을 한도로 한다(조특령 100의32 ⑩).

① 기존 상시근로자 임금증가금액 : 해당 연도 상시근로자 임금증가금액에서 ②에 따라 계산한 금액을 뺀 금액

② 신규 상시근로자 임금증가금액 : (해당 연도 상시근로자 수 − 직전 연도 상시근로자 수) × 해당 연도에 최초로 근로기준법에 따라 근로계약을 체결한 상시근로자(근로계약을 갱신하는 경우는 제외)에 대한 기획재정부령으로 정하는 임금지급액의 평균액. 기획재정부령으로 정하는 임금지급액의 평균액이란 다음의 ㉠의 금액을 ㉡의 금액으로 나누어 계산한 금액을 말한다(조특칙 45의10 ⑪).

㉠ 해당 사업연도에 최초로 근로기준법에 따라 근로계약을 체결한 상시근로자(근로계약을 갱신하는 경우는 제외하며, 이하 "신규 상시근로자")에 대한 조세특례제한법 시행령 제100조의 32 제9항에 따른 임금지급액

㉡ 조세특례제한법 시행령 제26조의 4 제3항의 상시근로자 수 계산방법을 준용하여 계산한 신규 상시근로자 수

① **기존 상시근로자 임금증가금액**
= 해당 연도 상시근로자 임금증가금액 − 신규 상시근로자 임금증가금액

② **신규 상시근로자 임금증가금액(한도 : 해당 연도 상시근로자 임금증가금액)**

$$= \left(\text{해당 연도 상시근로자 수} - \text{직전 연도 상시근로자 수} \right) \times \frac{\text{해당 연도 신규 상시근로자에 대한 임금지급액}}{\text{상시근로자 수 계산방법을 준용하여 계산한 신규 상시근로자 수}}$$

3) 청년정규직근로자

청년정규직근로자란 조세특례제한법 시행령 제26조의 5 제2항에 따른 정규직 근로자로서 15세 이상 34세(조세특례제한법 시행령 제27조 제1항 제1호 각 목의 어느 하나에 해당하는 병역을 이행한 사람의 경우에는 6년을 한도로 병역을 이행한 기간을 현재 연령에서 빼고 계산한 연령을 말한다) 이하인 사람을 말한다. 이 경우 청년정규직근로자 수의 계산은 조세특례제한법 시행령 제26조의 5 제8항 제1호를 준용한다(조특령 100의32 ⑫, 조특령 26의5 ⑧ 1호, 연령의 개정규정은 2023.1.1.이후 개시하는 사업연도의 미환류소득 또는 초과환류액을 계산하는 경우부터 적용함. 영 부칙 2023.2.28.).

① 병역법 제16조 또는 제20조에 따른 현역병(같은 법 제21조, 제25조에 따라 복무한 상근예비역 및 의무경찰·의무소방원을 포함한다)
② 병역법 제26조 제1항에 따른 사회복무요원
③ 군인사법 제2조 제1호에 따른 현역에 복무하는 장교, 준사관 및 부사관

$$\text{청년 정규직 근로자 수} = \frac{\text{해당 과세연도의 매월 말 현재 청년 정규직 근로자 수의 합}}{\text{해당 과세연도의 개월 수}}$$

* 100분의 1 미만의 부분은 없는 것으로 한다.

3) 임금증가금액의 계산

기존 상시근로자 임금증가금액과 신규 상시근로자 임금증가금액은 다음의 구분에 따라 계산한 금액으로 한다. 이 경우 ②에 따라 계산한 금액은 해당 연도 상시근로자 임금증가금액을 한도로 한다(조특령 100의32 ⑩).

4) 정규직전환근로자

정규직 전환 근로자란 근로기준법에 따라 근로계약을 체결한 근로자로서 다음의 요건을 모두 갖춘 자를 말한다(조특령 100의32 ⑬, 조특령 26의4 ⑬).

① 직전 과세연도 개시일부터 해당 과세연도 종료일까지 계속하여 근무한 자로서 소득세법 시행령 제196조의 근로소득원천징수부에 따라 매월분의 근로소득세를 원천징수한 사실이 확인될 것
② 해당 과세연도 중에 비정규직 근로자(기간제 및 단시간근로자 보호 등에 관한 법률에 따른 기간제근로자 또는 단시간근로자)에서 비정규직 근로자가 아닌 근로자로 전환하였을 것

기간제 및 단시간근로자 보호 등에 관한 법률 제2조(정의)

1. 기간제근로자라 함은 기간의 정함이 있는 근로계약을 체결한 근로자를 말한다.
2. 단시간근로자라 함은 근로기준법 제2조의 단시간근로자(1주 동안의 소정근로시간이 그 사업장에서 같은 종류의 업무에 종사하는 통상 근로자의 1주 동안의 소정근로시간에 비하여 짧은 근로자)를 말한다.

③ 직전 과세연도 또는 해당 과세연도 중에 다음의 어느 하나(상기 2)의 ①~③에 해당하는 자가 아닐 것
㉠ 법인세법 시행령 제42조제1항 각 호의 어느 하나에 해당하는 임원
㉡ 소득세법 제20조제1항제1호 및 제2호(위의 1)의 근로소득합계액)에 따른 근로소득의 금액이 7천만원 이상인 근로자

㉢ 기획재정부령(조특칙 14의2 ①)으로 정하는 해당 기업의 최대주주 또는 최대출자자(개인사업자의 경우에는 대표자를 말한다) 및 그와 국세기본법 시행령 제1조의2제1항에 따른 친족관계인 근로자

(6) 상생협력지출액

기업소득에서 차감하는 상생협력지출액이란 대·중소기업 상생협력 촉진에 관한 법률 제2조 제3호에 따른 상생협력을 위하여 지출하는 금액 등을 말하며 기업소득 계산시 상생협력을 위하여 지출하는 금액 등의 300%를 곱한 금액을 차감한다(조특법 100의32 ②). 대·중소기업 상생협력 촉진에 관한 법률 제2조 제3호에 따른 상생협력을 위하여 지출하는 금액 등은 해당 사업연도에 지출한 다음의 어느 하나에 해당하는 금액을 말한다. 다만, 해당 금액이 법인세법 시행령 제2조 제5항에 따른 특수관계인을 지원하기 위하여 사용된 경우는 제외한다(조특령 100의32 ⑭).

① 대·중소기업 상생협력 촉진에 관한 법률 제8조의 3 제1항에 따라 같은 항 각 호의 어느 하나에 해당하는 출연을 하는 경우 그 출연금
② 조세특례제한법 제8조의 3 제1항 제1호에 따른 협력중소기업의 사내근로복지기금에 출연하는 경우 그 출연금
③ 근로복지기본법 제86조의 2에 따른 공동근로복지기금에 출연하는 경우 그 출연금
④ 다음의 구분에 따른 법인이 기획재정부령으로 정하는 바에 따라 중소기업에 대한 보증 또는 대출지원을 목적으로 출연하는 경우 그 출연금
  ㉠ 신용보증기금법에 따른 신용보증기금에 출연하는 경우 : 같은 법 제2조 제3호에 따른 금융회사등
  ㉡ 기술보증기금법에 따른 기술보증기금에 출연하는 경우 : 같은 법 제2조 제3호에 따른 금융회사
  ㉢ 지역신용보증재단법에 따른 신용보증재단 및 신용보증재단중앙회에 출연하는 경우 : 같은 법 제2조 제4호에 따른 금융회사등

"기획재정부령으로 정하는 바에 따라 중소기업에 대한 보증 또는 대출지원을 목적으로 출연하는 경우"란 조세특례제한법 시행령 제2조 제1항에 따른 중소기업으로서 제1호에 해당하는 중소기업에 대한 보증 또는 대출지원을 목적으로 하는 협약을 제2호 각 목에 따른 보증기관과 체결하여 같은 목의 해당 출연금으로 출연하는 경우를 말한다(조특칙 45의10 ⑫).

1. 다음 각 목의 어느 하나에 해당하는 중소기업

가. 「소상공인 보호 및 지원에 관한 법률」에 따른 소상공인
나. 「벤처기업육성에 관한 특별법」에 따른 벤처기업 및 신기술창업전문회사
다. 「기술보증기금법」에 따른 신기술사업자
라. 설립된 후 7년 이내인 중소기업
마. 해당 과세연도의 상시근로자 수가 직전 과세연도 보다 증가한 중소기업
바. 영 별표 7에 따른 신성장·원천기술을 연구하는 중소기업(영 제9조 제12항에 따라 신성장·원천기술심의위원회의 심의를 거쳐 기획재정부장관 및 산업통상자원부장관이 신성장·원천기술 연구개발비로 인정한 경우로 한정한다)
사. 「중소기업 기술혁신 촉진법」 제15조에 따라 기술혁신형 중소기업으로 선정된 기업

2. 다음 각 목의 어느 하나에 해당하는 출연금
가. 「신용보증기금법」 제2조 제3호에 따른 금융회사등이 같은 법에 따른 신용보증기금에 출연하는 출연금(같은 법 제6조 제3항에 따라 출연하여야 하는 금액을 제외한다)
나. 「기술보증기금법」 제2조 제3호에 따른 금융회사가 같은 법에 따른 기술보증기금에 출연하는 출연금(같은 법 제13조 제3항에 따라 출연하여야 하는 금액을 제외한다)
다. 「지역신용보증재단법 시행령」 제3조 제5호에 따른 상호저축은행 및 같은 영 제5조의 2 제1항에 따른 은행등이 「지역신용보증재단법」에 따른 신용보증재단 및 신용보증재단중앙회에 출연하는 출연금(같은 법 제7조 제3항에 따라 출연해야 하는 금액을 제외한다)

⑤ 그 밖에 상생협력을 위하여 지출하는 금액으로서 기획재정부령으로 정하는 금액

5.3 차기환류적립금과 전기 초과환류액

(1) 차기환류적립금

1) 차기환류적립금의 적립

내국법인(무신고 법인은 제외한다)은 해당 사업연도 미환류소득의 전부 또는 일부를 다음 2개 사업연도의 투자, 임금 등으로 환류하기 위한 금액(이하 "차기환류적립금")으로 적립하여 해당 사업연도의 미환류소득에서 차기환류적립금을 공제할 수 있다(조특법 100의32 ⑤, 개정규정은 2021.12.31.이 속하는 사업연도에 적립한 차기환류적립금부터 적용함. 법 부칙 2021.12.28.). 조세특례제한법 제100조의 32 제5항에 따라 해당 사업연도에 차기환류적립금을 적립하여 미환류소득에서 공제한 내국법인이 다음 2개 사업연도에 독점규제 및 공정거래에 관한 법률 제31조 제1항에 따른 상호출자제한기업집단에 속하는 내국법인에 해당하지 아니하게 되는 경우에도 같은 조 제1항 및 제6항에 따라 미환류소득에 대한 법인세를 납부하여야 한다(조특령 100의32 ⑱).

2) 전기이월 차기환류적립금의 당기 미사용 법인세 추가납부

상기 1)에 따라 차기환류적립금을 적립한 경우 다음 계산식에 따라 계산한 금액(음수인 경우 영으로 본다)을 그 다음다음 사업연도의 법인세액에 추가하여 납부하여야 한다(조특법 100의 32 ⑥, 개정규정은 2021.12.31.이 속하는 사업연도 및 그 이후 사업연도에 적립한 차기환류적립금에 대해 적용한다. 이 경우 같은 조 1항의 개정규정에도 불구하고 종전규정 1항 1호에 따른 법인이 2021.12.31.이 속하는 사업연도 및 2022.12.31.이 속하는 사업연도에 적립한 차기환류적립금이 있는 경우에도 6항의 개정규정을 적용함. 법 부칙 2022.12.31.).

(차기환류적립금 – 제2항(상기 5.2)에 따라 계산한 해당 사업연도 초과환류액) × 20%

각 사업연도 종료일 현재 재무상태표상의 자산의 합계액에서 부채의 합계액을 공제한 자기자본이 500억원을 초과하는 법인. 다만, 다음의 어느 하나에 해당하는 법인은 제외한다(구 조특법 100의 32 ① 1호).

㉠ 조세특례제한법 시행령 제2조에 따른 중소기업(조특령 100의32 ②).
㉡ 법인세법 제2조 제2호에 따른 비영리내국법인(조특령 100의32 ②).
㉢ 법인세법 제104조의 31 제1항(프로젝트금융투자회사) 및 법인세법 제51조의 2 제1항 각 호(유동화전문회사 등)의 어느 하나에 해당하는 법인

사례 **차기환류적립금(종전 자기자본 500억원 초과법인 경과규정 사례)**

〈사례 1〉

2021년	2022년	2023년
미환류소득 : 1,000	초과환류소득 : △700	초과환류소득 : △400
차기환류적립금 적립 : 1,000	차기환류적립금 사용 : 700	차기환류적립금 사용 : 300
과세대상 금액 : 1,000–1,000=0	과세대상 : 700–700=0	과세대상 : 0
법인세 : 0	법인세 : 0	법인세 : 0

〈사례 2〉

2022년	2023년	2024년
미환류소득 : 1,000	초과환류소득 : △200	초과환류소득 : 0
차기환류적립금 적립 : 1,000	차기환류적립금 사용 : 200	차기환류적립금 미사용 : 800
과세대상 금액 : 1,000–1,000=0	–	과세대상 : 800
법인세 : 0	–	법인세 : 800×20%=160

* 종전 조세특례제한법 제100의32 제1항 제1호의 내국법인이 종전 규정에 따라 차기환류적립금을 적립한 경우에는 조세특례제한법 부칙 2022.12.31.에 따라 다음 2개 사업연도 동안에 투자, 임금 증가 등으로 환류되지 않은 금액에 대해서는 과세한다.

(2) 초과환류액의 이월

해당 사업연도에 초과환류액(초과환류액으로 차기환류적립금을 공제한 경우에는 그 공제 후 남은 초과환류액을 말한다)이 있는 경우에는 그 초과환류액을 그 다음 2개 사업연도까지 이월하여 그 다음 2개 사업연도 동안 미환류소득에서 공제할 수 있다(조특법 100의32 ⑦, 2개 사업연도까지 이월 개정규정은 2021.1.1. 이후 신고하는 초과환류액 분부터 적용, 법 부칙 2020.12.29.). 합병 또는 분할에 따라 피합병법인 또는 분할법인이 소멸하는 경우 합병법인 또는 분할신설법인은 다음에서 정하는 바에 따라 미환류소득 및 초과환류액을 승계할 수 있다(조특령 100의32 ㉓). 합병법인 등이 피합병법인 등의 미환류소득 또는 초과환류액(이하 미환류소득등)을 승계할 때에는 다음의 구분에 따른다(조특칙 45의10 ⑰).

① 피합병법인이 소멸하는 경우 : 피합병법인의 미환류소득등(합병등기일을 사업연도 종료일로 보고 계산한 금액으로서 조세특례제한법 제100조의 32 제2항 제1호 나목의 금액은 포함하지 아니하고 계산한 금액을 말한다)을 합병법인의 해당 사업연도말 미환류소득등에 합산

② 분할법인이 소멸하는 경우 : 분할법인의 미환류소득등(분할등기일을 사업연도 종료일로 보고 계산한 금액으로서 조세특례제한법 제100조의 32 제2항 제1호 나목의 금액은 포함하지 아니하고 계산한 금액을 말한다)을 분할되는 각 사업부문의 조세특례제한법 시행령 제100조의 32 제1항에 따른 자기자본의 비율에 따라 분할신설법인 또는 분할합병의 상대방 법인의 해당 사업연도말 미환류소득등에 합산

직전 사업연도에 종전의 법인세법(법률 제15222호로 개정된 것을 말한다) 제56조 제7항에 따라 발생한 초과환류액이 있는 경우에는 미환류소득에서 공제할 수 있다(조특법 100의32 ⑨). 법인세법(법률 제16008호로 개정되기 전의 것을 말한다) 제56조 제5항에 따라 직전 사업연도에 적립한 차기환류적립금에서 같은 조 제6항에 따라 초과환류액을 공제한 경우에는 ①의 금액에서 ②의 금액을 공제하고 남은 금액을 다음 사업연도로 이월하여 다음 사업연도의 미환류소득에서 공제할 수 있다(조특법 100의32 ⑨).

① 조세특례제한법 제100조의 32 제2항에 따라 계산한 해당 사업연도의 초과환류액

② 법인세법(법률 제16008호로 개정되기 전의 것을 말한다) 제56조 제6항에 따라 차기환류적립금에서 공제한 초과환류액

5.4 투자자산 처분시 추가납부

(1) 추가납부사유

내국법인이 투자액으로 공제한 자산을 처분한 경우 등 다음에 해당하는 경우에는 그 자산에 대한 투자금액의 공제로 인하여 납부하지 아니한 세액에 이자 상당액을 가산하여 납부하여야 한다(조특법 100의32 ⑧, 조특령 100의32 ⑳).

① 기계 및 장치, 공구, 기구 및 비품, 차량 및 운반구, 선박 및 항공기, 그 밖에 이와 유사한 사업용 유형자산의 투자완료일 또는 무형자산(매입한 자산에 한정한다)의 매입일 또는 벤처기업 주식의 취득일부터 2년이 지나기 전에 해당 자산을 양도하거나 대여하는 경우. 다만, 다음의 어느 하나에 해당하는 경우는 제외한다.

㉠ 조세특례제한법 시행령 제137조제1항 각 호의 어느 하나(합병 등으로 자산의 소유권이 이전되는 경우, 내용연수가 경과된 자산을 처분하는 경우, 국가 등에 기부하고 그 자산을 사용하는 경우)에 해당하는 경우

㉡ 기계장치 등의 사업용 유형자산을 대·중소기업 상생협력 촉진에 관한 법률 제2조제6호에 따른 수탁기업(법인세법 시행령 제2조 제5항에 특수관계인은 제외)에 무상양도 또는 무상대여하는 경우

㉢ 천재지변, 화재 등으로 멸실되거나 파손되어 사용이 불가능한 자산을 처분하는 경우

㉣ 한국표준산업분류표상 해당 자산의 임대업이 주된 사업(둘 이상의 서로 다른 사업을 영위하는 경우 해당 사업연도의 조세특례제한법 시행령 제100조의 32 제6항 제1호 가목 1)에 따른 자산의 임대업의 수입금액이 총 수입금액의 50% 이상인 경우)인 법인이 해당 자산을 대여하는 경우(조특칙 45의10 ⑭)

② 업무용 건축물에 해당하지 아니하게 되거나 요건을 충족하지 못하게 되는 등 다음의 어느 하나에 해당하는 경우(조특칙 45의10 ⑮)

1. 해당 법인이 업무용신증축건축물을 준공 후 2년 이내에 임대하거나 위탁하는 등 업무에 직접 사용하지 아니하는 경우. 다만, 한국표준산업분류표상 부동산업, 건설업 또는 종합소매업을 주된 사업으로 하는 법인이 해당 건축물을 임대하는 경우는 제외한다.
2. 업무용신증축건축물을 준공 전에 처분하거나 준공 후 2년 이내에 처분하는 경우. 다만, 국가·지방자치단체에 기부하고 그 업무용신증축건축물을 사용하는 경우는 제외한다.
3. 업무용신증축건축물의 건설에 착공한 후 천재지변이나 그 밖의 정당한 사유없이 건설을 중단한 경우

(2) 이자상당액

내국법인은 투자금액의 공제로 인하여 납부하지 아니한 세액에 ①의 기간 및 ②의 율을 곱하여 계산한 금액을 이자상당액으로 하여 추가납부에 해당하는 사유가 발생하는 날이 속하는 사업연도의 과세표준 신고를 할 때(이자상당액납부일) 납부하여야 한다.

① 투자금액을 공제받은 사업연도의 법인세 과세표준 신고일의 다음 날부터 이자상당액납부일까지의 기간

② 조세특례제한법 시행령 제11조의 2 제9항 제2호에 따른 율(1일 10만분의 22, 조특령 11의2 ⑨ 2호)

이자상당액 = 투자액의 공제로 인하여 납부하지 아니한 세액 × 일수 × 0.022%

* 일수 : 투자금액을 공제받은 사업연도의 법인세 과세표준 신고일의 다음 날부터 이자상당액납부일까지의 기간
* 2022.2.15. 전에 발생한 사유로 2022.2.15. 이후 세액을 납부 또는 부과하는 경우 2022.2.15.일 전일까지의 기간분에 대한 이자상당가산액 또는 이자상당액의 계산에 적용되는 이자율은 영 100조의 32 제21항 2호의 개정규정에도 불구하고 각각 종전의 규정(0.025%)에 따르고, 2022.2.15. 이후의 기간분에 대한 이자상당가산액 또는 이자상당액의 계산에 적용되는 이자율은 각각 같은 개정규정에 따름. 영 부칙 2022.2.15.)

추가납부에 해당하는 사유가 발생하는 날이란 다음의 어느 하나에 해당하는 날을 말한다(조특칙 45의10 ⑯).

① 조세특례제한법 시행령 제100조의32 제20항제1호(상기 (1) 추가납부사유의 ①)에 따라 자산을 양도하거나 대여한 날

② 해당 법인이 업무용신증축건축물을 준공 후 2년 이내에 임대하거나 위탁하는 등 업무에 직접 사용하지 아니하는 경우(한국표준산업분류표상 부동산업, 건설업 또는 종합소매업을 주된 사업으로 하는 법인이 해당 건축물을 임대하는 경우는 제외) 업무용신증축건축물을 임대하거나 위탁한 날 등 업무에 직접 사용하지 아니한 날

③ 업무용신증축건축물을 준공 전에 처분하거나 준공 후 2년 이내에 처분하는 경우(다만, 국가·지방자치단체에 기부하고 그 업무용신증축건축물을 사용하는 경우는 제외) 업무용신증축건축물을 처분한 날

④ 건설에 착공한 후 천재지변 그 밖의 정당한 사유없이 건설을 중단한 경우 건설을 중단한 날부터 6개월이 되는 날

06 신탁소득에 대한 법인세 산출세액

6.1 신탁소득의 의의

(1) 신탁의 정의

1) 의의

신탁(trust, 信託)이란 신탁을 설정하는 자(위탁자)와 신탁을 인수하는 자(수탁자) 간의 신임관계에 기하여 위탁자가 수탁자에게 특정의 재산(영업이나 저작재산권의 일부를 포함한다)을 이전하거나 담보권의 설정 또는 그 밖의 처분을 하고 수탁자로 하여금 일정한 자(수익자)의 이익 또는 특정의 목적을 위하여 그 재산의 관리, 처분, 운용, 개발, 그 밖에 신탁 목적의 달성을 위하여 필요한 행위를 하게 하는 법률관계를 말한다(신탁법 2).

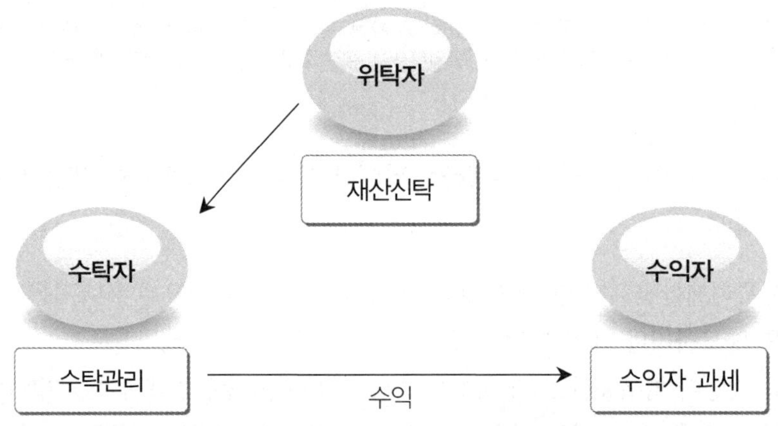

구 분	내 용
목적신탁	수익자가 없는 특정의 목적을 위한 신탁(신탁법 3 ①)
수익증권발행신탁	신탁행위로 수익권을 표시하는 수익증권을 발행하는 뜻을 정할 수 있다. 이 경우 각 수익권의 내용이 동일하지 아니할 때에는 특정 내용의 수익권에 대하여 수익증권을 발행하지 아니한다는 뜻을 정할 수 있다(신탁법 78 ①)
유한책임신탁	신탁행위로 수탁자가 신탁재산에 속하는 채무에 대하여 신탁재산만으로 책임지는 신탁(유한책임신탁)을 설정할 수 있다. 이 경우 유한책임신탁의 등기를 하여야 그 효력이 발생한다(신탁법 114 ①).

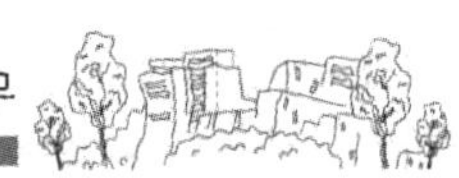

2) 구분기록

자본시장과 금융투자업에 관한 법률의 적용을 받는 법인의 신탁재산(같은 법 제251조 제1항에 따른 보험회사의 특별계정은 제외한다)에 귀속되는 수입과 지출은 그 법인에 귀속되는 수입과 지출로 보지 아니한다(법법 5 ④). 자본시장과 금융투자업에 관한 법률의 적용을 받는 법인은 각 사업연도의 소득금액을 계산할 때 신탁재산에 귀속되는 소득과 그 밖의 소득을 각각 다른 회계로 구분하여 기록하여야 한다(법법 113 ②). 법인과세 수탁자는 법인과세 신탁재산별로 신탁재산에 귀속되는 소득을 각각 다른 회계로 구분하여 기록하여야 한다(법법 113 ⑥, 개정규정은 2021.1.1. 이후 신탁계약을 체결하는 분부터 적용, 법 부칙 2020.12.22.).

(2) 신탁소득에 대한 과세방식

종전 신탁세제에서는 수익자에게 신탁에서 발생한 소득의 원천별로 과세(신탁은 도관으로 간주)함에 따라 과세 방식이 수익자 과세로 획일화되어 다양한 신탁제도의 활성화를 저해하였고 수익자가 다수이거나 신탁재산 종류가 다양한 경우 소득원천별로 수익자에게 과세하기 곤란한 문제점이 발생하였다. 2021.1.1.이후 발생분부터 신탁의 종류, 유형에 따라 신탁소득에 대한 과세방식을 다양화하여 신탁 운용의 효율성을 제고하고 위탁자의 조세회피를 방지하고자 세법을 개정하였다.

1) 수익자 과세(원칙)

원칙적으로 수익자는 소득원천별로 납세의무를 가진다. 신탁재산에 귀속되는 소득에 대해서는 그 신탁의 이익을 받을 수익자가 그 신탁재산을 가진 것으로 본다(법법 5 ①).

2) 신탁재산 법인세과세(예외 1)

목적신탁 등 특수한 상황에서는 수탁자가 선택하는 경우 신탁재산에 대한 법인세과세(1단계 과세)후 실제 수익자에게 배분시 배당소득으로 과세(2단계 과세)하며 1단계에서의 법인세는 이중과세를 방지하기 위하여 소득공제로 조정한다. 상기 1)에도 불구하고 다음의 어느 하나에 해당하는 신탁으로서 대통령령으로 정하는 요건을 충족하는 신탁(자본시장과 금융투자업에 관한 법률 제9조 제18항 제1호에 따른 투자신탁 및 소득세법 제17조 제1항 제5호의 3에 따른 수익증권이 발행된 신탁은 제외한다)의 경우에는 신탁재산에 귀속되는 소득에 대하여 그 신탁의 수탁자[내국법인 또는 소득세법에 따른 거주자인 경우에 한정한다]가 법인세를 납부할 의무가 있다. 이 경우 신탁재산별로 각각을 하나의 내국법인으로 본다(법법 5 ②, 2024.1.1.전에 신탁재산에 귀속된 소득에 대해서는 개정규정에도 불구하고 종전의 규정에 따름. 법 부칙 2023.12.31. 각 호 외의 부분 전단의 개정규정은 2025.7.1.이 속하는 사업연도에 신탁재산에 귀속되는 소득부터 적용함. 법 부칙 2024.12.31.).

① 신탁법 제3조 제1항 각 호 외의 부분 단서에 따른 목적신탁
② 신탁법 제78조 제2항에 따른 수익증권발행신탁
③ 신탁법 제114조 제1항에 따른 유한책임신탁
④ 그 밖에 제1호부터 제3호까지의 규정에 따른 신탁과 유사한 신탁으로서 대통령령으로 정하는 신탁

상기 대통령령으로 정하는 요건을 충족하는 신탁이란 하단 3)의 ①,②의 요건을 모두 갖춘 신탁을 말한다(법령 3의2 ①).

3) 위탁자 과세 (예외 2)

수익자가 없는 경우 등 실질적인 수익자가 위탁자인 경우에는 소득원천별로 위탁자에게 과세한다. 상기 1) 및 2)에도 불구하고 위탁자가 신탁재산을 실질적으로 통제하는 등 대통령령으로 정하는 요건을 충족하는 신탁의 경우에는 신탁재산에 귀속되는 소득에 대하여 그 신탁의 위탁자가 법인세를 납부할 의무가 있다[법법 5 ③, 2024.1.1. 전에 신탁재산에 귀속된 소득에 대해서는 법인세법 5조 3항의 개정규정에도 불구하고 종전의 규정에 따름. 법 부칙 2023.12.31., 법령 3의2 ②, 2023.2.28. 전에 신탁재산에 귀속된 소득에 대해서는 영 3조의 2 제2항의 개정규정(다음의 요건을 모두 갖춘 경우에서 다음의 어느 하나에 해당하는 것으로 개정)에도 불구하고 종전의 규정에 따름. 영 부칙 2023.2.28.].

① 위탁자가 신탁을 해지할 수 있는 권리, 수익자를 지정하거나 변경할 수 있는 권리, 신탁 종료 후 잔여재산을 귀속 받을 권리를 보유하는 등 신탁재산을 실질적으로 지배·통제할 것
② 신탁재산 원본을 받을 권리에 대한 수익자는 위탁자로, 수익을 받을 권리에 대한 수익자는 위탁자의 법인세법 시행령 제43조 제7항에 따른 지배주주등의 배우자 또는 같은 주소 또는 거소에서 생계를 같이 하는 직계존비속(배우자의 직계존비속을 포함한다)으로 설정했을 것

6.2 법인과세 신탁재산의 각 사업연도의 소득에 대한 법인세 과세특례

(1) 의의

1) 적용 관계

목적신탁 등 특수한 상황에서는 수탁자가 선택하는 경우 신탁재산에 대한 법인세 과세후 실제 수익자에게 배분시 배당소득으로 과세한다. 이 경우 내국법인으로 보는 신탁재산(법인과세 신탁재산) 및 이에 귀속되는 소득에 대하여 법인세를 납부하는 신탁의 수탁자(법인과세 수탁자)에 대해서는 법인세법 제1장(총칙) 및 제2장(내국법인의 각 사업연도의 소득에 대한 법인세)의 규정에 우선하여 적용한다(법법 75의10, 2021.1.1. 이후 신탁계약을 체결하는 분부터 적용, 법 부칙 2020.12.22.).

2) 신탁재산에 대한 법인세 과세방식의 적용

구 분	내 용
수탁자 납세의무	법인과세 수탁자는 법인과세 신탁재산에 귀속되는 소득에 대하여 그 밖의 소득과 구분하여 법인세를 납부하여야 한다(법법 75의11 ①).
제2차 납세의무	재산의 처분 등에 따라 법인과세 수탁자가 법인과세 신탁재산의 재산으로 그 법인과세 신탁재산에 부과되거나 그 법인과세 신탁재산이 납부할 법인세 및 강제징수비를 충당하여도 부족한 경우에는 그 신탁의 수익자(신탁법 제101조에 따라 신탁이 종료되어 신탁재산이 귀속되는 자를 포함한다)는 분배받은 재산가액 및 이익을 한도로 그 부족한 금액에 대하여 제2차 납세의무를 진다(법법 75의11 ②).
수익자 분배	법인과세 신탁재산이 그 이익을 수익자에게 분배하는 경우에는 배당으로 본다(법법 75의11 ③).
신탁요건 불충족	신탁계약의 변경 등으로 법인과세 신탁재산이 법인세법 제5조 제2항에 따른 신탁에 해당하지 아니하게 되는 경우에는 그 사유가 발생한 날이 속하는 사업연도분부터 제5조 제2항을 적용하지 아니한다(법법 75의11 ④).

3) 법인과세 신탁재산의 설립 및 해산 등

구 분	내 용
설립과 사업연도	법인과세 신탁재산은 신탁법 제3조에 따라 그 신탁이 설정된 날에 설립된 것으로 본다(법법 75의12 ①). 내국법인으로 보는 신탁재산(법인과세신탁재산)의 최초 사업연도의 개시일은 신탁법 제3조에 따라 그 신탁이 설정된 날로 한다(법령 120의2). 법인과세 수탁자는 법인과세 신탁재산에 대한 사업연도를 따로 정하여 법인세법 제109조에 따른 법인 설립신고 또는 법인세법 제111조에 따른 사업자등록과 함께 납세지 관할 세무서장에게 사업연도를 신고하여야 한다. 이 경우 사업연도의 기간은 1년을 초과하지 못한다(법법 75의12 ③).
설립신고	법인과세 신탁재산의 경우에는 설립일로부터 2개월 이내에 법인 설립신고서에 대통령령으로 정하는 주주등의 명세서와 사업자등록 서류 등을 첨부하여 납세지 관할 세무서장에게 신고하여야 한다. 이 경우 법인세법 제111조에 따른 사업자등록을 한 때에는 법인 설립신고를 한 것으로 본다(법법 109 ①, 2021.1.1. 이후 신탁계약을 체결하는 분부터 적용, 법 부칙 2020.12.22.).
해 산	법인과세 신탁재산은 신탁법 제98조부터 제100조까지의 규정에 따라 그 신탁이 종료된 날(신탁이 종료된 날이 분명하지 아니한 경우에는 부가가치세법 제5조 제3항에 따른 폐업일을 말한다)에 해산된 것으로 본다(법법 75의12 ②).
납 세 지	법인과세 신탁재산의 법인세 납세지는 그 법인과세 수탁자의 납세지로 한다(법법 75의12 ④).
납세지 지정	관할 지방국세청장이나 국세청장은 법인세법 제75조의 12 제4항에 따른 법인과세신탁재산의 납세지가 그 법인과세 신탁재산의 납세지로 적당하지 않다고 인정되는 경우로서 다음의 어느 하나에 해당하는 경우에는 그 납세지를 지정할 수 있다(법령 120의3). ① 법인세법 제75조의 10에 따른 법인과세 수탁자(법인과세수탁자)의 본점 등의 소재지가 등기된 주소와 동일하지 않은 경우 ② 법인과세수탁자의 본점 등의 소재지가 자산 또는 사업장과 분리되어 있어 조세포탈의 우려가 있다고 인정되는 경우

4) 법인과세 신탁재산의 설립 및 해산 등

하나의 법인과세 신탁재산에 신탁법 제50조에 따라 둘 이상의 수탁자가 있는 경우에는 법인세법 제109조 또는 제109조의 2에 따라 수탁자중 신탁사무를 주로 처리하는 수탁자(대표수탁자)로 신고한 자가 법인과세 신탁재산에 귀속되는 소득에 대하여 법인세를 납부하여야 한다(법법 75의13 ①). 대표수탁자 외의 수탁자는 법인과세 신탁재산에 관계되는 법인세에 대하여 연대하여 납부할 의무가 있다(법법 75의13 ②).

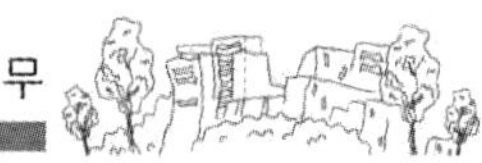

(2) 과세표준과 그 계산

1) 법인과세 신탁재산에 대한 소득공제

목적신탁 등 특수한 상황에서는 수탁자가 선택하는 경우 신탁재산에 대한 법인세과세(1단계 과세) 후 실제 수익자에게 배분시 배당소득으로 과세(2단계 과세)하며 1단계에서의 법인세는 이중과세를 방지하기 위하여 소득공제로 조정한다. 법인과세 신탁재산이 수익자에게 배당한 경우에는 그 금액을 해당 배당을 결의한 잉여금 처분의 대상이 되는 사업연도의 소득금액에서 공제한다(법법 75의14 ①). 배당을 받은 법인과세 신탁재산의 수익자에 대하여 법인세법 또는 조세특례제한법에 따라 그 배당에 대한 소득세 또는 법인세가 비과세되는 경우에는 소득공제를 적용하지 아니한다. 다만, 배당을 받은 수익자가 조세특례제한법 제100조의 15에 따라 동업기업과세특례를 적용받는 동업기업인 경우로서 그 동업자들(그 동업자들의 전부 또는 일부가 같은 조 제3항에 따른 상위 동업기업에 해당하는 경우에는 그 상위 동업기업에 출자한 동업자들을 말한다)에 대하여 같은 법 제100조의 18에 따라 배분받은 배당에 해당하는 소득에 대한 소득세 또는 법인세가 전부 과세되는 경우에는 소득공제를 적용한다(법법 75의14 ②, 법 75조의 14 제2항 단서의 개정규정은 2023.12.31.이 속하는 사업연도부터 적용함. 법 부칙 2023.12.31.).

소득공제를 적용받으려는 법인과세수탁자는 소득공제신청서에 배당을 받은 동업기업(그 동업자들의 전부 또는 일부가 조세특례제한법 제100조의 15 제3항에 따른 상위 동업기업에 해당하는 경우에는 그 상위 동업기업을 포함한다)으로부터 제출받은(조세특례제한법 제100조의 23 제1항에 따른 신고기한까지 제출받은 것을 말한다) 기획재정부령으로 정하는 동업기업과세특례적용 및 동업자과세여부 확인서를 첨부하여 소득공제를 신청해야 한다(법법 75의14 ③, 법령 120의4 ③).

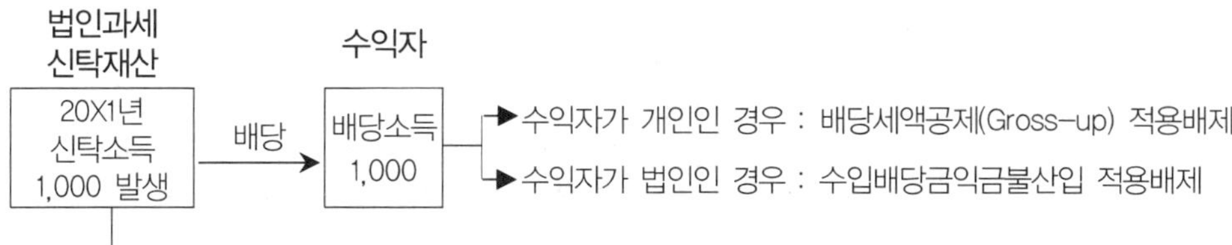

소득공제 적용시기	
20X2년 배당결의시	20X3년 배당결의시
20X1년 소득공제 신탁소득 1,000 소득공제 (1,000) 과세표준 0	20X2년 소득공제 신탁소득 XXXX 소득공제 (1,000) 과세표준 0

20X1년 소득을 유보한 후 그 이후 연도에 배당(예 20X3년초)한 경우 배당을 결의한 잉여금 처분의 대상이 되는 사업연도(예 20X2년) 소득에서 공제한다.

2) 신탁의 합병 및 분할

법인과세 신탁재산에 대한 신탁법 제90조에 따른 신탁의 합병은 법인의 합병으로 보아 적용한다. 이 경우 신탁이 합병되기 전의 법인과세 신탁재산은 피합병법인으로 보고, 신탁이 합병된 후의 법인과세 신탁재산은 합병법인으로 본다(법법 75의15 ①, 2021.1.1. 이후 신탁을 합병 또는 분할하는 분부터 적용, 법 부칙 2020.12.22.). 법인과세 신탁재산에 대한 신탁법 제94조에 따른 신탁의 분할(분할합병을 포함한다)은 법인의 분할로 보아 적용한다. 이 경우 신탁의 분할에 따라 새로운 신탁으로 이전하는 법인과세 신탁재산은 분할법인등으로 보고, 신탁의 분할에 따라 그 법인과세 신탁재산을 이전받은 법인과세 신탁재산은 분할신설법인등으로 본다(법법 75의15 ②).

3) 법인과세 신탁재산의 소득금액 계산과 수탁자 변경신고

수탁자의 변경에 따라 법인과세 신탁재산의 수탁자가 그 법인과세 신탁재산에 대한 자산과 부채를 변경되는 수탁자에게 이전하는 경우 그 자산과 부채의 이전가액을 수탁자 변경일 현재의 장부가액으로 보아 이전에 따른 손익은 없는 것으로 한다(법법 75의16 ①, 2021.1.1. 이후 신탁계약을 체결하는 분부터 적용, 법 부칙 2020.12.22.). 법인과세 신탁재산에 새로운 수탁자(신수탁자)가 선임된 경우 등 수탁자가 변경되는 경우에는 변경사실을 증명하는 서류 등을 첨부하여 납세지 관할 세무서장에게 신고하여야 한다(법법 109의2, 2021.1.1. 이후 신탁계약을 체결하는 분부터 적용, 법 부칙 2020.12.22.).

구 분	내 용
신수탁자가 선임된 경우	법인과세 신탁재산에 새로운 수탁자(신수탁자)가 선임된 경우 신수탁자는 선임일 이후 2개월 이내에 다음의 사항을 적은 신고서에 신수탁자로 선임된 사실을 증명하는 서류 등을 첨부하여 납세지 관할 세무서장에게 신고하여야 한다(법법 109의2 ①). ① 신수탁자의 명칭과 대표자의 성명 ② 법인과세 신탁재산의 명칭 ③ 신수탁자의 본점이나 주사무소 또는 사업의 실질적 관리장소의 소재지 ④ 신수탁자에게 신탁사무를 승계한 새로운 수탁자가 선임되기 전의 수탁자(전수탁자)의 명칭 ⑤ 신수탁자 선임일 ⑥ 신수탁자 선임사유

신수탁자가 신탁사무를 승계한 경우	법인과세 신탁재산에 대하여 전수탁자의 임무가 종료된 경우 그 임무의 종료에 따라 신탁사무를 승계한 신수탁자는 승계일 이후 2개월 이내에 다음의 사항을 적은 신고서에 전수탁자의 임무가 종료된 사실을 증명하는 서류 등을 첨부하여 납세지 관할 세무서장에게 신고하여야 한다(법법 109의2 ②). ① 전수탁자의 명칭과 대표자의 성명 ② 법인과세 신탁재산의 명칭 ③ 전수탁자의 본점이나 주사무소 또는 사업의 실질적 관리장소의 소재지 ④ 신탁사무를 승계받은 신수탁자의 명칭 ⑤ 신탁사무 승계일 ⑥ 전수탁자 종료사유
둘 이상의 수탁자가 있는 경우	둘 이상의 수탁자가 있는 법인과세 신탁재산의 대표수탁자가 변경되는 경우 그 변경 전의 대표수탁자와 변경 후의 대표수탁자는 각각 변경일 이후 2개월 이내에 다음의 사항을 적은 신고서에 변경사실을 증명하는 서류 등을 첨부하여 납세지 관할 세무서장에게 신고하여야 한다(법법 109의2 ③). ① 변경 전 또는 변경 후의 대표수탁자의 명칭과 대표자의 성명 ② 법인과세 신탁재산의 명칭 ③ 변경 전 또는 변경 후의 대표수탁자의 본점이나 주사무소 또는 사업의 실질적 관리장소의 소재지 ④ 대표수탁자 변경일 ⑤ 대표수탁자 변경사유

6.3 법인과세 신탁재산의 신고 및 납부

(1) 신고 및 납부

법인과세 신탁재산에 대해서는 법인세법 제60조의 2(성실신고확인서 제출) 및 제63조(중간예납 의무)를 적용하지 아니한다(법법 75의17, 2021.1.1. 이후 신탁계약을 체결하는 분부터 적용, 법 부칙 2020.12.22.).

(2) 법인과세 신탁재산의 원천징수

1) 법인과세 신탁재산에 이자소득을 지급하는 자의 원천징수

법인세법 제73조 제1항(내국법인의 이자소득 등에 대한 원천징수)에도 불구하고 법인과세 신탁재산이 다음에서 정하는 소득을 지급받고, 법인과세 신탁재산의 수탁자가 법인세법 시행령 제111조 제1항 각 호의 금융회사등에 해당하는 경우에는 원천징수하지 아니한다(법법 75의18 ①, 법령 120의5 ①,②, 2021.1.1. 이후 신탁계약을 체결하는 분부터 적용, 법 부칙 2020.12.22.).

① 소득세법 제16조 제1항에 따른 이자소득의 금액(금융보험업을 하는 법인의 수입금액을 포함한다). 다만, 법 제73조의 2 제1항 전단에 따른 원천징수대상채권등(주식·사채 등의 전자등록에 관한 법률 제59조 각 호 외의 부분 전단에 따른 단기사채등 중 같은 법 제2조 제1호 나목에 해당하는 것으로서 만기 1개월 이내의 것은 제외한다)의 이자등(법 제73조의 2 제1항 전단에 따른 이자등을 말한다)을 자본시장과 금융투자업에 관한 법률에 따른 투자회사 또는 조세특례제한법 제104조의 3 제1항에 따른 자본확충목적회사가 아닌 법인에 지급하는 경우는 제외한다.

② 소득세법 제17조 제1항 제5호에 따른 집합투자기구로부터의 이익 중 투자신탁의 이익의 금액

2) 법인과세 신탁재산에 속하는 채권등의 보유기간 이자상당액에 대한 원천징수

내국법인이 소득세법 제46조 제1항에 따른 채권등 또는 투자신탁의 수익증권(원천징수대상채권등)을 타인에게 매도(중개·알선과 그 밖에 대통령령으로 정하는 경우를 포함하되, 환매조건부채권매매 등 대통령령으로 정하는 경우는 제외한다)하는 경우 그 내국법인은 대통령령으로 정하는 바에 따라 계산한 해당 원천징수대상채권등의 보유기간에 따른 이자, 할인액 및 투자신탁 이익(이하 이자등)의 금액에 14%의 세율을 적용하여 계산한 금액에 상당하는 법인세(1,000원 이상인 경우만 해당한다)를 원천징수하여 그 징수일이 속하는 달의 다음 달 10일까지 납세지 관할 세무서등에 납부하여야 한다. 이 경우 해당 내국법인을 원천징수의무자로 보아 적용한다(법법 73의2 ①). 법인세법 제73조의 2 제1항(내국법인의 채권등의 보유기간 이자상당액에 대한 원천징수)을 적용하는 경우에는 법인과세 신탁재산에 속한 원천징수대상채권등을 매도하는 경우 법인과세 수탁자를 원천징수의무자로 본다(법법 75의18 ②).

법인세법 제73조의2 제1항을 적용할 때 자본시장과 금융투자업에 관한 법률에 따른 신탁재산에 속한 원천징수대상채권등을 매도하는 경우 같은 법에 따른 신탁업자와 다음의 구분에 따른 자 간에 대리 또는 위임의 관계가 있는 것으로 본다(법법 73의2 ④, 2021.1.1. 이후 신탁계약을 체결하는 분부터 적용, 법 부칙 2020.12.22.).

① 법인세법 제5조 제1항에 따른 신탁재산 : 해당 신탁재산의 수익자
② 법인세법 제5조 제3항에 따른 신탁재산 : 해당 신탁재산의 위탁자

07 청산소득에 대한 법인세 산출세액

7.1 청산소득의 의의

법인이 해산한 경우 잔여재산에 대하여 재산의 처분, 채권의 추심, 채무의 변제, 잔여재산 분배를 청산이라고 한다. 이러한 청산절차에서 발생된 소득을 청산소득이라고 하며 잔여재산가액에서 자기자본을 차감하여 계산한다. 청산소득에 대하여는 법인의 소멸에 대한 과세 정산의 관점에서 별도의 법인세가 과세된다(법법 79).

(1) 청산의 의의

사업용자산의 가치증가분과 같은 미실현 소득, 법령에서 익금불산입하는 수익 등에 대하여는 각 사업연도의 소득에 대한 법인세를 과세하지 않는다. 그러나 법인이 해산 등에 의하여 소멸하는 경우 각 사업연도의 소득금액에 대한 법인세 과세시 과세소득에 반영되지 아니한 부분 또는 당해 법인이 보유하는 자산의 보유기간 중 증가된 경제가치 등 사내에 유보되었던 소득이 환가처분과정에서 배분가능한 재산으로 실현된다. 이러한 소득 등에 대한 법인세 과세를 사후적으로 보완하는 제도가 청산소득이다.

법인이 합병 또는 분할로 인하여 해산하는 경우 그 합병 또는 분할과 동시에 법인격이 소멸되고 피합병법인 또는 분할법인(소멸한 분할합병의 상대방법인 포함)의 권리의무는 포괄적으로 합병법인 또는 분할신설법인(분할합병의 상대방법인)에게 승계되므로 별도의 청산절차는 없다. 그러나 피합병법인 보유자산의 가치증가분 등이 합병법인 등의 신주형태로 피합병법인 등의 주주에게 분배되는 것은 그 경제적 실질이 해산에 의한 잔여재산의 분배와 동일하므로 청산소득에 대한 법인세를 과세해야 한다. 다만, 합병 또는 분할의 경우 기업자체의 경영활동이 종료되는 것이 아니고 합병법인 또는 분할신설법인에게 이전되어 계속 유지되므로 피합병법인 등의 사내유보이익을 모두 현실화하여 청산소득으로 과세하지 아니하고 합병 또는 분할 회사간의 이해관계를 조정한다. 예를 들어 자산의 평가익을 실현하지 않고 장부가액대로 승계하거나, 일정요건을 충족하여 신주의 가액을 액면가액으로 평가하면 청산소득이 발생하지 않는다.

해산원인 또는 사유	합명회사	합자회사	주식회사	유한회사
존립기간의 만료 기타 정관으로 정한 사유의 발생	○	○	○	○
총사원의 동의	○	○	×	×
사원이 1인으로 된 때	○	○	×	×
합 병	○	○	○	○
파 산	○	○	○	○
법원의 명령 또는 판결	○	○	○	○
회사의 분할 또는 분할합병	×	×	○	×
주주(사원)총회의 결의	×	×	○	○

(2) 영리내국법인의 청산소득 법인세 납세의무

영리내국법인이 해산 등에 의하여 소멸하는 경우 청산소득에 대한 법인세를 납부할 의무가 있다(법법 3 ①, 법법 4①). 비영리내국법인과 외국법인에 대하여는 청산소득에 대한 법인세를 과세하지 아니한다. 내국법인이 다음의 어느 하나에 해당하면 청산소득에 대한 법인세를 과세하지 아니한다(법법 78).

① 상법의 규정에 따라 조직변경하는 경우

② 특별법에 따라 설립된 법인이 그 특별법의 개정이나 폐지로 인하여 상법에 따른 회사로 조직변경하는 경우

③ 그 밖의 법률에 따라 내국법인이 조직변경하는 경우로서 대통령령으로 정하는 경우. 대통령령으로 정하는 경우란 다음 각 호에 해당하는 경우를 말한다(법령 120의 26).

㉠ 변호사법에 따라 법무법인이 법무법인(유한)으로 조직변경하는 경우

㉡ 관세사법에 따라 관세사법인이 관세법인으로 조직변경하는 경우

㉢ 변리사법에 따라 특허법인이 특허법인(유한)으로 조직변경하는 경우

㉣ 협동조합 기본법 제60조의 2 제1항에 따라 법인등이 협동조합으로 조직변경하는 경우

㉤ 지방공기업법 제80조에 따라 지방공사가 지방공단으로 조직변경하거나 지방공단이 지방공사로 조직변경하는 경우

상법상 조직변경	
인적회사 → 인적회사	합명회사 → 합자회사 (상법 제242조)
	합자회사 → 합명회사 (상법 제286조)
물적회사 → 물적회사	주식회사 → 유한회사 (상법 제604조)
	유한회사 → 주식회사 (상법 제607조)

(3) 청산인 등의 제2차 납세의무

법인이 해산하여 청산하는 경우에 그 법인에 부과되거나 그 법인이 납부할 국세 및 강제징수비를 납부하지 아니하고 해산에 의한 잔여재산을 분배하거나 인도하였을 때에 그 법인에 대하여 강제징수를 하여도 징수할 금액에 미치지 못하는 경우에는 청산인 또는 잔여재산을 분배받거나 인도받은 자는 그 부족한 금액에 대하여 제2차 납세의무를 진다(국기법 38 ①). 제2차 납세의무의 한도는 다음의 구분에 따른다(국기법 38 ②). 재산의 가액은 청산 후 남은 재산을 분배하거나 인도한 날 현재의 시가로 한다(국기령 19).

① 청산인 : 분배하거나 인도한 재산의 가액
② 잔여재산을 분배받거나 인도받은 자 : 각자가 받은 재산의 가액

1) 청산인

청산인이란 정관의 규정, 주주총회의 결의 또는 법원에 의하여 선임(법정청산인)되어, 다음과 같은 해산법인의 청산사무를 집행하는 자를 말한다(국기통 38-0…1).

① 현존사무의 종결
② 채권의 추심과 채무의 변제
③ 재산의 환가처분
④ 잔여재산의 분배 등

상법 제247조 제1항(상법 제269조의 준용규정 포함)에 따라 임의청산을 하는 경우에는 청산인을 두지 않을 수 있는 바, 이 경우에도 분배 등을 받은 자에 대하여는 국세기본법 제38조(청산인 등의 제2차 납세의무)를 적용한다(국기통 38-0…6). 청산인이 2인 이상 있는 경우에는 제2차 납세의무의 범위는 다음과 같다(국기통 38-0…9).

① 각 청산인이 각각 별도로 분배 등을 한 경우에는 그 분배 등을 한 재산가액을 각각 그 한도로 한다.
② 분배 등에 관한 청산인회의 결의에 찬성한 청산인의 경우에는 그 결의에 의하여 분배 등을 한 재산가액 전액을 각각 그 한도로 한다.
③ 공동행위에 의하여 분배 등을 한 청산인의 경우에는 그 분배 등을 한 재산가액 전액을 각각 그 한도로 한다.

2) 법인이 해산한 경우

"법인이 해산한 경우"라 함은 해산등기의 유무에 관계없이 다음 각호의 경우를 말한다(국기통 38-0…2).

① 주주총회 기타 이에 준하는 총회 등에서 해산한 날을 정한 경우에는 그 날이 경과한 때
② 해산할 날을 정하지 아니한 경우에는 해산결의를 한 때
③ 해산사유(존립기간의 만료, 정관에 정한 사유의 발생, 파산, 합병 등)의 발생으로 해산하는 경우에는 그 사유가 발생한 때
④ 법원의 명령 또는 판결에 의하여 해산하는 경우에는 그 명령 또는 판결이 확정된 때
⑤ 주무관청이 설립허가를 취소한 경우에는 그 취소의 효력이 발생하는 때 등

3) 해산법인에 부과되거나 납부할 국세

"그 법인에게 부과되거나 그 법인이 납부할 국세"라 함은 당해 법인이 결과적으로 납부하여야 할 모든 국세를 말하며, 해산할 때나 잔여재산을 분배 또는 인도하는 때에 이미 납세의무가 성립된 국세에 한하지 아니한다(국기통 38-0…3).

4) 분배 또는 인도

"분배"란 법인이 청산하는 경우에 있어서 잔여재산을 사원, 주주, 조합원, 회원 등에게 원칙적으로 출자액에 따라 배분하는 것을 말하며(민법 제724조 제2항, 상법 제260조, 제269조, 제538조, 제612조 참조), "인도"란 법인이 청산하는 경우에 있어서 잔여재산을 민법 제80조(잔여재산의 귀속) 등에 따라 처분하는 것을 말한다(국기통 38-0…4).

5) 청산인 등의 제2차 납세의무의 한계

"징수할 금액에 미치지 못하는 경우"란 주된 납세자에게 귀속하는 재산(제3자 소유의 납세담보재산 및 보증인의 납세보증을 포함한다)을 체납처분(교부청구 및 참가압류를 포함한다)으로 징수할 수 있는 가액이 그 법인이 부담할 국세총액에 부족한 경우를 말하며, 이 경우에 그 부족 여부의 판정은 납부통지를 하는 때의 현황에 의한다. 또한 상기의 재산가액산정에 있어서는 다음 사항을 유의하여야 한다(국기통 38-0…5).

① 매각하여 국세 등을 징수하려는 재산(이하 "재산"이라 한다)에 국세기본법 또는 기타 법률의 규정에 의하여 국세에 우선하는 채권, 공과금, 지방세 등이 있는 경우에는 그 우선하는 채권액에 상당하는 금액을 그 재산의 처분예정가액에서 공제하여 그 재산가액을 산정한다.

② 교부청구 등을 한 경우에는 장차 배분받을 수 있다고 인정되는 금액을 기준으로 하여 재산가액을 산정한다.

③ 재산 중에 국세징수법 제31조(압류금지재산)의 규정 등에 의하여 체납처분을 할 수 없는 재산이 있을 때에는 이를 제외하여 재산가액을 산정한다.

④ 재산의 종류가 채권인 경우에는 그 채권을 환가하는 경우의 평가액을 기준으로 하고, 장래의 채권 또는 계속수입 등의 채권은 장래의 그 이행가능성을 고려한 금액을 재산가액으로 산정한다.

⑤ 체납처분비가 필요하다고 인정하는 경우에는 그 징수예상가액은 체납처분비를 공제하여 재산가액을 산정한다.

6) 청산종결등기와의 관계

주식회사 등이 "부과되거나 납부할 국세"를 완납하지 아니하고 청산종결의 등기를 한 경우 그 등기는 적법한 청산종결에 기초한 것이 아니기 때문에 회사는 청산을 위하여 필요한 범위 내에서 존속하는 것으로 보며, "부과되거나 납부할 국세"에 대한 납부의무는 소멸하지 아니한다(국기통 38-0…7).

7) 회사계속의 특별결의가 있는 경우

주식회사, 유한회사 등이 해산하고 잔여재산을 분배한 후에 상법 제519조(회사의 계속) 및 제610조(회사의 계속) 등에 따라 회사를 계속하는 경우에는 계속의 특별결의에 의하여 잔여재산 분배의 효과는 장래에 향하여 소멸한다. 따라서 회사계속의 특별결의 후에는 제2차 납세의무를 지울 수 없다(국기통 38-0…8).

8) 제2차 납세의무자 상호간의 관계

제2차 납세의무자가 2인 이상인 경우에 제2차납세의무자 상호간의 관계는 다음과 같다(국기통 38-0…10).

① 제2차납세의무자 1인에 대하여 발생한 이행(납부, 충당 등) 이외의 사유는 다른 제2차납세의무자의 제2차납세의무에는 영향을 미치지 아니한다.

② 제2차납세의무자 1인이 그의 제2차납세의무를 이행한 경우에는 그 이행에 의하여 제2차납세의무가 소멸된 세액이 다른 제2차납세의무자의 제2차납세의무의 범위에 포함되어 있으면 그 제2차납세의무도 소멸한다. 이 경우 "범위에 포함되어 있는지"에 관하여는 분배 등을 한 재산의 가액을 기준으로 하여 판정한다.

(4) 사업연도 의제와 법인세 신고

1) 사업연도 의제

상법 제245조에 따라 법인은 해산한 후에도 청산의 목적범위 내에서 존속하는 것으로 한다. 해산에 의하여 법인격이 즉시 소멸하는 것이 아니고 청산절차 종결에 의하여 소멸하도록 하고 있다. 즉, 법인이 해산하면 목적사업을 계속할 수 없게 되지만 청산사무를 수행하는데 필요한 범위내에서 권리의무능력을 가지며 청산 또는 파산의 절차를 종료한 때에 완전히 권리의무능력을 상실한다. 따라서 해산 등에 의한 청산절차는 사업연도의 의제가 필요하다. 사업연도 의제란 해산, 합병 등 일정한 사유가 있는 경우에 정관 등에서 정한 회계연도에 관계없이 법에서 규정한 일정기간을 사업연도로 간주하여 법인세를 계산하는 제도를 말한다(법법 8). 내국법인이 사업연도 중에 해산(합병 또는 분할에 따른 해산과 법인세법 제78조 각 호에 따른 조직변경은 제외한다)한 경우에는 다음의 기간을 각각 1사업연도로 본다(법법 8 ①).

① 그 사업연도 개시일부터 해산등기일(파산으로 인하여 해산한 경우에는 파산등기일을 말하며, 법인으로 보는 단체의 경우에는 해산일을 말한다)까지의 기간
② 해산등기일 다음 날부터 그 사업연도 종료일까지의 기간

청산 중인 내국법인의 사업연도는 다음의 구분에 따른 기간을 각각 1사업연도로 본다(법법 8 ④).

① 잔여재산가액이 사업연도 중에 확정된 경우 : 그 사업연도 개시일부터 잔여재산가액 확정일까지의 기간
② 상법 제229조, 제285조, 제287조의 40, 제519조 또는 제610조에 따라 사업을 계속하는 경우 : 다음의 기간
   ㉠ 그 사업연도 개시일부터 계속등기일(계속등기를 하지 아니한 경우에는 사실상의 사업 계속일을 말한다)까지의 기간
   ㉡ 계속등기일 다음 날부터 그 사업연도 종료일까지의 기간

잔여재산가액확정일이란 다음의 날을 말한다(법령 124 ③).

① 해산등기일 현재의 잔여재산의 추심 또는 환가처분을 완료한 날
② 해산등기일 현재의 잔여재산을 그대로 분배하는 경우에는 그 분배를 완료한 날

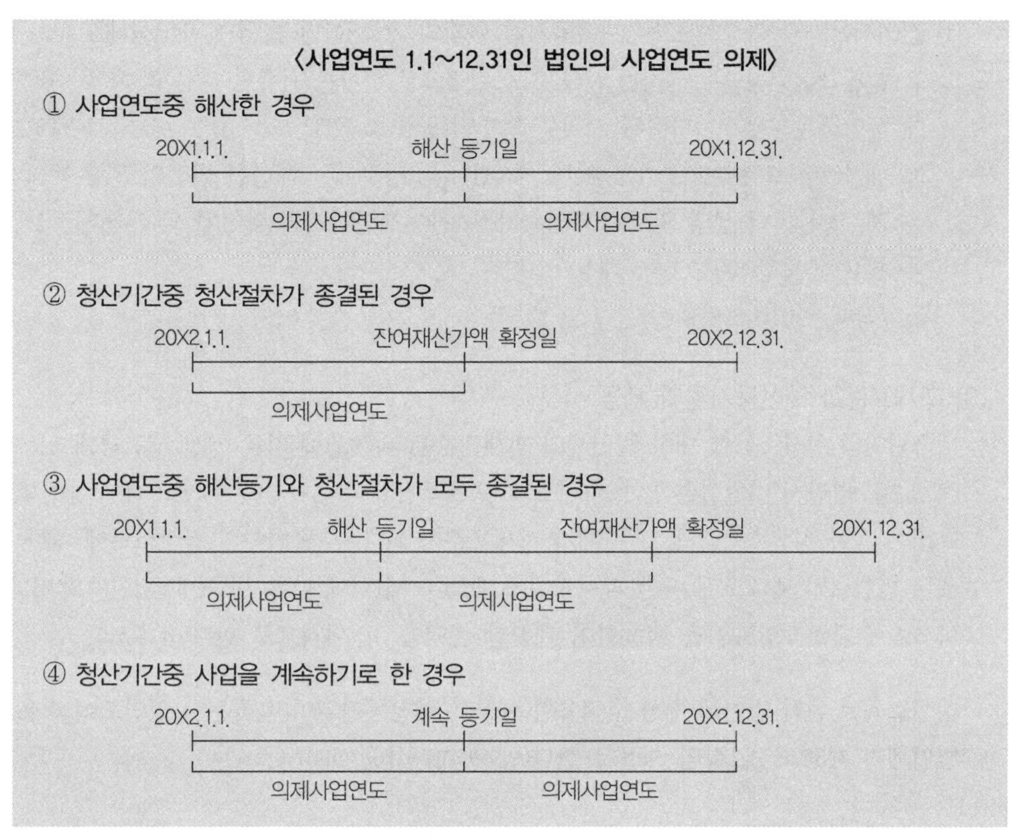

2) 청산소득 확정신고와 제출서류

청산소득에 대한 법인세의 납부의무가 있는 내국법인은 대통령령으로 정하는 바에 따라 다음 각 호의 기한까지 청산소득에 대한 법인세의 과세표준과 세액을 납세지 관할 세무서장에게 신고하여야 한다(법법 84 ①). 법인세법 제84조 제1항의 규정에 의하여 신고하는 경우에는 제79조에 따라 계산한 청산소득의 금액을 기재한 기획재정부령이 정하는 청산소득에 대한 법인세과세표준 및 세액신고서에 법인세법 제84조 제2항 각호의 규정에 의한 서류를 첨부하여 납세지 관할세무서장에게 제출하여야 한다(법령 124 ①).

① 법인세법 제79조 제1항(해산등기)에 해당하는 경우 : 대통령령으로 정하는 잔여재산가액 확정일이 속하는 달의 말일부터 3개월 이내
② 법인세법 제79조 제2항(계속등기)에 해당하는 경우 : 계속등기일이 속하는 달의 말일부터 3개월 이내

상기의 신고를 할 때에는 그 신고서에 다음 각 호의 서류를 첨부하여야 한다(법법 84 ②). 청산소득의 금액이 없는 경우에도 적용한다(법법 84 ③).

① 잔여재산가액 확정일 또는 계속등기일 현재의 그 해산한 법인의 재무상태표

② 그 밖에 대통령령으로 정하는 서류. 대통령령으로 정하는 서류란 다음 각 호의 어느 하나에 해당하는 사항이 기재된 서류를 말한다(법령 124 ②).

㉠ 해산(합병 또는 분할에 의한 해산을 제외한다)의 경우에는 해산한 법인의 본점 등의 소재지, 청산인의 성명 및 주소 또는 거소, 잔여재산가액의 확정일 및 분배예정일 기타 필요한 사항(1998.12.31. 개정)

㉡ (삭제, 2010.6.8.)

3) 과세표준과 해산등기일의 세율

내국법인의 청산소득에 대한 법인세의 과세표준은 제79조에 따른 청산소득 금액으로 한다(법법 77). 따라서 이월결손금, 비과세소득 및 소득공제액을 차감하지 않고 해산(합병 및 분할 포함)에 의한 청산소득금액 그 자체가 과세표준이 된다. 내국법인의 청산소득에 대한 법인세는 법인세법 제77조에 따른 과세표준에 제55조 제1항에 따른 세율(내국법인의 각 사업연도의 소득에 대한 법인세율)을 적용하여 계산한 금액을 그 세액으로 한다(법법 83)

청산소득에 대한 법인세 계산시 적용할 세율은 해산등기일이 속하는 사업연도에 적용되는 법인세법 제55조 제1항의 세율로 한다(법인46012-1758, 1997.6.28.).

4) 징수 및 가산세

납세지 관할 세무서장 또는 관할지방국세청장은 내국법인이 제84조 및 제85조에 따른 신고를 하지 아니한 경우에는 그 법인의 청산소득에 대한 법인세의 과세표준과 세액을 결정한다(법법 87 ①). 납세지 관할 세무서장 또는 관할지방국세청장은 법인세법 제84조 및 제85조에 따른 신고를 한 내국법인이 그 신고한 내용에 오류 또는 누락이 있는 경우에는 그 법인의 청산소득에 대한 법인세의 과세표준과 세액을 경정한다(법법 87 ②).

청산소득에 대한 법인세를 징수할 때에는 국세기본법 제47조의 4 제1항 제1호(납부고지서에 따른 납부기한의 다음 날부터 부과되는 분에 한정한다) 및 제3호(가산금)와 같은 조 제7항(중가산금)을 적용하지 아니한다(법법 90). 따라서 청산소득에 대한 법인세를 신고·납부하지 아니한 경우 가산세는 무신고·무기장가산세 및 신고·납부불성실가산세만 부과된다.

(5) 해산에 의한 청산시 주주 의제배당

1) 법인주주 의제배당

해산한 법인의 주주등(법인으로 보는 단체의 구성원을 포함한다)인 내국법인이 법인의 해산으로

인한 잔여재산의 분배로서 취득하는 금전과 그 밖의 재산의 가액이 그 주식등을 취득하기 위하여 사용한 금액을 초과하는 금액은 내국법인의 각 사업연도의 소득금액을 계산할 때 그 다른 법인으로부터 이익을 배당받았거나 잉여금을 분배받은 금액으로 본다(법법 16 ①).

2) 개인주주 의제배당

해산한 법인(법인으로 보는 단체를 포함한다)의 주주·사원·출자자 또는 구성원이 그 법인의 해산으로 인한 잔여재산의 분배로 취득하는 금전이나 그 밖의 재산의 가액이 해당 주식·출자 또는 자본을 취득하기 위하여 사용된 금액을 초과하는 금액은 해당 주주, 사원, 그 밖의 출자자에게 배당한 것으로 본다. 다만, 내국법인이 조직변경하는 경우로서 다음의 어느 하나에 해당하는 경우는 제외한다(소법 17 ②).

① 상법에 따라 조직변경하는 경우
② 특별법에 따라 설립된 법인이 해당 특별법의 개정 또는 폐지에 따라 상법에 따른 회사로 조직변경하는 경우
③ 그 밖의 법률에 따라 내국법인이 조직변경하는 경우로서 대통령령으로 정하는 경우

(6) 부가가치세법 폐업신고

법인의 폐업 및 청산절차는 별개의 행위이다. 폐업은 부가가치세법 상 사업활동을 중단하고 거래행위가 없다는 신고이고 청산은 법률상 설립한 회사의 법인격을 완전히 소멸시키는 행위이다. 폐업신고를 하더라도 해산등기와 청산절차가 없는 경우 회사의 법인격은 여전히 존재하므로 법인세 신고납부 의무가 있다. 사업자등록을 한 사업자가 휴업 또는 폐업을 하거나 사업자등록을 한 자가 사실상 사업을 시작하지 않게 되는 경우에는 지체 없이 다음 각 호의 사항을 적은 휴업(폐업)신고서를 관할 세무서장이나 그 밖에 신고인의 편의에 따라 선택한 세무서장에게 제출(국세정보통신망에 의한 제출을 포함한다)해야 한다(부가령 13 ①).

① 사업자의 인적사항
② 휴업 연월일 또는 폐업 연월일과 그 사유
③ 그 밖의 참고 사항

폐업신고서에는 사업자등록증을 첨부해야 한다(부가령 13 ②). 폐업을 하는 사업자가 부가가치세법 시행령 제91조에 따른 부가가치세 확정신고서에 폐업 연월일과 그 사유를 적고 사업자등록증을 첨부하여 제출하는 경우에는 폐업신고서를 제출한 것으로 본다(부가령 13 ③).

7.2 해산에 의한 청산소득금액

(1) 청산소득금액

내국법인이 해산(합병이나 분할에 의한 해산은 제외한다)한 경우 그 청산소득(해산에 의한 청산소득)의 금액은 그 법인의 해산에 의한 잔여재산의 가액에서 해산등기일 현재의 자본금 또는 출자금과 잉여금의 합계액(자기자본의 총액)을 공제한 금액으로 한다(법법 79 ①). 해산으로 인하여 청산 중인 내국법인이 그 해산에 의한 잔여재산의 일부를 주주등에게 분배한 후 상법 제229조, 제285조, 제287조의 40, 제519조 또는 제610조에 따라 사업을 계속하는 경우에는 그 해산등기일부터 계속등기일까지의 사이에 분배한 잔여재산의 분배액의 총합계액에서 해산등기일 현재의 자기자본의 총액을 공제한 금액을 그 법인의 해산에 의한 청산소득의 금액으로 한다(법법 79 ②).

해산에 의한 잔여재산의 가액 (자산총액 − 부채총액)	−	해산등기일 현재의 자기자본 총액 (자본금 등 + 잉여금 + 환급법인세 − 이월결손금)

(2) 청산소득금액과 각 사업연도 소득금액의 범위

1) 소득금액의 범위

해산에 의하여 청산을 하는 과정중에 있는 법인을 청산법인(상법 : 청산중인 회사)이라 한다. 청산법인의 해산에 의한 청산소득의 금액을 계산할 때 그 청산기간에 생기는 각 사업연도의 소득금액이 있는 경우에는 그 법인의 해당 각 사업연도의 소득금액에 산입한다(법법 79 ⑥). 청산법인이 해산등기일 현재의 자산을 청산기간 중에 처분한 금액(환가를 위한 재고자산의 처분액을 포함한다)은 이를 청산소득에 포함한다. 다만, 청산기간 중에 해산전의 사업을 계속하여 영위하는 경우 당해 사업에서 발생한 사업수입이나 임대수입, 공·사채 및 예금의 이자수입 등은 그러하지 아니하다(법칙 61). 사업수익과 이에 관련된 손비는 이를 각 사업연도의 소득금액 계산상 익금 또는 손금에 산입한다(법기통 5-1-5…43).

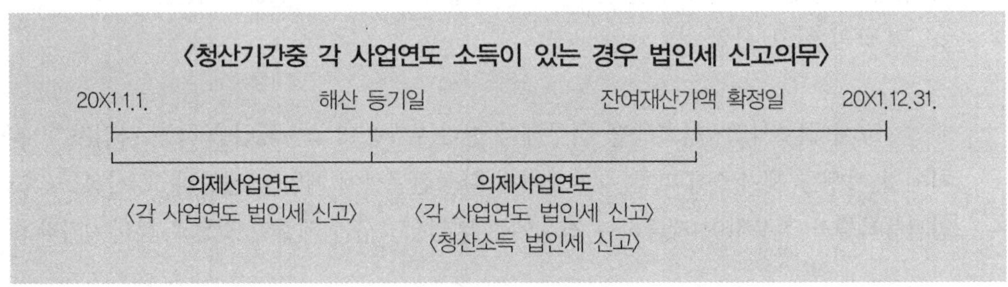

■ **법인의 청산등기가 종료된 후에 부동산 양도 시 법인세 신고방법**

(질의1) 내국법인이 해산등기 및 청산등기를 완료한 후에 법인 소유의 부동산을 양도하는 경우 법인세 신고 방법

(갑설) 각 사업연도소득에 대한 법인세로 신고함

(을설) 청산소득에 대한 법인세로 신고함

(질의2) 질의1에서 청산소득에 대한 법인세 납세의무가 있는 경우 적용할 청산소득에 대한 법인세율

(갑설) 해산 등기일이 속하는 사업연도의 법인세율

(을설) 등기 부활일이 속하는 사업연도의 법인세율

〈회신〉 내국법인이 상법 제520조의2에 따라 해산 및 청산등기가 종결된 후에 보유하고 있는 부동산을 양도한 경우에는 해산등기일이 속하는 사업연도의 법인세율을 적용하여 법인세법 제79조에 따른 청산소득에 대한 법인세를 신고·납부하여야 하는 것임(사전-2021-법령해석법인-0191, 2021.03.19.).

■ **해산에 의한 청산소득금액의 계산방법**

(질의) 해산등기일 현재의 미수이자와 해산등기일 이후 수입이자 및 해산등기일 이후 잔여재산 확정일까지 발생한 비용의 청산소득 또는 각 사업연도소득 해당여부

(회신) 해산법인의 청산기간중에 발생하는 예금이자 수입 및 계속기업 상태의 사업수익과 이에 관련된 손비는 청산소득에 포함되지 아니하고 당해 사업연도의 소득금액 계산상 익금 또는 손금에 산입하여 법인세법 제60조의 규정에 따라 법인세의 과세표준과 세액을 신고하여야 하는 것임(법인46012-3105, 1999.08.07.).

2) 준용규정

청산소득의 금액과 청산기간에 생기는 각 사업연도의 소득금액을 계산할 때에는 상기의 내용을 제외하고는 다음의 규정을 준용한다(법법 79 ⑦).

〈법인세법〉

- 제14조부터 제18조까지(각 사업연도의 소득, 익금의 범위, 배당금 또는 분배금의 의제, 자본거래로 인한 수익의 익금불산입, 평가이익 등의 익금불산입)
- 제18조의 2 (내국법인 수입배당금액의 익금불산입)
- 제18조의 4 (외국자회사 수입배당금액의 익금불산입)
- 제19조(손금의 범위), 제19조의 2 (대손금의 손금불산입)

- 제20조부터 제31조까지(자본거래 등으로 인한 손비의 손금불산입, 세금과 공과금의 손금불산입, 징벌적 목적의 손해배상금 등에 대한 손금불산입, 자산의 평가손실의 손금불산입, 감가상각비의 손금불산입, 기부금의 손금불산입, 접대비의 손금불산입, 과다경비 등의 손금불산입, 업무와 관련없는 비용의 손금불산입, 업무용 승용차 관련비용의 손금불산입 등 특례, 지급이자의 손금불산입, 비영리내국법인의 고유목적사업준비금의 손금산입, 책임준비금의 손금산입, 비상위험준비금의 손금산입)
- 제33조부터 제38조까지(퇴직급여충당금의 손금산입, 대손충당금의 손금산입, 구상채권상각충당금의 손금산입, 국고보조금등으로 취득한 사업용자산가액의 손금산입, 공사부담금으로 취득한 사업용자산가액의 손금산입, 보험차익으로 취득한 자산가액의 손금산입)
- 제40조부터 제42조까지(손익의 귀속사업연도, 자산의 취득가액, 자산·부채의 평가)
- 제42조의 2 (한국채택국제회계기준 적용 내국법인에 대한 재고자산평가차익 익금불산입)
- 제43조(기업회계기준과 관행의 적용)
- 제44조(합병 시 피합병법인에 대한 과세)
- 제44조의 2 (합병 시 합병법인에 대한 과세)
- 제44조의 3 (적격합병 시 합병법인에 대한 과세특례)
- 제45조(합병 시 이월결손금 등 공제 제한)
- 제46조(분할 시 분할법인등에 대한 과세)
- 제46조의 2부터 제46조의 5까지(분할 시 분할신설법인등에 대한 과세, 적격분할 시 분할신설법인등에 대한 과세특례, 분할 시 이월결손금 등 공제 제한, 분할 후 분할법인이 존속하는 경우의 과세특례)
- 제47조(물적분할 시 분할법인에 대한 과세특례)
- 제47조의 2 (현물출자 시 과세특례)
- 제50조(교환으로 인한 자산양도차익 상당액의 손금산입)
- 제51조(비과세소득)
- 제51조의 2 (유동화전문회사 등에 대한 소득공제)
- 제52조(부당행위계산의 부인)
- 제53조(외국법인 등과의 거래에 대한 소득금액 계산의 특례)
- 제53조의 2 (기능통화 도입기업의 과세표준 계산 특례)
- 제53조의 3 (해외사업장의 과세표준 계산 특례)
- 제54조(소득금액 계산에 관한 세부 규정)

〈조세특례제한법〉

- 제104조의 31 (프로젝트금융투자회사에 대한 소득공제)

■ 소득처분
내국법인의 청산소득에 대한 법인세의 계산시에는 법인세법 제67조 소득처분규정을 적용하지 아니하는 것임(서이46012-10585, 2002.03.22.).

(3) 잔여재산의 가액

잔여재산가액은 자산총액에서 부채총액을 공제한 금액으로 한다(법령 121 ①). 자산총액이라 함은 해산등기일 현재의 자산의 합계액으로 하되, 추심할 채권과 환가처분할 자산에 대하여는 다음에 의한다(법령 121 ②). 시가는 법인세법 시행령 제89조의 규정에 의한다(법령 89 ①).

① 추심할 채권과 환가처분할 자산은 추심 또는 환가처분한 날 현재의 금액
② 추심 또는 환가처분전에 분배한 경우에는 그 분배한 날 현재의 시가에 의하여 평가한 금액

잔여재산가액 산정을 위한 자산 및 부채의 포함여부는 해산등기일을 기준으로 하되, 환가·추심 또는 분배한 자산의 가액산정은 해산등기일 기준이 아니라 환가일·추심일 또는 분배일 현재의 시가를 기준으로 한다. 예를 들어 해산등기일 현재 잔여재산 중 토지의 시가는 1,000원이나 환가일에 실제 환가된 가액이 1,500원인 경우 해산등기일 현재 토지의 잔여재산가액은 1,500원으로 한다. 부채의 가액산정에 대해서는 명시적 규정은 없으나 해산등기일 현재의 부채가액으로 하되 실제 상환액과의 차액(채무면제이익)은 청산소득금액에 포함한다(법인 22601- 2085, 1992.10.7.).

해산등기일 현재의 잔여재산의 추심 또는 환가처분과 관련하여 발생한 각종 비용(계약서 작성비용, 공증비용, 인지대, 소개비 및 수수료, 청산인의 보수, 청산사무소의 비용 등)은 청산소득금액 계산시 공제한다(법기통 79-0…2). 해산에 의한 청산소득금액을 계산함에 있어서 보유중인 자기주식의 가액은 법인세법 제79조 제1항에 따른 해산등기일 현재의 자본금 또는 출자금에서 차감하지 아니하며, 잔여재산가액 계산시의 자산총액에도 포함하지 아니한다(법기통 79-0…3).

(4) 자기자본의 계산

1) 자기자본총액

자기자본총액이란 해산등기일 현재의 자본금 또는 출자금과 잉여금의 합계액을 말한다(법법 79 ①). 내국법인의 해산에 의한 청산소득의 금액을 계산할 때 그 청산기간에 국세기본법에 따라 환급되는 법인세액이 있는 경우 이에 상당하는 금액은 그 법인의 해산등기일 현재의 자기자본의 총액에 가산한다(법법 79 ③). 청산기간중에 국세기본법에 의하여 환급되는 법인세액이 있는 경우에는 이에 상당하는 금액을 해산등기일 현재의 자기자본의 총액에 가산한다(법법 79 ③). 이는 해산등기일 현재 자기자본총액의 계산시 손익미계상 법인세 등을 차감하여 계산하므로 납부한 법인세가 환급되는 경우에는 동 금액을 자기자본의 총액에 가산한다.

내국법인의 해산에 의한 청산소득 금액을 계산할 때 해산등기일 현재 그 내국법인에 대통령령으로 정하는 이월결손금이 있는 경우에는 그 이월결손금은 그날 현재의 그 법인의 자기자본의 총액에서 그에 상당하는 금액과 상계하여야 한다. 다만, 상계하는 이월결손금의 금액은 자기자본의 총액 중 잉여금의 금액을 초과하지 못하며, 초과하는 이월결손금이 있는 경우에는 그 이월결손금은 없는 것으로 본다(법법 79 ④). 청산소득 금액을 계산할 때 해산등기일 전 2년 이내에 자본금 또는 출자금에 전입한 잉여금이 있는 경우에는 해당 금액을 자본금 또는 출자금에 전입하지 아니한 것으로 보고 계산한다(법법 79 ⑤).

청산소득의 계산에 있어서 잔여재산의 가액에서 공제하는 자기자본의 총액은 해산등기일 현재의 자본금 또는 출자금과 잉여금의 합계액으로 하는 것으로 재무상태표상의 금액이 아닌 세무상 자본금과 적립금을 말한다. 이는 해산등기일 현재 "자본금과 적립금 조정명세서(갑)"(시행규칙 별지 제50호 서식)의 11. 차가감계란 중 ⑤ 기말잔액의 금액을 말한다.

2) 이월결손금

내국법인의 해산에 의한 청산소득 금액을 계산할 때 해산등기일 현재 그 내국법인에 대통령령으로 정하는 이월결손금(법인세법 시행령 제16조 제1항에 따른 이월결손금을 말한다. 다만, 자기자본의 총액에서 이미 상계되었거나 상계된 것으로 보는 이월결손금을 제외한다, 법령 121 ③)이 있는 경우에는 그 이월결손금은 그날 현재의 그 법인의 자기자본의 총액에서 그에 상당하는 금액과 상계하여야 한다. 다만, 상계하는 이월결손금의 금액은 자기자본의 총액 중 잉여금의 금액을 초과하지 못하며, 초과하는 이월결손금이 있는 경우에는 그 이월결손금은 없는 것으로 본다(법법 79 ④). 이월결손금은 법인세법상 이월결손금으로서 각 사업연도의 과세표준계산에 있어서 공제되지 아니한 금액을 말하므로 기한이 경과한 이월결손금을 포함한

다. 다만, 상계하는 이월결손금의 금액은 자기자본의 총액 중 잉여금의 금액을 초과하지 못하므로 초과하는 이월결손금이 있는 경우에는 이를 없는 것으로 본다. 이는 이월결손금은 자본의 감소사항이므로 청산소득 계산시 자기자본 총액과 상계하되, 납입자본금에 상당하는 금액에 대하여는 과세문제가 발생하지 않도록 상계한도를 정한 것이다.

3) 자기주식

해산에 의한 청산소득금액을 계산함에 있어서 보유중인 자기주식의 가액은 법인세법 제79조 제1항에 따른 해산등기일 현재의 자본금 또는 출자금에서 차감하지 아니하며, 잔여재산가액 계산시의 자산총액에도 포함하지 아니한다(법기통 79-0…3).

사례 **해산에 의한 청산소득금액**

㈜이손의 자본금은 1,000,000원(액면금액 1,000원, 발행주식수 1,000주)이고 해산결의에 의한 해산등기일은 다음과 같다. 청산기간중 각 사업연도 소득에 해당하는 손익은 없다.

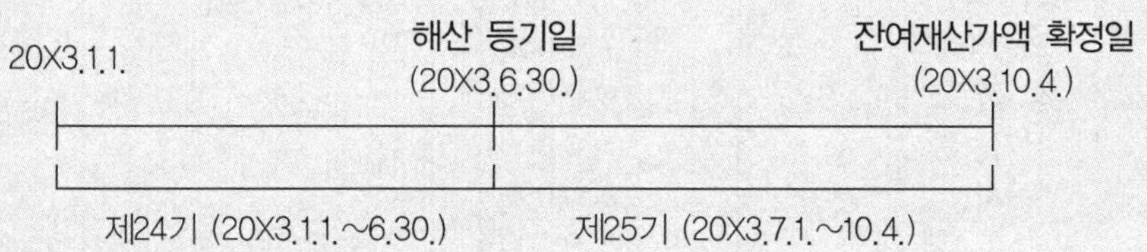

(1) 해산등기일 현재 재무상태표는 다음과 같다.

《재무상태표 - 해산등기일》

(단위 : 원)

현 금	20,000	외상매입금	320,000
미수금	100,000	퇴직급여충당부채	200,000
외상매출금	750,000	차 입 금	400,000
상 품	650,000	자 본 금	1,000,000
유가증권	150,000	자본잉여금	50,000
토 지	300,000	이익잉여금	40,000
기계장치	100,000		
감가상각누계액	(20,000)		
정부보조금	(40,000)		
합 계	2,010,000	합 계	2,010,000

(2) 잔여재산의 정리상황은 다음과 같다.

구 분	추심, 환가일	해산등기일 B/S 가액	추심, 환가액	비 고
기계장치(순액)	20X3.7.25.	40,000	–	폐기
외상매출금	20X3.7.28	750,000	700,000	대손
외상매입금	20X3.8.11.	320,000	300,000	채무면제
퇴직급여충당부채	20X3.8.11.	200,000	200,000	
상품	20X3.8.15.	650,000	600,000	일부 폐기
유가증권	20X3.8.16.	150,000	180,000	
미수금	20X3.10.2.	100,000	100,000	
토지	20X3.10.4.	300,000	2,000,000	
차입금	20X3.10.4.	400,000	400,000	
합 계		2,910,000	4,480,000	

≪잔여재산 – 해산등기일≫

(단위 : 원)

현 금	20,000	외상매입금	300,000
미수금	100,000	퇴직급여충당부채	200,000
외상매출금	700,000	차 입 금	400,000
상 품	600,000		
유가증권	180,000		
토 지	2,000,000		
합 계	3,600,000	합 계	900,000

(3) 해산등기일 이후 청산중의 제비용을 현금지급한 내역은 다음과 같다.

① 청산인 등의 급여 지급액 : 30,000

② 기타 청산비용 : 20,000

(4) 청산절차에 따른 회계처리는 다음과 같다.

구 분	회계처리			
20X3.7.25.	(차) 감가상각누계액	20,000	(대) 기계장치	100,000
	정부보조금	40,000		
	유형자산폐기손실	40,000		
20X3.7.28	(차) 현금	700,000	(대) 외상매출금	750,000
	대손상각비	50,000		
20X3.8.11.	(차) 외상매입금	320,000	(대) 현금	500,000
	퇴직급여충당부채	200,000	채무면제이익	20,000

일자	차변	금액	대변	금액
20X3.8.15.	(차) 현금	600,000	(대) 상품	650,000
	감모손실	50,000		
20X3.8.16.	(차) 현금	180,000	(대) 유가증권	150,000
			유가증권처분이익	30,000
20X3.10.2.	(차) 현금	100,000	(대) 미수금	100,000
20X3.10.4.	(차) 현금	2,000,000	(대) 토지	300,000
			유형자산처분이익	1,700,000
20X3.10.4.	(차) 차입금	400,000	(대) 현금	400,000
청산비용	(차) 급여	30,000	(대) 현금	50,000
	지급수수료	20,000		

(5) 잔여재산분배 직전 재무상태표 내역은 다음과 같다.

≪재무상태표 – 잔여재산가액 확정일≫

(단위 : 원)

현 금 예 금	2,650,000	자 본 금	1,000,000
		자본잉여금	50,000
		이익잉여금	40,000
		청산손익	1,560,000
합 계	2,650,000	합 계	2,650,000

(6) 제24기(의제사업연도) 각 사업연도 소득금액 세무조정후 자본금과 적립금조정명세서는 다음과 같다.

[별지 제50호서식(을)] (앞쪽)

사업연도	20X3. 1. 1. ~ 20X3. 6.30.	자본금과 적립금 조정명세서(을)	법인명	㈜이손

※ 관리번호 □□-□□ 사업자등록번호 □□□-□□-□□□□□

※ 표시란은 기입하지 마십시오.

세무조정유보소득 계산

①과목 또는 사항	②기초잔액	당기 중증감 ③감소	당기 중증감 ④증가	⑤기말잔액 (익기초현재)	비 고
유가증권	(20,000)		(30,000)	(50,000)	
퇴직급여충당부채	190,000		10,000	200,000	
정부보조금	45,000	5,000		40,000	
일시상각충당금	(45,000)	(5,000)		(40,000)	
합 계	170,000		(20,000)	150,000	

(신문용지 54g/㎡(재활용품))

■ 법인세법 시행규칙 [별지 제50호서식(갑)] (앞 쪽)

사업연도	20X3. 1. 1. ~ 20X3. 6.30.	자본금과 적립금조정명세서(갑)	법 인 명	㈜이손
			사업자등록번호	

Ⅰ. 자본금과 적립금 계산서

① 과목 또는 사항		코드	② 기초잔액	당기중증감 ③감 소	당기중증감 ④증 가	⑤ 기 말 잔 액	비 고
자본금 및 잉여금 등의 계산	1. 자 본 금	01	1,000,000			1,000,000	
	2. 자 본 잉 여 금	02	50,000			50,000	
	3. 자 본 조 정	15				0	
	4. 기타포괄손익누계액	18				0	
	5. 이 익 잉 여 금	14	45,000	5,000		40,000	
		17				0	
	6. 계	20	1,095,000	5,000	0	1,090,000	
7. 자본금과 적립금명세서(을)+(병) 계		21	170,000	0	△20,000	150,000	
손익 미계상 법인세 등	8. 법 인 세	22		0		0	
	9. 지 방 소 득 세	23		0		0	
	10. 계 (8 + 9)	30	0	0	0	0	
11. 차 가 감 계 (6+7-10)		31	1,265,000	5,000	△20,000	1,240,000	

Ⅱ. 결손금(이월결손금 및 당기 결손금) 계산서

1. 결손금 발생 및 증감내역

⑥ 사업연도	이월결손금 발생액 ⑦ 계	⑧일반 결손금	⑨배분한도 초과결손금 (⑨ = ㉕)	⑩ 소급 공제	⑪ 차감 계	감소내역 ⑫ 기 공제액	⑬ 당기 공제액	⑭ 보전	⑮ 계	잔액 ⑯ 기한 내	⑰ 기한 경과	⑱ 계
20XX	300,000	100,000			300,000	80,000			80,000		220,000	220,000
20XX	200,000	100,000			200,000	20,000			20,000	180,000		180,000
계	500,000	200,000			500,000	100,000			100,000	180,000	220,000	400,000

(7) 해산등기일 현재의 잔여재산, 자기자본 총액 및 청산소득금액은 다음과 같다.

해산등기일 현재 잔여재산가액		
잔여재산	: 자산총액 3,600,000-부채총액 900,000-청산비용 50,000	2,650,000
해산등기일 현재 자기자본의 총액		
납입자본		1,000,000
잉 여 금	: 해산등기일 현재 자본 1,240,000 - 이월결손금 400,000	840,000
환급법인세		–
소 계		1,840,000
청산소득금액	: 잔여재산 – 자기자본	810,000

(8) 잔여재산의 분배 회계처리는 다음과 같다.

구 분	회계처리
법인세 납부	(차) 법인세등 80,190 (대) 현금 80,190 청산소득에 대한 법인세(지방세 포함) : 810,000×9%×1.1=80,190 * 세율은 해산등기일이 속하는 사업연도의 법인세율을 적용한다.
잔여재산 분배	(차) 자본금 1,000,000 (대) 현금 2,569,810 자본잉여금 50,000 이익잉여금 40,000 청산손익 1,479,810

■ 법인세법 시행규칙 [별지 제59호서식] <개정 2013.2.23>

청산소득에 대한 법인세과세표준 및 세액신고서

※ 뒤쪽의 작성방법을 읽고 작성하시기 바랍니다. (앞쪽)

① 법 인 명	㈜이손	② 사업자등록번호	xxx
③ 대 표 자	xxx	④ 전화번호	xxx
⑤ 소 재 지	xxx	⑥ 청산인성명	xxx
⑦ 청산인 주민등록번호	xxx		
⑧ 업 태 xxx	⑨ 종 목 xxx	⑩ 계산구분	[√] 확정 [ ] 중간
⑪ 해 산 등 기 일	20X3.6.30.	⑫ 잔여 재산가액 확정일	20X3.10.4.
⑬ 직전 사업연도	20X3.1.1.~20X3.6.30.	⑭ 의제 사업연도	20X3.7.1.~20X3.10.4.

구 분	법 인 세		
	청 산 소 득	토지등 양도소득	계
⑮ 과 세 표 준	810,000		810,000
⑯ 세 율	%		%
⑰ 산 출 세 액	72,900		72,900
⑱ 가 산 세 액			
⑲ 공 제 세 액			
⑳ 차감 납부세액	72,900		72,900

신고인은 「법인세법」 제84조 및 「국세기본법」 제45조의3에 따라 신고하며, 위의 내용을 충분히 검토하였고 신고인이 알고 있는 사실 그대로를 정확하게 적었음을 확인합니다.

대표자 x x x (서명 또는 인)

세무대리인은 조세전문자격자로서 위 신고서를 성실하고 공정하게 작성하였음을 확인합니다.

세무대리인 x x x (서명 또는 인)

세무서장 귀하

첨부서류	[해산의 경우] 1. 잔여재산분배(확정)시 재무상태표	수수료 없음

210mm×297mm[백상지 80g/㎡ 또는 중질지 80g/㎡]

■ 법인세법 시행규칙 [별지 제59호서식 부표 1] <개정 2018. 3. 21.>

청산소득금액계산명세서

※ 뒤쪽의 작성방법을 읽고 작성하시기 바랍니다. (앞쪽)

법인명	㈜이손	사업자등록번호	x x x

1. 잔여재산 일부 분배의 경우			2. 해산의 경우			
구 분		금 액	구 분			금 액
① 잔 여 재 산 분 배 금 액			⑦ 잔여재산 확정일 현재 재산가액			2,650,000
해산 시 자기자본 총액	②납입자본 또는 출자금액		해산일 현재 잔여 재산의 가 액	⑧ 가산		
	③ 잉 여 금					
	자기자본 총 액(②+③)					
⑤ 기 분 배 금 액						
⑥ 청 산 소 득 금 액(①-④+⑤)					계	
				⑨ 공제		
					계	
				⑩ 기 분 배 금 액		
				⑪ 차감재산가액(⑦+⑧-⑨+⑩)		2,650,000
			자기 자본의 총 액	⑫ 납입자본 또는 출자금액		1,000,000
				⑬ 잉 여 금		840,000
				⑭ 환 급 법 인 세		
				⑮ 계(⑫+⑬+⑭)		1,840,000
			⑯ 청 산 소 득 금 액(⑪-⑮)			810,000

210mm×297mm[백상지 80g/㎡ 또는 중질지 80g/㎡]

※ 내국법인이 해산에 의한 청산소득의 금액을 법인세법 제84조의 규정에 따라 확정신고함에 있어 동 신고서식 별지 제59호의 "청산소득에 대한 법인세과세표준및세액신고서" 부표의 (16)잔여재산확정일 현재재산가액 잔여재산가액 확정일의 자산총액에서 부채총액을 공제한 금액을 기입하는 것으로 이 경우 "자산총액"은 해산등기일 현재의 자산중 추심할 채권과 환가처분할 자산에 대하여 현금으로 추심 또는 환가처분 하였는지에 관계없이 법인세법시행령 제121조제2항의 규정에 의하는 것임(제도46012-12137, 2001.07.14.).

(5) 해산 후 사업계속법인의 청산소득 계산

해산으로 인하여 청산 중인 내국법인이 그 해산에 의한 잔여재산의 일부를 주주등에게 분배한 후 상법 제229조, 제285조, 제287조의 40, 제519조 또는 제610조에 따라 사업을 계속하는 경우에는 그 해산등기일부터 계속등기일까지의 사이에 분배한 잔여재산의 분배액의 총합계액에서 해산등기일 현재의 자기자본의 총액을 공제한 금액을 그 법인의 해산에 의한 청산소득의 금액으로 한다(법법 79 ②).

7.3 중간신고

(1) 신고대상 법인

내국법인[법인세법 제51조의 2 제1항 각 호(유동화전문회사 등) 또는 조세특례제한법 제104조의 31 제1항의 법인(프로젝트금융투자회사)은 제외한다]이 다음의 어느 하나에 해당하면 그 각 호에서 정한 날이 속하는 달의 말일부터 1개월 이내에 대통령령으로 정하는 바에 따라 이를 납세지 관할 세무서장에게 신고하여야 한다. 다만, 국유재산법 제80조에 규정된 청산절차에 따라 청산하는 법인의 경우에는 ②는 적용하지 아니한다(법법 85 ①).

① 해산에 의한 잔여재산가액이 확정되기 전에 그 일부를 주주등에게 분배한 경우 : 그 분배한 날

② 해산등기일부터 1년이 되는 날까지 잔여재산가액이 확정되지 아니한 경우 : 그 1년이 되는 날

청산법인의 납세지관할세무서장은 당해 법인이 해산등기일부터 1년이 되는 날까지 잔여재산가액이 확정되지 아니한 경우로서 그 1년이 되는 날까지 법인세법 제85조의 규정에 의한 중간신고를 하지 아니한 경우에는 당해 법인의 청산소득에 대한 법인세의 과세표준과 세액을 결정하여야 한다(서이46012-10578, 2002.3.21.).

(2) 중간신고시 납부할 청산소득에 대한 법인세

구 분	내 용
잔여재산가액이 확정되기 전에 일부를 분배한 경우	법인세법 제85조 제1항 제1호에 따른 신고의무가 있는 내국법인으로서 그 분배하는 잔여재산의 가액(전에 분배한 잔여재산의 가액이 있을 때에는 그 합계액)이 그 해산등기일 현재의 자기자본의 총액을 초과하는 경우에는 그 초과하는 금액에 법인세법 제83조를 적용하여 계산한 세액(전에 잔여재산의 일부를 분배함으로써 납부한 법인세액이 있는 경우에는 그 세액의 합계액을 공제한 금액)을 그 신고기한까지 납세지 관할 세무서등에 납부하여야 한다(법법 86 ③).
해산등기일부터 1년 이내에 잔여재산가액이 확정되지 아니한 경우	법인세법 제85조 제1항 제2호에 따른 신고의무가 있는 내국법인으로서 해산등기일부터 1년이 되는 날 현재 대통령령으로 정하는 잔여재산가액 예정액이 그 해산등기일 현재의 자기자본의 총액을 초과하는 경우에는 그 초과하는 금액에 법인세법 제83조를 적용하여 계산한 세액을 그 신고기한까지 납세지 관할 세무서등에 납부하여야 한다(법법 86 ④). 대통령령으로 정하는 잔여재산가액 예정액이란 해산등기일부터 1년이 되는 날 현재의 자산을 시가에 의하여 평가한 금액의 합계액에서 부채총액을 공제한 금액을 말한다(법령 126 ②).

(3) 제출서류

중간신고를 할 때에는 그 신고서에 해산등기일 및 그 분배한 날 또는 해산등기일부터 1년이 되는 날 현재의 재무상태표와 그 밖에 대통령령으로 정하는 서류를 각각 첨부하여야 한다(법법 85 ②). “대통령령으로 정하는 서류”란 제124조 제2항 제1호[해산(합병 또는 분할에 의한 해산을 제외한다)의 경우에는 해산한 법인의 본점 등의 소재지, 청산인의 성명 및 주소 또는 거소, 잔여재산가액의 확정일 및 분배예정일 기타 필요한 사항, 법령 124 ② 1호]에 규정하는 사항이 기재된 서류를 말한다(법령 125 ②). 법인세법 제85조 제1항의 규정에 의하여 중간신고하는 경우에는 법인세법 제86조 제3항 및 제4항의 규정에 의하여 계산한 청산소득의 금액을 기재한 기획재정부령이 정하는 청산소득에 대한 법인세과세표준 및 세액신고서에 법인세법 제85조 제2항의 규정에 의한 서류를 첨부하여 납세지 관할세무서장에게 제출하여야 한다(법령 125 ①).

제3절 세액감면과 세액공제의 비교

01 세액감면과 세액공제의 의의

세액감면은 중소기업, 기술이전소득 등 특정정책목적을 달성하기 위하여 특정한 사업 또는 소득에 대하여 과세할 세액의 일부를 경감하는 것을 말하며 현행 법인세법상 규정된 세액감면은 없고 조세특례제한법에만 규정되어 있다. 세액공제는 중소기업·연구 및 인력개발·투자촉진 등 특정한 정책목적을 달성하기 위하여 특정 투자·취득·지출금액에 일정률을 곱하여 계산한 금액을 산출세액에서 공제함으로써 법인세의 부담을 경감시켜 주는 제도이다. 법인세법상 세액감면에 관한 규정은 없으며 세액공제는 법인세법상 세액공제와 조세특례제한법상의 세액공제가 있다.

구 분	세액감면	세액공제	
근거 법령	조세특례제한법	법인세법	조세특례제한법
감면·공제세액	산출세액 × $\frac{\text{감면소득 과세표준}}{\text{과세표준}}$ × 감면율	일정액	
최저한세 적용	◆ (일부 제외)	×	◆ (일부 제외)
이월감면 허용	×	◆ (일부 허용)	

02 세액감면·면제 및 세액공제의 적용순서

법인세법 및 다른 법률을 적용할 때 법인세의 감면에 관한 규정과 세액공제에 관한 규정이 동시에 적용되는 경우에 그 적용순위는 별도의 규정이 있는 경우 외에는 다음의 순서에 따른다. 이 경우 ①과 ②의 금액을 합한 금액이 법인이 납부할 법인세액(토지등 양도소득에 대한 법인세, 미환류소득에 대한 법인세, 투자·상생협력 촉진을 위한 과세특례를 적용하여 계산한 법인세 및 가산세는 제외한다)을 초과하는 경우에는 그 초과하는 금액은 없는 것으로 본다(법법 59 ①). 다만, 조세특례제한법을 적용할 때 최저한세 적용 감면(조세특례제한법 제132조 제1항 각 호 및 제2항 각 호에 열거된 감면) 등과 그 밖의 감면 등이 동시에 적용되는 경우 그 적용순위는 최저한세 적용 감면 등을 먼저 적용한다(조특법 132 ③).

① 각 사업연도의 소득에 대한 세액 감면(면제를 포함한다)

② 이월공제(이월공제)가 인정되지 아니하는 세액공제

③ 이월공제가 인정되는 세액공제. 이 경우 해당 사업연도 중에 발생한 세액공제액과 이월된 미공제액이 함께 있을 때에는 이월된 미공제액을 먼저 공제한다.

④ 법인세법 제58조의3에 따른 세액공제(사실과 다른 회계처리로 인한 경정에 따른 세액공제). 이 경우 해당 세액공제액과 이월된 미공제액이 함께 있을 때에는 이월된 미공제액을 먼저 공제한다.

03 조세특례제한법 중복지원의 배제

내국법인이 조세특례제한법에 따라 다음의 세액감면과 세액공제를 적용받는 경우에는 동시에 적용받을 수 없다.

(1) 국가 등의 출연금으로 투자한 금액 배제

내국인이 조세특례제한법에 따라 투자한 자산 또는 출자로 취득한 지분에 대하여 조세특례제한법 제5조(중소기업 등 투자 세액공제), 제8조의 3 제3항(상생협력을 위한 기금 출연 등에 대한 세액공제), 제24조(통합투자세액공제), 제26조(고용창출투자세액공제) 및 제104조의 15 제1항(해외자원개발투자에 대한 과세특례)을 받는 경우 다음의 금액을 투자금액, 출자금액 또는 취득금액에서 차감한다(조특법 127 ①, 제104조의 15 제1항의 신설규정은 2024.1.1.이후 투자 또는 출자를 하는 경우부터 적용함. 법 부칙 2023.12.31.).

① 내국인이 자산에 대한 투자 또는 출자지분의 취득을 목적으로 다음의 어느 하나에 해당되는 국가 등으로부터 출연금 등의 자산을 지급받아 투자 또는 출자에 지출하는 경우 : 출연금 등의 자산을 투자 또는 출자에 지출한 금액에 상당하는 금액
   가. 국가
   나. 지방자치단체
   다. 공공기관의 운영에 관한 법률에 따른 공공기관
   라. 지방공기업법에 따른 지방공기업

② 내국인이 자산에 대한 투자 또는 출자지분의 취득을 목적으로 금융실명거래 및 비밀보장에 관한 법률 제2조제1호 각 목의 어느 하나에 해당하는 금융회사 등으로부터 융자를 받아 투자 또는 출자에 지출하고 금융회사 등에 지급하여야 할 이자비용의 전부 또는 일부를 국가등이 내국인을 대신하여 지급하는 경우 : 국가 등이 지급하는 이자비용에 상당하는 금액. 이 경우 이자비용은 조세특례제한법 제127조 제1항 제1호 각 목의 어느 하나에

해당하는 국가등이 지급했거나 지급하기로 약정한 이자비용의 합계액을 말한다(조특령 123 ①).

③ 내국인이 자산에 대한 투자 또는 출자지분의 취득을 목적으로 국가 등으로부터 융자를 받아 투자 또는 출자에 지출하는 경우 : 국가등이 지원하는 이자지원금에 상당하는 금액. 이자지원금에 상당하는 금액이란 다음 계산식에 따라 계산한 금액(해당 금액이 음수인 경우에는 영으로 본다)을 말한다(조특령 123 ②).

이자지원금 =	융자받은 시점의 법인세법 시행령 제89조제3항에 따른 이자율을 적용하여 계산한 원리금 합계액	−	융자받은 시점의 융자받은 이자율을 적용하여 계산한 원리금 합계액

* 법령 89 ③ : 가중평균차입이자율(당좌대출이자율)

④ 내국인이 법인세법 제37조 제1항 각 호의 어느 하나에 해당하는 사업에 필요한 자산에 대한 투자를 목적으로 해당 자산의 수요자 또는 편익을 받는 자로부터 같은 항에 따른 공사부담금을 제공받아 투자에 지출하는 경우 : 공사부담금을 투자에 지출한 금액에 상당하는 금액(개정규정은 2022.1.1. 이후 투자하는 경우부터 적용함. 법 부칙 2021.12.28.). 법인세법 제37조 제1항 각 호는 다음과 같다(법법 37 ① 각호).

1. 전기사업법에 따른 전기사업
2. 도시가스사업법에 따른 도시가스사업
3. 액화석유가스의 안전관리 및 사업법에 따른 액화석유가스 충전사업, 액화석유가스 집단공급사업 및 액화석유가스 판매사업
4. 집단에너지사업법 제2조 제2호에 따른 집단에너지공급사업
5. 제1호부터 제4호까지의 사업과 유사한 사업으로서 다음 각호의 1에 해당하는 사업 (법령 65 ①)
   가. 지능정보화 기본법에 따른 초연결지능정보통신기반구축사업
   나. 수도법에 의한 수도사업

(2) 투자세액공제 중복배제

내국법인이 조세특례제한법에 따라 투자한 자산에 대하여 제8조의 3 제3항, 제24조 및 제26조가 동시에 적용되는 경우와 동일한 과세연도에 제19조 제1항과 제29조의 4, 제26조와 제29조의 5, 제26조와 제30조의 4가 동시에 적용되는 경우에는 각각 그 중 하나만을 선택하여 적용받을 수 있다(조특법 127 ②, 종전의 법 5조, 25조, 25조의 4, 25조의 5 및 25조의 7을 적용받는 경우에는 법 127조 2항의 개정규정에도 불구하고 종전의 규정에 따름, 법 부칙 2020.12.29.).

조세특례제한법	중복 배제
제8조의 3 ③	상생협력을 위한 기금 출연 등에 대한 세액공제
제24조	통합투자세액공제
제26조	고용창출투자세액공제

조세특례제한법	중복 배제
제19조 ①	성과공유 중소기업의 경영성과급에 대한 세액공제 등
제29조의 4	근로소득을 증대시킨 기업에 대한 세액공제

조세특례제한법	중복 배제
제26조	고용창출투자세액공제
제29조의5	청년고용을 증대시킨 기업에 대한 세액공제

조세특례제한법	중복 배제
제26조	고용창출투자세액공제
제30조의 4	중소기업 사회보험료 세액공제

(3) 외국인투자기업 등의 투자세액공제 배제

내국법인에 대하여 동일한 과세연도에 제8조의 3 제3항, 제24조, 제26조, 제29조의 5, 제29조의7, 제29조의8제1항, 제30조의 4, 제104조의 14 및 제104조의 15를 적용할 때 제121조의 2 또는 제121조의 4에 따라 법인세를 감면하는 경우에는 해당 규정에 따라 공제할 세액에 해당 기업의 총주식 또는 총지분에 대한 내국인투자자의 소유주식 또는 지분의 비율을 곱하여 계산한 금액을 공제한다(조특법 127 ③, 종전의 법 5조, 25조, 25조의 4, 25조의 5 및 25조의 7을 적용받는 경우에는 법 127조 3항의 개정규정에도 불구하고 종전의 규정에 따름, 법 부칙 2020.12.29.).

조세특례제한법	중복 배제
세액공제	
제8조의 3 ③	상생협력을 위한 기금 출연 등에 대한 세액공제
제24조	통합투자세액공제
제26조	고용창출투자세액공제
제29조의 5	청년고용을 증대시킨 기업에 대한 세액공제
제29조의 7	고용을 증대시킨 기업에 대한 세액공제
제29조의 8 ①	통합고용세액공제(고용증대)

제30조의 4	중소기업 사회보험료 세액공제
제104조의 14	제3자물류비용에 대한 세액공제
제104조의 15	해외자원개발투자에 대한 과세특례
제104조의 18 ②	대학교 또는 산업수요맞춤형고등학교 등에 연구 및 인력개발을 위한 시설 기부 세액공제
세액감면	
제121조의 2	외국인투자에 대한 법인세 등의 감면
제121조의 4	증자의 조세감면

(4) 동일 과세연도 세액감면과 투자세액공제 중복배제

내국인이 동일한 과세연도에 제6조, 제7조, 제12조의 2, 제31조 제4항·제5항, 제32조 제4항, 제62조 제4항, 제63조 제1항, 제63조의 2 제1항, 제64조, 제66조부터 제68조까지, 제85조의 6 제1항·제2항, 제99조의 9 제2항, 제99조의 11 제1항, 제104조의 24 제1항, 제121조의 8, 제121조의 9 제2항, 제121조의 17 제2항, 제121조의 20 제2항, 제121조의 21 제2항, 제121조의 22 제2항 및 제121조의 33 제2항에 따라 소득세 또는 법인세가 감면되는 경우와 제8조의 3, 제13조의 2, 제24조, 제25조의 6, 제26조, 제30조의 4(제7조와 동시에 적용되는 경우는 제외한다), 제104조의 14, 제104조의 15, 제104조의 22, 제104조의 25, 제104조의 35, 제122조의 4 제1항 및 제126조의 7 제8항에 따라 소득세 또는 법인세가 공제되는 경우를 동시에 적용받을 수 있는 경우에는 그 중 하나만을 선택하여 적용받을 수 있다. 다만, 제6조 에 따라 소득세 또는 법인세를 감면받는 경우에는 제29조의7 또는 제29조의8을 동시에 적용하지 아니한다(조특법 127 ④).

세액감면과 세액공제 중복배제			
조특법	세 제 감 면	조특법	세 액 공 제
제6조	창업중소기업 등에 대한 세액감면	제8조의 3	상생협력을 위한 기금 출연 등에 대한 세액공제
제7조	중소기업에 대한 특별세액감면	제13조의2	내국법인의 벤처기업 등에의 출자에 대한 과세특례
제12조의 2	연구개발특구에 입주하는 첨단기술기업 등에 대한 법인세 등의 감면	제24조	통합투자세액공제
제31조 ④,⑤	중소기업 간의 통합에 대한 양도소득세의 이월과세 등	제25조의6	영상콘텐츠 제작비용에 대한 세액공제
제32조 ④	법인전환에 대한 양도소득세의 이월과세	제26조	고용창출투자세액공제
제62조 ④	공공기관이 혁신도시로 이전하는 경우 법인세 등 감면	제30조의4	중소기업 사회보험료 세액공제(제7조 중소기업에 대한 특별세액감면과 중복가능)

제63조 ①	수도권과밀억제권역 밖으로 이전하는 중소기업에 대한 세액감면	제104조의 14	제3자물류비용에 대한 세액공제
제63조의2 ①	법인의 공장 및 본사를 수도권 밖으로 이전하는 경우 법인세 등 감면	제104조의 15	해외자원개발투자에 대한 과세특례
제64조	농공단지 입주기업 등에 대한 세액감면	제104조의22	기업의 운동경기부 설치, 운영에 대한 세액공제
제66조	영농조합법인 등에 대한 법인세의 면제 등	제104조의25	석유제품전자상거래에 대한 세액공제
제67조	영어조합법인 등에 대한 법인세의 면제 등	제104조의35	이스포츠대회 운영에 대한 과세특례
제68조	농업회사법인에 대한 법인세의 면제 등	제122조의4 ①	금사업자와 구리 스크랩등사업자의 수입금액의 증가 등에 대한 세액공제
제85조의6 ①,②	사회적기업 및 장애인 표준사업장에 대한 법인세 등의 감면	제126조의7 ⑧	금현물시장에서 거래되는 금지금에 대한 과세특례
제99의9 ②	위기지역 창업기업에 대한 법인세 등의 감면		
제99의11 ①	감염병 피해에 따른 특별재난지역의 중소기업에 대한 법인세 등의 감면		
제104조의24 ①	해외진출기업의 국내복귀에 대한 세액감면		
제121조의8	제주첨단과학기술단지 입주기업에 대한 법인세 등의 감면		
제121조의9 ②	제주투자진흥지구 또는 제주자유무역지역 입주기업에 대한 법인세 등의 감면		
제121조의17 ②	기업도시개발구역 등의 창업기업 등에 대한 법인세 등의 감면		
제121조의20 ②	아시아문화중심도시 투자진흥지구 입주기업 등에 대한 법인세 등의 감면 등		
제121조의21 ②	금융중심지 창업기업 등에 대한 법인세 등의 감면 등		
제121조의22 ②	첨단의료복합단지 입주기업에 대한 법인세 등의 감면		
제121조의33 ②	기회발전특구의 창업기업 등에 대한 법인세 등의 감면		

조세특례제한법	중복 배제
제6조	창업중소기업 등에 대한 세액감면
제29조의7 또는 제29조의8	고용을 증대시킨 기업에 대한 세액공제 또는 통합고용세액공제

(5) 외국인투자기업 등의 투자세액공제와 동일 과세연도 세액감면공제

상기 (3)과 (4)를 적용할 때 제143조(구분경리)에 따라 세액감면을 적용받는 사업과 그 밖의 사업을 구분경리하는 경우로서 그 밖의 사업에 공제규정이 적용되는 경우에는 해당 세액감면과 공제는 중복지원에 해당하지 아니한다(조특법 127 ⑩).

(6) 동일 사업장, 동일 과세연도 세액감면 중복배제

내국법인의 동일한 사업장에 대하여 동일한 과세연도에 제6조, 제7조, 제12조의 2, 제31조 제4항·제5항, 제32조 제4항, 제62조 제4항, 제63조 제1항, 제63조의 2 제1항, 제64조, 제85조의 6 제1항·제2항, 제99조의 9 제2항, 제99조의 11 제1항, 제104조의 24 제1항, 제121조의 8, 제121조의 9 제2항, 제121조의 17 제2항, 제121조의 20 제2항, 제121조의 21 제2항, 제121조의 22 제2항, 제121조의 33 제2항과 제121조의 2 또는 제121조의 4에 따른 소득세 또는 법인세의 감면규정 중 둘 이상의 규정이 적용될 수 있는 경우에는 그 중 하나만을 선택하여 적용받을 수 있다(조특법 127 ⑤).

조특법	세 제 감 면
제6조	창업중소기업 등에 대한 세액감면
제7조	중소기업에 대한 특별세액감면
제12조의 2	연구개발특구에 입주하는 첨단기술기업 등에 대한 법인세 등의 감면
제31조 ④,⑤	중소기업 간의 통합에 대한 양도소득세의 이월과세 등
제32조 ④	법인전환에 대한 양도소득세의 이월과세
제62조 ④	공공기관이 혁신도시로 이전하는 경우 법인세 등 감면
제63조 ①	수도권과밀억제권역 밖으로 이전하는 중소기업에 대한 세액감면
제63조의2 ①	법인의 공장 및 본사를 수도권 밖으로 이전하는 경우 법인세 등 감면
제64조	농공단지 입주기업 등에 대한 세액감면
제85조의6 ①,②	사회적기업 및 장애인 표준사업장에 대한 법인세 등의 감면
제99조의9 ②	위기지역 창업기업에 대한 법인세 등의 감면
제99조의11 ①	감염병 피해에 따른 특별재난지역의 중소기업에 대한 법인세 등의 감면
제99조의11 ①	감염병 피해에 따른 특별재난지역의 중소기업에 대한 법인세 등의 감면
제104조의24 ①	해외진출기업의 국내복귀에 대한 세액감면
제121조의8	제주첨단과학기술단지 입주기업에 대한 법인세 등의 감면
제121조의9 ②	제주투자진흥지구 또는 제주자유무역지역 입주기업에 대한 법인세 등의 감면
제121조의17 ②	기업도시개발구역 등의 창업기업 등에 대한 법인세 등의 감면
제121조의20 ②	아시아문화중심도시 투자진흥지구 입주기업 등에 대한 법인세 등의 감면 등
제121조의21 ②	금융중심지 창업기업 등에 대한 법인세 등의 감면 등
제121조의22 ②	첨단의료복합단지 입주기업에 대한 법인세 등의 감면
제121조의33 ②	기회발전특구의 창업기업 등에 대한 법인세 등의 감면
제121조의2	외국인투자에 대한 조세 감면
제121조의4	증자의 조세감면

(7) 고용증대 중복배제

조세특례제한법 제29조의 8 제1항은 조세특례제한법 제29조의 7(고용을 증대시킨 기업에 대한 세액공제) 또는 조세특례제한법 제30조의 4(중소기업 사회보험료 세액공제)에 따른 공제를 받지 아니한 경우에만 적용한다(조특법 127 ⑪).

조세특례제한법	중복 배제
제29조의 8 ①	통합고용세액공제(기본공제 : 고용증대분)
제29조의 7	고용을 증대시킨 기업에 대한 세액공제
제30의 4	중소기업 사회보험료 세액공제

(8) 기타 중복배제

① 내국법인의 동일한 사업장에 대하여 동일한 과세연도에 제121조의 2 및 제121조의 4에 따른 취득세 및 재산세의 감면규정이 모두 적용될 수 있는 경우에는 그 중 하나만을 선택하여 적용받을 수 있다(조특법 127 ⑥).

조특법	세 제 감 면
제121조의2	외국인투자기업에 대한 세액감면
제121조의4	증자의 조세감면

② 거주자가 토지등을 양도하여 둘 이상의 양도소득세의 감면규정을 동시에 적용받는 경우에는 그 거주자가 선택하는 하나의 감면규정만을 적용한다. 다만, 토지 등의 일부에 대하여 특정의 감면규정을 적용받는 경우에는 남은 부분에 대하여 다른 감면규정을 적용받을 수 있다(조특법 127 ⑦).

③ 거주자가 토지 등을 양도하여 조세특례제한법 제77조 및 제85조의7이 동시에 적용되는 경우에는 그 중 하나만을 선택하여 적용받을 수 있다(조특법 127 ⑧).

조특법	세 제 감 면
제77조	공익사업용 토지 등에 대한 양도소득세의 감면
제85조의7	공익사업을 위한 수용등에 따른 공장 이전에 대한 과세특례

④ 거주자가 주택을 양도하여 조세특례제한법 제98조의2와 제98조의3이 동시에 적용되는 경우에는 그 중 하나만을 선택하여 적용받을 수 있다(조특법 127 ⑨).

조특법	세 제 감 면
제98조의2	지방 미분양주택 취득에 대한 양도소득세 등 과세특례
제98조의3	미분양주택의 취득자에 대한 양도소득세의 과세특례

제4절 주요 세액감면과 면제

01 세액감면과 면제의 의의

(1) 의의

세액감면은 중소기업, 기술이전소득 등 특정정책목적을 달성하기 위하여 특정한 사업 또는 소득에 대하여 과세할 세액의 일부를 경감하는 것을 말한다. 감면소득은 법인세가 감면되는 소득을 말하며 감면세액은 감면소득에 상당하는 법인세를 말한다. 법인세 면제란 특정사업에서 발생한 소득에 대하여 법인세 과세를 면제하는 것으로서 법인세가 면제되는 소득을 면제소득이라하고 면제소득에 상당하는 법인세를 면제세액이라 한다. 감면소득과 면제소득의 세액계산에 미치는 효과는 동일하며 법인세법상 적용규정은 없고 조세특례제한법에서 일부 규정하고 있다.

구 분	세액감면	면제
적용법령	조세특례제한법	조세특례제한법
적용대상	특정소득의 전액 또는 일부 감면	특정소득에 대한 전액을 면제
감면·공제세액	$\text{산출세액} \times \dfrac{\text{감면·면제소득}}{\text{과세표준}} \times \text{감면율}$	

면제소득은 소득금액 중에서 법인세가 면제되는 소득으로서 비과세소득과는 다르다. 비과세소득은 과세대상이 아니므로 과세표준 계산시 제외하지만 면제소득은 과세표준에 합산하여 산출세액을 계산하고, 다시 과세표준에서 면제소득이 차지하는 비율에 따른 면제세액을 산출세액에서 공제한다. 이러한 계산방식은 누진세율의 과세효과를 유지하려는 취지이다.

(2) 조세특례제한법 세액감면·면제 요약

감면·면제의 종류	감면율	감면대상 및 일몰기한
창업중소기업 등에 대한 세액감면(조특법 6)	50%~100%	2027.12.31.이전에 창업
중소기업에 대한 특별세액감면(조특법 7)	5～30%	2025.12.31.이전에 끝나는 사업연도
기술이전에 대한 감면(조특법 12)	25%·50%	2026.12.31.이전에 끝나는 사업연도
연구개발특구에 입주하는 첨단기술기업 등에 대한 법인세 등의 감면(조특법 12의2)	50～100%	2025.12.31.까지 첨단기술지정, 설립승인
공공차관도입에 따른 세액감면(조특법 20)	협약	공공차관협약
국제금융거래에 따른 이자소득 등에 대한 세액면제(조특법 21)	100%	외화표시채권의 이자 등
공공기관이 혁신도시 등으로 이전하는 경우 법인세 등 감면(조특법 62 ④)	50～100%	2018.12.31.까지 이전하여 사업개시후 5년이 되는 과세연도까지 감면
수도권과밀억제권역 밖으로 이전하는 중소기업에 대한 세액감면(조특법 63)	50～100%	2025.12.31.까지 이전
공장 및 본사의 수도권 외 지역이전에 대한 임시특별세액 감면(조특법 63의2)	50～100%	2025.12.31.(수도권외지역은 2025.12.31.)까지 이전(신축)하여 사업개시
농공단지입주기업 등에 대한 세액감면(조특법 64)	50%	2025.12.31.까지 특별지역 입주, 사업영위
영농조합법인에 대한 세액면제(조특법 66)	100%	2026.12.31.이전에 끝나는 사업연도
영어조합법인에 대한 세액면제(조특법 67)	100%	
농업회사법인에 대한 세액감면(조특법 68)	50～100%	
행정중심복합도시 등 공장의 지방이전에 대한 세액감면(조특법 85의2)	50%	2020.1.1.부터 삭제, 다만, 종전 지방이전시 종전 규정 유지)
사회적기업 및 장애인표준사업장에 대한 세액감면(조특법 85의6)	50%	사회적기업 및 장애인표준사업장 2025.12.31.까지 인증
소형주택임대사업자에 대한 세액감면(조특법 96)	30%~75%	2025.12.31.까지 1호이상 임대시
위기지역창업기업에 대한 법인세등 감면(조특법 99의9)	50～100%	2025.12.31.까지 창업
해외진출기업의 국내복귀에 대한 세액감면(조특법 104의24)	50～100%	2027.12.31.까지 국내 창업, 신설
외국인투자에 대한 법인세 등의 감면(조특법 121의2)	30～100%	2018.1.2.31.까지 사업 영위 등(기한 종료)
제주첨단과학기술단지 입주기업에 대한 세액감면(조특법 121의8)	50～100%	2025.12.31.까지 입주
제주투자진흥지구 등 입주기업에 대한 세액감면(조특법 121의9)	25～100%	2025.12.31.까지 입주
기업도시개발구역 입주기업에 대한 세액감면(조특법 121의17)	25～100%	2025.12.31.까지 입주
아시아문화중심도시 투자진흥지구입주기업 등에 대한 세액감면(조특법 121의20)	50～100%	2025.12.31.까지 입주
금융중심지 창업기업에 대한 세액감면(조특법 121의21)	50～100%	2025.12.31.까지 창업
첨단의료복합단지 및 국가식품클러스터 입주기업에 대한 법인세 등의 감면(조특법 121의22)	50～100%	2025.12.31.까지 입주
기회발전특구의 창업기업 등에 대한 법인세 등의 감면(조특법 121의33)	50～100%	2026.12.31.까지 창업, 신설

02 중소기업에 대한 특별세액감면

중소기업 중 감면 업종을 경영하는 기업에 대해서는 2025.12.31 이전에 끝나는 과세연도까지 해당 사업장에서 발생한 소득에 대한 법인세에 해당 감면 비율을 곱하여 계산한 세액상당액(한도내 금액에 한정)을 감면한다(조특법 7 ①).

(1) 감면대상법인

중소기업 중 다음의 감면 업종을 경영하는 기업에 대해서는 해당 사업장에서 발생한 소득에 대한 법인세에 감면 비율을 곱하여 계산한 세액상당액을 감면한다(조특법 7 ① 1호).

가. 작물재배업
나. 축산업
다. 어업
라. 광업
마. 제조업
바. 하수·폐기물 처리(재활용을 포함한다), 원료재생 및 환경복원업
사. 건설업
아. 도매 및 소매업
자. 운수업 중 여객운송업
차. 출판업
카. 영상·오디오 기록물 제작 및 배급업(비디오물 감상실 운영업은 제외한다)
타. 방송업
파. 전기통신업
하. 컴퓨터프로그래밍, 시스템 통합 및 관리업
거. 정보서비스업(가상자산 매매 및 중개업은 제외한다)
너. 연구개발업
더. 광고업
러. 기타 과학기술 서비스업
머. 포장 및 충전업
버. 전문디자인업
서. 창작 및 예술관련 서비스업(자영예술가는 제외한다)
어. 대통령령으로 정하는 주문자상표부착방식에 따른 수탁생산업(수탁생산업)
저. 엔지니어링사업
처. 물류산업
커. 학원의 설립·운영 및 과외교습에 관한 법률에 따른 직업기술 분야를 교습하는 학원을 운영하는 사업 또는 근로자직업능력 개발법에 따른 직업능력개발훈련시설을 운영하는 사업(직업능력개발훈련을 주된 사업으로 하는 경우에 한한다)

터. 대통령령으로 정하는 자동차정비공장을 운영하는 사업
퍼. 해운법에 따른 선박관리업
허. 의료법에 따른 의료기관을 운영하는 사업[2017.1.1.이후 개시하는 사업연도부터 의원·치과의원 및 한의원은 해당 과세연도의 수입금액(기업회계기준에 따라 계산한 매출액을 말한다)에서 국민건강보험법 제47조에 따라 지급받는 요양급여비용이 차지하는 비율이 80% 이상으로서 해당 과세연도의 종합소득금액이 1억원 이하인 경우에 한정한다.]
고. 관광진흥법에 따른 관광사업(카지노, 관광유흥음식점 및 외국인전용유흥음식점업은 제외한다)
노. 노인복지법에 따른 노인복지시설을 운영하는 사업
도. 전시산업발전법에 따른 전시산업
로. 인력공급 및 고용알선업(농업노동자 공급업을 포함한다)
모. 콜센터 및 텔레마케팅 서비스업
보. 에너지이용 합리화법 제25조에 따른 에너지절약전문기업이 하는 사업
소. 노인장기요양보험법 제31조에 따른 장기요양기관 중 재가급여를 제공하는 장기요양기관을 운영하는 사업
오. 건물 및 산업설비 청소업
조. 경비 및 경호 서비스업
초. 시장조사 및 여론조사업
코. 사회복지 서비스업
토. 무형재산권 임대업(지식재산 기본법 제3조제1호에 따른 지식재산을 임대하는 경우로 한정한다)
포. 국가과학기술 경쟁력 강화를 위한 이공계지원 특별법 제2조제4호나목에 따른 연구개발지원업
호. 개인 간병 및 유사 서비스업, 사회교육시설, 직원훈련기관, 기타 기술 및 직업훈련 학원, 도서관·사적지 및 유사 여가 관련 서비스업(독서실 운영업은 제외한다)
구. 주택법에 따른 주택임대관리업
누. 신에너지 및 재생에너지 개발·이용·보급 촉진법에 따른 신·재생에너지 발전사업
두. 보안시스템 서비스업(2016.1.1.이후 개시하는 과세연도 분부터 적용)
루. 임업 (2017.1.1.이후 개시하는 과세연도 분부터 적용)
무. 통관 대리 및 관련 서비스업(2019.1.1 이후 개시한 과세연도분에 대해서도 적용, 법 부칙 2020.12.29.)
부. 자동차 임대업(여객자동차 운수사업법 제31조 제1항에 따른 자동차대여사업자로서 같은 법 제28조에 따라 등록한 자동차 중 50% 이상을 환경친화적 자동차의 개발 및 보급 촉진에 관한 법률 제2조 제3호에 따른 전기자동차 또는 같은 조 제6호에 따른 수소전기자동차로 보유한 경우로 한정한다. 2021.1.1.이후 개시하는 사업연도 분부터 적용, 법 부칙 2020.12.29.)

* 종합건설업 면허 법인이 아파트를 직접 건축하여 임대사업자로 등록하고, 임대주택의 의무임대기간이 만료되기 전·후에 당해 아파트를 분양하는 사업은 건설업에 해당한다(서면2팀-1276, 2007.7.4.).
* 법인이 직접 건설활동을 수행하지 아니하고 건설업자에게 의뢰하여 주택을 건설하게 하고 이를 분양·판매하여 부동산공급업(한국표준산업분류상 7012)으로 분류되는 경우에는 건설업에 해당하지 아니한다(서면2팀-184, 2006.1.24.).
* 주문자상표부착방식에 의한 수탁생산업이란 위탁자로부터 주문자상표부착방식에 의한 제품생산을 위탁받아 이를 재위탁하여 제품을 생산·공급하는 사업을 말한다(조특령 6 ①).

(2) 감면소득의 계산

세액 감면 또는 면제를 하는 경우 그 감면 또는 면제되는 세액은 별도의 규정이 있는 경우를 제외하고는 산출세액(토지등 양도소득에 대한 법인세액, 미환류소득에 대한 법인세액 및 투자·상생협력 촉진을 위한 과세특례를 적용하여 계산한 법인세액은 제외한다)에 그 감면 또는 면제되는 소득이 과세표준에서 차지하는 비율(100%를 초과하는 경우에는 100%)을 곱하여 산출한 금액(감면의 경우에는 그 금액에 해당 감면율을 곱하여 산출한 금액)으로 한다(법법 59 ②). 감면 또는 면제세액을 계산할 때 각 사업연도의 과세표준계산시 공제한 이월결손금·비과세소득 또는 소득공제액(공제액 등)이 있는 경우 감면 또는 면제되는 소득은 다음의 금액을 공제한 금액으로 한다(법령 96).

① 공제액 등이 감면사업 또는 면제사업에서 발생한 경우에는 공제액 전액

$$\text{감면대상소득} = \text{감면대상 각 사업연도 소득금액} - \text{공제액 등}$$

② 공제액 등이 감면사업 또는 면제사업에서 발생한 것인지가 불분명한 경우에는 소득금액에 비례하여 안분계산한 금액

$$\text{감면대상소득} = \text{각 사업연도 소득금액} - \text{공제액 등} \times \frac{\text{감면사업 등의 각 사업연도 소득금액}}{\text{각 사업연도 소득금액}}$$

③ 감면대상소득과 그 외 소득(과세사업소득)이 함께 있는 경우에는 법인세법 제113조 및 조세특례제한법 제143조에 따라 구분하여 계산한 금액

(3) 감면세액의 계산

1) 감면세액

중소기업 중 상기의 감면 업종을 경영하는 기업에 대해서는 해당 사업장에서 발생한 소득에 대한 법인세에 다음의 감면 비율을 곱하여 계산한 세액상당액(한도내 금액 한정)을 감면한다. 다만, 상기 (1)의 무목(통관 대리 및 관련 서비스업)에 따른 업종을 경영하는 사업장의 경우 다음의 나목, 다목 및 바목에도 불구하고 나목, 다목 및 바목의 감면 비율에 50%를 곱한 비율로 한다(조특법 7 ① 2호).

$$\text{감면세액} = \text{법인세 산출세액} \times \frac{\text{감면소득 과세표준}}{\text{전체 과세표준}} \times \text{감면율}$$

* 2018.1.1. 이후부터 감면세액 한도 적용

가. 대통령령으로 정하는 소기업이 도매 및 소매업, 의료업(이하 도매업등)을 경영하는 사업장 : 100분의 10

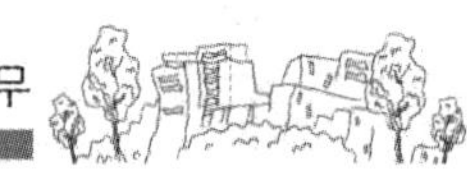

나. 소기업이 수도권에서 제1호에 따른 감면 업종 중 도매업등을 제외한 업종을 경영하는 사업장 : 100분의 20

다. 소기업이 수도권 외의 지역에서 제1호에 따른 감면 업종 중 도매업등을 제외한 업종을 경영하는 사업장 : 100분의 30

라. 소기업을 제외한 중소기업(이하 이 조에서 "중기업"이라 한다)이 수도권 외의 지역에서 도매업등을 경영하는 사업장 : 100분의 5

마. 중기업이 수도권에서 일반 서적 출판업 등 대통령령으로 정하는 출판업(일반 서적 출판업, 조특령 6 ⑨)을 경영하는 사업장 : 100분의 10 (개정규정은 2025.1.1. 이후 개시하는 과세연도 분부터 적용함. 법 부칙 2025.3.14.)

바. 중기업이 수도권 외의 지역에서 제1호에 따른 감면 업종 중 도매업등을 제외한 업종을 경영하는 사업장 : 100분의 15

중소기업특별세액 감면율

구 분			감면율
소기업	수도권내	가. 도매업 등	10%
		나. 도매업 등을 제외한 기타 업종	20%
	수도권외	가. 도매업 등	10%
		다. 도매업 등을 제외한 기타 업종	30%
중기업	수도권내	마. (일반 서적)출판업	10%
	수도권외	라. 도매업 등	5%
		바. 도매업 등을 제외한 기타 업종	15%

1. 도매업 등 : 도매업, 소매업, 의료업(조특법 7 ① 2호)
2. 상기 (1)의 감면대상업종 중 무목(통관 대리 및 관련 서비스업)에 따른 업종을 경영하는 사업장의 경우 나목, 다목 및 바목에도 불구하고 나목, 다목 및 바목의 감면 비율에 50%를 곱한 비율로 한다(개정규정은 2019.1.1.이후 개시한 과세연도분에 대해서도 적용, 법 부칙 2020.12.29.).
3. 출판업 개정규정은 2025.1.1. 이후 개시하는 과세연도 분부터 적용함. 법 부칙 2025.3.14.

내국법인의 본점 또는 주사무소가 수도권 안에 소재하는 경우에는 모든 사업장이 수도권 안에 소재하는 것으로 보아 감면율을 적용한다(조특법 7 ①). 본점이 수도권 밖에 소재하는 경우의 감면비율은 사업장별로 적용한다(서면2팀-2513, 2006.12.8.). 감면율이 다른 2개 이상의 감면대상사업을 겸영하는 경우에는 각각의 감면소득에 대하여 감면율을 적용한다(서면2팀-1546, 2004.7.21.). 중소기업 유예기간중에 소기업 요건을 충족한 경우에는 소기업에 대한 감면율을 적용한다(서면2팀-215, 2006.1.25.).

2) 수도권

수도권은 서울특별시와 인천광역시 및 경기도(수도권정비계획법 2 및 동법 시행령 2)를 말한다. 당해 수도권은 과밀억제권역·성장관리권역 및 자연보전권역(수도권정비계획법 6)으로 구분한다. 수도권에 포함되는 각종 공단도 조세특례제한법 제7조에 규정된 수도권에 해당된다(조특, 서이46012-10733, 2001.12.14.).

수도권정비계획법 시행령 [별표 1] 〈개정 2017. 6. 20.〉

과밀억제권역, 성장관리권역 및 자연보전권역의 범위(제9조 관련)

과밀억제권역	성장관리권역	자연보전권역
1. 서울특별시 2. 인천광역시[강화군, 옹진군, 서구 대곡동·불로동·마전동·금곡동·오류동·왕길동·당하동·원당동, 인천경제자유구역(경제자유구역에서 해제된 지역을 포함한다) 및 남동 국가산업단지는 제외한다] 3. 의정부시 4. 구리시 5. 남양주시(호평동, 평내동, 금곡동, 일패동, 이패동, 삼패동, 가운동, 수석동, 지금동 및 도농동만 해당한다) 6. 하남시 7. 고양시 8. 수원시 9. 성남시 10. 안양시 11. 부천시 12. 광명시 13. 과천시 14. 의왕시 15. 군포시 16. 시흥시[반월특수지역(반월특수지역에서 해제된 지역을 포함한다)은 제외한다]	1. 인천광역시[강화군, 옹진군, 서구 대곡동·불로동·마전동·금곡동·오류동·왕길동·당하동·원당동, 인천경제자유구역(경제자유구역에서 해제된 지역을 포함한다) 및 남동 국가산업단지만 해당한다] 2. 동두천시 3. 안산시 4. 오산시 5. 평택시 6. 파주시 7. 남양주시(별내동, 와부읍, 진전읍, 별내면, 퇴계원면, 진건읍 및 오남읍만 해당한다) 8. 용인시(신갈동, 하갈동, 영덕동, 구갈동, 상갈동, 보라동, 지곡동, 공세동, 고매동, 농서동, 서천동, 언남동, 청덕동, 마북동, 동백동, 중동, 상하동, 보정동, 풍덕천동, 신봉동, 죽전동, 동천동, 고기동, 상현동, 성복동, 남사면, 이동면 및 원삼면 목신리·죽릉리·학일리·독성리·고당리·문촌리만 해당한다) 9. 연천군 10. 포천시 11. 양주시 12. 김포시 13. 화성시	1. 이천시 2. 남양주시(화도읍, 수동면 및 조안면만 해당한다) 3. 용인시(김량장동, 남동, 역북동, 삼가동, 유방동, 고림동, 마평동, 운학동, 호동, 해곡동, 포곡읍, 모현면, 백암면, 양지면 및 원삼면 가재월리·사암리·미평리·좌항리·맹리·두창리만 해당한다) 4. 가평군 5. 양평군 6. 여주시 7. 광주시 8. 안성시(일죽면, 죽산면 죽산리·용설리·장계리·매산리·장릉리·장원리·두현리 및 삼죽면 용월리·덕산리·율곡리·내장리·배태리만 해당한다)

	14. 안성시(가사동, 가현동, 명륜동, 숭인동, 봉남동, 구포동, 동본동, 영동, 봉산동, 성남동, 창전동, 낙원동, 옥천동, 현수동, 발화동, 옥산동, 석정동, 서인동, 인지동, 아양동, 신흥동, 도기동, 계동, 중리동, 사곡동, 금석동, 당왕동, 신모산동, 신소현동, 신건지동, 금산동, 연지동, 대천동, 대덕면, 미양면, 공도읍, 원곡면, 보개면, 금광면, 서운면, 양성면, 고삼면, 죽산면 두교리·당목리·칠장리 및 삼죽면 마전리·미장리·진촌리·기솔리·내강리만 해당한다) 15. 시흥시 중 반월특수지역(반월특수지역에서 해제된 지역을 포함한다)	

3) 감면세액 한도

2018.1.1. 이후 개시하는 사업연도부터 해당 사업장에서 발생한 소득에 대한 법인세에 감면 비율을 곱하여 계산한 세액상당액을 감면하되 다음에서 계산한 금액을 한도로 한다(조특법 7 ① 3호).

구 분	한 도
해당 과세연도의 상시근로자 수가 직전 과세연도의 상시근로자 수보다 감소한 경우	1억원에서 감소한 상시근로자 1명당 5백만원씩을 뺀 금액(해당 금액이 음수인 경우에는 영으로 한다)
그 밖의 경우	1억원

4) 특례 감면세액

상기의 규정에도 불구하고 석유 및 석유대체연료 사업법에 따른 석유판매업 중 대통령령으로 정하는 석유판매업(석유 및 석유대체연료 사업법 시행령 제2조 제3호에 따른 주유소, 조특령 6 ⑥)을 영위하는 중소기업으로서 다음의 ① 각 목의 감면 요건을 모두 갖춘 자에 대해서는 2023.12.31.까지 해당 석유판매업에서 발생하는 소득에 대한 법인세에 ② 감면 비율을 곱하여 계산한 세액상당액(상기 3)의 금액을 한도로 한다)을 감면한다(조특법 7 ③, 개정규정은 2023.1.1. 이후 과세표준을 신고하는 분부터 적용함. 법 부칙 2022.12.31.).

① 감면 요건

가. 2022.1.1.부터 2022.12.31.까지의 기간 중 한국석유공사법에 따른 한국석유공사와 석유제품(석유 및 석유대체연료 사업법에 따른 석유제품을 말한다) 공급계약을 최초로 체결할 것

나. 가목에 따른 석유제품 공급계약 기간 동안 매 분기별로 한국석유공사법에 따른 한국석유공사로부터의 석유제품 구매량이 같은 분기의 석유제품 판매량의 50% 이상일 것

다. 상표를 “알뜰주유소”로 하여 영업할 것

② 감면 비율

가. 소기업이 경영하는 사업장 : 20%

나. 중기업이 수도권 외의 지역에서 경영하는 사업장 : 15%

다. 중기업이 수도권에서 경영하는 사업 장: 10%

5) 감면사업 과세표준

감면소득이 과세표준에서 차지하는 비율은 100%를 한도로 한다(법인 46012-712, 1997.3.10.). 감면율이 다른 감면사업을 겸영하는 경우에는 각각의 감면소득을 구분하여 감면율을 적용하며 한 감면사업에서 발생한 결손금은 다른 감면사업의 소득에서 통산하여 감면소득금액을 계산한다(법규과-1082, 2007.3.9.). 동일한 감면사업을 수도권과 수도권 밖의 지역에서 겸영하는 경우 본점이 수도권에 있는 경우에는 모든 사업장이 수도권에 있는 것으로 본다(조특법 7 ①). 그 외에는 각 사업장별로 감면소득을 계산한다(서면2팀-1788, 2004.8.26.).

(4) 소기업과 중기업의 구분

2016.1.1.이후 개시하는 과세연도부터 소기업이란 중소기업 중 매출액이 업종별로 중소기업기본법 시행령 별표 3을 준용하여 산정한 규모 기준 이내인 기업을 말한다. 이 경우 “평균매출액등”은 “매출액”으로 본다(조특령 6 ⑤). 2개 이상 업종영위시 주된 사업은 사업수입금액이 큰 사업을 주된 사업으로 보아 판정한다. 다만, 조세특례제한법 일부개정법률 시행(2016.1.1.) 당시 종전의 조세특례제한법 시행령 6조 5항에 따라 소기업에 해당되었던 기업이 법률 13560호 조세특례제한법 일부개정법률 시행(2016.1.1.) 이후 6조 5항의 개정규정에 따른 소기업에 해당하지 아니하게 된 경우에는 6조 5항의 개정규정에도 불구하고 2019.1.1.이 속하는 과세연도까지 소기업으로 본다(조특령 부칙 2016.2.5.).

[별표 3] 〈개정 2017.10.17.〉

주된 업종별 평균매출액등의 소기업 규모 기준(제8조제1항 관련)

해당 기업의 주된 업종	분류기호	규모 기준
1. 식료품 제조업	C10	평균매출액등 120억원 이하
2. 음료 제조업	C11	
3. 의복, 의복액세서리 및 모피제품 제조업	C14	
4. 가죽, 가방 및 신발 제조업	C15	
5. 코크스, 연탄 및 석유정제품 제조업	C19	
6. 화학물질 및 화학제품 제조업(의약품 제조업은 제외한다)	C20	
7. 의료용 물질 및 의약품 제조업	C21	
8. 비금속 광물제품 제조업	C23	
9. 1차 금속 제조업	C24	
10. 금속가공제품 제조업(기계 및 가구 제조업은 제외한다)	C25	
11. 전자부품, 컴퓨터, 영상, 음향 및 통신장비 제조업	C26	
12. 전기장비 제조업	C28	
13. 그 밖의 기계 및 장비 제조업	C29	
14. 자동차 및 트레일러 제조업	C30	
15. 가구 제조업	C32	
16. 전기, 가스, 증기 및 공기조절 공급업	D	
17. 수도업	E36	
18. 농업,임업 및 어업	A	평균매출액등 80억원 이하
19. 광업	B	
20. 담배 제조업	C12	
21. 섬유제품 제조업(의복 제조업은 제외한다)	C13	
22. 목재 및 나무제품 제조업(가구 제조업은 제외한다)	C16	
23. 펄프, 종이 및 종이제품 제조업	C17	
24. 인쇄 및 기록매체 복제업	C18	
25. 고무제품, 및 플라스틱제품 제조업	C22	
26. 의료, 정밀, 광학기기 및 시계 제조업	C27	
27. 그 밖의 운송장비 제조업	C31	
28. 그 밖의 제품 제조업	C33	
29. 건설업	F	
30. 운수 및 창고업	H	
31. 금융 및 보험업	K	

32. 도매 및 소매업	G	평균매출액등 50억원 이하
33. 정보통신업	J	
34. 수도, 하수 및 폐기물 처리, 원료재생업(수도업은 제외한다)	E(E36 제외)	평균매출액등 30억원 이하
35. 부동산업	L	
36. 전문·과학 및 기술 서비스업	M	
37. 사업시설관리, 사업지원 및 임대 서비스업	N	
38. 예술, 스포츠 및 여가 관련 서비스업	R	
39. 산업용 기계 및 장비 수리업	C34	평균매출액등 10억원 이하
40. 숙박 및 음식점업	I	
41. 교육 서비스업	P	
42. 보건업 및 사회복지 서비스업	Q	
43. 수리(修理) 및 기타 개인 서비스업	S	

비 고

1. 해당 기업의 주된 업종의 분류 및 분류기호는 통계법 제22조에 따라 통계청장이 고시한 한국표준산업분류에 따른다.
2. 위 표 제27호에도 불구하고 철도 차량 부품 및 관련 장치물 제조업(C31202) 중 철도 차량용 의자 제조업, 항공기용 부품 제조업(C31322) 중 항공기용 의자 제조업의 규모 기준은 평균매출액등 120억원 이하로 한다.

(5) 감면한도 상시근로자 수의 계산

2018.1.1. 이후 개시하는 사업연도부터 해당 사업장에서 발생한 소득에 대한 법인세에 감면 비율을 곱하여 계산한 세액상당액을 감면한다(조특법 7 ① 3호). 감면한도 계산시 상시근로자는 근로기준법에 따라 근로계약을 체결한 내국인 근로자로 하며 다음과 같다(조특령 6 ⑦, 조특령 23 ⑩,⑪,⑫,⑬).

1) 상시근로자

상시근로자는 근로기준법에 따라 근로계약을 체결한 내국인 근로자로 한다. 다만, 다음의 어느 하나에 해당하는 사람은 제외한다(조특령 23 ⑩).

① 근로계약기간이 1년 미만인 근로자(근로계약의 연속된 갱신으로 인하여 그 근로계약의 총 기간이 1년 이상인 근로자는 제외한다)

② 근로기준법 제2조제1항제9호에 따른 단시간근로자로서 1개월간의 소정근로시간이 60시간 미만인 근로자

③ 법인세법 시행령 제40조 제1항 각 호의 어느 하나에 해당하는 임원

④ 해당 기업의 최대주주 또는 최대출자자(개인사업자의 경우에는 대표자를 말한다)와 그 배우자

⑤ 상기 ④에 해당하는 자의 직계존비속(그 배우자를 포함한다) 및 국세기본법 시행령 제1조의2제1항에 따른 친족관계인 사람

⑥ 소득세법 시행령 제196조에 따른 근로소득원천징수부에 의하여 근로소득세를 원천징수한 사실이 확인되지 아니하고, 다음의 어느 하나에 해당하는 금액의 납부사실도 확인되지 아니하는 자

㉠ 국민연금법 제3조제1항제11호 및 제12호에 따른 부담금 및 기여금

㉡ 국민건강보험법 제69조에 따른 직장가입자의 보험료

2) 상시근로자 수의 계산

추가공제금액을 적용하는 경우의 상시근로자 수는 다음의 계산식에 따라 계산한 수로 하며 계산한 상시근로자 수 중 100분의 1 미만 부분은 없는 것으로 한다(조특령 23 ⑪,⑫).

$$\text{상시근로자 수} = \frac{\text{해당 과세연도의 매월 말 현재 상시근로자수의 합}}{\text{해당 과세연도의 개월 수}}$$

단시간근로자 중 1개월간의 소정근로시간이 60시간 이상인 근로자 1명은 0.5명으로 하여 계산하되, 다음의 지원요건을 모두 충족하는 경우에는 0.75명(2013.12.31. 이전 : 0.5명)으로 계산한다(조특령 23 ⑪).

① 해당 과세연도의 상시근로자 수(1개월간의 소정근로시간이 60시간 이상인 근로자는 제외한다)가 직전 과세연도의 상시근로자 수(1개월간의 소정근로시간이 60시간 이상인 근로자는 제외한다)보다 감소하지 아니하였을 것

② 기간의 정함이 없는 근로계약을 체결하였을 것

③ 상시근로자와 시간당 임금(근로기준법 제2조제1항제5호에 따른 임금, 정기상여금·명절상여금 등 정기적으로 지급되는 상여금과 경영성과에 따른 성과금을 포함한다), 그 밖에 근로조건과 복리후생 등에 관한 사항에서 기간제 및 단시간근로자 보호 등에 관한 법률 제2조제3호에 따른 차별적 처우가 없을 것

④ 시간당 임금이 최저임금법 제5조에 따른 최저임금액의 130%(2016.1.1. 이후 개시하는 사업연도부터 중소기업은 120%) 이상일 것

3) 창업 등의 경우 직전 과세연도 상시근로자 수 계산

해당 과세연도에 창업 등을 한 경우에는 다음의 구분에 따른 수를 직전 과세연도의 상시근로자 수로 본다(조특령 23 ⑬).

구 분	직전 과세연도 상시근로자 수
창업(조특법 제6조 제10항 제1호부터 제3호까지의 규정에 해당하는 경우는 제외한다)한 경우	0
조특법 제6조 제10항 제1호(합병·분할·현물출자 또는 사업의 양수 등을 통하여 종전의 사업을 승계하는 경우는 제외한다)부터 제3호까지의 어느 하나에 해당하는 경우	종전 사업, 법인전환 전의 사업 또는 폐업 전의 사업의 직전 과세연도 상시근로자 수
다음의 어느 하나에 해당하는 경우 ① 해당 과세연도에 합병·분할·현물출자 또는 사업의 양수 등에 의하여 종전의 사업부문에서 종사하던 상시근로자를 승계하는 경우 ② 조특령 제11조제1항에 따른 특수관계인으로부터 상시근로자를 승계하는 경우	ⓐ 직전 과세연도의 상시근로자 수는 승계시킨 기업의 경우에는 직전 과세연도 상시근로자 수에 승계시킨 상시근로자 수를 뺀 수로 하고, 승계한 기업의 경우에는 직전 과세연도 상시근로자 수에 승계한 상시근로자 수를 더한 수 ⓑ 해당 과세연도의 상시근로자 수는 해당 과세연도 개시일에 상시근로자를 승계시키거나 승계한 것으로 보아 계산한 상시근로자 수

(6) 중복적용 배제

중소기업특별세액감면의 중복적용 배제는 다음과 같다.

① 동일한 사업장에 대하여 동일한 사업연도에 타 세액감면과 중복적용할 수 없다. 사업장별로 각각 다른 감면은 적용가능하다(국심2001부2726, 2002.4.8.). 사업연도를 달리한 각각 다른 감면규정은 임의로 선택하여 적용받을 수 있다(서면2팀-972, 2005.6.30.).

② 세액공제규정(조특법 127 ③)과 세액감면규정(조특법 127 ④)을 적용할 때 세액감면을 적용받는 사업과 그 밖의 사업을 구분경리하는 경우로서 그 밖의 사업에 공제규정이 적용되는 경우에는 해당 세액감면과 공제는 중복지원에 해당하지 아니한다(조특법 127 ⑩).

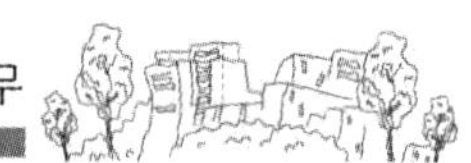

03 위기지역 창업기업에 대한 법인세 등의 감면

위기지역에 감면대상사업으로 창업하거나 사업장을 신설하는 기업에 대해서는 법인세 또는 소득세를 감면한다.

(1) 감면대상법인

위기지역에 2025.12.31.까지 조세특례제한법 제6조 제3항 각 호에 따른 업종(창업중소기업 등에 대한 세액감면 적용대상 업종)으로 창업하거나 사업장을 신설(기존 사업장을 이전하는 경우는 제외하며, 위기지역으로 지정 또는 선포된 기간에 창업하거나 사업장을 신설하는 경우로 한정한다)하는 기업에 대해서는 법인세를 감면한다(조특법 99의9 ①). 세액감면은 2018.1.1. 이후 지정된 위기지역의 지정일 이후 과세연도의 과세표준을 2019.1.1. 이후 신고하는 경우부터 적용한다(법 부칙 2018.12.24.). 창업의 범위에 관하여는 조세특례제한법 제6조제10항(창업중소기업 등에 대한 세액감면)을 준용한다(조특법 99의9 ⑦). 위기지역은 다음의 어느 하나에 해당하는 지역을 말한다(조특법 30의3 ⑤).

① 고용정책 기본법 시행령 제29조에 따라 고용노동부장관이 지정·고시하는 지역(조특령 27의3 ⑪).

② 고용정책 기본법 제32조의2제2항에 따라 선포된 고용재난지역[73]

③ 지역 산업위기 대응 및 지역경제 회복을 위한 특별법 제10조 제1항에 따라 지정된 산업위기대응특별지역(조특법 30의3 ⑤ 3호, 개정규정은 2022.2.18.부터 시행함. 법 부칙 2021.12.28.).

> **2023.12.29. 고용위기지역(고용노동부고시 제2023-92호)** : 경상남도 거제시
> 지정기간 : 2023. 1. 1. ~ 2024.6.30.
>
> **2023.5.28.까지 산업위기대응특별지역(산업통상자원부 2021.5.28.)** : 울산시 동구, 거제시, 창원시
> 지정기간 : 2021. 5. 29 ~ 2023. 5. 28(2년간)

(2) 감면세액

감면대상사업에서 발생한 소득에 대하여 감면대상사업에서 최초로 소득이 발생한 과세연도(사업개시일부터 5년이 되는 날이 속하는 과세연도까지 그 사업에서 소득이 발생하지 아니한 경우에

73) 대규모로 기업이 도산하거나 구조조정 등으로 지역의 고용안정에 중대한 문제가 발생하여 특별한 조치가 필요하다고 인정되는 지역

는 5년이 되는 날이 속하는 과세연도를 말한다)의 개시일부터 5년 이내에 끝나는 과세연도까지는 법인세의 100%에 상당하는 세액을 감면하고, 그 다음 2년 이내에 끝나는 과세연도까지는 법인세의 50%에 상당하는 세액을 감면하며 감면한도는 다음과 같다(조특법 99의9 ②,③).

> ① **중소기업** : 한도없음
> ② **비중소기업** : ㉠ − ㉡
> ㉠ 투자누계액×50%
> ㉡ 상시근로자수×1,500만원(청년상시근로자, 서비스업 2,000만원)

감면대상사업에서 발생한 소득이란 감면대상사업을 경영하기 위하여 조세특례제한법 제30조의 3 제5항에 따른 위기지역에 투자한 사업장에서 발생한 소득을 말한다(조특령 99의8 ①). 투자누계액이란 법인세를 감면받는 해당 과세연도까지의 다음에서 정하는 사업용자산에 대한 투자 합계액을 말한다(조특령 99의8 ②, 조특칙 8의3).

① 해당 특구 등에 소재하거나 해당 특구 등에서 해당 사업에 주로 사용하는 사업용 유형자산
② 해당 특구 등에 소재하거나 해당 특구 등에서 해당 사업에 주로 사용하기 위해 건설 중인 자산
③ 법인세법 시행규칙 별표 3에 따른 무형자산

상시근로자 및 청년 상시근로자의 범위, 상시근로자 수 및 청년 상시근로자 수의 계산방법에 관하여는 조세특례제한법 제11조의 2 제6항 및 제7항(고용창출투자세액공제)을 준용한다(조특령 99의8 ⑤). 서비스업이란 조세특례제한법 시행령 제23조 제4항(고용창출투자세액공제 적용 서비스업)에 따른 서비스업을 말한다(조특령 99의8 ③). 각 과세연도에 감면받을 법인세에 대하여 감면한도를 적용할 때에는 ㉠의 금액을 먼저 적용한 후 ㉡의 금액을 적용한다(조특법 99의9 ④).

(3) 사후관리

1) 고용유지

법인세를 감면받은 기업이 감면받은 과세연도 종료일부터 2년이 되는 날이 속하는 과세연도 종료일까지의 기간 중 각 과세연도의 감면대상사업장의 상시근로자 수가 감면받은 과세연도의 상시근로자 수보다 감소한 경우에는 감면받은 세액에 상당하는 금액을 법인세로 납부하여야 한다(조특법 99의9 ⑤).

2) 위기지역의 회피

법인세를 감면받은 기업이 다음의 어느 하나에 해당하는 경우에는 그 사유가 발생한 과세연도의 과세표준신고를 할 때 대통령령으로 정하는 바에 따라 계산한 세액을 법인세로 납부하여야 한다. 이 경우 조세특례제한법 제12조의 2 제8항의 이자상당가산액 등에 관한 규정을 준용한다(조특법 99의9 ⑧).

① 감면대상사업장의 사업을 폐업하거나 법인이 해산한 경우. 다만, 법인의 합병·분할 또는 분할합병으로 인한 경우는 제외한다.
② 감면대상사업장을 위기지역 외의 지역으로 이전한 경우

04 기회발전특구 기업의 과세특례

기회발전특구란 지방자치분권 및 지역균형발전에 관한 특별법(약칭 : 지방분권균형발전법) 제2조 정의에 따라 개인 또는 법인의 대규모 투자를 유치하기 위하여 관계 중앙행정기관과 지방자치단체의 지원이 필요한 곳으로 같은 법 제23조에 따라 지정·고시되는 지역을 말한다. 2023년 6월 지방분권균형발전법 제정에 따라 지방에 기업의 대규모 투자를 유치하기 위해 세제·재정지원, 규제 특례, 정주 여건 개선 등을 통합 형태로 지원하는 구역이다. 각 지자체가 과학, 기술, 문화, 금융 등의 특화지역을 투자할 기업 등과 협의하여 선정한다.

4.1 기회발전특구의 창업기업 등에 대한 법인세 등의 감면

(1) 감면대상법인과 감면업종

1) 감면업종

기회발전특구에 2026.12.31.까지 제조업 등 다음에서 정하는 업종(조특령 116의36 ①, 이하 "감면대상사업")으로 창업하거나 사업장을 신설(기존 사업장을 이전하는 경우는 제외하며, 기회발전특구로 지정된 기간에 창업하거나 사업장을 신설하는 경우로 한정한다)하는 기업에 대해서는 법인세를 감면한다(조특법 30의3 ⑤, 2024.1.1.이후 기회발전특구에 최초로 창업하거나 사업장을 신설하는 기업부터 적용함. 법 부칙 2023.12.31.).

1. 제조업 [조세특례제한법 시행령 제5조 제6항(자기가 제품을 직접 제조하지 아니하고 제조업체에 의뢰하여 제품을 제조하는 사업으로서 기획재정부령으로 정하는 사업, 조특령 5 ⑥)의 사업을 포함한다]

2. 폐기물 수집, 운반, 처리 및 원료 재생업
3. 정보통신업. 다만, 다음 각 목의 업종은 제외한다.
   가. 비디오물 감상실 운영업
   나. 뉴스 제공업
   다. 블록체인 기반 암호화자산 매매 및 중개업
4. 금융 및 보험업 중 정보통신을 활용하여 금융서비스를 제공하는 업종으로서 다음 각 목의 어느 하나에 해당하는 행위를 업으로 영위하는 업종
   가. 전자금융거래법 제2조 제1호에 따른 전자금융거래
   나. 자본시장과 금융투자업에 관한 법률 제9조 제27항에 따른 온라인소액투자중개
   다. 외국환거래법 시행령 제15조의 2 제1항에 따른 소액해외송금
5. 연구개발업, 기타 과학기술 서비스업 및 엔지니어링사업
6. 공연시설 운영업, 공연단체, 기타 창작 및 예술관련 서비스업
7. 신에너지 및 재생에너지 개발·이용·보급 촉진법 제2조 제1호에 따른 신에너지 또는 같은 조 제2호에 따른 재생에너지를 이용하여 전기를 생산하는 사업
8. 물류시설의 개발 및 운영에 관한 법률 제2조 제4호에 따른 복합물류터미널사업
9. 유통산업발전법 제2조 제16호에 따른 공동집배송센터를 조성하여 운영하는 사업
10. 항만법 제2조 제5호에 따른 항만시설을 운영하는 사업과 같은 조 제11호에 따른 항만배후단지에서 경영하는 물류산업
11. 관광진흥법 시행령 제2조 제1항 제2호 가목부터 라목까지, 같은 호 바목 및 사목에 따른 관광호텔업, 수상관광호텔업, 한국전통호텔업, 가족호텔업, 소형호텔업 및 의료관광호텔업. 다만, 해당 호텔업과 함께 관광진흥법 제3조 제1항 제5호에 따른 카지노업 또는 관세법 제196조에 따른 보세판매장을 경영하는 경우 그 카지노업 또는 보세판매장 사업은 제외한다.
12. 관광진흥법 시행령 제2조 제1항 제3호에 따른 전문휴양업·종합휴양업·관광유람선업·관광공연장업. 다만, 전문휴양업 또는 종합휴양업과 함께 관광진흥법 제3조 제1항 제2호 나목에 따른 휴양 콘도미니엄업 또는 체육시설의 설치·이용에 관한 법률 제10조 제1항 제1호에 따른 골프장업을 경영하는 경우 그 휴양 콘도미니엄업 또는 골프장업은 제외한다.
13. 관광진흥법 시행령 제2조 제1항 제4호 가목에 따른 국제회의시설업
14. 관광진흥법 시행령 제2조 제1항 제5호 가목에 따른 종합유원시설업
15. 관광진흥법 시행령 제2조 제1항 제6호 라목에 따른 관광식당업

16. 학원의 설립·운영 및 과외교습에 관한 법률에 따른 직업기술 분야를 교습하는 학원을 운영하는 사업 또는 국민 평생 직업능력 개발법에 따른 직업능력개발훈련시설을 운영하는 사업(직업능력개발훈련을 주된 사업으로 하는 경우로 한정한다)
17. 노인복지법 제31조에 따른 노인복지시설을 운영하는 사업

2) 창업의 범위

창업의 범위에 관하여는 조세특례제한법 제6조 제10항을 준용한다(조특법 121의33 ⑦). 다음 각 호의 어느 하나에 해당하는 경우는 창업으로 보지 아니한다(조특법 6 ⑩).

1. 합병·분할·현물출자 또는 사업의 양수를 통하여 종전의 사업을 승계하거나 종전의 사업에 사용되던 자산을 인수 또는 매입하여 같은 종류의 사업을 하는 경우. 다만, 다음 각 목의 어느 하나에 해당하는 경우는 제외한다.
   가. 종전의 사업에 사용되던 자산을 인수하거나 매입하여 같은 종류의 사업을 하는 경우 그 자산가액의 합계가 사업 개시 당시 토지·건물 및 기계장치 등 대통령령으로 정하는 사업용자산의 총가액에서 차지하는 비율이 50% 미만으로서 대통령령으로 정하는 비율 이하인 경우
   나. 사업의 일부를 분리하여 해당 기업의 임직원이 사업을 개시하는 경우로서 대통령령으로 정하는 요건에 해당하는 경우
2. 거주자가 하던 사업을 법인으로 전환하여 새로운 법인을 설립하는 경우
3. 폐업 후 사업을 다시 개시하여 폐업 전의 사업과 같은 종류의 사업을 하는 경우
4. 사업을 확장하거나 다른 업종을 추가하는 경우 등 새로운 사업을 최초로 개시하는 것으로 보기 곤란한 경우

(2) 감면세액과 한도

적용대상 기업은 감면대상사업에서 발생한 소득에 대하여 감면대상사업에서 최초로 소득이 발생한 과세연도(사업개시일부터 5년이 되는 날이 속하는 과세연도까지 그 사업에서 소득이 발생하지 아니한 경우에는 5년이 되는 날이 속하는 과세연도를 말한다)의 개시일부터 5년 이내에 끝나는 과세연도까지는 법인세의 100%에 상당하는 세액을 감면하고, 그 다음 2년 이내에 끝나는 과세연도까지는 법인세의 50%에 상당하는 세액을 감면한다(조특법 121의33 ②). 감면기간 동안 감면받는 법인세의 총합계액은 ①과 ②의 금액을 합한 금액을 한도(감면한도)로 한다(조특법 121의33 ③).

> 기회발전특구의 창업기업 등에 대한 법인세 감면한도: ① + ②
> ① 대통령령으로 정하는 투자누계액의 50%
> ② 해당 과세연도에 감면적용대상이 되는 사업장(감면대상사업장)의 상시근로자 수 × 1천5백만원[청년 상시근로자와 대통령령으로 정하는 서비스업(이하 "서비스업")을 하는 감면대상사업장의 상시근로자의 경우에는 2천만원]

각 과세연도에 감면받을 법인세에 대하여 감면한도를 적용할 때에는 상기 ①의 금액을 먼저 적용한 후 ②의 금액을 적용한다(조특법 121의33 ④).

1) 투자누계액

"대통령령으로 정하는 투자누계액"이란 법인세를 감면받는 해당 과세연도까지 기획재정부령으로 정하는 사업용자산에 투자한 금액의 합계액을 말한다(조특령 116의36 ③).

2) 대통령령으로 정하는 서비스업

"대통령령으로 정하는 서비스업"이란 조세특례제한법 시행령 제23조 제4항에 따른 서비스업을 말한다(조특령 116의36 ④). 조세특례제한법 시행령 제23조 제4항의 서비스업이란 다음 각 호의 어느 하나에 해당하는 사업을 제외한 사업을 말한다(조특령 23 ④).

1. 농업, 임업 및 어업
2. 광업
3. 제조업
4. 전기, 가스, 증기 및 수도사업
5. 건설업
6. 조세특례제한법 제29조 제3항에 따른 소비성서비스업

(3) 사후관리

1) 고용유지

해당 과세연도에 감면대상사업장의 상시근로자 수 기준을 적용받아 법인세를 감면받은 기업이 감면받은 과세연도 종료일부터 2년이 되는 날이 속하는 과세연도 종료일까지의 기간 중 각 과세연도의 감면대상사업장의 상시근로자 수가 감면받은 과세연도의 상시근로자 수보다 감소한 경우에는 다음에서 정하는 바에 따라 감면받은 세액에 상당하는 금액을 법인세로 납부하여야 한다(조특법 121의33 ⑤). 납부해야 할 법인세액은 다음의 계산식에 따라 계산한 금액(그 수가 음수이면 영으로 보고, 감면받은 과세연도 종료일 이후 2개 과세연도 연속으로 상시근로자 수가 감소한 경우에는 두 번째 과세연도에는 첫 번째 과세연도에 납부한 금액을 뺀 금액을

말한다)으로 하며, 해당 금액을 상시근로자 수가 감소한 과세연도의 과세표준을 신고할 때 법인세로 납부해야 한다(조특령 116의36 ⑤).

> **감면분 추가납부세액**
> 해당 기업의 상시근로자 수가 감소한 과세연도의 직전 2년 이내의 과세연도에 조세특례제한법 제121조의 33 제3항 제2호를 적용하여 감면받은 세액의 합계액 − [상시근로자 수가 감소한 과세연도의 감면대상사업장의 상시근로자 수 × 1천5백만원(청년 상시근로자와 조세특례제한법 제121조의 33 제3항 제2호의 서비스업의 경우에는 2천만원으로 한다)]

상시근로자 및 청년 상시근로자의 범위와 상시근로자 수 및 청년 상시근로자 수의 계산방법에 관하여는 조세특례제한법 시행령 제11조의 2 제6항 및 제7항을 준용한다. 이 경우 같은 조 제6항 각 호 외의 부분 및 같은 조 제7항 각 호 외의 부분 전단에서 "법 제12조의 2 제3항 및 제5항"은 각각 "법 제121조의 33 제3항 및 제5항"으로 본다(조특령 116의36 ⑥).

2) 감면대상사업장의 사후관리

상기 (2)에 따라 법인세를 감면받은 기업이 다음 각 호의 어느 하나에 해당하는 경우에는 그 사유가 발생한 과세연도의 과세표준신고를 할 때 대통령령으로 정하는 바에 따라 계산한 세액을 법인세로 납부하여야 한다. 이 경우 조세특례제한법 제12조의 2 제8항의 이자상당가산액 등에 관한 규정을 준용한다(조특법 121의33 ⑧).

1. 감면대상사업장의 사업을 폐업하거나 법인이 해산한 경우. 다만, 법인의 합병·분할 또는 분할합병으로 인한 경우는 제외한다.
2. 감면대상사업장을 기회발전특구 외의 지역으로 이전한 경우

"대통령령으로 정하는 바에 따라 계산한 세액"이란 다음 각 호의 구분에 따른 세액을 말한다(조특령 116의36 ⑦).

① 감면대상사업장의 사업을 폐업하거나 법인이 해산한 경우(다만, 법인의 합병·분할 또는 분할합병으로 인한 경우는 제외) : 폐업일 또는 법인해산일부터 소급하여 3년 이내에 감면된 세액

② 감면대상사업장을 기회발전특구 외의 지역으로 이전한 경우 : 이전일부터 소급하여 5년 이내에 감면된 세액

(4) 구분경리와 감면신청

서비스업에 대한 한도를 적용받는 기업은 조세특례제한법 제143조를 준용하여 서비스업과 그 밖의 사업을 각각 구분하여 경리하여야 한다(조특법 121의33 ⑩). 법인세 감면을 받으려는 자는 과세표준신고를 할 때 기획재정부령으로 정하는 세액감면신청서를 납세지 관할 세무서장에게 제출해야 한다(조특령 116의36 ⑧).

4.2 기회발전특구로 이전하는 기업에 대한 과세특례

(1) 양도차익상당액 과세이연

수도권에서 3년(중소기업은 2년) 이상 계속하여 사업을 한 내국법인이 기회발전특구로 이전하기 위하여 수도권에 있는 대통령령으로 정하는 사업용 부동산(이하 "종전사업용부동산")을 2026.12.31.까지 양도하는 경우 종전사업용부동산의 양도에 따른 양도차익 중 대통령령으로 정하는 바에 따라 계산한 금액(이하 "양도차익상당액")에 대해서는 양도차익상당액을 해당 사업연도의 소득금액을 계산할 때 익금에 산입하지 아니하고 해당 금액은 기회발전특구에 있는 사업용 부동산(이하 "신규사업용부동산") 처분일이 속하는 사업연도의 소득금액을 계산할 때 익금에 산입할 수 있다(조특법 121의34 ① 1호, 2024.1.1. 이후 수도권에 있는 종전사업용부동산을 양도하는 경우부터 적용함. 법 부칙 2023.12.31.). 기회발전특구로의 이전은 다음의 어느 하나에 해당하는 경우로 한다(조특법 121의34 ②).

① 신규사업용부동산을 취득하여 사업을 개시한 날부터 2년 이내에 종전사업용부동산을 양도하는 경우
② 종전사업용부동산을 양도한 날부터 3년 이내에 신규사업용부동산을 취득하여 사업을 개시하는 경우

1) 종전사업용부동산

"대통령령으로 정하는 사업용 부동산"이란 다음 각 호의 용도로 사용되는 부동산을 말한다(조특령 116의37 ①).

1. 해당 기업의 본사
2. 조세특례제한법 시행령 제54조 제1항(제조장 또는 기획재정부령이 정하는 자동차정비공장으로서 제조 또는 사업단위로 독립된 것, 조특령 54 ①)의 공장
3. 기초연구진흥 및 기술개발지원에 관한 법률 제14조의 2 제1항에 따른 기업부설연구소
4. 지능정보화 기본법 제40조에 따른 데이터센터의 대지와 건물

2) 양도차익상당액

내국법인의 양도차익상당액이란 ①의 금액에 ②의 율을 곱하여 계산한 금액을 말한다(조특령 116의37 ②). 종전사업용부동산의 양도일이 속하는 과세연도 종료일까지 신규사업용부동산을 취득하지 않은 경우 신규사업용부동산의 취득가액은 이전(예정)명세서상의 예정가액(취득예정가액)으로 한다(조특령 116의37 ③). 취득예정가액을 적용받은 후 신규사업용부동산을 취득하여 사업을 개시한 경우에는 그 사업개시일이 속하는 과세연도의 과세표준신고를 할 때 기획재정부령으로 정하는 이전완료보고서를 납세지 관할 세무서장에게 제출해야 한다(조특령 116의37 ⑩).

① 조세특례제한법 제121조의 34 제1항 각 호 외의 부분에 따른 사업용 부동산(종전사업용부동산)의 양도차익에서 종전사업용부동산을 양도한 날이 속하는 사업연도의 직전 사업연도 종료일 현재 법인세법 제13조 제1항 제1호에 따른 이월결손금의 합계액을 차감한 금액

② 종전사업용부동산의 양도가액에서 기회발전특구에 있는 사업용부동산(신규사업용부동산)의 취득가액이 차지하는 비율(100%를 한도로 한다)

양도차익상당액

$$(\text{종전사업용부동산 양도차익} - \text{이월결손금}) \times \frac{{}^{*}\text{신규사업용부동산 취득가액}}{\text{종전사업용부동산 양도가액}} (100\%\ \text{한도})$$

* 신규사업용부동산을 취득하지 않은 경우에는 이전(예정)명세서상의 취득예정가액

취득예정가액을 기준으로 계산한 양도차익상당액을 익금에 산입하지 않은 경우에는 실제 취득가액을 기준으로 상기의 규정에 따라 계산한 금액을 초과하여 적용받은 금액을 신규사업용부동산을 취득하여 사업을 개시한 날이 속하는 과세연도의 익금에 산입하여야 한다. 이 경우 익금에 산입하여야 할 금액에 대해서는 조세특례제한법 제33조 제3항 후단을 준용한다(조특령 116의37 ⑦).

3) 일시상각충당금 등

내국법인이 양도차익 과세이연을 적용하는 경우에는 신규사업용부동산의 취득가액 중 양도차익상당액을 다음 각 호의 구분에 따라 일시상각충당금 또는 압축기장충당금으로 손비에 계상해야 한다(조특령 116의37 ④).

① 감가상각자산 : 일시상각충당금
② 위 ①외의 자산 : 압축기장충당금

(2) 사후관리

양도차익상당액 과세이연을 적용받은 내국법인이 다음의 어느 하나에 해당하는 경우 그 사유가 발생한 날이 속하는 사업연도의 소득금액을 계산할 때 대통령령으로 정하는 바에 따라 계산한 금액(일시상각충당금으로 계상한 경우 감가상각비와 상계하고 남은 잔액, 압축기장충당금으로 계상한 경우 해당 압축기장충당금 전액, 조특령 116의37 ⑤)을 익금에 산입하여야 한다.

① 신규사업용부동산을 취득하여 사업을 개시한 날부터 3년 이내에 그 사업을 폐지하거나 법인이 해산한 경우
② 사업용 부동산을 기회발전특구로 이전하지 아니한 경우
③ 대통령령으로 정하는 바에 따라 사업을 이전하지 아니하였다고 인정되는 경우. 대통령령으로 정하는 바에 따라 사업을 이전하지 아니하였다고 인정되는 경우란 양도차익상당액 과세이연을 적용받는 내국법인이 신규사업용부동산 중 처분하거나 해당 사업에 사용하지 않는 부동산의 가액이 전체 신규사업용부동산 가액의 2분의 1 이상인 경우를 말한다(조특령 116의37 ⑥).

익금에 산입하여야 하는 내국법인은 해당 사유가 발생한 날이 속하는 사업연도의 과세표준신고를 할 때 대통령령으로 정하는 바에 따라 계산한 이자 상당 가산액을 가산하여 법인세로 납부하여야 하며, 그 세액은 법인세법 제64조에 따라 납부하여야 할 세액으로 본다(조특법 121의34 ③, 조특법 33 ③ 후단).

(3) 과세특례신청

양도차익상당액 과세이연을 적용받으려는 법인은 종전사업용부동산의 양도일이 속하는 사업연도의 과세표준신고를 할 때 기획재정부령으로 정하는 양도차익명세, 분할익금산입조정명세서 및 이전(예정)명세서를 납세지 관할 세무서장에게 제출해야 한다(조특령 116의37 ⑧).

제5절 주요 세액공제

01 세액공제 요약

(1) 법인세법 세액공제

종 류	공제액	한도
외국납부세액공제(법법 57)	직접외국납부세액 + 의제외국납부세액 + 간접외국납부세액	산출세액 × $\frac{\text{국외원천소득}}{\text{과세표준}}$
재해손실세액공제(법법 58)	세액 × 재해상실비율	상실된 자산의 가액
사실과 다른 회계처리로 인한 경정에 따른 세액공제(법법 58의3)	과다 납부세액 × $\frac{\text{과다계상 과세표준}}{\text{과세표준}}$	−

(2) 조세특례제한법 세액공제

종 류	공제율	일몰기한
상생결제 지급금액에 대한 세액공제(조특법 7의4)	0.1%~10%	2025.12.31.까지 결제
상생협력을 위한 기금 출연 등에 대한 세액공제(조특법 8의3)	1%~10%	2025.12.31.까지 출연
연구·인력개발비에 대한 세액공제(조특법 10)	15 ~ 50%	−
기술혁신형합병에 대한 세액공제(조특법 12의3)	10%	2024.12.31.까지 합병
기술혁신형주식취득에 대한 세액공제(조특법 12의4)	5%	2027.12.31.까지 취득
내국법인의 벤처기업등에의 출자에 대한 세액공제(조특법 13의2)	5%	2025.12.31.까지 취득
내국법인의 소재·부품·장비전문기업에의 출자·인수에 대한 과세특례(조특법 13의3)	5%	2025.12.31.까지 취득
성과공유 중소기업의 경영성과급에 대한 세액공제(조특법 19)	10%	2027.12.31.까지 취득
통합투자세액공제(조특법 24)	1%~16%	−
영상콘텐츠제작비용에 대한 세액공제(조특법 25의6)	3%, 7%, 10%	2025.12.31.까지 투자
내국법인의 문화산업전문회사에의 출자에 대한 세액공제(조특법 25의7)	3%	2025.12.31.까지 투자
경력단절 여성 고용 기업에 대한 세액공제(조특법 29의3)	15%, 30%	2022.12.31.까지 고용
근로소득을 증대시킨 기업에 대한 세액공제(조특법 29의4)	5%, 10%, 20%	2025.12.31.까지 고용
고용을 증대시킨 기업에 대한 세액공제(조특법 29의7)	인원수 × 일정액	2024.12.31.까지 고용

통합고용세액공제(조특법 29의8)	인원수×일정액	2025.12.31.까지 고용
고용유지중소기업 등에 대한 과세특례(조특법 30의3)	일정액	2026.12.31.까지 고용
중소기업 사회보험료 세액공제(조특법 30의4)	50%∼100%	2024.12.31.까지 고용
상가임대료를 인하한 임대사업자에 대한 세액공제(조특법 96의3)	50%·70%	2025.12.31.까지 인하
지급명세서등에 대한 세액공제(조특법 104의5, 2026.1.1.이후 시행)	인원수×일정액	2027.12.31.까지 제출
전자신고에 대한 세액공제(조특법 104의8)	2만원	-
해외자원개발투자에 대한 과세특례(세액공제)(조특법 104의15)	3%	2026.12.31.까지 인하
기업의 운동경기부 설치·운영에 대한 세액공제(조특법 104의22)	10%~20%	-
석유제품 전자상거래에 대한 세액공제(조특법 104의25)	0.2%	2025.12.31까지 공급
우수 선화주기업 인증을 받은 화주 기업에 대한 세액공제(조특법 104의30)	1%, 3%	2025.12.31까지 공급
용역제공자에 관한 과세자료의 제출에 대한 세액공제(조특법 104의32)	인원수×300원	2026.12.31까지 공급
이스포츠대회 운영에 대한 과세특례(조특법 104의35)	인원수×300원	2026.12.31까지 운영
성실신고 확인비용에 대한 세액공제(조특법 126의6)	60%	-

(3) 배제액등의 이월공제

1) 일반원칙

다음의 조세특례제한법에 따른 세액공제는 이월공제가 가능하다(조특법 144 ①).

- 기업의 어음제도개선을 위한 세액공제(조특법 7의2)
- 상생결제 지급금액에 대한 세액공제(조특법 7의4)
- 대·중소기업 상생협력을 위한 기금출연시 세액공제(조특법 8의3)
- 연구·인력개발비세액공제(조특법 10)
- 중소기업 기술취득에 대한 세액공제(조특법 12 ②)
- 기술혁신형 합병에 대한 세액공제(조특법 12의3)
- 기술혁신형 주식취득에 대한 세액공제(조특법 12의4)
- 벤처기업등 출자에 대한 세액공제(조특법 13의2)
- 내국법인의 소재·부품·장비전문기업에의 출자·인수에 대한 과세특례(조특법 13의3)
- 성과공유 중소기업의 경영성과급에 대한 세액공제 등(조특법 19 ①)
- 통합투자세액공제(조특법 24)
- 영상콘텐츠 제작비용에 대한 세액공제(조특법 25의6)
- 내국법인의 문화산업전문회사에의 출자에 대한 세액공제(조특법 25의7)
- 고용창출투자세액공제(조특법 26)
- 산업수요맞춤형고등학교등 졸업자 병역이행후 복직시킨 중소기업 세액공제(조특법 29의2)
- 경력단절 여성 고용 기업 세액공제(조특법 29의3)

- 근로소득을 증대시킨 기업에 대한 세액공제(조특법 29의4)
- 청년고용을 증대시킨 기업에 대한 세액공제(조특법 29의5)
- 고용을 증대시킨 기업에 대한 세액공제(조특법 29의7)
- 통합고용세액공제(조특법 29의8)
- 고용유지중소기업 등에 대한 과세특례(조특법 30의3)
- 중소기업 사회보험료 세액공제(조특법 30의4)
- 상가임대료를 인하한 임대사업자에 대한 세액공제(조특법 96의3)
- 선결제 금액에 대한 세액공제(조특법 99의12)
- 지급명세서등에 대한 세액공제(조특법 104의5, 2026.1.1.부터 시행, 법 부칙 2023.12.31.)
- 전자신고에 대한 세액공제(조특법 104의8)
- 제3자 물류비용에 대한 세액공제(조특법 104의14)
- 해외자원개발투자에 대한 세액공제(조특법 104의15)
- 기업의 운동경기부 설치·운영비용 세액공제(조특법 104의22)
- 석유제품 전자상거래에 대한 세액공제(조특법 104의25)
- 우수 선화주기업 인증을 받은 화주 기업에 대한 세액공제(조특법 104의30)
- 용역제공자에 관한 과세자료의 제출에 대한 세액공제(조특법 104의32)
- 이스포츠대회 운영에 대한 과세특례(조특법 104의35)
- 금사업자와 스크랩등 사업자의 수입금액의 증가 등에 대한 세액공제(조특법 122의4 ①)
- 성실신고 확인비용에 대한 세액공제(조특법 126의6)
- 금 현물시장에서 거래되는 금지금에 대한 세액공제(조특법 126의7 ⑧)

공제할 세액 중 해당 과세연도에 납부할 세액이 없거나 법인세 최저한세액에 미달하여 공제받지 못한 부분에 상당하는 금액은 해당 과세연도의 다음 과세연도 개시일부터 다음의 구분에 따른 기간 이내에 끝나는 각 과세연도에 이월하여 그 이월된 각 과세연도의 법인세에서 공제한다(조특법 144 ①).

2021.1.1. 이후 과세표준을 신고하는 경우	
구 분	이월공제기간
해당 과세연도의 다음 과세연도 개시일부터 10년 이내에 끝나는 각 과세연도에 이월하여 그 이월된 각 과세연도의 법인세에서 공제한다(조특법 144 ①).	

※ 조세특례제한법 144조 1항의 개정규정 중 이월공제의 기간에 관한 부분은 2021.1.1. 이후 과세표준을 신고하는 경우부터 적용한다(법 부칙 2020.12.29.).

※ 2021.1.1. 전에 종전의 조세특례제한법 144조 1항 각 호의 구분에 따른 기간(법률 16009호 조세특례제한법 일부개정법률 부칙 52조에 따라 적용받는 이월공제기간을 포함함)이 지나 이월하여 공제받지 못한 세액에 대해서는 법 144조 1항의 개정규정에도 불구하고 종전의 규정에 따른다(법 부칙 2020.12.29.).

2021.1.1. 이전 과세표준을 신고하는 경우	
구 분	이월공제기간
중소기업이 설립일부터 5년이 되는 날이 속하는 과세연도까지 공제받지 못하는 경우	제5조(중소기업 등 투자 세액공제)에 따라 공제할 세액 : 7년 * 2014.1.1. 이후 투자하는 분부터 적용
	제10조(연구·인력개발비에 대한 세액공제)에 따라 공제할 세액 : 10년 * 2016.1.1. 이후 개시하는 사업연도에 이월하여 공제받는 분부터 적용
제10조(연구·인력개발비에 대한 세액공제) 제1항 제1호(신성장·원천기술을 얻기 위한 연구개발비)에 따라 공제할 세액의 경우(이 항 제1호 나목의 경우는 제외한다)	10년 * 2020.1.1. 이후 비용이 발생하는 분부터 적용(법 부칙 2019.12.31.)
그 밖의 경우	5년

2) 세액공제 적용순서와 경정시 추가공제

각 과세연도의 법인세에서 공제할 금액으로서 조세특례제한법 제7조의 2, 제7조의 4, 제8조의 3, 제10조, 제12조 제2항, 제12조의 3, 제12조의 4, 제13조의 2, 제13조의 3, 제19조 제1항, 제24조, 제25조의 6, 제26조, 제29조의 2부터 제29조의 5까지, 제29조의 7, 제30조의 2부터 제30조의 4까지, 제96조의 3, 제99조의 12, 제104조의 8, 제104조의 14, 제104조의 15, 제104조의 22, 제104조의 25, 제104조의 30, 제104조의 35, 제122조의 4 제1항, 제126조의 6, 제126조의 7 제8항 및 법률 제5584호 조세감면규제법개정법률 부칙 제12조 제2항(종전 제37조의 개정규정만 해당한다)에 따라 공제할 금액과 이월된 미공제 금액이 중복되는 경우에는 이월된 미공제 금액을 먼저 공제하고 그 이월된 미공제 금액 간에 중복되는 경우에는 먼저 발생한 것부터 차례대로 공제한다(조특법 144 ②, 법 104조의 5를 추가하는 부분 개정은 2026.1.1.부터 시행함. 법 부칙 2023.12.31.). 당초 신고시 최저한세 적용으로 이월공제액이 발생한 경우로서 수정신고·경정결정으로 인하여 해당 사업연도의 공제한도가 증가하는 경우에는 이를 추가로 공제하여 경정결정할 수 있다(조집기 144-0-1 ②).

- 기업의 어음제도개선을 위한 세액공제(조특법 7의2)
- 상생결제 지급금액에 대한 세액공제(조특법 7의4)
- 상생협력을 위한 기금 출연 등에 대한 세액공제(조특법 8의3)
- 연구·인력개발비세액공제(조특법 10)
- 중소기업 기술취득에 대한 세액공제(조특법 12 ②)
- 기술혁신형 합병에 대한 세액공제(조특법 12의3)

- 기술혁신형 주식취득에 대한 세액공제(조특법 12의4)
- 벤처기업등 출자에 대한 세액공제(조특법 13의2)
- 내국법인의 소재·부품·장비전문기업에의 출자·인수에 대한 세액공제(조특법 13의3)
- 성과공유 중소기업의 경영성과급에 대한 세액공제 등(조특법 19 ①)
- 통합투자세액공제(조특법 24)
- 영상콘텐츠 제작비용에 대한 세액공제(조특법 25의6)
- 내국법인의 문화산업전문회사에의 출자에 대한 세액공제(조특법 25의7)
- 고용창출투자세액공제(조특법 26)
- 산업수요맞춤형고등학교등 졸업자 병역이행후 복직시킨 중소기업 세액공제(조특법 29의2)
- 경력단절 여성 재고용 중소기업 세액공제(조특법 29의3)
- 근로소득을 증대시킨 기업에 대한 세액공제(조특법 29의4)
- 청년고용을 증대시킨 기업에 대한 세액공제(조특법 29의5)
- 고용을 증대시킨 기업에 대한 세액공제(조특법 29의7)
- 통합고용세액공제(조특법 29의8)
- 고용유지중소기업 등에 대한 과세특례(조특법 30의3)
- 중소기업 사회보험료 세액공제(조특법 30의4)
- 상가임대료를 인하한 임대사업자에 대한 세액공제(조특법 96의3)
- 선결제 금액에 대한 세액공제(조특법 99의12)
- 지급명세서등에 대한 세액공제(조특법 104의5, 2026.1.1.부터 시행, 법 부칙 2023.12.31.)
- 전자신고에 대한 세액공제(조특법 104의8)
- 제3자 물류비용에 대한 세액공제(조특법 104의14)
- 해외자원개발투자에 대한 세액공제(조특법 104의15)
- 기업의 운동경기부 설치·운영비용 세액공제(조특법 104의22)
- 석유제품 전자상거래에 대한 세액공제(조특법 104의25)
- 우수 선화주기업 인증을 받은 화주 기업에 대한 세액공제(조특법 104의30)
- 이스포츠대회 운영에 대한 과세특례(조특법 104의35)
- 금사업자와 스크랩등 사업자의 수입금액의 증가 등에 대한 세액공제(조특법 122의4 ①)
- 성실신고 확인비용에 대한 세액공제(조특법 126의6)
- 금 현물시장에서 거래되는 금지금에 대한 세액공제(조특법 126의7 ⑧)

3) 고용창출투자세액공제

상기 규정에도 불구하고 조세특례제한법 제26조 제1항 제2호 각 목 외의 부분 단서에 따라 해당 투자가 이루어진 과세연도에 공제받지 못한 금액과 제26조 제6항에 따라 법인세로 납부한 금액은 다음의 순서대로 계산한 금액을 더한 금액을 한도로 하여 해당 투자가 이루어진 과세연도의 다음 과세연도 개시일부터 5년 이내에 끝나는 각 과세연도에 이월하여 그 이월된 각 과세연도의 법인세에서 공제한다(조특법 144 ③).

① 이월공제받는 과세연도에 최초로 근로계약을 체결한 상시근로자 중 산업수요맞춤형고등학교등의 졸업생 수×2천만원(중소기업의 경우는 2천500만원)

② 이월공제받는 과세연도에 최초로 근로계약을 체결한 제1호 외의 상시근로자 중 청년근로자, 장애인근로자, 60세 이상인 근로자 수×1천500만원(중소기업의 경우는 2천만원)

③ (이월공제받는 과세연도의 상시근로자 수 – 제1호에 따른 졸업생 수 – 제2호에 따른 청년근로자, 장애인근로자, 60세 이상인 근로자 수 – 다음의 수 중 큰 수)×1천만원(중소기업의 경우는 1천500만원)

㉠ 이월공제받는 과세연도의 직전 과세연도의 상시근로자 수

㉡ 이월공제받는 금액의 해당 투자가 이루어진 과세연도의 직전 과세연도의 상시근로자 수

㉢ 조세특례제한법 제26조 제6항에 따라 상시근로자 수가 감소하여 법인세를 납부한 경우 그 상시근로자 수가 감소한 과세연도(2개 과세연도 연속으로 상시근로자 수가 감소한 경우에는 두 번째 과세연도)의 상시근로자 수

02 외국납부세액공제

2.1 외국납부세액공제의 의의

(1) 적용대상

외국법인세액이란 내국법인의 각 사업연도의 과세표준금액에 포함된 국외원천소득에 대하여 납부하였거나 납부할 것으로 확정된 금액으로서 외국정부(지방자치단체 포함)에 의하여 과세된 다음의 세액(가산세 제외)을 말한다. 다만, 국제조세조정에 관한 법률 제12조 제1항(체약상대국의 과세조정에 대한 대응조정)에 따라 내국법인의 소득이 감액조정된 금액 중 국외특수관계인에게 반환되지 않고 내국법인에게 유보되는 금액에 대하여 외국정부가 과세한 금액과 해당 세액이 조세조약에 따른 비과세·면제·제한세율에 관한 규정에 따라 계산한 세액을 초과하는 경우에는 그 초과하는 세액은 제외하되, 러시아연방 정부가 비우호국과의 조세조약 이행중단을 내용으로 하는 자국 법령에 근거하여 조세조약에 따른 비과세·면제·제한세율에 관한 규정에 따라 계산한 세액을 초과하여 과세한 세액은 포함한다(법령 94 ①, 부분 단서의 개정규정은 2023.8.8. 이후 납부했거나 납부할 외국법인세액부터 적용함. 영 부칙 2024.2.29.).

① 초과이윤세 및 기타 법인의 소득 등을 과세표준으로 하여 과세된 세액
② 법인의 소득 등을 과세표준으로 하여 과세된 세의 부가세액
③ 법인의 소득 등을 과세표준으로 하여 과세된 세와 동일한 세목에 해당하는 것으로서 소득외의 수익금액 기타 이에 준하는 것을 과세표준으로 하여 과세된 세액

내국법인의 각 사업연도의 소득에 대한 과세표준에 국외원천소득이 포함되어 있는 경우로서 그 국외원천소득에 대하여 외국법인세액을 납부하였거나 납부할 것이 있는 경우에는 공제한도금액 내에서 외국법인세액을 해당 사업연도의 산출세액에서 공제할 수 있다(법법 57 ①, 후단의 개정 삭제규정은 2025.1.1. 이후 지급받는 소득에 대하여 외국법인세액을 공제하거나 원천징수하는 경우부터 적용함. 법 부칙 2022.12.31.). 법인세법 제18조의 4에 따른 익금불산입의 적용대상이 되는 수입배당금액에 대해서는 법인세법 제57조 제1항부터 제6항까지의 규정(외국납부세액공제)을 적용하지 아니한다[법법 57 ⑦, 개정규정은 2023.1.1. 이후 외국자회사로부터 수입배당금액을 받는 경우부터 적용한다. 2023.1.1. 전에 외국자회사로부터 받은 수입배당금액에 대한 외국법인세액(법인세법 57조 2항에 따라 이월된 금액을 포함함)의 공제에 관하여는 개정규정에도 불구하고 종전의 규정에 따른다. 법 부칙 2022.12.31.].

◇ **종전 법인세법 제57조**(후단의 개정 삭제규정은 2025.1.1. 이후 지급받는 소득에 대하여 외국법인세액을 공제하거나 원천징수하는 경우부터 적용함. 법 부칙 2022.12.31.)

① 내국법인의 각 사업연도의 소득에 대한 과세표준에 국외원천소득이 포함되어 있는 경우로서 그 국외원천소득에 대하여 외국법인세액을 납부하였거나 납부할 것이 있는 경우에는 공제한도금액 내에서 외국법인세액을 해당 사업연도의 산출세액에서 공제할 수 있다. 이 경우 내국법인의 각 사업연도의 소득에 대한 과세표준에 다음의 어느 하나에 해당하는 것(이하 "간접투자회사등")으로부터 지급받은 소득이 있는 경우로서 그 소득에 대하여 해당 간접투자회사등이 납부한 외국법인세액(법인세법 제73조 제1항 각 호 외의 부분 후단에 따른 투자신탁이익에 대하여 납부한 외국법인세액은 제외한다)이 있는 경우에는 이를 내국법인이 납부한 외국법인세액으로 보아 공제할 수 있다[법법 57 ①, 2021. 1. 1.전의 사업연도분에 대해서는 법인세법 57조의 개정규정(외국납부세액 손금산입방법을 삭제)에도 불구하고 종전의 규정에 따름. 법 부칙 2020.12. 22. 간접투자회사 등의 개정규정은 2023.1.1. 이후 발생하는 소득분에 대하여 외국법인세액을 공제하거나 원천징수하는 경우부터 적용함. 법 부칙 2021.12.21.].
가. 자본시장과 금융투자업에 관한 법률에 따른 투자회사, 투자목적회사, 투자유한회사, 투자합자회사(같은 법 제9조 제19항 제1호의 기관전용 사모집합투자기구는 제외한다), 투자유한책임회사, 투자신탁, 투자합자조합 및 투자익명조합
나. 부동산투자회사법에 따른 기업구조조정 부동산투자회사 및 위탁관리 부동산투자회사
다. 법인세법 제5조 제2항에 따라 내국법인으로 보는 신탁재산

(2) 국외원천소득

1) 일반원칙

법인세법 제57조 제1항(외국 납부 세액공제)이 적용되는 국외원천소득은 국외에서 발생한 소득으로서 내국법인의 각 사업연도 소득의 과세표준 계산에 관한 규정을 준용해 산출한 금액으로 하고, 같은 항에 따라 공제한도금액을 계산할 때의 국외원천소득은 그 국외원천소득에서 해당 사업연도의 과세표준을 계산할 때 손금에 산입된 금액(국외원천소득이 발생한 국가에서 과세할 때 손금에 산입된 금액은 제외한다)으로서 국외원천소득에 대응하는 다음의 비용(국외원천소득대응비용)을 뺀 금액으로 한다. 이 경우 내국법인이 연구개발 관련 비용 등 기획재정부령으로 정하는 비용에 대하여 기획재정부령으로 정하는 계산방법을 선택하여 계산하는 경우에는 그에 따라 계산한 금액을 국외원천소득대응비용으로 하고, 기획재정부령으로 정하는 계산방법(연구개발비 계산방법의 선택)을 선택한 경우에는 그 선택한 계산방법을 적용받으려는 사업연도부터 5개 사업연도동안 연속하여 적용해야 한다(법령 94 ②).

① 직접비용 : 해당 국외원천소득에 직접적으로 관련되어 대응되는 비용. 이 경우 해당 국외원천소득과 그 밖의 소득에 공통적으로 관련된 비용은 제외한다.

② 간접비용 : 해당 국외원천소득과 그 밖의 소득에 공통적으로 관련된 비용 중 다음의 배분방법에 따라 계산한 국외원천소득 관련 비용(법칙 47 ③)

㉠ 국외원천소득과 그 밖의 소득의 업종이 동일한 경우의 공통손금은 국외원천소득과 그 밖의 소득별로 수입금액 또는 매출액에 비례하여 안분계산

㉡ 국외원천소득과 그 밖의 소득의 업종이 다른 경우의 공통손금은 국외원천소득과 그 밖의 소득별로 개별 손금액에 비례하여 안분계산

각 사업연도의 과세표준계산 시 공제한 이월결손금·비과세소득 또는 소득공제액(공제액등)이 있는 경우의 국외원천소득은 법인세법 시행령 제96조를 준용(공제액등이 감면사업 또는 면제사업에서 발생한 경우에는 공제액 전액, 공제액등이 감면사업 또는 면제사업에서 발생한 것인지가 불분명한 경우에는 소득금액에 비례하여 안분계산한 금액)하여 계산한 공제액등을 뺀 금액으로 한다. 이 경우 "감면사업 또는 면제사업"은 "국외원천소득"으로 본다(법령 94 ⑥).

2) 연구개발비 계산방법의 선택

내국법인이 연구개발 관련 비용 등 기획재정부령으로 정하는 비용에 대해 기획재정부령으로 정하는 계산방법을 선택하여 적용하는 경우에는 그에 따라 계산한 금액을 국외원천소득대응 비용으로 한다(법령 94 ②).

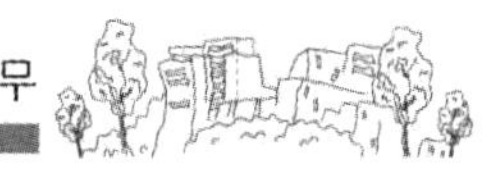

연구개발 비용 등 기획재정부령으로 정하는 비용이란 법인세법 시행령 제19조에 따른 손비로서 조세특례제한법 제2조 제1항 제11호의 연구개발 활동에 따라 발생한 비용(연구개발 업무를 위탁하거나 공동연구개발을 수행하는데 드는 비용을 포함)을 말한다(법칙 47 ①, 2021.1.1.부터 시행. 규칙 부칙 2020.3.13.).

연구개발 관련 비용 등에 대해 기획재정부령으로 정하는 계산방법이란 다음의 방법을 말한다. 다만, ②에 따라 계산한 금액이 ①에 따라 계산한 금액의 50% 미만인 경우에는 ①에 따라 계산한 금액의 50%를 법인세법 시행령 제94조 제2항에 따른 국외원천소득 대응 비용으로 한다(법칙 47 ②, 규칙 ②의 개정규정은 2021.1.1.부터 시행. 규칙 부칙 2020.3.13.).

> 국외원천소득 대응 연구개발비 계산방법의 선택 = ① 또는 ② 선택
> ① 매출액 방법
> ② 매출총이익 방법 (② < ①×50%인 경우 ①×50% 적용)

① 매출액 방법 : 해당 사업연도에 내국법인의 전체 연구개발비 중 국내에서 수행되는 연구활동에 소요되는 비용이 차지하는 비율(연구개발비용비율)의 구분에 따른 다음의 계산식에 따라 국외원천소득 대응 비용을 계산하는 방법

구 분	계산식
연구개발비용비율이 50% 이상인 경우	$A \times 50\% \times \frac{C}{B+C+D}$
연구개발비용비율이 50% 미만인 경우	$A \times 50\% \times \frac{C}{C+D} + A \times 50\% \times \frac{C}{B+C+D}$

A : 연구개발비

B : 기업회계기준에 따른 내국법인의 전체 매출액[내국법인의 법인세법 제93조 제8호 가목 및 나목에 해당하는 권리·자산 또는 정보(이하 "권리등")를 사용하거나 양수하여 내국법인에게 그 권리등의 사용대가 또는 양수대가(이하 "사용료소득")를 지급하는 외국법인으로서 내국법인이 의결권이 있는 발행 주식총수 또는 출자총액의 50% 이상을 직접 또는 간접으로 보유하고 있는 외국법인(이하 "외국자회사")의 해당 내국법인에 대한 매출액과 내국법인의 국외 소재 사업장(이하 "국외사업장")에서 발생한 매출액은 해당 내국법인의 전체 매출액에서 뺀다]

C : 해당 국가에서 내국법인에게 사용료소득을 지급하는 모든 비거주자 또는 외국법인의 해당 사용료소득에 대응하는 매출액(내국법인이 해당 매출액을 확인하기 어려운 경우에는 사용료소득을 기준으로 내국법인이 합리적으로 계산한 금액으로 갈음할 수 있다)의 합계액(내국법인의 국외사업장의 매출액을 포함한다). 다만, 외국자회사의 경우 그 소재지국에서 재무제표 작성 시에 일반적으로 인정되는 회계원칙에 따라 산출한 외국자회사의 전체 매출액(해당 외국자회사에 대한 내국법인의 매출액이 있는 경우 이를 외국자회사의 전체 매출액에서 뺀다)에 내국법인의 해당 사업연도 종료일 현재 외국자회사에 대한 지분비율을 곱한 금액으로 한다.

D : 해당 국가 외의 국가에서 C에 따라 산출한 금액을 모두 합한 금액

② 매출총이익 방법 : 해당 사업연도에 내국법인의 연구개발비용비율의 구분에 따른 다음의 계산식에 따라 국외원천소득 대응 비용을 계산하는 방법

구 분	계산식
연구개발비용비율이 50% 이상인 경우	$A \times 75\% \times \frac{F}{E+F+G}$
연구개발비용비율이 50% 미만인 경우	$A \times 25\% \times \frac{F}{F+G} + A \times 75\% \times \frac{F}{E+F+G}$

A : 연구개발비

E : 기업회계기준에 따른 내국법인의 매출총이익(국외사업장의 매출총이익과 비거주자 또는 외국법인으로부터 지급받은 사용료소득은 제외한다)

F : 해당 국가에 소재하는 비거주자 또는 외국법인으로부터 내국법인이 지급받은 사용료소득과 내국법인의 해당 국가에 소재하는 국외사업장의 매출총이익 합계액

G : 해당 국가 외의 국가에 소재하는 비거주자 또는 외국법인으로부터 내국법인이 지급받은 사용료소득과 내국법인의 해당 국가 외의 국가에 소재하는 국외사업장의 매출총이익 합계액

(3) 외국납부세액의 공제방법 선택

1) 2021.1.1. 이후 개시하는 사업연도

내국법인의 각 사업연도의 소득에 대한 과세표준에 국외원천소득이 포함되어 있는 경우로서 그 국외원천소득에 대하여 외국법인세액을 납부하였거나 납부할 것이 있는 경우에는 공제한도금액 내에서 외국법인세액을 해당 사업연도의 산출세액에서 공제할 수 있다[법법 57 ①, 2021.1.1. 전의 사업연도분에 대해서는 법인세법 57조의 개정규정(외국납부세액 손금산입방법을 삭제하는 것과 관련된 부분에 한정함)에도 불구하고 종전의 규정에 따름, 법 부칙 2020.12.22.]. 법인세 과세표준과 세액을 추계결정 또는 경정하는 경우에는 외국납부세액공제를 적용하지 아니한다. 다만, 천재·지변 등으로 장부 기타 증빙서류가 멸실되어 그 과세표준을 추계하는 경우에는 그러하지 아니한다(법법 68).

2) 2021.1.1. 이전의 사업연도

법인은 외국납부세액에 대하여 세액공제방법과 손금산입방법 중 하나를 선택할 수 있다(법법 57 ①).

구 분	내　용
세액공제방법	외국납부세액을 당해 사업연도의 산출세액에서 공제하는 방법
손금산입방법	외국납부세액을 각사업연도의 소득금액계산에 있어서 손금에 산입하는 방법

매사업연도마다 그 방법을 바꾸어 적용할 수 있지만 동일한 사업연도에 외국법인세액의 일부는 세액공제방법, 나머지는 손금산입방법을 적용할 수는 없다. 법인세과세표준에 포함되어 있는 각 사업연도 단위로 적용하며 국외원천소득이 내국법인의 법인세과세표준금액에 사업연도를 달리하여 각각 산입되어 있는 경우 외국법인세액은 동 국외원천소득이 법인세과세표준에 산입되어 있는 각 사업연도에 당해 국외원천소득에 해당하는 금액으로 한다(법인 46012-2965, 1998.10.12.). 법인세 과세표준과 세액을 추계결정 또는 경정하는 경우에는 외국납부세액공제 또는 손금산입을 적용하지 아니한다. 다만, 천재·지변 등으로 장부 기타 증빙서류가 멸실되어 그 과세표준을 추계하는 경우에는 그러하지 아니한다(법법 68).

(4) 외국납부세액의 원화환산

외국납부세액의 원화환산은 외국세액을 납부한 때의 외국환거래법에 의한 기준환율 또는 재정환율에 의한다. 구체적인 내용은 다음과 같다.

① 외국납부세액의 원화환산은 외국세액을 납부한 때의 외국환거래법에 의한 기준환율 또는 재정환율에 의한다. 당해 사업연도 중에 확정된 외국납부세액이 분납 또는 납기미도래로 인하여 미납된 경우 동 미납세액에 대한 원화환산은 그 사업연도종료일 현재의 외국환거래법에 의한 기준환율 또는 재정환율에 의하며 사업연도종료일 이후에 확정된 외국납부세액을 납부하는 경우 미납된 분납세액에 대하여는 확정일 이후 최초로 납부하는 날의 기준환율 또는 재정환율에 의하여 환산할 수 있다(법칙 48 ①,②).

② 국내에서 공제받은 외국납부세액을 외국에서 환급받아 국내에서 추가로 세액을 납부하는 경우의 원화환산은 외국세액을 납부한 때 또는 그 사업연도종료일 현재 확정일 이후 최초로 납부하는 날의 외국환거래법에 따른 기준환율 또는 재정환율에 따른다. 다만, 환급받은 세액의 납부일이 분명하지 아니한 경우에는 해당 사업연도 동안 해당 국가에 납부한 외국납부세액의 상기 ①에 따라 환산한 원화 합계액을 해당 과세기간 동안 해당 국가에 납부한 외국납부세액의 합계액으로 나누어 계산한 환율에 따른다(법칙 48 ③).

③ 내국법인이 간접외국납부세액을 계산함에 있어 각각의 계산 항목(외국자회사의 해당 사업연도 법인세액, 수입배당금, 외국자회사의 해당 사업연도 소득금액)은 수입배당금의 재원이 된 해당 잉여금 등이 발생하는 각 사업연도별로 모두 외화로 계산하는 것이며 세액공제 또는 손금산입 되는 외국법인세액으로 보는 금액은 잉여금이 발생한 각 사업연도별 외국자회사의 법인세액을 자회사가 납부한 때를 기준으로 법인세법 시행규칙 제48조에 따라 원화로 환산한다(법인, 국제세원관리담당관실-192, 2011.05.02.).

④ 간주외국납부세액공제시 감면받은 세액상당액을 원화로 환산함에 있어 감면이 없었더라면 납부하여야 할 날을 기준으로 원화로 환산한다(국조, 국제세원-247, 2010.5.17.).

(5) 외국납부세액의 공제시기

당해 법인이 익금에 산입한 국외원천소득에 대한 외국납부세액이 확정된 경우에는 당해 세액을 법인세법에 따라 당해 국외원천소득이 법인세 과세표준금액에 포함되어 있는 사업연도의 법인세액에서 공제하거나 각 사업연도의 소득금액 계산에 있어서 이를 손금에 산입한다(법법 57 ①).

2.2 직접외국납부세액

(1) 적용대상

외국법인세액이란 외국정부(지방자치단체를 포함한다)에 납부하였거나 납부할 다음의 세액(가산세는 제외한다)을 말한다. 다만, 국제조세조정에 관한 법률 제12조 제1항에 따라 내국법인의 소득이 감액조정된 금액 중 국외특수관계인에게 반환되지 않고 내국법인에게 유보되는 금액에 대하여 외국정부가 과세한 금액과 해당 세액이 조세조약에 따른 비과세·면제·제한세율에 관한 규정에 따라 계산한 세액을 초과하는 경우에는 그 초과하는 세액은 제외하되, 러시아연방 정부가 비우호국과의 조세조약 이행중단을 내용으로 하는 자국 법령에 근거하여 조세조약에 따른 비과세·면제·제한세율에 관한 규정에 따라 계산한 세액을 초과하여 과세한 세액은 포함한다(법령 94 ①, 부분 단서의 개정규정은 2023.8.8. 이후 납부했거나 납부할 외국법인세액부터 적용함. 영 부칙 2024.2.29.). 따라서 다음에 해당하지 않는 세목인 부가가치세, 소비세, 증치세(영업세), 매출세 등은 소득에 대한 조세가 아니므로 외국납부세액공제 대상에 해당하지 않는다.[74)]

① 초과이윤세 및 기타 법인의 소득 등을 과세표준으로 하여 과세된 세액
② 법인의 소득 등을 과세표준으로 하여 과세된 세의 부가세액
③ 법인의 소득 등을 과세표준으로 하여 과세된 세와 동일한 세목에 해당하는 것으로서 소득 외의 수익금액 기타 이에 준하는 것을 과세표준으로 하여 과세된 세액

직접외국납부세액은 당해 국외원천소득이 각사업연도의 과세표준에 포함된 것으로서 당해 법인이 실제로 납부한 또는 납부할 외국법인세액을 말한다.

74) 소비지국과세원칙에 따라 이중과세 발생소지가 없다.

(2) 세무조정

이중과세를 방지하기 위하여 내국법인의 각 사업연도의 과세표준에 국외원천소득이 포함되어 있는 경우 국외원천소득에 대하여 외국법인세액을 납부하였거나 납부할 금액을 외국납부세액공제 또는 손금산입 중 한 가지를 선택할 수 있으며 중복하여 적용할 수 없다. 직접외국납부세액은 실제 납부시 법인세비용, 세금과공과 등으로 이미 손금 회계처리를 한 이후이므로 세액공제를 적용하기 위해서는 다음의 세무조정 후 세액공제를 적용한다.

〈손금불산입〉 외국납부세액(세금과 공과 등) ××× (기타사외유출)

2.3 간접외국납부세액

(1) 적용대상

외국에서 법인세가 과세된 외국자회사로부터 받는 이익의 배당이나 잉여금의 분배액이 있는 경우, 외국에서 법인세가 과세된 외국자회사로부터 발생한 의제배당(주식배당·무상증자 등)에 의한 수입배당금이 있는 경우에는 외국자회사가 납부한 법인세액 중 일정액(간접외국납부세액)을 내국법인이 납부한 것으로 간주한다(법법 57 ④).

1) 간접외국납부세액의 계산

간접외국납부세액은 다음의 금액으로 한다.

$$\text{외국자회사의 해당 사업연도 법인세액} \times \frac{\text{수입배당금액}}{\text{외국자회사의 해당 사업연도 소득금액} - \text{외국자회사의 해당 사업연도 법인세액}}$$

외국자회사의 해당 사업연도 법인세액은 다음의 세액으로서 외국자회사가 외국납부세액으로 공제받았거나 공제받을 금액 또는 해당 수입배당금액이나 제3국(본점이나 주사무소 또는 사업의 실질적 관리장소 등을 둔 국가 외의 국가를 말한다) 지점 등 귀속소득에 대하여 외국자회사의 소재지국에서 국외소득 비과세·면제를 적용받았거나 적용받을 경우 해당 세액 중 50%에 상당하는 금액을 포함하여 계산하고, 수입배당금액(외국자회사가 외국손회사로부터 지급받는 수입배당금액을 포함한다)은 이익이나 잉여금의 발생순서에 따라 먼저 발생된 금액부터 배당되거나 분배된 것으로 본다(법령 94 ⑧).

① 외국자회사가 외국손회사로부터 지급받는 수입배당금액에 대하여 외국손회사의 소재지국 법률에 따라 외국손회사의 소재지국에 납부한 세액
② 외국자회사가 제3국의 지점 등에 귀속되는 소득에 대하여 그 제3국에 납부한 세액

수입배당금액은 내국법인이 수취한 배당액(의제배당액 포함)으로서 외국정부가 원천징수하기 전의 배당액을 말한다. 자회사의 누적된 잉여금을 재원으로 하는 배당을 수취하는 경우 잉여금이 발생하는 각 연도별 외국자회사의 법인세액과 소득금액을 적용하여 계산한다(서면2팀-1283, 2005.8.10.). 해외자회사의 누적 잉여금을 일시에 배당하는 경우에는 배당재원은 먼저 축적된 이익을 먼저 배당하는 것으로 본다(서면2팀-1121, 2004.6.1.).

2) 외국자회사의 요건

외국자회사란 내국법인이 의결권 있는 발행주식총수 또는 출자총액의 10%(조세특례제한법 제22조에 따른 해외자원개발사업을 하는 외국법인의 경우에는 5%를 말한다) 이상을 출자하고 있는 외국법인으로서 대통령령으로 정하는 요건을 갖춘 법인을 말한다[법법 57 ⑤, 개정규정은 2023.1.1. 이후 외국자회사로부터 수입배당금액을 받는 경우부터 적용한다. 2023.1.1. 전에 외국자회사로부터 받은 수입배당금액에 대한 외국법인세액(법인세법 57조 2항에 따라 이월된 금액을 포함함)의 공제에 관하여는 57조 5항의 개정규정에도 불구하고 종전의 규정에 따른다. 법 부칙 2022.12.31.].

"대통령령으로 정하는 요건을 갖춘 법인"이란 내국법인이 직접 외국자회사의 의결권 있는 발행주식총수 또는 출자총액의 10%(조세특례제한법 제22조에 따른 해외자원개발사업을 하는 외국법인의 경우에는 5%를 말한다) 이상을 해당 외국자회사의 배당기준일 현재 6개월 이상 계속하여 보유(내국법인이 적격합병, 적격분할, 적격물적분할, 적격현물출자에 따라 다른 내국법인이 보유하고 있던 외국자회사의 주식등을 승계받은 때에는 그 승계 전 다른 내국법인이 외국자회사의 주식등을 취득한 때부터 해당 주식등을 보유한 것으로 본다)하고 있는 법인을 말한다[법령 94 ⑨, 배당기준일에 관한 부분의 개정규정은 2023.1.1. 이후 배당받는 경우부터 적용한다. 2023.1.1. 전에 받은 배당과 관련한 외국자회사의 요건(배당확정일에서 배당기준일로 개정한 부분으로 한정함) 및 외국손회사의 요건에 관하여는 9항의 개정규정에도 불구하고 종전의 규정에 따른다. 영 부칙 2023.2.28.].

3) 외국손회사의 요건

외국손회사란 다음의 요건을 모두 갖춘 법인을 말한다[법령 94 ⑩, 10%의 개정규정은 2023.1.1. 이후 배당받는 경우부터 적용한다. 2023.1.1. 전에 받은 배당과 관련한 외국손회사의 요건(배당기준일에 관한 부분)에 관하여는 종전의 규정(배당확정일)에 따른다. 영 부칙 2023.2.28.].

① 해당 외국자회사가 직접 외국손회사의 의결권 있는 발행주식총수 또는 출자총액의 10%(조세특례제한법 제22조에 따른 해외자원개발사업을 경영하는 외국법인의 경우에는 5%) 이상을 해당 외국손회사의 배당기준일 현재 6개월 이상 계속하여 보유하고 있을 것
② 내국법인이 외국손회사의 의결권 있는 발행주식총수 또는 출자총액의 10%(조세특례제한법 제22조에 따른 해외자원개발사업을 경영하는 외국법인의 경우에는 5%) 이상을 외국자회사를

통하여 간접 소유할 것. 이 경우 주식의 간접소유비율은 내국법인의 외국자회사에 대한 주식소유비율에 그 외국자회사의 외국손회사에 대한 주식소유비율을 곱하여 계산한다.

(2) 원화환산

내국법인이 간접외국납부세액을 계산함에 있어 각각의 계산 항목(외국자회사의 해당 사업연도 법인세액, 수입배당금, 외국자회사의 해당 사업연도 소득금액)은 수입배당금의 재원이 된 해당 잉여금 등이 발생하는 각 사업연도별로 모두 외화로 계산하는 것이며 세액공제 또는 손금산입 되는 외국법인세액으로 보는 금액은 잉여금이 발생한 각 사업연도별 외국자회사의 법인세액을 자회사가 납부한 때를 기준으로 법인세법 시행규칙 제48조에 따라 원화로 환산한다(법인, 국제세원관리담당관실-192, 2011.05.02.).

(3) 세무조정

간접외국납부세액을 세액공제 받고자 하는 경우에는 그 금액을 익금에 산입한 후 세액공제하여야 한다(법법 15 ②, 법법 57 ④). 간접외국납부세액공제는 소득세법상 배당소득에 대하여 이중과세를 조정하기 위한 Gross-up제도와 유사하다. 따라서 다음의 세무조정 후 세액공제를 적용한다.

〈익금산입〉 간접외국납부세액 ××× (기타 또는 기타사외유출)

2.4 간주외국납부세액 (의제외국납부세액)

(1) 적용대상

당해법인의 국외원천소득에 대하여 조세조약체결국으로부터 법인세를 감면(면세, 비과세 포함)받은 경우에는 다음의 요건을 모두 충족하는 경우 간주외국납부세액을 적용한다(법법 57 ③).

① 국외원천소득에 대한 면세가 상대국가의 특별법률에 의한 감면(면세, 비과세 포함)일 것
② 상대국가와의 조세조약에 간주외국납부세액공제가 규정되어 있을 것

국외원천소득에 대한 면세가 조세조약에서 정한 상대국가의 특별법률(예 우리나라의 외국인투자촉진법)에 의하여 감면되는 경우에만 간주외국납부세액공제 대상이 된다. 조세조약상의 제한세율로 경감받은 사실은 법인세를 감면받았다는 사실을 의미하는 것이 아니다.

간주외국납부세액공제 조약체결국[75)]

그리스, 네팔(2003.12.31까지), 말레이시아, 멕시코, 모로코(2008.12.31까지), 몰타, 방글라데시, 베트남(2014.12.31까지), 불가리아, 브라질, 사우디아라비아(2013.12.31까지), 스리랑카, 슬로바키아, 슬로베니아, 싱가폴, 아일랜드, 알제리(2008.12.31까지), 요르단, 이스라엘, 이집트, 이탈리아, 인도, 인도네시아, 중국(2014.12.31까지), 체코, 카타르(2010.1.1~2020. 12.31), 쿠웨이트, 터어키, 태국, 튀니지, 파키스탄, 파푸아뉴기니, 포르투칼, 필리핀, 휘지

* 간주외국납부세액공제를 적용할 경우 조세조약의 관련내용(적용범위, 적용기간 등)을 반드시 확인하여야 한다.

(2) 세무조정

간주외국납부세액은 결산상 별도의 회계처리가 없으므로 추가적인 세무조정 없이 세액공제를 적용한다.

2.5 외국납부세액공제 한도와 이월

(1) 일반원칙

세액공제대상 외국납부세액은 직접외국납부세액, 간접외국납부세액, 간주외국납부세액의 합계액으로 하며 다음의 한도 내에서 공제할 수 있다(법법 57 ①).

① 국외원천소득에 대하여 감면되는 경우 세액공제 한도

$$\text{해당 사업연도의 산출세액} \times \frac{\text{국외원천소득} - \text{감면대상 국외원천소득} \times \text{감면율}}{\text{해당 사업연도의 소득에 대한 과세표준}}$$

② 국외원천소득에 대하여 감면이 없는 경우 세액공제 한도

$$\text{해당 사업연도의 산출세액} \times \frac{\text{국외원천소득}}{\text{해당 사업연도의 소득에 대한 과세표준}}$$

해당 사업연도의 산출세액은 국내·외원천소득에 대한 산출세액을 말하며, 법인세법 제55조의 2에 따른 토지등 양도소득에 대한 법인세액 및 조세특례제한법 제100조의 32에 따른 투자·상생협력 촉진을 위한 과세특례를 적용하여 계산한 법인세액은 제외한다. 국외원천소득은 조세특례제한법이나 그 밖의 법률에 따라 세액감면 또는 면제를 적용받는 경우에는 세액감면 또는 면제 대상 국외원천소득에 세액감면 또는 면제 비율을 곱한 금액은 제외한다(법법 57 ①).

75) 국세청 발간책자 '해외투자와 세금' 2011

외국정부에 납부하였거나 납부할 외국법인세액이 해당 사업연도의 공제한도금액을 초과하는 경우 그 초과하는 금액은 해당 사업연도의 다음 사업연도 개시일부터 10년 이내에 끝나는 각 사업연도(이월공제기간)로 이월하여 그 이월된 사업연도의 공제한도금액 내에서 공제받을 수 있다. 다만, 외국정부에 납부하였거나 납부할 외국법인세액을 이월공제기간 내에 공제받지 못한 경우 그 공제받지 못한 외국법인세액은 법인세법 제21조 제1호에도 불구하고 이월공제기간의 종료일 다음 날이 속하는 사업연도의 소득금액을 계산할 때 손금에 산입할 수 있다(법법 57 ②). 외국정부에 납부하였거나 납부할 외국법인세액이 공제한도를 초과하여 2021.1.1. 이후 개시하는 사업연도의 직전 사업연도까지 공제되지 아니하고 남아있는 금액(예 : 2015.1.1.개시 사업연도 발생분)에 대해서는 2021.1.1. 이후 개시하는 사업연도에 대한 과세표준 및 세액을 계산할 때 법인세법 57조 2항의 개정규정을 적용한다(법 부칙 2020. 12.22.). 법인세법 제57조 제1항에 따른 공제한도금액을 초과하는 외국법인세액 중 국외원천소득대응비용과 관련된 외국법인세액(다음의 ①의 금액에서 ②의 금액을 뺀 금액)에 대해서는 법인세법 제57조 제2항 본문(한도초과액 10년간 이월하여 공제적용)을 적용하지 않는다. 이 경우 해당 외국법인세액은 세액공제를 적용받지 못한 사업연도의 다음 사업연도 소득금액을 계산할 때 손금에 산입할 수 있다(법령 94 ⑮, 개정규정은 2023.1.1. 이후 발생한 국외원천소득에 대한 외국법인세액부터 적용한다. 2023.1.1. 전에 발생한 국외원천소득에 대한 외국법인세액의 손금 산입에 관하여는 개정규정에도 불구하고 종전의 규정에 따른다. 영 부칙 2023.2.28.).

① 법인세법 시행령 제94조 제2항 각 호 외의 부분 전단에 따라 산출한 법인세법 제57조 제1항이 적용되는 국외원천소득을 기준으로 계산한 공제한도금액

② 법인세법 제57조 제1항에 따른 공제한도금액

예제 국외원천소득에서 차감되는 국외원천소득 대응 비용 한도와 이월공제

㈜이손은 ㈜갑에게 중장비를 임차료 600,000지급조건으로 임차하고 해외법인 A에게 임대하였다. 임대수익은 1,000,000이며 외국납부세액은 200,000이다. 관련 회계처리는 다음과 같다. ㈜이손의 과세표준은 10,000,000(산출세액 1,000,000)인 경우 외국납부세액공제액과 이월공제액을 계산하시오.

(1) 중장비 임차료 회계처리

(차) 지급임차료	600,000	(대) 보통예금	600,000

(2) 수입임대료 회계처리

(차) 보통예금	800,000	(대) 수입임대료	1,000,000
선납세금	200,000		

풀 이

(1) 외국납부세액공제 : min(①, ②) = 40,000

① 외국납부세액 : 200,000

② 외국납부세액 공제 한도 : 1,000,000×(1,000,000−600,000)÷10,000,000 = 40,000

(2) 외국납부세액 한도초과 이월공제액

① 한도초과액 : 200,000 - 40,000 = 160,000

② 이월공제 배제액

= 국외원천소득 대응 비용을 차감하지 않고 산출한 한도액−외국납부세액공제 한도액

= 1,000,000×(1,000,000÷10,000,000) − 40,000 = 60,000

③ 외국납부세액 한도초과 이월액: 160,000 − 60,000 = 100,000

(2) 국외사업장이 2 이상의 국가인 경우 공제한도

외국납부세액공제한도를 계산함에 있어서 국외사업장이 2 이상의 국가에 있는 경우에는 국가별로 구분하여 이를 계산한다(법령 94 ⑦). 외국납부세액공제 한도액을 국가별로 구분하여 계산하는 경우에 어느 국가의 소득금액이 결손인 경우의 기준국외원천소득금액 계산은 각국별 소득금액에서 그 결손금액을 총소득금액에 대한 국가별 소득금액 비율로 안분계산하여 차감한 금액으로 한다(법기통 57−94…1).

≪ 국별 외국납부세액공제 한도액 계산 사례, 법기통 57−94…1 ≫

국가별	외국납부 세액	국별 소득	기준국외 원천소득	세액공제 한도액	비고
A국	100	500	$500-600\times\frac{500}{1,000}=200$	$120\times\frac{200}{400}=60$	산출세액 120
B국	0	△600			
C국	60	300	$300-600\times\frac{300}{1,000}=120$	$120\times\frac{120}{400}=36$	
국내	−	200			
계	160	△600 1,000	320	96	

≪ 국별한도제와 일괄한도제 사례 비교 ≫

구 분				국 별 한 도 액		
구 분	소득금액	세율	외국납부세액	공제한도	공제세액	미공제세액
A국	1,000	25%	250	300	250	–
B국	2,000	35%	700	600	600	100
C국	3,000	37.5%	1,125	900	900	225
국내	4,000	30.0%	–	–	–	–
합계	10,000	–	2,075	–	1,750	325
총 부 담 세 액				(3,000+2,075−1,750)=3,325		

구 분				일 괄 한 도 액		
구 분	소득금액	세율	외국납부세액	공제한도	공제세액	미공제세액
A국	1,000	25%	250	1,800	1,800	275
B국	2,000	35%	700			
C국	3,000	37.5%	1,125			
국내	4,000	30.0%	–			
합계	10,000	–	2,075		1,800	275
총 부 담 세 액				(3,000+2,075−1,800)=3,275		

※ 공제한도액 계산내역

– 국별한도액 계산(A국) : 3,000(총소득×국내세율)× $\frac{\text{국별소득}(1,000)}{\text{총소득}(10,000)}$ = 300

– 일괄한도액 계산 : 3,000(총소득×국내세율)× $\frac{\text{국외원천소득}(6,000)}{\text{총소득}(10,000)}$ = 1,800

(3) 법인지방소득세 과세표준

1) 일반원칙

내국법인의 각 사업연도의 소득에 대한 법인지방소득세의 과세표준은 법인세법 제13조에 따라 계산한 법인세의 과세표준(조세특례제한법 및 다른 법률에 따라 과세표준 산정과 관련된 조세감면 또는 중과세 등의 조세특례가 적용되는 경우에는 이에 따라 계산한 법인세의 과세표준)과 동일한 금액으로 한다(지법 103의19 ①).

2) 법인세 신고시 외국납부세액공제를 적용하는 경우 법인지방소득세과세표준

법인세법에서는 내국법인의 각 사업연도의 소득에 대한 과세표준에 국외원천소득이 포함되어 있는 경우로서 그 국외원천소득에 대하여 외국법인세액을 납부하였거나 납부할 것이 있는 경우에는 외국납부세액공제한도금액 내에서 외국법인세액을 해당 사업연도의 산출세액에서 공제할 수 있다(법법 57 ①). 외국정부에 납부하였거나 납부할 외국법인세액이 해당

사업연도의 공제한도금액을 초과하는 경우 그 초과하는 금액은 해당 사업연도의 다음 사업연도 개시일부터 10년 이내에 끝나는 각 사업연도(이월공제기간)로 이월하여 그 이월된 사업연도의 공제한도금액 내에서 공제받을 수 있다. 다만, 외국정부에 납부하였거나 납부할 외국법인세액을 이월공제기간 내에 공제받지 못한 경우 그 공제받지 못한 외국법인세액은 이월공제기간의 종료일 다음 날이 속하는 사업연도의 소득금액을 계산할 때 손금에 산입할 수 있다(법법 57 ②).

내국법인의 각 사업연도의 소득에 대한 법인세 과세표준에 국외원천소득이 포함되어 있는 경우로서 법인세법 제57조에 따라 외국납부세액공제를 하는 경우에는 같은 조 제1항에 따른 외국법인세액을 상기 1)의 과세표준 금액에서 차감한 금액을 법인지방소득세 과세표준으로 한다. 이 경우 해당 사업연도의 과세표준에 법인세법 제57조 제2항 단서에 따라 손금에 산입한 외국법인세액이 있는 경우에는 그 금액을 상기 1)의 과세표준 금액에 가산한 이후에 전단의 규정을 적용한다[지법 103의19 ②, 개정규정은 2021.1.1. 이후 법인지방소득세 과세표준을 신고(수정신고는 제외함)하는 경우부터 적용함. 법 부칙 2020.12.29.].

법인세(외국납부세액공제 적용)

국외소득 1,000 외국납부세액 100인 경우
차) 비용 100 대) 보통예금 100
〈손금불산입〉 법인세비용 1,000 기타사외유출

소득금액	900
익금산입	100
과세표준	1,000
세 율	10%
산출세액	100
세액공제	(100)
납부세액	–

법인지방소득세

⑪③ 법인세과세표준	1,000
⑩⑥ 외국법인세액	100
⑩⑦ 과세표준(⑪③ – ⑩⑥)	900

법인세
(외국납부세액공제 이월공제기간경과 손금처리)

외국납부세액공제 미공제 이월액 100
손금처리하는 경우
〈손금산입〉 외국납부세액 100 기타

소득금액	2,100
손금산입	(100)
과세표준	2,000
세 율	10%
산출세액	200

법인지방소득세

⑪② 법인세과세표준	2,000
⑩⑤ 외국법인세액조정액	100
⑪③ 과세표준(⑪② + ⑮⑨ + ⑩⑤)	2,100

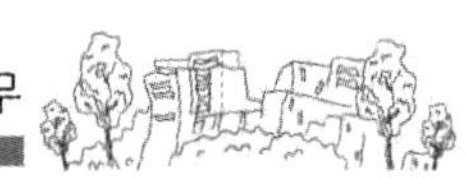

3) 외국납부세액의 이월차감

지방세법 제103조의 19 제2항 전단에 따라(상기 2)에 따라) 차감하는 외국법인세액이 해당 사업연도의 제1항에 따른 금액(법인세 과세표준)을 초과하는 경우에 그 초과하는 금액은 해당 사업연도의 다음 사업연도 개시일부터 15년 이내에 끝나는 각 사업연도로 이월하여 그 이월된 사업연도의 법인지방소득세 과세표준을 계산할 때 차감할 수 있다(지법 103의19 ③, 2019.12.31. 이전에 개시한 사업연도의 과세표준에 포함된 외국납부세액에 대하여는 지방세법 103조의 19 제3항의 개정규정을 적용할 때 15년을 10년으로 봄. 법 부칙 2020.12.29.). 외국법인세액을 이월하여 그 이월된 사업연도의 법인지방소득세 과세표준을 계산할 때 차감하는 경우 먼저 발생한 이월금액부터 차감한다(지령 100의10 ⑤).

2.6 간접투자회사 등의 외국납부세액공제 및 환급 특례

(1) 의의

자본시장과 금융투자업에 관한 법률에 따른 투자회사, 투자목적회사, 투자유한회사, 투자합자회사([같은 법 제9조 제19항 제1호에 따른 기관전용 사모집합투자기구(법률 제18128호 자본시장과 금융투자업에 관한 법률 일부개정법률 부칙 제8조 제1항부터 제4항까지의 규정에 따라 기관전용 사모집합투자기구, 기업재무안정 사모집합투자기구 및 창업·벤처전문 사모집합투자기구로 보아 존속하는 종전의 경영참여형 사모집합투자기구를 포함한다)는 제외한다]), 투자유한책임회사 및 부동산투자회사법에 따른 기업구조조정 부동산투자회사, 위탁관리 부동산투자회사 및 제5조 제2항에 따라 내국법인으로 보는 신탁재산(이하 이 조에서 "간접투자회사등"이라 한다)이 국외의 자산에 투자하여 얻은 소득에 대하여 납부한 외국법인세액(법인세법 제57조 제1항 및 제6항의 외국법인세액을 말한다)이 있는 경우에는 제57조에도 불구하고 그 소득이 발생한 사업연도의 과세표준 신고 시 그 사업연도의 법인세액에서 그 사업연도의 외국 납부세액(국외자산에 투자하여 얻은 소득에 대하여 소득세법 제129조 제1항 제2호에 따른 세율을 곱하여 계산한 세액을 한도로 하고, 이를 초과하는 금액은 없는 것으로 본다)을 빼고 납부하여야 한다(법법 57의2 ①).

(2) 환급세액

간접투자회사등은 상기 (1)에 따른 그 사업연도의 외국 납부세액이 그 사업연도의 법인세액을 초과하는 경우에는 다음에서 정하는 바에 따라 환급받을 수 있다(법법 57의2 ②). 자본시장과 금융투자업에 관한 법률에 따른 투자신탁, 투자합자조합 및 투자익명조합(이하 "투자신탁등")의 경우에는 그 투자신탁등을 내국법인으로 보아 법인세법 제57조의2 제1항과 제2항을 적용한다. 이 경우 제1항의 "사업연도"는 "투자신탁등의 회계기간"으로 보고, "과세표준

신고 시"는 "결산 시"로 본다(법법 57의2 ③). 제3항을 적용할 때 해당 사업연도의 법인세액은 없는 것으로 보아 제2항을 적용한다(법법 57의2 ④). 제3항과 제4항을 적용할 때 자본시장과 금융투자업에 관한 법률에 따른 투자신탁재산을 운용하는 집합투자업자는 그 투자신탁을 대리(代理)하는 것으로 본다(법법 57의2 ⑤).

법인세법 제57조의 2 제1항의 규정에 따른 간접투자회사 등이 동조 제2항의 규정에 따라 환급받을 수 있는 금액(환급세액)은 다음 ①의 규정에 따른 금액에서 ②의 규정에 따른 금액을 차감한 금액으로 한다(법령94의2 ①).

환급세액 : ① - ②

① 다음 산식에 따라 계산한 금액

$$\text{당해 사업연도의 외국납부세액(법인세법 제57조의 2 제1항의 규정에 따라 계산한 외국납부세액)} \times \frac{\text{당해 사업연도 소득금액 중 과세대상소득금액}}{\text{당해 사업연도 소득금액 중 국외원천 과세대상소득금액}}$$

② 당해 사업연도의 법인세액

법인세법 시행령 제94조의 2 제1항에 따른 간접투자회사등이 납부한 같은 항에 따른 간접투자외국법인세액의 전부 또는 일부가 해당 사업연도 또는 회계기간 이후 환급된 경우 간접투자회사등은 같은 조 제6항에 따라 해당 환급금을 그 환급받은 날이 속하는 분기의 마지막 달의 다음 달 말일까지 납세지 관할 세무서장에게 납부해야 한다. 이 경우 별지 제64호의 6 서식에 따른 간접투자회사등의 외국납부세액 환급금 납부계산서에 해당 환급금에 관한 입증서류를 첨부하여 납세지 관할 세무서장에게 제출해야 한다(법칙 94의2, 개정규정은 2025.1.1.부터 시행함. 규칙 부칙 2023.3.20.).

2.7 간접투자회사 등으로부터 지급받은 소득에 대한 외국 납부세액공제 특례

◇ 법인세법 제57조의 2(간접투자회사 등으로부터 지급받은 소득에 대한 외국 납부세액공제 특례)의 개정규정은 2025.1.1.이후 개시하는 사업연도부터 시행한다(법 부칙 2022.12.31.).

(1) 의의

내국법인의 각 사업연도의 과세표준에 다음의 요건을 갖춘 소득이 합산되어 있는 경우에는 법인세법 제57조의2 제2항 제2호(간접투자외국법인세액을 세후기준가격을 고려하여 대통령령으로 정하는 바에 따라 계산한 금액)에 따른 금액을 해당 사업연도의 산출세액에서 공제할 수 있

다(법법 57의2 ①).

① 다음의 어느 하나에 해당하는 것(이하 간접투자회사등)으로부터 지급받은 소득일 것
   ㉠ 자본시장과 금융투자업에 관한 법률에 따른 투자회사, 투자목적회사, 투자유한회사, 투자합자회사(같은 법 제9조 제19항 제1호의 기관전용 사모집합투자기구는 제외한다), 투자유한책임회사, 투자신탁, 투자합자조합 및 투자익명조합
   ㉡ 부동산투자회사법에 따른 기업구조조정 부동산투자회사 및 위탁관리 부동산투자회사
   ㉢ 법인세법 제5조 제2항에 따라 내국법인으로 보는 신탁재산

② 간접투자회사등이 내국법인에 지급한 소득에 대하여 법인세법 제57조 제1항 및 제6항에 따른 외국법인세액(간접투자회사등이 다른 간접투자회사등이 발행하는 증권을 취득하는 구조로 투자한 경우로서 그 다른 간접투자회사등이 납부한 같은 규정에 따른 외국법인세액이 있는 경우 해당 세액을 포함하며, 이하 이 조 및 제73조에서 "간접투자외국법인세액"이라 한다)을 납부하였을 것

(2) 공제금액

상기 (1)을 적용할 때 내국법인이 간접투자회사등으로부터 지급받은 소득과 해당 사업연도의 산출세액에서 공제하는 금액은 다음의 금액으로 한다(법법 57의2 ②).

① 간접투자회사등으로부터 지급받은 소득 : 자본시장과 금융투자업에 관한 법률 제238조 제6항에 따른 기준가격(간접투자외국법인세액이 차감된 가격을 말하며, 이하 세후기준가격이라 한다)을 기준으로 계산된 금액. 다만, 증권시장에 상장된 간접투자회사등의 증권의 매도에 따라 간접투자회사등으로부터 지급받은 소득은 대통령령으로 정하는 바에 따라 계산한 금액으로 한다.

② 산출세액에서 공제하는 금액 : 간접투자외국법인세액을 세후기준가격을 고려하여 대통령령으로 정하는 바에 따라 계산한 금액

(3) 공제한도금액

상기 (1)에 따라 산출세액에서 공제할 수 있는 금액은 다음 계산식에 따른 금액(공제한도금액)을 한도로 한다. 이 경우 상기 (2)의 ②의 금액이 해당 사업연도의 공제한도금액을 초과하는 경우 그 초과하는 금액은 해당 사업연도의 다음 사업연도 개시일부터 10년 이내에 끝나는 각 사업연도로 이월하여 그 이월된 사업연도의 공제한도금액 내에서 공제할 수 있다(법법 57의2 ③).

$$공제한도금액 = A \times \frac{B}{C}$$

A : 해당 사업연도의 산출세액(법인세법 제55조의 2에 따른 토지등 양도소득에 대한 법인세액 및 조세특례제한법 제100조의 32에 따른 투자·상생협력 촉진을 위한 과세특례를 적용하여 계산한 법인세액은 제외한다)
B : 간접투자회사등으로부터 지급받은 소득(해당 소득에 대하여 간접투자외국법인세액이 납부된 경우로 한정한다)의 합계액
C : 해당 사업연도의 소득에 대한 과세표준

03 연구·인력개발비에 대한 세액공제

법인이 각 과세연도에 연구·인력개발비가 있는 경우에는 일정세액을 해당 과세연도의 법인세에서 공제한다.

3.1 연구·인력개발비의 범위

(1) 연구개발활동

1) 일반범위

연구개발이란 과학적·기술적 진전 또는 새로운 서비스 및 서비스전달체계 개발을 위한 체계적이고 창의적인 활동을 말하며, 대통령령으로 정하는 활동을 제외한다(조특법 2 ① 11호). 새로운 서비스 및 서비스전달체계를 개발하기 위한 활동을 위하여 발생한 비용 중 과학기술분야와 결합되어 있지 아니한 금액에 대해서는 자체 연구개발을 위하여 발생한 것에 한정한다(조특법 10 ⑤).

① 연구·인력개발비란 연구개발 및 인력개발을 위한 비용으로서 조세특례제한법 시행령 별표 6의 비용을 말한다. 다만, 다음에 해당하는 비용은 제외한다(조특령 9 ①, 개정규정은 2024.2.29.이 속하는 과세연도부터 적용함. 영 부칙 2024.2.29.).

㉠ 조세특례제한법 제10조의2 제1항에 따른 연구개발출연금 등을 지급받아 연구개발비로 지출하는 금액

㉡ 국가, 지방자치단체, 공공기관의 운영에 관한 법률에 따른 공공기관 및 지방공기업법에 따른 지방공기업으로부터 출연금 등의 자산을 지급받아 연구개발비 또는 인력개발비로 지출하는 금액(2023.2.28. 전에 발생한 연구개발비 또는 인력개발비의 세액공제 요건에 관하여는 개정규정에도 불구하고 종전의 규정에 따름. 영 부칙 2023.2.28.).

② 상기 ①의 연구개발활동에는 다음의 활동을 포함하지 아니한다(조특령 1의2).

㉠ 일반적인 관리 및 지원활동

㉡ 시장조사와 판촉활동 및 일상적인 품질시험

㉢ 반복적인 정보수집 활동

㉣ 경영이나 사업의 효율성을 조사·분석하는 활동

㉤ 특허권의 신청·보호 등 법률 및 행정 업무

㉥ 광물 등 자원 매장량 확인, 위치확인 등을 조사·탐사하는 활동

㉦ 위탁받아 수행하는 연구활동

㉧ 이미 기획된 콘텐츠·소프트웨어 등을 제작하는 활동

㉨ 기존에 상품화 또는 서비스화된 소프트웨어 등을 복제하여 반복적으로 제작하는 활동

㉩ 이미 연구개발된 제품·기술·서비스·설계·디자인 등과 동일성을 유지하는 범위에서 이를 단순하게 보완·변형·개선하는 활동

2) 연구활동이 중단된 경우

자체 연구개발을 위한 연구개발비가 기초연구진흥 및 기술개발지원에 관한 법률 제14조의 3 제1항 각 호에 해당하는 사유 등 다음에서 정하는 사유로 인하여 연구개발비에 해당하지 아니하게 되는 경우에는 법으로 정하는 날 이후 발생하는 비용에 대하여 연구·인력개발비에 대한 세액공제를 적용하지 아니한다(조특법 10 ⑥, 조특령 9 ⑱⑲ 중단사유 적용과 관련한 개정규정은 2020.1.1. 이후 개정규정의 어느 하나에 해당하게 되는 분부터 적용한다. 영 부칙 2020.2.11.).

구 분	내 용
중단사유 (조특령 9 ⑱)	기초연구진흥 및 기술개발지원에 관한 법률 제14조의 3 제1항 각 호의 어느 하나에 해당하는 사유로 기업부설연구소 또는 연구개발전담부서의 인정이 취소된 경우
	문화산업진흥 기본법 제17조의 3 제4항 각 호의 어느 하나에 해당하는 사유로 기업부설창작연구소 또는 기업창작전담부서의 인정이 취소된 경우
중단일 (조특령 9 ⑲)	기초연구진흥 및 기술개발지원에 관한 법률 제14조의 3 제1항 제1호 또는 문화산업진흥 기본법 제17조의 3 제4항 제1호에 따라 인정이 취소된 경우 인정일이 속하는 과세연도의 개시일
	기초연구진흥 및 기술개발지원에 관한 법률 제14조의 3 제1항 제2호, 제3호, 제5호, 제6호 및 제8호에 따라 인정이 취소된 경우 인정취소일
	기초연구진흥 및 기술개발지원에 관한 법률 제14조의 3 제1항 제4호·제7호 또는 문화산업진흥 기본법 제17조의 3 제4항 제2호에 따라 인정이 취소된 경우 인정취소일이 속하는 과세연도의 개시일

구 분	내 용
기초연구진흥 및 기술개발지원에 관한 법률 제14조의 3 제1항	(기업부설연구소등의 인정취소) 과학기술정보통신부장관은 기업부설연구소등 또는 기업부설연구소등이 소속된 기업이 다음 각 호의 어느 하나에 해당하는 경우에는 기업부설연구소등의 인정을 취소할 수 있다. 다만, 제1호 또는 제2호에 해당하는 경우에는 그 인정을 취소하여야 한다. 1. 거짓 또는 그 밖의 부정한 방법으로 인정을 받거나 변경신고를 한 경우 2. 기업부설연구소등이 소속된 기업이 기업부설연구소등의 인정취소를 요청한 경우 3. 기업부설연구소등이 소속된 기업이 폐업하거나 기업부설연구소등의 폐쇄 사실을 과학기술정보통신부장관이 확인한 경우 4. 제14조의2제1항에 따른 인정기준에 미달되어 과학기술정보통신부장관이 그 보완을 명한 날부터 1개월이 지날 때까지 미달된 사항을 보완하지 아니한 경우 5. 제14조의2제3항에 따른 변경신고를 변경사유가 발생한 날부터 1년 이내에 하지 아니한 경우 6. 기업부설연구소등의 연구개발활동이 없다고 과학기술정보통신부장관이 인정한 경우 7. 기업부설연구소등이 제14조의4에 따른 준수사항을 위반한 경우 8. 연구실 안전환경 조성에 관한 법률 제17조 등 다른 법률에 따라 기업부설연구소등의 연구개발활동이 제한된 경우
문화산업진흥 기본법 제17조의 3 제4항	(기업부설창작연구소등의 인정취소) 문화체육관광부장관은 다음 각 호의 어느 하나에 해당하는 경우에는 제1항에 따른 창작연구소등의 인정을 취소할 수 있다. 다만, 제1호에 해당하는 경우에는 인정을 취소하여야 한다. 1. 거짓이나 그 밖의 부정한 방법으로 창작연구소등으로 인정받은 경우 2. 제1항에 따른 인정기준을 위반한 경우

조세특례제한법 시행령 [별표 6] <개정 2025. 2. 28.>

연구·인력개발비 세액공제를 적용받는 비용(제9조제1항 관련)

1. 연구개발

가. 자체연구개발

1) 연구개발 또는 문화산업 진흥 등을 위한 기획재정부령으로 정하는 연구소 또는 전담부서(이하 "전담부서등"이라 한다)에서 근무하는 직원(연구개발과제를 직접 수행하거나 보조하지 않고 행정 사무를 담당하는 자는 제외한다) 및 연구개발서비스업에 종사하는 전담요원으로서 기획재정부령으로 정하는 자의 인건비. 다만, 다음의 인건비를 제외한다.

가) 소득세법 제22조에 따른 퇴직소득에 해당하는 금액

나) 소득세법 제29조 및 법인세법 제33조에 따른 퇴직급여충당금

다) 법인세법 시행령 제44조의2제2항에 따른 퇴직연금등의 부담금 및 소득세법 시행령 제40조의2제1항제2호에 따른 퇴직연금계좌에 납부한 부담금

○ 영 별표 6 제1호 가목 1) 가)부터 다)까지 외의 부분 본문에서 "기획재정부령으로 정하는 연구소 또는 전담부서"란 다음 각 호의 어느 하나에 해당하는 연구소 및 전담부서(이하 "전담부서등"이라 한다)를 말하며, 영 별표 6 제1호 가목 1) 가)부터 다)까지 외의 부분 본문에 따른 연구개발서비스업이란 연구산업진흥법에 따른 전문연구사업자가 영위하는 같은 법 제2조 제1호 가목의 연구산업(이하 이 조에서 "연구개발서비스업"이라 한다)을 말한다(조특칙 7 ①).

1. 기초연구진흥 및 기술개발지원에 관한 법률 제14조의 2 제1항에 따라 과학기술정보통신부장관의 인정을 받은 기업부설연구소 또는 연구개발전담부서
2. 문화산업진흥 기본법 제17조의 3 제1항에 따른 기업부설창작연구소 또는 기업창작전담부서
3. 산업디자인진흥법 제9조에 따른 산업디자인전문회사(이하 이 조에서 "산업디자인전문회사"라 한다)

○ 영 별표 6 제1호 가목 1) 가)부터 다)까지 외의 부분 본문에서 "기획재정부령으로 정하는 자"란 전담부서등에서 연구업무에 종사하는 기초연구진흥 및 기술개발지원에 관한 법률 시행령에 따른 연구전담요원(산업디자인전문회사의 경우 연구업무에 종사하는 산업디자인진흥법 시행규칙 제9조 제1항 제1호에 따른 전문인력을 말한다) 및 기초연구진흥 및 기술개발지원에 관한 법률 시행령에 따른 연구보조원과 연구개발서비스업에 종사하는 전담요원을 말한다. 다만, 주주인 임원으로서 다음 각 호의 어느 하나에 해당하는 자는 제외한다(조특칙 7 ③).

1. 부여받은 주식매수선택권을 모두 행사하는 경우 해당 법인의 총발행주식의 100분의 10을 초과하여 소유하게 되는 자
2. 해당 법인의 주주로서 법인세법 시행령 제43조 제7항에 따른 지배주주등 및 해당 법인의 총발행주식의 100분의 10을 초과하여 소유하는 주주
3. 제2호에 해당하는 자(법인을 포함한다)의 소득세법 시행령 제98조 제1항 또는 법인세법 시행령 제2조 제5항에 따른 특수관계인. 이 경우 법인세법 시행령 제2조 제5항 제7호에 해당하는 자가 해당 법인의 임원인 경우를 제외한다.

2) 1)에 해당하는 직원 및 전담요원이 가입한 법 제30조의 4 제4항 제1호부터 제4호까지의 사회보험에 대해 사용자가 부담하는 사회보험료 상당액
3) 전담부서등 및 연구개발서비스업자가 연구용으로 사용하는 견본품·부품·원재료와 시약류구입비(시범제작에 소요되는 외주가공비를 포함한다) 및 소프트웨어(인사, 급여 등 일반 사무에 사용하는 소프트웨어로서 기획재정부령으로 정하는 것은 제외한다)·서체·음원·이미지의 대여·구입비. 기획재정부령으로 정하는 것이란 조세특례제한법 시행규칙 제12조 제3항 제7호 각 목의 어느 하나에 해당하는 소프트웨어를 말한다(조특칙 7 ⑳).
4) 전담부서등 및 연구개발서비스업자가 직접 사용하기 위한 연구·시험용 시설(제25조의3제3항제2호가목에 따른 시설을 말한다. 이하 같다)의 임차 또는 나목1)에 따른 기관의 연구·시험용 시설의 이용에 필요한 비용
5) 클라우드컴퓨팅 발전 및 이용자 보호에 관한 법률 제2조 제3호에 따른 클라우드컴퓨팅서비스의 이용에 필요한 비용

■ **법인이 부담하는 건강보험료 등(산재보험료 제외)이 인건비에 포함하는지 여부**
급여에 포함되지 않는 사용자 부담분 건강보험료, 국민연금보험료, 고용보험료 등이 연구인력개발비 세액공제 대상인 인건비에 포함되는지 여부와 관련하여 연구인력개발비에 대한 세액공제 대상이 되는 인건비는 명칭여하에 불구하고 근로의 제공으로 인하여 지급하는 비용을 말하는 것으로 국민건강보험법에 따라 사용자인 법인이 부담하는 건강보험료 등 소득세법에 따른 비과세 근로소득은 해당 세액공제의 대상이 되는 인건비에 포함하는 것임(조특, 서면법규과-752, 2014.07.17.).

나. 위탁 및 공동연구개발

1) 다음의 기관에 과학기술 및 산업디자인 분야의 연구개발용역을 위탁(재위탁을 포함한다)함에 따른 비용(전사적 기업자원 관리설비, 판매시점 정보관리 시스템 설비 등 기업의 사업운영·관리·지원 활동과 관련된 시스템 개발을 위한 위탁비용은 제외한다. 이하 이 목에서 같다) 및 이들 기관과의 공동연구개발을 수행함에 따른 비용
   가) 고등교육법에 따른 대학 또는 전문대학
   나) 국공립연구기관
   다) 정부출연연구기관
   라) 국내외의 비영리법인(비영리법인에 부설된 연구기관을 포함한다)
   마) 산업기술혁신 촉진법 제42조에 따른 전문생산기술연구소 등 기업이 설립한 국내외 연구기관
   바) 전담부서등(전담부서등에서 직접 수행한 부분으로 한정한다) 또는 국외기업에 부설된 연구기관
   사) 영리를 목적으로 연구산업진흥법 제2조제1호가목 또는 나목의 산업을 영위하는 기업 또는 영리목적으로 연구·개발을 독립적으로 수행하거나 위탁받아 수행하고 있는 국외 소재 기업
   아) 산업교육진흥 및 산학연협력촉진에 관한 법률에 따른 산학협력단
   자) 한국표준산업분류표상 기술시험·검사 및 분석업을 영위하는 기업
   차) 산업디자인진흥법 제4조제2항 각 호에 해당하는 기관
   카) 산업기술연구조합 육성법에 따른 산업기술연구조합

2) 고등교육법에 따른 대학 또는 전문대학에 소속된 개인(조교수 이상으로 한정한다)에게 과학기술분야의 연구개발용역을 위탁함에 따른 비용

다. 해당 기업이 그 종업원 또는 종업원 외의 자에 대한 직무발명 보상금 지급으로 발생한 금액

라. 기술정보비(기술자문비를 포함한다) 또는 도입기술의 소화개량비로서 기획재정부령으로 정하는 비용

영 별표 6 제1호 라목에서 "기획재정부령으로 정하는 비용"이란 다음 각 호의 어느 하나에 해당하는 자로부터 산업기술에 관한 자문을 받고 지급하는 기술자문료를 말한다(조특칙 7 ⑤).

1. 과학기술분야를 연구하는 국·공립연구기관, 정부출연연구기관, 국내외 비영리법인(부설연구기관을 포함한다), 산업기술혁신 촉진법 제42조에 따른 전문생산기술연구소 등 기업이 설립한 국내외 연구기관, 전담부서등 또는 국외기업에 부설된 연구기관에서 연구업무에 직접 종사하는 연구원
2. 고등교육법 제2조에 따른 대학(교육대학 및 사범대학을 포함한다) 또는 전문대학에 근무하는 과학기술분야의 교수(조교수 이상인 자에 한한다)

3. 외국에서 다음 각 목의 어느 하나에 해당하는 산업분야에 5년 이상 종사하였거나 학사학위 이상의 학력을 가지고 해당 분야에 3년 이상 종사한 외국인기술자
   가. 영 별표 4의 산업
   나. 광업
   다. 건설업
   라. 영 제5조 제9항에 따른 엔지니어링사업
   마. 영 제5조 제7항에 따른 물류산업
   바. 시장조사 및 여론조사업, 경영컨설팅업 및 공공관계 서비스업, 사업시설 유지관리 서비스업, 교육관련 자문 및 평가업, 기타 교육지원 서비스업(교환학생 프로그램 운영 등으로 한정한다), 비금융 지주회사, 기술 시험·검사 및 분석업, 측량업, 제도업, 지질조사 및 탐사업(광물채굴 목적의 조사 및 탐사를 제외한 지질조사 및 탐사활동으로 한정한다), 지도제 작업, 전문디자인업, 그 외 기타 분류 안 된 전문·과학 및 기술 서비스업(지도제작, 환경정화 및 복원활동을 제외한 그 외 기타 분류 안 된 전문·과학 및 기술 서비스로 한정한다), 기타 광업 지원 서비스업(채굴목적 광물탐사활동으로 한정한다), 토양 및 지하수 정화업(토양 및 지하수 정화활동으로 한정한다), 기타 환경 정화 및 복원업[토양 및 지하수 외의 환경 정화 활동(선박유출기름 수거운반을 제외한다)으로 한정한다]
   사. 연구산업진흥법 제2조 제1호 가목 및 나목의 연구산업
   아. 조세특례제한법(이하 "법"이라 한다) 제7조 제1항 제1호 허목의 의료업(국가기술자격법 시행규칙 별표 2의 국제의료관광코디네이터로 한정한다)

마. 중소기업이 과학기술분야 정부출연연구기관 등의 설립·운영 및 육성에 관한 법률에 따라 설립된 한국생산기술연구원과 산업기술혁신 촉진법에 따라 설립된 전문생산기술연구소의 기술지도 또는 중소기업진흥에 관한 법률에 따른 기술지도를 받음에 따라 발생한 비용

바. 중소기업에 대한 공업 및 상품디자인 개발지도를 위하여 발생한 비용

사. 중소기업이 산업재산 정보의 관리 및 활용 촉진에 관한 법률 제17조 제1항에 따라 지정된 산업재산진단기관의 특허 조사·분석을 받음에 따라 발생한 비용

2. 인력개발
가. 위탁훈련비(전담부서등에서 연구업무에 종사하는 연구요원에 한정한다)
   1) 국내외의 전문연구기관 또는 대학에의 위탁교육훈련비
   2) 국민 평생 직업능력 개발법에 따른 직업훈련기관에 위탁훈련비
   3) 국민 평생 직업능력 개발법에 따라 고용노동부장관의 승인을 받아 위탁훈련하는 경우의 위탁훈련비
   4) 중소기업이 중소기업진흥에 관한 법률에 따른 기술연수를 받기 위하여 발생한 비용
   5) 그 밖에 자체기술능력향상을 목적으로 한 국내외 위탁훈련비로서 기획재정부령으로 정하는 것

영 별표 6 제2호 가목 5)에서 "기획재정부령으로 정하는 것"이란 전담부서등에서 연구업무에 종사하는 기초연구진흥 및 기술개발지원에 관한 법률 시행령 제2조 제7호에 따른 연구전담요원이 훈련을 목적으로 지출하는 다음 각 호의 어느 하나에 해당하는 비용을 말한다(조특칙 7 ⑧).

1. 국내외기업(국내기업의 경우에는 전담부서등을 보유한 기업에 한한다)에의 위탁훈련비
2. 산업발전법에 따라 설립된 한국생산성본부에의 위탁훈련비

나. 국민 평생 직업능력 개발법 또는 고용보험법에 따른 사내직업능력개발훈련 실시 및 직업능력개발훈련 관련사업 실시에 소요되는 비용으로서 기획재정부령으로 정하는 것

영 별표 6 제2호 나목에서 "기획재정부령으로 정하는 것"이란 다음 각 호의 어느 하나에 해당하는 비용을 말한다(조특칙 7 ⑨).

1. 사업주가 단독 또는 다른 사업주와 공동으로 국민 평생 직업능력 개발법 제2조 제1호의 직업능력개발훈련(이하 "직업능력개발훈련"이라 한다)을 실시하는 경우의 실습재료비(해당 기업이 생산 또는 제조하는 물품의 제조원가 중 직접 재료비를 구성하지 않는 것으로 한정한다)
2. 국민 평생 직업능력 개발법 제20조 제1항 제2호에 따른 기술자격검정의 지원을 위한 필요경비
3. (삭제, 2012. 2. 28.)
4. 국민 평생 직업능력 개발법 제33조 제1항에 따른 직업능력개발훈련교사등에게 지급하는 급여
5. 사업주가 단독 또는 다른 사업주와 공동으로 실시하는 직업능력개발훈련으로서 국민 평생 직업능력 개발법 제24조에 따라 고용노동부장관의 인정을 받은 직업능력개발훈련과정의 직업능력개발훈련을 받는 훈련생에게 지급하는 훈련수당·식비·훈련교재비 및 직업훈련용품비

다. 중소기업에 대한 인력개발 및 기술지도를 위하여 발생하는 비용으로서 기획재정부령으로 정하는 것

영 별표 6 제2호 다목에서 "기획재정부령으로 정하는 것"이란 다음 각 호의 어느 하나에 해당하는 비용을 말한다(조특칙 7 ⑩).

1. 지도요원의 인건비 및 지도관련경비
2. 직업능력개발훈련의 훈련교재비 및 실습재료비
3. 직업능력개발훈련시설의 임차비용
4. 중소기업이 중소기업 인력지원 특별법에 따라 중소기업 핵심인력 성과보상기금에 납입하는 비용. 다만 가목에 따른 납입비용은 세액공제 대상에서 제외하고, 나목에 따른 환급받은 금액은 납입비용에서 뺀다(개정규정은 2025.3.21.이 속하는 과세연도에 발생하는 연구 및 인력개발비부터 적용함. 규칙 부칙 2025.3.21.).
   가. 영 제26조의 6 제2항 각 호의 어느 하나에 해당하는 사람에 대한 납입비용
   나. 중소기업 핵심인력 성과보상기금에 가입한 이후 3년 이내에 중도해지를 이유로 중소기업이 환급받은 금액(환급받은 금액 중 이전 과세연도에 빼지 못한 금액이 있는 경우에는 해당 금액을 포함한다)
5. 내국인이 사용하지 아니하는 자기의 특허권 및 실용신안권을 중소기업(법인세법 제2조 제12호 및 소득세법 제41조에 따른 특수관계인이 아닌 경우로 한정한다)에게 무상으로 이전하는 경우 그 특허권 및 실용신안권의 장부상 가액
6. 산업발전법 제19조 제1항에 따른 지속가능경영과 관련된 임직원 교육 경비 및 경영수준 진단·컨설팅 비용(규칙 7조 10항 6호의 개정규정은 2022.1.1. 이후 개시하는 과세연도부터 적용함. 규칙 부칙 2022.3.18.).

라. 생산성향상을 위한 인력개발비로서 기획재정부령으로 정하는 비용

영 별표 6 제2호 라목에서 "기획재정부령으로 정하는 비용"이란 다음 각 호의 어느 하나에 해당하는 비용을 말한다. 다만, 교육훈련시간이 24시간 이상인 교육과정으로 한정한다(조특칙 7 ⑪).

1. 품질관리·생산관리·설비관리·물류관리·소프트웨어관리·데이터관리·보안관리(이하 이 항에서 "품질관리등"이라 한다)에 관한 회사내 자체교육비로서 제13항 각 호의 비용에 준하는 것
2. 다음 각 목의 기관에 품질관리 등에 관한 훈련을 위탁하는 경우의 그 위탁훈련비. 다만, 국민평생 직업능력 개발법에 따른 위탁훈련비와 산업발전법에 따라 설립된 한국생산성본부에의 위탁훈련비를 제외한다.
   가. 국가전문행정연수원(국제특허연수부에서 훈련받는 경우에 한한다)
   나. 산업표준화법 제32조에 따라 설립된 한국표준협회
   다. (삭제, 2010.4.20.)
   라. 산업디자인진흥법 제11조에 따라 설립된 한국디자인진흥원
   마. 품질관리등에 관한 교육훈련을 목적으로 민법 제32조에 따라 설립된 사단법인 한국능률협회
   바. 상공회의소법에 따라 설립된 부산상공회의소의 연수원
3. 문화산업진흥 기본법 제31조에 따라 설립된 한국콘텐츠진흥원에 교육을 위탁하는 경우 그 위탁교육비용
4. 항공안전법에 따른 조종사의 운항자격 정기심사를 받기 위한 위탁교육훈련비용
5. 해외 호텔 및 해외 음식점에서 조리법을 배우기 위한 위탁교육훈련비용

마. 기획재정부령으로 정하는 사내기술대학(대학원을 포함한다) 및 사내대학의 운영에 필요한 비용으로서 기획재정부령으로 정하는 것

영 별표 6 제2호 마목에서 "기획재정부령으로 정하는 사내기술대학(대학원을 포함한다) 및 사내대학"이란 다음 각 호의 어느 하나에 해당하는 것(이하 이 조에서 "사내기술대학등"이라 한다)을 말한다(조특칙 7 ⑫).

1. 사내기술대학(대학원을 포함한다)의 경우 : 과학기술분야의 교육훈련을 위한 전용교육시설 및 교과과정을 갖춘 사내교육훈련기관으로서 교육부장관이 기획재정부장관과 협의하여 정하는 기준에 해당하는 사내교육훈련기관
2. 사내대학의 경우 : 평생교육법에 따라 설치된 사내대학

영 별표 6 제2호 마목에서 "기획재정부령으로 정하는 것"이란 다음 각 호의 어느 하나에 해당하는 비용을 말한다(조특칙 7 ⑬).

1. 교육훈련용교재비·실험실습비 및 교육용품비
2. 강사에게 지급하는 강의료
3. 사내기술대학등에서 직접 사용하기 위한 실험실습용 물품·자재·장비 또는 시설의 임차비
4. 사내기술대학등의 교육훈련생에게 교육훈련기간 중 지급한 교육훈련수당 및 식비

바. 산업교육진흥 및 산학연협력촉진에 관한 법률 시행령 제2조제1항제3호 및 제4호에 따른 학교 또는 산업수요 맞춤형 고등학교 등과의 계약을 통해 설치·운영되는 직업교육훈련과정 또는 학과 등의 운영비로 발생한 비용

사. 산업수요 맞춤형 고등학교 등과 기획재정부령으로 정하는 사전 취업계약 등을 체결한 후, 직업교육훈련을 받는 해당 산업수요 맞춤형 고등학교의 재학생에게 해당 훈련기간 중 지급한 훈련수당, 식비, 교재비 또는 실습재료비(생산 또는 제조하는 물품의 제조원가 중 직접 재료비를 구성하지 않는 것만 해당한다)

영 별표 6 제2호 사목에서 "기획재정부령으로 정하는 사전 취업계약 등"이란 다음 각 호의 어느 하나에 해당하는 계약을 말한다(조특칙 7 ⑱).

1. 산업수요 맞춤형 고등학교 등 재학생에 대한 고용을 목적으로 해당 학교와 체결하는 직업교육훈련 촉진법 제2조 제5호 나목에 따른 특약으로서 다음 각 목의 요건을 모두 갖춘 특약(이하 이 조에서 "산업체 맞춤형 직업교육훈련계약"이라 한다)
   가. 산업수요 맞춤형 고등학교 등에 교육부장관이 정하는 산업체 맞춤형 직업교육훈련과정을 설치할 것
   나. 해당 내국인의 생산시설 또는 근무장소에서 산업수요 맞춤형 고등학교 등 재학생에 대하여 교육부장관이 정하는 기간 이상의 현장훈련을 실시할 것
   다. 산업체 맞춤형 직업교육훈련과정 이수자에 대한 고용요건 등이 포함될 것
   라. 가목부터 다목까지의 요건 등에 관한 사항이 포함된 교육부장관이 정하는 계약서에 따라 산업체 맞춤형 직업교육훈련계약을 체결할 것

2. 산업수요 맞춤형 고등학교 등 재학생에 대한 고용을 목적으로 해당 학교 및 직업교육훈련 촉진법 제2조 제2호에 따른 직업교육훈련기관과 체결하는 같은 법 제2조 제5호나목에 따른 특약으로서 다음 각 목의 요건을 모두 갖춘 특약(이하 이 조에서 "취업인턴 직업교육훈련계약"이라 한다)
   가. 산업수요 맞춤형 고등학교 등 또는 직업교육훈련기관에 교육부장관이 정하는 취업인턴 직업교육훈련과정을 설치할 것
   나. 해당 내국인의 생산시설 또는 근무장소에서 산업수요 맞춤형 고등학교 등 재학생에 대하여 교육부장관이 정하는 기간 이상의 현장훈련을 실시할 것
   다. 취업인턴 직업교육훈련과정 이수자에 대한 고용요건 등이 포함될 것
   라. 가목부터 다목까지의 요건 등에 관한 사항이 포함된 교육부장관이 정하는 계약서에 따라 취업인턴 직업교육훈련계약을 체결할 것

아. 산업교육진흥 및 산학연협력촉진에 관한 법률 제11조의3에 따라 현장실습산업체가 교육부장관이 정하는 표준화된 운영기준을 준수하는 현장실습을 실시하는 산업교육기관 등과 기획재정부령으로 정하는 사전 취업약정 등을 체결하고 해당 현장실습 종료 후 현장실습을 이수한 대학생을 채용한 경우 현장실습 기간 중 해당 대학생에게 같은 조 제3항에 따라 지급한 현장실습 지원비(생산 또는 제조하는 물품의 제조원가 중 직접 재료비를 구성하지 않는 것만 해당한다)

> 영 별표 6 제2호 아목에서 "기획재정부령으로 정하는 사전 취업약정 등"이란 다음 각 호의 요건을 모두 갖춘 약정 등을 말한다(조특칙 7 ⑲).
>
> 1. 대학교 등에 산업교육진흥 및 산학연협력촉진에 관한 법률 제11조의 3에 따라 교육부장관이 정하는 표준화된 운영기준(이하 이 조에서 "표준운영기준"이라 한다)을 준수하는 현장실습 과정을 설치할 것
> 2. 현장실습 산업체의 생산시설 또는 근무장소에서 대학교 재학생에 대하여 산업교육진흥 및 산학연협력촉진에 관한 법률 제11조의 3에 따라 교육부장관이 정하는 기간 이상의 현장실습을 실시할 것
> 3. 표준운영기준을 준수하는 현장실습의 이수자에 대한 고용조건 등이 포함될 것

자. 산업교육진흥 및 산학연협력촉진에 관한 법률 제2조제2호다목에 따른 대학과의 계약을 통해 설치·운영되는 같은 법 제8조제2항에 따른 계약학과등의 운영비로 발생한 비용

차. 내국인이 고용하고 있는 임직원을 위한 교육·훈련과정을 해당 임직원이 아닌 자에게 제공하기 위해 추가로 소요되는 비용으로서 기획재정부령으로 정하는 것. 기획재정부령으로 정하는 것이란 강의료, 교육훈련용 교재비, 실습재료비 및 교육용품비를 말한다. 다만, 수강료 등 교육훈련에 대한 대가를 받은 경우 그 금액은 제외한다(조특칙 7 ㉑).

(2) 연구·인력개발비의 구분

1) 신성장·원천기술연구개발비

신성장·원천기술이란 연구·인력개발비 중 미래 유망성 및 산업 경쟁력 등을 고려하여 지원할 필요성이 있다고 인정되는 기술로서 조세특례제한법 시행령 별표 7에 따른 기술을 말한다(조특법 10 ① 1호, 조특령 9 ②, 별표 7 제1호 가목 4), 같은 표 제7호 가목 4)·5), 같은 표 제8호 다목 6)·9)·10)·11), 같은 호 라목 9), 같은 표 제10호 가목 5), 같은 호 라목 4), 같은 표 제12호 가목 5)부터 9)까지, 같은 표 제13호 나목 10)·11), 같은 호 다목 10), 같은 호 라목 14), 같은 호 마목 12) 및 같은 표 제14호의 개정규정은 2024.1.1.이후 발생하는 연구개발비부터 적용한다. 2024.1.1.전에 발생한 연구개발비에 관하여는 별표 7 제13호 나목 5)·6) 및 같은 호 라목 1)의 개정규정에도 불구하고 종전의 규정에 따른다. 영 부칙 2024.2.29.). 신성장·원천기술을 얻기 위한 연구개발비란 다음의 구분에 따른 비용을 말한다(조특령 9 ③).

① 자체 연구개발의 경우 : 다음의 비용

㉠ 기획재정부령으로 정하는 연구소 또는 전담부서(전담부서등 및 연구개발서비스업을 영위하는 기업, 조특칙 7 ②)에서 신성장·원천기술의 연구개발업무(이하 신성장·원천기술 연구개발업무)에 종사하는 연구원 및 이들의 연구개발업무를 직접적으로 지원하는 사람(기획재정부령으로 정하는 사람은 제외한다)에 대한 조세특례제한법 시행령 별표 6 제1호 가목 1)의 인건비 및 같은 목 2)의 사회보험료 상당액(조특령 9 ③ 1호 가). 기획재정부령으

로 정하는 사람이란 조세특례제한법 시행령 별표 7에 따른 신성장·원천기술의 연구개발업무(이하 신성장·원천기술연구개발업무)와 조세특례제한법 시행령 별표 7의 2에 따른 국가전략기술의 연구개발업무(이하 국가전략기술연구개발업무) 또는 일반연구개발업무를 동시에 수행한 사람으로서 신성장·원천기술연구개발업무 근무시간 및 국가전략기술연구개발업무 근무시간이 전체 연구개발업무 근무시간의 50% 이하인 사람을 말한다(조특칙 7 ④, 개정규정은 2025.3.21.이 속하는 과세연도에 발생하는 연구 및 인력개발비부터 적용함. 규칙 부칙 2025.3.21.).

㉡ 신성장·원천기술연구개발업무를 위하여 지출하는 별표 6 제1호 가목 3)부터 5)까지 및 같은 호 다목부터 사목까지의 비용(조특령 9 ③ 1호 나, 개정규정은 2025.2.28.이 속하는 과세연도에 발생하는 연구 및 인력개발비부터 적용함. 영 부칙 2025.2.28.).

② 위탁 및 공동연구개발의 경우

기획재정부령으로 정하는 기관에 신성장·원천기술연구개발업무를 위탁(재위탁을 포함한다)함에 따라 발생하는 비용(전사적 기업자원 관리설비, 판매시점 정보관리 시스템 설비 등 기업의 사업운영·관리·지원 활동과 관련된 시스템 개발을 위한 위탁비용은 제외한다) 및 이들 기관과의 공동연구개발을 수행함에 따라 발생하는 비용. 기획재정부령으로 정하는 기관이란 다음의 어느 하나에 해당하는 기관을 말한다. 다만, 제4호부터 제7호까지의 기관에 신성장·원천기술연구개발업무 또는 국가전략기술연구개발업무를 위탁(재위탁을 포함한다)하는 경우(조세특례제한법 시행령 별표 7 제7호 가목 6)부터 8)까지의 규정에 따른 임상1상·임상2상·임상3상 시험, 영 별표 7의 2 제3호 나목부터 마목까지의 규정에 따른 비임상·임상1상·임상2상·임상3상 시험 및 같은 표 제7호 다목부터 바목까지의 규정에 따른 비임상·임상1상·임상2상·임상3상 시험의 경우는 제외한다)에는 국내에 소재한 기관으로 한정한다(조특칙 7 ⑥, 개정규정은 2025.3.21.이 속하는 과세연도에 발생하는 연구 및 인력개발비부터 적용함. 규칙 부칙 2025.3.21.).

1. 고등교육법 제2조에 따른 대학 또는 전문대학
2. 국공립연구기관
3. 정부출연연구기관
4. 비영리법인(비영리법인에 부설된 연구기관을 포함한다)
5. 산업기술혁신 촉진법제42조에 따른 전문생산기술연구소 등 기업이 설립한 국내외 연구기관
6. 전담부서등 또는 국외기업에 부설된 연구기관
7. 연구산업진흥법 제2조 제1호 가목 및 나목의 연구산업을 영위하는 기업 또는 영리목적으로 연구·개발을 독립적으로 수행하거나 위탁받아 수행하고 있는 국외소재 기업

8. 내국인이 의결권 있는 발행주식총수의 50% 이상을 직접 소유하거나 80% 이상을 직접 또는 간접으로 소유하고 있는 외국법인(외국법인에 부설된 연구기관을 포함한다). 주식의 간접소유비율의 계산에 관하여는 국제조세조정에 관한 법률 시행령 제2조 제3항을 준용한다(조특칙 7 ⑦).

2) 국가전략기술연구개발비

국가전략기술이란 연구·인력개발비 중 반도체, 이차전지, 백신, 디스플레이, 수소, 미래형 운송 및 이동수단, 바이오의약품, 인공지능 및 그 밖에 대통령령으로 정하는 분야와 관련된 기술로서 국가안보 차원의 전략적 중요성이 인정되고 국민경제 전반에 중대한 영향을 미치는 대통령령으로 정하는 기술(조세특례제한법 시행령 별표 7의2에 따른 기술)을 말한다(조특법 10 ① 2호, 조특령 9 ⑥, 영 별표 7의 2의 개정규정은 2025.1.1.이후 발생하는 연구개발비부터 적용함. 영 부칙 2025.2.28.). 국가전략기술을 얻기 위한 국가전략기술연구개발비는 다음의 구분에 따른 비용을 말한다(조특령 9 ⑦).

① 자체 연구개발의 경우 : 다음의 비용

㉠ 기획재정부령으로 정하는 연구소 또는 전담부서(전담부서등 및 연구개발서비스업을 영위하는 기업, 조특칙 7 ②)에서 국가전략기술의 연구개발업무(이하 "국가전략기술연구개발업무")에 종사하는 연구원 및 이들의 연구개발업무를 직접적으로 지원하는 사람(기획재정부령으로 정하는 사람은 제외한다)에 대한 별표 6 제1호 가목 1)의 인건비 및 같은 목 2)의 사회보험료 상당액. "기획재정부령으로 정하는 사람"이란 국가전략기술연구개발업무와 신성장·원천기술연구개발업무 또는 일반연구개발업무를 동시에 수행한 사람으로서 국가전략기술연구개발업무 근무시간이 전체 연구개발업무 근무시간의 50% 이하인 사람을 말한다(조특칙 7 ⑮, 2025.3.21.이 속하는 과세연도에 발생하는 연구 및 인력개발비부터 적용함. 규칙 부칙 2025.3.21.).

㉡ 국가전략기술연구개발업무를 위하여 지출하는 별표 6 제1호 가목 3)부터 5)까지 및 같은 호 다목부터 사목까지의 비용(개정규정은 2025.2.28.이 속하는 과세연도에 발생하는 연구 및 인력개발비부터 적용함. 영 부칙 2025.2.28.).

② 위탁 및 공동연구개발의 경우

기획재정부령으로 정하는 기관에 국가전략기술연구개발업무를 위탁(재위탁을 포함한다)함에 따라 발생하는 비용(전사적 기업자원 관리설비, 판매시점 정보관리 시스템 설비 등 기업의 사업운영·관리·지원 활동과 관련된 시스템 개발을 위한 위탁비용은 제외한다) 및 이들 기관과의 공동연구개발을 수행함에 따라 발생하는 비용. 기획재정부령으로 정하는 기관이란 위 1)의 ②에서 설명하는 기관을 말한다(조특칙 7 ⑥).

3) 일반연구·인력개발비

일반연구·인력개발비란 신성장·원천기술연구개발비 및 국가전략기술연구개발비에 해당하지 아니하거나 신성장·원천기술연구개발비 및 국가전략기술연구개발비를 선택하지 아니한 내국법인의 연구·인력개발비를 말한다(조특법 10 ① 3호).

3.2 적용대상과 공제세액의 계산

(1) 신성장·원천기술연구개발비

해당 과세연도에 발생한 신성장·원천기술연구개발비에 가목의 비율과 나목의 비율을 더한 비율을 곱하여 계산한 금액을 법인세에서 공제한다. 신성장·원천기술연구개발비는 2029. 12.31까지 발생한 해당 연구·인력개발비에 대해서만 적용하며, 신성장·원천기술연구개발비 및 국가전략기술연구개발비를 동시에 적용받을 수 있는 경우에는 납세의무자의 선택에 따라 그 중 하나만을 적용한다(조특법 10 ①). 해당 과세연도 수입금액은 법인세법 제43조의 기업회계기준에 따라 계산한 매출액을 말한다(조특법 10 ① 1호 나).

가. 기업유형에 따른 비율

① 중소기업에 해당하는 경우 : 30%

② 그 밖의 경우 : 20% [중소기업이 대통령령으로 정하는 바에 따라 최초로 중소기업에 해당하지 아니하게 된 경우에는 최초로 중소기업에 해당하지 아니하게 된 과세연도의 개시일부터 3년 이내에 끝나는 과세연도까지 25%, 2025.1.1.이후 개시하는 과세연도에 최초로 중소기업에 해당하지 아니하게 된 경우부터 적용함. 2024.12.31.이 속하는 과세연도에 발생한 코스닥상장중견기업의 연구·인력개발비에 대해서는 종전의 규정(15%)에 따름. 법 부칙 2024.12.31.]

나. 해당 과세연도의 수입금액(법인세법 제43조의 기업회계기준에 따라 계산한 매출액)에서 신성장·원천기술연구개발비가 차지하는 비율에 대통령령으로 정하는 일정배수(3배, 조특령 9 ⑤)를 곱한 비율. 다만, 10%를 한도로 한다[2024.12.31.이 속하는 과세연도에 발생한 코스닥상장중견기업의 연구·인력개발비에 대해서는 종전의 규정(15%)에 따름. 법 부칙 2024.12.31.].

세액공제 = 신성장·원천기술연구개발비 당기 발생액 × 공제율

① 중소기업 공제율

$$세액공제율 = 30\% + \min\left(\frac{해당\ 과세연도\ 신성장·원천기술연구개발비}{해당\ 과세연도\ 수입금액} \times 3,\ 10\%\right)$$

② 최초로 중소기업에 해당하지 아니하게 된 과세연도의 3년 이내 공제율

$$세액공제율 = 25\% + \min\left(\frac{해당\ 과세연도\ 신성장 \cdot 원천기술연구개발비}{해당\ 과세연도\ 수입금액} \times 3,\ 10\%\right)$$

③ 그 밖의 경우 공제율

$$세액공제율 = 20\% + \min\left(\frac{해당\ 과세연도\ 신성장 \cdot 원천기술연구개발비}{해당\ 과세연도\ 수입금액} \times 3,\ 10\%\right)$$

대통령령으로 정하는 바에 따라 최초로 중소기업에 해당하지 아니하게 된 경우란 각각 다음 각 호의 구분에 따른 기간이 지난 경우를 말한다(조특령 9 ⑳).

1. 2024.12.31.이 속하는 과세연도 직전 과세연도의 종료일 이전에 조세특례제한법 시행령 제2조 제2항 각 호 외의 부분 본문에 따라 중소기업에 해당하지 않게 된 사유가 발생한 경우 : 최초로 그 사유가 발생한 날이 속하는 과세연도와 그 다음 3개 과세연도
2. 2024.12.31.이 속하는 과세연도의 개시일 이후에 조세특례제한법 시행령 제2조 제2항 각 호 외의 부분 본문에 따라 중소기업에 해당하지 않게 된 사유가 발생한 경우 : 최초로 그 사유가 발생한 날이 속하는 과세연도와 그 다음 5개 과세연도(최초로 그 사유가 발생한 날이 속하는 과세연도의 종료일부터 5년이 되는 날이 속하는 과세연도의 종료일 현재 해당 기업이 자본시장과 금융투자업에 관한 법률에 따른 유가증권시장 또는 코스닥시장에 상장되어 있는 경우에는 7개 과세연도)
3. 조세특례제한법 시행령 제2조 제5항에 따라 중소기업에 해당하지 않게 된 사유가 발생한 경우 : 그 사유가 발생한 날이 속하는 과세연도와 그 다음 3개 과세연도

(2) 국가전략기술연구개발비

국가전략기술연구개발비는 2029.12.31까지(국가전략기술 중 반도체 분야 기술의 경우 2031.12.31.) 발생한 해당 연구·인력개발비에 대해서만 적용하며, 신성장·원천기술연구개발비 및 국가전략기술연구개발비를 동시에 적용받을 수 있는 경우에는 납세의무자의 선택에 따라 그 중 하나만을 적용한다. 해당 과세연도에 발생한 국가전략기술연구개발비에 가목의 비율과 나목의 비율을 더한 비율을 곱하여 계산한 금액을 법인세에서 공제한다(조특법 10 ① 2호). 해당 과세연도 수입금액은 법인세법 제43조의 기업회계기준에 따라 계산한 매출액을 말한다(조특법 10 ① 1호 나).

가. 기업유형에 따른 비율

① 중소기업에 해당하는 경우 : 40%

② 그 밖의 경우 : 30% [중소기업이 대통령령으로 정하는 바에 따라 최초로 중소기업에 해당하지 아니하게 된 경우에는 최초로 중소기업에 해당하지 아니하게 된 과세연도의 개시일부터 3년 이내에 끝나는 과세연도까지 35%, 2025.1.1.이후 개시하는 과세연도에 최초로 중소기업에 해당하지 아니하게 된 경우부터 적용함. 법 부칙 2024.12.31.]

나. 해당 과세연도의 수입금액에서 국가전략기술연구개발비가 차지하는 비율에 대통령령으로 정하는 일정배수(3배, 조특령 9 ⑤)를 곱한 비율(10%를 초과하는 경우에는 10%로 한다)

세액공제 = 국가전략기술연구개발비 당기 발생액 × 공제율

① 중소기업 공제율

$$\text{세액공제율} = 40\% + \min\left(\frac{\text{해당 과세연도 국가전략기술연구개발비}}{\text{해당 과세연도 수입금액}} \times 3,\ 10\%\right)$$

② 최초로 중소기업에 해당하지 아니하게 된 과세연도의 3년 이내 공제율

$$\text{세액공제율} = 35\% + \min\left(\frac{\text{해당 과세연도 국가전략기술연구개발비}}{\text{해당 과세연도 수입금액}} \times 3,\ 10\%\right)$$

③ 그 밖의 경우 공제율

$$\text{세액공제율} = 30\% + \min\left(\frac{\text{해당 과세연도 국가전략기술연구개발비}}{\text{해당 과세연도 수입금액}} \times 3,\ 10\%\right)$$

대통령령으로 정하는 바에 따라 최초로 중소기업에 해당하지 아니하게 된 경우란 각각 다음 각 호의 구분에 따른 기간이 지난 경우를 말한다(조특령 9 ⑳).

1. 2024.12.31.이 속하는 과세연도 직전 과세연도의 종료일 이전에 조세특례제한법 시행령 제2조 제2항 각 호 외의 부분 본문에 따라 중소기업에 해당하지 않게 된 사유가 발생한 경우 : 최초로 그 사유가 발생한 날이 속하는 과세연도와 그 다음 3개 과세연도
2. 2024.12.31.이 속하는 과세연도의 개시일 이후에 조세특례제한법 시행령 제2조 제2항 각 호 외의 부분 본문에 따라 중소기업에 해당하지 않게 된 사유가 발생한 경우 : 최초로 그 사유가 발생한 날이 속하는 과세연도와 그 다음 5개 과세연도(최초로 그 사유가 발

생한 날이 속하는 과세연도의 종료일부터 5년이 되는 날이 속하는 과세연도의 종료일 현재 해당 기업이 자본시장과 금융투자업에 관한 법률에 따른 유가증권시장 또는 코스닥시장에 상장되어 있는 경우에는 7개 과세연도)

3. 조세특례제한법 시행령 제2조 제5항에 따라 중소기업에 해당하지 않게 된 사유가 발생한 경우 : 그 사유가 발생한 날이 속하는 과세연도와 그 다음 3개 과세연도

(3) 일반연구· 인력개발비

신성장· 원천기술연구개발비 및 국가전략기술연구개발비에 해당하지 아니하거나 신성장· 원천기술연구개발비 및 국가전략기술연구개발비를 선택하지 아니한 내국법인의 일반연구 · 인력개발비의 경우에는 다음 각 목 중에서 선택하는 어느 하나에 해당하는 금액을 공제한다. 다만, 해당 과세연도의 개시일부터 소급하여 4년간 일반연구· 인력개발비가 발생하지 아니하거나 직전 과세연도에 발생한 일반연구· 인력개발비가 해당 과세연도의 개시일부터 소급하여 4년간 발생한 일반연구· 인력개발비의 연평균 발생액보다 적은 경우에는 ②에 해당하는 금액을 적용한다(조특법 10 ① 3호).

세액공제 = ① 또는 ② 선택

① 증가분 방식 : (해당 과세연도 발생액－직전 과세연도 발생액)×공제율

② 당기분 방식 : 해당 과세연도 발생액×공제율

* 직전 4년간 일반연구· 인력개발비가 발생하지 아니하거나 직전 과세연도에 발생한 일반연구· 인력개발비가 해당 과세연도의 개시일부터 소급하여 4년간 발생한 일반연구· 인력개발비의 연평균 발생액보다 적은 경우 나목 적용

① 해당 과세연도에 발생한 일반연구· 인력개발비가 직전 과세연도에 발생한 일반연구· 인력개발비를 초과하는 경우 그 초과하는 금액의 25%(중견기업의 경우에는 40%, 중소기업의 경우에는 50%)에 상당하는 금액

② 해당 과세연도에 발생한 일반연구· 인력개발비에 다음의 구분에 따른 비율을 곱하여 계산한 금액

㉠ 중소기업인 경우 : 25%

㉡ 중소기업이 대통령령으로 정하는 바에 따라 최초로 중소기업에 해당하지 아니하게 된 경우 : 다음의 구분에 따른 비율

가) 최초로 중소기업에 해당하지 아니하게 된 과세연도의 개시일부터 3년 이내에 끝나는 과세연도까지 : 20% (15%에서 20% 개정규정은 2025.1.1.이후 개시하는 과세연도에 최초로 중소기업에 해당하지 아니하게 된 경우부터 적용함. 법 부칙 2024.12.31.)

나) 가)의 기간 이후부터 2년 이내에 끝나는 과세연도까지 : 15% (10%에서 15% 개정규정은 2025.1.1.이후 개시하는 과세연도에 최초로 중소기업에 해당하지 아니하게 된 경우부터 적용함. 법 부칙 2024.12.31.)

> ○ **대통령령으로 정하는 바에 따라 최초로 중소기업에 해당하지 아니하게 된 경우란 다음 각 호의 구분에 따른 기간이 지난 경우를 말한다**(조특령 9 ⑧, 개정규정은 2024.12.31.이 속하는 과세연도에 최초로 중소기업에 해당하지 않게 된 사유가 발생한 경우부터 적용함. 영 부칙 2025.2.28.)
>
> 1. 조세특례제한법 시행령 제2조 제2항 각 호 외의 부분 본문에 따라 중소기업에 해당하지 않게 된 사유가 발생한 경우 : 최초로 그 사유가 발생한 날이 속하는 과세연도와 그 다음 5개 과세연도(최초로 그 사유가 발생한 날이 속하는 과세연도의 종료일부터 5년이 되는 날이 속하는 과세연도의 종료일 현재 해당 기업이 자본시장과 금융투자업에 관한 법률에 따른 유가증권시장 또는 코스닥시장에 상장되어 있는 경우에는 7개 과세연도)
> 2. 조세특례제한법 시행령 제2조 제5항에 따라 중소기업에 해당하지 않게 된 사유가 발생한 경우 : 그 사유가 발생한 날이 속하는 과세연도와 그 다음 3개 과세연도

㉢ 중견기업이 ㉡에 해당하지 아니하는 경우 : 8%

㉣ ㉠부터 ㉢까지의 어느 하나에 해당하지 아니하는 경우 : 다음 계산식에 따른 비율(2%를 한도로 한다)

$$\frac{\text{일반연구·인력개발비}}{\text{해당 과세연도의 수입금액}} \times 50\%$$

1) 직전 과세연도 발생액

직전 과세연도에 발생한 일반연구·인력개발비는 2013년 1월 1일부터 2013년 12월 31일까지 개시하는 과세연도까지는 "해당 과세연도의 개시일부터 소급하여 3년간 발생한 일반연구·인력개발비의 연평균 발생액", 2014년 1월 1일부터 2014년 12월 31일까지 개시하는 과세연도까지는 "해당 과세연도의 개시일부터 소급하여 2년간 발생한 일반연구·인력개발비의 연평균 발생액"으로 본다(조특법 부칙 36).

개시하는 과세연도	직전 과세연도 발생액
2013. 1. 1 ~ 2013.12.31	개시일부터 소급하여 3년간 연평균액
2014. 1. 1 ~ 2014.12.31	개시일부터 소급하여 2년간 연평균액
2015. 1. 1 이후	개시일의 직전 사업연도 발생액

2) 직전 4년간 연평균 발생액

직전 4년간의 일반연구·인력개발비의 연평균 발생액은 다음 계산식에 따라 계산한 금액으로 한다(조특령 9 ⑨).

$$\frac{\text{직전 4년간 발생한 일반연구·인력개발비의 합계액}}{\text{직전 4년간 일반연구·인력개발비가 발생한 과세연도의 수}} \times \frac{\text{해당 과세연도의 개월 수}}{12}$$

* 일반연구·인력개발비가 발생한 과세연도의 수가 4 이상인 경우 4로 한다.

개월 수는 월력에 따라 계산하되 과세연도 개시일이 속하는 달이 1개월 미만인 경우에는 1개월로 하고, 과세연도 종료일이 속하는 달이 1개월 미만인 경우에는 산입하지 않는다(조특령 9 ⑪).

연도별 R&D 비용					직전 4년 평균 R&D 비용		직전 3년 평균 R&D 비용	
Y-5년	Y-4년	Y-3년	Y-2년	Y-1년				
2,000	2,000	0	2,000	2,000	2,000	= 6,000/3년	2,000	= 4,000/2년

조세특례제한법 제10조 제1항 제3호에 따른 직전 과세연도에 발생한 일반연구·인력개발비 및 상기 계산식 중 해당 과세연도 개시일부터 소급하여 4년간 발생한 일반연구·인력개발비의 합계액을 계산할 때 합병법인, 분할신설법인, 분할합병의 상대방법인, 사업양수법인 또는 기획재정부령으로 정하는 현물출자를 받은 법인(이하 "합병법인등")의 경우에는 합병, 분할, 분할합병, 사업양도 또는 기획재정부령으로 정하는 현물출자(이하 "합병등") [기획재정부령으로 정하는 현물출자란 사업장별로 그 사업에 관한 권리(미수금에 관한 것을 제외한다)와 의무(미지급금에 관한 것을 제외한다)를 포괄적으로 출자하는 것을 말한다. 조특칙 7의2]를 하기 전에 피합병법인, 분할법인, 사업양도인 또는 현물출자자(이하 "피합병법인등")로부터 발생한 일반연구·인력개발비는 합병법인등에서 발생한 것으로 본다.

다만, 피합병법인등이 운영하던 사업의 일부를 승계한 경우로서 합병등을 하기 전에 피합병법인등의 해당 승계사업에서 발생한 일반연구·인력개발비를 구분하기 어려운 경우에는 피합병법인등에서 합병등을 하기 전에 발생한 일반연구·인력개발비에 각 사업연도의 승계사업의 매출액이 총매출액에서 차지하는 비율과 각 사업연도말 승계사업의 자산가액이 총자산가액에서 차지하는 비율 중 큰 것을 곱한 금액을 피합병법인등에서 발생한 일반연구·인력개발비로 본다(조특령 9 ⑩).

4) 중견기업

중견기업이란 다음의 요건을 모두 갖춘 기업을 말한다(조특령 9 ④).

① 중소기업이 아닐 것

② 중견기업 성장촉진 및 경쟁력 강화에 관한 특별법 시행령 제2조 제1항 제1호 또는 제2호에 해당하는 기관이 아닐 것

> ○ 중견기업 성장촉진 및 경쟁력 강화에 관한 특별법 시행령 제2조 제1항
> 1. 공공기관의 운영에 관한 법률제4조에 따른 공공기관
> 2. 지방공기업법에 따른 지방공기업

③ 다음의 어느 하나에 해당하는 업종을 주된 사업으로 영위하지 아니할 것. 이 경우 둘 이상의 서로 다른 사업을 영위하는 경우에는 사업별 사업수입금액이 큰 사업을 주된 사업으로 본다.

㉠ 조세특례제한법 시행령 제29조 제3항에 따른 소비성서비스업

㉡ 중견기업 성장촉진 및 경쟁력 강화에 관한 특별법 시행령 제2조 제2항 제2호 각 목의 업종

> ○ 중견기업 성장촉진 및 경쟁력 강화에 관한 특별법 시행령 제2조 제2항 제2호
> 가. 금융업
> 나. 보험 및 연금업
> 다. 금융 및 보험 관련 서비스업

㉢ 부동산 임대업(2025.2.28. 이후 개시하는 과세연도에 발생하는 연구 및 인력개발비부터 적용함. 영 부칙 2025.2.28.)

④ 소유와 경영의 실질적인 독립성이 중견기업 성장촉진 및 경쟁력 강화에 관한 특별법 시행령 제2조 제2항 제1호에 적합할 것

> ○ 중견기업 성장촉진 및 경쟁력 강화에 관한 특별법 시행령 제2조 제2항 제1호
> 1. 소유와 경영의 실질적인 독립성이 다음 각 목의 어느 하나에 해당하지 아니하는 기업일 것
> 가. 독점규제 및 공정거래에 관한 법률 제31조 제1항에 따른 상호출자제한기업집단에 속하는 기업
> 나. 독점규제 및 공정거래에 관한 법률 시행령 제38조 제2항에 따른 상호출자제한기업집단 지정기준인 자산총액 이상인 기업 또는 법인(외국법인을 포함)이 해당 기업의 주식(상법 제344조의 3에 따른 의결권 없는 주식은 제외한다) 또는 출자지분(이하

> "주식등")의 30% 이상을 직접적 또는 간접적으로 소유하면서 최다출자자인 기업. 이 경우 최다출자자는 해당 기업의 주식등을 소유한 법인 또는 개인으로서 단독으로 또는 다음의 어느 하나에 해당하는 자와 합산하여 해당 기업의 주식등을 가장 많이 소유한 자로 하며, 주식등의 간접소유비율에 관하여는 국제조세조정에 관한 법률 시행령 제2조 제3항을 준용한다.
> 1) 주식등을 소유한 자가 법인인 경우: 그 법인의 임원
> 2) 주식등을 소유한 자가 개인인 경우: 그 개인의 친족

⑤ 직전 3개 과세연도의 매출액[매출액은 조세특례제한법 시행령 제2조 제4항(중소기업의 범위)에 따른 계산방법으로 산출하며, 과세연도가 1년 미만인 과세연도의 매출액은 1년으로 환산한 매출액을 말한다]의 평균금액이 5,000억원 미만인 기업일 것

⑥ 법인세법 시행령 제42조 제2항 각 호의 요건을 모두 갖춘 내국법인이 아닐 것(2025.2.28. 이후 개시하는 과세연도에 발생하는 연구 및 인력개발비부터 적용함. 영 부칙 2025.2.28.)

> ○ **법인세법 시행령 제42조 제2항**(법령 42 ②)
> 내국법인이란 각각 다음 각 호의 요건을 모두 갖춘 내국법인을 말한다.
>
> 1. 해당 사업연도 종료일 현재 내국법인의 제43조 제7항에 따른 지배주주등이 보유한 주식등의 합계가 해당 내국법인의 발행주식총수 또는 출자총액의 50%를 초과할 것
> 2. 해당 사업연도에 부동산 임대업을 주된 사업으로 하거나 다음 각 목의 금액 합계가 기업회계기준에 따라 계산한 매출액(가목부터 다목까지에서 정하는 금액이 포함되지 않은 경우에는 이를 포함하여 계산한다)의 50% 이상일 것
>   가. 부동산 또는 부동산상의 권리의 대여로 인하여 발생하는 수입금액(조세특례제한법 제138조 제1항에 따라 익금에 가산할 금액을 포함한다)
>   나. 소득세법 제16조 제1항에 따른 이자소득의 금액
>   다. 소득세법 제17조 제1항에 따른 배당소득의 금액
> 3. 해당 사업연도의 상시근로자 수가 5명 미만일 것

(4) 구분경리와 증거서류의 작성·보관

1) 구분경리

조세특례제한법 제10조 제1항 제1호(신성장·원천기술연구개발비) 또는 제2호(국가전략기술연구개발비)를 적용받으려는 내국법인은 신성장·원천기술연구개발비, 국가전략기술연구개발비 및 일반연구·인력개발비를 각각 별개의 회계로 구분경리해야 한다. 이 경우 신성장·원천기술연구개발비, 국가전략기술연구개발비 및 일반연구·인력개발비가 공통되는 경우에는 해당 비용을 기획재정부령(공통비용의 안분, 조특칙 7 ⑯)으로 정하는 바에 따라 신성장·원천기술연구개발비, 국가전략기술연구개발비 및 일반연구·인력개발비로 안분하여 계산한다

(조특령 9 ⑫, 개정규정은 2021.7.1. 이후 발생한 국가전략기술연구개발비부터 적용함. 영 부칙 2022. 2.15.).

2) 공통비용의 안분

내국법인은 조세특례제한법 시행령 제9조 제12항에 따라 신성장·원천기술연구개발비, 국가전략기술연구개발비 및 일반연구·인력개발비에 공통되는 비용(이하 공통비용)이 있는 경우에는 다음 각 호의 구분에 따라 계산하여 구분경리해야 한다(조특칙 7 ⑯).

1. 인건비에 해당하는 공통비용의 경우(2025.3.21.이 속하는 과세연도에 발생하는 연구 및 인력개발비부터 적용함. 규칙 부칙 2025.3.21.)
   가. 조세특례제한법 시행령 별표 6 제1호 가목 1)에 따른 직원 및 전담요원의 근무시간을 신성장·원천기술개발업무, 국가전략기술개발업무 및 일반연구개발업무로 각각 구분하여 기록·관리한 경우
      1) 일반연구개발업무 근무시간이 전체 연구개발업무 근무시간의 50% 미만인 경우 : 전체 인건비를 신성장·원천기술개발업무 근무시간, 국가전략기술개발업무 근무시간 및 일반연구개발업무 근무시간으로 각각 안분한 비용. 이 경우 국가전략기술연구개발업무 근무시간이 전체 연구개발업무 근무시간의 50% 이하인 사람의 국가전략기술연구개발업무 근무시간은 신성장·원천기술개발업무 근무시간으로 본다.
      2) 일반연구개발업무 근무시간이 전체 연구개발업무 근무시간의 50% 이상인 경우 : 전액 일반연구개발비
   나. 조세특례제한법 시행령 별표 6 제1호 가목 1)에 따른 직원 및 전담요원의 근무시간을 국가전략기술개발업무, 신성장·원천기술개발업무 및 일반연구개발업무로 구분할 수 없는 경우 : 전액 일반연구개발비

2. 위탁·공동연구개발비에 해당하는 공통비용의 경우 : 다음 각목의 구분에 따른다(2025.3.21.이 속하는 과세연도에 발생하는 연구 및 인력개발비부터 적용함. 규칙 부칙 2025.3.21.).
   가. 일반연구·인력개발비와 신성장·원천기술연구개발비 또는 국가전략기술연구개발비의 공통비용: 전액 일반연구·인력개발비
   나. 신성장·원천기술연구개발비와 국가전략기술연구개발비의 공통비용 : 전액 신성장·원천기술연구개발비

3. 상기 1 및 2 외의 공통비용의 경우 : 다음 각 목의 구분에 따른다.
   가. 신성장·원천기술연구개발비 : 다음의 계산식에 따른 비용

$$\text{상기 1 및 2 외의 공통비용} \times \frac{\text{조세특례제한법 시행령 제9조 제3항 제1호 가목의 비용}}{\text{조세특례제한법 시행령 제9조 제3항 제1호 가목의 비용 + 같은 조 제7항 제1호가목의 비용 + 일반연구·인력개발비 중 조세특례제한법 시행령 별표 6 제1호 가목 1) 및 2)에 해당하는 비용}}$$

나. 국가전략기술연구개발비 : 다음의 계산식에 따른 비용

$$\text{상기 1 및 2 외의 공통비용} \times \frac{\text{조세특례제한법 시행령 제9조 제7항 제1호 가목의 비용}}{\text{조세특례제한법 시행령 제9조 제3항 제1호 가목의 비용 + 같은 조 제7항 제1호 가목의 비용 + 일반연구·인력개발비 중 조세특례제한법 시행령 별표 6 제1호 가목 1) 및 2)에 해당하는 비용}}$$

다. 일반연구·인력개발비 : 상기 1 및 2 외의 공통비용에서 가목 및 나목의 비용을 제외한 비용

3) 증거서류의 작성·보관

2020.1.1. 이후 개시하는 과세연도 분부터 연구·인력개발비에 대한 세액공제를 적용받으려는 내국법인은 다음과 같이 적용한다(조특령 부칙 2019.2.12.).

① 연구·인력개발비에 대한 세액공제를 적용받으려는 내국법인은 해당 과세연도에 수행한 연구개발 과제별로 별지 제3호의 2서식에 따른 연구개발계획서, 연구개발보고서 및 연구노트를 작성(일반연구·인력개발비를 적용받는 경우에는 연구개발계획서 및 연구개발보고서만 작성한다)하고 해당 과세연도의 종료일로부터 5년 동안 보관해야 한다(조특령 9 ⑬, 조특칙 7 ⑰).

② 연구·인력개발비에 대한 세액공제를 적용받으려는 내국법인은 과세표준신고를 할 때 기획재정부령으로 정하는 세액공제신청서, 연구및인력개발비명세서 및 증거서류를 납세지 관할 세무서장에게 제출하여야 한다(조특령 9 ⑭).

(5) 연구·인력개발비에 대한 세액공제 사전심의

다음의 사항을 심의하기 위하여 기획재정부장관 및 산업통상자원부장관이 공동으로 운영하는 연구개발세액공제기술심의위원회를 둔다(조특령 9 ⑮, 4호,5호 신설규정은 2025.1.1.이후 투자하는 경우부터 적용, 영 부칙).

① 내국인의 연구개발 대상 기술이 신성장·원천기술 또는 국가전략기술에 해당되는지 여부에 관한 사항

② 조세특례제한법 시행령 제21조 제4항 제1호 가목에 따른 신성장사업화시설의 인정에 관한 사항
③ 조세특례제한법 시행령 제21조 제4항 제2호에 따른 국가전략기술사업화시설의 인정에 관한 사항
④ 조세특례제한법 시행령 제21조제4항제3호에 따른 신성장연구개발시설의 인정에 관한 사항
⑤ 조세특례제한법 시행령 제21조제4항제4호에 따른 국가전략기술연구개발시설의 인정에 관한 사항
⑥ 그 밖에 신성장·원천기술 또는 국가전략기술과 관련하여 심의가 필요하다고 기획재정부장관 또는 산업통상자원부장관이 인정하는 사항

연구개발세액공제기술심의위원회의 구성 및 운영 등에 필요한 사항은 기획재정부와 산업통상자원부의 공동부령으로 정한다(조특령 9 ⑯). 조세특례제한법 제10조 제1항(연구·인력개발비에 대한 세액공제)을 적용받으려는 내국법인은 조세특례제한법 시행령 제14항에 따른 신고를 하기 전에 지출한 비용이 연구·인력개발비에 해당하는지 여부 등에 관해 국세청장에게 미리 심사하여 줄 것을 요청할 수 있다. 이 경우 심사 방법 및 요청 절차 등에 필요한 사항은 국세청장이 정한다(조특령 9 ⑰).

3.3 연구·인력개발비 세액공제액의 이월공제와 최저한세

(1) 이월공제

공제할 세액 중 해당 과세연도에 납부할 세액이 없거나 법인세 최저한세액에 미달하여 공제받지 못한 부분에 상당하는 금액은 해당 과세연도의 다음 과세연도 개시일부터 10년 이내에 끝나는 각 과세연도에 이월하여 그 이월된 각 과세연도의 법인세에서 공제한다(조특법 144 ①). 법 144조 1항의 개정규정 중 이월공제의 기간에 관한 부분은 2021.1.1. 이후 과세표준을 신고하는 경우부터 적용한다. 2021.1.1. 전에 종전의 법 144조 1항 각 호의 구분에 따른 기간(법률 16009호 조세특례제한법 일부개정법률 부칙 52조에 따라 적용받는 이월공제기간을 포함함)이 지나 이월하여 공제받지 못한 세액에 대해서는 법 144조 1항의 개정규정에도 불구하고 종전의 규정에 따른다(법 부칙 2020.12.29.).

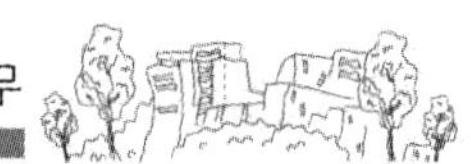

종전 규정

공제할 세액 중 해당 과세연도에 납부할 세액이 없거나 법인세 최저한세액에 미달하여 공제받지 못한 부분에 상당하는 금액은 해당 과세연도의 다음 과세연도 개시일부터 5년 이내에 끝나는 각 과세연도에 이월하여 그 이월된 각 과세연도의 법인세에서 공제한다. 중소기업이 설립일부터 5년이 되는 날이 속하는 과세연도까지 공제받지 못하는 경우(2016.1.1. 이후 개시하는 과세연도 분부터 적용)에는 10년 이내에 끝나는 각 과세연도에 이월하여 법인세에서 공제한다(종전규정 조특법 144 ①).

(2) 최저한세

법인의 각 사업연도 소득에 대한 법인세를 계산할 때 법인세 최저한세액에 미달하는 경우 그 미달하는 세액에 상당하는 부분에 대해서는 감면 등을 하지 아니한다. 다만, 중소기업이 아닌 자만 해당한다(조특법 132 ① 3호).

① 중소기업 연구·인력개발비 세액공제 : 최저한세 적용배제
② 비중소기업 연구·인력개발비 세액공제 : 최저한세 적용

04 근로소득을 증대시킨 기업에 대한 세액공제

4.1 상시근로자 근로소득 증대 세액공제

(1) 적용대상

중소기업 또는 중견기업이 다음의 요건을 모두 충족하는 경우에는 2025.12.31.이 속하는 과세연도까지 직전 3년 평균 초과 임금증가분의 20%(중견기업의 경우에는 10%)에 상당하는 금액을 해당 과세연도의 법인세에서 공제한다[조특법 29의4 ①, 2023.1 1. 전에 개시한 과세연도에 조세특례제한법 29조의 4 제1항 각 호 또는 같은 조 3항 각 호의 요건을 충족한 내국인(중소기업 및 중견기업은 제외함)에 대한 세액공제에 관하여는 제29조의 4 제1항의 개정규정에도 불구하고 종전의 규정에 따름. 법 부칙 2022.12.31.]. 다만, 창업 및 휴업 등의 사유로 직전 3년 평균임금 증가율의 평균을 계산할 수 없는 경우에는 상시근로자 근로소득 증대 세액공제를 적용하지 아니한다(조특령 26의4 ⑫).

① 상시 근로자의 해당 과세연도의 평균임금 증가율이 직전 3개 과세연도의 평균임금 증가율의 평균(직전 3년 평균임금 증가율의 평균)보다 클 것
② 해당 과세연도의 상시근로자 수가 직전 과세연도의 상시 근로자 수보다 크거나 같을 것

(2) 상시근로자

상시 근로자란 근로기준법에 따라 근로계약을 체결한 근로자를 말하며 다음의 어느 하나에 해당하는 자는 제외한다(조특령 26의4 ②).

① 법인세법 시행령 제40조 제1항 각 호의 어느 하나에 해당하는 임원

② 소득세법 제20조제1항제1호 및 제2호에 따른 근로소득의 금액의 합계액(비과세소득의 금액은 제외한다)이 7천만원 이상인 근로자

③ 기획재정부령으로 정하는 해당 기업의 최대주주 또는 최대출자자 및 그와 국세기본법 시행령 제1조의 2 제1항에 따른 친족관계인 근로자

④ 소득세법 시행령 제196조에 따른 근로소득원천징수부에 의하여 근로소득세를 원천징수한 사실이 확인되지 아니하는 근로자

⑤ 근로계약기간이 1년 미만인 근로자(다만, 근로계약의 연속된 갱신으로 인하여 그 근로계약의 총 기간이 1년 이상인 근로자는 제외한다)

⑥ 근로기준법 제2조 제1항 제9호(1주 동안의 소정근로시간이 그 사업장에서 같은 종류의 업무에 종사하는 통상 근로자의 1주 동안의 소정근로시간에 비하여 짧은 근로자)에 따른 단시간근로자

$$\text{상시근로자 수} = \frac{\text{해당 과세연도의 매월 말 현재 상시근로자 수의 합}}{\text{해당 과세연도의 개월 수}}$$

* 상시근로자 수 계산시 100분의 1 미만의 부분은 없는 것으로 한다(조특령 26의4 ③).

(3) 공제세액의 계산

직전 3년 평균 초과 임금증가분의 5%(중견기업의 경우에는 10%, 중소기업의 경우에는 20%)에 상당하는 금액을 해당 과세연도의 법인세에서 공제한다(조특법 29의4 ①).

상시근로자 공제세액 = 직전 3년 평균 초과 임금증가분 × 5% (중견기업 10%, 중소기업 20%)

① 직전 3년 평균 초과 임금증가분

직전 3년 평균 초과 임금증가분은 다음 계산식에 따라 계산한 금액으로 한다(조특법 29의4 ②).

직전 3년 평균 초과 임금증가분 = [해당 과세연도 상시근로자의 평균임금 − 직전 과세연도 상시근로자의 평균임금 × (1 + 직전 3년 평균임금 증가율의 평균)] × 직전 과세연도 상시근로자 수

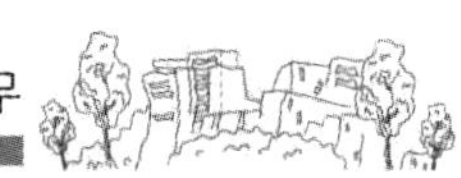

② 임금과 평균임금, 평균임금증가율

임금은 소득세법 제20조제1항제1호 및 제2호에 따른 소득의 합계액(비과세소득의 금액은 제외한다)을 말한다(조특령 26의4 ④). 평균임금은 다음 계산식에 따라 계산한 금액으로 한다. 이 경우 1천원 이하 부분은 없는 것으로 한다(조특령 26의4 ⑤). 근로소득의 금액을 계산할 때 해당 과세연도의 근로제공기간이 1년 미만인 상시근로자가 있는 경우에는 해당 상시근로자의 근로소득의 금액을 해당 과세연도 근무제공월수로 나눈 금액에 12를 곱하여 산출한 금액을 해당 상시근로자의 근로소득의 금액으로 본다(조특령 26의4 ⑨).

$$\text{평균임금} = \frac{\text{해당 과세연도 상시근로자의 임금의 합계}}{\text{해당 과세연도의 상시근로자 수}}$$

* 1,000원 이하 부분은 없는 것으로 한다

평균임금 증가율은 다음 계산식에 따라 계산하며, 1만분의 1 미만의 부분은 없는 것으로 한다(조특령 26의4 ⑥).

$$\text{평균임금 증가율} = \frac{\text{해당 과세연도 평균임금} - \text{직전 과세연도 평균임금}}{\text{직전 과세연도 평균임금}}$$

* 1만분의 1 미만의 부분은 없는 것으로 한다.

③ 직전 3년 평균임금 증가율의 평균

직전 3개 과세연도의 평균임금 증가율의 평균(직전 3년 평균임금 증가율의 평균)은 다음 계산식에 따라 계산하며, 1만분의 1 미만의 부분은 없는 것으로 한다. 이 경우 직전 2년 과세연도 평균임금 증가율 또는 직전 3년 과세연도 평균임금 증가율이 음수인 경우에는 영으로 보아 계산한다(조특령 26의4 ⑦).

$$\text{직전 3년 평균임금 증가율의 평균} = \frac{\text{직전 과세연도 평균임금 증가율} + \text{직전 2년 과세연도 평균임금 증가율} + \text{직전 3년 과세연도 평균임금 증가율}}{3}$$

* 1만분의 1 미만의 부분은 없는 것으로 한다.

④ 당기 이전 평균임금증가율이 음수 등 특수한 경우

직전 과세연도의 평균임금 증가율이 음수 또는 직전 3년 평균임금 증가율의 평균(양수인 경우로 한정)의 30% 미만인 경우에는 다음의 계산에 따라 각각 평균임금 및 평균임금 증가율, 직전 3년 평균임금 증가율의 평균 및 직전 3년 평균 초과 임금증가분을 계산한다(조특령 26의4 ⑧, 조특칙 14의2 ②).

① **평균임금**

$$\text{평균임금} = \frac{\text{해당 과세연도 평균임금} + \text{직전 과세연도 평균임금}}{2}$$

② **평균임금 증가율**

$$\text{평균임금 증가율} = \frac{\text{위 ①에 따른 평균임금} - \text{직전 2년 과세연도 평균임금}}{\text{직전 2년 과세연도 평균임금}}$$

③ **직전 3년 평균임금 증가율의 평균(직전 2년 과세연도 평균임금 증가율 또는 직전 3년 과세연도 평균임금 증가율이 음수인 경우에는 각각 영(零)으로 보아 계산)**

$$\text{직전 3년 평균임금 증가율의 평균} = \frac{\text{직전 2년 과세연도 평균임금 증가율} + \text{직전 3년 과세연도 평균임금 증가율}}{2}$$

④ **직전 3년 평균초과 임금증가분**

직전 3년 평균 초과 임금증가분 = [위 ①에 따른 평균임금 − 직전 2년 과세연도 상시근로자의 평균임금 × (1 + 직전 3년 평균임금 증가율의 평균)] × 직전 과세연도 상시근로자 수

④ 5년 이내 퇴사자가 있는 경우 등

세액공제를 받으려는 과세연도의 종료일 전 5년 이내의 기간 중에 퇴사하거나 새로 상시근로자 제외대상(위 (2)의 ①~⑥의 자)에 해당하게 된 근로자가 있는 경우에는 상시근로자 수 및 평균임금을 계산할 때 해당 근로자를 제외하고 계산하며, 세액공제를 받으려는 과세연도의 종료일 전 5년 이내의 기간 중에 입사한 근로자가 있는 경우에는 해당 근로자가 입사한 과세연도의 평균임금 증가율을 계산할 때 해당 근로자를 제외하고 계산한다(조특령 26의4 ⑩).

(4) 중소기업 적용특례

중소기업이 다음의 요건을 모두 충족하는 경우에는 2022.12.31.이 속하는 과세연도까지 전체 중소기업의 평균임금증가분을 초과하는 임금증가분의 20%에 상당하는 금액을 상기 (1)에 따른 금액 대신 해당 과세연도의 법인세에서 공제할 수 있다(조특법 29의4 ⑤).

① 상시 근로자의 해당 과세연도의 평균임금 증가율이 전체 중소기업 임금증가율을 고려하여 대통령령으로 정한 비율(2023.1.1. 이후 개시하는 과세연도부터 3.2%, 그 전에 개시한 과세연도에는 종전규정을 따름, 규칙 부칙 2023.3.20. 종전 2022.1.1. 이후 개시하는 과세연도는 3%를 적용하며 이전 기간에는 3.8%를 적용한다, 조특칙 14의2 ③)보다 클 것
② 해당 과세연도의 상시근로자 수가 직전 과세연도의 상시 근로자 수보다 크거나 같을 것
③ 직전 과세연도의 평균임금 증가율이 음수가 아닐 것

적용특례 공제세액 = 전체 중소기업의 평균임금증가분을 초과하는 임금증가분 × 20%

* 전체 중소기업의 평균임금증가분을 초과하는 임금증가분
= [해당 과세연도 상시근로자의 평균임금 - 직전 과세연도 상시근로자의 평균임금 × (1 + 3%)] × 직전 과세연도 상시근로자 수

4.2 정규직 전환 근로자 근로소득 증대 세액공제

(1) 적용대상

중소기업 또는 중견기업이 다음의 요건을 모두 충족하는 경우에는 2025.12.31.이 속하는 과세연도까지 근로기간 및 근로형태 등 대통령령으로 정하는 요건을 충족하는 정규직 전환 근로자에 대한 임금증가분 합계액의 20%(중견기업의 경우에는 10%)에 상당하는 금액을 해당 과세연도의 법인세에서 공제한다[조특법 29의4 ③, 2023.1.1. 전에 개시한 과세연도에 조세특례제한법 29조의 4 제1항 각 호 또는 같은 조 3항 각 호의 요건을 충족한 내국인(중소기업 및 중견기업은 제외함)에 대한 세액공제에 관하여는 29조의 4 제3항의 개정규정에도 불구하고 종전의 규정에 따름. 법 부칙 2022.12.31.].

① 해당 과세연도에 정규직 전환 근로자가 있을 것
② 해당 과세연도의 상시근로자 수가 직전 과세연도의 상시 근로자 수보다 크거나 같을 것

(2) 정규직 전환 근로자

정규직 전환 근로자란 근로기준법에 따라 근로계약을 체결한 근로자로서 다음의 요건을 모두 갖춘 자를 말한다(조특령 26의4 ⑬).

① 직전 과세연도 개시일부터 해당 과세연도 종료일까지 계속하여 근무한 자로서 소득세법 시행령 제196조의 근로소득원천징수부에 따라 매월분의 근로소득세를 원천징수한 사실이 확인될 것
② 해당 과세연도 중에 비정규직 근로자(기간제 및 단시간근로자 보호 등에 관한 법률에 따른 기간제근로자 또는 단시간근로자)에서 비정규직 근로자가 아닌 근로자로 전환하였을 것
③ 직전 과세연도 또는 해당 과세연도 중에 다음의 어느 하나에 해당하는 자가 아닐 것
  ㉠ 법인세법 시행령 제42조 제1항 각 호의 어느 하나에 해당하는 임원
  ㉡ 소득세법 제20조 제1항 제1호 및 제2호에 따른 근로소득의 금액이 7천만원 이상인 근로자
  ㉢ 기획재정부령으로 정하는 해당 기업의 최대주주 또는 최대출자자 및 그와 국세기본법 시행령 제1조의 2 제1항에 따른 친족관계인 근로자

(3) 공제세액의 계산

정규직 전환 근로자에 대한 임금증가분 합계액의 20%(중견기업의 경우에는 10%)에 상당하는 금액을 해당 과세연도의 법인세에서 공제한다(조특법 29의4 ③). 임금은 소득세법 제20조 제1항 제1호 및 제2호에 따른 소득의 합계액(비과세소득의 금액은 제외한다)을 말한다(조특령 26의4 ④). 정규직 전환 근로자의 임금 증가분 합계액은 정규직 전환 근로자의 해당 과세연도 임금 합계액에서 직전 과세연도 임금 합계액을 뺀 금액을 말한다. 이 경우 직전 과세연도 또는 해당 과세연도의 기간이 1년 미만인 경우에는 임금 합계액을 그 과세연도의 월수(1월 미만의 일수는 1월로 한다)로 나눈 금액에 12를 곱하여 산출한 금액을 임금 합계액으로 본다(조특령 26의4 ⑭). 상시근로자수, 임금 등의 계산은 상시근로자 근로증대 세액공제와 동일하다.

공제세액 = 정규직 전환 근로자에 대한 임금증가분 합계액 × 20% (중견기업 10%)

* 정규직 전환 근로자의 임금 증가분 합계액
= 정규직 전환 근로자의 해당 과세연도 임금 합계액 - 정규직 전환 근로자의 직전 과세연도 임금 합계액

(4) 감면분 추가납부

정규직 전환 근로자 근로소득 증대 세액공제를 공제받은 중소기업 또는 중견기업이 공제를 받은 과세연도 종료일부터 1년이 되는 날이 속하는 과세연도의 종료일까지의 기간 중 정규직 전환 근로자와의 근로관계를 종료하는 경우에는 근로관계가 종료한 날이 속하는 과세연도의 과세표준신고를 할 때 다음의 세액을 법인세로 납부하여야 한다(조특법 29의4 ④, 조특령 26의4 ⑮).

$$\text{공제받은 세액} \times \frac{\text{공제받은 과세연도의 정규직 전환 근로자 중 근로관계를 종료한 근로자 수}}{\text{공제받은 과세연도의 정규직 전환 근로자 수}}$$

05 통합고용세액공제

2023.1.1. 이후 개시하는 사업연도부터 통합고용세액공제를 신설하였다. 기업의 고용 활성화를 지원하기 위하여 고용증대 세액공제, 사회보험료 세액공제 및 경력단절여성 세액공제 등을 통합고용세액공제로 일원화하여 상시근로자 수 증가에 대해 기본공제를 적용하고, 비정규직 근로자의 정규직 전환 촉진과 일·가정 양립의 지원을 위하여 정규직 전환자 및 육아휴직 복귀자에 대하여 추가공제를 적용한다.

5.1 기본공제(고용증대세액공제)

(1) 적용대상

1) 적용대상

내국법인(소비성서비스업 등 대통령령으로 정하는 업종을 경영하는 내국법인은 제외)의 2025.12.31.이 속하는 과세연도까지의 기간 중 해당 과세연도의 대통령령으로 정하는 상시근로자(이하 상시근로자)의 수가 직전 과세연도의 상시근로자의 수보다 증가한 경우에는 법에서 정하는 금액을 더한 금액을 해당 과세연도와 해당 과세연도의 종료일부터 1년(중소기업 및 중견기업의 경우에는 2년)이 되는 날이 속하는 과세연도까지의 법인세에서 공제한다(조특법 29의8 ①).

직전 과세연도의 상시근로자 수보다 증가한 경우(중소기업 및 중견기업)

통합고용세액공제 구성항목	1차공제	2차공제	3차공제
① 기본공제(고용증대세액공제) 사후관리 : 1차공제후 2년 내 감소	○	○	○
② 추가공제(정규직 전환) 사후관리 : 전환일부터 2년 내 감소	○	–	–
③ 추가공제(육아휴직 복귀) 사후관리 : 육아휴직 복직일부터 2년 내 감소	○	–	–

직전 과세연도의 상시근로자 수보다 증가한 경우(중소기업 및 중견기업 이외)

통합고용세액공제 구성항목	1차공제	2차공제	3차공제
① 기본공제(고용증대세액공제) 사후관리 : 1차공제후 2년 내 감소	○	○	–
② 추가공제(정규직 전환) 사후관리 : 전환일부터 2년 내 감소	–	–	–
③ 추가공제(육아휴직 복귀) 사후관리 : 육아휴직 복직일부터 2년 내 감소	–	–	–

2) 소비성서비스업 등 업종 배제

다음의 소비성서비스업 등을 경영하는 내국법인은 통합고용세액공제 적용에서 제외한다(조특령 26의8 ①, 조특령 29 ③).

① 호텔업 및 여관업(관광진흥법에 따른 관광숙박업은 제외)

② 주점업(일반유흥주점업, 무도유흥주점업 및 식품위생법 시행령 제21조에 따른 단란주점 영업만 해당하되, 관광진흥법에 따른 외국인전용유흥음식점업 및 관광유흥음식점업은 제외)

③ 그 밖에 오락·유흥 등을 목적으로 하는 사업으로서 기획재정부령으로 정하는 사업. 기획재정부령이 정하는 사업이란 다음에 해당하는 사업을 말한다(조특칙 17, 2024.3.22. 이후 개시하는 과세연도부터 적용함. 규칙 부칙 2024.3.22.).

1. 무도장 운영업
2. 기타 사행시설 관리 및 운영업(관광진흥법 제5조 또는 폐광지역 개발 지원에 관한 특별법 제11조에 따라 허가를 받은 카지노업은 제외한다)
3. 유사 의료업 중 안마를 시술하는 업
4. 마사지업

3) 중복지원의 배제

조세특례제한법 제29조의 8 제1항(상기 1)의 적용대상)은 조세특례제한법 제29조의 7(고용을 증대시킨 기업에 대한 세액공제) 또는 조세특례제한법 제30조의 4(중소기업 사회보험료 세액공제)에 따른 공제를 받지 아니한 경우에만 적용한다(조특법 127 ⑪).

조세특례제한법	중복 배제
제29조의 8 ①	통합고용세액공제(기본공제 : 고용증대분)
제29조의 7	고용을 증대시킨 기업에 대한 세액공제
제30의 4	중소기업 사회보험료 세액공제

(2) 공제세액

상시근로자의 수가 직전 과세연도의 상시근로자의 수보다 증가한 경우에는 다음의 금액을 더한 금액을 해당 과세연도와 해당 과세연도의 종료일부터 1년(중소기업 및 중견기업의 경우에는 2년)이 되는 날이 속하는 과세연도까지의 법인세에서 공제한다(조특법 29의8 ①).

① 청년 정규직 근로자, 장애인 근로자, 60세 이상인 근로자 또는 경력단절 근로자 등 대통령령으로 정하는 상시근로자(이하 청년등상시근로자)의 증가 인원 수(전체 상시근로자의 증가 인원 수를 한도로 한다)에 400만원[중견기업의 경우에는 800만원, 중소기업의 경우에는 1,450만원(중소기업으로서 수도권 밖의 지역에서 증가한 경우에는 1,550만원)]을 곱한 금액(조특법 29의8 ① 1호).

② 청년등상시근로자를 제외한 상시근로자의 증가 인원 수(전체 상시근로자의 증가 인원 수를 한도로 한다) × 0원(중견기업의 경우에는 450만원, 중소기업의 경우에는 다음 각 목에 따른 금액)(조특법 29의8 ① 2호).

㉠ 수도권 내의 지역에서 증가한 경우 : 850만원

㉡ 수도권 밖의 지역에서 증가한 경우 : 950만원

<table>
<tr><th>구 분</th><th colspan="2">공제세액의 계산</th></tr>
<tr><td colspan="3">공제세액 = ① + ②</td></tr>
<tr><td rowspan="4">① 청년등 상시근로자
(조특법 29의8 ① 1호)</td><td colspan="2">청년 등 상시근로자의 증가한 인원 수(전체 상시근로자의 증가 인원 수 한도) × 공제액</td></tr>
<tr><td>중소기업</td><td>수도권 내의 증가 1,450만원, 수도권 외의 증가 1,550만원</td></tr>
<tr><td>중견기업</td><td>800만원</td></tr>
<tr><td>그 외</td><td>400만원</td></tr>
<tr><td rowspan="4">② 그 외 상시근로자
(조특법 29의8 ① 1호)</td><td colspan="2">청년등 상시근로자 외 상시근로자의 증가한 인원 수(전체 상시근로자의 증가 인원 수 한도) × 공제액</td></tr>
<tr><td>중소기업</td><td>수도권 내의 증가 850만원, 수도권 외의 증가 950만원</td></tr>
<tr><td>중견기업</td><td>450만원</td></tr>
<tr><td>그 외</td><td>–</td></tr>
</table>

세액공제를 받으려는 자는 과세표준신고를 할 때 기획재정부령으로 정하는 세액공제신청서, 공제세액계산서 및 상시근로자 명세서를 납세지 관할 세무서장에게 제출해야 한다(조특령 26의8 ⑫, 상시근로자 명세서는 2025.2.28.이 속하는 과세연도의 과세표준신고를 하는 경우부터 적용함. 영 부칙 2025.2.28.).

5.2 추가공제(정규직 근로자로의 전환)

(1) 적용대상과 공제세액

중소기업 또는 중견기업이 2023.6.30. 당시 고용하고 있는 기간제 및 단시간근로자 보호 등에 관한 법률에 따른 기간제근로자 및 단시간근로자(이하 기간제근로자 및 단시간근로자"), 파견근로자 보호 등에 관한 법률에 따른 파견근로자, 하도급거래 공정화에 관한 법률에 따른 수급사업자에게 고용된 기간제근로자 및 단시간근로자를 2024.1.1.부터 2024.12.31.까지 기간의 정함이 없는 근로계약을 체결한 근로자로 전환하거나 파견근로자 보호 등에 관한 법률에 따라 사용사업주가 직접 고용하거나 하도급거래 공정화에 관한 법률 제2조 제2항 제2호에 따른 원사업자가 기간의 정함이 없는 근로계약을 체결하여 직접 고용하는 경우(이하 "정규직 근로자로의 전환")에는 정규직 근로자로의 전환에 해당하는 인원[해당 기업의 최대주주 또는 최대출자자(개인사업자의 경우에는 대표자를 말한다)나 그와 대통령령으로 정하는 특수관계(국세기본법 시행령 제1조의 2 제1항에 따른 친족관계, 조특령 26의8 ⑨)에 있는 사람은 제외한다]에 1,300만원(중견기업의 경우에는 900만원)을 곱한 금액을 해당 과세연도의 법인세에서 공제한다. 다만, 해당 과세연도에 해당 중소기업 또는 중견기업의 상시근로자 수가 직전 과세연도의 상시근로자 수보다 감소한 경우에는 공제하지 아니한다(조특법 29의8 ④).

공제세액 = 정규직 전환 근로자의 인원 수 × 1,300만원 (중견기업 900만원)

세액공제를 받으려는 자는 과세표준신고를 할 때 기획재정부령으로 정하는 세액공제신청서, 공제세액계산서 및 상시근로자 명세서를 납세지 관할 세무서장에게 제출해야 한다(조특령 26의8 ⑪, 상시근로자 명세서는 2025.2.28.이 속하는 과세연도의 과세표준신고를 하는 경우부터 적용함. 영 부칙 2025.2.28.).

(2) 사후관리

법인세를 공제받은 자가 정규직 근로자로의 전환일부터 2년이 지나기 전에 해당 근로자와의 근로관계를 종료하는 경우에는 근로관계가 종료한 날이 속하는 과세연도의 과세표준신

고를 할 때 공제받은 세액에 상당하는 금액[공제금액 중 조세특례제한법 제144조(세액공제액의 이월공제)에 따라 공제받지 못하고 이월된 금액이 있는 경우에는 그 금액을 차감한 후의 금액을 말한다]을 법인세로 납부하여야 한다(조특법 29의8 ⑦).

5.3 추가공제(육아휴직 복귀자)

(1) 적용대상과 공제세액

중소기업 또는 중견기업이 다음의 요건을 모두 충족하는 사람(이하 육아휴직 복귀자")을 2025.12.31.까지 복직시키는 경우에는 육아휴직 복귀자 인원에 1,300만원(중견기업의 경우에는 900만원)을 곱한 금액을 복직한 날이 속하는 과세연도의 법인세에서 공제한다. 다만, 해당 과세연도에 해당 중소기업 또는 중견기업의 상시근로자 수가 직전 과세연도의 상시근로자 수보다 감소한 경우에는 공제하지 아니한다(조특법 29의8 ⑤). 공제는 육아휴직 복귀자의 자녀 1명당 한 차례에 한정하여 적용한다(조특법 29의8 ⑥).

① 해당 기업에서 1년 이상 근무하였을 것(해당 기업이 경력단절 근로자 및 육아휴직 복귀자의 근로소득세를 원천징수하였던 사실이 확인되는 경우로 한정한다. 기업의 육아휴직 복귀자에 대한 근로소득세 원천징수의 사실 여부는 소득세법 시행령 제196조 제1항에 따른 근로소득원천징수부를 통하여 확인한다, 조특령 26의8 ⑩)

② 남녀고용평등과 일·가정 양립 지원에 관한 법률 제19조 제1항에 따라 육아휴직한 경우로서 육아휴직 기간이 연속하여 6개월 이상일 것

③ 해당 기업의 최대주주 또는 최대출자자(개인사업자의 경우에는 대표자를 말한다)나 그와 대통령령으로 정하는 특수관계(국세기본법 시행령 제1조의 2 제1항에 따른 친족관계, 조특령 26의8 ⑨)에 있는 사람이 아닐 것

공제세액 = 육아휴직 복귀자 인원 수 × 1,300만원(중견기업 900만원)

세액공제를 받으려는 자는 과세표준신고를 할 때 기획재정부령으로 정하는 세액공제신청서, 공제세액계산서 및 상시근로자 명세서를 납세지 관할 세무서장에게 제출해야 한다(조특령 26의8 ⑪, 상시근로자 명세서는 2025.2.28.이 속하는 과세연도의 과세표준신고를 하는 경우부터 적용함. 영 부칙 2025.2.28.).

(2) 사후관리

법인세를 공제받은 자가 육아휴직 복직일부터 2년이 지나기 전에 해당 근로자와의 근로관계를 종료하는 경우에는 근로관계가 종료한 날이 속하는 과세연도의 과세표준신고를 할 때 공제받은 세액에 상당하는 금액[공제금액 중 조세특례제한법 제144조(세액공제액의 이월공제)에 따라 공제받지 못하고 이월된 금액이 있는 경우에는 그 금액을 차감한 후의 금액을 말한다]을 법인세로 납부하여야 한다(조특법 29의8 ⑦).

5.4 상시근로자수 등의 계산

(1) 상시근로자

상시근로자는 근로기준법에 따라 근로계약을 체결한 내국인 근로자로 한다. 다만, 다음의 어느 하나에 해당하는 사람은 제외한다(조특령 26의8 ②, 조특령 23 ⑩).

① 근로계약기간이 1년 미만인 근로자(근로계약의 연속된 갱신으로 인하여 그 근로계약의 총 기간이 1년 이상인 근로자는 제외한다)
② 근로기준법 제2조제1항제9호에 따른 단시간근로자로서 1개월간의 소정근로시간이 60시간 미만인 근로자
③ 법인세법 시행령 제40조 제1항 각 호의 어느 하나에 해당하는 임원
④ 해당 기업의 최대주주 또는 최대출자자와 그 배우자
⑤ 위 ④에 해당하는 자의 직계존비속(그 배우자를 포함한다) 및 국세기본법 시행령 제1조의 2 제1항에 따른 친족관계인 사람
⑥ 소득세법 시행령 제196조에 따른 근로소득원천징수부에 의하여 근로소득세를 원천징수한 사실이 확인되지 아니하고, 다음의 어느 하나에 해당하는 금액의 납부사실도 확인되지 아니하는 자
㉠ 국민연금법 제3조 제1항 제11호 및 제12호에 따른 부담금 및 기여금
㉡ 국민건강보험법 제69조에 따른 직장가입자의 보험료

관련사례

- **외국인근로자가 상시근로자에 포함되는지 여부**
  상시근로자는 근로기준법에 따라 근로계약을 체결한 내국인근로자로서 대한민국의 국적을 보유하지 아니한 외국인근로자가 소득세법에 따른 거주자에 해당하는 경우에는 상시근로자에 포함되는 것임(조특, 서면법규과-752, 2014.07.17.).

※ 내국인이란 소득세법에 따른 거주자 및 법인세법에 따른 내국법인을 말하며 거주자는 국내에 주소를 두거나 183일 이상의 거소(居所)를 둔 개인을 말한다(조특법 2 ①, 소법 1의2 ①). 따라서 대한민국의 국적을 보유하지 아니한 외국인도 근로기준법을 적용하므로 외국인근로자가 소득세법상 거주자에 해당하는 경우에는 상시근로자에 포함된다.

■ **월 중 신규 입사자의 매월 말 상시근로자 수 포함 여부**

내국인 신규근로자가 입사한 월의 월 근로소득에 대한 원천징수 사실이 확인되지 아니하는 경우, 입사한 월에 대한 국민연금법 제3조제1항제11호 및 제12호 따른 부담금 및 기여금 또는 국민건강보험법 제69조에 따른 직장가입자의 보험료 중 하나의 납부사실이 확인되는 경우에는 입사한 월말 현재 상시근로자 수에 포함하는 것임(사전-2021-법령해석소득-0341, 2021.06.30.).

(2) 경력단절 근로자

경력단절 근로자란 다음의 요건을 모두 충족하는 근로자를 말한다(조특법 29의8 ②, 개정규정은 2025.1.1.이후 개시하는 과세연도를 최초 공제연도로 하여 통합고용세액공제를 신청하는 경우부터 적용함. 2024.12.31.이전에 개시하는 과세연도에 고용한 경력단절 근로자에 대해서는 종전의 규정에 따름. 법 부칙 2025.3.14.).

① 임금을 목적으로 같은 기업에서 1년 이상 계속하여 근로를 제공(대통령령으로 정하는 바에 따라 근로소득세를 원천징수한 사실이 확인되는 경우로 한정한다)한 후 대통령령으로 정하는 결혼·임신·출산·육아·자녀교육·가족돌봄의 사유로 퇴직하였을 것. 기업의 경력단절 근로자 및 육아휴직 복귀자에 대한 근로소득세 원천징수의 사실 여부는 소득세법 시행령 제196조제1항에 따른 근로소득원천징수부를 통하여 확인한다(조특령 26의8 ⑩). 대통령령으로 정하는 결혼·임신·출산·육아·자녀교육 및 가족돌봄의 사유란 다음 각 호의 어느 하나에 해당하는 경우를 말한다(조특령 26의8 ⑪).

1. 조세특례제한법 시행령 제26조의3제4항 각 호의 어느 하나에 해당하는 경우

대통령령으로 정하는 결혼·임신·출산·육아 및 자녀교육의 사유란 다음 각 호의 어느 하나에 해당하는 경우를 말한다(조특령 26의3 ④).

1. 퇴직한 날부터 1년 이내에 혼인한 경우(가족관계기록사항에 관한 증명서를 통하여 확인되는 경우로 한정한다)
2. 퇴직한 날부터 2년 이내에 임신하거나 기획재정부령으로 정하는 난임시술(모자보건법에 따른 보조생식술, 조특칙 14의3)을 받은 경우(의료기관의 진단서 또는 확인서를 통하여 확인되는 경우에 한정한다)
3. 퇴직일 당시 임신한 상태인 경우(의료기관의 진단서를 통하여 확인되는 경우로 한정한다)
4. 퇴직일 당시 8세 이하의 자녀가 있는 경우
5. 퇴직일 당시 초·중등교육법 제2조에 따른 학교에 재학 중인 자녀가 있는 경우

2. 퇴직일 당시 장애인복지법의 적용을 받는 장애인 자녀가 있는 경우

3. 퇴직일 당시 다음 각 목의 어느 하나에 해당하는 직계존속(배우자의 직계존속을 포함한다)을 동거봉양 하기 위하여 같은 세대를 이루고 있는 경우

가. 70세 이상

나. 「장애인복지법」의 적용을 받는 장애인

② 위 ①에 따른 사유로 퇴직한 날부터 2년 이상 15년 미만의 기간이 지났을 것

③ 내국법인의 최대주주 또는 최대출자자(개인사업자의 경우에는 대표자를 말한다) 또는 그와 대통령령으로 정하는 특수관계인이 아닐 것. 대통령령으로 정하는 특수관계란 국세기본법 시행령 제1조의2제1항에 따른 친족관계를 말한다(조특령 26의8 ⑨).

(3) 청년등 상시근로자

1) 적용대상

조세특례제한법 제29조의 8 제1항 제1호에서 "청년 정규직 근로자, 장애인 근로자, 60세 이상인 근로자 또는 경력단절 근로자 등 대통령령으로 정하는 상시근로자"란 상시근로자 중 다음의 어느 하나에 해당하는 사람(이하 "청년등상시근로자")을 말한다(조특령 26의8 ③).

① 15세 이상 34세(조세특례제한법 시행령 제27조 제1항 제1호 각 목의 어느 하나에 해당하는 병역을 이행한 사람의 경우에는 6년을 한도로 병역을 이행한 기간을 현재 연령에서 빼고 계산한 연령을 말한다) 이하인 사람 중 다음 각 목에 해당하는 사람을 제외한 사람

㉠ 기간제 및 단시간근로자 보호 등에 관한 법률에 따른 기간제근로자 및 단시간근로자

㉡ 파견근로자보호 등에 관한 법률에 따른 파견근로자

㉢ 청소년 보호법에 따른 청소년유해업소에 근무하는 같은 법에 따른 청소년

> **조세특례제한법 시행령 제27조 제1항 제1호 각 목의 어느 하나에 해당하는 병역은 다음과 같다**(조특령 26의8 ③ 1호, 조특령 27 ① 1호).
>
> ① 병역법 제16조 또는 제20조에 따른 현역병(같은 법 제21조, 제25조에 따라 복무한 상근예비역 및 의무경찰·의무소방원을 포함한다)
>
> ② 병역법 제26조 제1항에 따른 사회복무요원
>
> ③ 군인사법 제2조 제1호에 따른 현역에 복무하는 장교, 준사관 및 부사관

② 장애인복지법의 적용을 받는 장애인, 국가유공자 등 예우 및 지원에 관한 법률에 따른 상이자, 5·18민주유공자예우 및 단체설립에 관한 법률 제4조 제2호에 따른 5·18민주화운동부상자와 고엽제후유의증 등 환자지원 및 단체설립에 관한 법률에 따른 고엽제후유의증환자로서 장애등급 판정을 받은 사람

③ 근로계약 체결일 현재 연령이 60세 이상인 사람

④ 조세특례제한법 제29조의 8 제2항(경력단절 근로자)에 따른 경력단절 근로자

⑤ 북한이탈주민의 보호 및 정착지원에 관한 법률에 따른 북한이탈주민(개정규정은 2025.1.1. 이후 개시하는 과세연도를 최초 공제연도로 하여 통합고용세액공제를 신청하는 경우부터 적용함. 2024.12.31. 이전에 개시하는 과세연도에 고용한 북한이탈주민에 관하여는 종전의 규정에 따름. 영 부칙 2025.2.28.).

2) 경력단절 여성

조세특례제한법 제29조의 3 제1항에 따른 경력단절 여성이란 다음의 요건을 모두 충족하는 여성을 말한다(조특령 26의8 ③ 4호, 조특법 29의3 ①).

① 해당 기업 또는 해당 기업과 대통령령으로 정하는 분류(한국표준산업분류상의 중분류, 조특령 26의3 ①)를 기준으로 동일한 업종의 기업에서 1년 이상 근무(소득세법 시행령 제196조 제1항에 따른 근로소득원천징수부를 통하여 근로소득세를 원천징수한 사실이 확인되는 경우로 한다, 조특령 26의3 ③)한 후 대통령령으로 정하는 결혼·임신·출산·육아 및 자녀교육의 사유로 퇴직하였을 것. "대통령령으로 정하는 결혼·임신·출산·육아 및 자녀교육의 사유"란 다음의 어느 하나에 해당하는 경우를 말한다(조특령 26의3 ④).

㉠ 퇴직한 날부터 1년 이내에 혼인한 경우(가족관계기록사항에 관한 증명서를 통하여 확인되는 경우로 한정한다)

㉡ 퇴직한 날부터 2년 이내에 임신하거나 기획재정부령으로 정하는 난임시술(모자보건법에 따른 보조생식술, 조특칙 14의3)을 받은 경우(의료기관의 진단서 또는 확인서를 통하여 확인되는 경우에 한정한다)

㉢ 퇴직일 당시 임신한 상태인 경우(의료기관의 진단서를 통하여 확인되는 경우로 한정한다)

㉣ 퇴직일 당시 8세 이하의 자녀가 있는 경우

㉤ 퇴직일 당시 초·중등교육법 제2조에 따른 학교에 재학 중인 자녀가 있는 경우

② 위 ①에 따른 사유로 퇴직한 날부터 2년 이상 15년 미만의 기간이 지났을 것

③ 해당 기업의 최대주주 또는 최대출자자(개인사업자의 경우에는 대표자를 말한다)나 그와 대통령령으로 정하는 특수관계인(국세기본법 시행령 제1조의 2 제1항에 따른 친족관계인 사람, 조특령 26의3 ⑤)이 아닐 것

(4) 근로자 수의 계산

1) 근로자의 수 계산

상시근로자 수는 다음의 구분에 따른 계산식에 따라 계산한 수(100분의 1 미만의 부분은 없는 것으로 한다)로 한다(조특령 26의8 ⑥). 상시근로자 수와 청년등상시근로자 수의 계산에 관하여는 조세특례제한법 시행령 제23조 제11항 후단을 준용하며, 조세특례제한법 제29조의 8 제4항(정규직 근로자로의 전환) 및 제5항(육아휴직 복귀자)을 적용할 때 근로기준법 제74조(임산부의 보호)에 따른 출산전후휴가를 사용 중인 상시근로자를 대체하는 상시근로자가 있는 경우 해당 출산전후휴가를 사용 중인 상시근로자는 상시근로자 수와 청년등상시근로자 수에서 제외한다(조특령 26의8 ⑦, 개정규정은 2024.2.29. 이후 과세표준을 신고하는 경우부터 적용함. 영 부칙 2024.2.29.).

$$\text{상시근로자 수} = \frac{\text{해당 과세연도의 매월 말 현재 상시근로자 수의 합}}{\text{해당 과세연도의 개월 수}}$$

* 상시근로자 수 계산시 100분의 1 미만의 부분은 없는 것으로 한다.

단시간근로자 중 1개월간의 소정근로시간이 60시간 이상인 근로자 1명은 0.5명으로 하여 계산하되, 다음의 지원요건을 모두 충족하는 경우에는 0.75명으로 계산한다(조특령 23 ⑪ 각 호 외의 부분 후단).

① 해당 과세연도의 상시근로자 수(1개월간의 소정근로시간이 60시간 이상인 근로자는 제외한다)가 직전 과세연도의 상시근로자 수(1개월간의 소정근로시간이 60시간 이상인 근로자는 제외한다)보다 감소하지 아니하였을 것

② 기간의 정함이 없는 근로계약을 체결하였을 것

③ 상시근로자와 시간당 임금(근로기준법 제2조제1항제5호에 따른 임금, 정기상여금·명절상여금 등 정기적으로 지급되는 상여금과 경영성과에 따른 성과금을 포함한다), 그 밖에 근로조건과 복리후생 등에 관한 사항에서 기간제 및 단시간근로자 보호 등에 관한 법률 제2조제3호에 따른 차별적 처우가 없을 것

④ 시간당 임금이 최저임금법 제5조에 따른 최저임금액의 130%(중소기업 120%) 이상일 것

해당 과세연도에 창업 등을 한 내국법인의 경우에는 조세특례제한법 시행령 제23조 제13항(고용창출투자세액공제)을 준용한다. 이 경우 "상시근로자 수"는 "상시근로자 수 또는 청년등상시근로자 수"로 본다(조특령 26의8 ⑧, 조특령 23 ⑬).

구 분	직전 과세연도 상시근로자 수 또는 청년등상시근로자 수
창업(조세특례제한법 제6조 제10항 제1호부터 제3호까지의 규정에 해당하는 경우는 제외한다)한 경우	0
조세특례제한법 제6조 제10항 제1호(합병·분할·현물출자 또는 사업의 양수 등을 통하여 종전의 사업을 승계하는 경우는 제외한다)부터 제3호까지의 어느 하나에 해당하는 경우	종전 사업, 법인전환 전의 사업 또는 폐업 전의 사업의 직전 과세연도 상시근로자 수
다음의 어느 하나에 해당하는 경우 ① 해당 과세연도에 합병·분할·현물출자 또는 사업의 양수 등에 의하여 종전의 사업부문에서 종사하던 상시근로자를 승계하는 경우 ② 조세특례제한법 시행령 제11조제1항에 따른 특수관계인으로부터 상시근로자를 승계하는 경우(특수관계인이란 법인세법 시행령 제2조 제5항 및 소득세법 시행령 제98조 제1항에 따른 특수관계인을 말한다. 이 경우 법인세법 시행령 제2조 제5항 제2호의 소액주주등을 판정할 때 법인세법 시행령 제50조 제2항 중 "100분의 1"은 "100분의 30"으로 본다. 조특령 11 ①)	가. 직전 과세연도의 상시근로자 수는 승계시킨 기업의 경우에는 직전 과세연도 상시근로자 수에 승계시킨 상시근로자 수를 뺀 수로 하고, 승계한 기업의 경우에는 직전 과세연도 상시근로자 수에 승계한 상시근로자 수를 더한 수 나. 해당 과세연도의 상시근로자 수는 해당 과세연도 개시일에 상시근로자를 승계시키거나 승계한 것으로 보아 계산한 상시근로자 수

2) 근로자의 수 계산

청년등상시근로자 수는 다음의 구분에 따른 계산식에 따라 계산한 수(100분의 1 미만의 부분은 없는 것으로 한다)로 한다(조특령 26의8 ⑥).

$$\text{청년 등 상시근로자 수} = \frac{\text{해당 과세연도의 매월 말 현재 청년등 상시근로자 수의 합}}{\text{해당 과세연도의 개월 수}}$$

* 청년 등 상시근로자 수 계산시 100분의 1 미만의 부분은 없는 것으로 한다.

사후관리(감면분 추가납부)	청년상시근로자 증가 공제세액 계산
최초로 공제받은 과세연도에 조세특례제한법 시행령 제3항 제1호(사후관리)에 따른 청년등상시근로자에 해당한 자는 최초로 공제받은 과세연도 이후의 과세연도에도 청년등상시근로자로 보아 청년등상시근로자 수를 계산한다(조특령 26의8 ⑤).	청년 상시근로자수 계산은 해당 과세연도의 매월 말 현재 청년여부를 판단하여 계산한다(조특, 서면-2020-법인-6004, 2021.03.15.).

사례 청년 정규직 근로자의 판단

〈사원 1〉		〈사원 2〉	
입사일 : 2025.5.10		입사일 : 2025.1.26	
생년월일 : 1992.6.27		생년월일 : 1988.6.27	
병역기간 : –		병역기간 : 2년(6년 한도)	
생년월일	1992.6.27	생년월일	1986.6.27
(+) 병역기간	–	(+) 병역기간	2년
(+) 35세	35년	(+) 35세	35년
(=) 청년 초과일	2027.6.27	(=) 청년 초과일	2025.6.27

※ 청년 정규직 근로자 수 계산시 판단일은 매월말이므로 〈사원 1〉은 입사월부터 2027.5.31.까지 청년에 해당하며 〈사원 2〉의 경우에는 입사월부터 2025.5.31.까지 청년이고 2025.6.30.부터는 청년에 해당하지 아니한다.
※ 직전 사업연도 청년은 0이라고 가정한다.

① 청년 상시근로자수 증가에 대한 고용증대세액공제액의 계산

청년 상시근로자수 계산은 해당 과세연도의 매월 말 현재 청년여부를 판단하여 계산한다(조특, 서면-2020-법인-6004, 2021.03.15.).

2025년	1월말	2월말	3월말	4월말	5월말	6월말	7월말	8월말	9월말	10월말	11월말	12월말	합계	월평균
사원1					1	1	1	1	1	1	1	1	8	
사원2	1	1	1	1	1								5	
합계	1	1	1	1	2	1	1	1	1	1	1	1	13	1.08

2026년	1월말	2월말	3월말	4월말	5월말	6월말	7월말	8월말	9월말	10월말	11월말	12월말	합계	월평균
사원1	1	1	1	1	1	1	1	1	1	1	1	1	12	
사원2														
합계	1	1	1	1	1	1	1	1	1	1	1	1	12	1.00

㉠ 2025년 청년 정규직 근로자 증가수 : 1.08 − 0 = 1.08

∴ 2025년 청년정규직 고용증대세액공제액은 1.08 × 공제액이다.

㉡ 2026년 청년 정규직 근로자 증가수 : 1.00 − 1.08 = △0.08

∴ 2026년 청년정규직에 대한 고용증대세액공제액은 없다.

② 사후관리시 청년상시근로자수의 계산

최초로 공제받은 과세연도에 조세특례제한법 시행령 제3항 제1호(사후관리)에 따른 청년등상시근로자에 해당한 자는 최초로 공제받은 과세연도 이후의 과세연도에도 청년등상시근로자로 보아 청년등상시근로자 수를 계산한다(조특령 26의8 ⑤).

2026년	1월말	2월말	3월말	4월말	5월말	6월말	7월말	8월말	9월말	10월말	11월말	12월말	합계	월평균
사례1	1	1	1	1	1	1	1	1	1	1	1	1	12	
사례2	1	1	1	1	1	1	1	1	1	1	1	1	12	
합계	2	2	2	2	2	2	2	2	2	2	2	2	24	2.00

2026년 청년 정규직 근로자 수 : 2.00 - 1.08 = 0.92

∴ 2026년 청년 정규직 근로자수 감소에 따른 감면분 추가납부세액은 없다.

■ 조세특례제한법 시행규칙 [별지 제10호의10서식] <신설 2025. 3. 21.>

통합고용세액공제 상시근로자 명세서

※ [ ]에는 해당되는 곳에 √ 표를 합니다. (앞쪽)

과 세 연 도	. . . ~ . . .	법인종류별 구분	
상호 또는 법인명		사업자등록번호	

1. 상시근로자 수 계산

구 분	해당(직전) 과세연도의 매월 말 현재 상시근로자 수												① 합계	② 개월수	③ 상시근로자수 (=①÷②)	유형별 상시근로자 수					
																청년등					⑨ 청년등외
	월	월	월	월	월	월	월	월	월	월	월	월				④ 청년	⑤ 장애인	⑥ 고령자	⑦ 경력단절여성	⑧ 북한이탈주민	
해당 과세연도																					
직전 과세연도																					

2. 해당 과세연도 상시근로자별 명세

⑩ 생년월일	⑪ 성명	⑫ 상시근로자 (N/Y)	⑬ 상시근로자 제외사유	⑭ 단시간근로자유형 (0.5/0.75)	⑮ 내국인 (N/Y)	⑯ 수도권근무지 (N/Y)	⑰ 근로계약체결일 (YYYYMMDD)	⑱ 근로기간 (MM~MM)	청년		㉑ 장애인 (N/Y)	㉒ 고령자 (N/Y)	㉓ 경력단절여성 (N/Y)	㉔ 북한이탈주민 (N/Y)	㉕ 정규직전환자 (N/Y)	㉖ 육아휴직복귀자 (N/Y)
									⑲ 여부 (N/Y)	⑳청년제외시점 (YYYYMMDD)						

297㎜×420㎜[백상지 80g/㎡ 또는 중질지 80g/㎡]

(뒤쪽)

3. 직전 과세연도 상시근로자별 명세

㉗ 생년월일	㉘ 성명	㉙ 상시근로자 (N/Y)	㉚ 상시근로자 제외 사유	㉛ 단시간 근로자 유형 (0.5/0.75)	㉜ 내국인 (N/Y)	㉝ 수도권 근무지 (N/Y)	㉞ 근로계약 체결일 (YYYYMMDD)	㉟ 근로기간 (MM~MM)	청년		㊳ 장애인 (N/Y)	㊴ 고령자 (N/Y)	㊵ 경력단절여성 (N/Y)	㊶ 북한이탈주민 (N/Y)	㊷ 정규직 전환자 (N/Y)	㊸ 육아휴직 복귀자 (N/Y)
									㊱ 여부 (N/Y)	㊲ 청년 제외 시점 (YYYYMMDD)						

「조세특례제한법」 제29조의8제1항·제3항·제4항 및 같은 법 시행령 제26조의8제11항에 따라 위와 같이 통합고용세액공제 상시근로자 명세서를 제출합니다.

년 월 일

신청인 (서명 또는 인)

세무서장 귀하

작 성 방 법

1. "⑬ 상시근로자 제외 사유"란: 다음의 내용을 참고해서 적습니다.
   - "⑫ 상시근로자"란에서 'N'을 선택한 경우 제외 사유(「조세특례제한법 시행령」 제23조제10항)를 적습니다.(ⓐ근로계약기간 1년 미만,ⓑ단시간 근로자,ⓒ법인의 임원,ⓓ최대주주(출자자) 및 그 친족,ⓔ원천징수사실 미확인 근로자 등,ⓕ기타)
2. "⑭ 단시간근로자유형"란: 단시간근로자 중 ⑫상시근로자가 'Y'인 경우 다음 각 목의 구분에 따라 적습니다.
   가. 1개월간 소정 근로시간이 60시간 이상인 경우: 0.5,
   나. 가목의 단시간근로자가 「조세특례제한법 시행령」 제23조제11항제2호 각 목의 지원요건을 모두 충족하는 경우: 0.75
   * 단시간근로자: 1주동안 근로시간이 통상근로자에 비해 짧은 근로자(「근로기준법」 제2조제1항제9호)
3. "⑮ 내국인"란: 우리나라에 주소를 두거나 183일 이상의 거소(居所)를 둔 개인을 말합니다.(국적 무관)
4. "⑯ 수도권근무지"란: 해당 근로자의 근무지가 수도권(서울/인천/경기)인 경우 Y로, 그 외의 경우 N으로 적습니다.
5. "⑱ 청년 여부"란: 해당 연도에 15세 이상 29세 이하인 사람으로 군필자는 병역이행기간(최대 6년)을 현재 연령에서 차감하여 계산합니다.
6. "⑲ 해당연도 청년 제외시점"란: 해당연도 중에 청년에서 제외되는 경우 최초로 청년에서 제외되는 일자를 적습니다.
   예시) 생일이 1994년 5월 28일인 직원(군미필)은 2024년 5월 27일까지 청년이고 2024년 5월 28일부터는 청년이 아니므로 해당 칸에는 '20240528'을 적음
7. "⑳ 장애인"란: 장애인, 국가유공자, 5·18민주화운동부상자, 고엽제후유의증환자로 장애등급 판정을 받은 사람을 말합니다.
8. "㉑ 고령자"란: ⑯근로계약 체결일 현재 60세 이상인 사람을 말합니다.
9. "㉒ 경력단절여성"란: 「조세특례제한법」 제29조3제1항에 따라 퇴직 전 1년 이상 근무, 결혼·임신·출산 등의 사유로 퇴직 등의 요건을 충족하는 여성을 말합니다.
10. "㉓ 북한이탈주민"란: 「북한이탈주민의 보호 및 정착 지원에 관한 법률」에 따른 북한이탈주민을 말합니다.
11. "㉔ 정규직 전환자"란: 「조세특례제한법」 제29조의8제4항에 따라 고용 중인 기간제 또는 단시간 근로자였으나 해당 연도에 기한의 정함이 없는 근로계약을 체결한 근로자로 전환된 사람등을 말합니다.
12. "㉕ 육아휴직 복귀자"란: 「조세특례제한법」 제29조의8제5항에 따라 근무기간 1년 이상, 육아휴직기간 6개월 이상 등의 요건을 충족한 사람을 말합니다.

5.5 사후관리

법인세를 공제받은 내국법인이 최초로 공제를 받은 과세연도의 종료일부터 2년이 되는 날이 속하는 과세연도의 종료일까지는 다음의 규정을 적용한다(조특법 29의8 ③).

① 법인세를 공제받은 내국인이 최초로 공제를 받은 과세연도의 종료일부터 2년이 되는 날이 속하는 과세연도의 종료일까지의 기간 중 전체 상시근로자의 수가 최초로 공제를 받은 과세연도에 비하여 감소한 경우에는 감소한 과세연도부터 조세특례제한법 제29조의 제8 제1항의 세액공제를 적용하지 아니한다.

② 법인세를 공제받은 내국법인이 최초로 공제를 받은 과세연도의 종료일부터 2년이 되는 날이 속하는 과세연도의 종료일까지 청년등상시근로자의 수가 최초로 공제를 받은 과세연도에 비하여 감소한 경우에는 감소한 과세연도부터 조세특례제한법 제29조의 제8 제1항 제1호 청년 등의 세액공제를 적용하지 아니한다.

③ 대통령령으로 정하는 바에 따라 공제받은 세액에 상당하는 금액(공제금액 중 조세특례제한법 제144조(세액공제액의 이월공제)에 따라 공제받지 못하고 이월된 금액이 있는 경우에는 그 금액을 차감한 후의 금액을 말한다)을 법인세로 납부하여야 한다(조특법 29의8 ③).

관련사례

■ **사후관리에 따른 추가납부세액 (공제받지 못하고 이월된 금액이 있는 경우)**

고용을 증대시킨 기업에 대한 세액공제액 중 소득세 최저한세액에 미달하여 공제받지 못한 부분에 상당하는 금액을 이월한 후 상시근로자 수가 최초로 공제를 받은 과세연도에 비하여 감소한 경우 조세특례제한법 시행령 제26조의7제5항제1호에 따라 계산한 금액을 공제받은 세액을 한도로 소득세로 납부하고 나머지 금액은 이월된 세액공제액에서 차감하는 것임(조특, 서면-2020-법인-5929, 2021.07.29.).

※ 20X1년에 고용증대세액공제 당기발생액이 4.9억원이었으나, 최저한세 적용으로 1.1억원을 공제하고 3.8억원은 이월하였다. 20X2년에 고용감소로 인하여 발생한 감면분 추가납부세액이 2.1억원인 경우 공제받은 1.1억원은 20X2년 감면분 추가납부세액으로 납부하고 잔액(2.1억원-1.1억원=1억원)은 이월공제세액(3.8억원)에서 차감한다.

구 분	20X0년	20X1년	20X2년	20X3년 이월액
	기준년도	1차공제	2차공제	
고용증대 세액공제		4.9억원	△2.1억원	
공제받은 세액공제		1.1억원	△1.1억원	-
세액공제 이월금액		3.8억원	△1.0억원	2.8억원

조세특례제한법 제29조의 8 제3항 후단에 따라 납부해야 할 법인세액은 다음의 구분에 따라 계산한 금액으로 하며, 이를 해당 과세연도의 과세표준을 신고할 때 법인세로 납부해야 한다(조특령 26의 ④).

(1) 최초로 공제받은 과세연도의 종료일부터 1년이 되는 날이 속하는 과세연도 감소

조세특례제한법 제29조의 8 제1항에 따라 최초로 공제받은 과세연도의 종료일부터 1년이 되는 날이 속하는 과세연도의 종료일까지의 기간 중 최초로 공제받은 과세연도보다 전체 상시근로자 수 또는 청년등상시근로자 수가 감소하는 경우에는 다음의 구분에 따라 계산한 금액(해당 과세연도의 직전 1년 이내의 과세연도에 법 제29조의 8 제1항에 따라 공제받은 세액을 한도로 한다)을 법인세로 납부하여야 한다(조특령 26의 ④ 1호).

가. 전체 상시근로자 수가 감소하는 경우 : 다음의 구분에 따라 계산한 금액

① 청년등상시근로자의 감소 인원 수가 전체 상시근로자의 감소 인원 수 이상인 경우 : 다음 계산식에 따라 계산한 금액

> [최초로 공제받은 과세연도 대비 청년등 상시근로자의 감소 인원 수(최초로 공제받은 과세연도의 청년등 상시근로자의 증가 인원 수를 한도로 한다) − 전체 상시근로자의 감소 인원 수]×(법 제29조의 8 제1항 제1호의 금액 − 같은 항 제2호의 금액) + (전체 상시근로자의 감소 인원 수×법 제29조의 8 제1항 제1호의 금액 × 직전 2년 이내의 과세연도에 공제받은 횟수)
>
> * 법 제29조의 8 제1항 제1호의 금액 : 상기 (2)의 ①의 금액
> * 같은 항 제2호의 금액 : 상기 (2)의 ②의 금액

② 그 밖의 경우 : 다음의 계산식에 따라 계산한 금액

> [최초로 공제받은 과세연도 대비 청년등 상시근로자의 감소 인원 수(전체 상시근로자의 감소 인원 수를 한도로 한다)×법 제29조의 8 제1항 제1호의 금액] + [최초로 공제받은 과세연도 대비 청년등상시근로자를 제외한 상시근로자의 감소 인원 수(전체 상시근로자의 감소 인원 수를 한도로 한다)×법 제29조의 8 제1항 제2호의 금액]
>
> * 법 제29조의 8 제1항 제1호의 금액 : 상기 (2)의 ①의 금액
> * 법 제29조의 8 제1항 제2호의 금액 : 상기 (2)의 ②의 금액

나. 상시근로자 수는 감소하지 않으면서 청년등 상시근로자 수가 감소한 경우 : 다음의 계산식에 따라 계산한 금액

> 최초로 공제받은 과세연도 대비 청년등 상시근로자의 감소 인원 수(최초로 공제받은 과세연도의 청년등 상시근로자의 증가 인원 수를 한도로 한다)×(법 제29조의 8 제1항 제1호의 금액 − 같은 항 제2호의 금액)
>
> * 법 제29조의 8 제1항 제1호의 금액 : 상기 (2)의 ①의 금액
> * 같은 항 제2호의 금액 : 상기 (2)의 ②의 금액

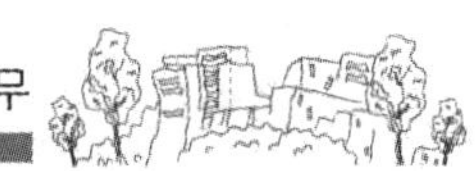

사례 2차년도 사후관리(수도권내 중소기업)

구 분		상시근로	증감(기준대비)	청년등	증감(기준대비)	그 외	증감(기준대비)	비 고
20X0년(기준년도)		200.00		100.00		100.00		기준
20X1년(1차공제)		230.44	30.44	120.33	20.33	110.11	10.11	최초공제
20X2년(2차공제)	사례 1	224.46	24.46	110.23	10.23	114.23	14.23	감소
	사례 2	220.47	20.47	115.14	15.14	105.33	5.33	감소
	사례 3	220.57	20.57	130.33	30.33	90.24	(9.76)	감소
	사례 4	240.44	40.44	110.21	10.21	130.23	30.23	청년감소

〈사례 1〉

	1차공제		2차공제			공제기준	
청년등	10.10 / 10.23		10.23	부당공제	5.98	14,500,000	86,710,000
				과다공제	4.12	6,000,000	24,720,000
	20.33	10.10 감소	10.23		10.10		1회 공제
그 외	10.11		4.12 / 10.11	부당공제	–	7,000,000	–
	10.11		14.23				111,430,000
전 체	30.44	5.98 전체 감소	24.46				

〈전체 상시근로자 수가 감소하는 경우〉

청년등 상시근로자의 감소한 인원 수(10.10)가 전체 상시근로자의 감소한 인원 수(5.98) 이상인 경우

[최초로 공제받은 과세연도 대비 청년등 상시근로자의 감소 인원 수(최초로 공제받은 과세연도의 청년등 상시근로자의 증가 인원 수를 한도로 한다) − 전체 상시근로자의 감소 인원 수] × (법 제29조의 8 제1항 제1호의 금액 − 같은 항 제2호의 금액) + (전체 상시근로자의 감소 인원 수 × 법 제29조의 8 제1항 제1호의 금액 × 직전 2년 이내의 과세연도에 공제받은 횟수)

= (10.10−5.98) × (14,500,000 − 8,500,000) + (5.98 × 14,500,000×1회) = 111,430,000

〈사례 2〉

구분	1차공제		2차공제			공제기준	
청년등	5.19 / 15.14		15.14	부당공제	5.19	14,500,000	75,255,000
	20.33		15.14				1회 공제
그 외	4.78 / 5.33		5.33	부당공제	4.78	8,500,000	40,630,000
	10.11		5.33				115,885,000
전체	30.44	9.97 전체 감소	20.47				

〈전체 상시근로자 수가 감소하는 경우〉
그 밖의 경우

[최초로 공제받은 과세연도 대비 청년등 상시근로자의 감소 인원 수(전체 상시근로자의 감소 인원 수를 한도로 한다)×법 제29조의 8 제1항 제1호의 금액] + [최초로 공제받은 과세연도 대비 청년등상시근로자를 제외한 상시근로자의 감소 인원 수(전체 상시근로자의 감소 인원 수를 한도로 한다)×법 제29조의 8 제1항 제2호의 금액]
=5.19×14,500,000+4.78×8,500,000=115,885,000

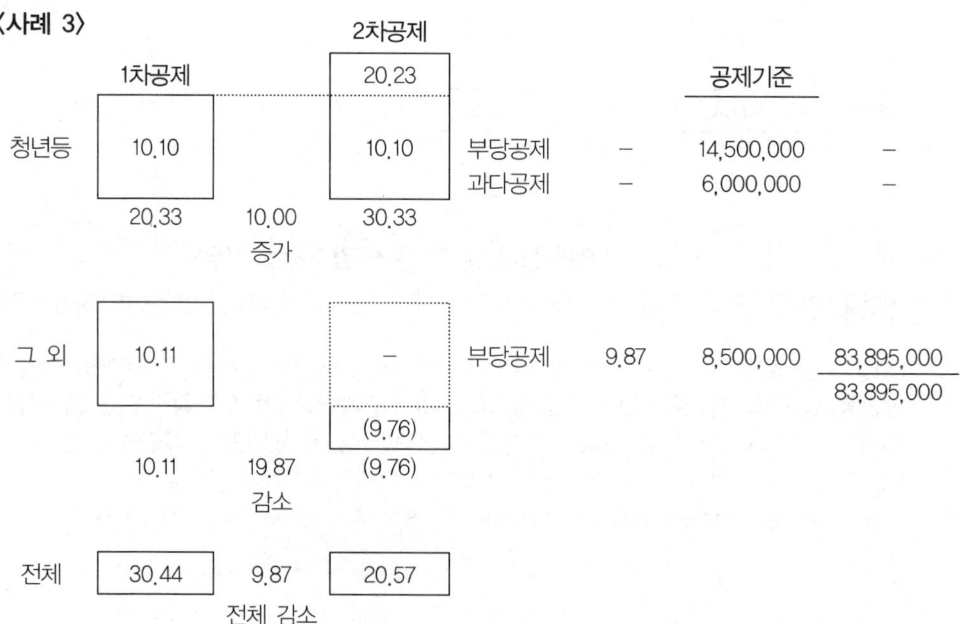

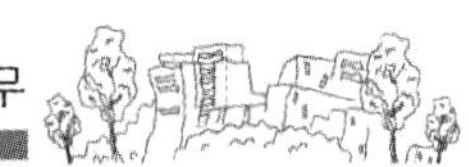

〈전체 상시근로자 수가 감소하는 경우〉
그 밖의 경우

[최초로 공제받은 과세연도 대비 청년등 상시근로자의 감소 인원 수(전체 상시근로자의 감소 인원 수를 한도로 한다) × 법 제29조의 8 제1항 제1호의 금액] + [최초로 공제받은 과세연도 대비 청년등상시근로자를 제외한 상시근로자의 감소 인원 수(전체 상시근로자의 감소 인원 수를 한도로 한다) × 법 제29조의 8 제1항 제2호의 금액]
= 0 × 14,500,000 + 9.87 × 8,500,000 = 83,895,000

〈사례 4〉

	최초공제		2차년도				공제기준
청년등	10.12		10.12				
	10.21		10.21	과다공제	10.12	6,000,000	60,720,000
	20.33	10.12 감소	10.21				1회 공제
그 외			20.12				
	10.11		10.11				
	10.11		30.23				
전체	30.44	10.00 전체 증가	40.44	전체 상시근로자가 감소한 것이 아니므로 비청년등에 대한 세액공제는 계속 적용한다.			

전체 상시근로자 수는 감소하지 않으면서 청년등 상시근로자 수가 감소한 경우

최초로 공제받은 과세연도 대비 청년등 상시근로자의 감소 인원 수(최초로 공제받은 과세연도의 청년등 상시근로자의 증가 인원 수를 한도로 한다) × (법 제29조의 8 제1항 제1호의 금액 − 같은 항 제2호의 금액)
= 10.12(한도 20.33) × (14,500,000 − 8,500,000) = 60,720,000

상시근로자 수는 감소하지 않으면서 청년등 상시근로자 수가 감소한 경우
고용증대세액공제 잔여공제 적용방법(유권해석)

내국인이 해당 과세연도의 청년 등 상시근로자 증가인원에 대해 조세특례제한법 제29조의7 제1항 제1호에 따른 세액공제를 적용받은 후 다음 과세연도에 청년 등 상시근로자의 수는 감소하였으나 전체 상시근로자의 수는 유지되는 경우, 잔여 공제연도에 대해서는 조세특례제한법 제29조의7 제1항 제2호의 공제액을 적용하여 공제가 가능하다(기획재정부 조세특례제도과-214, 2023.03.06).
= 10.11 × 8,500,000 + 20.33×8,500,000 = 258,740,000(2차년도 공제액)

(2) 최초로 공제받은 과세연도의 종료일부터 2년이 되는 날이 속하는 과세연도 감소

상기 1)에 따른 기간(2차공제를 받은 기간)의 다음 날부터 조세특례제한법 제29조의 8 제1항에 따라 최초로 공제받은 과세연도의 종료일부터 2년이 되는 날이 속하는 과세연도의 종료일까지의 기간 중 최초로 공제받은 과세연도보다 전체 상시근로자 수 또는 청년등상시근로자 수가 감소하는 경우에는 다음의 구분에 따라 계산한 금액(상기 1)에 따라 계산한 금액이 있는 경우 그 금액을 제외하며, 해당 과세연도의 직전 2년 이내의 과세연도에 조세특례제한법 제29조의 8 제1항에 따라 공제받은 세액의 합계액을 한도로 한다)을 해당 과세연도의 과세표준을 신고할 때 법인세로 납부해야 한다(조특령 26의8 ④ 2호).

가. 전체 상시근로자 수가 감소하는 경우 : 다음의 구분에 따라 계산한 금액

① 청년등 상시근로자의 감소 인원 수가 전체 상시근로자의 감소 인원 수 이상인 경우 : 다음의 계산식에 따라 계산한 금액

> [최초로 공제받은 과세연도 대비 청년등 상시근로자의 감소 인원 수(최초로 공제받은 과세연도에 청년등 상시근로자의 증가 인원 수를 한도로 한다) - 전체 상시근로자의 감소 인원 수] × (법 제29조의 8 제1항 제1호의 금액 - 같은 항 제2호의 금액) × 직전 2년 이내의 과세연도에 공제받은 횟수 + (전체 상시근로자의 감소 인원 수 × 법 제29조의 8 제1항 제1호의 금액 × 직전 2년 이내의 과세연도에 공제받은 횟수)
>
> * 법 제29조의 8 제1항 제1호의 금액 : 상기 (2)의 ①의 금액
> * 같은 항 제2호의 금액 : 상기 (2)의 ②의 금액

② 그 밖의 경우 : 다음의 금액

> 최초로 공제받은 과세연도 대비 청년등상시근로자 및 청년등상시근로자를 제외한 상시근로자의 감소 인원 수(전체 상시근로자의 감소 인원 수를 한도로 한다)에 대해 직전 2년 이내의 과세연도에 공제받은 세액의 합계액

나. 전체 상시근로자 수는 감소하지 않으면서 청년등상시근로자 수가 감소한 경우 : 다음의 계산식에 따라 계산한 금액

> 최초로 공제받은 과세연도 대비 청년등 상시근로자의 감소 인원 수(최초로 공제받은 과세연도의 청년등 상시근로자의 증가 인원 수를 한도로 한다) × (법 제29조의 8 제1항 제1호의 금액 - 같은 항 제2호의 금액) × 직전 2년 이내의 과세연도에 공제받은 횟수
>
> * 법 제29조의 8 제1항 제1호의 금액 : 상기 (2)의 ①의 금액
> * 같은 항 제2호의 금액 : 상기 (2)의 ②의 금액

사례 3차년도 사후관리 (수도권내 중소기업)

구 분		상시근로	증감 (기준대비)	청년등	증감 (기준대비)	그 외	증감 (기준대비)	비 고
20X0년 (기준년도)		300.00		220.00		80.00		기준
20X1년 (1차공제)		320.34	20.34	235.22	15.22	85.12	5.12	최초공제
20X2년 (2차공제)		325.35	25.35	242.12	22.12	83.23	3.23	2차공제
20X3년 (3차공제)	사례 1	310.35	10.35	219.13	(0.87)	91.22	11.22	감소
	사례 2	310.34	10.34	229.23	9.23	81.11	1.11	감소
	사례 3	322.45	22.45	230.12	10.12	92.33	12.33	청년감소

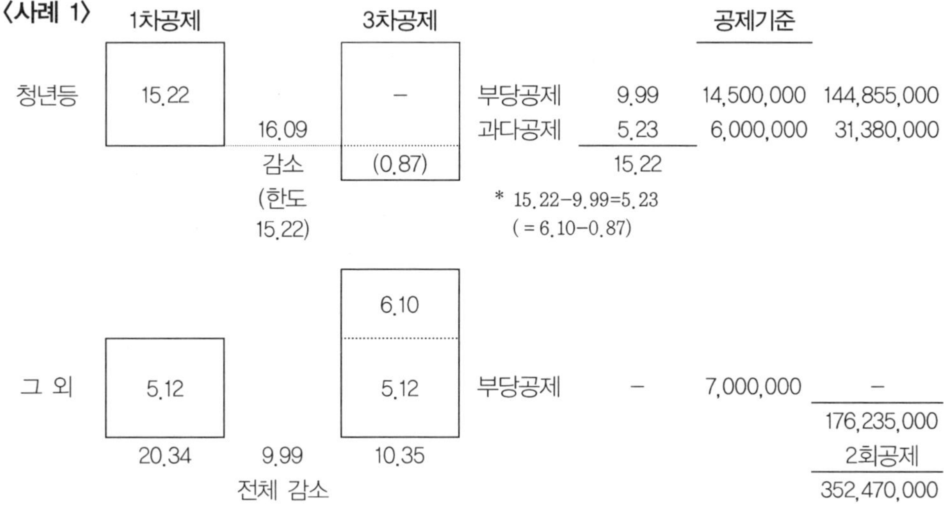

〈전체 상시근로자 수가 감소하는 경우〉

청년등 상시근로자의 감소한 인원 수(16.09)가 전체 상시근로자의 감소한 인원 수(9.99) 이상인 경우

[최초로 공제받은 과세연도 대비 청년등 상시근로자의 감소 인원 수(최초로 공제받은 과세연도에 청년등 상시근로자의 증가 인원 수를 한도로 한다) - 전체 상시근로자의 감소 인원 수] × (법 제29조의 8 제1항 제1호의 금액 - 같은 항 제2호의 금액) × 직전 2년 이내의 과세연도에 공제받은 횟수 + (전체 상시근로자의 감소 인원 수 × 법 제29조의 8 제1항 제1호의 금액 × 직전 2년 이내의 과세연도에 공제받은 횟수)

= [15.22 - 9.99] × (14,500,000 - 8,500,000) × 2 + (9.99 × 14,500,000 × 2) = 352,470,000

* 최초로 공제받은 과세연도 대비 청년등 상시근로자의 감소 인원 수 16.09(최초로 공제받은 과세연도에 청년등 상시근로자의 증가 인원 수 한도 15.22) = 15.22

〈사례 2〉

	1차공제		3차공제			공제기준	
청년등	15.22		9.23	부당공제	5.99	14,500,000	86,855,000
그 외	5.12		1.11	부당공제	4.01	8,500,000	34,085,000
	20.34	10.00 전체 감소	10.34		10.00		120,940,000 2회
							241,880,000

〈전체 상시근로자 수가 감소하는 경우〉
그 밖의 경우

최초로 공제받은 과세연도 대비 청년등상시근로자 및 청년등상시근로자를 제외한 상시근로자의 감소 인원 수(전체 상시근로자의 감소 인원 수를 한도로 한다)에 대해 직전 2년 이내의 과세연도에 공제받은 세액의 합계액

= 5.99 × 14,500,000 + 4.01 × 8,500,000 = 120,940,000

∴ 직전 2년 이내의 과세연도에 공제받은 세액 합계액 120,940,000 × 2회 = 241,880,000

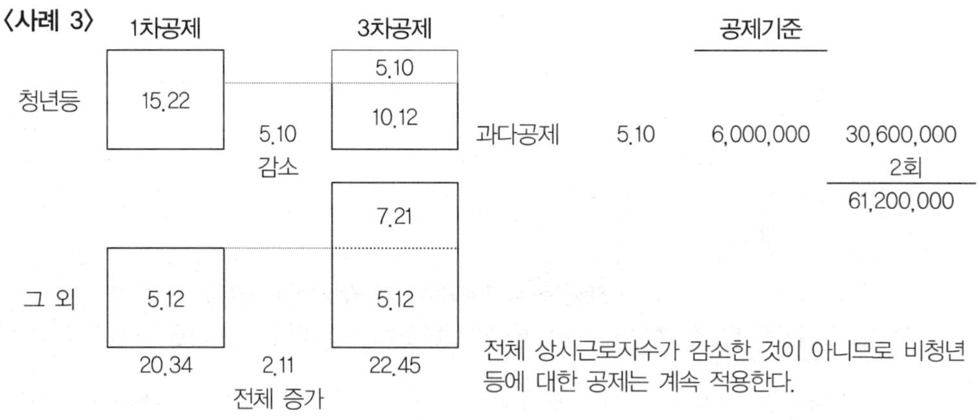

전체 상시근로자 수는 감소하지 않으면서 청년등상시근로자 수가 감소한 경우

최초로 공제받은 과세연도 대비 청년등상시근로자의 감소 인원 수(최초로 공제받은 과세연도의 청년등상시근로자의 증가 인원 수를 한도로 한다) × (법 제29조의 8 제1항 제1호의 금액 − 같은 항 제2호의 금액) × 직전 2년 이내의 과세연도에 공제받은 횟수

= 5.10 × (14,500,000 − 8,500,000) × 2 = 61,200,000

전체 상시근로자 수는 감소하지 않으면서 청년등상시근로자 수가 감소한 경우 고용증대세액공제 잔여공제 적용방법(유권해석)

내국인이 해당 과세연도의 청년 등 상시근로자 증가인원에 대해 조세특례제한법 제29조의7 제1항 제1호에 따른 세액공제를 적용받은 후 다음 과세연도에 청년 등 상시근로자의 수는 감소하였으나 전체 상시근로자의 수는 유지되는 경우, 잔여 공제연도에 대해서는 제29조의7 제1항 제2호의 공제액을 적용하여 공제가 가능하다(기획재정부 조세특례제도과-214, 2023.03.06).
=5.12 × 8,500,000 + 15.22×8,500,000 = 172,890,000 (3차공제)

06 통합투자세액공제

2021.1.1.이후 과세표준을 신고하는 경우부터 기업투자 활성화를 지원하기 위하여 중소기업 등 투자세액공제와 특정시설 투자세액공제 등을 통합투자세액공제로 통합하여 일원화하고, 세액공제 대상이 되는 자산의 범위를 원칙적으로 모든 사업용 유형자산으로 확대하며, 해당 연도 투자액에 대한 기본공제에 더하여 추가공제를 적용한다. 조세특례제한법 24조 1항의 개정규정(통합투자세액공제 신설)에 따른 내국인이 2021.12.31.까지(종전의 조세특례제한법 25조의 7(초연결 네트워크 구축을 위한 시설투자에 대한 세액공제)에 따른 투자는 2020.12.31.까지) 투자를 완료하는 경우에는 종전의 조세특례제한법 5조(중소기업 등 투자 세액공제), 25조(특정 시설 투자 등에 대한 세액공제), 25조의 4(의약품 품질관리 개선시설투자에 대한 세액공제), 25조의 5(신성장기술 사업화를 위한 시설투자에 대한 세액공제) 및 25조의 7(초연결 네트워크 구축을 위한 시설투자에 대한 세액공제)를 적용받을 수 있다. 이 경우 종전세액공제규정을 적용받는 조세특례제한법 24조 1항의 개정규정에 따른 내국인은 다른 공제대상 자산에 대하여 24조의 개정규정을 적용받을 수 없다(법 부칙2020.12.29.).

6.1 적용대상과 공제세액

(1) 적용대상

내국법인은 통합투자세액공제를 적용할 수 있다. 다음의 업종과 자산은 통합투자세액공제를 적용할 수 없다(조특령 21 ①).

1) 적용제외 업종

다음의 업종을 경영하는 내국법인은 통합투자세액공제를 적용하지 않는다(조특령 21 ①).

① 호텔업 및 여관업(관광진흥법에 따른 관광숙박업은 제외한다)

② 주점업(일반유흥주점업, 무도유흥주점업 및 식품위생법 시행령 제21조에 따른 단란주점 영업만 해당하되, 관광진흥법에 따른 외국인전용유흥음식점업 및 관광유흥음식점업은 제외한다)

③ 그 밖에 오락·유흥 등을 목적으로 하는 사업으로서 기획재정부령으로 정하는 사업. 기획재정부령이 정하는 사업이란 다음에 해당하는 사업을 말한다(조특칙 17, 2024.3.22. 이후 개시하는 과세연도부터 적용함. 규칙 부칙 2024.3.22.).

1. 무도장 운영업
2. 기타 사행시설 관리 및 운영업(관광진흥법 제5조 또는 폐광지역 개발 지원에 관한 특별법 제11조에 따라 허가를 받은 카지노업은 제외한다)
3. 유사 의료업 중 안마를 시술하는 업
4. 마사지업

2) 적용제외 자산

다음의 자산에 투자하는 경우에는 통합투자세액공제를 적용하지 않는다(조특법 24 ①).

① 중고품

② 대통령령으로 정하는 임대용 자산(임대사업용 자산, 그 밖에 타인에게 임대할 목적으로 취득한 자산, 조특령 21 ①)

③ 내국인에게 자산을 대여하는 것으로서 조세특례제한법 시행규칙 제3조의 2에서 정하는 금융리스를 제외한 것

(2) 공제대상 자산

1) 일반투자

내국법인이 다음에 해당하는 자산에 투자(상기 (1)의 중고품 및 대통령령으로 정하는 리스에 의한 투자는 제외한다)하는 경우에는 통합투자세액공제를 적용한다(조특법 24 ①).

① 기계장치 등 사업용 유형자산. 다만, 토지와 조세특례제한법 시행규칙 별표 1의 건축물 등 사업용 유형자산은 제외한다(조특령 21 ②, 조특칙 12 ①).

■ 조세특례제한법 시행규칙 [별표 1] <개정 2025. 3. 21.>

건축물 등 사업용 유형자산(제12조제1항 관련)

구 분	구조 또는 자산명
1	차량 및 운반구, 공구, 기구 및 비품
2	선박 및 항공기
3	연와조, 블록조, 콘크리트조, 토조, 토벽조, 목조, 목골모르타르조, 철골·철근콘크리트조, 철근콘크리트조, 석조, 연와석조, 철골조, 기타 조의 모든 건물(부속설비를 포함한다)과 구축물

비고
1. 제1호를 적용할 때 취득가액이 거래단위(취득한 자가 그 취득한 자산을 독립적으로 사업에 직접 사용할 수 있는 것)별로 20만원 이상으로서 그 고유업무의 성질상 대량으로 보유하고 그 자산으로부터 직접 수익을 얻는 비품은 제1호의 비품에 포함하지 않는다.
2. 제3호를 적용할 때 부속설비에는 해당 건물과 관련된 전기설비, 급배수 · 위생설비, 가스설비, 냉방 · 난방 · 통풍 및 보일러설비, 승강기설비 등 모든 부속설비를 포함한다. 다만, 다음 각 목의 어느 하나에 해당하는 설비는 제외한다.
   가. 바이오의약품 제조 공정에 따라 기계 및 장치를 연결하는 배관시설
   나. 바이오의약품 제조 공정에 사용되는 제약용수 관련 설비(정제수설비, 제조용수시스템, 순수증기제조기, 초순수제조장치 및 과산화수소훈증기를 포함한다)
3. 제3호를 적용할 때 구축물에는 하수도, 굴뚝, 경륜장, 포장도로, 교량, 도크, 방벽, 철탑, 터널 그 밖에 토지에 정착한 모든 토목설비나 공작물을 포함하되, 기계·장치 등 설비에 필수적이고 전용으로 사용되는 구축물은 제외한다.

② 상기 ①에 해당하지 아니하는 유형자산과 무형자산으로서 다음의 자산을 말한다(조특령 21 ③).

㉠ 연구·시험, 직업훈련, 에너지 절약, 환경보전 또는 근로자복지 증진 등의 목적으로 사용되는 사업용자산으로서 다음에서 정하는 자산(조특칙 12 ②)

구 분	공제대상 투자자산
1. 연구·시험 및 직업훈련시설	조세특례제한법 시행규칙 제13조의 10 제1항 및 제2항에 따른 시설
2. 에너지절약 시설	다음의 어느 하나에 해당하는 시설 가. 에너지이용 합리화법 제14조 제1항에 따른 에너지절약형 시설투자(에너지절약전문기업이 대가를 분할상환 받은 후 소유권을 이전하는 조건으로 같은 법 제25조에 따라 설치한 경우를 포함한다) 및 에너지절약형 기자재 나. 물의 재이용 촉진 및 지원에 관한 법률 제2조 제4호에 따른 중수도
3. 환경보전 시설	조세특례제한법 시행규칙 별표 2에 따른 환경보전시설
4. 근로자복지 증진 시설	다음의 어느 하나에 해당하는 시설 가. 무주택 종업원(출자자인 임원은 제외한다)에게 임대하기 위한 주택법에 따른 국민주택 규모의 주택 나. 종업원용 기숙사 다. 장애인·노인·임산부 등의 편의 증진을 위한 시설 또는 장애인을 고용하기 위한 시설로서 조세특례제한법 시행규칙 별표 3에 따른 시설
4. 근로자복지 증진 시설	라. 종업원용 휴게실, 체력단련실, 샤워시설 또는 목욕시설(건물 등의 구조를 변경하여 해당시설을 취득하는 경우를 포함한다) 마. 종업원의 건강관리를 위해 의료법 제35조에 따라 개설한 부속 의료기관 바. 영유아보육법 제10조 제4호에 따른 직장어린이집
5. 안전시설	조세특례제한법 시행규칙 별표 4에 따른 안전시설

㉡ 운수업을 경영하는 자가 사업에 직접 사용하는 차량 및 운반구 등의 자산으로서 다음의 구분에 따른 사업에 직접 사용하는 각 호의 시설을 말한다(조특칙 12 ③).

구 분	공제대상 투자자산
1. 운수업을 주된 사업으로 하는 중소기업(조세특례제한법 시행령 제2조 제1항에 따른 중소기업)	차량 및 운반구(개별소비세법 제1조 제2항 제3호에 따른 자동차로서 자가용인 것을 제외한다)와 선박
2. 어업을 주된 사업으로 하는 중소기업	선박
3. 건설업	지방세법 시행규칙 제3조에 따른 기계장비
4. 도매업·소매업·물류산업	조세특례제한법 시행규칙 별표 5에 따른 유통산업합리화시설
5. 관광진흥법에 따라 등록한 관광숙박업 및 국제회의기획업	건축물과 해당 건축물에 딸린 시설물 중 지방세법 시행령 제6조에 따른 시설물
6. 관광진흥법에 따라 등록한 전문휴양업 또는 종합휴양업	관광진흥법 시행령 제2조 제1항 제3호 가목 및 제5호 가목에 따른 숙박시설, 전문휴양시설(골프장 시설은 제외한다) 및 종합유원시설업의 시설
7. 중소기업이 해당 업종의 사업에 직접 사용하는 소프트웨어	다음의 어느 하나에 해당하는 것을 제외한 소프트웨어 가. 인사, 급여, 회계 및 재무 등 지원업무에 사용하는 소프트웨어 나. 문서, 도표 및 발표용 자료 작성 등 일반 사무에 사용하는 소프트웨어 다. 컴퓨터 등의 구동을 위한 기본운영체제(Operating System) 소프트웨어

㉢ 중소기업 및 중견기업이 취득한 다음의 자산(조세특례제한법 시행령 제11조 제1항에 따른 특수관계인으로부터 취득한 자산은 제외한다)등은 통합투자세액공제를 적용한다(조특령 21 ③ 3호, 개정규정은 2022.2.15. 이후 특허권, 실용신안권 또는 디자인권을 취득하는 경우부터 적용함. 영 부칙 2022.2.15.). 특수관계인은 법인세법 시행령 제2조 제5항에 따른 특수관계인을 말한다. 이 경우 법인세법 시행령 제2조 제5항 제2호의 소액주주등을 판정할 때 법인세법 시행령 제50조 제2항 중 1%는 30%로 본다(조특령 11 ①).

가. 내국인이 국내에서 연구·개발하여 특허법에 따라 최초로 설정등록받은 특허권

나. 내국인이 국내에서 연구·개발하여 실용신안법에 따라 최초로 설정등록받은 실용신안권

다. 내국인이 국내에서 연구·개발하여 디자인보호법에 따라 최초로 설정등록받은 디자인권

2) 신성장· 원천기술 및 국가전략기술 등을 사업화하는 시설

조세특례제한법 제24조제1항제2호가목1)부터 3)까지 및 같은 항제3호가목3)다)에서 대통령령으로 정하는 시설(신성장· 원천기술의 사업화를 위한 시설로서 대통령령으로 정하는 시설 및 국가전략기술의 사업화를 위한 시설로서 대통령령으로 정하는 시설)이란 다음의 시설을 말한다(조특령 21 ④, 개정규정은 2025.1.1.이후 투자하는 경우부터 적용, 영 부칙).

① 조세특례제한법 제24조제1항제2호가목1)의 신성장· 원천기술의 사업화를 위한 시설로서 대통령령으로 정하는 시설 : 다음 각 목의 시설

㉠ 기획재정부령으로 정하는 바에 따라 신성장· 원천기술을 사업화하는 시설(신성장· 원천기술을 사용하여 생산하는 제품 외에 다른 제품의 생산에도 사용되는 시설을 포함한다)로서 연구개발세액공제기술심의위원회의 심의를 거쳐 기획재정부장관과 산업통상자원부장관이 공동으로 인정하는 시설(이하 "신성장사업화시설"). 기획재정부령으로 정하는 바에 따라 신성장· 원천기술을 사업화하는 시설"이란 조세특례제한법 시행규칙 별표 6에 따른 시설을 말한다(조특칙 12의2 ①).

㉡ 조세특례제한법 시행령 별표 7 제6호 가목 1) 및 2)의 기술이 적용된 5세대 이동통신 기지국(이와 연동된 교환시설을 포함한다)을 운용하기 위해 필요한 설비로서 전기통신사업 회계정리 및 보고에 관한 규정 제8조에 따른 전기통신설비 중 같은 조 제1호, 제2호 및 제6호에 따른 교환설비, 전송설비 및 전원설비

② 조세특례제한법 제24조제1항제2호가목2)의 국가전략기술의 사업화를 위한 시설로서 대통령령으로 정하는 시설 : 기획재정부령으로 정하는 바에 따라 국가전략기술을 사업화하는 시설(국가전략기술을 사용하여 생산하는 제품 외에 다른 제품의 생산에도 사용되는 시설을 포함한다)로서 연구개발세액공제기술심의위원회의 심의를 거쳐 기획재정부장관과 산업통상자원부장관이 공동으로 인정하는 시설(이하 국가전략기술사업화시설). 기획재정부령으로 정하는 바에 따라 국가전략기술을 사업화하는 시설"이란 조세특례제한법 시행규칙 별표 6의 2에 따른 시설을 말한다(조특칙 12의2 ②).

③ 조세특례제한법 제24조제1항제2호가목1)의 신성장· 원천기술 연구개발을 위한 연구· 시험용시설로서 대통령령으로 정하는 시설 : 신성장· 원천기술 연구개발을 위한 조세특례제한법 시행령 제25조의3제3항제2호가목의 시설(신성장· 원천기술 외에 다른 기술의 연구개발에도 사용되는 시설을 포함한다)로서 연구개발세액공제기술심의위원회의 심의를 거쳐 기획재정부장관과 산업통상자원부장관이 공동으로 인정하는 시설(이하 신성장연구개발시설)

④ 조세특례제한법 제24조제1항제2호가목2)의 국가전략기술 연구개발을 위한 연구·시험용 시설로서 대통령령으로 정하는 시설 : 국가전략기술 연구개발을 위한 제25조의3제3항제2호가목의 시설(국가전략기술 외에 다른 기술의 연구개발에도 사용되는 시설을 포함한다)로서 연구개발세액공제기술심의위원회의 심의를 거쳐 기획재정부장관과 산업통상자원부장관이 공동으로 인정하는 시설(이하 국가전략기술연구개발시설)

⑤ 조세특례제한법 제24조제1항제2호가목3) 및 같은 항제3호가목3)다)의 반도체 분야 국가전략기술사업화시설로서 대통령령으로 정하는 시설 : 반도체 분야의 국가전략기술사업화시설

⑥ 조세특례제한법 제24조제1항제2호가목3) 및 같은 항제3호가목3)다)의 반도체 분야 국가전략기술연구개발시설로서 대통령령으로 정하는 시설 : 반도체 분야의 국가전략기술연구개발시설

(3) 공제세액

대통령령으로 정하는 내국법인이 상기 (2)에 해당하는 자산에 투자하는 경우에는 1)에 따른 기본공제 금액과 추가공제 금액을 합한 금액 또는 2) 임시 투자 세액공제에 따른 기본공제 금액과 추가공제 금액을 합한 금액을 해당 투자가 이루어지는 과세연도의 법인세에서 공제한다. 이 경우 1) 일반공제 및 2) 임시 투자 세액공제를 동시에 적용받을 수 있는 경우에는 납세의무자의 선택에 따라 그 중 하나만을 적용한다(조특법 24 ①).

선택 ┌ 일반공제(기본공제 + 추가공제)
　　 └ 임시투자세액공제(기본공제 + 추가공제)

1) 일반공제

가. 기본공제금액 : 해당 과세연도에 투자한 금액에 다음의 구분에 따른 비율을 곱한 금액에 상당하는 금액

1) 신성장·원천기술의 사업화를 위한 시설로서 대통령령으로 정하는 시설(이하 신성장사업화시설) 및 신성장·원천기술 연구개발을 위한 연구·시험용 시설로서 대통령령으로 정하는 시설(이하 신성장연구개발시설)에 투자하는 경우(신성장연구개발시설, 국가전략기술연구개발시설, 반도체 분야 국가전략기술사업화시설 및 반도체 분야 국가전략기술연구개발시설에 관한 개정규정은 2025.1.1.이후 투자하는 경우부터 적용함. 법 부칙 2025.3.14.)

기 본 공 제(신성장·원천기술)	공 제 율
가) 중소기업	12%
나) 중소기업이 대통령령으로 정하는 바에 따라 최초로 중소기업에 해당하지 아니하게 된 경우로서 최초로 중소기업에 해당하지 아니하게 된 과세연도의 개시일부터 3년 이내에 끝나는 과세연도까지의 경우(2025.1.1. 이후 개시하는 과세연도에 최초로 중소기업에 해당하지 아니하게 된 경우부터 적용함. 법 부칙 2024.12.31.)	9%
다) 위 나)에 해당하지 아니하는 중견기업의 경우	6%
라) 위 가)부터 다)까지 외의 경우	3%

※ 대통령령으로 정하는 바에 따라 최초로 중소기업에 해당하지 아니하게 된 경우란 각각 다음 각 호의 구분에 따른 기간이 지난 경우를 말한다(조특령 21 ⑮).

1. 2024.12.31.이 속하는 과세연도 직전 과세연도의 종료일 이전에 조세특례제한법 시행령 제2조 제2항 각 호 외의 부분 본문에 따라 중소기업에 해당하지 않게 된 사유가 발생한 경우 : 최초로 그 사유가 발생한 날이 속하는 과세연도와 그 다음 3개 과세연도
2. 2024.12.31.이 속하는 과세연도의 개시일 이후에 조세특례제한법 시행령 제2조 제2항 각 호 외의 부분 본문에 따라 중소기업에 해당하지 않게 된 사유가 발생한 경우 : 최초로 그 사유가 발생한 날이 속하는 과세연도와 그 다음 5개 과세연도(최초로 그 사유가 발생한 날이 속하는 과세연도의 종료일부터 5년이 되는 날이 속하는 과세연도의 종료일 현재 해당 기업이 자본시장과 금융투자업에 관한 법률에 따른 유가증권시장 또는 코스닥시장에 상장되어 있는 경우에는 7개 과세연도)
3. 조세특례제한법 시행령 제2조 제5항(중소기업기본법 시행령 제3조 제1항 제2호, 별표 1 및 별표 2의 개정으로 새로이 중소기업에 해당하게 되는 때, 조특령 2 ⑤)에 따라 중소기업에 해당하지 않게 된 사유가 발생한 경우 : 그 사유가 발생한 날이 속하는 과세연도와 그 다음 3개 과세연도

2) 국가전략기술의 사업화를 위한 시설로서 대통령령으로 정하는 시설(이하 국가전략기술사업화시설) 및 국가전략기술 연구개발을 위한 연구·시험용 시설로서 대통령령으로 정하는 시설(이하 국가전략기술연구개발시설)에 2029.12.31.까지 투자하는 경우[다음 3)에 해당하는 경우는 제외한다](신성장연구개발시설, 국가전략기술연구개발시설, 반도체 분야 국가전략기술사업화시설 및 반도체 분야 국가전략기술연구개발시설에 관한 개정규정은 2025.1.1.이후 투자하는 경우부터 적용함. 법 부칙 2025.3.14.).

기 본 공 제(국가전략기술)	공 제 율
가) 중소기업	25%
나) 중소기업이 대통령령으로 정하는 바에 따라 최초로 중소기업에 해당하지 아니하게 된 경우로서 최초로 중소기업에 해당하지 아니하게 된 과세연도의 개시일부터 3년 이내에 끝나는 과세연도까지의 경우(2025.1.1. 이후 개시하는 과세연도에 최초로 중소기업에 해당하지 아니하게 된 경우부터 적용함. 법 부칙 2024.12.31.)	20%
다) 위 가) 및 나) 외의 경우	15%

3) 반도체 분야 국가전략기술사업화시설 및 반도체 분야 국가전략기술연구개발시설로서 대통령령으로 정하는 시설에 2029.12.31.까지 투자하는 경우(신성장연구개발시설, 국가전략기술연구개발시설, 반도체 분야 국가전략기술사업화시설 및 반도체 분야 국가전략기술연구개발시설에 관한 개정규정은 2025.1.1.이후 투자하는 경우부터 적용함. 법 부칙 2025.3.14.).

기 본 공 제(반도체 분야)	공 제 율
가) 중소기업	30%
나) 중소기업이 대통령령으로 정하는 바에 따라 최초로 중소기업에 해당하지 아니하게 된 경우로서 최초로 중소기업에 해당하지 아니하게 된 과세연도의 개시일부터 3년 이내에 끝나는 과세연도까지의 경우(2025.1.1. 이후 개시하는 과세연도에 최초로 중소기업에 해당하지 아니하게 된 경우부터 적용함. 법 부칙 2024.12.31.)	25%
다) 위 가) 및 나) 외의 경우	20%

4) 상기 1)부터 3)까지 외의 자산에 투자하는 경우(신성장연구개발시설, 국가전략기술연구개발시설, 반도체 분야 국가전략기술사업화시설 및 반도체 분야 국가전략기술연구개발시설에 관한 개정규정은 2025.1.1.이후 투자하는 경우부터 적용함. 법 부칙 2025.3.14.)

기 본 공 제(일반투자)	공 제 율
가) 중소기업	10%
나) 중소기업이 대통령령으로 정하는 바에 따라 최초로 중소기업에 해당하지 아니하게 된 경우로서 최초로 중소기업에 해당하지 아니하게 된 과세연도의 개시일부터 3년 이내에 끝나는 과세연도까지의 경우(2025.1.1. 이후 개시하는 과세연도에 최초로 중소기업에 해당하지 아니하게 된 경우부터 적용함. 법 부칙 2024.12.31.)	7.5%
다) 위 나)에 해당하지 아니하는 중견기업의 경우	5%
라) 위 가)부터 다)까지 외의 경우	1%

나. 추가공제금액

해당 과세연도에 투자한 금액이 해당 과세연도의 직전 3년간 연평균 투자 또는 취득금액을 초과하는 경우에는 그 초과하는 금액의 10%에 상당하는 금액. 다만, 추가공제 금액이 기본공제 금액을 초과하는 경우에는 기본공제 금액의 2배를 그 한도로 한다(개정규정은 2025.1.1.이후 개시하는 과세연도에 투자하는 경우부터 적용함. 법 부칙 2024.12.31.).

구 분		공 제 율
추가공제	공제세액	(당기 투자금액 − 직전 3년 연평균투자금액) × 10%
	한 도	기본공제금액 × 2

2) 임시 투자 세액공제금액

2023.12.31.이 속하는 과세연도에 투자하는 경우부터 다음에 따른 기본공제 금액과 추가공제 금액을 합한 금액을 공제한다(조특법 24 ① 3호, 법 부칙 2023.4.11.).

가. 기본공제금액: 다음의 구분에 따른 금액

1) 2023.12.31.이 속하는 과세연도

구 분	공 제 율		
	중소기업	중견기업	그 밖의 기업
일반투자	12%	7%	3%
신성장사업화시설	18%	10%	6%
국가전략기술사업화시설	25%	15%	15%

2) 2024.12.31.이 속하는 과세연도

다음의 공제는 2025.1.1. 이후 과세표준을 신고하는 경우부터 적용한다(법 부칙 2025.3.14.).

구 분	공 제 율		
	중소기업	중견기업	그 밖의 기업
일반투자	12%	7%	1%
신성장사업화시설	14%	8%	3%
국가전략기술사업화시설	25%	15%	15%

3) 2025.12.31.이 속하는 과세연도

다음의 공제는 2025.1.1.이후 개시하는 과세연도에 투자하는 경우부터 적용한다(법 부칙 2025.3.14.).

구 분	공 제 율		
	중소기업	중견기업	그 밖의 기업
일반투자	12%	7%	1%

다만, 다음의 어느 하나에 해당하는 경우에는 다음의 구분에 따른 금액으로 한다.

가) 신성장사업화시설 및 신성장연구개발시설에 투자하는 경우

구 분	공 제 율		
	중소기업	중견기업	그 밖의 기업
신성장사업화시설 및 신성장연구개발시설	14%	8%	3%

나) 국가전략기술사업화시설 및 국가전략기술연구개발시설에 투자하는 경우[다)에 해당하는 경우는 제외한다] : 다음에 따른 금액

기 본 공 제(국가전략기술)	공 제 율
가) 중소기업	25%
나) 중소기업이 대통령령으로 정하는 바에 따라 최초로 중소기업에 해당하지 아니하게 된 경우로서 최초로 중소기업에 해당하지 아니하게 된 과세연도의 개시일부터 3년 이내에 끝나는 과세연도까지의 경우(2025.1.1. 이후 개시하는 과세연도에 최초로 중소기업에 해당하지 아니하게 된 경우부터 적용함. 법 부칙 2024.12.31.)	20%
다) 위 가) 및 나) 외의 경우	15%

다) 반도체 분야 국가전략기술사업화시설 및 반도체 분야 국가전략기술연구개발시설로서 대통령령으로 정하는 시설에 투자하는 경우 : 다음에 따른 금액

기 본 공 제(반도체 분야)	공 제 율
가) 중소기업	30%
나) 중소기업이 대통령령으로 정하는 바에 따라 최초로 중소기업에 해당하지 아니하게 된 경우로서 최초로 중소기업에 해당하지 아니하게 된 과세연도의 개시일부터 3년 이내에 끝나는 과세연도까지의 경우(2025.1.1. 이후 개시하는 과세연도에 최초로 중소기업에 해당하지 아니하게 된 경우부터 적용함. 법 부칙 2024.12.31.)	25%
다) 위 가) 및 나) 외의 경우	20%

나. 추가공제금액 : 다음의 구분에 따른 금액

상기 1)부터 3)까지에 따른 각 과세연도에 투자한 금액이 해당 과세연도의 직전 3년간 연평균 투자 또는 취득금액을 초과하는 경우에는 그 초과하는 금액의 10%에 상당하는 금액. 다만, 추가공제 금액이 기본공제 금액을 초과하는 경우에는 기본공제 금액의 2배를 그 한도로 한다.

구 분		공 제 율
추가공제	공제세액	(당기 투자금액 – 직전 3년 연평균투자금액) × 10%
	한 도	기본공제금액 × 2

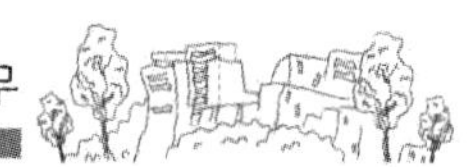

(4) 공제시기

내국법인이 법으로 정하는 투자자산에 투자(중고품 및 대통령령으로 정하는 리스에 의한 투자는 제외한다)하는 경우에는 해당 투자가 이루어지는 과세연도의 법인세에서 공제한다(조특법 24 ①). 투자가 2개 이상의 과세연도에 걸쳐서 이루어지는 경우에는 그 투자가 이루어지는 과세연도마다 해당 과세연도에 투자한 금액에 대하여 투자세액공제를 적용한다(조특법 24 ②).

신설된 통합투자세액공제가 2021.1.1. 이후 과세표준을 신고하는 경우부터 적용함에 따라 다음의 요건을 모두 충족하는 조세특례제한법 24조 1항의 개정규정에 따른 내국인이 2개 이상의 과세연도에 걸쳐서 투자하는 경우에는 조세특례제한법 24조 2항의 개정규정에도 불구하고 투자를 완료한 날이 속하는 과세연도에 모든 투자가 이루어진 것으로 본다(법 부칙 2020.12.29.).

① 2020.12.31.이 속하는 과세연도 전에 투자를 개시하였을 것
② 종전의 조세특례제한법 5조(중소기업 등 투자 세액공제), 25조(특정 시설 투자 등에 대한 세액공제), 25조의 4(의약품 품질관리 개선시설투자에 대한 세액공제) 및 25조의 7(초연결 네트워크 구축을 위한 시설투자에 대한 세액공제)에 따른 공제를 받지 아니하였을 것

(5) 공제세액의 계산

1) 투자금액

조세특례제한법 제24조 제1항 및 제2항에 따른 투자금액은 ①의 금액에서 ②의 금액을 뺀 금액으로 한다(조특령 21 ⑦).

① 총투자금액에 법인세법 시행령 제69조 제1항에 따른 작업진행률에 의하여 계산한 금액과 해당 과세연도까지 실제로 지출한 금액 중 큰 금액
② 다음의 금액을 더한 금액
   ㉠ 해당 과세연도 전에 조세특례제한법 제24조(통합투자세액공제)를 적용받은 투자금액
   ㉡ 해당 과세연도 전의 투자분으로서 ㉠의 금액을 제외한 투자분에 대하여 상기 ①을 준용하여 계산한 금액

각 과세연도 투자금액	= max	┌ 총투자금액에 작업진행률에 의하여 계산한 금액 └ 해당 과세연도까지 실제로 지출한 금액	−	해당 과세연도 전에 투자세액공제를 받은 투자금액 + 해당 과세연도 전의 투자분으로서 공제받은 투자금액을 제외한 투자분에 대하여 ①을 준용하여 계산한 금액

2) 3년간 연평균 투자금액

조세특례제한법 제24조 제1항 제2호 나목(추가공제) 및 같은 항 제3호 나목(추가공제)에 따른 3년간 연평균 투자금액의 계산은 다음 계산식에 따른다. 이 경우 내국법인의 투자금액이 최초로 발생한 과세연도의 개시일부터 세액공제를 받으려는 해당 과세연도 개시일까지의 기간이 36개월 미만인 경우에는 그 기간에 투자한 금액의 합계액을 36개월로 환산한 금액을 해당 과세연도의 개시일부터 소급하여 3년간 투자한 금액의 합계액으로 보며, 합병법인, 분할신설법인, 분할합병의 상대방법인, 사업양수법인 또는 현물출자를 받은 법인(이하 합병법인등)의 경우에는 합병, 분할, 분할합병, 사업양도 또는 현물출자를 하기 전에 피합병법인, 분할법인, 사업양도인 또는 현물출자자가 투자한 금액은 합병법인등이 투자한 것으로 본다(조특령 21 ⑧). 3년간 투자한 연 평균 투자금액이 없는 경우에는 추가공제 금액이 없는 것으로 한다(조특령 21 ⑨).

$$\frac{\text{해당 과세연도의 개시일부터 소급하여 3년간 투자한 금액의 합계액}}{3} \times \frac{\text{해당 과세연도의 개월 수}}{12}$$

3) 투자의 개시시기

투자의 개시시기에 관하여는 조세특례제한법 시행령 제23조 제14항을 준용한다(조특령 21 ⑫). 조세특례제한법 시행령 제23조 제14항에 따른 투자의 개시시기는 다음의 어느 하나에 해당하는 때로 한다(조특령 23 ⑭).

① 국내·국외 제작계약에 따라 발주하는 경우에는 발주자가 최초로 주문서를 발송한 때
② 상기 ①의 규정에 의한 발주에 의하지 아니하고 매매계약에 의하여 매입하는 경우에는 계약금 또는 대가의 일부를 지급한 때(계약금 또는 대가의 일부를 지급하기 전에 당해 시설을 인수한 경우에는 실제로 인수한 때)
③ 당해 시설을 수입하는 경우로서 승인을 얻어야 하는 경우에는 ① 및 ②의 규정에 불구하고 수입승인을 얻은 때
④ 자기가 직접 건설 또는 제작하는 경우에는 실제로 건설 또는 제작에 착수한 때. 이 경우 사업의 타당성 및 예비적 준비를 위한 것은 착수한 때에 포함하지 아니한다.
⑤ 타인에게 건설을 의뢰하는 경우에는 실제로 건설에 착공한 때. 이 경우 사업의 타당성 및 예비적 준비를 위한 것은 착공한 때에 포함하지 아니한다.

(6) 세액공제 신청

1) 일반원칙

통합투자세액공제를 적용받으려는 자는 해당 과세연도의 과세표준신고서와 함께 기획재정부령으로 정하는 세액공제신청서(통합투자세액공제신청서 : 별지 제8호의 9서식)를 납세지 관할 세무서장에게 제출해야 한다. 이 경우 신성장사업화시설 또는 국가전략기술사업화시설의 인정을 받을 것을 조건으로 그 인정을 받기 전에 기획재정부령으로 정하는 바에 따라 세액공제를 신청할 수 있다(조특령 21 ⑬).

2) 신성장사업화시설 또는 국가전략기술사업화시설의 인정 신청

조세특례제한법 시행령 제21조 제13항 후단에 따라 세액공제를 신청하는 자는 투자완료일이 속하는 달의 말일부터 3개월 이내에 기획재정부장관과 산업통상자원부장관에게 신성장사업화시설 또는 국가전략기술사업화시설의 인정을 신청해야 한다. 다만, 동일한 과세연도에 완료된 둘 이상의 투자에 대하여 각각 영 제21조 제13항 후단에 따라 세액공제를 신청하는 경우에는 가장 늦게 완료된 투자의 투자완료일이 속하는 달의 말일부터 3개월 이내에 인정을 신청할 수 있다(조특칙 13 ①, 2022.12.31.이 속하는 과세연도에 이루어진 투자로서 2023.1.1. 전에 완료된 투자에 대하여 영 21조 13항 후단에 따라 세액공제를 신청하는 자는 규칙 13조 1항의 개정규정에도 불구하고 2023.3.31.까지 기획재정부장관과 산업통상자원부장관에게 신성장사업화시설 또는 국가전략기술사업화시설의 인정을 신청해야 함. 규칙 부칙 2023.3.20.).

상기의 경우에도 불구하고 투자가 2개 이상의 과세연도에 걸쳐 이루어지는 경우로서 그 투자가 이루어지는 과세연도(투자완료일이 속하는 과세연도는 제외한다)에 투자한 금액에 대하여 조세특례제한법 시행령 제21조 제13항 후단에 따라 세액공제를 신청하는 경우에는 해당 과세연도 종료일부터 3개월 이내에 제1항에 따른 인정을 신청해야 한다. 다만, 다음의 어느 하나에 해당하는 경우에는 해당 과세연도의 다음 과세연도 종료일(다음 과세연도가 투자완료일이 속하는 과세연도인 경우에는 투자완료일이 속하는 달의 말일)부터 3개월 이내에 인정을 신청할 수 있다(조특칙 13 ②).

① 투자개시일이 속하는 과세연도의 경우
② 직전 과세연도에 투자한 금액에 대하여 신성장사업화시설 또는 국가전략기술사업화시설의 인정을 받은 경우

3) 신성장사업화시설 또는 국가전략기술사업화시설의 공통사용실적 제출

신성장사업화시설 또는 국가전략기술사업화시설 중 해당 기술을 사용하여 생산하는 제품 외에 다른 제품의 생산에도 사용되는 시설에 대하여 조세특례제한법 제24조 제1항에 따른

세액공제를 적용받으려는 자는 해당 시설에서 생산되는 모든 제품의 생산량을 기획재정부령으로 정하는 바에 따라 측정하여 작성·보관해야 하며, 조세특례제한법 시행령 제5항 제2호에 따른 기간(투자완료일이 속하는 과세연도의 다음 3개 과세연도의 종료일까지의 기간, 조특령 21 ⑤ 2호) 중 마지막 과세연도의 과세표준신고를 할 때 기획재정부령으로 정하는 생산량 실적 자료(조특칙 61 ①, 생산량 실적 자료 : 별지 제8호의 10서식)를 납세지 관할 세무서장에게 제출해야 한다(조특령 21 ⑭, 개정규정은 2021.7.1. 이후 새로 투자한 국가전략기술사업화시설 또는 신성장사업화시설부터 적용함. 영 부칙 2022.2.15.).

■ 조세특례제한법 시행규칙 [별지 제8호의10서식] <신설 2022. 3. 18.>

신성장사업화시설 및 국가전략기술사업화시설 생산량 실적표(사례)

⑦ 투자시설			⑪ 투자종류		⑭ 생산량					
⑧ 연번	⑨ 시설명	⑩ 투자금액	⑫ 종류	⑬ 기술연번	⑮ 측정대상	⑯ 측정기간	⑰ 총생산량	⑱국가 전략기술	⑲ 신성장 · 원천기술	⑳ 일반기술
1	0000	0000	국가전략기술	1.반도체 가.	웨이퍼	20X2.4.1.~ 20X5.12.31.	000개	000개	000개	000개
2	0000	0000	국가전략기술	1.반도체 나.	웨이퍼	20X2.7.1.~ 20X5.12.31.	00개	00개	00개	00개

4) 신성장사업화시설 또는 국가전략기술사업화시설의 공통사용실적의 자료보관

신성장사업화시설 또는 같은 항 국가전략기술사업화시설 중 해당 기술을 사용하여 생산하는 제품 외에 다른 제품의 생산에도 사용되는 시설에 대하여 세액공제를 적용받으려는 자는 다음 각 호에서 정하는 바에 따라 생산량을 측정·기록하고 제2호의 측정 기간 종료일부터 5년 동안 보관해야 한다(조특칙 12의2 ④).

① 해당 시설을 거쳐 저장·판매가 가능한 형태로 생산된 제품 또는 반제품(그 제품 또는 반제품을 사용하여 생산한 다른 제품 또는 반제품은 제외한다)을 측정 대상으로 할 것

② 해당 시설의 투자완료일(투자완료일이 2022.4.1. 이전인 경우에는 2022.4.1.)부터 그 날이 속하는 과세연도의 다음 3개 과세연도의 종료일까지 측정할 것

③ 다음 각 목의 구분에 따른 단위로 측정할 것

㉠ 고체류 : 개수

㉡ 액체류 및 기체류 : 부피 단위 또는 해당 제품을 담은 동일한 부피의 용기 등의 개수

5) 연구개발업무 사용시간 실적자료 제출

신성장연구개발시설 또는 국가전략기술연구개발시설 중 해당 기술 외에 다른 기술의 연구개발에도 사용되는 시설에 대하여 조세특례제한법 제24조제1항에 따른 세액공제를 적용받으려는 자는 해당 시설의 연구개발업무 사용시간을 기획재정부령으로 정하는 바에 따라 측정하여 작성·보관해야 하며, 조세특례제한법 시행령 제21조제5항제2호에 따른 기간(투자완료일이 속하는 과세연도의 다음 3개 과세연도의 종료일까지의 기간, 조특령 21 ⑤ 2호) 중 마지막 과세연도의 과세표준신고를 할 때 기획재정부령으로 정하는 사용시간 실적 자료를 납세지 관할 세무서장에게 제출해야 한다(조특령 21 ⑯, 신설규정은 2025.1.1.이후 투자하는 경우부터 적용, 영 부칙).

6.2 사후관리

(1) 다른 목적의 전용 제한

1) 감면세액의 추징

법인세를 공제받은 자가 투자완료일부터 5년 이내의 기간 중 대통령령으로 정하는 기간 내에 그 자산을 다른 목적으로 전용하는 경우에는 공제받은 세액공제액 상당액에 대통령령으로 정하는 바에 따라 계산한 이자 상당 가산액을 가산하여 법인세로 납부하여야 한다. 이 경우 해당 세액은 법인세법 제64조에 따라 납부하여야 할 세액으로 본다(조특법 24 ③). 대통령령으로 정하는 기간이란 다음의 구분에 따른 기간을 말한다(조특령 21 ⑤, 개정규정은 2025.1.1.이후 투자하는 경우부터 적용, 영 부칙).

① 조세특례제한법 시행령 제21조 제3항 각 호의 어느 하나에 해당하는 사업용자산으로서 다음의 건축물 또는 구축물(조특칙 12의3) : 5년
  ㉠ 조세특례제한법 시행규칙 제12조 제2항 제4호에 따른 근로자복지 증진 시설
  ㉡ 조세특례제한법 시행규칙 제12조 제3항 제4호에 따른 유통산업합리화시설 중 창고시설 등
  ㉢ 조세특례제한법 시행규칙 제12조 제3항 제6호에 따른 숙박시설, 전문휴양시설(골프장 시설은 제외한다) 및 종합유원시설업의 시설

② 신성장사업화시설 또는 국가전략기술사업화시설 중 해당 기술을 사용하여 생산하는 제품 외에 다른 제품의 생산에도 사용되는 시설 : 투자완료일이 속하는 과세연도의 다음 3개 과세연도의 종료일까지의 기간

③ 신성장연구개발시설 또는 국가전략기술연구개발시설 중 해당 기술 외에 다른 기술의 연구개발에도 사용되는 시설 : 투자완료일이 속하는 과세연도의 다음 3개 과세연도의 종

료일까지의 기간

④ 그 외의 사업용자산 : 2년

2) 이자상당 가산액

대통령령으로 정하는 바에 따라 계산한 이자상당 가산액은 공제받은 세액에 ①의 기간과 ②의 율을 곱하여 계산한 금액으로 한다(조특령 21 ⑥, 개정규정은 2021.7.1. 이후 새로 투자한 국가전략기술사업화시설 또는 신성장사업화시설부터 적용함. 영 부칙 2022.2.15.).

① 공제받은 과세연도의 과세표준신고일의 다음 날부터 조세특례제한법 제24조 제3항(사후관리)의 사유가 발생한 날이 속하는 과세연도의 과세표준신고일까지의 기간

② 조세특례제한법 시행령 제11조의 2 제9항 제2호에 따른 율(1일 10만분의 22, 조특령 11의2 ⑨ 2호)

> 이자상당가산액 = 공제받은 세액 × 이자계산기간 × 0.022%
>
> * 이자계산기간 : 공제받은 과세연도의 과세표준신고일의 다음날부터 감면세액의 추징사유가 발생한 날이 속하는 과세연도의 과세표준신고일까지의 기간
>
> * 2022.2.15. 전에 발생한 사유로 2022.2.15. 이후 세액을 납부 또는 부과하는 경우 2022.2.15.일 전일까지의 기간분에 대한 이자상당가산액 또는 이자상당액의 계산에 적용되는 이자율은 개정규정에도 불구하고 각각 종전의 0.025% 규정에 따르고, 2022.2.15. 이후의 기간분에 대한 이자상당가산액 또는 이자상당액의 계산에 적용되는 이자율은 각각 같은 개정규정에 따름(영 부칙 2022.2.15.).

(2) 신성장사업화시설 또는 국가전략기술사업화시설 전용의제

1) 의제사유

조세특례제한법 제24조 제3항(사후관리)을 적용할 때 조세특례제한법 시행령 제5항 제2호 및 3호의 시설(신성장사업화시설 또는 국가전략기술사업화시설)이 다음 각 호에 해당하면 해당 호에서 정한 기간이 끝나는 날에 그 시설을 다른 목적으로 전용한 것으로 본다. 다만, 천재지변으로 인한 시설의 멸실, 그 밖에 기획재정부령으로 정하는 사유(해당 시설의 투자완료일부터 투자완료일이 속하는 과세연도의 다음 3개 과세연도의 종료일까지의 기간 중 화재 등으로 해당 시설이 파손되어 가동이 불가능한 경우, 조특칙 12의2 ③)가 있는 경우에는 전용한 것으로 보지 않는다(조특령 21 ⑩, 개정규정은 2025.1.1.이후 투자하는 경우부터 적용, 영 부칙).

① 신성장사업화시설의 경우 : 투자완료일(투자완료일이 2022.4.1 이전인 경우에는 2022.4.1.)부터 조세특례제한법 시행령 제5항 제2호의 기간(투자완료일이 속하는 과세연도의 다음 3개 과세연도의 종료일까지의 기간, 조특령 21 ⑤ 2호) 동안 해당 시설에서 생산된 모든 제품의

총생산량에서 신성장·원천기술을 사용하여 생산한 제품과 국가전략기술을 사용하여 생산한 제품의 생산량의 합이 차지하는 비율이 50% 이하인 경우

② 국가전략기술사업화시설의 경우 : 투자완료일(투자완료일이 2022.4.1. 이전인 경우에는 2022.4.1.)부터 조세특례제한법 시행령 제5항 제2호의 기간(투자완료일이 속하는 과세연도의 다음 3개 과세연도의 종료일까지의 기간, 조특령 21 ⑤ 2호) 동안 해당 시설에서 생산된 모든 제품의 총생산량에서 국가전략기술을 사용하여 생산한 제품의 생산량이 차지하는 비율이 50% 이하인 경우

③ 신성장연구개발시설의 경우 : 투자완료일(투자완료일이 2025.7.1.이전인 경우에는 2025.7.1.)부터 조세특례제한법 시행령 제21조제5항제2호의 기간 동안 해당 시설을 사용한 총 연구개발업무 시간에서 신성장·원천기술연구개발업무에 사용한 시간과 국가전략기술 연구개발업무에 사용한 시간의 합이 차지하는 비율이 50%이하인 경우

④ 국가전략기술연구개발시설의 경우 : 투자완료일(투자완료일이 2025.7.1.이전인 경우에는 2025.7.1.)부터 조세특례제한법 시행령 제21조제5항제2호의 기간 동안 해당 시설을 사용한 총 연구개발업무 시간에서 국가전략기술연구개발업무에 사용한 시간이 차지하는 비율이 50%이하인 경우

2) 공제받은 세액공제액 상당액

상기 1)에 따라 신성장사업화시설 또는 국가전략기술사업화시설을 다른 목적으로 전용한 것으로 보는 경우의 조세특례제한법 제24조 제3항 전단에 따른 “공제받은 세액공제액 상당액”은 다음 각 호의 구분에 따라 계산한 금액으로 한다(조특령 21 ⑪, 개정규정은 2025.1.1.이후 투자하는 경우부터 적용, 영 부칙).

① 신성장사업화시설의 경우 : 공제받은 세액공제액에서 해당 시설이 신성장사업화시설 또는 국가전략기술사업화시설이 아닌 시설(이하 “일반시설”)인 경우에 공제받을 수 있는 세액공제액을 뺀 금액

② 국가전략기술사업화시설의 경우 : 공제받은 세액공제액에서 해당 시설이 일반시설인 경우에 공제받을 수 있는 세액공제액(해당 시설에서 생산된 모든 제품의 총생산량에서 신성장·원천기술을 사용하여 생산한 제품과 국가전략기술을 사용하여 생산한 제품의 생산량의 합이 차지하는 비율이 50%를 초과하는 경우에는 신성장사업화시설로서 공제받을 수 있는 세액공제액)을 뺀 금액

③ 신성장연구개발시설의 경우 : 공제받은 세액공제액에서 해당 시설이 신성장연구개발시설 또는 국가전략기술연구개발시설이 아닌 시설(이하 일반연구개발시설)인 경우에 공제받을 수 있는 세액공제액을 뺀 금액

④ 국가전략기술연구개발시설의 경우 : 공제받은 세액공제액에서 해당 시설이 일반연구개발시설인 경우에 공제받을 수 있는 세액공제액(해당 시설을 사용한 총 연구개발업무 시간에서 신성장·원천기술연구개발업무에 사용한 시간과 국가전략기술연구개발업무에 사용한 시간의 합이 차지하는 비율이 50%를 초과하는 경우에는 신성장연구개발시설로서 공제받을 수 있는 세액공제액)을 뺀 금액

(3) 자산처분 등의 사후관리

1) 감면세액의 추징

조세특례제한법 제8조의 3 제3항(상생협력을 위한 기금 출연 등에 대한 세액공제), 제24조(통합투자세액공제), 제26조(고용창출투자세액공제) 및 법률 제5584호 조세감면규제법개정법률 부칙 제12조 제2항(종전 제37조의 개정규정만 해당한다)에 따라 법인세를 공제받은 자가 같은 조에 따라 투자완료일부터 2년(대통령령으로 정하는 건물과 구축물의 경우에는 5년)이 지나기 전에 해당 자산을 처분한 경우(임대하는 경우를 포함하며, 다음에서 정하는 경우는 제외한다)에는 처분한 날이 속하는 과세연도의 과세표준신고를 할 때 해당 자산에 대한 세액공제액 상당액에 대통령령으로 정하는 바에 따라 계산한 이자 상당 가산액을 가산하여 법인세로 납부하여야 하며, 해당 세액은 법인세법 제64조에 따라 납부하여야 할 세액으로 본다(조특법 146). 이자상당가산액은 공제받은 세액에 ①의 기간 및 ②의 율을 곱하여 계산한 금액으로 한다(조특령 137 ②).

① 공제받은 과세연도의 과세표준신고일의 다음날부터 조세특례제한법 제146조의 사유가 발생한 날이 속하는 과세연도의 과세표준신고일까지의 기간

② 조세특례제한법 시행령 제11조의 2 제9항 제2호에 따른 율(1일 10만분의 22, 조특령 11의2 ⑨ 2호)

> 이자상당가산액 = 공제받은 세액 × 이자계산기간 × 0.022%
>
> * 이자계산기간 : 공제받은 과세연도의 과세표준신고일의 다음날부터 감면세액의 추징사유가 발생한 날이 속하는 과세연도의 과세표준신고일까지의 기간
>
> * 이자율 : 2022.2.15. 전에 발생한 사유로 2022.2.15. 이후 세액을 납부 또는 부과하는 경우 2022.2.15.일 전일까지의 기간분에 대한 이자상당가산액 또는 이자상당액의 계산에 적용되는 이자율은 영 137조 2항 2호의 개정규정에도 불구하고 각각 종전의 0.025%에 따르고, 2022.2.15. 이후의 기간분에 대한 이자상당가산액 또는 이자상당액의 계산에 적용되는 이자율은 각각 같은 개정규정에 따름. 영 부칙 2022.2.15.).

투자완료일부터 5년을 적용하는 건물과 구축물은 조세특례제한법 시행령 제21조 제3항 각 호의 어느 하나에 해당하는 자산으로서 다음에서 정하는 건물 또는 구축물을 말한다(조특령 137 ③, 조특칙 59의3, 조특칙 12의3).

① 조세특례제한법 시행규칙 제12조 제2항 제4호에 따른 근로자복지 증진 시설
② 조세특례제한법 시행규칙 제12조 제3항 제4호에 따른 유통산업합리화시설 중 창고시설 등
③ 조세특례제한법 시행규칙 제12조 제3항 제6호에 따른 숙박시설, 전문휴양시설(골프장 시설은 제외한다) 및 종합유원시설업의 시설

2) 감면세액의 추징 제외

조세특례제한법 제8조의 3 제3항(상생협력을 위한 기금 출연 등에 대한 세액공제), 제24조(통합투자세액공제), 제26조(고용창출투자세액공제) 및 법률 제5584호 조세감면규제법개정법률 부칙 제12조 제2항(종전 제37조의 개정규정만 해당한다)에 따라 법인세를 공제받은 자가 같은 조에 따라 투자완료일부터 2년(대통령령으로 정하는 건물과 구축물의 경우에는 5년)이 지나기 전에 해당 자산을 처분한 경우(임대하는 경우를 포함)에도 다음에서 정하는 경우는 감면세액을 추징하지 아니한다(조특법 146, 조특령 137 ①).

① 현물출자, 합병, 분할, 분할합병, 법인세법 제50조의 적용을 받는 교환, 통합, 사업전환 또는 사업의 승계로 인하여 당해 자산의 소유권이 이전되는 경우
② 내용연수가 경과된 자산을 처분하는 경우
③ 국가·지방자치단체 또는 법인세법 시행령 제39조 제1항 제1호 나목에 따른 학교 등에 기부하고 그 자산을 사용하는 경우

6.3 수도권과밀억제권역의 투자에 대한 조세감면 배제

(1) 적용범위

수도권과밀억제권역이란 수도권정비계획법 제6조제1항제1호에 따른 과밀억제권역을 말한다(조특법 2 ①). 1989.12.31. 이전부터 수도권과밀억제권역에서 계속하여 사업을 경영하고 있는 내국법인과 1990.1.1. 이후 수도권과밀억제권역에서 새로 사업장을 설치하여 사업을 개시하거나 종전의 사업장(1989.12.31. 이전에 설치한 사업장 포함)을 이전하여 설치하는 중소기업(이하 "1990년이후 중소기업등")이 수도권과밀억제권역에 있는 해당 사업장에서 사용하기 위하여 취득하는 사업용 고정자산으로서 법에서 정하는 특정 증설투자에 해당하는 것에 대해서는 제24조(통합투자세액공제)를 적용하지 아니한다. 다만, 수도권과밀억제권역안에 소재하는 다음의 어느 하나에 해당하는 산업단지 또는 공업지역에서 증설투자를 하는 경우 및 대통령령으로 정하는 사업용 고정자산을 취득하는 경우에는 그러하지 아니하다(조특법 130 ①, 조특령 124 ②, 종전의 법 5조(중소기업 등 투자 세액공제), 25조(특정 시설 투자 등에 대한 세액공제), 25조의 4(의약품 품질관리 개선시설투자에 대한 세액공제), 25조의 5(에너지절약시설 투자에 대한 세액공제) 및 25조의7(초연결 네트워크 구축을 위한 시설투자에 대한 세액공제)을 적용받는

경우에는 법 130조 1항의 개정규정에도 불구하고 종전의 규정에 따름(법 부칙 2020.12.29.).

① 산업입지 및 개발에 관한 법률에 의한 산업단지

② 국토의 계획 및 이용에 관한 법률 제36조 제1항 제1호의 규정에 의한 공업지역 및 동법 제51조 제3항의 지구단위계획구역 중 산업시설의 입지로 이용되는 구역

대통령령으로 정하는 사업용 고정자산이란 각각 다음의 자산을 말한다(조특법 130 ①, 조특령 124 ③).

① 디지털방송을 위한 프로그램의 제작·편집·송신 등에 사용하기 위하여 취득하는 방송장비

② 전기통신사업 회계정리 및 보고에 관한 규정 제8조에 따른 전기통신설비 중 같은 조 제1호부터 제3호까지 및 제5호에 따른 교환설비, 전송설비, 선로설비 및 정보처리설비

③ 조세특례제한법 시행령 제21조 제3항 제1호에 해당하는 자산

④ 그 밖에 다음의 어느 하나에 해당하는 사업용 고정자산(조특칙 54)

㉠ 조세특례제한법 시행규칙 제13조의 10 제3항 및 제4항 중 어느 하나에 해당하는 시설

㉡ 조세특례제한법 시행규칙 별표 11에 따른 의약품 품질관리 개선시설

[별표 1] 〈개정 2017. 6. 20.〉

과밀억제권역, 성장관리권역 및 자연보전권역의 범위 (제9조 관련)

과밀억제권역	성장관리권역	자연보전권역
1. 서울특별시 2. 인천광역시[강화군, 옹진군, 서구 대곡동·불로동·마전동·금곡동·오류동·왕길동·당하동·원당동, 인천경제자유구역(경제자유구역에서 해제된 지역을 포함한다) 및 남동 국가산업단지는 제외한다] 3. 의정부시 4. 구리시 5. 남양주시(호평동, 평내동, 금곡동, 일패동, 이패동, 삼패동, 가운동, 수석동, 지금동 및 도농동만 해당한다) 6. 하남시 7. 고양시 8. 수원시	1. 인천광역시[강화군, 옹진군, 서구 대곡동·불로동·마전동·금곡동·오류동·왕길동·당하동·원당동, 인천경제자유구역(경제자유구역에서 해제된 지역을 포함한다) 및 남동 국가산업단지만 해당한다] 2. 동두천시 3. 안산시 4. 오산시 5. 평택시 6. 파주시 7. 남양주시(별내동, 와부읍, 진전읍, 별내면, 퇴계원면, 진건읍 및 오남읍만 해당한다) 8. 용인시(신갈동, 하갈동, 영덕동, 구갈동, 상갈동, 보라동, 지곡동, 공세동, 고매동, 농서동, 서천동, 언남동, 청덕동, 마북동, 동백동, 중동, 상하동, 보정동, 풍덕천동, 신봉동, 죽전동, 동천동, 고기동, 상현동, 성복동, 남사면, 이동면 및 원삼면 목신리·죽릉리·학일리·독성리·고당리·문촌리만 해당한다)	1. 이천시 2. 남양주시(화도읍, 수동면 및 조안면만 해당한다) 3. 용인시(김량장동, 남동, 역북동, 삼가동, 유방동, 고림동, 마평동, 운학동, 호동, 해곡동, 포곡읍, 모현면, 백암면, 양지면 및 원삼면 가재월리·사암리·미평리·좌항리·맹리·두창리만 해당한다) 4. 가평군 5. 양평군 6. 여주시 7. 광주시

9. 성남시 10. 안양시 11. 부천시 12. 광명시 13. 과천시 14. 의왕시 15. 군포시 16. 시흥시[반월특수지역(반월특수지역에서 해제된 지역을 포함한다)은 제외한다]	9. 연천군 10. 포천시 11. 양주시 12. 김포시 13. 화성시 14. 안성시(가사동, 가현동, 명륜동, 숭인동, 봉남동, 구포동, 동본동, 영동, 봉산동, 성남동, 창전동, 낙원동, 옥천동, 현수동, 발화동, 옥산동, 석정동, 서인동, 인지동, 아양동, 신흥동, 도기동, 계동, 중리동, 사곡동, 금석동, 당왕동, 신모산동, 신소현동, 신건지동, 금산동, 연지동, 대천동, 대덕면, 미양면, 공도읍, 원곡면, 보개면, 금광면, 서운면, 양성면, 고삼면, 죽산면 두교리·당목리·칠장리 및 삼죽면 마전리·미장리·진촌리·기솔리·내강리만 해당한다) 15. 시흥시 중 반월특수지역(반월특수지역에서 해제된 지역을 포함한다)	8. 안성시(일죽면, 죽산면 죽산리·용설리·장계리·매산리·장릉리·장원리·두현리 및 삼죽면 용월리·덕산리·율곡리·내장리·배태리만 해당한다)

(2) 감면배제 증설투자

수도권 과밀억제권역안의 투자에 대한 조세감면배제를 적용하는 증설투자는 다음의 어느 하나에 해당하는 투자를 말한다(조특령 124 ①).

① 기획재정부령(조특칙 53)이 정하는 공장인 사업장의 경우
사업용고정자산을 새로 설치함으로써 해당 공장의 연면적이 증가되는 투자

【증설투자기준 공장의 범위】
기획재정부령이 정하는 공장이라 함은 산업집적활성화 및 공장설립에 관한 법률 제2조 제1호에 의한 공장(건축물 또는 공작물, 물품제조공정을 형성하는 기계·장치 등 제조시설과 그 부대시설을 갖추고 통계청장이 고시하는 표준산업분류에 따른 제조업을 하기 위한 사업장으로서 다음에서 정하는 것)을 말하며, 동호에서 "당해 공장의 연면적"이라 함은 공장부지면적 또는 공장부지안에 있는 건축물 각층의 바닥면적을 말한다. 다만, 식당·휴게실·목욕실·세탁장·의료실·옥외체육시설 및 기숙사 등 종업원의 후생복지증진에 공여되는 시설의 면적과 대피소·무기고·탄약고 및 교육시설의 면적은 당해 공장의 연면적에 포함하지 아니한다(조특칙 53).

【산업집적활성화 및 공장설립에 관한 법률 제2조 제1호에 의한 공장】
산업집적활성화 및 공장설립에 관한 법률 제2조 제1호에 의한 공장이란 건축물 또는 공작물, 물품제조공정을 형성하는 기계·장치 등 제조시설과 그 부대시설을 갖추고 통계청장이 고시하는 표준산업분류에 따른 제조업을 하기 위한 사업장으로서 다음에서 정하는 것

1. 제조업을 하기 위하여 필요한 제조시설(물품의 가공·조립·수리시설을 포함) 및 시험생산 시설
2. 제조업을 하는 경우 그 제조시설의 관리·지원, 종업원의 복지후생을 위하여 해당 공장부지 안에 설치하는 부대시설로서 산업통상자원부령으로 정하는 것
3. 제조업을 하는 경우 관계 법령에 따라 설치가 의무화된 시설
4. 제1호부터 제3호까지의 시설이 설치된 공장부지

② 상기 ①의 공장외의 사업장인 경우

사업용고정자산을 새로 설치함으로써 사업용고정자산의 수량 또는 해당 사업장의 연면적이 증가되는 투자

관련사례

■ **대체투자의 투자세액공제 적용여부**

노후화된 초음파기기를 처분하고 동 자산을 대체할 목적으로 새로이 초음파기기를 신규로 투자(중고품에 의한 투자는 제외)함으로써 동 자산의 수량이 증가하지 않은 경우 조세특례제한법 시행령 제124조에서 규정하고 있는 "증설투자"의 범위에 해당한다고 볼 수 없으므로 동 자산이 같은법 시행규칙 제3조 및 제14조에서 규정하고 있는 사업용자산의 범위에 해당하는 경우에는 같은법 제26조의 규정에 의한 임시투자세액공제를 적용받을 수 있는 것임(서면1팀-865, 2005.07.15.).

■ **대체투자의 투자세액공제 적용여부**

조세특례제한법 제26조의 임시투자세액공제 규정을 적용함에 있어 내국법인이 연속된 생산라인 중 일부 투자설비를 생산능력이 큰 설비로 개체하거나 확장하는 것으로서 기존 설비에 대한 지출에 해당하지 않는 경우 동 세액공제를 적용받을 수 있는 것이나, 귀 질의가 이에 해당하는지 여부는 사실판단할 사항임(서면2팀-1895, 2004.09.10.).

(3) 비중소기업 통합투자세액공제 적용 배제

중소기업이 아닌 자가 1990.1.1. 이후 수도권과밀억제권역에서 새로 사업장을 설치하여 사업을 개시하거나 종전의 사업장을 이전하여 설치하는 경우 수도권과밀억제권역에 있는 해당 사업장에서 사용하기 위하여 취득하는 사업용 고정자산에 대해서는 제24조(통합투자세액공제)를 적용하지 아니한다. 다만, 상기 (1)에서 정하는 사업용 고정자산을 취득하는 경우에는 그러하지 아니하다(조특법 130 ①, 조특령 124 ③). 종전의 법 5조(중소기업 등 투자 세액공제), 25조(특정 시설 투자 등에 대한 세액공제), 25조의 4(의약품 품질관리 개선시설투자에 대한 세액공

제), 25조의 5(에너지절약시설 투자에 대한 세액공제) 및 25조의7(초연결 네트워크 구축을 위한 시설투자에 대한 세액공제)을 적용받는 경우에는 법 130조 2항의 개정규정에도 불구하고 종전의 규정에 따름(법 부칙 2020.12.29.).

6.4 투자세액공제 기타사항

(1) 이월공제

공제할 세액 중 해당 과세연도에 납부할 세액이 없거나 법인세 최저한세액에 미달하여 공제받지 못한 부분에 상당하는 금액은 해당 과세연도의 다음 과세연도 개시일부터 10년 이내에 끝나는 각 과세연도에 이월하여 그 이월된 각 과세연도의 법인세에서 공제한다(조특법 144 ①). 조세특례제한법 제144조 제1항의 개정규정 중 이월공제의 기간에 관한 부분은 2021.1.1. 이후 과세표준을 신고하는 경우부터 적용한다. 2021.1.1. 전에 종전의 법 144조 1항 각 호의 구분에 따른 기간(법률 16009호 조세특례제한법 일부개정법률 부칙 52조에 따라 적용받는 이월공제기간을 포함함)이 지나 이월하여 공제받지 못한 세액에 대해서는 조세특례제한법 제144조 제1항의 개정규정에도 불구하고 종전의 규정에 따른다(법 부칙 2020.12.29.).

종전 규정
공제할 세액 중 해당 과세연도에 납부할 세액이 없거나 법인세 최저한세액에 미달하여 공제받지 못한 부분에 상당하는 금액은 해당 과세연도의 다음 과세연도 개시일부터 5년 이내에 끝나는 각 과세연도에 이월하여 그 이월된 각 과세연도의 법인세에서 공제한다. 중소기업이 설립일부터 5년이 되는 날이 속하는 과세연도까지 공제받지 못하는 경우(2016.1.1. 이후 개시하는 과세연도 분부터 적용)에는 10년 이내에 끝나는 각 과세연도에 이월하여 법인세에서 공제한다(종전규정 조특법 144 ①).

(2) 중소기업간 통합에 의한 미공제세액의 승계

조세특례제한법 시행령 제28조 제1항에서 정하는 업종을 경영하는 중소기업 간의 통합으로 인하여 소멸되는 중소기업 등이 사업용고정자산을 통합에 의하여 설립된 법인 또는 통합 후 존속하는 법인에 양도하는 경우 소멸되는 중소기업 등의 미공제 세액이 있는 경우 통합법인은 미공제 세액을 승계하여 공제받을 수 있다(조특법 31 ⑥). 미공제세액을 승계한 통합법인은 통합으로 인하여 소멸되는 중소기업 등으로부터 승계받은 자산에 대한 미공제세액상당액을 당해 중소기업의 이월공제 잔여기간 내에 종료하는 각 과세연도에 이월하여 공제받을 수 있다(조특령 28 ⑧).

제6절 최저한세와 농어촌특별세

01 최저한세

1.1 적용대상

조세특례제한법에 따른 손금산입 및 익금불산입, 비과세, 소득공제, 세액감면 등의 조세특례와 감면 후 세액이 일정세액에 미달하면 그 미달세액에 대해서 감면을 배제하는 데 이를 최저한세라고 한다. 최저한세는 과도한 감면을 배제함으로써 과세형평을 제고하기 위한 제도다. 따라서 법인세법상 조세특례 및 감면과 조세특례제한법에서 최저한세 적용배제로 규정한 감면 등은 최저한세 대상이 아니다.

내국법인(조합법인 등에 대한 법인세 과세특례로서 9%의 세율이 적용되는 조합법인 등 제외)의 각 사업연도의 소득과 국내사업장 귀속소득 또는 부동산소득이 있는 외국법인의 각 사업연도의 국내원천소득에 대한 법인세(법인세법 제55조의 2에 따른 토지등 양도소득에 대한 법인세와 같은 법 제96조에 따른 법인세에 추가하여 납부하는 세액, 조세특례제한법 제100조의 32에 따른 투자·상생협력 촉진을 위한 과세특례를 적용하여 계산한 법인세, 가산세 및 대통령령으로 정하는 추징세액은 제외하며, 대통령령으로 정하는 세액공제 등을 하지 아니한 법인세를 말한다)를 계산할 때 다음의 어느 하나에 규정된 감면 등을 적용받는 경우에 최저한세를 적용한다(조특법 132 ①). 최저한세의 적용과 관련하여 유의할 사항은 다음과 같다.

① 최저한세의 적용은 최저한세 적용대상의 익금불산입, 비과세, 소득공제, 감면 및 공제 등을 적용하여 계산한 감면후의 법인세가 최저한세에 미달하는 경우 그 미달하는 세액에 상당하는 법인세는 감면 등을 배제한다는 의미이다.

② 법인세법상 준비금 손금산입, 비과세, 충당금 손금산입, 세액공제, 감면 등은 최저한세 대상이 아니다. 예를 들어 외국납부세액공제, 재해손실세액공제 등은 법인세법상 세액공제이므로 최저한세와 무관하다.

③ 조세특례제한법상 연구·인력개발비세액공제(2012.1.1. 이후 개시하는 사업연도분)는 비중소기업에 대하여 최저한세를 적용한다. 중소기업의 연구·인력개발비세액공제는 최저한세 적용대상이 아니다. 최저한세 적용대상이 아닌 감면 등은 전액 공제된다.

조세특례제한법	소득공제, 손금산입, 익금불산입 및 비과세(조특법 132 ① 1호,2호)
제8조	중소기업 지원설비에 대한 손금산입의 특례
제8조의 2	상생협력 중소기업으로부터 받은 수입배당금의 익금불산입
제10조의 2	연구개발 관련 출연금 등의 과세특례
제13조	중소기업창업투자회사 등의 주식양도차익 등에 대한 비과세
제14조	창업자 등에의 출자에 대한 과세특례
제28조	서비스업 감가상각비의 손금산입특례
제28조의 2	중소·중견기업 설비투자자산의 감가상각비 손금산입 특례
제28조의 3	설비투자자산의 감가상각비 손금산입 특례
제55조의 2 ④	자기관리 부동산투자회사 등에 대한 과세특례
제60조 ②	공장의 대도시 밖 이전에 대한 법인세 과세특례
제61조 ③	법인 본사를 수도권과밀억제권역 밖으로 이전시 양도차익에 대한 법인세 과세특례
제62조 ①	공공기관이 혁신도시 등으로 이전하는 경우 법인세 등 감면
제63조 ④	수도권 밖으로 공장을 이전하는 기업에 대한 세액감면
제63조의 2 ④	수도권 밖으로 본사를 이전하는 법인에 대한 세액감면

조세특례제한법	세액공제(조특법 132 ① 3호)
제7조의 2	기업의 어음제도개선을 위한 세액공제
제7조의 4	상생결제 지급금액에 대한 세액공제
제8조의 3	상생협력을 위한 기금 출연 시 세액공제
제10조	연구·인력개발비에 대한 세액공제(중소기업이 아닌 자만 해당)
제12조 ②	기술이전 및 기술취득 등에 대한 과세특례
제12조의 3	기술혁신형 합병에 대한 세액공제
제12조의 4	기술혁신형 주식취득에 대한 세액공제
제13조의 2	내국법인의 벤처기업 등에의 출자에 대한 과세특례
제13조의 3	내국법인의 소재·부품·장비전문기업에의 출자·인수에 대한 과세특례
제19조 ①	성과공유 중소기업의 경영성과급에 대한 세액공제
제24조	통합투자세액공제
제25조의 6	영상콘텐츠 제작비용에 대한 세액공제
제25조의 7	내국법인의 문화산업전문회사에의 출자에 대한 세액공제
제26조	고용창출투자세액공제
제29조의 2	산업수요맞춤형고등학교등 졸업자를 병역 이행 후 복직시킨 기업에 대한 세액공제
제29조의 3	경력단절 여성 고용 기업에 대한 세액공제
제29조의 4	근로소득을 증대시킨 기업에 대한 세액공제
제29조의 5	청년고용을 증대시킨 기업에 대한 세액공제
제29조의 7	고용을 증대시킨 기업에 대한 세액공제
제29조의 8	통합고용세액공제
제30조의 3	고용유지중소기업 등에 대한 과세특례
제30조의 4	중소기업 사회보험료 세액공제
제31조 ⑥	중소기업 간의 통합에 대한 양도소득세의 이월과세 등

제32조 ④	법인전환에 대한 양도소득세의 이월과세
제99조의 12	선결제 금액에 대한 세액공제
제104조의 8	전자신고에 대한 세액공제
제104조의 14	제3자물류비용에 대한 세액공제
제104조의 15	해외자원개발투자에 대한 과세특례
제104조의 22	기업의 운동경기부 설치·운영에 대한 과세특례
제104조의 25	석유제품 전자상거래에 대한 세액공제
제104조의 30	우수 선화주기업 인증을 받은 화주 기업에 대한 세액공제
제104조의 35	이스포츠대회 운영에 대한 과세특례
제122조의 4 ①	금사업자와 스크랩등사업자의 수입금액의 증가 등에 대한 세액공제
제126조의 7 ⑧	금 현물시장에서 거래되는 금지금에 대한 과세특례

조세특례제한법	적용대상 법인세 면제 및 감면(조특법 132 ① 4호)
제6조	창업중소기업 등에 대한 세액감면
제7조	중소기업에 대한 특별세액감면
제12조 ①, ③	기술이전 및 기술취득 등에 대한 과세특례
제12조의 2	연구개발특구에 입주하는 첨단기술기업 등에 대한 법인세 등의 감면
제21조	국제금융거래에 따른 이자소득 등에 대한 법인세 등의 면제
제31조 ④, ⑤	중소기업 간의 통합에 대한 양도소득세의 이월과세 등
제32조 ④	법인전환에 대한 양도소득세의 이월과세
제63조	수도권 밖으로 공장을 이전하는 기업에 대한 세액감면
제64조	농공단지 입주기업 등에 대한 세액감면
제68조	농업회사법인에 대한 법인세의 면제 등(작물재배업에서 발생하는 소득 외의 소득만 해당)
제96조	소형주택 임대사업자에 대한 세액감면
제96조의2	상가건물 장기 임대사업자에 대한 세액감면
제99조의9	위기지역 창업기업에 대한 법인세 등의 감면
제102조	산림개발소득에 대한 세액감면
제121조의 8	제주첨단과학기술단지 입주기업에 대한 법인세 등의 감면
제121조의 9	제주투자진흥지구 또는 제주자유무역지역 입주기업에 대한 법인세 등의 감면
제121조의 17	기업도시개발구역 등의 창업기업 등에 대한 법인세 등의 감면
제121조의 20	아시아문화중심도시 투자진흥지구 입주기업 등에 대한 법인세 등의 감면
제121조의 21	금융중심지 창업기업 등에 대한 법인세 등의 감면 등
제121조의 22	첨단의료복합단지 및 국가식품클러스터 입주기업에 대한 법인세 등의 감면
제121조의 33	기회발전특구의 창업기업 등에 대한 법인세 등의 감면

상기의 규정에도 불구하고 다음의 경우는 제외한다.

가. 제6조 제1항 또는 제6항, 제12조의 2, 제99조의 9, 제121조의 8, 제121조의 9, 제121조의 17, 제121조의 20부터 제121조의 22까지, 제121조의 33에 따라 법인세의 100%에 상당하는 세액을 감면받는 과세연도의 경우

나. 제6조 제7항에 따라 추가로 감면받는 부분의 경우

다. 제63조에 따라 수도권 밖으로 이전하는 경우

라. 제68조에 따라 작물재배업에서 발생하는 소득의 경우

1.2 최저한세의 계산구조

(1) 감면 후 세액 계산

최저한세 대상인 조세특례(특별상각, 준비금, 익금불산입과 손금산입, 비과세, 소득공제)와 감면(세액감면, 세액공제)을 차감한 감면 후 세액을 계산한다. 조세특례제한법상의 조세특례와 감면의 한도를 계산하고자 하는 것이므로 최저한세대상이 아닌 세액감면과 세액공제 등은 차감하지 않으며 가산세, 추가납부세액, 토지 등 양도소득에 대한 법인세, 미환류소득에 대한 법인세, 투자·상생협력 촉진 법인세, 외국법인의 지점세는 가산하지 않는다(조특법 132 ①).

구 분		최저한세 대상 조정액
과 세 표 준(A)	←	특별상각·준비금·익금불산입·손금산입·비과세·소득공제 차감
세 율		
산 출 세 액		
최저한세대상 세액감면·공제	←	세액감면·세액공제 차감
감 면 후 세 액(B)		

(2) 최저한세 계산

감면 후 세액 계산시 (A)에서 특별상각·준비금·익금불산입·손금산입·비과세·소득공제를 가산한 과세표준(조세감면을 받기 전 과세표준)에서 최저한세율을 곱한 세액을 계산한다.

최저한세(C) = 감면 전 과세표준 × 최저한세율

최저한세 계산시 적용할 최저한세율은 다음과 같다(조특법 132 ①).

구 분	최저한세율	
중소기업	7%	
최초로 중소기업에 해당하지 않게 된 기업	최초 3년 이내 과세연도 : 8%	
	그 다음 2년 이내 과세연도 : 9%	
그 외의 기업(일반기업)	과세표준 100억원 이하분	10%
	과세표준 100억원초과 1,000억원 이하분	12%
	과세표준 1,000억원 초과분	17%

① 사회적기업이란 취약계층에게 사회서비스 또는 일자리를 제공하여 지역주민의 삶의 질을 높이는 등의 사회적 목적을 추구하면서 재화 및 서비스의 생산·판매 등 영업활동을 수행하는 기업으로서 일정요건을 갖추고 고용노동부장관의 인증을 받은 자를 말한다(사

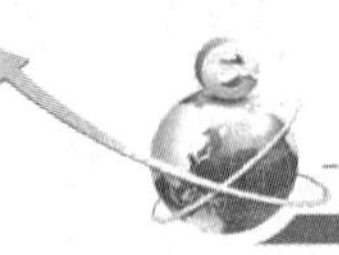

회적기업 육성법 제2조). 사회적기업의 최저한세율 인하규정은 2011.1.1. 이후 최초로 개시하는 사업연도분부터 7%를 적용한다(조특법 부칙 2). 2014.1.1. 이후 개시사업연도부터는 7%적용규정을 폐지하였다.

② 최초로 중소기업에 해당하지 아니하게 된 과세기간이란 중소기업에 해당하지 아니하게 된 사유가 발생한 날이 속하는 과세연도와 그 다음 3개 과세연도(중소기업유예기간)가 경과한 최초과세기간을 말한다(조특령 126 ②).

■ 법인세법 시행규칙 [별지 제4호서식] <개정 2019. 3. 20.> (앞쪽)

사업연도	. . . ~ . . .	**최저한세조정계산서**	법 인 명	
			사업자등록번호	

1. 최저한세 조정 계산 명세

① 구 분		코드	② 감면 후 세액	③ 최저한세	④ 조정감	⑤ 조정 후 세액
(101) 결 산 서 상 당 기 순 이 익		01				
소 득 조 정 금 액	(102) 익 금 산 입	02				
	(103) 손 금 산 입	03				
(104) 조 정 후 소 득 금 액 ((101)+ (102)− (103))		04				
최 저 한 세 적 용 대 상 특 별 비 용	(105) 준 비 금	05				
	(106) 특별상각 및 특례자산 감 가 상 각 비	06				
(107) 특별비용 손금산입 전 소득금액((104)+(105)+(106))		07				
(108) 기 부 금 한 도 초 과 액		08				
(109) 기부금 한도초과 이월액 손금산입		09				
(110) 각 사 업 연 도 소 득 금 액((107) + (108) − (109))		10				
(111) 이 월 결 손 금		11				
(112) 비 과 세 소 득		12				
(113) 최저한세 적용대상 비 과 세 소 득		13				
(114) 최저한세 적용대상 익금 불산입 · 손 금 산 입		14				
(115) 차가감 소득금액 ((110) − (111) − (112) + (113) + (114))		15				
(116) 소 득 공 제		16				
(117) 최저한세 적용대상 소 득 공 제		17				
(118) 과 세 표 준 금 액 ((115)− (116) + (117))		18				
(119) 선 박 표 준 이 익		24				
(120) 과 세 표 준 금 액 ((118) + (119))		25				
(121) 세 율		19				
(122) 산 출 세 액		20				
(123) 감 면 세 액		21				
(124) 세 액 공 제		22				
(125) 차 감 세 액 ((122)− (123)− (124))		23				

2. 최저한세 세율 적용을 위한 구분 항목

(126) 중소기업 유예기간 종료연월		(127) 유예기간 종료 후 연차	

210mm×297mm[백상지 80g/㎡ 또는 중질지 80g/㎡]

(3) 감면 배제

감면 후 세액(B)이 최저한세(C) 이상인 경우 감면 배제세액은 없다. 그러나 감면 후 세액(B)이 최저한세(C)에 미달하는 경우에는 그 차액에 해당하는 조세감면을 배제하여 감면 후 세액을 최저한세와 일치시켜야 한다. 감면 후 세액(B)이 최저한세(C) 미만인 경우 그 미달하는 세액을 감면 배제하며 감면 배제순서는 다음과 같다.

1) 법인의 선택

각 과세연도의 법인세에서 공제할 금액으로서 공제할 금액과 이월된 미공제 금액이 중복되는 경우에는 이월된 미공제 금액을 먼저 공제하고 그 이월된 미공제 금액 간에 중복되는 경우에는 먼저 발생한 것부터 차례대로 공제한다(조특법 144 ②). 조세특례제한법 제144조 제2항의 규정은 귀속 사업연도가 상이한 동일 종류의 세액공제가 중복되는 경우에 적용하는 것이고 서로 다른 종류의 세액공제가 중복되는 경우에는 당해 규정을 적용하지 않는다(법인, 서면인터넷방문상담2팀-1246, 2004.06.16.). 따라서 납세의무자가 법인세를 신고 또는 수정신고하는 경우에는 법인이 세부담 효과를 감안하여 선택할 수 있다. 감면배제시 최저한세가 적용배제 감면 등과 최저한세가 적용되는 감면 등이 동시에 적용되는 경우 그 적용순위는 최저한세 적용배제 감면 등을 먼저 적용한다(조특법 132 ③). 법인이 감면배제를 결정할 경우 다음과 같은 사항을 고려할 수 있다.

① 준비금, 익금불산입 및 손금산입, 특별상각 등은 과세이연제도에 불과하여 실질적인 조세감면효과는 작다.

② 미사용시 이자상당액이 가산되는 준비금을 배제하는 경우 미래 미사용에 대한 감면분 추가납부위험은 회피할 수 있다.

③ 세액공제 중 농어촌특별세가 과세되는 경우 세액공제 배제시 농어촌특별세도 절감되며 배제된 세액공제는 5년간 이월공제가 가능하다.

④ 세액감면, 비과세소득, 소득공제는 당해 과세연도에 감면받지 못하는 경우 이월감면이 불가능하다.

2) 법인세 경정

납세의무자가 신고(국세기본법에 의한 수정신고 및 경정 등의 청구를 포함한다)한 법인세액이 최저한세액에 미달하여 법인세를 경정하는 경우에는 다음의 순서(같은 호 안에서는 법 제132조 제1항 및 제2항 각 호에 열거된 조문순서를 따른다)에 따라 다음의 감면을 배제하여 세액을 계산한다. 동일 조문에 의한 감면세액 중 이월된 공제세액이 있는 경우에는 나중에 발생한 것부터 적용배제한다(조특령 126 ⑤).

① 조세특례제한법 제132조제1항제1호 및 동조제2항제1호의 규정에 의한 준비금의 손금산입(2020.1.1.이후 개시하는 사업연도부터 개정삭제)

② 조세특례제한법 제132조제1항제2호 및 같은 조 제2항제2호에 따른 손금산입 및 익금불산입

③ 조세특례제한법 제132조제1항제3호 및 동조제2항제3호의 규정에 의한 세액공제. 이 경우 동일 조문에 의한 감면세액 중 이월된 공제세액이 있는 경우에는 나중에 발생한 것부터 적용배제한다.

④ 조세특례제한법 제132조제1항제4호 및 동조제2항제4호의 규정에 의한 법인세 또는 소득세의 면제 및 감면

⑤ 조세특례제한법 제132조제1항제2호 및 동조제2항제2호의 규정에 의한 소득공제 및 비과세

과세이연제도				이월공제 가능		이월공제 불가능		
특별감가상각비	→	익금불산입 손금산입	→	세액공제	→	세액감면	→	소득공제 비 과 세

3) 배제액등의 이월공제

공제할 세액 중 해당 과세연도에 납부할 세액이 없거나 법인세 최저한세액에 미달하여 공제받지 못한 부분에 상당하는 금액은 해당 과세연도의 다음 과세연도 개시일부터 10년 이내에 끝나는 각 과세연도에 이월하여 그 이월된 각 과세연도의 법인세에서 공제한다(조특법 144 ①). 법 144조 1항의 개정규정 중 이월공제의 기간에 관한 부분은 2021.1.1. 이후 과세표준을 신고하는 경우부터 적용한다. 2021.1.1. 전에 종전의 법 144조 1항 각 호의 구분에 따른 기간(법률 16009호 조세특례제한법 일부개정법률 부칙 52조에 따라 적용받는 이월공제기간을 포함함)이 지나 이월하여 공제받지 못한 세액에 대해서는 법 144조 1항의 개정규정에도 불구하고 종전의 규정에 따른다(법 부칙 2020.12.29.).

종전 규정
공제할 세액 중 해당 과세연도에 납부할 세액이 없거나 법인세 최저한세액에 미달하여 공제받지 못한 부분에 상당하는 금액은 해당 과세연도의 다음 과세연도 개시일부터 5년 이내에 끝나는 각 과세연도에 이월하여 그 이월된 각 과세연도의 법인세에서 공제한다. 중소기업이 설립일부터 5년이 되는 날이 속하는 과세연도까지 공제받지 못하는 경우(2016.1.1. 이후 개시하는 과세연도 분부터 적용)에는 10년 이내에 끝나는 각 과세연도에 이월하여 법인세에서 공제한다(종전규정 조특법 144 ①).

(4) 총부담세액 계산

최저한세 계산시 고려되지 않은 항목을 반영하여 총부담세액을 계산한다.

	최저한세 = max [감면후세액(B), 최저한세(C)]
(+)	토지 등 양도소득에 대한 법인세
(−)	최저한세 비적용대상 세액감면·세액공제
(+)	가산세
(+)	감면분 추가납부세액
	총부담세액

02 농어촌특별세

농어촌특별세란 농어업의 경쟁력강화와 농어촌산업기반시설의 확충 및 농어촌지역 개발사업을 위하여 필요한 재원 확보를 목적으로 하는 목적세로 법인세, 소득세 등의 감면을 받는 자와 개별소비세, 증권거래세, 취득세 등의 납부의무가 있는 자를 납세의무자로 하여 본세에 부가하는 부가세다(농특법 1, 3).

농어촌특별세의 과세대상인 감면이란 조세특례제한법·관세법·지방세법 또는 지방세특례제한법에 따라 소득세·법인세·관세·취득세 또는 등록에 대한 등록면허세가 부과되지 아니하거나 경감되는 경우를 말한다(농특법 2). 본서에서는 납세의무자 중 조세특례제한법에 따라 법인세를 감면받는 경우에 한하여 설명하며 부과대상은 다음과 같다.

① 비과세·세액면제·세액감면·세액공제 또는 소득공제
② 조세특례제한법에 따른 조합법인 등에 대한 법인세 특례세율(조특법 72)

2.1 농어촌특별세 과세대상

조세특례제한법에 따라 법인세를 감면받는 비과세·세액면제·세액감면·세액공제·소득공제 및 조세특례제한법에 따른 조합법인 등에 대한 법인세 특례세율이 적용되는 경우가 농어촌특별세 과세대상이다. 조세특례제한법상 특별상각, 준비금, 익금불산입 및 손금산입은 조세감면이 아닌 과세이연제도이므로 농어촌특별세 과세대상이 아니다.

구 분	조세특례 및 감면	농어촌특별세 과세 여부
조세특례제한법	특별상각, 준비금, 익금불산입 및 손금산입	비과세
	비과세·소득공제·세액감면·세액공제	과 세
	조합법인 등에 대한 법인세 특례세율 적용	

감면과 관련하여 농어촌특별세 과세대상은 법인세법 시행규칙 별지 제13호서식을 참조하기로 한다.

2.2 일반법인 과세표준과 세액계산

농어촌특별세의 과세표준은 조세특례제한법에 의해 감면받은 법인세 감면세액 중 농어촌특별세 과세대상분이다. 농어촌특별세는 조세특례제한법에 따라 감면을 받는 법인세의 20%로 한다(농특법 5, 농특령 5).

(1) 세액공제를 받은 경우

세액공제를 받은 경우 과세표준은 농어촌특별세 과세대상 세액공제로 하되 최저한세의 적용으로 감면·공제가 배제된 금액은 제외한다(농특법 5 ①).

농어촌특별세 산출세액 = 조세특례제한법에 의한 감면세액 × 20%

(2) 세액감면을 받은 경우

세액 감면 또는 면제를 하는 경우 그 감면 또는 면제되는 세액은 별도의 규정이 있는 경우를 제외하고는 산출세액(토지등 양도소득에 대한 법인세액, 미환류소득에 대한 법인세액 및 투자·상생협력 촉진을 위한 과세특례를 적용하여 계산한 법인세액은 제외한다)에 그 감면 또는 면제되는 소득이 과세표준에서 차지하는 비율(100%를 초과하는 경우에는 100%)을 곱하여 산출한 금액(감면의 경우에는 그 금액에 해당 감면율을 곱하여 산출한 금액)으로 한다(법법 59 ②). 조세특례제한법상 세액감면을 받은 경우 과세표준은 농어촌특별세 과세대상 감면세액으로 하되 최저한세의 적용으로 감면·공제가 배제된 금액은 제외한다(농특법 5 ①).

$$\text{감면세액} = \text{법인세 산출세액} \times \frac{\text{감면소득}}{\text{과세표준}}$$

농어촌특별세 산출세액 = 조세특례제한법에 의한 감면세액 × 20%

(3) 소득공제, 비과세를 받은 경우

소득공제, 비과세를 받은 경우에는 소득공제, 비과세를 과세표준에 산입하여 계산한 세액에서 소득공제 및 비과세를 과세표준에서 제외하여 계산한 세액을 차감한 금액으로 한다(농특령 5 ②). 본세를 납부하지 아니함으로써 본세에 가산세가 가산된 때에 그 가산세액은 농어촌특별세의 과세표준에 산입하지 아니한다(농특령 5 ④).

> 감면세액 = 비과세·소득공제를 받는 경우와 받지 않는 경우의 산출세액 차액
> = (과세표준 + 소득공제 + 비과세소득) × 법인세율–비과세 등을 제외한 산출세액
> 농어촌특별세 산출세액 = 조세특례제한법에 의한 감면세액 × 20%

2.3 조합법인 과세표준과 세액계산

조세특례제한법 제72조제1항에 따른 조합법인 등의 경우에는 ①의 세액에서 ②에 규정된 세액을 차감한 금액을 감면을 받는 세액으로 보아 20%를 적용한다(농특법 5 ②).

① 해당 법인의 각 사업연도 과세표준금액에 법인세법 제55조제1항에 규정된 세율(10%, 20%, 22%)을 적용하여 계산한 법인세액
② 해당 법인의 각 사업연도 과세표준금액에 조세특례제한법 제72조제1항에 규정된 세율(9%, 12%)을 적용하여 계산한 법인세액(조특법 72 ①)

> 감면세액 = 법인세법 세율을 적용한 법인세액 – 조세특례제한법 제72조 제1항의 세율을 적용한 법인세액
> 농어촌특별세 산출세액 = 감면세액 × 20%

2.4 농어촌특별세의 신고 및 납부

납세지는 법인세의 납세지로 한다(농특법 6). 농어촌특별세의 신고 및 납부는 다음과 같다.

① 법인세의 신고, 납부시 함께 신고·납부하며 법인세 중간예납시에는 농어촌특별세를 납부하지 않는다(농특법 7).
② 신고납부한 법인세의 과오납으로 환급할 금액이 발생한 경우 납부할 농어촌특별세는 환급할 법인세에서 차감하고 잔액만을 납부한다. 법인세의 분납비율에 따라 분납할 수도 있다(농특법 9 ①).

제7절 기납부세액과 가산세

01 내국법인의 이자소득 등에 대한 원천징수

원천징수란 소득의 지급자가 소득을 받는 자에게 그 소득을 지급할 때 그 소득과 관련된 세금을 원천적으로 징수하여 그 징수일이 속하는 달의 다음 달 10일까지 관할세무서에 납부하는 제도이다(법법 73). 원천징수에 대한 법인세법의 규정은 지급받는 자를 기준으로 판단한다.

지급자	지급받는 자	적용세법	지방소득세
개인	개인	소득세법상 원천징수	소득세의 10%
	법인	법인세법상 원천징수	법인세의 10%
	금융기관등의 법인	법인세법(원천징수 없음)	원천징수 없음
법인	개인	소득세법상 원천징수	소득세의 10%
	법인	법인세법상 원천징수	법인세의 10%
	금융기관등의 법인	법인세법(원천징수 없음)	원천징수 없음

1.1 내국법인의 이자소득 등에 대한 원천징수

(1) 원천징수와 납부

1) 원천징수의무자

내국법인(다음 (3)의 1)에서 정하는 금융회사 등의 특정소득은 제외한다)에 다음의 금액을 지급하는 자(원천징수의무자)는 그 지급하는 금액에 14%의 세율을 적용하여 계산한 금액에 상당하는 법인세(1천원 이상인 경우만 해당한다)를 원천징수하여 그 징수일이 속하는 달의 다음 달 10일까지 납세지 관할 세무서등에 납부하여야 한다. 다만, 소득세법 제16조 제1항 제11호의 비영업대금의 이익에 대해서는 25%의 세율을 적용하되, 온라인투자연계금융업 및 이용자 보호에 관한 법률에 따라 금융위원회에 등록한 온라인투자연계금융업자를 통하여 지급받는 이자소득에 대해서는 14%의 세율을 적용한다(법법 73 ①, 후단의 개정규정은 2023.1.1. 이후 온라인투자연계금융업자를 통하여 지급받는 이자소득부터 적용함. 법 부칙 2022.12.31.).

① 소득세법 제16조 제1항에 따른 이자소득의 금액(금융보험업을 하는 법인의 수입금액을 포함한다)

② 소득세법 제17조 제1항 제5호에 따른 집합투자기구로부터의 이익 중 자본시장과 금융투자업에 관한 법률에 따른 투자신탁의 이익의 금액

법인세법 제73조(내국법인의 이자소득 등에 대한 원천징수) 및 제73조의 2(내국법인의 채권등의 보유기간 이자상당액에 대한 원천징수)를 적용할 때 차입금과 이자의 변제에 관한 특별한 약정이 없이 차입금과 그 차입금에 대한 이자에 해당하는 금액의 일부만을 변제한 경우에는 이자를 먼저 변제한 것으로 본다. 다만, 비영업대금의 이익의 경우에는 소득세법 시행령 제51조 제7항의 규정(원금을 먼저 회수한 것으로 간주, 소령 51 ⑦)을 준용한다(법칙 56).

2) 원천징수의 대리 또는 위임

원천징수의무자를 대리하거나 그 위임을 받은 자의 행위는 수권(授權) 또는 위임의 범위에서 본인 또는 위임인의 행위로 보아 원천징수의무를 적용한다(법법 73 ⑥). 대통령령으로 정하는 금융회사 등(하단 (3)의 1)의 금융회사)이 내국법인(거주자를 포함한다)이 발행한 어음이나 채무증서를 인수·매매·중개 또는 대리하는 경우에는 금융회사 등과 그 내국법인 간에 대리 또는 위임의 관계가 있는 것으로 본다(법법 73 ⑦). 법인세법 제73조(내국법인의 이자소득 등에 대한 원천징수) 및 제73조의 2(내국법인의 채권등의 보유기간 이자상당액에 대한 원천징수)를 적용할 때 자본시장과 금융투자업에 관한 법률에 따른 신탁업자가 신탁재산을 직접 운용하거나 보관·관리하는 경우 해당 신탁업자와 법인세법 제73조 제1항 각 호의 소득금액을 신탁재산에 지급하는 자 간에 대리 또는 위임관계가 있는 것으로 본다(법령 111 ⑦).

법인세법 제73조(내국법인의 이자소득 등에 대한 원천징수) 및 제73조의 2(내국법인의 채권등의 보유기간 이자상당액에 대한 원천징수)를 적용할 때 자본시장과 금융투자업에 관한 법률 제294조에 따른 한국예탁결제원에 예탁된 증권등[같은 조 제1항에 따른 증권등(이 조 제7항이 적용되는 신탁재산은 제외한다)을 말하며, 이하 이 항에서 "증권등"이라 한다]에서 발생하는 이자소득 등에 대해서는 다음의 구분에 따른 자와 해당 증권등을 발행한 자 간에 원천징수의무의 대리 또는 위임의 관계가 있는 것으로 본다(법령 111 ⑧).

① 자본시장과 금융투자업에 관한 법률 제309조에 따라 한국예탁결제원에 계좌를 개설한 자(예탁자)가 소유하고 있는 증권등의 경우 : 한국예탁결제원
② 자본시장과 금융투자업에 관한 법률 제309조에 따라 예탁자가 투자자로부터 예탁받은 증권등의 경우 : 예탁자

외국법인이 발행한 채권 또는 증권에서 발생하는 이자 및 배당소득을 내국법인에게 지급하는 경우에는 국내에서 그 지급을 대리하거나 그 지급권한을 위임 또는 위탁받은 자가 그 소득에 대하여 원천징수하여야 한다(법법 73 ⑧).

원천징수의무자	
원 칙	내국법인에게 이자소득 등을 지급하는 자(법법 73 ①)
예 외 (대리 또는 위임)	원천징수의무를 대리 또는 위임받은 경우(법법 73 ⑥)
	금융회사의 어음 또는 채무증서 인수 등인 경우(법법 73 ⑦)
	외국법인이 발행한 채권등인 경우(법법 73 ⑧)
	신탁업자가 신탁재산을 직접 운용하거나 보관·관리하는 경우(법령 111 ⑦)

■ **비금융업법인의 팩토링 용역 제공에 따라 수령한 수수료가 이자소득인지 여부**

내국법인이 제3자가 취득한 채권을 그 명목가액에서 신용도 등에 따라 결정된 수수료를 제외한 대가를 지급하여 매수하는 형태의 팩토링 용역을 제공하는 경우 위 수수료가 소득세법제16조제1항에 따른 이자소득에 해당하는지 여부는 내국법인이 영위하는 사업의 종류, 내국법인의 제3자에 대한 상환청구권의 존부 등을 종합하여 사실판단할 사항임(사전-2021-법령해석소득-0041, 2021.09.06.).

■ **환매조건부채권매매시장에서 거래된 채권에 대하여 환매기간 도래 전 발생하는 이자소득에 대한 원천징수의무자**

법인세법 시행령 제111조제8항제1호에 의할 때 자본시장과 금융투자업에 관한 법률 제309조에 따라 한국예탁결제원에 계좌를 개설한 자가 소유하고 있는 증권등에서 발생하는 이자소득 등에 대해서는 한국예탁결제원과 해당 증권등을 발행한 자 간에 원천징수의무의 대리 또는 위임의 관계가 있는 것으로 보는 것임(서면-2019-법령해석소득-4707, 2021.06.17.).

3) 원천징수 시기

이자소득금액의 지급시기는 소득세법 시행령 제190조 각 호에 따른 날로 한다. 다만, 법인세법 시행령 제61조 제2항 제1호부터 제7호까지 및 제10호의 법인이 소득세법 시행령 제190조 제1호에 따른 조건의 어음을 발행하여 매출하는 경우에는 해당 어음을 할인매출하는 날에 이자등을 지급하는 것으로 보아 원천징수하고, 자본시장과 금융투자업에 관한 법률에 따른 신탁업자가 운용하는 신탁재산에 귀속되는 소득금액은 소득세법 제155조의 2에 따른 특정일에 지급하는 것으로 보아 원천징수한다(법령 111 ⑥). 법인세법 제73조(내국법인의 이자

소득 등에 대한 원천징수) 및 제73조의 2(내국법인의 채권등의 보유기간 이자상당액에 대한 원천징수)를 적용할 때 다음 각 호의 어느 하나에 해당하는 경우에는 해당 채권등의 이자등을 지급받는 것으로 본다(법령 111 ⑤).

① 전환사채를 주식으로 전환하거나 교환사채를 주식으로 교환하는 경우
② 신주인수권부사채의 신주인수권을 행사(신주 발행대금을 해당 신주인수권부사채로 납입하는 경우만 해당한다)하는 경우

4) 원천징수세액의 매월납부와 반기납부

법인세법 제73조(내국법인의 이자소득 등에 대한 원천징수) 및 제73조의 2(내국법인의 채권등의 보유기간 이자상당액에 대한 원천징수)에 따른 원천징수의무자는 원천징수한 법인세를 국세징수법에 따라 원천징수의무자의 납세지 관할세무서 등에 납부하여야 하며, 원천징수 이행상황신고서를 원천징수의무자의 납세지 관할세무서장에게 제출(국세정보통신망에 의한 제출을 포함한다)하여야 한다(법령 115 ①).

직전연도(신규로 사업을 개시한 사업자의 경우 신청일이 속하는 반기를 말한다)의 상시 고용인원이 20인 이하인 원천징수의무자(금융보험업을 영위하는 법인을 제외한다)로서 원천징수 관할세무서장으로부터 법인세법 제73조 제1항 각호에 규정하는 원천징수세액을 반기별로 납부할 수 있도록 승인을 얻거나 국세청장이 정하는 바에 따라 지정을 받은 자는 원천징수한 법인세를 그 징수일이 속하는 반기(半期)의 마지막 달의 다음 달 10일까지 납부할 수 있다(법법 73 ⑨, 법령 115 ②). 이 경우 승인을 얻고자 하는 법인은 원천징수한 법인세를 반기별로 납부하고자 하는 반기의 직전월의 1일부터 말일까지 원천징수 관할세무서장에게 신청하여야 한다(법령 115 ④). 신청을 받은 원천징수 관할세무서장은 당해 원천징수의무자의 원천징수 세액신고·납부의 성실도 등을 참작하여 승인여부를 결정한 후 신청일이 속하는 반기의 다음달 말일까지 이를 통지하여야 한다(법령 115 ⑤). 직전연도의 상시 고용인원수는 직전연도의 1월부터 12월까지의 매월 말일 현재 상시 고용인원의 평균인원수로 한다(법령 115 ③). 원천징수한 법인세의 반기별 납부에 관하여 기타 필요한 사항은 국세청장이 정한다(법령 115 ⑥).

구 분	원천징수일	원천징수세액의 납부기한
반기별 납부법인	소득지급일	그 징수일이 속하는 반기(半期)의 마지막 달의 다음 달 10일(예 사업연도가 1.1~12.31.인 경우 7.10과 익년 1.10.)
그 외의 법인	소득지급일	징수일이 속하는 달의 다음달 10일

(2) 원천징수대상 이자소득 등

내국법인(다음 (3)의 1)에서 정하는 금융회사 등의 특정소득은 제외한다)에 다음의 금액을 지급하는 자는 법인세를 원천징수하여야 한다(법법 73 ①).

1) 소득세법 제16조 제1항에 따른 이자소득의 금액(금융보험업을 하는 법인의 수입금액을 포함한다)

이자소득은 해당 과세기간에 발생한 다음 각 호의 소득으로 한다(소법 16 ①).

1. 국가나 지방자치단체가 발행한 채권 또는 증권의 이자와 할인액
2. 내국법인이 발행한 채권 또는 증권의 이자와 할인액

2의 2. 국내 또는 국외에서 받는 대통령령으로 정하는 파생결합사채로부터의 이익

3. 국내에서 받는 예금(적금·부금·예탁금 및 우편대체를 포함한다. 이하 같다)의 이자
4. 상호저축은행법에 따른 신용계(信用契) 또는 신용부금으로 인한 이익
5. 외국법인의 국내지점 또는 국내영업소에서 발행한 채권 또는 증권의 이자와 할인액
6. 외국법인이 발행한 채권 또는 증권의 이자와 할인액
7. 국외에서 받는 예금의 이자
8. 대통령령으로 정하는 채권 또는 증권의 환매조건부 매매차익
9. 대통령령으로 정하는 저축성보험의 보험차익. 다만, 다음 각 목의 어느 하나에 해당하는 보험의 보험차익은 제외한다.
   가. 최초로 보험료를 납입한 날부터 만기일 또는 중도해지일까지의 기간이 10년 이상으로서 대통령령으로 정하는 요건을 갖춘 보험
   나. 대통령령으로 정하는 요건을 갖춘 종신형 연금보험
10. 대통령령으로 정하는 직장공제회 초과반환금
11. 비영업대금(非營業貸金)의 이익
12. 제1호, 제2호, 제2호의 2 및 제3호부터 제11호까지의 소득과 유사한 소득으로서 금전 사용에 따른 대가로서의 성격이 있는 것
13. 제1호, 제2호, 제2호의 2 및 제3호부터 제12호까지의 규정 중 어느 하나에 해당하는 소득을 발생시키는 거래 또는 행위와 자본시장과 금융투자업에 관한 법률 제5조에 따른 파생상품이 대통령령으로 정하는 바에 따라 결합된 경우 해당 파생상품의 거래 또는 행위로부터의 이익

2) 소득세법 제17조 제1항 제5호에 따른 집합투자기구로부터의 이익 중 자본시장과 금융투자업에 관한 법률에 따른 투자신탁의 이익의 금액

소득세법 제17조 제1항 제5호에 따른 집합투자기구로부터의 이익 중 자본시장과 금융투자업에 관한 법률에 따른 투자신탁의 이익의 금액은 원천징수대상 배당소득에 해당한다(소법 17 ① 5호). 소득세법 제17조 제1항 제5호의 집합투자기구란 다음 각 호의 요건을 모두 갖춘 집합투자기구를 말한다(소령 26의2 ①).

1. 자본시장과 금융투자업에 관한 법률에 따른 집합투자기구(같은 법 제251조에 따른 보험회사의 특별계정은 제외하되, 금전의 신탁으로서 원본을 보전하는 것을 포함한다. 이하 "집합투자기구"라 한다)일 것
2. 해당 집합투자기구의 설정일부터 매년 1회 이상 결산·분배할 것. 다만, 다음 각 목의 어느 하나에 해당하는 이익금은 분배를 유보할 수 있으며, 자본시장과 금융투자업에 관한 법률 제242조에 따른 이익금이 0보다 적은 경우에도 분배를 유보할 수 있다(같은 법 제9조 제22항에 따른 집합투자규약에서 정하는 경우로 한정한다).
   가. 자본시장과 금융투자업에 관한 법률 제234조에 따른 상장지수집합투자기구가 지수 구성종목을 교체하거나 파생상품에 투자함에 따라 계산되는 이익
   나. 자본시장과 금융투자업에 관한 법률 제238조에 따라 평가한 집합투자재산의 평가이익
   다. 자본시장과 금융투자업에 관한 법률 제240조 제1항의 회계처리기준에 따른 집합투자재산의 매매이익
3. 금전으로 위탁받아 금전으로 환급할 것(금전 외의 자산으로 위탁받아 환급하는 경우로서 해당 위탁가액과 환급가액이 모두 금전으로 표시된 것을 포함한다)

(3) 원천징수대상 제외소득

1) 금융회사 등에게 지급하는 이자소득

다음의 법인에게 이자 등을 지급하는 자는 원천징수하지 아니하며 법인세법 제73조의 2 제1항 전단에 따른 원천징수대상채권등(주식·사채 등의 전자등록에 관한 법률 제59조 각 호 외의 부분 전단에 따른 단기사채등 중 같은 법 제2조 제1호 나목에 해당하는 것으로서 만기 1개월 이내의 것은 제외한다)의 이자등(법인세법 제73조의 2 제1항 전단에 따른 이자등을 말한다)을 자본시장과 금융투자업에 관한 법률에 따른 투자회사 및 제16호의 자본확충목적회사가 아닌 법인에 지급하는 경우는 제외한다(법법 73 ①, 법령 111 ①).

1. 법인세법 시행령 제61조 제2항 제1호부터 제28호까지의 법인

○ **법인세법 시행령 제61조 제2항 제1호부터 제28호**(법령 61 ②)
1. 은행법에 의한 인가를 받아 설립된 은행
2. 한국산업은행법에 의한 한국산업은행
3. 중소기업은행법에 의한 중소기업은행
4. 한국수출입은행법에 의한 한국수출입은행
5. (삭제, 2014.12.30. ; 한국산업은행법 시행령 부칙)
6. 농업협동조합법에 따른 농업협동조합중앙회(같은 법 제134조 제1항 제4호의 사업에 한정한다) 및 농협은행
7. 수산업협동조합법에 따른 수산업협동조합중앙회(같은 법 제138조 제1항 제4호 및 제5호의 사업에 한정한다) 및 수협은행
8. 자본시장과 금융투자업에 관한 법률에 따른 투자매매업자 및 투자중개업자
9. 자본시장과 금융투자업에 관한 법률에 따른 종합금융회사
10. 상호저축은행법에 의한 상호저축은행중앙회(지급준비예탁금에 한한다) 및 상호저축은행
11. 보험회사
12. 자본시장과 금융투자업에 관한 법률에 따른 신탁업자
13. 여신전문금융업법에 따른 여신전문금융회사
14. 산림조합법에 따른 산림조합중앙회(같은 법 제108조 제1항 제3호, 제4호 및 제5호의 사업으로 한정한다)
15. 한국주택금융공사법에 따른 한국주택금융공사
16. 자본시장과 금융투자업에 관한 법률에 따른 자금중개회사
17. 금융지주회사법에 따른 금융지주회사

17의 2. 신용협동조합법에 따른 신용협동조합중앙회(같은 법 제78조 제1항 제5호·제6호 및 제78조의 2 제1항의 사업에 한정한다)

18. 신용보증기금법에 따른 신용보증기금
19. 기술보증기금법에 따른 기술보증기금
20. 농림수산업자 신용보증법에 따른 농림수산업자신용보증기금
21. 한국주택금융공사법에 따른 주택금융신용보증기금
22. 무역보험법에 따른 한국무역보험공사
23. 지역신용보증재단법에 따른 신용보증재단
24. 새마을금고법에 따른 새마을금고중앙회(같은 법 제67조 제1항 제5호 및 제6호의 사업으로 한정한다)
25. 벤처투자 촉진에 관한 법률 제2조 제10호에 따른 벤처투자회사
26. 예금자보호법에 따른 예금보험공사 및 정리금융회사
27. 자산유동화에 관한 법률에 따른 유동화전문회사
28. 대부업 등의 등록 및 금융이용자 보호에 관한 법률에 따라 대부업자로 등록한 법인

2. 한국은행법에 의한 한국은행
3. 자본시장과 금융투자업에 관한 법률에 따른 집합투자업자
4. 자본시장과 금융투자업에 관한 법률에 따른 투자회사, 투자목적회사, 투자유한회사 및 투자합자회사[같은 법 제9조 제19항 제1호에 따른 기관전용 사모집합투자기구(법률 제18128호 자본시장과 금융투자업에 관한 법률 일부개정법률 부칙 제8조 제1항부터 제4항까지에 따라 기관전용

사모집합투자기구, 기업재무안정 사모집합투자기구 및 창업·벤처전문 사모집합투자기구로 보아 존속하는 종전의 경영참여형 사모집합투자기구를 포함한다)는 제외한다]

5. 농업협동조합법에 의한 조합
6. 수산업협동조합법에 따른 조합
7. 산림조합법에 따른 조합
8. 신용협동조합법에 따른 조합 및 신용협동조합중앙회
9. 새마을금고법에 따른 금고
10. 자본시장과 금융투자업에 관한 법률에 따른 증권금융회사
11. 거래소(위약손해공동기금에 한정한다)
12. 자본시장과 금융투자업에 관한 법률에 따른 한국예탁결제원
13. 한국투자공사법에 따른 한국투자공사
14. 국가재정법의 적용을 받는 기금(법인 또는 법인으로 보는 단체에 한정한다)
15. 법률에 따라 자금대부사업을 주된 목적으로 하는 법인 또는 기금(다른 사업과 구분 경리되는 것에 한정한다)
16. 조세특례제한법 제104조의 3 제1항에 따른 자본확충목적회사
17. 산업재해보상보험법 제10조에 따른 근로복지공단(근로자퇴직급여 보장법에 따른 중소기업퇴직연금기금으로 한정한다)(개정규정은 2022.4.14.부터 시행함. 영 부칙 2022.2.15.)
18. 그 밖에 기획재정부령으로 정하는 금융보험업을 영위하는 법인

2) 원천징수대상 제외소득

법인세가 부과되지 아니하거나 면제되는 소득 등 다음 어느 하나에 해당하는 소득은 원천징수대상에서 제외한다(법령 111 ④).

① 법인세가 부과되지 아니하거나 면제되는 소득
② 신고한 과세표준에 이미 산입된 미지급 소득
③ 법령 또는 정관에 의하여 비영리법인이 회원 또는 조합원에게 대부한 융자금과 비영리법인이 당해 비영리법인의 연합회 또는 중앙회에 예탁한 예탁금에 대한 이자수입
④ 법률에 따라 설립된 기금을 관리·운용하는 법인으로서 기획재정부령으로 정하는 법인(기금운용법인)과 법률에 따라 공제사업을 영위하는 법인으로서 기획재정부령으로 정하는 법인 중 건강보험·연금관리 및 공제사업을 영위하는 비영리내국법인(기금운용법인의 경우에는 해당 기금사업에 한정한다)이 국채법에 따라 등록하거나 주식·사채 등의 전자등록에 관한 법률에 따라 전자등록한 다음의 국공채 등을 발행일부터 이자지급일 또는 상환일까지 계속하여 등록·보유함으로써 발생한 이자 및 할인액

㉠ 국가 또는 지방자치단체가 발행한 채권 또는 증권

㉡ 한국은행 통화안정증권법에 의하여 한국은행이 발행한 통화안정증권

㉢ 기획재정부령이 정하는 채권 또는 증권

⑤ 다음 각 목의 어느 하나에 해당하는 조합의 조합원인 법인(한국표준산업분류상 금융 및 보험업을 영위하는 법인을 제외한다)이 해당 조합의 규약에 따라 조합원 공동으로 예탁한 자금에 대한 이자수입

㉠ 상장유가증권에 대한 투자를 통한 증권시장의 안정을 목적으로 설립된 조합으로서 기획재정부령으로 정하는 조합

㉡ 채권시장의 안정을 목적으로 설립된 조합으로서 기획재정부령이 정하는 조합

⑥ 한국토지주택공사법에 따른 한국토지주택공사가 주택도시기금법 제6조제2항에 따라 주택도시기금에 예탁한 자금(국민연금법에 의한 국민연금 및 우체국예금·보험에 관한 법률에 의한 우체국예금으로부터 사채발행을 통하여 조성한 자금을 예탁한 것으로서 이자소득 지급당시 국민연금 및 우체국예금이 그 사채를 계속 보유하고 있는 경우에 한한다)에 대한 이자수입

■ 원천징수대상이 되는 이자소득의 범위(법기통 73-0…1)

① 법인세법 제73조 규정에 의하여 법인세 원천징수대상이 되는 이자소득은 「소득세법」 제16조에 게기하는 이자소득으로 한다. 다만, 법인세법 시행령 제111조의 규정에 의하여 원천징수대상에 포함되지 아니하는 소득을 제외한다.

② 다음 각호에 게기하는 금액은 제1항의 규정에 의한 원천징수대상이 되는 이자소득으로 한다.

1. 법 제28조 제1항 제1호의 규정에 의하여 채권자가 불분명한 사채의 이자로서 손금불산입된 이자. 다만, 가공차입금에 대한 이자임이 명백한 것은 제외한다.
2. 「공탁법」의 규정에 의한 공탁금의 이자
3. 금융기관의 여신관리자금에 대한 환출이자

③ 법원의 판결에 의하여 지급하는 손해배상금에 대한 법정이자는 제1항의 규정에 의한 원천징수대상이 되는 이자소득이 아닌 것으로 한다.

④ 물품을 연불조건으로 매입함에 따라 이자상당액을 가산하여 지급하는 경우에는 다음 각호에 의하여 처리한다.

1. 당초 계약내용에 의하여 이자상당액을 가산하여 매입가액을 확정하고 연불방법에 따라 이자를 포함한 가액을 매입대금으로 지급하는 경우에는 이자소득이 아닌 것으로 한다.
2. 당초 계약내용에 의하여 매입가액이 확정된 후 그 대금의 지급 지연으로 실질적인 소비대차로 전환되어 발생되는 이자는 이자소득으로 한다.

■ 원천징수의 시기(법기통 73-0…2)

다음 각호에 게기하는 날은 법인세법 제73조 제1항 규정의 "지급하는 때"로 본다.

1. 이자소득금액을 어음으로 지급한 때에는 당해 어음이 결제된 날
2. 이자소득금액으로 지급할 금액을 채권과 상계하거나 면제받은 때에는 상계한 날 또는 면제받은 날
3. 이자소득금액을 대물변제한 날
4. 이자소득금액을 당사자간의 합의에 의하여 소비대차로 전환한 때에는 그 전환한 날
5. 이자소득금액을 법원의 전부명령에 의하여 그 소득의 귀속자가 아닌 제3자에게 지급하는 경우에는 그 제3자에게 지급하는 날
6. 예금주가 일정한 계약기간동안 매월 정한 날에 임의의 금액을 예입하고 금융기관은 매월 발생되는 이자를 실제로 지급하지 아니하고, 당해 예금의 예입금액으로 자동대체하여 만기에 원금과 복리로 계산한 이자를 함께 지급하는 정기예금의 경우에, 그 예입금액에 대체한 이자소득금액에 대하여는 저축기간이 만료되는 날

(4) 간접투자외국법인세액이 납부되어 있는 경우 투자신탁이익 원천징수

투자신탁이익에 대하여 간접투자외국법인세액이 납부되어 있는 경우에는 가.의 금액을 한도로 가.의 금액에서 나.의 금액을 뺀 금액을 원천징수한다(법법 73 ②, 개정규정은 2025.1.1. 이후 지급받는 소득에 대하여 외국법인세액을 공제하거나 원천징수하는 경우부터 적용함. 법 부칙 2022.12.31.). 나.의 금액이 가.의 금액을 초과하는 경우에는 해당 간접투자외국법인세액의 납부일부터 10년이 지난 날이 속하는 연도의 12월 31일까지의 기간 중에 투자신탁이익을 지급받는 때에 해당 투자신탁이익에 대한 원천징수세액을 한도로 공제할 수 있다(법법 73 ③, 개정규정은 2025.1.1. 이후 지급받는 소득에 대하여 외국법인세액을 공제하거나 원천징수하는 경우부터 적용함. 법 부칙 2022.12.31.).

가. 투자신탁이익(세후기준가격을 기준으로 계산된 금액을 말한다)에 대한 원천징수세액(법령 73 ② 1호)

나. 간접투자외국법인세액을 세후기준가격을 고려하여 대통령령으로 정하는 바에 따라 계산한 금액(법령 73 ② 2호)

법인세법 제73조 제2항 제2호(상기 나.)에 따라 내국법인의 원천징수세액에서 차감하는 금액은 법인세법 시행령 제94조의 2 제1항에 따른 내국법인별 간접투자외국법인세액에 다음 각 호의 계산식에 따라 계산한 율을 곱한 금액으로 한다(법령 111 ②).

① 법인세법 제73조 제1항에 따른 원천징수세율이 간접투자외국법인세액에 적용된 외국원천징수세율(법인세법 시행령 제94조의 2 제4항에 따라 계산한 율을 말한다. 이하 이 항에서 같다)보다 작은 경우(법령 111 ② 2호)

<table>
<tr><td>법인세법 제73조 제1항에 따른 원천징수세율
―――――――――――――――
간접투자외국법인세액에 적용된 외국 원천징수세율</td><td>－</td><td>법인세법 제73조 제1항에 따른 원천징수세율</td></tr>
</table>

② 법인세법 제73조 제1항에 따른 원천징수세율이 간접투자외국법인세액에 적용된 외국 원천징수세율보다 크거나 같은 경우(법령 111 ② 2호)

1 － 법인세법 제73조 제1항에 따른 원천징수세율

1.2 내국법인의 채권등의 보유기간 이자상당액에 대한 원천징수

(1) 원천징수와 원천징수의무자

1) 채권 등의 매도시 보유기간 이자상당액 원천징수와 원천징수의무자

내국법인이 소득세법 제46조 제1항에 따른 채권등 또는 투자신탁의 수익증권(이하 "원천징수대상채권등")을 타인에게 매도(중개·알선과 그 밖에 대통령령으로 정하는 경우를 포함하되, 환매조건부 채권매매 등 대통령령으로 정하는 경우는 제외한다. 이하 내국법인의 채권등의 보유기간 이자상당액에 대한 원천징수, 제74조 원천징수영수증의 발급 및 제75조의 18 법인과세 신탁재산의 원천징수에서도 같다)하는 경우 그 내국법인은 해당 원천징수대상채권등의 보유기간에 따른 이자, 할인액 및 투자신탁이익의 금액에 14%의 세율을 적용하여 계산한 금액에 상당하는 법인세(1,000원 이상인 경우만 해당한다)를 원천징수하여 그 징수일이 속하는 달의 다음 달 10일까지 납세지 관할 세무서등에 납부하여야 한다. 이 경우 해당 내국법인을 원천징수의무자로 본다(법법 73의2 ①). 거주자 또는 비거주자가 채권등의 발행법인으로부터 이자등을 지급받거나 해당 채권등을 발행법인 또는 법인(이하 발행법인등)에게 매도하는 경우 그 채권등의 발행일 또는 직전 원천징수일을 시기(始期)로 하고, 이자등의 지급일 등 또는 채권등의 매도일 등을 종기(終期)로 하여 채권의 보유기간 이자상당액을 이자소득으로 보고, 해당 채권등의 발행법인등을 원천징수의무자로 한다(소법 133의2 ①).

매도인	매수인	원천징수의무자	원천징수
개인	개인	－	원천징수 없음(소법 133의2 ①)
	법인	매수법인	매수법인이 매도인의 보유기간 이자상당액에 대하여 원천징수(소법 133의2 ①)
법인	개인	매도법인	매도법인이 매수법인을 대리하여 자신의 보유기간 이자상당액에 대하여 원천징수(법법 73의2 ①)
	법인		

2) 원천징수의무의 위임·대리

다음의 법인에 원천징수대상채권등을 매도하는 경우로서 당사자 간의 약정이 있을 때에는 그 약정에 따라 원천징수의무자를 대리하거나 그 위임을 받은 자의 행위는 수권 또는 위임의 범위에서 본인 또는 위임인의 행위로 본다(법법 73의2 ③).

① 대통령령으로 정하는(법인세법 시행령 제61조 제2항 각 호의 법인) 금융회사 등(법령 113 ⑫).
② 자본시장과 금융투자업에 관한 법률에 따른 집합투자업자

자본시장과 금융투자업에 관한 법률에 따른 신탁재산에 속한 원천징수대상채권등을 매도하는 경우 같은 법에 따른 신탁업자와 다음 각 호의 구분에 따른 자 간에 대리 또는 위임의 관계가 있는 것으로 본다(법법 73의2 ④).

① 법인세법 제5조 제1항에 따른 신탁재산 : 해당 신탁재산의 수익자
② 법인세법 제5조 제3항에 따른 신탁재산 : 해당 신탁재산의 위탁자

원천징수의무의 위임·대리 및 납부에 관하여는 법인세법 제73조 제4항부터 제7항까지의 규정(대리 또는 위임, 금융회사의 채무증서 등의 대리, 외국법인 채권 등의 대리 또는 위임, 상기 1.1 (1) 참조)을 준용한다(법법 73의2 ⑤).

(2) 원천징수 대상 채권 등의 범위와 매도

1) 원천징수 대상 채권 등의 범위

내국법인이 소득세법 제46조 제1항에 따른 채권등 또는 투자신탁의 수익증권(이하 "원천징수대상채권등")을 타인에게 매도(중개·알선과 그 밖에 대통령령으로 정하는 경우를 포함하되, 환매조건부 채권매매 등 대통령령으로 정하는 경우는 제외)하는 경우 보유기간 이자상당액 등을 원천징수한다(법법 73의2 ①). 다만, 법인세가 부과되지 아니하거나 면제되는 소득 등에 대해서는 법인세를 원천징수하지 아니한다(법법 73의2 ②). 소득세법 제46조 제1항에 따른 채권등이란 소득세법 제16조 제1항 제1호·제2호·제2호의 2·제5호 및 제6호에 해당하는 채권 또는 증권과 타인에게 양도가 가능한 증권으로서 대통령령으로 정하는 것의 발행법인으로부터 해당 채권등에서 발생하는 이자 또는 할인액을 말한다(소법 46 ①).

① 국가나 지방자치단체가 발행한 채권 또는 증권의 이자와 할인액(소법 16 ① 1호).
② 내국법인이 발행한 채권 또는 증권의 이자와 할인액(소법 16 ① 2호).
③ 국내 또는 국외에서 받는 대통령령으로 정하는 파생결합사채로부터의 이익(소법 16 ① 2의2호, 2025.1.1.이후부터 적용, 법 부칙 2020.12.29. 2022.12.31.).

④ 외국법인의 국내지점 또는 국내영업소에서 발행한 채권 또는 증권의 이자와 할인액(소법 16 ① 5호).

⑤ 외국법인이 발행한 채권 또는 증권의 이자와 할인액(소법 16 ① 6호).

타인에게 양도가 가능한 증권으로서 대통령령으로 정하는 것이란 이자 또는 할인액을 발생시키는 증권(다음 각 호의 증권을 포함하는 것으로 하되, 법률에 따라 소득세가 면제된 채권등은 제외한다)을 말한다(소령 102 ①).

1. 금융회사 등이 발행한 예금증서 및 이와 유사한 증서. 다만, 기획재정부령으로 정하는 것[소득세법 시행령 제24조에 따른 금융회사 등이 해당 증서의 발행일부터 만기까지 계속하여 보유하는 예금증서(양도성예금증서는 제외한다), 소칙 53의2]은 제외한다.
2. 어음(금융회사 등이 발행·매출 또는 중개하는 어음을 포함하며, 상업어음은 제외한다)

2) 원천징수 제외소득

법인세가 부과되지 아니하거나 면제되는 소득 등은 법인세를 원천징수하지 아니한다(법법 73의2 ②). 법인세가 부과되지 아니하거나 면제되는 소득 등이란 다음의 어느 하나에 해당하는 소득을 말한다(법령 113 ④).

① 법인세법 시행령 제111조 제2항(상기 1.1의 (3)의 2)의 소득) 각 호의 어느 하나에 해당하는 소득(2025.1.1.이후부터는 호번 개정 제4항, 영 부칙 2023.2.28.)

② 자본시장과 금융투자업에 관한 법률에 따른 투자회사 및 법인세법 시행령 제111조 제1항 제16호의 자본확충목적회사의 원천징수대상채권등(법인세법 제73조의 2 제1항에 전단에 따른 원천징수대상채권등을 말한다)에 대한 보유기간이자상당액

③ 상기 ② 외의 법인세법 시행령 제111조 제1항에 따른 금융회사등의 주식·사채 등의 전자등록에 관한 법률 제59조에 따른 단기사채등 중 같은 법 제2조 제1호 나목에 해당하는 것으로서 만기 1개월 이내의 것에 대한 보유기간이자상당액

3) 매도의 범위

채권등의 매도에는 법인의 고유재산에서 취득하여 보유하는 채권등을 법인이 관리하는 재산으로 유상이체하는 경우와 관리하는 재산간에 유상이체하는 경우 및 관리하는 재산에서 고유재산으로 유상이체하는 경우를 포함한다. 다만, 기획재정부령이 정하는 경우에는 그러하지 아니하다(법령 113 ③). 기획재정부령이 정하는 경우란 자본시장과 금융투자업에 관한 법률 시행령 제103조 제1호에 따른 특정금전신탁이 중도해지되거나 그 신탁계약기간이 종료됨에 따라 해당 특정금전신탁에서 운용하던 채권 등을 위탁자에게 유상이체하는 경우를 말한다(법칙 59 ②).

4) 환매조건부 채권매매 등

환매조건부 채권매매 등 대통령령으로 정하는 경우는 상기 (1)의 규정을 적용하지 않는다(법법 73의2 ①). 환매조건부 채권매매 등 대통령령으로 정하는 경우란 다음 각 호의 어느 하나에 해당하거나 각 호가 혼합되는 거래를 말한다(법령 114의2 ①).

① 금융실명거래 및 비밀보장에 관한 법률 제2조 제1호 각 목의 어느 하나에 해당하는 금융회사 등과 법인세법 시행령 제111조 제1항 각 호(상기 1.1의 (3)의 1)의 금융회사)의 어느 하나에 해당하는 법인이 일정기간 후에 일정가격으로 환매수 또는 환매도할 것을 조건으로 하여 채권등을 매도 또는 매수하는 거래(해당 거래가 연속되는 경우를 포함한다)로서 그 거래에 해당하는 사실이 자본시장과 금융투자업에 관한 법률 제294조에 따른 한국예탁결제원의 계좌 또는 같은 법 제373조에 따른 거래소의 거래원장(전자적 형태의 거래원장을 포함한다)을 통하여 확인되는 거래
② 금융실명거래 및 비밀보장에 관한 법률 제2조 제1호 각 목의 어느 하나에 해당하는 금융회사 등과 법인세법 시행령 제111조 제1항 각 호(상기 1.1의 (3)의 1)의 금융회사)의 어느 하나에 해당하는 법인이 일정기간 후에 같은 종류로서 같은 양의 채권을 반환받는 조건으로 채권을 대여하는 거래(해당 거래가 연속되는 경우를 포함한다)로서 그 거래에 해당하는 사실이 채권대차거래중개기관(자본시장과 금융투자업에 관한 법률에 따른 한국예탁결제원, 증권금융회사, 투자매매업자 또는 투자중개업자를 말한다)이 작성한 거래 원장(전자적 형태의 원장을 포함한다)을 통하여 확인되는 거래

상기에 따른 거래의 경우 채권등을 매도 또는 대여한 날부터 환매수 또는 반환받은 날까지의 기간 동안 그 채권등으로부터 발생하는 이자소득에 상당하는 금액은 매도자 또는 대여자(해당 거래가 연속되는 경우 또는 상기 ①,②의 거래가 혼합되는 경우에는 최초 매도자 또는 대여자를 말한다)에게 귀속되는 것으로 보아 법인세법 제73조의 2(내국법인의 채권등의 보유기간 이자상당액에 대한 원천징수)를 적용한다(법령 114의2 ②). 매수자 또는 차입자(이하 매수자등)가 매입 또는 차입한 채권등이 제3자에게 매도 또는 대여되는 경우에는 매수자등(법인세법 시행령 제111조 제1항 각 호의 어느 하나에 해당하는 법인은 제외한다)에게 보유기간이자상당액에 대한 세액을 법인세법 제73조의 2 및 제98조의 3, 소득세법 제133조의 2 및 제156조의 3에 따라 원천징수하여야 하며, 매수자등은 원천징수당한 세액을 환급받을 수 있다(법령 114의2 ③).

원천징수된 세액을 환급받으려는 매수자등은 제3자에게 매도 또는 대여한 채권등이 상기에 따른 거래를 통하여 매입 또는 차입한 것임을 입증할 수 있는 기획재정부령으로 정하는 서류를 첨부하여 원천징수된 세액의 납부일이 속하는 달의 다음 달 10일까지 매수자등의

납세지 관할 세무서장에게 환급신청서를 제출하여야 하며, 환급신청을 받은 관할 세무서장은 거래사실 및 환급신청내용을 확인한 후 즉시 환급하여야 한다(법령 114의2 ④).

(3) 보유기간 이자상당액 등

1) 보유기간 이자상당액 등

채권 등의 이자 등(채권 등의 이자 등을 지급받기 전에 매도하는 경우에는 채권 등을 매도하는 경우의 이자 등을 말한다)에 대한 원천징수대상소득은 내국법인이 채권등(자본시장과 금융투자업에 관한 법률에 따른 신탁업자가 운용하는 신탁재산에 귀속되는 채권등을 포함한다)을 취득하여 보유한 기간에 발생한 소득으로 한다(법령 113 ①). 채권 등을 취득하여 보유한 기간에 발생한 소득은 채권 등의 액면가액 등에 다음 ①의 기간과 ②의 이자율 등을 적용하여 계산한 금액(이하 보유기간이자상당액)으로 한다(법령 113 ②).

① 채권 등을 보유한 기간

㉠ 채권 등의 이자소득금액을 지급받기 전에 매도하는 경우에는 당해 채권 등을 취득한 날 또는 직전 이자소득금액의 계산기간종료일의 다음날부터 매도하는 날(매도하기 위하여 알선·중개 또는 위탁하는 경우에는 실제로 매도하는 날)까지의 기간 다만, 취득한 날 또는 직전 이자소득금액의 계산기간종료일부터 매도하는 날 전일까지로 기간을 계산하는 약정이 있는 경우에는 그 기간으로 한다.

㉡ 채권 등의 이자소득금액을 지급받는 경우에는 당해 채권 등을 취득한 날 또는 직전 이자소득금액의 계산기간종료일의 다음날부터 이자소득금액의 계산기간종료일까지의 기간 다만, 취득한 날 또는 직전 이자소득금액의 계산기간종료일부터 매도하는 날 전일까지로 기간을 계산하는 약정이 있는 경우에는 그 기간으로 한다.

② 적용이자율

㉠ 당해 채권 등의 이자계산기간에 대하여 약정된 이자계산방식에 의한 이자율에 발행시의 할인율을 가산하고 할증률을 차감한 이자율. 다만, 공개시장에서 발행하는 소득세법 시행령 제22조의 2 제1항 및 제2항의 채권의 경우에는 발행시의 할인율과 할증률을 가감하지 아니한다.

㉡ 만기상환일에 각 이자계산기간에 대한 보장이율을 추가로 지급하는 조건이 있는 전환사채·교환사채 또는 신주인수권부사채의 경우에는 ㉠의 이자율에 당해 추가지급이율을 가산한 이자율. 다만, 전환사채 또는 교환사채를 주식으로 전환청구 또는 교환청구한 경우로서 이자지급의 약정이 있는 경우에는 전환청구일 또는 교환청구일부터는 기획재정부령이 정하는 바에 따라 당해 약정이자율로 한다.

2) 일부 변제 등

법인세법 제73조(내국법인의 이자소득 등에 대한 원천징수) 및 제73조의 2(내국법인의 채권등의 보유기간 이자상당액에 대한 원천징수)를 적용할 때 차입금과 이자의 변제에 관한 특별한 약정이 없이 차입금과 그 차입금에 대한 이자에 해당하는 금액의 일부만을 변제한 경우에는 이자를 먼저 변제한 것으로 본다. 다만, 비영업대금의 이익의 경우에는 소득세법 시행령 제51조 제7항의 규정(원금을 먼저 회수한 것으로 간주, 소령 51 ⑦)을 준용한다(법칙 56).

(4) 원천징수영수증의 발급

법인세법 제73조(내국법인의 이자소득 등에 대한 원천징수) 및 제73조의 2(내국법인의 채권등의 보유기간 이자상당액에 대한 원천징수)에 따라 원천징수의무자가 납세의무자로부터 법인세를 원천징수한 경우에는 그 납세의무자에게 원천징수영수증의 교부에 관하여는 소득세법 제133조를 준용한다(법법 74 ①, 법령 117 ①). 선이자지급방식의 채권 등에 대한 이자소득을 지급하는 법인이 원천징수한 법인세액에 대한 원천징수영수증의 교부에 대하여도 동일하게 적용한다(법령 117 ②). 법인세법 제73조의 2에 따라 원천징수대상채권등의 매도에 따른 이자상당액에 대한 원천징수의무자가 납세의무자로서 납부한 법인세액에 대하여는 해당 법인을 납세의무자로 본다(법법 74 ②).

(5) 원천징수세액의 납부와 반기납부

법인세법 제73조 및 제73조의 2에 따른 원천징수의무자는 원천징수한 법인세를 국세징수법에 따라 원천징수의무자의 납세지 관할세무서 등에 납부하여야 하며, 원천징수 이행상황신고서를 원천징수의무자의 납세지 관할세무서장에게 제출(국세정보통신망에 의한 제출을 포함한다)하여야 한다(법령 115 ①). 구체적인 내용은 상기 1.1을 참조하기로 한다.

(6) 원천징수의무의 승계

법인이 해산한 경우에 법인세법 제73조 및 제73조의 2에 따라 원천징수하여야 할 법인세를 징수하지 아니하였거나 징수한 법인세를 납부하지 아니하고 잔여재산을 분배한 때에는 청산인과 잔여재산의 분배를 받은 자가 각각 그 분배한 재산의 가액과 분배받은 재산의 가액을 한도로 그 법인세를 연대하여 납부할 책임을 진다(법령 116 ①). 법인이 합병 또는 분할로 인하여 소멸한 경우 합병법인 등은 피합병법인 등이 법인세법 제73조 및 제73조의 2에 따라 원천징수하여야 할 법인세를 징수하지 아니하였거나 징수한 법인세를 납부하지 아니한 것에 대하여 납부할 책임을 진다(법령 116 ②).

02 중간예납

중간예납이란 원활한 세수확보를 위하여 법인의 사업연도 개시일로부터 6개월간을 중간예납대상 과세기간으로 하여 법인세를 미리 납부하고 사업연도가 종료되어 법인세의 확정신고시에 이를 공제하여 정산하는 제도이다.

2.1 적용대상

사업연도의 기간이 6개월을 초과하는 내국법인은 각 사업연도(합병이나 분할에 의하지 아니하고 새로 설립된 법인의 최초 사업연도는 제외한다) 중 중간예납기간(中間豫納期間)에 대한 법인세액(이하 "중간예납세액")을 납부할 의무가 있다(법법 63 ①). 중간예납기간은 해당 사업연도의 개시일부터 6개월이 되는 날까지로 한다(법법 63 ②). 내국법인은 중간예납기간이 지난 날부터 2개월 이내에 중간예납세액을 납세지 관할 세무서, 한국은행(그 대리점을 포함한다) 또는 체신관서(이하 "납세지 관할 세무서등")에 납부하여야 한다(법법 63 ②). 내국법인이 납부할 중간예납세액이 1천만원을 초과하는 경우에는 분납할 수 있다(법법 63 ④). 또한 국내사업장이 있는 외국법인, 부동산소득 및 양도소득 등 국내원천소득이 있는 외국법인도 중간예납의무가 있다(법법 97 ①).

2.2 중간예납대상 제외법인

사업연도의 기간이 6개월을 초과하는 내국법인은 각 사업연도(합병이나 분할에 의하지 아니하고 새로 설립된 법인의 최초 사업연도는 제외한다) 중 중간예납기간(中間豫納期間)에 대한 법인세액(이하 "중간예납세액")을 납부할 의무가 있다. 다만, 다음의 어느 하나에 해당하는 법인은 중간예납세액을 납부할 의무가 없다(법법 63 ①).

① 고등교육법 제3조에 따른 사립학교를 경영하는 학교법인, 국립대학법인 서울대학교 설립·운영에 관한 법률에 따른 국립대학법인 서울대학교, 국립대학법인 인천대학교 설립·운영에 관한 법률에 따른 국립대학법인 인천대학교, 산업교육진흥 및 산학연협력촉진에 관한 법률에 따른 산학협력단, 초·중등교육법 제3조 제3호에 따른 사립학교를 경영하는 학교법인(초·중등교육법에 따른 사립학교는 2021.1.1.이후 개시하는 사업연도 분부터 적용, 법 부칙 2020.12.22.)

② 직전 사업연도의 중소기업으로서 법인세법 제63조의 2 제1항 제1호의 계산식(직전 사업연도의 산출세액을 기준으로 하는 방법)에 따라 계산한 금액이 50만원 미만인 내국법인(50만원은 2023.1.1.이후 개시하는 사업연도부터 적용, 법 부칙 2022.12.31.)

③ 합병·분할에 의한 신설을 제외한 신설법인의 설립 후 최초 사업연도(법법 63 ①)

④ 외국인투자가가 자본금의 100%를 출자하여 설립한 외국인투자기업이 조세특례제한법 제121조의 2(외국인투자에 대한 조세 감면)에 의하여 당해 사업연도에 있어서 법인세의 전액을 면제받을 수 있는 경우에는 그 면제를 받는 부분(법기통 63-0…6)

⑤ 이자소득만 있는 비영리법인은 중간예납을 하지 않을 수 있는 것이며 중간예납세액을 신고 납부하는 경우 별지서식에 의한다(법인, 법인22601-3168, 1989.08.26.).

2.3 중간예납세액의 계산

중간예납을 해야 할 의무가 있는 법인은 직전사업연도의 실적에 의한 방법과 당해 중간예납기간의 실적(가결산)에 의한 방법 중 한 가지 방법을 선택하여 계산한 중간예납세액을 납부하여야 한다. 다만, 직전 사업연도 종료일 현재 독점규제 및 공정거래에 관한 법률 제31조 제1항에 따른 공시대상기업집단에 속하는 내국법인(업종별 매출액 등을 고려하여 대통령령으로 정하는 법인은 제외한다)은 해당 중간예납기간의 법인세액을 기준으로 하는 방법에 따라 중간예납세액을 계산한다(법법 63의2 ①, 단서의 개정규정은 2025.1.1. 이후 개시하는 사업연도 또는 연결사업연도의 소득에 대한 중간예납세액 또는 연결중간예납세액을 계산하는 경우부터 적용함. 법 부칙 2024.12.31.). 납세지 관할 세무서장은 중간예납기간 중 휴업 등의 사유로 수입금액이 없는 법인에 대하여 그 사실이 확인된 경우에는 해당 중간예납기간에 대한 법인세를 징수하지 아니한다(법법 63의2 ⑤).

중간예납을 해야 할 의무가 있는 법인은 직전사업연도의 실적에 의한 방법과 당해 중간예납기간의 실적(가결산)에 의한 방법 중 한가지 방법 선택에도 불구하고 다음 각 호의 어느 하나에 해당하는 경우에는 해당 각 호의 구분에 따라 중간예납세액을 계산한다(법법 63의2 ②, 개정규정은 2025.1.1. 이후 개시하는 사업연도 또는 연결사업연도의 소득에 대한 중간예납세액 또는 연결중간예납세액을 계산하는 경우부터 적용함. 법 부칙 2024.12.31.).

1. 법인세법 제63조 제3항에 따른 중간예납의 납부기한까지 중간예납세액을 납부하지 아니한 경우[제1항 각 호 외의 부분 단서(공시대상기업집단) 또는 이 항 제2호 각 목에 해당하는 경우는 제외한다]: 직전 사업연도의 산출세액을 기준으로 하는 방법
2. 다음 각 목의 어느 하나에 해당하는 경우 : 해당 중간예납기간의 법인세액을 기준으로 하는 방법
   가. 직전 사업연도의 법인세로서 확정된 산출세액(가산세는 제외한다)이 없는 경우[법인세법 제51조의 2 제1항 각 호(유동화전문회사 등) 또는 조세특례제한법 제104조의 31 제1항의 법

인(프로젝트금융투자회사)의 경우는 제외한다]. 직전 사업연도의 법인세산출세액은 있으나 중간예납세액·원천징수세액 및 수시부과세액이 산출세액을 초과함으로써 납부한 세액이 없는 경우에는 직전 사업연도의 법인세액이 있는 경우로 본다(법칙 51 ②). 이 경우에는 직전년도 1/2기준 적용에 의한 중간예납세액계산도 가능하다.

나. 해당 중간예납기간 만료일까지 직전 사업연도의 법인세액이 확정되지 아니한 경우

다. 분할신설법인 또는 분할합병의 상대방 법인의 분할 후 최초의 사업연도인 경우

라. 합병법인 또는 피합병법인이 합병 당시 제1항 각 호 외의 부분 단서에 따른 내국법인에 해당하는 경우로서 해당 합병법인의 합병 후 최초의 사업연도인 경우

(1) 직전 사업연도의 산출세액을 기준으로 하는 방법

직전 사업연도의 산출세액을 기준으로 하는 방법은 직전사업연도 법인세 산출세액에 기초하여 그 1/2을 납부하는 방식이다(법법 63의2 ② 1호).

$$\text{중간예납세액} = \left(\text{직전 사업연도의 법인세로 확정된 산출세액} - \text{직전 사업연도의 감면된 법인세액} - \text{직전 사업연도의 원천징수세액·수시부과세액}\right) \times \frac{6}{\text{직전 사업연도 개월수}}$$

㉠ 직전사업연도 법인세는 중간예납기간 종료일까지 신고(수정신고 포함) 또는 결정·경정에 의하여 확정된 세액(가산세를 포함하고 토지등 양도소득에 대한 법인세와 투자·상생협력 촉진을 위한 과세특례를 적용하여 계산한 법인세액은 제외)을 말한다. 단, 중간예납세액 납부기한까지 직전사업연도의 법인세가 감액 경정된 경우에 그 경정으로 인하여 감소된 세액을 차감하여 계산한다.

㉡ 중간예납기간 중 세율이 변동되는 경우에도 직전사업연도의 법인세로서 확정된 산출금액을 기준으로 한다. 다만, 법에서 세율규정에 관하여 특례규정을 둔 경우에는 그 특례규정에 의한다.

㉢ 감면된 법인세액에는 외국납부세액 공제액 및 세법 이외의 법률의 규정에 의한 감면세액을 포함한다.

(2) 해당 중간예납기간의 법인세액을 기준으로 하는 방법

해당 중간예납기간의 법인세액을 기준으로 하는 방법이란 당해 중간예납기간의 실적을 가결산하여 중간예납세액을 결정하는 방법이다. 다음의 계산식을 적용할 때 해당 내국법인이 조세특례제한법에 따라 세액감면 등의 특례를 적용받는 중소기업에 해당하는지를 판단할 필요가 있는 경우 같은 조세특례제한법 시행령 제2조 제1호(중소기업의 범위)에 따른 업종별 매출액은 해당 중간예납기간의 매출액을 연간 매출액으로 환산한 금액으로 한다(법칙 51 ⑤). 중간예납기간에 대한 법인세 산출세액의 계산에 관해서는 법인세법 시행규칙 제45조(산출세액 계산방법)를 준용한다(법칙 51 ⑥).

$$\text{중간예납세액} = \text{중간예납 기간동안의 과세표준} \times \frac{12}{6} \times \text{세율} \times \frac{6}{12} - \text{중간예납 기간의 감면세액} - \text{중간예납기간중의 원천세액·수시 부과세액}$$

결손 등으로 인하여 직전 사업연도의 법인세 산출세액이 없이 가산세로서 확정된 세액이 있는 법인의 경우에는 해당 중간예납기간의 법인세액을 기준으로 하는 방법에 따라 해당 중간예납세액을 계산하여 납부하여야 한다(법칙 51 ③).

(3) 조합법인 등의 중간예납

조세특례제한법 제72조 제1항의 규정에 의한 조합법인등(당기순이익 과세를 포기한 법인을 제외한다)이 직전 사업연도의 법인세액이 없거나 당해 중간예납기간 종료일까지 법인세액이 확정되지 아니한 경우에는 당해 중간예납기간을 1사업연도로 보아 계산한 당기순이익을 과세표준으로 중간예납세액을 계산하여 납부하여야 한다(법칙 51 ④).

03 수시부과

(1) 수시부과 대상

납세지 관할 세무서장 또는 관할지방국세청장은 내국법인이 그 사업연도 중에 수시부과사유로 법인세를 포탈(逋脫)할 우려가 있다고 인정되는 경우에는 수시로 그 법인에 대한 법인세를 부과(수시부과)할 수 있다. 이 경우에도 각 사업연도의 소득에 대하여 법인세법 제60조에 따른 정기분 과세표준 등의 신고를 하여야 한다(법법 69, 법령 108). 수시부과 사유는 다음과 같다.

① 신고를 하지 아니하고 본점 등을 이전한 경우
② 사업부진 기타의 사유로 인하여 휴업 또는 폐업상태에 있는 경우
③ 기타 조세를 포탈할 우려가 있다고 인정되는 상당한 이유가 있는 경우

부도발생 및 채무누적으로 인하여 채권자의 신청으로 법원에 의하여 소유부동산이 경매될 것이 예상되는 경우에는 법인세법 시행령 제108조의 규정에 의한 수시부과 사유에 해당된다(법기통 69-108…1).

(2) 수시부과세액

수시부과는 그 사업연도 개시일부터 수시부과사유가 발생한 날까지를 수시부과기간으로 하여 적용한다. 다만, 직전 사업연도에 대한 법인세법 제60조에 따른 과세표준 등의 신고기한 이전에 수시부과사유가 발생한 경우(직전 사업연도에 대한 과세표준신고를 한 경우는 제외한다)에는 직전 사업연도 개시일부터 수시부과사유가 발생한 날까지를 수시부과기간으로 한다. 수시부과세액은 다음과 같다.

$$\text{수시부과세액} = \text{과세표준} \times \frac{12}{\text{수시부과기간의 월수}} \times \text{세율} \times \frac{\text{수시부과기간의 월수}}{12}$$

04 국세기본법 가산세

세법에서 규정한 의무를 위반한 자에게 국세기본법 또는 세법에서 정하는 바에 따라 가산세를 부과할 수 있다. 가산세는 해당 의무가 규정된 세법의 해당 국세의 세목(稅目)으로 한다. 다만, 해당 국세를 감면하는 경우에는 가산세는 그 감면대상에 포함시키지 아니하는 것으로 한다. 가산세는 납부할 세액에 가산하거나 환급받을 세액에서 공제한다(국기법 47).

4.1 무신고가산세

(1) 적용대상

납세의무자가 법정신고기한까지 세법에 따른 국세의 과세표준 신고(예정신고 및 중간신고를 포함하며, 교육세법 제9조에 따른 신고 중 금융·보험업자가 아닌 자의 신고와 농어촌특별세법에 따른 신고는 제외한다)를 하지 아니한 경우에는 고의성여부에 따라 일반무신고, 부정행위무신고가산세를 납부하여야 한다(국기법 47의2 ①). 또한 납세의무가 있는 내국법인은 각 사업연도의 종료일이 속하는 달의 말일부터 3개월 이내에 그 사업연도의 소득에 대한 법인세의 과세표준과 세액을 납세지 관할 세무서장에게 신고하여야 하며 그 신고서에 다음의 서류를 첨부하여야 한다. 신고를 할 때 그 신고서에 ① 및 ②의 서류를 첨부하지 아니하면 법인세법에 따른 신고로 보지 아니한다(법법 60 ②,⑤).

① 기업회계기준을 준용하여 작성한 개별 내국법인의 재무상태표·포괄손익계산서 및 이익잉여금처분계산서(또는 결손금처리계산서)

② 세무조정계산서(별지 제3호 서식의 법인세 과세표준 및 세액조정계산서)

③ 그 밖에 대통령령으로 정하는 서류

(2) 무신고가산세의 계산

1) 부정행위 무신고가 아닌 경우

납세의무자가 법정신고기한까지 세법에 따른 국세의 과세표준 신고(예정신고 및 중간신고를 포함하며, 교육세법 제9조에 따른 신고 중 금융·보험업자가 아닌 자의 신고와 농어촌특별세법 및 종합부동산세법에 따른 신고는 제외한다)를 하지 아니한 경우에는 다음의 금액을 가산세로 한다(국기법 47의2 ①,②).

구 분	가 산 세 액
소득세법 제70조 및 제124조 또는 법인세법(제60조 법인세신고, 제76조의17 연결과세표준 등의 신고, 제97조 외국법인에 따른 신고)에 따른 신고를 하지 아니한 자가 소득세법상 복식부기의무자 또는 법인인 경우	가산세 : max = (①, ②) ① 무신고납부세액×20% ② 수입금액×0.07%
부가가치세법에 따른 사업자가 같은 법 제48조 제1항, 제49조 제1항 및 제67조에 따른 신고를 하지 아니한 경우 또는 조세특례제한법에 따른 영세율이 적용되는 과세표준이 있는 경우	가산세 : ①+② ① 무신고납부세액×20% ② 영세율과세표준×0.5%
그 외 국세의 무신고인 경우	무신고납부세액×20%

무신고납부세액이란 신고로 납부하여야 할 세액(세법에 따른 가산세와 세법에 따라 가산하여 납부하여야 할 이자 상당 가산액은 제외한다)을 말한다(국기법 47의2 ①). 수입금액이란 다음의 구분을 말한다(국기법 47의2 ②).

① 개인 : 소득세법 제24조부터 제26조까지 및 제122조에 따라 계산한 사업소득에 대한 해당 개인의 총수입금액

② 법인 : 법인세법 제60조, 제76조의 17, 제97조에 따라 법인세 과세표준 및 세액 신고서에 적어야 할 해당 법인의 수입금액

2) 부정행위 무신고인 경우

납세의무자가 부정한 행위로 법정신고기한까지 세법에 따른 국세의 과세표준 신고(예정신고 및 중간신고를 포함하며, 교육세법 제9조에 따른 신고 중 금융·보험업자가 아닌 자의 신고와 농어촌특별세법 및 종합부동산세법에 따른 신고는 제외한다)를 하지 아니한 경우에는 다음의 금액을 가산세로 한다(국기법 47의2 ①,②).

구 분	가 산 세 액
소득세법 제70조 및 제124조 또는 법인세법(제60조 법인세신고, 제76조의17 연결과세표준 등의 신고, 제97조 외국법인에 따른 신고)에 따른 신고를 하지 아니한 자가 소득세법상 복식부기의무자 또는 법인인 경우	가산세 : max = (①, ②) ① 무신고납부세액×40%(역외거래 60%) ② 수입금액×0.14%
부가가치세법에 따른 사업자가 같은 법 제48조 제1항, 제49조 제1항 및 제67조에 따른 신고를 하지 아니한 경우 또는 조세특례제한법에 따른 영세율이 적용되는 과세표준이 있는 경우의 무신고	가산세 : ①+② ① 무신고납부세액×40%(역외거래 60%) ② 영세율과세표준×0.5%
그 외 국세의 무신고	무신고납부세액×40%(역외거래 60%)

역외거래(국제거래)란 거래 당사자 중 어느 한쪽이나 거래 당사자 양쪽이 비거주자 또는 외국법인(비거주자 또는 외국법인의 국내사업장은 제외한다)인 거래로서 유형자산 또는 무형자산의 매매·임대차, 용역의 제공, 금전의 대차(貸借), 그 밖에 거래자의 손익(損益) 및 자산과 관련된 모든 거래를 말한다(국기법 26의2 ①, 국조법 2 ①).

부정행위에 의한 무신고란 부정행위로 법정신고기한까지 세법에 따른 국세의 과세표준 신고를 하지 아니한 경우를 말하며 부정행위는 다음의 어느 하나에 해당하는 행위로서 조세의 부과와 징수를 불가능하게 하거나 현저히 곤란하게 하는 적극적 행위를 말한다(국기령 12의2, 조범법 3 ⑥).

① 이중장부의 작성 등 장부의 거짓 기록
② 거짓 증명 또는 거짓 문서의 작성 및 수취
③ 장부와 기록의 파기
④ 재산의 은닉, 소득, 수익, 행위, 거래의 조작 또는 은폐
⑤ 고의적으로 장부를 작성하지 아니하거나 비치하지 아니하는 행위 또는 계산서, 세금계산서 또는 계산서합계표, 세금계산서합계표의 조작
⑥ 조세특례제한법 제5조의2제1호에 따른 전사적 기업자원 관리설비의 조작 또는 전자세금계산서의 조작
⑦ 그 밖에 위계(僞計)에 의한 행위 또는 부정한 행위

(3) 무신고가산세 적용 배제

1) 무신고가산세 적용 배제

다음의 경우에는 무신고가산세를 적용하지 아니한다.

① 부가가치세법 제69조에 따라 납부의무가 면제되는 경우(국기법 47의2 ③ 2호).

② 부가가치세법 제45조 제3항 단서에 따른 대손세액에 상당하는 부분을 매입세액에서 차감하는 경우(국기법 47의2 ④).

2) 무신고가산세 중복적용 배제

다음의 경우에는 무신고가산세를 중복하여 적용하지 아니한다.

① 중간신고와 관련하여 무신고에 따라 가산세가 부과되는 부분에 대해서는 확정신고와 관련하여 무신고가산세를 적용하지 아니한다(국기법 47의2 ⑤).

② 중간신고와 관련하여 과소신고·초과환급신고가산세가 부과되는 부분에 대해서는 확정신고와 관련하여 무신고가산세를 적용하지 아니한다(국기법 47의2 ⑤).

③ 무신고가산세 적용시 법인세법 제75조의3 무기장가산세가 동시에 적용되는 경우에는 그 중 가산세액이 큰 가산세만 적용하고, 가산세액이 같은 경우에는 무신고가산세만 적용한다(국기법 47의2 ⑥).

(4) 신고와 관련된 가산세 개정사항의 적용시기

무신고, 과소신고 또는 초과환급신고가산세 계산시 산출세액 기준을 적용함에 따라 공제·감면된 부분이 고려되지 않는 불합리한 점을 개선하여 산출세액에서 추가 납부세액으로 개정되었으며 적용시기는 세목마다 달리 규정한다. 법인세와 관련한 개정사항 적용시기는 다음과 같다(부칙 제12162호, 제10조).

① 법인세(법인세를 본세로 하는 농어촌특별세를 포함하고, 청산소득에 대한 법인세는 제외)는 2015.1.1. 이후 개시하는 과세기간부터 적용한다.

② 청산소득에 대한 법인세(그 법인세를 본세로 하는 농어촌특별세를 포함한다)에 관한 개정규정은 2015.7.1 이후 해산·합병·분할하는 분부터 적용한다.

4.2 과소신고·초과환급신고가산세

(1) 적용대상과 가산세 계산

1) 일반과소신고·초과환급신고

납세의무자가 법정신고기한까지 세법에 따른 국세의 과세표준 신고(예정신고 및 중간신고를 포함하며, 교육세법 제9조에 따른 신고 중 금융·보험업자가 아닌 자의 신고와 농어촌특별세법에 따른 신고는 제외한다)를 한 경우로서 납부할 세액을 신고하여야 할 세액보다 적게 신고

(과소신고)하거나 환급받을 세액을 신고하여야 할 금액보다 많이 신고(초과신고)한 경우에는 과소신고한 납부세액과 초과신고한 환급세액을 합한 금액(국세기본법 및 세법에 따른 가산세와 세법에 따라 가산하여 납부하여야 할 이자 상당 가산액이 있는 경우 그 금액은 제외한다)의 10%에 상당하는 금액을 가산세로 한다(국기법 47의3 ①).

구 분	가 산 세 액
부가가치세법에 따른 사업자가 같은 법 제48조 제1항·제4항, 제49조 제1항, 제66조 및 제67조에 따른 신고를 한 경우로서 영세율과세표준을 과소신고하거나 신고하지 아니한 경우	가산세 : ①+② ① 과소신고납부세액×10% ② 과소·무신고영세율과세표준×0.5%
그 외 국세의 과소신고 및 초과환급신고	과소신고납부세액×10%

2) 부정행위로 인한 과소신고·초과환급신고

부정행위로 과소신고하거나 초과신고한 경우에는 부정행위로 인한 과소신고납부세액등의 40%(역외거래에서 발생한 부정행위로 과소신고하거나 초과신고한 경우에는 60%)에 상당하는 금액과 부정행위로 인하여 과소신고된 과세표준 관련 수입금액에 0.14%를 곱하여 계산한 금액 중 큰 금액으로 한다(국기법 47의3 ②). 일반과소신고납부세액은 과소신고납부세액등에서 부정행위로 인한 과소신고납부세액등을 뺀 금액을 말한다(국기법 47의3 ①).

구 분	가 산 세 액
소득세법 제70조 및 제124조 또는 법인세법(제60조 법인세신고, 제76조의17 연결과세표준 등의 신고, 제97조 외국법인에 따른 신고)따른 신고를 과소신고한 자가 복식부기의무자 또는 법인인 경우	가산세 : max = (①, ②) + ③ ① 부정과소신고납부세액×40%(역외거래 60%) ② 수입금액×0.14% ③ 일반과소신고납부세액×10% =(과소신고납부세액-부정과소신고납부세액)×10%
부가가치세법에 따른 사업자가 같은 법 제48조 제1항, 제49조 제1항 및 제67조에 따른 신고를 하지 아니한 경우 또는 조세특례제한법에 따른 영세율이 적용되는 과세표준이 있는 경우의 무신고	가산세 : ①+②+③ ① 부정과소신고납부세액×40%(역외거래 60%) ② 일반과소신고납부세액×10% =(과소신고납부세액-부정과소신고납부세액)×10% ③ 영세율과세표준×0.5%
그 외 국세의 과소신고 및 초과환급신고	가산세 : ①+② ① 부정과소신고납부세액×40%(역외거래 60%) ② 일반과소신고납부세액×10% =(과소신고납부세액-부정과소신고납부세액)×10%

3) 부정과소신고와 일반과소신고의 구분이 곤란한 경우

과소신고납부세액등 중에 부정행위로 인한 부정과소신고납부세액과 그 외의 일반과소신고납부세액이 있는 경우로서 부정과소신고납부세액과 일반과소신고납부세액을 구분하기 곤

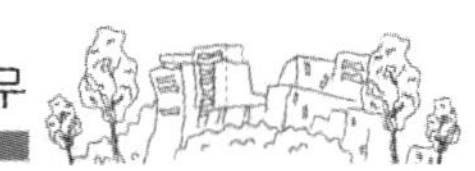

란한 경우 부정과소신고납부세액은 다음 계산식에 따라 계산한 금액으로 한다(국기령 27의2 ③). 부정행위로 인한 과소신고 등의 경우에는 상기 2)를 적용하는 것이나 부정과소신고납부세액과 일반과소신고납부세액이 모두 포함되어 있으나 그 구분이 명확하지 아니한 경우에는 부정과소신고납부세액은 과소신고납부세액 총액에 과소신고한 과세표준에서 부정한 행위로 과소신고한 과세표준이 차지하는 비율을 곱하여 산출한다.

$$\text{부정과소신고납부세액} = \text{과소신고납부세액등} \times \frac{\text{부정행위로 인하여 과소신고한 과세표준}}{\text{과소신고한 과세표준}}$$

4) 과소신고·초과환급신고가산세 적용 배제

다음의 어느 하나에 해당하는 경우에는 이와 관련하여 과소신고하거나 초과신고한 부분에 대해서는 과소신고·초과환급신고가산세를 적용하지 아니한다(국기법 47의3 ④).

1. 다음 각 목의 어느 하나에 해당하는 사유로 상속세·증여세 과세표준을 과소신고한 경우
   가. 신고 당시 소유권에 대한 소송 등의 사유로 상속재산 또는 증여재산으로 확정되지 아니하였던 경우
   나. 상속세 및 증여세법 제18조, 제18조의 2, 제18조의 3, 제19조부터 제23조까지, 제23조의 2, 제24조, 제53조, 제53조의 2 및 제54조에 따른 공제의 적용에 착오가 있었던 경우
   다. 상속세 및 증여세법 제60조 제2항·제3항 및 제66조에 따라 평가한 가액으로 과세표준을 결정한 경우(부정행위로 상속세 및 증여세의 과세표준을 과소신고한 경우는 제외한다)
   라. 법인세법 제66조에 따라 법인세 과세표준 및 세액의 결정·경정으로 상속세 및 증여세법 제45조의 3부터 제45조의 5까지의 규정에 따른 증여의제이익이 변경되는 경우(부정행위로 인하여 법인세의 과세표준 및 세액을 결정·경정하는 경우는 제외한다)

1의 2. 상속세 및 증여세법 제60조 제2항·제3항 및 제66조에 따라 평가한 가액으로 소득세법 제88조 제1호 각 목 외의 부분 후단에 따른 부담부증여 시 양도로 보는 부분에 대한 양도소득세 과세표준을 결정·경정한 경우(부정행위로 양도소득세의 과세표준을 과소신고한 경우는 제외한다)

2. 부가가치세법 제45조 제3항 단서가 적용되는 경우
3. 제1호 라목에 해당하는 사유로 소득세법 제88조 제2호에 따른 주식등의 취득가액이 감소된 경우
4. 조세특례제한법 제24조(통합투자세액공제)에 따라 세액공제를 받은 후 대통령령으로 정하는 부득이한 사유로 해당 세액공제 요건을 충족하지 못하게 된 경우. 대통령령으로 정하

는 부득이한 사유란 조세특례제한법 시행령 제21조 제13항 후단에 따라 신성장사업화시설 또는 국가전략기술사업화시설의 인정을 받을 것을 조건으로 그 인정을 받기 전에 세액공제를 신청하여 세액공제를 받았으나, 그 이후 인정 대상 시설의 일부 또는 전부에 대해 그 인정을 받지 못한 경우를 말한다(국기령 27의2 ④).

(2) 중복적용 배제

다음의 경우에는 과소신고·초과환급신고가산세를 중복하여 적용하지 아니한다(국기법 47의3 ⑥).

① 중간신고와 관련하여 과소신고·초과환급신고에 따라 가산세가 부과되는 부분에 대해서는 확정신고와 관련하여 과소신고·초과환급신고가산세를 적용하지 아니한다.
② 중간신고와 관련하여 과소신고·초과환급신고가산세가 부과되는 부분에 대해서는 확정신고와 관련하여 무신고가산세를 적용하지 아니한다.
③ 과소신고·초과환급신고가산세 적용시 법인세법 제75조의 3 장부의 기록·보관 불성실가산세가 동시에 적용되는 경우에는 그 중 가산세액이 큰 가산세만 적용하고, 가산세액이 같은 경우에는 과소신고·초과환급신고가산세만 적용한다.

4.3 납부지연가산세

(1) 적용대상과 가산세 계산

납세의무자(연대납세의무자, 납세자를 갈음하여 납부할 의무가 생긴 제2차 납세의무자 및 보증인을 포함한다)가 법정납부기한까지 국세(인지세법 제8조 제1항에 따른 인지세는 제외한다)의 납부(중간예납·예정신고납부·중간신고납부를 포함한다)를 하지 아니하거나 납부하여야 할 세액보다 적게 납부(이하 "과소납부")하거나 환급받아야 할 세액보다 많이 환급(이하 "초과환급")받은 경우에는 다음의 금액을 합한 금액을 가산세로 한다(국기법 47의4 ①, 국기령 27의4. 2022.2.15. 전에 납세의무가 성립한 납부지연가산세를 2022.2.15. 이후 납부하는 경우 2022.2.15.일 전의 기간분에 대한 납부지연가산세의 계산에 적용되는 이자율은 개정규정에도 불구하고 종전 1일 10만분의 25의 규정에 따르고, 2022.2.15. 이후의 기간분에 대한 납부지연가산세의 계산에 적용되는 이자율은 개정규정에 따름. 영 부칙 2022.2.15.).

① 납부하지 아니한 세액 또는 과소납부분 세액(세법에 따라 가산하여 납부하여야 할 이자 상당 가산액이 있는 경우에는 그 금액을 더한다) × 법정납부기한의 다음 날부터 납부일까지의 기간(납세고지일부터 납세고지서에 따른 납부기한까지의 기간은 제외한다) × $\frac{2.2}{10,000}$

②	초과환급받은 세액(세법에 따라 가산하여 납부하여야 할 이자상당가산액이 있는 경우에는 그 금액을 더한다)	×	환급받은 날의 다음 날부터 납부일까지의 기간(납세고지일부터 납세고지서에 따른 납부기한까지의 기간은 제외한다)	×	$\frac{2.2}{10,000}$
③	법정납부기한까지 납부하여야 할 세액(세법에 따라 가산하여 납부하여야 할 이자 상당 가산액이 있는 경우에는 그 금액을 더한다) 중 납세고지서에 따른 납부기한까지 납부하지 아니한 세액 또는 과소납부분 세액 (③의 가산세는 국세를 납세고지서에 따른 납부기한까지 완납하지 아니한 경우에 한정한다)		× 3%		

체납된 국세의 납세고지서별·세목별 세액이 150만원 미만인 경우에는 상기 ① 및 ②의 가산세를 적용하지 아니한다(국기법 47의4 ⑧, 2022.1.1. 전에 납부고지서별·세목별 세액이 100만원 이상 150만원 미만인 국세를 체납하여 그 미납기간에 대하여 납세의무가 성립한 납부지연가산세의 부과에 관하여는 개정규정에도 불구하고 종전의 규정에 따름. 법 부칙 2021.12.21.).

(2) 중복적용 배제

다음의 경우에는 납부지연가산세를 적용하지 아니한다.

① 다음의 어느 하나에 해당하는 경우에는 상기 1)의 ① 및 ②의 가산세(법정납부기한의 다음 날부터 납부고지일까지의 기간에 한정한다)를 적용하지 아니한다(국기법 47의4 ③).

㉠ 부가가치세법에 따른 사업자가 같은 법에 따른 납부기한까지 어느 사업장에 대한 부가가치세를 다른 사업장에 대한 부가가치세에 더하여 신고납부한 경우

㉡ 부가가치세법 제45조 제3항 단서에 따른 대손세액에 상당하는 부분

㉢ 법인세법 제66조에 따라 법인세 과세표준 및 세액의 결정·경정으로 상속세 및 증여세법 제45조의 3부터 제45조의 5까지의 규정에 따른 증여의제이익이 변경되는 경우(부정행위로 인하여 법인세의 과세표준 및 세액을 결정·경정하는 경우는 제외한다)

㉣ 상기 ㉢에 해당하는 사유로 소득세법 제88조 제2호에 따른 주식등의 취득가액이 감소된 경우(2018.1.1. 이후 양도소득세를 수정신고하거나 결정 또는 경정하는 분부터 적용)

㉤ 상속세 및 증여세법 제67조 또는 제68조에 따라 상속세 또는 증여세를 신고한 자가 같은 법 제70조에 따라 법정신고기한까지 상속세 또는 증여세를 납부한 경우로서 법정신고기한 이후 대통령령으로 정하는 방법에 따라 상속재산 또는 증여재산을 평가하여 과세표준과 세액을 결정·경정한 경우

㉥ 소득세법 제88조 제1호 각 목 외의 부분 후단에 따른 부담부증여 시 양도로 보는 부분에 대하여 같은 법 제105조 또는 제110조에 따라 양도소득세 과세표준을 신고한 자가 같은 법 제106조 또는 제111조에 따라 법정신고기한까지 양도소득세를 납부한

경우로서 법정신고기한 이후 대통령령으로 정하는 방법에 따라 부담부증여 재산을 평가하여 양도소득세의 과세표준과 세액을 결정·경정한 경우

② 국세기본법 제47조의5 원천징수 등 납부지연가산세가 부과되는 부분에 대해서는 국세의 납부와 관련하여 납부지연가산세를 부과하지 아니한다(국기법 47의4 ④).

③ 중간예납, 예정신고납부 및 중간신고납부와 관련하여 납부지연가산세가 부과되는 부분에 대해서는 확정신고납부와 관련하여 납부지연가산세를 부과하지 아니한다(국기법 47의4 ⑤).

④ 법인세를 과세기간을 잘못 적용하여 신고납부한 경우에는 납부지연가산세를 적용할 때 실제 신고납부한 날에 실제 신고납부한 금액의 범위에서 당초 신고납부하였어야 할 과세기간에 대한 법인세를 자진납부한 것으로 본다. 다만, 해당 법인세의 신고가 국세기본법 제47조의2(부정행위 무신고가산세) 또는 국세기본법 제47조의3(부정행위 과소신고·초과환급신고가산세)에 해당하는 경우에는 그러하지 아니하다(국기법 47의4 ⑥).

4.4 원천징수 등 납부지연가산세

(1) 원천징수의무

국세를 징수하여 납부할 의무란 다음의 어느 하나에 해당하는 의무를 말한다(국기법 47의5 ②).

① 소득세법 또는 법인세법에 따라 소득세 또는 법인세를 원천징수하여 납부할 의무

② 소득세법 제149조에 따른 납세조합이 같은 법 제150조부터 제152조까지의 규정에 따라 소득세를 징수하여 납부할 의무

③ 부가가치세법 제52조에 따라 용역등을 공급받는 자가 부가가치세를 징수하여 납부할 의무

(2) 가산세의 계산

국세를 징수하여 납부할 의무를 지는 자가 징수하여야 할 세액(소득세법 제149조에 따른 납세조합의 경우에는 징수한 세액)을 법정납부기한까지 납부하지 아니하거나 과소납부한 경우에는 납부하지 아니한 세액 또는 과소납부분 세액의 50%(다음의 ①과 ② 중 법정납부기한의 다음 날부터 납세고지일까지의 기간에 해당하는 금액을 합한 금액은 10%)에 상당하는 금액을 한도로 하여 다음의 금액을 합한 금액을 가산세로 한다(국기법 47의5 ①). 다만, 소득세법 또는 법인세법에 따라 소득세 또는 법인세를 원천징수하여야 할 자가 국가, 지방자치단체 또는 지방자치단체조합인 경우에는 제외한다(국기법 47의5 ③, 국기령 27의4, 2020.1.1. 전에 납세의무가 성립된 분에 대해서는 47조의 5 제1항의 개정규정에도 불구하고 종전의 규정에 따른다. 2020.1.1. 전에 종

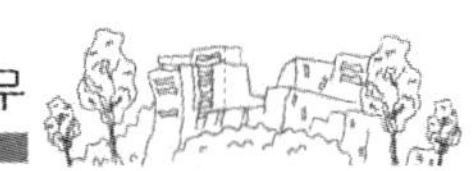

전의 국세기본법 38조부터 41조까지의 규정에 따른 주된 납세자의 납세의무가 성립한 경우의 제2차 납세의무자에 대해서도 또한 같다. 법 부칙 2019.12.31.).

① 납부하지 아니한 세액 또는 과소납부분 세액의 3%에 상당하는 금액

② 납부하지 아니한 세액 또는 과소납부분 세액×법정납부기한의 다음 날부터 납부일까지의 기간(납세고지일부터 납세고지서에 따른 납부기한까지의 기간은 제외한다)×0.022% (2022.2.15. 전에 납세의무가 성립한 납부지연가산세를 2022.2.15. 이후 납부하는 경우 2022.2.15.일 전의 기간분에 대한 납부지연가산세의 계산에 적용되는 이자율은 개정규정에도 불구하고 종전 0.025%의 규정에 따르고, 2022.2.15. 이후의 기간분에 대한 납부지연가산세의 계산에 적용되는 이자율은 개정규정에 따름. 영 부칙 2022.2.15., 2019.2.12. 전에 납부기한이 지났거나 환급받은 경우로서 2019.2.12. 이후 납부 또는 부과하는 경우 그 납부기한 또는 환급받은 날의 다음 날부터 2019.2.12.일 전일까지의 기간에 대한 이자율은 종전의 규정에 따라 0.03%적용, 영 부칙 2019.2.12.)

적용대상	가 산 세 액
원천징수의무자의 미납, 과소납부	가산세 : min(①, ②) ① 미납부세액등×3%+미납부세액×미납일수×0.022% ② 미납부세액등×50%(10%)

2020.1.1.이후부터 납세고지서에 따른 납부기한의 다음 날부터 납부일까지의 기간(국세징수법 제17조에 따라 체납액의 징수를 유예한 경우에는 그 징수유예기간은 제외한다)이 5년을 초과하는 경우에는 그 기간은 5년으로 한다(국기법 47의5 ④, 2020.1.1. 전에 납세의무가 성립된 분에 대해서는 법 47조의 5 제4항의 개정규정에도 불구하고 종전의 규정에 따른다. 2020.1.1. 전에 종전의 법 38조부터 41조까지의 규정에 따른 주된 납세자의 납세의무가 성립한 경우의 제2차 납세의무자에 대해서도 또한 같다. 법 부칙 2019.12.31.). 체납된 국세의 납세고지서별·세목별 세액이 150만원 미만인 경우에는 상기 ②의 가산세를 적용하지 아니한다(국기법 47의5 ⑤, 2022.1.1. 전에 납부고지서별·세목별 세액이 100만원 이상 150만원 미만인 국세를 체납하여 그 미납기간에 대하여 납세의무가 성립한 납부지연가산세의 부과에 관하여는 개정규정에도 불구하고 종전의 규정에 따름. 법 부칙 2021.12.21.).

05 법인세법 가산세

납세지 관할 세무서장은 각 사업연도의 소득에 대한 법인세를 징수할 때 다음에 해당하는 경우 가산세를 가산한 금액을 법인세로서 징수하여야 한다.

5.1 업무용승용차 관련비용 명세서 제출 불성실 가산세

법인세법 제27조의 2 제1항부터 제5항까지의 규정(업무용 승용차 관련비용의 손금불산입 등 특례)에 따라 업무용승용차 관련비용 등을 손금에 산입한 내국법인이 업무용승용차 관련비용 등에 관한 명세서를 제출하지 아니하거나 사실과 다르게 제출한 경우에는 다음의 구분에 따른 금액을 가산세로 해당 사업연도의 법인세액에 더하여 납부하여야 한다(법법 74의2 ①, 개정규정은 2022.1.1. 이후 개시하는 사업연도에 업무용승용차 관련비용 등을 손금에 산입하는 경우부터 적용함. 법 부칙 2021.12.21.). 해당 가산세는 산출세액이 없는 경우에도 적용한다(법법 74의2 ②).

① 명세서를 제출하지 아니한 경우 : 해당 내국법인이 법인세법 제60조에 따른 신고를 할 때 업무용승용차 관련비용 등으로 손금에 산입한 금액의 1%

② 명세서를 사실과 다르게 제출한 경우 : 해당 내국법인이 법인세법 제60조에 따른 신고를 할 때 업무용승용차 관련비용 등으로 손금에 산입한 금액 중 해당 명세서에 사실과 다르게 적은 금액의 2%

5.2 성실신고확인서 제출 불성실 가산세

법인세법 제60조의 2 제1항에 따른 성실신고 확인대상인 내국법인이 각 사업연도의 종료일이 속하는 달의 말일부터 4개월 이내에 성실신고확인서를 납세지 관할 세무서장에게 제출하지 아니한 경우에는 다음의 금액 중 큰 금액을 가산세로 해당 사업연도의 법인세액에 더하여 납부하여야 한다(법법 75 ①, 2022.1.1. 전에 개시한 사업연도에 대하여 2022.1.1. 이후에 납부하는 성실신고확인서 제출 불성실 가산세에 관하여는 개정규정에도 불구하고 종전의 규정에 따름. 법 부칙 2021.12.21.).

① 법인세 산출세액(법인세법 제55조의 2에 따른 토지등 양도소득에 대한 법인세액 및 조세특례제한법 제100조의 32에 따른 투자·상생협력 촉진을 위한 과세특례를 적용하여 계산한 법인세액은 제외한다. 이하 이 조, 제75조의 2부터 제75조의 9까지의 가산세 규정에서 같다)의 5%

② 수입금액의 0.02%

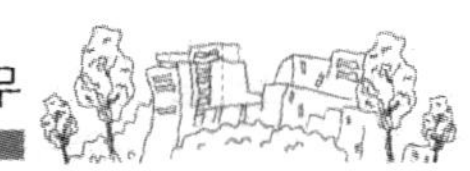

상기 가산세를 적용할 때 법인세법 제66조에 따른 경정으로 산출세액이 0보다 크게 된 경우에는 경정된 산출세액을 기준으로 가산세를 계산한다(법법 75 ②). 가산세는 산출세액이 없는 경우에도 적용한다(법법 75 ③, 2022.1.1. 전에 개시한 사업연도에 대하여 2022.1.1. 이후에 납부하는 성실신고확인서 제출 불성실 가산세에 관하여는 법인세법 75조 3항의 개정규정에도 불구하고 종전의 규정에 따름. 법 부칙 2021.12.21.).

5.3 주주등의 명세서 등 제출 불성실 가산세

1) 주주등의 명세서

구 분	내 용
법인의 설립 또는 설치신고	내국법인은 그 설립등기일(사업의 실질적 관리장소를 두게 되는 경우에는 그 실질적 관리장소를 두게 된 날을 말하며, 법인과세 신탁재산의 경우에는 설립일을 말한다)부터 2개월 이내에 법인 설립신고서에 대통령령으로 정하는 주주등의 명세서와 사업자등록 서류 등을 첨부하여 납세지 관할 세무서장에게 신고하여야 한다. 이 경우 법인세법 제111조에 따른 사업자등록을 한 때에는 법인 설립신고를 한 것으로 본다(법법 109 ①).
사업자등록	신규로 사업을 시작하는 법인은 대통령령으로 정하는 바에 따라 납세지 관할 세무서장에게 등록하여야 한다. 이 경우 내국법인이 법인세법 제109조 제1항에 따른 법인 설립신고를 하기 전에 등록하는 때에는 같은 항에 따른 주주등의 명세서를 제출하여야 한다(법법 111 ①). 부가가치세법에 따라 사업자등록을 한 사업자는 그 사업에 관하여 등록을 한 것으로 본다(법법 111 ②).

법인세법 제109조 제1항(법인의 설립 또는 설치신고) 또는 제111조 제1항 후단(법인 설립신고를 하기 전 사업자 등록)에 따라 주주등의 명세서(이하 "명세서")를 제출하여야 하는 내국법인이 다음의 어느 하나에 해당하는 경우에는 해당 주주등이 보유한 주식등의 액면금액(무액면주식인 경우에는 그 주식을 발행한 법인의 자본금을 발행주식 총수로 나누어 계산한 금액) 또는 출자가액의 0.5%를 가산세로 설립일이 속하는 사업연도의 법인세액에 더하여 납부하여야 한다(법법 75의2 ①).

① 명세서를 제출하지 아니한 경우

② 명세서에 주주등의 명세의 전부 또는 일부를 누락하여 제출한 경우

③ 제출한 명세서가 대통령령으로 정하는 불분명한 경우에 해당하는 경우. 대통령령으로 정하는 불분명한 경우란 다음 각 호의 어느 하나에 해당하는 경우를 말한다. 다만, 내국법인이 주식등의 실제소유자를 알 수 없는 경우 등 정당한 사유가 있는 경우는 제외한다(법령 120 ①).

㉠ 제출된 주주등의 명세서에 법인세법 제109조 제1항(법인의 설립 또는 설치신고)에 따라 제출된 주주등의 명세서의 제152조 제2항 제1호 및 제2호의 기재사항(이하 "필요적 기재사항")의 전부 또는 일부를 기재하지 아니하였거나 잘못 기재하여 주주등의 명세를 확인할 수 없는 경우

㉡ 제출된 주주 등의 명세서의 필요적 기재사항이 주식 등의 실제소유자에 대한 사항과 다르게 기재되어 주주 등의 명세를 확인할 수 없는 경우

2) 주식등변동상황명세서

사업연도 중에 주식등의 변동사항이 있는 법인(대통령령으로 정하는 조합법인 등은 제외한다)은 법인세법 제60조에 따른 신고기한까지 대통령령으로 정하는 바에 따라 주식등변동상황명세서를 납세지 관할 세무서장에게 제출하여야 한다(법법 119 ①). 다음의 어느 하나에 해당하는 주식등에 대하여는 주식등변동상황명세서 제출을 적용하지 아니한다(법법 119 ②).

① 주권상장법인으로서 대통령령으로 정하는 법인 : 지배주주(그 특수관계인을 포함한다) 외의 주주등이 소유하는 주식등

② 상기 ① 외의 법인 : 해당 법인의 소액주주가 소유하는 주식등

법인세법 제119조에 따라 주식등변동상황명세서(이하 "명세서")를 제출하여야 하는 내국법인이 다음의 어느 하나에 해당하는 경우에는 그 주식등의 액면금액 또는 출자가액의 1%를 가산세로 해당 사업연도의 법인세액에 더하여 납부하여야 한다(법법 75의2 ②).

① 명세서를 제출하지 아니한 경우

② 명세서에 주식등의 변동사항을 누락하여 제출한 경우

③ 제출한 명세서가 불분명한 경우에 해당하는 경우

불분명한 경우란 다음 각 호의 어느 하나에 해당하는 경우를 말한다. 다만, 내국법인이 주식등의 실제소유자를 알 수 없는 경우 등 정당한 사유가 있는 경우는 제외한다(법령 120 ②).

㉠ 제출된 변동상황명세서에 법인세법 제161조 제6항 제1호부터 제3호까지의 기재사항(이하 "필요적 기재사항")의 전부 또는 일부를 기재하지 아니하였거나 잘못 기재하여 주식 등의 변동상황을 확인할 수 없는 경우

㉡ 제출된 변동상황명세서의 필요적 기재사항이 주식등의 실제소유자에 대한 사항과 다르게 기재되어 주식 등의 변동사항을 확인할 수 없는 경우

5.4 장부의 기록·보관 불성실 가산세

납세지 관할 세무서장은 각 사업연도의 소득에 대한 법인세를 징수할 때 해당 내국법인이 장부의 비치·기장 의무를 이행하지 아니한 경우에는 납세지 관할 세무서장이 결정한 산출세액(토지등 양도소득에 대한 법인세액, 미환류소득에 대한 법인세액 및 투자·상생협력 촉진을 위한 과세특례를 적용하여 계산한 법인세액은 제외)의 20%에 상당하는 금액(그 금액이 해당 법인 수입금액의 0.07%보다 적거나 산출세액이 없는 경우에는 그 수입금액의 0.07%에 상당하는 금액을 말한다)을 가산한 금액을 법인세로서 징수하여야 한다. 다만, 비영리내국법인에 대하여는 그러하지 아니하다(법법 75의3 ①). 무신고가산세와 무기장가산세가 동시에 적용되는 경우에는 그 중 가산세액이 큰 가산세만 적용하고, 가산세액이 같은 경우에는 무신고가산세만 적용한다(국기법 47의2 ⑦).

구 분	적용대상	가산세액
무기장가산세	복식부기에 의하여 장부의 비치·기장을 아니한 경우	max(①, ②) ① 산출세액(토지등양도, 미환류제외)×20% ② 수입금액×0.07%

5.5 기부금영수증 발급·작성·보관 불성실 가산세

기부금영수증이란 다음의 어느 하나에 해당하는 영수증을 말하며, 국세청장이 구축한 전자기부금영수증 발급 시스템을 이용하는 방법으로 발급한 기부금영수증을 포함한다(법법 75의4 ②, 법령 155의2 ①, 개정규정은 2021.7.1. 이후 전자기부금영수증을 발급하는 분부터 적용, 법 부칙 2020.12.22.).

① 법인세법 제24조에 따라 기부금을 손금에 산입하기 위하여 필요한 영수증
② 소득세법 제34조 및 제59조의 4 제4항에 따라 기부금을 필요경비에 산입하거나 기부금 세액공제를 받기 위하여 필요한 영수증

기부금영수증을 발급하는 법인이 기부금영수증을 사실과 다르게 발급하거나 기부자별 발급명세를 작성·보관하지 아니한 경우에는 다음의 구분에 따른 금액을 가산세로 해당 사업연도의 법인세액에 더하여 납부하여야 한다(법법 75의4 ①). 가산세는 산출세액이 없는 경우에도 적용한다(법법 75의4 ④). 상속세 및 증여세법제78조제3항에 따라 보고서 제출의무를 이행하지 아니하거나 같은 조 제5항에 따라 출연받은 재산에 대한 장부의 작성·비치 의무를 이행하지 아니하여 가산세가 부과되는 경우 ②는 적용하지 아니한다(법법 75의4 ③).

① 기부금영수증을 사실과 다르게 적어 발급(기부금액 또는 기부자의 인적사항 등 주요사항을 적지 아니하고 발급하는 경우를 포함)한 경우

㉠ 기부금액을 사실과 다르게 적어 발급한 경우 : 사실과 다르게 발급된 금액[영수증에 실제 적힌 금액(영수증에 금액이 적혀 있지 아니한 경우에는 기부금영수증을 발급받은 자가 기부금을 손금 또는 필요경비에 산입하거나 기부금세액공제를 받은 해당 금액으로 한다)과 건별로 발급하여야 할 금액과의 차액을 말한다]의 5%(2020.1.1. 전에 기부금영수증을 발급한 분에 대해서는 개정규정에도 불구하고 종전 2% 적용, 법 부칙 2019.12.31.)

㉡ 기부자의 인적사항 등을 사실과 다르게 적어 발급하는 등 가목 외의 경우 : 영수증에 적힌 금액의 5%(2020.1.1. 전에 기부금영수증을 발급한 분에 대해서는 개정규정에도 불구하고 종전 2% 적용, 법 부칙 2019.12.31.)

② 기부자별 발급명세를 법인세법 제112조의 2 제1항에 따라 작성·보관하지 아니한 경우 : 작성·보관하지 아니한 금액의 0.2%

구 분	내 용
① 기부금영수증의 경우	사실과 다르게 발급된 금액의 5%
② 기부자별 발급명세의 경우	작성·보관하지 아니한 금액의 0.2%

5.6 증명서류 수취 불성실 가산세

(1) 지출액에 대한 증명서류의 수취와 보관

법인은 사업과 관련된 모든 거래에 관한 증명서류를 작성 또는 수취하여 법인세신고기한이 경과한 날부터 5년간 이를 보관하여야 한다. 다만, 각 사업연도개시일 전 5년이 되는 날 이전에 개시한 사업연도에서 발생한 결손금을 각 사업연도의 소득에서 공제하려는 법인은 해당 결손금이 발생한 사업연도의 증명서류를 공제되는 소득의 귀속 사업연도의 신고기한부터 1년이 되는 날까지 보관하여야 한다(법법 116 ①).

(2) 적격증명서류 미비분에 대한 불이익

1) 손금의 인정

법인은 거래한 대한 증명서류로 적격증명서류 이외의 증빙을 수취해도 실질에 따라 손금으로 인정한다. 다만, 기업업무추진비는 적격증명서류 이외의 증빙을 수취한 경우 손금불산입하고 기타사외유출로 처분한다. 적격증명서류가 없는 비용은 가공비용으로 보아 손금불산입하고 귀속자에게 배당, 상여, 기타소득으로 처분하며 귀속자가 불분명한 경우에는 대표자에 대한 상여로 처분한다.

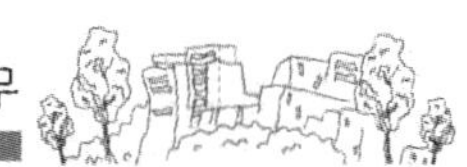

2) 가산세

내국법인[국가 및 지방자치단체, 비영리법인(수익사업과 관련된 부분은 제외)은 제외한다]이 사업과 관련하여 법인세법 시행령 제158조 제1항 각 호의 사업자로부터 재화 또는 용역을 공급받고 법인세법 제116조 제2항 각 호의 어느 하나에 따른 증명서류를 받지 아니하거나 사실과 다른 증명서류를 받은 경우에는 그 받지 아니하거나 사실과 다르게 받은 금액으로 손금에 산입하는 것이 인정되는 금액(건별로 받아야 할 금액과의 차액을 말한다)의 2%를 가산세로 해당 사업연도의 법인세액에 더하여 납부하여야 한다(법법 75의5 ①).

적용대상	가산세액
적격증명서류를 수취하지 아니하거나 사실과 다른 증빙을 수취한 경우	(미수취 등의 금액－손금부인액)×2%

증명서류 수취 불성실 가산세와 계산서 등 제출 불성실 가산세가 중복되는 경우에는 증명서류 수취 불성실 가산세만 부과한다(법법 75의8 ②).

5.7 신용카드 및 현금영수증 발급 불성실 가산세

(1) 신용카드 등

신용카드가맹점으로부터 신용카드에 의한 거래가 거부되거나 신용카드 매출전표를 사실과 다르게 발급받은 자는 그 거래 내용을 국세청장, 지방국세청장 또는 세무서장에게 신고할 수 있으며 당해 신고와 관련하여 신고를 받은 자는 신용카드가맹점의 납세지 관할 세무서장에게 이를 통보하여야 한다. 이 경우 납세지 관할 세무서장은 해당 사업연도의 신고금액을 해당 신용카드가맹점에 통보하여야 한다(법법 117 ④).

법인세법 제117조에 따른 신용카드가맹점으로 가입한 내국법인이 신용카드에 의한 거래를 거부하거나 신용카드 매출전표를 사실과 다르게 발급하여 같은 조 제4항 후단에 따라 납세지 관할 세무서장으로부터 통보받은 경우에는 통보받은 건별 거부 금액 또는 신용카드 매출전표를 사실과 다르게 발급한 금액(건별로 발급하여야 할 금액과의 차액을 말한다)의 5%(건별로 계산한 금액이 5,000원 미만이면 5,000원으로 한다)를 가산세로 해당 사업연도의 법인세액에 더하여 납부하여야 한다. 가산세는 산출세액이 없는 경우에도 적용한다(법법 75의6 ①,③).

- 건별 발급 거부금액 또는 건별로 발급하여야 할 금액과의 차액×5%
- 건별로 계산한 금액이 5,000원 미만이면 5,000원

(2) 현금영수증

주로 사업자가 아닌 소비자에게 재화나 용역을 공급하는 사업자로서 업종 등을 고려하여 소득세법 시행령 별표 3의2에 따른 소비자상대업종을 영위하는 법인은 그 요건에 해당하는 날부터 3개월 이내에 현금영수증가맹점으로 가입하여야 한다(법법 117의2, 법령 159의2). 내국법인이 다음의 어느 하나에 해당하는 경우에는 다음의 구분에 따른 금액을 가산세로 해당 사업연도의 법인세액에 더하여 납부하여야 한다. 가산세는 산출세액이 없는 경우에도 적용한다(법법 75의6 ②,③).

① 법인세법 제117조의 2 제1항을 위반하여 현금영수증가맹점으로 가입하지 아니하거나 그 가입기한이 지나서 가입한 경우 : 가입하지 아니한 사업연도의 수입금액(둘 이상의 업종을 하는 법인인 경우에는 대통령령으로 정하는 업종에서 발생한 수입금액만 해당하며, 세금계산서 발급분 등 대통령령으로 정하는 수입금액은 제외한다)의 1%에 가입하지 아니한 기간을 고려하여 다음에 따라 계산한 비율을 곱한 금액(법령 120 ⑦)

$$\text{가맹하지 아니한 사업연도의 수입금액} \times 1\% \times \frac{\text{요건에 해당하는 날부터 3개월이 지난 날의 다음날부터 가맹한 날의 전일까지의 일수}^{*}}{\text{미가맹 사업연도 일수}}$$

* 가맹하지 아니한 사업연도의 일수에서 법인세법 제117조의 2 제1항에 따른 요건에 해당하는 날부터 3개월이 지난 날의 다음날부터 가맹한 날의 전일까지의 기간이 2 이상의 사업연도에 걸쳐 있는 경우 각 사업연도 별로 적용한다.

② 법인세법 제117조의 2 제3항을 위반하여 현금영수증 발급을 거부하거나 사실과 다르게 발급하여 같은 조 제6항 후단에 따라 납세지 관할 세무서장으로부터 통보받은 경우(현금영수증의 발급대상 금액이 건당 5,000원 이상인 경우만 해당하며, ③에 해당하는 경우는 제외한다) : 통보받은 건별 발급 거부 금액 또는 사실과 다르게 발급한 금액(건별로 발급하여야 할 금액과의 차액을 말한다)의 5%(건별로 계산한 금액이 5,000원 미만이면 5,000원으로 한다)

- 건별 발급 거부금액 또는 건별로 발급하여야 할 금액과의 차액×5%
- 건별로 계산한 금액이 5,000원 미만이면 5,000원

③ 법인세법 제117조의 2 제4항을 위반하여 현금영수증을 발급하지 아니한 경우(국민건강보험법에 따른 보험급여의 대상인 경우 등 대통령령으로 정하는 경우는 제외한다) : 미발급금액의 20%(착오나 누락으로 인하여 거래대금을 받은 날부터 10일 이내에 관할 세무서에 자진 신고하거나 현금영수증을 자진 발급한 경우에는 10%으로 한다)(2022.1.1. 전에 세무서에 자진 신고하거나 현금영수증을 자진 발급한 경우에 대해서는 개정규정에도 불구하고 종전의 규정(7일)에 따름. 법 부칙 2021.12.21.). 국민건강보험법에 따른 보험급여의 대상인 경우 등 대통령령으로 정

하는 경우란 다음의 어느 하나에 해당하는 경우를 말한다(법령 120 ⑧).

1. 국민건강보험법에 따른 보험급여
2. 의료급여법에 따른 의료급여
3. 긴급복지지원법에 따른 의료지원비
4. 응급의료에 관한 법률에 따른 대지급금
5. 자동차손해배상 보장법에 따른 보험금 및 공제금(같은 법 제2조 제6호의 여객자동차 운수사업법 및 화물자동차 운수사업법에 따른 공제사업자의 공제금에 한정한다)

5.8 지급명세서 등 제출 불성실 가산세

(1) 지급명세서 등의 제출

1) 법인세법

내국법인에 소득세법 제127조제1항제1호(이자소득) 또는 제2호의 소득(배당소득)을 지급하는 자(법인세법 제73조제4항부터 제6항까지 및 제8항에 따라 원천징수를 하여야 하는 자를 포함한다)는 소득세법 제164조를 준용하여 납세지 관할 세무서장에게 지급명세서를 제출하여야 한다. 이 경우 자본시장과 금융투자업에 관한 법률의 적용을 받는 법인의 신탁재산에 귀속되는 소득은 법인세법 제5조제4항에도 불구하고 그 법인에 소득이 지급된 것으로 보아 해당 소득을 지급하는 자는 지급명세서를 제출하여야 한다(법법 120 ①,②).

2) 소득세법 준용규정

소득세 납세의무가 있는 개인에게 다음의 어느 하나에 해당하는 소득을 국내에서 지급하는 자(법인, 제127조 제5항에 따라 소득의 지급을 대리하거나 그 지급 권한을 위임 또는 위탁받은 자 및 제150조에 따른 납세조합, 제7조 또는 법인세법 제9조에 따라 원천징수세액의 납세지를 본점 또는 주사무소의 소재지로 하는 자와 부가가치세법 제8조 제3항 후단에 따른 사업자 단위 과세 사업자를 포함한다)는 지급명세서를 그 지급일(제131조 이자소득·배당소득 원천징수 특례, 제135조 근로소득 원천징수 특례, 제144조의 5 연말정산 사업소득 원천징수 특례 또는 제147조 퇴직소득 원천징수 특례를 적용받는 소득에 대해서는 해당 소득에 대한 과세기간 종료일을 말한다)이 속하는 과세기간의 다음 연도 2월 말일(제3호에 따른 사업소득과 제4호에 따른 근로소득 또는 퇴직소득, 제6호에 따른 기타소득 중 종교인소득 및 제7호에 따른 봉사료의 경우에는 다음 연도 3월 10일, 휴업, 폐업 또는 해산한 경우에는 휴업일, 폐업일 또는 해산일이 속하는 달의 다음다음 달 말일)까지 원천징수 관할 세무서장, 지방국세청장 또는 국세청장에게 제출하여야 한다. 다만, 근로소득 중 대통령령으로 정하는 일용근로자의 근로소득의 경우에는 그 지급일이 속하는 달의 다음 달 말일(휴업, 폐

업 또는 해산한 경우에는 휴업일, 폐업일 또는 해산일이 속하는 달의 다음 달 말일)까지, 금융투자소득의 경우에는 금융투자소득 원천징수기간이 속하는 반기의 마지막 달의 다음 달 말일까지 지급명세서를 제출하여야 한다(소법 164 ①, 2021.3.16. 단서개정). 다만, 종교인의 소득은 2018.1.1.부터 시행한다(부칙 2015.12.15.).

① 이자소득
② 배당소득
③ 원천징수대상 사업소득
④ 근로소득, 퇴직소득
⑤ 연금소득
⑥ 기타소득(다음 ⑦에 따른 봉사료는 제외한다)
⑦ 법에서 정하는 봉사료
⑧ 법에서 정하는 장기저축성보험의 보험차익

3) 매입처별 세금계산서합계표의 제출

부가가치세법 및 조세특례제한법에 따라 부가가치세가 면제되는 사업을 하는 법인은 재화나 용역을 공급받고 부가가치세법 제32조 제1항·제7항 및 제35조 제1항에 따라 세금계산서를 발급받은 경우에는 대통령령으로 정하는 기한까지 매입처별 세금계산서합계표(부가가치세법 제54조에 따른 매입처별 세금계산서합계표를 말한다)를 납세지 관할 세무서장에게 제출하여야 한다. 다만, 부가가치세법 제54조 제5항에 따라 제출한 경우에는 그러하지 아니하다(법법 120의3 ①).

4) 가상자산 거래내역 등의 제출

가상자산 이용자 보호 등에 관한 법률에 따른 가상자산사업자는 가상자산 거래내역 등 법인세 부과에 필요한 자료를 대통령령으로 정하는 바에 따라 거래가 발생한 날이 속하는 분기 또는 연도의 종료일의 다음다음 달 말일까지 납세지 관할 세무서장, 지방국세청장 또는 국세청장에게 제출하여야 한다(법법 120의4 ①, 2025.1.1. 전에 발생한 가상자산의 거래에 관하여는 법인세법 120조의 4 제1항의 개정규정에도 불구하고 종전의 규정에 따름, 법 부칙 2024.12.31.).
국세청장은 가상자산사업자가 가상자산 거래내역 등 법인세 부과에 필요한 자료를 제출하지 아니한 경우에는 그 시정에 필요한 명령을 할 수 있다(법법 120의4 ②, 2026.1.1. 이후 발생하는 거래에 관하여 가상자산사업자가 자료를 제출하지 아니하는 경우부터 적용함, 법 부칙 2024.12.31.).

5) 계산서의 작성·발급 등의 제출

법인은 발급하였거나 발급받은 계산서의 매출·매입처별합계표(매출·매입처별 계산서합계표")를 대통령령으로 정하는 기한까지 납세지 관할 세무서장에게 제출하여야 한다. 다만, 다음의 어느 하나에 해당하는 계산서의 합계표는 제출하지 아니할 수 있다(법법 121 ⑤).

① 계산서를 발급받은 법인은 그 계산서의 매입처별 합계표

② 전자계산서를 발급하거나 발급받고 전자계산서 발급명세를 국세청장에게 전송한 경우에는 매출·매입처별 계산서합계표

6) 매입자발행계산서

법인세법 제121조 또는 소득세법 제163조에도 불구하고 사업과 관련하여 법인 또는 소득세법 제168조에 따라 사업자등록을 한 사업자로부터 재화 또는 용역을 공급받은 법인이 재화 또는 용역을 공급한 법인 또는 사업자의 부도·폐업, 공급 계약의 해제·변경 또는 그 밖에 대통령령으로 정하는 사유로 계산서를 발급받지 못한 경우에는 납세지 관할 세무서장의 확인을 받아 계산서(매입자발행계산서)를 발행할 수 있다(법법 121의2, 2023.7.1. 이후 재화 또는 용역을 공급하거나 공급받는 경우부터 적용함. 법 부칙 2022.12.31.). 매입자발행계산서의 발급 대상 및 방법 등에 관하여는 소득세법 시행령 제212조의 4를 준용한다. 이 경우 "신청인"은 "신청법인"으로, "과세기간"은 "사업연도"로 본다(법령 164의2, 2023.7.1. 이후 재화 또는 용역을 공급하거나 공급받는 경우부터 적용함. 법 부칙 2022.12.31.).

7) 외국법인의 국내원천소득 등에 대한 지급명세서 제출의무의 특례

법인세법 제93조에 따른 국내원천소득을 외국법인에 지급하는 자(자본시장과 금융투자업에 관한 법률에 따라 주식을 상장하는 경우로서 상장 전 이미 발행된 주식을 양도하는 경우에는 그 주식을 발행한 법인을 말한다. 개정규정은 2021.1.1. 이후 양도대가를 지급하는 분부터 적용한다. 법 부칙 2020.12.22.)는 지급명세서를 납세지 관할 세무서장에게 그 지급일이 속하는 연도의 다음 연도 2월 말일(휴업하거나 폐업한 경우에는 휴업일 또는 폐업일이 속하는 달의 다음다음 달 말일)까지 제출하여야 한다. 다만, 법인세법 제98조의4에 따라 비과세 또는 면제대상임이 확인되는 소득 등 법에서 정하는 소득을 지급하는 경우에는 그러하지 아니하다. 지급명세서의 제출에 관하여는 소득세법 제164조를 준용한다(법법 120의2 ①,②).

지급명세서

구 분	내 용
내국법인에 대하여 소득을 지급하는 자	내국법인에게 이자소득, 배당소득을 지급하는 자
법인세법에 따라 원천징수하는 자	이자소득, 투자신탁의 이익금을 지급하고 14%(비영업대금의 이익 25%)를 원천징수 하는 자(법법 73 ④, ⑤, ⑥, ⑧)
소득세법에 따라 원천징수하는 자	소득세 납부의무가 있는 개인에게 다음의 소득을 지급하는 법인(소법 164) ① 이자소득 ② 배당소득 ③ 원천징수대상 사업소득 ④ 근로소득(간이세액표에 의한 근로소득, 일용근로자) ⑤ 퇴직소득 ⑥ 연금소득 ⑦ 기타소득 ⑧ 대통령령으로 정하는 봉사료, 장기저축성보험의 보험차익 ⑨ 금융투자소득
법인신탁재산소득	법인에게 귀속되는 신탁재산소득을 지급하는 자

8) 비거주자, 국내사업장이 없는 외국법인 원천징수

다음의 비거주자, 외국법인 등에게 소득을 지급하는 자는 원천징수하여야 한다.

구 분	내 용
법법 98 ①	외국법인에 대하여 법인세법 제93조제1호·제2호 및 제4호부터 제10호까지의 규정에 따른 국내원천소득으로서 국내사업장과 실질적으로 관련되지 아니하거나 그 국내사업장에 귀속되지 아니하는 소득의 금액(국내사업장이 없는 외국법인에 지급하는 금액을 포함한다)을 지급하는 자(법인세법 제93조제7호에 따른 소득의 금액을 지급하는 거주자 및 비거주자는 제외한다)는 법인세법 제97조에도 불구하고 그 지급을 할 때에 법에서 정하는 금액을 해당 법인의 각 사업연도의 소득에 대한 법인세로서 원천징수하여 그 원천징수한 날이 속하는 달의 다음 달 10일까지 납세지 관할 세무서등에 납부하여야 한다.
소법 156 ①	소득세법 제119조제1호(이자)·제2호(배당)·제4호부터 제6호까지 및 제9호부터 제12호까지의 규정에 따른 국내원천소득으로서 국내사업장과 실질적으로 관련되지 아니하거나 그 국내사업장에 귀속되지 아니한 소득의 금액(국내사업장이 없는 비거주자에게 지급하는 금액을 포함한다)을 비거주자에게 지급하는 자(제119조 제9호에 따른 국내원천 부동산등양도소득을 지급하는 거주자 및 비거주자는 제외한다)는 제127조에도 불구하고 그 소득을 지급할 때에 다음의 금액을 그 비거주자의 국내원천소득에 대한 소득세로서 원천징수하여 그 원천징수한 날이 속하는 달의 다음 달 10일까지 원천징수 관할 세무서, 한국은행 또는 체신관서에 납부하여야 한다.

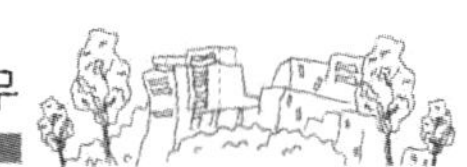

소법 156 ①	① 제119조 제1호에 따른 국내원천 이자소득 : 다음의 구분에 따른 금액 가. 국가·지방자치단체 및 내국법인이 발행하는 채권에서 발생하는 이자소득 : 지급금액의 14% 나. 가목 외의 이자소득 : 지급금액의 20% ② 제119조 제2호에 따른 국내원천 배당소득 : 지급금액의 20% ③ 제119조 제4호에 따른 국내원천 선박등임대소득 및 같은 조 제5호(조세조약에 따라 국내원천 사업소득으로 과세할 수 있는 소득은 제외한다)에 따른 국내원천 사업소득 : 지급금액의 2% ④ 제119조 제6호에 따른 국내원천 인적용역소득 : 지급금액의 20%. 다만, 국외에서 제공하는 인적용역 중 대통령령으로 정하는 용역을 제공함으로써 발생하는 소득이 조세조약에 따라 국내에서 발생하는 것으로 보는 소득에 대해서는 그 지급금액의 3%으로 한다. ⑤ 제119조 제9호에 따른 국내원천 부동산등양도소득 : 지급금액의 10%. 다만, 양도한 자산의 취득가액 및 양도비용이 확인되는 경우에는 그 지급금액의 10%에 해당하는 금액과 그 자산의 양도차익의 20%에 해당하는 금액 중 적은 금액으로 한다. ⑥ 제119조 제10호에 따른 국내원천 사용료소득 : 지급금액의 20% ⑦ 제119조 제11호에 따른 국내원천 유가증권양도소득 : 지급금액(제126조 제6항에 해당하는 경우에는 같은 항의 정상가격을 말한다)의 10%. 다만, 제126조 제1항 제1호에 따라 해당 유가증권의 취득가액 및 양도비용이 확인되는 경우에는 그 지급금액의 10%에 해당하는 금액과 같은 호에 따라 계산한 금액의 20%에 해당하는 금액 중 적은 금액으로 한다. ⑧ 제119조 제12호에 따른 국내원천 기타소득: 다음의 구분에 따른 금액 가. 제119조 제12호카목의 소득 : 지급금액의 15% (2020.12.29. 개정) 나. 제119조 제12호타목의 소득 : 다음의 구분에 따른 금액. 다만, 가상자산을 교환하거나 인출하는 경우에는 다음의 구분에 상당하는 금액으로서 가상자산 단위로 표시한 대통령령으로 정하는 금액으로 한다(개정규정은 2022.1.1. 이후 발생하는 가상자산소득분부터 적용, 법 부칙 2020.12.29.) 1) 제126조 제1항 제3호에 따라 가상자산의 필요경비가 확인되는 경우 : 지급금액의 10%에 해당하는 금액과 같은 호에 따라 계산한 금액의 20%에 해당하는 금액 중 적은 금액 2) 제126조 제1항 제3호에 따른 가상자산의 필요경비가 확인되지 아니한 경우: 지급금액의 10% 다. 가목 및 나목 외의 기타소득 : 지급금액(제126조 제1항 제2호에 따른 상금·부상 등에 대해서는 같은 호에 따라 계산한 금액으로 한다)의 20%

(2) 제출기한 특례

천재지변 등이 발생한 경우 주식등변동상황명세서 및 지급명세서의 제출은 다음의 규정에 의하여 그 의무를 면제하거나 그 기한을 연장할 수 있다. 다만, ②에 의한 면제 또는 연장을 받고자 하는 법인은 법인세법 제121조에 규정하는 보고서 제출기한 내에 납세지 관할세무서장에게 그 승인을 신청하여야 한다(법령 163 ②,③).

① 천재지변 등으로 장부나 그 밖의 증명서류가 멸실된 때에는 그 사유가 발생한 월의 전월 이후분은 해당 사업이 원상회복한 월이 속하는 전월분까지 그 보고서의 제출의무를 면제

② 권한 있는 기관에 장부나 그 밖의 증명서류가 압수 또는 영치된 경우 그 사유가 발생한 당월분과 직전월분에 대하여는 보고서의 제출이 가능한 상태로 된 날이 속하는 월의 다음달 말일까지 제출기한을 연장

(3) 지급명세서 등 제출 불성실 가산세와 세액공제

1) 기한내 미제출 등의 가산세

법인세법 제120조(지급명세서의 제출의무), 제120조의 2(외국법인의 국내원천소득 등에 대한 지급명세서 제출의무의 특례) 또는 소득세법 제164조(지급명세서의 제출), 제164조의 2(비거주자의 국내원천소득 등에 대한 지급명세서 제출의무 특례)에 따른 지급명세서나 같은 법 제164조의 3(간이지급명세서의 제출)에 따른 간이지급명세서를 제출하여야 할 자가 다음의 어느 하나에 해당하는 경우에는 각 호에서 정하는 금액을 가산세로 해당 사업연도의 법인세액에 더하여 납부하여야 한다(법법 75의7 ①, 개정규정은 2024.1.1. 이후 지급하는 소득에 대하여 지급명세서등을 제출하여야 하거나 제출하는 경우부터 적용함. 법 부칙 2022.12.31.). 가산세는 산출세액이 없는 경우에도 적용한다(법법 75의7 ⑥).

기한까지 제출하지 아니한 경우	가 산 세
지급명세서의 경우 (법법 75의7 ① 1호 가.)	제출하지 아니한 분의 지급금액의 1%(제출기한이 지난 후 3개월 이내에 제출하는 경우에는 지급금액의 0.5%. 다만, 소득세법 제164조 제1항 각 호 외의 부분 단서에 따른 일용근로자의 근로소득에 대한 지급명세서의 경우에는 제출하지 아니한 분의 지급금액의 0.25%(제출기한이 지난 후 1개월 이내에 제출하는 경우에는 지급금액의 0.125%)(법 75조의 7 제1항 1호(소득세법 164조의 3 제1항 1호의 소득에 대한 간이지급명세서를 제출하지 아니한 경우로 한정함)의 개정규정은 2026.1.1. 이후 지급하는 소득에 대하여 지급명세서등을 제출하여야 하거나 제출하는 경우부터 적용함. 법 부칙 2023.12.31.)
간이지급명세서의 경우 (법법 75의7 ① 1호 나.)	제출하지 아니한 분의 지급금액의 0.25%(제출기한이 지난 후 1개월 이내에 제출하는 경우에는 지급금액의 0.125%로 한다(2026.1.1. 전에 지급한 소득세법 164조의 3 제1항 1호의 소득에 대한 간이지급명세서의 지연 제출에 따른 가산세에 관하여는 법인세법 75조의 7 제1항 1호 나목의 개정규정에도 불구하고 종전의 규정에 따름. 법 부칙 2023.12.31.).

불분명하거나 제출된 지급명세서등에 기재된 지급금액이 사실과 다른 경우	가 산 세
지급명세서의 경우 (법법 75의7 ① 2호 가.)	불분명하거나 사실과 다른 분의 지급금액의 1%. 다만, 일용근로소득에 대한 지급명세서의 경우에는 불분명하거나 사실과 다른 분의 지급금액의 0.25%로 한다.
간이지급명세서의 경우 (법법 75의7 ① 2호 나.)	불분명하거나 사실과 다른 분의 지급금액의 0.025%

◇ **지급명세서 불분명 특례**

상기의 규정에도 불구하고 일용근로소득 또는 소득세법 제164조의 3 제1항 각 호의 소득에 대하여 제출한 지급명세서등이 제1항 제2호 각 목 외의 부분에 해당하는 경우로서 지급명세서등에 기재된 각각의 총지급금액에서 제1항 제2호 각 목 외의 부분에 해당하는 분의 지급금액이 차지하는 비율이 다음에서 정하는 비율(법령 120 ⑪) 이하인 경우에는 제1항 제2호의 가산세는 부과하지 아니한다(법법 75의7 ④).

$$\frac{\text{불분명·사실과 다른 지급금액}}{\text{간이지급명세서에 기재된 총지급금액}} \leq 5\%$$

① 법인세법 75조의 7 제4항(소득세법 164조의 3 제1항 1호의 소득에 관한 부분은 제외함)의 개정규정은 2024.1.1. 이후 지급하는 소득에 대하여 지급명세서등을 제출하여야 하거나 제출하는 경우부터 적용함(법 부칙 2023.12.31.).

② 법인세법 75조의 7 제4항(소득세법 164조의 3 제1항 1호의 소득에 관한 부분으로 한정함)의 개정규정은 2026.1.1. 이후 지급하는 소득에 대하여 지급명세서등을 제출하여야 하거나 제출하는 경우부터 적용함(법 부칙 2023.12.31.).

③ 2026.1.1. 전에 지급한 소득세법 164조의 3 제1항 1호의 소득에 대한 간이지급명세서의 지연 제출에 따른 가산세에 관하여는 법인세법 75조의 7 제4항의 개정규정에도 불구하고 종전의 규정에 따름(법 부칙 2023.12.31.).

소득세법 제164조의 3 제1항 제2호(같은 법 제73조 제1항 제4호에 따라 대통령령으로 정하는 사업소득은 제외한다) 또는 제3호의 소득에 대한 지급명세서등의 제출의무가 있는 자에 대하여 상기 제1항 제1호 가목의 가산세가 부과되는 부분에 대해서는 같은 호 나목의 가산세를 부과하지 아니하고, 같은 제1항 제2호 가목의 가산세가 부과되는 부분에 대해서는 같은 호 나목의 가산세를 부과하지 아니한다(법법 75의7 ⑤, 소득세법 164조의 3 제1항 3호의 소득에 관한 부분으로 한정한 개정규정은 2024.1.1. 이후 지급하는 소득에 대하여 지급명세서등을 제출하여야 하거나 제출하는 경우부터 적용함. 소득세법 164조의 3 제1항 2호의 소득에 관한 부분으로 한정한 개정규정은 2023.1.1. 이후 지급하는 소득에 대하여 지급명세서등을 제출하여야 하거나 제출하는 경우부터 적용함. 법 부칙 2022.12.31.).

2) 불분명한 경우

불분명한 경우란 다음의 어느 하나에 해당하는 경우를 말한다(법령 120 ⑨).

지급명세서	간이지급명세서
① 제출된 지급명세서에 지급자 또는 소득자의 주소, 성명, 고유번호(주민등록번호로 갈음하는 경우에는 주민등록번호)나 사업자등록번호, 소득의 종류, 소득귀속연도 또는 지급액을 적지 않았거나 잘못 적어 지급사실을 확인할 수 없는 경우 ② 제출된 지급명세서 및 이자·배당소득 지급명세서에 유가증권표준코드를 적지 않았거나 잘못 적어 유가증권의 발행자를 확인할 수 없는 경우 ③ 내국법인인 금융회사 등으로부터 제출된 이자·배당소득 지급명세서에 해당 금융회사 등이 과세구분을 적지 않았거나 잘못 적은 경우 ④ 소득세법 시행령 제202조의 2 제1항에 따른 이연퇴직소득세를 적지 않았거나 잘못 적은 경우	제출된 간이지급명세서에 지급자 또는 소득자의 주소·성명·납세번호(주민등록번호로 갈음하는 경우에는 주민등록번호)나 사업자등록번호, 소득의 종류, 소득의 귀속연도 또는 지급액을 적지 않았거나 잘못 적어 지급사실을 확인할 수 없는 경우

다음의 어느 하나에 해당하는 경우는 불분명한 경우로 보지 아니한다(법령 120 ⑩).

① 지급일 현재 사업자등록증의 발급을 받은 자 또는 고유번호를 부여받은 자에게 지급한 경우

② 위 ① 외의 지급으로서 지급후에 그 지급받은 자가 소재불명으로 확인된 경우

3) 반기별 납부 원천징수의무자 특례

상기 1)의 법인세법 제57조의7 제1항 제1호 나목(간이지급명세서 미제출)에도 불구하고 다음에 해당하는 경우에는 제1항 제1호 나목(간이지급명세서 미제출)의 가산세는 부과하지 아니한다(법법 75의7 ③, 개정규정은 2024.1.1. 이후 지급하는 소득에 대하여 지급명세서등을 제출하여야 하거나 제출하는 경우부터 적용함. 법 부칙 2022.12.31.).

<table>
<tr><th colspan="2">간이지급명세서 기한내 미제출</th></tr>
<tr><td rowspan="2">반기별 납부
원천징수의무자
특례</td><td>2026.1.1.부터 2026.12.31.(소득세법 제128조 제2항에 따라 원천징수세액을 반기별로 납부하는 원천징수의무자의 경우에는 2025.12.31.)까지 소득세법 제164조의 3 제1항 제1호의 소득(일용근로자가 아닌 근로자에게 지급하는 근로소득)을 지급하는 경우로서 해당 소득에 대한 간이지급명세서를 그 소득 지급일(소득세법 제135조를 적용받는 소득에 대해서는 해당 소득에 대한 과세기간 종료일을 말한다)이 속하는 반기의 마지막 달의 다음 달 말일(휴업, 폐업 또는 해산한 경우에는 휴업일, 폐업일 또는 해산일이 속하는 반기의 마지막 달의 다음 달 말일)까지 제출하는 경우(개정규정은 2026.1.1. 이후 지급하는 소득에 대하여 지급명세서등을 제출하여야 하거나 제출하는 경우부터 적용함. 법 부칙 2023.12.31.).</td></tr>
<tr><td>2024.1.1.부터 2024.12.31.까지 소득세법 제164조의 3 제1항 제3호의 소득(인적용역 기타소득)을 지급하는 경우로서 해당 소득에 대한 지급명세서를 그 소득 지급일이 속하는 과세연도의 다음 연도 2월 말일(휴업, 폐업 또는 해산한 경우에는 휴업일, 폐업일 또는 해산일이 속하는 달의 다음다음 달 말일)까지 제출하는 경우(개정규정은 2024.1.1. 이후 지급하는 소득에 대하여 지급명세서등을 제출하여야 하거나 제출하는 경우부터 적용함. 법 부칙 2023.12.31.).</td></tr>
</table>

제출기한 전에 법인이 합병·분할 또는 해산함으로써 과세표준을 신고·결정 또는 경정한 경우 상기의 지급금액은 합병등기일·분할등기일 또는 해산등기일까지 제출하여야 하는 금액으로 한다(법령 120 ⑫).

4) 지급명세서등에 대한 세액공제

상시고용인원 수 등(해당 과세연도의 매월 말일 현재의 상시고용인원 수를 합하여 해당 과세연도의 개월 수로 나눈 수, 조특령 104의2 ②)을 고려하여 대통령령으로 정하는 소규모 사업자(세액공제를 받으려는 과세연도의 상시고용인원 수가 20명 이하인 원천징수의무자, 조특령 104의2 ①)가 2026.1.1.부터 2027.12.31.까지 지급하는 소득세법 제164조의 3 제1항 제1호의 소득(일용근로자가 아닌 근로자에게 지급하는 근로소득)에 대한 간이지급명세서를 같은 항의 제출기한까지 국세기본법 제2조 제19호에 따른 국세정보통신망을 이용하여 직접 제출하는 경우에는 해당 과세연도의 법인세의 납부세액에서 간이지급명세서에 기재된 소득자의 인원 수 등을 고려하여 대통령령으로 정하는 금액(간이지급명세서상의 소득자 인원 수에 200원을 곱한 금액, 조특령 104의2 ③)을 공제한다(조특법 104의5 ①, 개정규정은 2026.1.1.이후 발생하는 소득에 대한 간이지급명세서를 제출하는 분부터 적용함. 법 부칙 2023.12.31.).

세무사법에 따른 세무사(세무사법 제20조의 2 제1항에 따라 등록한 공인회계사 및 변호사, 같은 법에 따른 세무법인 및 공인회계사법에 따른 회계법인을 포함)가 소규모 사업자를 대리하여 국세정보통신망을 통하여 소득세법 제164조의 3 제1항 제1호의 소득(일용근로자가 아닌 근로자에게

지급하는 근로소득)에 대한 간이지급명세서를 같은 항의 제출기한까지 제출하는 경우에는 해당 과세연도의 세무사의 소득세 또는 법인세의 납부세액에서 공제한다(조특법 104의5 ②). 계산한 금액이 간이지급명세서 제출자별로 연 1만원 미만인 때에는 이를 1만원으로 하고, 연 300만원(세무사법에 따른 세무법인 또는 공인회계사법에 따른 회계법인인 경우에는 600만원)을 초과하는 때에는 그 초과하는 금액은 이를 없는 것으로 한다(조특법 104의2 ③).

5.9 계산서 등 제출 불성실 가산세

(1) 계산서 적용대상

1) 법인

법인이 재화나 용역을 공급하면 소득세법 시행령 제211조 내지 제212조의2의 규정을 준용하여 작성한 계산서나 영수증(계산서등)을 공급받는 자에게 발급하여야 한다. 이 경우 계산서는 전자적 방법으로 작성한 계산서(전자계산서)를 발급하여야 한다(법법 121 ①, 법령 164 ①). 전자적 방법이란 부가가치세법 시행령 제68조제5항에 따른 방법으로 발급하는 것을 말한다(법령 164 ②).

구 분	내 용
소령 211 ①	사업자가 재화 또는 용역을 공급하는 때에는 다음의 사항이 적힌 계산서 2매를 작성하여 그 중 1매를 공급받는 자에게 발급하여야 한다. 1. 공급하는 사업자의 등록번호와 성명 또는 명칭 2. 공급받는 자의 등록번호와 성명 또는 명칭. 다만, 공급받는 자가 사업자가 아니거나 등록한 사업자가 아닌 경우에는 법 제168조제5항에 따른 고유번호 또는 공급받는 자의 주민등록번호로 한다. 3. 공급가액 4. 작성연월일 5. 기타 참고사항
부령 68 ⑤	전자적 방법이란 다음의 어느 하나에 해당하는 방법으로 부가가치세법 제32조 제1항 각 호의 기재사항을 계산서 작성자의 신원 및 계산서의 변경 여부 등을 확인할 수 있는 공인인증시스템을 거쳐 정보통신망으로 발급하는 것을 말한다. 1. 조세특례제한법 제5조의 2 제1호에 따른 전사적(全社的) 기업자원 관리설비를 이용하는 방법 2. 재화 또는 용역을 실제 공급하는 사업자를 대신하여 전자세금계산서 발급업무를 대행하는 사업자의 전자세금계산서 발급 시스템을 이용하는 방법 3. 국세청장이 구축한 전자세금계산서 발급 시스템을 이용하는 방법 4. 전자세금계산서 발급이 가능한 현금영수증 발급장치 및 그 밖에 국세청장이 지정하는 전자세금계산서 발급 시스템을 이용하는 방법

2) 위탁판매 등

부가가치세법 제26조제1항제1호에 따라 부가가치세가 면제되는 농산물·축산물·수산물과 임산물의 위탁판매 또는 대리인에 의한 판매의 경우에는 수탁자나 대리인이 재화를 공급한 것으로 보아 계산서 등을 작성하여 그 재화를 공급받는 자에게 발급하여야 한다. 다만, 위탁자 또는 본인의 명의로 소득세법 시행령 제212조제2항의 규정에 의하여 계산서 등을 교부하는 경우에는 그러하지 아니하다(법법 121 ②, 법령 164 ②).

3) 수입재화

세관장은 수입되는 재화에 대하여 재화를 수입하는 법인에 계산서를 발급하여야 한다(법법 121 ③).

4) 리스거래

여신전문금융업법 제3조 제2항에 따라 자산을 시설대여하는 자(리스회사)가 리스이용자와 리스계약을 체결한 경우로서 리스회사가 리스이용자와 특수관계가 없는 제3자로부터 잔존가치의 보증을 받은 때에는 계산서의 공급가액을 리스회사와 리스이용자의 리스계약에 따라 작성한다(법령 164 ⑨, 개정규정은 2021.2.17. 이후 계약을 체결하는 경우부터 적용, 영 부칙 2021.2.17.).

(2) 계산서발급의 예외

1) 영수증 발급 등의 예외

계산서 등의 발급예외사항은 다음과 같다.

구 분	내 용
소령 211 ②	다음의 어느 하나에 해당하는 사업을 영위하는 자가 재화 또는 용역을 공급하는 때에는 영수증을 발급할 수 있다. 다만, 재화 또는 용역을 공급받은 사업자가 사업자등록증을 제시하고 계산서의 발급을 요구하는 때에는 계산서를 발급하여야 한다. 1. 부가가치세법 제36조제1항제1호 및 같은 법 시행령 제73조제1항 및 제2항을 적용받는 사업 2. 부가가치세법 제36조제1항제1호 및 같은 법 시행령 제73조제1항 및 제2항에 규정된 사업으로서 부가가치세가 면제되는 사업 3. 주로 사업자가 아닌 소비자에게 재화 또는 용역을 공급하는 사업으로서 다음에서 정하는 사업. 다만, 제②부터 제⑦까지에 해당하는 사업은 직접 최종소비자에게 재화 또는 용역을 공급하는 경우에 한한다(소칙 96의2).

소령 211 ②	① 금융 및 보험업 ② 사업시설관리 및 사업지원서비스업 ③ 교육서비스업 ④ 보건업 및 사회복지서비스업 ⑤ 예술, 스포츠 및 여가 관련 서비스업 ⑥ 협회 및 단체, 수리 및 기타 개인서비스업 ⑦ 가구내 고용활동에서 발생하는 소득 ⑧ 그 밖에 ①부터 ⑦까지와 유사한 사업으로서 계산서 발급이 불가능하거나 현저히 곤란한 사업 4. 토지 및 건축물을 공급하는 경우
소령 211 ③	부가가치세법 제61조 간이과세를 적용받는 사업자가 부가가치세가 과세되는 재화 또는 용역을 공급하는 때에는 계산서를 발급할 수 없으며, 영수증을 발급하여야 한다.
소령 211 ④	다음의 재화 또는 용역의 공급에 대해서는 계산서 또는 영수증을 발급하지 아니할 수 있다. 1. 노점상인·행상인 또는 무인판매기 등을 이용하여 사업을 하는 자가 공급하는 재화 또는 용역 2. 부가가치세법 제26조제1항제7호의 용역 중 시내버스에 의한 용역 3. 국내사업장이 없는 비거주자 또는 외국법인과 거래되는 재화 또는 용역 4. 기타 부가가치세법 제36조제1항제1호, 같은 법 시행령 제71조 및 제73조에 따라 세금계산서 또는 영수증의 발급이 면제되는 재화 또는 용역
소령 211 ⑤	사업자가 소득세법 제144조의 규정에 의하여 용역을 공급받는 자로부터 원천징수영수증을 발급받는 것에 대하여는 계산서를 발급한 것으로 본다.

2) 영수증 발급 등의 예외

토지 및 건축물과 그 각각의 분양권을 공급하는 경우 계산서등을 발급하는 것이 적합하지 아니하여 계산서등의 발급규정을 적용하지 아니한다(법법 121 ④, 법령 164 ③). 그러나 건축물의 경우 부가가치세법상 과세재화에 해당하여 세금계산서를 발행하여야 하므로 당해 규정은 토지에 한하여 적용하는 것으로 해석한다. 따라서 토지를 공급하는 경우 영수증을 발행하고 건축물의 공급은 세금계산서를 발행하여야 한다.

(3) 합계표의 제출과 발급명세의 전송

1) 합계표 제출

법인은 발급하였거나 발급받은 계산서의 매출·매입처별합계표(매출·매입처별 계산서합계표)를 매년 2월 10일(외국법인의 경우에는 매년 2월 19일)까지 납세지 관할 세무서장에게 제출하여야 한다. 다만, 다음의 어느 하나에 해당하는 계산서의 합계표는 제출하지 아니할 수 있다(법법 121 ⑤, 법령 164 ④,⑥).

① 계산서를 발급받은 법인은 그 계산서의 매입처별 합계표
② 전자계산서를 발급하거나 발급받고 전자계산서 발급명세를 국세청장에게 전송한 경우에는 매출·매입처별 계산서합계표

부가가치세법에 따라 세금계산서 또는 영수증을 작성·발급하였거나 매출·매입처별 세금계산서합계표를 제출한 분에 대하여는 계산서등을 작성·발급하였거나 매출·매입처별 계산서합계표를 제출한 것으로 본다(법법 121 ⑥).

2) 전자계산서 발급명세 전송

전자계산서를 발급하였을 때에는 전자계산서 발급일의 다음 날까지 전자계산서 발급명세를 국세청장에게 전송하여야 한다(법법 121 ⑦, 법령 164 ⑤).

(4) 가산세

법인[(국가 및 지방자치단체, 비영리법인(수익사업과 관련된 부분은 제외)]이 다음의 어느 하나에 해당하는 경우에는 각 구분에 따른 금액을 가산한 금액을 법인세액에 더하여 납부하여야 한다. 이 경우 산출세액이 없는 경우에도 가산세는 징수하되, 법인세법 제75조의5(증명서류 수취 불성실 가산세) 또는 부가가치세법 제60조제2항·제3항·제5항부터 제7항까지의 규정(세금계산서)에 따라 가산세가 부과되는 부분은 제외한다(법법 75의8 ①,②,③).

① 법인세법 제120조의 3 제1항에 따라 매입처별 세금계산서합계표를 같은 조에 따른 기한까지 제출하지 아니한 경우 또는 제출하였더라도 그 매입처별 세금계산서합계표에 대통령령으로 정하는 적어야 할 사항의 전부 또는 일부를 적지 아니하거나 사실과 다르게 적은 경우(제4호가 적용되는 분은 제외한다) : 공급가액의 0.5%
② 법인세법 제121조 제1항 또는 제2항에 따라 발급한 계산서에 대통령령령으로 정하는 적어야 할 사항의 전부 또는 일부를 적지 아니하거나 사실과 다르게 적은 경우(다음의 ③이 적용되는 분은 제외한다) : 공급가액의 1%
③ 법인세법 제121조 제5항에 따라 매출·매입처별 계산서합계표를 같은 조에 따른 기한까지 제출하지 아니한 경우 또는 제출하였더라도 그 합계표에 대통령령령으로 정하는 적어야 할 사항의 전부 또는 일부를 적지 아니하거나 사실과 다르게 적은 경우(다음의 ④가 적용되는 분은 제외한다) : 공급가액의 0.5%
④ 다음의 어느 하나에 해당하는 경우 : 공급가액의 2% (㉠을 적용할 때 법인세법 제121조 제1항 후단에 따른 전자계산서를 발급하지 아니하였으나 전자계산서 외의 계산서를 발급한 경우와 같은 조 제8항에 따른 계산서의 발급시기가 지난 후 해당 재화 또는 용역의 공급시기가 속하는 사업연도 말의 다음 달 25일까지 같은 조 제1항 또는 제2항에 따른 계산서를 발급한 경우는 1%로 한다)

㉠ 재화 또는 용역을 공급한 자가 법인세법 제121조 제1항 또는 제2항에 따른 계산서를 같은 조 제8항에 따른 발급시기에 발급하지 아니한 경우
㉡ 재화 또는 용역을 공급하지 아니하고 법인세법 제116조 제2항 제1호에 따른 신용카드 매출전표, 같은 항 제2호에 따른 현금영수증 및 제121조 제1항 또는 제2항에 따른 계산서(이하 "계산서등")를 발급한 경우
㉢ 재화 또는 용역을 공급받지 아니하고 계산서등을 발급받은 경우
㉣ 재화 또는 용역을 공급하고 실제로 재화 또는 용역을 공급하는 법인이 아닌 법인의 명의로 계산서등을 발급한 경우
㉤ 재화 또는 용역을 공급받고 실제로 재화 또는 용역을 공급하는 자가 아닌 자의 명의로 계산서등을 발급받은 경우

⑤ 법인세법 제121조 제7항에 따른 기한이 지난 후 재화 또는 용역의 공급시기가 속하는 사업연도 말의 다음 달 25일까지 국세청장에게 전자계산서 발급명세를 전송하는 경우(상기 ④가 적용되는 분은 제외한다) : 공급가액의 0.3% (2016년 12월 31일 이전에 재화 또는 용역을 공급한 분에 대해서는 0.1%)

⑥ 법인세법 제121조 제7항에 따른 기한이 지난 후 재화 또는 용역의 공급시기가 속하는 사업연도 말의 다음 달 25일까지 국세청장에게 전자계산서 발급명세를 전송하지 아니한 경우(상기 ④가 적용되는 분은 제외한다) : 공급가액의 0.5% (2016년 12월 31일 이전에 재화 또는 용역을 공급한 분에 대해서는 0.3%)

(5) 세금계산서 · 계산서의 발급의무 위반 등에 대한 처벌(조세범처벌법 제10조)

1) 미발급 등

다음의 어느 하나에 해당하는 행위를 한 자는 1년 이하의 징역 또는 공급가액에 부가가치세의 세율을 적용하여 계산한 세액의 2배 이하에 상당하는 벌금에 처한다(조범법 10 ①).

① 부가가치세법에 따라 세금계산서(전자세금계산서를 포함한다)를 발급하여야 할 자가 세금계산서를 발급하지 아니하거나 거짓으로 기재하여 발급한 행위
② 소득세법 또는 법인세법에 따라 계산서(전자계산서를 포함한다)를 발급하여야 할 자가 계산서를 발급하지 아니하거나 거짓으로 기재하여 발급한 행위
③ 부가가치세법에 따라 매출처별 세금계산서합계표를 제출하여야 할 자가 매출처별 세금계산서합계표를 거짓으로 기재하여 제출한 행위
④ 소득세법 또는 법인세법에 따라 매출처별 계산서합계표를 제출하여야 할 자가 매출처별 계산서합계표를 거짓으로 기재하여 제출한 행위

2) 통정하여 거짓 발급

다음의 어느 하나에 해당하는 행위를 한 자는 1년 이하의 징역 또는 공급가액에 부가가치세의 세율을 적용하여 계산한 세액의 2배 이하에 상당하는 벌금에 처한다(조범법 10 ②).

① 부가가치세법에 따라 세금계산서를 발급받아야 할 자가 통정하여 세금계산서를 발급받지 아니하거나 거짓으로 기재한 세금계산서를 발급받은 행위
② 소득세법 또는 법인세법에 따라 계산서를 발급받아야 할 자가 통정하여 계산서를 발급받지 아니하거나 거짓으로 기재한 계산서를 발급받은 행위
③ 부가가치세법에 따라 매입처별 세금계산서합계표를 제출하여야 할 자가 통정하여 매입처별 세금계산서합계표를 거짓으로 기재하여 제출한 행위
④ 소득세법 또는 법인세법에 따라 매입처별 계산서합계표를 제출하여야 할 자가 통정하여 매입처별 계산서합계표를 거짓으로 기재하여 제출한 행위

5.10 특정외국법인의 유보소득 계산 명세서 제출 불성실 가산세

(1) 적용대상

국제조세조정에 관한 법률 제27조부터 제33조까지의 규정의 적용대상이 되는 내국법인은 대통령령으로 정하는 바에 따라 다음의 서류를 법인세법 제60조 제1항 및 제76조의 17 제1항에 따른 신고기한까지 납세지 관할 세무서장에게 제출하여야 한다(국조법 34, 국조령 70 ①).

① 특정외국법인의 재무제표
② 특정외국법인의 법인세 신고서 및 부속서류(특정외국법인이 소재한 국가 또는 지역의 과세당국이 요구하는 부속서류를 말한다)
③ 기획재정부령으로 정하는 특정외국법인의 유보소득 계산 명세서
④ 기획재정부령으로 정하는 특정외국법인의 유보소득 합산과세 판정 명세서
⑤ 기획재정부령으로 정하는 특정외국법인의 유보소득 합산과세 적용범위 판정 명세서
⑥ 기획재정부령(국조칙 41)으로 정하는 국외 출자 명세서

(2) 가산세

국제조세조정에 관한 법률 제34조 제3호에 따른 특정외국법인의 유보소득 계산 명세서(이하 "명세서")를 같은 조에 따라 제출하여야 하는 내국법인이 다음의 어느 하나에 해당하는 경우에는 해당 특정외국법인의 배당 가능한 유보소득금액의 0.5%를 가산세로 해당 사업연

도의 법인세액에 더하여 납부하여야 한다(법법 75의9 ①). 가산세는 산출세액이 없는 경우에도 적용한다(법법 75의9 ②).

① 제출기한까지 명세서를 제출하지 아니한 경우

② 제출한 명세서의 전부 또는 일부를 적지 아니하는 등 제출한 명세서가 배당 가능한 유보소득금액을 산출할 때 적어야 하는 금액의 전부 또는 일부를 적지 아니하거나 잘못 적어 배당 가능한 유보소득금액을 잘못 계산한 경우(법령 120 ⑮)

06 가산세 감면

6.1 가산세 감면 등

정부는 국세기본법 또는 세법에 따라 가산세를 부과하는 경우 그 부과의 원인이 되는 사유가 다음의 어느 하나에 해당하는 경우에는 해당 가산세를 부과하지 아니한다(국기법 48 ①).

① 국세기본법 제6조에 따른 기한 연장 사유에 해당하는 경우

② 납세자가 의무를 이행하지 아니한 데에 정당한 사유가 있는 경우

③ 그 밖에 ① 및 ②와 유사한 경우로서 다음에서 정하는 경우(국기령 28 ①, 2019.2.12. 이후 가산세의 감면을 신청하는 경우부터 적용, 영 부칙)

㉠ 국세기본법 시행령 제10조에 따른 세법해석에 관한 질의·회신 등에 따라 신고·납부하였으나 이후 다른 과세처분을 하는 경우

㉡ 공익사업을 위한 토지 등의 취득 및 보상에 관한 법률에 따른 토지등의 수용 또는 사용, 국토의 계획 및 이용에 관한 법률에 따른 도시·군계획 또는 그 밖의 법령 등으로 인해 세법상 의무를 이행할 수 없게 된 경우

㉢ 소득세법 시행령 제118조의 5 제1항에 따라 실손의료보험금(같은 영 제216조의 3 제7항 각 호의 어느 하나에 해당하는 자로부터 지급받은 것을 말한다)을 의료비에서 제외할 때에 실손의료보험금 지급의 원인이 되는 의료비를 지출한 과세기간과 해당 보험금을 지급받은 과세기간이 달라 해당 보험금을 지급받은 후 의료비를 지출한 과세기간에 대한 소득세를 수정신고하는 경우(해당 보험금을 지급받은 과세기간에 대한 종합소득 과세표준 확정신고기한까지 수정신고하는 경우로 한정한다). 2021.2.17. 이후 소득세를 수정신고하는 경우부터 적용한다(영 부칙 2021.2.17.).

6.2 수정신고 등에 의한 가산세 감면

다음의 어느 하나에 해당하는 경우에는 해당 가산세액에서 다음에서 정하는 금액을 감면한다.

(1) 수정신고시 과소신고가산세 감면

과세표준신고서를 법정신고기한까지 제출한 자가 법정신고기한이 지난 후 수정신고시(과세표준과 세액을 경정할 것을 미리 알고 과세표준수정신고서를 제출한 경우는 제외한다) 과소신고·초과환급신고가산세는 다음에서 정하는 금액을 감면한다(국기법 48 ② 1호, 2020.1.1.시행 전에 법정신고기한이 만료된 경우로서 이 법 시행 이후 최초로 수정신고하거나 기한 후 신고하는 분에 대해서도 적용한다. 법 부칙 2019.12.31.).

구 분	감면액
가. 법정신고기한이 지난 후 1개월 이내에 수정신고한 경우	가산세액의 90%
나. 법정신고기한이 지난 후 1개월 초과 3개월 이내에 수정신고한 경우	가산세액의 75%
다. 법정신고기한이 지난 후 3개월 초과 6개월 이내에 수정신고한 경우	가산세액의 50%
라. 법정신고기한이 지난 후 6개월 초과 1년 이내에 수정신고한 경우	가산세액의 30%
마. 법정신고기한이 지난 후 1년 초과 1년 6개월 이내에 수정신고한 경우	가산세액의 20%
바. 법정신고기한이 지난 후 1년 6개월 초과 2년 이내에 수정신고한 경우	가산세액의 10%

당초 신고한 과세표준과 세액의 과소신고로 인하여 부과되는 가산세가 아니고 과세표준신고에 있어서 필수적인 첨부서류 등을 제출하지 아니하여 신고된 것으로 보지 않음으로써 부과되는 가산세는 수정신고서를 제출하더라도 감면되지 아니한다(국기통 48-0…5). 경정할 것을 미리 알고 제출한 경우는 다음의 어느 하나에 해당하는 경우를 말한다(국기령 29).

① 해당 국세에 관하여 세무공무원이 조사에 착수한 것을 알고 과세표준수정신고서 또는 기한후과세표준신고서를 제출한 경우
② 해당 국세에 관하여 관할 세무서장으로부터 과세자료 해명 통지를 받고 과세표준수정신고서를 제출한 경우

(2) 기한 후 신고시 무신고가산세 감면

과세표준신고서를 법정신고기한까지 제출하지 아니한 자가 법정신고기한이 지난 후 국세기본법 제45조의 3에 따라 기한 후 신고를 한 경우(국세기본법 제47조의 2에 따른 무신고가산세만 해당하며, 과세표준과 세액을 결정할 것을 미리 알고 기한후과세표준신고서를 제출한 경우는 제외한다) 무신고가산세는 다음에서 정하는 금액을 감면한다(국기법 48 ② 2호, 2020.1.1.시행 전에 법정신고기한이 만료된 경우로서 이 법 시행 이후 최초로 수정신고하거나 기한 후 신고하는 분에 대해서도 적용한다. 법 부칙 2019.12.31.).

구 분	감면액
가. 법정신고기한이 지난 후 1개월 이내에 기한 후 신고를 한 경우	가산세액의 50%
나. 법정신고기한이 지난 후 1개월 초과 3개월 이내에 기한 후 신고를 한 경우	가산세액의 30%
다. 법정신고기한이 지난 후 3개월 초과 6개월 이내에 기한 후 신고를 한 경우	가산세액의 20%

2018.1.1. 이후 도래하는 확정신고기한까지 신고하거나 수정하여 신고하는 분부터 국세기본법 제48조 제2항 제2호(기한후신고 가산세 감면)에도 불구하고 세법에 따른 예정신고기한 및 중간신고기한까지 예정신고 및 중간신고를 하지 아니하였으나 확정신고기한까지 과세표준신고를 한 경우(해당 기간에 부과되는 무신고가산세만 해당하며, 과세표준과 세액을 경정할 것을 미리 알고 과세표준신고를 하는 경우는 제외한다)에는 해당 가산세액의 50%에 상당하는 금액을 감면한다(국기법 48 ② 3호).

(3) 기타

다음의 어느 하나에 해당하는 경우에는 해당 가산세액의 50%에 상당하는 금액을 감면한다(국기법 48 ② 3호).

① 국세기본법 제81조의15에 따른 과세전적부심사 결정·통지기간에 그 결과를 통지하지 아니한 경우(결정·통지가 지연됨으로써 해당 기간에 부과되는 제47조의4에 따른 납부불성실·환급불성실가산세만 해당한다)

② 세법에 따른 제출, 신고, 가입, 등록, 개설의 기한이 지난 후 1개월 이내에 해당 세법에 따른 제출 등의 의무를 이행하는 경우(제출 등의 의무위반에 대하여 세법에 따라 부과되는 가산세만 해당한다)

6.3 가산세 한도와 적용기간

(1) 가산세 한도

다음의 어느 하나에 해당하는 가산세에 대해서는 그 의무위반의 종류별로 각각 5천만원(중소기업기본법 제2조제1항에 따른 중소기업이 아닌 기업은 1억원)을 한도로 한다. 다만, 해당 의무를 고의적으로 위반한 경우에는 그러하지 아니하다(국기법 49 ①).

① 소득세법 제81조, 제81조의 3, 제81조의 6, 제81조의 7, 제81조의 10, 제81조의 11 및 제81조의 13에 따른 가산세

② 법인세법 제75조의 2(주주등의 명세서 등 제출 불성실 가산세), 제75조의 4(기부금영수증 발급·작성·보관 불성실 가산세), 제75조의 5(증명서류 수취 불성실 가산세), 제75조의 7(지급명세서 등 제출 불성실 가산세), 제75조의 8(계산서 등 제출 불성실 가산세) (같은 조 제1항 제4호에 따른 가산세는 같은 호 가목에 해당하는 가산세 중 계산서의 발급시기가 지난 후 해당 재화 또는 용역의 공급시기가 속하는 사업연도 말의 다음 달 25일까지 계산서를 발급한 경우에 부과되는 가산세만 해당한다) 및 제75조의 9(특정외국법인의 유보소득 계산 명세서 제출 불성실 가산세)에 따른 가산세(제75조의 8 개정규정은 2024.1.1. 이후 가산세를 부과하는 경우부터 적용함. 법 부칙 2023.12.31.)

③ 부가가치세법 제60조제1항(같은 법 제68조제2항에서 준용되는 경우를 포함한다), 같은 조 제2항제1호·제3호부터 제5호까지 및 같은 조 제5항부터 제8항까지의 규정에 따른 가산세

④ 상속세 및 증여세법 제78조제3항·제5항(같은 법 제50조제1항 및 제2항에 따른 의무를 위반한 경우만 해당한다)·제12항·제13항 및 제14항에 따른 가산세

⑤ 조세특례제한법 제30조의5제5항(창업자금 사용명세) 및 제90조의2제1항(세금우대자료)에 따른 가산세

(2) 가산세한도의 적용기간

가산세 한도의 적용기간은 다음의 구분에 따른다(국기령 29의2).

구 분	내 용
소득세법, 법인세법 및 부가가치세법에 따른 가산세	과세기간 단위
상속세 및 증여세법에 따른 가산세	같은 법에 따라 의무를 이행하여야 할 기간 단위
조세특례제한법 제30조의5제5항에 따른 가산세	같은 법에 따라 의무를 이행하여야 할 기간 단위
조세특례제한법 제90조의2제1항에 따른 가산세	소득세의 과세기간 단위

CFO ACADEMY

법인세 해설과 조정실무

www.cfoi.kr

초 판 발 행 2012년 5월 15일
개정증보13판 2025년 5월 23일
지 은 이 노 승 현
펴 낸 이 전 병 문

본문디자인 박 선 영
표지디자인 (주)씨에프오아카데미 이 종 규
인쇄 · 제본 (주)신우디앤피

펴 낸 곳 (주)씨에프오아카데미
주 소 서울시 강남구 논현로 79길8 아이네트빌딩 4, 5층
전화번호 02) 501-2322
팩스번호 02) 561-6581
홈페이지 http://www.cfoi.kr

출판등록 제2003-000237호
I S B N 979-11-86734-77-3

정 가 35,000원

※ 저자와의 합의에 따라 인지는 생략됩니다.
※ 잘못된 책은 바꾸어 드립니다.